民法典
实用速查手册

词条归类释义与典型案例

杜月秋　孙政　高云昊　编著

法律出版社
LAW PRESS · CHINA

序　　言

中国《民法典》已于2021年1月1日开始施行。

“法律是治国之重器，良法是善治之前提。”尤其是民商事法律在市场经济与社会生活中具有基础性作用。中国《民法典》，承载了几代人的法治希冀，它的颁布施行，对中国特色社会主义市场经济的发展和法治事业具有重大意义。

传统的民法学习方法，以民法概念体系为对象，即所谓教义学方法，是法学院课堂教学采用的方法。但司法实践中，法官裁判案件、律师办理案件，所面对、理解、解释和适用的，并不是民法理论，而是民法条文。于是，须将在法学院所习得的民法理论体系，转换为民法条文体系。这是我提倡以民法条文体系为对象的学习方法的缘由。

以民法条文体系为对象的学习，并非简单读法条，从头到尾阅读法条。面对有1260条近10万字的《民法典》，若按顺序逐条阅读、理解与记忆，对当下压力负担重、工作学习矛盾突出的法律人和法律学生来讲，恐非现实也难收实效。如能通过“词条归类”的方法，将有关联的几个法条整理归纳于相应法律概念之下，用概念统帅条文，构成概念与条文的体系，将有利于准确、有效地理解、解释和适用这部法典。

本书三位作者，来自江苏法院系统的杜月秋、孙政和研究机构的高云昊，合作编著《民法典实用速查手册：词条归类释义与典型案例》一书，将民法概念体系与民法典条文体系相结合，以词条对应概念，以概念串联法条，将《民法典》1260个条文梳理归纳于264个词条之下。力求对法条进行准确精炼解读，并附上相关权威案例。为对民法概念的系统理解、条文适用、关联检索提供了便利实用的工具。

相信本书对于民法学习者、实务工作者、研究者乃至非法律专业的法律爱好者，都有所助益。希望有更多理论性与实务性俱佳的作品出版。

是为序。

中国社会科学院学部委员

梁慧星

于 2021 年 5 月 10 日

编写说明

再次受法律出版社之邀围绕《民法典》撰写书稿，是出版社对我们的认可；获悉前一本《民法典条文对照与重点解读》（“民法典红宝书”）第1版、第2版很受读者欢迎，这是读者对我们的认可。认可带来欣慰，因为它是对过往努力的肯定；认可也将带来动力，激励我们去做好每一本书。

每本书都有它的使命。对于前面的“红宝书”，我们很希望通过对《民法典》与原单行法、司法解释的对照及重点条文的简要解读，能让大家在有限的时间、有限的阅读体量中获得更多更实用的知识。但一本“红宝书”终究无法承受“学好《民法典》”这一艰巨任务，囿于时间与体例的限制，“红宝书”虽有对照与解读，但在《民法典》知识的体系化梳理上并无优势，对条文的解读也不够深入。在类案指导不断被强化的当下，我们特编写了《民法典实用速查手册：词条归类释义与典型案例》一书，希望凭借它较强的体系化、快速的查询方法、权威的案例参考等独有特色，助力大家快速走向《民法典》学习的进阶之路，帮助大家用较少的时间与精力，获得更多的《民法典》“干货”知识。

整体结构方面，本书将《民法典》1260个条文归纳并收录至264个词条之中，每个词条包括**思维导图、概念、法典条款、实务要点、权威参考案例**（个别词条没有相应案例）五个部分。【思维导图】为便于大家从整体上了解每个词条所涵盖的内容，我们通过简单的思维导图予以一目了然式呈现。【概念】部分，是对词条基本含义或所涉《民法典》条文的简要概括，便于大家快速了解本词条及所涉条款的基本内容。【法典条款】部分，则是将该词条下收录的《民法典》条款，按照一定顺序具体展现，有助于大家全面、系统了解词条所涉的民法典规定。【实务要点】部分，则是对该词条所涉条文内容的精练解读，直指条款的主要知识点及司法实践中需要注意之处。该部分原则上是按照法典条款的顺序进行解读，部分词条可能也有综合性解读。【权威参考案例】部分，是对与该词条法典条款所涉内容相关权威案例的收录，便于读者通过案例掌握并强化相关知识内容。另外，案例涉及的法条，也以附注的形式注明了《民法典》的对应条文。

本书**主要特色**体现在以下几点：

1. 体系化强

我们秉持系统化思维，对《民法典》条文进行了全面梳理，通过**264个词条**将《民法典》1260**个条文**全部收录，让读者可以更全面、迅速地了解《民法典》的结构与内容体系。如在**"绿色原则"**词条下，我们将《民法典》各编涉及该内容的数十个条款梳理汇总一起，让大家可以更深刻地了解《民法典》对"绿色原则"的践行与体现；再如在**"无效的民事法律行为"**词条下，我们将各编涉及该内容的13个条款梳理汇总，让大家可以更全面地了解无效民事法律行为的类型。本书涉及的**264个词条**均是我们综观《民法典》全文后进行系统归纳与提炼的结果，具有独创性。这264个词条中，收录的条款数量多数在3~8个，少量词条收录数量超过8个或在2个以下。需特别说明的是，部分条款可能规定了涉及多个词条的内容，为彰显梳理的全面性同时避免内容重复繁杂，两种处理方式如下：(1)条款虽涉及多个内容，但主要内容仅有一个的，按照该主要内容确定一个收录词条，在解读时一并对该条款的其他内容进行精炼解读。(2)条款涉及的主要内容有两个以上的，按照主要内容的不同分别收录在不同的词条下，并进行相应解读。关于具体情况，在涉及上述情形的内容部分有具体说明。

2. 内容全面

本书收录的264个词条，囊括了《民法典》所有条文，对应的即是《民法典》重要的264个体系化的知识脉络，读者在词条下可看到【概念】【法典条款】【实务要点】【权威参考案例】等栏目。【概念】一般在100字左右，可让读者快速了解该词条的主要内容与条款指向。【法典条款】是立足《民法典》1260个条文进行的梳理汇总，有助于全面掌握民法典对该知识点的规定。【实务要点】是基于对该词条涉及的条款内容精练而不失全面、翔实而不繁杂的解读，助力读者准确掌握在实务适用中的要点与需注意之处。【权威参考案例】为读者提供值得参考的权威案例基本信息，包括名称、出处、案例要点等，案例均来自最高人民法院指导性案例、最高人民法院（最高人民检察院）公报案例、最高人民法院公布的典型案例等权威案例库（时间截至2020年12月）。为保证案例时效性，绝大部分为2000年以后的案例。同时，受本书篇幅限制且为表达的简洁，本部分案例简析中，法人、非法人组织名称均使用其出处中的简称。

3. 查阅方便

本书采用了独有的“**双目录**”设计，便于读者更快速地找到相关的《民法典》知识点与相应条款。**目录一**是按照“词条”顺序进行编排的，词条顺序也是本书编排的基本顺序，即页码前后顺序。**目录**二则是按照《民法典》的条文顺序进行编排的，为便于查找条文（个别条文不同款涉及不同词条）所对应的词条提供指引。大家可按照“词条”顺序阅读本书，快速掌握这264个知识点；也可以按照条文（条款）找到相应的词条，进而学习相应知识点，并有针对性地了解相应的实务要点与权威案例。

本书体例设计新颖，解读精练，案例权威，独创性强，是《民法典》进阶学习的得力助手。本书的编著得到了法律出版社的大力支持，在此仅表谢忱。另外，本书是我们学习工作之余努力的成果，由于时间和经验所限，疏漏之处在所难免，敬请指正。

编　者

2021年5月

目录一
（词条顺序）

第一编　总　　则

调整范围 //　003
平等原则 //　006
自愿原则 //　008
公平原则 //　010
诚实信用 //　014
公序良俗 //　019
绿色原则 //　023
民事权利能力 //　026
民事行为能力 //　029
住所 //　031
监护 //　032
特殊监护类型 //　038
宣告失踪 //　040
宣告死亡 //　042
“两户” //　044
法人及其类型 //　045
法定代表人 //　047
法人登记 //　049
法人解散、清算 //　052
与法人相关的权责承受 //　053

营利法人治理结构 // 056
营利法人相关责任 // 058
非营利法人治理结构 // 060
特别法人 // 062
非法人组织 // 063
民事权利类型 // 065
民事权利取得方式与行使要求 // 070
民事法律行为一般规定 // 071
意思表示 // 074
民事法律行为有效要件 // 078
无效的民事法律行为 // 080
效力待定的民事法律行为 // 088
可撤销的民事法律行为 // 091
民事法律行为部分无效 // 096
无效、被撤销的民事法律行为自始没有法律约束力 // 097
民事法律行为的附条件、附期限 // 099
代理 // 101
委托代理 // 103
代理终止 // 108
民事责任 // 110
按份责任 // 113
连带责任 // 120
惩罚性赔偿 // 128
民事责任承担中的特殊情形 // 131
诉讼时效一般规定 // 134
诉讼时效起算 // 136
诉讼时效中止与中断 // 138
不适用诉讼时效的情形 // 140
期间计算 // 142
总则编其他内容 // 144

第二编 物 权

物权类型 // 149
物权原则 // 151
物权效力方式与时间 // 153
不动产登记制度 // 158
区分原则 // 162
物权请求权 // 163
征收、征用 // 166
国家所有权范围 // 172
国家所有权行使与管理 // 174
集体所有权 // 176
私人所有权 // 178
企业出资人权利与法人财产权 // 179
业主的建筑物区分所有权一般规定 // 180
道路、绿地、车位 // 184
建筑物区分所有权管理 // 186
相邻关系 // 192
共有 // 195
按份共有、共同共有 // 196
共有物管理与分割 // 198
善意取得 // 201
遗失物 // 203
所有权取得的其他特别方式 // 205
用益物权范围 // 207
双层经营体制与土地承包经营制度 // 212
承包期 // 213
土地承包经营权设立、互换、转让 // 215
土地经营权 // 217
建设用地使用权设立 // 219

建设用地使用权人权利义务 // 221
房地一体 // 223
建设用地使用权其他规定 // 225
宅基地使用权 // 226
居住权 // 228
地役权一般规定 // 230
供役地人、地役权人义务 // 232
地役权的承继与限制 // 233
涉地役权的转让 // 234
担保物权类型与适用范围 // 236
担保合同 // 242
担保物权消灭 // 247
人保物保并存 // 248
担保财产范围 // 250
担保物权设立时间 // 255
担保物权实现 // 258
担保物权孳息 // 263
担保物权清偿顺序 // 264
担保物权保护 // 267
担保物权处分 // 269
流押、流质 // 272
担保物保管 // 274
抵押权效力限制 // 275
最高额抵押权 // 276
占有 // 278

第三编　合　　同 ……

合同编中的法律适用 // 285
合同相对性 // 288

合同形式 // 289
合同内容 // 293
要约 // 298
承诺 // 301
合同成立时间 // 305
合同成立地点 // 308
强制缔约义务 // 310
预约合同 // 312
悬赏广告 // 314
批准、备案、许可对合同效力影响 // 314
超经营范围订立的合同效力 // 319
争议解决条款与清理结算条款效力的独立性 // 319
合同中的无约定或约定不明 // 321
电子合同标的交付 // 331
政府定价（指导价）与币种确定 // 332
选择之债 // 333
涉他合同 // 335
债务履行抗辩权 // 337
合同履行的其他问题 // 341
代位权 // 343
合同变更 // 348
债权转让 // 349
债务转移 // 355
合同权利义务一并转让 // 358
债权债务终止 // 360
合同解除 // 363
抵销、免除、混同 // 372
提存 // 376
违约类型 // 380
不同违约责任承担方式 // 385

定金 // 394
各典型合同定义 // 397
出卖人义务 // 408
买受人义务 // 415
风险负担 // 419
特殊买卖 // 424
特定情形下的买卖合同解除 // 429
供电人义务 // 431
用电人义务 // 433
赠与的撤销 // 435
赠与合同其他规定 // 438
借款合同涉利息规定 // 440
借款合同涉期限规定 // 443
贷款人其他权利 // 445
保证合同中的两个范围 // 446
保证方式 // 447
保证责任 // 449
保证人权利 // 454
保证合同其他规定 // 457
租赁期限 // 460
出租人义务与责任 // 462
承租人义务与责任 // 464
转租 // 469
优先购买权 // 470
优先承租权 // 472
买卖不破租赁 // 473
承租人解除权 // 474
租赁合同其他规定 // 477
融资租赁中承租人权利 // 478
融资租赁中出租人义务与责任 // 480

融资租赁中承租人义务与责任 //　482
融资租赁合同解除 //　484
融资租赁中租赁物归属 //　487
保理合同类型 //　489
保理合同其他规定 //　491
承揽人义务与责任 //　493
定作人义务与责任 //　498
建设工程监理、检查、验收 //　502
建设工程中的责任 //　506
建设工程合同其他规定 //　511
承运人义务 //　515
旅客义务 //　518
托运人义务 //　521
旅客伤亡与物品、货物毁损灭失责任 //　524
提货与验货 //　528
运输合同变更、解除 //　529
多式联运 //　530
技术合同类型 //　534
技术合同订立原则 //　537
技术成果权益归属 //　538
技术合同中当事人义务 //　543
技术合同中违约责任 //　550
技术合同其他规定 //　555
保管合同保管人义务与赔偿责任 //　558
寄存人义务 //　561
保管物领取（返还）//　563
仓储合同保管人义务与赔偿责任 //　565
仓单 //　568
仓储物提取 //　569
仓储合同其他内容 //　571

委托人义务与责任 // 572
受托人义务与责任 // 574
涉委托合同的其他规定 // 579
前期物业服务合同 // 583
物业服务人义务与责任 // 584
业主义务 // 588
物业服务合同续订 // 590
行纪人义务 // 591
行纪人权利 // 594
中介人义务 // 595
中介人报酬请求权 // 596
合伙人义务 // 599
合伙事务 // 601
合伙合同其他内容 // 603
无因管理 // 606
管理人义务 // 608
不当得利 // 610

第四编 人 格 权

人格权基本规定 // 619
身份权 // 621
侵害人格权责任特殊规则 // 622
死者与英烈人格利益保护 // 624
各具体人格权 // 629
生命权、身体权、健康权其他规定 // 637
姓名权、名称权其他规定 // 641
肖像权其他规定 // 644
名誉权、荣誉权其他规定 // 647
隐私权、个人信息保护其他规定 // 651

人格权中的合理使用 // 655

第五编 婚姻家庭

婚姻家庭基本规定 // 663
结婚条件 // 669
夫妻关系中的权利义务 // 671
夫妻财产 // 675
夫妻共同债务 // 681
父母子女关系 // 683
其他近亲属关系 // 689
协议离婚 // 691
诉讼离婚 // 693
离婚后子女抚养 // 696
离婚中的补偿、帮助、赔偿 // 701
离婚其他规定 // 704
被收养人范围 // 706
送养人范围与送养情形 // 707
收养的条件 // 710
收养程序 // 714
收养关系解除 // 716
收养中的其他规定 // 720

第六编 继 承

继承基本规定 // 725
法定继承 // 730
遗嘱继承与遗赠 // 737
遗嘱形式 // 740
遗产管理人 // 745

遗产的处理 // 748
继承中的税债清偿 // 755

第七编　侵权责任

侵权责任承担 // 761
侵权责任归责原则 // 763
侵权责任减免责情形 // 767
损害赔偿 // 772
过错推定 // 778
涉追偿的侵权责任 // 784
责任主体特殊规定其他内容 // 796
产品责任其他内容 // 802
机动车交通事故责任其他内容 // 805
医疗损害责任中的过错 // 808
医疗机构及医务人员义务 // 810
医疗损害责任其他内容 // 813
环境污染和生态破坏责任 // 815
高度危险责任 // 822
饲养动物损害责任 // 827

附则

民法典附则 // 830

目录二
（法条顺序）

第一编　总　　则

第 1 条【立法目的与立法根据】—总则编其他内容 //　144
第 2 条【民法调整范围】—调整范围 //　003
第 3 条【民事权益受法律保护】—总则编其他内容 //　144
第 4 条【平等原则】—平等原则 //　006
第 5 条【自愿原则】—自愿原则 //　008
第 6 条【公平原则】—公平原则 //　010
第 7 条【诚信原则】—诚实信用 //　014
第 8 条【守法与公序良俗原则】—公序良俗 //　020
第 9 条【绿色原则】—绿色原则 //　024
第 10 条【处理民事纠纷依据】—公序良俗 //　020
第 11 条【优先适用特别法】—总则编其他内容 //　144
第 12 条【地域效力范围】—调整范围 //　003
第 13 条【自然人民事权利能力起止】—民事权利能力 //　026
第 14 条【自然人民事权利能力平等】—平等原则 //　006
第 15 条【出生、死亡时间的确定】—民事权利能力 //　026
第 16 条【胎儿利益特殊保护】—民事权利能力 //　026
第 17 条【成年人与未成年人年龄界限】—民事行为能力 //　030
第 18 条【完全民事行为能力人】—民事行为能力 //　029
第 19 条【限制民事行为能力的未成年人】—民事行为能力 //　030
第 20 条【无民事行为能力的未成年人】—民事行为能力 //　030
第 21 条【无民事行为能力的成年人】—民事行为能力 //　030
第 22 条【限制民事行为能力的成年人】—民事行为能力 //　030
第 23 条【法定代理人】—民事行为能力 //　030

第 24 条【民事行为能力的认定与恢复】—民事行为能力 // 030
第 25 条【自然人住所】—住所 // 032
第 26 条【父母子女间法律义务】—父母子女关系 // 684
第 27 条【未成年人的监护人】—监护 // 032
第 28 条【成年人的监护人】—监护 // 033
第 29 条【遗嘱指定监护】—特殊监护类型 // 038
第 30 条【协议确定监护】—特殊监护类型 // 038
第 31 条【监护争议解决程序】—监护 // 033
第 32 条【公职监护】—特殊监护类型 // 039
第 33 条【意定监护】—特殊监护类型 // 039
第 34 条【监护职责与临时生活照料】—监护 // 033
第 35 条【履行监护职责的要求】—监护 // 034
第 36 条【监护资格撤销】—监护 // 034
第 37 条【监护资格撤销不免除负担义务】—监护 // 034
第 38 条【监护资格恢复】—监护 // 034
第 39 条【监护关系终止】—监护 // 034
第 40 条【宣告失踪的条件】—宣告失踪 // 040
第 41 条【下落不明的时间起算】—宣告失踪 // 040
第 42 条【失踪人的财产代管人】—宣告失踪 // 040
第 43 条【财产代管人职责】—宣告失踪 // 040
第 44 条【财产代管人变更】—宣告失踪 // 041
第 45 条【失踪宣告的撤销】—宣告失踪 // 041
第 46 条【宣告死亡的条件】—宣告死亡 // 042
第 47 条【宣告死亡的优先适用】—宣告死亡 // 042
第 48 条【宣告死亡时间的确定】—民事权利能力 // 026
第 49 条【被宣告死亡人实际生存时的行为效力】—宣告死亡 // 043
第 50 条【死亡宣告的撤销】—宣告死亡 // 043
第 51 条【宣告死亡中的婚姻关系】—宣告死亡 // 043
第 52 条【宣告死亡中的亲子关系】—宣告死亡 // 043
第 53 条【死亡宣告撤销后的财产返还】—宣告死亡 // 043
第 54 条【个体工商户】—“两户” // 044
第 55 条【农村承包经营户】—“两户” // 044
第 56 条【债务承担规则】—“两户” // 044
第 57 条【法人概念】—法人及其类型 // 026，046

第 58 条【法人成立条件】—民事权利能力 // 027
第 59 条【法人民事权利能力与民事行为能力起止】—民事权利能力 // 027
第 60 条【法人民事责任承担】—法人及其类型 // 046
第 61 条【法定代表人及其行为后果】—法定代表人 // 047
第 62 条【法定代表人职务侵权责任】—法定代表人 // 047
第 63 条【法人住所】—住所 // 032
第 64 条【法人变更登记】—法人登记 // 050
第 65 条【登记不一致法律后果】—法人登记 // 050
第 66 条【登记信息公示】—法人登记 // 050
第 67 条【法人合并、分立后的相关权利义务承受】
—与法人相关的权责承受 // 053
第 68 条【法人终止】—民事权利能力 // 027
第 69 条【法人解散】—法人解散、清算 // 052
第 70 条【法人解散后的清算】—法人解散、清算 // 052
第 71 条【清算法律适用】—法人解散、清算 // 052
第 72 条第 1 款【清算期间法人】—法人解散、清算 // 052
第 72 条第 2 款【法人清算后剩余财产处理】—与法人相关的权责承受 // 054
第 72 条第 3 款【法人终止登记】—民事权利能力,法人登记 // 027,050
第 73 条【破产注销登记】—民事权利能力,法人登记 // 027,050
第 74 条第 1 款【法人分支机构设立】—法人登记 // 050
第 74 条第 2 款【分支机构责任承担】—与法人相关的权责承受 // 054
第 75 条【设立法人行为的权责承受】—与法人相关的权责承受 // 054
第 76 条【营利法人】—法人及其类型 // 046
第 77 条【营利法人设立登记】—民事权利能力,法人登记 // 027,050
第 78 条【营利法人成立时间】—民事权利能力 // 027
第 79 条【营利法人章程】—营利法人治理结构 // 056
第 80 条【营利法人权力机构】—营利法人治理结构 // 056
第 81 条【营利法人执行机构】—营利法人治理结构 // 056
第 82 条【营利法人监督机构】—营利法人治理结构 // 056
第 83 条【出资人滥用权利责任】—营利法人相关责任 // 058
第 83 条第 2 款【滥用出资人权利中的连带责任】—连带责任 // 121
第 84 条【不当利用关联关系责任】—营利法人相关责任 // 058
第 85 条【营利法人决议瑕疵的撤销】—营利法人相关责任 // 058
第 86 条【营利法人社会责任】—公序良俗 // 020

第 87 条【 非营利法人 】—法人及其类型 // 046
第 88 条【 事业单位法人 】—法人登记 // 050
第 89 条【 事业单位法人组织机构 】—非营利法人治理结构 // 061
第 90 条【 社会团体法人 】—法人登记 // 050
第 91 条【 社会团体法人章程与组织机构 】—非营利法人治理结构 // 061
第 92 条【 捐助法人 】—法人登记 // 050
第 93 条【 捐助法人章程与组织机构 】—非营利法人治理结构 // 061
第 94 条【 捐助人权利 】—非营利法人治理结构 // 061
第 95 条【 非营利法人终止后剩余财产处理 】—与法人相关的权责承受 // 054
第 96 条【 特别法人 】—法人及其类型 // 046
第 97 条【 机关法人 】—特别法人 // 062
第 98 条【 机关法人撤销后的权责承受 】—与法人相关的权责承受 // 054
第 99 条【 农村集体经济组织法人 】—特别法人 // 062
第 100 条【 城镇农村的合作经济组织法人 】—特别法人 // 062
第 101 条【 基层群众性自治组织法人 】—特别法人 // 062
第 102 条【 非法人组织定义与范围 】—民事权利能力 // 027
第 103 条【 非法人组织设立 】—非法人组织 // 063
第 104 条【 非法人组织民事责任承担 】—非法人组织 // 064
第 105 条【 非法人组织代表人 】—非法人组织 // 064
第 106 条【 非法人组织解散 】—非法人组织 // 064
第 107 条【 非法人组织清算 】—非法人组织 // 064
第 108 条【 非法人组织参照适用 】—非法人组织 // 064
第 109 条【 人身自由、人格尊严受法律保护 】—民事权利类型，人格权基本规定 // 065，619
第 110 条【 民事主体的人格权 】—民事权利类型，人格权基本规定 // 065，619
第 111 条【 获取个人信息时的要求 】—民事权利类型，隐私权、个人信息保护其他规定 // 065，651
第 112 条【 自然人身份权 】—民事权利类型，身份权 // 066，621
第 113 条【 财产权利平等保护 】—平等原则 // 006
第 114 条【 物权 】—民事权利类型，物权类型 // 066，149
第 115 条【 物权客体 】—物权类型 // 149
第 116 条【 物权法定原则 】—物权原则 // 151
第 117 条【 征收、征用 】—公平原则，征收、征用 // 010，167
第 118 条【 债权 】—民事权利类型 // 066

第 119 条【 合同约束力 】—合同相对性 // 288
第 120 条【 侵权责任一般条款 】—侵权责任承担 // 761
第 121 条【 无因管理之债 】—无因管理 // 606
第 122 条【 不当得利之债 】—不当得利 // 611
第 123 条【 知识产权 】—民事权利类型 // 066
第 124 条【 继承权 】—民事权利类型，继承基本规定 // 066，725
第 125 条【 股权和其他投资性权利 】—民事权利类型 // 066
第 126 条【 其他民事权益 】—民事权利类型 // 066
第 127 条【 数据、网络虚拟财产保护 】—民事权利类型 // 066
第 128 条【 民事权利的特别保护 】—总则编其他内容 // 144
第 129 条【 民事权利的取得方式 】—民事权利取得方式与行使要求 // 070
第 130 条【 依自己意愿行使民事权利 】—自愿原则 // 009
第 131 条【 权利义务相统一 】—民事权利取得方式与行使要求 // 070
第 132 条【 权利不得滥用 】—民事权利取得方式与行使要求 // 070
第 133 条【 民事法律行为定义 】—民事法律行为一般规定 // 072
第 134 条【 民事法律行为的成立 】—民事法律行为一般规定 // 072
第 135 条【 民事法律行为的形式 】—民事法律行为一般规定 // 072
第 136 条【 民事法律行为的生效时间 】—民事法律行为一般规定 // 072
第 137 条【 有相对人的意思表示生效时间 】—意思表示 // 074
第 138 条【 无相对人的意思表示生效时间 】—意思表示 // 075
第 139 条【 以公告方式作出的意思表示生效时间 】—意思表示 // 075
第 140 条【 意思表示作出方式 】—意思表示 // 075
第 141 条【 意思表示的撤回 】—意思表示 // 075
第 142 条【 意思表示的解释 】—诚实信用，意思表示 // 014，075
第 143 条【 民事法律行为有效要件 】—公序良俗，民事法律行为有效要件 // 020，079
第 144 条【 无民事行为能力人实施的民事法律行为无效 】—无效的民事法律行为 // 081
第 145 条【 限制民事行为能力人实施的民事法律行为效力 】—效力待定的民事法律行为 // 088
第 146 条【 虚假表示与隐藏行为的效力 】—无效的民事法律行为 // 081
第 147 条【 基于重大误解实施的民事法律行为可撤销 】—可撤销的民事法律行为 // 091
第 148 条【 以欺诈手段实施的民事法律行为可撤销 】—可撤销的民事法律行为 // 091

第 149 条【受第三人欺诈实施的民事法律行为可撤销】—可撤销的民事法律行为 // 091
第 150 条【受胁迫实施的民事法律行为可撤销】—可撤销的民事法律行为 // 092
第 151 条【显失公平的民事法律行为可撤销】—公平原则，可撤销的民事法律行为 // 010，092
第 152 条【撤销权消灭】—可撤销的民事法律行为 // 092
第 153 条【民事法律行为无效事由】—无效的民事法律行为 // 081
第 153 条第 2 款【违背公序良俗的民事法律行为无效】—公序良俗 // 020
第 154 条【恶意串通的民事法律行为效力】—无效的民事法律行为 // 081
第 155 条【无效、被撤销的民事法律行为自始没有法律约束力】—无效、被撤销的民事法律行为自始没有法律约束力 // 097
第 156 条【民事法律行为部分无效】—民事法律行为部分无效 // 096
第 157 条【民事法律行为无效、被撤销或确定不发生效力的法律后果】—无效、被撤销的民事法律行为自始没有法律约束力 // 098
第 158 条【附条件的民事法律行为】—民事法律行为的附条件、附期限 // 099
第 159 条【条件成就与不成就的拟制】—民事法律行为的附条件、附期限 // 100
第 160 条【附期限的民事法律行为】—民事法律行为的附条件、附期限 // 100
第 161 条【代理适用范围】—代理 // 101
第 162 条【代理效力】—代理 // 101
第 163 条【代理类型】—代理 // 101
第 164 条【代理人责任】—代理 // 101
第 164 条第 2 款【代理人与相对人恶意串通的连带责任】—连带责任 // 122
第 165 条【授权委托书】—委托代理 // 104
第 166 条【共同代理】—委托代理 // 104
第 167 条【违法代理及法律后果】—委托代理 // 104，122
第 168 条【自己代理与双方代理】—效力待定的民事法律行为 // 088
第 169 条【复代理】—委托代理 // 104
第 170 条【职务代理】—委托代理 // 104
第 171 条【无权代理】—效力待定的民事法律行为 // 088
第 172 条【表见代理】—委托代理 // 104

第 173 条【委托代理终止情形】—代理终止 // 108
第 174 条【委托代理终止的例外】—代理终止 // 109
第 175 条【法定代理终止情形】—代理终止 // 109
第 176 条【民事义务与责任】—民事责任 // 110
第 177 条【按份责任】—按份责任 // 114
第 178 条【连带责任】—连带责任 // 121
第 179 条【民事责任承担方式】—民事责任 // 110
第 179 条第 2 款【民事责任承担中的惩罚性赔偿】—惩罚性赔偿 // 128
第 180 条【不可抗力】—民事责任承担中的特殊情形 // 131
第 181 条【正当防卫】—民事责任承担中的特殊情形 // 132
第 182 条【紧急避险】—民事责任承担中的特殊情形 // 132
第 183 条【保护他人民事权益受损时责任承担】—民事责任承担中的特殊情形 // 132
第 184 条【紧急救助责任豁免】—民事责任承担中的特殊情形 // 132
第 185 条【英烈人格利益保护】—死者与英烈人格利益保护 // 625
第 186 条【责任竞合】—民事责任 // 111
第 187 条【民事责任优先】—民事责任 // 111
第 188 条【普通诉讼时效、最长权利保护期间】—诉讼时效一般规定 // 135
第 188 条第 2 款【诉讼时效起算】—诉讼时效起算 // 137
第 189 条【分期履行债务诉讼时效起算】—诉讼时效起算 // 137
第 190 条【对法定代理人请求权的诉讼时效起算】—诉讼时效起算 // 137
第 191 条【被性侵未成年人赔偿请求权的诉讼时效起算】—诉讼时效起算 // 137
第 192 条【诉讼时效期间届满法律后果】—诉讼时效一般规定 // 135
第 192 条第 2 款【时效届满后自愿履行】—自愿原则 // 009
第 193 条【法院不得主动适用诉讼时效】—诉讼时效一般规定 // 135
第 194 条【诉讼时效中止】—诉讼时效中止与中断 // 139
第 195 条【诉讼时效中断】—诉讼时效中止与中断 // 139
第 196 条【不适用诉讼时效的请求权】—不适用诉讼时效的情形 // 140
第 197 条【诉讼时效法定】—诉讼时效一般规定 // 135
第 198 条【仲裁时效准用诉讼时效】—诉讼时效一般规定 // 135
第 199 条【除斥期间不适用诉讼时效】—不适用诉讼时效的情形 // 141
第 200 条【期间计算单位】—期间计算 // 142
第 201 条【期间起算】—期间计算 // 142

第 202 条【期间结束】—期间计算 // 142
第 203 条【期间结束日顺延与末日结束点】—期间计算 // 143
第 204 条【期间计算除外规定】—期间计算 // 143

第二编 物 权

第 205 条【物权编调整范围】—调整范围 // 003
第 206 条第 1 款、第 2 款【基本经济制度与社会主义市场经济原则】—物权原则 // 151
第 206 条第 3 款【社会主义市场经济主体平等】—平等原则 // 006
第 207 条【物权平等保护原则】—平等原则，物权原则 // 006，151
第 208 条【物权公示原则】—物权原则 // 151
第 209 条【不动产登记的效力】—物权效力方式与时间 // 153
第 210 条【不动产登记机构与统一登记】—不动产登记制度 // 158
第 211 条【登记申请资料】—不动产登记制度 // 158
第 212 条【登记机构职责】—不动产登记制度 // 158
第 213 条【登记机构禁止行为】—不动产登记制度 // 159
第 214 条【不动产物权变动生效时间】—物权效力方式与时间 // 153
第 215 条【合同效力与物权变动区分】—区分原则 // 162
第 216 条【登记簿效力与管理】—不动产登记制度 // 159
第 217 条【登记簿与权属证书关系】—不动产登记制度 // 159
第 218 条【登记资料查询与复制】—不动产登记制度 // 159
第 219 条【登记信息保密】—不动产登记制度 // 159
第 220 条【更正登记与异议登记】—不动产登记制度 // 159
第 221 条【预告登记】—不动产登记制度 // 159
第 222 条【登记错误赔偿】—不动产登记制度 // 159
第 223 条【登记费用】—不动产登记制度 // 160
第 224 条【动产交付的效力】—物权效力方式与时间 // 154
第 225 条【特殊动产登记的效力】—物权效力方式与时间 // 154
第 226 条【动产交付中的先行占有】—物权效力方式与时间 // 154
第 227 条【动产交付中的指示交付】—物权效力方式与时间 // 154
第 228 条【动产交付中的占有改定】—物权效力方式与时间 // 154
第 229 条【法律文书或征收决定导致的物权变动】—物权效力方式与时间 // 154

第 230 条【因继承取得物权】—物权效力方式与时间 // 154
第 231 条【因事实行为发生物权变动】—物权效力方式与时间 // 154
第 232 条【处分非因民事法律行为享有的不动产物权】—物权效力方式与时间 // 154
第 233 条【物权纠纷解决方式】—物权请求权 // 164
第 234 条【物权确认请求权】—物权请求权 // 164
第 235 条【返还原物请求权】—物权请求权 // 164
第 236 条【排除妨害请求权】—物权请求权 // 164
第 237 条【恢复原状请求权】—物权请求权 // 164
第 238 条【损害赔偿请求权】—物权请求权 // 164
第 239 条【保护方式的单用与并用】—物权请求权 // 164
第 240 条【所有权】—物权类型 // 149
第 241 条【所有权人设立他物权】—物权类型 // 149
第 242 条【国家专属所有权】—国家所有权范围 // 172
第 243 条【征收】—征收、征用 // 167
第 244 条【耕地保护】—征收、征用 // 167
第 245 条【征用】—征收、征用 // 167
第 246 条第 1 款【国有财产范围】—国家所有权范围 // 172
第 246 条第 2 款【国家所有权行使】—国家所有权行使与管理 // 174
第 247 条【矿藏、水流、海域国家所有】—国家所有权范围 // 172
第 248 条【无居民海岛国家所有】—国家所有权范围 // 172
第 249 条【国家所有土地的范围】—国家所有权范围 // 172
第 250 条【自然资源国家所有】—国家所有权范围 // 172
第 251 条【野生动植物资源国家所有】—国家所有权范围 // 172
第 252 条【无线电频谱资源国家所有】—国家所有权范围 // 172
第 253 条【文物国家所有】—国家所有权范围 // 173
第 254 条【国防资产与基础设施国家所有】—国家所有权范围 // 173
第 255 条【国家机关的物权行使】—国家所有权行使与管理 // 174
第 256 条【国家举办的事业单位的物权行使】—国家所有权行使与管理 // 174
第 257 条【国家出资的企业出资人制度】—国家所有权行使与管理 // 174
第 258 条【国有财产保护】—国家所有权行使与管理 // 175
第 259 条【国有财产管理的法律责任】—国家所有权行使与管理 // 175
第 260 条【集体财产范围】—集体所有权 // 176

第 261 条【农民集体所有财产】—集体所有权 // 176
第 262 条【农民集体所有权行使】—集体所有权 // 177
第 263 条【城镇集体财产权利行使】—集体所有权 // 177
第 264 条【集体成员知情权】—集体所有权 // 177
第 265 条【集体财产权保护】—集体所有权 // 177
第 265 条第 2 款【农村集体成员撤销权】—可撤销的民事法律行为 // 092
第 266 条【私有财产范围】—私人所有权 // 179
第 267 条【私有财产保护】—私人所有权 // 179
第 268 条【企业出资人权利】—企业出资人权利与法人财产权 // 179
第 269 条【法人财产权】—企业出资人权利与法人财产权 // 180
第 270 条【社会团体法人、捐助法人财产权保护】—企业出资人权利与法人财产权 // 180
第 271 条【建筑物区分所有权】—业主的建筑物区分所有权一般规定 // 181
第 272 条【专有部分权利义务】—业主的建筑物区分所有权一般规定 // 181
第 273 条【共有部分权利义务】—业主的建筑物区分所有权一般规定 // 181
第 274 条【建筑区划内道路、绿地等的权利归属】—道路、绿地、车位 // 184
第 275 条【车位、车库的归属】—道路、绿地、车位 // 185
第 276 条【车位、车库的首要用途】—道路、绿地、车位 // 185
第 277 条【业主自治管理组织的设立】—建筑物区分所有权管理 // 186
第 278 条【业主共同决定事项范围及表决要求】—建筑物区分所有权管理 // 186
第 279 条【业主改变住宅用途的限制】—建筑物区分所有权管理 // 187
第 280 条【业主大会、业主委员会决定的效力】—建筑物区分所有权管理 // 187
第 280 条第 2 款【权益受侵业主的撤销权】—可撤销的民事法律行为 // 092
第 281 条【维修资金管理】—建筑物区分所有权管理 // 187
第 282 条【共有部分收入分配】—业主的建筑物区分所有权一般规定 // 181
第 283 条【建筑物及其附属设施的费用分摊与收益分配】—业主的建筑物区分所有权一般规定 // 181
第 284 条【建筑物及其附属设施管理主体】—建筑物区分所有权管理 // 187
第 285 条【业主与物业等管理人的关系】—建筑物区分所有权管理 // 187

第 286 条【业主相关义务与责任】—绿色原则，建筑物区分所有权管理 // 024，187
第 287 条【业主合法权益保护】—建筑物区分所有权管理 // 188
第 288 条【相邻关系处理原则】—公平原则，物权原则 // 010，151
第 289 条【相邻关系处理的依据】—相邻关系 // 193
第 290 条【相邻用水排水】—相邻关系 // 193
第 291 条【相邻通行】—相邻关系 // 193
第 292 条【相邻土地利用】—相邻关系 // 193
第 293 条【相邻通风、采光和日照】—相邻关系 // 193
第 294 条【相邻不动产间不可量物侵害】—相邻关系 // 193
第 295 条【维护相邻不动产安全】—相邻关系 // 193
第 296 条【使用相邻不动产损害避免义务】—相邻关系 // 193
第 297 条【共有及其类型】—共有 // 195
第 298 条【按份共有】—按份共有、共同共有 // 196
第 299 条【共同共有】—按份共有、共同共有 // 197
第 300 条【共有物管理】—共有物管理与分割 // 199
第 301 条【共有物处分、重大修缮与性质、用途变更】—共有物管理与分割 // 199
第 302 条【管理费用负担】—共有物管理与分割 // 199
第 303 条【共有物分割】—共有物管理与分割 // 199
第 304 条【分割方式】—共有物管理与分割 // 199
第 305 条【按份共有人优先购买权】—按份共有、共同共有 // 197
第 306 条【优先购买权实现方式】—按份共有、共同共有 // 197
第 307 条【因共有财产而生的债权债务关系效力】—共有物管理与分割 // 199
第 308 条【按份共有推定】—按份共有、共同共有 // 196
第 309 条【按份共有人份额确定】—按份共有、共同共有 // 197
第 310 条【用益物权、担保物权准共有】—共有 // 195
第 311 条【善意取得】—善意取得 // 201
第 312 条【遗失物的善意取得】—遗失物 // 204
第 313 条【善意取得的动产上原权利消灭】—善意取得 // 202
第 314 条【拾得遗失物返还】—遗失物 // 203
第 315 条【有关部门收到遗失物的处理】—遗失物 // 203
第 316 条【遗失物保管】—遗失物 // 203
第 317 条【领取遗失物时应尽义务】—遗失物 // 203

第 318 条【公告期满无人认领的遗失物归属】—遗失物 // 203
第 319 条【拾得漂流物、发现埋藏物或隐藏物】—所有权取得的其他特别方式 // 205
第 320 条【从物随主物转让】—所有权取得的其他特别方式 // 205
第 321 条【天然孳息与法定孳息归属】—所有权取得的其他特别方式 // 205
第 322 条【添附】—所有权取得的其他特别方式 // 205
第 323 条【用益物权】—物权类型 // 149
第 324 条【国家与集体所有自然资源的用益物权】—用益物权范围 // 208
第 325 条【自然资源使用制度】—用益物权范围 // 208
第 326 条【用益物权行使】—绿色原则 // 024
第 327 条【征收、征用用益物权的补偿】—征收、征用 // 167
第 328 条【海域使用权】—用益物权范围 // 208
第 329 条【探矿权、采矿权、取水权及从事养殖、捕捞的权利】—用益物权范围 // 208
第 330 条【双层经营体制与土地承包经营制度】—双层经营体制与土地承包经营制度 // 212
第 331 条【土地承包经营权】—用益物权范围 // 208
第 332 条【土地承包期限】—承包期 // 214
第 333 条【土地承包经营权设立与登记】—土地承包经营权设立、互换、转让 // 216
第 334 条【土地承包经营权互换、转让】—土地承包经营权设立、互换、转让 // 216
第 335 条【互换、转让登记】—土地承包经营权设立、互换、转让 // 216
第 336 条【承包地调整】—承包期 // 214
第 337 条【承包地收回】—承包期 // 214
第 338 条【承包地征收补偿】—征收、征用 // 167
第 339 条【土地承包经营权人流转土地经营权】—土地经营权 // 217
第 340 条【土地经营权概念】—土地经营权 // 217
第 341 条【土地经营权设立与登记】—土地经营权 // 217
第 342 条【其他方式的土地经营权流转】—土地经营权 // 217
第 343 条【国有农用地实行承包经营的法律适用】—双层经营体制与土地承包经营制度 // 212
第 344 条【建设用地使用权】—用益物权范围 // 208

第 345 条【建设用地使用权分层设立】—建设用地使用权设立 // 219
第 346 条【建设用地使用权设立原则】—绿色原则，物权原则 // 024，151
第 347 条【设立建设用地使用权的方式】—建设用地使用权设立 // 219
第 348 条【出让合同】—建设用地使用权设立 // 219
第 349 条【设立登记】—建设用地使用权设立 // 220
第 350 条【土地用途管制】—建设用地使用权人权利义务 // 221
第 351 条【出让金支付义务】—建设用地使用权人权利义务 // 221
第 352 条【建筑物、构筑物及附属设施权属】—建设用地使用权人权利义务 // 221
第 353 条【建设用地使用权流转】—建设用地使用权人权利义务 // 221
第 354 条【流转建设用地使用权的合同形式与期限】—建设用地使用权人权利义务 // 221
第 355 条【建设用地使用权流转后的变更登记】—建设用地使用权人权利义务 // 221
第 356 条【建筑物等随建设用地使用权流转一并处分】—房地一体 // 223
第 357 条【建设用地使用权随建筑物等流转一并处分】—房地一体 // 223
第 358 条【建设用地使用权提前收回与补偿】—建设用地使用权其他规定 // 225
第 359 条【建设用地使用权续期】—建设用地使用权其他规定 // 225
第 360 条【建设用地使用权注销登记】—建设用地使用权其他规定 // 225
第 361 条【集体土地作为建设用地的法律适用】—建设用地使用权其他规定 // 226
第 362 条【宅基地使用权】—用益物权范围 // 208
第 363 条【宅基地使用权取得、行使和转让的法律适用】—宅基地使用权 // 227
第 364 条【宅基地灭失与重新分配】—宅基地使用权 // 227
第 365 条【宅基地使用权变更与注销登记】—宅基地使用权 // 227
第 366 条【居住权】—用益物权范围 // 208
第 367 条【居住权合同】—居住权 // 228
第 368 条【居住权设立】—居住权 // 228
第 369 条【居住权限制】—居住权 // 228
第 370 条【居住权消灭】—居住权 // 228
第 371 条【遗嘱设立居住权的参照适用】—居住权 // 229
第 372 条【地役权】—用益物权范围 // 208

第 373 条【地役权合同】—地役权一般规定 // 230
第 374 条【地役权设立与登记】—地役权一般规定 // 230
第 375 条【供役地人义务】—供役地人、地役权人义务 // 232
第 376 条【地役权人义务】—供役地人、地役权人义务 // 232
第 377 条【地役权期限】—地役权一般规定 // 230
第 378 条【在先地役权的承继】—地役权的承继与限制 // 233
第 379 条【在先用益物权对地役权的限制】—地役权的承继与限制 // 233
第 380 条【地役权转让】—涉地役权的转让 // 234
第 381 条【地役权抵押】—地役权一般规定 // 231
第 382 条【地役权对需役地及其上权利的不可分性】
—涉地役权的转让 // 234
第 383 条【地役权对供役地及其上权利的不可分性】
—涉地役权的转让 // 234
第 384 条【地役权消灭】—地役权一般规定 // 231
第 385 条【地役权变动后登记】—地役权一般规定 // 231
第 386 条【担保物权】—物权类型 // 149
第 387 条【担保物权适用范围与反担保】—担保物权类型与
适用范围 // 237
第 388 条【担保合同】—担保合同 // 242
第 389 条【担保范围】—担保合同 // 243
第 390 条【担保物权物上代位性】—担保物权消灭 // 247
第 391 条【未经担保人同意转移债务的法律后果】—担保物权消灭 // 247
第 392 条【人保与物保并存时担保权实行规则】—人保物保并存 // 249
第 393 条【担保物权消灭事由】—担保物权消灭 // 247
第 394 条【一般抵押权】—担保物权类型与适用范围 // 236
第 395 条【抵押财产的范围】—担保财产范围 // 250
第 396 条【浮动抵押】—担保财产范围 // 251
第 397 条【建筑物与建设用地使用权同时抵押】—房地一体 // 223
第 398 条【乡镇、村企业建设用地使用权抵押限制】—担保财产范围 // 251
第 399 条【禁止抵押的财产范围】—担保财产范围 // 251
第 400 条【抵押合同】—担保合同 // 242
第 401 条【流押】—流押、流质 // 272
第 402 条【不动产抵押登记时设立】—担保物权设立时间 // 255
第 403 条【动产抵押合同生效时设立】—担保物权设立时间 // 255

第 404 条【动产抵押权对抗效力的限制】—抵押权效力限制 // 275
第 405 条【抵押不破租赁】—抵押权效力限制 // 275
第 406 条【抵押财产的转让】—担保物权处分 // 269
第 407 条【抵押权处分的从属性】—担保物权处分 // 269
第 408 条【抵押权的保护】—担保物权保护 // 268
第 409 条【抵押权及其顺序的处分】—担保物权清偿顺序 // 265
第 410 条【抵押权的实现】—担保物权实现 // 259
第 410 条第 1 款【抵押权实现中受损债权人的撤销权】
—可撤销的民事法律行为 // 092
第 411 条【浮动抵押财产确定】—担保财产范围 // 251
第 412 条【抵押权对抵押财产孳息的效力】—担保物权孳息 // 263
第 413 条【抵押财产变价后的处理】—担保物权实现 // 259
第 414 条【数个抵押权的清偿顺序】—担保物权清偿顺序 // 264
第 415 条【抵押权与质权并存时的清偿顺序】—担保物权清偿顺序 // 265
第 416 条【动产购买价款抵押担保的优先权】—担保物权清偿顺序 // 265
第 417 条【抵押权对新增建筑物的效力】—担保财产范围 // 251
第 418 条【集体所有土地使用权抵押的实现效果】—担保物权实现 // 259
第 419 条【抵押权存续期间届满后果】—诉讼时效一般规定 // 135
第 420 条【最高额抵押权】—担保物权类型与适用范围 // 236
第 421 条【最高额抵押权所担保的债权转让】—最高额抵押权 // 276
第 422 条【最高额抵押合同内容变更】—最高额抵押权 // 277
第 423 条【最高额抵押权所担保的债权确定】—最高额抵押权 // 277
第 424 条【最高额抵押权的法律适用】—最高额抵押权 // 277
第 425 条【动产质权】—担保物权类型与适用范围 // 236
第 426 条【禁止质押的动产范围】—担保财产范围 // 251
第 427 条【质押合同】—担保合同 // 243
第 428 条【流质】—流押、流质 // 272
第 429 条【动产质权交付时设立】—担保物权设立时间 // 255
第 430 条【质权人孳息收取权】—担保物权孳息 // 263
第 431 条【质权人擅自使用、处分质押财产的责任】
—担保物权处分 // 269
第 432 条【质权人的保管义务与赔偿责任】—担保物保管 // 274
第 433 条【质权的保护】—担保物权保护 // 268
第 434 条【转质权】—担保物权处分 // 269

第 435 条【质权放弃】—担保物权清偿顺序 // 265
第 436 条【质物返还与质权实现】—担保物权实现 // 259
第 437 条【出质人请求实现质权】—担保物权实现 // 259
第 438 条【质押财产变价后的处理】—担保物权实现 // 259
第 439 条第 1 款【最高额质权】—担保物权类型与适用范围 // 237
第 439 条第 2 款【最高额质权的法律适用】—最高额抵押权 // 277
第 440 条【权利质权】—担保物权类型与适用范围，
担保财产范围 // 237,251
第 441 条【有价证券出质的质权设立】—担保物权设立时间 // 255
第 442 条【有价证券出质的质权特别实现方式】—担保物权实现 // 259
第 443 条【基金份额、股权出质的质权设立】—担保物权设立时间 // 255
第 444 条【知识产权中财产权出质的质权设立】—担保物权
设立时间 // 256
第 445 条【应收账款出质的质权设立】—担保物权设立时间 // 256
第 446 条【权利质权适用动产质权的有关规定】—担保物权类型与
适用范围 // 238
第 447 条【留置权】—担保物权类型与适用范围 // 237
第 448 条【留置财产范围限制】—担保财产范围 // 252
第 449 条【不得留置的动产】—担保财产范围 // 252
第 450 条【可分物留置的限制】—担保财产范围 // 252
第 451 条【留置权人的保管义务】—担保物保管 // 274
第 452 条【留置权人孳息收取权】—担保物权孳息 // 263
第 453 条【留置权债务履行期】—担保物权实现 // 260
第 454 条【债务人请求实现留置权】—担保物权实现 // 260
第 455 条【留置权实现】—担保物权实现 // 260
第 456 条【留置权与抵押权或质权竞合时的顺序】—担保物权
清偿顺序 // 265
第 457 条【留置权消灭特殊情形】—担保物权消灭 // 247
第 458 条【有权占有法律适用】—占有 // 279
第 459 条【无权占有造成占有物损害的赔偿责任】—占有 // 279
第 460 条【权利人返还请求权与占有人费用求偿权】—占有 // 279
第 461 条【占有物毁损、灭失时占有人责任】—占有 // 279
第 462 条【占有保护请求权】—占有 // 279

第三编　合　　同

第 463 条【合同编调整范围】—调整范围 //　003
第 464 条【合同定义及身份关系协议的法律适用】—合同编中的法律适用 //　285
第 465 条【合同效力与合同相对性】—合同相对性 //　289
第 466 条【合同条款解释】—诚实信用，意思表示 //　015，075
第 467 条【非典型合同及特定涉外合同的法律适用】—合同编中的法律适用 //　285
第 468 条【非因合同产生的债权债务关系的法律适用】—合同编中的法律适用 //　285
第 469 条【合同订立形式】—合同形式 //　290
第 470 条【合同主要内容】—合同内容 //　293
第 471 条【合同订立方式】—合同形式 //　290
第 472 条【要约及其条件】—要约 //　298
第 473 条【要约邀请】—要约 //　298
第 474 条【要约生效时间】—要约 //　298
第 475 条【要约撤回】—要约 //　298
第 476 条【要约不得撤销情形】—要约 //　299
第 477 条【要约撤销】—要约 //　299
第 478 条【要约失效】—要约 //　299
第 479 条【承诺概念】—承诺 //　302
第 480 条【承诺方式】—承诺 //　302
第 481 条【承诺期限】—承诺 //　302
第 482 条【承诺期限的起算】—承诺 //　302
第 483 条【合同成立时间】—合同成立时间 //　306
第 484 条【承诺生效时间】—承诺 //　302
第 485 条【承诺撤回】—承诺 //　302
第 486 条【逾期承诺】—承诺 //　302
第 487 条【未迟发但迟到的承诺】—承诺 //　302
第 488 条【承诺对要约的实质性变更】—承诺 //　302
第 489 条【承诺对要约的非实质性变更】—承诺 //　303
第 490 条【书面形式订立的合同成立时间】—合同成立时间 //　306
第 490 条第 2 款【应采书面形式但未来仍成立的情况】—合同形式 //　290

第 491 条【签订确认书的合同及电子合同成立时间】—合同成立时间 // 306
第 492 条【合同成立地点】—合同成立地点 // 309
第 493 条【书面合同成立地点】—合同成立地点 // 309
第 494 条【强制缔约义务】—强制缔约义务 // 310
第 495 条【预约合同】—预约合同 // 312
第 496 条【格式条款】—公平原则 // 010
第 497 条【格式条款无效情形】—公平原则，无效的民事法律行为 // 011，081
第 498 条【格式条款解释】—意思表示 // 075
第 499 条【悬赏广告】—悬赏广告 // 314
第 500 条【缔约过失责任】—诚实信用 // 015
第 501 条【合同当事人保密义务】—诚实信用 // 015
第 502 条第 1 款【合同生效时间】—民事法律行为一般规定 // 072
第 502 条第 2 款、第 3 款【未办理批准等手续对合同效力影响】—批准、备案、许可对合同效力影响 // 315
第 503 条【被代理人以默示方式对无权代理合同的追认】—效力待定的民事法律行为 // 089
第 504 条【法定代表人或负责人越权订立的合同效力】—法定代表人 // 048
第 505 条【超经营范围订立的合同效力】—超经营范围订立的合同效力 // 319
第 506 条【免责条款无效】—无效的民事法律行为 // 081
第 507 条【争议解决条款效力的独立性】—争议解决条款与清理结算条款效力的独立性 // 319
第 508 条【合同效力适用指引】—民事法律行为有效要件 // 079
第 509 条第 1 款、第 2 款【合同履行原则】—诚实信用 // 015
第 509 条第 3 款【合同履行中的绿色原则】—绿色原则 // 024
第 510 条【合同无约定或约定不明的补救】—合同中的无约定或约定不明 // 322
第 511 条【合同约定不明确时的履行】—合同中的无约定或约定不明 // 322
第 512 条【电子合同标的交付】—电子合同标的交付 // 331
第 513 条【执行政府定价或指导价的原则】—政府定价（指导价）与币种确定 // 332
第 514 条【币种确定】—政府定价（指导价）与币种确定 // 333

第 515 条【选择之债中选择权归属与移转】—选择之债 // 333
第 516 条【选择权的行使】—选择之债 // 334
第 517 条【按份之债】—按份责任 // 114
第 518 条【连带之债】—连带责任 // 121
第 519 条【连带债务份额确定与追偿】—连带责任 // 121
第 520 条【连带债务涉他效力】—连带责任 // 121
第 521 条【连带债权内外部关系】—连带责任 // 124
第 522 条【利益第三人合同】—涉他合同 // 335
第 523 条【由第三人履行的合同】—涉他合同 // 335
第 524 条【第三人代为履行】—涉他合同 // 335
第 525 条【同时履行抗辩权】—债务履行抗辩权 // 338
第 526 条【后履行抗辩权】—债务履行抗辩权 // 338
第 527 条【不安抗辩权】—债务履行抗辩权 // 338
第 528 条【不安抗辩权的效力】—债务履行抗辩权 // 338
第 529 条【债权人原因债务履行困难】—合同履行的其他问题 // 341
第 530 条【提前履行】—合同履行的其他问题 // 342
第 531 条【部分履行】—合同履行的其他问题 // 342
第 532 条【当事人姓名名称变化不影响合同履行】—合同履行的其他问题 // 342
第 533 条【情势变更】—公平原则 // 011
第 534 条【合同监管】—合同履行的其他问题 // 342
第 535 条【代位权行使要件】—代位权 // 344
第 536 条【债权未到期下的保存行为】—代位权 // 344
第 537 条【代位权行使效果】—代位权 // 344
第 538 条【无偿处分时债权人的撤销权】—可撤销的民事法律行为 // 092
第 539 条【有偿行为下债权人的撤销权】—可撤销的民事法律行为 // 092
第 540 条【债权人撤销权行使范围与必要费用负担】—可撤销的民事法律行为 // 093
第 541 条【债权人撤销权行使期限】—可撤销的民事法律行为 // 093
第 542 条【债权人撤销权行使效果】—无效、被撤销的民事法律行为自始没有法律约束力 // 098
第 543 条【协议变更合同】—合同变更 // 348
第 544 条【合同变更内容约定不明的处理】—合同中的无约定或约定不明，合同变更 // 322，348

第 545 条【债权转让】—债权转让 // 350
第 546 条【债权转让通知】—债权转让 // 350
第 547 条【债权转让时从权利一并变动】—债权转让 // 350
第 548 条【债权转让中的债务人抗辩权】—债权转让 // 350
第 549 条【债权转让中的债务人抵销权】—债权转让 // 350
第 550 条【债权转让增加的履行费用负担】—债权转让 // 350
第 551 条【债务转移】—效力待定的民事法律行为，债务转移 // 089，355
第 552 条【债务加入】—债务转移 // 355
第 553 条【债务转移中新债务人的抗辩与抵销】—债务转移 // 355
第 554 条【债务转移时从债务一并转移】—债务转移 // 355
第 555 条【合同权利义务一并转让】—合同权利义务一并转让 // 358
第 556 条【合同权利义务一并转让的法律适用】—合同权利义务一并转让 // 358
第 557 条【债权债务终止情形】—债权债务终止 // 360
第 558 条【债权债务终止后义务】—诚实信用，绿色原则，债权债务终止 // 015，024，360
第 559 条【从权利消灭】—债权债务终止 // 361
第 560 条【债的清偿抵充顺序】—债权债务终止 // 361
第 561 条【费用、利息、主债务抵充顺序】—债权债务终止 // 361
第 562 条【合同约定解除】—合同解除 // 364
第 563 条【合同法定解除】—合同解除 // 364
第 564 条【解除权行使期限】—合同解除 // 364
第 565 条【合同解除程序】—合同解除 // 364
第 566 条【合同解除效力】—合同解除 // 365
第 567 条【结算清理条款效力的独立性】—争议解决条款与清理结算条款效力的独立性 // 320
第 568 条【债务法定抵销】—抵销、免除、混同 // 372
第 569 条【债务约定抵销】—抵销、免除、混同 // 372
第 570 条【标的物提存条件】—提存 // 376
第 571 条【提存成立及对债务人效力】—提存 // 376
第 572 条【提存通知】—提存 // 376
第 573 条【提存对债权人效力】—提存 // 377
第 574 条【债权人领取权与债务人取回权】—提存 // 377
第 575 条【债务免除】—抵销、免除、混同 // 372

第 576 条【债权债务混同】—抵销、免除、混同 // 373
第 577 条【违约责任】—违约类型 // 380
第 578 条【预期违约】—违约类型 // 380
第 579 条【金钱债务继续履行】—不同违约责任承担方式 // 385
第 580 条【非金钱债务继续履行及违约责任】—不同违约责任承担方式 // 385
第 581 条【替代履行】—不同违约责任承担方式 // 386
第 582 条【无约定或约定不明时违约责任的确定】—不同违约责任承担方式，合同中的无约定或约定不明 // 322，385
第 583 条【损害赔偿】—不同违约责任承担方式 // 386
第 584 条【损害赔偿范围】—不同违约责任承担方式 // 386
第 585 条【违约金】—不同违约责任承担方式 // 386
第 586 条【定金】—定金 // 394
第 586 条第 1 款【定金合同成立时间】—合同成立时间 // 306
第 587 条【定金罚则】—定金 // 394
第 588 条【定金与违约金竞合】—定金 // 394
第 589 条【债权人无正当理由拒绝受领责任】—不同违约责任承担方式 // 386
第 590 条【不可抗力致合同不能履行】—民事责任承担中的特殊情形 // 132
第 591 条【减损规则】—不同违约责任承担方式 // 386
第 592 条【双方违约和与有过错】—违约类型 // 380
第 593 条【第三人原因致违约】—违约类型 // 380
第 594 条【国际贸易合同诉讼时效与仲裁时效】—诉讼时效一般规定 // 135
第 595 条【买卖合同】—各典型合同定义 // 398
第 596 条【买卖合同内容】—合同内容 // 294
第 597 条【无权处分效力】—区分原则 // 162
第 598 条【出卖人基本义务】—出卖人义务 // 409
第 599 条【单证和资料交付义务】—出卖人义务 // 409
第 600 条【具有知识产权的标的物买卖中知识产权归属】—特殊买卖 // 425
第 601 条【按期交付标的物义务】—出卖人义务 // 409

第 602 条【标的物交付期限未约定或约定不明的处理】
—合同中的无约定或约定不明，出卖人义务 //　323，409
第 603 条【标的物交付地点】—出卖人义务 //　409
第 603 条第 2 款【交付地点无约定或约定不明】—合同中的
约定或约定不明 //　323
第 604 条【标的物风险负担的基本规则】—风险负担 //　420
第 605 条【迟延交付标的物的风险负担】—风险负担 //　420
第 606 条【路货买卖中的标的物的风险负担】—风险负担 //　420
第 607 条【需运输的标的物的风险负担】—风险负担 //　420
第 607 条第 2 款【交付地点无约定或约定不明时的标的物风险负担】
—合同中的无约定或约定不明 //　323
第 608 条【买受人不收取标的物的风险负担】—风险负担 //　420
第 609 条【未交付单证资料不影响风险转移】—风险负担 //　420
第 610 条【出卖人根本违约的风险负担】—风险负担 //　420
第 611 条【买受人承担风险不影响向出卖人主张违约责任】
—风险负担 //　420
第 612 条【权利担保义务】—出卖人义务 //　409
第 613 条【权利担保义务免除】—出卖人义务 //　410
第 614 条【价款中止支付及除外情况】—买受人义务 //　416
第 615 条【标的物符合质量要求义务】—出卖人义务 //　410
第 616 条【质量要求无约定或约定不明时的处理】—合同中的无约定或
约定不明，出卖人义务 //　323，410
第 617 条【质量瑕疵担保责任】—出卖人义务 //　410
第 618 条【减免瑕疵担保责任的例外】—出卖人义务 //　410
第 619 条【标的物包装】—绿色原则 //　024
第 620 条【买受人检验义务】—买受人义务 //　416
第 621 条【检验中的通知义务】—买受人义务 //　416
第 622 条【检验期限过短】—买受人义务 //　417
第 623 条【检验期限未约定】—买受人义务 //　417
第 624 条【向第三人履行时的检验标准】—买受人义务 //　417
第 625 条【回收义务】—绿色原则，出卖人义务 //　025，410
第 626 条【按约定数额、方式支付价款义务】—合同中的
无约定或约定不明，买受人义务 //　323，416

第 627 条【按约定地点支付价款义务】—合同中的无约定或约定不明，买受人义务 // 323，416
第 628 条【按约定时间支付价款义务】—合同中的无约定或约定不明，买受人义务 // 323，416
第 629 条【多交标的物中的价款支付】—买受人义务 // 416
第 630 条【交付对孳息归属的影响】—出卖人义务 // 409
第 631 条【有从物的合同解除】—特定情形下的买卖合同解除 // 429
第 632 条【数物同时出卖的合同解除】—特定情形下的买卖合同解除 // 429
第 633 条【分批交付标的物的合同解除】—特定情形下的买卖合同解除 // 429
第 634 条【分期付款买卖】—特殊买卖，特定情形下的买卖合同解除 // 424，429
第 635 条【凭样品买卖中的标的物质量】—出卖人义务 // 410
第 636 条【凭样品买卖中的标的物隐蔽瑕疵】—出卖人义务 // 410
第 637 条【试用买卖试用期限】—合同中的无约定或约定不明，特殊买卖 // 324，424
第 638 条【试用买卖的效力】—特殊买卖 // 424
第 639 条【试用买卖使用费负担】—合同中的无约定或约定不明，特殊买卖 // 324，424
第 640 条【试用买卖中试用期间的风险承担】—风险负担 // 420
第 641 条【所有权保留买卖】—特殊买卖 // 425
第 642 条【出卖人取回权】—特殊买卖 // 425
第 643 条【买受人回赎权与出卖人再出卖权】—特殊买卖 // 425
第 644 条【招投标买卖】—特殊买卖 // 425
第 645 条【拍卖】—特殊买卖 // 425
第 646 条【其他有偿合同参照适用】—各典型合同定义 // 398
第 647 条【易货交易合同参照适用】—各典型合同定义 // 398
第 648 条第 1 款【供用电合同】—各典型合同定义 // 398
第 648 条第 2 款【供电人强制缔约义务】—强制缔约义务 // 310
第 649 条【供用电合同内容】—合同内容 // 294
第 650 条【供用电合同履行地点无约定或约定不明】—合同中的无约定或约定不明 // 324
第 651 条【安全供电义务】—供电人义务 // 432

第 652 条【中断供电时的通知义务】—供电人义务 // 432
第 653 条【抢修义务】—供电人义务 // 432
第 654 条【交费义务】—用电人义务 // 433
第 655 条【安全、节约、计划用电义务】—绿色原则，用电人义务 // 025，434
第 656 条【供用水、气、热力合同参照适用】—各典型合同定义 // 398
第 657 条【赠与合同】—各典型合同定义 // 398
第 658 条【赠与人的任意撤销权及其限制】—赠与的撤销 // 435
第 659 条【赠与财产手续办理】—赠与合同其他规定 // 438
第 660 条【受赠人的交付请求权及赠与人的赔偿责任】—赠与合同其他规定 // 438
第 661 条【附义务赠与】—赠与合同其他规定 // 438
第 662 条【赠与人瑕疵担保责任】—赠与合同其他规定 // 438
第 663 条【赠与人的法定撤销权】—赠与的撤销 // 435
第 664 条【赠与人继承人或法定代理人的撤销权】—赠与的撤销 // 435
第 665 条【撤销赠与的法律后果】—赠与的撤销 // 435
第 666 条【赠与人穷困抗辩】—赠与的撤销 // 436
第 667 条【借款合同】—各典型合同定义 // 398
第 668 条第 1 款【借款合同形式】—合同形式 // 290
第 668 条第 2 款【借款合同内容】—合同内容 // 294
第 669 条【借款人真实情况提供义务】—诚实信用 // 015
第 670 条【利息不得预先扣除】—借款合同涉利息规定 // 440
第 671 条【未依约提供借款与未依约收取借款】—借款合同涉期限规定 // 443
第 672 条【贷款人的检查、监督权】—贷款人其他权利 // 445
第 673 条【贷款人停发、提前收回贷款、解除合同权】—贷款人其他权利 // 445
第 674 条【利息支付期限】—合同中的无约定或约定不明，借款合同涉利息规定 // 324，440
第 675 条【还款期限确定】—合同中的无约定或约定不明，借款合同涉期限规定 // 324，443
第 676 条【逾期利息】—借款合同涉利息规定 // 440
第 677 条【提前返还时的利息】—借款合同涉利息规定 // 440
第 678 条【借款展期】—借款合同涉期限规定 // 444
第 679 条【自然人间借款合同成立时间】—合同成立时间 // 306

第 680 条【高利放贷禁止与利息确定】—合同中的无约定或约定不明，借款合同涉利息规定 // 324，440
第 681 条【保证合同】—各典型合同定义 // 398
第 682 条第 1 款【保证合同从属性】—保证合同其他规定 // 458
第 682 条第 2 款【保证合同无效的法律后果】—无效、被撤销的民事法律行为自始没有法律约束力 // 098
第 683 条【不得为保证人的主体范围】—保证合同中的两个范围 // 446
第 684 条【保证合同内容】—合同内容 // 294
第 685 条【保证合同形式】—合同形式 // 290
第 685 条第 2 款【第三人书面形式作保的保证合同成立时间】—合同成立时间 // 306
第 686 条【保证方式及其推定】—保证方式 // 447
第 686 条第 2 款【保证方式无约定或约定不明】—合同中的无约定或约定不明 // 324
第 687 条第 1 款【一般保证】—保证方式 // 448
第 687 条第 2 款【一般保证人先诉抗辩权】—保证人权利 // 455
第 688 条【连带责任保证】—保证方式 // 448
第 689 条【反担保】—保证合同其他规定 // 458
第 690 条【最高额保证】—保证合同其他规定 // 458
第 691 条【保证范围】—保证合同中的两个范围 // 446
第 692 条【保证期间】—保证责任 // 449
第 692 条第 2 款、第 3 款【保证期间无约定或约定不明】—合同中的无约定或约定不明 // 324
第 693 条【保证期间届满法律后果】—保证责任 // 449
第 694 条【保证债务诉讼时效】—保证责任 // 450
第 695 条【主债务变更对保证责任影响】—保证责任 // 450
第 696 条【债权转让对保证责任影响】—保证责任 // 450
第 697 条【债务承担对保证责任影响】—保证责任 // 450
第 698 条【一般保证人保证责任免除】—保证责任 // 450
第 699 条【共同保证】—保证责任 // 450
第 700 条【保证人追偿权】—保证人权利 // 455
第 701 条【保证人抗辩权】—保证人权利 // 455
第 702 条【抵销权和撤销权范围内的免责】—保证人权利 // 455
第 703 条【租赁合同】—各典型合同定义 // 398

第 704 条【租赁合同内容】—合同内容 // 294
第 705 条【最长租赁期】—租赁期限 // 460
第 705 条第 1 款【超最长租赁期部分无效】—无效的民事法律行为，民事法律行为部分无效 // 081,096
第 706 条【登记备案对租赁合同效力影响】—批准、备案、许可对合同效力影响 // 315
第 707 条【不定期租赁】—租赁期限 // 461
第 708 条【租赁物交付与适租义务】—出租人义务与责任 // 462
第 709 条【按约定使用租赁物义务】—合同中的无约定或约定不明，承租人义务与责任 // 325,465
第 710 条【按约定使用租赁物时损耗免责】—承租人义务与责任 // 465
第 711 条【未按约定使用租赁物的责任】—承租人义务与责任 // 465
第 712 条【维修义务】—出租人义务与责任 // 462
第 713 条【不履行维修义务的法律后果】—出租人义务与责任 // 462
第 714 条【妥善保管租赁物义务】—承租人义务与责任 // 465
第 715 条【对租赁物改善或增设他物】—承租人义务与责任 // 465
第 716 条【转租】—转租 // 469
第 717 条【转租超剩余租赁期部分效力】—民事法律行为部分无效 // 096
第 718 条【视为同意转租】—转租 // 469
第 719 条【次承租人代为清偿权】—转租 // 469
第 720 条【租赁物收益归属】—租赁合同其他规定 // 477
第 721 条【租金支付期限的确定】—合同中的无约定或约定不明，承租人义务与责任 // 325,465
第 722 条【违反租金支付义务的法律后果】—承租人义务与责任 // 465
第 723 条【出租人权利瑕疵担保责任】—出租人义务与责任 // 463
第 724 条【非承租人原因致租赁物无法使用时承租人解除权】—承租人解除权 // 475
第 725 条【买卖不破租赁】—买卖不破租赁 // 473
第 726 条【优先购买权】—优先购买权 // 471
第 727 条【委托拍卖房屋下的优先购买权】—优先购买权 // 471
第 728 条【出租人妨害优先购买权的法律后果】—优先购买权 // 471
第 729 条【租赁物毁损、灭失的承租人请求权】—承租人解除权 // 475
第 730 条【租赁期限无约定或约定不明的法律后果】—合同中的无约定或约定不明，租赁期限 // 325,461

第 731 条【租赁物质量不合格时承租人解除权】—承租人解除权 // 475
第 732 条【承租人死亡时房屋租赁关系处理】—租赁合同其他规定 // 477
第 733 条【租赁物返还】—承租人义务与责任 // 465
第 734 条第 1 款【期满后的继续租赁】—租赁期限 // 461
第 734 条第 2 款【优先承租权】—优先承租权 // 472
第 735 条【融资租赁合同】—各典型合同定义 // 398
第 736 条第 1 款【融资租赁合同内容】—合同内容 // 294
第 736 条第 2 款【融资租赁合同形式】—合同形式 // 290
第 737 条【融资租赁虚假表示合同无效】—无效的民事法律行为 // 081
第 738 条【经营使用许可对融资租赁合同效力影响】—批准、备案、许可对合同效力影响 // 315
第 739 条【受领标的物权利】—融资租赁中承租人权利 // 478
第 740 条【拒绝受领标的物权利】—融资租赁中承租人权利 // 478
第 741 条【索赔权】—融资租赁中承租人权利 // 478
第 742 条【索赔权行使与租金支付】—融资租赁中承租人权利 // 479
第 743 条【索赔失败时承租人权利】—融资租赁中承租人权利 // 479
第 743 条第 1 款【融资租赁中索赔失败下的责任承担】—按份责任 // 114
第 744 条【出租人不得擅自变更合同内容】—融资租赁中出租人义务与责任 // 481
第 745 条【租赁物所有权及对抗效力】—融资租赁中租赁物归属 // 487
第 746 条【租金的确定】—融资租赁中承租人义务与责任 // 483
第 747 条【租赁物质量瑕疵担保责任】—融资租赁中出租人义务与责任 // 481
第 748 条【保证承租人占有使用租赁物】—融资租赁中出租人义务与责任 // 481
第 749 条【承租人占有租赁物致人损害出租人不担责】—融资租赁中出租人义务与责任 // 481
第 750 条【保管、使用、维修租赁物义务】—融资租赁中承租人义务与责任 // 483
第 751 条【租赁物毁损灭失下继续支付租金义务】—融资租赁中承租人义务与责任 // 483
第 752 条【租金支付义务】—融资租赁中承租人义务与责任 // 483
第 753 条【出租人解除合同】—融资租赁合同解除 // 485

第 754 条【出租人或承租人解除合同】—融资租赁合同解除 // 485
第 755 条【合同解除后的损失赔偿】—融资租赁合同解除 // 485
第 756 条【因租赁物意外毁损灭失下的合同解除】—融资租赁合同解除 // 485
第 757 条【租赁期限届满租赁物归属】—合同中的无约定或约定不明，融资租赁中租赁物归属 // 325，487
第 758 条【租赁物价值返还及租赁物无法返还】—融资租赁中租赁物归属 // 487
第 759 条【租赁期满后象征性支付价款下的租赁物归属】—融资租赁中租赁物归属 // 487
第 760 条【合同无效时的租赁物归属】—合同中的无约定或约定不明，融资租赁中租赁物归属 // 325，487
第 761 条【保理合同】—各典型合同定义 // 398
第 762 条第 1 款【保理合同内容】—合同内容 // 294
第 762 条第 2 款【保理合同形式】—合同形式 // 290
第 763 条【虚构应收账款法律后果】—保理合同其他规定 // 491
第 764 条【保理人表明身份义务】—保理合同其他规定 // 491
第 765 条【无正当理由变更或终止基础合同对保理人的效力】—保理合同其他规定 // 491
第 766 条【有追索权保理】—保理合同类型 // 489
第 767 条【无追索权保理】—保理合同类型 // 490
第 768 条【应收账款债权重复转让】—保理合同其他规定 // 491
第 769 条【保理合同适用债权转让规定】—保理合同其他规定 // 492
第 770 条【承揽合同】—各典型合同定义 // 399
第 771 条【承揽合同内容】—合同内容 // 294
第 772 条【主要工作完成义务】—承揽人义务与责任 // 494
第 773 条【就转交他人的辅助工作向定作人负责义务】—承揽人义务与责任 // 494
第 774 条【承揽人提供材料时的义务】—承揽人义务与责任 // 494
第 775 条【定作人提供材料时承揽人义务，按约定提供材料义务】—承揽人义务与责任，定作人义务与责任 // 494，499
第 776 条【定作人提供的图纸或技术要求不合理时的通知义务，怠于答复造成承揽人损失的赔偿责任】—承揽人义务与责任，定作人义务与责任 // 494，499

第 777 条【定作人中途变更要求造成承揽人损失的责任】—定作人
义务与责任 // 499
第 778 条【定作人协助义务】—定作人义务与责任 // 499
第 779 条【接受定作人监督检验义务,监督检验时不妨碍承揽人工作义务】
—承揽人义务与责任,定作人义务与责任 // 494,499
第 780 条【工作成果等的交付义务,工作成果验收义务】
—承揽人义务与责任,定作人义务与责任 // 494,499
第 781 条【成果不符合质量要求下的违约责任】—承揽人义务与责任 // 494
第 782 条【如期支付报酬义务】—合同中的无约定或约定不明,
定作人义务与责任 // 325,499
第 783 条【承揽人留置权与拒绝交付权】—担保物权类型与
适用范围 // 237
第 784 条【保管义务】—承揽人义务与责任 // 495
第 785 条【保密义务】—承揽人义务与责任 // 495
第 786 条【共同承揽人连带责任】—连带责任 // 122
第 787 条【解除合同致承揽人损失的赔偿责任】—定作人
义务与责任 // 499
第 788 条【建设工程合同】—各典型合同定义 // 399
第 789 条【建设工程合同形式】—合同形式 // 290
第 790 条【建设工程招投标活动原则】—公平原则 // 011
第 791 条【工程的发包、承包、分包】—建设工程合同其他规定 // 512
第 791 条第 2 款【建设工程分包中的连带责任】—连带责任 // 122
第 792 条【国家重大建设工程合同订立】—建设工程合同其他规定 // 512
第 793 条【合同无效下不同验收情况的处理】—建设工程监理、
检查、验收 // 503
第 793 条第 3 款【建设工程不合格中的按份责任】—按份责任 // 114
第 794 条【建设工程勘察、设计合同内容】—合同内容 // 294
第 795 条【建设工程施工合同内容】—合同内容 // 294
第 796 条【工程监理】—建设工程监理、检查、验收 // 503
第 797 条【工程检查】—建设工程监理、检查、验收 // 503
第 798 条【隐蔽工程检查】—建设工程监理、检查、验收 // 503
第 799 条【工程竣工验收】—建设工程监理、检查、验收 // 503
第 800 条【勘察、设计人责任】—建设工程中的责任 // 507
第 801 条【施工人建设工程质量的责任】—建设工程中的责任 // 507

第 802 条【合理使用期内承包人的质量保证责任】—建设工程中的责任 // 507
第 803 条【发包人未依约提供物资的责任】—建设工程中的责任 // 507
第 804 条【发包人原因致工程停建、缓建的责任】—建设工程中的责任 // 507
第 805 条【发包人原因致勘察、设计停返工或修改的责任】—建设工程中的责任 // 507
第 806 条【建设工程合同解除】—建设工程合同其他规定 // 512
第 807 条【发包人未依约支付工程款的责任】—建设工程中的责任 // 507
第 808 条【无规定时适用承揽合同】—建设工程合同其他规定 // 512
第 809 条【运输合同】—各典型合同定义 // 399
第 810 条【公共运输承运人的强制缔约义务】—强制缔约义务，承运人义务 // 310，515
第 811 条【安全运输义务】—承运人义务 // 515
第 812 条【合理运输义务】—承运人义务 // 515
第 813 条【支付票款义务，支付运费义务】—旅客义务，托运人义务 // 519，521
第 814 条【客运合同成立时间】—合同成立时间 // 306
第 815 条第 1 款【依票乘坐义务】—旅客义务 // 519
第 815 条第 2 款【协助实名制旅客挂失补办义务】—承运人义务 // 515
第 816 条【未按期乘坐及时办理退票或变更】—旅客义务 // 519
第 817 条【按要求携带行李义务】—旅客义务 // 519
第 818 条【不携带危险品、违禁品义务】—旅客义务 // 519
第 819 条【注意事项及时告知义务，协助配合义务】—承运人义务，旅客义务 // 515，519
第 820 条【依约运输义务】—承运人义务 // 515
第 821 条【承运人变更服务标准中的义务】—承运人义务 // 516
第 822 条【救助义务】—承运人义务 // 516
第 823 条【旅客伤亡责任】—旅客伤亡与物品、货物毁损灭失责任 // 525
第 824 条【旅客随身携带物品毁损、灭失的责任承担】—旅客伤亡与物品、货物毁损灭失责任 // 525
第 825 条【如实申报义务】—托运人义务 // 522
第 826 条【审批、检验等手续办理义务】—托运人义务 // 522

第 827 条【货物包装义务】—合同中的无约定或约定不明，
托运人义务 // 325, 522
第 828 条【危险品托运中的义务】—托运人义务 // 522
第 829 条【托运人变更或解除运输合同】—运输合同变更、解除 // 529
第 830 条【提货】—提货与验货 // 528
第 831 条【检验货物】—合同中的无约定或约定不明，
提货与验货 // 326, 528
第 832 条【货损的赔偿责任】—旅客伤亡与物品、货物毁损灭失责任 // 525
第 833 条【货物赔偿额的确定】—合同中的无约定或约定不同，
旅客伤亡与物品、货物毁损灭失责任 // 326, 525
第 834 条【相继运输中的连带责任】—连带责任 // 122
第 835 条【货物因不可抗力灭失下的运费处理】—旅客伤亡与
物品、货物毁损灭失责任 // 525
第 836 条【承运人留置权】—担保物权类型与适用范围，
托运人义务 // 237, 521
第 837 条【承运货物提存】—提存 // 377
第 838 条【经营人负责履行或组织履行合同】—多式联运 // 531
第 839 条【多式联运责任承担】—多式联运 // 531
第 840 条【多式联运单据】—多式联运 // 531
第 841 条【托运人过错致损时的赔偿责任】—多式联运 // 531
第 842 条【多式联运经营人赔偿责任的法律适用】—多式联运 // 531
第 843 条【技术合同】—各典型合同定义 // 399
第 844 条【技术合同订立原则】—技术合同订立原则 // 537
第 845 条【技术合同内容】—合同内容 // 295
第 846 条【价款、报酬、使用费支付方式】—技术合同其他规定 // 555
第 847 条【职务技术成果的财产权权属】—技术成果权益归属 // 539
第 848 条【非职务技术成果的财产权权属】—技术成果权益归属 // 539
第 849 条【技术成果的人身权归属】—技术成果权益归属 // 539
第 850 条【技术合同无效情形】—无效的民事法律行为 // 082
第 851 条【技术开发合同】—技术合同类型 // 534
第 851 条第 3 款【技术开发合同形式】—合同形式 // 290
第 852 条【技术开发合同中委托人义务】—技术合同中当事人义务 // 544
第 853 条【技术开发合同中研究开发人义务】—技术合同中当事人
义务 // 544

第 854 条【委托开发合同的违约责任】—技术合同中违约责任 // 550
第 855 条【合作开发合同中当事人主要义务】—技术合同中当事人义务 // 544
第 856 条【合作开发合同的违约责任】—技术合同中违约责任 // 550
第 857 条【技术开发合同解除】—技术合同其他规定 // 556
第 858 条【技术开发合同风险负担与通知义务】—技术合同中当事人义务 // 544
第 858 条第 1 款【技术开发合同风险负担无约定或约定不明】—合同中的无约定或约定不明 // 326
第 859 条【技术开发合同的技术成果归属】—技术成果权益归属 // 539
第 860 条【合作开发合同的技术成果归属】—技术成果权益归属 // 539
第 861 条【技术秘密成果归属与分享】—合同中的无约定或约定不明，技术成果权益归属 // 326,539
第 862 条【技术转让合同与技术许可合同】—技术合同类型 // 534
第 863 条【技术转让合同类型与技术许可合同类型】—技术合同类型 // 534
第 863 条第 3 款【技术转让合同、技术许可合同形式】—合同形式 // 290
第 864 条【订立技术转让合同与技术许可合同的限制】—技术合同订立原则 // 537
第 865 条【专利权人订立许可合同的限制】—技术合同中当事人义务 // 544
第 866 条【专利实施许可合同许可人主要义务】—技术合同中当事人义务 // 544
第 867 条【专利实施许可合同被许可人主要义务】—技术合同中当事人义务 // 544
第 868 条【技术秘密让与人与许可人主要义务】—技术合同中当事人义务 // 545
第 869 条【技术秘密受让人与被许可人主要义务】—技术合同中当事人义务 // 545
第 870 条【技术转让合同让与人与技术许可合同许可人保证义务】—技术合同中当事人义务 // 545
第 871 条【技术转让合同受让人与技术许可合同被许可人保密义务】—技术合同中当事人义务 // 545
第 872 条【许可人与让与人违约责任】—技术合同中违约责任 // 550

第 873 条【被许可人与受让人违约责任】—技术合同中违约责任 // 550
第 874 条【受让人与被许可人侵权责任】—技术合同其他规定 // 556
第 875 条【后续技术成果的归属与分享】—合同中的无约定或约定不明，技术成果权益归属 // 326，540
第 876 条【其他知识产权许可与转让的参照适用】—技术合同其他规定 // 556
第 877 条【技术进出口、专利、专利申请合同法律适用】—技术合同其他规定 // 556
第 878 条【技术咨询合同与技术服务合同】—技术合同类型 // 535
第 879 条【技术咨询合同委托人义务】—技术合同中当事人义务 // 545
第 880 条【技术咨询合同受托人义务】—技术合同中当事人义务 // 545
第 881 条【技术咨询合同违约责任与决策风险责任】—技术合同中违约责任 // 551
第 882 条【技术服务合同委托人义务】—技术合同中当事人义务 // 545
第 883 条【技术服务合同受托人义务】—技术合同中当事人义务 // 545
第 884 条【技术服务合同的违约责任】—技术合同中违约责任 // 551
第 885 条【创新技术成果归属】—技术成果权益归属 // 540
第 886 条【技术咨询合同与技术服务合同受托人工作费用负担义务】—合同中的无约定或约定不明，技术合同中当事人义务 // 326，545
第 887 条【技术中介合同与技术培训合同法律适用】—技术合同其他规定 // 556
第 888 条【保管合同】—各典型合同定义 // 399
第 889 条【支付保管费义务】—合同中的无约定或约定不明，寄存人义务 // 326，561
第 890 条【保管合同成立时间】—合同成立时间 // 306
第 891 条【出具保管凭证义务】—保管合同保管人义务与赔偿责任 // 558
第 892 条【妥善保管义务】—保管合同保管人义务与赔偿责任 // 559
第 893 条【寄存人告知义务】—寄存人义务 // 562
第 894 条【亲自保管义务】—保管合同保管人义务与赔偿责任 // 559
第 895 条【禁止使用保管物】—保管合同保管人义务与赔偿责任 // 559
第 896 条【返还保管物与通知义务】—保管合同保管人义务与赔偿责任 // 559
第 897 条【保管物毁损、灭失下的赔偿责任】—保管合同保管人义务与赔偿责任 // 559

第 898 条【寄存人声明义务】—寄存人义务 // 562
第 899 条【保管物领取时间】—合同中的无约定或约定不明，保管物领取(返还)// 327，564
第 900 条【保管物及孳息返还】—保管物领取(返还)// 564
第 901 条【消费保管中保管物返还】—保管物领取(返还)// 564
第 902 条【保管费支付期限】—合同中的无约定或约定不明，寄存人义务 // 327，561
第 903 条【保管人留置权】—担保物权类型与适用范围 // 237
第 904 条【仓储合同】—各典型合同定义 // 399
第 905 条【仓储合同成立时间】—合同成立时间 // 306
第 906 条【危险品与易变质物品的储存】—仓储合同其他内容 // 571
第 907 条【验收与通知义务】—仓储合同保管人义务与赔偿责任 // 565
第 908 条【仓单、入库单出具义务】—仓储合同保管人义务与赔偿责任 // 565
第 909 条【仓单应记载事项】—仓单 // 568
第 910 条【仓单性质及转让】—仓单 // 568
第 911 条【配合检查与配合提取样品的义务】—仓储合同保管人义务与赔偿责任 // 566
第 912 条【危险通知义务】—仓储合同保管人义务与赔偿责任 // 566
第 913 条【危险催告与必要处置义务】—仓储合同保管人义务与赔偿责任 // 566
第 914 条【储存期限不明确时如何提取仓储物】—合同中的无约定或约定不明，仓储物提取 // 327，570
第 915 条【储存期限届满提取与逾期提取、提前提取】—仓储物提取 // 570
第 916 条【不提取仓储物如何处理】—仓储物提取 // 570
第 917 条【保管不善的赔偿责任】—仓储合同保管人义务与赔偿责任 // 566
第 918 条【仓储合同适用保管合同】—仓储合同其他内容 // 571
第 919 条【委托合同】—各典型合同定义 // 399
第 920 条【委托权限】—涉委托合同的其他规定 // 580
第 921 条【支付委托费用义务】—委托人义务与责任 // 572
第 922 条【按指示处理委托事务义务】—受托人义务与责任 // 574
第 923 条【亲自处理义务与转委托中的义务】—受托人义务与责任 // 575
第 924 条【受托人报告义务】—受托人义务与责任 // 575

第 925 条【受托人以自己的名义和第三人订立合同直接约束委托人与第三人的法定情形】—涉委托合同的其他规定 // 580
第 926 条【受托人披露义务】—受托人义务与责任 // 575
第 927 条【财产转交义务】—受托人义务与责任 // 575
第 928 条【支付报酬义务】—委托人义务与责任 // 573
第 929 条【受托人赔偿责任】—受托人义务与责任 // 575
第 930 条【委托人赔偿责任】—委托人义务与责任 // 573
第 931 条【另行委托下委托人的赔偿责任】—委托人义务与责任 // 573
第 932 条【共同委托中的连带责任】—连带责任 // 122
第 933 条【委托合同解除】—涉委托合同的其他规定 // 580
第 934 条【委托合同终止及例外】—涉委托合同的其他规定 // 580
第 935 条【继续处理委托事务的义务】—受托人义务与责任 // 575
第 936 条【受托人的继承人等的义务】—受托人义务与责任 // 575
第 937 条【物业服务合同】—各典型合同定义 // 399
第 938 条第 1 款、第 2 款【物业服务合同内容】—合同内容 // 295
第 938 条第 3 款【物业服务合同形式】—合同形式 // 290
第 939 条【前期物业服务合同约束力】—前期物业服务合同 // 583
第 940 条【前期物业服务合同终止】—前期物业服务合同 // 583
第 941 条【物业服务人转委托的限制】—物业服务人义务与责任 // 585
第 942 条【物业服务人主要义务】—物业服务人义务与责任 // 584
第 943 条【信息公开义务】—物业服务人义务与责任 // 585
第 944 条第 1 款、第 2 款【支付物业费义务】—业主义务 // 588
第 944 条第 3 款【禁止采用断电等方式催交物业费】—物业服务人义务与责任 // 585
第 945 条【告知义务】—业主义务 // 588
第 946 条【解除物业服务合同中的通知义务与赔偿责任】—业主义务 // 589
第 947 条【物业服务合同届满前的续订】—物业服务合同续订 // 590
第 948 条【不定期物业服务合同】—物业服务合同续订 // 590
第 949 条【物业服务合同终止后的移交义务】—物业服务人义务与责任 // 585
第 950 条【后合同义务】—物业服务人义务与责任 // 585
第 951 条【行纪合同】—各典型合同定义 // 399
第 952 条【费用负担义务】—行纪人义务 // 591

第 953 条【妥善保管义务】—行纪人义务 // 591
第 954 条【处置委托物义务】—行纪人义务 // 591
第 955 条【按指定价格买卖义务】—行纪人义务 // 591
第 955 条第 2 款【行纪人超额完成任务时能否增加报酬无约定或约定不明】—合同中的无约定或约定不明 // 327
第 956 条【行纪人介入权】—行纪人权利 // 594
第 957 条【行纪中的提存】—提存 // 377
第 958 条【行纪人的直接履行义务】—行纪人义务 // 592
第 959 条【行纪人报酬请求权与留置权】—担保物权类型与适用范围,行纪人权利 // 237,594
第 960 条【行纪合同对委托合同的参照适用】—涉委托合同的其他规定 // 580
第 961 条【中介合同】—各典型合同定义 // 399
第 962 条【报告义务】—中介人义务 // 595
第 963 条第 1 款【中介人报酬的确定】—合同中的无约定或约定不明,中介人报酬请求权 // 327,597
第 963 条第 2 款【中介费用负担义务】—中介人义务 // 595
第 964 条【合同未成立时必要费用请求权】—中介人报酬请求权 // 597
第 965 条【委托人跳单不影响报酬支付】—中级人报酬请求权 // 597
第 966 条【中介合同对委托合同的参照适用】—涉委托合同的其他规定 // 580
第 967 条【合伙合同】—各典型合同定义 // 399
第 968 条【出资义务】—合伙人义务 // 599
第 969 条【合伙终止前不得请求分割合伙财产】—合伙人义务 // 599
第 970 条【合伙事务执行】—合伙事务 // 601
第 971 条【合伙事务执行无报酬】—合伙事务 // 601
第 972 条【利润分配与亏损负担】—合同中的无约定或约定不明,合伙合同其他内容 // 327,603
第 973 条【合伙人连带责任与追偿】—连带责任 // 122
第 974 条【财产份额转让中的义务】—合伙人义务 // 599
第 975 条【合伙人的债权人代位行使权利限制】—代位权 // 344
第 976 条【不定期合伙】—合伙合同其他内容 // 603
第 976 条第 1 款【视为不定期合伙】—合同中的无约定或约定不明 // 327
第 977 条【合伙合同终止】—合伙合同其他内容 // 604

第 978 条【 合伙合同终止后剩余财产分配 】—合伙合同其他内容 // 604
第 979 条【 无因管理构成要件及法律效果 】—无因管理 // 606
第 979 条第 2 款【 受益人真实意思对管理人权利影响 】—公序良俗 // 020
第 980 条【 不适当无因管理制度 】—无因管理 // 606
第 981 条【 适当管理义务 】—管理人义务 // 609
第 982 条【 通知义务 】—管理人义务 // 609
第 983 条【 情况报告与财产转交义务 】—管理人义务 // 609
第 984 条【 受益人追认的法律效果 】—无因管理 // 606
第 985 条【 不当得利构成要件、法律效果及除外情形 】—不当得利 // 611
第 986 条【 善意得利人返还义务免除 】—不当得利 // 611
第 987 条【 恶意得利人返还义务 】—不当得利 // 611
第 988 条【 第三人返还义务 】—不当得利 // 611

第四编　人格权

第 989 条【 人格权编调整范围 】—调整范围 // 003
第 990 条【 人格权类型 】—人格权基本规定 // 619
第 991 条【 人格权受法律保护 】—人格权基本规定 // 619
第 992 条【 人格权禁止性规定 】—人格权基本规定 // 619
第 993 条【 人格标识许可使用 】—人格权基本规定 // 619
第 994 条【 死者人格利益保护 】—死者与英烈人格利益保护 // 625
第 995 条【 人格权编中不适用诉讼时效的请求权 】—不适用诉讼时效的情形 // 141
第 996 条【 侵害人格权责任竞合下的精神损害赔偿 】—侵害人格权责任特殊规则 // 622
第 997 条【 人格权行为禁令 】—侵害人格权责任特殊规则 // 622
第 998 条【 认定侵害人格权责任应考虑的主要因素 】—侵害人格权责任特殊规则 // 623
第 999 条【 新闻报道、舆论监督等合理使用 】—人格权中的合理使用 // 656
第 1000 条【 消除影响、恢复名誉、赔礼道歉等民事责任的承担 】—侵害人格权责任特殊规则 // 623
第 1001 条【 身份权法律适用 】—身份权 // 621
第 1002 条【 生命权 】—各具体人格权 // 629
第 1003 条【 身体权 】—各具体人格权 // 629

第 1004 条【 健康权 】—各具体人格权 // 629
第 1005 条【 法定救助义务 】—生命权、身体权、健康权其他规定 // 637
第 1006 条【 人体捐献 】—生命权、身体权、健康权其他规定 // 637
第 1007 条【 人体买卖无效 】—无效的民事法律行为 // 082
第 1008 条【 人体临床试验 】—生命权、身体权、健康权其他规定 // 637
第 1009 条【 涉人体基因、胚胎等医学科研活动中的义务 】—公序良俗，生命权、身体权、健康权其他规定 // 020，638
第 1010 条【 性骚扰 】—生命权、身体权、健康权其他规定 // 638
第 1011 条【 侵害行动自由与非法搜查身体 】—生命权、身体权、健康权其他规定 // 638
第 1012 条【 姓名权 】—公序良俗，各具体人格权 // 020，629
第 1013 条【 名称权 】—各具体人格权 // 630
第 1014 条【 姓名权、名称权不得被非法侵害 】—姓名权，名称权其他规定 // 641
第 1015 条【 自然人姓氏选取 】—公序良俗，姓名权、名称权其他规定 // 021，641
第 1016 条【 姓名、名称登记及其效力 】—姓名权、名称权其他规定 // 641
第 1017 条【 笔名、艺名等的保护 】—各具体人格权 // 630
第 1018 条【 肖像权 】—各具体人格权 // 630
第 1019 条【 肖像权消极权能 】—肖像权其他规定 // 645
第 1020 条【 肖像权合理使用 】—人格权中的合理使用 // 656
第 1021 条【 肖像许可使用合同解释规则 】—肖像权其他规定 // 645
第 1022 条【 肖像许可使用合同解除权 】—肖像权其他规定 // 645
第 1023 条第 1 款【 姓名许可的参照适用 】—姓名权、名称权其他规定 // 641
第 1023 条第 2 款【 声音保护参照适用 】—各具体人格权 // 630
第 1024 条【 名誉权 】—各具体人格权 // 630
第 1025 条【 名誉权保护限制及例外情形 】—人格权中的合理使用 // 656
第 1026 条【 合理核实义务的认定因素 】—公序良俗，人格权中的合理使用 // 021，656
第 1027 条【 文艺作品侵害名誉权 】—名誉权、荣誉权其他规定 // 647
第 1028 条【 报道失实侵害名誉权的补救 】—名誉权、荣誉权其他规定 // 648
第 1029 条【 信用评价 】—名誉权、荣誉权其他规定 // 648
第 1030 条【 民事主体与信用信息处理者关系的法律适用 】—名誉权、荣誉权其他规定 // 648

第 1031 条【荣誉权】—各具体人格权 // 630
第 1032 条【隐私权】—各具体人格权 // 630
第 1033 条【隐私权侵害行为】—隐私权、个人信息保护其他规定 // 651
第 1034 条【个人信息】—各具体人格权 // 630
第 1035 条【个人信息处理原则与条件】—隐私权、个人信息保护其他规定 // 651
第 1036 条【处理个人信息免责事由】—人格权中的合理使用 // 657
第 1037 条【个人信息主体的权利】—隐私权、个人信息保护其他规定 // 652
第 1038 条【信息处理者的安全保障义务】—隐私权、个人信息保护其他规定 // 652
第 1039 条【相关主体的保密义务】—隐私权、个人信息保护其他规定 // 652

第五编 婚姻家庭

第 1040 条【婚姻家庭编调整范围】—调整范围 // 003
第 1041 条【基本原则】—婚姻家庭基本规定 // 663
第 1041 条第 2 款【婚姻制度男女平等】—平等原则 // 006
第 1042 条【禁止性规定】—婚姻家庭基本规定 // 663
第 1043 条【倡导性规定】—公序良俗，婚姻家庭基本规定 // 021，663
第 1044 条【收养原则】—婚姻家庭基本规定 // 663
第 1045 条【亲属、近亲属及家庭成员】—婚姻家庭基本规定 // 663
第 1046 条【结婚自愿】—自愿原则，结婚条件 // 009，669
第 1047 条【法定婚龄】—结婚条件 // 669
第 1048 条【禁止结婚的情形】—结婚条件 // 669
第 1049 条【结婚登记】—结婚条件 // 669
第 1050 条【婚后组成家庭】—夫妻关系中的权利义务 // 672
第 1051 条【无效婚姻】—无效的民事法律行为 // 082
第 1052 条【受胁迫的婚姻可撤销】—可撤销的民事法律行为 // 093
第 1053 条【隐瞒疾病的婚姻可撤销】—可撤销的民事法律行为 // 093
第 1054 条【婚姻无效或被撤销的法律后果】—无效、被撤销的民事法律行为自始没有法律约束力 // 098
第 1055 条【夫妻地位平等】—平等原则 // 006

第 1056 条【夫妻姓名权】—夫妻关系中的权利义务 // 671
第 1057 条【夫妻人身自由权】—夫妻关系中的权利义务 // 671
第 1058 条【夫妻抚养、教育、保护子女的权利义务平等】
—夫妻关系中的权利义务 // 671
第 1059 条【夫妻相互扶养义务】—夫妻关系中的权利义务 // 672
第 1060 条【日常家事代理权】—夫妻关系中的权利义务 // 672
第 1061 条【夫妻相互继承权】—夫妻关系中的权利义务 // 672
第 1062 条【夫妻共同财产】—夫妻财产 // 675
第 1062 条第 2 款【共同财产夫妻平等处理权】—平等原则 // 006
第 1063 条【夫妻个人财产】—夫妻财产 // 675
第 1064 条【夫妻共同债务认定】—夫妻共同债务 // 681
第 1065 条【夫妻约定财产制】—夫妻财产 // 676
第 1066 条【婚姻关系存续期间共同财产分割】—夫妻财产 // 676
第 1067 条【父母抚养义务与子女赡养义务】—父母子女关系 // 684
第 1068 条【父母教育、保护未成年子女的权利义务】
—父母子女关系 // 684
第 1069 条【子女应尊重父母的婚姻权利】—父母子女关系 // 684
第 1070 条【父母子女相互继承权】—父母子女关系 // 684
第 1071 条【非婚生子女权利】—父母子女关系 // 684
第 1072 条【继父母子女间权利义务关系】—父母子女关系 // 684
第 1073 条【亲子关系异议之诉】—父母子女关系 // 685
第 1074 条【祖孙间的抚养、赡养义务】—其他近亲属关系 // 689
第 1075 条【兄弟姐妹间的扶养义务】—其他近亲属关系 // 689
第 1076 条【协议离婚条件】—协议离婚 // 691
第 1076 条第 1 款【协议离婚条件】—自愿原则 // 009
第 1077 条【离婚冷静期】—协议离婚 // 691
第 1078 条【协议离婚登记】—自愿原则，协议离婚 // 009，692
第 1079 条【诉讼离婚】—诉讼离婚 // 693
第 1080 条【婚姻关系解除时间】—离婚其他规定 // 704
第 1081 条【军婚保护】—离婚其他规定 // 704
第 1082 条【男方离婚诉权限制】—诉讼离婚 // 694
第 1083 条【复婚登记】—自愿原则 // 009
第 1084 条【离婚后的父母子女关系与子女抚养】—离婚后子女抚养 // 697
第 1085 条【离婚后子女抚养费负担】—离婚后子女抚养 // 697

第 1086 条【离婚后的父母探望权】—离婚后子女抚养 // 697
第 1087 条【离婚时夫妻共同财产处理】—夫妻财产 // 676
第 1088 条【离婚经济补偿】—离婚中的补偿、帮助、赔偿 // 701
第 1089 条【离婚时夫妻共同债务清偿】—夫妻共同债务 // 681
第 1090 条【离婚经济帮助】—离婚中的补偿、帮助、赔偿 // 701
第 1091 条【离婚过错赔偿】—离婚中的补偿、帮助、赔偿 // 701
第 1092 条【一方侵害夫妻共同财产的法律后果】—离婚其他规定 // 704
第 1093 条【被收养人范围】—被收养人范围 // 707
第 1094 条【送养人范围】—送养人范围与送养情形 // 708
第 1095 条【监护人送养】—送养人范围与送养情形 // 708
第 1096 条【监护人送养孤儿的特殊规定】—送养人范围与送养情形 // 708
第 1097 条【生父母送养】—送养人范围与送养情形 // 708
第 1098 条【收养人的条件】—收养的条件 // 710
第 1099 条【收养三代以内旁系同辈血亲子女的特殊规定】
—收养的条件 // 710
第 1100 条【收养子女数量的限制】—收养的条件 // 710
第 1101 条【夫妻应共同收养】—收养的条件 // 711
第 1102 条【无配偶者收养异性子女的特殊要求】—收养的条件 // 711
第 1103 条【继父母收养继子女的特殊规定】—收养的条件 // 711
第 1104 条【收养、送养自愿】—自愿原则 // 009
第 1105 条【收养登记、收养公告、收养协议、收养公证、收养评估】
—收养程序 // 714
第 1106 条【被收养人户口登记】—收养程序 // 714
第 1107 条【生父母亲属、朋友抚养不适用收养】—收养中的其他规定 // 720
第 1108 条【优先抚养权】—收养中的其他规定 // 720
第 1109 条【涉外收养】—收养程序 // 714
第 1110 条【收养保密义务】—收养中的其他规定 // 721
第 1111 条【收养效力】—收养中的其他规定 // 721
第 1112 条【养子女姓氏】—姓名权、名称权其他规定 // 641
第 1113 条第 1 款【无效收养行为】—无效的民事法律行为 // 082
第 1113 条第 2 款【无效收养行为自始没有法律约束力】—无效、被撤销的民事法律行为自始没有法律约束力 // 098
第 1114 条【当事人协议解除与因违法行为解除】—收养关系解除 // 717
第 1115 条【关系恶化而协议解除】—收养关系解除 // 717

第 1116 条【解除收养关系登记】—收养关系解除 // 717
第 1117 条【解除收养关系后的身份效力】—收养关系解除 // 717
第 1118 条【解除收养关系后的财产效力】—收养关系解除 // 717

第六编 继 承

第 1119 条【继承编调整范围】—调整范围 // 003
第 1120 条【继承权受国家保护】—继承基本规定 // 725
第 1121 条【继承开始时间与死亡先后推定】—继承基本规定 // 725
第 1122 条【遗产的定义】—继承基本规定 // 725
第 1123 条【继承方式】—继承基本规定 // 725
第 1124 条【继承、受遗赠的接受与放弃】—继承基本规定 // 726
第 1125 条【继承权的丧失与恢复】—继承基本规定 // 726
第 1126 条【继承权男女平等】—平等原则 // 006
第 1127 条【法定继承人范围与顺序】—法定继承 // 731
第 1128 条【代位继承】—法定继承 // 731
第 1129 条【丧偶儿媳、女婿的继承权】—法定继承 // 731
第 1130 条【法定继承遗产分配原则】—法定继承 // 731
第 1131 条【酌情分得遗产权】—法定继承 // 731
第 1132 条【继承处理方式】—法定继承 // 732
第 1133 条【遗嘱处分个人财产】—遗嘱继承与遗赠 // 737
第 1134 条【自书遗嘱】—遗嘱形式 // 741
第 1135 条【代书遗嘱】—遗嘱形式 // 741
第 1136 条【打印遗嘱】—遗嘱形式 // 741
第 1137 条【录音录像遗嘱】—遗嘱形式 // 741
第 1138 条【口头遗嘱】—遗嘱形式 // 741
第 1139 条【公证遗嘱】—遗嘱形式 // 741
第 1140 条【遗嘱见证人】—遗嘱形式 // 741
第 1141 条【必留份】—遗嘱继承与遗赠 // 737
第 1142 条【遗嘱撤回、变更与效力顺位】—遗嘱继承与遗赠 // 737
第 1143 条【无效遗嘱】—无效的民事法律行为 // 082
第 1144 条【附义务遗嘱】—遗嘱继承与遗赠 // 737
第 1145 条【遗产管理人的选任】—遗产管理人 // 745
第 1146 条【遗产管理人的指定】—遗产管理人 // 745

第 1147 条【遗产管理人职责】—遗产管理人 // 745
第 1148 条【遗产管理人的责任】—遗产管理人 // 746
第 1149 条【遗产管理人报酬】—遗产管理人 // 746
第 1150 条【继承开始的通知】—遗产的处理 // 749
第 1151 条【遗产的保管】—遗产的处理 // 749
第 1152 条【转继承】—遗产的处理 // 749
第 1153 条【遗产的认定】—遗产的处理 // 749
第 1154 条【按法定继承办理情形】—法定继承 // 732
第 1155 条【胎儿预留份】—遗产的处理 // 749
第 1156 条【遗产分割原则与分割方法】—遗产的处理 // 749
第 1157 条【再婚不影响所继承遗产的处分权】—遗产的处理 // 749
第 1158 条【遗赠扶养协议】—遗产的处理 // 749
第 1159 条【税债清偿及必要遗产保留】—继承中的税债清偿 // 755
第 1160 条【无人继承的遗产归属】—继承基本规定 // 726
第 1161 条【税款、债务清偿原则】—继承中的税债清偿 // 755
第 1162 条【税款清偿优先于遗赠】—继承中的税债清偿 // 755
第 1163 条【多种继承方式下的税债清偿】—继承中的税债清偿 // 755

第七编　侵权责任

第 1164 条【侵权责任编调整范围】—调整范围 // 003
第 1165 条第 1 款【过错责任原则】—侵权责任归责原则 // 763
第 1165 条第 2 款【过错推定】—过错推定 // 779
第 1166 条【无过错责任原则】—侵权责任归责原则 // 763
第 1167 条【危及他人人身、财产安全的责任承担】—侵权责任承担 // 761
第 1168 条【共同侵权连带责任】—连带责任 // 122
第 1169 条第 1 款【教唆、帮助侵权中的连带责任】—连带责任 // 122
第 1169 条第 2 款【教唆、帮助侵权中的按份责任】—按份责任 // 114
第 1170 条【共同危险行为中的连带责任】—连带责任 // 122
第 1171 条【分别侵权中的连带责任】—连带责任 // 122
第 1172 条【分别侵权中的按份责任】—按份责任 // 114
第 1173 条【过失相抵】—侵权责任减免责情形 // 767
第 1174 条【受害人故意】—侵权责任减免责情形 // 767
第 1175 条【第三人过错】—侵权责任减免责情形 // 767

第 1176 条【 自甘风险 】—侵权责任减免责情形 // 767
第 1177 条【 自助行为 】—侵权责任减免责情形 // 767
第 1178 条【 优先适用特别规定 】—侵权责任减免责情形 // 767
第 1179 条【 人身损害赔偿范围 】—损害赔偿 // 772
第 1180 条【 以相同数额确定死亡赔偿金 】—损害赔偿 // 772
第 1181 条【 被侵权人死亡时请求权主体的确定 】—损害赔偿 // 772
第 1182 条【 侵害人身权益致财产损失的赔偿数额确定 】—损害赔偿 // 772
第 1183 条【 精神损害赔偿 】—损害赔偿 // 773
第 1184 条【 财产损失计算方式 】—损害赔偿 // 773
第 1185 条【 侵害知识产权的惩罚性赔偿 】—惩罚性赔偿 // 128
第 1186 条【 公平责任原则 】—公平原则 // 011
第 1187 条【 赔偿费用支付方式 】—损害赔偿 // 773
第 1188 条【 监护人责任 】—责任主体特殊规定其他内容 // 796
第 1189 条【 委托监护责任 】—按份责任 // 115
第 1190 条【 丧失意识侵权责任 】—责任主体特殊规定其他内容 // 796
第 1191 条第 1 款【 用人单位责任 】—涉追偿的侵权责任 // 785
第 1191 条第 2 款【 劳务派遣中的按份责任 】—按份责任 // 115
第 1192 条【 个人劳务关系中的侵权责任 】—涉追偿的侵权责任 // 785
第 1192 条第 1 款【 提供劳务方受害中的按份责任 】—按份责任 // 115
第 1193 条【 承揽关系中的侵权责任 】—按份责任 // 115
第 1194 条【 网络侵权责任 】—责任主体特殊规定其他内容 // 796
第 1195 条【 网络侵权中“通知与取下”制度 】—责任主体特殊规定其他内容 // 796
第 1195 条第 2 款【 网络服务提供者未及时补救中的连带责任 】—连带责任 // 123
第 1196 条【 网络侵权中“反通知”制度 】—责任主体特殊规定其他内容 // 797
第 1197 条【 网络服务提供者的连带责任 】—连带责任 // 123
第 1198 条【 安全保障义务人责任 】—涉追偿的侵权责任 // 785
第 1199 条【 教育机构的过错推定责任 】—过错推定 // 779
第 1200 条【 教育机构对限制民事行为能力人受到人身损害的过错责任 】—责任主体特殊规定其他内容 // 797
第 1201 条【 在教育机构内第三人侵权时的责任分担 】—涉追偿的侵权责任 // 785

第 1202 条【产品生产者责任】—产品责任其他内容 // 803
第 1203 条【产品缺陷致损时责任承担】—涉追偿的侵权责任 // 785
第 1204 条【生产者与销售者对有过错第三人的追偿权】—涉追偿的侵权责任 // 785
第 1205 条【危及他人人身、财产安全的责任承担方式】—产品责任其他内容 // 803
第 1206 条【流通后发现有缺陷的补救措施与侵权责任】—产品责任其他内容 // 803
第 1207 条【产品责任惩罚性赔偿】—惩罚性赔偿 // 128
第 1208 条【机动车交通事故责任法律适用】—机动车交通事故责任其他内容 // 805
第 1209 条【机动车所有人、管理人与使用人不一致时的侵权责任】—按份责任 // 115
第 1210 条【转让并交付但未办登记的机动车侵权责任】—机动车交通事故责任其他内容 // 805
第 1211 条【挂靠机动车中的连带责任】—连带责任 // 123
第 1212 条【未经允许驾驶他人机动车侵权责任】—按份责任 // 115
第 1213 条【交通事故责任承担主体赔偿顺序】—机动车交通事故责任其他内容 // 805
第 1214 条【买卖拼装、报废车中的连带责任】—连带责任 // 123
第 1215 条【盗、抢机动车中的连带责任】—连带责任 // 123
第 1215 条第 2 款【盗窃、抢劫或抢夺机动车侵权中交强险保险人的追偿】—涉追偿的侵权责任 // 786
第 1216 条【肇事逃逸责任】—涉追偿的侵权责任 // 786
第 1217 条【好意同乘的责任承担】—机动车交通事故责任其他内容 // 806
第 1218 条【医疗损害责任归责原则】—医疗损害责任中的过错 // 808
第 1219 条【医务人员说明义务及法律后果】—医疗机构及医务人员义务 // 811
第 1220 条【紧急情况下知情同意的特殊规定】—医疗机构及医务人员义务 // 811
第 1221 条【诊疗活动中医务人员过错的界定】—医疗损害责任中的过错 // 809
第 1222 条【推定医疗机构有过错的情形】—医疗损害责任中的过错 // 809

第 1223 条【 药品、消毒产品、医疗器械缺陷或输入不合格血液的侵权责任 】—涉追偿的侵权责任 // 786
第 1224 条【 医疗机构免责情形 】—医疗损害责任其他内容 // 814
第 1225 条【 病历资料填写保管与配合查阅复制义务 】—医疗机构及医务人员义务 // 811
第 1226 条【 保护患者隐私与个人信息义务 】—医疗机构及医务人员义务 // 811
第 1227 条【 禁止违规过度检查 】—医疗机构及医务人员义务 // 811
第 1228 条【 医疗机构及医务人员合法权益维护 】—医疗损害责任其他内容 // 814
第 1229 条【 污染环境、破坏生态致损的侵权责任 】—环境污染和生态破坏责任 // 816
第 1230 条【 环境污染、生态破坏侵权举证责任 】—环境污染和生态破坏责任 // 816
第 1231 条【 两个以上侵权人的责任确定 】—环境污染和生态破坏责任 // 816
第 1232 条【 环境污染、生态破坏侵权中惩罚性赔偿 】—惩罚性赔偿 // 128
第 1233 条【 因第三人过错污染环境、破坏生态的侵权责任 】—涉追偿的侵权责任 // 786
第 1234 条【 生态环境修复责任 】—环境污染和生态破坏责任 // 816
第 1235 条【 生态环境损害赔偿范围 】—环境污染和生态破坏责任 // 816
第 1236 条【 高度危险责任一般规定 】—高度危险责任 // 823
第 1237 条【 民用核设施或核材料致害责任 】—高度危险责任 // 823
第 1238 条【 民用航空器致害责任 】—高度危险责任 // 823
第 1239 条【 高度危险物致害责任 】—高度危险责任 // 823
第 1240 条【 从事高空、高压、地下挖掘活动或使用高速轨道运输工具致害责任 】—高度危险责任 // 823
第 1241 条【 遗失、抛弃高度危险物中的连带责任 】—连带责任 // 123
第 1242 条【 非法占有高度危险物致害责任 】—连带责任 // 123
第 1243 条【 高度危险场所安全保障责任 】—高度危险责任 // 823
第 1244 条【 高度危险责任赔偿限额 】—高度危险责任 // 823
第 1245 条【 饲养动物致害责任一般规定 】—饲养动物损害责任 // 827
第 1246 条【 违反规定未对动物采取安全措施致害责任 】—饲养动物损害责任 // 828

第 1247 条【禁止饲养的危险动物致害责任】—饲养动物损害责任 // 828
第 1248 条【动物园动物致害责任】—过错推定 // 779
第 1249 条【遗弃、逃逸的动物致害责任】—饲养动物损害责任 // 828
第 1250 条【第三人过错下的动物致害责任】—涉追偿的侵权责任 // 786
第 1251 条【饲养动物行为规范】—公序良俗 // 021
第 1252 条【建筑物、构筑物或其他设施倒塌、塌陷致害责任】—涉追偿的侵权责任 // 786
第 1252 条第 1 款【建筑物等倒塌、塌陷中的连带责任】—连带责任 // 123
第 1253 条【建筑物、构筑物或其他设施及其搁置物、悬挂物脱落、坠落致害责任】—过错推定，涉追偿的侵权责任 // 779，786
第 1254 条【高空抛物、坠物责任】—涉追偿的侵权责任 // 787
第 1255 条【堆放物倒塌、滚落或滑落致害责任】—过错推定 // 779
第 1256 条【公共道路上堆放、倾倒、遗撒妨碍通行物致害责任】—按份责任，过错推定 // 115，779
第 1257 条【林木折断、倾倒或果实坠落致人损害的侵权责任】—过错推定 // 779
第 1258 条【公共场所或道路施工致害责任与窨井等地下设施致害责任】—过错推定 // 780

附则

第 1259 条【计数语词含义】—民法典附则 // 830
第 1260 条【施行日期与旧法废止】—民法典附则 // 830

第一编　总　　则

调整范围

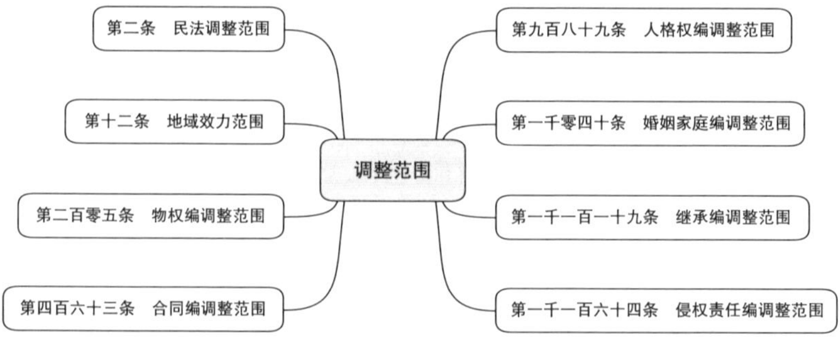

概念

调整范围条款，也包括效力范围条款，主要是指明确《民法典》相应节、章、编，甚至包括《民法典》在内的民事法律发生效力的范围的规定，其对准确把握《民法典》体系与正确适用《民法典》规定具有重要意义。

法典条款

第二条【民法调整范围】　民法调整平等主体的自然人、法人和非法人组织之间的人身关系和财产关系。

第十二条【地域效力范围】　中华人民共和国领域内的民事活动，适用中华人民共和国法律。法律另有规定的，依照其规定。

第二百零五条【物权编调整范围】　本编调整因物的归属和利用产生的民事关系。

第四百六十三条【合同编调整范围】　本编调整因合同产生的民事关系。

第九百八十九条【人格权编调整范围】　本编调整因人格权的享有和保护产生的民事关系。

第一千零四十条【婚姻家庭编调整范围】　本编调整因婚姻家庭产生的民事关系。

第一千一百一十九条【继承编调整范围】　本编调整因继承产生的民事关系。

第一千一百六十四条【侵权责任编调整范围】　本编调整因侵害民事权益产生的民事关系。

实务要点

1. 除总则编外，各分编关于调整范围的规定均放在了各编第1条，条文内容也直接表明了相应的调整范围。但需注意，第1040条关于婚姻家庭编调整范围的规定中的婚姻家庭包括婚姻、收养两大内容，对应《婚姻法》（已废止）、《收养法》（已废止）相关内容。

2.《民法典》用“自然人”代替原单行法中的“公民”，一方面在于强调与“法人”的区别，另一方面在于淡化行政色彩，更符合民法作为私法、权利法的精神。

3. 在调整范围中增加“非法人组织”的表述，切合了《民法典》增设“非法人组织”一章的规定，保证了三大民事主体（自然人、法人、非法人组织）构成的民事法律关系在调整范围上的周延性。

4.《民法典》第12条关于地域效力范围规定，“法律另有规定的，依照其规定”，其中最为重要的就是涉外民事关系的法律适用问题，《涉外民事关系法律适用法》对此有专门规定。

权威参考案例

1. 中化国际（新加坡）有限公司诉蒂森克虏伯冶金产品有限责任公司国际货物买卖合同纠纷案（最高人民法院指导性案例第107号）

国际货物买卖合同的当事各方所在国为《联合国国际货物销售合同公约》的缔约国，应优先适用该公约的规定；该公约没有规定的，适用合同中约定适用的法律。国际货物买卖合同中当事人明确排除适用《联合国国际货物销售合同公约》的，则不应适用该公约。

2. 黄某明、苏某弟与周大福代理人有限公司、亨满发展有限公司以及宝宜发展有限公司合同纠纷案（《最高人民法院公报》2016年第7期）

涉港民商事纠纷案件中，应当参照我国国际私法冲突规范的规定以及国际私法理论，针对涉及的不同问题采用分割方法确定应当适用的法律。本案涉及的定性、程序事项适用法院地法——我国内地法律；先决问题因涉及法定继承、夫妻财产关系，根据我国冲突规范的指引，适用我国内地法律；合同争议本身以及诉讼时效问题，根据我国冲突规范的规定，适用当事人选择的我国香港特别行政区法律。当事人有义务向法院提供其选择适用的我国香港特别行政区法律。

3.山东聚丰网络有限公司与韩国MGAME公司、天津风云网络技术有限公司网络游戏代理及许可合同纠纷管辖权异议案(《最高人民法院公报》2010年第3期)

《民法通则》(已废止)第145条规定:“涉外合同的当事人可以选择处理合同争议所适用的法律,法律另有规定的除外。涉外合同的当事人没有选择的,适用与合同有最密切联系的国家的法律。”《民事诉讼法》第242条[①]规定:“涉外合同或者涉外财产权益纠纷的当事人,可以用书面协议选择与争议有实际联系的地点的法院管辖。选择中华人民共和国人民法院管辖的,不得违反本法关于级别管辖和专属管辖的规定。”最高人民法院《关于审理涉外民事或商事合同纠纷案件法律适用若干问题的规定》(已废止)第1条规定:“涉外民事或商事合同应适用的法律,是指有关国家或地区的实体法,不包括冲突法和程序法。”据此,涉外合同的当事人协议选择适用法律与协议选择管辖法院是两个截然不同的法律行为,应当根据相关法律规定分别判断其效力。对于协议选择管辖法院条款的效力,应当依据法院地法进行判断,与准据法所属国的法律规定无关。前述《民事诉讼法》第242条的规定属于授权性规范,而非指示性规范,即按照我国现行法律规定,对于涉外合同或者涉外财产权益纠纷案件当事人协议选择管辖法院的问题,仍应当坚持书面形式和实际联系原则。

4.沈某宁、沈某燕、沈某横与南京经典拍卖有限公司、张某著作权权属、侵害著作权纠纷案(入选“2017年中国法院10大知识产权案件”)

在美术作品著作权与物权分离的情况下,原件所有人依法行使处分权、收益权、展览权的行为,均受到法律保护,著作权人无权干涉。但美术作品原件所有人行使物权应以不损害该作品著作权人的合法权利为前提。拍卖公司作为接受物权人委托的拍卖方,除负有物权保护注意义务外,还应负有合理的著作权保护注意义务,规范尽职地进行拍卖活动,审慎避让著作权人的权益。

5.黄某军等人不服金华市工商行政管理局工商登记行政复议案(《最高人民法院公报》2012年第5期)

买卖、租赁民事合同一方当事人,因民事合同相对方侵权行为产生民事侵权纠纷,其与民事合同相对方的工商登记具体行政行为没有法律上的利害关系,不能对民事合同相对方的工商登记行政行为提起行政复议。

① 本条已废止。

平等原则

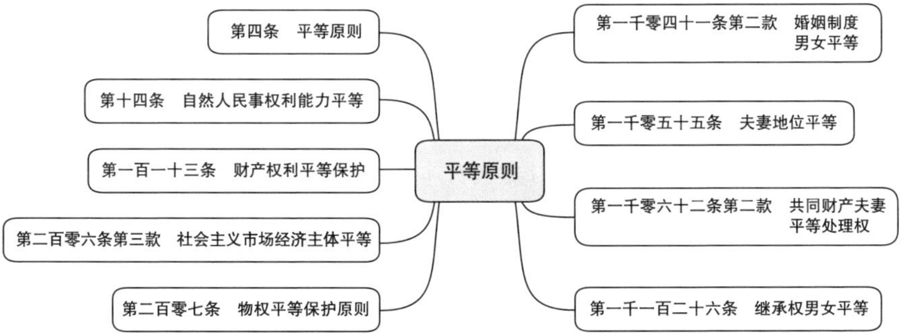

概念

平等原则是民法的基本原则之一。民事主体从事民事活动时，在法律地位上都是平等的，合法权益也受到法律的平等保护。平等原则是民法法律关系区别于行政法律关系特有的原则，同时也是我国发展社会主义市场经济的客观要求。

法典条款

第四条【平等原则】 民事主体在民事活动中的法律地位一律平等。

第十四条【自然人民事权利能力平等】 自然人的民事权利能力一律平等。

第一百一十三条【财产权利平等保护】 民事主体的财产权利受法律平等保护。

第二百零六条第三款【社会主义市场经济主体平等】 国家实行社会主义市场经济，保障一切市场主体的平等法律地位和发展权利。

第二百零七条【物权平等保护原则】 国家、集体、私人的物权和其他权利人的物权受法律平等保护，任何组织或者个人不得侵犯。

第一千零四十一条第二款【婚姻制度男女平等】 实行婚姻自由、一夫一妻、男女平等的婚姻制度。

第一千零五十五条【夫妻地位平等】 夫妻在婚姻家庭中地位平等。

第一千零六十二条第二款【共同财产夫妻平等处理权】 夫妻对共同财产，有平等的处理权。

第一千一百二十六条【继承权男女平等】 继承权男女平等。

实务要点

1. 当事人间地位的平等是民法区别于其他法律部门的最为重要的特征，民事主体之间若没有平等的法律地位，就不可能有真正的自愿，更不可能有公平的交易。

2. 第207条之所以在国家、集体、私人之外另加“其他权利人的物权”，在于该条是从所有制的角度对物权主体分类规定平等保护原则的。但实践中，也存在国家、集体、私人之外的其他权利人，如公益性基金会等，为此《民法典》规定了“其他权利人”。

3. 夫妻地位平等作为“家庭关系”一章中的第1条，对该章其他规定具有指导作用。囿于现实的复杂性，在法律没有具体规定的情况下，该条为司法实践处理夫妻间权利义务纠纷提供了依据。此外，平等并非平均，而是强调权利义务分配的合理性。如双方均有权就家庭事务表达意见，尽可能协商决定，而不能独断专行。

4. 对共同财产，夫妻有平等的处理权。夫妻一方未经对方同意擅自处分共同财产的，对方有权请求宣告处分行为无效，但不得对抗善意第三人，以保护第三人利益，维护交易安全。

5. 继承权男女平等具体体现在继承权的取得不因性别不同而不同，确定法律继承人的范围与继承顺序、份额不因性别不同而不同，代位继承不因性别不同而不同，夫妻处分所继承财产的权利平等。

权威参考案例

1. 海门市海永农机经营部与中国石油天然气股份有限公司上海销售分公司租赁合同纠纷案（2016年4月8日《最高人民法院发布十起依法平等保护非公有制经济典型案例》案例10）

本案是人民法院依法审理大型国有企业与非公有制企业之间租赁合同纠纷的典型案例。本案争议焦点在于如何认定加油站相应证照无法变更时海永农机部与中石油上海分公司各自应承担的责任。合同双方当事人市场地位、经济实力悬殊，发生合同纠纷时，人民法院应当充分考虑缔约双方的缔约能力和行业经验，区分商业风险和主观过错。大型国有企业在行业经验等方面远高于非公有制企业时，因未对商业风险做出合理判断而导致合同目的无法实现应自行承担该商业风险带来的后果。

2. 于某民与田某先、刘某房屋所有权确认纠纷案(《最高人民法院公报》2018年第7期)

本案系争房屋是田某先在与于某民夫妻关系存续期间购买，田某先对于系争房屋的处置未征得于某民的同意，损害了于某民作为夫妻一方对共同财产的所有权和平等的处分权。

3. 李某与杨某不当得利纠纷案(2015年12月4日《最高人民法院公布49起婚姻家庭纠纷典型案例》案例23)

夫妻一方非因日常生活需要对夫妻共同财产做重要决定，应平等协商，取得一致意见。他人有理由相信其为夫妻双方共同意思表示的，另一方不得以不同意或不知道为由对抗善意第三人。本案中，杨某接受宋某赠与的财产并没有付出相应对价，不适用善意取得制度。李某作为财产所有人和利害关系人有权要求杨某返还。

自愿原则

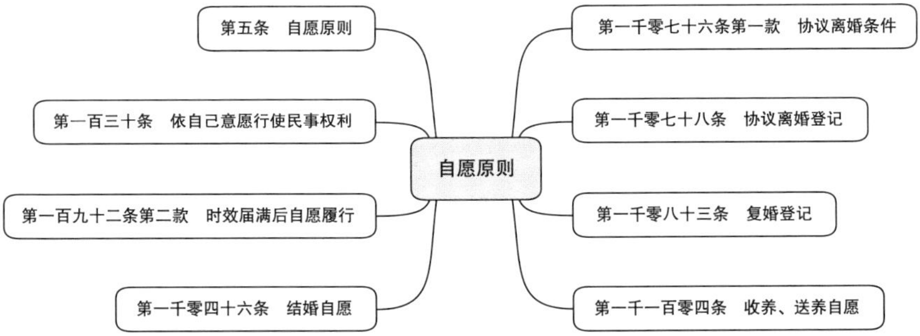

概念

自愿原则，也称意思自治原则，指的是民事主体有权根据自己的意愿，按照自己的意思自主决定民事法律关系的内容及其设立、变更与终止，自觉承受相应法律后果。

法典条款

第五条【自愿原则】 民事主体从事民事活动，应当遵循自愿原则，按照自己的意思设立、变更、终止民事法律关系。

第一百三十条【依自己意愿行使民事权利】 民事主体按照自己的意愿依法行使民事权利，不受干涉。

第一百九十二条第二款【时效届满后自愿履行】 诉讼时效期间届满后，义务人同意履行的，不得以诉讼时效期间届满为由抗辩；义务人已经自愿履行的，不得请求返还。

第一千零四十六条【结婚自愿】 结婚应当男女双方完全自愿，禁止任何一方对另一方加以强迫，禁止任何组织或者个人加以干涉。

第一千零七十六条第一款【协议离婚条件】 夫妻双方自愿离婚的，应当签订书面离婚协议，并亲自到婚姻登记机关申请离婚登记。

第一千零七十八条【协议离婚登记】 婚姻登记机关查明双方确实是自愿离婚，并已经对子女抚养、财产以及债务处理等事项协商一致的，予以登记，发给离婚证。

第一千零八十三条【复婚登记】 离婚后，男女双方自愿恢复婚姻关系的，应当到婚姻登记机关重新进行结婚登记。

第一千一百零四条【收养、送养自愿】 收养人收养与送养人送养，应当双方自愿。收养八周岁以上未成年人的，应当征得被收养人的同意。

实务要点

1. 自愿或意思自治不是毫无约束的绝对的自由与放任。民事主体的意思自治，还要受到平等原则、公平原则、诚信原则、公序良俗等基本原则的约束。

2. 义务人放弃诉讼时效利益属于单方法律行为，是基于自愿的处分行为，自其放弃的意思表示到达权利人时即发生法律效果，不以权利人同意为条件。

3. 结婚、离婚、复婚自愿，并不排斥男女双方就个人婚姻事宜征求父母、亲友意见，也不排斥父母、亲友等第三人出于对当事人的关心关爱提出看法建议。

4. 收养至少涉及三方主体：送养人、收养人、被收养人，需要尊重各方真实意愿。为更好地保护被收养人利益，同时与《民法典》其他规定相协调，将应征得被收养人同意的年龄界限“10 周岁”调整为“8 周岁”。

权威参考案例

重庆市房地产管理局九龙坡分局诉重庆市金昌商务公司房屋买卖合同纠纷

抗诉案(《最高人民检察院公报》1999 年第 2 号)

再审判决将房屋买卖合同约定以外的其他房屋判令当事人予以买卖,替换合同约定的买卖标的,违反自愿、公平和等价有偿的民法原则,应予纠正。

公平原则

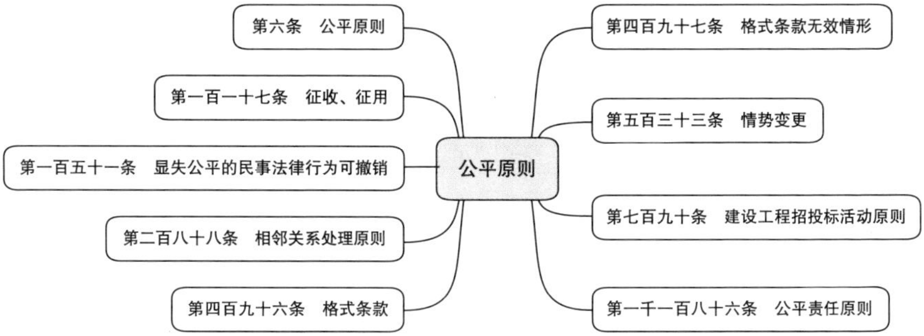

概念

公平原则,是指民事主体在从事民事活动时应秉持公平理念,公正、平允、合理地确定各方的权利与义务,并依法承担相应的民事责任。公平原则体现了民法促进并维护社会公平正义的价值理念,对指导并规范民事主体的行为起重要作用。

法典条款

第六条【公平原则】 民事主体从事民事活动,应当遵循公平原则,合理确定各方的权利和义务。

第一百一十七条【征收、征用】 为了公共利益的需要,依照法律规定的权限和程序征收、征用不动产或者动产的,应当给予公平、合理的补偿。

第一百五十一条【显失公平的民事法律行为可撤销】 一方利用对方处于危困状态、缺乏判断能力等情形,致使民事法律行为成立时显失公平的,受损害方有权请求人民法院或者仲裁机构予以撤销。

第二百八十八条【相邻关系处理原则】 不动产的相邻权利人应当按照有利生产、方便生活、团结互助、公平合理的原则,正确处理相邻关系。

第四百九十六条【格式条款】 格式条款是当事人为了重复使用而预先拟

定,并在订立合同时未与对方协商的条款。

采用格式条款订立合同的,提供格式条款的一方应当遵循公平原则确定当事人之间的权利和义务,并采取合理的方式提示对方注意免除或者减轻其责任等与对方有重大利害关系的条款,按照对方的要求,对该条款予以说明。提供格式条款的一方未履行提示或者说明义务,致使对方没有注意或者理解与其有重大利害关系的条款的,对方可以主张该条款不成为合同的内容。

第四百九十七条【格式条款无效情形】 有下列情形之一的,该格式条款无效:

(一)具有本法第一编第六章第三节和本法第五百零六条规定的无效情形;

(二)提供格式条款一方不合理地免除或者减轻其责任、加重对方责任、限制对方主要权利;

(三)提供格式条款一方排除对方主要权利。

第五百三十三条【情势变更】 合同成立后,合同的基础条件发生了当事人在订立合同时无法预见的、不属于商业风险的重大变化,继续履行合同对于当事人一方明显不公平的,受不利影响的当事人可以与对方重新协商;在合理期限内协商不成的,当事人可以请求人民法院或者仲裁机构变更或者解除合同。

人民法院或者仲裁机构应当结合案件的实际情况,根据公平原则变更或者解除合同。

第七百九十条【建设工程招投标活动原则】 建设工程的招标投标活动,应当依照有关法律的规定公开、公平、公正进行。

第一千一百八十六条【公平责任原则】 受害人和行为人对损害的发生都没有过错的,依照法律的规定由双方分担损失。

实务要点

1. 第 151 条规定的显失公平包括两项要件:一是主观上一方当事人利用了对方处于危困状态、缺乏判断能力等情形;二是客观上民事法律行为成立时显失公平。需要特别注意判断时点为“成立时”而非其他时间。

2. 第 497 条第 2 项、第 3 项涉及的格式条款无效情形,是格式条款特有的无效情形。格式条款由单方提供,对方没有进行实际磋商机会,提供方可能恣意追求自己的单方利益,不合理地分配合同交易中的风险和负担,严重违背公平原则,故规定为无效。另需说明的是,第 496 条第 2 款涉及的格式条款提供方未履行提升或说明义务的法律效果，该款规定为“对方可以主张该条款不成为合同的内容”。这一表述属于《民法典》新增内容。如此规定，在于此款涉及的内容总体上属于合同订立的范畴，而第 497 条规定的无效情形属于合同成立后的效力评价层面，系合同效力制度范畴。

3. 意思自治是合同的基石，作为当事人意思自治产物的合同，应得到严格遵守。第 533 条规定的情势变更，虽是为了实现合同正义而对意思自治的调整，但这种调整需限定在非常必要的范围内。只有继续履行合同对一方当事人明显不公时，才能适用情势变更制度。

4. 情势变更制度下，当事人本身并不享有实体法意义上的合同解除权或变更权，其赋予当事人的只是在程序上向法院或仲裁机构提出解除或变更合同的请求，最终如何调整，由法院或仲裁机构确定。

5. 第 1186 条侵权责任中的公平责任原则是民法公平原则的必然引申，但其既不同于过错责任，也有别于严格责任，《民法典》并未将其作为侵权责任的归责原则放在侵权责任编一般规定章中，而是放在了第二章“损害赔偿”部分，并将《民法通则》（已废止）规定的“分担民事责任”修改为“分担损失”。

权威参考案例

1. 朱某龙诉东台市许河安全器材侵权责任纠纷案（《最高人民法院公报》2020 年第 2 期）

个人经营的淘宝网店绑定企业营业执照后变更为企业性质网店的，虽仍由个人经营，但因淘宝店披露的信息均为该企业信息，导致该淘宝店实际已经属企业所有权的权利外观。在企业不再允许该绑定，且绑定不能被取消的情况，企业径自取得该淘宝店经营权的，并不构成对个人经营权的侵权。鉴于原经营者个人对网店信用升级有一定贡献，企业将店铺经营权收回的同时，根据公平理念和利益平衡原则，应当对其给予适当的补偿。

2. 郑某新诉中国电信股份有限公司连云港分公司电信服务合同纠纷案（《最高人民法院公报》2017 年第 5 期）

根据《消费者权益保护法》的有关规定，市场交易行为应当遵循公平交易原则，反对强买强卖行为。消费者有权知悉所购买商品和接受服务的真实情况。手机电信服务提供者为达到电信增值业务推广目的，事先确定免费体验期，用户可在该期间内免费体验增值服务。免费期过后，电信服务提供者对该增值业务进行收费时，应当得到用户明确的使用承诺，否则，电信服务提供者的强行扣费行为侵犯了消费者对所接受服务的知情权，违背市场公平交易原则。

3. 黄某华诉刘某明债权人撤销权纠纷案(《最高人民法院公报》2013 年第 1 期)

用人单位与劳动者就工伤事故达成赔偿协议，但约定的赔偿金额明显低于劳动者应当享受的工伤保险待遇的，应当认定为显失公平。劳动者请求撤销该赔偿协议的，人民法院应予支持。

4. 成都鹏伟实业有限公司与江西省永修县人民政府、永修县鄱阳湖采砂管理工作领导小组办公室采矿权纠纷案(《最高人民法院公报》2010 年第 4 期)

公平原则是当事人订立、履行民事合同所应遵循的基本原则。最高人民法院《关于适用〈中华人民共和国合同法〉若干问题的解释(二)》(已废止)确立了合同履行过程中的情势变更原则，该解释第 26 条规定："合同成立以后客观情况发生了当事人在订立合同时无法预见的、非不可抗力造成的不属于商业风险的重大变化，继续履行合同对于一方当事人明显不公平或者不能实现合同目的，当事人请求人民法院变更或者解除合同的，人民法院应当根据公平原则，并结合案件的实际情况确定是否变更或者解除。"据此，无法预料的自然环境变化的影响导致合同目的无法实现，若继续履行合同，则必然造成一方当事人取得全部合同收益，而另一方当事人承担全部投资损失；受损方当事人请求变更合同部分条款的，应予支持。

5. 天津开发区家园房地产营销有限公司诉天津森得瑞房地产经营有限公司合同纠纷案(《最高人民法院公报》2007 年第 2 期)

合同的显失公平，是指合同一方当事人利用自身优势，或者利用对方没有经验等情形，在与对方签订合同中设定明显对自己一方有利的条款，致使双方基于合同的权利义务和客观利益严重失衡，明显违反公平原则。认定显失公平可以从以下两个方面进行考察：一是考察合同对一方当事人是否明显不公平。对合同显失公平的认定应结合双方当事人权利义务是否对等、一方获得的利益或另一方所受损失是否违背法律或者交易习惯等方面综合衡量。二是要考察合同订立中一方是否故意利用其优势或者对方轻率、没有经验等情形。所谓利用优势，是指一方利用其在经济上或其他方面的优势地位，使对方难以拒绝对其明显不利的合同条件；所谓没有经验，是指欠缺一般生活经验或者交易经验。

6. 段某国诉中国人民财产保险股份有限公司南京市分公司保险合同纠纷案（《最高人民法院公报》2006 年第 5 期）

保险合同中规定有关于保险人责任免除条款的，保险人在订立保险合同时应当向投保人明确说明；未明确说明的，该条款不产生效力。据此，保险人有义务在订立保险合同时向投保人就责任免除条款作出明确说明，前述义务是法定义务，也是特别告知义务。如果保险合同当事人对保险人是否履行该项告知义务发生争议，保险人应当提供其对有关免责条款内容作出明确解释的相关证据，否则该免责条款不产生效力。

诚实信用

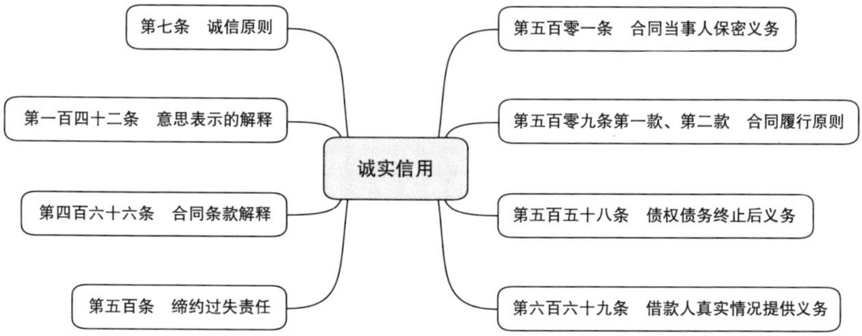

概念

诚实信用又称诚信原则，是民法的基本原则之一，被称为民法的“帝王条款”。它要求民事主体从事民事活动时，包括行使民事权利、履行民事义务、承担民事责任时，都应秉持诚实、善意，信守承诺，讲诚实、重诺言、守信用。诚信原则对建设诚信社会、规范经济秩序、引领社会风尚具有重要意义。

法典条款

第七条【诚信原则】　民事主体从事民事活动，应当遵循诚信原则，秉持诚实，恪守承诺。

第一百四十二条【意思表示的解释】　有相对人的意思表示的解释，应当按照所使用的词句，结合相关条款、行为的性质和目的、习惯以及诚信原则，确定意思表示的含义。

无相对人的意思表示的解释，不能完全拘泥于所使用的词句，而应当结合相关条款、行为的性质和目的、习惯以及诚信原则，确定行为人的真实意思。

第四百六十六条【合同条款解释】 当事人对合同条款的理解有争议的，应当依据本法第一百四十二条第一款的规定，确定争议条款的含义。

合同文本采用两种以上文字订立并约定具有同等效力的，对各文本使用的词句推定具有相同含义。各文本使用的词句不一致的，应当根据合同的相关条款、性质、目的以及诚信原则等予以解释。

第五百条【缔约过失责任】 当事人在订立合同过程中有下列情形之一，造成对方损失的，应当承担赔偿责任：

（一）假借订立合同，恶意进行磋商；

（二）故意隐瞒与订立合同有关的重要事实或者提供虚假情况；

（三）有其他违背诚信原则的行为。

第五百零一条【合同当事人保密义务】 当事人在订立合同过程中知悉的商业秘密或者其他应当保密的信息，无论合同是否成立，不得泄露或者不正当地使用；泄露、不正当地使用该商业秘密或者信息，造成对方损失的，应当承担赔偿责任。

第五百零九条第一款、第二款【合同履行原则】 当事人应当按照约定全面履行自己的义务。

当事人应当遵循诚信原则，根据合同的性质、目的和交易习惯履行通知、协助、保密等义务。

第五百五十八条【债权债务终止后义务】 债权债务终止后，当事人应当遵循诚信等原则，根据交易习惯履行通知、协助、保密、旧物回收等义务。

第六百六十九条【借款人真实情况提供义务】 订立借款合同，借款人应当按照贷款人的要求提供与借款有关的业务活动和财务状况的真实情况。

实务要点

1. 诚信原则对法院裁判民事纠纷具有积极作用。在当事人没有明确约定或法律没有具体规定时，司法机关可根据诚信原则填补合同漏洞、弥补法律空白，平衡民事主体间、民事主体与社会间的利益，进而实现社会公平正义。

2. 囿于诚信原则较为抽象，为防止司法裁量权的滥用，第 142 条第 1 款关于有相对人的意思表示的解释与第466条关于合同条款解释规定，并不是孤立地适用诚信原则，而是在依据词句、相关条款、目的或性质、习惯等较为具体的解释规则仍无法准确确定时，再结合诚信原则进行解释确定。换而言之，文义解释在解释方法的次序上具有优先性；诚信解释方法的使用需以其他解释方法无法探明当事人真意或依据其他解释所得出的结论有悖于一般公平正义的观念为前提。此外，第466条第2款就不同文字文本的解释做了规定。依照该款，合同文本采用两种以上文字订立并约定具有同等效力的情况下，各文本使用的词句推定具有相同含义。但在各文本使用的词句不一致的情况下，应根据合同相关条款、性质、目的及诚信原则等进行解释，与《民法典》第142条第1款有相对人的意思表示的解释方法相似。只是第466条第2款调整的是不同文本词句不一致的情况。

3. 缔约过失责任是指当事人在订立合同过程中，因违背诚信原则而给对方造成损失的赔偿责任。缔约过失责任并不以合同未订立为要件；缔约过失责任赔偿范围以损害当事人的信赖利益损失为限，既包括直接利益的减少，也包括失去与第三人订立合同机会的损失，但不得超过合同成立并得到履行后可获得的利益。

4. 当事人订立合同中的保密义务是基于诚信原则而生的法定义务，无论合同是否成立。当然，违法泄露或不正当使用商业秘密的，不限于承担民事赔偿责任，还有可能承担行政责任甚至刑事责任。

5. 第509条第1款、第2款，明确了履行合同时应坚持全面、诚信原则履行合同义务。本条第2款基于诚信原则列举了合同履行中的附随义务，包括通知、协助、保密等义务，但附随义务并不局限于此。在特定合同中，应履行哪些附随义务，需依照诚信原则，根据合同性质、目的与交易习惯具体判断。本条第1款则明确了当事人应全面履行义务。全面履行是指对于债务人全部义务的履行，包括先合同义务、主给付义务、从给付义务、附随义务、不真正义务等，都要按法律规定或约定履行。从本质上来看，全面履行其实也是诚信原则在合同履行中的一种体现。

6. 在合同订立中、合同履行中，当事人需依据诚信原则履行相应义务。在合同权利义务终止后，也应依照诚信原则履行相应义务，包括但不限于通知、协助、保密、旧物回收等。此外，债权债务终止后的义务也同样可能发生在无因管理等法定之债中，故《民法典》第558条将《合同法》(已废止)中的“合同权利义务”修改为“债权债务”。

7. 第 669 条是关于借款人应当提供真实情况义务的规定。订立借款合同时，借款人应当按照贷款人的要求提供有关业务活动和财务状况的真实情况，这也是借款合同中诚信原则的体现。提供的情况主要有两方面：一是与借款人资格有关的基本情况。二是借款人财务状况的真实情况。三是与借款有关的业务活动的真实情况。需说明的是，本条作为合同编借款合同章的一条，主要针对金融借款合同。对于非金融机构的法人、非法人组织和自然人间的借款合同，借款人需向贷款人提供哪些情况，由当事人协商确定，并非一定提供本条规定的“与借款有关的业务活动和财产状况的真实情况”。

权威参考案例

1. 重庆重铁物流有限公司诉巫山县龙翔商贸有限责任公司、合江县杉杉贸易有限公司买卖合同纠纷案（2015 年 12 月 4 日《最高人民法院发布 19 起合同纠纷典型案例》案例 1）

诚实信用原则不仅仅是合同法的基本原则，也是整个民事活动的基本原则。在市场经济活动中，市场主体在行为时不欺不诈，尊重他人利益，保证合同关系的各方当事人都能得到自己的利益，且不得损害社会和第三人的利益，才能更好地促进市场经济健康发展。市场主体的诚实、恪守信用，为市场主体提供了一种普遍的信赖，这种信赖是市场交易所必需的资源之一。如果合同一方当事人不守诚信，违反合同约定，甚至采取欺诈手段，损害对方利益或对社会、第三人造成损害，最终扰乱市场交易秩序，影响整个市场经济活动的健康发展。本案中，被告龙翔公司、杉杉公司实为同一人控制的公司，但在与原告签订合同时故意隐瞒了这一真实情况，使原告与两公司签订了合同和协议，并且通过伪造货物运单、收货证明，虚开增值税发票等手段，虚构了本不存在的煤炭交易事实。被告龙翔公司基于上述合同虚构煤炭交易，形成了对原告 3000 余万元的债权，从而到银行办理了保理业务，将此笔应收账款向银行转让进行融资，使原告可能陷于被银行追索的风险，银行也可能陷于保理业务坏账的风险。两被告不讲诚实信用，其行为完全符合合同欺诈的认定。根据《合同法》（已废止）第 54 条[①]的规定，原告撤销合同的诉请，得到了法院的支持。本案的裁判结果体现了良好的社会效果，彰显了法院在制裁违约、打击欺诈、维护社会诚信的重要作用。

① 可参考《民法典》第 147 条、第 148 条。

2. 游某诉鸿达公司买卖合同纠纷案（2015年12月4日《最高人民法院发布19起合同纠纷典型案例》案例17）

合同当事人应严守合同约定，全面、诚实履行义务。本案中，游某充分履行了付款义务，但鸿达公司并按约未向游杰交付配置“航天双龙牌”的水泥罐车，且未告知游某获得认可，应承担违约责任。

3. 陈某诉中国平安人寿保险股份有限公司乐山中心支公司人身保险合同纠纷案（2015年12月4日《最高人民法院发布19起合同纠纷典型案例》案例2）

保险合同是射幸合同，对将来是否发生保险事故具有不确定性。但在保险合同成立之前已发生投保事故，随后再投保，其具有主观恶意，系恶意骗保的不诚信行为，且违反保险合同法理，此时不应机械性地固守不可抗辩期间的限定，应赋予保险公司解除权，且2年不可抗辩期间适用的前提是保险合同成立2年后新发生的保险事故，因此保险合同成立前已发生保险事故的，保险公司不应赔偿。本案的裁判，对于遏制恶意投保并拖延理赔的不诚信行为，规范保险秩序，防止保险金的滥用，具有积极作用。

4. 刘某花诉山东费县益客盛源食品有限公司养殖合同纠纷案（2015年12月4日《最高人民法院发布19起合同纠纷典型案例》案例3）

本案是典型的一方以合同履行中的优势地位获取不当利益的案件，益客盛源公司在回收肉鸭的时候将合同原件收回，尔后否认所签合同的存在，导致养殖户在肉鸭款被克扣的情况下，无法提供合同原件来举证，这种行为严重违背诚实信用原则。该裁判结果对规范该类养殖合同的履行、保护处于弱势地位的养殖户的合法权益具有重大意义。该案事实清楚，责任明确，二审法院依法及时判决，对益客盛源公司利用优势地位获取不当利益的行为进行了批评，严格追究违法失信者的法律责任，保障诚实守信方的合法权益。该案的判决，有利于明晰责任、确立规则、维护诚信，充分体现了人民法院依法维护当事人合法权益，维护社会公平正义的职能作用。

5. 深圳市标榜投资发展有限公司与鞍山市财政局股权转让纠纷案（《最高人民法院公报》2017年第12期）

缔约过失人获得利益以善意相对人丧失交易机会为代价，善意相对人要求缔约过失人赔偿的，人民法院应予支持。除直接损失外，缔约过失人对善意相对人的交易机会损失等间接损失，应予赔偿。间接损失数额应考虑缔约过失人过错程度及获得利益情况、善意相对人成本支出及预期利益等，综合衡量确定。

6. 李某燕与山东亿家乐房产经纪咨询有限公司特许人违反商圈不竞争义务特许经营合同纠纷案（2013 年 4 月 15 日《2012 年中国法院知识产权司法保护 50 件典型案例》案例 39）

当事人行使权利、履行义务应当遵循诚实信用原则。根据商业特许经营活动的性质，特许人系有偿提供经营资源，其行为应满足被特许人投资经营的合理期盼。本案中，特许人在合同履行期间，在被特许人特定经营区域内开展自营业务，二店相距仅 200 米左右，会对被特许人的经营空间造成影响，违反了履行合同中应当遵循的诚信原则。亿家乐公司应采取相应的补救措施。

7. 苏州工业园区海富投资有限公司与甘肃世恒有色资源再利用有限公司、香港迪亚有限公司、陆某增资纠纷案（《最高人民法院公报》2014 年第 8 期）

投资者与目标公司本身之间的补偿条款如果使投资者可以取得相对固定的收益，则该收益会脱离目标公司的经营业绩，直接或间接地损害公司利益和公司债权人利益，故应认定无效。但目标公司股东对投资者的补偿承诺不违反法律法规的禁止性规定，是有效的。在合同约定的补偿条件成立的情况下，根据合同当事人意思自治、诚实信用的原则，引资者应信守承诺，投资者应当得到约定的补偿。

公序良俗

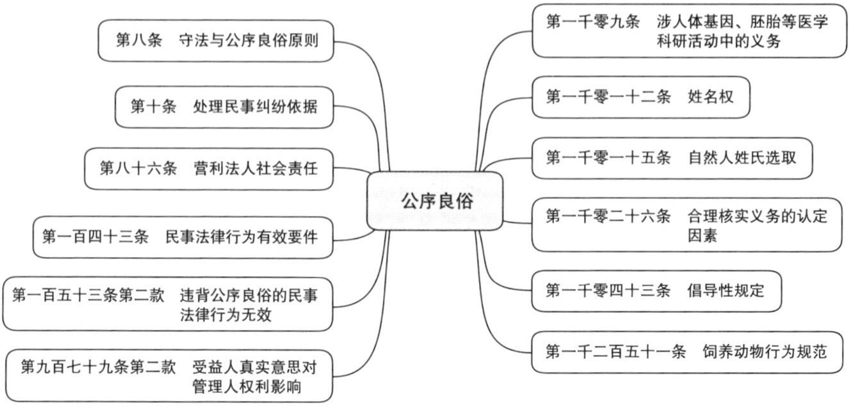

概念

公序良俗，是指公共秩序和善良风俗，也是民法的基本原则之一。《民法通则》(已废止)规定，民事活动应当尊重社会公德，不得损害社会公共利益，实质上就是指公序良俗，只是当时存在较多意识形态禁忌，未明确使用“公序良俗”这一概念。《民法总则》(已废止)和《民法典》立法时对此进行了突破，明确使用公序良俗这一概念。

公共秩序，是指政治、经济、文化等领域的基本秩序和根本理念，是与国家和社会整体利益相关的基础性原则、价值和秩序。善良风俗，是指基于社会主流道德观念的习俗，也可称为社会公共道德，是社会成员所普遍认可、遵循的道德准则。

法典条款

第八条【守法与公序良俗原则】 民事主体从事民事活动，不得违反法律，不得违背公序良俗。

第十条【处理民事纠纷依据】 处理民事纠纷，应当依照法律；法律没有规定的，可以适用习惯，但是不得违背公序良俗。

第八十六条【营利法人社会责任】 营利法人从事经营活动，应当遵守商业道德，维护交易安全，接受政府和社会的监督，承担社会责任。

第一百四十三条【民事法律行为有效要件】 具备下列条件的民事法律行为有效：

(一)行为人具有相应的民事行为能力；

(二)意思表示真实；

(三)不违反法律、行政法规的强制性规定，不违背公序良俗。

第一百五十三条第二款【违背公序良俗的民事法律行为无效】 违背公序良俗的民事法律行为无效。

第九百七十九条第二款【受益人真实意思对管理人权利影响】 管理事务不符合受益人真实意思的，管理人不享有前款规定的权利；但是，受益人的真实意思违反法律或者违背公序良俗的除外。

第一千零九条【涉人体基因、胚胎等医学科研活动中的义务】 从事与人体基因、人体胚胎等有关的医学和科研活动，应当遵守法律、行政法规和国家有关规定，不得危害人体健康，不得违背伦理道德，不得损害公共利益。

第一千零一十二条【姓名权】 自然人享有姓名权，有权依法决定、使用、变更或者许可他人使用自己的姓名，但是不得违背公序良俗。

第一千零一十五条【自然人姓氏选取】 自然人应当随父姓或者母姓，但是有下列情形之一的，可以在父姓和母姓之外选取姓氏：

（一）选取其他直系长辈血亲的姓氏；

（二）因由法定扶养人以外的人扶养而选取扶养人姓氏；

（三）有不违背公序良俗的其他正当理由。

少数民族自然人的姓氏可以遵从本民族的文化传统和风俗习惯。

第一千零二十六条【合理核实义务的认定因素】 认定行为人是否尽到前条第二项规定的合理核实义务，应当考虑下列因素：

（一）内容来源的可信度；

（二）对明显可能引发争议的内容是否进行了必要的调查；

（三）内容的时限性；

（四）内容与公序良俗的关联性；

（五）受害人名誉受贬损的可能性；

（六）核实能力和核实成本。

第一千零四十三条【倡导性规定】 家庭应当树立优良家风，弘扬家庭美德，重视家庭文明建设。

夫妻应当互相忠实，互相尊重，互相关爱；家庭成员应当敬老爱幼，互相帮助，维护平等、和睦、文明的婚姻家庭关系。

第一千二百五十一条【饲养动物行为规范】 饲养动物应当遵守法律法规，尊重社会公德，不得妨碍他人生活。

实务要点

1. 第 8 条规定的守法与公序良俗原则，存在遵守法律规定、遵守公序良俗两项要求。不得违反法律是首要要求；但法律总是滞后的，因而辅之以公序良俗，以实现民事主体个体利益与社会公共利益的平衡。

2. 民事法律行为因违背公序良俗而无效，体现了法律对意思自治的限制，但由于公序良俗概念本身弹性较大，在具体案件中应审慎适用，避免过度克减民事主体的意思自治。民法学说一般采用类型化方式，对违反公序良俗的行为进行了分类，包括但不限于：（1）危害国家政治、经济、财政、税收、金融、治安等秩序类型；（2）危害家庭关系行为类型；（3）危害性道德行为类型;(4)违反人权和人格尊严行为类型;(5)限制经济自由行为类型;(6)违反公平竞争行为类型;(7)违反消费者保护行为类型;(8)违反劳动者保护行为类型等。

3. 根据第 1026 条第 4 项,行为人合理核实义务的高低与公序良俗呈负相关关系,即若信息内容与公序良俗密切相关,则核实义务就低一些;若不相关或不甚相关,则核实义务就相对高一些。

4. 最高人民法院公布的《关于深入推进社会主义核心价值观融入裁判文书释法说理的指导意见》要求强化运用社会主义核心价值观在裁判文书中的释法说理,并就应当运用的情形及案例类型做了规定。其中,第 4 条(应当运用社会主义核心价值观释法说理的案件类型)第 4 项将“公序良俗”明确纳入其中,即“涉及公序良俗、风俗习惯、权利平等、民族宗教等,诉讼各方存在较大争议且可能引发社会广泛关注的案件”。

权威参考案例

1. 泰山石膏股份有限公司与山东万佳建材有限公司、国家工商行政管理总局商标评审委员会商标争议行政纠纷案(《最高人民法院公报》2017 年第 1 期)

有害于社会主义道德风尚或者其他不良影响的标志不得作为商标使用。判断有关标志是否构成具有其他不良影响的情形时,应当考虑该标志或者其构成要素是否可能对我国政治、经济、文化、宗教、民族等社会公共利益和公共秩序产生消极、负面影响。如果某标志具有宗教含义,则无论相关公众是否能够普遍认知、该标志是否已经使用并具有一定知名度,即通常可以认为该标志的注册有害于宗教感情、宗教信仰或者民间信仰,都具有不良影响。

2. 刘某妤诉刘某勇、周某容共有房屋分割案(《最高人民法院公报》2016 年第 7 期)

父母出资购房将产权登记在子女名下,具有赠与性质。子女应努力让父母安宁、愉快地生活。子女对父母赠与的房屋行使物权,要求其父母转让财产份额将损害父母生活的,与善良风俗、传统美德的要求不符,不予支持。

3. 李某针与青岛杰盛置业有限公司、薛某明公司解散纠纷案[《人民法院案例选》案例,(2015)鲁民再字第 5 号]

在公司解散之诉中,判断公司应否解散时,不仅要考虑股东的利益,还要充分考虑公司解散对社会公众利益的影响,即公司承担的社会责任。在股东个人利益与社会公众利益冲突时，应优先保护社会公众利益。

4. 四川金核矿业有限公司与新疆临钢资源投资股份有限公司特殊区域合作勘查合同纠纷案（《最高人民法院公报》2017 年第 4 期）

当事人关于在自然保护区、风景名胜区、重点生态功能区、生态环境敏感区和脆弱区等区域内勘查开采矿产资源的合同约定，不得违反法律、行政法规的强制性规定或者损害环境公共利益，否则应依法认定无效。环境资源法律法规中的禁止性规定，即便未明确违反相关规定将导致合同无效，但若认定合同有效并继续履行将损害环境公共利益的，应当认定合同无效。

5. 徐某某诉安丘市人民政府房屋补偿安置协议案（2019 年 12 月 10 日《最高人民法院发布 10 起行政协议案件典型案例》案例 10）

签订涉案协议的目的是改善居民生活条件、实现社会公共利益，如果徐某某依据违反拆迁政策的协议条款再获得 100 平方米的安置房，势必增加政府在旧村改造项目中的公共支出，侵犯整个片区的补偿安置秩序，损害社会公共利益。因此，根据《合同法》（已废止）第 52 条[①]之规定，涉案争议条款关于给徐某某两套回迁安置房的约定不符合协议目的，损害社会公共利益，亦应无效。故徐某某在按照安置补偿政策已获得相应补偿的情况下，其再要求安丘市人民政府交付剩余 100 平方米的安置楼房，缺乏事实和法律依据，法院遂判决驳回徐某某的诉讼请求。

绿色原则

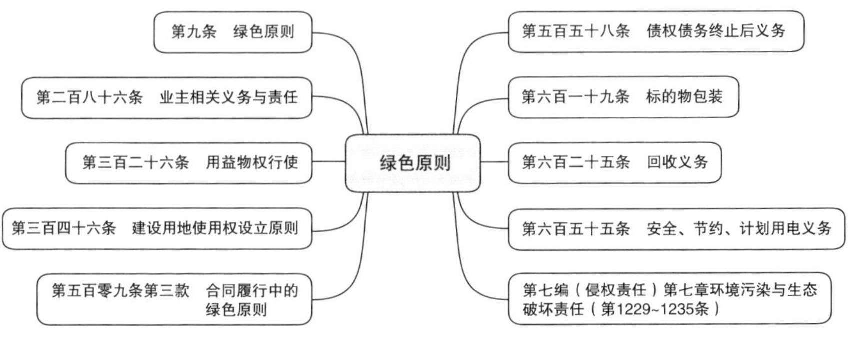

① 可参考《民法典》第 148 条、第 150 条。

概念

绿色原则是贯彻《宪法》关于环境保护的要求，同时也是落实党中央关于建设生态文明、实现可持续发展理念的要求。绿色原则的确立具有鲜明的时代特征，将全面开启环境资源保护的民法通道，有利于构建生态文明时代人与自然和谐相处的新型关系。

法典条款

第九条【绿色原则】 民事主体从事民事活动，应当有利于节约资源、保护生态环境。

第二百八十六条【业主相关义务与责任】 业主应当遵守法律、法规以及管理规约，相关行为应当符合节约资源、保护生态环境的要求。对于物业服务企业或者其他管理人执行政府依法实施的应急处置措施和其他管理措施，业主应当依法予以配合。

业主大会或者业主委员会，对任意弃置垃圾、排放污染物或者噪声、违反规定饲养动物、违章搭建、侵占通道、拒付物业费等损害他人合法权益的行为，有权依照法律、法规以及管理规约，请求行为人停止侵害、排除妨碍、消除危险、恢复原状、赔偿损失。

业主或者其他行为人拒不履行相关义务的，有关当事人可以向有关行政主管部门报告或者投诉，有关行政主管部门应当依法处理。

第三百二十六条【用益物权行使】 用益物权人行使权利，应当遵守法律有关保护和合理开发利用资源、保护生态环境的规定。所有权人不得干涉用益物权人行使权利。

第三百四十六条【建设用地使用权设立原则】 设立建设用地使用权，应当符合节约资源、保护生态环境的要求，遵守法律、行政法规关于土地用途的规定，不得损害已经设立的用益物权。

第五百零九条第三款【合同履行中的绿色原则】 当事人在履行合同过程中，应当避免浪费资源、污染环境和破坏生态。

第五百五十八条【债权债务终止后义务】 债权债务终止后，当事人应当遵循诚信等原则，根据交易习惯履行通知、协助、保密、旧物回收等义务。

第六百一十九条【标的物包装】 出卖人应当按照约定的包装方式交付标的

物。对包装方式没有约定或者约定不明确，依据本法第五百一十条的规定仍不能确定的，应当按照通用的方式包装；没有通用方式的，应当采取足以保护标的物且有利于节约资源、保护生态环境的包装方式。

第六百二十五条【回收义务】 依照法律、行政法规的规定或者按照当事人的约定，标的物在有效使用年限届满后应予回收的，出卖人负有自行或者委托第三人对标的物予以回收的义务。

第六百五十五条【安全、节约、计划用电义务】 用电人应当按照国家有关规定和当事人的约定安全、节约和计划用电。用电人未按照国家有关规定和当事人的约定用电，造成供电人损失的，应当承担赔偿责任。

第七编（侵权责任）第七章环境污染与生态破坏责任（第1229~1235条），另述。

实务要点

1. 第558条提到债权债务关系终止后的旧物回收，但对是否包括包装物的回收并未明确，实践中应以贯彻绿色原则进行解释。如包装物较大且难以处理，则应予回收；若包装物微小且处理过程方面对环境无害，可不予回收。

2. 第619条关于标的物的包装，在后边加上了“节约资源、保护生态环境”的内容，主要是基于电子商务蓬勃发展的实际，产生大量需要处理的包装物，为从源头上减少不必要的包装物，特增加此内容。

3. 第625条的出卖人回收义务，并非针对所有的买卖合同，而是限于法律、行政法规规定或者当事人约定的情形，包括《环境保护法》《固定废物污染环境防治法》《水污染防治法》《大气污染防治法》《土壤污染防治法》《废弃电器电子产品回收处理管理条例》等。确立出卖人回收义务，首先是出于法律的引领作用，对公众行为规范进行指引。其次，对于违反本条回收义务的，除当事人有明确约定外，法律、行政法规规定的回收义务，不能一概认为是民法上的义务，也有可能是公法上的义务。是否承担违约责任及如何承担，需基于法律、行政法规具体规定或当事人具体约定进行确定。

4. 第655条规定了用电人节约、计划用电的义务。节约用电、计划用电，是相较《合同法》(已废止)新增的内容，亦是《民法典》绿色原则的具体体现。

民事权利能力

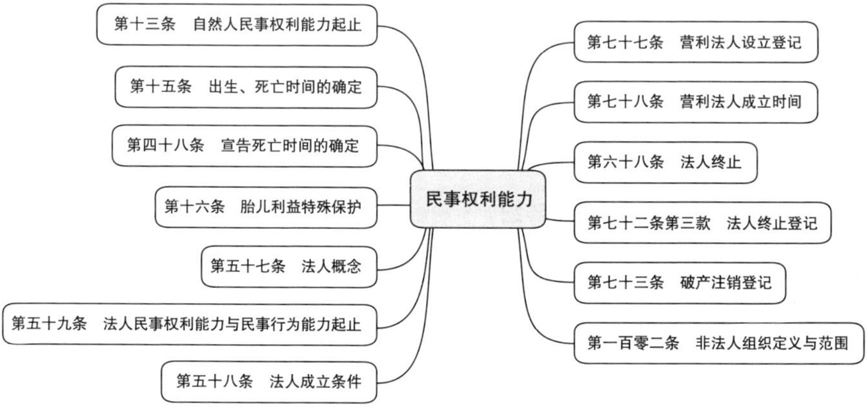

概念

民事权利能力，是指民事主体参与民事法律关系，享有民事权利、承担民事义务的法律资格。法律规定主体的民事权利能力，也就确认了其民事主体地位。

法典条款

第十三条【自然人民事权利能力起止】 自然人从出生时起到死亡时止，具有民事权利能力，依法享有民事权利，承担民事义务。

第十五条【出生、死亡时间的确定】 自然人的出生时间和死亡时间，以出生证明、死亡证明记载的时间为准；没有出生证明、死亡证明的，以户籍登记或者其他有效身份登记记载的时间为准。有其他证据足以推翻以上记载时间的，以该证据证明的时间为准。

第四十八条【宣告死亡时间的确定】 被宣告死亡的人，人民法院宣告死亡的判决作出之日视为其死亡的日期；因意外事件下落不明宣告死亡的，意外事件发生之日视为其死亡的日期。

第十六条【胎儿利益特殊保护】 涉及遗产继承、接受赠与等胎儿利益保护的，胎儿视为具有民事权利能力。但是，胎儿娩出时为死体的，其民事权利能力自始不存在。

第五十七条【法人概念】 法人是具有民事权利能力和民事行为能力，依法独立享有民事权利和承担民事义务的组织。

第五十九条【法人民事权利能力与民事行为能力起止】 法人的民事权利能力和民事行为能力，从法人成立时产生，到法人终止时消灭。

第五十八条【法人成立条件】 法人应当依法成立。

法人应当有自己的名称、组织机构、住所、财产或者经费。法人成立的具体条件和程序，依照法律、行政法规的规定。

设立法人，法律、行政法规规定须经有关机关批准的，依照其规定。

第七十七条【营利法人设立登记】 营利法人经依法登记成立。

第七十八条【营利法人成立时间】 依法设立的营利法人，由登记机关发给营利法人营业执照。营业执照签发日期为营利法人的成立日期。

第六十八条【法人终止】 有下列原因之一并依法完成清算、注销登记的，法人终止：

（一）法人解散；

（二）法人被宣告破产；

（三）法律规定的其他原因。

法人终止，法律、行政法规规定须经有关机关批准的，依照其规定。

第七十二条第三款【法人终止登记】 清算结束并完成法人注销登记时，法人终止；依法不需要办理法人登记的，清算结束时，法人终止。

第七十三条【破产注销登记】 法人被宣告破产的，依法进行破产清算并完成法人注销登记时，法人终止。

第一百零二条【非法人组织定义与范围】 非法人组织是不具有法人资格，但是能够依法以自己的名义从事民事活动的组织。

非法人组织包括个人独资企业、合伙企业、不具有法人资格的专业服务机构等。

实务要点

1. 关于非法人组织，需注意，其具有民事权利能力和民事行为能力，能够以自己名义从事民事活动，只是不具有独立承担民事责任的能力。民事主体分类上，《民法通则》（已废止）采取了公民、法人二元民事主体结构，《民法典》[包括《民法总则》（已废止）]则采用了自然人、法人、非法人组织的三元民事主体结构，将非法人组织作为自然人、法人之外的第三类民事主体，是我国民事主体制度的重大创新。

2. 关于自然人的民事权利能力，始于出生终于死亡，自然人生存期间，即使受到刑事处罚或者丧失民事行为能力，其民事权利能力也不会丧失消灭。第16条规定了特定情形下胎儿“视为”具有民事权利能力，是第13条规定之外的特殊情形。但需注意，除了遗产继承、接受赠与外，还有其他涉胎儿利益保护的情况，因此该条用了一个“等”字，原则上也包括侵权等其他需要保护胎儿利益的情形。

3. 关于法人，其民事权利能力与民事行为能力在范围上是一致的，不同于自然人会因精神健康或年龄的原因使民事权利能力与民事行为能力在范围上产生不一致。

4. 第15条对自然人的出生时间、死亡时间进行了明确，足以推翻其他记载时间的证明材料最优先，其次是出生或死亡证明，最后是户籍登记或者其他有效身份登记材料。另需注意，宣告死亡中死亡时间的确定，区分了两种情况：一般的宣告死亡，确定为判决作出之日；因意外事件下落不明被宣告死亡的，确定为意外事件发生之日。

5. 法人的成立与终止决定了其民事权利能力的存续期间。关于成立时间，营利法人营业执照签发日期为其成立日期；关于终止时间，清算结束完成注销登记时，法人终止；依法不需要办理法人登记的，清算结束时，法人终止。

权威参考案例

1. 重庆台华房地产开发有限公司与重庆晨光实业发展（集团）有限责任公司、重庆晨光百货有限责任公司、重庆晨光大酒店有限责任公司房屋搬迁纠纷案（《最高人民法院公报》2006年第10期）

吊销企业法人营业执照是工商行政管理机关依据国家工商行政法规对违法企业法人作出的行政处罚。企业法人被吊销营业执照后应当依法进行清算，清算程序结束并办理工商注销登记后，该企业法人才归于消灭。判断企业法人资格存续与否，应当以工商行政管理机关是否注销其法人资格为标准，只要该企业尚未被注销，即使被吊销营业执照，仍具有法人资格，仍具有诉讼的权利能力和行为能力，有权以自己的名义进行诉讼活动。

2. 广西北生集团有限责任公司与北海市威豪房地产开发公司、广西壮族自治区畜产进出口北海公司土地使用权转让合同纠纷案(《最高人民法院公报》2006 年第 10 期)

法人的民事权利能力和民事行为能力，从法人成立时产生，到法人终止时消灭。《公司登记管理条例》第 38 条[①]规定，"经公司登记机关核准注销登记，公司终止"。因此，法人被依法吊销营业执照后没有进行清算，也没有办理注销登记的，不属于法人终止，依法仍享有民事诉讼的权利能力和行为能力。此类法人与他人产生合同纠纷的，应当以自己的名义参加民事诉讼。其开办单位因不是合同当事人，不具备诉讼主体资格。

民事行为能力

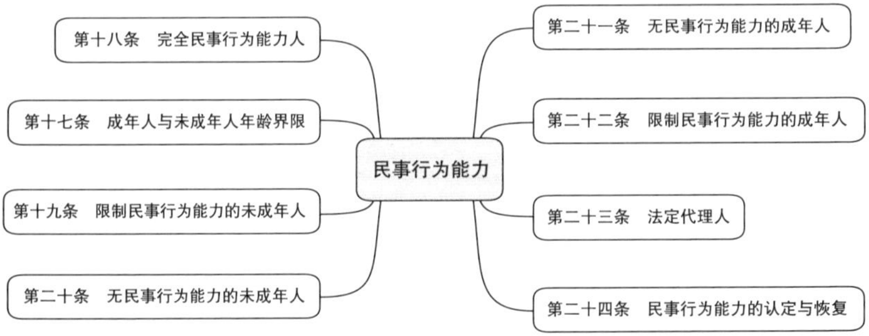

概念

民事行为能力，是指民事主体独立参与民事活动，以自己的行为取得民事权利、承担民事义务的法律资格。其与民事权利能力不同：民事权利能力是民事主体从事民事活动的前提，民事行为能力是民事主体从事民事活动的条件。自然人不同于法人、非法人组织，其民事权利能力与民事行为能力并非同步。也就是说，自然人虽然都有民事权利能力，但由于年龄、智力、精神健康等的限制，不一定都有民事行为能力。

法典条款

第十八条【完全民事行为能力人】　成年人为完全民事行为能力人，可以独

① 可参考 2016 年修订后本条例第 44 条。

立实施民事法律行为。

十六周岁以上的未成年人，以自己的劳动收入为主要生活来源的，视为完全民事行为能力人。

第十七条【成年人与未成年人年龄界限】 十八周岁以上的自然人为成年人。不满十八周岁的自然人为未成年人。

第十九条【限制民事行为能力的未成年人】 八周岁以上的未成年人为限制民事行为能力人，实施民事法律行为由其法定代理人代理或者经其法定代理人同意、追认；但是，可以独立实施纯获利益的民事法律行为或者与其年龄、智力相适应的民事法律行为。

第二十条【无民事行为能力的未成年人】 不满八周岁的未成年人为无民事行为能力人，由其法定代理人代理实施民事法律行为。

第二十一条【无民事行为能力的成年人】 不能辨认自己行为的成年人为无民事行为能力人，由其法定代理人代理实施民事法律行为。

八周岁以上的未成年人不能辨认自己行为的，适用前款规定。

第二十二条【限制民事行为能力的成年人】 不能完全辨认自己行为的成年人为限制民事行为能力人，实施民事法律行为由其法定代理人代理或者经其法定代理人同意、追认；但是，可以独立实施纯获利益的民事法律行为或者与其智力、精神健康状况相适应的民事法律行为。

第二十三条【法定代理人】 无民事行为能力人、限制民事行为能力人的监护人是其法定代理人。

第二十四条【民事行为能力的认定与恢复】 不能辨认或者不能完全辨认自己行为的成年人，其利害关系人或者有关组织，可以向人民法院申请认定该成年人为无民事行为能力人或者限制民事行为能力人。

被人民法院认定为无民事行为能力人或者限制民事行为能力人的，经本人、利害关系人或者有关组织申请，人民法院可以根据其智力、精神健康恢复的状况，认定该成年人恢复为限制民事行为能力人或者完全民事行为能力人。

本条规定的有关组织包括：居民委员会、村民委员会、学校、医疗机构、妇女联合会、残疾人联合会、依法设立的老年人组织、民政部门等。

实务要点

1. 需注意三个时间点，8 周岁、16 周岁、18 周岁。18 周岁为成年人与未成年人的年龄界限；8 周岁为无民事行为能力的未成年人与限制民事行为能力的未成年人的年龄界限［《民法通则》（已废止）原来规定的为 10 周岁］；而满 16 周岁则是未成年人视为完全民事行为能力人的一个条件，完全民事行为能力人一般要求为成年人，但对于满 16 周岁的未成年人，若以自己劳动收入作为主要生活来源，则视为完全民事行为能力人。

2.《民法通则》（已废止）规定的无民事行为能力或限制民事行为能力的成年人的范围为“精神病人”。但现实中，很多不属于精神病人的成年人也不能或不能完全辨认自己行为，如阿尔茨海默病。为此，《民法典》用“不能辨认或不能完全辨认自己行为”代替“精神病人”，以更好保护其合法权益。

3. 第 23 条明确了无民事行为能力人、限制民事行为能力人的监护人是其法定代理人。赋予监护人法定代理人资格，可以方便监护人更好地履行监护职责，同时也可以对其代理行为按照《民法典》关于代理的规定进行规范，以更好地保护无民事行为能力人、限制民事行为能力人的利益。

4. 第 24 条第 1 款规定的利害关系人主要包括近亲属、债权债务人等，第 2 款规定的利害关系人主要包括监护人、债权债务人等。但具体认定时，还需看民事行为能力状况对其是否有重要影响。例如，本人债务人若并非为了确定民事行为能力的效力，其不应属于利害关系人的范围。另需注意，该条相对《民法通则》（已废止）第 19 条，另增加“有关组织”可作为申请主体，但具体实践中对此应严格掌握，有关组织的申请应基于保护该成年人合法权益的迫切需要而为之。

住所

概念

住所，是指民事主体进行民事活动的中心场所或者主要场所。自然人的住所一般指其长期居住、较为固定的居所。法人住所即指其主要办事机构所在地。自然人住所对婚姻登记、宣告失踪或死亡、债务履行、司法管辖与送达等有重要意义；法人住所对其涉及的合同履行地、仲裁诉讼管辖地、破产清算地等有重要意义。

法典条款

第二十五条【自然人住所】 自然人以户籍登记或者其他有效身份登记记载的居所为住所；经常居所与住所不一致的，经常居所视为住所。

第六十三条【法人住所】 法人以其主要办事机构所在地为住所。依法需要办理法人登记的，应当将主要办事机构所在地登记为住所。

实务要点

1. 注意自然人“住所”与“居所”的区别。居所指自然人实际居住的一定处所，与住所的区别是，一个自然人可以同时有两处以上居所，但只能有一个住所。居所一般是临时或暂时性居住的，住所则为长期固定的。

2. 第 25 条中的“其他有效身份证件”主要指居住证和外国人的有效居留证件等。按照《居住证暂行条例》的规定，居住证的持有人往往都在相关城市工作、生活居住半年以上。

监护

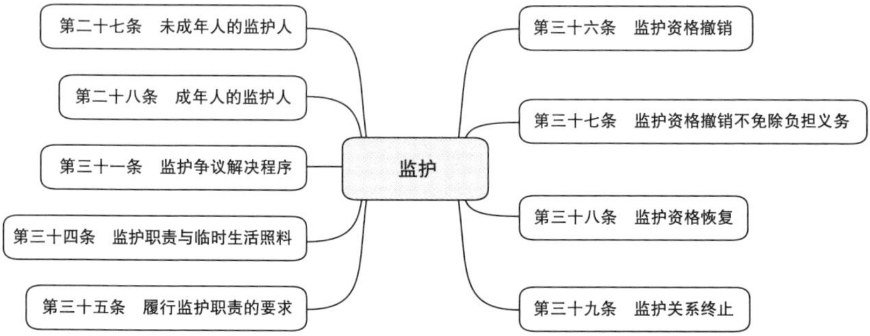

概念

监护是保障无民事行为能力人和限制民事行为人的权益，弥补其民事行为能力不足的法律制度。监护制度是我国基本的民事法律制度之一，在《民法典》中占有重要地位。

法典条款

第二十七条【未成年人的监护人】 父母是未成年子女的监护人。

未成年人的父母已经死亡或者没有监护能力的，由下列有监护能力的人按顺序担任监护人：

（一）祖父母、外祖父母；

（二）兄、姐；

（三）其他愿意担任监护人的个人或者组织，但是须经未成年人住所地的居民委员会、村民委员会或者民政部门同意。

第二十八条【成年人的监护人】 无民事行为能力或者限制民事行为能力的成年人，由下列有监护能力的人按顺序担任监护人：

（一）配偶；

（二）父母、子女；

（三）其他近亲属；

（四）其他愿意担任监护人的个人或者组织，但是须经被监护人住所地的居民委员会、村民委员会或者民政部门同意。

第三十一条【监护争议解决程序】 对监护人的确定有争议的，由被监护人住所地的居民委员会、村民委员会或者民政部门指定监护人，有关当事人对指定不服的，可以向人民法院申请指定监护人；有关当事人也可以直接向人民法院申请指定监护人。

居民委员会、村民委员会、民政部门或者人民法院应当尊重被监护人的真实意愿，按照最有利于被监护人的原则在依法具有监护资格的人中指定监护人。

依据本条第一款规定指定监护人前，被监护人的人身权利、财产权利以及其他合法权益处于无人保护状态的，由被监护人住所地的居民委员会、村民委员会、法律规定的有关组织或者民政部门担任临时监护人。

监护人被指定后，不得擅自变更；擅自变更的，不免除被指定的监护人的责任。

第三十四条【监护职责与临时生活照料】 监护人的职责是代理被监护人实施民事法律行为，保护被监护人的人身权利、财产权利以及其他合法权益等。

监护人依法履行监护职责产生的权利，受法律保护。

监护人不履行监护职责或者侵害被监护人合法权益的，应当承担法律责任。

因发生突发事件等紧急情况，监护人暂时无法履行监护职责，被监护人的生活处于无人照料状态的，被监护人住所地的居民委员会、村民委员会或者民政部门应当为被监护人安排必要的临时生活照料措施。

第三十五条【履行监护职责的要求】 监护人应当按照最有利于被监护人的原则履行监护职责。监护人除为维护被监护人利益外，不得处分被监护人的财产。

未成年人的监护人履行监护职责，在作出与被监护人利益有关的决定时，应当根据被监护人的年龄和智力状况，尊重被监护人的真实意愿。

成年人的监护人履行监护职责，应当最大程度地尊重被监护人的真实意愿，保障并协助被监护人实施与其智力、精神健康状况相适应的民事法律行为。对被监护人有能力独立处理的事务，监护人不得干涉。

第三十六条【监护资格撤销】 监护人有下列情形之一的，人民法院根据有关个人或者组织的申请，撤销其监护人资格，安排必要的临时监护措施，并按照最有利于被监护人的原则依法指定监护人：

（一）实施严重损害被监护人身心健康的行为；

（二）怠于履行监护职责，或者无法履行监护职责且拒绝将监护职责部分或者全部委托给他人，导致被监护人处于危困状态；

（三）实施严重侵害被监护人合法权益的其他行为。

本条规定的有关个人、组织包括：其他依法具有监护资格的人，居民委员会、村民委员会、学校、医疗机构、妇女联合会、残疾人联合会、未成年人保护组织、依法设立的老年人组织、民政部门等。

前款规定的个人和民政部门以外的组织未及时向人民法院申请撤销监护人资格的，民政部门应当向人民法院申请。

第三十七条【监护资格撤销不免除负担义务】 依法负担被监护人抚养费、赡养费、扶养费的父母、子女、配偶等，被人民法院撤销监护人资格后，应当继续履行负担的义务。

第三十八条【监护资格恢复】 被监护人的父母或者子女被人民法院撤销监护人资格后，除对被监护人实施故意犯罪的外，确有悔改表现的，经其申请，人民法院可以在尊重被监护人真实意愿的前提下，视情况恢复其监护人资格，人民法院指定的监护人与被监护人的监护关系同时终止。

第三十九条【监护关系终止】 有下列情形之一的，监护关系终止：

（一）被监护人取得或者恢复完全民事行为能力；

（二）监护人丧失监护能力；

（三）被监护人或者监护人死亡；

（四）人民法院认定监护关系终止的其他情形。

监护关系终止后，被监护人仍然需要监护的，应当依法另行确定监护人。

实务要点

1. 第 27 条、第 28 条，将《民法通则》（已废止）规定的自愿担任监护人的“关系密切的其他亲属、朋友”修改为“愿意担任监护人的个人或组织”，进一步扩大了监护人范围，并且在需征得同意的主体中删除“所在单位”，增加“民政部门”（有关监护的规定，均有类似修改，不再赘述）。此外，第 28 条将父母、子女放在同一顺位，并且删除“成年子女”中的“成年”。

2. 第 31 条关于监护争议解决程序的规定中确立了“临时监护人”制度。且临时监护人适用的期间应从宽理解，不能仅限于监护争议解决期间。应包括以下两个期间：一是监护争议解决程序启动后，即居委会、村委会、民政部门开始处理监护争议或法院受理监护申请后，至指定监护人前的期间；二是监护争议解决程序启动前，只要发现无人监护、无人保护的，有关组织或民政部门即应担任临时监护人，随后再启动程序指定监护人。

3. 第 34 条第 4 款，系《民法典》相较《民法总则》（已废止）增加的唯一一处内容，也是基于 2020 年新冠疫情而生的。该款明确了居民委员会、村民委员会、民政部门的临时生活照料义务。需注意，临时生活照料与临时监护不同。临时监护的设立前提是没有监护人，而临时生活照料是因为监护人暂时无法履行监护职责；临时生活照料较临时监护所享有的权利、承担的义务均较少。

4. 第 35 条就履行监护职责的要求确立了“最有利于被监护人”“尊重被监护人真实意愿”的原则，并按照被监护人是否成年，分别阐述了“尊重被监护人真实意愿”的具体要求。

5. 第 36 条对监护资格的撤销进行了较为系统的规定。申请的主体限于其他具有监护资格的人及其他特定组织，并明确民政部门的兜底义务；可申请的情形限于本条规定的三类严重情形；明确申请过程中为保护被监护人合法权益应安排必要的临时监护措施。

6. 法定扶养义务是基于血缘等关系而确立的法定义务，该义务不因监护人资格的撤销而免除，故第 37 条对此进行了明确。

7. 监护资格被撤销并非不可恢复，但恢复监护资格对被监护人切实利益存在重要影响，需进行严格限制。第 38 条就监护资格恢复明确了几点限制：限于被监护人的父母、子女；没有对被监护人故意犯罪；确有悔改表现；尊重被监护人意愿。即使满足上述条件，也不代表一定就会恢复，法院可根据具体案件视情况决定。

8. 监护关系产生与监护的设立，这是明确的。但监护关系终止的情形则较为复杂，有必要进行明确。第 38 条对此进行了列举，并做了兜底性规定。此外，该条第 2 款也规定某些监护关系终止后仍需监护的，应另行确定监护人，以更好地保障被监护人利益。

权威参考案例

1. 王某甲诉王某乙履行调解协议纠纷案（2016 年 5 月 14 日《最高人民法院公布 10 起残疾人权益保障典型案例》案例 8）

确保残疾人的财产安全，保障其财产利益不受到损害，关乎残疾人的生存状态和生活质量。如何维护智力残疾人的财产权利是社会的一个难题。大部分智力残疾人缺乏相应的民事行为能力，对于个人财产的重大变动往往缺乏足够的理解能力和认知能力，法律规定由残疾人的监护人履行监护职责，保护残疾人的财产权益。而残疾人的监护人往往是残疾人的亲属，若监护人没有履行监护职责，侵犯了被监护人的合法权益而私自处分残疾人的财产，从财产交易行为本身不容易判断。法院对于监护人侵犯残疾人作为被监护人的财产权利的做法不予支持，以保障残疾人财产权。

2. 张某诉镇江市姚桥镇迎北村村民委员会撤销监护人资格纠纷案（《最高人民法院公报》2015 年第 8 期）

认定监护人的监护能力，应当根据监护人的身体健康状况、经济条件，以及与被监护人在生活上的联系状况等综合因素确定。未成年人的近亲属没有监护能力，亦无关系密切的其他亲属、朋友愿意承担监护责任的，人民法院根据对被监护人有利的原则，可以直接指定具有承担社会救助和福利职能的民政部门担任未成年人的监护人，履行监护职责。

3. 程某申请撤销李某监护人资格案（2017 年 3 月 8 日《最高人民法院发布反家庭暴力法实施一周年十大典型案例》案例 1）

本案是一起未成年人母亲申请撤销父亲监护人资格的案件。撤销监护人资格制度，是未成年人权益保护的重要手段，目的是及时终止对未成年人的家庭伤害，为其提供安全庇护，促进未成年人健康成长。李某作为李某程之父，不仅未尽到对孩子的关怀照顾义务，反而在吸毒后将不足3个月的幼儿李某程殴打至重伤二级，严重侵害了未成年人合法权益。程某作为李某程之母，申请撤销李某对李某程的监护人资格，符合《反家庭暴力法》的规定，法院予以支持。在撤销李某监护人资格的同时，为保障李某程的合法权益，法院判决程某作为李某程的法定监护人，应积极履行对李某程的监护义务。

4. 林某某被撤销监护人资格案（2016年5月31日《最高人民法院关于侵害未成年人权益被撤销监护人资格典型案例》案例1）

撤销父母监护权是国家保护未成年人合法权益的一项重要制度。父母作为未成年子女的法定监护人，若不履行监护职责，甚至对子女实施虐待、伤害或者其他侵害行为，再让其担任监护人将严重危害子女的身心健康。结合本案情况，仙游县人民法院受理后，根据法律的有关规定，在没有其他近亲属和朋友可以担任监护人的情况下，按照最有利于被监护人成长的原则，指定当地村民委员会担任小龙的监护人。本案宣判后，该院还主动与市、县两级团委、妇联沟通，研究解决小龙的救助、安置等问题。考虑到由村民委员会直接履行监护职责存在一些具体困难，后在团委、民政部门及社会各方共同努力之下，最终将小龙妥善安置在SOS儿童村，切实维护小龙合法权益。本案为2015年1月1日开始施行的最高人民法院、最高人民检察院、公安部、民政部《关于依法处理监护人侵害未成年人权益行为若干问题的意见》中有关有权申请撤销监护人资格的主体及撤销后的安置问题等规定的出台，提供了实践经验，并对类似情况发生时，如何具体保护未成年人权益，提供了示范样本。

5. 邵某某、王某某被撤销监护人资格案（2016年5月31日《最高人民法院关于侵害未成年人权益被撤销监护人资格典型案例》案例2）

本案确定了当父母拒不履行监护责任或者侵害被监护人合法权益时，民政局作为社会保障机构，有权申请撤销父母的监护权，打破“虐童是家事”的错误观念，使受到家庭成员伤害的未成年人也能够得到司法救济。在未成年人其他近亲属无力监护、不愿监护和不宜监护，临时照料人监护能力又有限的情形下，判决民政局履行带有国家义务性质的监护责任，指定其作为未成年人的监护人，对探索确立国家监护制度作出大胆尝试。本案件审理中的创新做法：(1)激活监护权撤销制度使之具有可诉性，明确了民政部门等单位在“有关单位”之列，使撤销监护权之诉具备了实际的可操作性；（2）引入指定临时照料人制度，案件受理后，为未成年人指定临时照料人，既确保未成年人在案件审理过程中的生活稳定，也有利于作为受害人的未成年人表达意愿、参加庭审；（3）引入社会观护制度，案件审理中，法院委托妇联、团委、青少年维权机构对受害未成年人进行观护，了解未成年人受到侵害的程度、现在的生活状态、亲属情况及另行指定监护人的人选等内容，给法院裁判提供参考；（4）加强未成年人隐私保护，庭审中采用远程视频、背对镜头的方式让邵某出庭，寻求受害女童隐私保护和充分表达意愿的平衡。对裁判文书进行编号，向当事人送达裁判文书时送达《未成年人隐私保护告知书》，告知不得擅自复印、传播该文书。在审理终结后，对全部卷宗材料进行封存，最大限度保护受害人的隐私，确保其在另行指定监护人后能健康成长。

特殊监护类型

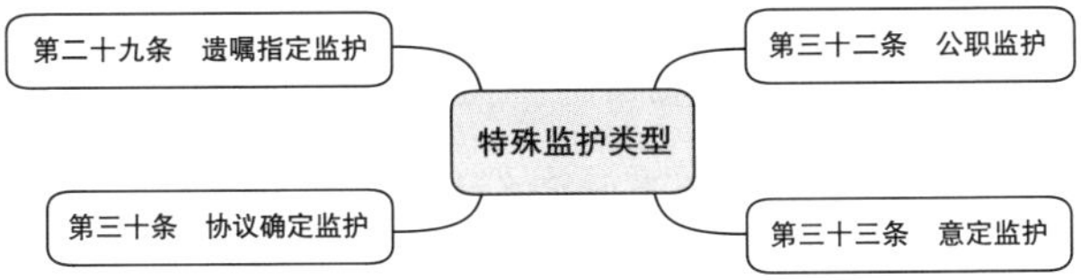

概念

为与一般情形下监护人确立的途径相区别，笔者特将一些较为特殊的监护人确立方式汇总，统称特殊监护，具体包括遗嘱指定监护、协议确定监护、公职监护、意定监护。规定这些监护制度，有助于补充一般监护规定在特定方面的不足，完善我国的监护制度体系，构建起以家庭监护为基础、社会监护为补充、国家监护为兜底的较为全面的监护体系。

法典条款

第二十九条【遗嘱指定监护】　被监护人的父母担任监护人的，可以通过遗嘱指定监护人。

第三十条【协议确定监护】　依法具有监护资格的人之间可以协议确定监护人。协议确定监护人应当尊重被监护人的真实意愿。

第三十二条【公职监护】 没有依法具有监护资格的人的，监护人由民政部门担任，也可以由具备履行监护职责条件的被监护人住所地的居民委员会、村民委员会担任。

第三十三条【意定监护】 具有完全民事行为能力的成年人，可以与其近亲属、其他愿意担任监护人的个人或者组织事先协商，以书面形式确定自己的监护人，在自己丧失或者部分丧失民事行为能力时，由该监护人履行监护职责。

实务要点

1. 第 29 条规定了遗嘱指定监护，被监护人既可以是未成年人，也可以是无民事行为能力或限制民事行为能力的成年人。但前提均是被监护人的父母在立遗嘱指定监护人时正担任监护人。

2. 第 30 条规定了协议确定监护的协议主体。对未成年人而言，协议主体只能是父母之外的祖父母、外祖父母、兄姐、经未成年人住所地的居委会（村委会）或民政部门同意的其他原因担任监护人的个人或组织。也就是说，未成年人的父母有监护能力的，不得通过协议确定其他人担任监护人，以推卸自身责任。对无民事行为能力或限制民事行为能力的成年人而言，协议主体包括配偶、父母子女、其他近亲属、经该成年人住所地的居委会（村委会）或民政部门同意的其他原因担任监护人的个人或组织。此外，需注意，协议确定的监护人必须从具有监护资格的人中产生。

3. 第 32 条规定了公职监护，实际上是一种兜底性监护。可以作为公职监护人的主体包括民政部门、村民委员会、居民委员会。但实际上，民政部门作为负责社会救济和社会福利的主要工作部门，应承担更多职责。故，依据该条表述，民政部门应承担主要的兜底性监护职责。

4. 第 33 条规定了意定监护，优先于法定监护适用。可以设立意定监护的主体为具有完全民事行为能力的成年人，且要求采用书面形式。

权威参考案例

陈某被撤销监护权案（2020 年 5 月 18 日《最高人民法院发布依法严惩侵害未成年人权益典型案例》案例 6）

本案是司法实践中多部门联合保护未成年人合法权益的典型案例。案件受理后，法院开展庭前社会调查，聘请社会观护员对相关监护人及本案的后续安置、抚养、审核监护机构资质等情况进行审查。在审理过程中，坚持依法高效原则，申请撤销监护人资格与申请确认监护人两案同时立案、同步审理、同日判决。在没有其他近亲属适合担任监护人的情况下，按照最有利于被监护人成长的原则，指定当地居委会担任小吕的监护人，避免被监护人出现监护真空的困境。宣判后，办案法院和法官持续对当事人进行跟踪回访，关爱观护其健康成长。

宣告失踪

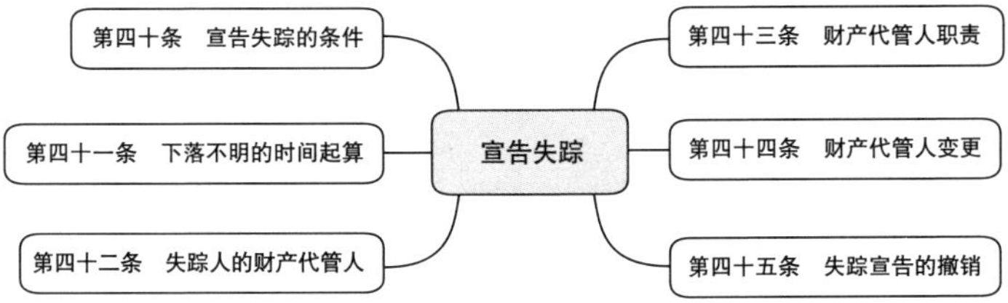

概念

宣告失踪，是指自然人下落不明达到法定的期限，经利害关系人申请，人民法院依照法定程序宣告其为失踪人的一项制度。设立宣告失踪制度，旨在结束失踪人财产无人管理及其应履行的义务无法及时履行的不确定状态，进而保护失踪人与利害关系人的利益，维护社会经济秩序稳定。

法典条款

第四十条【宣告失踪的条件】 自然人下落不明满二年的，利害关系人可以向人民法院申请宣告该自然人为失踪人。

第四十一条【下落不明的时间起算】 自然人下落不明的时间自其失去音讯之日起计算。战争期间下落不明的，下落不明的时间自战争结束之日或者有关机关确定的下落不明之日起计算。

第四十二条【失踪人的财产代管人】 失踪人的财产由其配偶、成年子女、父母或者其他愿意担任财产代管人的人代管。

代管有争议，没有前款规定的人，或者前款规定的人无代管能力的，由人民法院指定的人代管。

第四十三条【财产代管人职责】 财产代管人应当妥善管理失踪人的财产，

维护其财产权益。

失踪人所欠税款、债务和应付的其他费用，由财产代管人从失踪人的财产中支付。

财产代管人因故意或者重大过失造成失踪人财产损失的，应当承担赔偿责任。

第四十四条【财产代管人变更】 财产代管人不履行代管职责、侵害失踪人财产权益或者丧失代管能力的，失踪人的利害关系人可以向人民法院申请变更财产代管人。

财产代管人有正当理由的，可以向人民法院申请变更财产代管人。

人民法院变更财产代管人的，变更后的财产代管人有权请求原财产代管人及时移交有关财产并报告财产代管情况。

第四十五条【失踪宣告的撤销】 失踪人重新出现，经本人或者利害关系人申请，人民法院应当撤销失踪宣告。

失踪人重新出现，有权请求财产代管人及时移交有关财产并报告财产代管情况。

实务要点

1. 所谓下落不明，是指自然人"持续不间断"的没有音讯的状态。中间哪怕有一次联系上也不行。此外，第 41 条规定的下落不明起算时间为"自失去音讯之日起计算"，失去音讯当日作为起算日应不计入，而是从下一日开始计算。

2. 第 42 条规定的"其他愿意担任财产代管人的人"既包括《民法通则》（已废止）第 21 条规定的"其他亲属、朋友"，也包括有关组织。

3. 依照第 43 条，财产代管人职责不仅仅是维护失踪人的财产权益，还包括代失踪人履行义务，从其财产中支付所欠税款、债务和应付的其他费用。这里的"其他费用"，参考最高人民法院《关于贯彻执行〈中华人民共和国民法通则〉若干问题的意见》（已废止）第 31 条，包括赡养费、扶养费、抚育费和因代管财产所需的管理费等必要费用。由于为失踪人代管财产属无偿行为，故本条第 3 款规定只有在代管人故意或重大过失情况下造成失踪人财产损失的，代管人才承担赔偿责任。

4. 财产代管人不履行职责，既可以表现为不行使失踪人相关权利，如不收取失踪人债权，也可以表现为不履行失踪人应履行的义务，如清偿债务、缴纳税款等。

5. 所谓的失踪人重新出现，不仅包括失踪人重新回到原住所地，也包括重新得到失踪人音讯的其他情况，如通过其他方式与其取得联系，从而消除其下落不明的状态。

宣告死亡

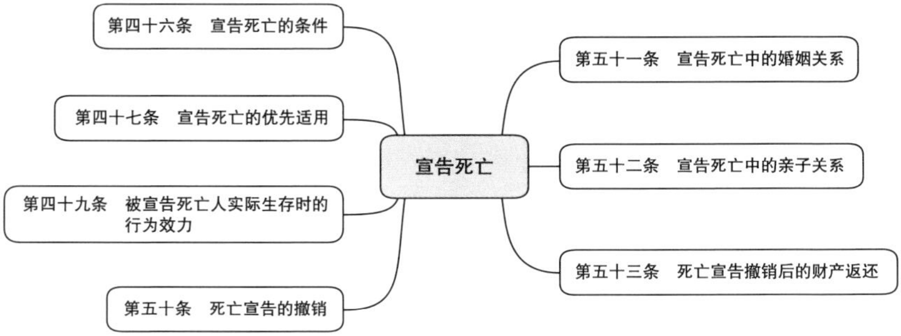

概念

宣告死亡是自然人下落不明达到法定期限，经利害关系人申请，人民法院经过法定程序在法律上推定失踪人死亡的一项民事制度。自然人长期下落不明会造成与其相关的财产关系和人身关系处于不稳定状态，通过宣告死亡制度，可以及时了解下落不明人与他人的人身关系及财产关系，以维护正常的社会秩序和经济秩序。

法典条款

第四十六条【宣告死亡的条件】 自然人有下列情形之一的，利害关系人可以向人民法院申请宣告该自然人死亡：

（一）下落不明满四年；

（二）因意外事件，下落不明满二年。

因意外事件下落不明，经有关机关证明该自然人不可能生存的，申请宣告死亡不受二年时间的限制。

第四十七条【宣告死亡的优先适用】 对同一自然人，有的利害关系人申请宣告死亡，有的利害关系人申请宣告失踪，符合本法规定的宣告死亡条件的，人民法院应当宣告死亡。

第四十九条【被宣告死亡人实际生存时的行为效力】 自然人被宣告死亡但是并未死亡的，不影响该自然人在被宣告死亡期间实施的民事法律行为的效力。

第五十条【死亡宣告的撤销】 被宣告死亡的人重新出现，经本人或者利害关系人申请，人民法院应当撤销死亡宣告。

第五十一条【宣告死亡中的婚姻关系】 被宣告死亡的人的婚姻关系，自死亡宣告之日起消除。死亡宣告被撤销的，婚姻关系自撤销死亡宣告之日起自行恢复。但是，其配偶再婚或者向婚姻登记机关书面声明不愿意恢复的除外。

第五十二条【宣告死亡中的亲子关系】 被宣告死亡的人在被宣告死亡期间，其子女被他人依法收养的，在死亡宣告被撤销后，不得以未经本人同意为由主张收养行为无效。

第五十三条【死亡宣告撤销后的财产返还】 被撤销死亡宣告的人有权请求依照本法第六编取得其财产的民事主体返还财产；无法返还的，应当给予适当补偿。

利害关系人隐瞒真实情况，致使他人被宣告死亡而取得其财产的，除应当返还财产外，还应当对由此造成的损失承担赔偿责任。

实务要点

1. 根据第 46 条可知，宣告死亡有三种情形：一是下落不明满 4 年的情况；二是因意外事件下落不明满 2 年的情况；三是因意外事件下落不明被有关机关证明不可能生存的情况。

2. 宣告死亡与宣告失踪都基于自然人下落不明，但在法律后果上又存在明显差异。宣告死亡不但影响被宣告人财产的处分，而且也影响与其相关的身份关系，如婚姻关系、父母子女关系、继承被继承关系等。可以看出，宣告死亡解决与失踪人相关的法律问题更多更深入。为此，第 47 条明确了既有人申请宣告失踪又有人宣告死亡的，应宣告死亡。另需注意，《民法典》并未规定利害关系人申请宣告死亡的顺序，以防止出现顺序在先人不申请影响顺序在后人的利益情形的出现。

3. 被宣告死亡人的婚姻关系，自死亡宣告之日起消除。但关于这里的宣告死亡是否包括因意外事件下落不明而被宣告死亡的情形，存在一定疑问，有待后续进一步的解释。此外，关于死亡宣告被撤销后婚姻关系自行恢复的例外情形，不仅包括配偶已再婚的情况，也包括配偶虽未再婚但已通过书面方式向婚姻登记机关声明不愿恢复的情况。

4. 被宣告死亡的人在被宣告死亡期间，在法律上与其子女的亲权关系已经消灭，故不存在是否经其同意的问题，故有了第52条的规定。

5. 关于被宣告死亡人的财产，由于依照继承取得其财产的方式为合法取得，因而第53条第1款规定了“无法返还的，给予适当补偿”。但对于被宣告死亡是因利害关系人隐瞒情况所致且该利害关系人还因之获利取得其财产，该利害关系人存在过错，其财产取得带有非法性，不仅不应保护，其还应承担相应责任，故第53条第2款规定“除返还财产外，还应赔偿相关损失”。

“两户”

概念

所谓的“两户”，指我们常说的个体工商户、农村承包经营户，为表述简练，特将二者简称为“两户”。个体工商户、农村承包经营户是具有中国特色的民事主体，多年来，其对促进我国经济社会发展与扩大就业发挥了重要作用。虽然“两户”不同于一般的自然人主体，但其与法人、非法人组织相比相差更多，不具有组织性即其中的最大区别点。为此，立法者再三斟酌，将二者作为自然人章的一节单独规定。

法典条款

第五十四条【个体工商户】 自然人从事工商业经营，经依法登记，为个体工商户。个体工商户可以起字号。

第五十五条【农村承包经营户】 农村集体经济组织的成员，依法取得农村土地承包经营权，从事家庭承包经营的，为农村承包经营户。

第五十六条【债务承担规则】 个体工商户的债务，个人经营的，以个人财产承担；家庭经营的，以家庭财产承担；无法区分的，以家庭财产承担。

农村承包经营户的债务，以从事农村土地承包经营的农户财产承担；事实上由农户部分成员经营的，以该部分成员的财产承担。

实务要点

1. 登记是个体工商户成立的必要条件，字号则不是。个体工商户可以使用名称，也可以不使用。使用的，应向登记机关提出申请，经核准登记后方可使用，且一个个体工商户只能使用一个名称。个体工商户名称由行政区划、字行、行业、组织形式依次组成，且不得使用“企业”“公司”“农民专业合作社”字样，但可以选用“厂”“店”“馆”“中心”“部”“行”等字样。

2. 农村承包经营户中，农户内的成员分家析产的，单独成户的成员可以对原家庭承包的土地进行分别耕作，但承包经营权仍是一个整体，不能分割。

3. 个体工商户的债务，实践中不好区分是个人经营还是家庭经营，应根据是个人投资还是家庭投资，是个人享用收益还是家庭共用收益进行确定，实践中一般注意把握以下标准：一是以个人申请登记的个体工商户，用家庭共有财产投资或收益主要部分供家庭成员享用的，应以家庭共有财产清偿债务。二是夫妻关系存续期间，一方从事个体经营，收入为夫妻共同财产，债务亦应以夫妻共有财产清偿。农村承包经营户中，考虑到城乡经济结构调整和城镇化的发展，很多农户成员进城务工就业，已完全不参与家庭土地承包经营，也不分享承包经营的收益，这种情况下，其可以不再承担原所在家庭承包经营的债务。但实践中对此需严格掌握，防止借此逃避应承担债务情况的出现。

法人及其类型

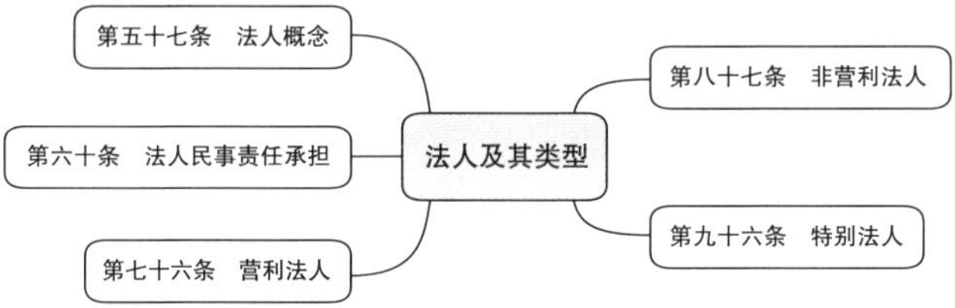

概念

法人是具有民事权利能力和民事行为能力，依法独立享有民事权利和承担民事义务的组织。法人制度是世界各国规范经济秩序和整个社会秩序的一项重要法律制度。

法典条款

第五十七条【法人概念】 法人是具有民事权利能力和民事行为能力，依法独立享有民事权利和承担民事义务的组织。

第六十条【法人民事责任承担】 法人以其全部财产独立承担民事责任。

第七十六条【营利法人】 以取得利润并分配给股东等出资人为目的成立的法人，为营利法人。

营利法人包括有限责任公司、股份有限公司和其他企业法人等。

第八十七条【非营利法人】 为公益目的或者其他非营利目的成立，不向出资人、设立人或者会员分配所取得利润的法人，为非营利法人。

非营利法人包括事业单位、社会团体、基金会、社会服务机构等。

第九十六条【特别法人】 本节规定的机关法人、农村集体经济组织法人、城镇农村的合作经济组织法人、基层群众性自治组织法人，为特别法人。

实务要点

1.《民法典》[《民法总则》(已废止)]对法人制度进行了完善，特别是在法人分类方面，分为营利法人、非营利法人、特别法人三大类，改变了原有的企业法人、机关法人、事业单位法人、社会团体法人的分类方式，是重大亮点，适应法人制度不断发展的需要。关于法人民事责任承担，需注意两点：一是以全部财产承担，不能只以部分财产承担民事责任。二是独立承担。即其债务只能由它自己承担，国家、投资者、法人组织内部成员不对法人债务负责。

2. 营利法人不难理解，有限责任公司、股份有限公司是典型代表。非营利法人则复杂一些，包括事业单位、社会团体、基金会、社会服务机构等，各类型下又可进一步区分。特别法人则更值得关注，它包括机关法人、农村集体经济组织法人、城镇农村的合作经济组织法人、基层群众性自治组织法人四类，因该四类既不同于营利法人也不同于非营利法人，均有其自身的特殊性，故合并一块统称为特别法人。

权威参考案例

李某志诉长春建工集团界定产权、返还财产纠纷案(《最高人民法院公报》2005年第10期)

根据企业发展需要,经其主管部门审批设立的企业内部独立核算单位,不具备法人资格,不是法律意义上的民事主体,没有独立的法人财产,其全部财产均为企业法人财产不可分割的部分。法人内设部门的设立,仅仅是法人内部组织机构的增加,不同于法人的设立,故其设立并不是以是否有财产投入为前提。企业法人的内设部门成立后采取什么性质的经营方式以及投资人是否对其进行投入等均不能改变其内设部门的法律属性。作为法人的内设部门,其全部财产仍然是法人财产不可分割的部分。

法定代表人

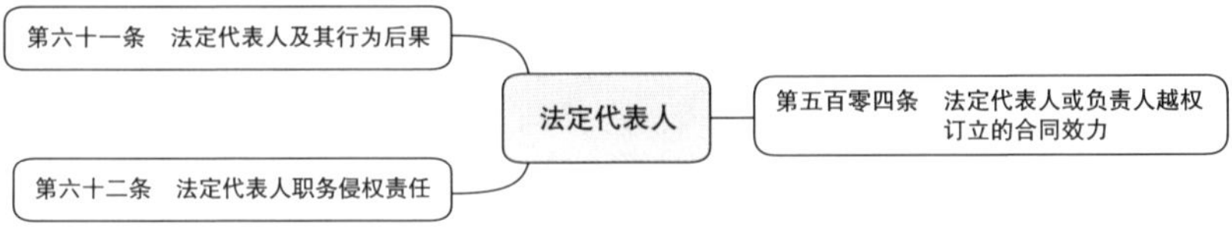

概念

法定代表人指的是依照法律或者法人章程的规定,代表法人从事民事活动的负责人。换言之,法定代表人是代表法人行使职权的负责人,是代表法人从事民事活动的自然人。

法典条款

第六十一条【法定代表人及其行为后果】 依照法律或者法人章程的规定,代表法人从事民事活动的负责人,为法人的法定代表人。

法定代表人以法人名义从事的民事活动,其法律后果由法人承受。

法人章程或者法人权力机构对法定代表人代表权的限制,不得对抗善意相对人。

第六十二条【法定代表人职务侵权责任】 法定代表人因执行职务造成他人损害的,由法人承担民事责任。

法人承担民事责任后,依照法律或者法人章程的规定,可以向有过错的法定代表人追偿。

第五百零四条【法定代表人或负责人越权订立的合同效力】 法人的法定代表人或者非法人组织的负责人超越权限订立的合同，除相对人知道或者应当知道其超越权限外，该代表行为有效，订立的合同对法人或者非法人组织发生效力。

实务要点

1. 法定代表人只能是自然人，且该自然人只有在代表法人从事民事活动时才具有法定代表人的身份。法定代表人对外以法人名义进行民事活动时，其与法人之间是代表关系而非代理关系，且其来自法律的明确规定，不需要有法人的授权委托书。其对外的职务行为即法人行为，后果由法人承担。

2. 第 61 条第 3 款规定的善意相对人的判断，不仅要考量其事实上是否知道法人章程或权力机构对法定代表人代表权的限制，还要考量其是否应当知道这一情况。

3. 第 62 条规定了因法定代表人职务侵权产生的法人责任，需注意法人承担责任后可向法定代表人追偿的条件：一是法定代表人存在过错。这里的过错不仅包括故意与重大过失，也包括一般过失（与其他工作人员过错不同的一点）。二是有法律法规或法人章程明确规定。

4. 第 504 条属合同编合同效力章节内容，是关于法人的法定代表人或非法人组织的负责人超越权限订立的合同效力的规定。一般说来，法定代表人或非法人组织负责人的行为就是法人、非法人组织的行为，他们执行职务所产生的后果都应当由法人或者其他组织承担。对于合同的相对人来说，一般不知道也没有义务知道法定代表人或非法人组织负责人的权限有哪些。对法定代表人或非法人组织负责人超越权限而订立的合同作无效处理，严重地损害了合同相对人的利益。本条规定法定代表人或非法人组织的负责人超越权限订立的合同有效。但在订立合同中，相对人知道或应当知道法定代表人或非法人组织负责人的行为超越了权限仍与之订立，则相对人具有恶意，合同就不具效力。另需注意，本条与总则编第 61 条第 3 款存在一定关联，第 61 条第 3 款是本条规定的逻辑前提，本条则是第 61 条第 3 款的逻辑结果。但二者也不能等同，不能相互替代。一是二者规范的角度不同。第 61 条第 3 款系从对内管理角度进行规范，本条则是从对外从事民事法律行为的角度进行规范。二是二者规范的范围也存在差别。第 61 条第 3 款规范的是法人章程或权力机构对法定代表人代表权所作的限制，而本条则不限于此，还包括法定代表人超越法律对其职权的限制。且本条不仅规范法人的法定代表人，也规范非法人组织的负责人。

权威参考案例

1. 北京公达房地产有限责任公司诉北京市祥和三峡房地产开发公司房地产开发合同纠纷案（《最高人民法院公报》2010年第11期）

公司的法定代表人依法代表公司对外进行民事活动。法定代表人发生变更的，应当在工商管理部门办理变更登记。公司的法定代表人在对外签订合同时已经被上级单位决定停止职务，但未办理变更登记，公司以此主张合同无效的，人民法院不予支持。

2. 招商银行股份有限公司大连东港支行与大连振邦氟涂料股份有限公司、大连振邦集团有限公司借款合同纠纷案（《最高人民法院公报》2015年第2期）

《公司法》第16条第2款规定，公司为公司股东或者实际控制人提供担保的，必须经股东会或者股东大会决议。该条款是关于公司内部控制管理的规定，不应以此作为评价合同效力的依据。担保人抗辩认为其法定代表人订立抵押合同的行为超越代表权，债权人以其对相关股东会决议履行了形式审查义务，主张担保人的法定代表人构成表见代表的，人民法院应予支持。

法人登记

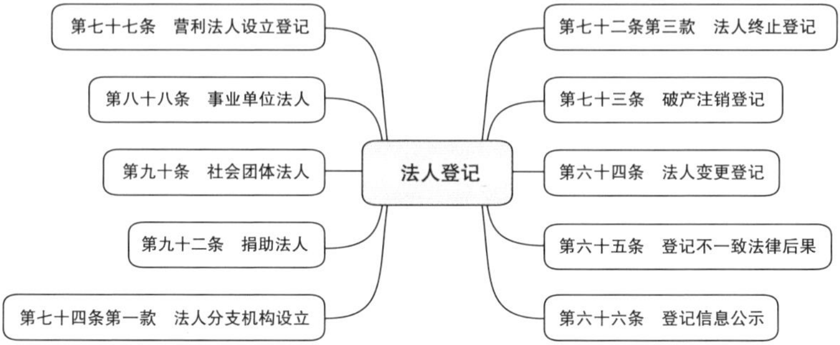

概念

法人登记是法人确立民事权利能力和民事行为能力、变更民事权利能力和民事行为能力及消灭民事权利能力的要件。法人登记不仅有利于保护相对人利益，维护交易安全，也有利于相关部门了解情况，实施监督管理。法人登记通常包括设立登记、变更登记、注销登记。

法典条款

第七十七条【营利法人设立登记】 营利法人经依法登记成立。

第八十八条【事业单位法人】 具备法人条件，为适应经济社会发展需要，提供公益服务设立的事业单位，经依法登记成立，取得事业单位法人资格；依法不需要办理法人登记的，从成立之日起，具有事业单位法人资格。

第九十条【社会团体法人】 具备法人条件，基于会员共同意愿，为公益目的或者会员共同利益等非营利目的设立的社会团体，经依法登记成立，取得社会团体法人资格；依法不需要办理法人登记的，从成立之日起，具有社会团体法人资格。

第九十二条【捐助法人】 具备法人条件，为公益目的以捐助财产设立的基金会、社会服务机构等，经依法登记成立，取得捐助法人资格。

依法设立的宗教活动场所，具备法人条件的，可以申请法人登记，取得捐助法人资格。法律、行政法规对宗教活动场所有规定的，依照其规定。

第七十四条第一款【法人分支机构设立】 法人可以依法设立分支机构。法律、行政法规规定分支机构应当登记的，依照其规定。

第七十二条第三款【法人终止登记】 清算结束并完成法人注销登记时，法人终止；依法不需要办理法人登记的，清算结束时，法人终止。

第七十三条【破产注销登记】 法人被宣告破产的，依法进行破产清算并完成法人注销登记时，法人终止。

第六十四条【法人变更登记】 法人存续期间登记事项发生变化的，应当依法向登记机关申请变更登记。

第六十五条【登记不一致法律后果】 法人的实际情况与登记的事项不一致的，不得对抗善意相对人。

第六十六条【登记信息公示】 登记机关应当依法及时公示法人登记的有关信息。

实务要点

1. 就法人的设立登记而言，不同类型的法人要求是不一样的，上述第 77 条、

第 88 条、第 90 条、第 92 条、第 74 条第 1 款对此进行了规定。营利法人、捐助法人的设立必须进行，其他类型法人及法人分支机构的设立则不一定，有的要求要登记，有的则非必须登记，需根据法律、行政法规的具体规定确定。

2. 法人注销登记与其在设立时是否进行登记有关。对经过登记设立的法人，清算之后还要再经过法人注销登记程序，法人才终止。上述第 72 条第 3 款、第 73 条对法人注销登记进行了规定。

3. 法人变更登记方面，仅针对因登记而取得法人资格的法人。对非因登记而取得法人资格的机关法人，以及部分社会团体法人与事业单位法人，其变更则无须登记。

4. 依据第 65 条，法人实际情况与登记不一致的，发生的法律后果由法人自行承受，对善意相对人不发生效力。若法人在进行民事活动时已告知相对人实际情形，则其不属善意相对人，不适用该条。

5. 登记信息，包括设立登记、注销登记、变更登记都要对外进行公示，公示主体为登记机关。按照《企业法人登记管理条例暂行实施细则》的规定，登记主管机关应当将企业法人登记、备案信息通过企业信用信息公示系统向社会公示；企业法人应于每年 1 月 1 日至 6 月 30 日，通过该系统向登记主管机关报送上一年度报告，以向社会公示。

权威参考案例

1. 大拇指环保科技集团（福建）有限公司与中华环保科技集团有限公司股东出资纠纷上诉案（《最高人民法院公报》2014 年第 8 期）

公司法定代表人变更应当办理变更登记。对法定代表人变更事项进行登记，其意义在于向社会公示公司意志代表权的基本状态。工商登记的法定代表人对外具有公示效力，如果涉及公司以外的第三人因公司代表权而产生的外部争议，应以工商登记为准。而对于公司与股东之间因法定代表人任免产生的内部争议，则应以有效的股东会任免决议为准，并在公司内部产生法定代表人变更的法律效果。

2. 北京公达房地产有限责任公司诉北京市祥和三峡房地产开发公司房地产开发合同纠纷案（《最高人民法院公报》2010 年第 11 期）

公司的法定代表人依法代表公司对外进行民事活动。法定代表人发生变更的，应当在工商管理部门办理变更登记。公司的法定代表人在对外签订合同时已经被上级单位决定停止职务，但未办理变更登记，公司以此主张合同无效的，人民法院不予支持。

法人解散、清算

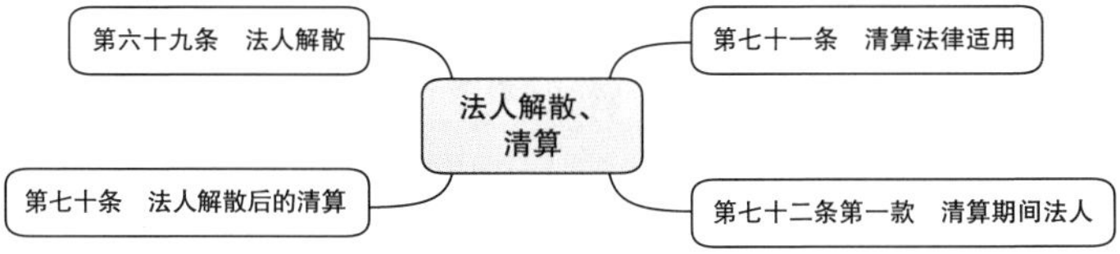

概念

法人终止在民事权利能力部分已进行解读，不再重复。法人解散，是指已成立的法人基于一定的合法事由使法人消灭的法律行为。法人清算，是指在法人解散时，清算义务人成立清算组，依职权清理并消灭法人全部财产关系的程序。

法典条款

第六十九条【法人解散】 有下列情形之一的，法人解散：

（一）法人章程规定的存续期间届满或者法人章程规定的其他解散事由出现；

（二）法人的权力机构决议解散；

（三）因法人合并或者分立需要解散；

（四）法人依法被吊销营业执照、登记证书，被责令关闭或者被撤销；

（五）法律规定的其他情形。

第七十条【法人解散后的清算】 法人解散的，除合并或者分立的情形外，清算义务人应当及时组成清算组进行清算。

法人的董事、理事等执行机构或者决策机构的成员为清算义务人。法律、行政法规另有规定的，依照其规定。

清算义务人未及时履行清算义务，造成损害的，应当承担民事责任；主管机关或者利害关系人可以申请人民法院指定有关人员组成清算组进行清算。

第七十一条【清算法律适用】 法人的清算程序和清算组职权，依照有关法律的规定；没有规定的，参照适用公司法律的有关规定。

第七十二条第一款【清算期间法人】 清算期间法人存续，但是不得从事与清算无关的活动。

实务要点

1. 法人解散与法人破产是法人终止的两种主要情形，法人清算、注销登记是解散或破产过程中一般需要完成的程序。但因合并或分立进行的解散无须清算程序，设立时未经登记的破产也无须注销登记程序。

2. 第69条规定的法人解散中第5项法律规定的其他情形，是一项兜底规定。如公司经营发生严重困难，继续存续会使股东遭受重大损失，通过其他途径不能解决，此时持公司股东表决权10%以上的股东，可请求法院解散公司。

3. 第70条第3款中的利害关系人主要指债权人等。第71条规定的参照适用，并不意味着全部适用，而是在《公司法》相关规定基本原则的前提下，在具体规定上可跟进该类组织的特点灵活处理，与《公司法》关于清算程序、清算组职权的规定不一定完全相同。

4. 第72条规定清算期间法人仍有民事权利能力与民事行为能力，但其民事权利能力受到限制，不得从事与清算无关的活动，以保护债权人等的利益。

与法人相关的权责承受

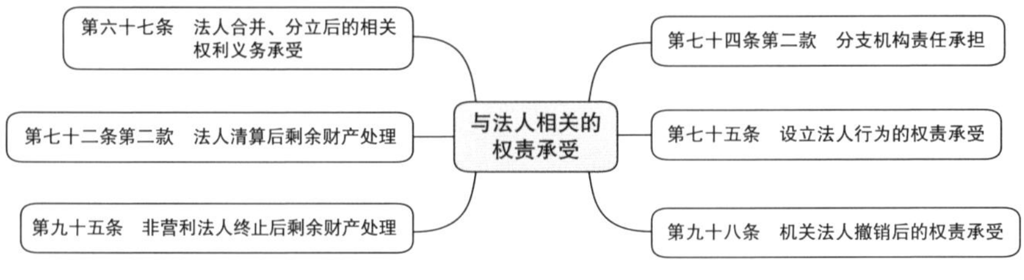

概念

与法人相关的权责承受，主要指法人合并或分立后的权利义务承受、法人清算后的剩余财产处理、法人对其分支机构行为的责任承担、设立法人过程中产生的债权债务承受、机关法人被撤销后其民事权利义务的承受等。

法典条款

第六十七条【法人合并、分立后的相关权利义务承受】　法人合并的，其权利和义务由合并后的法人享有和承担。

法人分立的，其权利和义务由分立后的法人享有连带债权，承担连带债务，但是债权人和债务人另有约定的除外。

第七十二条第二款【法人清算后剩余财产处理】 法人清算后的剩余财产，按照法人章程的规定或者法人权力机构的决议处理。法律另有规定的，依照其规定。

第九十五条【非营利法人终止后剩余财产处理】 为公益目的成立的非营利法人终止时，不得向出资人、设立人或者会员分配剩余财产。剩余财产应当按照法人章程的规定或者权力机构的决议用于公益目的；无法按照法人章程的规定或者权力机构的决议处理的，由主管机关主持转给宗旨相同或者相近的法人，并向社会公告。

第七十四条第二款【分支机构责任承担】 分支机构以自己的名义从事民事活动，产生的民事责任由法人承担；也可以先以该分支机构管理的财产承担，不足以承担的，由法人承担。

第七十五条【设立法人行为的权责承受】 设立人为设立法人从事的民事活动，其法律后果由法人承受；法人未成立的，其法律后果由设立人承受，设立人为二人以上的，享有连带债权，承担连带债务。

设立人为设立法人以自己的名义从事民事活动产生的民事责任，第三人有权选择请求法人或者设立人承担。

第九十八条【机关法人撤销后的权责承受】 机关法人被撤销的，法人终止，其民事权利和义务由继任的机关法人享有和承担；没有继任的机关法人的，由作出撤销决定的机关法人享有和承担。

实务要点

1\. 第 72 条第 2 款规定的清算后的剩余财产，是指在支付清算费用、职工工资、社会保险费用和法定补偿金、缴纳所欠税款、清偿公司债务后的剩余财产。另需注意，第 95 条规定的为公益目的而成立的非营利法人在终止时，剩余财产的处理受到了限制，必须用于公益目的。

2\. 法人分支机构与有独立责任能力的子公司不同，分支机构在性质上属于法人的组成部分，不具有独立责任能力，其行为效果仍由法人承担。司法实践中，在涉及分支机构的诉讼中，可将法人与其分支机构一并列为被告。

3\. 第 75 条规定的法人设立行为有两种情形。第 2 款规定的是设立人为设立法人以自己的名义从事的民事活动之情形；若设立法人成功，第三人对此有选择权。第1款则并未要求设立人以自己名义设立法人，若设立法人成功，设立中的债权债务由法人承受；若法人未成立，则由设立人承受。

权威参考案例

1. 郭某连诉青岛市卫生局、青岛市东部医院借款合同纠纷案(《最高人民法院公报》2003年第5期)

中外合作经营的中方股东投资不到位，企业被吊销营业执照后，未及时对企业的债权债务进行清算，其行为损害了中外合作经营企业合法债权人的利益，应承担民事责任。在原中方股东基础上设立的新公司接受了原中方股东的所有资产以及在编人员的，对原中方股东的债务应当承担偿还责任。

2. 李某国与孟某生、长春圣祥建筑工程有限公司等案外人执行异议之诉案(《最高人民法院公报》2017年第2期)

分公司的财产即为公司财产，分公司的民事责任由公司承担，这是《公司法》确立的基本规则。以分公司名义依法注册登记的，即应受到该规则调整。至于分公司与公司之间有关权利义务及责任划分的内部约定，因不足以对抗其依法注册登记的公示效力，进而不足以对抗第三人。

3. 泛华工程有限公司西南公司与中国人寿保险(集团)公司商品房预售合同纠纷案(《最高人民法院公报》2008年第2期)

公司可以设立分公司，分公司不具有企业法人资格，其民事责任由公司承担。因此，公司分支机构于公司法人变更过程中是否已实际经工商部门注销完毕，不影响公司基于独立法人资格行使其分支机构所享有的民事权利、承担其分支机构所负有的民事义务。

4. 天同证券公司与健康元公司、天同证券深圳营业部证券合同纠纷管辖权异议案(《最高人民法院公报》2006年第6期)

企业法人的分支机构虽然不具有法人资格，但如果该分支机构系依法设立并领有工商营业执照，具有一定的运营资金和在核准的经营范围内开展交易业务的行为能力，属于《民事诉讼法》规定的其他组织，可以作为民事诉讼的当事人。

5. 长沙广大建筑装饰有限公司诉中国工商银行股份有限公司广州粤秀支行、林某武、长沙广大建筑装饰有限公司广州分公司等第三人撤销之诉案(最高人民法院指导案例149号)

公司法人的分支机构对外参加诉讼并承担民事责任的，企业法人不具有提起第三人撤销之诉的原告主体资格。公司法人是否具有对其分支机构承担民事责任的生效裁判提起第三人撤销之诉的原告主体资格，在审判实践中存在分歧，该案例对于此类案件的处理具有较强的指导意义。

营利法人治理结构

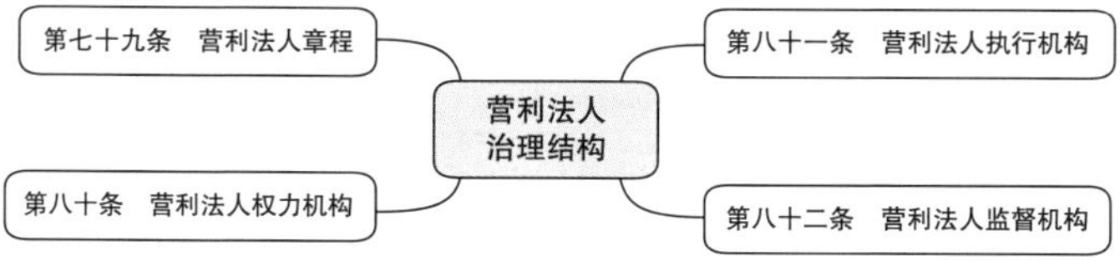

概念

营利法人治理结构，主要是指法人治理结构按照法人组织制度与运行机制，维护出资人、债权人及社会公共利益，保证法人正常有效运行，按照法律和法人章程确立的有关法人组织机构之间权力分配与制衡的制度体系。营利法人的治理结构主要包括权力机构、执行机构、监督机构等。

法典条款

第七十九条【营利法人章程】　设立营利法人应当依法制定法人章程。

第八十条【营利法人权力机构】　营利法人应当设权力机构。

权力机构行使修改法人章程，选举或者更换执行机构、监督机构成员，以及法人章程规定的其他职权。

第八十一条【营利法人执行机构】　营利法人应当设执行机构。

执行机构行使召集权力机构会议，决定法人的经营计划和投资方案，决定法人内部管理机构的设置，以及法人章程规定的其他职权。

执行机构为董事会或者执行董事的，董事长、执行董事或者经理按照法人章程的规定担任法定代表人；未设董事会或者执行董事的，法人章程规定的主要负责人为其执行机构和法定代表人。

第八十二条【营利法人监督机构】　营利法人设监事会或者监事等监督机构的，监督机构依法行使检查法人财务，监督执行机构成员、高级管理人员执行法人职务的行为，以及法人章程规定的其他职权。

实务要点

1. 营利法人章程是法人治理的前提，是营利法人从事生产经营活动的行为准则。法人章程内容可分为绝对必要记载事项与任意记载事项。就营利法人而言，前者包括法人名称、住所、宗旨与经营范围。注册资金、投资数额、投资者姓名与住所、投资者权利义务、法人组织机构和解散条件、利润分配与债务承担等。

2. 第 80 条规定权力机构的其他职权主要包括审议批准董事会报告、监事会（监事）报告，审议批准年度财务预（决）算方案，审议批准利润分配方案和弥补亏损方案，对法人增减注册资本作出决议，对法人合并、分立、解散、清算或变更形式作出决议等。

3. 根据第 81 条的规定，营利法人的执行包括两种模式：一是执行机构为董事会或执行董事；二是未设董事会或执行董事的，执行机构为法人章程规定的主要负责人。在此基础上，营利法人的法定代表人也包括两种情形：一是执行机构为董事会或执行董事、董事长、执行董事或经理为法定代表人；二是未设董事会或执行董事的，章程规定的主要负责人既是其执行机构，也是法定代表人。

4. 营利法人设立权力机构与执行机构是法律的强制性要求，但设立监督则不是强制性的，主要在于营利法人范围较宽，除公司外，还有非公司的企业法人。这些企业法人没有实行公司的治理模式，没有设立监督机构。故第 82 条没有像第 80 条、第 81 条那样规定“应当设立……”

权威参考案例

1. 上海大成资产评估有限公司诉楼某华等其他与公司有关的纠纷案（《最高人民法院公报》2012 年第 5 期）

公司章程是公司组织及活动的基本准则。作为特殊企业的资产评估公司章程规定股东退休时必须退股，退股时以退股月份上月为结算月份，退还其在公司享有的净资产份额的，股东与公司应该按章履行。

2. 钱某芳、华宁公司与祝某春、华宇公司、祝某安及汪某琛股东权纠纷上诉案（《最高人民法院公报》2006 年第 7 期）

在诉讼调解程序中，经人民法院主持，由有限责任公司全体股东召开股东会会议，就股权转让、公司债权债务及资产的处置等问题形成的《股东会决议》，对各股东均有约束力。故该有限责任公司的股东又就《股东会决议》涉及的问题提起新的诉讼时，如不属于依法应予支持的情形，则应当判令当事人各自遵守和执行股东会决议。

营利法人相关责任

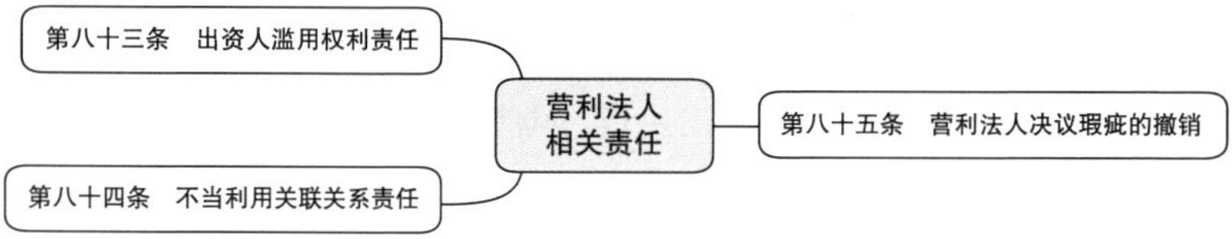

概念

此词条所谓的“营利法人相关责任”，主要包括营利法人的出资人滥用相关权利损害法人、其他出资人、债权人利益而生的责任，营利法人的关联关系人不当利用关联关系损害法人利益而生的责任，营利法人权力机构或执行机构违反法律行政法规章程决议而生的责任。

法典条款

第八十三条【出资人滥用权利责任】 营利法人的出资人不得滥用出资人权利损害法人或者其他出资人的利益；滥用出资人权利造成法人或者其他出资人损失的，应当依法承担民事责任。

营利法人的出资人不得滥用法人独立地位和出资人有限责任损害法人债权人的利益；滥用法人独立地位和出资人有限责任，逃避债务，严重损害法人债权人的利益的，应当对法人债务承担连带责任。

第八十四条【不当利用关联关系责任】 营利法人的控股出资人、实际控制人、董事、监事、高级管理人员不得利用其关联关系损害法人的利益；利用关联关系造成法人损失的，应当承担赔偿责任。

第八十五条【营利法人决议瑕疵的撤销】 营利法人的权力机构、执行机构作出决议的会议召集程序、表决方式违反法律、行政法规、法人章程，或者决议内容违反法人章程的，营利法人的出资人可以请求人民法院撤销该决议。但是，营利法人依据该决议与善意相对人形成的民事法律关系不受影响。

实务要点

1. 第 83 条规定的出资人滥用权利责任，包括滥用出资人权利（股东身份权、决策权、选择管理权、知情权、分配利润权等）损害法人利益后，滥用权利的出资人承担民事责任；滥用法人独立地位与出资人有限责任损害债权人利益后，滥用权利的出资人与法人承担连带责任。

2. 关于关联关系的含义，根据《公司法》的规定，是指公司控股股东、实际控制人、董事、监事、高级管理人员与其直接或者间接控制的企业之间的关系，以及可能导致公司利益转移的其他关系。需注意，不是所有利用关联关系的交易均被禁止，而是那些利用关联关系损害法人利益的行为，即不当关联关系行为应被禁止。

3. 根据第 85 条的规定，可知出资人可请求撤销营利法人决议的情况包括两种：一是决议程序（会议召集程序或会议表决方式）违反法律、行政法规或法人章程；二是决议内容违反法人章程。需注意，本条针对营利法人决议内容不当的撤销，只限定在违反法人章程之内。若决议内容违反的是法律、行政发挥的强制性规定，则需依据《民法典》第 143 条、第 153 条的规定认定是否无效，非属第 85 条调整范围。

权威参考案例

1. 徐工集团工程机械股份有限公司诉成都川交工贸有限责任公司等买卖合同纠纷案（最高人民法院指导性案例第 15 号）

关联公司的人员、业务、财务等方面交叉或混同，导致各自财产无法区分，丧失独立人格的，构成人格混同。关联公司人格混同，严重损害债权人利益的，关联公司相互之间对外部债务承担连带责任。

2. 邵某与云南通海昆通工贸有限公司、通海兴通达工贸有限公司民间借贷纠纷案（《最高人民法院公报》2017 年第 3 期）

认定公司滥用法人人格和有限责任的法律责任，应综合多种因素作出判断。在实践中，公司设立的背景，公司的股东、控制人以及主要财务人员的情况，该公司的主要经营业务以及公司与其他公司之间的交易目的、公司的纳税情况以及具体债权人与公司签订合同时的背景情况和履行情况等因素，均应纳入考察范围。

3. 瑞士嘉吉国际公司诉福建金石制油有限公司等确认合同无效纠纷案（最高人民法院指导性案例第33号）

债务人将主要财产以明显不合理低价转让给其关联公司，关联公司在明知债务人欠债的情况下，未实际支付对价的，可以认定债务人与其关联公司恶意串通、损害债权人利益，与此相关的财产转让合同应当认定为无效。《合同法》（已废止）第59条[①]规定适用于第三人为财产所有权人的情形，在债权人对债务人享有普通债权的情况下，应当根据《合同法》（已废止）第58条[②]的规定，判令因无效合同取得的财产返还给原财产所有人，而不能根据第59条的规定直接判令债务人的关联公司因“恶意串通，损害第三人利益”的合同而取得的债务人的财产返还给债权人。

4. 李某军诉上海佳动力环保科技有限公司决议撤销纠纷案（最高人民法院指导性案例第10号）

人民法院在审理公司决议撤销纠纷案件中应当审查：会议召集程序、表决方式是否违反法律、行政法规或者公司章程，以及决议内容是否违反公司章程。在未违反上述规定的前提下，解聘总经理职务的决议所依据的事实是否属实，理由是否成立，不属于司法审查范围。

非营利法人治理结构

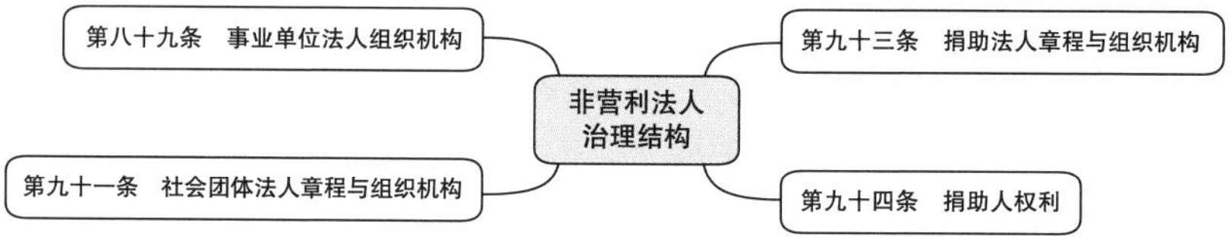

概念

“法人登记”词条已经涉及各类型非营利法人概念的条文，在此不再重复。本词条下涉及的非营利法人治理结构的规定，主要包括非营利法人中的事业单位法人、社会团体法人、捐助法人相关的组织机构、章程方面的内容，同时也涉及捐助人对捐助法人的监督、建议与决定申请撤销等方面的权利。

① 可参考《民法典》第154条、第157条。

② 可参考《民法典》第157条。

法典条款

第八十九条【事业单位法人组织机构】 事业单位法人设理事会的，除法律另有规定外，理事会为其决策机构。事业单位法人的法定代表人依照法律、行政法规或者法人章程的规定产生。

第九十一条【社会团体法人章程与组织机构】 设立社会团体法人应当依法制定法人章程。

社会团体法人应当设会员大会或者会员代表大会等权力机构。

社会团体法人应当设理事会等执行机构。理事长或者会长等负责人按照法人章程的规定担任法定代表人。

第九十三条【捐助法人章程与组织机构】 设立捐助法人应当依法制定法人章程。

捐助法人应当设理事会、民主管理组织等决策机构，并设执行机构。理事长等负责人按照法人章程的规定担任法定代表人。

捐助法人应当设监事会等监督机构。

第九十四条【捐助人权利】 捐助人有权向捐助法人查询捐助财产的使用、管理情况，并提出意见和建议，捐助法人应当及时、如实答复。

捐助法人的决策机构、执行机构或者法定代表人作出决定的程序违反法律、行政法规、法人章程，或者决定内容违反法人章程的，捐助人等利害关系人或者主管机关可以请求人民法院撤销该决定。但是，捐助法人依据该决定与善意相对人形成的民事法律关系不受影响。

实务要点

1. 从上述规定可看出，《民法典》并未强制要求事业单位法人制定法人章程，但要求社会团体法人、捐助法人必须制定法人章程。此外，也强制要求社会团体法人设立权力机构、执行机构，强制要求捐助法人设立决策机构、执行机构、监督机构。如此规定，主要出于不同非营利法人设立宗旨、出资主体及业务性质的差异。

2. 第 94 条规定的捐助人权利主要存在于捐助法人中。对于捐助人的监督，捐助法人应积极配合；对捐助人的意见建议，捐助法人的回复不仅要如实，也要及时。

3. 第 94 条第 2 款规定的申请撤销捐助法人不当决定的权利，包括两种情况：一是决定程序违反法律、行政法规或法人章程；二是决定内容违反法人章程。与《民法典》第85条的规定类似，本条针对捐助法人决定内容不当的撤销，只限定在违反法人章程之内。若决议内容违反的是法律、行政发挥的强制性规定，则需依据《民法典》第143条、第153条的规定认定是否无效，非属第85条调整范围。此外需注意，本条申请撤销的主体，不仅包括捐助人，也包括其他利害关系人以及捐助法人的主管机关。

特别法人

概念

《民法典》[《民法总则》(已废止)]将特别法人与营利法人、非营利法人并列作为法人的三大类型之一进行了专章规定，属民事主体尤其法人主体制度方面的一大创新。具体而言，特别法人包括机关法人、农村集体经济组织法人、城镇农村的合作经济组织法人、基层群众性自治组织法人(村民委员会、居民委员会)。

法典条款

第九十七条【机关法人】 有独立经费的机关和承担行政职能的法定机构从成立之日起，具有机关法人资格，可以从事为履行职能所需要的民事活动。

第九十九条【农村集体经济组织法人】 农村集体经济组织依法取得法人资格。

法律、行政法规对农村集体经济组织有规定的，依照其规定。

第一百条【城镇农村的合作经济组织法人】 城镇农村的合作经济组织依法取得法人资格。

法律、行政法规对城镇农村的合作经济组织有规定的，依照其规定。

第一百零一条【基层群众性自治组织法人】 居民委员会、村民委员会具有基层群众性自治组织法人资格，可以从事为履行职能所需要的民事活动。

未设立村集体经济组织的，村民委员会可以依法代行村集体经济组织的职能。

实务要点

1. 第 97 条规定的机关法人，包括两类：一是有独立经费的机关；二是有独立经费的承担行政职能的法定机构。也就是说，具有独立经费是机关法人的必备条件，确保其可对外承担民事法律责任。

2. 农村集体经济组织作为法人只是农村集体资产的管理主体，并非集体资产的所有者，农村集体经济组织所有并非农村集体经济组织成员之和。因而，当农村集体经济组织作为法人以自己的名义对外从事民事活动时，其所有的财产或经费并非指其管理的集体成员所有的财产。城镇农村的集体经济组织主要是指供销合作社等。

3. 赋予村民委员会、居民委员会法人地位，是《民法典》[《民法总则》(已废止)]关于民事主体制度的重大亮点。赋予居民委员会、村民委员会法人资格，有助于进一步确定居民委员会、村民委员会的权、责、利，助其更好地开展民事活动，也有利于保护其成员与其进行民事活动相对人的合法权益。

非法人组织

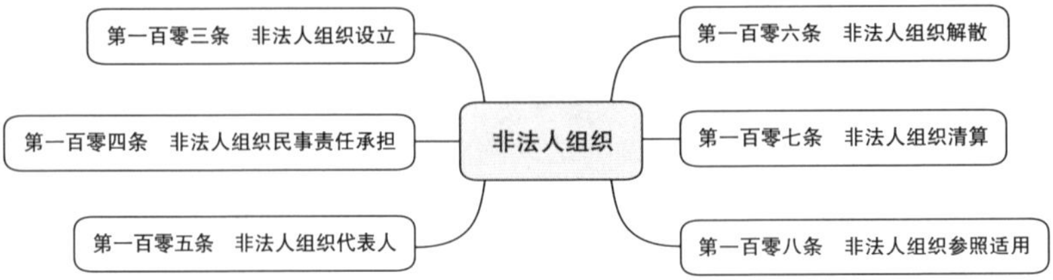

概念

非法人组织，是指不具有法人资格，但是能够依法以自己的名义从事民事活动的组织。非法人组织是《民法典》[《民法总则》(已废止)]在自然人、法人之外确立的第三类民事主体。前面在“民事权利能力”部分已有介绍，不再重复。

法典条款

第一百零三条【非法人组织设立】　非法人组织应当依照法律的规定登记。

设立非法人组织，法律、行政法规规定须经有关机关批准的，依照其规定。

第一百零四条【非法人组织民事责任承担】 非法人组织的财产不足以清偿债务的，其出资人或者设立人承担无限责任。法律另有规定的，依照其规定。

第一百零五条【非法人组织代表人】 非法人组织可以确定一人或者数人代表该组织从事民事活动。

第一百零六条【非法人组织解散】 有下列情形之一的，非法人组织解散：

（一）章程规定的存续期间届满或者章程规定的其他解散事由出现；

（二）出资人或者设立人决定解散；

（三）法律规定的其他情形。

第一百零七条【非法人组织清算】 非法人组织解散的，应当依法进行清算。

第一百零八条【非法人组织参照适用】 非法人组织除适用本章规定外，参照适用本编第三章第一节的有关规定。

实务要点

1. 根据第 103 条的规定，非法人组织的设立，登记程序是必要的，审批程序则不一定（法律、行政法规规定需经有关机关批准的，依照其规定）。

2. 非法人组织不具有法人资格，不能独立承担民事责任，其财产不足以清偿债务时，出资人或设立人需承担无限责任，但法律另有规定的除外。如《合伙企业法》对有限合伙企业中的有限合伙人，规定的便是以其认缴的出资额为限对合伙企业债务承担责任。

3. 关于非法人组织的代表人，与法人的法定代表人不同，其可以是一人也可以是数人。但非法人组织的代表人对外从事民事活动产生的权利义务也是由非法人组织承担。

4. 非法人组织的解散中的其他情形，可参考《合伙企业法》等法律法规规定的解散情形。此外，根据第 108 条的规定，“非法人组织”一章未规定的其他事宜，可以参照法人章一般规定节的内容。

权威参考案例

南通双盈贸易有限公司诉镇江市丹徒区联达机械厂、魏某聂等六人买卖合同纠纷案（《最高人民法院公报》2011 年第 7 期）

合伙企业债务的承担分为两个层次：第一顺序的债务承担人是合伙企业，

第二顺序的债务承担人是全体合伙人。《合伙企业法》第39条所谓的“连带责任”，是指合伙人在第二顺序的责任承担中相互之间所负的连带责任，而非合伙人与合伙企业之间的连带责任。

民事权利类型

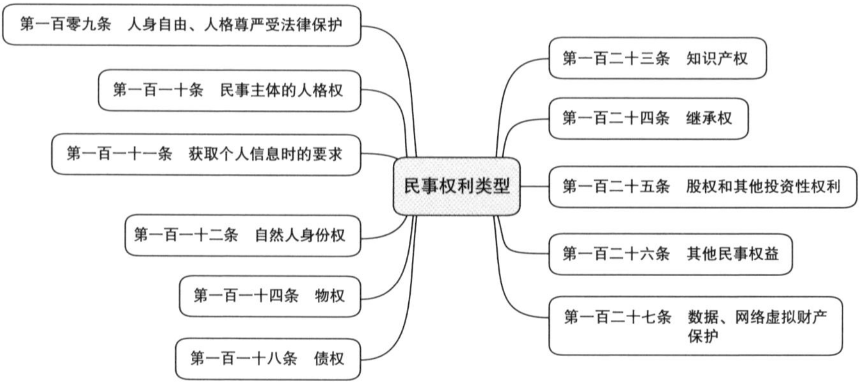

概念

民事权利类型众多，《民法典》总则编也将民事权利单独规定为一章。本词条从总体上将受保护的民事权益概括收录，便于对民法的权利体系有一个宏观的了解。本词条主要涉及民事主体的人格权、身份权、物权、债权、知识产权、股权和其他投资性权利、其他民事权益、数据和网络虚拟财产保护等。

法典条款

第一百零九条【人身自由、人格尊严受法律保护】　自然人的人身自由、人格尊严受法律保护。

第一百一十条【民事主体的人格权】　自然人享有生命权、身体权、健康权、姓名权、肖像权、名誉权、荣誉权、隐私权、婚姻自主权等权利。

法人、非法人组织享有名称权、名誉权和荣誉权。

第一百一十一条【获取个人信息时的要求】　自然人的个人信息受法律保护。任何组织或者个人需要获取他人个人信息的，应当依法取得并确保信息安全，不得非法收集、使用、加工、传输他人个人信息，不得非法买卖、提供或者公开他人个人信息。

第一百一十二条【自然人身份权】 自然人因婚姻家庭关系等产生的人身权利受法律保护。

第一百一十四条【物权】 民事主体依法享有物权。

物权是权利人依法对特定的物享有直接支配和排他的权利，包括所有权、用益物权和担保物权。

第一百一十八条【债权】 民事主体依法享有债权。

债权是因合同、侵权行为、无因管理、不当得利以及法律的其他规定，权利人请求特定义务人为或者不为一定行为的权利。

第一百二十三条【知识产权】 民事主体依法享有知识产权。

知识产权是权利人依法就下列客体享有的专有的权利：

（一）作品；

（二）发明、实用新型、外观设计；

（三）商标；

（四）地理标志；

（五）商业秘密；

（六）集成电路布图设计；

（七）植物新品种；

（八）法律规定的其他客体。

第一百二十四条【继承权】 自然人依法享有继承权。

自然人合法的私有财产，可以依法继承。

第一百二十五条【股权和其他投资性权利】 民事主体依法享有股权和其他投资性权利。

第一百二十六条【其他民事权益】 民事主体享有法律规定的其他民事权利和利益。

第一百二十七条【数据、网络虚拟财产保护】 法律对数据、网络虚拟财产的保护有规定的，依照其规定。

实务要点

1. 因第109~112条已收录于人格权编相关词条，第114条已收录于物权编相关词条，第124条已收录于继承编相关词条，且上述条文在相应词条已作解读，并附相应案例，故本词条不再重复。本词条仅就未被其他词条收录的条文进行解读。

2. 第 118 条是关于民事主体依法享有债权的规定。债权是财产权的重要组成部分，与《物权法》(已废止)调整静态的财产关系不同，民法中的债权调整动态的财产关系。债权作为民法财产权的基本权利，其重要性不言而喻。《民法典》通过本条列举加概括的方式，一方面明确债权的发生原因包括合同、侵权行为、无因管理、不当得利以及法律的其他规定，另一方面则明确此种特定的权利义务关系就是权利人请求特定义务人为或者不为一定行为的权利，鲜明揭示了债权的本质，对《民法典》其他编尤其是合同编内容都起到了十分重要的引领作用。

3. 第 123 条是关于知识产权的规定。本条明确规定知识产权为民事权利，民事主体享有知识产权，并以列举加兜底的方式规定了知识产权权利人享有专有权利的客体，奠定了知识产权在民法保护体系中的地位与作用。知识产权与物权、债权一样具有私权属性，为民事主体所享有的财产权，属于民事权利范畴。本条明确规定的知识产权客体包括:(1)作品。权利人依法就作品享有的专有权利是著作权。著作权是指著作权人对其作品享有的人身权和财产权，包括发表权、署名权、修改权、保护作品完整权、复制权、发行权、出租权、信息网络传播权等权利。(2)发明、实用新型、外观设计。发明创造，是指发明、实用新型和外观设计。发明，是指对产品、方法或者其改进所提出的新的技术方案。实用新型，是指对产品的形状、构造或者其结合所提出的适于实用的新的技术方案。外观设计，是指对产品的形状、图案或者其结合及色彩与形状、图案的结合所作出的富有美感并适于工业应用的设计。(3)商标。权利人依法就商标享有的专有权利是商标专用权。商标专用权是商标专用权人在核准商品上使用注册商标的专有权利。(4)地理标志。地理标志，是指标示某商品来源于某地区，该商品的特定质量、信誉或者其他特征，主要是由该地区的自然因素或者人文因素所决定的标志。(5)商业秘密。商业秘密，是指不为公众所知悉、能为权利人带来经济利益、具有实用性并经权利人采取保密措施的技术信息和经营信息。区别于其他知识产权具有公开性、期限性、绝对排他性等特征，商业秘密自产生之日就自动取得，并具有相对排他性，即同一商业秘密可以由多个权利主体进行占有、使用、收益和处分。同时，商业秘密的保护期限具有不确定性，只要商业秘密不被侵权行为人泄露，就一直受法律保护。(6)集成电路布图设计。指集成电路中至少有一个是有源元件的两个以上元件和部分或者全部互联线路的三维配置，或为制造集成电路而准备的上述三维配置。(7)植物新品种。指经过人工培育的或者对发现的野生植物加以开发，具备新颖性、特异性、一致性和稳定性并有适当命名的植物品种。(8)法律规定的其他客体。本项以兜底条款方式为未来知识产权客体的发展留出了空间。

4. 第 125 条是关于股权和其他投资性权利的规定。股权是股东基于对公司的投资或者其他合法原因而持有公司资本的一定份额所享有的权利。股权，也称股东权，有狭义和广义之分。狭义的股权，是指股东向公司出资而享有的权利；而广义的股权，则是对股东权利和义务的总称。《民法典》采狭义股权。另外，该条规定的其他投资性权利是指民事主体通过投资而享有的民事权利，主要包括信托权、各种期权、多种财产权组合的权利等，也包括向公司以外的企业或其他组织进行投资而取得的权利。从本条规定的特点来看，将股权和其他投资性权利共同规定，是因为股权和其他投资性权利在某些方面具有一定的共性，如均是民事主体通过自身财产权益的让渡而获得的权利，权利的特点又具有很强的复合性等。

5. 第 126 条是关于其他民事权益的规定。本条是关于民事权益的兜底性条文。民事权益包括民事权利和利益。权利，是指为了保护主体和某种利益而赋予的法律上的力，它是利益与法律之力的结合。民事主体享有的民事权利不限于本编明确的权利，还包括各相关编以及其他法律规定的民事权利。民事利益则是指由民法保护的，因缺乏必需的构成要件而尚未上升为权利的利益。民法的很多权利都是在实践及理论的不断发展中逐渐明确其内涵、外延从而成为确定的民事权利，如隐私权。考虑到民事权利与利益多种多样，随着社会发展更会有新的类型出现，为此，本条做了兜底。

6. 第 127 条是关于数据、网络虚拟财产保护的规定。数据，是指对客观事件进行记录并可以鉴别的符号，是对客观事物的性质、状态及相互关系进行记载的物理符号或这些物理符号的组合。数据不仅指数字，还包括文字、字母、数学符号、图形、图像、视频、音频等。网络虚拟财产有广义和狭义的区别。广义的网络虚拟财产，是指虚拟的网络本身以及存在于网络上的具有财产性的电磁记录，是一种能够用现有的度量标准度量其价值的数字化的新型财产。广义的网络虚拟财产范围非常广泛，除网络本身外，还包括特定的网络服务账号、即时通信工具号码、网络店铺、网络游戏角色和装备、道具等。狭义的网络虚拟财产，主要是指网络游戏空间内的具有可交易性的账号、角色、道具、装备、钱币等可视化的拟人、拟物类财产。网络虚拟财产虽然以数据形式存在于特定空间，但由于其具有一定价值，满足人们的需求，具有合法性，能够为人所掌控，属于在一定条件下可以进行交易的特殊财产，故而其具有财产利益的属性。尽管对数据、网络虚拟财产的范围、法律性质还存在一定争议，但法律应对民事主体享有的数据权益、网络虚拟财产权益进行保护，故本条确立了一个引致性规则。

权威参考案例

1. 江苏省高科种业科技有限公司诉南通市粮棉原种场植物新品种追偿权纠纷案（《最高人民法院公报》2020 年第 7 期）

植物新品种实行“早期公开、延迟审查”制度。品种权被授予后，品种权人依据《植物新品种保护条例》第 33 条规定，主张在植物新品种申请公布日至授权公告日期间未经申请人许可，为商业目的生产、销售授权品种繁殖材料的单位或个人支付使用费的，人民法院可以综合考虑有关植物新品种实施许可费、品种类型和价值、实施者的经营规模等因素合理确定。

2. 齐某芷、齐某末等诉江苏文艺出版社侵犯著作权纠纷案（《最高人民法院公报》2012 年第 9 期）

《著作权法》规定作品的著作权属于公民的，公民死亡后，其著作财产权依照《继承法》（已废止）的规定转移。结合《著作权法实施条例》的规定：合作作品不可以分割使用的，其著作权由各合作作者共同享有，通过协商一致行使；不能协商一致，又无正当理由的，任何一方不得阻止他方行使除转让以外的其他权利，但是所得收益应当合理分配给所有合作作者。上述规定体现了《著作权法》的立法宗旨，即通过赋予著作权人有限的权利以鼓励有益于社会主义精神文明、物质文明建设的作品得以产生和传播，但并非使著作权人对作品的传播和使用享有绝对的垄断权。

3. 四川滕王阁制药有限公司诉四川保宁制药有限公司侵犯商标专用权纠纷上诉案（《最高人民法院公报》2010 年第 6 期）

“保宁”名称的来源具有历史渊源，保宁公司使用“保宁”字号具有历史因素。在相同商品上，滕王阁公司注册商标虽先行使用“保宁”标识，但该标识并非由滕王阁公司或在先的阆中县中药材公司饮片加工厂臆造，固有显著性不足，滕王阁公司也无证据证明保宁公司成立之前，“保宁”商标经过使用已经在药品行业的相关公众中具有一定知名度，保宁公司使用其作为企业字号具有明显的攀附故意。保宁公司在其产品外包装上规范使用了某企业字号，相关公众在购买产品时会清楚认识该产品源于保宁公司，不会与滕王阁公司相同或类似产品相混淆。保宁公司使用其字号不属于商标侵权行为。

民事权利取得方式与行使要求

概念

民事权利的取得，是指民事主体依据合法的方式获得民事权利。这些方式主要为四种：民事法律行为、事实行为、法律规定的事件、法律规定的其他方式。行使民事权利的要求，包括权利义务相统一、权利不得滥用。

法典条款

第一百二十九条【民事权利的取得方式】 民事权利可以依据民事法律行为、事实行为、法律规定的事件或者法律规定的其他方式取得。

第一百三十一条【权利义务相统一】 民事主体行使权利时，应当履行法律规定的和当事人约定的义务。

第一百三十二条【权利不得滥用】 民事主体不得滥用民事权利损害国家利益、社会公共利益或者他人合法权益。

实务要点

1. 民事法律行为，是指民事主体通过意思表示设立、变更、终止民事法律关系的行为。事实行为，是指行为人主观上没有引起民事法律关系发生、变更或消灭的意思，但依照法律的规定产生了一定民事法律后果的行为，如自建房屋、拾得遗失物。法律规定的事件，指与人的意志无关但根据法律规定能引起民事法律关系变动的客观情况，如出生、死亡、洪水灾害等。法律规定的其他方式，如法律文书或政府征收决定的生效导致物权的消灭或变更等。

2. 权利与义务相统一是宣示性原则，当事人是否应当承担义务，应当承担何种义务，在什么条件下承担义务都需要视具体的法律关系而定。在某一法律关系中，可能一方当事人只享有权利而另一方当事人只承担义务。例如，在单务合同中，一方当事人只享有权利，另一方当事人只承担义务。但一方当事人权利的享有以另一方当事人义务的承担为前提，因此强调民事权利与义务相统一仍具有积极意义。

3. 权利滥用，须符合以下条件：一是须有权利的存在。如无权利而施加损害于他人，则属侵权行为，而非权利滥用。二是权利人须有与权利行使相关的行为。此种行为可为积极行为，亦可为消极行为。三是权利人的行为须有堪称滥用的违法性，即造成了损害国家利益、社会公共利益或他人合法权益的后果。

权威参考案例

林某某、陈某某诉蔡某某一般人格权纠纷案（《最高人民法院公报》2020 年第 11 期）

民事主体行使各自的民主权利，均应在法律赋予的限度之内，不得以行使自己的权利为由侵害其他民事主体合法权益。人民法院审理民事主体各自行使民事权利导致冲突的案件，应当依据事实，判断各方当事人行使其民事权利的合法性与适度性，据此平衡上述权利冲突。

民事法律行为一般规定

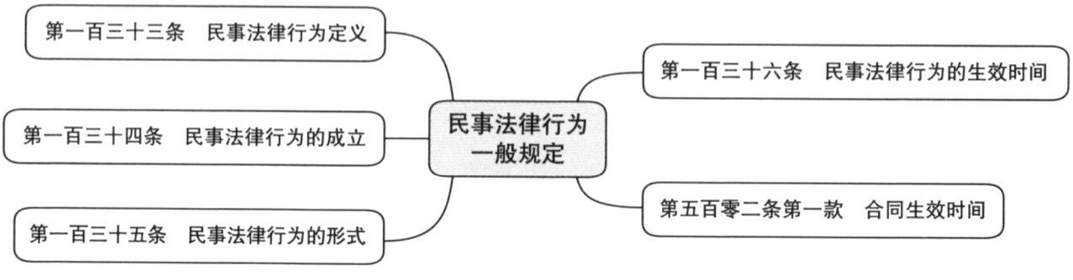

概念

民事法律行为是对合同行为、婚姻行为、遗嘱行为等一系列能产生具体权利义务关系的行为的抽象与概括，是民事主体在民事活动中实现自己意图的一项重要民事制度。民事法律行为内容包括很多，有一般规定、意思表示、行为效力、附条件附期限等。在一般规定中，主要涉及民事法律行为的几个基本点，包括民事法律行为的定义、成立、形式、生效时间。

法典条款

第一百三十三条【民事法律行为定义】 民事法律行为是民事主体通过意思表示设立、变更、终止民事法律关系的行为。

第一百三十四条【民事法律行为的成立】 民事法律行为可以基于双方或者多方的意思表示一致成立，也可以基于单方的意思表示成立。

法人、非法人组织依照法律或者章程规定的议事方式和表决程序作出决议的，该决议行为成立。

第一百三十五条【民事法律行为的形式】 民事法律行为可以采用书面形式、口头形式或者其他形式；法律、行政法规规定或者当事人约定采用特定形式的，应当采用特定形式。

第一百三十六条【民事法律行为的生效时间】 民事法律行为自成立时生效，但是法律另有规定或者当事人另有约定的除外。

行为人非依法律规定或者未经对方同意，不得擅自变更或者解除民事法律行为。

第五百零二条第一款【合同生效时间】 依法成立的合同，自成立时生效，但是法律另有规定或者当事人另有约定的除外。

实务要点

1. 民事法律行为的内涵既包括合法有效的法律行为，也包括无效、可撤销和效力待定的法律行为。民事主体所从事的民事法律行为可能是合法的，也可能是非法的，这与《民法通则》(已废止)关于民事法律行为的规定有很大不同。

2. 依据第 134 条可知，民事法律行为有双方民事法律行为、多方民事法律行为、单方民事法律行为，还有决议行为。决议行为最大的特殊性体现在：双方或多方民事法律行为需要所有当事人意思表示一致才能成立，而决议行为一般并不需要所有当事人意思表示一致才成立，多数人意思表示一致即可。

3. 第 135 条所谓的“特殊形式”，如合同领域，可根据当事人的行为或特定情形推定合同的成立。另需注意，若法律、行政法规只明确要求或当事人约定采用特殊形式，但没有对未采用该形式的民事法律行为的后果明确规定的，则从鼓励交易的角度出发，原则上不宜轻易否定民事法律行为的效力。

4. 第 136 条对民事法律行为的生效时间做了规定。民事法律行为的成立是一种事实判断，而民事法律行为的生效则是一种法律评价（价值判断）。首先，从法律性质上，法律行为的成立只涉及当事人个人的意思，与国家意志无关。而法律行为的生效与否则取决于当事人的意思是否符合法定的标准。其次，在逻辑体系上，只有区分成立与生效，才能进一步区分法律行为的不成立、可撤销及无效。如果法律行为尚未成立，则不存在效力的判断问题；如果法律行为已成立，但不符合或不完全符合法定生效要件，则可能会出现无效、可撤销或效力待定的法律行为。最后，在法律后果上，一般来讲，法律行为的生效与否，时间均溯及至法律行为成立之时。已成立并生效的法律行为，自成立时生效。无效法律行为自成立时无效。另需注意一个例外情况，即附条件的法律行为与须经批准的法律行为，这两种法律行为的成立与生效将可能存在阶段差别。

5. 第 502 条第 1 款就合同生效时间做了规定。民事法律行为中的典型代表是合同行为，故第 502 条第 1 款就合同生效时间的规定与第 136 条关于民事法律行为的生效时间是一致的。合同生效后，其效力主要体现在以下几个方面：一是在当事人之间产生法律效力。当事人依法受合同的拘束，是合同的对内效力。二是合同生效后产生的法律效果还表现在对当事人以外的第三人产生一定的法律拘束力，即合同的对外效力。合同一旦生效，任何单位或个人都不得侵犯当事人的合同权利，不得非法阻挠当事人履行义务。三是合同生效后的法律效果还表现在，当事人违反合同的，将依法承担民事责任。合同生效与合同成立的区别在于，合同生效后，当事人才可请求对方履行合同主要义务。合同成立但未生效的，当事人不得请求对方履行合同主要义务。

权威参考案例

1. 重庆雨田房地产开发有限公司与中国农业银行股份有限公司重庆市分行房屋联建纠纷案（《最高人民法院公报》2012 年第 5 期）

双方当事人在平等自愿基础上达成的前后两份协议，符合法律规定，合法有效，两份协议所约定的内容均应对当事人产生约束力。当两份合同（协议）均属有效合同（协议），除当事人有特别约定外，如果前后两份合同（协议）对同一内容有不同约定产生冲突，基于意思表示最新、最近，且不违反合同（协议）目的的判断标准，可根据合同（协议）成立的时间先后，确定以后一合同（协议）确定的内容为准。如果前后两份合同（协议）所约定的内容并不冲突，只是对合同（协议）的内容进行了不同的约定，不能简单地认定后一协议是前一协议的变更，或后一协议是对前一协议的补充和完善。

2. 于某库诉董某斌、董某珍房屋买卖纠纷案（《最高人民法院公报》2001年第4期）

房屋买卖合同签订后，双方当事人未办理登记手续的，房屋所有权不发生转移，但并不代表买卖协议本身不发生效力。根据《合同法》（已废止）第44条[1]规定，依法成立的合同，自成立时生效。因此，一方当事人不能以该房产未办理权属变更手续为由，主张该房屋买卖合同无效。

意思表示

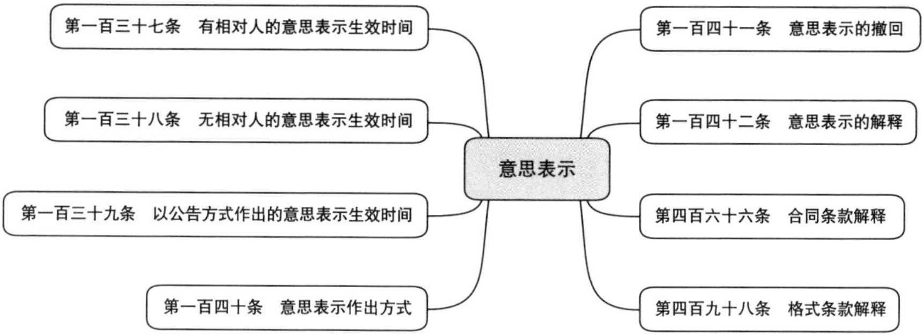

概念

意思表示，是指行为人为了产生一定民法上的效果而将其内心意思通过一定方式表达于外部的行为。意思表示制度是民法法律行为制度的重要部分，其内容涉及意思表示的生效时间、作出方式、撤回、解释。

法典条款

第一百三十七条【有相对人的意思表示生效时间】 以对话方式作出的意思表示，相对人知道其内容时生效。

以非对话方式作出的意思表示，到达相对人时生效。以非对话方式作出的

① 可参考《民法典》第502条。

采用数据电文形式的意思表示，相对人指定特定系统接收数据电文的，该数据电文进入该特定系统时生效；未指定特定系统的，相对人知道或者应当知道该数据电文进入其系统时生效。当事人对采用数据电文形式的意思表示的生效时间另有约定的，按照其约定。

第一百三十八条【无相对人的意思表示生效时间】 无相对人的意思表示，表示完成时生效。法律另有规定的，依照其规定。

第一百三十九条【以公告方式作出的意思表示生效时间】 以公告方式作出的意思表示，公告发布时生效。

第一百四十条【意思表示作出方式】 行为人可以明示或者默示作出意思表示。

沉默只有在有法律规定、当事人约定或者符合当事人之间的交易习惯时，才可以视为意思表示。

第一百四十一条【意思表示的撤回】 行为人可以撤回意思表示。撤回意思表示的通知应当在意思表示到达相对人前或者与意思表示同时到达相对人。

第一百四十二条【意思表示的解释】 有相对人的意思表示的解释，应当按照所使用的词句，结合相关条款、行为的性质和目的、习惯以及诚信原则，确定意思表示的含义。

无相对人的意思表示的解释，不能完全拘泥于所使用的词句，而应当结合相关条款、行为的性质和目的、习惯以及诚信原则，确定行为人的真实意思。

第四百六十六条【合同条款解释】 当事人对合同条款的理解有争议的，应当依据本法第一百四十二条第一款的规定，确定争议条款的含义。

合同文本采用两种以上文字订立并约定具有同等效力的，对各文本使用的词句推定具有相同含义。各文本使用的词句不一致的，应当根据合同的相关条款、性质、目的以及诚信原则等予以解释。

第四百九十八条【格式条款解释】 对格式条款的理解发生争议的，应当按照通常理解予以解释。对格式条款有两种以上解释的，应当作出不利于提供格式条款一方的解释。格式条款和非格式条款不一致的，应当采用非格式条款。

实务要点

1. 意思表示生效时间，按照有相对人、无相对人、公告三种类型进行了规定。有相对人的意思表示，又按照对话、非对话的方式进行不同规定。对话方式，是指采用相对方可同步受领的方式进行的，如面对面交谈、电话、视频通话。非对话方式，则表现为意思表示的作出与受领不同步，存在时间差，如传真、信函等。第 137 条第 2 款规定的到达，并不意味着相对人必须亲自收到，只要进入相对人常用的地址、住所或能够控制的地方（如信箱），即可视为到达。此外，非对话方式中，如采用数据电文形式，在相对人未指定特定系统时，以相对人知道或应当知道该数据电文进入其系统时生效。但“知道或应当知道”较为主观，为平衡双方利益，当数据电文抵达收件人系统时即应推定其能够知道了。若其否认，则应对此自己不知道且不应知道承担证明责任。公告方式与无相对人的意思表示生效时间不难理解，不再赘述。

2. 沉默是一种既无语言表示也无行为表示的纯粹的缄默，是一种完全的不作为，原则上不应视为当事人有意思表示，但在有法律规定、当事人约定或符合当事人件的交易习惯时例外。

3. 意思表示的撤回需注意两点：一是撤回原则上只有在有相对人的情形下有意义，若无相对人则不存在撤回与否的问题。因为，无相对人的意思表示在作出时就已发生效力，不可能撤回，只可能撤销。二是意思表示的撤回不同于意思表示的撤销。意思表示撤回是在意思表示未生效前使其不发生效力；而意思表示的撤销则是在意思表示生效后又作出取消意思表示的表示。

4. 意思表示的解释与合同条款的解释，在“诚信原则”词条有部分涉及，但当时是侧重诚信原则角度，没有在意思表示整体角度理解。第 142 条对意思表示的解释，按照有无相对人进行了不同规定。通常情况下，意思表示都是有相对人的。有相对人的意思表示解释应当按照所使用的词句，因为意思表示以文字的方式表示于外时，想要确定其意义，就必须先了解所用词句，确定词句的意义。少数意思表示无相对人，无相对人的意思表示解释不能拘泥于所使用的词句，因为不涉及相对人信赖保护的问题，应当尽可能地按照表意人的真意赋予其法律效果。在表意人所使用的词句未能准确地反映其真意甚至根本扭曲的情况下，不宜拘泥于表意人所使用的词句，有必要探求表意人的真意。

5. 关于合同条款的解释，因合同一般都有相对人，故第 466 条第 1 款规定合同条款有争议时按照第 142 条第 1 款的规定确定含义。

6. 第 498 条格式条款解释中的“通常理解”，是指既不按照格式条款提供方的理解进行解释，也不按照个别的相对方的理解进行解释，而是按照可能订立的一般人的理解进行解释。

权威参考案例

1. 徐州市淮海戏剧王音像有限公司诉新沂电视台、第三人丁某宇、刘某飞、张某侠侵犯著作权纠纷上诉案(《最高人民法院公报》2010 年第 6 期)

民事行为的意思表示可以明示或默示的方式为之。所谓明示,一般是指行为人用语言或文字等方法直接表达其内在意思的表意形式;所谓默示,是指行为人虽未用语言或者文字明确表示意见,但可以从其行为间接推断出其意思表示。不作为的默示即沉默只有在法律有规定或者当事人双方有约定的情况下,才可以视为意思表示。本案中,丁某宇是以其积极参与电视琴书《十把穿金扇》拍摄的行为表明其同意淮海戏剧王公司拍摄该电视琴书,而非单纯的沉默,故其许可淮海戏剧王公司拍摄电视琴书的意思表示是明确、清楚的。丁某宇关于其并未明确授权淮海戏剧王公司拍摄电视琴书的上诉理由与事实相悖,法院不予采信。

2. 占某、朱某敏与贝某峰、沈阳东昊地产有限公司民间借贷纠纷案(《最高人民法院公报》2015 年第 9 期)

《合同法》(已废止)第 125 条[①]规定:"当事人对合同条款的理解有争议的,应当按照合同所使用的词句、合同的有关条款、合同的目的、交易习惯以及诚实信用原则,确定该条款的真实意思。"双方当事人签订的合同为《担保借款合同》。约定该合同第 4 条第 1 款的目的是保证款项的出借方对款项使用情况的知情权、监督权,以便在发现借款人擅自改变款项用途或发生其他可能影响出借人权利的情况时,及时采取措施、收回款项及利息。用目的解释的原理可以得知,提供不真实的材料和报表固然会影响出借方对借款人使用款项的监督,而不提供相关材料和报表却会使得出借人无从了解案涉款项的使用情况,不利于其及时行使自己的权利。因此,借款人在借款的两年多的时间里,从未向出借人提供相关材料和报表,属于违约。

3. 广州珠江铜厂有限公司与佛山市南海区中兴五金冶炼厂、李某芬加工合同纠纷案(《最高人民法院公报》2014 年第 10 期)

当事人对合同条款的理解有争议的,应当按照合同所使用的词句、合同的有关条款、合同的目的、交易习惯以及诚实信用原则,确定该条款的真实意思。当事人基于实际交易需要而签订合同,在特定条件下会作出特定的意思表示,只要其意思表示是真实的,且不违背法律的强制性或者禁止性规定,即应当予以保护。

---

① 可参考《民法典》第 466 条。

4. 枣庄矿业（集团）有限公司柴里煤矿与华夏银行股份有限公司青岛分行、青岛保税区华东国际贸易有限公司联营合同纠纷再审案（《最高人民法院公报》2010 年第 6 期）

对合同约定不明而当事人有争议的合同条款，可以根据订立合同的目的等多种解释方法，综合探究当事人的缔约真意。但就目的解释而言，并非只按一方当事人期待实现的合同目的进行解释，而应按照与合同无利害关系的理性第三人通常理解的当事人共同的合同目的进行解释，且目的解释不应导致对他人合法权益的侵犯或与法律法规相冲突。

5. 徐某诉中汇房地产公司财产所有权纠纷案（《最高人民法院公报》2005 年第 9 期）

作为格式合同的提供者，中汇房产公司既然认为“双方再无任何房屋租赁关系及经济关系”这一格式条款中包含了不返还押金的意思，此时就有义务提醒徐某注意或在协议中注明：这一条款签署后，押金不再退还，押金收据废止。中汇房产公司并未履行这一义务。鉴于终止协议里对押金以及押金收据如何处理只字未提，从“双方再无任何房屋租赁关系及经济关系”这一格式条款的文字中，不能直接推导出徐某有自愿放弃押金权利的意思表示。因此在租赁合同终止并且应交纳的费用已交纳的前提下，中汇房产公司仅以徐某签署了终止协议为由拒不返还押金，于法无据，是侵犯徐某的财产所有权。

6. 成路诉无锡轻工大学教学合同纠纷案（《最高人民法院公报》2002 年第 2 期）

格式合同是法律所允许的一种书面合同。格式合同的内容虽由一方当事人事先拟就，但在双方当事人签字后，就成为双方当事人一致的意思表示，合同即告成立。双方当事人如果对格式合同条款的理解发生争议，按照通常的理解予以解释。如果解释有两种以上，应当采用不利于提供格式条款一方的解释。格式合同的条款只有存在法律规定的无效情形时，才能被宣告无效，并非只要是格式合同就一定无效。

民事法律行为有效要件

第一百四十三条　民事法律行为有效要件 —— **民事法律行为有效要件** —— 第五百零八条　合同效力适用指引

概念

民事法律行为效力的有效发生，是当事人实现意思自治目的的关键。但民事法律行为并不是在任何情况下都具体有效的条件的，其效力可能因民事主体的民事行为能力健全与否、意思表示真实与否、违法与否及是否契合公序良俗等情形而受影响。

法典条款

第一百四十三条【民事法律行为有效要件】　具备下列条件的民事法律行为有效：

（一）行为人具有相应的民事行为能力；

（二）意思表示真实；

（三）不违反法律、行政法规的强制性规定，不违背公序良俗。

第五百零八条【合同效力适用指引】　本编对合同的效力没有规定的，适用本法第一编第六章的有关规定。

实务要点

1. 一般而言，当民事法律行为同时具备第 143 条所述的三个要件时，其为有效。但特殊情形下，民事法律行为除需具备本条所述的三个要件外，尚需满足其他条件方为有效，如附条件民事法律行为、附期限民事法律行为等。因此，第 143 条规定的，仅为民事法律行为一般有效要件，或民事法律行为有效的必要条件。

2. 第 143 条一般仅作为认定民事法律行为有效之条文援引。当民事法律行为缺少本条所述要件时，依据本条仅能得出该民事法律行为不能归于有效的结论。但除有效外，民事法律行为尚有无效、效力待定、可撤销等多种法律效力状态，故当不能认定民事法律行为系属有效时，原则上不应再引用本条以认定效力，而需援引《民法典》的其他条文，方可准确确定该行为的法律效力状态。例如，若民事法律行为违背公序良俗，依照第 143 条仅能认定该行为不能归于有效，须援引《民法典》第 153 条，方可确知为无效。

3. 第 508 条是关于合同效力适用指引的规定，系《民法典》合同编合同效力一章的规定。《民法典》总则编第六章对民事法律行为的效力做了全面、系统的规定，而合同编合同效力一章仅有 7 个条文，相较《合同法》（已废止）少了很多。之所以如此，即在于很多内容已规定在总则编民事法律行为一章中了。民事法律行为是指民事主体之间以意思表示为核心设立、变更、终止民事法律关系的行为。合同作为平等民事主体之间设立、变更、终止民事法律关系的协议，是一种最为典型的民事法律行为。有关合同的诸多事项在合同编没有规定时，可适用总则编有关法律行为的规定。依据本条规定，在合同编对合同效力事项没有规定时，适用总则编第六章的有关规定。

权威参考案例

云南福运物流有限公司与中国人寿财产保险股份公司曲靖中心支公司财产损失保险合同纠纷案(《最高人民法院公报》2016 年第 7 期)

当事人就货物保险损失达成的《赔偿协议书》及《货运险赔偿确认书》是对财产损害赔偿金额的自认，是真实意思表示，是有效的民事法律行为。保险合同以当事人双方意思表示一致为成立要件，即保险合同以双方当事人愿意接受特定条件拘束时，保险合同即为成立。签发保险单属于保险方的行为，目的是对保险合同的内容加以确立，便于当事人知晓保险合同的内容，能产生证明的效果。根据《保险法》第 13 条第 1 款关于“投保人提出保险要求，经保险人同意承保，保险合同成立。保险人应当及时向投保人签发保险单或者其他保险凭证，并在保险单或者其他保险凭证中载明当事人双方约定的全部内容”之规定，签发保险单并非保险合同成立时所必须具备的形式。

无效的民事法律行为

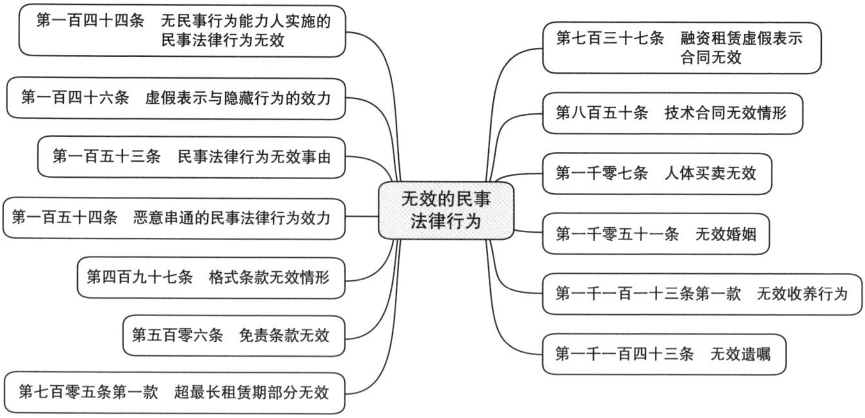

概念

无效的民事法律行为与可撤销的民事法律行为、效力待定的民事法律行为、有效的民事法律行为均属于民事法律行为效力范畴。民事法律行为包括合同、婚姻家事、继承、侵权、物权等行为，本词条的梳理将《民法典》各编所涉的无效民事法律行为的规定汇总一块，便于集中、系统学习。

法典条款

第一百四十四条【无民事行为能力人实施的民事法律行为无效】 无民事行为能力人实施的民事法律行为无效。

第一百四十六条【虚假表示与隐藏行为的效力】 行为人与相对人以虚假的意思表示实施的民事法律行为无效。

以虚假的意思表示隐藏的民事法律行为的效力，依照有关法律规定处理。

第一百五十三条【民事法律行为无效事由】 违反法律、行政法规的强制性规定的民事法律行为无效。但是，该强制性规定不导致该民事法律行为无效的除外。

违背公序良俗的民事法律行为无效。

第一百五十四条【恶意串通的民事法律行为效力】 行为人与相对人恶意串通，损害他人合法权益的民事法律行为无效。

第四百九十七条【格式条款无效情形】 有下列情形之一的，该格式条款无效：

（一）具有本法第一编第六章第三节和本法第五百零六条规定的无效情形；

（二）提供格式条款一方不合理地免除或者减轻其责任、加重对方责任、限制对方主要权利；

（三）提供格式条款一方排除对方主要权利。

第五百零六条【免责条款无效】 合同中的下列免责条款无效：

（一）造成对方人身损害的；

（二）因故意或者重大过失造成对方财产损失的。

第七百零五条第一款【超最长租赁期部分无效】 租赁期限不得超过二十年。超过二十年的，超过部分无效。

第七百三十七条【融资租赁虚假表示合同无效】 当事人以虚构租赁物方式

订立的融资租赁合同无效。

第八百五十条【技术合同无效情形】 非法垄断技术或者侵害他人技术成果的技术合同无效。

第一千零七条【人体买卖无效】 禁止以任何形式买卖人体细胞、人体组织、人体器官、遗体。

违反前款规定的买卖行为无效。

第一千零五十一条【无效婚姻】 有下列情形之一的，婚姻无效：

（一）重婚；

（二）有禁止结婚的亲属关系；

（三）未到法定婚龄。

第一千一百一十三条第一款【无效收养行为】 有本法第一编关于民事法律行为无效规定情形或者违反本编规定的收养行为无效。

第一千一百四十三条【无效遗嘱】 无民事行为能力人或者限制民事行为能力人所立的遗嘱无效。

遗嘱必须表示遗嘱人的真实意思，受欺诈、胁迫所立的遗嘱无效。

伪造的遗嘱无效。

遗嘱被篡改的，篡改的内容无效。

实务要点

1. 第 144 条规定的无民事行为能力人实施的民事法律行为无效，是没有例外的。对于纯获利益的行为亦是如此，但这并不妨碍其代理人代理实施此类行为，如此规定也是给予无民事行为能力人一种保护。此外，无民事行为能力人所实施的民事法律行为之无效，无可补救，即不能被追认。民事法律行为一旦无效，对该民事法律行为的效力评价即告结束，其不同于效力待定的民事法律行为，并不存在待人追认或拒绝追认之必要和可能。

2. 第 146 条涉及两个行为，第一个是虚假意思行为。由于虚假意思行为中的“意思表示”所指向的法律效果并非双方当事人的内心真意，双方对此相互知晓，若认定其有效则有悖于意思自治原则，且不符合第 143 条民事法律行为有效要件的规定，故规定其无效。第二个是隐藏行为。第 146 条第 2 款对隐藏并未直接明确其效力，而是依照有关法律规定处理。其所谓“相关法律规定”，系指

《民法典》“民事法律行为的效力”一节的相关规定，以及其他与法律行为效力有关之规定。隐藏行为依其情形，可呈现有效、无效、效力待定、可撤销等多种法律效力状态。

3. 第 153 条第 1 款中的“强制性规定”如何判断，是司法实践中的一大难点。某些强制性规定尽管要求民事主体不得违反，但其并不导致民事法律行为无效。有观点认为可按照“效力性强制性规定”与“管理性强制性规定”进行区分，但效力性与管理性的界定依然没有非常明确的规则。第 153 条第 2 款在“公序良俗”词条中涉及，不再重复。

4. 第 154 条规定的恶意串通，是指行为人与相对人勾结，为牟取私利而实施的损害他人合法权益的民事法律行为。本条中的“他人”应作广义理解，包括国家、集体、第三人。此外，需注意恶意串通与虚假表示的不同。在虚假表示的民事法律行为中，行为人与相对人表示出的意思均非真意，而恶意串通的双方当事人所表达的都是内心真意，二者尽管都是无效，但不可混淆。

5. 第 497 条规定的格式条款无效情形有 3 项，其中第 2 项、第 3 项是格式条款特有的无效情形。格式条款单方提供，对方没有进行实际磋商机会，提供方可能会恣意追求自身利益而不合理分配风险，有违公平原则，符合本条规定情形，应属无效。但需注意，合同中的格式条款无效，并不意味着合同整体无效，格式条款无效不影响合同其他部分效力的，其他部分仍然有效。

6. 第 506 条规定的免责条款，是指合同约定的免除或限制一方或双方当事人责任的条款。一般来说，经当事人充分协商确定的免责条款，不违反社会公共利益的，法律承认其效力。但对严重违反诚信原则与社会公共利益的免责条款，法律则是禁止的，主要类型即第 506 条规定的两种。

7. 第 705 条第 1 款规定的无效，仅指超过 20 年的那一部分无效。

8. 第 737 条的虚构租赁物的融资租赁合同即是第 146 条在融资租赁合同中的具体体现。较为典型的情形是“名为融资租赁实为借贷”，法院应适用借款合同规定进行处理。

9. 第 850 条中的非法垄断技术，是指通过合同条款限制另一方当事人在合同标的技术的基础上进行新的研究开发，阻止其从其他渠道吸收技术或阻碍其根据市场需求，按照合理方式充分实施专利和使用技术秘密。

10. 买卖人体器官，既违背了法律行政法规强制性规定，也违背了公序良俗原则，绝对无效，第 1007 条明文规定意在进行强调。

11. 第 1051 条规定了婚姻行为无效的三种情形。值得注意的是“患有医学上认为不应当结婚的疾病”不再作为婚姻无效的情形，是《民法典》对《婚姻法》（已废止）的重大调整。

12. 收养行为的无效，依照第 1113 条的规定，按照《民法典》总则编民事法律行为一章的规定及婚姻家庭编的相关规定进行确定。

13. 遗嘱行为的无效，第 1143 条规定了四类。第 1 款为不具有遗嘱能力的情形。第 3 款伪造的遗嘱与第 4 款被篡改的遗嘱属虚假的情况，遗嘱人未作出相应意思表示，因此无效。需要注意的是第 2 款，受欺诈、胁迫所立的遗嘱无效，不同于第 148~150 条规定的“欺诈、胁迫行为可撤销”。第 1143 条第 2 款之所以如此规定，主要在于遗嘱自被继承人死亡时生效，已经死亡的遗嘱人无法再行使撤销权，故规定为无效。

权威参考案例

1. 日照港集团有限公司煤炭运销部与山西焦煤集团国际发展股份有限公司企业借贷纠纷案（《最高人民法院公报》2017 年第 6 期）

在三方或三方以上的企业间进行的封闭式循环买卖中，一方在同一时期先卖后买同一标的物，低价卖出高价买入，明显违背营利法人的经营目的与商业常理，此种异常的买卖实为企业间以买卖形式掩盖的借贷法律关系。企业间为此而签订的买卖合同，属于当事人共同实施的虚伪意思表示，应认定为无效。在企业间实际的借贷法律关系中，作为中间方的托盘企业并非出于生产、经营需要而借款，而是为了转贷牟利，故借贷合同亦应认定为无效。借款合同无效后，借款人应向贷款人返还借款的本金和利息。因贷款人对合同的无效也存在过错，人民法院可以相应减轻借款人返还的利息金额。

2. 徐州大舜房地产开发有限公司诉王志强商品房预售合同纠纷案（《最高人民法院公报》2013 年第 12 期）

房地产开发企业以规避国家对房地产行业调控为目的，借他人名义与自身签订虚假商品房买卖合同，抵押套取银行信贷资金的，如果商品房买受人明知合同非双方真实意思表示，则该情形符合《合同法》（已废止）第 52 条第 3 项[①]的规

① 可参考《民法典》第 146 条。

定，应当认定合同无效。

3. 海南康力元药业有限公司、海南通用康力制药有限公司与海口奇力制药股份有限公司技术转让合同纠纷申请再审案（《最高人民法院公报》2013年第2期）

在合同效力的认定中，应该以合同是否违反法律、行政法规的强制性规定为判断标准，而不宜以合同违反行政规章的规定为由认定合同无效。在技术合同纠纷案件中，如果技术合同涉及的生产产品或提供服务依法须经行政部门审批或者许可而未经审批或者许可的，不影响当事人订立的相关技术合同的效力。

4. 梅州市梅江区农村信用合作联社江南信用社诉罗某玲储蓄合同纠纷案（《最高人民法院公报》2011年第1期）

根据《合同法》（已废止）第52条第5项[①]的规定，违反法律、行政法规的强制性规定的合同无效。最高人民法院《关于适用〈中华人民共和国合同法〉若干问题的解释（二）》（已废止）第14条规定，所谓强制性规定，是指效力性强制性规定。仅是针对特定主体的对内管理行为、不涉及公共利益的规定，不属于效力性强制性规定，违反该规定不能导致合同无效。

5. 瑞士嘉吉国际公司诉福建金石制油有限公司等确认合同无效纠纷案（最高人民法院指导性案例第33号）

债务人将主要财产以明显不合理低价转让给其关联公司，关联公司在明知债务人欠债的情况下，未实际支付对价的，可以认定债务人与其关联公司恶意串通、损害债权人利益，与此相关的财产转让合同应当认定为无效。《合同法》（已废止）第59条[②]规定适用于第三人为财产所有权人的情形，在债权人对债务人享有普通债权的情况下，应当根据《合同法》（已废止）第58条[③]的规定，判令因无效合同取得的财产返还给原财产所有人，而不能根据第59条规定直接判令债务人的关联公司因“恶意串通，损害第三人利益”的合同而取得的债务人的财产返还给债权人。

---

① 可参考《民法典》第153条。

② 可参考《民法典》第157条。

③ 可参考《民法典》第157条。

6. 广东龙正投资发展有限公司、广东景茂拍卖行有限公司申请执行复议案（最高人民法院指导性案例第 35 号）

在买受人与拍卖行的股东均系亲属的情况下，除非能够证明拍卖过程中有其他无关联关系的竞买人参与竞买，且进行了充分的竞价，否则可以认定拍卖行与买受人之间存在串通行为；买受人与拍卖行有串通行为，并明知标的物评估价格及成交价过低，则买受人与拍卖行对于拍卖导致与标的物相关的权利人的权利受侵害构成恶意。人民法院可以依法宣布拍卖无效或撤销拍卖。

7. 陈某、皮某勇诉重庆碧波房地产开发有限公司、夏某均、重庆奥康置业有限公司合同纠纷案（《最高人民法院公报》2010 年第 10 期）

《合同法》（已废止）第 52 条[①] 规定："有下列情形之一的，合同无效：……（二）恶意串通，损害国家、集体或者第三人利益……" 根据前述规定，法人与他人恶意串通签订合同，表面上损害法人自身利益，实质上损害第三人利益的，第三人有权提起确认合同无效之诉。对前述"恶意串通"行为的认定，应当分析合同双方当事人是否具有主观恶意，并全面分析订立合同时的具体情况、合同约定内容以及合同的履行情况，在此基础上加以综合判定。

8. 中国光大银行与内蒙古包头华达合资卧具装饰厂、中国农业银行包头市青山区支行、包头市青山区人民政府自由路办事处侵权纠纷上诉案（《最高人民法院公报》2010 年第 2 期）

事后抵押，一般是指债务人有多个普通债权人，在清偿债务时，债务人与其中一个债权人恶意串通，将其全部或者部分财产抵押给该债权人。这种事后抵押的设定通常发生在债务人业已陷入支付危机、濒临破产、其财产已经不足以清偿全部债务的情况下。设定事后抵押必然导致其降低或者丧失了履行其他债务的能力，损害了其他债权人的合法利益。因此，这种事后抵押应认定为无效，抵押权人对于行使抵押权获得的价款没有优先受偿权，已经取得该价款的，应当依法予以返还。

9. 刘某超诉同方知网（北京）技术有限公司买卖合同纠纷案（《最高人民法院公报》2020 年第 1 期）

经营者单方设定的最低充值金额条款不仅侵犯了消费者的自主选择权、无

---

① 可参考《民法典》第 146 条。

故占用了消费者的资金，还会额外增加消费者申请退款时的负担，因此，该最低充值金额条款属于限制消费者合法权益的格式条款，系对消费者不公平、不合理的规定，应认定无效。

10. 周某治、俞某芳与余姚众安房地产开发有限公司商品房销售合同纠纷案（《最高人民法院公报》2016 年第 11 期）

商品房买卖中，开发商的交房义务不仅仅局限于交钥匙，还需出示相应的证明文件，并签署房屋交接单等。合同中分别约定了逾期交房与逾期办证的违约责任，但同时又约定开发商承担了逾期交房的责任之后，逾期办证的违约责任就不予承担的，应认定该约定属于免除开发商按时办证义务的无效格式条款，开发商仍应按照合同约定承担逾期交房、逾期办证的多项违约之责。

11. 王某国诉中国人寿保险公司淮安市楚州支公司保险合同纠纷案（《最高人民法院公报》2015 年第 12 期）

保险公司以保险合同格式条款限定被保险人患病时的治疗方式，既不符合医疗规律，也违背保险合同签订的目的。被保险人有权根据自身病情选择最佳的治疗方式，而不必受保险合同关于治疗方式的限制。保险公司不能以被保险人没有选择保险合同指定的治疗方式而免除自己的保险责任。

12. 孙某静诉上海一定得美容有限公司服务合同纠纷案（《最高人民法院公报》2014 年第 11 期）

在消费者预先支付全部费用、经营者分期分次提供商品或服务的预付式消费模式中，如果经营者提供的格式条款载明“若消费者单方终止消费，则经营者对已经收费但尚未提供商品或服务部分的价款不予退还”的，该类格式条款违反我国《合同法》（已废止）、《消费者权益保护法》的相关规定，应属无效。

13. 大洋公司诉黄河公司专利实施许可合同纠纷案（《最高人民法院公报》2004 年第 9 期）

专利技术实施许可合同生效后，专利技术许可方按合同的约定，向专利技术接受方提供包含专利技术的专用生产设备，使其用于生产和销售专利产品的，不构成《合同法》（已废止）第 329 条①规定的“非法垄断技术、妨碍技术进步”的情形。

① 可参考《民法典》第 850 条。

效力待定的民事法律行为

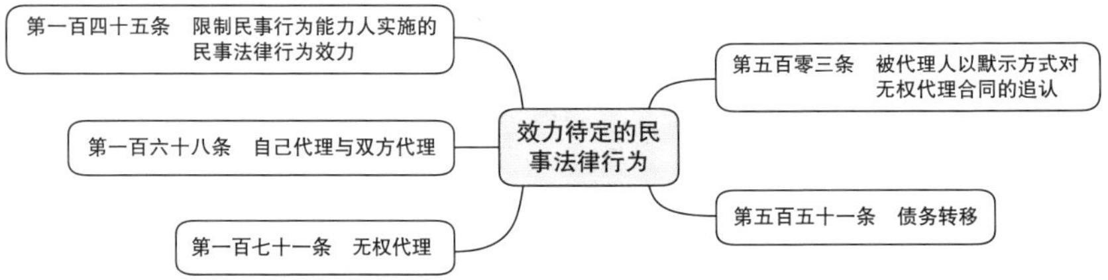

概念

效力待定的民事法律行为是指行为成立时，其效力有待于第三人意思表示来确定，在第三人意思表示前，其效力处于不确定状态的民事法律行为。

法典条款

第一百四十五条【限制民事行为能力人实施的民事法律行为效力】 限制民事行为能力人实施的纯获利益的民事法律行为或者与其年龄、智力、精神健康状况相适应的民事法律行为有效；实施的其他民事法律行为经法定代理人同意或者追认后有效。

相对人可以催告法定代理人自收到通知之日起三十日内予以追认。法定代理人未作表示的，视为拒绝追认。民事法律行为被追认前，善意相对人有撤销的权利。撤销应当以通知的方式作出。

第一百六十八条【自己代理与双方代理】 代理人不得以被代理人的名义与自己实施民事法律行为，但是被代理人同意或者追认的除外。

代理人不得以被代理人的名义与自己同时代理的其他人实施民事法律行为，但是被代理的双方同意或者追认的除外。

第一百七十一条【无权代理】 行为人没有代理权、超越代理权或者代理权终止后，仍然实施代理行为，未经被代理人追认的，对被代理人不发生效力。

相对人可以催告被代理人自收到通知之日起三十日内予以追认。被代理人未作表示的，视为拒绝追认。行为人实施的行为被追认前，善意相对人有撤销的权利。撤销应当以通知的方式作出。

行为人实施的行为未被追认的，善意相对人有权请求行为人履行债务或者就其受到的损害请求行为人赔偿。但是，赔偿的范围不得超过被代理人追认时相对人所能获得的利益。

相对人知道或者应当知道行为人无权代理的，相对人和行为人按照各自的过错承担责任。

第五百零三条【被代理人以默示方式对无权代理合同的追认】 无权代理人以被代理人的名义订立合同，被代理人已经开始履行合同义务或者接受相对人履行的，视为对合同的追认。

第五百五十一条【债务转移】 债务人将债务的全部或者部分转移给第三人的，应当经债权人同意。

债务人或者第三人可以催告债权人在合理期限内予以同意，债权人未作表示的，视为不同意。

实务要点

1. 第 145 条规定的限制民事行为能力人实施的民事法律行为效力，包括有效和效力待定两种情况。若行为属纯获利益的行为，或行为与其年龄、智力、精神健康状况相适应，则有效；其他的则需经法定代理人同意或追认才有效。所谓“纯获利益”，一般指只享有利益不承担义务。此外需注意，本条第 2 款不仅规定了相对人的催告权，还规定了相对人的撤销权。但撤销权行使主体限定为善意相对人。

2. 关于第 168 条规定的自己代理与双方代理行为的效力，存在无效、可撤销、效力待定等不同观点，各观点都有一定道理，但笔者认为，效力待定说在逻辑上更为可取。根据本条，在被代理人追认或者同意的情况下，该代理行为应当属于有效，故在其未作追认的情况下，该行为应处于效力待定状态，如果该行为在未追认或者同意前认定为无效，同意或者追认后变成有效，则有悖逻辑。

3. 第 171 条是关于无权代理的规定，需注意三点：(1) 对善意相对人的救济范围，以“被代理人追认时相对人所能获得的利益”为限，即按照代理行为给相对人应当带来的应然利益为限度。这在本质上也是符合损害赔偿的可预见性规则。(2) 关于相对人非善意的情形，即知道或者应当知道代理人无权代理的，第 4 款明确规定了“相对人按照各自的过错承担责任”。该内容改变了《民法通则》(已废止) 的做法，在适用范围上既包括了给包括被代理人在内的他人损害的赔偿，也包括了代理人与相对人之间责任的确定的情形。(3) 在相对人恶意的情况下，无权代理的法律行为是否有效。需具体问题具体分析，如果被代理人追认的，这时在被代理人与相对人之间发生与有权代理相同的法律后果，但在符合本条第4款规定情形的，相对人和代理人仍要依据本款规定承担过错责任。如果被代理人未追认的，按照本条第1款的理解，这时应理解为该行为仍在代理人与相对人之间发生法律效力，在他们的外部责任上，仍按照本条第4款规定确定责任承担规则，只是在他们内部责任承担上则实际上转化为了过失相抵规则的适用。

4. 第503条的规定，本质上仍是第171条无权代理的延伸。对于无权代理人以被代理人名义订立的合同，被代理人追认前属效力待定状态。第503条规定的系被代理人以默示方式进行的追认。

5. 第551条规定的债务转移，是指债务人将债务全部或部分转移给第三人。债务转移中，若债务人不经债权人同意就将债务转让给了第三人，不利于保障债权人合法权益的实现，对债权人而言显然是不公平的。为此，法律规定债务转移需经债权人同意。未经债权人同意，该转移行为对债权人不发生效力。在债权人未作表示的合理期限内，该转移行为本质上应处于效力待定状态。

权威参考案例

1. 刘某林诉海港农村信用合作社存款纠纷案（《最高人民法院公报》2002年第3期）

代表农村信用合作社保管存款人存款的工作人员不能同时接受存款人的委托，代理其处理存款事宜。如果农村信用合作社对存款人由损害行为的，应由信用社负责。

2. 李某娇诉张某辉委托代理纠纷案（《最高人民法院公报》1993年第1期）

代理人在代理权限内，以被代理人的名义实施民事法律行为。代理人超越代理权的行为，只有经过被代理人的追认，被代理人才承担民事责任。未经追认的行为，由行为人承担民事责任。

3. 中国工商银行股份有限公司三门峡车站支行与三门峡天元铝业股份有限公司、三门峡天元铝业集团有限公司借款担保合同纠纷案（《最高人民法院公报》2008年第11期）

根据《合同法》（已废止）第84条[①]的规定，债务人将合同的义务全部或者部分转移给第三人的，应当经债权人同意。因此，债务人向债权人出具承诺书，表示将所负债务全部或者部分转移给第三人，而债权人对此未予接受，亦未在债务

① 可参考《民法典》第551条。

人与第三人签订的债务转移协议书上加盖公章的，应当认定债权人不同意债务转让，债务人与第三人之间的债务转让协议对债权人不发生法律效力。

可撤销的民事法律行为

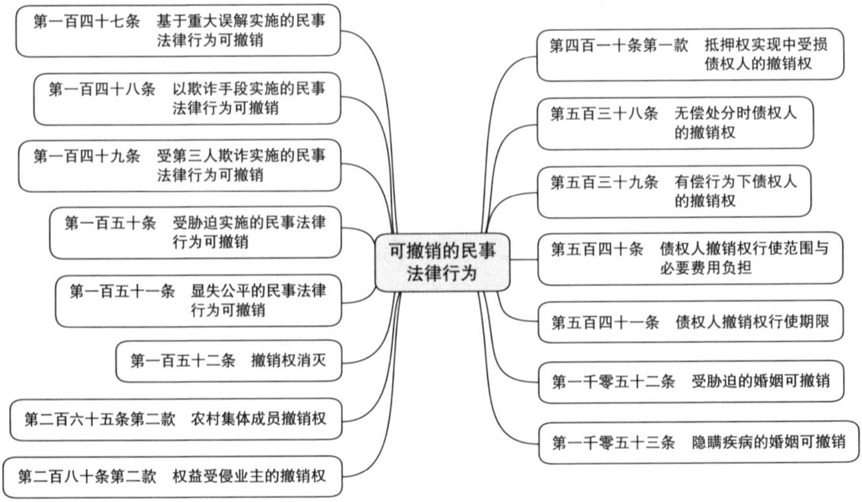

概念

可撤销的民事法律行为，是指在意思表示有瑕疵的情形下实施的民事法律行为，行为人有权请求人民法院或仲裁机构予以撤销。可撤销的民事法律行为，不仅规定在《民法典》总则编，物权编、合同编、婚姻家庭编等也有相应体现；本词条对此进行了梳理。另需说明的是，赠与合同中的撤销权有一定特殊性，将单独说明。

法典条款

第一百四十七条【基于重大误解实施的民事法律行为可撤销】 基于重大误解实施的民事法律行为，行为人有权请求人民法院或者仲裁机构予以撤销。

第一百四十八条【以欺诈手段实施的民事法律行为可撤销】 一方以欺诈手段，使对方在违背真实意思的情况下实施的民事法律行为，受欺诈方有权请求人民法院或者仲裁机构予以撤销。

第一百四十九条【受第三人欺诈实施的民事法律行为可撤销】 第三人实施

欺诈行为，使一方在违背真实意思的情况下实施的民事法律行为，对方知道或者应当知道该欺诈行为的，受欺诈方有权请求人民法院或者仲裁机构予以撤销。

第一百五十条【受胁迫实施的民事法律行为可撤销】 一方或者第三人以胁迫手段，使对方在违背真实意思的情况下实施的民事法律行为，受胁迫方有权请求人民法院或者仲裁机构予以撤销。

第一百五十一条【显失公平的民事法律行为可撤销】 一方利用对方处于危困状态、缺乏判断能力等情形，致使民事法律行为成立时显失公平的，受损害方有权请求人民法院或者仲裁机构予以撤销。

第一百五十二条【撤销权消灭】 有下列情形之一的，撤销权消灭：

（一）当事人自知道或者应当知道撤销事由之日起一年内、重大误解的当事人自知道或者应当知道撤销事由之日起九十日内没有行使撤销权；

（二）当事人受胁迫，自胁迫行为终止之日起一年内没有行使撤销权；

（三）当事人知道撤销事由后明确表示或者以自己的行为表明放弃撤销权。

当事人自民事法律行为发生之日起五年内没有行使撤销权的，撤销权消灭。

第二百六十五条第二款【农村集体成员撤销权】 农村集体经济组织、村民委员会或者其负责人作出的决定侵害集体成员合法权益的，受侵害的集体成员可以请求人民法院予以撤销。

第二百八十条第二款【权益受侵业主的撤销权】 业主大会或者业主委员会作出的决定侵害业主合法权益的，受侵害的业主可以请求人民法院予以撤销。

第四百一十条第一款【抵押权实现中受损债权人的撤销权】 债务人不履行到期债务或者发生当事人约定的实现抵押权的情形，抵押权人可以与抵押人协议以抵押财产折价或者以拍卖、变卖该抵押财产所得的价款优先受偿。协议损害其他债权人利益的，其他债权人可以请求人民法院撤销该协议。

第五百三十八条【无偿处分时债权人的撤销权】 债务人以放弃其债权、放弃债权担保、无偿转让财产等方式无偿处分财产权益，或者恶意延长其到期债权的履行期限，影响债权人的债权实现的，债权人可以请求人民法院撤销债务人的行为。

第五百三十九条【有偿行为下债权人的撤销权】 债务人以明显不合理的低价转让财产、以明显不合理的高价受让他人财产或者为他人的债务提供担保，影响债权人的债权实现，债务人的相对人知道或者应当知道该情形的，债权人可以请求人民法院撤销债务人的行为。

第五百四十条【债权人撤销权行使范围与必要费用负担】 撤销权的行使范围以债权人的债权为限。债权人行使撤销权的必要费用，由债务人负担。

第五百四十一条【债权人撤销权行使期限】 撤销权自债权人知道或者应当知道撤销事由之日起一年内行使。自债务人的行为发生之日起五年内没有行使撤销权的，该撤销权消灭。

第一千零五十二条【受胁迫的婚姻可撤销】 因胁迫结婚的，受胁迫的一方可以向人民法院请求撤销婚姻。

请求撤销婚姻的，应当自胁迫行为终止之日起一年内提出。

被非法限制人身自由的当事人请求撤销婚姻的，应当自恢复人身自由之日起一年内提出。

第一千零五十三条【隐瞒疾病的婚姻可撤销】 一方患有重大疾病的，应当在结婚登记前如实告知另一方；不如实告知的，另一方可以向人民法院请求撤销婚姻。

请求撤销婚姻的，应当自知道或者应当知道撤销事由之日起一年内提出。

实务要点

1. 值得注意的是，《民法典》[《民法总则》(已废止)]对基于重大误解、一方欺诈实施的民事法律行为以及显失公平的民事法律行为，规定的仅是“可撤销”，而删除了“可变更”，但并不妨碍当事人私下协商的变更。

2. 关于第149条规定的基于第三人实施的欺诈而生的撤销权，需要受欺诈人的向对方不属于善意即知道或应当知道欺诈行为时，受欺诈人才能行使撤销权。而就胁迫而言，由于其侵害情节较欺诈更重，法律应对受胁迫方赋予更高的保护，因而在胁迫下不再要求受胁迫方的相对人是否善意，故第150条将一方胁迫与第三人胁迫放在一块进行规定。

3. 第151条规定的显失公平，包括了乘人之危的情况。

4. 撤销权适用除斥期间，不适用诉讼时效，第152条就撤销权消灭期间按照不同情况做了较为全面的规定，第541条、第1052条、第1053条也就个撤销权行使期间进行了明确规定。

5. 第265条第2款规定的农村集体成员撤销权，并没有集体成员人数的限制，原则上每个成员都可以提出请求。第280条第2款规定的受侵害业主的撤销权也是如此。

6. 第538条、第539条分别就债务人无偿处分、有偿(明显不合理低价卖出、明显不合理高价买入）处分下债权人的撤销权做了规定。无偿处分下，不要求受让人善意，只要处分行为影响了债权人实现其债权，债权人即有权申请撤销。有偿处分下，增加了相对人为恶意的条件，即债务人处分行为的相对人知道或应当知道债务人的行为影响债权人的债权实现。另需说明的是，如何认定“影响债权人的债权实现”需结合债权情况、债务人责任财产状况等在个案中具体判断，不可僵化理解。

7. 第 1052 条第 2 款规定的“自胁迫行为终止之日起”起算，更改了《婚姻法》（已废止）规定的“自结婚登记之日起”；且根据本条的规定，有权撤销的机关为人民法院，不再包括《婚姻法》（已废止）规定的婚姻登记机关了。此外，《民法典》虽未保留“患有医学上认为不应当结婚的疾病”作为禁止结婚的条件，但在第 1053 条却将隐瞒重大疾病作为婚姻可撤销的事由进行了规定。“重大疾病”具体包括哪些，第 1053 条并未进行明确，主要考虑到医疗水平在进步，不同时期对重大疾病的认定可能是不同的，具体包括什么病或者判断一种疾病是否属于当时的重大疾病，交由司法机关或在具体时期具体案件处理时作出判断或许更合适。

权威参考案例

1. 刘某前诉安邦财产保险公司保险合同纠纷案（《最高人民法院公报》2013 年第 8 期）

保险事故发生后，保险公司作为专业理赔机构，基于专业经验及对保险合同的理解，其明知或应知保险事故属于赔偿范围，而在无法律和合同依据的情况下，故意隐瞒被保险人可以获得保险赔偿的重要事实，对被保险人进行诱导，在此基础上双方达成销案协议的，应认定被保险人作出了不真实的意思表示，保险公司的行为违背诚信原则构成保险合同欺诈。被保险人请求撤销该销案协议的，人民法院应予支持。

2. 黄某华诉刘某明债权人撤销权纠纷案（《最高人民法院公报》2013 年第 1 期）

用人单位与劳动者就工伤事故达成赔偿协议，但约定的赔偿金额明显低于劳动者应当享受的工伤保险待遇的，应当认定为显失公平。劳动者请求撤销该赔偿协议的，人民法院应予支持。

3. 天津开发区家园房地产营销有限公司诉天津森得瑞房地产经营有限公司合同纠纷案(《最高人民法院公报》2007 年第 2 期)

合同的显失公平，是指合同一方当事人利用自身优势，或者利用对方没有经验等情形，在与对方签订合同中设定明显对自己一方有利的条款，致使双方基于合同的权利义务和客观利益严重失衡，明显违反公平原则。双方签订的合同中设定了某些看似对一方明显不利的条款，但设定该条款是双方当事人真实的意思表示，其实质恰恰在于平衡双方的权利义务。在此情形下，合同一方当事人以显失公平为由请求撤销该合同条款的，不应予以支持。

4. 永安市燕诚房地产开发有限公司与郑某南、远东(厦门)房地产发展有限公司及第三人高某珍第三人撤销之诉案(《最高人民法院公报》2020 年第 4 期)

作为普通债权人的第三人一般不具有基于债权提起第三人撤销之诉的事由，但是如果生效裁判所确认的债务人相关财产处分行为符合《合同法》(已废止)第 74 条[①]所规定的撤销权条件，则依法享有撤销权的债权人与该生效裁判案件处理结果具有法律上的利害关系，从而具备以无独立请求权第三人身份提起第三人撤销之诉的原告主体资格。

5. 国家开发银行与沈阳高压开关有限责任公司、新东北电气(沈阳)高压开关有限公司、新东北电气(沈阳)高压隔离开关有限公司、沈阳北富机械制造有限公司等借款合同、撤销权纠纷案(《最高人民法院公报》2008 年第 12 期)

根据《合同法》(已废止)第 74 条[②]的规定，债务人以明显不合理的低价转让财产，对债权人造成损害，并且受让人知道该情形的，债权人可以请求人民法院撤销债务人转让财产的行为。

6. 鞍山市中小企业信用担保中心诉汪某、鲁某英第三人撤销之诉案(最高人民法院指导案例 152 号)

明确了符合《合同法》第 74 条[③]规定的行使撤销权条件的债权人，具有提起第三人撤销之诉的原告主体资格。该案例对于在第三人撤销之诉程序中如何平衡债权人与原诉当事人之间的利益，正确理解第三人撤销之诉制度功能及相关法律规则的适用具有指导意义。

---

① 可参考《民法典》第 538~540 条。

② 可参考《民法典》第 538~540 条。

③ 可参考《民法典》第 538~540 条。

民事法律行为部分无效

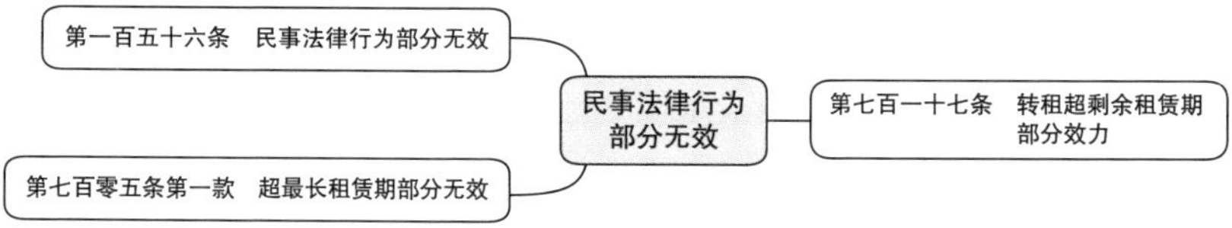

概念

民事法律行为部分无效，是指就整体民事法律行为而言，其中一部分民事法律行为出现了无效的情形，且该部分的无效不影响其他部分的效力，进而出现民事法律行为部分无效的情形。

法典条款

第一百五十六条【民事法律行为部分无效】 民事法律行为部分无效，不影响其他部分效力的，其他部分仍然有效。

第七百零五条第一款【超最长租赁期部分无效】 租赁期限不得超过二十年。超过二十年的，超过部分无效。

第七百一十七条【转租超剩余租赁期部分效力】 承租人经出租人同意将租赁物转租给第三人，转租期限超过承租人剩余租赁期限的，超过部分的约定对出租人不具有法律约束力，但是出租人与承租人另有约定的除外。

实务要点

1. 民事法律行为部分无效，仅在不影响其他部分的情况下，其他部分才可继续有效。但若部分无效的民事法律行为会影响其他部分效力，则其他部分也应无效。

2. 关于超最长租赁期（20 年）的租赁合同，超过 20 年的部分是无效的，在“无效的民事法律行为”词条有涉及，不再重复。

3. 关于超出剩余租赁期转租的情况，第 717 条的规定采纳的应是相对无效说的观点，即转租合同中约定的转租期限超过承租人剩余租赁期限的，该约定只要不存在《民法典》规定的无效事由即是有效的，次承租人也因此取得相应权利，该权利仅对出租人不产生法律约束力。原租赁合同期限届满后，出租人可要求次承租人限期返还租赁物，此承租人则可依据转租合同项承租人主张违约责任。严格说来，该条并非属于民事法律行为部分无效的情况，但其内容与该词条有一定相关性，故一并解读。

权威参考案例

青岛市国土资源和房屋管理局崂山国土资源分局与青岛乾坤木业有限公司土地使用权出让合同纠纷案（《最高人民法院公报》2008 年第 5 期）

根据我国《合同法》（已废止）第 56 条[①]的规定，部分合同无效，不影响其他部分效力的，其他部分仍然有效。部分合同无效分为量上的无效和质上的无效。通常这种无效条款具有独立性和可分性，亦即独立于合同的其他有效部分并可与之分离。只有在合同的部分无效条款与其他条款具有不可分性，或者合同目的违法，或者其他条款的有效性对当事人没有实际意义，无法实现合同目的等特殊情况下，才能确认合同全部无效。本案中，部分合同条款无效属于量上的无效，与合同的其余部分可以分离，故不应认定合同全部无效。

无效、被撤销的民事法律行为自始没有法律约束力

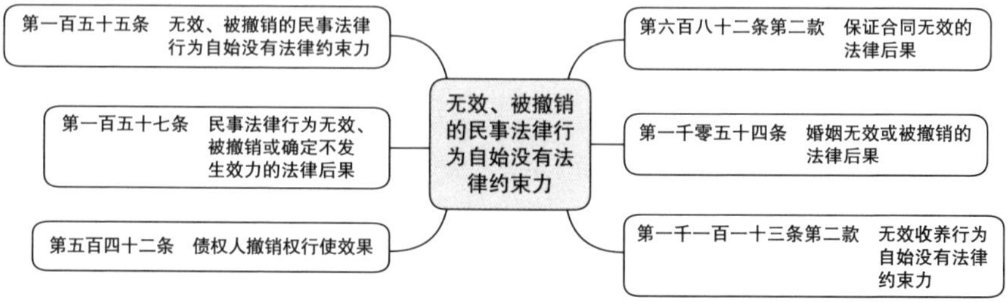

概念

无效或者被撤销的民事法律行为，效力自然对将来不再发生，但是否可溯及既往？《民法典》第 155 条即对此作出规定：无效、被撤销的民事法律行为自始没有法律约束力。

法典条款

第一百五十五条【无效、被撤销的民事法律行为自始没有法律约束力】　无效的或者被撤销的民事法律行为自始没有法律约束力。

① 可参考《民法典》第 155 条、第 156 条。

第一百五十七条【民事法律行为无效、被撤销或确定不发生效力的法律后果】 民事法律行为无效、被撤销或者确定不发生效力后，行为人因该行为取得的财产，应当予以返还；不能返还或者没有必要返还的，应当折价补偿。有过错的一方应当赔偿对方由此所受到的损失；各方都有过错的，应当各自承担相应的责任。法律另有规定的，依照其规定。

第五百四十二条【债权人撤销权行使效果】 债务人影响债权人的债权实现的行为被撤销的，自始没有法律约束力。

第六百八十二条第二款【保证合同无效的法律后果】 保证合同被确认无效后，债务人、保证人、债权人有过错的，应当根据其过错各自承担相应的民事责任。

第一千零五十四条【婚姻无效或被撤销的法律后果】 无效的或者被撤销的婚姻自始没有法律约束力，当事人不具有夫妻的权利和义务。同居期间所得的财产，由当事人协议处理；协议不成的，由人民法院根据照顾无过错方的原则判决。对重婚导致的无效婚姻的财产处理，不得侵害合法婚姻当事人的财产权益。当事人所生的子女，适用本法关于父母子女的规定。

婚姻无效或者被撤销的，无过错方有权请求损害赔偿。

第一千一百一十三条第二款【无效收养行为自始没有法律约束力】 无效的收养行为自始没有法律约束力。

实务要点

1. 需注意，按照第 1054 条、第 1013 条的规定，无效或被撤销婚姻、无效收养等身份行为的无效具有溯及既往的效力，但对劳动关系、合伙关系等特别领域中存在的某些持续性民事法律行为无效及被撤销的效力问题，可考虑在具体单行法中作出特别规定。

2. 民事法律行为无效、被撤销或被确认不发生效力后，一般也会出现财产返还、折价补偿、依照过错进行损害赔偿等后果，第 157 条对此进行了总括性规定。第 682 条第 2 款就保证合同无效后果进行了专门规定。第 1054 条对婚姻无效或被撤销的后果也进行了专门规定，明确了照顾无过错方等处理原则，通过单独一款赋予了无效或被撤销婚姻中的无过错方的损害赔偿权，进一步强化对无过错方的保护力度。

权威参考案例

1. 莫某华、深圳市东深工程有限公司与东莞市长富广场房地产开发有限公司建设工程合同纠纷案(《最高人民法院公报》2013 年第 11 期)

鉴于建设工程的特殊性,虽然合同无效,但施工人的劳动和建筑材料已经物化在建筑工程中,依据最高人民法院《关于审理建设工程施工合同纠纷案件适用法律的解释》(已废止)第 2 条的规定,建设工程合同无效,但建设工程经竣工验收合格,承包人请求参照有效合同处理的,应当参照合同约定来计算涉案工程价款,承包人不应获得比合同有效时更多的利益。

2. 四川省绵阳市涪城区农村合作基金会诉施碧武、四川长兴实业集团有限公司借款合同担保纠纷抗诉案(《最高人民检察院公报》2002 年第 1 号)

经营金融业务往来必须要求具备相应的主体资格。担保方明知出借方不具备经营金融业务的主体资格,仍为借款方借款提供担保,合同虽然无效,但仍应依法承担连带赔偿责任。

民事法律行为的附条件、附期限

概念

民事法律行为成立之后的效力问题,是允许当事人自行约定的,附条件、附期限的民事法律行为便是一种体现。民事法律行为中所附的条件,是指当事人以未来客观上不确定发生的事实作为民事法律行为效力的附款。除了通过附条件决定民事法律行为效力状态外,当事人还可通过附期限的方式来决定民事法律行为效力的发生与终止。

法典条款

第一百五十八条【附条件的民事法律行为】　民事法律行为可以附条件,但是根据其性质不得附条件的除外。附生效条件的民事法律行为,自条件成就时生效。附解除条件的民事法律行为,自条件成就时失效。

第一百五十九条【条件成就与不成就的拟制】 附条件的民事法律行为，当事人为自己的利益不正当地阻止条件成就的，视为条件已经成就；不正当地促成条件成就的，视为条件不成就。

第一百六十条【附期限的民事法律行为】 民事法律行为可以附期限，但是根据其性质不得附期限的除外。附生效期限的民事法律行为，自期限届至时生效。附终止期限的民事法律行为，自期限届满时失效。

实务要点

1. 民事法律行为中所附的条件具有的特点：一是条件是当事人共同约定的并作为民事法律行为的一部分；二是条件是未来可能发生的事实；三是所附条件中的事实应为合法事实；四是所附条件是当事人用以限定民事法律行为效力的附属意思表示。此外，某些不允许效力处于不确定状态的行为，依其性质是不得附条件的，如票据行为、撤销权或解除权行使等。

2. 附条件的民事法律行为成立后条件成就前，当事人负有必须顺应条件的自然发展而不是加以不正当干预的义务，即不作为。第 159 条的规定即在于制裁不正当行为，保护因条件成就或者不成就而受利益的当事人。实践中，审查条件成就或不成就的拟制效力，可从下面的因素进行考虑：一是主体是否为因条件的成就或不成就而获得利益或损失利益的当事人，排除第三人；二是当事人是否故意为不正当行为。

3. 附期限的民事法律行为中，期限的到来是必然确定的，或早或晚其总会到来，这一点不同于条件的不确定性。同样，也存在依性质不得附期限的行为，主要为身份上的行为，如结婚、收养等。

权威参考案例

崂山国土局与南太置业公司国有土地使用权出让合同纠纷案（《最高人民法院公报》2007 年第 3 期）

根据《合同法》（已废止）第 45 条[①] 的规定，当事人对合同的效力约定所附条件，是指在合同中特别约定一定的条件，以条件成就与否作为合同效力发生的根据。该条件必须是将来发生的、不确定的、约定的、合法的事实。政府机关对有

① 可参考《民法典》第 159 条。

关事项或者合同审批或者批准的权限和职责，源于法律和行政法规的规定，不属于当事人约定的范畴。当事人将上述权限和职责约定为合同所附条件，不符合法律规定。

代理

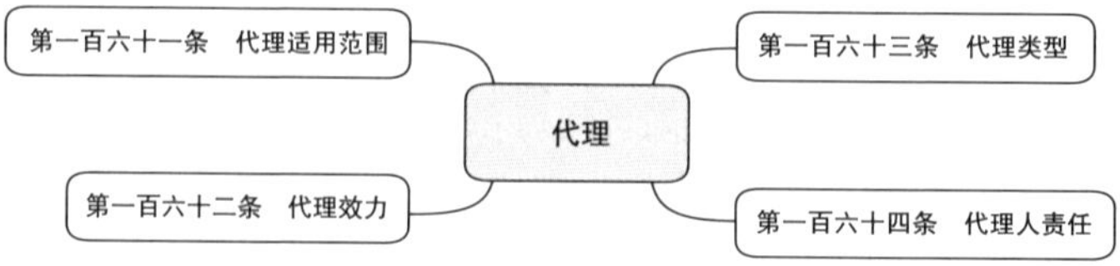

概念

代理，是指代理人代被代理人实施民事法律行为，其法律效果直接归属于被代理人的行为。代理制度是调整被代理人、代理人和第三人间关系的法律制度，是意思自治的补充。本词条主要涉及有关代理的基本规定，包括代理的适用范围、效力、类型与代理人责任。

法典条款

第一百六十一条【代理适用范围】　民事主体可以通过代理人实施民事法律行为。

依照法律规定、当事人约定或者民事法律行为的性质，应当由本人亲自实施的民事法律行为，不得代理。

第一百六十二条【代理效力】　代理人在代理权限内，以被代理人名义实施的民事法律行为，对被代理人发生效力。

第一百六十三条【代理类型】　代理包括委托代理和法定代理。

委托代理人按照被代理人的委托行使代理权。法定代理人依照法律的规定行使代理权。

第一百六十四条【代理人责任】　代理人不履行或者不完全履行职责，造成被代理人损害的，应当承担民事责任。

代理人和相对人恶意串通，损害被代理人合法权益的，代理人和相对人应当承担连带责任。

实务要点

1. 代理适用范围原则上限于民事法律行为，但一些与合同密切相关的准民事法律行为、事实行为与程序行为，如要约邀请或撤回、订约样品交付或受领、合同公证办理等，一般认为也是可以代理的。第 161 条规定的依照“民事法律行为性质”不得代理的，主要指具有人身性质的身份行为，如结婚离婚、收养、遗嘱遗赠等。

2.《民法典》总则编的代理，主要针对的是显名代理，即代理人以被代理人名义实施民事法律行为。而有关隐名代理和间接代理的规定则体现在了《民法典》合同编“委托合同”一章中。

3.《民法通则》(已废止)将代理分为委托代理、法定代理与指定代理,《民法典》[《民法总则》(已废止)]制定过程中认为，指定代理只是法定代理的一种特殊形式，没有必要单独列为一种代理类型。故第 163 条规定的代理类型只有委托代理与法定代理。根据《民法典》与其他法律的规定，法定代理人主要包括监护人、失踪的财产代管人、清算组等。

4. 第 164 条规定的代理人责任主要包括代理人不当履职的民事责任、代理人相对人恶意串通的民事责任。本条第 2 款规定的“恶意串通”指代理人与相对人串通在一起共同实施某种行为损害被代理人的合法权益。若双方或一方不知且不应知道其行为的损害后果，则不构成恶意串通，不适用本款，而应根据各自行为承担相应责任。

权威参考案例

1. 北金华实业有限公司与苏某水等商品房买卖合同纠纷案(《最高人民法院公报》2014 年第 1 期)

在房地产开发企业委托代理机构销售房屋的情况下，房地产开发企业因委托代理机构未告知其特定房屋已经售出而导致“一房二卖”，属于其选择和监督委托代理人的经营风险，不得转嫁于购房者，房地产开发企业以此为由主张最高人民法院《关于审理商品房买卖合同纠纷案件适用法律若干问题的解释》(已修改)第 8 条[①]规定的惩罚性赔偿应予免除的请求，人民法院不予支持。

---

① 可参考 2020 年修正后本解释第 5 条。

2. 北京黄金假日旅行社有限公司诉携程计算机技术(上海)有限公司、上海携程商务有限公司、河北康辉国际航空服务有限公司、北京携程国际旅行社有限公司虚假宣传纠纷上诉案(《最高人民法院公报》2010年第6期)

判断行为人是否属于实际从事机票销售代理业务,应当以机票上的出票人为准,而不能将提供与机票销售相关的预订、送票和收款等业务的经营者也视为原《民用航空运输销售代理业管理规定》(民航37号令)规定的销售代理人。由此,最高人民法院最终确认了携程计算机公司和携程商务有限公司通过“携程旅行网”提供机票预订服务这一新型经营模式的合法性,既保护了商业模式创新,也激励了市场竞争。

3. 华埠经济贸易公司与中国外运山东威海公司等船舶进口代理合同、废钢船买卖合同纠纷案(《最高人民法院公报》2002年第3期)

威海外运作为华埠公司的船舶代理及进口货物代理,从委托人手中接受了为进口报关所需的易货贸易合同、批准减免关税证明、提单等全部单证文件,有义务履行受委托的全部船舶代理和办理货物进口手续等事项,在办理完毕各种手续或者在委托人要求退还有关文件时,除依法应当留存在海关、港监等有关部门的文件外,应当交还全部文件。代理人在履行代理义务时,维护委托人的合法权益是其默示的基本义务。威海外运作为华埠公司进口的“尼古拉”船的船舶和货物代理人,对华埠公司通过贸易合同合法取得“尼古拉”号所有权是明知的。威海外运在原木材公司与俄船队公司非法签订合同前,已经获取“尼古拉”号船舶文件,得知俄方注销了该船舶船籍,在其以后的代理行为中,认可该不法合同,屡屡维护原木材公司的不当利益,先后将船舶文件和船舶均交给原木材公司,损害委托人的合法权益,与原木材公司恶意串通的事实已经构成,应与原木材公司承担连带民事赔偿责任。

委托代理

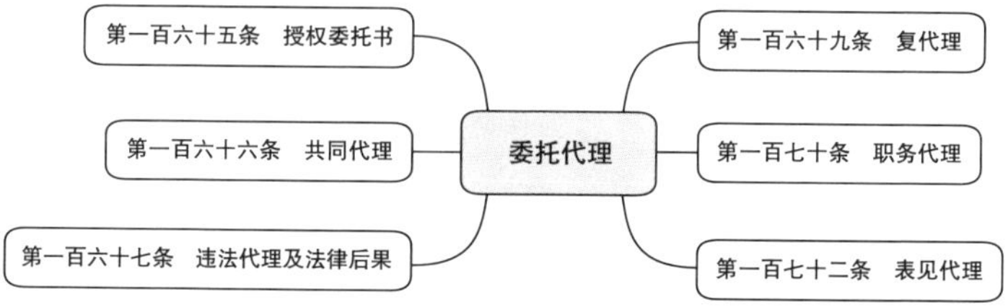

概念

代理主要包括委托代理与法定代理，代理一章专门就委托代理用了一节进行规定，但并未就法定代理进行专门规定，主要在于法定代理零散分布在《民法典》各编之中，包括监护人、失踪人财产代管人、清算等制度中。关于委托代理的规定，主要涉及授权委托书、共同代理、违法代理、自己代理与双方代理、复代理、职务代理、无权代理、表见代理。由于自己代理与双方代理、无权代理已在“效力待定的民事法律行为”词条涉及，此处不再重复。

法典条款

第一百六十五条【授权委托书】 委托代理授权采用书面形式的，授权委托书应当载明代理人的姓名或者名称、代理事项、权限和期限，并由被代理人签名或者盖章。

第一百六十六条【共同代理】 数人为同一代理事项的代理人的，应当共同行使代理权，但是当事人另有约定的除外。

第一百六十七条【违法代理及法律后果】 代理人知道或者应当知道代理事项违法仍然实施代理行为，或者被代理人知道或者应当知道代理人的代理行为违法未作反对表示的，被代理人和代理人应当承担连带责任。

第一百六十九条【复代理】 代理人需要转委托第三人代理的，应当取得被代理人的同意或者追认。

转委托代理经被代理人同意或者追认的，被代理人可以就代理事务直接指示转委托的第三人，代理人仅就第三人的选任以及对第三人的指示承担责任。

转委托代理未经被代理人同意或者追认的，代理人应当对转委托的第三人的行为承担责任；但是，在紧急情况下代理人为了维护被代理人的利益需要转委托第三人代理的除外。

第一百七十条【职务代理】 执行法人或者非法人组织工作任务的人员，就其职权范围内的事项，以法人或者非法人组织的名义实施的民事法律行为，对法人或者非法人组织发生效力。

法人或者非法人组织对执行其工作任务的人员职权范围的限制，不得对抗善意相对人。

第一百七十二条【表见代理】 行为人没有代理权、超越代理权或者代理权终止后，仍然实施代理行为，相对人有理由相信行为人有代理权的，代理行为有效。

实务要点

1. 第 165 条虽删除了《民法通则》(已废止)第 65 条规定的口头形式的内容，但在解释上并非禁止委托代理适用口头形式，只是在行为导向上鼓励当事人更多地选择书面形式订立授权委托书。应该说，委托代理的授权委托可以采取口头、书面或者其他形式；既可以明示授权也可以默示授权(如职务授权)。

2. 第 166 条规定了共同代理，关于共同行使代理权的具体方式，该条并未规定。通常而言，对此不能有过于硬性的要求，在代理人与被代理人之间有约定的情况下，按照约定进行。在没有约定的情况下，则应当允许数个代理人之间通过约定进行分工，在出现争议时可以通过协商多数决的做法进行，经全体代理人的协商或者按照多数人意思形成代理意见，但这时应当将数个代理人的分工情况及协商情况及时向被代理人报告。

3. 关于第 167 条规定的违法代理及责任承担，依据反对解释，对于被代理人委托代理人行违法行为，代理人不知道也不应当知道代理事项违法，则这时委托事项违法的责任应由本人承担；同样，如果委托事项不违法，代理人的代理行为违法，但被代理人不知道或知道后表示反对，则应由代理人承担违法后果。另需注意，本着发挥代理制度功能作用、鼓励交易与制裁打击违法行为的平衡考虑，这里“违法”应当理解为违反法律强制性规定的行为或事项，这里的法律可以作适当广义理解，包括行政法规。至于违反的是效力性强制性规定还是管理性强制性规定则在所不问。

4. 第 169 条规定的复代理，又称再代理，本条中称为转委托代理。被代理人与代理人均做了指示但不一致时，复代理人应优先按照被代理人的指示来实施民事法律行为。此外，按照本条第 3 款，在代理人未经被代理人同意或追认而选任复代理人时，复代理人实施的代理人行为构成无权代理，除符合第 172 条规定的表见代理外，其行为对被代理人不发生效力，代理人应对复代理人行为承担责任。另需说明的是，依照学界通说，复代理人虽规定在委托代理一节，但也可适用于法定代理，即法定代理人可以为被代理人选择复代理人。

5. 第 170 条规定了职务代理，第 2 款明确了“职权限制不得对抗善意相对人”的规则，也就是说，只要交易相对人对该职权限制不知情，即产生本条第 1 款规定的合法有效职务代理的法律后果。从构成要件上，并没有如同表见代理要求相对人举证证明其有理由相信代理人有代理权这一要件。因此遇到本条第 2 款规定情形时，可以直接适用本款规定，而无须结合第 172 条关于表见代理的规定处理。需注意的是，在本款规定情形下，该代理人所实施的行为如果超出其职权范围，即超出了被代理人的授权范围，因此应当属于无权代理的情形，同样在符合第 172 条规定的情形下，也可以构成表见代理。这时构成了请求权竞合。另需注意，超越职权不同于超经营范围。若职务代理行为超越了该法人或者非法人组织的经营范围时，这时就产生超范围经营行为的效力认定问题。这一问题已非本条第 2 款所能涵盖，而应一并适用《民法典》第 505 条的规定“当事人超越经营范围订立的合同的效力，应当依照本法第一编第六章第三节和本编的有关规定确定，不得仅以超越经营范围确认合同无效”。

6. 第 172 条规定了表见代理，表见代理的法律后果将产生与有权代理相同的法律效力。这种效力的最典型表现，就是表见代理人代理实施的民事法律行为的后果，直接由被代理人承担。但是在被代理人承担了表见代理后果后，被代理人对于因此遭受的损失，有权向表见代理人主张损害赔偿责任。在此需注意，表见代理在本质上也属于无权代理的情形，从法律适用的角度讲，第 171 条关于无权代理的规定同样可以适用于表见代理的情形。这时应允许善意相对人有选择权（无权代理或表见代理）。在相对人选择主张无权代理时，代理人无权主张表见代理；被代理人无权主张表见代理。

权威参考案例

1. 张某英与中国工商银行股份有限公司昌吉回族自治州分行、新疆证券有限责任公司、杨某、张某民财产损害赔偿纠纷再审案（《最高人民法院公报》2013 年第 2 期）

证券公司员工利用职务之便盗卖客户股票获取价金，应承担赔偿损失的侵权责任。证券公司员工的职务身份增加了其侵权行为发生的可能性和危险性，证券公司对此种行为应当预见到并应采取一定措施予以避免，但因其内部管理不善、内部监控存在漏洞导致未能避免，应当认定证券公司员工的侵权行为与其履行职务有内在关联，证券公司应承担赔偿责任。该损失的计算方法，应根据客户的投资习惯等因素加以判断。如果受害人的投资行为表现长线操作、主要通过对股票的长期持有，获取股票增值以及相应的股利等收益，则其股票被盗卖的损失通常应当包括股票被盗卖后的升值部分以及相应的股利。受害人的开户银行如未履行相应审查义务，导致证券公司员工获取价金的，则应在被盗卖股票的现金价值范围内承担连带责任。

2. 兴业银行广州分行与深圳市机场股份有限公司借款合同纠纷案(《最高人民法院公报》2009年第11期)

根据最高人民法院《关于在审理经济纠纷案件中涉及经济犯罪嫌疑若干问题的规定》，行为人私刻单位公章或者擅自使用单位公章、业务介绍信、盖有公章的空白合同书以签订经济合同的方法进行的犯罪行为，单位有明显过错，且该过错行为与被害人的经济损失之间有因果关系的，单位对该过错行为所造成的损失，依法应当承担赔偿责任。单位规章制度不健全、用人失察、对其高级管理人员监管不力，属于单位具有明显过错的具体表现。表见代理是指行为人没有代理权、超越代理权或者代理权终止后仍以代理人名义订立合同，而善意相对人客观上有充分的理由相信行为人具有代理权的，该代理行为有效，被代理人应按照合同约定承担其与相对人之间的民事责任。但如果合同系以合法形式掩盖非法目的，则合同依法为无效合同，在此情况下不应适用合同法关于表见代理的规定。

3. 新疆农村社会养老保险基金管理中心诉中国银行新疆分行存单纠纷案(《最高人民法院公报》2004年第11期)

商业银行对所属工作人员作出除名处理后，未收缴其工作证件，致使其继续使用该证件并利用原单位加盖业务专用章的存款票证骗取他人存款，造成他人经济损失的，商业银行应承担相应的民事责任。

4. 赵某妹诉金中富国际期货交易有限公司期货交易纠纷案(《最高人民法院公报》1994年第3期)

期货公司违反美盘交易规则，在客户账上保证金符合规定的情况下，口头通知经纪人采取措施。而经纪人在未征得客户同意下擅自平仓。对此，期货公司和经纪人均有过错；期货经纪人作为期货公司的雇员，接受委托代理客户进行期货交易，不得超越代理权限，其超越授权范围的行为产生的后果应由期货公司承担。

5. 中国铁路物资沈阳有限公司与天津市长芦盐业总公司买卖合同纠纷案（《最高人民法院第二巡回法庭发布关于公正审理跨省重大民商事和行政案件十件典型案例》案例5）

基于民商事交易的复杂性，在民商事审判中对于表见代理的构成往往不易形成客观上的固定标准，需要结合合同缔结、合同履行、交易模式、交易惯例等各种因素进行综合考量。特别是在连续性交易中，不能孤立地看待某一次交易而忽视合同双方之前及之后的行为特征，应当尽可能地探究当事人意思表示，进而形成法官内心确信，恰当地运用自由裁量权予以认定。本案即充分考虑行为人、本人、第三人之间在此前及此后的行为表现，并结合相关事实进行了全面分析和综合判断，在还原案件事实的基础上，最终认定表见代理的存在，最大限度地保护了善意行为人的合法权益，体现了维系正常民商事交易关系、保护诚信等方面的良好社会效果。

代理终止

概念

代理终止，是指被代理人与代理人之间的代理关系消灭。关于代理终止，《民法典》就委托代理的终止情形、法定代理的终止情形进行了分别规定。

法典条款

第一百七十三条【委托代理终止情形】　有下列情形之一的，委托代理终止：

（一）代理期限届满或者代理事务完成；

（二）被代理人取消委托或者代理人辞去委托；

（三）代理人丧失民事行为能力；

（四）代理人或者被代理人死亡；

（五）作为代理人或者被代理人的法人、非法人组织终止。

第一百七十四条【委托代理终止的例外】 被代理人死亡后，有下列情形之一的，委托代理人实施的代理行为有效：

（一）代理人不知道且不应当知道被代理人死亡；

（二）被代理人的继承人予以承认；

（三）授权中明确代理权在代理事务完成时终止；

（四）被代理人死亡前已经实施，为了被代理人的继承人的利益继续代理。

作为被代理人的法人、非法人组织终止的，参照适用前款规定。

第一百七十五条【法定代理终止情形】 有下列情形之一的，法定代理终止：

（一）被代理人取得或者恢复完全民事行为能力；

（二）代理人丧失民事行为能力；

（三）代理人或者被代理人死亡；

（四）法律规定的其他情形。

实务要点

1. 委托代理终止后，代理人的代理权消灭，将产生以下法律后果：第一，代理人应向被代理人交回代理证书及其他证明代理权的凭证。第二，代理人在必要和可能的情况下，应当向被代理人或者其继承人、遗嘱执行人、清算人、新代理人等，就其代理事务及有关财产事项作出报告或者移交。第三，委托代理终止后，行为人不得再以代理人的身份进行活动，否则为无权代理；行为人仍然实施代理行为的，其行为效力待定，被代理人有追认的权利。需要注意的是，被代理人的追认应当以明示的意思表示向相对人作出，如果仅向无代理权人作出意思表示，也必须使相对人知道后才能产生法律效果。第四，委托代理终止后，行为人仍然实施代理行为，相对人有理由相信行为人有代理权的，代理行为有效，即构成表见代理。

2. 被代理人死亡后，基于第 174 条所列举的情形，委托代理人实施的代理行为被认定为有效的，将产生有权代理的法律效果。需要注意，此种情形下，法律直接认定其为有权代理，而非表见代理。这一法律效果将直接归属于被代理人的继承人。即代理行为的法律效果在被代理人的继承人与第三人之间发生，代理人与第三人之间并无法律关系。即第三人有权以代理行为当事人地位，请求被代理人的继承人承受代理行为效果、履行代理行为所生义务。如果被代理人的继承人不履行义务的，第三人有权依法向法院起诉，请求被代理人的继承人承担违约责任。

3. 第 175 条关于法定代理终止情形中的第 4 项“法律规定的其他情形”，应包括其他原因引起的被代理人和代理人间监护关系消灭，如法院或者指定单位取消指定，又如夫妻离婚、收养关系解除、组织关系解除、户口迁移等情况引起的法定监护关系终止，进而导致法定代理关系的终止。此外，法律还规定了其他情形，如财产代管人变更致原财产代管人与失踪人间代理关系的终止。

民事责任

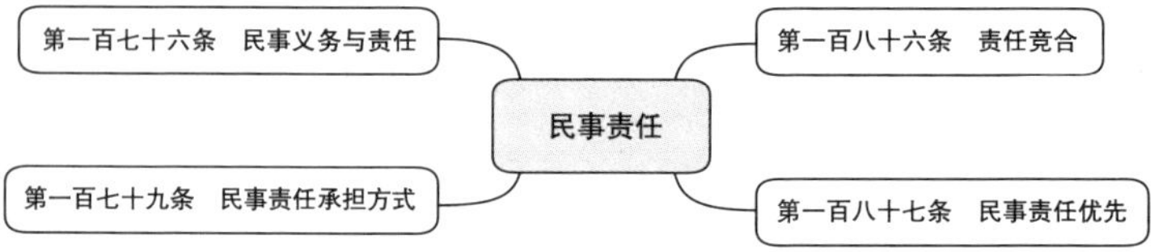

概念

民事责任，是指当事人违反民事义务所应当承担的民法上的不利后果，是民事法律关系的构成要素。从《民法通则》（已废止）开始，便确立了“民事权利—民事义务—民事责任”三位一体的立法模式，使民事责任与债法相分离，作为总则的独立一章。民事责任作为一种法律责任，是保障民事权利实现的措施，也是民事主体违反民事义务应承担的民事法律后果。本词条涉及民事责任中的几个基本内容，包括民事义务与责任、民事责任承担方式、责任竞合、民事责任优先。

法典条款

第一百七十六条【民事义务与责任】 民事主体依照法律规定或者按照当事人约定，履行民事义务，承担民事责任。

第一百七十九条【民事责任承担方式】 承担民事责任的方式主要有：

（一）停止侵害；

（二）排除妨碍；

（三）消除危险；

（四）返还财产；

（五）恢复原状；

（六）修理、重作、更换；

（七）继续履行；

（八）赔偿损失；

（九）支付违约金；

（十）消除影响、恢复名誉；

（十一）赔礼道歉。

法律规定惩罚性赔偿的，依照其规定。

本条规定的承担民事责任的方式，可以单独适用，也可以合并适用。

第一百八十六条【责任竞合】 因当事人一方的违约行为，损害对方人身权益、财产权益的，受损害方有权选择请求其承担违约责任或者侵权责任。

第一百八十七条【民事责任优先】 民事主体因同一行为应当承担民事责任、行政责任和刑事责任的，承担行政责任或者刑事责任不影响承担民事责任；民事主体的财产不足以支付的，优先用于承担民事责任。

实务要点

1.《民法典》总则编“民事责任”章规定的民事责任，实际上包含了侵权责任、违约责任以及不当得利、无因管理等多种类型的民事责任。民商事案件审判中确定民事主体具体责任，还需要结合各分编规定，分别把握相应民事责任的构成要件、民事责任免除和减轻情形、责任主体和责任范围、责任形式等。

2. 民事责任的承担方式又称民事责任形式，依照第 179 条第 1 款的规定，本条规定的民事责任形式间原则上不存在适用的排他性，当事人可以根据所受损害的实际情况提出一种或多种形式责任请求，法院也应根据请求权基础、受损害的法益、当事人主观过错等具体案件情况，确定应当适用一种或叠加适用几种民事责任形式。

3. 关于民事责任的竞合，主要是指侵权责任与违约责任的竞合。债权人选择违约责任或者侵权责任，效果上可能会发生两种情形，即其损失因满足其构成要件而获得赔偿，或者因不满足其构成要件而未能获得赔偿。在其损害得到赔偿的场合，另一种请求权则应归于消灭。但若选择的请求权因未能满足其要件而未获实现，是否允许债权人行使另一种请求权？从实体法的角度看，应允许选择另一种请求权。需注意，这里有赔偿范围的不同。如违约责任原则上不承认精神损害赔偿。债权人先提起违约之诉获得赔偿后又提起侵权之诉请求精神损害赔偿，是否允许？这不仅与实体法有关，与程序法亦有关。实践中有两种做法：一种是如果法官在前诉中做释明，则前诉败诉后又提起后诉的，违反“一事不再理”原则，不予受理或驳回起诉。另一种则是在前诉中法官未做释明，前诉败诉后又提起后诉的，人民法院仍予受理且作出判决。

4. 第 187 条确立了民事责任优先的原则，其理由主要在于：一是民事责任的功能在于填补受到损害的民事主体的损失，与公法上的刑事责任和行政责任相比，受害人的损失填补在伦理上具有优先性。二是刑事责任、行政责任的功能在于惩罚，并通过惩罚实现预防犯罪、维护行政管理秩序的目的。而民事责任的功能在于填补损失，通过填补损失实现民事主体之间权利义务的平衡。相较民事责任的损失填补，刑事责任、行政责任具有其他选择性且其财产罚在急迫性上显然要弱于民事责任。三是现代法治理念强调私权利的保护，强调公权力的根源来源于私权利，在两者发生冲突时，私权利优先，是这一现代法治理念的体现。此外，关于民事责任优先的实现程序，当责任主体的责任财产不足以全部支付时，需在执行程序中作出制度安排。首先，在执行顺序上的，应坚持民事责任在先原则。其次，在民事责任的认定后于行政责任、刑事责任时，如果民事责任因债务人无资产陷于执行不能，应从之前已经执行的财产罚中予以扣除，用于赔偿债务人。

权威参考案例

1. 焦某军与江苏省中山国际旅行社有限公司、第三人中国康辉南京国际旅行社有限责任公司旅游侵权纠纷案（《最高人民法院公报》2012 年第 11 期）

旅游者与旅行社签订旅游合同后，双方形成旅游服务合同关系，旅行社所提供的服务应当符合保障旅游者人身、财产安全的要求。同时，旅行社委托的旅游辅助人所提供的食宿、交通运输等服务系旅行社履行旅游服务合同义务的延续，应认定为是代表旅行社的行为，旅游辅助人的侵权行为可直接认定为旅行社的侵权行为。旅游者在旅游过程中乘坐旅行社提供的车辆发生交通事故导致人身损害、财产损失的，构成违约责任和侵权责任的竞合，旅游者有权选择合同之诉或侵权之诉要求旅行社承担相应民事赔偿责任。旅行社擅自将其旅游业务转让给其他旅行社的，与其签订旅游合同的旅行社和实际提供旅游服务的旅行社应承担连带责任。

2. 世纪证券有限责任公司与天津市住房公积金管理中心、世纪证券有限责任公司天津世纪大道营业部、中国旅游国际信托投资有限公司天津证券交易营业部、中国旅游国际信托投资有限公司侵权纠纷案(《最高人民法院公报》2006年第5期)

客户在证券公司开户投资，证券公司及其营业部对客户账户内的资金和证券既负有合同约定的妥善保管义务，同时还负有法定的妥善保管义务。证券公司营业部挪用客户账户内资金或证券的，既构成违约，又构成侵权，客户有权选择要求证券营业部承担违约责任或者侵权责任。客户以侵权为由对证券营业部提起民事诉讼的，应按照《民事诉讼法》第29条[①]的规定，由侵权行为地或者被告住所地人民法院管辖。

3. 陆某诉美国联合航空公司国际航空旅客运输损害赔偿纠纷案(《最高人民法院公报》2002年第4期)

民用航空器的乘客在运输过程中受到伤害的，既可以按照旅客运输合同的规定要求承运人承担违约赔偿责任，也可以按照《侵权责任法》(已废止)的规定，要求承运人承担侵权赔偿责任，但当事人只能选择其中一项请求权予以救济，而不能同时按照两种请求权获得赔偿。

按份责任

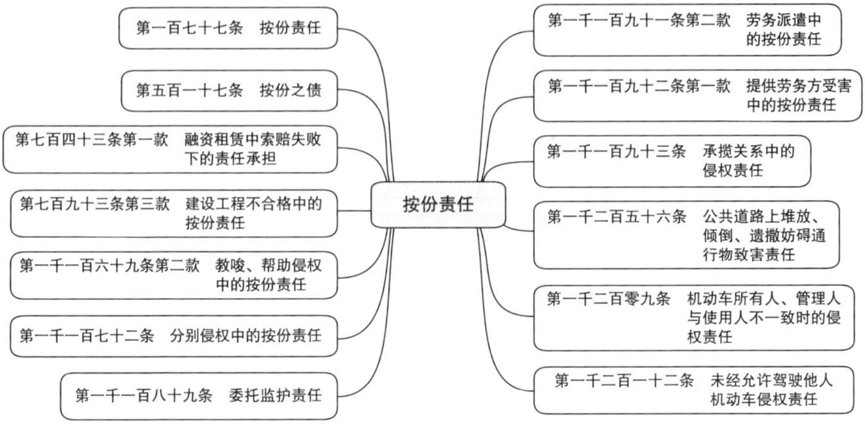

① 可参考2017年修正后本法第28条。

概念

民事责任按照责任主体划分，可以分为单独责任和共同责任，其中共同责任又可以按照责任人之间的关系区分为按份责任和连带责任。按份责任，是指共同承担民事责任的多个当事人之间，按照法律规定或者合同约定，按照一定的份额比例承担相应民事责任。按份责任也被称作分割责任，是指各个按份责任人将同一民事责任进行分割，各自承担其中一定份额。《民法典》除对按份责任基本特征作出规定外，另就多种按份责任作出规定，本词条对《民法典》规定的按份责任进行了汇总梳理。

法典条款

第一百七十七条【按份责任】 二人以上依法承担按份责任，能够确定责任大小的，各自承担相应的责任；难以确定责任大小的，平均承担责任。

第五百一十七条【按份之债】 债权人为二人以上，标的可分，按照份额各自享有债权的，为按份债权；债务人为二人以上，标的可分，按照份额各自负担债务的，为按份债务。

按份债权人或者按份债务人的份额难以确定的，视为份额相同。

第七百四十三条第一款【融资租赁中索赔失败下的责任承担】 出租人有下列情形之一，致使承租人对出卖人行使索赔权利失败的，承租人有权请求出租人承担相应的责任：

（一）明知租赁物有质量瑕疵而不告知承租人；

（二）承租人行使索赔权利时，未及时提供必要协助。

第七百九十三条第三款【建设工程不合格中的按份责任】 发包人对因建设工程不合格造成的损失有过错的，应当承担相应的责任。

第一千一百六十九条第二款【教唆、帮助侵权中的按份责任】 教唆、帮助无民事行为能力人、限制民事行为能力人实施侵权行为的，应当承担侵权责任；该无民事行为能力人、限制民事行为能力人的监护人未尽到监护职责的，应当承担相应的责任。

第一千一百七十二条【分别侵权中的按份责任】 二人以上分别实施侵权行为造成同一损害，能够确定责任大小的，各自承担相应的责任；难以确定责任大小的，平均承担责任。

第一千一百八十九条【委托监护责任】 无民事行为能力人、限制民事行为能力人造成他人损害，监护人将监护职责委托给他人的，监护人应当承担侵权责任；受托人有过错的，承担相应的责任。

第一千一百九十一条第二款【劳务派遣中的按份责任】 劳务派遣期间，被派遣的工作人员因执行工作任务造成他人损害的，由接受劳务派遣的用工单位承担侵权责任；劳务派遣单位有过错的，承担相应的责任。

第一千一百九十二条第一款【提供劳务方受害中的按份责任】 ……提供劳务一方因劳务受到损害的，根据双方各自的过错承担相应的责任。

第一千一百九十三条【承揽关系中的侵权责任】 承揽人在完成工作过程中造成第三人损害或者自己损害的，定作人不承担侵权责任。但是，定作人对定作、指示或者选任有过错的，应当承担相应的责任。

第一千二百五十六条【公共道路上堆放、倾倒、遗撒妨碍通行物致害责任】 在公共道路上堆放、倾倒、遗撒妨碍通行的物品造成他人损害的，由行为人承担侵权责任。公共道路管理人不能证明已经尽到清理、防护、警示等义务的，应当承担相应的责任。

第一千二百零九条【机动车所有人、管理人与使用人不一致时的侵权责任】 因租赁、借用等情形机动车所有人、管理人与使用人不是同一人时，发生交通事故造成损害，属于该机动车一方责任的，由机动车使用人承担赔偿责任；机动车所有人、管理人对损害的发生有过错的，承担相应的赔偿责任。

第一千二百一十二条【未经允许驾驶他人机动车侵权责任】 未经允许驾驶他人机动车，发生交通事故造成损害，属于该机动车一方责任的，由机动车使用人承担赔偿责任；机动车所有人、管理人对损害的发生有过错的，承担相应的赔偿责任，但是本章另有规定的除外。

实务要点

1. 按份责任中责任大小的确定，一般综合每个民事主体的过错程度、未依照法律规定或者当事人约定履行义务的具体行为与法律后果关系的紧密程度、公平原则、诚信原则等因素。第177条作为总则编的一条，从总体上明确了按份责任的一般规定。第517条作为合同编通则的一条，则明确了“按份债权”与“按份债务”，同时明确了份额难以确定的视为份额相同。需注意，第517条的规定，不仅适用于合同之债，也适用于侵权、无因管理、不当得利等非合同之债。

2. 第 743 条第 1 款第 2 项中的“协助”主要包括如下几个方面的内容：一是帮助寻找出卖人；二是帮助提供证据；三是诉讼过程中的协助义务。

3. 第 793 条规定的是建设工程合同无效的相关责任，第 3 款建设工程不合格中的按份责任也是以此为前提的。

4. 第 1169 条第 2 款规定的教唆、帮助侵权中的按份责任，责任对象为是被教唆者、被帮助者为无民事行为能力人、限制民事行为能力人时未尽到监护职责的监护人。

5. 第 1172 条规定的是分别侵权中的按份责任。其构成要件包括：(1)二人以上分别实施侵权行为；(2)造成同一损害后果。以上两个要件与第 1171 条分别侵权中的连带责任中“二人以上分别实施侵权行为”“造成同一损害后果”的含义相同。不同于第 1171 条的要件在于，本条并不要求“每个人的侵权行为都足以造成全部损害”。可以说，第 1171 条要求各行为人承担连带责任，属更为严厉的责任行为，也正是基于每个人的侵权行为都足以造成全部损害这一点。需注意，第 1172 条确定各行为人承担的责任，分两个层面：一是能够确定责任大小，按责任大小确定责任份额；二是难以确定责任大小的，各行为人平均承担责任。此外需说明的是，在处理数人实施侵权行为的具体案件时，首先应分析是否满足第 1168 条共同侵权制度的构成要件；不符合的，分析是否满足第 1171 条的构成要件；仍不符合的，再分析是否适用第 1172 条的规定。

6. 第 1189 条规定涉及的委托监护，并非《民法典》“自然人”章“监护”一节明确规定的监护类型，而是被监护人的监护人与受托人之间关于受托人为委托人履行监护职责、处理监护事务的协议，很多学者将其认定为一种合同关系。

7. 第 1191 条第 2 款规定劳务派遣单位对工作人员致他人损害有过错的，承担“相应的责任”。这一条规定该表了《侵权责任法》(已废止)第 34 条第 2 款关于“相应的补充责任”的规定，值得注意。

8. 第 1192 条第 1 款针对个人间劳务关系中提供劳务方受害的，规定接受方、提供方按照各自过错承担相应的责任。需注意，该规定中的接受劳务一方仅指自然人，个体工商户、合伙的雇员因工作发生的纠纷应按照用人单位的规定处理。

9. 需注意，第 1192 条个人间形成劳务关系中的损害，不适用第 1193 条因承揽关系产生的纠纷。承揽合同的劳动者所交付的标的是劳动成果，但劳务合同的劳动者交付的标的是劳动，定作人与承揽人之间不存在劳务关系。

10. 第1209条中的“使用人”不仅包括承租人、管理人、借用人，还包括机动车出质期间的质权人、维修期间的维修人、由他人保管期间的保管人等。另需注意，所有人承担的责任大小，应当考虑所有人的过错以及原因力与损害后果的关系综合判断。因此，在有些情况下，所有人可能承担全部责任。例如，所有人为了加害使用人，故意将制动装置失灵的机动车出借给使用人且未告知，造成与其他机动车相撞的后果。在此情形下，所有人即应承担全部责任。另外，所有人承担的是与其过错相适应的责任，而非连带责任。从连带责任的法理来看，只有在法律明确规定或当事人明确约定的情形下才承担连带责任，在出借、出租场合，所有人与使用人并不构成共同侵权，也无其他连带因素，因此，即使所有人的过错和使用人的驾驶行为结合造成第三人损害，所有人也承担按份责任而非连带责任。

11. 第1212条规定了但书，且仅限于“本章”（侵权责任编第五章“机动车交通事故责任”）另有规定的除外，实际上该但书仅指向一种情形，即《民法典》第1215条第1款规定的“盗窃人、抢劫人或者抢夺人与机动车使用人不是同一人，发生交通事故造成损害，属于该机动车一方责任的，由盗窃人、抢劫人或者抢夺人与机动车使用人承担连带责任”。他人擅自驾驶的情形下，机动车所有人、管理人的过错主要表现为对妥善管理义务的违反；在此情形下，机动车所有人、管理人对特定关系人负有更严格的注意义务。当擅自驾驶人是机动车所有人、管理人的家庭成员、朋友、同事等特定关系人时，所有人、管理人随意弃置车辆和车钥匙的，应当认为其在保管车辆上存在过错。发生事故时，应当比陌生人擅自驾驶承担更大的责任。

权威参考案例

1. 赵某华与沈阳皇朝万鑫酒店管理有限公司、沈阳中一万鑫物业管理有限公司财产损害赔偿纠纷案（《最高人民法院公报》2019年第5期）

消防安全事关人身、财产安全，属于社会公共利益，确保建筑物消防安全是建设单位的法定义务。商品房买卖合同的购房人一般不具有检测所购房屋是否符合消防安全规定的能力，难以适用一般商品买卖合同在标的物交付后买受人应当及时检验产品质量的规定。案涉责任人在不同时期的数个行为密切结合致使火灾发生，侵权行为、致害原因前后接继而非叠加，责任人对火灾的发生均有重大过失，但没有共同故意或者共同过失，应各自承担相应的责任。

2. 吴某景、张某逸、吴某娟诉厦门市康健旅行社有限公司、福建省永春牛姆林旅游发展服务有限公司人身损害赔偿纠纷案（《最高人民法院公报》2006年第6期）

旅游服务机构及其导游对自然风险的防患意识应当高于游客，且负有保障游客安全的责任，应以游客安全第一为宗旨，依诚实信用原则并结合当时的具体情况对是否调整行程作出正确判断。导游不顾客观存在的危险，坚持带游客冒险游玩，致游客身处险境，并实际导致损害结果发生的，其所属的旅游服务机构应当承担相应的民事责任；游客遇险或者受到伤害后，相关旅游服务机构应当尽最大努力及时给予救助，旅游服务机构未尽到救助义务，导致损害结果扩大的，应当承担相应的民事责任；树木折断致人损害的，除存在树木的所有人或管理人已尽到维护、管理义务，或者损害结果的发生系因不可抗力所致，或者受害人因自己的过错造成损害等三种情形外，树木的所有人或管理人应当承担赔偿责任；根据最高人民法院《关于审理人身损害赔偿案件适用法律若干问题的解释》（已修改）第3条第2款①的规定，二人以上没有共同故意或者共同过失，但其分别实施的数个行为间接结合发生同一损害后果的，应当根据过失大小或者原因力比例各自承担相应的赔偿责任。

3. 重庆长寿盐化有限公司、四川盐业地质钻井大队环境污染责任纠纷案（2018年6月4日《最高人民法院发布10起人民法院服务保障新时代生态文明建设典型案例》案例5）

环境污染案件中，数人分别实施了侵权行为，但主观上无侵权意思联络，虽然无法详细区分各自排放污染物数量及污染范围，但单就两污染源各自的侵权行为尚不足以造成全部损害。根据《侵权责任法》（已废止）第12条②的规定，应由各行为人按照原因力大小各自承担相应的责任。

4. 重庆市长寿区龙河镇盐井村1组与蒙城县利超运输有限公司等环境污染责任纠纷案（2018年6月4日《最高人民法院发布10起人民法院服务保障新时代生态文明建设典型案例》案例5）

本案系因交通事故导致有毒化学物质泄漏引起的环境污染责任纠纷，涉及

① 本条款已废止。

② 可参考《民法典》第1172条。

不同法律关系的多方当事人。濮阳公司因第三人杨某文方的过错造成了环境污染，被侵权人依法可以向污染者请求赔偿，也可以向第三人请求赔偿。本案中，盐井村1组同时以濮阳公司、杨某文方为被告提起诉讼，一审法院予以受理并依法认定两被告应各自承担相应的责任，合法有据。污染者依法应对其污染行为造成的损害承担无过错责任，故濮阳公司不得以第三人过错造成损害为由拒绝赔偿，且该公司未能举证证明其行为与损害结果之间不存在因果关系，濮阳公司应当承担赔偿责任。濮阳公司赔偿后，有权向第三人追偿。因杨某文方的过错发生交通事故，其过错行为与盐井村1组遭受的环境污染损害具有直接的因果关系，杨某文方也应承担赔偿责任。

5. 丁某章诉江苏京沪高速公路有限公司等人身损害赔偿纠纷案(《最高人民法院公报》2016年第10期)

车辆通过付费方式进入高速公路的法律关系，系通行者与高速公路管理者达成的有偿使用高速公路的民事合同关系，高速公路管理者有及时巡视和清障的义务，以保障乘车人员在通过高速公路时的安全、畅通。通行者在高速公路驾车行驶时碾压到车辆散落物导致交通事故的，高速公路管理者在不能举证证明已尽到及时巡视和清障义务的情况下，应当承担相应的赔偿责任。

6. 范某生等诉淮安电信分公司淮阴区电信局、淮安市淮阴区公路管理站人身损害赔偿纠纷案(《最高人民法院公报》2011年第11期)

范某金本人未能在确保安全的原则下通行，是造成此事故的直接和主要原因，对损害后果应当承担主要责任。根据有关规定，在公路、公路用地范围内禁止设置电杆及其他类似设施。上诉人电信局作为涉案电杆的产权单位，在区委、区政府召开公路建设的有关会议上，确定将12米路基范围的供电、邮电、广电杆线由供电、邮电、广电部门各自负责迁移，该责任界分符合“谁所有，谁管理，谁收益，谁负责”的精神，符合权利义务相一致和公平的法律原则，故而无论与其管理规范是否矛盾，均能够作为判定本案的事实依据；且在公路通车后，电信局明知该涉案电杆位于公路用地范围内，应及时迁移而未迁移存在危害人民利益的安全隐患，却怠于履行义务，这无疑也是造成范某金死亡的原因，其应当承担相应的民事赔偿责任。原审依据查明的案件事实，结合过错程度及原因力大小，确定双方的民事责任并无不当。

7. 赵某明等诉烟台市福山区汽车运输公司、卫某平等机动车交通事故责任纠纷案（最高人民法院指导案例第 19 号）

机动车所有人或者管理人将机动车号牌出借他人套牌使用，或者明知他人套牌使用其机动车号牌不予制止，套牌机动车发生交通事故造成他人损害的，机动车所有人或者管理人应当与套牌机动车所有人或者管理人承担连带责任。

连带责任

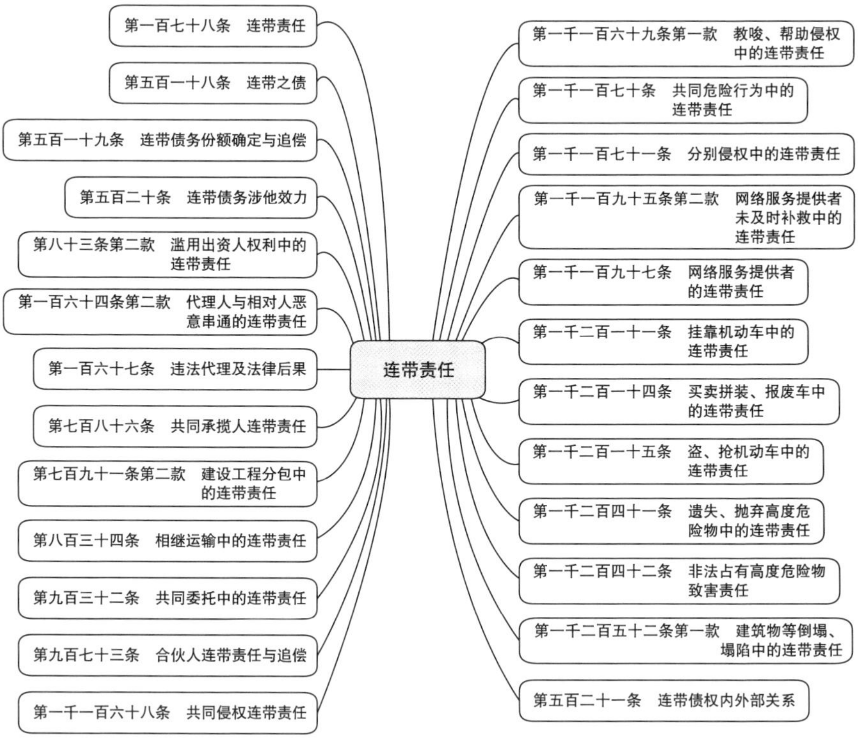

概念

连带责任，是指依照法律规定或者当事人的约定，由两名或两名以上当事人对共同产生的不履行民事义务的民事责任承担全部责任，并因此引起内部债务关系的一种民事责任。其可能基于合同产生，也可能基于侵权行为等产生。连带责任的意义在于增加责任主体的数量，加强对受损人的保护。《民法典》除对连带责任的基本特征(连带责任及连带债务份额确定与追偿、连带债务涉他效力)进行规定外,另明确规定了多种连带责任,本词条对此进行了汇总梳理。

法典条款

第一百七十八条【连带责任】 二人以上依法承担连带责任的,权利人有权请求部分或者全部连带责任人承担责任。

连带责任人的责任份额根据各自责任大小确定;难以确定责任大小的,平均承担责任。实际承担责任超过自己责任份额的连带责任人,有权向其他连带责任人追偿。

连带责任,由法律规定或者当事人约定。

第五百一十八条【连带之债】 债权人为二人以上,部分或者全部债权人均可以请求债务人履行债务的,为连带债权;债务人为二人以上,债权人可以请求部分或者全部债务人履行全部债务的,为连带债务。

连带债权或者连带债务,由法律规定或者当事人约定。

第五百一十九条【连带债务份额确定与追偿】 连带债务人之间的份额难以确定的,视为份额相同。

实际承担债务超过自己份额的连带债务人,有权就超出部分在其他连带债务人未履行的份额范围内向其追偿,并相应地享有债权人的权利,但是不得损害债权人的利益。其他连带债务人对债权人的抗辩,可以向该债务人主张。

被追偿的连带债务人不能履行其应分担份额的,其他连带债务人应当在相应范围内按比例分担。

第五百二十条【连带债务涉他效力】 部分连带债务人履行、抵销债务或者提存标的物的,其他债务人对债权人的债务在相应范围内消灭;该债务人可以依据前条规定向其他债务人追偿。

部分连带债务人的债务被债权人免除的,在该连带债务人应当承担的份额范围内,其他债务人对债权人的债务消灭。

部分连带债务人的债务与债权人的债权同归于一人的,在扣除该债务人应当承担的份额后,债权人对其他债务人的债权继续存在。

债权人对部分连带债务人的给付受领迟延的,对其他连带债务人发生效力。

第八十三条第二款【滥用出资人权利中的连带责任】 营利法人的出资人不

得滥用法人独立地位和出资人有限责任损害法人债权人的利益；滥用法人独立地位和出资人有限责任，逃避债务，严重损害法人债权人的利益的，应当对法人债务承担连带责任。

第一百六十四条第二款【代理人与相对人恶意串通的连带责任】 代理人和相对人恶意串通，损害被代理人合法权益的，代理人和相对人应当承担连带责任。

第一百六十七条【违法代理及法律后果】 代理人知道或者应当知道代理事项违法仍然实施代理行为，或者被代理人知道或者应当知道代理人的代理行为违法未作反对表示的，被代理人和代理人应当承担连带责任。

第七百八十六条【共同承揽人连带责任】 共同承揽人对定作人承担连带责任，但是当事人另有约定的除外。

第七百九十一条第二款【建设工程分包中的连带责任】 总承包人或者勘察、设计、施工承包人经发包人同意，可以将自己承包的部分工作交由第三人完成。第三人就其完成的工作成果与总承包人或者勘察、设计、施工承包人向发包人承担连带责任。承包人不得将其承包的全部建设工程转包给第三人或者将其承包的全部建设工程支解以后以分包的名义分别转包给第三人。

第八百三十四条【相继运输中的连带责任】 两个以上承运人以同一运输方式联运的，与托运人订立合同的承运人应当对全程运输承担责任；损失发生在某一运输区段的，与托运人订立合同的承运人和该区段的承运人承担连带责任。

第九百三十二条【共同委托中的连带责任】 两个以上的受托人共同处理委托事务的，对委托人承担连带责任。

第九百七十三条【合伙人连带责任与追偿】 合伙人对合伙债务承担连带责任。清偿合伙债务超过自己应当承担份额的合伙人，有权向其他合伙人追偿。

第一千一百六十八条【共同侵权连带责任】 二人以上共同实施侵权行为，造成他人损害的，应当承担连带责任。

第一千一百六十九条第一款【教唆、帮助侵权中的连带责任】 教唆、帮助他人实施侵权行为的，应当与行为人承担连带责任。

第一千一百七十条【共同危险行为中的连带责任】 二人以上实施危及他人人身、财产安全的行为，其中一人或者数人的行为造成他人损害，能够确定具体侵权人的，由侵权人承担责任；不能确定具体侵权人的，行为人承担连带责任。

第一千一百七十一条【分别侵权中的连带责任】 二人以上分别实施侵权行为

造成同一损害，每个人的侵权行为都足以造成全部损害的，行为人承担连带责任。

第一千一百九十五条第二款【网络服务提供者未及时补救中的连带责任】 网络服务提供者接到通知后，应当及时将该通知转送相关网络用户，并根据构成侵权的初步证据和服务类型采取必要措施；未及时采取必要措施的，对损害的扩大部分与该网络用户承担连带责任。

第一千一百九十七条【网络服务提供者的连带责任】 网络服务提供者知道或者应当知道网络用户利用其网络服务侵害他人民事权益，未采取必要措施的，与该网络用户承担连带责任。

第一千二百一十一条【挂靠机动车中的连带责任】 以挂靠形式从事道路运输经营活动的机动车，发生交通事故造成损害，属于该机动车一方责任的，由挂靠人和被挂靠人承担连带责任。

第一千二百一十四条【买卖拼装、报废车中的连带责任】 以买卖或者其他方式转让拼装或者已经达到报废标准的机动车，发生交通事故造成损害的，由转让人和受让人承担连带责任。

第一千二百一十五条【盗、抢机动车中的连带责任】 盗窃、抢劫或者抢夺的机动车发生交通事故造成损害的，由盗窃人、抢劫人或者抢夺人承担赔偿责任。盗窃人、抢劫人或者抢夺人与机动车使用人不是同一人，发生交通事故造成损害，属于该机动车一方责任的，由盗窃人、抢劫人或者抢夺人与机动车使用人承担连带责任。

保险人在机动车强制保险责任限额范围内垫付抢救费用的，有权向交通事故责任人追偿。

第一千二百四十一条【遗失、抛弃高度危险物中的连带责任】 遗失、抛弃高度危险物造成他人损害的，由所有人承担侵权责任。所有人将高度危险物交由他人管理的，由管理人承担侵权责任；所有人有过错的，与管理人承担连带责任。

第一千二百四十二条【非法占有高度危险物致害责任】 非法占有高度危险物造成他人损害的，由非法占有人承担侵权责任。所有人、管理人不能证明对防止非法占有尽到高度注意义务的，与非法占有人承担连带责任。

第一千二百五十二条第一款【建筑物等倒塌、塌陷中的连带责任】 建筑物、构筑物或者其他设施倒塌、塌陷造成他人损害的，由建设单位与施工单位承担连带责任，但是建设单位与施工单位能够证明不存在质量缺陷的除外。建设单位、施工单位赔偿后，有其他责任人的，有权向其他责任人追偿。

第五百二十一条【连带债权内外部关系】 连带债权人之间的份额难以确定的，视为份额相同。

实际受领债权的连带债权人，应当按比例向其他连带债权人返还。

连带债权参照适用本章连带债务的有关规定。

实务要点

1. 第178条作为总则编的一条，从总体上对连带责任做了规定。第518条作为合同编通则部分的一条，则明确了“连带债权”“连带债务”。与合同编通则其他条文一样，第518条规定的连带之债，不仅适用于合同之债，也适用侵权、无因管理、不当得利等非合同之债。

2. 内部关系上，承担连带责任的责任人，在对外实际承担了超出其应当承担份额的清偿责任后，才可以向其他应当承担连带责任的责任人追偿。换言之，在追偿权行使条件上，《民法典》采纳了追偿人履行义务超过其自身所负份额的积极说观点，而没有采纳责任人一旦履行义务即获得追偿权的消极说观点。相对于消极说的观点，这一追偿权行使条件可以有效避免循环求偿，减少对司法资源的浪费。另需注意，第519条第3款规定中的“其他连带债务人”，是指除不能履行其应分担份额的连带债务人之外的所有连带债务人，包括实际承担债务人行使追偿权的连带债务人。

3. 第520条连带债务涉他效力规定中，第3款针对“混同”采取了限制绝对效力的做法。根据该款，部分连带债务人的债务与债权人的债权同归于一人的，混同后的债权人（或发生混同的连带债务人）仍可以债权人地位，向其他连带债务人请求承担连带债务，但数额要扣除发生混同的连带债务人应当承担的内部份额。

4. 涉及连带责任的第83条第2款、第164条第2款、第167条在前面相关词条中已经涉及，在此不再重复。

5. 第786条规定的共同承揽人连带责任与转承担不同。转承担中的第三人并非承揽合同当事人，定作人只能向承揽人主张承担责任。

6. 第834条规定的相继运输中的连带责任，需注意相继运输不同于多式联运，相继运输只涉及一种运输方式，其中的连带责任不是指所有承运人连带，而是与托运人订立运输合同的承运人与损失发生区段的承运人承担连带，无须其他区段的承运人担责。

7. 第 932 条规定的共同委托中的连带责任，无论委托人的损失出于哪个受托人过错，也无论各受托人内部是否约定了对委托事务的处理权限和责任承担，除委托人与受托人有特别约定外，所有受托人都应对委托人承担连带责任。

8. 第 1169 条第 1 款规定的教唆、帮助他人侵权中的连带责任，应将“他人”限定在完全民事行为能力人范围内。若被教唆者或被帮助人者为无民事行为能力人或限制民事行为能力人，由教唆、帮助人直接承担侵权责任。

9. 第 1170 条规定了共同危险行为中的连带责任。学说上的共同危险行为，是指数人的危险行为对他人的合法权益造成了某种危险，但是对于实际造成的损害无法查明具体是由何人所为的，法律为保护被侵权人的利益，数个行为人均视为侵权行为人。需注意，共同危险行为中，其他行为人免责的事由是可具体确定行为人。

10. 第 1171 条规定了分别侵权下的连带责任。其构成要件包括：(1) 二人以上分别实施侵权行为。“分别”是指实施侵权行为的数个行为人之间不具有主观上的关联性，即各行为都是相互独立的。(2) 造成同一损害后果。“同一损害”，是指数个侵权行为所造成的损害的性质是相同的，都是身体伤害或财产损失，且损害内容具有关联性。(3) 每个人行为都足以造成全部损害。需注意，此处的“足以”并不是指每个侵权行为都实际上造成了全部损害，而是指在没有其他侵权行为共同作用的情况下，独立的单个侵权行为也有可能造成全部损害。

11. 关于网络服务提供者的连带责任，第 1197 条、第 1195 条第 2 款均做了规定。第 1197 条针对的是较为宽泛的网络侵权行为，其构成要件中要求其“知道或应当知道网络用户利用网络服务侵害他人民事权益”；而 1195 条第 2 款则相对具体，针对的是网络服务者接到权利人通知后应采取而未及时采取补救措施时的情形。

12. 第 1211 条涉挂靠，第 1214 条涉拼装或报废车买卖，第 1215 条涉盗、抢车辆侵权中的连带责任，均与机动车有关，理解上并没有过多难点。需注意的是，第 1215 条“盗窃人、抢劫人或者抢夺人与机动车使用人不是同一人……”中的机动车使用人，指的是盗窃人、抢劫人或者抢夺人将机动车出售、出租、借用、赠送，从而实际使用该机动车的人。

13. 第 1241 条规定的高度危险物的管理人，应具有相应的资质，并按照国家有关安全规范，妥善管理他人所交付的高度危险物。引起管理不善，遗失、抛弃高度危险物的，管理人承担侵权责任。所有人只在有过错的情况下，与管理人承担连带责任。所有人未选择符合资质的管理人或未如实告知说明有关事项，即存在过错。第 1242 条中规定的非法占有高度危险物，指明知自己无权占有，而通过非法手段进行占有的，其中盗窃、抢劫、抢夺都是非法占有的主要形式。非法占有人对为高危险物造成的损害承担侵权责任，若所有人或管理人未尽到高度注意义务，导致高度危险物被非法占有，应与占有人承担连带责任。其中，是否尽到“高度注意义务”的举证责任在所有人、管理人。

14. 第 1252 条第 1 款规定了建设单位与施工单位对建筑物等倒塌、塌陷致人损害承担连带责任，但同时增加但书规定，即能证明不存在质量缺陷的除外。另外，本款规定的可被追偿的“其他责任人”应包括勘察单位、涉及单位、监理单位等。

15. 第 521 条就连带债权的内外部关系做了规定。第 1 款是关于连带债权人之间份额确定的规定。法律有规定或当事人有约定的，按照法律规定或当事人约定确定份额；既没有法律规定，也没有当事人约定，难以确定各债权人份额的，视为份额相同。第 2 款是关于实际接受给付的连带摘取人向其他连带债权人进行返还的规定。需注意，返还不以自己债权获得全部清偿为前提，即不管实际受领是否超过自己的份额，都应当按比例向其他连带债权人返还。此外，第 3 款是关于连带债权参照适用连带债务的规定。本款的“参照适用”，主要针对外部关系而言，即部分连带债权人与债务人之间发生的事项对其他连带债权人产生的效力，参照适用合同编关于连带债务的有关规定。

权威参考案例

1. 南通双盈贸易有限公司诉镇江市丹徒区联达机械厂、魏某聂等六人买卖合同纠纷案（《最高人民法院公报》2011 年第 7 期）

合伙企业债务的承担分为两个层次：第一顺序的债务承担人是合伙企业，第二顺序的债务承担人是全体合伙人。《合伙企业法》第 39 条所谓的“连带责任”，是指合伙人在第二顺序的责任承担中相互之间所负的连带责任，而非合伙人与合伙企业之间的连带责任。

2. 重庆市人民政府、重庆两江志愿服务发展中心诉重庆藏金阁物业管理有限公司、重庆首旭环保科技有限公司生态环境损害赔偿、环境民事公益诉讼案（最高人民法院指导性案例第130号）

取得排污许可证的企业，负有确保其排污处理设备正常运行且排放物达到国家和地方排放标准的法定义务，委托其他单位处理的，应当对受托单位履行监管义务；明知受托单位违法排污不予制止甚或提供便利的，应当对环境污染损害承担连带责任。

3. 南京市高淳县飞达教育技术装备有限责任公司诉南京市高淳区隆兴农村小额贷款有限公司、江苏金创信用再担保股份有限公司侵权责任纠纷案（《最高人民法院公报》2019年第6期）

债权人和债务人明知债务已清偿，债权人积极起诉担保人要求其承担连带清偿责任，债务人消极应诉且承认债权，系滥用诉讼权利损害担保人合法权益的共同侵权行为，担保人依法提出赔偿合理的律师费用等正当要求，应予支持。

4. 陈某华等23名投资人诉大庆联谊公司、申银证券公司虚假陈述侵权赔偿纠纷案（《最高人民法院公报》2005年第11期）

证券承销商、证券上市推荐人知道或者应当知道上市公司虚假陈述而不予纠正或者不出具保留意见的，构成共同侵权，对投资人的损失承担连带责任。投资人以自己受到虚假陈述侵害为由，对虚假陈述行为人提起民事赔偿诉讼的，必须以有关机关的行政处罚决定或者人民法院的刑事裁判文书为依据。此类案件的诉讼时效，应当从有关机关的行政处罚决定或者人民法院的刑事裁判文书公布之日起算。

5. 拉科斯特股份有限公司与上海龙华服饰礼品市场经营管理有限公司注册商标专用权纠纷案（《最高人民法院公报》2010年第10期）

商品市场的管理者对市场内商铺销售假冒注册商标商品的行为未尽合理注意义务，为侵权行为提供便利条件的，属于帮助侵权的行为，应当和销售假冒注册商标商品的商铺承担连带责任。

6. 衣念（上海）时装贸易有限公司诉浙江淘宝网络有限公司、杜某发侵害商标权纠纷案（《最高人民法院公报》2001年第5期）

网络交易平台经营者对于网络商户的侵权行为一般不具有预见和避免的能力，故不当然为此承担侵权赔偿责任，但如果网络交易平台经营者知道网络商户利用其所提供的网络服务实施侵权行为，而仍然为侵权行为人提供网络服务或者没有采取必要的措施，则应当与网络商户承担共同侵权责任。网络交易平台经营者是否知道侵权行为的存在，可以结合权利人是否发出侵权警告、侵权现象的明显程度等因素综合判定。网络交易平台经营者是否采取了必要的避免侵权行为发生的措施，应当根据网络交易平台经营者对侵权警告的反应、避免侵权行为发生的能力、侵权行为发生的概率大小等因素综合判定。

惩罚性赔偿

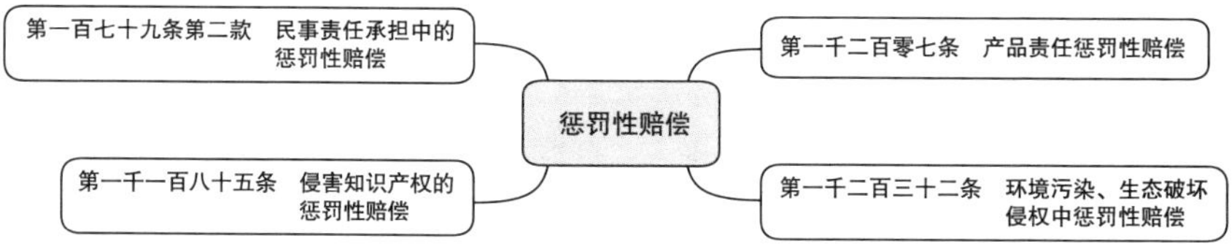

概念

惩罚性赔偿也称惩戒性赔偿，是指当侵权人（义务人）以恶意、故意、欺诈等方式实施加害行为而致权利人受到损害，权利人可以获得超过实际损害赔偿的一种金钱赔偿。惩罚性赔偿设立目的即通过对义务人施加惩罚，阻止重复实施恶意行为，并警示他人。

法典条款

第一百七十九条第二款【民事责任承担中的惩罚性赔偿】 法律规定惩罚性赔偿的，依照其规定。

第一千一百八十五条【侵害知识产权的惩罚性赔偿】 故意侵害他人知识产权，情节严重的，被侵权人有权请求相应的惩罚性赔偿。

第一千二百零七条【产品责任惩罚性赔偿】 明知产品存在缺陷仍然生产、销售，或者没有依据前条规定采取有效补救措施，造成他人死亡或者健康严重损害的，被侵权人有权请求相应的惩罚性赔偿。

第一千二百三十二条【环境污染、生态破坏侵权中惩罚性赔偿】 侵权人违反法律规定故意污染环境、破坏生态造成严重后果的，被侵权人有权请求相应的惩罚性赔偿。

实务要点

1. 由于惩罚性赔偿是赔偿损失的一种特别赔偿，因而适用惩罚性赔偿应在法律有特别规定的情况下才能适用。《民法典》生效之前，我国法律对惩罚性赔偿的规定主要体现在《消费者权益保护法》《食品安全法》《商标法》《电子商务法》等单行法中。《民法典》总则编对惩罚性赔偿做了原则性规定，侵权责任编中的知识产权侵权责任、产品责任、环境污染生态破坏侵权责任部分亦对惩罚性赔偿进行了明确。

2. 第 1185 条就侵害知识产权的惩罚性赔偿做了一般性规定。《民法典》的这一规定，为知识产权部门法继续细化规定惩罚性赔偿制度提供一般规则和上位支撑，也为各个知识产权部门法统一协调规定惩罚性赔偿构成要件，避免条文冲突提供了基本遵循。依本条规定，知识产权侵权中适用惩罚性赔偿，须符合以下条件：(1)须故意侵害他人知识产权。“过失”侵权行为不能适用本条。(2)须情节严重。明确情节严重这一要件，有利于防止惩罚性赔偿的惩罚过度或制度滥用，且与商标法的规定吻合，也为后续的惩罚性赔偿规则细化提供了依据，预留了空间。侵权手段恶劣、侵权时间长、多次侵权或经行政处罚或法院判决后仍然侵权甚至以侵权为业形；侵权人从事的侵害行为对权利人产生了巨大的损害与消极影响，可作为认定“严重”的参考。除上述两个要件外，适用知识产权惩罚性赔偿还应符合知识产权侵权的一般要件。

3. 第 1207 条规定了产品责任的惩罚性赔偿。产品责任领域，若不规定惩罚性赔偿制度，将不利于促使行为人尽足够注意义务，也不利于防止缺陷产品进入流通市场。惩罚性赔偿不仅可以惩罚不法行为，使不法行为人承担更重的责任，更大意义在于通过提高违法成本，产生示范效应，震慑其他潜在的不法行为人。本条规定的惩罚性赔偿要求行为人存在故意，包括生产者、销售者有侵害被侵权人的利益的意图，也包括明知产品存在缺陷，但是无视受害人的人身或者财产利益仍然生产、销售。前者是直接故意，后者是间接故意。适用本条，一般要求须造成受害人死亡、健康严重损害的后果。且损害应该是实际发生的，而非仅具有危险性。但需注意，《食品安全法》《消费者权益保护法》规定的惩罚性赔偿则属例外。《食品安全法》第 148 条第 2 款规定的惩罚性赔偿并未要求造成健康严重损害的后果。即生产不符合食品安全标准的食品或者经营明知是不符合食品安全标准的食品的，消费者即使未受到严重损害，也可以请求支付价款的 10 倍或损失 3 倍的惩罚性赔偿。

4. 第 1232 条规定的是环境污染、生态破坏侵权中惩罚性赔偿。依据本条，环境侵权惩罚性赔偿责任构成要件包括：(1)侵权人主观上存在故意。污染环境、破坏生态行为人主观上是否为故意，虽不影响环境侵权责任的构成，但会对是否要承担惩罚性赔偿责任产生影响。(2)侵权人违反法律规定，污染环境、破坏生态。换言之，行为没有违反法律规定的，不能适用惩罚性赔偿。(3)造成严重后果。这是为防止惩罚性赔偿被滥用而作出的限制。《民法典》第 1185 条知识产权侵权中规定“情节严重的”要件，第 1207 条产品责任中规定“造成他人死亡或者健康严重损害的”条件，也是如此。“严重后果”的程度，本条未明确。在环境私益侵权中，一般指造成了严重的人身损害或严重的人身、财产损害。需注意，财产损害虽并未被明确排除，但单纯财产损害一般不宜支持。且严重后果应为已实际发生的，而非一种风险。此外，对具有损害社会公共利益重大风险的污染环境、破坏生态行为，可请求排除妨碍、消除危险，但无权请求惩罚性赔偿。

权威参考案例

1. 孙某山诉南京欧尚超市有限公司江宁店买卖合同纠纷案（最高人民法院指导性案例第 23 号）

消费者购买到不符合食品安全标准的食品，要求销售者或者生产者依照《食品安全法》规定支付价款 10 倍赔偿金或者依照法律规定的其他赔偿标准赔偿的，无论其购买时是否明知食品不符合安全标准，人民法院都应予支持。

2. 李某与某购物广场买卖合同纠纷案（2020 年 12 月 9 日《最高人民法院发布食品安全民事纠纷 5 个典型案例》案例 1）

食品已过标明的保质期，但经营者仍然销售，消费者主张食品经营者构成《食品安全法》第 148 条第 2 款规定的经营者“明知”的，人民法院应予支持。

3. 吴某与某电子商务有限公司买卖合同纠纷案（2020 年 12 月 9 日《最高人民法院发布食品安全民事纠纷 5 个典型案例》案例 2）

经营者怠于履行进货查验义务即对食品进行销售，致不符合安全标准的食品售出，属于经营明知是不符合食品安全标准的食品的行为。

4. 郑某与某儿童食品公司网络购物合同纠纷案（2020 年 12 月 9 日《最高人民法院发布食品安全民事纠纷 5 个典型案例》案例 3）

食品不符合食品安全标准，消费者主张生产者或者经营者依据《食品安全法》第 148 条第 2 款规定承担惩罚性赔偿责任，生产者或者经营者以未造成消费者人身损害为由抗辩的，人民法院不予支持。

5. 魏某诉某科技有限公司网络购物合同纠纷一案（2020 年 12 月 9 日《最高人民法院发布食品安全民事纠纷 5 个典型案例》案例 4）

预包装食品的包装标签未标明生产者的名称、地址等基本信息，消费者依据《食品安全法》第 148 条的规定，请求食品销售者承担惩罚性赔偿责任的，人民法院应予支持。

6. 江某诉某信息技术有限公司网络购物合同纠纷一案（2020 年 12 月 9 日《最高人民法院发布食品安全民事纠纷 5 个典型案例》案例 5）

进口食品必须符合我国食品安全国家标准。如果进口食品不符合我国食品安全国家标准，进口食品经营者仅以进口食品已经过出入境检验检疫为由提出免责抗辩的，对其抗辩人民法院不应当支持。

民事责任承担中的特殊情形

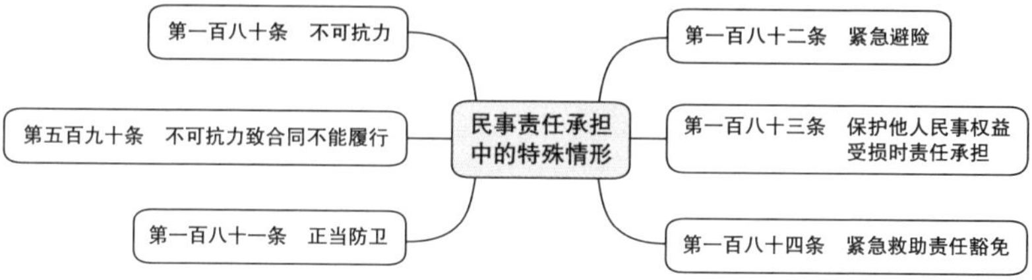

概念

民事责任承担中的特殊情形，包括免责事由、减责事由、责任豁免情形以及特殊情况下的补偿责任，具体包括不可抗力、正当防卫、紧急避险、紧急救助、见义勇为等情形。

法典条款

第一百八十条【不可抗力】　因不可抗力不能履行民事义务的，不承担民事责任。法律另有规定的，依照其规定。

不可抗力是不能预见、不能避免且不能克服的客观情况。

第五百九十条【不可抗力致合同不能履行】 当事人一方因不可抗力不能履行合同的，根据不可抗力的影响，部分或者全部免除责任，但是法律另有规定的除外。因不可抗力不能履行合同的，应当及时通知对方，以减轻可能给对方造成的损失，并应当在合理期限内提供证明。

当事人迟延履行后发生不可抗力的，不免除其违约责任。

第一百八十一条【正当防卫】 因正当防卫造成损害的，不承担民事责任。

正当防卫超过必要的限度，造成不应有的损害的，正当防卫人应当承担适当的民事责任。

第一百八十二条【紧急避险】 因紧急避险造成损害的，由引起险情发生的人承担民事责任。

危险由自然原因引起的，紧急避险人不承担民事责任，可以给予适当补偿。

紧急避险采取措施不当或者超过必要的限度，造成不应有的损害的，紧急避险人应当承担适当的民事责任。

第一百八十三条【保护他人民事权益受损时责任承担】 因保护他人民事权益使自己受到损害的，由侵权人承担民事责任，受益人可以给予适当补偿。没有侵权人、侵权人逃逸或者无力承担民事责任，受害人请求补偿的，受益人应当给予适当补偿。

第一百八十四条【紧急救助责任豁免】 因自愿实施紧急救助行为造成受助人损害的，救助人不承担民事责任。

实务要点

1. 不可抗力作为民事责任的免责事由，必须是在不可抗力作为损害后果发生的唯一原因时方能成立。若当事人行为对损害发生或扩大具有因果关系，就需进一步查清不可抗力与损害结果间的关系，确定不可抗力条件对损害后果的作用，明确当事人过错对损害的影响，确定依据自身过程应承担的民事责任。另需注意，不可抗力与意外事件的差别，主要表现在：不可抗力通常是一般人不可预见的，但意外事件有时是可以预见的，且一些意外事件是能够避免和克服的。正因为存在差异，意外事件并不能像不可抗力那样广泛地适用，成为一般的民事责任免责事由。另需注意，《民法典》合同编第 590 条就不可抗力致合同不能履行做了规定。不可抗力造成一方违约的，违约方没有过错，通常是免责的，但法律规定因不可抗力造成的违约也要承担责任的，违约方也要承担无过错的违约责任。第 590 条第 1 款后半部分明确了债务人的及时通知义务。至于多长时间才是及时或合理期限，则需法院或仲裁机构依据具体情况判断。另外，第 590 条第 2 款就迟延履行后发生不可抗力的，明确规定不免除违约责任。但若债务人能证明，即使其不迟延履行，仍难免发生债务不能履行乃至损害的，则债务人可免责。因此时债务人的迟延履行与债务不能履行进而发生损害之间不存在因果关系。

2. 正当防卫超过必要限度，造成不应有的损害，防卫人应承担适当的民事责任。所谓“适当的民事责任”，是指不对侵害人的全部损失赔偿，而是根据正当防卫人过错的程度，由正当防卫人在损失范围内承担一部分责任。

3. 紧急避险与正当防卫的不同之处：一是所防范的危险不同。正当防卫所防范的危险只能是行为人的侵害行为，但紧急避险所防范的危险既可能是人的行为也可能是自然原因。二是所针对的对象不同。正当防卫只能针对不法侵害行为人实施而不能针对第三人实施，但紧急避险则可能针对行为人实施也可能针对第三人实施。三是性质不同。正当防卫在传统民法理论中属于适法行为，而紧急避险则属于所谓的“放任行为”。四是行为人的注意义务不同，紧急避险人的注意义务要高于正当防卫人的注意义务，系因紧急避险是否成立要考虑法益权衡原则。五是责任不同。紧急避险如由自然原因引起，避险人需对受害人承担适当补偿责任，但正当防卫人则无此责任。另需注意，紧急避险“超过必要的限度”，是指采取紧急措施没有减轻损害或者紧急避险所造成的损害大于所保全的利益。

4. 第 183 条规定的保护他人民事权益受损时的责任承担也称“见义勇为者的特别请求权”，该条中的“他人利益”包括国家利益、社会公共利益和他人合法权益。与正当防卫和紧急避险不同，二者保护的权益既可以是行为人自身的权益也可以是他人的民事权益。但“见义勇为”中，只有为了保护他人的民事权益才构成见义勇为。本条出现两处“适当补偿”，但并未规定适当补偿的范围，具体案件确定范围时应考虑如下因素：一是行为人与受益人双方的经济状况。因补偿责任具有伦理性，在确定其范围时，亦应将伦理和道德因素考虑在内，防止一方负担过重，造成新的失衡。二是受益人的受益范围。受益范围不仅应考虑实际的获益数额，还应考虑受益人所受保护的民事权益位阶。三是受益人对于损害的发生是否有过错。如果受益人对于危险的发生亦有过错，但又不构成侵权责任，此时则应考虑加重受益人的补偿义务。

5. 在之前的民事立法中，并无关于自愿实施紧急救助行为造成他人损害免除责任的规定。第 184 条为《民法典》[《民法总则》(已废止)]的新增条文。本条所谓的自愿，是指救助人无法定的义务或约定的义务。如有法定义务或约定义务，则不构成自愿。紧急救助制度可看作无因管理制度中的一项具体规则，即在紧急救助场合，成立无因管理，救助人有权请求被助人偿付必要费用。但在紧急救助过程中，救助人非因故意造成被助人损失的，不适用无因管理制度中管理人应承担侵权责任的规定，而应适用本条规定，免除救助人的侵权责任。另需注意，立法过程中虽删除了“重大过失”的例外条款，但并不意味着，救助人在救助过程中对受助人的一切损害均应免责。救助过程中救助人故意侵权的，仍需承担侵权责任。

权威参考案例

1. 周某安诉王某元、李某荣道路交通事故损害赔偿纠纷案(《最高人民法院公报》2002 年第 5 期)

驾驶人员违章超速驾驶过程中，非机动车驾驶人违规横过马路，驾驶人员为躲避非机动车驾驶人，与正常行驶车辆发生碰撞，根本原因是违章超速驾驶和紧急避险措施不当的，紧急避险事故的责任应当由违章驾驶员全部负担。

2. 张某福、张某凯诉朱某彪生命权纠纷案(最高人民法院指导性案例第 98 号)

行为人非因法定职责、法定义务或约定义务，为保护国家、社会公共利益或者他人的人身、财产安全，实施阻止不法侵害者逃逸的行为，人民法院可以认定为见义勇为。

诉讼时效一般规定

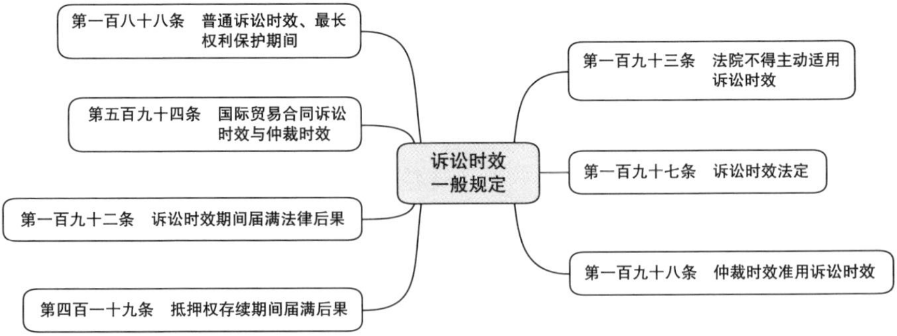

概念

诉讼时效，是指权利人在一定期间不行使权利，在该期间届满后义务人获得抗辩权。设立诉讼时效制度，主要在于督促权利人及时行使权利、稳定生活秩序、维护法律秩序与交易安全。关于诉讼时效的一般规定，主要包括诉讼时效期间的时长、诉讼时效届满后的法律后果、诉讼时效法定、法院对其的适用规则以及仲裁时效对其的准用。

法典条款

第一百八十八条【普通诉讼时效、最长权利保护期间】 向人民法院请求保护民事权利的诉讼时效期间为三年。法律另有规定的，依照其规定。

诉讼时效期间自权利人知道或者应当知道权利受到损害以及义务人之日起计算。法律另有规定的，依照其规定。但是，自权利受到损害之日起超过二十年的，人民法院不予保护，有特殊情况的，人民法院可以根据权利人的申请决定延长。

第五百九十四条【国际贸易合同诉讼时效与仲裁时效】 因国际货物买卖合同和技术进出口合同争议提起诉讼或者申请仲裁的时效期间为四年。

第一百九十二条【诉讼时效期间届满法律后果】 诉讼时效期间届满的，义务人可以提出不履行义务的抗辩。

诉讼时效期间届满后，义务人同意履行的，不得以诉讼时效期间届满为由抗辩；义务人已经自愿履行的，不得请求返还。

第四百一十九条【抵押权存续期间届满后果】 抵押权人应当在主债权诉讼时效期间行使抵押权；未行使的，人民法院不予保护。

第一百九十三条【法院不得主动适用诉讼时效】 人民法院不得主动适用诉讼时效的规定。

第一百九十七条【诉讼时效法定】 诉讼时效的期间、计算方法以及中止、中断的事由由法律规定，当事人约定无效。

当事人对诉讼时效利益的预先放弃无效。

第一百九十八条【仲裁时效准用诉讼时效】 法律对仲裁时效有规定的，依照其规定；没有规定的，适用诉讼时效的规定。

实务要点

1.《民法典》[《民法总则》(已废止)]将普通诉讼时效修改为3年，有利于保护权利人利益。第188条第1款中“法律另有规定的”的诉讼时效，主要指合同编第594条规定的4年以及《保险法》就人寿保险规定的5年。第188条第2款规定的20年的最长权利保护期间，适用诉讼时效中止、中断规定的时效期间，且其起算时间与诉讼时效不同，自权利遭受损害之日起计算。

2. 关于诉讼时效完成的效力，目前倾向性观点认为，应采抗辩权发生说，即诉讼时效完成，义务人享有诉讼时效抗辩权，可拒绝履行义务；第192条第1款即采用该学说进行了规定。采抗辩权发生说，则法院也不应主动审查诉讼时效期间是否经过问题，只有义务人提出诉讼时效抗辩时，人民法院才审查诉讼时效问题，即第193条规定的“人民法院不得主动适用诉讼时效的规定”。另需注意，诉讼时效届满后，权利人虽不能请求法律进行强制性保护，但并不否认其权利的存在。同理，第419条规定的抵押权人在主债权诉讼时效期间未行使抵押权的，抵押权人丧失的是获得司法强制执行的权利，而抵押权本身并未消灭。上述情形下，若义务人放弃时效利益自愿履行，权利人可以受领，不属于不当得利。且时效届满后，义务人同意履行的，也不能再以时效届满进行抗辩了。因此义务人同意履行，属于对时效利益的放弃。

3. 第197条规定了诉讼时效法定。诉讼时效法定性包括两方面内容：一是诉讼时效的期间、计算方法以及中止、中断的事由由法律规定，当事人约定无效；二是当事人对诉讼时效利益的预先放弃无效。需注意，当事人不能预先抛弃诉讼时效利益，并非意味着诉讼时效利益不能事后放弃。诉讼时效利益事后放弃的实质为诉讼时效抗辩权的放弃。根据自治原则，当事人有权在法律规定范围内处分其权利，选择是否放弃诉讼时效利益。

诉讼时效起算

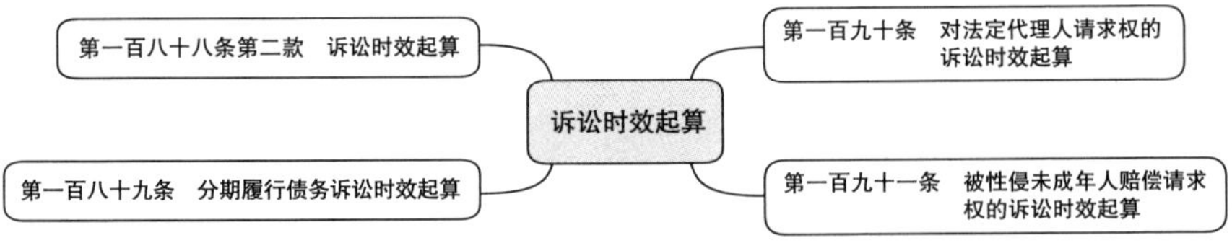

概念

诉讼时效期间的起算，即诉讼时效期间从何时开始计算。诉讼时效是权利人请求人民法院依法保护其权利的法定期间，应当从权利人能够请求人民法院保护其请求权开始计算。

法典条款

第一百八十八条第二款【诉讼时效起算】 诉讼时效期间自权利人知道或者应当知道权利受到损害以及义务人之日起计算。法律另有规定的，依照其规定。……

第一百八十九条【分期履行债务诉讼时效起算】 当事人约定同一债务分期履行的，诉讼时效期间自最后一期履行期限届满之日起计算。

第一百九十条【对法定代理人请求权的诉讼时效起算】 无民事行为能力人或者限制民事行为能力人对其法定代理人的请求权的诉讼时效期间，自该法定代理终止之日起计算。

第一百九十一条【被性侵未成年人赔偿请求权的诉讼时效起算】 未成年人遭受性侵害的损害赔偿请求权的诉讼时效期间，自受害人年满十八周岁之日起计算。

实务要点

1. 相较《民法通则》(已废止)，《民法典》第 188 条第 2 款规定的诉讼时效起算的一般规定，除知道或应当知道权利被侵害外，另要求知道或应当知道义务人。也就是说，这两项同时满足时才起算诉讼时效。所谓“知道”，是指权利人主观上已经知道自己的权利被侵害的事实。所谓“应当知道”，则是一种法律推定，应指基于客观之情事及根据权利人智识经验应尽的合理注意义务，权利人应当知悉其权利被侵害的事实，但因其自身过失而未知情，在该情形下，法律推定权利人知道其权利受到损害。

2. 第 189 条规定的分期履行债务诉讼时效期间起算中的起算点，既包括请求给付每一笔分期履行债务的诉讼时效期间起算点，也包括请求给付全部债务的诉讼时效期间起算点。请求给付全部债务的诉讼时效起算点从最后履行期间起算在理论上和实务中并不存在争议，而请求给付每一笔分期履行债务的诉讼时效期间起算点，究竟是从每一期债务履行期限届满之日起算，还是从最后履行期限起算，存在争议。应当说，对于同一债务而言，其具有整体性和唯一性，故尽管因对整体债务分别约定了分期履行期限和数额，具有一定的独立性，但该独立性不足以否定整体性。整体性和唯一性是分期给付债务的根本特征。因此，请求履行全部债务每一笔分期履行债务请求权的诉讼时效期间从最后一期履行期限届满之日起算是其应有之义。

3. 第 190 条规定的诉讼时效对应的请求权的权利主体为无民事行为能力人或限制民事行为能力人，具体请求权行使可以由其本人取得完全民事行为能力后主张或由变更后的法定代理人代理行使。另需注意，关于年满 16 周岁以自己劳动收入为主要生活来源的视为完全民事行为能力的人，其与监护人之间因其已取得民事行为能力故已不存在法定代理关系。因此，对于 16 周岁以上的未成年人，自其可视为完全民事行为能力人之日起，其与监护人之间的法定代理关系终止，其对于原法定代理人的请求权可以开始计算诉讼时效。

4. 第 191 条是对诉讼时效起算的特殊规定，而非对于权利形成时间的规定。通常情况下，损害事实的发生时间，就是侵权损害赔偿请求权的产生时间。诉讼时效起算的一般原则是“自权利人知道或者应当知道权利受到损害以及义务人之日起”计算。如上所述，鉴于未成年人性意识的缺乏及性侵害的隐蔽性，对未成年人遭受性侵害赋予本条规定的特殊时效利益，该起算点的特殊规定与实体请求权的形成无关，并非对请求权行使的限制。当未成年人或其法定代理人在受害人满 18 周岁前，就性侵害主张损害赔偿的，该请求权不受本条诉讼时效特殊起算点规定的限制。此外，当存在其他时效障碍时，也应适用对受害人更有利的保护方式。如受害人同时系不能辨认自己行为或者不能完全辨认自己行为的无行为能力人或限制行为能力人，即使该受害人年满 18 周岁，该时效的起算也不以年满 18 周岁为起点，而仍应以“权利人知道或者应当知道权利受侵害时起算”。

诉讼时效中止与中断

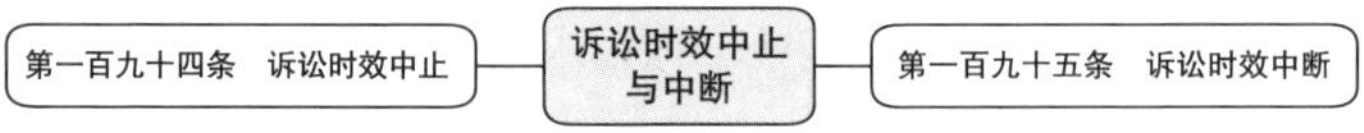

概念

诉讼时效中止，是指因法定事由的存在使诉讼时效停止进行，待法定事由消除后继续进行的制度。诉讼时效中断，是指诉讼时效期间进行过程中，出现了权利人积极行使权利等法定事由，从而使已经经过的诉讼时效期间归于消灭，重新计算期间的制度。

法典条款

第一百九十四条【诉讼时效中止】 在诉讼时效期间的最后六个月内，因下列障碍，不能行使请求权的，诉讼时效中止：

（一）不可抗力；

（二）无民事行为能力人或者限制民事行为能力人没有法定代理人，或者法定代理人死亡、丧失民事行为能力、丧失代理权；

（三）继承开始后未确定继承人或者遗产管理人；

（四）权利人被义务人或者其他人控制；

（五）其他导致权利人不能行使请求权的障碍。

自中止时效的原因消除之日起满六个月，诉讼时效期间届满。

第一百九十五条【诉讼时效中断】 有下列情形之一的，诉讼时效中断，从中断、有关程序终结时起，诉讼时效期间重新计算：

（一）权利人向义务人提出履行请求；

（二）义务人同意履行义务；

（三）权利人提起诉讼或者申请仲裁；

（四）与提起诉讼或者申请仲裁具有同等效力的其他情形。

实务要点

1. 关于诉讼时效的中止，《民法典》[《民法总则》（已废止）]修改了原来的中止事由消除之后重新计算的规定，而是统一规定为再行计算 6 个月。如此，既能给权利人行使权利留下必要的准备时间，又不会造成诉讼过分拖延。此外，需注意，并非发生不可抗力事由的所有情形均应中止诉讼时效。虽有不可抗力事由发生，但该事由没有发生在诉讼时效期间届满前 6 个月内，或者虽发生在诉讼时效期间届满前 6 个月内，但该事由并不影响权利人行使权利的，则不能适用诉讼时效中止的规定。此外，其他客观障碍事由发生在诉讼时效期间届满前6个月外，但持续到诉讼时效期间届满前6个月内，诉讼时效是否中止？根据诉讼时效中止的构成要件，在客观障碍事由发生在诉讼时效期间届满前6个月外，诉讼时效并不中止，但其在诉讼时效期间届满前6个月内持续的期间，应不计入诉讼时效期间之内。

2. 关于诉讼时效的中断，《民法通则》（已废止）规定“从中断时起”重新计算。《民法典》[《民法总则》（已废止）]则进一步根据中断事由是否具有持续性进行了不同规定，更加科学。第195条第1项、第2项规定的情形，不具有持续性，故从中断时起重新计算；而第195条第3项、第4项规定的情形，具有持续性，则从中断程序终结时起重新计算。

不适用诉讼时效的情形

概念

民法上的权利以其作用方式为标准，可分为支配权、请求权、抗辩权及形成权。支配权、抗辩权、形成权不适用诉讼时效的规定。通说认为，请求权适用诉讼时效的规定。但由于产生请求权的基础权利不同，请求权的种类也不同，主要有债权请求权、物权请求权、人格权请求权、知识产权请求权等。债权请求权以财产利益为内容，不具支配性，若权利人长期怠于行使权利，法律关系会处于不确定状态，不利于维护社会交易秩序稳定，故债权请求权应适用诉讼时效的规定，但特殊情形除外。

法典条款

第一百九十六条【不适用诉讼时效的请求权】 下列请求权不适用诉讼时效的规定：

（一）请求停止侵害、排除妨碍、消除危险；

（二）不动产物权和登记的动产物权的权利人请求返还财产；

（三）请求支付抚养费、赡养费或者扶养费；

（四）依法不适用诉讼时效的其他请求权。

第九百九十五条【人格权编中不适用诉讼时效的请求权】 人格权受到侵害的，受害人有权依照本法和其他法律的规定请求行为人承担民事责任。受害人的停止侵害、排除妨碍、消除危险、消除影响、恢复名誉、赔礼道歉请求权，不适用诉讼时效的规定。

第一百九十九条【除斥期间不适用诉讼时效】 法律规定或者当事人约定的撤销权、解除权等权利的存续期间，除法律另有规定外，自权利人知道或者应当知道权利产生之日起计算，不适用有关诉讼时效中止、中断和延长的规定。存续期间届满，撤销权、解除权等权利消灭。

实务要点

1. 需注意，确认物权请求权、请求确认合同无效权不适用诉讼时效的规定，二者不属于实体法上的请求权，故不适用诉讼时效的规定。基于共有关系产生的分割共有财产的请求权、请求撤销合同权也不适用诉讼时效。二者本质为形成权，不适用诉讼时效。

2. 第 995 条规定的停止侵害、排除妨碍、消除危险，其构成都要求存在对权益的妨害与危险，行为或状态处于现实持续中，对这种现实存在的妨害与危险无须考虑之前的事实状况，且在侵害人格权情形中，这三类请求权对维持人格完整性至关重要，故规定不适用诉讼时效。关于消除影响、恢复名誉、赔礼道歉，由于很长时间之前发生的侵害人格权行为，如受害人认为对自身仍有影响，有消除影响与恢复名誉的必要，规定不受诉讼时效期间限制，可更好地强化对人格权的保护。

3. 第 199 条规定了除斥期间不适用诉讼时效。除斥期间为不变期间，其与诉讼时效区别主要在于：一是适用范围不同。诉讼时效主要适用于债权请求权，而除斥期间主要适用于形成权，请求权的范围远大于形成权。二是法律效果不同。诉讼时效届满，请求权变为自然债，实体权利本身不消灭；而除斥期间届满，实体权利本身消灭。三是期间是否中止、中断、延长不同。诉讼时效可因法定事由而中止、中断、延长，而除斥期间为不变期间。另需注意，法官不能主动适用诉讼时效，但应主动适用除斥期间审查权利状态。诉讼时效届满后，相对人可以放弃时效利益；而除斥期间届满，相对人不得抛弃利益。

权威参考案例

广西北生集团有限责任公司与北海市威豪房地产开发公司、广西壮族自治区畜产进出口北海公司土地使用权转让合同纠纷案（《最高人民法院公报》2006年第9期）

只有人民法院和仲裁机构有权确认合同是否有效，合同当事人不享有确认合同效力的权力。合同无效系自始无效，当事人请求确认合同无效的，不应受诉讼时效期间的限制，而合同经确认无效后，当事人请求返还财产及赔偿损失的，应当适用法律关于诉讼时效的规定。

期间计算

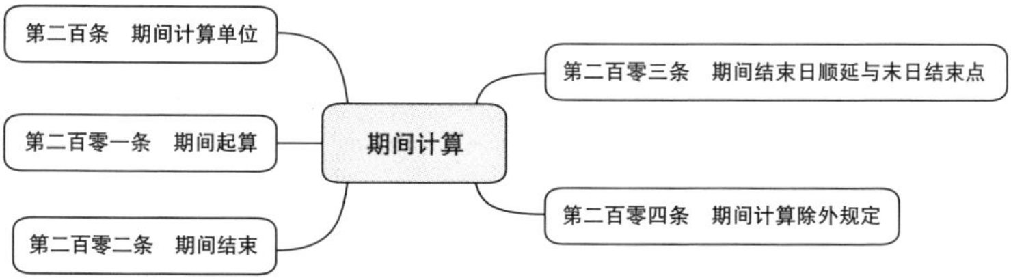

概念

期间是一种重要的法律事实，是民事法律关系发生、变更、终止的依据，它包括期日与期间两种。期日指某个特定时间点，如上午9时、2020年1月1日等。期间则是某一期日至另一期日之间的时间段，如3小时、2个月、1年等。

法典条款

第二百条【期间计算单位】　民法所称的期间按照公历年、月、日、小时计算。

第二百零一条【期间起算】　按照年、月、日计算期间的，开始的当日不计入，自下一日开始计算。

按照小时计算期间的，自法律规定或者当事人约定的时间开始计算。

第二百零二条【期间结束】　按照年、月计算期间的，到期月的对应日为期间的最后一日；没有对应日的，月末日为期间的最后一日。

第二百零三条【期间结束日顺延与末日结束点】　期间的最后一日是法定休假日的，以法定休假日结束的次日为期间的最后一日。

期间的最后一日的截止时间为二十四时；有业务时间的，停止业务活动的时间为截止时间。

第二百零四条【期间计算除外规定】　期间的计算方法依照本法的规定，但是法律另有规定或者当事人另有约定的除外。

实务要点

1. 第200条明确了以公历年、月、日、小时作为期间的计算单位，但并未排除当事人约定其他单位的可能性。依照第204条的规定，当事人也可以另行未约定以"星期""分""秒"等作为计算期间的单位。

2. 关于期间的起算，第201条进行了区别规定：按照年月日计算的，明确开始当日不计入，自下一日开始计算；按照小时计算的，则规定自法律规定或者当事人约定的时间开始计算，尊重当事人意思自治。

3. 关于期间结束，由于存在闰年的情况，且平年中每月天数也并不一致，因此《民法典》[《民法总则》(已废止)]将原先的"一个月为三十日，一年为三百六十五日"的硬性规定，调整为"对应日"，没有对应日的以月末日为最后一日，使期间的计算更加精确、灵活且容易把握，也符合正常人时间观念的一般性认知。

4. 关于期间计算终结规则(法定休假日顺延与末日结束点)，《民法典》[《民法总则》(已废止)]将"星期日""法定休假日""实际休假日"等概念统一为"法定休假日"，将"变通"情形统一为"法定休假日结束的次日"，涵盖了每周双休制度、节假日调休制度等节假日制度的发展变化情形，表述更加准确、易于理解，同时也为将来节假日制度的进一步演变预留法律适用的适当弹性，有利于确保法律的稳定性。实践中，法定休假日的具体日期，以每年国家正式公布的放假办法为准。期间末日结束点需精确到具体时点。《民法典》[《民法总则》(已废止)]延续了《民法通则》(已废止)的规定，将该时点确定为结束日的24时。同时，考虑到一些民事活动需要与政府机关、金融机构等民事主体相互配合进行，而此类民事主体开展业务活动亦有各自具体的时间段，故在此情形下，期间结束的具体时点应当为该民事主体业务活动时间停止时。

5. 另需注意，期间计算规则对于法律关系的影响仅与当事人自身有关，法律没有必要作出强制性规定，因此《民法典》[《民法总则》(已废止)]关于期间计算的规定属于任意规范，当事人完全可以自行约定期间。

总则编其他内容

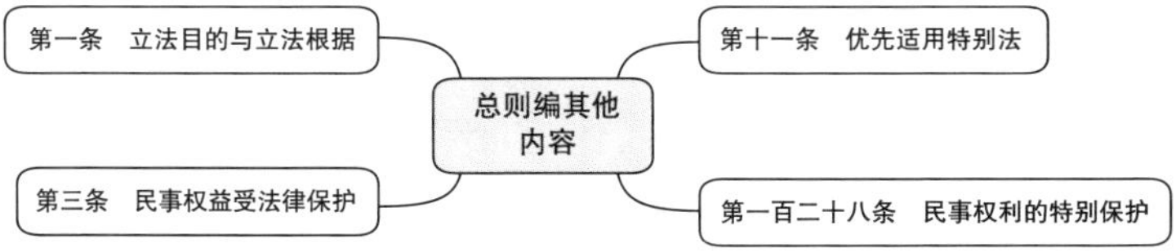

概念

本词条收录的条文，系在本书其他词条无法收录或不宜收录的条文，主要包括《民法典》的立法目的与立法根据、民事权益受法律保护、优先适用特别法、民事权利的特别保护等内容。

法典条款

第一条【立法目的与立法根据】　为了保护民事主体的合法权益，调整民事关系，维护社会和经济秩序，适应中国特色社会主义发展要求，弘扬社会主义核心价值观，根据宪法，制定本法。

第三条【民事权益受法律保护】　民事主体的人身权利、财产权利以及其他合法权益受法律保护，任何组织或者个人不得侵犯。

第十一条【优先适用特别法】　其他法律对民事关系有特别规定的，依照其规定。

第一百二十八条【民事权利的特别保护】　法律对未成年人、老年人、残疾人、妇女、消费者等的民事权利保护有特别规定的，依照其规定。

实务要点

1. 第 1 条是关于立法目的与立法根据的规定。立法目的是制定法律的根本目标与宗旨，通过第 1 条规定立法目的，符合我国立法惯例；《民法典》也不例外。本条在《民法通则》(已废止)基础上，综合各方面意见，规定了《民法典》的五个方面的立法目的。(1)保护民事主体的合法权益。具体包括突出保护民事主体的人格权，全面保护民事主体的财产权利，保护民事主体的契约自由和合同权利，设定民事主体行使权利的一般规则等。（2）调整民事关系。调整民事关系核心是调整权利义务关系。一是强调民事法律关系中权利和义务的相互对立、相互联系、相互依存；二是通过规定民事责任落实对正常民事关系、合法民事权利的保护。（3）维护社会和经济秩序。《民法典》是社会生活的百科全书，通过设定法律规则厘定、维护社会秩序是其职责和使命。《民法典》有关条款贯彻了党中央统筹推进疫情防控和社会经济发展的决策部署，吸收了在疫情防控、复工复产中稳定社会秩序的基本经验。《民法典》是市场经济的基本法，是经济秩序的制度供给者和维护者。（4）适应中国特色社会主义发展要求。《民法典》编纂的重要使命是适应中国特色社会主义发展要求，将中国特色社会主义制度法典化，将40多年来改革成果制度化、体系化，为中国特色社会主义奠定法治基础。（5）弘扬社会主义核心价值观。法律是成文的道德，道德是内心的法律。核心价值观本身属于意识形态范畴，不具有规范效力和强制约束力，因此必须入法入规。《民法典》通过规定诚信、公序良俗、平等、合法等原则，法律行为、民事责任等制度，发挥民事法律对民事活动、公共秩序、民事权利行使等的规范、引领、保护作用，对于强化规则意识、引领社会风尚、维护公共秩序具有重大意义。另需注意，最高人民法院《关于深入推进社会主义核心价值观融入裁判文书释法说理的指导意见》于近日出台，并于2021年3月1日开始实施。该意见要求强化运用社会主义核心价值观在裁判文书中的释法说理，并就应当运用的情形及案件类型进行了明确。此外，《宪法》是国家根本大法，具有最高法律地位和最高法律效力，是制定普通法律的依据。《民法典》第1条明确“根据宪法，制定本法”，一是尊崇《宪法》最高法律地位和最高法律效力的体现；二是《宪法》关于社会主义经济制度和公民基本权利和义务的规定，亦是《民法典》很多民事基本制度的直接依据。

2. 第3条是关于民事权益受法律保护的规定。民法以权利为核心，民事权利的保护范围与力度决定了民事主体在市民社会中能否充分按照自己的意志自由行事，因此，民事权利的法律保护可以视为民法的核心，民法也可以视为民事权利保护法，这是近现代民法伟大和神圣之处。民事权利是指权利主体以实现其正当利益为目的的行使意志的范围，包括人身权利、财产权利以及其他合法权益。（1）人身权，是民事主体依法享有的与其人身不可分离而无直接财产内容的民事权利，包括人格权和身份权。（2）财产权，是人身权的对称，指以财产利益为内容，直接体现财产利益的民事权利。它与权利人的人格、身份相分离，以金钱计算价值，一般具有可转让性。民事主体享有财产权，意味着可以通过对有形和无形的财产行使占有、使用、收益和处分的权能，为民事主体带来获得感、安全感和幸福感。财产权是一定社会的物质资料占有、支配、流通和分配关系的法律表现，包括物权、债权、继承权、知识产权中的财产权利、居住权等。婚姻、劳动等法律关系中，也有与财产相联系的权利，如家庭成员间请求支付或给付扶养费、抚养费、赡养费的权利，夫妻间的财产权，和基于劳动关系领取劳动报酬、退休金、抚恤金的权利等。（3）其他合法权益。权益，是指受法律保护的权利和利益。《民法典》在人身权利、财产权利之外，兜底规定了“其他合法权益”，反映了民事权利的开放性、包容性，凡是民事领域的权利、利益皆受到民法保护。有的权益既有人身权性质，又有财产权性质，不宜简单定性为纯粹的财产权或人身权。任何合法民事权益，无论是法定权益还是意定权益，均受法律保护，任何组织和个人不得侵害。

3. 第 11 条是关于优先适用特别法的规定。《民法典》编纂中，有观点认为《立法法》已对一般法与特别法的关系做了规定，《民法典》无须重复规定。但考虑到我国制定了诸多单行民商事法律法规。《民法典》实施后，尽管《物权法》（已废止）、《合同法》（已废止）等 9 部民事法律同时废止，但没有纳入《民法典》的《著作权法》《专利法》《涉外民事关系法律适用法》等继续存在和适用，大量商事法律的效力也没有变化，为减少认识上的分歧，统一法律适用顺序和标准，做了本条规定。

4. 第 128 条是关于民事权利特别保护的规定。民事权利平等地受到民法的保护，但这种平等是法律意义上的平等。由于不同的社会条件、不同的权利要求，以及民事主体在生理、心理、智力等方面的差异，现实中各民事主体在享有权利、行使权利时存在较大的差别，部分民事主体如未成年人、老年人、残疾人、妇女、消费者等在地位、权利能力方面难以和一般的民事主体保持平等。为了解决这种情况，有必要在法律层面进行干预，尽力实现不同民事主体在实质意义上的平等，为此本条做了相应规定。本条从民事主体角度将特定民事主体的保护纳入《民法典》中，为特别法中的民事权利义务条款适用提供了法律依据，体现了《民法典》与特别法规范的呼应，也是民法平等原则在具体规范中的应用。

第二编　物　　权

物权类型

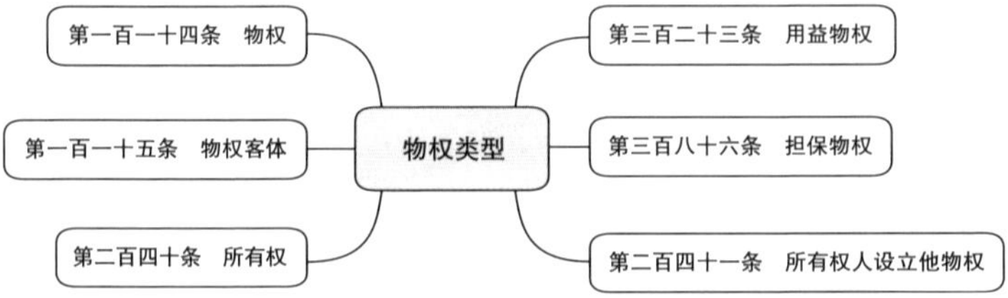

概念

物权是一种重要的财产权，是权利人在法律规定的范围内对一定的物享有直接支配并排除他人干涉的权利。设立物权法律制度最直接的作用是明确物的归属，发挥物的效用，激发人们创造财富的活力，促进社会进步与和谐。“物权类型”这一词条仅涉及所有权、用益物权、担保物权这一物权类型中的一级概念，而国家所有权、集体所有权、抵押权、居住权等二级、三级概念将在后面的词条中梳理解读。

法典条款

第一百一十四条【物权】 民事主体依法享有物权。

物权是权利人依法对特定的物享有直接支配和排他的权利，包括所有权、用益物权和担保物权。

第一百一十五条【物权客体】 物包括不动产和动产。法律规定权利作为物权客体的，依照其规定。

第二百四十条【所有权】 所有权人对自己的不动产或者动产，依法享有占有、使用、收益和处分的权利。

第三百二十三条【用益物权】 用益物权人对他人所有的不动产或者动产，依法享有占有、使用和收益的权利。

第三百八十六条【担保物权】 担保物权人在债务人不履行到期债务或者发生当事人约定的实现担保物权的情形，依法享有就担保财产优先受偿的权利，但是法律另有规定的除外。

第二百四十一条【所有权人设立他物权】 所有权人有权在自己的不动产或者动产上设立用益物权和担保物权。用益物权人、担保物权人行使权利，不得损害所有权人的权益。

实务要点

1. 法律调整的是人与人之间的关系，并非人与物之间的关系，故权利体现的是社会关系。民法中的所有权是基于所有物产生的所有权人与他人的财产关系，包括占有、使用、收益与处分的权利。另需说明，所有权中的占有权能与物权编第四分编“占有”中的占有并非同一概念，二者无论是概念层级还是内涵范围，均有不同。

2. 物权法律制度上的物，也可以说是物权客体，主要包括动产与不动产。有些情况下，权利可作为物权客体，但必须是有法律明确的规定。如《民法典》第440条规定的可以转让的注册商标专用权、专利权、著作权等知识产权中的财产权可以出质作为权利质权。在此情况下，权利即可成为物权客体。需注意的是，这里可作为物权客体的权利是指其中的财产权益。

3. 用益物权、担保物权属于“他物权”。且用益物权相较所有权，是不全面、受一定限制的物权，属“定限物权”，以区别于所有权的“完全物权”。但用益物权也是一项独立的物权，所有权人不得随意收回、不得妨碍用益物权人依法行使权利。用以物权具有的对物的直接支配性与排他性，可对抗所有权人的干涉。此外，需注意，用益物权的义务人不仅包括所有权人，也包括在此之外的任何第三人，即用益物权可对抗所有第三人的侵害。

4. 担保物权的设立目的是确保债权人的债权得到完全清偿，这也是担保物权区别于其他物权的最主要内容。担保物权具有优先受偿性、从属性、物上代位性。

5. 关于物权优先效力规则的适用：(1)一般情况下，物权优先于债权。如当用益物权、担保物权和债权并存时，用益物权、担保物权具有优先于债权的效力。(2)当同一物上多项他物权并存时，一般应根据法律规定和物权设立的时间先后确立优先的效力。(3)关于物权的优先效力，需注意例外情形，如买卖不破租赁规则。

6. 第241条规定的允许所有权人在自己的不动产或动产上设立用益物权和担保物权，是所有权人行使所有权的表现。同时，该条也是一个物上可以存在多个物权的具体体现。

物权原则

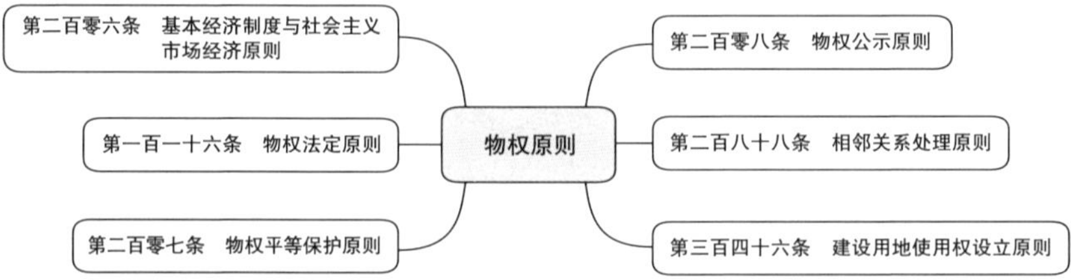

概念

物权原则，是指物权设立、变更、转让、消灭过程中，需要遵循的原则。从适用范围上看，一般意义上，通用原则包括坚持基本经济制度与社会主义市场经济原则、物权法定原则、物权平等保护原则、物权公示原则等；针对个别物权的原则，包括相邻关系处理原则、建设用地使用权设立原则等。

法典条款

第二百零六条【基本经济制度与社会主义市场经济原则】　国家坚持和完善公有制为主体、多种所有制经济共同发展，按劳分配为主体、多种分配方式并存，社会主义市场经济体制等社会主义基本经济制度。

国家巩固和发展公有制经济，鼓励、支持和引导非公有制经济的发展。

第一百一十六条【物权法定原则】　物权的种类和内容，由法律规定。

第二百零七条【物权平等保护原则】　国家、集体、私人的物权和其他权利人的物权受法律平等保护，任何组织或者个人不得侵犯。

第二百零八条【物权公示原则】　不动产物权的设立、变更、转让和消灭，应当依照法律规定登记。动产物权的设立和转让，应当依照法律规定交付。

第二百八十八条【相邻关系处理原则】　不动产的相邻权利人应当按照有利生产、方便生活、团结互助、公平合理的原则，正确处理相邻关系。

第三百四十六条【建设用地使用权设立原则】　设立建设用地使用权，应当符合节约资源、保护生态环境的要求，遵守法律、行政法规关于土地用途的规定，不得损害已经设立的用益物权。

实务要点

1. 实行社会主义市场经济最重要的一条就是要保障市场主体的平等地位与

发展权利，这也是市场经济的前提。作为规范平等主体间因物的归属与利用而产生的财产关系的我国物权法律制度，无疑要以我国的基本经济制度为前提，坚持社会主义市场经济原则。

2. 物权种类法定，是指哪些种类的权利属于物权，或者说物权包含哪些种类的权利，需由法律予以明确规定，而不得由当事人随意创设。物权的内容法定，是指各类物权的具体内容应当由法律明确规定，当事人不得创设与法定物权内容不符的物权，也不得自行约定物权的内容，不得作出与法律强行性规定不符的约定。此外，需注意违反物权法定的法律后果。有观点认为物权法定是强制性规范，违反这一原则自由创设物权类型和内容的合同无效。笔者认为，这一观点值得商榷。实践中，应视违反物权法定原则的具体情形判断相应法律后果。若当事人系在合同中创设法定类型之外的新物权类型，则不产生设定物权的效果。若当事人系在合同中约定了物权的某些内容或者行使限制，而这些具体内容虽没有明确法律依据，但不属物权编规定的影响该类物权性质的基本内容，且并未违反法律禁止性规定，一般可认定该约定有效。若当事人在合同中约定了物权公示方法，但该公示方法并非法定公示方法，则不产生设定或者变更该类物权的效力，但符合其他种类物权公示方法的，可认定设定或者变更另一种物权。

3. 第207条规定的平等保护是物权规则中的基本特征，该原则也是贯彻社会主义市场经济的体现。需说明的是，该条规定了“其他权利人的物权”，这是由于该条是从所有制角度对物权主体分类规定平等保护原则的，尚有无法完全纳入“国家”“集体”“私人”的权利人，如公益性基金会等，故有此规定。

4. 第208条规定的物权公示原则指向的是两个方面的问题：一是物权人享有物权、物权内容变更或物权消灭以什么方式确定；二是由于物权是排他的“绝对权”“对世权”，权利人之外的其他义务人负有不作为的义务。因而需让广大义务人知晓权利人是谁，不应该妨碍谁。此外，需说明的是，与物权公示原则相伴的还有一个物权公信原则。由于该原则在物权编零散分布在多个条文且互有交叉，故未在本词条中进行梳理分析。

5. 第288条处理相邻关系原则，针对的是不动产的相邻权利人。设立该原则目的是尽可能确保权利人间的和睦关系，解决因权利行使发生的冲突，维护不动产相邻各方利益的平衡。该原则不仅是人们在生产生活中处理相邻关系应遵从的原则，也是法官审理相邻关系纠纷案件应遵从的原则。另外，该原则内容也体现了民法基本原则中的“公平原则”，故在该词条中也有涉及。

6. 第 346 条规定的建设用地使用权原则，主要包括三个方面：一是应符合节约资源、保护生态环境的要求。该方面内容也体现了民法基本原则中的“绿色原则”，故该条款同时也被“绿色原则”词条吸收。二是应遵守法律、行政法规关于土地用途的规定。三是不得损害已设立的用益物权。建设用地使用权分层设立（地表、地下、地上分别设立），所有适用于“横向”不动产之间的相邻关系、地役权等规定都适用于“纵向”不动产之间。

物权效力方式与时间

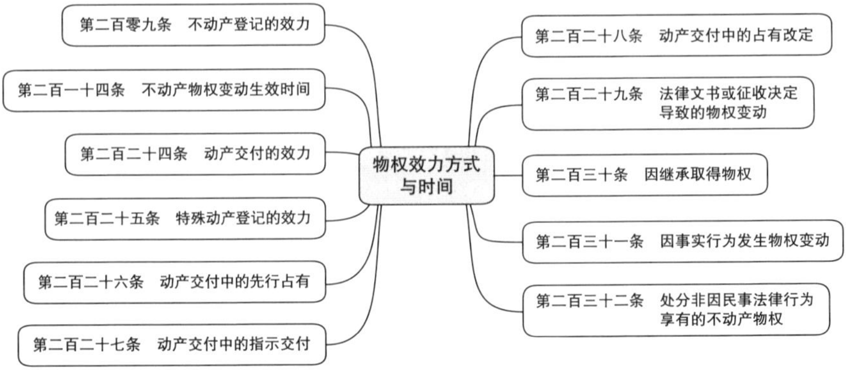

概念

物权效力方式、时间，是指在物权设立、变更、转让和消灭过程中采用什么方式对其效力进行确认，以及物权发生上述变化的时间如何确定，也可称为确认物权的规则。

法典条款

第二百零九条【不动产登记的效力】　不动产物权的设立、变更、转让和消灭，经依法登记，发生效力；未经登记，不发生效力，但是法律另有规定的除外。

依法属于国家所有的自然资源，所有权可以不登记。

第二百一十四条【不动产物权变动生效时间】　不动产物权的设立、变更、转让和消灭，依照法律规定应当登记的，自记载于不动产登记簿时发生效力。

第二百二十四条【动产交付的效力】 动产物权的设立和转让，自交付时发生效力，但是法律另有规定的除外。

第二百二十五条【特殊动产登记的效力】 船舶、航空器和机动车等的物权的设立、变更、转让和消灭，未经登记，不得对抗善意第三人。

第二百二十六条【动产交付中的先行占有】 动产物权设立和转让前，权利人已经占有该动产的，物权自民事法律行为生效时发生效力。

第二百二十七条【动产交付中的指示交付】 动产物权设立和转让前，第三人占有该动产的，负有交付义务的人可以通过转让请求第三人返还原物的权利代替交付。

第二百二十八条【动产交付中的占有改定】 动产物权转让时，当事人又约定由出让人继续占有该动产的，物权自该约定生效时发生效力。

第二百二十九条【法律文书或征收决定导致的物权变动】 因人民法院、仲裁机构的法律文书或者人民政府的征收决定等，导致物权设立、变更、转让或者消灭的，自法律文书或者征收决定等生效时发生效力。

第二百三十条【因继承取得物权】 因继承取得物权的，自继承开始时发生效力。

第二百三十一条【因事实行为发生物权变动】 因合法建造、拆除房屋等事实行为设立或者消灭物权的，自事实行为成就时发生效力。

第二百三十二条【处分非因民事法律行为享有的不动产物权】 处分依照本节规定享有的不动产物权，依照法律规定需要办理登记的，未经登记，不发生物权效力。

实务要点

1. 根据第 209 条的规定，不动产物权效力的方式为登记。该条同时规定“未经登记，不发生效力，但是法律另有规定的除外”。这里的“法律另有规定的除外”，主要包括三个方面：一是该条第 2 款的规定，即依法属于国家所有的自然资源，所有权可以不登记；二是物权编第一分编第二章第 3 节规定的物权设立、变更、转让、消灭的特殊情形，即本词条下梳理的第 229~231 条；三是考虑现行法律规定及我国实际情况尤其农村实际情况，《民法典》并未对不动产物权一概规定必须登记才生效力，如土地承包经营权、地役权、宅基地使用权等即是如此。当然，对于大多数不动产而言，登记仍是不动产物权生效的要件。对这些不动产来说，根据第 214 条的规定，不动产物权的生效时间自“记载于不动产登记簿时发生效力”。

2. 关于动产物权，其设立、转让并非以登记为要件，而是以交付为要件，自交付时发生效力，第 224 条对此有规定。该条所说的“动产物权的设立和转让”，是指当事人通过合同转让动产所有权或设立动产质权两种情形。此外，本条“法律另有规定的除外”，一是指第 226~228 条规定的现行占有、指示交付、占有改定；二是指物权编第一分编第二章第 3 节规定的物权设立、变更、转让、消灭中的特殊情形，即本词条下梳理的第 229~231 条；三是指物权编第四分编“担保物权”对动产抵押权、留置权的有关规定。

3. 船舶、航空器、机动车等特殊动产，本身具有动产属性，其物权变动并非在登记时发生效力，一般仍在交付时发生效力。但由于这些动产价值超过一般动产，被视为一种准不动产，故法律针对其设立登记对抗主义制度，明确不进行登记不能对抗善意第三人。

4. 第 226 条、第 227 条、第 228 条分别规定了动产交付中的先行占有（也称简易交付）、指示交付、占有规定，明确了不同情况下动产物权发生效力的时间。根据第 226 条的规定，先行占有情形下物权变动的效力在当事人件关于物权变动的协议生效时生效。第 227 条关于指示交付，需注意规定中的“第三人”既包括基于合同等关系产生的能够对动产进行直接占有和控制的“第三人”，也包括不具备法律上的正当原因而占有该动产的无权占有人。第 228 条规定的占有改定中，动产物权变动自约定生效时发生效力，该约定是指“出让人继续占有”的约定而非仅指动产转让协议。此外，需注意的是，除了现实存在的动产外，占有改定还可适用于将来可取得的动产。

5. 第 229 条、第 230 条、第 231 条分别就物权变动中一些特殊情形（包括因生效法律文书或征收决定导致的物权变动、因继承取得物权、因事实行为发生的物权变动）进行了规定。关于生效法律文书，指直接为当事人创设或变动物权的判决书、裁决书、调解书等，但由于上述法律文书对当事人以外的第三人来说公示力和公信力较弱，因而根据第 232 条，该物权在处分时，法律规定需办理登记的仍需进行登记，不经登记不发生物权效力。因继承取得物权的，若遗产涉及不动产，仍需办理登记；未办理的，根据第 232 条，对该不动产的处分行为不发生物权效力。第231条规定的“事实行为成就时”，是指房屋建成之时、衣服做成之时、家具完成之时或物品抛弃、毁灭之时。当然，因事实行为取得物权虽不必登记，但若系不动产，在未登记的情况下，同样根据第232条的规定，之后进行的处分将不发生物权效力。

权威参考案例

1. 付某华诉吕某白、刘某锋案外人执行异议之诉案（《最高人民法院公报》2017年第3期）

根据《物权法》（已废止）的规定，不动产物权变动原则上以登记完成为生效要件。[①] 夫妻双方签订的离婚协议中对不动产归属的约定并不直接发生物权变动的效果，一方仅可基于债权请求权向对方主张履行房屋产权变更登记的契约义务。在不动产产权人未依法变更的情况下，离婚协议中关于不动产归属的约定不具有对抗外部第三人债权的法律效力。

2. 中国长城资产管理公司乌鲁木齐办事处与新疆华电工贸有限责任公司、新疆华电红雁池发电有限责任公司、新疆华电苇湖梁发电有限责任公司等借款合同纠纷上诉案（《最高人民法院公报》2009年第2期）

根据《物权法》（已废止）第23条[②] 的规定，动产物权的设立和转让自交付时发生效力，动产所有权的转移以实际交付为准。股东以动产实物出资的，应当将作为出资的动产按期实际交付给公司。未实际交付的，应当认定股东没有履行出资义务，其出资没有实际到位。

3. 肯考帝亚农产品贸易（上海）有限公司与广东富虹油品有限公司所有权确认纠纷案（《最高人民法院公报》2012年第1期）

《物权法》（已废止）第23条[③] 规定，动产物权的设立和转让，自交付时发生效力。交付是否完成是动产所有权转移与否的标准，动产由第三人占有时，则应根据《物权法》（已废止）第26条[④] 的规定进行指示交付。最高人民法院《关于适用〈中华人民共和国担保法〉若干问题的解释》（已废止）第88条规定，出质

---

① 可参考《民法典》第209条。

② 可参考《民法典》第224条。

③ 可参考《民法典》第224条。

④ 可参考《民法典》第227条。

人以间接占有的财产出质的，以质押合同书面通知占有人时视为移交。根据该条规定精神，提货单的交付，仅意味着当事人的提货请求权进行了转移，在当事人未将提货请求转移事实通知实际占有人时，提货单的交付并不构成《物权法》（已废止）第26条[①]所规定的指示交付。

4. 青岛源宏祥纺织有限公司诉港润（聊城）印染有限公司取回权确认纠纷案（《最高人民法院公报》2012年第4期）

《物权法》（已废止）第23条[②]规定："动产物权的设立和转让，自交付时发生效力，但法律另有规定的除外。"同时，该法第27条[③]规定："动产物权转让时，双方又约定由出让人继续占有该动产的，物权自该约定生效时发生效力。"依据上述规定，动产物权的转让，以交付为公示要件，无论交付的方式是现实交付还是以占有改定方式交付。当事人之间仅仅就物权的转移达成协议，但未就该动产达成出让人继续占有该动产的占有改定协议的，不能构成《物权法》（已废止）第27条[④]规定的占有改定，故不能发生物权转移的效力。

5. 陕西崇立实业发展有限公司与中国信达资产管理股份有限公司陕西省分公司、西安佳佳房地产综合开发有限责任公司案外人执行异议之诉案（《最高人民法院公报》2018年第8期）

虽然《物权法》（已废止）第30条[⑤]规定，因合法建造、拆除房屋等事实行为设立或者消灭物权的，自事实行为成就时发生效力。但合法建造取得物权，应当包括两个前提条件，一是必须有合法的建房手续，完成特定审批，取得合法土地权利，符合规划要求；二是房屋应当建成。根据查明事实，案涉房屋的国有土地使用权证、建筑用地规划许可证、建筑工程规划许可证、施工许可证等记载的权利人均为佳佳公司。即在案涉房屋开发的立项、规划、建设过程中，佳佳公司是相关行政审批机关确定的建设方，崇立公司仅依据其与佳佳公司的联建协议，并不能直接认定其为《物权法》（已废止）第30条[⑥]规定的合法建造人，并因事实行为而当然取得物权。

---

① 可参考《民法典》第227条。

② 可参考《民法典》第224条。

③ 可参考《民法典》第228条。

④ 可参考《民法典》第228条。

⑤ 可参考《民法典》第231条。

⑥ 可参考《民法典》第231条。

不动产登记制度

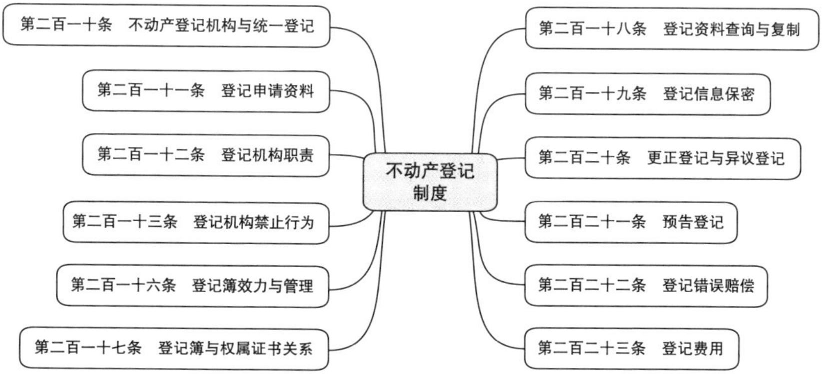

概念

登记对不动产物权的确立具有重大意义，是不动产物权设立、变更、转让、消灭中的重要环节，因而设立较为完备的不动产登记制度的意义不言而喻。民法意义上的不动产登记制度，主要包括登记机构主体及其职责（包括禁止行为）、登记申请资料、登记簿效力与管理、登记信息查询与保密、特殊登记类型（更正登记、异议登记、预告登记）、登记错误赔偿、登记费用等。

法典条款

第二百一十条【不动产登记机构与统一登记】 不动产登记，由不动产所在地的登记机构办理。

国家对不动产实行统一登记制度。统一登记的范围、登记机构和登记办法，由法律、行政法规规定。

第二百一十一条【登记申请资料】 当事人申请登记，应当根据不同登记事项提供权属证明和不动产界址、面积等必要材料。

第二百一十二条【登记机构职责】 登记机构应当履行下列职责：

（一）查验申请人提供的权属证明和其他必要材料；

（二）就有关登记事项询问申请人；

（三）如实、及时登记有关事项；

（四）法律、行政法规规定的其他职责。

申请登记的不动产的有关情况需要进一步证明的，登记机构可以要求申请人补充材料，必要时可以实地查看。

第二百一十三条【登记机构禁止行为】 登记机构不得有下列行为：

（一）要求对不动产进行评估；

（二）以年检等名义进行重复登记；

（三）超出登记职责范围的其他行为。

第二百一十六条【登记簿效力与管理】 不动产登记簿是物权归属和内容的根据。

不动产登记簿由登记机构管理。

第二百一十七条【登记簿与权属证书关系】 不动产权属证书是权利人享有该不动产物权的证明。不动产权属证书记载的事项，应当与不动产登记簿一致；记载不一致的，除有证据证明不动产登记簿确有错误外，以不动产登记簿为准。

第二百一十八条【登记资料查询与复制】 权利人、利害关系人可以申请查询、复制不动产登记资料，登记机构应当提供。

第二百一十九条【登记信息保密】 利害关系人不得公开、非法使用权利人的不动产登记资料。

第二百二十条【更正登记与异议登记】 权利人、利害关系人认为不动产登记簿记载的事项错误的，可以申请更正登记。不动产登记簿记载的权利人书面同意更正或者有证据证明登记确有错误的，登记机构应当予以更正。

不动产登记簿记载的权利人不同意更正的，利害关系人可以申请异议登记。登记机构予以异议登记，申请人自异议登记之日起十五日内不提起诉讼的，异议登记失效。异议登记不当，造成权利人损害的，权利人可以向申请人请求损害赔偿。

第二百二十一条【预告登记】 当事人签订买卖房屋的协议或者签订其他不动产物权的协议，为保障将来实现物权，按照约定可以向登记机构申请预告登记。预告登记后，未经预告登记的权利人同意，处分该不动产的，不发生物权效力。

预告登记后，债权消灭或者自能够进行不动产登记之日起九十日内未申请登记的，预告登记失效。

第二百二十二条【登记错误赔偿】 当事人提供虚假材料申请登记，造成他人损害的，应当承担赔偿责任。

因登记错误，造成他人损害的，登记机构应当承担赔偿责任。登记机构赔偿后，可以向造成登记错误的人追偿。

第二百二十三条【登记费用】 不动产登记费按件收取，不得按照不动产的面积、体积或者价款的比例收取。

实务要点

1. 不动产实行统一登记制度，由不动产所在地登记机构办理。有关不动产登记的具体程序、登记机构具体职责与申请资料，《民法典》只进行了原则性规定，具体登记办法、登记机构职责及不同登记事项需提供的材料，需按照专门的法律、行政法规要求进行。目前，不动产登记工作应按照《不动产登记暂行条例》执行。《民法典》第 213 条从反面列举了一些登记机构不得从事的行为，包括要求评估、重复登记等，同时规定了兜底事项，有利于进一步保障当事人利益。

2. 确立了不动产物权登记生效主义之后，不动产登记簿自然成为不动产物权的法律根据，这是不动产物权公示原则的必然体现，当然也是保障物权变动的必要手段。第 216 条第 1 款即对此进行了明确。此外，不动产登记簿的效力优先于不动产权属证书，也是就是说，当房产证记载与不动产登记簿记载不一致时，应以不动产登记簿为准。第 217 条的规定即是如此。

3. 权利人可以申请查询、复制不动产登记资料，这没有什么疑问。但第 218 条规定的利害关系人究竟指哪些人？尤其在物权编增设居住权制度后，不动产登记信息对相关权利人有很大影响。如何界定该条的“利害关系人”，需要司法解释或有关机关进一步明确。当然，顺应个人信息保护的需要，《民法典》亦增加了登记资料信息保密的规定，即第 219 条规定的“利害关系人不得公开、非法使用权利人的不动产登记资料”。

4. 关于不动产的更正登记与异议登记，两者是一体的。但与异议登记不同的是，更正登记可以彻底地消除登记权利与真正权利不一致的状态，避免第三人依据不动产登记簿取得相应物权。需说明的是，更正登记有两种方式：一是权利人（包括登记权利人、事实权利人）及利害关系人申请的更正登记；二是登记机关自己发现登记错误后的更正登记。而异议登记，是指将事实上权利人及利害关系人的异议记入登记簿，但其法律效力是暂时的。依照第 220 条的规定，申请人自异议登记起 15 日内部起诉的，异议登记失效。异议登记使登记簿记载的权利失去正确性推定的效力，故第 220 条规定异议登记不当的，申请人应负责赔偿。

5. 第 221 条规定的预告登记，也是不动产登记中的一种特殊类型，该登记的内容并非不动产物权，而是将来发生不动产物权变动的请求权。预告登记旨在限制开发商债务人处分其权利，保障债权人债权的实现。同样，预告登记也有时效限制，两种情形下，预告登记失效：一是债权消灭；二是自能进行不动产登记之日起 90 日内未申请。

6. 第 222 条规定的登记错误赔偿，包括两种原因：一是申请人等提供虚假材料；二是登记机构过错。当然，也有可能两种原因都有。因申请人等虚假提供材料造成的，申请人承担赔偿责任；登记机构在登记过程中存在过错的，《民法典》第 222 条第 2 款作出了原则性规定，同时规定了可向登记错误的人追偿。但对登记机构承担责任的性质及具体的追偿方式（包括登记错误的人具体指哪些，是登记机构工作人员还是申请人），有待进一步明确。

7. 登记并非营利性组织，登记费收取不宜与不动产面积、体积或价款挂钩，而是按件收费。第 223 条对此进行了明确。

权威参考案例

1. 四川省聚丰房地产开发有限责任公司诉达州广播电视大学合资、合作开发房地产合同纠纷案（《最高人民法院公报》2014 年第 10 期）

不动产物权应当依不动产登记簿的内容确定，不动产权属证书只是权利人享有该不动产物权的证明。行政机关注销国有土地使用证但并未注销土地登记的，国有土地的使用权人仍然是土地登记档案中记载的权利人。国有土地使用权转让法律关系中的转让人以国有土地使用证被注销、其不再享有土地使用权为由主张解除合同的，人民法院不应支持。

2. 中国银行江西分行诉南昌市房管局违法办理抵押登记案（《最高人民法院公报》2004 年第 2 期）

房管局作为负责办理房产抵押登记的行政主管部门，在办理房产抵押登记过程中，对当事人的申请应当以高度负责的态度认真履行必要的注意义务，对抵押房产及其权属证书的真伪有条件加以核对与识别。南昌市房管局在本案中违反职业规范，未尽必要的注意义务，为持有假房产证实施诈骗的天龙公司办理抵押登记手续，并明示信托公司可以办理贷款。信托公司基于对房产登记机关所办抵押登记行为的信赖，为天龙公司发放贷款，致使信托公司遭受了财产损失。虽然本案贷款人天龙公司是造成信托公司财产损失的直接责任人，但是南昌市房管局的违法行为客观上为天龙公司骗取贷款提供了条件，其违法出具他项权利证明的行为与信托公司财产损失之间存在法律上的利害关系和因果关系。在天龙公司无法偿还贷款的情况下，南昌市房管局应承担相应的过失赔偿责任。其承担赔偿责任后，有权就其承担的数额向天龙公司行使追偿权。

3. 中国光大银行股份有限公司上海青浦支行诉上海东鹤房地产有限公司、陈某绮保证合同纠纷案（《最高人民法院公报》2014 年第 9 期）

预售商品房抵押贷款中，虽然银行与借款人（购房人）对预售商品房做了抵押预告登记，但该预告登记并未使银行获得现实的抵押权，而是待房屋建成交付借款人后银行就该房屋设立抵押权的一种预先的排他性保全。如果房屋建成后的产权未登记至借款人名下，则抵押权设立登记无法完成，银行不能对该预售商品房行使抵押权。

区分原则

第二百一十五条　合同效力与物权变动区分 — **区分原则** — 第五百九十七条　无权处分效力

概念

区分原则，也称合同效力与物权变动区分原则，在民法学中是物权变动与其基础关系或原因关系的区分原则。以发生物权变动为目的的基础关系（主要指合同），属于债权法律关系范畴，其成立与生效应依据合同法律制度判断；而不动产物权的变动在登记时生效。简言之，合同原则上一经成立便生效，而不动产物权的效力则在登记时发生。因此有关设立、变更、转让、消灭不动产物权的合同与物权的设立、变更、转让、消灭是两个应加区分的概念。

法典条款

第二百一十五条【合同效力与物权变动区分】　当事人之间订立有关设立、变更、转让和消灭不动产物权的合同，除法律另有规定或者当事人另有约定外，自合同成立时生效；未办理物权登记的，不影响合同效力。

第五百九十七条【无权处分效力】　因出卖人未取得处分权致使标的物所有权不能转移的，买受人可以解除合同并请求出卖人承担违约责任。

法律、行政法规禁止或者限制转让的标的物，依照其规定。

实务要点

1. 第 215 条规定的区分原则，针对的是不动产物权变动范围，而非动产。

2. 根据第 597 条第 1 款的规定，在买卖合同中，立法机关对无权处分他人之物所订立的合同是否有效，原则上是持肯定态度的，理由在于：一是买卖合同只要不违反法律、行政法规的强制性规定且不违反公序良俗，肯定其效力有利于正常交易的开展，增强市场活力；二是从保护受让人角度来看，肯定合同效力有利于其追究无权处分人的违约责任；三是基于第 215 条的规定，应将合同效力与物权登记生效区别对待。在此情形下，即使承认了出卖他人之物的合同效力，并不实际影响他人的权益。另需注意的是，虽然第 597 条规定在买卖合同一章，但《民法典》第 646 条规定，“法律对其他有偿合同有规定的，依照其规定；没有规定的，参照适用买卖合同的有关规定”。因而，其他有偿合同也可以参照第 597 条规定适用。

权威参考案例

万某全、万某诉狄某等人房屋买卖合同纠纷案（《最高人民法院公报》2018 年第 2 期）

共同居住的家庭成员，以自己的名义将其他家庭成员名下的房屋出卖给他人，该行为对房屋所有人是否有效，须判断房屋所有人是否事前知晓且同意。为此，人民法院应当结合房屋产权证书、钥匙是否为房屋所有人持有，对价支付情况，买受人实际占有房屋持续时间以及相关证人证言等综合判定。

物权请求权

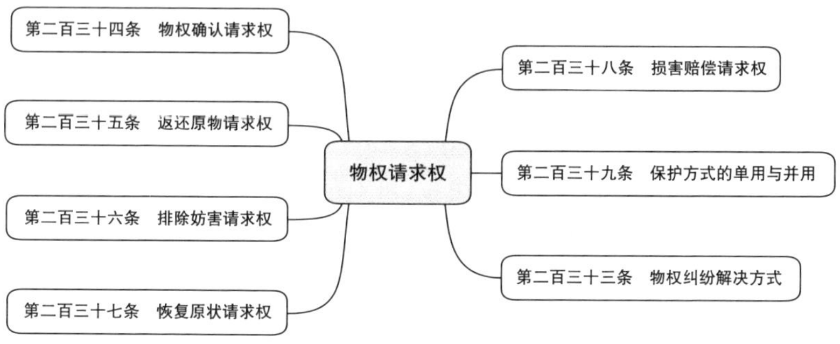

概念

物权请求权，是指物权遭到侵害时，权利人得以向行为人主张的请求返还原物、排除妨害、消除危险、恢复原状、损害赔偿等权利，当然也包括因物权归属、内容发生争议，利害关系人请求进行物权确认的权利。以上请求权，均属物权保护范畴。

法典条款

第二百三十四条【物权确认请求权】 因物权的归属、内容发生争议的，利害关系人可以请求确认权利。

第二百三十五条【返还原物请求权】 无权占有不动产或者动产的，权利人可以请求返还原物。

第二百三十六条【排除妨害请求权】 妨害物权或者可能妨害物权的，权利人可以请求排除妨害或者消除危险。

第二百三十七条【恢复原状请求权】 造成不动产或者动产毁损的，权利人可以依法请求修理、重作、更换或者恢复原状。

第二百三十八条【损害赔偿请求权】 侵害物权，造成权利人损害的，权利人可以依法请求损害赔偿，也可以依法请求承担其他民事责任。

第二百三十九条【保护方式的单用与并用】 本章规定的物权保护方式，可以单独适用，也可以根据权利被侵害的情形合并适用。

第二百三十三条【物权纠纷解决方式】 物权受到侵害的，权利人可以通过和解、调解、仲裁、诉讼等途径解决。

实务要点

1. 第 234 条规定的物权确认请求权是物权保护的一项基本权利，由于此时当事人对物权归属或内容存在争议，相关物权权利人尚处不明状态，故将请求主体规定为“利害关系人”而不宜规定为“权利人”。另需注意，可以进行物权确认的主体为有关行政机关、人民法院等。

2. 第 235 条规定的返还原物请求权，针对的是他人无权占有不动产或动产的情况。无权占有一般包括两类：一类是占有人从占有开始就缺乏法律依据，如占有抢夺来的物品；另一类是占有开始时有法律依据，但之后依据消灭，如租赁期满拒绝返还他人租赁物。

3. 在第 236 条规定的排除妨害请求权中，请求被排除的妨害应具有不法性。如果权利人对该“妨害”具有容忍义务，则不具有排除妨害请求权。此外，该条也规定了消除危险请求权。需注意，消除危险请求权针对的是某种尚未发生但确有发生可能性的危险。且只需有危险存在的客观事实即可，无论当事人是否具有故意或过失的主观过错。

4. 第 237 条规定的修理、重作、更换或恢复原状请求权中的修理、重作、更换在很多情况下来讲，属于恢复原状的一种方式。但之所以仍将修理、重作、更换与恢复原状并列，一方面，在于《民法典》第 179 条规定的承担民事责任的方式中，恢复原状作为第 5 项与作为第 6 项的修理、重作、更换是并列的；另一方面，在某些情况下，恢复原状的方式并非属于三种之一，如在他人门口挖了一条沟，通过回填其他渣土的方式恢复原状，但这种方式并不属于修理、重作、更换的一种。可以看出，二者还是存在一定区别的。

5. 第 238 条规定的损害赔偿请求权，是针对物权而非债权等其他权利被侵害的情形的。物权受到侵害，给物权人造成损失的，物权人有权请求赔偿损失。赔偿损失的方式包括金钱赔偿、代物赔偿。例如，将他人的电脑弄坏，赔偿的方式有多种，如修理好电脑，或者赔台新电脑，或者赔偿修电脑的钱，或者赔些其他东西折抵电脑修理费。

6. 第 239 条规定的是以上物权保护方式的单用或并用。上述物权保护方式并不是相互排斥的，可以单独适用，也可以根据具体情况合并适用。单独适用和合并适用其目的都是一致的，即让物权人的物权能够得到保护。当然，如果物权人择一适用即可实现物权保护的目的，就无须合并适用物权保护方式；关键看是否足以救济权利人。

7. 第 233 条是关于物权纠纷解决方式的规定。物权受到侵害，权利人可以选择和解、调解、仲裁、诉讼等途径进行救济。和解，是指权利人与侵害人通过达成协议解决物权纠纷的救济方式，包括诉讼前、诉讼中以及执行中的和解。调解，是指争议双方由第三方主持下通过协议方式达成利益平衡，包括法院调解、其他机构调解及其他个人调解等。调解可以在诉讼中达成，也可以在诉讼外达成。仲裁，是指纠纷当事人达成仲裁协议，由仲裁机构解决纠纷的争议解决方式。物权纠纷由仲裁机构解决的前提是当事人自愿达成有效的仲裁协议，否则仲裁机构不予受理。诉讼，是指权利人向有管辖权的人民法院提起请求保护其利益，由法院作出相应裁判的救济方式。除和解、调解、仲裁、诉讼四种救济途径外，本条还做了开放式的规定，即“等途径”。所谓“等途径”，是指和解、调解、仲裁、诉讼之外的其他救济途径，如《民法典》第181条规定的正当防卫行为、第182条规定的紧急避险、第1177条规定的自助行为等。

权威参考案例

1. 大连羽田钢管有限公司与大连保税区弘丰钢铁工贸有限公司物权确认纠纷再审案（《最高人民法院公报》2012年第6期）

在物权确权纠纷案件中，根据物权变动的基本原则，对于当事人依据受让合同提出的确权请求应当视动产与不动产区别予以对待。人民法院对于已经交付的动产权属可以予以确认。对于权利人提出的登记于他人名下的不动产物权归其所有的确权请求，人民法院不宜直接判决确认其权属，而应当判决他人向权利人办理登记过户。

2. 连某贤诉臧某林排除妨害纠纷案（《最高人民法院公报》2015年第10期）

签订房屋买卖合同后出卖方应向买受人履行权利与实物的双重交付，在买受方已取得房屋产权而未实际占有的情况下，其仅仅基于物权请求权要求有权占有人迁出，法院应做慎重审查。若占有人对房屋的占有具有合法性、正当性，买受方应以合同相对方为被告提起债权给付之诉，要求对方履行交付房屋的义务或在房屋客观上无法交付的情况下承担相应的违约责任。

征收、征用

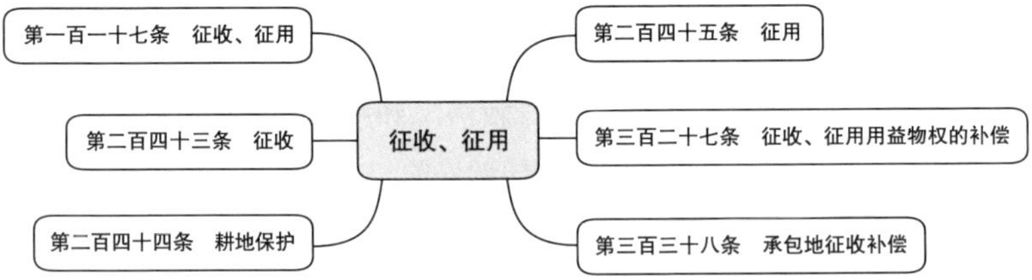

概念

征收，是指国家以行政权取得集体、单位或个人财产所有权的行为；征用，是指国家为了抢险、救灾等公共利益需要，在紧急情况下强制性地使用单位、个人的动产或不动产。征用不同于征收，权利人只获得使用权，其不导致所有权转移。

法典条款

第一百一十七条【征收、征用】　为了公共利益的需要，依照法律规定的权限和程序征收、征用不动产或者动产的，应当给予公平、合理的补偿。

第二百四十三条【征收】　为了公共利益的需要，依照法律规定的权限和程序可以征收集体所有的土地和组织、个人的房屋以及其他不动产。

征收集体所有的土地，应当依法及时足额支付土地补偿费、安置补助费以及农村村民住宅、其他地上附着物和青苗等的补偿费用，并安排被征地农民的社会保障费用，保障被征地农民的生活，维护被征地农民的合法权益。

征收组织、个人的房屋以及其他不动产，应当依法给予征收补偿，维护被征收人的合法权益；征收个人住宅的，还应当保障被征收人的居住条件。

任何组织或者个人不得贪污、挪用、私分、截留、拖欠征收补偿费等费用。

第二百四十四条【耕地保护】　国家对耕地实行特殊保护，严格限制农用地转为建设用地，控制建设用地总量。不得违反法律规定的权限和程序征收集体所有的土地。

第二百四十五条【征用】　因抢险救灾、疫情防控等紧急需要，依照法律规定的权限和程序可以征用组织、个人的不动产或者动产。被征用的不动产或者动产使用后，应当返还被征用人。组织、个人的不动产或者动产被征用或者征用后毁损、灭失的，应当给予补偿。

第三百二十七条【征收、征用用益物权的补偿】　因不动产或者动产被征收、征用致使用益物权消灭或者影响用益物权行使的，用益物权人有权依据本法第二百四十三条、第二百四十五条的规定获得相应补偿。

第三百三十八条【承包地征收补偿】　承包地被征收的，土地承包经营权人有权依据本法第二百四十三条的规定获得相应补偿。

实务要点

1. 根据第 117 条的规定，征收、征用有相同之处，二者都是为了公共利益的需要，都要经过法定程序，都需给予补偿。征收、征用的案件中，很大一部分属行政案件。

2. 关于征收的具体补偿，第 243 条做了具体规定。该条第 2 款、第 3 款就征收集体所有土地、征收组织和个人房屋或其他不动产的补偿原则与补偿内容做了规定，但考虑到各地发展不平衡，具体的补偿标准和补偿办法由《土地管理法》等法律依照本条规定的补偿原则与补偿内容，根据不同情况进行规定。因征收补偿费用属于集体、有关组织或个人所有，为避免出现征收补偿费用不到位、侵占补偿费用情况，该条第 4 款规定，任何组织或者个人不得贪污、挪用、私分、截留、拖欠征收补偿费等费用。

3. 在征收制度后，《民法典》通过第 244 条明确了耕地的保护，以切实保障国家粮食安全，保护农民利益，保证社会安定与经济可持续发展。一是严格控制耕地转非耕地，二是重申不得违反法律规定的权限与程序征收集体所有的耕地。

4. 第 245 条就征用组织、个人的不动产或动产进行了规定，值得注意的是，该条“疫情防控”作为征用事由明确列出，是 2020 年新冠肺炎疫情防控工作影响《民法典》立法的重要体现。由于征用是对所有权的限制，可能给所有权人带来不利影响，故应由严格限制：首先，前提条件是发生紧急情况，一般情况下不得采用；其次，应符合法律规定的权限与程序；最后，事后应及时返还被征用人并给予补偿，但补偿标准一般不会超过可得利益损失。

5. 第 327 条对征收、征用用益物权的补偿，规定参照第 243 条、第 245 条内容；第 338 条对征收承包地的补偿，规定参照第 243 条内容。

权威参考案例

1. 山西省安业集团有限公司诉山西省太原市人民政府收回国有土地使用权决定案（《最高人民法院公报》2017 年第 1 期）

有征收必有补偿，无补偿则无征收。征收补偿应当遵循及时补偿原则和公平补偿原则。补偿问题未依法定程序解决前，被征收人有权拒绝交出房屋和土地。

2. 胡某云诉汤某勤、王某峰所有权确认纠纷案（《最高人民法院公报》2011 年第 12 期）

房屋拆迁安置权益属房屋所有权的综合性权能，一般包括被拆房屋补偿款、搬迁费用、新建房屋补贴、新建房屋土地使用权等在内。应以被拆迁房屋的所有权权属决定拆迁安置权益的归属，共有人之间有权通过协议予以分割。在他人享有使用权之土地上建造房屋而形成附和的，房屋所有权一般归属于土地使用权人。对实施房屋建造的非土地使用权人所进行的补偿不仅仅包括金钱给付，在特定身份关系下亦应包括居住使用权益。

3. 杨某芬诉株洲市人民政府房屋征收决定案（2014 年 8 月 30 日《最高人民法院公布人民法院征收拆迁十大案例》案例 1）

在房屋征收过程中，如果因规划不合理，致使整幢建筑的一部分未纳入规划红线范围内，则政府出于实用性、居住安全性等因素考虑，将未纳入规划的部分一并征收，该行为体现了以人为本，有利于征收工作顺利推进。人民法院认可相关征收决定的合法性，不赞成过于片面、机械地理解法律。

4. 孔某丰诉泗水县人民政府房屋征收决定案（2014 年 8 月 30 日《最高人民法院公布人民法院征收拆迁十大案例》案例 2）

《国有土地上房屋征收与补偿条例》第 2 条规定的对被征收人给予公平补偿原则，应贯穿于房屋征收与补偿全过程。无论有关征收决定还是补偿决定的诉讼，人民法院都要坚持程序审查与实体审查相结合，一旦发现补偿方案确定的补偿标准明显低于法定的“类似房地产的市场价格”，即便对于影响面大、涉及人数众多的征收决定，该确认违法的要坚决确认违法，该撤销的要坚决撤销，以有力地维护人民群众的根本权益。

5. 何某诉淮安市淮阴区人民政府房屋征收补偿决定案（2014 年 8 月 30 日《最高人民法院公布人民法院征收拆迁十大案例》案例 3）

在房屋补偿决定诉讼中，旗帜鲜明地维护了被征收人的补偿方式选择权。《国有土地上房屋征收与补偿条例》第 21 条明确规定，“被征收人可以选择货币补偿，也可以选择房屋产权调换”，而实践中不少“官民矛盾”的产生，源于市、县级政府在作出补偿决定时，没有给被征收人选择补偿方式的机会而径直加以确定。本案的撤销判决从根本上纠正了行政机关这一典型违法情形，为当事人提供了充分的司法救济。

6. 艾某云、沙某芳诉马鞍山市雨山区人民政府房屋征收补偿决定案（2014 年 8 月 30 日《最高人民法院公布人民法院征收拆迁十大案例》案例 4）

通过严格的程序审查，在评估报告是否送达这一细节上，彰显了司法对被征收人获得公平补偿权的全方位保护。房屋价值评估报告是行政机关作出补偿决定最重要的依据之一，如果评估报告未及时送达，会导致被征收人申请复评和申请鉴定的法定权利无法行使，进而使补偿决定本身失去合法性基础。本案判决敏锐地把握住了程序问题与实体权益保障的重要关联性，果断撤销了补偿决定，保障是充分到位的。

7. 文某安诉商城县人民政府房屋征收补偿决定案（2014年8月30日《最高人民法院公布人民法院征收拆迁十大案例》案例5）

从程序合法性、实体合法性两个角度鲜明地指出补偿决定存在的硬伤。在程序合法性方面，依据有关规定突出强调了征收决定作出后才能正式确定评估机构的基本程序要求；在实体合法性方面，强调补偿决定认定的被征收人必须适格。本案因存在征收决定作出前已确定了评估机构，且补偿决定核定的被征收人不是合法权属登记人的问题，故判决撤销补偿决定，彰显了程序公正和实体公正价值的双重意义。

8. 霍某英诉上海市黄浦区人民政府房屋征收补偿决定案（2014年8月30日《最高人民法院公布人民法院征收拆迁十大案例》案例6）

本案对如何界定被征收房屋是否属于居住房屋、进而适用不同补偿标准具有积极的借鉴意义。实践中，老百姓最关注的"按什么标准补"的前提往往是"房屋属于什么性质和用途"，这方面争议很多。法院在实践中通常依据房产登记证件所载明的用途认定房屋性质，但如果载明用途与被征收人的主张不一致，需要其提供营业执照和其他相关证据佐证，才有可能酌定不同补偿标准。本案中原告未能提供充分证据证明涉案房屋系非居住房屋，故法院不支持其诉讼请求。

9. 毛某荣诉永昌县人民政府房屋征收补偿决定案（2014年8月30日《最高人民法院公布人民法院征收拆迁十大案例》案例7）

人民法院通过发挥司法监督作用，对合乎法律法规的征收补偿行为给予有力支持。在本案征收补偿过程中，征收部门在听取被征收人对征收补偿方案的意见、评估机构选择、补偿范围确定等方面，比较充分到位，保障了当事人的知情权、参与权，体现了公开、公平、公正原则。通过法官释法明理，原告逐步消除了内心疑虑和不合理的心理预期，不仅未上诉，其后不久又与征收部门达成补偿协议，公益建设项目得以顺利推进，案件处理取得了较好的法律效果和社会效果。

10. 廖某耀诉龙南县人民政府房屋强制拆迁案（2014年8月30日《最高人民法院公布人民法院征收拆迁十大案例》案例8）

本案凸显了行政诉讼中行政机关的举证责任和司法权威，对促进行政机关及其工作人员积极应诉，不断强化诉讼意识、证据意识和责任意识具有警示作用。法律和司法解释明确规定了行政机关在诉讼中的举证责任，不在法定期限内提供证据，视为被诉行政行为没有证据，这是法院处理此类案件的法律底线。本案中，被告将原告的合法房屋在拆除违法建筑过程中一并拆除，在其后诉讼过程中又未能在法定期限内向法院提供据以证明其行为合法的证据，因此只能承担败诉后果。

11. 叶某胜、叶某长、叶某发诉仁化县人民政府房屋行政强制案（2014年8月30日《最高人民法院公布人民法院征收拆迁十大案例》案例9）

本案充分体现了行政审判监督政府依法行政、保障公民基本权益的重要职能。即使对于违法建筑的强制拆除，也要严格遵循《行政强制法》的程序性规定，拆除之前应当先通知相对人自行拆除，在当地张贴公告且不得在夜间拆除。本案被告未遵循这些程序要求，被人民法院判决确认违法。《行政强制法》自2012年1月1日起至案件判决时施行不久，本案判决有助于推动该法在行政审判中的正确适用。

12. 叶某祥诉湖南省株洲市规划局、株洲市石峰区人民政府不履行拆除违法建筑法定职责案（2014年8月30日《最高人民法院公布人民法院征收拆迁十大案例》案例10）

以违法建设相邻权人提起的行政不作为诉讼为载体，有效发挥司法能动性，督促行政机关切实充分地履行拆除违建、保障民生的法定职责。针对各地违法建设数量庞大，局部地区有所蔓延的态势，虽然《城乡规划法》规定了县级以上人民政府对违反城市规划、乡镇人民政府对违反乡村规划的违法建设有权强制拆除，但实际情况不甚理想。违法建设侵犯相邻权人合法权益难以救济成为一种普遍现象和薄弱环节，本案判决在这一问题上表明法院应有态度：即使行政机关对违建采取过一定的查处措施，但如果履行不到位仍构成不完全履行法定职责，法院有权要求行政机关进一步履行到位。这方面审判力度需要不断加强。

国家所有权范围

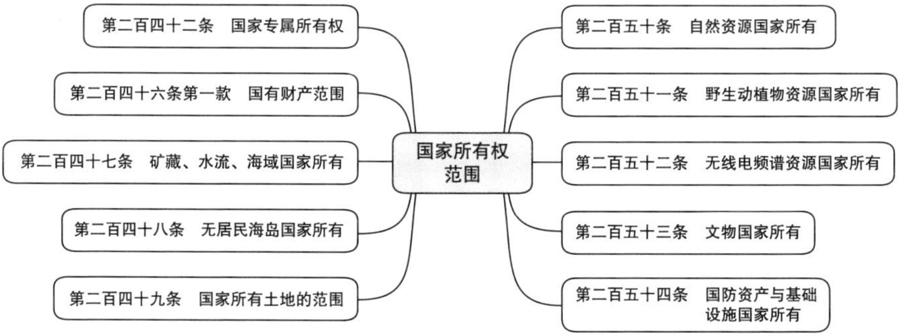

概念

我国国家所有的性质即全民所有，国家所有权范围即明确国有财产范围。依照《宪法》，《民法典》在所有权制度中需要对国家所有权范围进行明确，既有概括性规定条款，也有具体明确的罗列条款。

法典条款

第二百四十二条【国家专属所有权】 法律规定专属于国家所有的不动产和动产，任何组织或者个人不能取得所有权。

第二百四十六条第一款【国有财产范围】 法律规定属于国家所有的财产，属于国家所有即全民所有。

第二百四十七条【矿藏、水流、海域国家所有】 矿藏、水流、海域属于国家所有。

第二百四十八条【无居民海岛国家所有】 无居民海岛属于国家所有，国务院代表国家行使无居民海岛所有权。

第二百四十九条【国家所有土地的范围】 城市的土地，属于国家所有。法律规定属于国家所有的农村和城市郊区的土地，属于国家所有。

第二百五十条【自然资源国家所有】 森林、山岭、草原、荒地、滩涂等自然资源，属于国家所有，但是法律规定属于集体所有的除外。

第二百五十一条【野生动植物资源国家所有】 法律规定属于国家所有的野生动植物资源，属于国家所有。

第二百五十二条【无线电频谱资源国家所有】 无线电频谱资源属于国家所有。

第二百五十三条【文物国家所有】 法律规定属于国家所有的文物，属于国家所有。

第二百五十四条【国防资产与基础设施国家所有】 国防资产属于国家所有。

铁路、公路、电力设施、电信设施和油气管道等基础设施，依照法律规定为国家所有的，属于国家所有。

实务要点

1. 第 242 条规定了国家专属所有权。国家专有，是指所有权主体只能是国家而不能是其他任何人。国家专有的财产不能通过交换或赠与等任何流通手段转移所有权，这与非专有的国家财产的性质不同。国家专有的财产包括但不限于：国有土地；海域；水流；矿产资源；无居民海岛；野生动物资源；无线电频谱资源。

2. 矿藏，主要指矿产资源，即存在于地壳内部或地表，由地质作用，在特定的技术条件下能够被探明和开采利用的，呈固态、液态或气态的自然资源。水流，是指江、河等的统称，此处水流应包括地表水、地下水和其他形态的水资源。海域，是指中华人民共和国内水、领海的水面、水体、海床和底土。海岛，是指四面环海水并在高潮时高于水面的自然形成的陆地区域，包括有居民海岛和无居民海岛。无居民海岛，是指不属于居民户籍管理的住址登记地的海岛，相对于有居民海岛，其一般面积小、远离大陆，散落在浩瀚的大海上。

3. 第 249 条“法律规定属于……”中的“法律”，主要指《土地管理法》及其实施条例等。第 250 条规定的自然资源，如森林、山岭、草原、荒地、滩涂等的所有权一般属国家；但有例外：若法律规定上述资源属于集体，则属集体所有。第 251 条“法律规定属于……”中的“法律”，主要包括《野生动物保护法》《野生植物保护条例》等。无线电频谱，是指可被利用的无线电频率的组合，一般指 3000GHz 以下频率范围内发射无线电波的无线电频率的总称。

4. 根据第 253 条，只有法律规定属于国家所有的文物，国家才对这些文物享有所有权。也就是说，文物的所有权主体也可以是国家之外的其他民事主体。

5. 根据第 254 条，国防资产归国家所有，且只能为国家所有。国防资产，是指国家为武装力量建设、国防科研生产和其他国防建设直接投入的资金、划拨使用的土地等资源以及由此形成的用于国防目的的武器装备和设备设施、物资器材、技术成果等。该条第2款同时规定，依照法律规定为国家所有的铁路、公路、电力设施、电信设施和油气管道等基础设施，属于国家所有。据此，并不是所有的铁路、公路、电力设施、电信设施和油气管道等基础设施的所有权都属于国家，只有法律规定为国家所有的基础设施，国家才对其享有所有权。铁路包括国家铁路、地方铁路、专用铁路和铁路专用线。公路包括公路桥梁、公路隧道和公路渡口。

国家所有权行使与管理

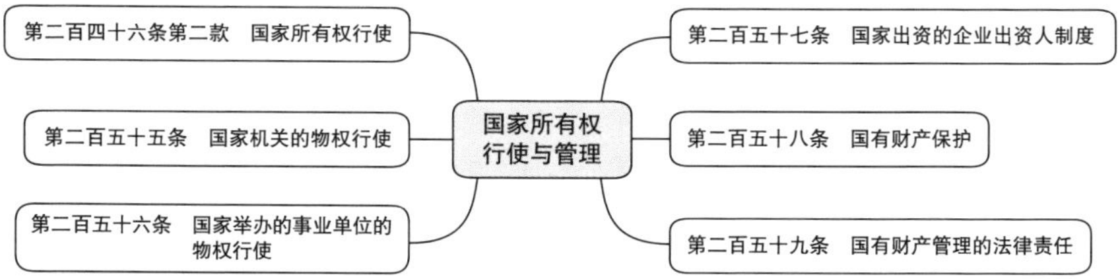

概念

国家所有权范围非常广，由国家直接行使与管理，对国有财产直接行使占有、使用、收益和处分是不现实的。因而需要确定代表国家对国有财产行使所有权的主体，并明确其行使方式与不当行为责任，以切实保障国有资产的稳定与增长。

法典条款

第二百四十六条第二款【国家所有权行使】 国有财产由国务院代表国家行使所有权。法律另有规定的，依照其规定。

第二百五十五条【国家机关的物权行使】 国家机关对其直接支配的不动产和动产，享有占有、使用以及依照法律和国务院的有关规定处分的权利。

第二百五十六条【国家举办的事业单位的物权行使】 国家举办的事业单位对其直接支配的不动产和动产，享有占有、使用以及依照法律和国务院的有关规定收益、处分的权利。

第二百五十七条【国家出资的企业出资人制度】 国家出资的企业，由国务院、地方人民政府依照法律、行政法规规定分别代表国家履行出资人职责，享有出资人权益。

第二百五十八条【国有财产保护】 国家所有的财产受法律保护，禁止任何组织或者个人侵占、哄抢、私分、截留、破坏。

第二百五十九条【国有财产管理的法律责任】 履行国有财产管理、监督职责的机构及其工作人员，应当依法加强对国有财产的管理、监督，促进国有财产保值增值，防止国有财产损失；滥用职权，玩忽职守，造成国有财产损失的，应当依法承担法律责任。

违反国有财产管理规定，在企业改制、合并分立、关联交易等过程中，低价转让、合谋私分、擅自担保或者以其他方式造成国有财产损失的，应当依法承担法律责任。

实务要点

1. 第 246 条第 2 款规定了除法律另有规定之外，国务院代表国家行使国有财产的所有权。由于国有财产具有广泛性，国家对所有国有财产直接行使占有、使用、收益和处分的权利是不可能的，因此，由国务院代表国家对国有财产行使所有权，有利于对国有财产的统一管理。当然，依照法律规定，国有财产也可由地方政府等行使有关权利。

2. 国家机关的财产也是国有资产的重要组成部分，国家机关对其占有的财产的处分必须依照法律和国务院有关规定中的限制与程序进行，防止国有财产流失。相较第 255 条规定的国家机关的物权，第 256 条规定的国家举办的事业单位的物权中，增加了“收益”的权利，但需在有关法律和国务院的有关规定下进行。

3. 第 257 条中的“国家出资的企业”，不仅包括国家出资兴办的企业，如国有独资公司，也包括国家控股或参股的优先责任公司、股份有关等。企业行使也不限于公司形式，还包括未进行公司制改造的其他形式。该条中的“出资人职责”，即股东职责。当然，中央政府、地方政府及设立的国有资产管理机构不能干预企业依法行使自主经营权。

4. 第 258 条中的“侵占”，是指非经国家的授权或者国家机关的同意占有国有财产；“哄抢”，是指故意以非法手段强行抢夺国有财产；“私分”，是指违反国家有关国有财产分配的规定，将国有财产分配给个人或者组织所有；“截留”，是指违反国家有关国有资金管理的规定，将国有资金保留在自己手中或者挪作他用；“破坏”，是指以非法手段直接损害国有财产。上述行为，都侵害了国有财产的所有权，应当依法追究民事乃至刑事责任。

5. 第 259 条第 1 款规定了国有财产管理、监督机构及其工作人员应依法履行职责。这里的“履行国有财产管理、监督职责的机构”包括国务院国有资产监督管理委员会和地方人民政府国有资产监督管理委员会、财政部门、审计部门等。本条第 2 款规定的情形主要包括：低价转让国有财产；合谋私分国有财产；擅自以国有财产为他人履行债务提供担保等。

集体所有权

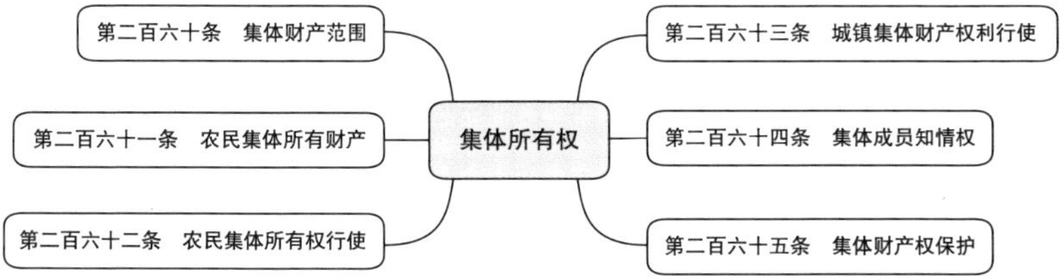

概念

集体所有权是相对于国家所有权、私人所有权的概念，其实质内容即指集体财产，包括集体财产的范围、集体财产权利的行使、集体财产权利的保护等。

法典条款

第二百六十条【集体财产范围】 集体所有的不动产和动产包括：

（一）法律规定属于集体所有的土地和森林、山岭、草原、荒地、滩涂；

（二）集体所有的建筑物、生产设施、农田水利设施；

（三）集体所有的教育、科学、文化、卫生、体育等设施；

（四）集体所有的其他不动产和动产。

第二百六十一条【农民集体所有财产】 农民集体所有的不动产和动产，属于本集体成员集体所有。

下列事项应当依照法定程序经本集体成员决定：

（一）土地承包方案以及将土地发包给本集体以外的组织或者个人承包；

（二）个别土地承包经营权人之间承包地的调整；

（三）土地补偿费等费用的使用、分配办法；

（四）集体出资的企业的所有权变动等事项；

（五）法律规定的其他事项。

第二百六十二条【农民集体所有权行使】 对于集体所有的土地和森林、山岭、草原、荒地、滩涂等，依照下列规定行使所有权：

（一）属于村农民集体所有的，由村集体经济组织或者村民委员会依法代表集体行使所有权；

（二）分别属于村内两个以上农民集体所有的，由村内各该集体经济组织或者村民小组依法代表集体行使所有权；

（三）属于乡镇农民集体所有的，由乡镇集体经济组织代表集体行使所有权。

第二百六十三条【城镇集体财产权利行使】 城镇集体所有的不动产和动产，依照法律、行政法规的规定由本集体享有占有、使用、收益和处分的权利。

第二百六十四条【集体成员知情权】 农村集体经济组织或者村民委员会、村民小组应当依照法律、行政法规以及章程、村规民约向本集体成员公布集体财产的状况。集体成员有权查阅、复制相关资料。

第二百六十五条【集体财产权保护】 集体所有的财产受法律保护，禁止任何组织或者个人侵占、哄抢、私分、破坏。

农村集体经济组织、村民委员会或者其负责人作出的决定侵害集体成员合法权益的，受侵害的集体成员可以请求人民法院予以撤销。

实务要点

1. 需注意，集体所有与共有是不同的。共有是两个以上自然人、法人对一项财产享有权利，如兄弟二人共同继承一套房屋，共有人对共有的财产都享有占有、使用、收益与处分的权利，都有权要求分割共有财产。而集体所有则属公有制的一部分，集体的成员不能独自对集体财产行使权利，离开集体时也不能要求分割集体财产。第 260 条对集体财产的范围进行了分类规定。

2. 关于第 261 条第 2 款第 1 项，按照《农村土地承包法》的具体规定，承包方案应当依法经本集体经济组织成员的村民会议 2/3 以上成员或者 2/3 以上村民代表的同意。发包方将农村土地发包给本集体经济组织以外的单位或者个人承包，应当事先经本集体经济组织成员的村民会议 2/3 以上成员或者 2/3 以上村民代表的同意，并报乡（镇）人民政府批准；关于该条款第 2 项，在承包期内因自然灾害严重毁损承包地等特殊情形对个别农户之间承包的耕地和草地需要适当调整的，须经本集体经济组织成员的村民会议 2/3 以上成员或者 2/3 以上村民代表的同意，并报乡（镇）人民政府和县级人民政府农业农村、林业和草原等主管部门批准；关于该条款第 3 项，因征收集体土地直接影响被征地农民的生产生活，故补偿费的使用和分配方法必须经集体成员通过村民会议等方式决定；关于该条款第 4 项，因集体出资企业的财产所有权转让、抵押等事项关系到集体成员的重要利益，也需经过本集体成员共同决定，而不能由该企业的负责人等个人进行决定；该条款第 5 项属于兜底性条款，若法律对其他事项应经过集体成员决定另有规定的，则按照其规定。

3. 第 262 条、第 263 条分别规定了农民集体所有权的行使与城镇集体财产权利的行使。关于农民集体所有权的行使，按照属村农民集体所有、分属村内两个以上农民集体所有、属乡镇农民集体所有的不同分别规定了不同的主体代表集体行使所有权。关于城镇集体财产权利的行使，需注意以下几点：一是第 263 条规定的集体财产权行使的主体是本集体；二是集体财产权的客体只能是属于该城镇集体所有的不动产和动产；三是城镇集体财产权的内容，包括占有、使用、收益与处分；四是行使财产权应依照法律行政法规的规定，其中法律主要指《宪法》《民法典》，行政法规目前主要是《城镇集体所有制企业条例》。

4. 第 264 条规范的主体是行使集体财产所有权的组织，既包括代表集体行使所有权的村委会、村民小组，也包括农村集体经济组织、城镇集体企业。

5. 第 265 条第 2 款规定了集体成员的撤销权。关于该撤销权，需注意以下几点：一是每个成员都可以针对损害其权益的决定向法院提起撤销的请求；二是诉讼事由是农村集体经济组织、村民委员会及其负责人作出的决定侵害了该集体成员的合法财产权益；三是本条对行使撤销权的期限未作规定，应适用《民法典》第 152 条。

私人所有权

概念

私人所有权，是指私人对其所有的财产依法享有的占有、使用、收益和处分的权利。宪法规定，公民的合法的私有财产不受侵犯。国家依照法律规定保护公民的私有财产权和继承权。《民法典》秉承宪法的立法精神，对私人财产所有权进行了规定。

法典条款

第二百六十六条【私有财产范围】　私人对其合法的收入、房屋、生活用品、生产工具、原材料等不动产和动产享有所有权。

第二百六十七条【私有财产保护】　私人的合法财产受法律保护，禁止任何组织或者个人侵占、哄抢、破坏。

实务要点

1. 这里的“私人”是与国家、集体相对应的物权主体，不仅包括自然人，也包括个人独资企业、个人合伙等非公有制企业；不但包括我国公民，而且包括外国人和无国籍人。外国人、无国籍人在我国取得的合法财产，也受法律保护。

2. 之所以强调私有财产受法律保护，在于保护私有财产有助于鼓励交易、发展市场；保护私有财产有助于鼓励公平竞争；保护私有财产有助于激发社会财富的创造。

企业出资人权利与法人财产权

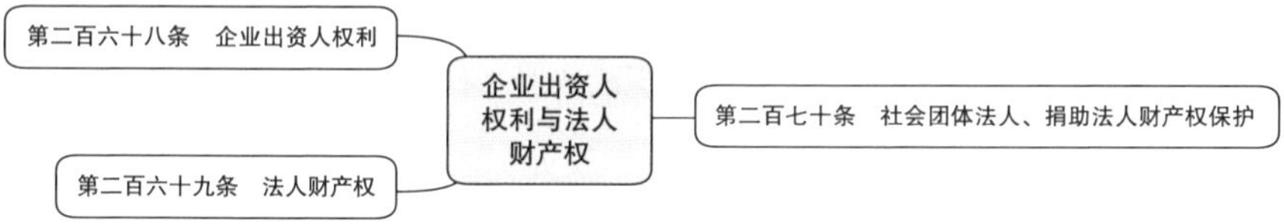

概念

这里的企业出资人权利，指的是向企业投入资本的主体（包括国家、集体、私人）所享有的资产收益、参与决策等权利；法人财产权指法人对其不动产、动产，依照法律、行政法规、章程享有的权利。

法典条款

第二百六十八条【企业出资人权利】　国家、集体和私人依法可以出资设立有限责任公司、股份有限公司或者其他企业。国家、集体和私人所有的不动产或者动产投到企业的，由出资人按照约定或者出资比例享有资产收益、重大决策以及选择经营管理者等权利并履行义务。

第二百六十九条【法人财产权】 营利法人对其不动产和动产依照法律、行政法规以及章程享有占有、使用、收益和处分的权利。

营利法人以外的法人，对其不动产和动产的权利，适用有关法律、行政法规以及章程的规定。

第二百七十条【社会团体法人、捐助法人财产权保护】 社会团体法人、捐助法人依法所有的不动产和动产，受法律保护。

实务要点

1. 第268条规定的企业出资人权利，首先，出资的主体可以是国家、集体，也可以是私人，当然也可以同时存在。其次，设立企业的可以是有限责任公司、股份有限公司或者其他企业，如国家可以设立国有独资企业，私人可以设立个人独资企业、合伙企业等。最后，出资人除享有资产收益、重大决策、选择经营管理者等权利外，还需履行相应义务，如按照约定或章程规定，定期足额缴纳出资，不滥用出资人权利干涉企业正常经营活动等。

2. 第269条按照营利法人、营利法人之外的法人，分两款对法人的财产权行使进行了规定，但规定较为原则。需说明，按照《民法典》总则编的规定，营利法人之外的法人并非仅指非营利法人（事业单位、社会团体、基金会、社会服务机构等），还应该包括特别法人（机关法人、农村集体经济组织法人、城镇农村的合作经济组织法人、基层群众性自治组织法人）。

业主的建筑物区分所有权一般规定

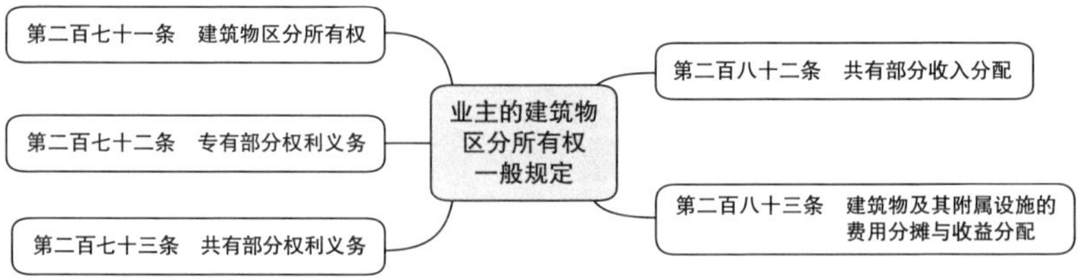

概念

业主，是指享有建筑物专有部分所有权的人。业主的建筑物区分所有权，通常指数人区分一建筑物而各有其专有部分，并就共有部分按其专有部分享有共有的权利。业主的建筑物区分所有权是物权中的重要不动产权利制度。

法典条款

第二百七十一条【建筑物区分所有权】 业主对建筑物内的住宅、经营性用房等专有部分享有所有权，对专有部分以外的共有部分享有共有和共同管理的权利。

第二百七十二条【专有部分权利义务】 业主对其建筑物专有部分享有占有、使用、收益和处分的权利。业主行使权利不得危及建筑物的安全，不得损害其他业主的合法权益。

第二百七十三条【共有部分权利义务】 业主对建筑物专有部分以外的共有部分，享有权利，承担义务；不得以放弃权利为由不履行义务。

业主转让建筑物内的住宅、经营性用房，其对共有部分享有的共有和共同管理的权利一并转让。

第二百八十二条【共有部分收入分配】 建设单位、物业服务企业或者其他管理人等利用业主的共有部分产生的收入，在扣除合理成本之后，属于业主共有。

第二百八十三条【建筑物及其附属设施的费用分摊与收益分配】 建筑物及其附属设施的费用分摊、收益分配等事项，有约定的，按照约定；没有约定或者约定不明确的，按照业主专有部分面积所占比例确定。

实务要点

1. 业主的建筑物区分所有权包括以下三项内容：一是业主对建筑物内的住宅、经营性用房等专有部分享有所有权；二是业主对专有部分以外的共有部分享有共有的权利；三是业主对共有部分享有共同管理的权利。需说明的是，已经与建设开发单位签订商品房买卖合同的主体合法占有专有部分，其虽未依法办理所有权登记，仍可认定为《民法典》物权编第六章所称的业主。

2. 专有部分，指具有构造上及使用上的独立性，并能够成为分别所有权客体的部分。需具备三个要件：一是构造上的独立性，即一个专有部分与另一个专有部分在建筑物构造上能够客观区分其范围；二是使用上的独立性；三是能够登记成为特定业主所有权的客体。行使专有部分的所有权时，业主需履行相应义务，如对专有部分进行装修时，不得拆除建筑物内的承重墙；不得通过专有部分任意排放污染物、制造噪声等损害其他业主合法权益的行为。

3. 专有部分以外的共有部分，一般指除建筑物内的住宅、经营性用房等专有部分之外的部分，包括建筑物内的走廊、楼梯、电梯、水箱、水电气管线等，也包括建筑区划内由业主共同使用的物业管理用房、绿地、道路、共用设施以及其他公共场所等（法律另有规定的除外）。另需注意，建筑物区分所有权中，专有部分所有权具主导地位。转让专有部分（住宅、经营性用房）时，共有部分的共有权和共同管理权利也同时转让。

4. 第282条关于共有部分收益归属的规定系《民法典》新增内容。实践中，很多开发商、物业服务企业经常在小区电梯、道路等处安置广告牌，其收益状况也不向业主大会或者业主委员会报告，对业主权益造成侵害。本条规定对维护业主共同权益具有现实意义。

5. 第283条关于建筑物及其附属设施费用分摊、收益分配的规定，将《物权法》（已失效）第80条“按照业主专有部分占建筑物总面积的比例确定”修改为“按照业主专有部分面积所占比例确定”。“专有部分面积”，应按不动产登记簿记载的面积；未进行登记的，暂按测绘机构的实测面积；尚未进行实测的，暂按房屋买卖合同记载的面积。

权威参考案例

1. 宜兴市新街街道海德名园业主委员会诉宜兴市恒兴置业有限公司、南京紫竹物业管理股份有限公司宜兴分公司物权确认纠纷、财产损害赔偿纠纷案（《最高人民法院公报》2018年第11期）

开发商与小区业主对开发商在小区内建造的房屋发生权属争议时，应由开发商承担举证责任。如开发商无充分证据证明该房屋系其所有，且其已将该房屋建设成本分摊到出售给业主的商品房中，则该房屋应当属于小区全体业主所有。开发商在没有明确取得业主同意的情况下，自行占有使用该房屋，不能视为业主默示同意由开发商无偿使用，应认定开发商构成侵权。业主参照自该房屋应当移交时起的使用费向开发商主张赔偿责任的，人民法院应予支持。

2. 郑州二建公司诉王某础公有住房出售协议违约纠纷案（《最高人民法院公报》2006 年第 11 期）

建筑物区分所有权人只能在该建筑物中自己专有的部位行使所有权四项权能，未经该建筑物的其他区分所有权人和物业经营管理者、维修者许可，不得对该建筑物的共用部位行使权利。公有住房售出单位对公有住房的共用部位承担着维修责任。售出单位在与公有住房买受人签订的售房协议中，为了不加重自己一方在住房售出后的维修负担，约定买受人不得实施有碍公有住房共用部位安全的行为，这样的约定没有限制买受人正当行使自己的权利，因此是合法有效的。

3. 顾某地与上海巨星物业管理有限公司排除妨碍、赔偿损失纠纷案（《最高人民法院公报》2003 年第 6 期）

所有权作为民法上的绝对权，在社会交往中应顾及他人利益而受到一定程度的限制，私法所规定的限制往往是原则性的，在个案当中需要进行具体的利益衡量；区分所有权人只能在建筑物设计允许的限度内合理使用自己专有部分的建筑物，区分所有权人在使用自己专有部分的建筑物时，不得违反全体区分所有权人的共同利益，不得妨碍整幢建筑物的正常使用。

4. 徐州西苑艺君花园（一期）业主委员会诉徐州中川房地产开发有限公司物业管理用房所有权确认纠纷案（《最高人民法院公报》2014 年第 6 期）

业主委员会依照《物权法》（已废止）第 75 条第 1 款[①]规定成立，具有一定目的、名称、组织机构与场所，管理相应财产，是《民事诉讼法》（已修改）第 49 条第 1 款[②]规定的“其他组织”。业主委员会依据业主共同或业主大会决议，在授权范围内，以业主委员会名义从事法律行为，具备诉讼主体资格。

5. 南京市鼓楼区房产经营公司、钟某强等诉江苏盛名实业有限公司房屋侵权纠纷案（《最高人民法院公报》2001 年第 5 期）

房屋区分所有权人对有权按照公用部分的种类、性质、构造、用途正当使用共有部分，有权分享整幢房屋或者房屋的公有部分产生的收益，有权制止对整幢房屋或者房屋共有部分的任何侵害。权利人在享有权利的同时需尽的义务是：

---

① 可参考《民法典》第 277 条第 1 款。

② 可参考 2017 年修正后本法第 48 条第 1 款。

维持公有部分现状，不得请求分割；维护公有部分的正常使用状态，不得侵占、改动或破坏；负担合理分摊的维护共用部分正常使用所需的费用。业主增建夹层虽得到行政机关的批准，但增建夹层需要利用房屋的共用部分，而房屋共用部分的所有权由全体区分所有权人享有，不是由批准的行政机关享有，因此，增建夹层的行为应否实施，必须由业主征求全体区分所有权人的意见。业主以是在自己的产权范围内对属自己的房屋进行装潢改造为由提出没有侵权的辩解，不能成立。

6. 无锡市春江花园业主委员会诉上海陆家嘴物业管理有限公司等物业管理纠纷案（《最高人民法院公报》2010 年第 5 期）

根据《物权法》（已废止）第 72 条[①]的规定，业主对建筑物专有部分以外的共有部分，享有权利，承担义务。共有部分在物业服务企业物业管理（包括前期物业管理）期间所产生的收益，在没有特别约定的情况下，应属全体业主所有，并主要用于补充小区的专项维修资金。物业服务企业对共有部分进行经营管理的，可以享有一定比例的收益。

道路、绿地、车位

概念

本词条所谓的道路、绿地、车位（车库），一般指的是在业主的建筑物区分所有权下的道路、绿地、车位（车库），而非市政公共道路、城镇公共绿地、小区建筑区划外的公共停车场车位。

法典条款

第二百七十四条【建筑区划内道路、绿地等的权利归属】 建筑区划内的道路，属于业主共有，但是属于城镇公共道路的除外。建筑区划内的绿地，属于业主共有，但是属于城镇公共绿地或者明示属于个人的除外。建筑区划内的其他

① 可参考《民法典》第 273 条。

公共场所、公用设施和物业服务用房，属于业主共有。

第二百七十五条【车位、车库的归属】 建筑区划内，规划用于停放汽车的车位、车库的归属，由当事人通过出售、附赠或者出租等方式约定。

占用业主共有的道路或者其他场地用于停放汽车的车位，属于业主共有。

第二百七十六条【车位、车库的首要用途】 建筑区划内，规划用于停放汽车的车位、车库应当首先满足业主的需要。

实务要点

1. 第 274 条所谓的“道路归业主共有”，不是指道路的土地所有权归业主共有，而是道路作为土地上的附着物归业主共有；所谓“建筑区划内的绿地”，是指作为土地上附着物的绿地而非指土地本身。

2. 第 275 条关于车位、车库归属的规定，两类情况分别用了两款进行规定。第 1 款规定的“车位”，是指住宅小区内在地上或地下设置的以停放机动车辆为目的的开放式的场所；“车库”，是指在住宅小区内设置的以停放机动车辆为目的的具有封闭空间的场所。该款规定的“出售”“附赠”移转的是车位、车库所有权；“出租”移转的是使用权。第 2 款规定了占用业主共有道路或其他场地的车位属业主共有。这是因为业主共有的道路或者其他场地本身就是业主享有的建筑物区分所有权中的共有部分。

3. 第 276 条中的“首先”，意在将开发商、业主、业主外第三人利益进行比较，以突出业主利益的优先性。另需说明的是，若建设单位已经按照规划确定的建筑区划内规划用于停放汽车的车位、车库与专有部分的比例处分给业主的，应认定已符合本条的规定。

权威参考案例

长城宽带网络服务有限公司江苏分公司诉中国铁通集团有限公司南京分公司恢复原状纠纷案（《最高人民法院公报》2019 年第 12 期）

小区内的通信管道在小区交付后属于全体业主共有。通信运营公司与小区房地产开发公司签订的小区内通信管线等通信设施由通信运营公司享有专有使用权的条款，侵犯了业主的共有权，侵犯了业主选择电信服务的自由选择权，应属无效。

建筑物区分所有权管理

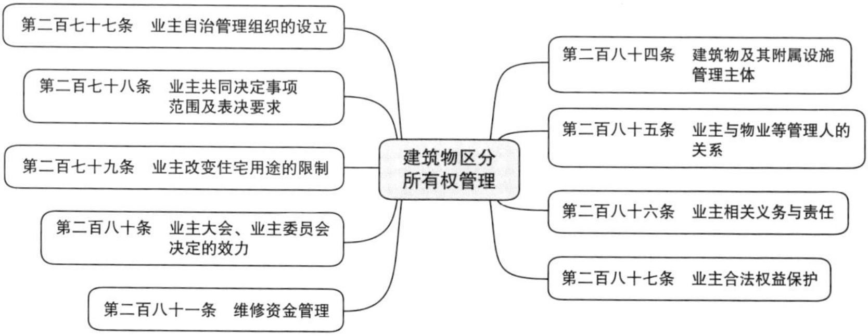

概念

建筑物区分所有权管理，是一个较为宽泛的概念，主要包括业主自治管理组织（业主大会、业主委员会）设立及其决定的效力、业主决定事项范围及表决要求、维修资金管理、建筑物及其附属设施管理、改变住宅用途的限制、业主与物业等管理人的关系、业主相关义务与责任、业主权利保护。

法典条款

第二百七十七条【业主自治管理组织的设立】 业主可以设立业主大会，选举业主委员会。业主大会、业主委员会成立的具体条件和程序，依照法律、法规的规定。

地方人民政府有关部门、居民委员会应当对设立业主大会和选举业主委员会给予指导和协助。

第二百七十八条【业主共同决定事项范围及表决要求】 下列事项由业主共同决定：

（一）制定和修改业主大会议事规则；

（二）制定和修改管理规约；

（三）选举业主委员会或者更换业主委员会成员；

（四）选聘和解聘物业服务企业或者其他管理人；

（五）使用建筑物及其附属设施的维修资金；

（六）筹集建筑物及其附属设施的维修资金；

（七）改建、重建建筑物及其附属设施；

（八）改变共有部分的用途或者利用共有部分从事经营活动；

（九）有关共有和共同管理权利的其他重大事项。

业主共同决定事项，应当由专有部分面积占比三分之二以上的业主且人数占比三分之二以上的业主参与表决。决定前款第六项至第八项规定的事项，应当经参与表决专有部分面积四分之三以上的业主且参与表决人数四分之三以上的业主同意。决定前款其他事项，应当经参与表决专有部分面积过半数的业主且参与表决人数过半数的业主同意。

第二百七十九条【业主改变住宅用途的限制】 业主不得违反法律、法规以及管理规约，将住宅改变为经营性用房。业主将住宅改变为经营性用房的，除遵守法律、法规以及管理规约外，应当经有利害关系的业主一致同意。

第二百八十条【业主大会、业主委员会决定的效力】 业主大会或者业主委员会的决定，对业主具有法律约束力。

业主大会或者业主委员会作出的决定侵害业主合法权益的，受侵害的业主可以请求人民法院予以撤销。

第二百八十一条【维修资金管理】 建筑物及其附属设施的维修资金，属于业主共有。经业主共同决定，可以用于电梯、屋顶、外墙、无障碍设施等共有部分的维修、更新和改造。建筑物及其附属设施的维修资金的筹集、使用情况应当定期公布。

紧急情况下需要维修建筑物及其附属设施的，业主大会或者业主委员会可以依法申请使用建筑物及其附属设施的维修资金。

第二百八十四条【建筑物及其附属设施管理主体】 业主可以自行管理建筑物及其附属设施，也可以委托物业服务企业或者其他管理人管理。

对建设单位聘请的物业服务企业或者其他管理人，业主有权依法更换。

第二百八十五条【业主与物业等管理人的关系】 物业服务企业或者其他管理人根据业主的委托，依照本法第三编有关物业服务合同的规定管理建筑区划内的建筑物及其附属设施，接受业主的监督，并及时答复业主对物业服务情况提出的询问。

物业服务企业或者其他管理人应当执行政府依法实施的应急处置措施和其他管理措施，积极配合开展相关工作。

第二百八十六条【业主相关义务与责任】 业主应当遵守法律、法规以及管理规约，相关行为应当符合节约资源、保护生态环境的要求。对于物业服务企业或者其他管理人执行政府依法实施的应急处置措施和其他管理措施，业主应当依法予以配合。

业主大会或者业主委员会，对任意弃置垃圾、排放污染物或者噪声、违反规定饲养动物、违章搭建、侵占通道、拒付物业费等损害他人合法权益的行为，有权依照法律、法规以及管理规约，请求行为人停止侵害、排除妨碍、消除危险、恢复原状、赔偿损失。

业主或者其他行为人拒不履行相关义务的，有关当事人可以向有关行政主管部门报告或者投诉，有关行政主管部门应当依法处理。

第二百八十七条【业主合法权益保护】 业主对建设单位、物业服务企业或者其他管理人以及其他业主侵害自己合法权益的行为，有权请求其承担民事责任。

实务要点

1. 第 277 条关于业主大会与业主委员会设立规定中，相较《物权法》(已废止)，在第 1 款增加了具体条件与程序依照法律、法规规定的内容。目前主要指国务院颁发的《物业管理条例》、住房和城乡建设部制定的《业主大会和业主委员会指导规则》等。第 2 款在指导协助主体中增加了“居民委员会”。业主大会作为业主团体的意思机关，依法作出的决定体现了大多数业主意愿。业主委员会是业主大会的执行机构。故第 280 条第 1 款规定业主大会或业主委员会的决定对全体业主都具有法律约束力。但该决定须依据法定程序作出，且符合法律、法规及规章规定，不违反公序良俗。第 280 条第 2 款规定中的“侵害业主合法权益”不仅包括侵害业主的实体权利，也包括作出决定的程序违反法律规定。

2. 第 278 条对业主决定建筑区划内需共同决定事项的范围和表决方式进行了重大修改。事项范围的改变：一是删去了《物权法》(已废止)“管理规约”前“建筑物及其附属设施的”的表述；二是将“筹集和使用”拆分为两项，且两项的表决方式不同；三是增加一项表决范围，增强业主对共有部分的管理控制能力。表决方式方面：将原先“业主同意”这一单一门槛划分为“参与表决”与“业主同意”两个门槛。一方面，对业主共同决定事项，由“双二分之一”以上的业主同意表决修改为“双三分之二”以上的业主参与表决，并由参与表决的业主人数和专有部分面积过半数同意(降低了共同决议事项的业主同意门槛);另一方面,将重要事项“双三分之二”以上的业主同意修改为“应当经参与表决专有部分面积四分之三以上的业主且参与表决人数四分之三以上的业主同意”(将“双三分之二”降到“双二分之一”)。

3. 第279条规定的需经有利害关系业主一致同意中的“一致”系《民法典》新增的。“一致”同意,也就意味着,即使多数有利害关系业主同意,但只要有一人不同意,仍不可以。

4. 第281条第2款紧急情况下使用维修资金的规定属《民法典》新增内容。该条所谓的“紧急情况”,指发生危及房屋使用安全或公共安全等的事项,不立即展开维修会损害业主或社会公共利益。如电梯存在严重事故隐患,可能发生危及人身或者财产安全的紧急情况;消防部门认定需要立即整改的消防设施故障;供水或排水设施爆裂等。

5. 第284条就业主对建筑物及其附属设施管理主体确定方面的权利。第1款明确了业主有自行管理或委托物业等管理人管理的权利;第2款明确了业主依法更换管理人的权利。但须注意,第2款主要针对的是业主、业主大会选聘物业服务企业或其他管理人之前,由建设单位选聘物业服务企业或其他管理人的情形。

6. 由于《民法典》合同编新增“物业服务合同”一章,故第285条就业主与物业等管理人关系的规定对此进行了明确。此外,本条第1款中新增了及时答复业主条款。该内容是总结和吸纳现行《物权法》(已废止)实施10多年来我国物业管理现状,针对推诿拖延的状况,明确物业服务企业或者其他管理人应及时答复业主对物业服务情况的质询。此外,2020年新冠肺炎疫情期间,物业服务企业及管理人发挥了很大作用,故本条第2款规定物业服务企业或者其他管理人应当执行政府依法实施的应急处置措施和其他管理措施,积极配合开展相关工作。

7. 第286条规定了业主的相关义务与责任,该条新增了业主拒不履行义务时有关当事人请求行政介入的条款,对不履行义务的业主,有关当事人可以请求行政部门处理,有利于保障大部分业主的合法权益。该条亦明确增加业主配合管理的义务,这也是2020年新冠肺炎疫情防控经验的体现。

权威参考案例

1. 高尔夫（南京）房地产有限公司诉吴某梅供用热力合同纠纷案（《最高人民法院公报》2012 年第 12 期）

非集中供热地区，开发商向业主出售的商品房含有供热设施，且约定由开发商向业主供热，开发商负有强制缔约义务，是否解除供热合同应由业主或者业主大会决定。

2. 张某诉郑某伟、中国联合网络通信有限公司武汉市分公司建筑物区分所有权纠纷案（《最高人民法院公报》2014 年第 11 期）

审理建筑物区分所有权案件时，即使业主对房屋的使用没有给其他区分所有权人造成噪声、污水、异味等影响，只要房屋的用途发生改变，由专供个人、家庭日常生活居住使用改变为用于商业、工业、旅游、办公等经营性活动，即可认定该行为影响了业主的安宁生活，属于将住宅改变为经营性用房，应依照《物权法》（已废止）第 77 条①关于业主改变住宅用途的规定处理。房屋使用人将住宅改变为经营性用房的，应承担与业主相同的法定义务，除遵守法律、法规和管理规约外，还应当经有利害关系的业主同意。

3. 某小区业主委员会诉邓某某物业服务合同纠纷案（2016 年 8 月 22 日《最高人民法院关于弘扬社会主义核心价值观典型案例》案例 7）

本案焦点是业主委员会是否是本案的适格主体。目前，审理物业服务合同纠纷案件时，法院主要依据《物业管理条例》及《物权法》（已废止）的相关规定。但这些法律对于类似业主委员会自管这种物业模式都没有明确的规定。在立案、审理、执行等各个环节都会遇到问题，也加大案件审理难度。笔者认为，根据《物权法》（已废止）第 81 条②的规定，业主可以自行管理建筑物及其附属设施，也可以委托物业服务企业或者其他管理人管理。由此可见，法律赋予业主对所居住的小区的物业管理予以选择的权利，业主有权对所居住小区进行自治管理。出于保护当事人合理诉求的考虑，同时业主委员会自管小区有利于营造舒适安全的环境，有利于维护小区和谐稳定的角度考虑，判决对现阶段业主委员会自管模式中业主委员会的主体资格予以认定。

---

① 可参考《民法典》第 279 条。

② 可参考《民法典》第 284 条。

4. 孙某军诉南京市清江花苑小区业主委员会业主知情权纠纷案(《最高人民法院公报》2015 年第 12 期)

业主作为建筑物区分所有人,享有知情权,享有了解本小区建筑区划内涉及业主共有权及共同管理权等相关事项的权利,业主委员会应全面、合理公开其掌握的情况和资料。对于业主行使知情权亦应加以合理限制,防止滥用权利,其范围应限于涉及业主合法权益的信息,并遵循简便的原则。

5. 陈某豪与南京武宁房地产开发有限公司、南京青和物业管理有限公司财产损害赔偿纠纷案(《最高人民法院公报》2013 年第 5 期)

物业服务企业对小区共有部分负有保养、维护义务,对于可能对业主财产造成损害的小区共用部分的安全隐患,应当及时消除,否则致业主财产损害后,物业服务企业应承担违约责任,对业主的损失进行赔偿。即便该安全隐患是第三人造成的,也不能免除物业服务企业的违约责任,因第三人侵权致小区共用部分对业主财产造成损害的,物业服务企业可以免责的情形是物业服务企业已履行了保养维护义务,而第三人侵权是不可预见、不可避免的。房地产开发企业作为商品房的出卖人,在出售房屋、转移房屋所有权,并且商品房小区已经封园后,在所售房屋及共用部分没有质量瑕疵的情形下,对于小区业主的义务已经履行完毕,不需要承担责任。

6. 夏某鹏等人诉上海市闸北区精文城市家园小区业主委员会业主知情权纠纷案(《最高人民法院公报》2011 年第 10 期)

业主知情权,是指业主了解建筑区划内涉及业主共有权以及共同管理权相关事项的权利。根据最高人民法院《关于审理建筑物区分所有权纠纷案件具体应用法律若干问题的解释》(已修改)第 13 条[①]的规定,业主请求公布、查阅建筑物及其附属设施的维修基金使用、业委会的决定及会议记录、共有部分的收益、物业服务合同等情况和资料的,人民法院应予支持。司法解释对于业主知情权的范围作出了明确的规定,业主以合理的方式行使知情权,应当受到法律保护。

7. 青岛中南物业管理有限公司南京分公司诉徐某太、陆某侠物业管理合同纠纷案(《最高人民法院公报》2007 年第 9 期)

(1)业主与所在小区的物业管理公司签订物业管理服务协议后,即与物业管理公司之间建立了物业管理服务合同关系。物业管理公司作为提供物业管理服

① 本条内容与 2020 年修正后相同。

务的合同一方当事人，有义务依约进行物业管理，要求业主遵守业主公约及小区物业管理规定，有权对于违反业主公约及物业管理规定的行为加以纠正，以维护小区正常的物业管理秩序，维护小区全体业主的共同利益。当业主不按照整改要求纠正违反业主公约和物业管理规定的行为时，物业管理公司作为合同一方当事人，有权依法提起诉讼。(2)对于与业主所购房屋毗邻庭院绿地的权属问题，不能仅仅依据房地产开发商的售楼人员曾向业主口头承诺“买一楼房屋送花园”，以及该庭院绿地实际为业主占有、使用的事实，即认定业主对该庭院绿地享有独占使用权。该庭院绿地作为不动产，其使用权的归属必须根据房屋买卖双方正式签订的商品房买卖协议及物权登记情况加以确定。(3)业主不得违反业主公约及物业管理规定，基于个人利益擅自破坏、改造与其房屋毗邻的庭院绿地。即使业主对于该庭院绿地具有独占使用权，如果该庭院绿地属于小区绿地的组成部分，业主在使用该庭院绿地时亦应遵守业主公约、物业管理规定关于小区绿地的管理规定，不得擅自破坏该庭院绿地，损害小区其他业主的合法权益。

相邻关系

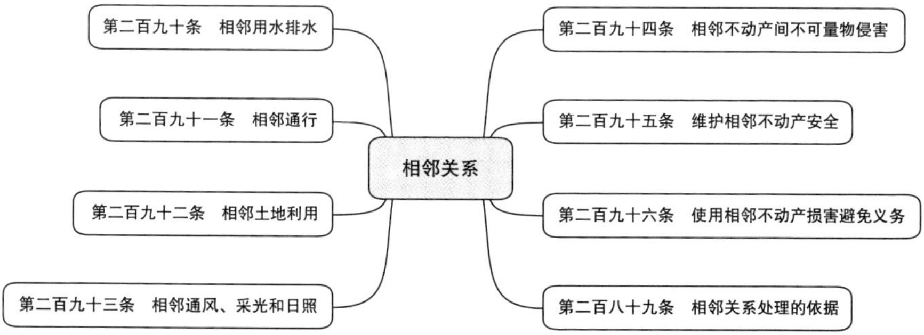

概念

相邻关系，是指相邻近的不动产所有人或者利用人间，一方所有人或者利用人的支配力与他方所有人或者利用人的排他力相互冲突时，为调和其冲突以谋共同利益，而由法律直接规定的权利义务关系。相邻关系并非一种单独物权，而是所有权的延伸与扩展，是所有权权能的体现，故在物权编所有权分编中单成一章。

法典条款

第二百九十条【相邻用水排水】 不动产权利人应当为相邻权利人用水、排水提供必要的便利。

对自然流水的利用，应当在不动产的相邻权利人之间合理分配。对自然流水的排放，应当尊重自然流向。

第二百九十一条【相邻通行】 不动产权利人对相邻权利人因通行等必须利用其土地的，应当提供必要的便利。

第二百九十二条【相邻土地利用】 不动产权利人因建造、修缮建筑物以及铺设电线、电缆、水管、暖气和燃气管线等必须利用相邻土地、建筑物的，该土地、建筑物的权利人应当提供必要的便利。

第二百九十三条【相邻通风、采光和日照】 建造建筑物，不得违反国家有关工程建设标准，不得妨碍相邻建筑物的通风、采光和日照。

第二百九十四条【相邻不动产间不可量物侵害】 不动产权利人不得违反国家规定弃置固体废物，排放大气污染物、水污染物、土壤污染物、噪声、光辐射、电磁辐射等有害物质。

第二百九十五条【维护相邻不动产安全】 不动产权利人挖掘土地、建造建筑物、铺设管线以及安装设备等，不得危及相邻不动产的安全。

第二百九十六条【使用相邻不动产损害避免义务】 不动产权利人因用水、排水、通行、铺设管线等利用相邻不动产的，应当尽量避免对相邻的不动产权利人造成损害。

第二百八十九条【相邻关系处理的依据】 法律、法规对处理相邻关系有规定的，依照其规定；法律、法规没有规定的，可以按照当地习惯。

实务要点

1. 第 291 条是关于相邻关系中通行权的规定。该条并没有明确规定不动产权利人在哪些情形之下不得阻止他人进入其土地；参考大陆法系一些国家或地区的法律规定，大致有以下两种情形：第一，依当地习惯，许可他人进入其未设围障的土地摘取杂草，采集枯枝、枯干，采集野生植物，或放牧牲畜等；第二，他人物品或者动物偶然失落于其土地时，应允许他人进入其土地取回。

2. 第 292 条规定不动产权利人因铺设电线、电缆、水管、暖气和燃气管线等必须利用相邻土地、建筑物的，该土地、建筑物的权利人应当提供必要的便利。“必须利用”，包括两种情况：一是若不利用相邻土地、建筑物，就不能铺设电线、电缆、水管、暖气和燃气管线等；二是若不利用相邻土地、建筑物，铺设电线、电缆、水管、暖气和燃气管线等将付出过大的费用。不动产权利人铺设电线、电缆、水管、暖气和燃气管线等时，应选择对相邻权利人损害最小的线路和方法。

3. 第 294 条就相邻不可量物侵害的规定，增加了“土壤污染物”，并将“光、电磁波辐射”修改为“光辐射、电磁辐射”。另外，本条虽没有明确规定相邻不动产权利人之间排放污染物的容忍义务，但按照物权编第 288 条规定的处理相邻关系的“有利生产、方便生活、团结互助、公平合理”的原则，已经包含了相邻不动产权利人之间应当互负容忍义务。但容忍义务是有限度的，在国家规定的标准以内应当容忍，超过国家规定的标准，权利人有权要求侵害人停止侵害、消除危险、排除妨害以及赔偿损失。

4. 第 296 条对使用相邻不动产时损害避免义务做了规定。《民法典》第 290 条第 1 款规定：“不动产权利人应当为相邻权利人用水、排水提供必要的便利。”第 291 条规定：“不动产权利人对相邻权利人因通行等必须利用其土地的，应当提供必要的便利。”第 292 条规定：“不动产权利人因建造、修缮建筑物以及铺设电线、电缆、水管、暖气和燃气管线等必须利用相邻土地、建筑物的，该土地、建筑物的权利人应当提供必要的便利。”上述三条规定都要求相邻权利人为他人提供必要的便利，这是对相邻权利人权利进行的一定限制。但不动产权利人基于相邻关系而利用相邻不动产时，也应履行相应的义务，避免对相邻不动产权利人造成损害；这符合处理相邻关系的公平合理原则，故有了第 296 条的规定。

5. 第 289 条就处理相邻关系的依据做了规定。《民法典》物权编第七章关于相邻关系的规定，是处理相邻关系纠纷的主要法律依据，同时，其他法律、法规对相邻关系有规定的，也应依照相关法律、法规的规定。对于“当地习惯”，只有在没有相关法律、法规的情况下才能适用。在有法可依的情况下，有关相邻关系的习惯并不具有强制力。若没有相应的民事法律进行调整，在是否适用习惯作为裁判依据，以及适用何种习惯作为裁判依据问题上，法官具有自由裁量权。本条将“当地习惯”列入调整相邻关系的规范，是对法律法规的重要补充，起到了拾遗补阙的作用，仅在法律法规没有规定的情况下适用，同时不得违反法律禁止性规定和公序良俗。

权威参考案例

1. 屠某炎诉王某炎相邻通行权纠纷案(《最高人民法院公报》2013 年第 3 期)

出卖人出卖不动产时,其基于相邻关系而在他人不动产上享有的通行等权利不应成为转让标的。即使双方在买卖合同中对该通行权进行了所谓的约定,对第三人也不具有约束力。买受人享有的通行权权源基础同样是相邻关系,而并非买卖合同的约定。当客观情况发生变化,买受人不再符合相邻关系要件时,第三人得拒绝买受人的通行要求,买受人无权以买卖合同中关于通行权的约定约束第三人。

2. 泗三村 28 幢楼居民 35 人诉扬州市规划局行政许可行为侵权案(《最高人民法院公报》2004 年第 11 期)

根据《城市规划法》第 21 条的规定,编制分区规划城市的规划主管行政机关,依照法律和地方性法规的授权规划许可的建筑工程,虽然缩短了相邻人住宅的原日照时间,但符合国家和当地行政主管部门技术规范规定的最低日照标准,且不违反其他法律、法规规定的,应认定其许可行为合法。

共有

概念

本词条主要涉及共有概念及类型、用益物权和担保物权准共有的内容。

法典条款

第二百九十七条【共有及其类型】　不动产或者动产可以由两个以上组织、个人共有。共有包括按份共有和共同共有。

第三百一十条【用益物权、担保物权准共有】　两个以上组织、个人共同享有用益物权、担保物权的,参照适用本章的有关规定。

实务要点

1. 第 297 条是关于共有概念及类型的规定。共有是指两个以上民事主体对同一物享有所有权,分按份共有和共同共有。共有并非数个所有权之并存,即共有中所有权只有一个。一物之上不能存在多个所有权，但一个所有权可以由数个主体共有。另需注意的是共有和公有的关系。共有是所有权形态；公有是社会经济制度，公有的所有权形态是单一所有，如国家所有、集体所有。公有制度中财产脱离个人而存在，成员不能对公有财产按份额或者共同直接行使权利或承担义务。

2. 第 310 条是关于用益物权、担保物权准共有的规定。共有原则上是指所有权共有，但他物权也存在共有的可能。传统民法理论承认他物权共有，他物权共有可以准用所有权共有的相关规则。所有权外的物权，主要包括用益物权、担保物权。本条规定了用益物权、担保物权的共有，可参照所有权的共有制度。如家庭成员共享土地承包经营权、多个主体共享建设用地使用权等。需注意，准共有准用按份共有或共同共有的前提，是规范该财产权的法律没有特别规定；若有特别规定，则应首先适用该特别规定。

按份共有、共同共有

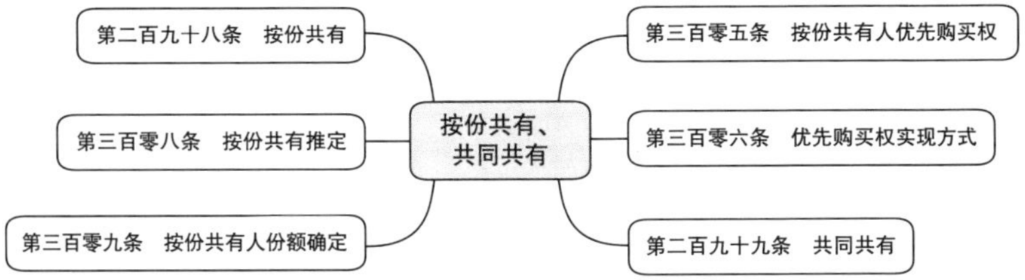

概念

按份共有又称分别共有，是指数人按应有份额对共有物共同享有权利分担义务的共有。共同共有，是指两个或两个以上的民事主体按照某种共同关心而对某项财产部分份额地共同享有权利并承担义务。

法典条款

第二百九十八条【按份共有】 按份共有人对共有的不动产或者动产按照其份额享有所有权。

第三百零八条【按份共有推定】 共有人对共有的不动产或者动产没有约定为按份共有或者共同共有，或者约定不明确的，除共有人具有家庭关系等外，视为按份共有。

第三百零九条【按份共有人份额确定】 按份共有人对共有的不动产或者动产享有的份额，没有约定或者约定不明确的，按照出资额确定；不能确定出资额的，视为等额享有。

第三百零五条【按份共有人优先购买权】 按份共有人可以转让其享有的共有的不动产或者动产份额。其他共有人在同等条件下享有优先购买的权利。

第三百零六条【优先购买权实现方式】 按份共有人转让其享有的共有的不动产或者动产份额的，应当将转让条件及时通知其他共有人。其他共有人应当在合理期限内行使优先购买权。

两个以上其他共有人主张行使优先购买权的，协商确定各自的购买比例；协商不成的，按照转让时各自的共有份额比例行使优先购买权。

第二百九十九条【共同共有】 共同共有人对共有的不动产或者动产共同享有所有权。

实务要点

1. 按份共有不同于分别所有（不是分别共有）。按份共有中，各共有人的权利不局限在共有财产的某一部分上，或就某一具体部分单独享有所有权，而是各共有人的权利均及于共有财产全部。

2. 第 308 条就按份共有的推定作出规定。除具有家庭关系外，没有约定共有方式或约定不明确的，推定为按份共有。家庭成员之间对共有的财产不分份额地加以使用和管理，故共有人间具有家庭关系时，应确定为共同共有。按份共有人之间的权利义务按照份额就可以较容易地划分，将共有关系不明确时的共有推定为按份共有，也更有利于定分止争。

3. 第 309 条就按份共有人份额不明确时份额的确定作出规定。首先，按照出资额确定份额。由于按份共有关系大多基于有偿行为发生，因而按照出资额来确定份额较为合理。其次，不能确定出资额时视为等额享有。若按份共有人对份额没有约定或约定不明，无法确定出资额，则推定按份共有人对共有财产的份额为等额享有。这样不仅易于操作，且有利于简化法律关系，减少纠纷。

4. 第 305 条规定的按份共有人的优先购买权具有以下特征：(1)权利主体是共有关系中特定的共有人，即出卖人外的其他共有人；(2)行使条件要求是同等条件。“同等条件”应综合共有份额的转让价格、价款履行方式及期限等因素确定;(3)优先购买权效力是优先于第三人购买的权利,即排除他人购买的权利。

5. 第 306 条是按份共有人优先购买权实现方式的规定,即增加的按份共有人的通知义务与优先购买比例确定的内容。该条中的“合理期间”的确定方式可参考最高人民法院《关于适用〈中华人民共和国民法典〉物权编的解释(一)》第 11 条的规定,即(1)转让人向其他按份共有人发出的包含同等条件内容的通知中载明行使期间的,以该期间为准;(2)通知中未载明行使期间或载明期间短于通知送达之日起 15 日的,为 15 日;(3)转让人未通知的,为其他按份共有人知道或者应当知道最终确定的同等条件之日起 15 日;(4)转让人未通知,且无法确定其他按份共有人知道或者应当知道最终确定的同等条件的,为共有份额权属转移之日起 6 个月。

6. 第 299 条是关于共同共有的规定。共同共有主要有以下特征:一是不分份额的共有。共有关系存续期间共有人不能对共有财产确定份额。只有共有关系终止、共有财产分割后,才能确定各共有人的份额。二是共同共有根据共同关系产生。这种共同关系包括家庭关系、夫妻关系等。三是各共有人对共有财产享有平等的权利,承担平等的义务。共同共有类型主要包括三种:一是夫妻共有,《民法典》第 1062 条就夫妻共同财产作出规定。二是家庭共有,即家庭成员在家庭共同生活关系存续期间共同创造、共同劳动所得的财产。家庭共同生活关系终止,如成年子女分家、父母离婚等导致家庭共同生活关系终止,就可能使原有的家庭共有财产分割。三是遗产分割前的共有。被继承人死亡后遗产分割前,各继承人对遗产的共有为共同共有。《民法典》第 1151 条规定:“存有遗产的人,应当妥善保管遗产,任何组织或者个人不得侵吞或者争抢。”

共有物管理与分割

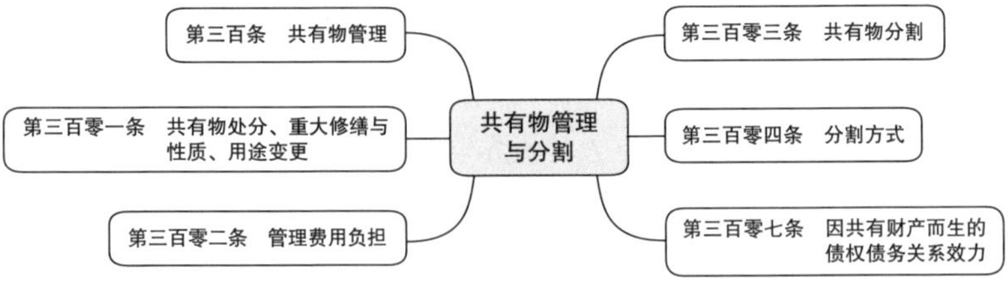

概念

共有物的管理，是指为维持共有物的物理机能，使其充分发挥社会的、经济的功能而对其所为的经营活动，包括对共有物的保存、利用、修缮、处分与性质、用途变更。共有物的分割，是指将共有物从共有状态按照一定分割原则通过特定分割方式转化为各共有人单独所有的状态。

法典条款

第三百条【共有物管理】 共有人按照约定管理共有的不动产或者动产；没有约定或者约定不明确的，各共有人都有管理的权利和义务。

第三百零一条【共有物处分、重大修缮与性质、用途变更】 处分共有的不动产或者动产以及对共有的不动产或者动产作重大修缮、变更性质或者用途的，应当经占份额三分之二以上的按份共有人或者全体共同共有人同意，但是共有人之间另有约定的除外。

第三百零二条【管理费用负担】 共有人对共有物的管理费用以及其他负担，有约定的，按照其约定；没有约定或者约定不明确的，按份共有人按照其份额负担，共同共有人共同负担。

第三百零三条【共有物分割】 共有人约定不得分割共有的不动产或者动产，以维持共有关系的，应当按照约定，但是共有人有重大理由需要分割的，可以请求分割；没有约定或者约定不明确的，按份共有人可以随时请求分割，共同共有人在共有的基础丧失或者有重大理由需要分割时可以请求分割。因分割造成其他共有人损害的，应当给予赔偿。

第三百零四条【分割方式】 共有人可以协商确定分割方式。达不成协议，共有的不动产或者动产可以分割且不会因分割减损价值的，应当对实物予以分割；难以分割或者因分割会减损价值的，应当对折价或者拍卖、变卖取得的价款予以分割。

共有人分割所得的不动产或者动产有瑕疵的，其他共有人应当分担损失。

第三百零七条【因共有财产而生的债权债务关系效力】 因共有的不动产或者动产产生的债权债务，在对外关系上，共有人享有连带债权、承担连带债务，但是法律另有规定或者第三人知道共有人不具有连带债权债务关系的除外；在共有人内部关系上，除共有人另有约定外，按份共有人按照份额享有债权、承担债务，共同共有人共同享有债权、承担债务。偿还债务超过自己应当承担份额的按份共有人，有权向其他共有人追偿。

实务要点

1. 根据第 300 条的规定，共有物管理的规则如下：首先，按照约定管理共有的不动产或者动产。共有关系存续期间，无论是按份共有人还是共同共有人，均可以约定对共有财产的管理事宜。其次，没有约定或约定不明确的，各共有人都有管理的权利和义务。如对共有挖掘机的保养、存放等问题没有约定，各共有人对挖掘机均有妥善管理的权利和义务。

2. 第 301 条在《物权法》（已废止）第 97 条的基础上完善而来，将“重大修缮”修改为“重大修缮、变更性质或者用途”。按照本条，处分按份共有的不动产或动产以及对按份共有的不动产或者动产作重大修缮、变更性质或用途的，应经占份额 2/3 以上的按份共有人同意，但共有人间另有约定的除外；处分共同共有的不动产或动产以及对共同共有的不动产或动产作重大修缮、变更性质或用途的，应经全体共同共有人同意，但共有人间另有约定的除外。

3. 第 302 条规定的共有物的管理费用，是指因共有物的保存、重大修缮或简易修缮、利用而产生的费用；共有物的其他负担，是指因共有物的存在而产生的各种费用，如共有物的税款、保险费、共有建筑物造成的损害赔偿费等。

4. 第 303 条、第 304 条分别就共有物分割的原则、方式做了规定。第 303 条中的“重大理由”，应理解为事由合理且重大到如不分割将对该共有人利益产生根本性影响。如某共有人生病急需医治，而该共有人仅有共有物一项财产，如不将其变现用于医疗，其生命将受到威胁。此时即构成“重大理由”，应允许其请求分割共有财产。第 304 条关于共有物的分割方式的规定中，协议分割优先；无协议时按照法定分割方式进行。法定分割方式友包括实物分割、变价分割。共有的财产可以分割且不会因分割减损价值的，应当对实物进行分割，如分割大豆。共有财产难以分割或因分割会减损价值的，可变卖或拍卖分配价金，如耕牛等。此外，第 304 条第 2 款规定了共有人间的瑕疵担保责任。共有人瑕疵担保，包括权利瑕疵担保与物的瑕疵担保。权利瑕疵担保责任，是指共有人应担保第三人就其他共有人分得的物不得主张任何权利。物的瑕疵担保责任，是指共有人应担保其他共有人分得的物在分割前没有瑕疵。瑕疵担保责任的内容主要是减少价金和损害赔偿。

5. 第 307 条对因共有财产产生的债权债务关系的对外、对内效力作出规定。对外效力上，无论是共同共有还是按份共有，共有人享有连带承担连带债务，但法律另有规定或第三人知道共有人不具有连带债权债务关系的除外。这是为了保护善意第三人利益的需要。因为第三人可能不知道共有人之间的共有关系性质，法律要求共有人对第三人承担连带债务，可以起到保护善意第三人利益的作用。不过，如果法律另有规定或者第三人知道共有人不具有连带债权债务关系，共有人不享有连带债权、不承担连带债务。例如，《合伙企业法》第 38 条、第 39 条规定，合伙企业对其债务，应先以其全部财产进行清偿；合伙企业不能清偿到期债务的，合伙人承担无限连带责任。对内效力上，除共有人另有约定外，按份共有人按照份额享有债权、承担债务，共同共有人共同享有债权、承担债务。

善意取得

第三百一十一条　善意取得 —— 善意取得 —— 第三百一十三条　善意取得的动产上原权利消灭

概念

善意取得，是指无处分权人将不动产或者动产转让给受让人，受让人是善意的且付出合理的价格，依法取得该不动产或者动产的所有权。

法典条款

第三百一十一条【善意取得】　无处分权人将不动产或者动产转让给受让人的，所有权人有权追回；除法律另有规定外，符合下列情形的，受让人取得该不动产或者动产的所有权：

（一）受让人受让该不动产或者动产时是善意；

（二）以合理的价格转让；

（三）转让的不动产或者动产依照法律规定应当登记的已经登记，不需要登记的已经交付给受让人。

受让人依据前款规定取得不动产或者动产的所有权的，原所有权人有权向无处分权人请求损害赔偿。

当事人善意取得其他物权的，参照适用前两款规定。

第三百一十三条【善意取得的动产上原权利消灭】 善意受让人取得动产后，该动产上的原有权利消灭。但是，善意受让人在受让时知道或者应当知道该权利的除外。

实务要点

1. 第 311 条第 1 款就善意取得的构成要件做了规定。其中，受让人的“善意”，是指受让不动产或者动产时，不知道转让人无处分权且无重大过失的。有下列情形之一的，应认定不动产受让人知道转让人无处分权：(1)登记簿上存在有效的异议登记；(2)预告登记有效期内，未经预告登记的权利人同意；(3)登记簿上已经记载司法机关或者行政机关依法裁定、决定查封或者以其他形式限制不动产权利的有关事项；(4)受让人知道登记簿上记载的权利主体错误；(5)受让人知道他人已经依法享有不动产物权。受让人受让动产时，交易的对象、场所或者时机等不符合交易习惯的，应当认定受让人具有重大过失。例如，甲在路边遇见兜售名贵手表的人，仍与其交易，则非属善意。所谓“合理的价格”，应根据转让标的物的性质、数量以及付款方式等具体情况，参考转让时交易地市场价格以及交易习惯等因素综合认定。本条第 2 款规定了善意取得的法律后果，包括受让人取得动产或不动产的所有权与原所有权人有权向无处分权人请求损害赔偿。根据本条第 3 款的规定，善意取得制度不仅适用于所有权，当事人善意取得其他物权(如抵押权、动产质权、留置权等)的，参照适用该条。

2. 善意取得所有权是基于法律的直接规定，具有确定性、终局性，属原始取得。因而第 313 条规定，善意受让人取得动产后，该动产上的原有权利消灭。动产上的原有权利主要是指限制物权，包括抵押权、质权、留置权等。若善意受让人在受让时知道或应当知道在该动产上存在限制物权等权利的，则在该动产上的原有权利不消灭。如善意受让人取得动产时，知道该动产已经被抵押的，抵押权不消灭。

权威参考案例

刘某兵诉卢某成财产权属纠纷案(《最高人民法院公报》2008 年第 2 期)

善意取得，是指无处分权人将不动产或者动产转让给受让人，受让人是善意的且付出合理的价格，依法取得该不动产或者动产的所有权。因此，善意取得应当符合以下三个条件：(1)受让人受让该动产时是善意的；(2)以合理的价格受让；(3)受让的动产依照法律规定应当登记的已经登记，不需要登记的已经交付给受让人。机动车虽然属于动产,但存在一些严格的管理措施使机动车不同于其他无须登记的动产。行为人未在二手机动车交易市场内交易取得他人合法所有的机动车,不能证明自己为善意并付出相应合理价格的,对其主张善意取得机动车所有权的请求,人民法院不予支持。

遗失物

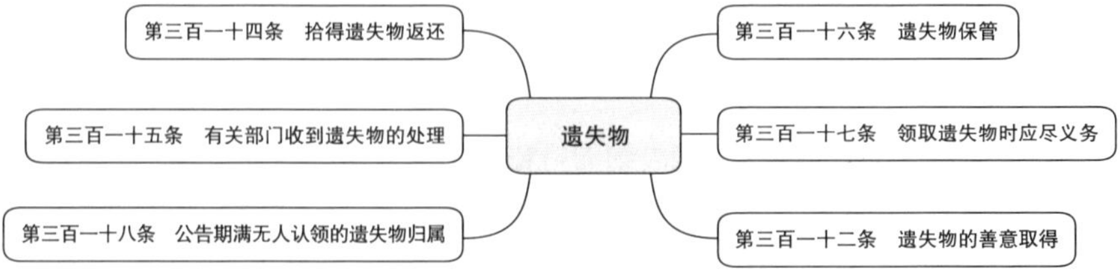

概念

遗失物,是指并非基于占有人的意思而丧失占有,现又无人占有的物。遗失物与抛弃物的根本区别就在于,遗失物不是他人抛弃的物,而是他人无抛弃的意思而丧失占有的物。

法典条款

第三百一十四条【拾得遗失物返还】　拾得遗失物,应当返还权利人。拾得人应当及时通知权利人领取,或者送交公安等有关部门。

第三百一十五条【有关部门收到遗失物的处理】　有关部门收到遗失物,知道权利人的,应当及时通知其领取;不知道的,应当及时发布招领公告。

第三百一十八条【公告期满无人认领的遗失物归属】　遗失物自发布招领公告之日起一年内无人认领的,归国家所有。

第三百一十六条【遗失物保管】　拾得人在遗失物送交有关部门前,有关部门在遗失物被领取前,应当妥善保管遗失物。因故意或者重大过失致使遗失物毁损、灭失的,应当承担民事责任。

第三百一十七条【领取遗失物时应尽义务】　权利人领取遗失物时,应当向拾得人或者有关部门支付保管遗失物等支出的必要费用。

权利人悬赏寻找遗失物的,领取遗失物时应当按照承诺履行义务。

拾得人侵占遗失物的，无权请求保管遗失物等支出的费用，也无权请求权利人按照承诺履行义务。

第三百一十二条【遗失物的善意取得】 所有权人或者其他权利人有权追回遗失物。该遗失物通过转让被他人占有的，权利人有权向无处分权人请求损害赔偿，或者自知道或者应当知道受让人之日起二年内向受让人请求返还原物；但是，受让人通过拍卖或者向具有经营资格的经营者购得该遗失物的，权利人请求返还原物时应当支付受让人所付的费用。权利人向受让人支付所付费用后，有权向无处分权人追偿。

实务要点

1. 根据第 314 条的规定，遗失物的拾得人的义务包括返还义务、通知义务、送交义务。当然，这些义务并非要求全部履行的。第 315 条规定有关部门的义务，包括通知义务与发布招领公告义务。此外需注意，根据第 318 条的规定，自公安机关等有关部门发布招领公告之日起 1 年内无人认领的，遗失物归国家所有。这有利于尽快确定遗失物的所有权，充分发挥物的价值和功能。同时，招领公告期限由 6 个月改为 1 年，也更有利于保护遗失人利益。

2. 第 316 条规定了拾得人、有关部门的妥善保管的义务。需注意，对于保管费用过高或易于腐烂变质等不易保管的遗失物，公安机关等可拍卖、变卖，保管价款。

3. 第 317 条就权利人领取遗失物时应尽的义务作出规定。一是必要费用支付义务。拾得人或有关部门支出的必要费用，权利人领取遗失物时应予支付。这里的必要费用，主要包括保管遗失物的费用、公告费以及其他必要费用。二是权利人悬赏寻找遗失物的，领取遗失物时应按照承诺履行义务。由于拾金不昧是我国的优良道德传统，故本条也只规定了权利人领取时应履行的义务，并未规定拾得人有报酬请求权。另需注意，按照本条第 3 款的规定，拾得人侵占遗失物的，无权请求保管遗失物等支出的费用，也无权请求权利人按照承诺履行义务。

4. 第 312 条就遗失物善意取得作出规定。遗失物的善意取得与一般的善意取得不同，其所有权人或其他权利人是有权追回遗失物的。若该遗失物通过转让被他人占有的，权利人有两种选择：一是有权向无处分权人请求损害赔偿。二是自知道或者应当知道受让人之日起 2 年内向受让人请求返还原物。该 2 年在性质上属于除斥期间，该期间一旦经过，权利人请求受让人返还原物的权利归于消灭，真正权利人也就无法再向受让人请求返还原物了。但是，如果受让人通过拍卖或者向具有经营资格的经营者购得该遗失物的，权利人请求返还原物时应当支付受让人所付的费用。如果权利人请求受让人返还原物时支付了费用，其有权向无处分权人追偿。

所有权取得的其他特别方式

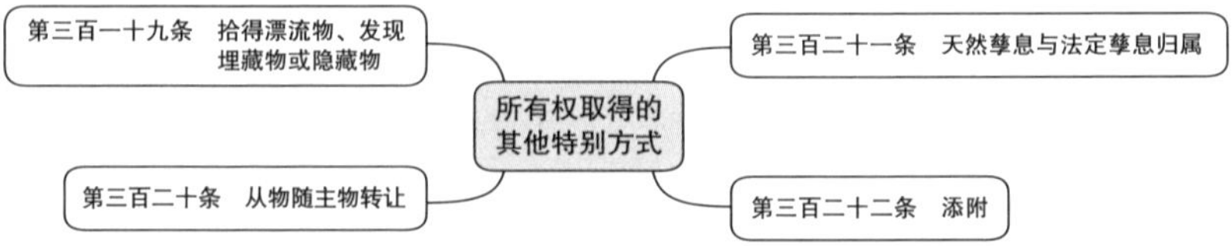

概念

所有权取得包括一般取得与特别取得，善意取得、拾得遗失物是主要的特别取得方式。除此之外，特别取得还包括拾得漂流物、发现埋藏物或隐藏物、从物随主物转让、获得天然孳息或法定孳息、添附等其他方式。

法典条款

第三百一十九条【拾得漂流物、发现埋藏物或隐藏物】　拾得漂流物、发现埋藏物或者隐藏物的，参照适用拾得遗失物的有关规定。法律另有规定的，依照其规定。

第三百二十条【从物随主物转让】　主物转让的，从物随主物转让，但是当事人另有约定的除外。

第三百二十一条【天然孳息与法定孳息归属】　天然孳息，由所有权人取得；既有所有权人又有用益物权人的，由用益物权人取得。当事人另有约定的，按照其约定。

法定孳息，当事人有约定的，按照约定取得；没有约定或者约定不明确的，按照交易习惯取得。

第三百二十二条【添附】　因加工、附合、混合而产生的物的归属，有约定的，按照约定；没有约定或者约定不明确的，依照法律规定；法律没有规定的，按照充分发挥物的效用以及保护无过错当事人的原则确定。因一方当事人的过错或者确定物的归属造成另一方当事人损害的，应当给予赔偿或者补偿。

实务要点

1. 第319条规定了拾得漂流物、发现埋藏物或隐藏物参照适用拾得遗失物的规定，法律另有规定的除外。其中，漂流物是漂流于江、河、湖、海、溪、沟上的物品，也包括随山洪等水流运动而漂流发生位移的物。拾得漂流物的，应当归还漂流物的权利人。漂流物的拾得人支出的必要费用应由漂流物的权利人偿还。埋藏物是埋藏于土地之中，所有权归属不能判明的动产。隐藏物是隐藏于他物之中的物，如隐藏于墙壁之中的物品。发现隐藏物的，适用发现埋藏物的相关规定。本条中的另有规定，如根据《文物保护法》的规定，任何单位或者个人发现文物，应当保护现场，立即报告当地文物行政部门。

2. 主物，是指不需要依赖他物而能独立存在并发挥主要作用的物；从物，是指配合主物使用，发挥辅助作用的物。从物不是主物的组成部分。如果某物已经成为他物的组成部分，则不是从物。如房屋的门窗是房屋的组成部分，不是从物；从物是为发挥主物的作用而存在的。从物的存在是为辅助主物的存在。如自行车与钢丝锁，前者是主物，后者是从物；从物与主物必须属于同一人。因主物、从物是独立物，且结合在一块也没有创造了一种新的独立物，而是更好地发挥物的整体效用。为此，第320条规定，从物随主物转让而转让，除非当事人另有约定。

3. 孳息，是指从原物中产生的物，可分为天然孳息与法定孳息。天然孳息，是指依原物的自然属性而获得的收益，如葡萄树产生的葡萄；法定孳息，是指依法律规定获得的收益，如存款产生的利息。根据第321条第1款，天然孳息的所有权归属于原物的所有权人。如果某一物上既有所有权人又有用益物权人的，天然孳息由用益物权人取得。如某一块土地的所有权为甲集体组织，乙享有土地承包经营权。在土地承包经营权存续期间，该块土地上长出许多野生蘑菇。这些野生蘑菇的所有权归属于乙。若当事人另有约定，则按约定处理。根据第2款，对法定孳息，当事人有约定的按约定；没有约定或约定不明确的，按交易习惯确定所有权。

4. 第322条属《民法典》新增的内容。添附包括附合、混合及加工三种法律事实，因其非民事法律行为，当事人因添附取得所有权，不以有完全民事行为能力为前提，也无须有取得所有权的意思。对归属无约定且法律没有规定的，本条确立了物尽其用及保护无过错方的原则。本条所谓“加工”，是指将他人的动产进行制作或改造，使其成为新物或具有更高价值的物；所谓“附合”，是指不同所有人的两个以上的物相结合而形成新的财产；所谓“混合”，是指不同所有人的动产相互结合，难以分开，并且形成新的财产。

权威参考案例

1. 汪某诚等六人诉淮安市博物馆返还祖宅的埋藏文物纠纷案（《最高人民法院公报》2013 年第 5 期）

《民法通则》（已废止）第 79 条[①]规定：所有人不明的埋藏物，归国家所有；《文物保护法》第 5 条也将中华人民共和国境内地下遗存的文物一般推定为“属于国家所有”。但埋藏或隐藏于公民祖宅且能够基本证明属于其祖产的埋藏物，在无法律明文规定禁止其拥有的情况下，应判定属于公民私人财产。

2. 福州商贸大厦筹备处与福建佳盛投资发展有限公司借款纠纷案（《最高人民法院公报》2006 年第 7 期）

银行利息作为主债权的收益，属于法定孳息，除法律有特别规定或者当事人有特别约定外，取得孳息的权利随着主物所有权的转移而转移。转让后逾期利息的计息标准应按照中国人民银行同期逾期贷款利率分段计付。债权转让合同及对债务人的通知中，均未明确约定和申明债权的利息一并转让，债务人仍应承担偿还利息责任。

用益物权范围

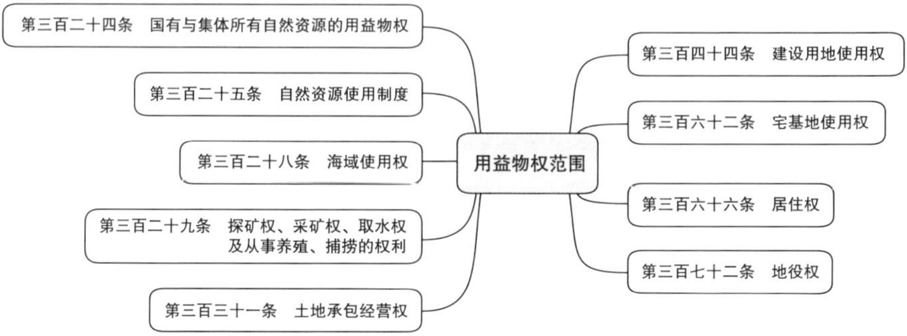

① 可参考《民法典》第 314 条、第 319 条。

概念

用益物权是权利人对他人所有的不动产或动产，依法享有占有、使用和收益的权利。用益物权制度是物权法律制度中非常重要的制度，与所有权、担保物权等一同构成物权制度的完整体系。用益物权范围较广，《民法典》从总体上规定了国有与集体所有的自然资源的用益物权、海域使用权、合法探矿权等用益物权；此外另分设专章，对土地承包经营权、建设用地使用权、宅基地使用权、居住权、地役权等用益物权作出专门规定。

法典条款

第三百二十四条【国有与集体所有自然资源的用益物权】 国家所有或者国家所有由集体使用以及法律规定属于集体所有的自然资源，组织、个人依法可以占有、使用和收益。

第三百二十五条【自然资源使用制度】 国家实行自然资源有偿使用制度，但是法律另有规定的除外。

第三百二十八条【海域使用权】 依法取得的海域使用权受法律保护。

第三百二十九条【探矿权、采矿权、取水权及从事养殖、捕捞的权利】 依法取得的探矿权、采矿权、取水权和使用水域、滩涂从事养殖、捕捞的权利受法律保护。

第三百三十一条【土地承包经营权】 土地承包经营权人依法对其承包经营的耕地、林地、草地等享有占有、使用和收益的权利，有权从事种植业、林业、畜牧业等农业生产。

第三百四十四条【建设用地使用权】 建设用地使用权人依法对国家所有的土地享有占有、使用和收益的权利，有权利用该土地建造建筑物、构筑物及其附属设施。

第三百六十二条【宅基地使用权】 宅基地使用权人依法对集体所有的土地享有占有和使用的权利，有权依法利用该土地建造住宅及其附属设施。

第三百六十六条【居住权】 居住权人有权按照合同约定，对他人的住宅享有占有、使用的用益物权，以满足生活居住的需要。

第三百七十二条【地役权】 地役权人有权按照合同约定，利用他人的不动产，以提高自己的不动产的效益。

前款所称他人的不动产为供役地，自己的不动产为需役地。

实务要点

1. 第324条规定体现了我国物权法律制度的特色，在我国，土地等自然资源属于国家所有或者集体所有，组织、个人依法可设立用益物权。自然资源用益物权的客体包括国家所有的自然资源、国家所有由集体使用以及法律规定属于集体所有的自然资源。自然资源用益物权的权能表现为占有、使用、收益。另需说明的是，我国自然资源的使用制度是建立在社会主义公有制基础上，适应社会主义市场经济发展的，按照《土地管理法》《水法》《矿产资源法》等法律及国务院有关规定，对自然资源实行有偿使用为原则、无偿利用为例外的制度，以保证自然资源的合理开发与利用，更好地实现这些资源在经济上的价值，充分发挥物的功能。为此，有了《民法典》第325条的规定。

2. 海域使用权派生于海域的国家所有权，同时又与海域国家所有权相分离。海域使用权的权利人以对特定海域的占有为前提，以使用、收益为目的。根据特别法优先原则，海域使用权应优先适用《海域使用管理法》；该法无规定的，适用《民法典》的相关规定。

3. 第329条规定的探矿权、采矿权、取水权及从事养殖、捕捞的权利有一定的自身特点，与一般的用益物权有所不同。用益物权一般通过合同设立，但探矿权、采矿权、取水权及从事养殖、捕捞的权利是经行政主管部门许可设立的。此外，根据特别法优先的原则，探矿权、采矿权、取水权及从事养殖、捕捞的权利应优先适用《矿产资源法》《水法》《渔业法》等特别法的规定，这些法律没有规定的，适用《民法典》的相关规定。

4. 第331条就土地承包经营权的客体与内容作出原则性规定，客体包括耕地、林地、草地等农业用地，内容主要为：(1)依法对承包经营的土地享有占有的权利；(2)依法对承包经营的土地享有使用的权利，发包人和其他任何第三人都无权进行干涉；(3)依法对承包经营的土地享有收益的权利。此外，《民法典》物权编其他条文与《土地管理法》对土地承包经营权中的其他权利也进行了明确，主要包括土地承包经营权人依照法律的规定，有权将土地承包经营权采取互换、转让的方式流转；承包期内发包人不得调整承包地；承包期内发包人不得收回承包地，法律另有规定的除外；承包地被依法征收、征用、占用的，有权依法获得相应补偿等其他权利。

5. 建设用地使用权主要特征包括：第一，建设用地使用权是以在国家所有的土地上建造建筑物、构筑物及其附属设施为目的的物权；第二，建设用地使用权是利用国家所有的土地的限制物权。建设用地使用权一旦设定，所有权便受到限制。

6. 宅基地使用权，是指农民依法享有的在集体所有的土地上建造、保有住宅及其附属设施的权利，其主要特征如下：一是使用权人具有特定性，即宅基地使用权限定为农民因建造住宅而对集体所有土地享有的占有、使用的权利；二是使用权客体具有特定性，宅基地属于农民集体所有；三是使用权目的具有特定性，宅基地的用途是在该土地上建造住宅及其附属设施；四是使用权取得具有无偿性，宅基地使用权由集体成员无偿取得、无偿使用，是一种具有福利性质的权利；五是使用权具有无期限性，宅基地上的建筑物或其附属设施灭失的，不影响宅基地使用权的效力。宅基地使用权人有权在宅基地上重新建造房屋或其附属设施，以用于居住。

7. 居住权，是指以居住为目的，对他人的住房及其附属设施所享有的占有、使用的权利。其主要特征如下：一是居住权是在他人的住宅上所设立的物权。二是居住权是为特定的自然人基于生活用房而设定的权利。居住权主要是自然人为了赡养、扶养等需要而设立的，是基于生活居住而设定的。若为商业目的而使用他人的住房，一般只能设定租赁权。故居住权只能由自然人享有，法人、非法人组织不能享有。三是居住权人有权占有、使用他人所有的住宅；既可以是他人的全部住宅，也可以是住宅的一部分，如无特别约定，原则上应当以保证居住权人正常居住、生活为限。四是居住权具有长期性。有时可能为居住权人终身设定。因而权利人可对房屋进行必要的装修改善，且能长期、稳定享有这种改善利益。

8. 根据第 372 条的规定可知地役权是指按照合同约定，利用他人不动产，以提高自己不动产效益的权利。另需注意，地役权与相邻关系的区别，主要包括：一是提供便利内容方面。相邻一方必须为另一方提供便利，是权利正常行使而对另一方提出的最低要求；地役权并非为了满足最低要求，而是为了更好地行使权利提出更高要求。二是性质方面。相邻关系基于法律的直接规定产生；地役权则是根据约定而产生。三是是否无偿取得方面。相邻关系不需要支付任何对价；而地役权取得往往是有偿的。四是土地是否相邻方面。相邻关系在相互邻近的土地间；地役权可在相邻土地间，也可在不相邻土地间。

权威参考案例

1. 于某岩与锡林郭勒盟隆兴矿业有限责任公司执行监督案（最高人民法院指导性案例第123号）

生效判决认定采矿权转让合同依法成立但尚未生效，判令转让方按照合同约定办理采矿权转让手续，并非对采矿权归属的确定，执行法院依此向相关主管机关发出协助办理采矿权转让手续通知书，只具有启动主管机关审批采矿权转让手续的作用，采矿权能否转让应由相关主管机关依法决定。申请执行人请求变更采矿权受让人的，也应由相关主管机关依法判断。

2. 丰宁长阁矿业有限公司与北京铁路局物权保护纠纷案（《最高人民法院公报》2019年第9期）

建设单位与矿业权人达成压覆矿产补偿意向，并依照相关法律法规履行了压覆审批手续，则其压覆矿产的行为不具有违法性，主观上亦不存在过错，不构成侵权。矿业权人因矿产被压覆所受损失可以依法得到补偿。建设项目因公共利益压覆矿产的，建设单位应补偿矿业权人被压覆资源储量在压覆时市场条件下所应缴价款，以及所压覆的矿区分担的勘察投资、已建的开采设施投入和搬迁相应设施等直接损失。

3. 陈某全与确山县团山矿业开发有限公司采矿权转让合同纠纷案（2016年7月12日《最高人民法院发布十起审理矿业权民事纠纷典型案例》案例3）

矿业权转让合同未经国土资源主管部门批准并办理矿业权变更登记手续，不发生矿业权物权变动的效力，但应确认转让合同中的报批义务条款自合同成立时起即具有法律效力，报批义务人应依约履行。在转让合同不具有法定无效情形且报批义务具备履行条件的情况下，相对人有权请求报批义务人履行报批义务；人民法院依据案件事实和相对人的请求，也可以判决由相对人自行办理报批手续。

双层经营体制与土地承包经营制度

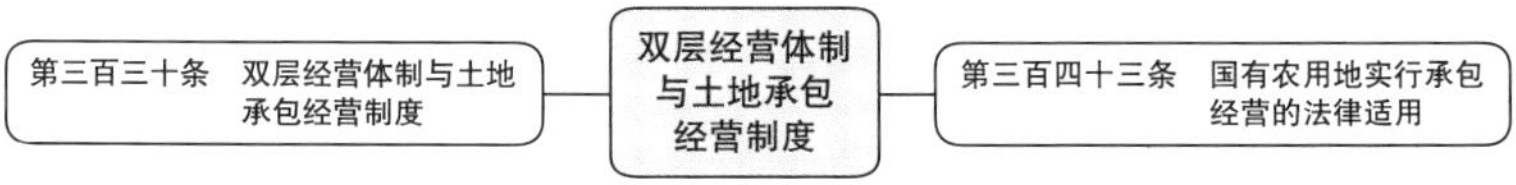

概念

“双层经营体制”是《宪法》确立的农村集体经济组织的经营体制，其实质是在坚持农村土地所有权属于农民集体或者国家的前提下，依靠农民家庭向集体承包土地并获得土地承包经营权，来实现集体统一经营和农户分散经营的并存、互补和结合。

法典条款

第三百三十条【双层经营体制与土地承包经营制度】　农村集体经济组织实行家庭承包经营为基础、统分结合的双层经营体制。

农民集体所有和国家所有由农民集体使用的耕地、林地、草地以及其他用于农业的土地，依法实行土地承包经营制度。

第三百四十三条【国有农用地实行承包经营的法律适用】　国家所有的农用地实行承包经营的，参照适用本编的有关规定。

实务要点

1.“双层经营”包含“集体统一经营”与“农户分散经营”两个层次。集体统一经营体现为集体享有土地发包权，且部分集体通过村办企业等开展经营活动；农户分散经营则体现为农户承包土地并直接从事种植业和养殖业等生产经营活动。另需注意，双层经营的基础仍是家庭承包，但必须统分结合，不能因家庭经营而忽略集体经营，特别是要强调农村土地的集体所有权，承包方享有的仅仅是对农村土地的用益物权。

2. 实行土地承包经营制度的农村土地，包括农民集体所有和国家所有依法由农民集体使用的耕地、林地、草地及其他依法用于农业的土地。第330条第2款所谓“用于农业的土地”，主要指耕地、林地和草地，还有一些其他农业土地，如荒山、荒丘、荒沟、荒滩。根据《农村土地承包法》，农村土地承包经营有两种承包方式：家庭承包和采取招标、拍卖、公开协商等方式承包。农村土地承包采取农村集体经济组织内部的家庭承包方式，不宜采取家庭承包方式的荒山、荒沟、荒丘、荒滩等农村土地，可采取招标、拍卖、公开协商等方式承包。

3. 第 343 条就国有农用地实行承包经营的法律适用作出规定。国家所有用于农业的土地，有的由农民集体长期使用，实行农村土地承包经营制度；有的由单位（包括集体）或个人承包经营；有的通过组建国有农场、林场等进行生产经营；有的还没有完全开发利用。对交由农民集体使用以外的国有农用地实行承包经营的，可根据实际情况，在承包方式、承包期限、承包的权利义务等方面参照本法的有关规定执行，以促进国有农用地资源的合理开发利用，维护承包人的合法权益。

权威参考案例

李某祥诉李某梅继承权纠纷案（《最高人民法院公报》2009 年第 12 期）

根据《农村土地承包法》（已修改）第 15 条[①]的规定，农村土地家庭承包的，承包方是本集体经济组织的农户，其本质特征是以本集体经济组织内部的农户家庭为单位实行农村土地承包经营家庭承包方式的农村土地承包经营权属于农户家庭，而不属于某一个家庭成员。根据《继承法》（已废止）第 3 条[②]的规定，遗产是公民死亡时遗留的个人合法财产。农村土地承包经营权不属于个人财产，故不发生继承问题。除林地外的家庭承包，当承包农地的农户家庭中的一人或几人死亡，承包经营仍然是以户为单位，承包地仍由该农户的其他家庭成员继续承包经营；当承包经营农户家庭的成员全部死亡，由于承包经营权的取得是以集体成员权为基础，该土地承包经营权归于消灭，不能由该农户家庭成员的继承人继续承包经营，更不能作为该农户家庭成员的遗产处理。

承包期

① 可参考 2018 年修正后本法第 16 条。

② 可参考《民法典》第 1122 条。

概念

土地承包期限，是指农村土地承包经营权存续的期间。在这个期限内，承包方享有土地承包经营权，依照法律的规定和合同的约定行使权利履行义务。承包期限是土地承包制度的一项重要内容，关系农民是否可以得到更加充分有保障的土地权利，关系双层经营体系体制的稳定。

法典条款

第三百三十二条【土地承包期限】 耕地的承包期为三十年。草地的承包期为三十年至五十年。林地的承包期为三十年至七十年。

前款规定的承包期限届满，由土地承包经营权人依照农村土地承包的法律规定继续承包。

第三百三十六条【承包地调整】 承包期内发包人不得调整承包地。

因自然灾害严重毁损承包地等特殊情形，需要适当调整承包的耕地和草地的，应当依照农村土地承包的法律规定办理。

第三百三十七条【承包地收回】 承包期内发包人不得收回承包地。法律另有规定的，依照其规定。

实务要点

1. 土地承包期的长短，主要是根据农业生产经营的特点加以确定的。如果该期限太短，不利于农民对农业生产经营的长期投入和农业的稳定发展。第332条第1款对不同用途的土地承包期进行了明确规定。该期限是法定期限，不得随意变更。但是，本条第2款规定，土地承包期届满，土地承包经营权人可依法继续承包。这有利于保障土地承包经营权人的权利，鼓励其加强对承包地的资金、劳力和农田基本建设等方面的投入，更好地实现农业和农村经济的发展。

2. 第336条第1款规定了发包人在承包期内不得调整承包地，理由主要在于：一是立法政策导向上要求长期稳定承包制，承包期内承包地的调整必然会影响承包经营权的稳定。二是在法理上为了稳定承包经营权，就要赋予承包经营权以物权效力，承包地的调整必然会损害承包经营权的物权效力。但由于承包期限普遍较长，农村情况很可能发生变化，本条第2款又规定在特殊情形下可对承包地进行适当调整。

3. 第 337 条规定了发包人在承包期内不得收回承包地，法律另有规定的除外；这对稳定土地承包关系具有重要意义。如承包期内，家庭成员一人或数人死亡；子女升学、参军或在城市就业；承包方进城务工；妇女结婚，在新居住地未取得承包地；妇女离婚或丧偶，仍在原居住地生活或不在原居住地生活但在新居住地未取得承包地等情形下，只要作为承包方的农户家庭没有消亡，发包方都不得收回承包地。根据《农村土地承包法》的规定，承包期内即使全家都进城落户，无论是否丧失农村集体经济组织成员身份，无论是否纳入城镇住房和社会保障体系，其进城落户前依法取得的农村土地承包经营权仍受法律保护。同时根据该法的规定，发包人收回承包地应同时符合以下条件：承包农户已经进城落户；遵循自愿有偿的原则；对承包方给予相应的补偿。

权威参考案例

陈某棕诉亭洋村一组、亭洋村村委会征地补偿款分配纠纷案（《最高人民法院公报》2005 年第 10 期）

依照《土地管理法》（已修改）第 14 条[①]和《农村土地承包法》（已修改）第 26 条[②]的规定，承包土地的农民到小城镇落户后，其土地承包经营权可以保留或者依法流转；该土地如果被征用，承包土地的农民有权获得征地补偿款。

土地承包经营权设立、互换、转让

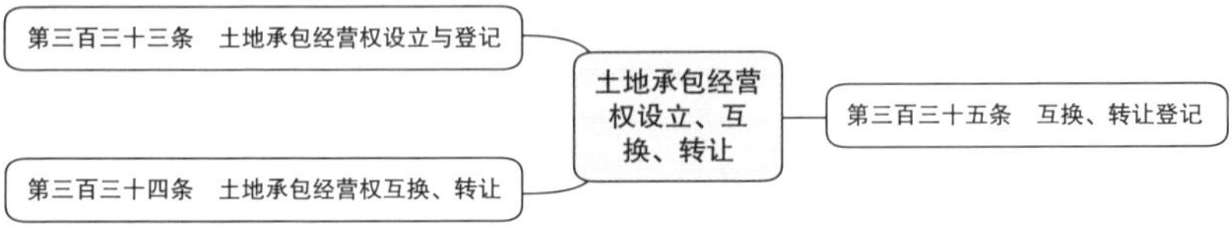

概念

土地承包经营权的设立，是指相关土地的发包方将土地承包经营权通过订立土地承包经营权合同的方式发包给承包人的行为。土地承包经营权的互换，是指权利人将自己的土地承包经营权交换给本集体经济组织的他人行使，自己行使从他人处换来的土地承包经营权的行为。土地承包经营权的转让，是指土

① 可参考 2019 年修正后本法第 13 条。

② 可参考 2018 年修正后本法第 27 条。

地承包经营权人将其享有的期限未届满的土地承包经营权转移给他人的行为。

法典条款

第三百三十三条【土地承包经营权设立与登记】 土地承包经营权自土地承包经营权合同生效时设立。

登记机构应当向土地承包经营权人发放土地承包经营权证、林权证等证书，并登记造册，确认土地承包经营权。

第三百三十四条【土地承包经营权互换、转让】 土地承包经营权人依照法律规定，有权将土地承包经营权互换、转让。未经依法批准，不得将承包地用于非农建设。

第三百三十五条【互换、转让登记】 土地承包经营权互换、转让的，当事人可以向登记机构申请登记；未经登记，不得对抗善意第三人。

实务要点

1. 根据第333条第1款，土地承包经营权合同生效时，土地承包经营权设立。土地承包经营权合同是由土地发包方与承包方签订的协议。而关于土地承包经营权合同生效的时间，根据《农村土地承包法》的规定，承包合同自成立之日起生效。关于土地承包经营权合同的登记，本条第2款规定了登记机构的义务和登记的效力，但需注意该登记并非生效要件。之所以不以登记为生效要件，理由主要包括：一是土地承包经营权的取得与农村集体经济组织的成员资格紧密相关。社会公众通过对农村集体经济组织成员资格的了解，就可以知道某人是否享有土地承包经营权。而物权登记的主要功能在于将物权状况向社会公众进行公示。在社会公众已能够比较便捷地知道土地承包经营权主体的情况下，再将登记作为土地承包经营权的生效要件显得没有必要。二是减少土地承包经营权设立的成本。目前实践中，土地承包经营权的设立基本上都是采取订立承包合同的方式。如果要求取得土地承包经营权必须办理登记，则无疑增加了农民取得土地承包经营权的负担，不利于实践操作。

2. 土地承包经营权互换具有以下特点：一是互换将导致土地承包经营权主体的变更。由于互换改变了原来的主体，故应向发包方备案；二是只能在同一集体经济组织内部进行，不能发生在不同的集体经济组织成员之间。土地承包经营权转让具有以下特点：一是受让对象是本集体经济组织的成员；二是转让对象可以是全部也可以是部分土地承包经营权；三是转让应经发包方同意。

3. 第 335 条对土地承包经营权互换、转让的登记效力，规定的是登记对抗要件方式，并不强制当事人登记。原因在于：第一，互换、转让的当事人均为同一集体经济组织的成员，对承包地情况比较清楚，不必强制要求当事人登记；第二，办理登记应履行一定程序且需缴纳一定费用，增加了农户负担。但同时考虑他人可能因不知道土地承包经营权的变动而受到损害，故本条规定未经登记不得对抗善意第三人。

土地经营权

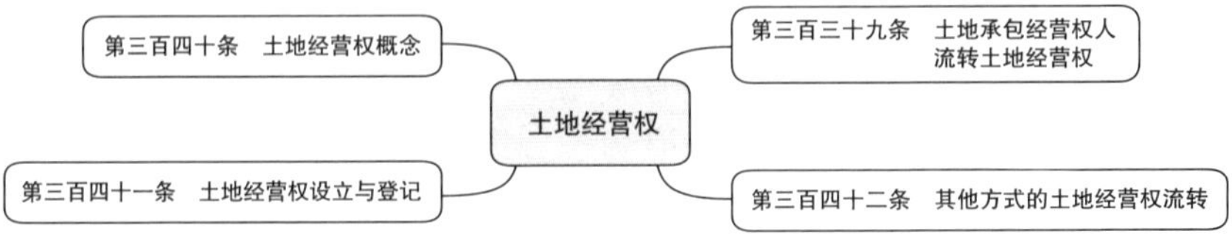

概念

土地经营权，是指受让方根据流转合同的约定，对承包方承包的农村土地依法占有并利用其开展农业生产经营以取得收益的权利。按照农村土地“三权分置”的政策和理论，土地经营权为一种新型的权利安排，它不同于具有身份属性的土地承包经营权，而是一种非人格化的市场主体享有的权利。

法典条款

第三百四十条【土地经营权概念】 土地经营权人有权在合同约定的期限内占有农村土地，自主开展农业生产经营并取得收益。

第三百四十一条【土地经营权设立与登记】 流转期限为五年以上的土地经营权，自流转合同生效时设立。当事人可以向登记机构申请土地经营权登记；未经登记，不得对抗善意第三人。

第三百三十九条【土地承包经营权人流转土地经营权】 土地承包经营权人可以自主决定依法采取出租、入股或者其他方式向他人流转土地经营权。

第三百四十二条【其他方式的土地经营权流转】 通过招标、拍卖、公开协商等方式承包农村土地，经依法登记取得权属证书的，可以依法采取出租、入股、抵押或者其他方式流转土地经营权。

实务要点

1. 土地经营权的主体，既可以是自然人，也可以是法人；既可以是本集体经济组织的自然人，也可以是本集体经济组织以外的自然人；既可以是农民专业合作社，也可以是从事农业生产经营的公司。土地经营权人的权利包括占有农村土地、自主开展农业生产经营、取得收益、改良土壤、建设附属设施、再流转、以土地经营权融资担保等权利。

2. 土地经营权流转合同生效时设立，土地经营权流转合同的生效，除应具备一般合同的生效要件以外，还应当符合《农村土地承包法》的相关规定。土地经营权流转符合上述要件的，土地经营权流转合同即生效。对于流转期限为 5 年以上的土地经营权，当事人可自主决定是否登记。这赋予了当事人选择是否登记的自由。土地经营权经登记，可明晰农业经营主体对于农村土地的利用关系，使土地经营权确定化。登记的土地经营权，不仅在当事人之间发生法律效力，还被赋予一定支配和排他效力，可对抗第三人。故第 341 条规定未经登记的土地经营权，不得对抗善意第三人。

3. 第 339 条规定了土地承包经营权流转土地经营权的方式，包括出租、入股以及其他方式。出租，是指在承包期内，承包方将部分或全部土地经营权，在一定期限内租赁给他人从事农业生产经营的方式；入股，是指土地承包经营权人将土地经营权量化为股权，以此入股组成股份公司、合作社或农场等并从事农业生产经营的方式。除此之外，土地承包经营权人也可采取其他方式向他人流转土地经营权。需注意，承包方依法采取出租、入股或其他方式将农村土地经营权部分或全部流转的，承包方与发包方的承包关系不变，双方享有的权利和承担的义务不变。

4. 第 342 条规定了以其他方式承包的农村土地经营权的流转。通过招标、拍卖、公开协商等方式承包的农村土地，是指荒山、荒沟、荒丘、荒滩等农村土地；以其他方式承包农村土地的，应当签订承包合同，承包方取得土地经营权。当事人的权利和义务、承包期限等，由双方协商确定。以招标、拍卖方式承包的，承包费通过公开竞标、竞价确定；以公开协商等方式承包的，承包费由双方议定。对于承包的“四荒”土地，必须在依法登记、取得土地承包经营权证或者林权证等权属证书的前提下才能流转。至于这类土地经营权流转，可采用出租、入股、抵押、其他方式进行。

建设用地使用权设立

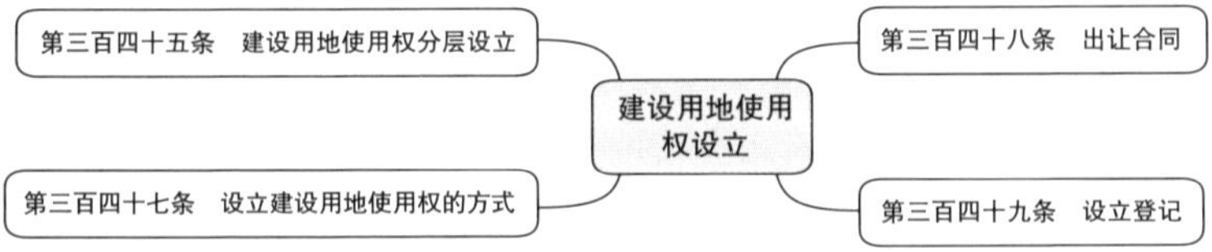

概念

本词条主要包括建设用地使用权分层设立、设立方式、建设用地使用权出让合同、使用权设立登记等内容。

法典条款

第三百四十五条【建设用地使用权分层设立】　建设用地使用权可以在土地的地表、地上或者地下分别设立。

第三百四十七条【设立建设用地使用权的方式】　设立建设用地使用权，可以采取出让或者划拨等方式。

工业、商业、旅游、娱乐和商品住宅等经营性用地以及同一土地有两个以上意向用地者的，应当采取招标、拍卖等公开竞价的方式出让。

严格限制以划拨方式设立建设用地使用权。

第三百四十八条【出让合同】　通过招标、拍卖、协议等出让方式设立建设用地使用权的，当事人应当采用书面形式订立建设用地使用权出让合同。

建设用地使用权出让合同一般包括下列条款：

（一）当事人的名称和住所；

（二）土地界址、面积等；

（三）建筑物、构筑物及其附属设施占用的空间；

（四）土地用途、规划条件；

（五）建设用地使用权期限；

（六）出让金等费用及其支付方式；

（七）解决争议的方法。

第三百四十九条【设立登记】 设立建设用地使用权的，应当向登记机构申请建设用地使用权登记。建设用地使用权自登记时设立。登记机构应当向建设用地使用权人发放权属证书。

实务要点

1. 第 345 条对建设用地使用权的分层设立作出规定。分层设立下，不同层次的建设用地使用权人均享有占有、使用和收益的权利，只是占用空间范围存在不同。如同一块土地的地下 10 米至地上 50 米的建设用地使用权由甲公司建写字楼；地下 15 米至 30 米的建设用地使用权由乙公司建停车场。

2. 第 347 条规定的建设用地使用权设立方式包括出让、划拨等。出让，是指国家以土地所有者的身份将建设用地使用权在一定年限内让与建设用地的使用者，并由建设用地的使用者向国家支付建设用地使用权出让金的行为。划拨，是指建设用地使用者通过各种方式依法无偿取得建设用地使用权。本条第 2 款明确两类情形下应采取出让方式：一是工业、商业、旅游、娱乐和商品住宅等经营性用地；二是同一土地有两个以上意向用地者。出让的具体形式包括招标、拍卖等公开竞价方式。本条第 3 款规定严格限制以划拨方式设立建设用地使用权。通过划拨方式取得的建设用地使用权具有以下特征：一是具有公益目的性；二是具有无偿性；三是具有无期限性；四是具有行政性。

3. 第 348 条规定的建设用地使用权出让合同属于民事合同，虽然各级人民政府代表国家以土地所有人身份与使用权人签订，但该合同属于国家以民事主体的身份与其他主体从事的交易行为。另需注意，该条适用范围仅限于以出让方式设立的建设用地使用权。以划拨方式取得的建设用地使用权，不需要当事人之间签订合同，而是通过发放“国有建设用地划拨决定书”的方式，让建设用地使用权人取得土地的使用权。

4. 根据第 349 条的规定，建设用地使用权登记时设立，明确了登记在建设用地使用权设立中的必要性。且该条适用的范围并非限于出让方式情形，划拨情形下也应当依法办理登记手续。另需注意，我国目前的土地登记以宗地为基本单元。使用两宗以上建设用地的建设用地使用权人应分宗申请登记。两个以上建设用地使用权人共同使用同一建设用地的，应分别申请登记。

建设用地使用权人权利义务

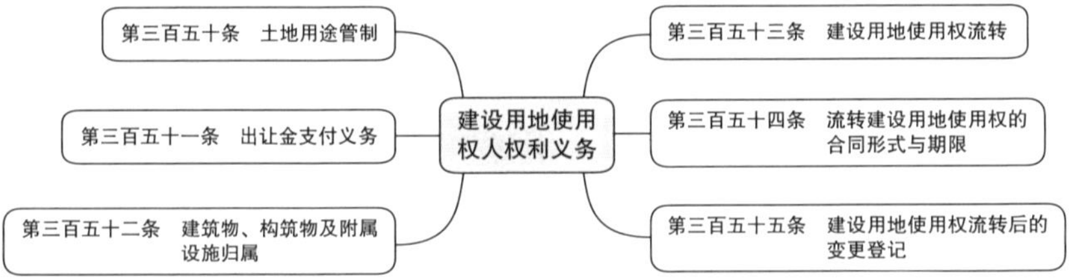

概念

建设用地使用权人取得建设用地使用权后，需依法依规行使权利、履行义务。本词条下，涉及的义务主要包括遵守土地用途要求的义务、支付出让金的义务，涉及的权利主要包括对其建造的建筑物、构筑物及附属设施拥有所有权和出让、互换、出资、抵押建设用地使用权的权利。

法典条款

第三百五十条【土地用途管制】　建设用地使用权人应当合理利用土地，不得改变土地用途；需要改变土地用途的，应当依法经有关行政主管部门批准。

第三百五十一条【出让金支付义务】　建设用地使用权人应当依照法律规定以及合同约定支付出让金等费用。

第三百五十二条【建筑物、构筑物及附属设施归属】　建设用地使用权人建造的建筑物、构筑物及其附属设施的所有权属于建设用地使用权人，但是有相反证据证明的除外。

第三百五十三条【建设用地使用权流转】　建设用地使用权人有权将建设用地使用权转让、互换、出资、赠与或者抵押，但是法律另有规定的除外。

第三百五十四条【流转建设用地使用权的合同形式与期限】　建设用地使用权转让、互换、出资、赠与或者抵押的，当事人应当采用书面形式订立相应的合同。使用期限由当事人约定，但是不得超过建设用地使用权的剩余期限。

第三百五十五条【建设用地使用权流转后的变更登记】　建设用地使用权转让、互换、出资或者赠与的，应当向登记机构申请变更登记。

实务要点

1. 土地用途管制是为了保护有限的土地资源，确立土地利用的约束机制，防止土地滥用而对土地利用进行的严格控制。以划拨、出让等方式取得的建设用地使用权的用途存在不同之处。出让合同也应对土地用途作出明确规定，建设用地使用权人应按照土地的用途合理利用土地，擅自改变土地的用途不仅是违约行为，也是违法行为。

2. 建设用地使用权出让金是建设用地使用权人为取得建设用地使用权向土地所有权人支付的价金。采用出让等有偿方式的，应支付出让金等费用；转让通过划拨方式取得的建设用地使用权的，应当补缴出让金。

3. 建设用地使用权是一种用益物权，建设用地使用权人取得国有土地的使用权后，有权在该土地上建造建筑物、构筑物及其附属设施。故第 352 条规定建设用地使用权人建造的建筑物、构筑物及其附属设施的所有权属于建设用地使用权人，但有证据证明归属于他人的除外。如开发商与政府有关部门约定由开发商在房地产项目中建设一部分市政公共设施，则这部分市政公共设施的所有权就属于国家。另需注意，对非法占用土地建造的建筑物和其他设施，由有关部门责令退还非法占用的土地，不符合土地利用总体规划擅自将农用地改为建设用地的，限期拆除并恢复土地原状；符合土地利用总体规划的，予以没收。

4. 第 353 条规定了建设用地使用权人有权以转让、互换、出资、赠与、抵押的方式流转建设用地使用权。建设用地使用权转让，是指建设用地使用权人以买卖合同形式将建设用地权转移给他人的行为；互换，是指当事人双方以各自的建设用地使用权相互交换的行为；出资，是指建设用地使用权人为取得投资收益，将建设用地使用权作为出资标的的行为；赠与，是指建设用地使用权人将其享有的建设用地使用权无偿让与他人的行为；抵押，是指建设用地使用权人将其享有的建设用地使用权作为抵押财产，为自己或他人的债务提供担保的行为。当债务人不履行债务时，债权人有权依法以该建设用地使用权折价或者以拍卖、变卖该建设用地使用权的价款优先受偿。此外，建设用地使用权的流转也是有一定限制的。以划拨取得的建设用地使用权，其流转要通过行政审批，并交纳相应土地出让金或土地收益；以出让方式取得的建设用地使用权，某些情形下也是不能直接流转的。《城市房地产管理法》对不得转让及转让条件有具体规定。

5. 第 354 条规定建设用地使用权流转应当采用书面形式订立合同。之所以必须采用书面形式的合同，是因为建设用地使用权涉及土地这一重要资源的利用，不仅影响当事人的利益，而且对国家和社会的利益也有重要影响。采取书面形式订立建设用地使用权流转合同，有利于明确各方的权利、义务，防范交易风险，促进建设用地使用权流转的安全。此外，本条还规定流转期限不得超过建设用地使用权的剩余期限，以保护建设用地所有权人利益。若建设用地使用权人超过剩余期限转让的，则超过期限的那部分流转合同应无效。

6. 第214条规定："不动产物权的设立、变更、转让和消灭，依照法律规定应当登记的，自记载于不动产登记簿时发生效力。"这一规定将登记作为不动产物权变动的生效要件。建设用地使用权作为一种不动产物权，其流转需要办理变更登记，否则，该流转就无法产生法律效力。第355条规定的本意即是如此。

房地一体

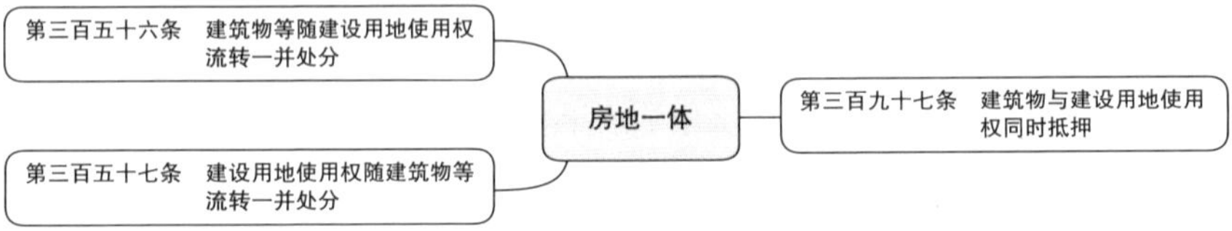

概念

房地一体也称房地一致，是指建设用地使用权与建设用地之上的建筑物、构筑物及其附属设施一并流转（抵押），包括"房随地走"与"地随房走"。

法典条款

第三百五十六条【建筑物等随建设用地使用权流转一并处分】　建设用地使用权转让、互换、出资或者赠与的，附着于该土地上的建筑物、构筑物及其附属设施一并处分。

第三百五十七条【建设用地使用权随建筑物等流转一并处分】　建筑物、构筑物及其附属设施转让、互换、出资或者赠与的，该建筑物、构筑物及其附属设施占用范围内的建设用地使用权一并处分。

第三百九十七条【建筑物与建设用地使用权同时抵押】　以建筑物抵押的，该建筑物占用范围内的建设用地使用权一并抵押。以建设用地使用权抵押的，该土地上的建筑物一并抵押。

抵押人未依据前款规定一并抵押的，未抵押的财产视为一并抵押。

实务要点

1. 建设用地上的建筑物、构筑物及其附属设施是依附于该土地而存在的。没有土地就不可能形成建筑物、构筑物及其附属设施。基于“房地一致”的原则，为了维护建筑物等的完整性与经济价值，避免出现“空中楼阁”的尴尬局面，应当实行“房随地走”，故有第356条的规定。

2. 作为与第356条规定相衔接的条文，第357条规定了“房地一致”的另一种方式“地随房走”。由于建筑物、构筑物及其附属设施与其占用的土地不可分，因此，当建筑物、构筑物及其附属设施流转时，该建筑物、构筑物及其附属设施占用范围内的建设用地使用权应当一并处分。需注意，本条中的建筑物等占用范围内的建设用地使用权可以是一宗单独的建设用地使用权，也可以是共同享有的建设用地使用权中的份额。如建筑物区分所有情形下，业主转让建筑物内的住宅、经营性用房，其对共有部分享有的共有权利一并转让，但不可能也不应该对业主共同享有的建设用地使用权进行分割。

3. “房随地走”“地随房走”不仅适用于转让情形，也适用于抵押；第397条的规定即是如此。另外，该条第2款规定了视为一并抵押的情况。也就是说，即使抵押人只办理了房屋所有权抵押登记，没有办理建设用地使用权抵押权登记的，实现房屋抵押权时，建设用地使用权也一并作为抵押财产。另需说明的是，若房、地分别抵押给不同的债权人，根据该条规定，房、地抵押效力均应及于全部债权人，此时应以抵押登记的先后确定优先受偿顺序。

权威参考案例

1. 中国信达资产管理公司西安办事处与陕西省粮油食品进出口公司西安中转冷库、陕西省粮油食品进出口公司借款担保合同纠纷案（《最高人民法院公报》2009年第12期）

根据《城市房地产管理法》（已修改）的规定，房地产转让、抵押时，房屋的所有权和该房屋占用范围内的土地使用权同时转让、抵押。《城市房屋权属登记管理办法》（已废止）亦规定：“房屋权属登记应当遵循房屋的所有权和该房屋占用范围内的土地使用权权利主体一致的原则。”据此，房产转让人负有将所售房屋占用范围内的土地使用权移转给受让人的义务，受让人享有要求将所购房屋占用范围内的土地使用权移转给自己的权利。在土地使用权变更登记完成之前，转让人为登记的名义权利人，但受让人为实质权利人的，可以请求将土地使用权变更至自己名下。

2. 中国长城资产管理公司济南办事处与山东省济南医药采购供应站、山东省医药集团有限公司、山东省医药公司借款担保合同纠纷案(《最高人民法院公报》2008 年第 1 期)

根据最高人民法院《关于破产企业国有划拨土地使用权应否列入破产财产等问题的批复》(已修改)第 3 条的规定,如果建筑物附着于以划拨方式取得的国有土地使用权之上,将该建筑物与土地一并设定抵押的,对土地使用权的抵押须履行法定的审批手续,否则,应认定抵押无效。当事人在签订抵押合同时,如果仅仅约定以自有房产设定抵押并办理房屋抵押登记,并未将该房产所附着的、以划拨方式取得的国有土地使用权一并抵押的,不适用上述规定。

建设用地使用权其他规定

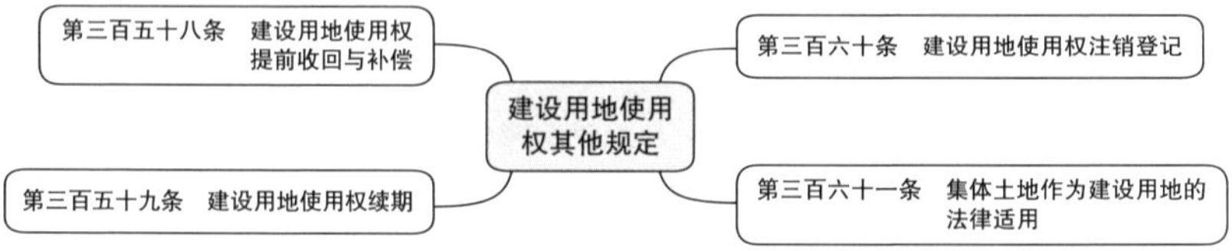

概念

本词条主要包括了建设用地使用权规定中的提前收回与补偿、使用权续期、注销登记、集体土地作为建设用地的参照适用四个条文。

法典条款

第三百五十八条【建设用地使用权提前收回与补偿】　建设用地使用权期限届满前,因公共利益需要提前收回该土地的,应当依据本法第二百四十三条的规定对该土地上的房屋以及其他不动产给予补偿,并退还相应的出让金。

第三百五十九条【建设用地使用权续期】　住宅建设用地使用权期限届满的,自动续期。续期费用的缴纳或者减免,依照法律、行政法规的规定办理。

非住宅建设用地使用权期限届满后的续期,依照法律规定办理。该土地上的房屋以及其他不动产的归属,有约定的,按照约定;没有约定或者约定不明确的,依照法律、行政法规的规定办理。

第三百六十条【建设用地使用权注销登记】　建设用地使用权消灭的,出让人应当及时办理注销登记。登记机构应当收回权属证书。

第三百六十一条【集体土地作为建设用地的法律适用】 集体所有的土地作为建设用地的，应当依照土地管理的法律规定办理。

实务要点

1. 以出让方式取得的建设用地使用权是一种有期限的用益物权。期限届满前，因公共利益的需要提前收回建设用地使用权的，应当依法对建设用地使用权人给予补偿。《土地管理法》规定，有下列情形之一，经原批准用地的政府或有批准权的人民政府批准，可收回国有土地使用权：一是为实施城市规划进行旧城区改建以及其他公共利益需要，确需使用土地的；二是土地出让等有偿使用合同约定的使用期限届满，土地使用者未申请续期或者申请续期未获批准的；三是因单位撤销、迁移等原因，停止使用原划拨的国有土地的；四是公路、铁路、机场、矿场等经核准报废的。此外，若建设用地使用权人没有及时开发土地，政府主管部门也有权收回土地，《城市房地产管理法》对此有相关规定。

2. 第359条规定，住宅建设用地使用权期限届满的，自动续期。按照自动续期规则，期限届满，无须土地使用权人申请即自动续期；这样既有利于降低行政成本，也可免除权利人繁杂手续，减轻使用权人负担。住宅用地期满后的续期费用，法律并未具体明确，而是做了原则性规定，即“续期费用的缴纳或者减免，依照法律、行政法规的规定办理”。另按照本条的规定，非住宅建设用地使用权没有规定自动续期。原因在于非住宅建设用地与住宅建设用地区别较大。非住宅建设用地使用期限相对较短，用途也不尽相同，并无自动续期的必要性。

3. 第360条规定的建设用地使用权消灭的情况主要包括：建设用地使用权届满、被提前收回或因自然灾害等原因导致建设用地使用权灭失的其他情形。基于出让人全面掌握建设用地使用权消灭的情形，本条规定注销登记由出让人及时办理。

宅基地使用权

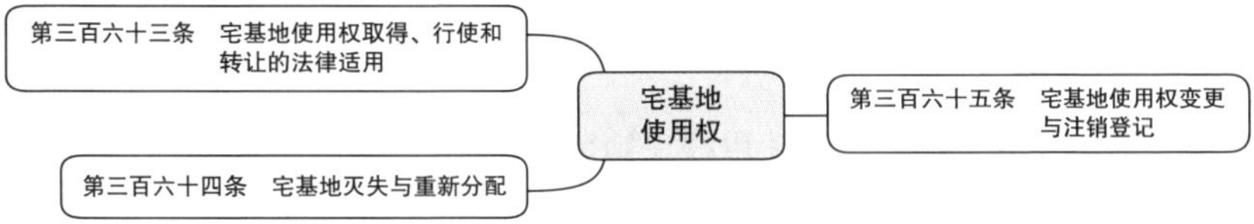

概念

宅基地使用权，是指农民依法享有的在集体所有的土地上建造、保有住宅及其附属设施的权利。本词条主要涉及宅基地使用权取得、行使、转让时的法律适用、宅基地灭失与重新分配、宅基地使用权变更与注销登记。

法典条款

第三百六十三条【宅基地使用权取得、行使和转让的法律适用】 宅基地使用权的取得、行使和转让，适用土地管理的法律和国家有关规定。

第三百六十四条【宅基地灭失与重新分配】 宅基地因自然灾害等原因灭失的，宅基地使用权消灭。对失去宅基地的村民，应当依法重新分配宅基地。

第三百六十五条【宅基地使用权变更与注销登记】 已经登记的宅基地使用权转让或者消灭的，应当及时办理变更登记或者注销登记。

实务要点

1. 第 363 条规定了宅基地使用权取得、行使、转让时参照土地管理的法律和国家有关规定。宅基地使用权的取得，根据《土地管理法》，由集体经济组织依法无偿分配的，且一户只能拥有一处宅基地。宅基地使用权的行使，依据《土地管理法》，应符合乡（镇）土地利用总体规划、村庄规划，不得占用永久基本农田，并尽量使用原有的宅基地和村内空闲地。出卖、出租、赠与住宅后，再申请宅基地的不予批准。允许进城落户的农村村民依法自愿有偿退出宅基地。宅基地使用权的转让，党中央文件提出探索宅基地所有权、资格权、使用权“三权分置”，落实宅基地集体所有权，保障宅基地农户资格权和农民房屋财产权，适度放活宅基地和农民房屋使用权。但还需在实践中进一步探索宅基地“三权分置”，待形成比较成熟的制度经验后再进行立法规范。

2. 第 364 条规定可重新分配宅基地，但应满足如下条件：一是因自然灾害等客观原因导致宅基地灭失；二是权利人应限定为因自然灾害等自然原因而丧失宅基地的集体成员；三是应按照国家有关规定，注意节约用地、保护耕地。

3. 在实践中，宅基地使用权登记制度不够完善，有的地方存在没有登记的宅基地使用权。对没有登记的宅基地使用权的转让或者消灭，无须办理变更登记或者注销登记。对于已经登记的宅基地使用权的转让或者消灭，宅基地使用权人应当向登记机构办理变更登记或者注销登记。但从长远发展上看，为强化宅基地管理，公示宅基地使用权状态，宅基地使用权取得、变更、消灭，均应登记。

居住权

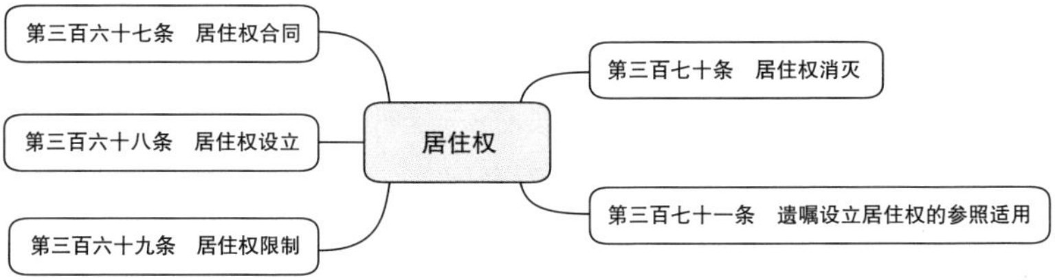

概念

居住权，是指居住权人对他人所有住宅的全部或部分及其附属设施，享有占有、适用的权利。本词条主要涉及居住权合同与居住权的设立、限制、消灭等内容。

法典条款

第三百六十七条【居住权合同】 设立居住权，当事人应当采用书面形式订立居住权合同。

居住权合同一般包括下列条款：

（一）当事人的姓名或者名称和住所；

（二）住宅的位置；

（三）居住的条件和要求；

（四）居住权期限；

（五）解决争议的方法。

第三百六十八条【居住权设立】 居住权无偿设立，但是当事人另有约定的除外。设立居住权的，应当向登记机构申请居住权登记。居住权自登记时设立。

第三百六十九条【居住权限制】 居住权不得转让、继承。设立居住权的住宅不得出租，但是当事人另有约定的除外。

第三百七十条【居住权消灭】 居住权期限届满或者居住权人死亡的，居住权消灭。居住权消灭的，应当及时办理注销登记。

第三百七十一条【遗嘱设立居住权的参照适用】 以遗嘱方式设立居住权的，参照适用本章的有关规定。

实务要点

1. 居住权是《民法典》新增的一类用益物权，可基于当事人的约定设立，也可基于被继承人的遗嘱设立。第 367 条针对的是基于当事人约定设立的情形。该情形下，当事人应签订书面的居住权合同，且合同一般应包括当事人姓名（名称）、住所、住宅位置、居住条件与要求、居住期限、争议解决方法等内容。需注意，以上合同内容并非全部都是居住权合同的必备内容。当事人姓名（名称）、住所与住宅位置属必备内容，这两项内容不明则无法设立居住权；其他内容则非属必备内容，未作约定不影响居住权的设立。

2. 居住权一般是住宅所有人为尽特定的社会义务或者施加恩惠于他人，因而居住权人不必支付费用，但当事人有约定的除外。如“以房养老”情形下，老年人将房屋所有权移转给相关金融机构，由金融机构在该房屋之上为老年人设定居住权，并定期对老年人支付一定数额的金钱，如果将居住权的设立方式完全限定为无偿，以房养老模式将难以运行。另需注意，由于不动产物权变动采登记要件主义，居住权作为不动产物权的一种，亦应以登记为权利取得条件。未经登记的居住权合同，仅产生合同法上的效果。故有了第 368 条的规定。

3. 居住权具有较强人身依附属性，由特定的人享有，故居住权设立后不得转让、继承。且一般情况下，居住权人不得将房屋出租给他人使用，也不得将房屋用于生产经营活动，否则就违背了居住权设立的目的。但在特殊情形下，如“以房养老”情形下，老年人的房屋面积较大，自己居住空间充足，应当允许当事人约定可将部分房屋进行出租以获得经济收益。但此种例外应严格局限于非基于共同生活关系而产生的居住权场合，而在基于共同生活关系中的帮扶性质的居住权中则不宜肯定居住权人出租房屋的权利。

4. 第 370 条对居住权的消灭作出规定。消灭原因主要包括：一是居住权期限届满；二是居住权人死亡。为保证房屋权属的准确，居住权消灭的，当事人应及时向不动产登记机构办理注销登记。

5. 除了以合同形式设立居住权外，所有权人也可以通过遗嘱的方式为他人设立居住权，第 371 条规定以遗嘱方式设立居住权的参照适用居住权一章的有关规定。除了合同与遗嘱方式外，居住权还可以通过法院判决的形式设立，如离婚判决中法院可依法将居住权判给有特殊需求的一方。

地役权一般规定

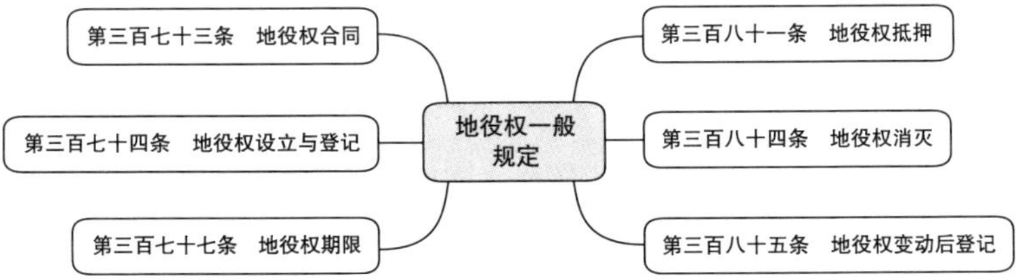

概念

地役权是按照合同约定利用他人的不动产，以提高自己不动产效益的权利，是民法用益物权制度中的一项重要权利。在“地役权一般规定”词条下，主要包括地役权合同、设立、期限、消灭、登记等基本内容。

法典条款

第三百七十三条【地役权合同】 设立地役权，当事人应当采用书面形式订立地役权合同。

地役权合同一般包括下列条款：

（一）当事人的姓名或者名称和住所；

（二）供役地和需役地的位置；

（三）利用目的和方法；

（四）地役权期限；

（五）费用及其支付方式；

（六）解决争议的方法。

第三百七十四条【地役权设立与登记】 地役权自地役权合同生效时设立。当事人要求登记的，可以向登记机构申请地役权登记；未经登记，不得对抗善意第三人。

第三百七十七条【地役权期限】 地役权期限由当事人约定；但是，不得超过土地承包经营权、建设用地使用权等用益物权的剩余期限。

第三百八十一条【地役权抵押】 地役权不得单独抵押。土地经营权、建设用地使用权等抵押的,在实现抵押权时,地役权一并转让。

第三百八十四条【地役权消灭】 地役权人有下列情形之一的,供役地权利人有权解除地役权合同,地役权消灭:

(一)违反法律规定或者合同约定,滥用地役权;

(二)有偿利用供役地,约定的付款期限届满后在合理期限内经两次催告未支付费用。

第三百八十五条【地役权变动后登记】 已经登记的地役权变更、转让或者消灭的,应当及时办理变更登记或者注销登记。

实务要点

1. 第 373 条第 2 款规定的地役权合同条款,只是通常情况下地役权合同需包括的内容,并不意味着每个地役权合同均需包括上述内容,也不是说合同中缺了其中任何一项就会导致合同不成立或无效。该条规定的内容起到的是提示与示范作用。

2. 依据第 374 条的规定,地役权合同生效时地役权设立。未办理地役权登记,不对抗善意第三人。本条采取了地役权登记对抗主义而没有采地役权登记生效主义,主要在于减少当事人设立地役权的成本,方便其设立。

3. 第 377 条就地役权期限进行了规定。地役权期限由供役地权利人和需役地权利人在合同中约定。由于土地承包经营权、建设用地使用权等有期限,若供役地权利人、需役地权利人是土地承包经营权人、建设用地使用权人,那么约定的地役权期限则不能超过土地承包经营权、建设用地使用权的剩余期限。

4. 地役权具有从属性。地役权不得与需役地的所有权或使用权相分离,作为其他权利的标的。地役权是为了提高土地利用的便利而设立的权利,脱离了需役地的所有权或者使用权,地役权就无任何意义了。故第 381 条规定,地役权不得单独抵押。另需说明的是,地役权不得单独抵押并不影响土地所有权及其他使用权的抵押。若土地经营权、建设用地使用权等抵押的,则在实现抵押权时,地役权随土地经营权、建设用地使用权等一并转让。

5. 第 384 条规定的两种情形是就供役地权利人行使地役权合同解除权的法

定事由进行的规定。除此之外，地役权还可因下列原因消灭：一是地役权设定的期限届满；二是供役地因自然原因不能实现利用目的；三是地役权人放弃地役权；四是供役地或者需役地被征收。

6. 第 385 条是关于已登记的地役权变更登记、注销登记的规定。若当事人设立地役权时已办理登记，即产生了对抗善意第三人的效力。已登记的地役权发生变更、转让或消灭时，办理相应的变更登记或注销登记才能够向社会公众公示地役权的状态；若没有办理变更登记或注销登记，则地役权在法律上没有真正完成物权的变动。通过登记，受让人可了解该供役地上地役权的状态，从而决定是否受让该供役地上的土地承包经营权、建设用地使用权等用益物权，有利于维护交易安全、保护善意第三人利益。

供役地人、地役权人义务

概念

地役权中的义务，主要包括供役地人义务与地役权人义务。

法典条款

第三百七十五条【供役地人义务】 供役地权利人应当按照合同约定，允许地役权人利用其不动产，不得妨害地役权人行使权利。

第三百七十六条【地役权人义务】 地役权人应当按照合同约定的利用目的和方法利用供役地，尽量减少对供役地权利人物权的限制。

实务要点

1. 第 375 条规定的供役地权利人的义务，主要包括允许地役权人利用其土地、不妨害地役权人行使权利。另需说明的是，若供役地权利人未按照合同约定履行义务，妨害地役权人行使地役权，按照《民法典》第 186 条的规定，地役权人既可以选择根据合同请求供役地权利人承担违约责任，也可选择请求对方承担侵害地役权的侵权责任。

2. 地役权的内容各样，利用供役地的方法也各不相同。但地役权人应尽量减少对供役地权利人物权的限制。一些情况下，为实现地役权设立目的，地役权人需从事必要的附属行为，如在供役地上修建道路等；这种附属行为应是必要的、不得已的，且目的是更好地实现地役权。因而地役权人应以对供役地损害最小的方法进行。若地役权人建造附属设施造成供役地权利人损害，应承担赔偿责任。

地役权的承继与限制

概念

地役权的承继与地役权的限制针对的是地役权与用益物权因设立先后的不同而发生的承继或限制关系。地役权先设立，用益物权后设立，即涉及用益物权人是否承继地役权的问题；用益物权先设立，地役权的设立则需经用益物权人同意这一程序，可谓一种限制。

法典条款

第三百七十八条【在先地役权的承继】　土地所有权人享有地役权或者负担地役权的，设立土地承包经营权、宅基地使用权等用益物权时，该用益物权人继续享有或者负担已经设立的地役权。

第三百七十九条【在先用益物权对地役权的限制】　土地上已经设立土地承包经营权、建设用地使用权、宅基地使用权等用益物权的，未经用益物权人同意，土地所有权人不得设立地役权。

实务要点

1. 地役权本质上为一种独立的用益物权，但因地役权是为了需役地的方便和利益而设定的，故应从属于需役地而存在。故第 378 条就地役权的承继进行代理规定。需说明的是，本条规定的地役权承继，分两种情况：一是土地所有人享有地役权。在同一土地上再设立土地承包经营权、宅基地使用权等用益物权时，该土地承包经营权人、宅基地使用权人等应继续享有已设立的地役权。这些用益物权人有权要求供役地权利人提供便利服务。二是土地所有人负担地役权。在同一土地上再设立土地承包经营权、宅基地使用权等用益物权时，该土地承包经营权人、宅基地使用权人等主体继续负担已设立的地役权。此时，这些用益物权人不得拒绝向地役权人提供便利服务。

2. 设立地役权将对土地的使用人利用该土地产生影响。未经土地承包经营权人、建设用地使用权人、宅基地使用权人等用益物权人同意，所有权人擅自在上述权利人使用的土地上设立地役权，就意味着土地所有权人为用益物权人设立了义务。这实际上违反了用益物权作为一种独立物权具有的排他性特征。故第379条规定，土地上已在先设立土地承包经营权、建设用地使用权、宅基地使用权等用益物权的，未经用益物权人同意，土地所有权人不得设立地役权。

涉地役权的转让

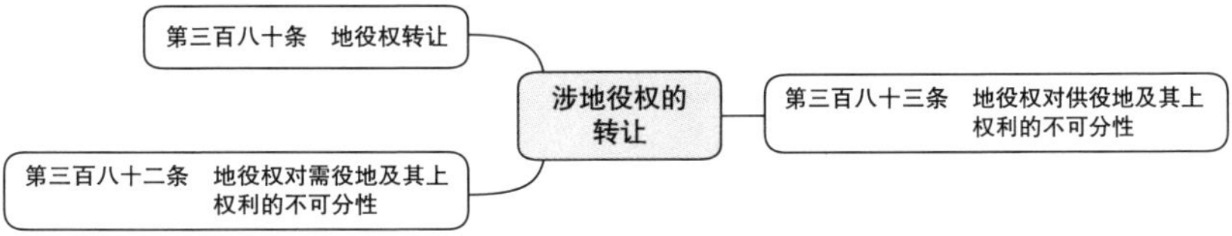

概念

本词条不仅包括地役权的转让，也包括了需役地（供役地）以及需役地（供役地）上的土地承包经营权、建设用地使用权等部分转让时，地役权一并对受让人发生效力。

法典条款

第三百八十条【地役权转让】 地役权不得单独转让。土地承包经营权、建设用地使用权等转让的，地役权一并转让，但是合同另有约定的除外。

第三百八十二条【地役权对需役地及其上权利的不可分性】 需役地以及需役地上的土地承包经营权、建设用地使用权等部分转让时，转让部分涉及地役权的，受让人同时享有地役权。

第三百八十三条【地役权对供役地及其上权利的不可分性】 供役地以及供役地上的土地承包经营权、建设用地使用权等部分转让时，转让部分涉及地役权的，地役权对受让人具有法律约束力。

实务要点

1. 第 380 条规定了地役权不得单独转让，即需役地的使用人不得保留需役地的使用权而单独转让地役权，或保留地役权而单独将需役地的使用权转让，也不得将需役地的使用权、地役权分别转让给不同的主体。当土地承包经营权、建设用地使用权等转让时，地役权应当一并转让，除非地役权合同另有约定。如当事人设立地役权时，明确约定地役权仅为特定主体设立，则需役地所有权或使用权转让的，地役权将发生消灭而非转移。

2. 第 382 条是地役权不可分性在需役地中的体现。地役权是为整个需役地提供便利的，若需役地及需役地上的土地承包经营权、建设用地使用权等已经部分转让，那么为需役地的便利而使用供役地的权利，在各个部分的需役地上仍然继续存在。但需注意，若需役地以及需役地上的土地承包经营权、建设用地使用权等部分转让，且只有转让部分涉及地役权，则地役权就仅在该转让部分上继续存在，在其他部分上将不再存在。例如，A、B 约定，A 靠近 B 土地的部分不得种植大树，以保障临近 A 地的部分 B 地的采光便利。后 B 的土地一分为二，一部分临近 A 地，另一部分与 A 的土地不再相连。此时，地役权应当仍然存在于临近 A 土地的这块土地上，而远离 A 土地的另一块土地的权利人不再享有地役权。

3. 第 383 条是地役权不可分性在供役地中的体现。地役权是在整个供役地上的负担，而不仅仅是在部分供役地上设立的负担。供役地以及供役地上的土地承包经营权、建设用地使用权等转让的，地役权在转让后的各个部分供役地上继续存在。但需注意，若供役地以及供役地上的土地承包经营权、建设用地使用权等转让，且地役权仅与某部分转让后的供役地相关时，那么，地役权就只对该转让部分的受让人具有法律约束力。例如，A 与 B 约定，为了保证 A 建筑物的采光良好，B 不得在其使用的土地北面部分建设高度超过 50 米的建筑物。后 B 将其土地使用权转让给 C 和 D，其中，C 在位于北面的土地上获得土地使用权，D 在位于南面的土地上获得土地使用权。由于位于南面的土地并不涉及地役权，故 D 使用的土地上不再负担地役权。而位于北面的土地涉及地役权，故地役权对 C 具有法律约束力。

担保物权类型与适用范围

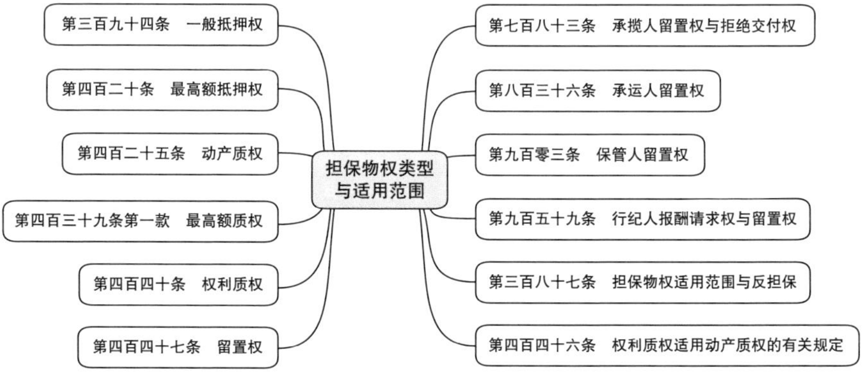

概念

担保物权是以直接支配特定财产的交换价值为内容，以确保债权实现为目的而设定的物权。担保物权主要包括抵押权（一般抵押权、最高额抵押权）、质权（动产质权、权利质权）、留置权三大类。担保物权的适用范围主要限定为借贷、买卖等民事活动中发生的债权债务关系。

法典条款

第三百九十四条【一般抵押权】　为担保债务的履行，债务人或者第三人不转移财产的占有，将该财产抵押给债权人的，债务人不履行到期债务或者发生当事人约定的实现抵押权的情形，债权人有权就该财产优先受偿。

前款规定的债务人或者第三人为抵押人，债权人为抵押权人，提供担保的财产为抵押财产。

第四百二十条【最高额抵押权】　为担保债务的履行，债务人或者第三人对一定期间内将要连续发生的债权提供担保财产的，债务人不履行到期债务或者发生当事人约定的实现抵押权的情形，抵押权人有权在最高债权额限度内就该担保财产优先受偿。

最高额抵押权设立前已经存在的债权，经当事人同意，可以转入最高额抵押担保的债权范围。

第四百二十五条【动产质权】　为担保债务的履行，债务人或者第三人将其动产出质给债权人占有的，债务人不履行到期债务或者发生当事人约定的实现质权的情形，债权人有权就该动产优先受偿。

前款规定的债务人或者第三人为出质人，债权人为质权人，交付的动产为质押财产。

第四百三十九条第一款【最高额质权】 出质人与质权人可以协议设立最高额质权。

第四百四十条【权利质权】 债务人或者第三人有权处分的下列权利可以出质：

（一）汇票、本票、支票；

（二）债券、存款单；

（三）仓单、提单；

（四）可以转让的基金份额、股权；

（五）可以转让的注册商标专用权、专利权、著作权等知识产权中的财产权；

（六）现有的以及将有的应收账款；

（七）法律、行政法规规定可以出质的其他财产权利。

第四百四十七条【留置权】 债务人不履行到期债务，债权人可以留置已经合法占有的债务人的动产，并有权就该动产优先受偿。

前款规定的债权人为留置权人，占有的动产为留置财产。

第七百八十三条【承揽人留置权与拒绝交付权】 行纪人完成或者部分完成委托事务的，委托人应当向其支付相应的报酬。委托人逾期不支付报酬的，行纪人对委托物享有留置权，但是当事人另有约定的除外。

第八百三十六条【承运人留置权】 托运人或者收货人不支付运费、保管费或者其他费用的，承运人对相应的运输货物享有留置权，但是当事人另有约定的除外。

第九百零三条【保管人留置权】 寄存人未按照约定支付保管费或者其他费用的，保管人对保管物享有留置权，但是当事人另有约定的除外。

第九百五十九条【行纪人报酬请求权与留置权】 行纪人完成或者部分完成委托事务的，委托人应当向其支付相应的报酬。委托人逾期不支付报酬的，行纪人对委托物享有留置权，但是当事人另有约定的除外。

第三百八十七条【担保物权适用范围与反担保】 债权人在借贷、买卖等民事活动中，为保障实现其债权，需要担保的，可以依照本法和其他法律的规定设立担保物权。

第三人为债务人向债权人提供担保的，可以要求债务人提供反担保。反担保适用本法和其他法律的规定。

第四百四十六条【权利质权适用动产质权的有关规定】 权利质权除适用本节规定外，适用本章第一节的有关规定。

实务要点

1. 抵押权包括一般抵押权与最高额抵押权。第 394 条对一般抵押权的概念做了规定，理解上并无难点。第 420 条规定了最高额抵押权。关于最高额抵押权，需注意以下几点：一是最高额抵押权是为“将来发生的债权”提供担保。最高额抵押权设定时，并不以主债权的存在为条件。“将来发生的债权”，是指抵押设定时尚未发生抵押期间将发生的债权。二是最高额抵押权所担保的最高债权额确定但实际发生额不确定。由于最高额抵押权设定时债权尚未发生，抵押人与抵押权人协议确定担保最高数额，并在此额度内对债权担保，故产生了最高担保限额确定但实际担保数额不确定的结果。三是最高额抵押权是对一定期间内连续发生的债权。这里的“一定期间”，不仅指债权发生的期间，更是指抵押权担保的期间。

2. 质权包括动产质权与权利质权。第 425 条、第 440 条分别涉及动产质权与权利质权。质权与质押是不同的概念。质押，是指设定质权的民事法律行为，是行为，是质权产生的原因；而质权，是指质权人的权利，是权利，是质押引起的结果。质权的标的可以是债务人自己的财产，也可以是第三人的财产。需注意，第 440 条就权利质权中可出质的权利范围进行了列举，其中第 6 项明确了应收账款包括了“现有的以及将有的”应收账款。另需注意，第 439 条明确了“最高额质权”可协议设立。最高额质权是指为担保债务的履行，债务人或第三人对一定期间内将要连续发生的债权提供质押财产担保的，债务人不履行到期债务或发生当事人约定的实现质权的情形，质权人有权在最高债权额限度内就该质押财产优先受偿。最高额质权相较动产质权有自己的特征，但就本质属性而言，其仍属动产质权范围。需注意，权利质权与动产质权都是以其客体的交换价值的取得为目的的担保物权，具有由客体直接取得一定价值的权能；二者并不因其客体是有体物还是无体物而性质不同，二者共同构成质权的组成部分，在很多内容上是相同的。故第 446 条就权利质权适用动产质权有关规定进行明确，但前提是权利质权一节没有规定。

3. 留置权具有如下特征：一是从属性。留置权以担保债权得到履行为目的，系从属于所担保债权的从权利，具有从属性。二是不可分性。其效力及于全部留置财产，只要债权未受全部清偿，留置权人就可对全部留置财产行使权利，不受债权分割或部分清偿及留置财产分割的影响。三是法定性。留置权直接依据法律的规定发生，不能由当事人自由设定。另需注意，留置权的标的物只能是动产，不动产上不能成立留置权。债权人对动产的占有可以是直接占有，也可以是间接占有。且债权人的占有必须基于合法原因而生，如基于承揽合同而生的承揽人留置权（第 783 条）、基于运输合同而生的承运人留置权（第 836 条）、基于保管合同而生的保管人留置权（第 903 条）、基于行纪合同而生的行纪人留置权（第 959 条）。另需注意，第 783 条在规定承揽人留置权外另增加了“有权拒绝交付”的规定，主要在于承揽合同中的工作成果在交付前有时很难作为“定作人的动产”由承揽人占有，严格说来并不符合行使留置权的条件，为保护承揽人利益，故增加了承揽人可以拒绝交付工作成果的规定。关于第 836 条规定的承运人留置权中“相应的运输货物”，对可分的货物，留置应合理适当，价值不应超过未支付运费、保管、可能产生的诉讼费等合理费用之和，不宜留置过多货物；若承运人并未获得任何费用或货物不可分，则可对全部货物留置。第 903 条规定的保管人留置权中的“其他费用”，是指保管人为保管保管物而实际支出的必要费用。必要费用与保管费不同，保管费是寄存人应支付给保管人的报酬，只存在于有偿保管中；而必要费用是指保管过程中所支付的必要的花销，如电费、场地费、运输费等，跟有偿无偿无关。

4. 第 387 条明确了担保物权的适用范围，同时也规定了反担保。需注意，第 387 条第 1 款列举了借贷、买卖两种典型的可设定担保物权的民事活动，实际上可设定担保物权的民事活动很广泛，并不限于这两种，如无因管理、货物运输、租赁等都可设定。另需注意，因侵权行为产生的债权不能用事先设定担保物权的方式加以保障，但因侵权行为已产生的债权，已属普通债权范围，则是可通过设定担保物权方式确保债权实现的。第 387 条第 2 款规定了反担保。反担保也是为实现债权而设立的，只不过在同一法律关系中，第三人承担担保责任后，成为债务人的新债权人而已。反担保法律性质、具体适用规则等与担保物权一样。

权威参考案例

1. 中国长城资产管理公司济南办事处与中国重汽集团济南卡车股份有限公司、山东小鸭集团有限责任公司借款抵押合同纠纷上诉案（《最高人民法院公报》2008 年第 3 期）

抵押权具有从属性，在主债权发生转移时，担保该债权的抵押权随同主债权的转移而转移给新债权人。抵押担保是物的担保。在抵押人不是主债务人的情况下，抵押权人可以请求拍卖、变卖抵押财产优先受偿，但不得请求抵押人直接承担债务人的债务。

2. 中国工商银行股份有限公司宣城龙首支行诉宣城柏冠贸易有限公司、江苏凯盛置业有限公司等金融借款合同纠纷案（最高人民法院指导性案例第 95 号）

当事人另行达成协议将最高额抵押权设立前已经存在的债权转入该最高额抵押担保的债权范围，只要转入的债权数额仍在该最高额抵押担保的最高债权额限度内，即使未对该最高额抵押权办理变更登记手续，该最高额抵押权的效力仍然及于被转入的债权，但不得对第三人产生不利影响。

3. 中国农业发展银行安徽省分行诉张某标、安徽长江融资担保集团有限公司执行异议之诉纠纷案（最高人民法院指导性案例第 54 号）

当事人依约为出质的金钱开立保证金专门账户，且质权人取得对该专门账户的占有控制权，符合金钱特定化和移交占有的要求，即使该账户内资金余额发生浮动，也不影响该金钱质权的设立。

4. 富滇银行股份有限公司大理分行与杨某鸣、大理建标房地产开发有限公司案外人执行异议之诉案（《最高人民法院公报》2020 年第 6 期）

保证人与债权银行之间约定设立保证金账户，按比例存入一定金额的保证金用于履行某项保证责任，未经同意保证人不得使用保证金，债权银行有权从该账户直接扣收有关款项，并约定了保证期间等，应认定双方存在金钱质押的合意。保证金账户内资金的特定化不等于固定化，只要资金的浮动均与保证金业务对应、有关，未作日常结算使用，即应认定符合最高人民法院《关于适用〈中华人民共和国担保法〉若干问题的解释》（已废止）第 85 条规定的金钱以特户形式特定化的要求。如债权银行实际控制和管理保证金账户，应认定已符合对出质金钱占有的要求。

5. 中华人民共和国无锡海关与江苏紫金农村商业银行股份有限公司葛塘支行执行异议之诉案(《最高人民法院公报》2018 年第 11 期)

执行异议之诉审判中的有关事实涉及行政管理时,如果不是必须以行政行为内容来认定法律行为要件事实,可以先就该事实的法律性质做出认定后,在行政行为作出前,根据《民事诉讼法》第 153 条"人民法院审理案件,其中一部分事实已经清楚,可以就该部分先行判决"的规定,及时作出判决。

6. 大连银行股份有限公司沈阳分行与抚顺市艳丰建材有限公司、郑某旭案外人执行异议之诉案(《最高人民法院公报》2016 年第 10 期)

最高人民法院《关于适用〈中华人民共和国民事诉讼法〉的解释》(已修改)第 312 条①规定,对于案外人提起的执行异议之诉,人民法院经审理,案外人就执行标的享有足以排除强制执行的民事权益的,判决不得执行该执行标的。本案中,承兑汇票出票人向银行承兑汇票保证金专用账户交存保证金最为承兑汇票业务的担保,该行为性质属于设立金钱质押。当出票人未支付到期票款,银行履行垫款义务后,银行基于质权享有就该保证金优先受偿的权利。质权属于担保物权,足以排除另案债权的强制执行。

7. 福建海峡银行股份有限公司福州五一支行诉长乐亚新污水处理有限公司、福州市政工程有限公司金融借款合同纠纷案(最高人民法院指导性案例第 53 号)

特许经营权的收益权可以质押,并可作为应收账款进行出质登记。特许经营权的收益权依其性质不宜折价、拍卖或变卖,质权人主张优先受偿权的,人民法院可以判令出质债权的债务人将收益权的应收账款优先支付质权人。

8. 中国投资银行天津分行诉天津市轻工业对外贸易公司票据质押纠纷案(《最高人民法院公报》1997 年第 1 期)

质押权能使质权人占有质物,并未形成所有权的转移。银行承兑汇票上面记载"不得转让"字样不影响双方当事人之间设定质押合同的合法有效性。《担保法》(已废止)第 76 条②规定,质押合同自权利凭证交付之日起生效。质权人通过质押占有票据,并为取得票据权利支付了对价,成为该票据的善意持有人。

① 本条内容 2020 年修正时未被修改。

② 可参考《民法典》第 441 条。

9. 中国工商银行哈尔滨市和平支行诉高某民担保合同纠纷案(《最高人民法院公报》2001 年第 5 期)

人事担保合同，也叫人事保证合同，或职务担保合同。当事人签订的“担保合同”所指向的“主合同”所约定的不是平等主体之间的债权债务；“担保”内容不是要实现债权人的债权，而是要保证“被担保人”的违法违纪行为不损害企业利益，因此法院以不符合《民法通则》(已废止)和《担保法》(已废止)规定为由，否定了该类案件属人民法院受理的民事诉讼范围。

担保合同

概念

担保合同属民事合同的一种，除了担保物权分编规定的抵押合同、质押合同外，还包括其他具有担保功能的合同，如保理、融资租赁、所有权保留买卖等非典型担保合同。本词条主要涉及物权编中的相关内容。

法典条款

第三百八十八条【担保合同】 设立担保物权，应当依照本法和其他法律的规定订立担保合同。担保合同包括抵押合同、质押合同和其他具有担保功能的合同。担保合同是主债权债务合同的从合同。主债权债务合同无效的，担保合同无效，但是法律另有规定的除外。

担保合同被确认无效后，债务人、担保人、债权人有过错的，应当根据其过错各自承担相应的民事责任。

第四百条【抵押合同】 设立抵押权，当事人应当采用书面形式订立抵押合同。

抵押合同一般包括下列条款：

(一)被担保债权的种类和数额；

(二)债务人履行债务的期限；

（三）抵押财产的名称、数量等情况；

（四）担保的范围。

第四百二十七条【质押合同】 设立质权，当事人应当采用书面形式订立质押合同。

质押合同一般包括下列条款：

（一）被担保债权的种类和数额；

（二）债务人履行债务的期限；

（三）质押财产的名称、数量等情况；

（四）担保的范围；

（五）质押财产交付的时间、方式。

第三百八十九条【担保范围】 担保物权的担保范围包括主债权及其利息、违约金、损害赔偿金、保管担保财产和实现担保物权的费用。当事人另有约定的，按照其约定。

实务要点

1. 本词条虽属物权编担保物权分编范畴，但担保合同毕竟属民事合同的一种，其成立、生效等问题应适用《民法典》合同编、总则编的有关规定。担保合同具有从属性，其从属于主债权债务合同。一般情况下，主债权债务合同无效，担保合同也无效；但并非绝对。在法律另有规定下，担保合同也作为独立合同存在，如最高额抵押中，最高额抵押就具有相对的独立性，一笔债权债务无效，并不影响整个最高额抵押合同的效力。另需说明的是，这种例外只在法律另有规定的情况下存在，当事人约定不可作为例外。

2. 抵押合同与质押合同是担保合同的主要类型。第 400 条就抵押合同的形式与一般条款做了规定。抵押合同需采用书面形式。抵押合同所担保的范围由当事人约定；依照第 389 条的规定，没有约定的，抵押人应对主债权及其利息、违约金、损害赔偿金与实现担保物权的费用承担担保责任。第 427 条就质押合同的形式与一般条款作出规定。质押合同也需采用书面形式。质押合同所担保的范围由当事人协商确定，无法确定时，依照第 389 条的规定，质押人应对主债权及其利益、违约金、损害赔偿金、保管担保财产和实现担保物权的费用承担担保责任。另需注意，由于质押合同中质押财产交付直接关系质权生效，故相较抵押合同，第427条第2款规定的一般条款多了第5项内容，即“质押财产交付的时间、方式”。

3. 笔者之所以将第389条有关担保范围的条文放在该词条下，主要在于担保范围属第400条、第427条规定的担保合同中的一般条款，即担保范围系担保合同中的重要内容。但需注意，由于该条属物权编“一般规定”章，对非因担保合同如直接依据法律规定而生的担保物权如留置权，第389条规定的担保范围对其仍然适用。关于担保范围中的“保管担保财产的费用”，一般发生在质押与留置情形中。另值得注意的是，当事人也可以按照自己意思对担保范围进行约定，且当事人的约定优先于第389条的规定。

权威参考案例

1. 深圳市奕之帆贸易有限公司侯某宾与深圳兆邦基集团有限公司、深圳市康诺富信息咨询有限公司、深圳市鲤鱼门投资发展有限公司，第三人广东立兆电子科技有限公司合同纠纷案（《最高人民法院公报》2020年第2期）

让与担保的设立应在债务履行期届满之前，但就让与担保的实现问题，参照《物权法》（已废止）第170条[①]的规定则需要满足债务人不履行到期债务或者发生当事人约定的实现权利的情形等条件。双方当事人在设立让与担保的合同中约定，如担保物的价值不足以覆盖相关债务，即使债务履行期尚未届满，债权人亦有权主张行使让与担保权利。该约定不违反法律行政法规的强制性规定，应认定合法有效。为防止出现债权人取得标的物价值与债权额之间差额等类似于流质、流押之情形，让与担保权利的实现应对当事人课以清算义务。双方当事人就让与担保标的物价值达成的合意，可以认定为确定标的物价值的有效方式。在让与担保标的的物价值已经确定，但双方预见债权数额有可能发生变化的情况下，当事人仍应在最终据实结算的债务数额基础上履行相应的清算义务。

2. 黑龙江闽成投资集团有限公司与西林钢铁集团有限公司、第三人刘某平民间借贷纠纷案（《最高人民法院公报》2020年第1期）

当事人以签订股权转让协议方式为民间借贷债权进行担保，此种非典型担保方式为让与担保。在不违反法律、行政法规效力性强制性规定的情况下，相关

---

① 可参考《民法典》第386条。

股权转让协议有效。签订股权让与担保协议并依约完成股权登记变更后，因借款人未能按期还款，当事人又约定对目标公司的股权及资产进行评估、抵销相应数额债权、确认此前的股权变更有效，并实际转移目标公司控制权的，应认定此时当事人就真实转让股权达成合意并已实际履行。以此为起算点1年以后借款人才进入重整程序，借款人主张依破产法相关规定撤销该以股抵债行为的，不应支持。

对于股权让与担保是否具有物权效力，应以是否已按照物权公示原则进行公示作为核心判断标准。在股权质押中，质权人可就已办理出质登记的权优先受偿。在已将作为担保财产的股权变更登记到担保权人名下的股权让与担保中，担保权人形式上已经是作为担保标的物的股份的持有者，其就作为担保的股权所享有的优先受偿权利，更应受到保护，原则上享有对抗第三人的物权效力。当借款人进入重整程序时，确认股权让与担保权人享有优先受供的权利，不构成《企业破产法》第16条规定所指的个别清偿行为。以股权设定让与把保并办理变更登记后，让与保权人又同意以该股权为第三人对债务人的债权设定质押并办质押登记的，第三人对该股权应优于让与担保权人受偿。

3. 安徽省外经建设（集团）有限公司诉东方置业房地产有限公司保函欺诈纠纷案（最高人民法院指导性案例第109号）

认定构成独立保函欺诈需对基础交易进行审查时，应坚持有限及必要原则，审查范围应限于受益人是否明知基础合同的相对人并不存在基础合同项下的违约事实，以及是否存在受益人明知自己没有付款请求权的事实。受益人在基础合同项下的违约情形，并不影响其按照独立保函的规定提交单据并进行索款的权利。认定独立反担保函项下是否存在欺诈时，即使独立保函存在欺诈情形，独立保函项下已经善意付款的，人民法院亦不得裁定止付独立反担保函项下款项。

4. 香港上海汇丰银行有限公司上海分行与景轩大酒店（深圳）有限公司、万轩置业有限公司金融借款合同纠纷案（《最高人民法院公报》2014年第6期）

最高人民法院《关于适用〈中华人民共和国担保法〉若干问题的解释》（已废止）第6条第1项明确规定，未经国家有关主管部门批准或者登记对外担保的，对外担保合同无效。根据《境内机构对外担保管理办法》的有关规定，外商独资企业提供的对外担保虽然不需要逐步审批，但仍然需要进行登记，故在审理涉及外商独资企业作为担保人提供的对外担保合同纠纷时，仍应对其提供的对外担保是否在外汇管理机关登记进行审查，未登记的应认定无效。

5. 农银财务有限公司与广东三星企业（集团）公司车桥股份有限公司担保合同纠纷案（《最高人民法院公报》2007 年第 2 期）

根据最高人民法院《关于适用〈中华人民共和国担保法〉若干问题的解释》（已废止）的规定，抵押合同被确认无效后，当事人之间责任的承担应当根据其过错程度确认。对于因违反我国法律、行政法规而认定无效的抵押合同，因我国法律、行政法规均对外公开，各方当事人都应当了解我国法律、行政法规的相关规定，故应认定各方当事人对于抵押合同的无效均存在一定的过错。

6. 江北中行诉樊东农行等信用证垫款纠纷案（《最高人民法院公报》2006 年第 3 期）

因主合同无效而导致担保合同无效，担保人无过错的，不承担民事责任；担保人有过错的，应当依法承担民事责任。所谓担保人的过错，是指担保人明知主合同无效仍为之提供担保，或者明知主合同无效仍促使主合同成立或为主合同的签订作中介等情形。

7. 中银香港公司诉宏业公司等担保合同纠纷案（《最高人民法院公报》2005 年第 7 期）

对外担保合同未按规定在行政管理机关办理批准登记手续的，依法应认定无效。对于造成合同无效，主债权人及担保人均有过错，应各自承担相应的责任。

8. 中行北京分行诉利达海洋馆信用证垫款纠纷案（《最高人民法院公报》2005 年第 5 期）

当事人之间并无真实的贸易背景，却以进口货物为名，向银行申请开立信用证，导致银行大量资金外流，损害国家利益的，应认定申请开证关系无效，担保人为此所作的担保亦应无效。

9. 温州信托公司清算组诉幸福实业公司等债权债务转让合同纠纷案（《最高人民法院公报》2004 年第 2 期）

股份公司以公司资产为本公司的股东提供担保的，担保合同无效。债权人、担保人有过错的，担保人承担民事责任的部分，不应超过债务人不能清偿部分的 1/2。

担保物权消灭

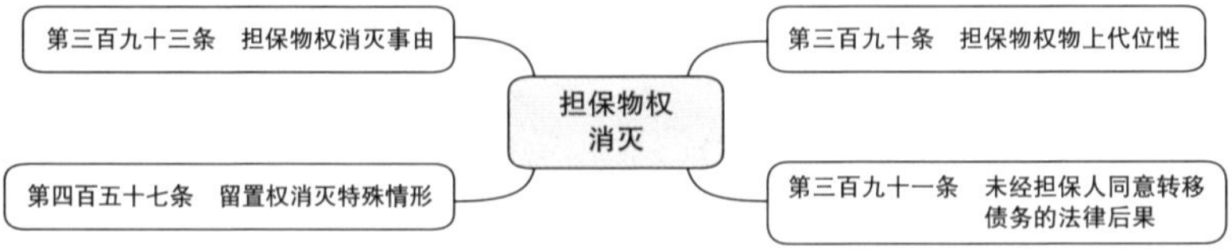

概念

担保物权的消灭，是一个较为宽泛的概念，不同类型的担保物权的消灭事由也不尽相同。本词条除涵盖各担保物权通常情况下的消灭事由外（第 393 条），也将留置权的特殊消灭事由纳入（第 457 条）。此外，第 390 条规定的担保物权物上代位性，本质上是在担保财产灭失后权利人就相关保险金受偿的规定；第 391 条规定的未经担保人同意转移债务的法律后果，明确了担保责任的部分或全部消灭。上述条文与担保物权消灭有相当的关联性，为便于统一学习，本词条将其一并纳入。

法典条款

第三百九十三条【担保物权消灭事由】 有下列情形之一的，担保物权消灭：

（一）主债权消灭；

（二）担保物权实现；

（三）债权人放弃担保物权；

（四）法律规定担保物权消灭的其他情形。

第四百五十七条【留置权消灭特殊情形】 留置权人对留置财产丧失占有或者留置权人接受债务人另行提供担保的，留置权消灭。

第三百九十条【担保物权物上代位性】 担保期间，担保财产毁损、灭失或者被征收等，担保物权人可以就获得的保险金、赔偿金或者补偿金等优先受偿。被担保债权的履行期限未届满的，也可以提存该保险金、赔偿金或者补偿金等。

第三百九十一条【未经担保人同意转移债务的法律后果】 第三人提供担保，未经其书面同意，债权人允许债务人转移全部或者部分债务的，担保人不再承担相应的担保责任。

实务要点

1. 第 393 条规定的担保物权消灭事由，属于一般性事由，即各担保物权均可适用。本条第 1 项的“主债权消灭”，指的是一种客观效果，与谁进行的清偿无关。债务人自己清偿或者第三人清偿导致主债权消灭的，均可。本条第 3 项“债权人放弃担保物权”，指的是明示放弃。包括两种情况：一是债权人已书面形式明确表示放弃；二是债权人通过行为放弃，如债权人自己的行为导致担保财产毁损、灭失，视为其放弃担保物权。

2. 第 457 条就留置权消灭的特殊事由进行了规定，主要包括两种情况：一是因留置权人对留置财产丧失占有而消灭。需注意，留置权人非依自己意愿暂时丧失对留置财产占有导致的留置权消灭，并非终局性消灭，留置权人可依占有的返还原物之诉要求非法占有人返还留置物而重新获得留置权。二是因留置权人接受债务人另行提供的担保而消灭。需注意，由于留置权是以先行占有的与债权有同一法律关系的动产为标的物，留置物的价值可能大于被担保的债权额。此时，债务人另行提供的担保价值不应以留置物的价值为标准，一般应与被担保的债权额相当。当然，当事人协商一致时，也可高于或低于债权额。

3. 第 390 条对担保物权的物上代位性进行了规定。担保物权的效力虽及于担保财产的代位物，但某些情况下，在代位物涉及第三人时，如对担保财产造成损害的侵权行为人，担保物权人是否可直接向第三人请求支付保险金、赔偿金或补偿金呢？一般而言，若债务已到期，在不损害其他债权人利益的情况下，应允许担保物权人直接向第三人请求代位物；若债务未到期，担保物权人可请求第三人向提存机关提存损害赔偿金、保险金或补偿金。无法及时请求第三人提存的，可要求担保人提存，担保人拒绝提存的，担保物权人可请求法院进行保全。

4. 第 391 条规定了未经担保人同意转移债务的法律后果，明确了担保人不再承担相应（全部或部分）担保责任。需注意，本条只适用于第三人提供担保财产的情况，并不包括债务人自己提供担保财产的情况。

人保物保并存

第三百九十二条　人保与物保并存时担保权实行规则 —— 人保物保并存

概念

人保是以人的信誉来担保债务的履行，也即《民法典》合同编中的保证；物保则是以物来担保债务的履行，主要指《民法典》物权编中的抵押权、质权和留置权。在人保与物保并存的情况下，需要确定一定的实行规则，以更好地确保债权实现。

法典条款

第三百九十二条【人保与物保并存时担保权实行规则】 被担保的债权既有物的担保又有人的担保的，债务人不履行到期债务或者发生当事人约定的实现担保物权的情形，债权人应当按照约定实现债权；没有约定或者约定不明确，债务人自己提供物的担保的，债权人应当先就该物的担保实现债权；第三人提供物的担保的，债权人可以就物的担保实现债权，也可以请求保证人承担保证责任。提供担保的第三人承担担保责任后，有权向债务人追偿。

实务要点

根据第392条的规定，人保物保并存时首先按照约定实现债权。无约定或约定不明时，若物保是债务人提供的，应优先就其物保实现担保物权；若物保是第三人提供的，允许当事人选择。此外，可能存在债务人与第三人均提供了物保，且存在人保的情况：若无约定或约定不明，仍需先实现债务人提供的物保。

权威参考案例

黑龙江北大荒投资担保股份有限公司与黑龙江省建三江农垦七星粮油工贸有限责任公司、黑龙江省建三江农垦宏达粮油工贸有限公司等担保合同纠纷案（《最高人民法院公报》2018年第1期）

同一债权上既有人的担保，又有债务人提供的物的担保，债权人与债务人的共同过错致使本应依法设立的质权未设立，保证人对此并无过错的，债权人应对质权未设立承担不利后果。《物权法》（已废止）第176条[①]对债务人提供的物保与第三人提供的人保并存时的债权实现顺序有明文规定，保证人对先以债务人的质物清偿债务存在合理信赖，债权人放弃质权损害了保证人的顺位信赖利益，

① 可参考《民法典》第392条。

保证人应依《物权法》(已废止)第218条[①]的规定在质权人丧失优先受偿权益的范围内免除保证责任。

担保财产范围

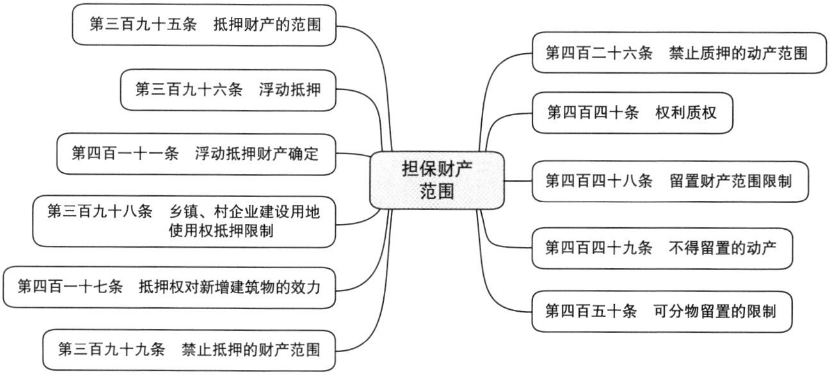

概念

担保财产的范围，指的是可用来抵押、质押、留置的财产范围。本词条不仅收录各类型担保物权下相应财产范围的规定，也将各担保物权关于不得为担保财产的规定及有关的其他限制性规定收录，以确保全面。

法典条款

第三百九十五条【抵押财产的范围】　债务人或者第三人有权处分的下列财产可以抵押：

（一）建筑物和其他土地附着物；

（二）建设用地使用权；

（三）海域使用权；

（四）生产设备、原材料、半成品、产品；

（五）正在建造的建筑物、船舶、航空器；

（六）交通运输工具；

（七）法律、行政法规未禁止抵押的其他财产。

① 可参考《民法典》第435条。

抵押人可以将前款所列财产一并抵押。

第三百九十六条【浮动抵押】 企业、个体工商户、农业生产经营者可以将现有的以及将有的生产设备、原材料、半成品、产品抵押,债务人不履行到期债务或者发生当事人约定的实现抵押权的情形,债权人有权就抵押财产确定时的动产优先受偿。

第四百一十一条【浮动抵押财产确定】 依据本法第三百九十六条规定设定抵押的,抵押财产自下列情形之一发生时确定:

(一)债务履行期限届满,债权未实现;

(二)抵押人被宣告破产或者解散;

(三)当事人约定的实现抵押权的情形;

(四)严重影响债权实现的其他情形。

第三百九十八条【乡镇、村企业建设用地使用权抵押限制】 乡镇、村企业的建设用地使用权不得单独抵押。以乡镇、村企业的厂房等建筑物抵押的,其占用范围内的建设用地使用权一并抵押。

第四百一十七条【抵押权对新增建筑物的效力】 建设用地使用权抵押后,该土地上新增的建筑物不属于抵押财产。该建设用地使用权实现抵押权时,应当将该土地上新增的建筑物与建设用地使用权一并处分。但是,新增建筑物所得的价款,抵押权人无权优先受偿。

第三百九十九条【禁止抵押的财产范围】 下列财产不得抵押:

(一)土地所有权;

(二)宅基地、自留地、自留山等集体所有土地的使用权,但是法律规定可以抵押的除外;

(三)学校、幼儿园、医疗机构等为公益目的成立的非营利法人的教育设施、医疗卫生设施和其他公益设施;

(四)所有权、使用权不明或者有争议的财产;

(五)依法被查封、扣押、监管的财产;

(六)法律、行政法规规定不得抵押的其他财产。

第四百二十六条【禁止质押的动产范围】 法律、行政法规禁止转让的动产不得出质。

第四百四十条【权利质权】 债务人或者第三人有权处分的下列权利可以

出质：

（一）汇票、本票、支票；

（二）债券、存款单；

（三）仓单、提单；

（四）可以转让的基金份额、股权；

（五）可以转让的注册商标专用权、专利权、著作权等知识产权中的财产权；

（六）现有的以及将有的应收账款；

（七）法律、行政法规规定可以出质的其他财产权利。

第四百四十八条【留置财产范围限制】 债权人留置的动产，应当与债权属于同一法律关系，但是企业之间留置的除外。

第四百四十九条【不得留置的动产】 法律规定或者当事人约定不得留置的动产，不得留置。

第四百五十条【可分物留置的限制】 留置财产为可分物的，留置财产的价值应当相当于债务的金额。

实务要点

1. 第 395 条从正面规定了可抵押的财产范围，其中的“海域使用权”属《民法典》新增的内容。需注意，本条涉及的财产可抵押的前提条件是“债务人或第三人有处分权”。另外，本条第 2 款属企业财产集合抵押的规定。企业将财产一并抵押时，应明确各项财产的名称、数量等情况。

2. 第 396 条规定了浮动抵押。根据该条，浮动抵押设定的主体为企业、个体工商户、农业生产经营者，并不包括非营利法人、非法人组织、特别法人及非从事生产经营的自然人。浮动抵押设定后，抵押人可买入新的设备也可卖出产品，抵押财产处于浮动状态。但在抵押权人实现抵押权时，抵押财产应是确定的。关于浮动抵押中抵押财产的确定事由，第 411 条做了明确规定。

3. 第 398 条关于乡镇、村企业建筑物与建设用地使用权抵押的规定，明确了两点：一是其建设用地使用权不能单独抵押，要抵押建设用地使用权，需同时抵押乡镇、村企业的建筑物；二是乡镇、村企业建筑物抵押的，其建设用地使用权一并抵押。需注意，乡镇、村企业建设用地使用权随其建筑物被拍卖、变卖的，土地性质不变，仍为农村集体所有，买受人应严格按照用途使用土地，未经批准不能将土地用于商业、住宅、旅游建设。

4. 第 417 条是关于建设用地使用权抵押权与地上新增建筑物的关系的规定，明确了建设用地使用权抵押设定后，其上新增的建筑物不属于抵押财产范围。本条也是不动产抵押制度实中“房随地走”抵押原则的例外。所谓新增建筑物，是指在该建设用地上新增的房屋及其他建筑物。需注意，虽然本条规定新增建筑物不属抵押财产范围，但在处分抵押的建设用地使用权时仍需将新增建筑物与建设用地使用权一并处分，只是处分所得的价款中新增建筑物对应的部分，抵押权人没有优先受偿的权利。

5. 第 399 条是关于“禁止抵押的财产范围”的规定。需注意，相较《物权法》（已废止），本条删除了“耕地使用权不得抵押”内容，与土地经营权流转规定相一致，更好地贯彻落实“三权分置”政策，进一步盘活农业资产，促进农村经济发展。

6. 关于可以出质的动产的范围，《民法典》并没有作出列举规定，但并不意味着任何动产均可出质。除需符合一般的物的特征外，还必须可流通与转让，若以法律、行政法规禁止转让的动产出质，则属无效民事法律行为，故有第 426 条的规定。由于设定动产质权是一种民事权利，故禁止性限定应十分严格，只能由法律、国务院制定的行政法规作出，其他规范性文件不能作出。关于可出质的权利范围，第 440 条做了具体的列举。可设定权利质权的权利范围相较可设定动产质权的动产范围而言，范围较小，故可通过列举规定。

7. 第 448 条对留置财产与债权的关系进行了明确，即留置的财产应与债权属同一法律关系。同一法律关系，是指留置财产应与债权所形成的债权债务关系属于同一个民事法律关系，如基于承揽关系产生的手表维修报酬请求权与手表的留置。需注意，企业之间的留置并不要求属同一法律关系，即作为债权人的企业占有了作为债务人的另一企业的动产，债务人不履行债务，债权人即可留置该动产，无论该动产是基于何种法律关系占有的，以保证商业活动中的交易效率与交易安全。

8. 同动产质押相似，《民法典》并未直接列举可留置的财产范围，而是通过第 449 条规定“法律规定或当事人约定的不得留置的动产，不得留置”。但需注意，关于“法律规定不得留置”中的“法律”应为全国人大及其常务委员会制定的法律，不包括行政法规等广义上的“法律”。“法律规定不得留置”的情形包括：（1）法律直接规定不得留置的情况，既包括现有法律中已经规定的不得留置的情形，也包括将来立法中规定的不得留置的情形。（2）对于禁止流通物，不得留置，如武器、弹药等国家专有物，淫秽书画和音像、鸦片等危害身心健康的物。关于“当事人约定不得留置的情形”，主要是指当事人在合同中明确约定排除行使留置权的情形，也包括当事人的约定与留置权行使直接冲突的情形，如承揽合同双方预先约定排除留置权。

9. 第 450 条就可分物的留置作出限制性规定。可分物，是指经分割而不损害其经济用途或者使其失去价值的物。本条对于留置权的不可分性做了一定程度的缓和，明确规定留置财产为可分物的，留置财产的价值应当相当于债务的金额。但如果留置财产为不可分物，由于该物的分割会减损其价值，不适用本条规定，债权人有权留置物的全部。

权威参考案例

1. 汇通支行诉富利达公司用益物权抵押合同纠纷案（《最高人民法院公报》1998 年第 2 期）

本案当事人约定的担保合同的标的是抵押人对房屋享有的长期管理权、出租权。其享有的长期管理权和出租权能够给权利人带来利益的财产权利，行使权利的结果能够达到保证债务履行的目的，同时也未违反法律的强制性规定，该担保合同应为有效合同。

2. 常州新区工行诉康美公司借款合同纠纷案（《最高人民法院公报》2005 年第 4 期）

根据《担保法》（已废止）第 75 条[①] 第 4 项的规定，以出口退税账户托管的方式贷款，构成出口退税权利质押。贷款人在借款得不到清偿时，有权在借款人的出口退税款中优先受偿。

3. 长三角商品交易所有限公司诉卢某云返还原物纠纷案（《最高人民法院公报》2017 年第 1 期）

留置权是平等主体之间实现债权的担保方式；除企业之间留置的以外，债权人留置的动产，应当与债权属于同一法律关系。劳动关系主体双方在履行劳动合同过程中处于管理与被管理的不平等关系。劳动者以用人单位拖欠劳动报酬为由，主张对用人单位供其使用的工具、物品等动产行使留置权，因此类动产不

① 可参考《民法典》第 440 条。

是劳动合同关系的标的物，与劳动债权不属于同一法律关系，故人民法院不支持该主张。

担保物权设立时间

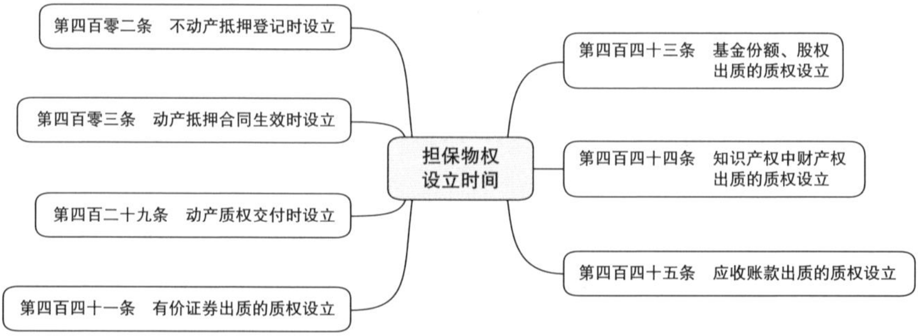

概念

担保物权设立时间，涉及的是抵押权、质权等担保物权何时设立的问题，包括不动产抵押、动产抵押、动产质权、各类权利质权的设立时间。

法典条款

第四百零二条【不动产抵押登记时设立】 以本法第三百九十五条第一款第一项至第三项规定的财产或者第五项规定的正在建造的建筑物抵押的，应当办理抵押登记。抵押权自登记时设立。

第四百零三条【动产抵押合同生效时设立】 以动产抵押的，抵押权自抵押合同生效时设立；未经登记，不得对抗善意第三人。

第四百二十九条【动产质权交付时设立】 质权自出质人交付质押财产时设立。

第四百四十一条【有价证券出质的质权设立】 以汇票、本票、支票、债券、存款单、仓单、提单出质的，质权自权利凭证交付质权人时设立；没有权利凭证的，质权自办理出质登记时设立。法律另有规定的，依照其规定。

第四百四十三条【基金份额、股权出质的质权设立】 以基金份额、股权出质的，质权自办理出质登记时设立。

基金份额、股权出质后，不得转让，但是出质人与质权人协商同意的除外。

出质人转让基金份额、股权所得的价款，应当向质权人提前清偿债务或者提存。

第四百四十四条【知识产权中财产权出质的质权设立】 以注册商标专用权、专利权、著作权等知识产权中的财产权出质的，质权自办理出质登记时设立。

知识产权中的财产权出质后，出质人不得转让或者许可他人使用，但是出质人与质权人协商同意的除外。出质人转让或者许可他人使用出质的知识产权中的财产权所得的价款，应当向质权人提前清偿债务或者提存。

第四百四十五条【应收账款出质的质权设立】 以应收账款出质的，质权自办理出质登记时设立。

应收账款出质后，不得转让，但是出质人与质权人协商同意的除外。出质人转让应收账款所得的价款，应当向质权人提前清偿债务或者提存。

实务要点

1. 按照第 402 条、第 403 条的规定，抵押权的设立，需区分动产与不动产。不动产抵押应当办理抵押登记，抵押权自登记时设立；动产抵押则自抵押合同生效时设立，登记与否不影响动产抵押的设立，但未登记的不得对抗善意第三人。就第 402 条规定的不动产抵押登记而言，应注意区分物权变动的原因与结果，区分抵押合同与抵押登记，即在设定不动产和不动产物权抵押权的场合，抵押合同是否生效与抵押权是否生效没有必然联系。对于不动产抵押合同已生效但未办理抵押登记的，当事人可以请求法院判决抵押人补办抵押登记，或者判决抵押人承担违约责任或者损害赔偿责任。就第 403 条中的动产抵押而言，其不仅适用于一般的动产抵押，也适用于浮动抵押；该条中的善意第三人，是指不知道也不应知道该财产已被抵押的人。该条所谓的不得对抗善意第三人，主要包括两方面含义：一是动产抵押合同签订后，若未登记，抵押人将抵押财产转移，对于善意取得该物之人，抵押权人无权行使追及权，而只能要求抵押人重新提供新的担保或要求及时履行债务。二是抵押合同签订后，若抵押人以该抵押物多次设定动产抵押权，对于这数个抵押权，已登记的优先于未登记的受偿。

2. 质权合同是当事人在特定物上设立质权的协议，以设定质权为目的，属设权合同。但质权合同只是质权设立的原因，并不具有赋权功能。质权若要创设并生效，须经过转移质物占有和公示。因而，动产质权中转移质押财产的占有，既是质权公示的方式，也是质权生效的条件。故第 429 条规定动产质权交付质押财产时设立。再次提醒：质权合同的生效与质押财产的交付无关，质押合同自依法成立之日生效，动产质权的生效则自出质人交付质押财产时发生效力。一般情况下，质权合同的生效往往先于动产质权的生效。在出质人不依约交付质押财产时，出质人应承担违约责任。

3. 根据第 441 条的规定，有权利凭证的有价证券出质，质权自权利凭证交付质权人时设立；无权利凭证的，则自办理出质登记时设立。一般情况下，汇票、本票、支票、存款单、仓单及部分实物债券有权利凭证，但部分债券如记账式国库券和在证券交易所上市交易的公司债券等都已经实现无纸化，这些债券没有权利凭证，若要出质，就必须到法律、法规规定的有关登记部门办理出质登记；质权自登记时设立。如记账式国库券须到中央国债登记结算公司办理出质登记，在证券交易所上市交易的公司债券则须到证券登记结算机构办理出质登记。

4. 第 443 条规定的基金份额、股权出质，第 444 条规定的知识产权出质，第 445 条规定的应收账款出质，均确立了质权在办理出质登记时设立。此外，需注意，由于权利质权中质权人对出质权利并没有直接占有，为保护质权人利益，上述三条的第 2 款均对处分人处分出质的权利做了限制性规定，一般情况下上述权利在出质后不得转让或许可他人使用（知识产权出质涉及），除非出质人与质权协商同意，并明确了转让或许可（知识产权出质涉及）所得价款需用于提前清偿债务或提存。

权威参考案例

1. 中国建设银行荆州市沙市支行与荆州市轻工物资供销总公司借款纠纷抗诉案（《最高人民检察院公报》2001 年第 1 号）

借款合同合法有效，合同双方约定以“轻工商场”作为抵押物，并签订抵押协议后，轻工供销公司仅将“轻工商场”的房屋产权证书交给银行保管，双方并未到有关房地产管理部门办理抵押登记手续违反了有关规定，该抵押协议无效，因此，银行不能对“轻工商场”优先受偿。

2. 郑某某诉雷某、刘某某、重庆某文化传播有限公司民间借贷纠纷案（2015 年 12 月 4 日《最高人民法院发布 19 起合同纠纷典型案例》案例 13）

民间借贷中，以《物权法》（已废止）规定的必须办理抵押登记、质押登记的财产或财产权利作为担保的，应当到相关登记机关办理登记手续。未依法登记的，抵押权、质押权未设立，出借人对担保财产或财产权利不享有优先受偿权。

3. 中国建设银行股份有限公司广州荔湾支行诉广东蓝粤能源发展有限公司等信用证开证纠纷案（最高人民法院指导性案例第111号）

提单持有人是否因受领提单的交付而取得物权以及取得何种类型的物权，取决于合同的约定。开证行根据其与开证申请人之间的合同约定持有提单时，人民法院应结合信用证交易的特点，对案涉合同进行合理解释，确定开证行持有提单的真实意思表示。开证行对信用证项下单据中的提单以及提单项下的货物享有质权的，开证行行使提单质权的方式与行使提单项下货物动产质权的方式相同，即对提单项下货物折价、变卖、拍卖后所得价款享有优先受偿权。

4. 滕州市城郊信用社诉建行枣庄市薛城区支行票据纠纷案（《最高人民法院公报》2004年第11期）

票据质权可通过签订质押合同、交付权利凭证的方式取得。根据《担保法》（已废止）第76条①的规定，当事人以银行汇票为质押凭证，以书面形式另行设定了该汇票的质权，且得到出票银行确认的，应认定汇票的质押有效。

担保物权实现

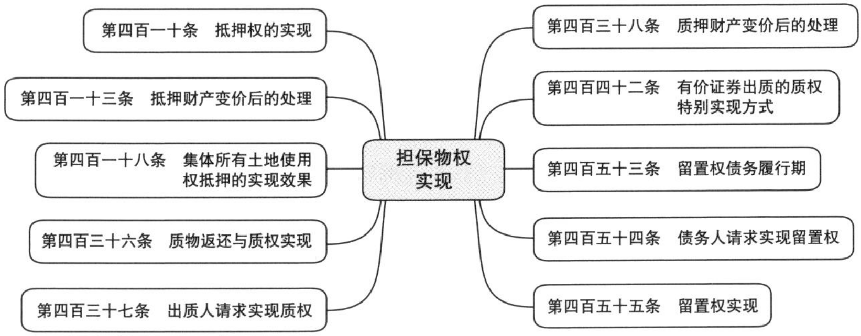

概念

担保物权实现，是指担保物权设立后，债务人在债务到期后不履行债务或出现其他特定事由时，债权人通过一定程序、方式来实现抵押权、质权、留置权进而保障自身合法权益。本词条主要涉及抵押权的实现及抵押财产变价后处理、

① 可参考《民法典》第441条。

质权实现及质押财产变价后处理、有价证券出质的质权特别实现方式、留置权实现及债务履行期、债务人请求实现留置权等规定。

法典条款

第四百一十条【抵押权的实现】 债务人不履行到期债务或者发生当事人约定的实现抵押权的情形，抵押权人可以与抵押人协议以抵押财产折价或者以拍卖、变卖该抵押财产所得的价款优先受偿。协议损害其他债权人利益的，其他债权人可以请求人民法院撤销该协议。

抵押权人与抵押人未就抵押权实现方式达成协议的，抵押权人可以请求人民法院拍卖、变卖抵押财产。

抵押财产折价或者变卖的，应当参照市场价格。

第四百一十三条【抵押财产变价后的处理】 抵押财产折价或者拍卖、变卖后，其价款超过债权数额的部分归抵押人所有，不足部分由债务人清偿。

第四百一十八条【集体所有土地使用权抵押的实现效果】 以集体所有土地的使用权依法抵押的，实现抵押权后，未经法定程序，不得改变土地所有权的性质和土地用途。

第四百三十六条【质物返还与质权实现】 债务人履行债务或者出质人提前清偿所担保的债权的，质权人应当返还质押财产。

债务人不履行到期债务或者发生当事人约定的实现质权的情形，质权人可以与出质人协议以质押财产折价，也可以就拍卖、变卖质押财产所得的价款优先受偿。

质押财产折价或者变卖的，应当参照市场价格。

第四百三十七条【出质人请求实现质权】 出质人可以请求质权人在债务履行期限届满后及时行使质权；质权人不行使的，出质人可以请求人民法院拍卖、变卖质押财产。

出质人请求质权人及时行使质权，因质权人怠于行使权利造成出质人损害的，由质权人承担赔偿责任。

第四百三十八条【质押财产变价后的处理】 质押财产折价或者拍卖、变卖后，其价款超过债权数额的部分归出质人所有，不足部分由债务人清偿。

第四百四十二条【有价证券出质的质权特别实现方式】 汇票、本票、支票、债券、存款单、仓单、提单的兑现日期或者提货日期先于主债权到期的，质权人可以兑现或者提货，并与出质人协议将兑现的价款或者提取的货物提前清偿债务或者提存。

第四百五十三条【留置权债务履行期】 留置权人与债务人应当约定留置财产后的债务履行期限；没有约定或者约定不明确的，留置权人应当给债务人六十日以上履行债务的期限，但是鲜活易腐等不易保管的动产除外。债务人逾期未履行的，留置权人可以与债务人协议以留置财产折价，也可以就拍卖、变卖留置财产所得的价款优先受偿。

留置财产折价或者变卖的，应当参照市场价格。

第四百五十四条【债务人请求实现留置权】 债务人可以请求留置权人在债务履行期限届满后行使留置权；留置权人不行使的，债务人可以请求人民法院拍卖、变卖留置财产。

第四百五十五条【留置权实现】 留置财产折价或者拍卖、变卖后，其价款超过债权数额的部分归债务人所有，不足部分由债务人清偿。

实务要点

1. 根据第410条的规定，抵押权实现途径有协议和诉讼两种。协议实现指债务人在履行期限届满时未履行其债务且债权未受清偿的，由抵押权人与抵押人协议决定抵押权实现的情形。诉讼实现指债务人在履行期限届满时未履行其债务而债权未受清偿的，并且抵押权人与抵押人不能就抵押权的实现达成协议时，由人民法院通过对抵押权登记等证据的审查来裁判实现抵押权的情形。需注意，协议实现抵押权并不是抵押权人提起诉讼的前提。关于第1款规定的“恶意实行抵押权的撤销”，在“可撤销的民事法律行为”词条已涉及，不再重复。

2. 第413条、第438条就抵押、质押财产变价后的处理作出规定。需注意的是，抵押（质押）财产价值计算时间应为抵押权（质权）实现时的价值，而非抵押权（质权）设定时的价值。抵押权（质权）设定后，抵押（质押）财产价格上涨，抵押人（出质人）不享有使增加的价值脱离担保的权利；抵押（质押）财产价格下降，抵押人（出质人）不承担按减少的价值补充担保的义务。财产折价或拍卖、变卖该财产的价款低于抵押权（质权）设定时约定价值的，应当按照抵押权（质权）实现时的价值进行清偿；不足清偿全部债权，抵押（质押）系由债务人以外的第三人提供的，第三人对剩余的债权不再承担担保责任。此时，若抵押人（出质人）系债务人的，债务人对剩余的债权也不再承担担保责任，剩余的债权仅能作为一般债权由债务人负清偿责任。

3. 第 418 条规定的是集体所有土地使用权抵押权实现的限制，即未经法定程序不得改变土地所有权的性质和土地用途，属抵押权实现的一个特别规定。需注意，本条将《物权法》（已废止）第 201 条规定的范围统一为“集体所有土地的使用权”。

4. 根据第 436 条的规定，存在质押担保的债务，履行期届满，将产生两种结果：一是债务人在履行期届满时履行了债务或出质人提前清偿了所担保的债务，质权消灭，质权人应将质押财产返还出质人，即本条第 1 款的规定。二是债权已届清偿期而债务人不履行债务或发生当事人约定的实现质权的情形，质权人可处分质押财产优先受偿，即本条第 2 款的规定。另需注意，质押财产折价或者拍卖、变卖该质押财产的价款低于质权设定时约定价值的，应当按照质押财产实现时的价值进行清偿。不足清偿的部分，由债务人清偿。部分质押财产的变价足以清偿担保的债权时，质权人不得再对其他质押财产进行处分或折价，而应返还给出质人。

5. 第 437 条是关于出质人请求质权人实现质权的规定。在质权存续期间直至主债务履行期限届满前，质押财产由质权人持续占有。出质人丧失对质权的占有状态往往会持续较长一段时间。赋予出质人请求质权人实行质权具有一定的现实意义。另需注意，本条第 2 款以质权人“怠于行使权利”为要件。但不能质押财产价格一下跌即裁判质权人承担赔偿责任，否则将增加债权实现上的风险，损害质权人的合法利益。由于质权人在质权得以行使后，可以在相当长的时间内自由选择行使质权的时机，所以判断质权人“怠于行使权利”比较困难。本条规定了一个前提，即以“出质人请求质权人及时实现质权”为前提，故至少可以得出结论，在出质人向质权人提出行使质权的请求前，不能认定质权人“怠于行使权利”。

6. 第 442 条所说的兑现日期，是指汇票、支票、本票、债券、存款单上所记载的权利得以实现的日期；所说的提货日期，是指仓单、提单上记载的交付物品的日期。按本条规定，证券兑现日期或提货日期先于债务履行期的，由质权人实现其上权利，取得所兑现价款或者提取货物而行使占有。此时，第三债务人因向质权人清偿而免除了债务。但质权人在取得价款或货物后，应告知出质人，并与出质人通过协议将兑现的价款或者提取的货物提前清偿债权或者提存。

7. 根据第 453 条的规定，留置权人留置财产前需给予债务人履行债务的宽限期。留置权的目的是使担保债权得到清偿，督促债务人履行债务。宽限的履行债务期限应当合理。如果期限过长，不利于留置权人实现债权；期限过短，则不利于债务人筹集款项，偿还债务。对该期限，首先可以由当事人约定。如果双方都能接受的期限最符合当事人双方的利益，既有利于督促债务得到实际的履行，也有利于债务人完成履行债务的准备工作。如果当事人没有约定，或者约定不明确，则按本条规定给予 60 日以上［《物权法》（已废止）的规定为“两个月以上”］的宽限期。但 60 日以上只是一般性的规定，在留置物为鲜活易腐等不易保管的动产时，长期放置将导致其腐坏变质，价值减少灭失，故对此类动产留置时可不要求 60 日以上，债权人可尽快行使留置权。

8. 理论上说，留置权行使并无时间限制。若留置权人长期占有留置财产而不实现，不符合“物尽其用”原则，对经济活动与社会发展将产生不利影响。因此，不能让留置权人无限期地留置财产而不行使留置权，故第 454 条赋予了债务人在债务履行期届满后请求实现留置权的权利。需注意，本条规定的“债务履行期间”，可有两种解释：一是第 453 条规定的债务履行宽限期；二是原债务履行期间。笔者认为，第 454 条实际上是对债务人在留置权行使方面的权利之规定，目的在于督促留置权人及时地行使留置权。第 453 条规定的债务履行宽限期限对债务人来说是一种权利。对留置权人来说，此期间是对其权利的限制。因而，若债务人放弃履行宽限期间利益，要求留置权人提前实现留置权，是债务人对自己权利的处分，该处分只要不违反法律、行政法规的强制性规定，就是有效的。债务人在原债务履行期间届满，留置权成立后，债务履行宽限期届满前，请求留置权人行使留置权的，留置权人可行使留置权。留置权人不行使留置权，债务人请求对留置财产拍卖、变卖以清偿债务的，法院应当支持。

9. 留置权人是否可以不行使留置权而要求债务人以留置财产外的其他财产清偿债权？理论上有所谓先行主义和选择主义两种不同做法。先行主义主张留置权人必须先对留置财产行使留置权；选择主义主张留置权人对行使留置权还是对债务人其他财产进行求偿有选择权。一般情况下，应允许留置权人在对留置财产行使留置权前，以债权人的身份对债务人的其他财产先为清偿要求。债权人受清偿后，留置权消灭，留置财产成为债务人可以用来清偿其他债务的财产，这样有利于债权人债权的实现。但在破产情况下则有例外，即“在债务人破产时，应对留置权人在债务人留置财产之外的财产上求偿进行限制”。

担保物权孳息

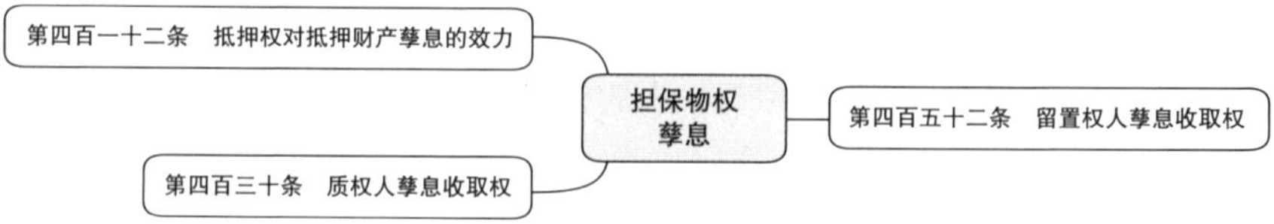

概念

担保物权孳息问题，主要涉及抵押权人孳息收取权（也称抵押权对抵押财产孳息的效力）、质权人孳息收取权、留置权人孳息收取权，以及收取的孳息首要的清偿用途等内容。

法典条款

第四百一十二条【抵押权对抵押财产孳息的效力】　债务人不履行到期债务或者发生当事人约定的实现抵押权的情形，致使抵押财产被人民法院依法扣押的，自扣押之日起，抵押权人有权收取该抵押财产的天然孳息或者法定孳息，但是抵押权人未通知应当清偿法定孳息义务人的除外。

前款规定的孳息应当先充抵收取孳息的费用。

第四百三十条【质权人孳息收取权】　质权人有权收取质押财产的孳息，但是合同另有约定的除外。

前款规定的孳息应当先充抵收取孳息的费用。

第四百五十二条【留置权人孳息收取权】　留置权人有权收取留置财产的孳息。

前款规定的孳息应当先充抵收取孳息的费用。

实务要点

1. 第412条第1款规定了抵押权对抵押财产孳息的效力，即抵押权人的孳息收取权。抵押权的效力及于抵押财产的孳息必须具备两个条件：一是抵押财产被扣押后，抵押权人才能收取其孳息；二是抵押财产被扣押后，抵押权人已经通知应当给付法定孳息的义务人。因法定孳息如租金的取得取决于义务人的给付行为，通常情况下义务人负有向抵押人给付孳息的义务，如果抵押权人未将扣押事实通知义务人，义务人就无法将孳息交付给抵押权人，抵押权的效力也就无法及于该孳息。

2. 第 430 条第 1 款规定了质权人的孳息收取权。但需注意，若当事人约定质权人无权收取质押财产的孳息，则质权人不能收取孳息作为债权的担保。没有约定或者约定不明的，质权人可按照本条规定收取质押财产的孳息。

3. 第 452 条第 1 款规定了留置权人的孳息收取权。留置物由留置权人实际占有，且负有善良管理人的保管注意义务，故由留置权人收取孳息最为适宜。需注意，留置权人虽有收取孳息的权利，但所收取的孳息只能作为留置动产的一部分，而非直接归留置权人所有，也不能直接为债务清偿。由于留置权人收取孳息需要支付一定的费用，可将孳息价值优先清偿此种费用。但收取孽息的费用应当以合理为限，即留置权人应当按照一个善良管理人的注意义务选择收取的方法。另需说明的是，上述三个条文的第 2 款均是对相应担保物权下收取的孳息首要清偿用途的规定，均明确了收取的孳息应先充抵收取孳息的费用。

担保物权清偿顺序

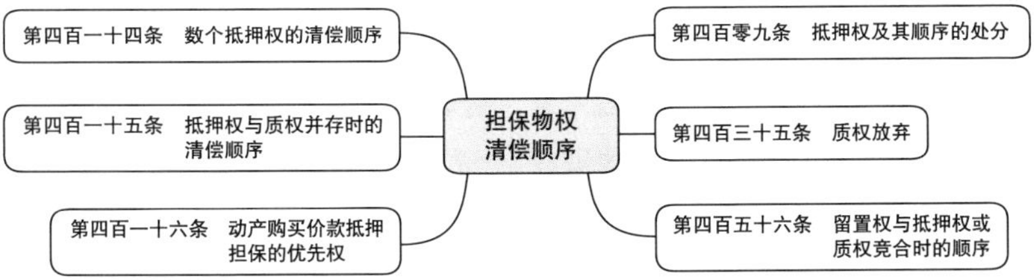

概念

担保物权清偿顺序，既包括数个抵押权共存时的清偿顺序规定，也包括抵押权与质权并存、留置权与抵押权或质权并存时的清偿顺序规定，同时也将抵押权及其顺位处分的内容、新增的“超级优先权”内容等收录其中。

法典条款

第四百一十四条【数个抵押权的清偿顺序】 同一财产向两个以上债权人抵

押的，拍卖、变卖抵押财产所得的价款依照下列规定清偿：

（一）抵押权已经登记的，按照登记的时间先后确定清偿顺序；

（二）抵押权已经登记的先于未登记的受偿；

（三）抵押权未登记的，按照债权比例清偿。

其他可以登记的担保物权，清偿顺序参照适用前款规定。

第四百一十五条【抵押权与质权并存时的清偿顺序】 同一财产既设立抵押权又设立质权的，拍卖、变卖该财产所得的价款按照登记、交付的时间先后确定清偿顺序。

第四百一十六条【动产购买价款抵押担保的优先权】 动产抵押担保的主债权是抵押物的价款，标的物交付后十日内办理抵押登记的，该抵押权人优先于抵押物买受人的其他担保物权人受偿，但是留置权人除外。

第四百零九条【抵押权及其顺序的处分】 抵押权人可以放弃抵押权或者抵押权的顺位。抵押权人与抵押人可以协议变更抵押权顺位以及被担保的债权数额等内容。但是，抵押权的变更未经其他抵押权人书面同意的，不得对其他抵押权人产生不利影响。

债务人以自己的财产设定抵押，抵押权人放弃该抵押权、抵押权顺位或者变更抵押权的，其他担保人在抵押权人丧失优先受偿权益的范围内免除担保责任，但是其他担保人承诺仍然提供担保的除外。

第四百三十五条【质权放弃】 质权人可以放弃质权。债务人以自己的财产出质，质权人放弃该质权的，其他担保人在质权人丧失优先受偿权益的范围内免除担保责任，但是其他担保人承诺仍然提供担保的除外。

第四百五十六条【留置权与抵押权或质权竞合时的顺序】 同一动产上已经设立抵押权或者质权，该动产又被留置的，留置权人优先受偿。

实务要点

1. 相较《物权法》（已废止），第 414 条关于数个抵押权并存下的清偿顺序规定中删除了登记的抵押权“顺序相同的，按照债权比例清偿”的内容，如此修改或许是基于实践中对于登记的顺序将具体到时、分，不存在顺序相同的情形。根据本条规定，同一财产上有多个抵押权的，一般清偿顺序如下：已登记的抵押权优先于未登记的受偿；已登记的抵押权按登记先后顺序受偿；未登记的抵押权按债权比例受偿。此外，本条第 2 款系新增的参照适用条款，明确其他可登记的担保物权的清偿顺序参照抵押权的规定。

2. 第 415 条规定了抵押权与质权并存时的清偿顺序。需注意，该条规定的抵押权与质权并存时按照登记、交付的时间先后来确定清偿顺序的内容，改变了最高人民法院《关于适用〈中华人民共和国担保法〉若干问题的解释》（已废止）第 79 条第 1 款"同一财产法定登记的抵押权与质权并存时，抵押权人优先于质权人受偿"的规定。

3. 第 416 条规定的是动产购买价款抵押担保的优先权，简称"买卖价款抵押权"，属《民法典》新增内容。其具体指，为担保债务人买入动产时对出卖人或贷款人支付价款的债务的履行，在买入的该动产上为出卖人或贷款人设定的，经依法登记取得法律规定的优先受偿权的抵押权。由于该买卖价款抵押权可优先于债务人在该动产上的除留置权外的其他担保物权人，故也被称为"超级优先权"。需注意，本条规定的买卖价款抵押权仅限定为动产抵押这一类型，而不包括融资租赁与所有权保留等交易类型。本条同时规定了应在交付后 10 日内办理抵押登记，否则该抵押权仅构成一般的动产抵押权，不具有本条规定的优先效力。

4. 第 409 条就处分抵押权及其顺位进行了规定，具体包括放弃抵押权、放弃抵押权顺位、变更抵押权顺位、变更抵押担保的债权数额等。通常而言，抵押权人放弃顺位是针对特定的某个后顺位抵押权人的，因此只要抵押权人与接受抛弃利益的抵押权人达成合意就发生效力，不影响其他第三人的利益。抵押权人放弃抵押权或者抵押权顺位时，其通常会丧失优先受偿权；在抵押权人与抵押人协议变更抵押权时，可能产生该抵押权人减少优先受偿的范围的结果。因此，抵押权人放弃抵押权、抵押权顺位或者变更抵押权的情形中，会加大其他担保人的担保责任。为此，本条第 2 款明确规定，其他担保人在抵押权人丧失优先受偿权益的范围内免除担保责任。但若其他担保人自愿承受抵押权人处分抵押权的不利影响，意味着其同意抵押权人放弃抵押权或者抵押权顺位等处分行为的，法律也无须干涉。另需注意，在抵押权人放弃抵押权顺位的场合，其对抵押权顺位的处分并不涉及抵押权本体的处分，抵押权本身并不消灭。此外，需注意"相对抛弃""绝对抛弃"这一对概念。在先顺位抵押权人为了特定的后顺位抵押权人的利益而抛弃其优先受偿顺位的情形称为"相对抛弃"；如果先顺位的抵押权人并非专为某一特定的后顺位抵押权人的利益而抛弃优先受偿利益，称为“绝对抛弃”。相对抛弃中，各抵押权人的归属与顺位并无变动，只是因抛弃顺位的结果，抛弃抵押权顺位的人与接受抛弃利益的抵押权人成为同一顺位，将其所得受分配的金额共同合计后，按各债权额的比例予以分配。绝对抛弃中，后顺位抵押权人的顺位依次升进，而抛弃人则退处于最后的顺位。但若有抛弃后才成立的抵押权，该抵押权人次序仍列于抛弃者之后。

5. 第 435 条就质权人放弃质权作出规定。质权的放弃，是指放弃因享有质权而优先于普通债权人就质物受清偿的权利的行为。质权人放弃质权，不得有损于其他利害关系人的利益，这是民法诚实信用原则的要求。当质权所担保的债权有担保人时，质权人有关质权的任何处分行为，将直接影响担保人的利益。为确保保证人的利益不致因质权人放弃质权而受损，故本条规定其他担保人在质权人丧失优先受偿权益的范围内免除担保责任。考虑到担保人如愿意承受不利影响而同意质权人放弃质权，法律自没有横加干涉之必要，故同时做了但书规定。质权人放弃质权应明示，质权人不行使质权或怠于行使质权的，不能推定为放弃质权，但质权人主动向出质人返还质押财产的行为除外。放弃质权的原因可能是多方面的，但这是质权人单方的意思表示，无须取得出质人的同意。质权因质权人放弃而消灭。

6. 第 456 条是关于留置权与抵押权或者质权关系的规定。留置权的效力绝对优先，同一动产上，无论留置权产生于抵押权、质权之前还是之后，留置权的效力都优先于抵押权、质权。也就是说，留置权对抵押权、质权的优先效力不因其产生时间的前后而受影响。另需注意，本条并没有强调留置权优先于抵押权或者质权的效力以留置权人善意作为前提。当然，若留置权人与债务人恶意串通成立留置权，其目的就是排除在动产上的抵押权或者质权的，已超出“恶意和善意”范畴，属严重违反诚实信用原则的恶意串通行为，应为无效，留置权也应不存在。

担保物权保护

概念

担保物权保护主要包括抵押权的保护与质权的保护，目的在于明确抵押财产（质押财产）价值减少时抵押权人（质权人）可行使的相关权利，以更好地维护抵押权人（质权人）的合法权益。

法典条款

第四百零八条【抵押权的保护】 抵押人的行为足以使抵押财产价值减少的，抵押权人有权请求抵押人停止其行为；抵押财产价值减少的，抵押权人有权请求恢复抵押财产的价值，或者提供与减少的价值相应的担保。抵押人不恢复抵押财产的价值，也不提供担保的，抵押权人有权请求债务人提前清偿债务。

第四百三十三条【质权的保护】 因不可归责于质权人的事由可能使质押财产毁损或者价值明显减少，足以危害质权人权利的，质权人有权请求出质人提供相应的担保；出质人不提供的，质权人可以拍卖、变卖质押财产，并与出质人协议将拍卖、变卖所得的价款提前清偿债务或者提存。

实务要点

1. 第 408 条是关于抵押权的保护之规定，主要内容在于保障抵押权人的抵押权不因抵押财产的价值减少而受到影响。需注意的是，本条规定的抵押财产价值减少，均是由抵押人的行为造成的，即只有在抵押人对抵押财产价值减少有过错时，才适用本条。对非因抵押人的过错致使抵押财产减少的，抵押权人不能请求抵押人恢复抵押财产价值或提供与减少的价值相应的担保，而是依据第 390 条的规定获得“物上代位权”，对保险金、赔偿金等优先受偿。对非因抵押人的过错致使抵押财产减少且无法获得保险金、赔偿金的，同时抵押财产减少部分对应的债权没有其他担保的，则变为普通债权。

2. 第 433 条是关于质权的保护之规定，主要内容在于保障质权人的质权不因质押财产的毁损或价值减少而受到影响。本条所谓“因不可归责于质权人的事由可能使质押财产毁损或者价值明显减少”，是指质押财产可能毁损或价值明显减少产生的原因不是质权人的保管不善，而是自然原因。且价值减少的状态应当是明显的，因为一般的物都存在价值减少的可能性，尤其是基于市场变化及其他原因，价值减少都是很正常的事情，正常的价值减少，应当在质权人的预想之内。

担保物权处分

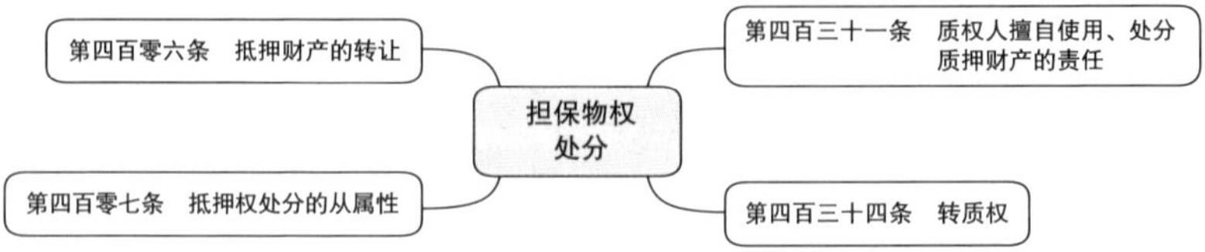

概念

担保物权处分，主要涉及抵押财产的转让、抵押财产处分的从属性、质权人擅自使用或处分质押财产的责任、转质等内容。

法典条款

第四百零六条【抵押财产的转让】 抵押期间，抵押人可以转让抵押财产。当事人另有约定的，按照其约定。抵押财产转让的，抵押权不受影响。

抵押人转让抵押财产的，应当及时通知抵押权人。抵押权人能够证明抵押财产转让可能损害抵押权的，可以请求抵押人将转让所得的价款向抵押权人提前清偿债务或者提存。转让的价款超过债权数额的部分归抵押人所有，不足部分由债务人清偿。

第四百零七条【抵押权处分的从属性】 抵押权不得与债权分离而单独转让或者作为其他债权的担保。债权转让的，担保该债权的抵押权一并转让，但是法律另有规定或者当事人另有约定的除外。

第四百三十一条【质权人擅自使用、处分质押财产的责任】 质权人在质权存续期间，未经出质人同意，擅自使用、处分质押财产，造成出质人损害的，应当承担赔偿责任。

第四百三十四条【转质权】 质权人在质权存续期间，未经出质人同意转质，造成质押财产毁损、灭失的，应当承担赔偿责任。

实务要点

1. 第406条是关于“抵押财产转让”的规定，该条更改了抵押期间转让抵押财产的规则，由“经抵押权人同意”变为“通知抵押人”。此项修改使抵押财产的流通更为便捷，但对于抵押权人而言，其权益保护并不如原规定周全。《物权法》（已废止）规定，抵押期间内，抵押人拟转让抵押财产需要经抵押权人同意，否则不得转让，并且需要将所得价款向抵押权人提前清偿债务或者提存。《民法典》物权编则不要求经抵押权人同意，仅需通知即可；抵押财产转让的，抵押权不受影响，但如抵押权人能够证明抵押财产转让可能损害抵押权的，可要求抵押人将转让所得的价款向抵押权人提前清偿债务或提存。《民法典》物权编之所以如此规定，或是基于我国不动产统一登记制度逐步建立与动产抵押登记制度逐步完善，抵押人转让抵押财产时抵押权人和抵押财产的买受人可能承担的风险大大降低，为充分发挥物的效用、促进交易便捷修改本条内容。

2. 第 407 条就“抵押财产处分的从属性”作出规定。有债权才有抵押权。无债权则无抵押权。可以说，从属性是抵押权的重要特性。抵押权的从属性不仅体现在抵押权的成立原则上以债权的成立为前提，而且体现在抵押权的处分即转移也要随同被担保债权的转移而转移，还体现在抵押权要随被担保债权的消灭而消灭。需注意，该条所谓的“抵押权不得与债权分离而单独转让”，主要是指抵押权人不得将抵押权单独让与他人而自己保留债权。另需注意，除转让外，以抵押权提供担保也得随同其所担保的债权一同提供担保。也就是说，抵押权人以抵押权向他人提供担保时，应当与其所担保的债权一同向他人提供担保。

3. 第 431 条对质权人擅自使用、处分质押财产的责任作出规定。质权属担保物权而非用益物权，质权人并不拥有对质押财产的使用收益权。质权人擅自使用、出租或者处分质押财产，违反设定质权的目的。需注意，质权人非经同意使用、处分质押财产所承担的赔偿责任不以财产毁损、灭失为条件。即便质押财产没有毁损、灭失，只要质权人自使用、处分质押财产中受益，扣除支出后，作为赔偿出质人的数额基准，出质人可请求法院减少或者免除其应当承担的债务数额；对受益部分大于该债务数额的部分，质权人负有返还不当得利的义务。

4. 第 434 条系对转质（也称专质权）的规定。质权人为担保自己或他人债务，在占有的质押财产上再次设定质权的行为被称为转质，所成立的质权为转质权。转质既可适用动产质权，也可适用权利质权。《民法典》物权编不提倡转质，但也没有禁止转质。为保护出质人的利益，规定的原则是：未经出质人同意，质权人对转质要承担赔偿责任。

权威参考案例

1. 重庆索特盐化股份有限公司与重庆新万基房地产开发有限公司土地使用权转让合同纠纷案(《最高人民法院公报》2009 年第 4 期)

根据《物权法》(已废止)第 191 条[①]、《担保法》(已废止)第 49 条[②]的规定,抵押期间抵押人转让抵押物,应当通知抵押权人并经抵押权人同意,否则转让行为无效。但《物权法》(已废止)第 191 条[③]以及最高人民法院《关于适用〈中华人民共和国担保法〉若干问题的解释》(已废止)第 67 条还同时规定,未经通知或者未经抵押权人同意转让抵押物的,如受让方代为清偿债务消灭抵押权的,转让有效。即受让方通过行使涤除权涤除转让标的物上的抵押权负担的,转让行为有效。上述法律、司法解释的规定,旨在实现抵押权人、抵押人和受让人之间的利益平衡,既充分保障抵押权不受侵害,又不过分妨碍财产的自由流转,充分发挥物的效益。

2. 百花公司诉浩鑫公司买卖合同纠纷案(《最高人民法院公报》2006 年第 3 期)

根据《担保法》(已废止)第 49 条第 1 款[④]和最高人民法院《关于适用〈中华人民共和国担保法〉若干问题的解释》(已废止)第 67 条,在未通知抵押权人和未告知受让人的情况下,抵押人转让已办理登记的抵押物,只要抵押人在转让后向抵押权人清偿了债务,或者受让人在得知受让物上有抵押权后代抵押人清偿了债务,使物上设定的抵押权消灭,转让行为仍可以有效。能够援引《担保法》(已废止)第 49 条第 1 款[⑤]规定来主张转让行为无效的,应当是合法权益受到损害的抵押权人或者受让人,不是不履行此款规定通知、告知义务的抵押人。抵押人提起诉讼主张确认转让行为无效的,在确保抵押权实现的前提下,其诉讼请求应当驳回。

---

① 可参考《民法典》第 406 条。

② 可参考《民法典》第 406 条。

③ 可参考《民法典》第 406 条。

④ 可参考《民法典》第 406 条第 1 款。

⑤ 可参考《民法典》第 406 条第 1 款。

流押、流质

概念

流押，是指债权人在抵押合同订立时与抵押人约定，债务人不履行债务时，抵押物归债权人所有。流质，是指债务权人在质押合同订立时与出质人约定，债务人到期不履行债务时，质押财产归债权人所有。

法典条款

第四百零一条【流押】 抵押权人在债务履行期限届满前，与抵押人约定债务人不履行到期债务时抵押财产归债权人所有的，只能依法就抵押财产优先受偿。

第四百二十八条【流质】 质权人在债务履行期限届满前，与出质人约定债务人不履行到期债务时质押财产归债权人所有的，只能依法就质押财产优先受偿。

实务要点

1.《担保法》(已废止)及《物权法》(已废止)均禁止当事人约定流押条款，但《民法典》第401条对此进行了修改，明确了流押条款的效力，即抵押权人在债务履行期届满前，与抵押人约定债务人不履行到期债务时抵押财产归债权人所有的，只能依法就抵押财产优先受偿。这表明订立流押条款后，抵押财产不能直接归债权人所有，而应根据《民法典》第410条、第413条规定的实现抵押权的方式就抵押财产优先受偿。但也需满足抵押权设立的前提条件，即不动产抵押登记设立；动产抵押在合同生效时设立，未进行登记不得对抗善意第三人。

2.《担保法》(已废止)及《物权法》(已废止)均禁止当事人约定流质条款，但《民法典》第428条对此进行了修改，明确了流质条款的效力，即流质权人在债务履行期届满前，与出质人约定债务人不履行到期债务时质押财产归债权人所有的，只能依法就质押财产优先受偿。这表明订立流质条款后，抵押财产不能直接归债权人所有，而应根据《民法典》第436条、第438条规定的实现质权的方式就质押财产优先受偿。但也需满足质权设立的前提条件，即存在合法有效的质押合同，并进行了交付或登记。

权威参考案例

1. 汤某、刘某龙、马某太、王某刚诉新疆鄂尔多斯彦海房地产开发有限公司商品房买卖合同纠纷案（最高人民法院指导性案例第72号）

借款合同双方当事人经协商一致，终止借款合同关系，建立商品房买卖合同关系，将借款本金及利息转化为已付购房款并经对账清算的，不属于《物权法》（已废止）第186条[①]规定禁止的情形，该商品房买卖合同的订立目的，亦不属于最高人民法院《关于审理民间借贷案件适用法律若干问题的规定》（已修改）第24条[②]规定的"作为民间借贷合同的担保"。在不存在《合同法》（已废止）第52条[③]规定情形的情况下，该商品房买卖合同具有法律效力。但对转化为已付购房款的借款本金及利息数额，人民法院应当结合借款合同等证据予以审查，以防止当事人将超出法律规定保护限额的高额利息转化为已付购房款。

2. 朱某芳与山西嘉和泰房地产开发有限公司商品房买卖合同纠纷案（《最高人民法院公报》2014年第12期）

双方当事人基于同一笔款项先后签订《商品房买卖合同》和《借款协议》，并约定如借款到期，偿还借款，《商品房买卖合同》不再履行；若借款到期，不能偿还借款，则履行《商品房买卖合同》。在合同、协议均依法成立并已生效的情况下，应当认定当事人之间同时成立了商品房买卖和民间借贷两个民事法律关系。该行为并不违反法律、行政法规的强制性规定。

3. 李某诉段某民间借贷纠纷案（2015年12月4日《最高人民法院发布19起合同纠纷典型案例》案例14）

"禁止流押"是《物权法》（已废止）中的一大原则，旨在防止债权人利用优势地位损害债务人的利益，造成对抵押人实质上的不公平。在买卖合同担保借贷合同的交易模式下，债权人通过买卖合同在债务到期前就固定了担保物的价值，且由于预售登记的存在，债务人不可能另行通过交易途径实现担保物的市场价值，买卖合同事实上达到了流押的效果，有违"禁止流押"的强制性规定。债权人为保证其债权的顺利实现，签订的买卖合同标的物的价值通常都高于借贷合同的标的。如债权人直接取得买卖合同标的物的所有权，往往会给债务人带来

---

① 可参考《民法典》第401条。

② 可参考2020年第二次修正后本解释第23条。

③ 可参考《民法典》第146条。

一定的经济损失，同时可能会对其他债权人的合法权益造成损害。实践中，建议可在诉讼过程中对买卖合同标的物进行诉讼保全，通过合法手段保证债权人实现债权的可能性，对各方当事人的利益予以均衡保护。

担保物保管

第四百三十二条　质权人的保管义务与赔偿责任 — **担保物保管** — 第四百五十一条　留置权人的保管义务

概念

担保物权中，一般而言，抵押财产并不转移占有，仍由债务人或第三人占有，不存在保管情形。但对于质权与留置权，通常情况下质押财产、留置财产需转移占有，由质权人、留置权人占有，因而需明确相应的保管义务。

法典条款

第四百三十二条【质权人的保管义务与赔偿责任】　质权人负有妥善保管质押财产的义务；因保管不善致使质押财产毁损、灭失的，应当承担赔偿责任。

质权人的行为可能使质押财产毁损、灭失的，出质人可以请求质权人将质押财产提存，或者请求提前清偿债务并返还质押财产。

第四百五十一条【留置权人的保管义务】　留置权人负有妥善保管留置财产的义务；因保管不善致使留置财产毁损、灭失的，应当承担赔偿责任。

实务要点

1. 第432条第1款、第451条所谓的“妥善保管”，即以善良管理人的注意义务加以保管。善良管理人的注意，是指依照一般交易上的观念，认为有相当的知识经验及诚意的人所具有的注意，即以一种善良的心和应当具备的知识来保管质物。例如，对字画的保管应当注意防潮、防虫蛀、防灰尘；对贵重珠宝的保管应当注意防盗窃、防碎裂。

2. 第432条第2款规定的“质权人的行为可能使质押财产毁损、灭失的”，是指质权人因过错未尽善管义务而可能使质押财产遭受毁损或灭失的事实。由于这种事实仅仅是质押财产有可能遭受毁损或者灭失的危险，而并非质押财产已实际遭受毁损或灭失，故此时出质人并不能向质权人提起损害赔偿请求，而只能要求将质押财产提存或提前清偿债务，并要求质权人返还质押财产。

权威参考案例

大连俸旗投资管理有限公司与中国外运辽宁储运公司等借款合同纠纷案（《最高人民法院公报》2017 年第 7 期）

动产质押监管合同纠纷中，债权人的直接义务人是债务人和担保人，监管人仅是帮助债权人实现债权的辅助人，除因自身原因造成监管质物灭失外，其责任需依附于债务人与担保人的直接责任。如果直接责任因清偿而消灭，债权人因获得清偿而不存在损失，则监管人的监管责任也相应消灭。因此，监管人只是前述直接义务人的补充义务人，其对质物没有真实移交监管或没有足额移交监管而致质权没有设立给债权人造成的损失，应承担补充赔偿责任。

抵押权效力限制

概念

本词条属抵押权效力的特别规定，包括两种情形：一是正常经营活动中买受人对动产抵押权效力的规定；二是在先的租赁权与抵押权关系的规定。

法典条款

第四百零四条【动产抵押权对抗效力的限制】　以动产抵押的，不得对抗正常经营活动中已经支付合理价款并取得抵押财产的买受人。

第四百零五条【抵押不破租赁】　抵押权设立前，抵押财产已经出租并转移占有的，原租赁关系不受该抵押权的影响。

实务要点

1. 第 404 条是关于动产抵押权对抗效力限制的规定，也称“动产抵押权无追及效力”。其适用范围较《物权法》（已废止）原有规定有扩大，将原适用于动产浮动抵押的正常交易活动中的买受人的保护规则上升为动产抵押权的一般规则，突破了仅适用于浮动抵押的桎梏，扩大至一般动产抵押。需注意，按照本条规定可受到保护的买受人必须符合三个条件：一是买受人是正在正常经营活动中买受了抵押财产；二是买受人已经支付合理价款；三是买受人已取得抵押财产，即抵押财产所有权已通过交付转让给买受人。

2. 第405条规定的是在先租赁权与抵押权关系的规定，简称“抵押不破租赁”。相较于《物权法》（已废止）第190条，本条在认定抵押权与租赁关系的先后顺序时规定较为严格的条件，将“订立抵押合同前”变为“抵押权设立前”，将“抵押财产已出租的”改为“抵押财产已出租并转移占有的”。这就表明，在判断租赁关系受不受抵押权影响时，要看在抵押权设立前抵押财产是否已出租并转移占有。另需注意，《物权法》（已废止）第190条“抵押权设立后抵押财财产出租的，该租赁关系不得对抗已登记的抵押权”的规定，对于已登记的抵押权来说本就是应有之义，但对于未登记的动产抵押权人与知道或应当知道租赁物已被抵押但仍承租的承租人之间的关系可能会带来法律适用上的困惑。因此，本条删除了《物权法》（已废止）第190条的该部分内容。这意味着抵押权设立后抵押财产出租的，已登记可对抗其后设立的租赁关系，未登记的按照不得对抗善意第三人的规则来判断效力。

最高额抵押权

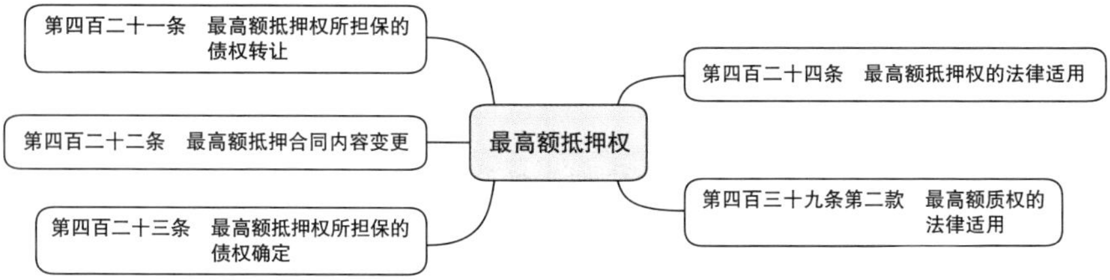

概念

最高额抵押权的概念在“担保物权类型与适用范围”词条中已被收录，本词条不再重复。本词条主要涉及最高额抵押权下所担保的债权转让、抵押合同内容变更、所担保的债权确定，以及相关的法律适用问题。

法典条款

第四百二十一条【最高额抵押权所担保的债权转让】 最高额抵押担保的债权确定前，部分债权转让的，最高额抵押权不得转让，但是当事人另有约定的除外。

第四百二十二条【最高额抵押合同内容变更】 最高额抵押担保的债权确定前，抵押权人与抵押人可以通过协议变更债权确定的期间、债权范围以及最高债权额。但是，变更的内容不得对其他抵押权人产生不利影响。

第四百二十三条【最高额抵押权所担保的债权确定】 有下列情形之一的，抵押权人的债权确定：

(一)约定的债权确定期间届满；

(二)没有约定债权确定期间或者约定不明确，抵押权人或者抵押人自最高额抵押权设立之日起满二年后请求确定债权；

(三)新的债权不可能发生；

(四)抵押权人知道或者应当知道抵押财产被查封、扣押；

(五)债务人、抵押人被宣告破产或者解散；

(六)法律规定债权确定的其他情形。

第四百二十四条【最高额抵押权的法律适用】 最高额抵押权除适用本节规定外，适用本章第一节的有关规定。

第四百三十九条第二款【最高额质权的法律适用】 最高额质权除适用本节有关规定外，参照适用本编第十七章第二节的有关规定。

实务要点

1. 第 421 条规定了最高额抵押权所担保的债权转让最高额抵押权不转让，是最高额抵押权处分从属性的特殊规定。最高额抵押权之所以不随同主债权转让而转让，是因为最高额抵押权在处分上的从属性具有特殊性：最高额抵押权并不随某一具体债权的转让而转让，而只能随基础法律关系一同转让。之所以如此，是因为最高额抵押权所担保的债权是连续发生的债权，在最高额抵押权没有确定时，债权总额是不确定的，是随时发生变化的。尽管某一具体债权转让了，但将来还有发生债权的可能。基于抵押权的不可分性，最高额抵押权自不能随之转让。同时，根据本法第 407 条的规定，抵押权不得与债权分离而单独转让。该规定无疑亦适用于最高额抵押权，最高额抵押所担保的基础合同未发生转让的，最高额抵押权不得与该基础关系分离而单独转让。

2. 第 422 条是关于最高额抵押协议变更制度的规定。是否变更债权确定的期间、范围及最高债权额，取决于当事人的协商一致，但在同一抵押财产上还有其他抵押权人特别是后顺位的抵押权人时，变更内容可能损害他们的合法权益。

为防止抵押权人与抵押人的变更损害其他抵押权人利益，本条以但书形式特别规定：变更的内容不得对其他抵押权人产生不利影响。据此规定，抵押权人与抵押人的变更对其他抵押权人产生不利影响的，该变更无效。

3. 第 423 条对最高额抵押的确定情形做了规定。最高额抵押权的确定，又称最高额抵押的决算，是指对最高额抵押的担保范围进行定额化的原因出现后，对最高额抵押所担保的债权额进行确定和计算。最高额抵押的确定意味着被担保债权的确定和最高额抵押关系的结束。相较《物权法》(已废止)第 206 条，本条将“抵押财产被查封、扣押”改为“抵押权人知道或者应当知道抵押财产被查封、扣押”，有助于债权确定时间提前。

4. 第 424 条规定最高额抵押除适用本节（最高额抵押权）规定外，适用本章第一节（一般抵押权）的有关规定。但所谓的适用“一般抵押权的规定”，不等于毫无保留地适用一般抵押权的相关规定，须把握最高额抵押权的特征及其与一般抵押权的区别，在本节没有规定而适用一般抵押权的相关规则时，凡是与最高额抵押权的性质和特征不相符的规则，应当依照最高额抵押的特性，采取类推、举重明轻之推论、反面推论、目的论限缩等法学方法，从而作出更加合理的裁判。

5. 第 439 条第 2 款规定最高额质权除适用《民法典》物权编第十八章（质权）第一节（动产质权）外，参照适用第十七章（抵押权）第二节（最高额抵押权）的有关内容。最高额质权与最高额抵押权相似，除质押财产移转于质权人占有而不同于最高额抵押权之外，在最高额质权的确定以及效力、作用等方面，最高额质权与最高额抵押权并无不同。故在立法采取引致与参照适用的方法，即允许在法律适用时引用和参照其他法律的规定，从而避免法律规定的重复和立法资源的浪费。

占有

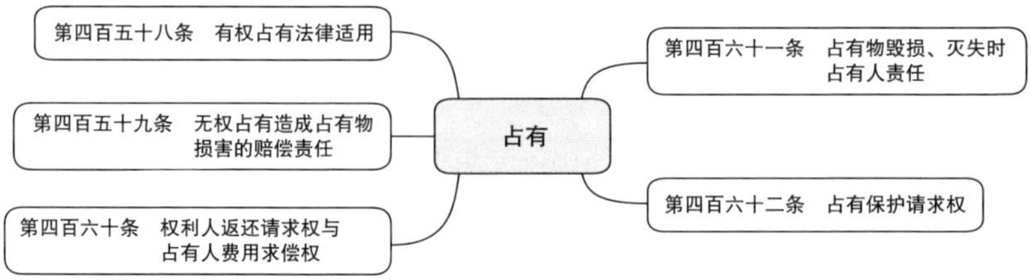

概念

本词条所谓的“占有”，作为物权编的第五分编与通则、所有权、用益物权、担保物权分编并列。该词条涉及的规定并不多，主要包括占有的调整范围（有权占有的法律适用）、无权占有情形下的损害赔偿责任、权利人返还请求权与占有人费用求偿权、占有物毁损、灭失时占有人责任及占有保护请求权等内容。

法典条款

第四百五十八条【有权占有法律适用】 基于合同关系等产生的占有，有关不动产或者动产的使用、收益、违约责任等，按照合同约定；合同没有约定或者约定不明确的，依照有关法律规定。

第四百五十九条【无权占有造成占有物损害的赔偿责任】 占有人因使用占有的不动产或者动产，致使该不动产或者动产受到损害的，恶意占有人应当承担赔偿责任。

第四百六十条【权利人返还请求权与占有人费用求偿权】 不动产或者动产被占有人占有的，权利人可以请求返还原物及其孳息；但是，应当支付善意占有人因维护该不动产或者动产支出的必要费用。

第四百六十一条【占有物毁损、灭失时占有人责任】 占有的不动产或者动产毁损、灭失，该不动产或者动产的权利人请求赔偿的，占有人应当将因毁损、灭失取得的保险金、赔偿金或者补偿金等返还给权利人；权利人的损害未得到足够弥补的，恶意占有人还应当赔偿损失。

第四百六十二条【占有保护请求权】 占有的不动产或者动产被侵占的，占有人有权请求返还原物；对妨害占有的行为，占有人有权请求排除妨害或者消除危险；因侵占或者妨害造成损害的，占有人有权依法请求损害赔偿。

占有人返还原物的请求权，自侵占发生之日起一年内未行使的，该请求权消灭。

实务要点

1. 占有是对物的一种事实上的控制与支配。根据是否有法律上的原因，可将占有分为有权占有与无权占有。有权占有，主要指基于合同等债的关系而产生的占有；无权占有，主要发生在占有人对不动产或动产的占有无正当法律关系或原法律关系被撤销或无效时，包括占有人将他人之物误认为已有或借用他人之物到期不还等。按照第 458 条的规定，基于合同关系等产生的占有，当事人之间有关不动产或动产的权利义务等依照其约定；合同没有约定或者约定不明确的，则依照有关的法律规定。有关不动产或者动产的使用、收益、法律责任等的合同约定优先于法律规定，充分体现了当事人的意思自治原则，这既是该原则在《民法典》物权编中的体现，也与合同编的规定相协调统一。

2. 第 459 条规定了无权占有不动产或动产致其损害，恶意占有人应承担赔偿责任的规定。本条中的不动产或者动产受到的损害，指的是不动产或者动产因正常使用而发生的正常损耗和折旧。实践中适用本条应注意：在无权占有的情况下，除有相反证据证明外，应推定占有人为善意占有，对其因使用占有物所致的损害不承担赔偿责任。另需说明的是，所谓的恶意占有，是指占有人明知或因重大过失不知自己为无权占有而仍然进行的占有；所谓的善意占有，是指占有人在主观上认为自己有权占有标的物而为的占有。

3. 第 460 条规定了权利人的返还请求权与占有人的费用求偿权。本条主要明确了两层意思：一是无论是善意还是恶意占有人，对权利人都负有返还原物及孳息的义务。二是返还原物及其孳息后，善意占有人对因维护该不动产或动产而支出的必要费用，可请求权利人返还，而恶意占有人无此项请求权。所谓必要费用，指因保存或管理占有物通常所需的费用，如修缮费、饲养费、捐税、公寓管理费、汽车保养费等。费用是否必要，以支出时的情事依客观标准认定。

4. 第 461 条对占有物毁损、灭失时占有人的责任做了规定。权利人因被占有物的毁损、灭失所受的损害，因权利种类的不同而有差别。当权利人为所有权人时，赔偿范围应为物的价额；当权利人为运送人、质权人或者租赁人时，对于占有物仅有限定的利益，其赔偿应以其限定的利益为限。例如，对因占有物的灭失而不能回复所生之损害，质权人只能请求赔偿质权的价额，运送人只能请求赔偿与其运费相当的金额，其残余之额，应为所有权人保留。另需注意，本条与第 459 条、第 460 条共同构成占有人与权利人之间的权利义务规则。结合上述两条所体现的占有人对权利人所承担的义务来看，将本条解释为善意占有人依不当得利返还原则向权利人返还占有物毁损灭失后的替代物（保险金、赔偿金或补偿金），更符合立法本意。即善意占有人依据不当得利应向权利人返还原物，但由于原物已经毁损灭失无法返还，故应向权利人返还因毁损灭失取得的保险金、赔偿金或补偿金，而不是赔偿权利人的损失。这样就与恶意占有人应赔偿权利人的损失区别开来，更加直观地体现了法律对于善意占有人的保护。

5. 第 462 条是关于占有保护请求权的规定。相较《物权法》(已废止)第 245 条，本条增加了“停止侵害”的内容，并将“排除妨害”改为“排除妨碍”。占有保护请求权作为一种物权请求权，根据占有受侵害的不同情形，分别发生占有物返还请求权、占有妨害排除请求权、占有危险消除请求权、损害赔偿请求权。与前三项请求权不同的是，损害赔偿请求权是占有保护的债权保护方法。占有受到侵占或者妨害，如果已经造成了占有人的财产利益损失的，则成立侵权行为，占有人产生侵权损害赔偿的请求权。但需注意，“因侵占或者妨害造成损害的”，应理解为对占有利益的损害，与本法第 259 条、第 261 条的占有物上的损害赔偿责任有本质差异。且本条规定的可行使损害赔偿请求权保护占有的主体，仅限于有权占有人和善意的无权占有人，恶意占有人不享有此项权利。另需注意，本条第 2 款规定的“一年”宜理解为除斥期间，不得延长、中断或中止。因为占有保护规则保护的是占有的事实，即通过赋予占有人请求权使其尽快恢复对物的占有状态，若将其规定为消灭时效，则可能因某种事实的发生而拖延，使占有人的权利长期处于不稳定状态，不利于占有的保护。本条规定的 1 年除斥期间仅适用于占有物返还请求权，对本条第 1 款所列其他请求权则不适用。对占有妨害除去请求权和占有妨害防止请求权而言，只要妨害占有的行为或危险存在，法律允许占有人在任何时候提出请求，故没有设定除斥期间的必要。而对损害赔偿请求权而言，适用一般诉讼时效。

权威参考案例

邢某芝诉殷某刚占有物返还案(2015 年 12 月 4 日《最高人民法院公布 49 起婚姻家庭纠纷典型案例》案例 30)

占有被侵夺的，占有人有权请求侵夺人及其继受人回复其占有，返还占有物。占有的不动产被侵占的，占有人有权请求返还原物。本案虽是占有物返还纠纷，但涉及的问题主要在于占有回复请求权的构成。占有回复请求权，是指占有被侵夺的，占有人有权请求侵夺人及其继受人回复其占有，返还占有物。构成要件有四：一是占有被侵夺。侵夺，指违背占有人的意思，以法律禁止的私力剥夺占有。二是请求权人须为占有被剥夺的占有人。三是被请求人为占有的侵夺人及其继受人。须注意两点：侵夺人须仍为现在占有之人。否则，若侵夺人不再是现在占有之人，则对侵夺人无占有回复请求权。四是须自侵夺之日起 1 年内行使（一年期满未行使的，占有回复请求权消灭）。占有回复请求权使占有脱离本权获得独立保护，其法律意旨有三：一是通过保护占有，保护占有背后（以占有为内容）的物权；二是通过保护占有，保护占有背后的债权（因债权人不能享有物权请求权）；三是维护社会平和即物的归属秩序，禁止任何人以法律禁止的私人力量擅自剥夺他人的占有。

第三编　合　　同

合同编中的法律适用

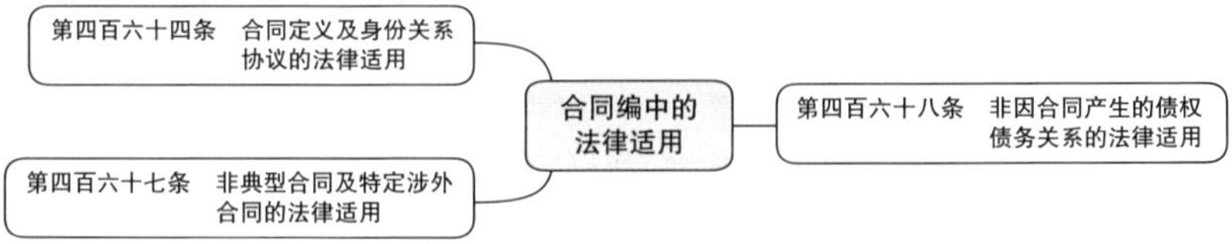

概念

本词条主要涉及身份关系协议的法律适用、非典型合同的法律适用、特定涉外合同的法律适用、非因合同产生的债权债务关系的法律适用等内容。

法典条款

第四百六十四条【合同定义及身份关系协议的法律适用】　合同是民事主体之间设立、变更、终止民事法律关系的协议。

婚姻、收养、监护等有关身份关系的协议，适用有关该身份关系的法律规定；没有规定的，可以根据其性质参照适用本编规定。

第四百六十七条【非典型合同及特定涉外合同的法律适用】　本法或者其他法律没有明文规定的合同，适用本编通则的规定，并可以参照适用本编或者其他法律最相类似合同的规定。

在中华人民共和国境内履行的中外合资经营企业合同、中外合作经营企业合同、中外合作勘探开发自然资源合同，适用中华人民共和国法律。

第四百六十八条【非因合同产生的债权债务关系的法律适用】　非因合同产生的债权债务关系，适用有关该债权债务关系的法律规定；没有规定的，适用本编通则的有关规定，但是根据其性质不能适用的除外。

实务要点

1. 第464条第1款明确了合同是民事主体之间设立、变更、终止民事法律关系的协议。相较《合同法》(已废止)的规定，本条第1款对合同的定义更简练精准。“民事主体”在《民法典》总则编已有详细规定，包括自然人、法人、非法人组织等。因总则编第2条在民法调整范围中已规定“民法调整平等主体的自然人、法人、非法人组织之间的人身关系和财产关系”，故合同编未再重复规定“平等主体的……”而是直接使用“民事主体”概念。此外，本条第2款关于身份关系协议的法律适用，明确了身份关系协议在没有其他法律规定的情况下可以根据其性质参照适用合同编，这是《合同法》（已废止）所没有规定的。但需注意，这只是原则性规定，对具体的身份关系协议是否可以及如何参照适用合同编内容，法律无法进行统一规定，应根据该身份关系协议的性质具体判断。

2. 第467条第1款规定了非典型合同（也称无名合同）的法律适用。合同编第2分编规定了19种典型合同，但经济社会生活中仍有很多合同未在合同编中予以规定，其他相关法律也没有规定。对这些非典型合同，也需一定的约束与指导。根据第467条第1款的规定，对非典型合同，一方面应适用合同编通则的规定，另一方面可参照适用合同编或其他法律规定的最相类似合同的规定。另外，第467条第2款还对特定涉外合同的法律适用做了规定，即在中华人民共和国境内履行的中外合资经营企业合同、中外合作经营企业合同、中外合作勘探开发自然资源合同，适用中华人民共和国法律。

3. 第468条就非因合同产生的债权债务关系的法律适用做了规定，相较《合同法》（已废止）属新增内容。《民法典》不设债法总则编，为更好地规范各类债权债务关系，合同编通则增加第468条，对非因合同产生的债权债务关系可以适用合同编通则有关规定作出指引。需注意，该条规定的是“适用”而非“参照适用”。主要原因在于合同编通则中除了关于合同订立与效力、合同解除等规则仅适用于合同外，关于合同履行、保全、变更和转让、权利义务终止等大量规则，甚至违约责任中的有关规则，都可以直接适用于侵权之债、无因管理之债与不当得利之债等其他非合同债权债务关系，而无须再由裁判者斟酌具体情况“参照适用”。此外，本条还做了例外规定，即“根据其性质不能适用的除外”。判断合同编通则的某一法律规定是否适用于非因合同产生的债权债务关系，需注意把握意定之债与法定之债在性质上的不同，结合该法律规定所规范的内容，根据该债权债务关系的性质作出具体判断。例如，根据法定之债的性质，合同编通则关于违约金的规定及有关合同订立、解除的规则就不能适用于法定之债。

权威参考案例

1. 洪某凤与昆明安钡佳房地产开发有限公司房屋买卖合同纠纷案（《最高人民法院公报》2016年第1期）

合同在性质上属于原始证据、直接证据，应当重视其相对于传来证据、间接证据所具有的较高证明力，并将其作为确定当事人法律关系性质的逻辑起点和基本依据。若要否定书面证据所体现的法律关系，并确定当事人之间存在缺乏以书面证据为载体的其他民事法律关系，必须在证据审核方面给予更为审慎的分析研判。在两种解读结果具有同等合理性的场合，应朝着有利于书面证据所代表法律关系成立的方向作出判定，借此传达和树立重诺守信的价值导向。通过解释确定争议法律关系的性质，应当秉持使争议法律关系项下之权利义务更加清楚，而不是更加模糊的基本价值取向。在没有充分证据佐证当事人之间存在隐藏法律关系且该隐藏法律关系真实并终局地对当事人产生约束力的场合，不宜简单否定既存外化法律关系对当事人真实意思的体现和反映，避免当事人一方不当摆脱既定权利义务约束的结果出现。

2. 中国信达资产管理公司西安办事处与海南华山房地产开发总公司、中国建设银行股份有限公司西安曲江支行借款合同纠纷案（《最高人民法院公报》2009年第12期）

当事人签订民事合同具有复杂的动机、目的和作用，合同除确定具体的交易关系外，还可以具有规范和指引作用，即当事人通过合同对以后发生的权利义务关系进行规范和指引；合同还可以具有确认和评价的作用，即当事人通过合同对双方既往发生的民事法律行为的性质、目的和作用加以确认、补充、完善和评价。

3. 大庆市振富房地产开发有限公司与大庆市人民政府建设工程施工合同纠纷案（《最高人民法院公报》2007年第4期）

根据《合同法》（已废止）第2条[①]的规定，合同是平等主体的自然人、法人、其他组织之间设立、变更、终止民事权利义务关系的协议。法人响应政府号召，以向政府书面请示报告并经政府审批同意的形式介入市政建设，政府在不通知法人参加的情况下单方就法人介入市政建设而享有的优惠政策作出决定，法人只能按照政府决定执行的，法人与政府之间并非民法意义上的平等主体关系，双方亦没有就此形成民事合同关系。因此发生纠纷的，尽管双方之间的纠纷具有一定的民事因素，也不属于人民法院受理民事案件的范围。

4. 焦某军与江苏省中山国际旅行社有限公司、第三人中国康辉南京国际旅行社有限责任公司旅游侵权纠纷案（《最高人民法院公报》2012年第11期）

旅游者与旅行社签订旅游合同后，双方形成旅游服务合同关系，旅行社所提

① 可参考《民法典》第464条。

供的服务应当符合保障旅游者人身、财产安全的要求。同时，旅行社委托的旅游辅助人所提供的食宿、交通运输等服务系旅行社履行旅游服务合同义务的延续，应认定为是代表旅行社的行为，旅游辅助人的侵权行为可直接认定为旅行社的侵权行为。旅游者在旅游过程中乘坐旅行社提供的车辆发生交通事故导致人身损害、财产损失的，构成违约责任和侵权责任的竞合，旅游者有权选择合同之诉或侵权之诉要求旅行社承担相应民事赔偿责任。

5. 国际华侨公司诉长江影业公司影片发行权许可合同纠纷案（《最高人民法院公报》2004 年第 5 期）

电影著作权人可以依照《著作权法》的规定，自己行使或许可他人行使其著作权。在电影著作权许可使用合同中，著作权人与他人关于按比例分成收入和违约赔偿责任的约定，如不违反《民法通则》（已废止）等法律或有关行政法规的禁止性规定，应认定有效。

6. 张某春诉泰安市中心医院医疗服务合同纠纷案（2015 年 4 月 1 日《最高人民法院发布四起典型案例》案例 2）

患者在医院住院治疗，双方之间形成医疗服务合同关系，医院应当根据患者的病情使用药物并按照正确的方法、手段为患者提供医疗服务。医院未根据患者的病情为患者提供合理、恰当的医疗服务，患者因医院在治疗过程中不合理用药行为所造成的损失应当由医院予以赔偿。

合同相对性

第一百一十九条　合同约束力 — **合同相对性** — 第四百六十五条　合同效力与合同相对性

概念

本词条虽谓“合同相对性”，但实质上涉及了两个方面的内容：一是依法成立的合同受法律保护，即依法成立的合同效力问题；二是依法成立的合同仅对当事人具有法律约束力，即合同相对性问题。

法典条款

第一百一十九条【合同约束力】　依法成立的合同，对当事人具有法律约束力。

第四百六十五条【合同效力与合同相对性】 依法成立的合同,受法律保护。

依法成立的合同,仅对当事人具有法律约束力,但是法律另有规定的除外。

实务要点

1. 依法成立的合同受法律保护,有两个层面的含义:一是对当事人而言,合同依法成立后,无论是否实际生效,均对当事人产生法律约束力。当事人应当按照合同的约定履行自己的义务,非依法律规定或取得对方同意,不得擅自变更或解除合同。二是对当事人以外的第三人而言,合同依法成立后,当事人之外的任何组织或个人均不得非法干预合同,如强迫变更或解除等。

2. 合同相对性原则,是指合同项下的权利义务只由当事人享有或承担,仅对当事人具有法律约束力,对合同之外的第三人不具有法律约束力。合同相对性原则是对民法意思自治原则的体现与保障,有利于保护并实现合同当事人的交易预期,进而达到鼓励交易的目的。另需注意,第465条第2款同时规定了合同相对性原则的例外,即“法律另有规定的除外”,主要存在于合同的保全、真正利益第三人合同、当事人外的第三人对履行债务具有合法利益情形时的代为履行、买卖不破租赁制度等内容中。

合同形式

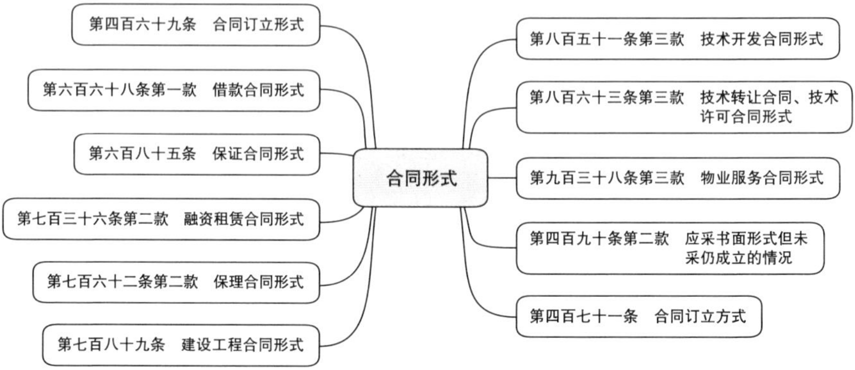

概念

合同形式也称合同订立形式,是指合同当事人之间确定相互权利义务关系的表现形式，主要的订立形式包括书面形式和口头形式。此外，除书面形式与口头形式外，也有其他形式。

法典条款

第四百六十九条【合同订立形式】 当事人订立合同，可以采用书面形式、口头形式或者其他形式。

书面形式是合同书、信件、电报、电传、传真等可以有形地表现所载内容的形式。

以电子数据交换、电子邮件等方式能够有形地表现所载内容，并可以随时调取查用的数据电文，视为书面形式。

第六百六十八条第一款【借款合同形式】 借款合同应当采用书面形式，但是自然人之间借款另有约定的除外。

第六百八十五条【保证合同形式】 保证合同可以是单独订立的书面合同，也可以是主债权债务合同中的保证条款。

第三人单方以书面形式向债权人作出保证，债权人接收且未提出异议的，保证合同成立。

第七百三十六条第二款【融资租赁合同形式】 融资租赁合同应当采用书面形式。

第七百六十二条第二款【保理合同形式】 保理合同应当采用书面形式。

第七百八十九条【建设工程合同形式】 建设工程合同应当采用书面形式。

第八百五十一条第三款【技术开发合同形式】 技术开发合同应当采用书面形式。

第八百六十三条第三款【技术转让合同、技术许可合同形式】 技术转让合同和技术许可合同应当采用书面形式。

第九百三十八条第三款【物业服务合同形式】 物业服务合同应当采用书面形式。

第四百九十条第二款【应采书面形式但未采仍成立的情况】 法律、行政法规规定或者当事人约定合同应当采用书面形式订立，当事人未采用书面形式但是一方已经履行主要义务，对方接受时，该合同成立。

第四百七十一条【合同订立方式】 当事人订立合同，可以采取要约、承诺方式或者其他方式。

实务要点

1. 第 469 条第 1 款对合同订立形式做了原则性规定，即可采用书面、口头或其他形式订立合同，只要法律没有特别规定或当事人没有特别约定，对合同形式一般不作特殊要求。书面形式，是指可以有形地表现所载内容的形式，如合同书、信件、电报、电传、传真等；口头形式，是指面对面的谈话或通过电话、网络视频等进行交流的方式；其他形式，如可根据当事人行为或特定情形推定合同成立的情况，也称默示合同。需注意，本条第 2 款对书面合同的形式进行了列举，但书面形式并不限于该列举。此外，本条第 3 款对符合书面形式的数据电文做了规定。根据该款，数据电文符合书面形式需满足两个条件：一是能够有形地表现所载内容。这是书面形式的本质特征，任何书面形式均需满足该条件。二是可以随时调取查用。这是数据电文的专门要求，若数据电文形式不能保存以供随时调取查用，就丧失了书面形式所具备的易于取证、易于分清责任的优点，不宜作为书面形式。

2. 第 668 条第 1 款对借款合同的形式做了规定。借款合同通常采用书面形式，既有利于合同的履行，避免当事人之间发生纠纷，也便于合同纠纷发生后的举证与纠纷处理。但在自然人之间，经常发生小额短期借款，且大多较为熟悉，故本条未强制要求自然人间的借款必须采用书面形式。

3. 第 685 条就保证合同的形式做了规定。保证合同为要式合同，此要式为书面形式。该书面形式既可以是单独订立的书面保证保证合同，也可以是书面的主合同中的保证条款。另需注意，根据本条第 2 款的规定，当第三人单方以书面形式向债权人作出保证，只要债权人接收了该保证且未提出异议，保证合同也是成立的。

4. 除前面论及的借款合同、保证合同外，根据规定应采书面形式订立的典型合同主要包括融资租赁合同、保理合同、建设工程合同、技术开发合同、技术转让合同、技术许可合同、物业服务合同。

5. 第 490 条第 2 款对“应采用书面形式订立合同但未采用书面形式仍成立的情形”做了规定。一般来说，法律、行政法规规定或当事人约定合同应采用书面形式订立，主要是考虑到有些合同的权利义务关系较为复杂，书面形式对合同履行、纠纷预防与处理都有益，但并不意味着当事人未采用书面形式的合同一概不成立。

6. 第 471 条是关于合同订立方式的规定。前面涉及的都是关于合同订立形式的规定，本条则属合同订立方式的内容。虽然内容不同，但概念上较为接近，故放在本词条的最后。合同订立方式，就是当事人达成合意的方式。要约、承诺是最为典型的合同订立方式。规定此种方式，发生争议时会有衡量的标准，便于作出裁判，也给当事人在订立合同时提供明确指引，清楚自己的行为性质及处于什么阶段，一旦作出某种行为将会产生什么样的法律后果、合同是否成立、最终承担什么责任等。有观点认为意思实现也是一种合同订立方式。意思实现，是指根据交易习惯或者要约人的预先声明，受要约人无须向要约人表示承诺的意思，合同即可成立。《民法典》第 480 条规定："承诺应当以通知的方式作出；但是，根据交易习惯或者要约表明可以通过行为作出承诺的除外。"此规定表明承诺可以默示的方式作出，故意思实现可归结为事实上进行了承诺。故可把其归为以要约、承诺方式成立合同。

权威参考案例

1. 北京市五金矿产进出口公司诉中国五金矿产进出口公司货款纠纷案（《最高人民法院公报》2000 年第 5 期）

一方当事人向法院提供了涉及本案争议标的的有关合同、提单，表明了其与对方当事人之间的委托关系。委托人虽未向被委托人出具确认欠款的文件，但被委托人与收货人之间的函件等证据材料相互印证，确认了委托人欠被委托人货款的事实成立，可以证明双方之间存在债权债务关系。

2. 沈阳化工总公司诉本溪热电厂等建设工程施工合同纠纷案（《最高人民法院公报》2005 年第 3 期）

在诉讼调解中，案外人同意为当事人担保履行调解协议的，人民法院应当准许，并在调解书中予以列明。调解书一经签收，即对包括保证在内的各方发生法律效力。

3. 李某勇与中国农业银行股份有限公司重庆云阳支行储蓄存款合同纠纷申请案（《最高人民法院公报》2015 年第 7 期）

《合同法》（已废止）第 13 条[①] 规定，当事人订立合同，采取要约、承诺方式。

① 可参考《民法典》第 471 条。

第25条[1]规定，承诺生效时合同成立。依照上述法律规定，储蓄人主张与银行成立储蓄存款合同，应当证明其与银行分别作出要约和承诺，符合合同成立要件。当储蓄人依据犯罪分子伪造的存单主张与银行成立储蓄合同，人民法院应判定储蓄人与银行是否就储蓄事宜分别作出要约、承诺。在不能认定双方成立储蓄合同情形下，储蓄人依据伪造存单提起的诉讼，应依照最高人民法院《关于审理存单纠纷案件的若干规定》，作为一般存单纠纷处理。

合同内容

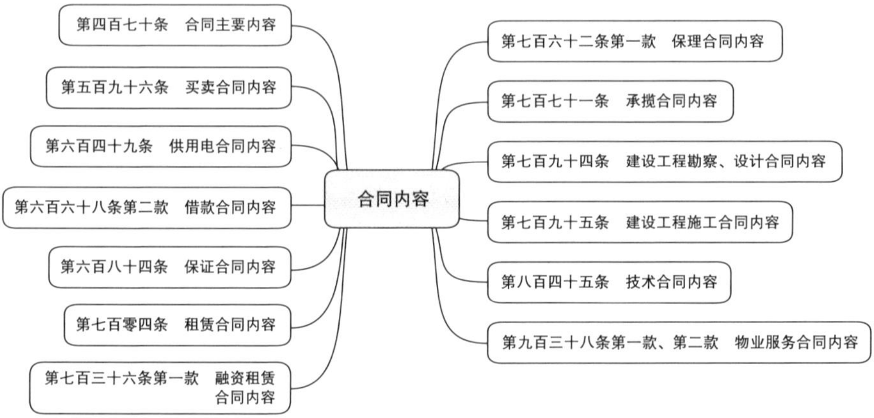

概念

合同内容体现为一系列的合同条款。可以说，合同的条款就是合同的内容。合同条款，是指合同中经当事人协商一致、明确各方当事人权利义务的具体条文。

法典条款

第四百七十条【合同主要内容】　合同的内容由当事人约定，一般包括下列条款：

（一）当事人的姓名或者名称和住所；

（二）标的；

（三）数量；

① 可参考《民法典》第483条。

(四)质量；

(五)价款或者报酬；

(六)履行期限、地点和方式；

(七)违约责任；

(八)解决争议的方法。

当事人可以参照各类合同的示范文本订立合同。

第五百九十六条【买卖合同内容】 买卖合同的内容一般包括标的物的名称、数量、质量、价款、履行期限、履行地点和方式、包装方式、检验标准和方法、结算方式、合同使用的文字及其效力等条款。

第六百四十九条【供用电合同内容】 供用电合同的内容一般包括供电的方式、质量、时间，用电容量、地址、性质，计量方式，电价、电费的结算方式，供用电设施的维护责任等条款。

第六百六十八条第二款【借款合同内容】 借款合同的内容一般包括借款种类、币种、用途、数额、利率、期限和还款方式等条款。

第六百八十四条【保证合同内容】 保证合同的内容一般包括被保证的主债权的种类、数额，债务人履行债务的期限，保证的方式、范围和期间等条款。

第七百零四条【租赁合同内容】 租赁合同的内容一般包括租赁物的名称、数量、用途、租赁期限、租金及其支付期限和方式、租赁物维修等条款。

第七百三十六条第一款【融资租赁合同内容】 融资租赁合同的内容一般包括租赁物的名称、数量、规格、技术性能、检验方法，租赁期限，租金构成及其支付期限和方式、币种，租赁期限届满租赁物的归属等条款。

第七百六十二条第一款【保理合同内容】 保理合同的内容一般包括业务类型、服务范围、服务期限、基础交易合同情况、应收账款信息、保理融资款或者服务报酬及其支付方式等条款。

第七百七十一条【承揽合同内容】 承揽合同的内容一般包括承揽的标的、数量、质量、报酬，承揽方式，材料的提供，履行期限，验收标准和方法等条款。

第七百九十四条【建设工程勘察、设计合同内容】 勘察、设计合同的内容一般包括提交有关基础资料和概预算等文件的期限、质量要求、费用以及其他协作条件等条款。

第七百九十五条【建设工程施工合同内容】 施工合同的内容一般包括工程

范围、建设工期、中间交工工程的开工和竣工时间、工程质量、工程造价、技术资料交付时间、材料和设备供应责任、拨款和结算、竣工验收、质量保修范围和质量保证期、相互协作等条款。

第八百四十五条【技术合同内容】 技术合同的内容一般包括项目的名称，标的的内容、范围和要求，履行的计划、地点和方式，技术信息和资料的保密，技术成果的归属和收益的分配办法，验收标准和方法，名词和术语的解释等条款。

与履行合同有关的技术背景资料、可行性论证和技术评价报告、项目任务书和计划书、技术标准、技术规范、原始设计和工艺文件，以及其他技术文档，按照当事人的约定可以作为合同的组成部分。

技术合同涉及专利的，应当注明发明创造的名称、专利申请人和专利权人、申请日期、申请号、专利号以及专利权的有效期限。

第九百三十八条第一款、第二款【物业服务合同内容】 物业服务合同的内容一般包括服务事项、服务质量、服务费用的标准和收取办法、维修资金的使用、服务用房的管理和使用、服务期限、服务交接等条款。

物业服务人公开作出的有利于业主的服务承诺，为物业服务合同的组成部分。

实务要点

1\. 第 470 条规定了合同的主要条款。但并不是说当事人签订的合同中缺了其中任何一项就会导致合同不成立或无效。主要条款只具有提示与示范性。合同主要条款或合同内容当事人约定时一般包括这些条款，但不限于这些条款。不同合同的其类型与性质不同，主要条款或必备条款也可能不同。本条第 2 款另规定了示范文本，示范文本也只是作为当事人订立合同的参考，不强制当事人采用。

2\. 第 596 条对买卖合同条款做了规定。需注意，该条中的当事人姓名或者名称、标的物及其数量属买卖合同的必备条款。其他内容并非必备内容，可按照《民法典》第 511 条的规定经法律拟制的方式得到确定。

3\. 第 649 条对供用电合同条款做了规定。需注意，该条对合同内容要求属提倡性和指导性，并非强制性。若供用电合同没有完全具备法律规定的内容，并不影响合同的效力。当事人可对缺少的内容事后协议补充；不能补充的，按照合同有关条款或交易习惯确定；仍不能确定的，按《民法典》第511条的规定处理。

4. 第668条第2款对借款合同条款做了规定。该款所列举的是具有借款合同明显特点的条款，除该款7项内容外，当事人还可以对其他内容（如担保事项）作出约定。

5. 第704条对租赁合同条款做了规定。该条对租赁合同内容要求属提倡性和指导性的，并非强制性的。除上述条款外，当事人还可以根据需要订立某些条款，如违约责任、解决争议的方式以及解除合同的条件等都是合同中的重要的条款。

6. 第736条第1款对融资租赁合同条款做了规定。由于租赁方式的不同，融资租赁合同的内容往往也不同，本条内容是对典型的融资租赁合同内容的规定。除上述条款外，融资租赁合同一般还涉及租赁物的交付、使用、保养、维修和保险、担保、违约责任、合同发生争议时的解决方法、合同签订日期和地点等内容。

7. 第762条第1款对保理合同条款做了规定。需说明的是其中的“业务类型”：保理业务按不同标准可区分为不同类型，不同类型的保理合同涉及的条款可能存在不同。还需说明的是，基础交易合同，是应收账款债权人与债务人签订的据以产生应收账款的有关销售货物、提供服务或出租资产等交易合同及其全部补充或修改文件。基础交易合同的存在是保理合同订立的前提，两者并非主从合同关系，而是相对独立的两个合同。

8. 第771条对承揽合同条款做了规定。该条对承揽合同的内容属提倡性和指导性，并非强制性。承揽合同不是一定要具备这些条款，当事人可以根据合同性质和双方的需要对上述规定的条款进行增减。需说明的是，这里的报酬主要是指定作人应当支付承揽人进行承揽工作所付出的技能、劳务的酬金。当事人可以约定报酬的具体数额，也可以约定报酬的计算方法。

9. 第794条对建设工程中的勘察、设计合同条款做了规定。除此之外，当事人名称或姓名和住所、履行地点和方式、勘察、设计范围与进度、违约责任、解决争议方法等也是勘察设计合同应当具备的条款。另根据合同的性质和具体情况，当事人还可以协商确定其他必要的条款。需说明的是，本条规定的内容只是根据勘察设计合同的性质作出的一般性规定，当事人约定的勘察设计合同中不具备上述内容的，并不导致合同的无效。

10. 第 795 条对建设工程中的施工合同条款做了规定。其中,“相互协作”条款一般包括双方当事人在施工前的准备工作,施工人及时向发包人提出开工通知书、施工进度报告书、对发包人的监督检查提供必要的协助等。双方当事人的协作是施工过程的重要组成部分,是工程顺利施工的重要保证。

11. 第 845 条对技术合同条款做了规定。相较《合同法》(已废止)第 324 条,本条在表述上减少了列举,增加了“等”。技术合同条款一般由当事人协商约定,不需要法律作出具体规定。但考虑到技术合同的内容比较复杂,有必要在法律中做一些规定,以指导当事人订立。本条第 1 款所规定的内容属指导性条款,不要求必须采用,也不限制当事人在合同中约定其他权利义务,如当事人可约定对技术合同的担保等。此外,本条第 2 款所涉的“技术文档”,是指与履行技术合同相关的自然语言或形式化语言所编写的文字资料和图表、照片,用来描述程序的内容、组成、设计、功能规格、开发情况、测试结果、使用方法,如程序设计说明书、用户手册等。另需说明的是,本条第 3 款是一个义务性规定,对双方当事人具有约束力。若技术合同标的涉及专利,应按照本款执行。

12. 第 938 条第 1 款、第 2 款对物业服务合同条款做了规定。物业服务合同条款一般由当事人约定,本条第 1 款所规定的内容属一般条款,供当事人订立物业服务合同时参考。需说明的是,本条第 2 款的“物业服务承诺”,是指物业服务人为保证物业服务的质量与效益,向全体业主公开作出的有关物业服务内容与标准的单方意思表示。为更好保护业主利益,规范物业服务人行为,本条第 2 款将“物业服务人公开作出的有利于业主的服务承诺”作为物业服务合同的组成部分,即其也属于物业服务合同的内容。需说明的是,服务承诺作为物业服务合同的组成部分,需具备如下条件:一是承诺内容须是公开作出的;二是承诺内容是物业服务人的真实意思表示;三是承诺内容应有利于业主;四是承诺内容必须清晰明确;五是承诺内容不违反法律、行政法规的强制性规定,不违背公序良俗。

权威参考案例

重庆市渝北区水电建设总公司诉中国银行重庆渝北支行借款合同纠纷抗诉案(《最高人民检察院公报》2003 年第 1 号)

保证人在保证合同签章处加注保证期限条款虽不规范,但不违背当事人的真实意思表示,且该保证期限长于借款合同还款期限约定,应认定该保证期限条款有效。债权人起诉时已超过保证合同约定的保证期限，保证人的保证责任依法免除。

要约

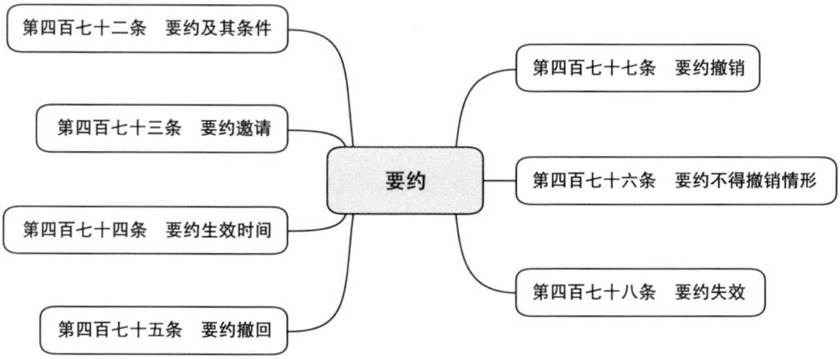

概念

大陆法系中，合同被定义为当事人的“合意”，要约则被定义为“以契约成立为目的确定的意思表示”。本词条主要涉及要约的概念及条件、要约邀请、要约生效、要约撤回、要约撤销、要约失效等相关规定。

法典条款

第四百七十二条【要约及其条件】　要约是希望与他人订立合同的意思表示，该意思表示应当符合下列条件：

（一）内容具体确定；

（二）表明经受要约人承诺，要约人即受该意思表示约束。

第四百七十三条【要约邀请】　要约邀请是希望他人向自己发出要约的表示。拍卖公告、招标公告、招股说明书、债券募集办法、基金招募说明书、商业广告和宣传、寄送的价目表等为要约邀请。

商业广告和宣传的内容符合要约条件的，构成要约。

第四百七十四条【要约生效时间】　要约生效的时间适用本法第一百三十七条的规定。

第四百七十五条【要约撤回】　要约可以撤回。要约的撤回适用本法第一百四十一条的规定。

第四百七十七条【要约撤销】 撤销要约的意思表示以对话方式作出的，该意思表示的内容应当在受要约人作出承诺之前为受要约人所知道；撤销要约的意思表示以非对话方式作出的，应当在受要约人作出承诺之前到达受要约人。

第四百七十六条【要约不得撤销情形】 要约可以撤销，但是有下列情形之一的除外：

（一）要约人以确定承诺期限或者其他形式明示要约不可撤销；

（二）受要约人有理由认为要约是不可撤销的，并已经为履行合同做了合理准备工作。

第四百七十八条【要约失效】 有下列情形之一的，要约失效：

（一）要约被拒绝；

（二）要约被依法撤销；

（三）承诺期限届满，受要约人未作出承诺；

（四）受要约人对要约的内容作出实质性变更。

实务要点

1. 第472条规定了要约的概念及条件。要约要取得法律效力，必须具备一定的条件。如不具备这些条件，要约在法律上就不能成立。按照大陆法系的合同法理论对要约的解释，要约成立的要件有四个：一是要约是特定合同当事人的意思表示；二是要约必须向要约人希望与之缔结合同的相对人发出；三是要约必须具有缔约目的并表明经承诺即受此意思表示的拘束；四是要约的内容必须具备足以使合同成立的主要条件。四个要件中最重要的有两个：一是内容具体确定；二是表明经受要约人承诺，要约人即受该意思表示约束。要约须向特定人发出；在多数情况下是这样的，但在某些特殊场合则有例外，如悬赏广告，构成要约的商业广告等，故本条未做规定。

2. 第473条对要约邀请做了规定。要约邀请也称要约引诱，是邀请或者引诱他人向自己发出要约的表示。要约邀请可以是向特定人发出的，也可以是向不特定的人发出的。要约邀请与要约不同，要约是一个一经承诺就成立合同的意思表示，而要约邀请只是邀请他人向自己发出要约，自己承诺了才成立合同。要约邀请处于合同的准备阶段，没有法律约束力。从性质上看，要约邀请可被归于事实行为。《民法典》合同编也修改了《合同法》（已废止）关于要约邀请的定义，不再将其界定为“意思表示”，将“要约邀请是希望他人向自己发出要约的意思表示”中的“意思”删除。另需注意，本条对邀约邀请形式的举例增加了“债券募集说明书”“基金招募说明书”“宣传”，并以发生频次为主要参考，调整了表述顺序。

3. 第 474 条对要约的生效时间做了规定。由于要约本质上是意思表示的一种，且一般情况下属有相对人的意思表示，故第 474 条规定了要约生效时间适用《民法典》第 137 条关于有相对人的意思表示的生效之规定。另外，关于要约的撤回，第 475 条规定了适用《民法典》第 141 条关于意思表示的撤回的规定，即“行为人可以撤回意思表示。撤回意思表示的通知应当在意思表示到达相对人前或者与意思表示同时到达相对人”。

4. 第 477 条规定了要约的撤销。该条对要约的撤销时间基于对话、非对话的不同做了不同规定。以对话方式撤销的，撤销的意思表示应在受要约人承诺之前为受要约人所知道；以非对话方式撤销的，应在受要约人作出承诺前到达受要约人。其中，“受要约人作出承诺之前”既包括受要约人发出承诺通知前，也包括受要约人根据交易习惯或要约要求作出承诺的行为前。此外，并非所有的要约都可撤销，第 476 条就不得撤销的情形做了规定，主要包括两种：一是要约中有不可撤销的表示；二是受要约人有理由认为要约不可撤销并依其信赖行事。受要约人的合理信赖可源于要约人的行为，如受要约人与要约人以前在商业上就有来往。受要约人的信赖也可源于要约本身性质，如对某一项要约的承诺需要受要约人进行了合理但昂贵的调查，或某一要约的发出意在允许受要约人继续向第三方发出要约。受要约人基于对要约不可撤销的合理信赖所做的行为，包括为生产所做的准备、购买或者租用材料或者设备、负担费用等，只要可被视为是合理、正常的，或应是要约人所预见或者知悉的行为即可。

5. 第 478 条对要约的失效做了规定。要约的失效，也称要约的消灭或要约的终止，指的是要约丧失法律效力，要约人与受要约人均不再受其约束。受要约人不再享有通过承诺使合同得以成立的权利，要约人也不再承担接受承诺的义务。本条规定了要约失效的四种情形。其中，“要约被拒绝”的情形下需注意，若受要约人没有作出承诺但提出了一些条件，要约人在规定期限内未作出答复，则可视为拒绝要约。此外，受要约人拒绝了要约但又反悔的，可撤回拒绝的通知，但撤回拒绝的通知应在拒绝的通知到达之前或同时到达要约人。

权威参考案例

1. 周某民诉上海联合产权交易所、华融国际信托有限责任公司股权转让纠纷案(《最高人民法院公报》2011 年第 6 期)

产权交易所发布的产权交易信息是向不特定主体发出的要约邀请。根据产权交易市场的交易管理办法和交易习惯,信息一经发布,公告期内一般不得变更,但在无举牌申请人举牌的情况下,可以按照产权出让人的意愿,根据产权交易所的有关规则进行信息变更。举牌申请人在信息变更之后签收载明新信息的相关法律文件并举牌参加交易,应视为清楚并认可产权交易信息的变更。举牌申请人知晓变更情况并参加交易,在交易结束之后,又请求确认该信息变更无效的,人民法院不予支持。

2. 时间集团公司诉浙江省玉环县国土局土地使用权出让合同纠纷案(《最高人民法院公报》2005 年第 5 期)

根据《合同法》(已废止)第 15 条第 1 款[①]的规定,国有土地使用权出让公告属于要约邀请,竞买人在竞买申请中提出报价,并按要约邀请支付保证金的行为,属于要约,双方当事人尚未形成土地使用权出让合同关系。国有土地使用权出让方因出让公告违反法律的禁止性规定,撤销公告后,造成竞买人在缔约阶段发生信赖利益损失的,应对竞买人的实际损失承担缔约过失责任。

承诺

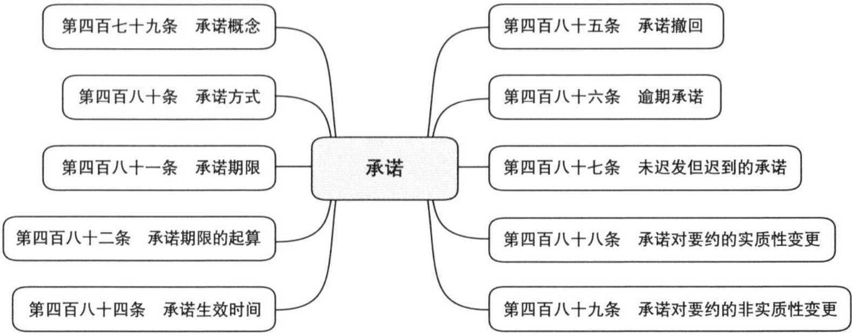

概念

承诺,是指受要约人同意接受要约的全部条件以缔结合同的意思表示。在

① 可参考《民法典》第 473 条第 1 款。

商业交易中，与作为要约的“发盘”“发价”等相对应；承诺也称“接受”。本词条主要涉及承诺的概念、承诺的方式、承诺到达时间、承诺期限的起算、承诺生效时间、承诺的撤回、逾期承诺、未迟发但迟到的承诺、承诺对要约内容的实质性变更与非实质性变更等规定。

法典条款

第四百七十九条【承诺概念】 承诺是受要约人同意要约的意思表示。

第四百八十条【承诺方式】 承诺应当以通知的方式作出；但是，根据交易习惯或者要约表明可以通过行为作出承诺的除外。

第四百八十一条【承诺期限】 承诺应当在要约确定的期限内到达要约人。

要约没有确定承诺期限的，承诺应当依照下列规定到达：

（一）要约以对话方式作出的，应当即时作出承诺；

（二）要约以非对话方式作出的，承诺应当在合理期限内到达。

第四百八十二条【承诺期限的起算】 要约以信件或者电报作出的，承诺期限自信件载明的日期或者电报交发之日开始计算。信件未载明日期的，自投寄该信件的邮戳日期开始计算。要约以电话、传真、电子邮件等快速通讯方式作出的，承诺期限自要约到达受要约人时开始计算。

第四百八十四条【承诺生效时间】 以通知方式作出的承诺，生效的时间适用本法第一百三十七条的规定。

承诺不需要通知的，根据交易习惯或者要约的要求作出承诺的行为时生效。

第四百八十五条【承诺撤回】 承诺可以撤回。承诺的撤回适用本法第一百四十一条的规定。

第四百八十六条【逾期承诺】 受要约人超过承诺期限发出承诺，或者在承诺期限内发出承诺，按照通常情形不能及时到达要约人的，为新要约；但是，要约人及时通知受要约人该承诺有效的除外。

第四百八十七条【未迟发但迟到的承诺】 受要约人在承诺期限内发出承诺，按照通常情形能够及时到达要约人，但是因其他原因致使承诺到达要约人时超过承诺期限的，除要约人及时通知受要约人因承诺超过期限不接受该承诺外，该承诺有效。

第四百八十八条【承诺对要约的实质性变更】 承诺的内容应当与要约的内

容一致。受要约人对要约的内容作出实质性变更的，为新要约。有关合同标的、数量、质量、价款或者报酬、履行期限、履行地点和方式、违约责任和解决争议方法等的变更，是对要约内容的实质性变更。

第四百八十九条【承诺对要约的非实质性变更】 承诺对要约的内容作出非实质性变更的，除要约人及时表示反对或者要约表明承诺不得对要约的内容作出任何变更外，该承诺有效，合同的内容以承诺的内容为准。

实务要点

1. 第 479 条对承诺的概念做了规定。作为使合同得以成立生效的承诺，须具备一定的条件，主要包括：一是承诺必须由受要约人作出；二是承诺须向要约人作出；三是承诺的内容须与要约保持一致，即承诺最核心的要件。判断承诺的内容是否与要约的内容一致并非易事，须对受要约人的承诺进行分析。若仅是表述形式不同而非实质不一致，则不应否定承诺的效力。若承诺提出了新条件，则需分析新条件是否从实质上改变了要约内容。

2. 第 480 条对承诺的方式做了规定。承诺方式，是指受要约人将其承诺的意思表示传达给要约人所采用的方式。需注意，本条也只是对承诺方式的一般性规定，原则上承诺需通过通知方式或通过行为作出，但并没有排除沉默方式作出的承诺。所谓明示，一般以通知的方式，可口头或者书面。若法律或要约中没有规定须以书面形式表示承诺，当事人则可以口头形式作出承诺。

3. 第 481 条对承诺到达的时间要求，即承诺期限做了规定。要约规定了承诺期限的，承诺须在规定的期限内到达要约人。要约没有规定承诺期限的，如果是对话方式的要约，需即时承诺才有效。对话方式的要约包括双方面谈提出的要约和在电话交谈中提出的要约，若当时不立即表示接受，则在谈话结束后，该项口头要约即不复存在。要约没有确定承诺期限且是以非对话的方式作出的，按本条的规定，承诺应在“合理期限内到达”。关于“合理期限”，《德国民法典》的规定为“在通常情况下可预期到达的时间”；《意大利民法典》的规定为“根据事务的性质或管理在通常所需的必要期间”；《联合国国际货物销售合同公约》的规定为“适当考虑交易情况，包括发价人所使用的通讯方法的迅速承担”；以上规定可作为参考。

4. 第 482 条就承诺期限的起算点做了规定。本条参考了《联合国国际货物销售合同公约》与《国际商事合同通则》，规定了两种标准：一是信件或电报。以信件作出的要约，其承诺期限自信件中载明的日期起算；如果信件中没有载明日期，则从信封上的日期起算；电报则从交发时起算。二是电话、传真、电子邮件等快速通讯方式，承诺期限从到达受要约人时起算。

5. 第 484 条第 1 款、第 2 款分别就以通知、非通知方式作出的承诺的生效时间做了规定。承诺也属意思表示的一种，故以通知方式作出的承诺的生效时间，需适用对话方式的意思表示的生效时间，即《民法典》第 137 条第 1 款的规定。另需注意，关于不需要通知的承诺时间，本条第 2 款单独进行了规定，即承诺行为作出时生效。

6. 第 485 条对承诺的撤回做了规定。本条规定承诺的撤回适用《民法典》第 141 条关于意思表示的撤回的规定，即“行为人可以撤回意思表示。撤回意思表示的通知应当在意思表示到达相对人前或者与意思表示同时到达相对人”。

7. 第 486 条对逾期承诺的法律效果做了规定。相较《合同法》(已废止)，本条在视为新要约的情形中增加了“期内承诺但通常情形下不能及时到达”的内容。另需注意，本条的“承诺期限”，既包括要约人在要约中规定的承诺期限，也包括要约人在要约中没规定而需要根据实际情况确定的合理的承诺期限。虽承诺已经迟延到达要约人，但若要约人及时通知受要约人该承诺有效的，基于尊重当事人意愿与促进交易的原则，该承诺仍有效。

8. 第 487 条对“未迟发但迟到”的承诺的法律效果(因传递延误造成的逾期承诺的法律效果)做了规定。需注意，“迟到承诺”不同于“延迟承诺”，延迟承诺是超过期限发出承诺，而迟到承诺发出时并未超期，因而迟到承诺以有效为原则(特殊情形下除外)，而延迟承诺以无效为原则(特殊情形下除外)。依本条之规定，受要约人在承诺期限内发出承诺，按通常情形能够及时到达要约人但因其他原因超时到达的，该承诺有效。为保护要约人利益，本条也做了除外规定，允许要约人及时否定该承诺的效力，即若要约人及时通知受要约人因承诺超过期限不接受该承诺，则该承诺对要约人不产生拘束力。

9. 第 488 条是关于承诺对要约内容作出实质性变更的规定。承诺的内容必须与要约的内容完全一致，不得作任何更改，是英美法系与大陆法系一致的原则，否则视为新要约；但这在解释上也并非绝对。因现实中的承诺往往不是简单回答“是”或“同意”，故本条规定对要约内容“实质性变更”的，才视为新要约。

另需注意，本条对“实质性变更”事项并非完全性列举，后有一个“等”字，表明构成实质性变更的非仅限于前面几项，如涉外合同中对法律的选择适用也属实质性变更如对法律的选择也应是实质性的条款。本条的列举具有提示性质，判断所列实质性条款在实际交易的具体合同中是否构成实质性改变，还需就个案进行具体分析。

10. 第 489 条是关于承诺对要约内容作出非实质性变更的规定。《联合国国际货物销售合同公约》的规定，对发价表示接受但载有添加、限制或其他更改的答复，即为拒绝该项发价，并构成还价。但是，对发价表示接受但载有添加或不同条件的答复，如所载的添加或不同条件在实质上并不变更该项发价的条件，除发价人在不过分迟延的期间内以口头或书面通知反对其间的差异外，仍构成接受。如果发价人不作出这种反对，合同的条件就以该项发价的条件以及接受通知内所载的更改为准。《国际商事合同通则》的规定与该公约规定是一致的。本条规定即参考了上述内容。

合同成立时间

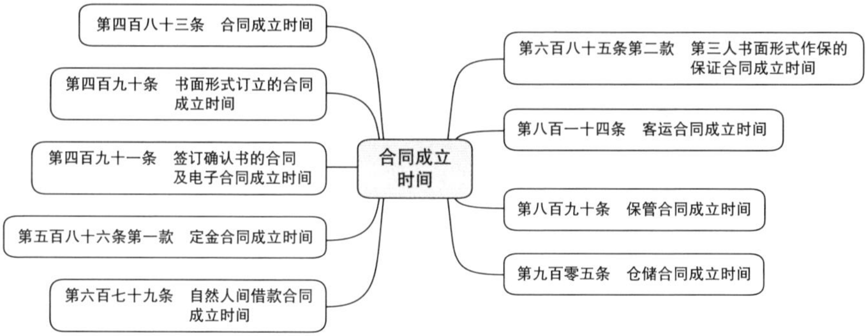

概念

合同成立是合同生效进而确定各方当事人权利义务的必要前提，合同成立时间因而也当然成为合同要素的重要部分。本词条主要涉及合同成立时间的一般规定、以书面形式订立的合同时间、签订确认书的合同及电子合同的成立时间、定金合同成立时间、自然人间的借款合同成立时间、第三人书面形式作保的保证合同成立时间、客运合同成立时间、保管合同成立时间、仓储合同成立时间等规定。

法典条款

第四百八十三条【合同成立时间】 承诺生效时合同成立，但是法律另有规定或者当事人另有约定的除外。

第四百九十条【书面形式订立的合同成立时间】 当事人采用合同书形式订立合同的，自当事人均签名、盖章或者按指印时合同成立。在签名、盖章或者按指印之前，当事人一方已经履行主要义务，对方接受时，该合同成立。

法律、行政法规规定或者当事人约定合同应当采用书面形式订立，当事人未采用书面形式但是一方已经履行主要义务，对方接受时，该合同成立。

第四百九十一条【签订确认书的合同及电子合同成立时间】 当事人采用信件、数据电文等形式订立合同要求签订确认书的，签订确认书时合同成立。

当事人一方通过互联网等信息网络发布的商品或者服务信息符合要约条件的，对方选择该商品或者服务并提交订单成功时合同成立，但是当事人另有约定的除外。

第五百八十六条第一款【定金合同成立时间】 当事人可以约定一方向对方给付定金作为债权的担保。定金合同自实际交付定金时成立。

第六百七十九条【自然人间借款合同成立时间】 自然人之间的借款合同，自贷款人提供借款时成立。

第六百八十五条第二款【第三人书面形式作保的保证合同成立时间】 第三人单方以书面形式向债权人作出保证，债权人接收且未提出异议的，保证合同成立。

第八百一十四条【客运合同成立时间】 客运合同自承运人向旅客出具客票时成立，但是当事人另有约定或者另有交易习惯的除外。

第八百九十条【保管合同成立时间】 保管合同自保管物交付时成立，但是当事人另有约定的除外。

第九百零五条【仓储合同成立时间】 仓储合同自保管人和存货人意思表示一致时成立。

实务要点

1. 承诺为意思表示，故意思表示效力发生之时也就是承诺效力发生之时。

合同因对方要约的承诺而成立，承诺效力发生之时，一般即合同成立之时。但民事活动需充分尊重当事人意愿，据此，合同成立时间也应允许当事人双方另行约定。因此，第 483 条在规定“承诺生效时合同成立”之时，也做了但书规定，即“法律另有规定或者当事人另有约定的除外”。关于法律另有规定的情形，《民法典》的规定主要包括：第 586 条第 1 款规定的定金合同自实际交付定金时成立；第 679 条规定的自然人间借款合同自贷款人提供借款时成立；第 685 条第 2 款规定的第三人单方以书面形式向债权人作出保证的保证合同自债权人接收且未提出异议时成立；第 814 条规定的客运合同自承运人向旅客出具客票时成立（当事人另有约定或另有交易习惯的除外）；第 890 条规定的保管合同自保管物交付时成立（当事人另有约定的除外）；第 905 条规定的仓储合同自保管人和存货人意思表示一致时成立。

2. 第 490 条就采用书面形式订立的合同成立时间做了规定。书面形式是当事人订立合同的主要形式之一，包括合同书、信件、数据电文等。以书面形式订立的合同，其成立时间一般自当事人均签名、盖章或按指印时成立。但若以书面形式订立的合同已经履行，但没有签名、盖章或按指印，此时也不能认为合同没成立，否则就违背了当事人的真实意愿。故本条第 1 款后面做了但书规定，即“在签名、盖章或者按指印之前，当事人一方已经履行主要义务，对方接受时，该合同成立”。另需注意，本条第 2 款对应当采用书面形式而未采用的合同如何成立也做了规定。法律、行政法规规定或者当事人约定采用书面形式订立的合同，在未采用书面形式之前，应推定不成立。但形式不是主要的，重要的在于当事人之间是否真正存在一个合同。若合同已得到履行，即使没有规定或约定书面形式订立，也是成立的。

3. 第 491 条第 1 款对签订确认书的合同的成立时间做了规定。需注意，该款虽没有明确什么时间可提出签订确认书的要求，但不能理解为允许当事人在承诺成效后再提出签订确认书的要求。因为按照本法规定的要约、承诺规则，承诺生效后合同即已成立。合同成立后，一方当事人提出签订确认书的要求的，对合同成立不产生任何影响。本条第 2 款对电子合同的成立时间做了规定，该款相较《合同法》（已废止）属新增内容。根据该款规定，电子合同的成立需具备两个基本要件：一是当事人一方通过互联网等信息网络发布的商品、服务信息符合要约条件；二是向对方选择该商品或服务并提交订单成功。此外，需注意，该款在对电子合同成立时间做一般性规定的同时，也做了但书规定，即“当事人另有约定的除外”。

权威参考案例

1. 鲁某庚诉东港市公安局悬赏广告纠纷案（《最高人民法院公报》2003 年第 1 期）

发布悬赏广告是一种民事法律行为，即广告人以广告的方式发布声明，承诺对任何按照声明的条件完成指定事项的人给予约定的报酬。任何人按照广告公布的条件，完成了广告所指定的行为，合同关系即已成立，对广告人享有报酬请求权。发出悬赏广告的人，则应该按照所发布广告的约定，向完成广告指定行为的人支付承诺的报酬。

2. 河北胜达永强新型建材有限公司与中信银行股份有限公司天津分行、河北宝硕股份有限公司银行承兑汇票协议纠纷案（《最高人民法院公报》2008 年第 1 期）

《合同法》（已废止）第 32 条①规定：“当事人采用合同书形式订立合同的，自双方当事人签字或者盖章时合同成立。”因此，当事人在合同书上的签字、盖章的效力，是表明合同内容为当事人的真实意思表示，当事人据此享有合同权利、履行合同义务。同时，当事人在合同书上的签字、盖章，还具有使合同相对人确信交易对方，从而确定合同当事人的作用。

3. 沈阳化工总公司诉本溪热电厂等建设工程施工合同纠纷案（《最高人民法院公报》2005 年第 3 期）

在诉讼调解中，案外人同意为当事人担保履行调解协议的，人民法院应当准许，并在调解调解协议中进行载明。调解书一经签收，即对各方包括保证人产生法律效力。

合同成立地点

① 可参考《民法典》第 490 条。

概念

合同成立时间之外，合同成立地点也属合同的重要部分。本词条主要涉及合同成立地点的一般规定、采用合同书形式订立的合同地点的规定等内容。

法典条款

第四百九十二条【合同成立地点】 承诺生效的地点为合同成立的地点。

采用数据电文形式订立合同的，收件人的主营业地为合同成立的地点；没有主营业地的，其住所地为合同成立的地点。当事人另有约定的，按照其约定。

第四百九十三条【书面合同成立地点】 当事人采用合同书形式订立合同的，最后签名、盖章或者按指印的地点为合同成立的地点，但是当事人另有约定的除外。

实务要点

1. 第 492 条是关于合同成立地点的一般规定。一般来说，承诺生效合同成立的，承诺生效的地点为合同成立的地点。而法律规定或者当事人约定采用特定形式成立合同的，特定形式完成地点为合同成立的地点。法律、行政法规规定或者当事人约定必须经过公证合同才成立的，公证的地点为合同成立的地点。另外，以数据电文形式订立的合同的成立地点，难以按照承诺生效的地点为合同成立地点的一般规则予以确定。为此，参考《联合国国际贸易法委员会电子商务示范法》的相关内容，本条第 2 款基本延续了《合同法》（已废止）的规定，对以数据电文形式订立的合同的成立地点做了规定，并将《合同法》（已废止）规定的“经常居住地”改为“住所地”，以与《民法典》总则编规定的自然人、法人住所制度相协调。当然，合同成立的地点也允许双方当事人自行约定。

2. 第 493 条对以合同书形式订立的合同的成立地点做了规定。非要式合同，一般以承诺生效地点为合同成立的地点。要式合同，以要式达成的地点为合同成立的地点。当事人在合同成立前约定以合同书形式订立合同的，以最后签名、盖章或按指印的地点为合同成立地点。若当事人以要约与承诺达成合同后又协商签订合同书，除非当事人另有约定，否则合同已于承诺生效时成立，承诺生效的地点为合同订立的地点，而不适用本条规定。

强制缔约义务

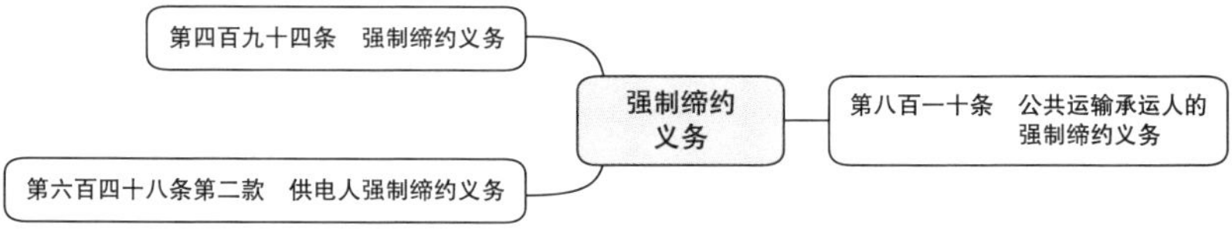

概念

民事主体的强制缔约义务是对民法自愿原则的限制，即特定情形下，民事主体具有与相对人订立相关合同的义务，其不得以自愿原则为由拒绝订立合同。本词条涉及的强制缔约义务的情形主要包括国家订货或指令性任务下的强制缔约义务、供用电合同中的供电人的强制缔约义务、运输合同中承运人的强制缔约义务等。

法典条款

第四百九十四条【强制缔约义务】 国家根据抢险救灾、疫情防控或者其他需要下达国家订货任务、指令性任务的，有关民事主体之间应当依照有关法律、行政法规规定的权利和义务订立合同。

依照法律、行政法规的规定负有发出要约义务的当事人，应当及时发出合理的要约。

依照法律、行政法规的规定负有作出承诺义务的当事人，不得拒绝对方合理的订立合同要求。

第六百四十八条第二款【供电人强制缔约义务】 向社会公众供电的供电人，不得拒绝用电人合理的订立合同要求。

第八百一十条【公共运输承运人的强制缔约义务】 从事公共运输的承运人不得拒绝旅客、托运人通常、合理的运输要求。

实务要点

1. 第494条将强制缔约义务作为一项基本民事制度进行总括性规定，有利于使具体情形下强制缔约义务的设定有民法上的依据，以强化法律制度间的衔接，有利于促使民事主体在特定情形下积极履行缔约义务。第1款就是按照国家订货任务、指令性任务订立合同做了规定。该款相较《合同法》（已废止），结合2020年新冠肺炎疫情防控工作完善国家订货合同制度，增加列举了“抢险救灾”“疫情防控”的事由。第2款是关于强制发出要约义务的规定。对负有发出要约义务的主体而言，根据本款规定，一是发出要约是其义务，不得拒绝；二是发出要约要“及时”；三是要约内容要“合理”。第3款是关于强制作出承诺义务的规定。根据本款，负有作出承诺义务的当事人，对对方提出的合理的订立合同的要求不得拒绝。

2. 第648条第2款规定了供电人的强制缔约义务。供用电合同不仅关涉当事人利益，也关乎社会公共利益。作为供电人的供电企业若拒绝向他人提供供电服务，则很可能影响其最基本的生产与生活，因而需要法律对此类合同作出特别规定。此外，供用水、气、热力合同与供用电合同类似，均属涉及社会公共利益的合同，供水、气、热力公司均负有相应的强制缔约义务。

3. 第810条就公共运输承运人的强制缔约义务做了规定。公共运输，是指面向社会公众的，由取得营运资格的营运人所从事的商业运输的行为，主要包括班轮、班机和班车运输，以及对外公布的固定路线、固定时间、固定价格进行商业性运输的运输行为。从事公共运输的承运人不得拒绝旅客、托运人通常的、合理的运输要求。但在已满载或出现不可抗力导致不能正常运输的情况下，承运人可拒绝旅客的乘坐要求。此外，不得拒绝旅客或者托运人运输要求限定在“通常、合理”的条件下。这里的“通常、合理”，在不同情况下内涵是不同的，如在高铁运输中，一等座与二等座的要求是不一样的；其次，判断“通常合理”，也不是基于单个旅客或托运人的判断，而是基于一般旅客或托运人角度；最后，“通常合理”意味着从事公共运输的承运人不得对旅客或者托运人实行差别待遇，如对同为乘坐普通座的旅客，承运人不能对部分旅客提供免费餐对其他旅客不提供。

权威参考案例

马士基（中国）航运有限公司及其厦门分公司与厦门瀛海实业发展有限公司、中国厦门外轮代理有限公司国际海上货运代理经营权损害赔偿纠纷再审案（《最高人民法院公报》2011年第10期）

公共运输履行着为社会公众提供运输服务的社会职能，具有公益性、垄断性等特征。为维护社会公众利益，《合同法》（已废止）第289条[①]规定：“从

① 可参考《民法典》第810条。

事公共运输的承运人不得拒绝旅客、托运人通常、合理的运输要求。”国际海上集装箱班轮运输是服务于国际贸易的商事经营活动，不属于公用事业，不具有公益性，也不具有垄断性，故不属于公共运输。托运人或者其货运代理人请求从事国际海上集装箱班轮运输的承运人承担强制缔约义务，没有法律依据，应予驳回。

预约合同

概念

预约合同的本质内涵即约定在将来一定期限内订立合同。将来应订立的合同可称为本约或本约合同，约定订立本约的合同称为预约或预约合同。

法典条款

第四百九十五条【预约合同】 当事人约定在将来一定期限内订立合同的认购书、订购书、预订书等，构成预约合同。

当事人一方不履行预约合同约定的订立合同义务的，对方可以请求其承担预约合同的违约责任。

实务要点

第 495 条对预约合同做了规定，该条内容吸收最高人民法院《关于审理买卖合同纠纷案件适用法律问题的解释》(已被修改)第 2 条而来，肯定了预约作为一种合同形式并明确了预约合同可产生违约责任。关于预约合同，需注意以下几点：一是预约合同是独立的合同。预约合同的标的为在将来一定期限内订立本约，当事人就此项标的达成合意，预约合同即成立。二是预约合同与本约合同有区别。是否要另行订立合同，是预约合同与本约合同最显著的区别。此外，本条第 2 款就预约合同的违约责任做了原则性规定，并未明确是否包括“继续履行”这种责任形态。对此，应结合预约合同阶段在整个交易环节中的位置、预约合同的订立及履行在整个交易中达到的程度，进一步确定相应的责任形态。

权威参考案例

1. 成都讯捷通讯连锁有限公司与四川蜀都实业有限责任公司、四川友利投资控股股份有限公司房屋买卖合同纠纷案(《最高人民法院公报》2015年第1期)

判断当事人之间订立的合同系本约还是预约的根本标准应当是当事人的意思表示;也就是当事人是否有意在将来订立一个新的合同,以最终明确在双方之间形成某种法律关系的具体内容。对于当事人之间存在预约还是本约关系,不能仅孤立地以当事人之间签订的协议之约定为依据,而是应当综合审查相关协议的内容以及当事人嗣后为达成交易进行的磋商和有关的履行行为等事实,从中探寻当事人真实意思,并据此对当事人之间法律关系的性质作出准确界定。

2. 张某与徐州市同力创展房地产有限公司商品房预售合同纠纷案(《最高人民法院公报》2012年第11期)

预约合同是一种约定将来订立一定合同的合同。当事人一方违反预约合同约定,不与对方签订本约合同或无法按照预约的内容与对方签订本约合同的,应当向对方承担违约责任。判断商品房买卖中的认购、订购、预订等协议究竟是预约合同还是本约合同,最主要的是看见此类协议是否具备《商品房销售管理办法》第16条规定的商品房买卖合同的主要内容,即只要具备了双方当事人的姓名或名称、商品房的基本情况(包括房号、建筑面积)、总价或单价、付款时间、方式、交付条件及日期,同时出卖人已经按照约定收受购房款,就可以认定此类协议已经具备了商品房买卖合同本约的条件;反之,则应认定为预约合同。如果双方当事人在协议中明确约定在具备商品房预售条件时还需重新签订商品房买卖合同,该协议应认定为预约合同。

3. 仲某清诉上海市金轩大邸房地产项目开发有限公司合同纠纷案(《最高人民法院公报》2008年第4期)

预约合同,一般是指双方当事人为将来订立确定性本合同而达成的合意。预约合同生效后,双方当事人均应当按照约定履行自己的义务。一方当事人未尽义务导致本合同的谈判、磋商不能进行,构成违约的,应当承担相应的违约责任。

悬赏广告

概念

悬赏广告，是指以广告的方式公开表示对于完成一定行为的人给予报酬的意思表示。

法典条款

第四百九十九条【悬赏广告】　悬赏人以公开方式声明对完成特定行为的人支付报酬的，完成该行为的人可以请求其支付。

实务要点

《民法典》第 499 条在吸收司法实践经验的基础上，参考最高人民法院《关于适用〈中华人民共和国合同法〉若干问题的解释（二）》（已废止）相关规定，对悬赏广告做了规定。依据本条，构成悬赏广告需满足以下几个条件：一是以公开的方式作出声明。可以是广播电视、报纸、互联网等媒介，也可以在公开场所发传单、宣传栏张贴等。二是悬赏人在声明中提出明确的要求，即要完成特定行为。三是悬赏人具有支付报酬的意思表示，即对完成特定行为的人给付一定报酬。

权威参考案例

李某与朱某华、李某华悬赏广告酬金纠纷上诉案（《最高人民法院公报》1995 年第 2 期）

悬赏广告，系广告人以广告的方法，对完成指定行为的人给付报酬的行为。悬赏广告行为是要约，完成广告中指定的行为是对要约的承诺。只要行为人依法完成所指定的行为，广告人即负有给付报酬的义务。

批准、备案、许可对合同效力影响

概念

批准、备案、许可等手续，一般而言并非合同主要内容，原则上也不影响合同效力。本词条主要涉及未办理批准等手续对合同效力的影响、登记备案对租赁合同效力的影响、经营使用许可对融资租赁合同效力的影响等规定。

法典条款

第五百零二条第二款、第三款【未办理批准等手续对合同效力影响】 依照法律、行政法规的规定，合同应当办理批准等手续的，依照其规定。未办理批准等手续影响合同生效的，不影响合同中履行报批等义务条款以及相关条款的效力。应当办理申请批准等手续的当事人未履行义务的，对方可以请求其承担违反该义务的责任。

依照法律、行政法规的规定，合同的变更、转让、解除等情形应当办理批准等手续的，适用前款规定。

第七百零六条【登记备案对租赁合同效力影响】 当事人未依照法律、行政法规规定办理租赁合同登记备案手续的，不影响合同的效力。

第七百三十八条【经营使用许可对融资租赁合同效力影响】 依照法律、行政法规的规定，对于租赁物的经营使用应当取得行政许可的，出租人未取得行政许可不影响融资租赁合同的效力。

实务要点

1. 第 502 条第 2 款、第 3 款对未办理批准等手续对合同效力的影响做了规定。法律、行政法规对部分合同规定了批准等手续，但并不是所有的批准等手续都能影响合同的生效。目前来看，规定合同应办理批准等手续的法律、行政法规较多，但明确办理批准等合同才生效的，只有国务院 1998 年颁布、2014 年修订的《探矿权采矿权转让管理办法》。该办法第 10 条规定，审批管理机关批准当事人转让探矿权、采矿权的，转让合同自批准之日起生效。除此之外，其他法律、行政法规并未明确未办理批准等手续影响合同生效。为此，司法实践中，法院应结合具体情况，在设定批准等程序的管理政策与《民法典》合同编保障意思自治、鼓励交易间平衡判断。此外，由于合同生效与物权变动相区分理念的确立，物权登记不再作为合同特殊的生效要件，故本条相较《合同法》（已废止），删去了“登记”，但在“批准”后保留了“等”字，既尊重了实际情况，也为将来发展留下了一定空间。另需注意，本条第2款明确将履行报批等义务条款及相关条款，作为一种特殊的条款独立对待，即使合同整体因未办理批准等手续不生效，也不影响合同中履行报批等义务条款及相关条款的效力。违反报批等义务条款及相关条款的，对方可请求承担违反该义务的责任，具体可参照合同违约责任，包括继续履行、赔偿损失等。但对损害赔偿数额的确定，需将报批义务放到交易整体中考虑，综合考量办理报批手续在整个交易中的重要性、报批后批准的难易度、报批义务履行后整个交易的成熟度与完成度等因素。

2. 第706条是关于租赁合同登记备案对合同效力影响的规定。登记备案本质上是行政机关的事后审查行为，若将其作为合同生效的要件，则会导致实践中大量租赁合同无效，严重影响交易安全与效力。为此，本条否认了登记备案作为租赁合同生效要件的观点，明确未登记备案不影响租赁合同的效力。

3. 第738条就经营使用许可对融资租赁合同效力的影响做了规定。融资租赁中，出租人实质上是为承租人购买租赁物提供资金的，而真正的经营使用者是承租人。对出租人来说，租赁物的经营使用与其没有关系，其只需具备相应的融资租赁资质即可。故本条规定出租人未取得行政许可不影响融资租赁合同效力。

权威参考案例

1. 大宗集团有限公司、宗某晋与淮北圣火矿业有限公司、淮北圣火房地产开发有限责任公司、涡阳圣火房地产开发有限公司股权转让纠纷案（《最高人民法院公报》2016年第6期）

矿业权与股权是两种不同的民事权利，如果仅转让公司股权而不导致矿业权主体的变更，则不属于矿业权转让，转让合同无须地质矿产主管部门审批；在不违反法律、行政法规强制性规定的情况下，应认定合同合法有效。迟延履行生效合同约定义务的当事人以迟延履行期间国家政策变化为由主张情势变更的，不予支持。

2. 王某龙与刘某波采矿权转让合同纠纷案（《最高人民法院公报》2014年第11期）

法律和行政法规规定需要经批准或者登记才能生效的合同，当事人应当办

理相应的报批手续。当事人签订采矿权转让合同后，未依法履行报批手续的，此时合同尚未生效。但按照法律规定，合法成立的合同仍然对双方当事人具有法律拘束力，即当事人应当积极履行各自的义务，促使合同生效，以维护交易各方的合法权益。因此，在这种情况下，如果一方提起诉讼要求解除合同的，法院不应当支持其主张，而是应当判令双方按照各自义务办理相应报批手续，积极促使合同生效，以符合《合同法》(已废止)鼓励交易、创造财富的原则。

3. 陈某斗与宽甸满族自治县虎山镇老边墙村民委员会采矿权转让合同纠纷案(《最高人民法院公报》2012 年第 3 期)

租赁采矿权属于一种特殊的矿业权转让方式，采矿权转让合同属于批准后才生效的合同。根据国务院《探矿权采矿权转让管理办法》第 10 条第 3 款的规定，出租采矿权须经有权批准的机关审批，批准转让的，转让合同自批准之日起生效。诉讼中，采矿权租赁合同未经批准，人民法院应认定该合同未生效。采矿权合同虽未生效，但合同约定的报批条款依然有效。如果一方当事人据此请求对方继续履行报批义务，人民法院经审查认为客观条件允许的，对其请求应予支持；继续报批缺乏客观条件的，依法驳回其请求。

4. 香港锦程投资有限公司诉山西省心血管疾病医院、第三人山西寰能科贸有限公司中外合资经营企业合同纠纷案(《最高人民法院公报》2010 年第 12 期)

《中外合资经营企业法实施条例》第 14 条规定："合营企业协议、合同和章程经审批机构批准后生效，其修改时同。"当事人在履行合营企业协议或合同的过程中达成的补充协议，虽然属于对原合同的修改，但其效力应当结合案情全面加以分析。如果补充协议内容不涉及必须报经审批机关审批的事项，对于已获批准的合营企业协议不构成实质性变更，一方当事人仅以补充协议未经审批机关审批为由主张协议内容无效的，人民法院不予支持。

5. 广州市仙源房地产股份有限公司与广东中大中鑫投资策划有限公司、广州远兴房产有限公司、中国投资集团国际理财有限公司股权转让纠纷案(《最高人民法院公报》2010 年第 8 期)

合作者一方转让其在中外合作企业合同中的权利、义务，转让合同成立后未报审批机关批准的，合同效力应确定为未生效，而非无效。即使转让合同未经批准，仍应认定"报批"义务在合同成立时即已产生，否则当事人可通过肆意不办理或不协助办理"报批"手续而恶意阻止合同生效，有悖诚实信用原则。最高人民法院《关于适用〈中华人民共和国合同法〉若干问题的解释（二）》（已废止）第8条规定，有义务办理申请批准手续的一方当事人未按照法律规定或者合同约定办理申请批准手续的，人民法院可以判决相对人自行办理有关手续，对方当事人对由此产生的费用和给相对人造成的实际损失，应当承担损害赔偿责任。据此，人民法院也可以根据当事人的请求判决义务人履行报请审批机关批准的义务。

6. 陆丰市陆丰典当行与陈某平、陈某铭、陆丰市康乐奶品有限公司清算小组、张某心土地抵债合同纠纷再审案（《最高人民法院公报》2008年第4期）

典当行持有中国人民银行颁发的金融机构法人许可证，其经营范围包括为非国有中、小企业和个人办理质押贷款业务，属于经批准合法成立的金融机构。行为人以取得土地的合法手续作为抵押向典当行借款的，不违反有关法律的禁止性规定。即使该土地抵押未向有关部门办理抵押登记，也仅仅不发生对抗第三人的法律效力，并不因此影响行为人与典当行之间典当协议的合法有效。

7. 中国信达资产管理公司兰州办事处与甘肃亚盛盐化工业（集团）有限责任公司借款合同纠纷案（《最高人民法院公报》2007年第10期）

双方当事人签订合同，约定以一方当事人的上级主管部门批准作为合同生效条件的，该方当事人即负有及时报请其上级主管部门审批、促使合同生效的义务。如果该方当事人怠于履行上述约定义务，在合同已经双方当事人签字盖章成立，合同内容不违反法律禁止性规定、不损害他人利益且已部分履行的情况下，应当认定合同已经生效。

8. 资中县鸿基矿业公司、何某华与吕某鸿劳务承包合同纠纷案（2016年7月12日《最高人民法院发布十起审理矿业权民事纠纷案件典型案例》案例5）

劳务承包在矿山企业的生产经营中大量存在，恰当认定承包合同的性质和效力有利于稳定交易秩序和维护交易安全。采矿权人将采矿任务发包给承包人完成，向承包人给付一定的劳务报酬，享有承包人的劳务成果的，其性质应认定为劳务承包合同。矿产资源勘查、开采的劳务承包不发生采矿权人主体的变更，不属于以承包形式转让采矿权，不受合同须经国土资源主管部门批准始生效的法律规制，在不违反法律、行政法规强制性规定的情况下，合同应确认合法有效。

超经营范围订立的合同效力

概念

超经营范围订立的合同，是指民事主体在市场主体从事经营活动的业务范围之外，与他人订立的合同。

法典条款

第五百零五条【超经营范围订立的合同效力】 当事人超越经营范围订立的合同的效力，应当依照本法第一编第六章第三节和本编的有关规定确定，不得仅以超越经营范围确认合同无效。

实务要点

理论界与实务界对超越经营范围订立的合同的效力已趋向于取得一致认识，即合同效力一般不因超越经营范围而受到影响。《民法典》总则编第六章第三节与合同编对合同的效力问题做了系统、全面的规定。对超经营范围订立的合同效力的判断，应依照这些规定，而不能仅以超越经营范围为由否认合同效力。

争议解决条款与清理结算条款效力的独立性

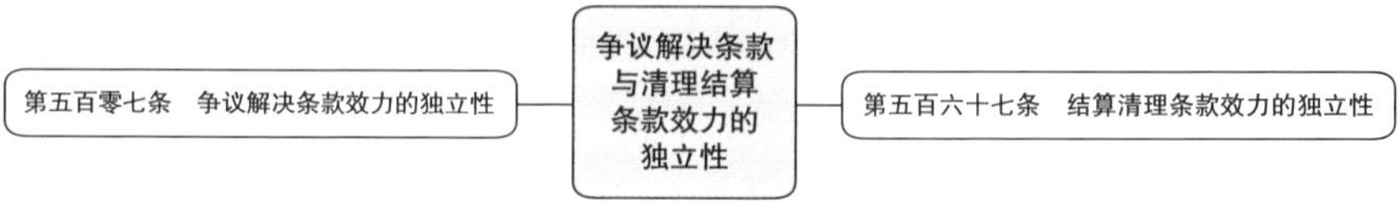

概念

争议解决条款效力的独立性，是指合同不生效、无效、被撤销或终止的，合同中有关解决争议方法条款的效力不受影响；清理结算条款效力的独立性，是指合同的权利义务关系终止的，合同中结算与清理条款的效力不受影响。

法典条款

第五百零七条【争议解决条款效力的独立性】 合同不生效、无效、被撤销或者终止的，不影响合同中有关解决争议方法的条款的效力。

第五百六十七条【结算清理条款效力的独立性】 合同的权利义务关系终止，不影响合同中结算和清理条款的效力。

实务要点

1. 第 507 条是关于争议解决方法条款效力独立性的规定。合同不生效、无效、被撤销或终止的，虽无法产生当事人所预期的法律效果，但并非不产生任何法律后果。合同无效或被撤销后，当事人负返还财产、赔偿损失等民事责任。合同终止的情况下，当事人间也有民事责任的存在。关于如何认定这些民事责任，解决双方间的争议，原合同中往往存在解决争议的条款；这些条款的效力应独立于合同效力。本条所谓的“合同不生效”，较《合同法》（已废止）属新增内容，典型情形包括两种：一是应办理批准但未办理批准，且未报批影响合同整体效力的；二是附生效条件的合同，所附条件无法具备的。此外，本条所说的“有关解决争议方法的条款”主要包括仲裁条款、选择受诉法院条款、选择检验或鉴定机构条款、法律适用条款等。

2. 第 567 条规定了合同中的结算清理条款不受合同终止的影响。结算是经济活动中的货币给付行为，主要方式包括银行汇票结算、商业汇票结算、银行本票结算、支票结算、汇兑、委托收款等。清理指对债权债务进行清点、估价和处理。若合同约定了清理主体如某会计师事务所、财产评估机构，或者约定了清理范围如固定资产、流动资金、库存产成品，或者清理方法如按照政府定价还是市场价，则应按合同约定进行。

权威参考案例

招商银行股份有限公司无锡分行与中国光大银行股份有限公司长春分行委托合同纠纷管辖权异议案（《最高人民法院公报》2016 年第 7 期）

合同效力是对已经成立的合同是否具有合法性的评价，依法成立的合同，自始对当事人具有法律约束力。《合同法》（已废止）第 57 条[①]关于“合同无效、被撤销或者终止的，不影响合同中独立存在的有关解决争议方法的条款的效力”的规定适用于已经成立的合同，“有关解决争议方法的条款”应当符合法定的成立条件。

① 可参考《民法典》第 507 条。

合同中的无约定或约定不明

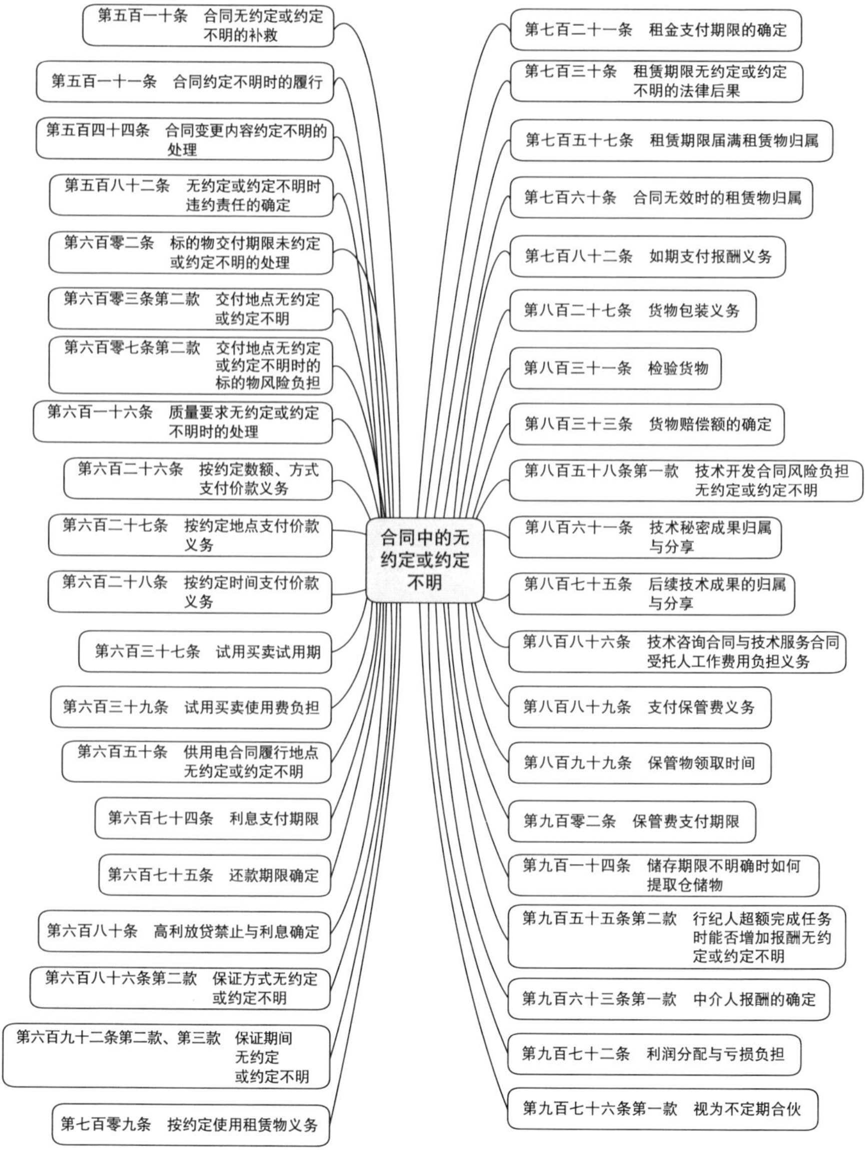

概念

意思自治是合同的核心要义，当事人对合同事项的约定鲜明地体现了意思自治。但现实中，也经常出现当事人就某些事项在合同中未进行约定或约定不明的情况，为此，笔者集中梳理了《民法典》合同编涉“无约定或约定不明”的条款。本词条所涉条文，除第 510 条、第 511 条、第 650 条外，其他规定同时也被其他词条收录。为避免重复同时便于读者查找，本词条仅就第 510 条、第 511 条、第 650 条进行解读，对其他条文，将会注明收录的词条名称，相应解读及相关权威案例也在对应词条中进行，不再在此处进行解读，也不再附相应案例，特此说明。

法典条款

第五百一十条【合同无约定或约定不明的补救】 合同生效后，当事人就质量、价款或者报酬、履行地点等内容没有约定或者约定不明确的，可以协议补充；不能达成补充协议的，按照合同相关条款或者交易习惯确定。

第五百一十一条【合同约定不明时的履行】 当事人就有关合同内容约定不明确，依据前条规定仍不能确定的，适用下列规定：

（一）质量要求不明确的，按照强制性国家标准履行；没有强制性国家标准的，按照推荐性国家标准履行；没有推荐性国家标准的，按照行业标准履行；没有国家标准、行业标准的，按照通常标准或者符合合同目的的特定标准履行。

（二）价款或者报酬不明确的，按照订立合同时履行地的市场价格履行；依法应当执行政府定价或者政府指导价的，依照规定履行。

（三）履行地点不明确，给付货币的，在接受货币一方所在地履行；交付不动产的，在不动产所在地履行；其他标的，在履行义务一方所在地履行。

（四）履行期限不明确的，债务人可以随时履行，债权人也可以随时请求履行，但是应当给对方必要的准备时间。

（五）履行方式不明确的，按照有利于实现合同目的的方式履行。

（六）履行费用的负担不明确的，由履行义务一方负担；因债权人原因增加的履行费用，由债权人负担。

第五百四十四条【合同变更内容约定不明的处理】 当事人对合同变更的内容约定不明确的，推定为未变更。

第五百八十二条【无约定或约定不明时违约责任的确定】 履行不符合约定的，应当按照当事人的约定承担违约责任。对违约责任没有约定或者约定不明确，依据本法第五百一十条的规定仍不能确定的，受损害方根据标的的性质以及损失的大小，可以合理选择请求对方承担修理、重作、更换、退货、减少价款或者报酬等违约责任。

第六百零二条【标的物交付期限未约定或约定不明的处理】 当事人没有约定标的物的交付期限或者约定不明确的，适用本法第五百一十条、第五百一十一条第四项的规定。

第六百零三条第二款【交付地点无约定或约定不明】 当事人没有约定交付地点或者约定不明确，依据本法第五百一十条的规定仍不能确定的，适用下列规定：

（一）标的物需要运输的，出卖人应当将标的物交付给第一承运人以运交给买受人；

（二）标的物不需要运输，出卖人和买受人订立合同时知道标的物在某一地点的，出卖人应当在该地点交付标的物；不知道标的物在某一地点的，应当在出卖人订立合同时的营业地交付标的物。

第六百零七条第二款【交付地点无约定或约定不明时的标的物风险负担】 当事人没有约定交付地点或者约定不明确，依据本法第六百零三条第二款第一项的规定标的物需要运输的，出卖人将标的物交付给第一承运人后，标的物毁损、灭失的风险由买受人承担。

第六百一十六条【质量要求无约定或约定不明时的处理】 当事人对标的物的质量要求没有约定或者约定不明确，依据本法第五百一十条的规定仍不能确定的，适用本法第五百一十一条第一项的规定。

第六百二十六条【按约定数额、方式支付价款义务】 买受人应当按照约定的数额和支付方式支付价款。对价款的数额和支付方式没有约定或者约定不明确的，适用本法第五百一十条、第五百一十一条第二项和第五项的规定。

第六百二十七条【按约定地点支付价款义务】 买受人应当按照约定的地点支付价款。对支付地点没有约定或者约定不明确，依据本法第五百一十条的规定仍不能确定的，买受人应当在出卖人的营业地支付；但是，约定支付价款以交付标的物或者交付提取标的物单证为条件的，在交付标的物或者交付提取标的物单证的所在地支付。

第六百二十八条【按约定时间支付价款义务】 买受人应当按照约定的时间支付价款。对支付时间没有约定或者约定不明确，依据本法第五百一十条的规定仍不能确定的，买受人应当在收到标的物或者提取标的物单证的同时支付。

第六百三十七条【试用买卖试用期】 试用买卖的当事人可以约定标的物的试用期限。对试用期限没有约定或者约定不明确，依据本法第五百一十条的规定仍不能确定的，由出卖人确定。

第六百三十九条【试用买卖使用费负担】 试用买卖的当事人对标的物使用费没有约定或者约定不明确的，出卖人无权请求买受人支付。

第六百五十条【供用电合同履行地点无约定或约定不明】 供用电合同的履行地点，按照当事人约定；当事人没有约定或者约定不明确的，供电设施的产权分界处为履行地点。

第六百七十四条【利息支付期限】 借款人应当按照约定的期限支付利息。对支付利息的期限没有约定或者约定不明确，依据本法第五百一十条的规定仍不能确定，借款期间不满一年的，应当在返还借款时一并支付；借款期间一年以上的，应当在每届满一年时支付，剩余期间不满一年的，应当在返还借款时一并支付。

第六百七十五条【还款期限确定】 借款人应当按照约定的期限返还借款。对借款期限没有约定或者约定不明确，依据本法第五百一十条的规定仍不能确定的，借款人可以随时返还；贷款人可以催告借款人在合理期限内返还。

第六百八十条【高利放贷禁止与利息确定】 禁止高利放贷，借款的利率不得违反国家有关规定。

借款合同对支付利息没有约定的，视为没有利息。

借款合同对支付利息约定不明确，当事人不能达成补充协议的，按照当地或者当事人的交易方式、交易习惯、市场利率等因素确定利息；自然人之间借款的，视为没有利息。

第六百八十六条第二款【保证方式无约定或约定不明】 当事人在保证合同中对保证方式没有约定或者约定不明确的，按照一般保证承担保证责任。

第六百九十二条第二款、第三款【保证期间无约定或约定不明】 债权人与保证人可以约定保证期间，但是约定的保证期间早于主债务履行期限或者与主债务履行期限同时届满的，视为没有约定；没有约定或者约定不明确的，保证期间为主债务履行期限届满之日起六个月。

债权人与债务人对主债务履行期限没有约定或者约定不明确的，保证期间自债权人请求债务人履行债务的宽限期届满之日起计算。

第七百零九条【按约定使用租赁物义务】 承租人应当按照约定的方法使用租赁物。对租赁物的使用方法没有约定或者约定不明确，依据本法第五百一十条的规定仍不能确定的，应当根据租赁物的性质使用。

第七百二十一条【租金支付期限的确定】 承租人应当按照约定的期限支付租金。对支付租金的期限没有约定或者约定不明确，依据本法第五百一十条的规定仍不能确定，租赁期限不满一年的，应当在租赁期限届满时支付；租赁期限一年以上的，应当在每届满一年时支付，剩余期限不满一年的，应当在租赁期限届满时支付。

第七百三十条【租赁期限无约定或约定不明的法律后果】 当事人对租赁期限没有约定或者约定不明确，依据本法第五百一十条的规定仍不能确定的，视为不定期租赁；当事人可以随时解除合同，但是应当在合理期限之前通知对方。

第七百五十七条【租赁期限届满租赁物归属】 出租人和承租人可以约定租赁期限届满租赁物的归属；对租赁物的归属没有约定或者约定不明确，依据本法第五百一十条的规定仍不能确定的，租赁物的所有权归出租人。

第七百六十条【合同无效时的租赁物归属】 融资租赁合同无效，当事人就该情形下租赁物的归属有约定的，按照其约定；没有约定或者约定不明确的，租赁物应当返还出租人。但是，因承租人原因致使合同无效，出租人不请求返还或者返还后会显著降低租赁物效用的，租赁物的所有权归承租人，由承租人给予出租人合理补偿。

第七百八十二条【如期支付报酬义务】 定作人应当按照约定的期限支付报酬。对支付报酬的期限没有约定或者约定不明确，依据本法第五百一十条的规定仍不能确定的，定作人应当在承揽人交付工作成果时支付；工作成果部分交付的，定作人应当相应支付。

第八百二十七条【货物包装义务】 托运人应当按照约定的方式包装货物。对包装方式没有约定或者约定不明确的，适用本法第六百一十九条的规定。

托运人违反前款规定的，承运人可以拒绝运输。

第八百三十一条【检验货物】 收货人提货时应当按照约定的期限检验货物。对检验货物的期限没有约定或者约定不明确，依据本法第五百一十条的规定仍不能确定的，应当在合理期限内检验货物。收货人在约定的期限或者合理期限内对货物的数量、毁损等未提出异议的，视为承运人已经按照运输单证的记载交付的初步证据。

第八百三十三条【货物赔偿额的确定】 货物的毁损、灭失的赔偿额，当事人有约定的，按照其约定；没有约定或者约定不明确，依据本法第五百一十条的规定仍不能确定的，按照交付或者应当交付时货物到达地的市场价格计算。法律、行政法规对赔偿额的计算方法和赔偿限额另有规定的，依照其规定。

第八百五十八条第一款【技术开发合同风险负担无约定或约定不明】 技术开发合同履行过程中，因出现无法克服的技术困难，致使研究开发失败或者部分失败的，该风险由当事人约定；没有约定或者约定不明确，依据本法第五百一十条的规定仍不能确定的，风险由当事人合理分担。

第八百六十一条【技术秘密成果归属与分享】 委托开发或者合作开发完成的技术秘密成果的使用权、转让权以及收益的分配办法，由当事人约定；没有约定或者约定不明确，依据本法第五百一十条的规定仍不能确定的，在没有相同技术方案被授予专利权前，当事人均有使用和转让的权利。但是，委托开发的研究开发人不得在向委托人交付研究开发成果之前，将研究开发成果转让给第三人。

第八百七十五条【后续技术成果的归属与分享】 当事人可以按照互利的原则，在合同中约定实施专利、使用技术秘密后续改进的技术成果的分享办法；没有约定或者约定不明确，依据本法第五百一十条的规定仍不能确定的，一方后续改进的技术成果，其他各方无权分享。

第八百八十六条【技术咨询合同与技术服务合同受托人工作费用负担义务】 技术咨询合同和技术服务合同对受托人正常开展工作所需费用的负担没有约定或者约定不明确的，由受托人负担。

第八百八十九条【支付保管费义务】 寄存人应当按照约定向保管人支付保管费。

当事人对保管费没有约定或者约定不明确，依据本法第五百一十条的规定仍不能确定的，视为无偿保管。

第八百九十九条【保管物领取时间】　寄存人可以随时领取保管物。

当事人对保管期限没有约定或者约定不明确的，保管人可以随时请求寄存人领取保管物；约定保管期限的，保管人无特别事由，不得请求寄存人提前领取保管物。

第九百零二条【保管费支付期限】　有偿的保管合同，寄存人应当按照约定的期限向保管人支付保管费。

当事人对支付期限没有约定或者约定不明确，依据本法第五百一十条的规定仍不能确定的，应当在领取保管物的同时支付。

第九百一十四条【储存期限不明确时如何提取仓储物】　当事人对储存期限没有约定或者约定不明确的，存货人或者仓单持有人可以随时提取仓储物，保管人也可以随时请求存货人或者仓单持有人提取仓储物，但是应当给予必要的准备时间。

第九百五十五条第二款【行纪人超额完成任务时能否增加报酬无约定或约定不明】　行纪人高于委托人指定的价格卖出或者低于委托人指定的价格买入的，可以按照约定增加报酬；没有约定或者约定不明确，依据本法第五百一十条的规定仍不能确定的，该利益属于委托人。

第九百六十三条第一款【中介人报酬的确定】　中介人促成合同成立的，委托人应当按照约定支付报酬。对中介人的报酬没有约定或者约定不明确，依据本法第五百一十条的规定仍不能确定的，根据中介人的劳务合理确定。因中介人提供订立合同的媒介服务而促成合同成立的，由该合同的当事人平均负担中介人的报酬。

第九百七十二条【利润分配与亏损负担】　合伙的利润分配和亏损分担，按照合伙合同的约定办理；合伙合同没有约定或者约定不明确的，由合伙人协商决定；协商不成的，由合伙人按照实缴出资比例分配、分担；无法确定出资比例的，由合伙人平均分配、分担。

第九百七十六条第一款【视为不定期合伙】　合伙人对合伙期限没有约定或者约定不明确，依据本法第五百一十条的规定仍不能确定的，视为不定期合伙。

实务要点

1. 第 510 条是关于合同无约定或约定不明时如何补救的规定。合同的标的、数量是合同的必备条款，需由当事人明确约定。当事人没有约定，或者约定不明确的，合同内容无法确定，合同不成立。为此，本条规定了相应的补救措施。根据本条，当事人就对质量、价款、履行地点、履行方式、履行期限、履行费用未作出约定，或者约定不明确的，可以采取以下补救措施：(1) 协议补充确定。即当事人可以另行订立补充协议，就合同标的物的质量、价款或者报酬、履行地点等补充作出明确约定。(2) 不能达成补充协议的，可以通过合同的有关条款或者交易习惯确定。值得特别注意的是，从条文本身的内容以及民法典合同编的体例安排和立法技术上看，本条及《民法典》第 511 条，是合同编中十分重要的条文，对于合同内容的确定和合同的履行具有重要的意义。合同编其他规定尤其各典型合同具体规则中，经常要引用这两条以确定合同约定不明时的解决规则。

2. 第 511 条是关于合同约定不明时的履行之规定。合同内容应当明确，否则不利于当事人履行合同义务。对合同中质量、价款或者报酬、履行地点、履行期限、履行方式、履行费用没有约定或者约定不明确，按照前条即第 510 条也无法确定的，适用本条的相关规则。相较《合同法》(已废止) 第 62 条，本条进一步予以完善，主要体现在质量要求和履行费用两方面。质量要求方面，对国家标准进行了区分，分为强制性国家标准和推荐性国家标准；在履行费用方面，增加了“因债权人原因增加的履行费用，由债权人负担”的内容。强制性国家标准，是指对保障人身健康和生命财产安全、国家安全、生态环境安全以及满足经济社会管理基本需要的技术要求，由国务院批准发布或者授权批准发布。推荐性国家标准，是指在生产、交换、使用等领域，通过经济手段或市场调节，而自愿采用的国家标准，是可以满足基础通用、与强制性国家标准配套、对各有关行业起引领作用等需要的技术要求。行业标准，是指对没有国家标准而又需要在全国某个行业范围内统一技术要求所制定的标准。行业性标准原来也区分为强制性和推荐性；随着我国标准化改革工作的进一步深化，国家对强制性标准进行整合精简，所以强制性行业标准转化为推荐性行业标准。通常标准，是指一般标准或平常标准，可以理解为不低于合同履行地的平均水平，也就是在没有国家标准或者行业标准的情况下，当事人提供的产品或者服务的质量是合理的而且最低质量要求要达到平均水平。该规定与国际通行的做法一致。本条规定质量标准，有一个递进关系，依次是强制性国家标准、推荐性国家标准、行业标准、通常标准或者符合合同目的的特定标准。排列在前的标准优先适用。强制性国家标准是兜底的，不能突破的；不符合强制性标准的产品、服务，不得生产、销售、进口或者提供。所以强制性标准必须执行。当然，国家鼓励采用推荐性标准。关于履行费用，本条增加了“因债权人原因增加的履行费用，由债权人负担”之规定。这是符合公平原则的。该种情形包括但并不限于以下几种情况：一是债权人转让债权使债务人增加履行费用；二是债权人变更营业场所，增加了债务人的履行费用；三是在原合同约定的清偿地不能作出履行，双方当事人通过约定变更履行地点或由债权人指定新的履行地点。增加的债务履行费用应由债权人承担。

3. 第 650 条是关于供用电合同履行地点，即供用电合同履行地点无约定或约定不明时如何确定的规定。供用电合同的履行地点，是指供电人将电力的所有权转移于用电人的转移点。根据合同自由的原则，供用电双方可以在供用电合同中约定该履行地点，供用电合同约定了履行地点的，供电人应当按照该约定履行供电义务。若对履行地点没有约定或约定不明确，供电设施的产权分界处为履行地点。由于电力系统具有网络性，供电人与用电人由网络相联结，电力的生产、供应与使用同时完成，且具有连续性，这就使供用电合同的履行地点具有一定的特殊性，很难适用《民法典》第 511 条的规定。需注意，供电设施的产权分界处是划分供电设施所有权归属的分界点，分界点电源侧的供电设施归供电人所有，分界点负荷侧的供电设施归用电人所有。在用电人为单位时，供电设施的产权分界处通常为该单位变电设备的第一个磁瓶或开关；在用电人为散用户时，供电设施的产权分界处通常为进户墙的第一个接收点。上述供电设施的产权分界处为供用电合同的履行地点。

4. 以下是关于本词条其他各条文的收录指引：第 544 条“合同变更内容约定不明的处理”收录于“合同变更”词条；第 582 条“无约定或约定不明时违约责任的确定”收录于“不同违约责任承担方式”词条；第 602 条“标的物交付期限未约定或约定不明的处理”收录于“出卖人义务词条”；第 603 条第 2 款“交付地点无约定或约定不明”收录于“出卖人义务”词条；第 607 条第 2 款“交付地

点无约定或约定不明时的标的物风险负担”收录于“风险负担”词条；第 616 条“质量要求无约定或约定不明时的处理”收录于“出卖人义务”词条；第 626 条“按约定数额、方式支付价款义务”收录于“买受人义务”词条；第 627 条“按约定地点支付价款义务”收录于“买受人义务”词条；第 628 条“按约定时间支付价款义务”收录于“买受人义务”词条；第 637 条“试用买卖试用期”收录于“特殊买卖”词条；第 639 条“试用买卖使用费负担”收录于“特殊买卖”词条；第 674 条“利息支付期限”收录于“借款合同涉利息规定”词条；第 675 条“还款期限确定”收录于“借款合同涉期限规定”词条；第 680 条“高利放贷禁止与利息确定”收录于“借款合同涉利息规定”词条；第 686 条第 2 款“保证方式无约定或约定不明”收录于“保证方式”词条；第 692 条第 2 款、第 3 款“保证期间无约定或约定不明”收录于“保证期间”词条；第 709 条“按约定使用租赁物义务”收录于“承租人义务与责任”词条；第 721 条“租金支付期限的确立”收录于“承租人义务与责任”词条；第 730 条“租赁期限无约定或约定不明的法律后果”收录于“租赁期限”词条；第 757 条“租赁期限届满租赁物归属”收录于“融资租赁中租赁物归属”词条；第 760 条“合同无效时的租赁物归属”收录于“融资租赁中租赁物归属”词条；第 782 条“如期支付报酬义务”收录于“定作人义务与责任”词条；第 787 条“运输合同中包装方式无约定或约定不明”收录于“托运人义务”词条；第 831 条“检验货物”收录于“提货与验货”词条；第 833 条“货物赔偿额的确定”收录于“旅客伤亡与物品、货物毁损灭失”词条；第 858 条第 1 款“技术开发合同风险负担无约定或约定不明”收录于“技术合同中当事人义务”词条；第 861 条“技术秘密成果归属与分享”收录于“技术成果权益归属”词条；第 875 条“后续技术成果的归属与分享”收录于“技术成果权益归属”词条；第 886 条“技术咨询合同与技术服务合同受托人工作费用负担义务”收录于“技术合同中当事人义务”词条；第 889 条“支付保管费义务”收录于“寄存人义务”词条；第 899 条“保管物领取时间”收录于“保管物领取”词条；第 902 条“保管费支付期限”收录于“寄存人义务”词条；第 914 条“储存期限不明确时如何提取仓储物”收录于“仓储物提取”词条；第 955 条第 2 款“行纪人超额完成任务时能否增加报酬无约定或约定不明”收录于“行纪人义务”词条；第 963 条第 1 款“中介人报酬的确定”收录于“中级人报酬请求权”词条；第 972 条“利润分配与亏损负担”收录于“合伙合同其他内容”词条；第976条第1款“视为不定期合伙”收录于“合伙合同其他内容”词条。

权威参考案例

中国恒基伟业集团有限公司、北京北大青鸟有限责任公司与广晟投资发展有限公司、香港青鸟科技发展有限公司借款担保合同纠纷案（《最高人民法院公报》2008年第1期）

当事人对确定仲裁条款效力的准据法是可以在合同中约定的，但这种约定必须是明确约定，合同中约定的适用于解决合同争议的准据法，不能用来判定涉外仲裁条款的效力。因合同纠纷提起的诉讼，由被告住所地或者合同履行地人民法院管辖；履行地点不明确，给付货币的，在接受货币一方所在地履行。

电子合同标的交付

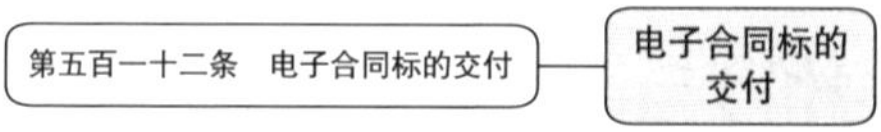

概念

本词条所谓的“电子合同标的交付”，主要涉及的是通过互联网等信息网络方式订立的合同，以及其标的交付（交付商品或提供服务）的时间、方式的问题。

法典条款

第五百一十二条【电子合同标的交付】　通过互联网等信息网络订立的电子合同的标的为交付商品并采用快递物流方式交付的，收货人的签收时间为交付时间。电子合同的标的为提供服务的，生成的电子凭证或者实物凭证中载明的时间为提供服务时间；前述凭证没有载明时间或者载明时间与实际提供服务时间不一致的，以实际提供服务的时间为准。

电子合同的标的物为采用在线传输方式交付的，合同标的物进入对方当事人指定的特定系统且能够检索识别的时间为交付时间。

电子合同当事人对交付商品或者提供服务的方式、时间另有约定的，按照其约定。

实务要点

第 512 条对电子合同交付商品或提供服务的方式、时间做了规定，主要涉及的是交付时间问题。电子合同标的为交付商品的，有门店自取、快递物流方式。门店自取的，属面对面交付，一般不会产生关于交付时间的纠纷。快递物流的，若电子合同商品销售方自备物流服务，以收货人签收时间为交付时间；若第三方快递物流负责运输，在吸收《电子商务法》的基础上，本条明确收货人签收时间为交付时间。电子合同标的为提供服务的，原则上以生成的电子凭证或实物凭证中载明的时间为提供服务时间；没有载明时间或载明时间与实际提供服务时间不一致的，以实际提供服务时间为准。另外，电子合同采用在线运输方式交付标的物的，在总则编第 137 条“进入对方当事人指定的特定系统”基础上，本条还要求“能够检索识别”，使交付时间的判断标准更明确、具体。当然，基于对意思自治的尊重，当事人对交付商品或提供服务的方式、时间另有约定的，依照其约定。

政府定价（指导价）与币种确定

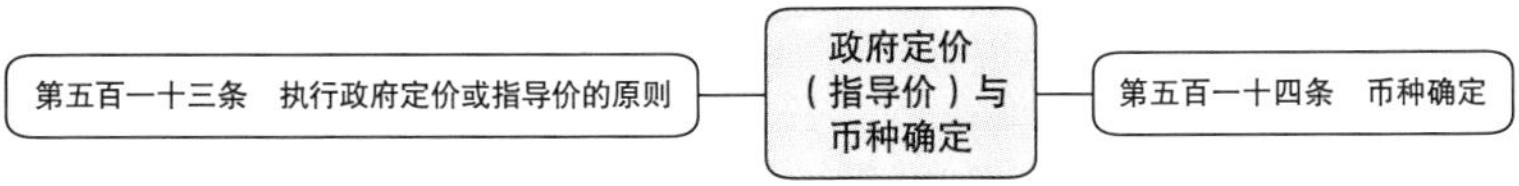

概念

政府定价，是指由政府主管价格部门或其他有关部门按定价权限和范围确定的价格。政府指导价，是指由政府价格主管部门或其他有关部门按定价权限和范围规定基准价及浮动幅度，进而指导经营者进行定价的价格。币种确定，即履行金钱债务时以何种货币为标准。

法典条款

第五百一十三条【执行政府定价或指导价的原则】 执行政府定价或者政府指导价的，在合同约定的交付期限内政府价格调整时，按照交付时的价格计价。逾期交付标的物的，遇价格上涨时，按照原价格执行；价格下降时，按照新价格执行。逾期提取标的物或者逾期付款的，遇价格上涨时，按照新价格执行；价格下降时，按照原价格执行。

第五百一十四条【币种确定】 以支付金钱为内容的债，除法律另有规定或者当事人另有约定外，债权人可以请求债务人以实际履行地的法定货币履行。

实务要点

1. 第 513 条规定了执行政府定价、政府指导价的原则。价格是决定价金的重要因素，我国宏观调控下主要由市场形成价格。价格分为市场调节价、政府指导价、政府定价。市场调节价，是指由经营者自主制定，通过市场竞争形成的价格。买卖标的的价格通常按照市场调节价格由买卖当事人商定。国家对买卖标的规定有政府指导价的，出卖人和买受人应当在指导价的幅度内商定买卖标的价格。国家对买卖标的规定了政府定价，但出卖人违反价格管理规定的，买受人可以请求其退还多收的价金。合同执行政府定价、政府指导价的，若合同约定的履行期间政府定价、政府指导价调整，则按标的物交付时的价格计价。出卖人逾期交付，遇价格上涨的，按原价格执行；遇价格下降的，按新价格执行。买受人逾期受领或者逾期付款，遇价格上涨的，按新价格执行；遇价格下降的，按原价格执行。

2. 第 514 条是关于币种确定的规定，确定了以实际履行地的法定货币履行金钱债务。法定货币是依靠国家规定成为一定地域内合法流通的货币。我国的法定货币是人民币。基于法定货币的特殊地位，为保证交易效率，本条规定了对以支付金钱为内容的债务，除法律另有规定或当事人另有约定外，债权人可请求债务人以实际履行地的法定货币履行债务。

选择之债

第五百一十五条　选择之债中选择权归属与移转 — 选择之债 — 第五百一十六条　选择权的行使

概念

选择之债，是指标的有多项而债务人只需履行其中一项即属完成履行义务的债。本词条主要涉及选择之债中选择权的归属与移转、选择权的行使。

法典条款

第五百一十五条【选择之债中选择权归属与移转】 标的有多项而债务人只

需履行其中一项的，债务人享有选择权；但是，法律另有规定、当事人另有约定或者另有交易习惯的除外。

享有选择权的当事人在约定期限内或者履行期限届满未作选择，经催告后在合理期限内仍未选择的，选择权转移至对方。

第五百一十六条【选择权的行使】 当事人行使选择权应当及时通知对方，通知到达对方时，标的确定。标的确定后不得变更，但是经对方同意的除外。

可选择的标的发生不能履行情形的，享有选择权的当事人不得选择不能履行的标的，但是该不能履行的情形是由对方造成的除外。

实务要点

1. 第515条就选择之债中选择权归属与移转做了规定。第1款确立了选择之债中选择权归属的一般原则，即选择权归属与债务人。选择权赋予债务人，有利于债务人根据自身情况作出最适宜履行的选择，尽可能确保交易实现。但本条也规定了除外规定，即法律另有规定、当事人另有约定或另有交易习惯的除外。第2款确立了选择权转移的规则，以确保享有选择权的当事人不行使或怠于行使选择权的情况下，债务履行能步入正常轨道，促进交易完成。需注意，按照第2款的规定，先行催告是选择权转移的必要前提。即无论当事人对选择权行使期限是否做了约定，向对方均需先行催告。只有当有选择权的当事人在催告后的合理期限内仍未选择的，选择权才转移至对方。另需说明，基于《民法典》不设债法总则编，而由合同编通则发挥债法总则的作用。作为合同编通则的部分，选择之债的规定不仅适用于合同之债，也可作为债法的一般性规则适用于侵权、无因管理、不当得利等非合同之债。

2. 第516条就选择之债中选择权的行使做了规定。本条中的选择权属形成权，一经当事人行使，将直接导致民事权利义务关系的变动，债的标的得以确定，债务人应按照确定后的标的履行义务，债权人有权按照确定后的标的请求债务人履行义务。本条第1款对选择权的行使方式与法律效果做了规定，即选择权行使应采用通知的方式。通知到达对方时，标的确定，无须向对方同意。标的一经确定，对双方当事人均产生拘束力，非经相对方同意，享有选择权的当事人不得再自行变更标的。当可选择的标的中发生不能履行情形的，本条第2款明确了享有选择权的当事人不得选择不能履行的标的，只能从剩余标的中选择。但同时也做了例外规定，即“该不能履行的情形是由对方造成的除外”。如某合同有多项可选择的标的，若约定债权人享有选择权。其中，若某些标的不能履行是由债务人造成的，则债权人可选择该不能履行的标的，进而主张解除合同或要求债务人承担违约责任。

涉他合同

概念

涉他合同，也称涉第三人合同，包括利益第三人合同、由第三人履行的合同。就第三人代为履行的情形而言，其合同成立初期虽不一定涉及第三人，但在履行中涉及了第三人；为便于梳理，将“第三人代为履行”的情况也一并放入该词条。

法典条款

第五百二十二条【利益第三人合同】　当事人约定由债务人向第三人履行债务，债务人未向第三人履行债务或者履行债务不符合约定的，应当向债权人承担违约责任。

法律规定或者当事人约定第三人可以直接请求债务人向其履行债务，第三人未在合理期限内明确拒绝，债务人未向第三人履行债务或者履行债务不符合约定的，第三人可以请求债务人承担违约责任；债务人对债权人的抗辩，可以向第三人主张。

第五百二十三条【由第三人履行的合同】　当事人约定由第三人向债权人履行债务，第三人不履行债务或者履行债务不符合约定的，债务人应当向债权人承担违约责任。

第五百二十四条【第三人代为履行】　债务人不履行债务，第三人对履行该债务具有合法利益的，第三人有权向债权人代为履行；但是，根据债务性质、按照当事人约定或者依照法律规定只能由债务人履行的除外。

债权人接受第三人履行后，其对债务人的债权转让给第三人，但是债务人和第三人另有约定的除外。

实务要点

1. 第 522 条是关于利益第三人合同的规定。利益第三人合同，又称向第三人履行的合同或利他合同，是指双方当事人约定，由债务人向第三人履行债务，第三人直接取得请求权的合同。例如，投保人与保险人订立保险合同，可以约定保险人向作为第三人的被保险人、受益人履行，被保险人、受益人享有保险金请求权。本条第 1 款可称为不真正的利益第三人合同，第 2 款可称为真正的利益第三人合同。第 1 款规定的不真正利益第三人合同中，债务人向第三人履行债务是基于债权人与债务人之间的约定，该约定不对第三人产生法律约束力。请求债务人履行的权利并非由第三人享有，而是由债权人享有。履行不符合约定，债务人应向债权人而非债务人承担违约责任。第 2 款规定的是真正利益第三人合同，第三人享有对债务人的履行请求权及违约责任请求权。该请求权的取得需有法律规定或当事人约定，且第三人在合理期限内可以拒绝。另需注意，该款另明确了债务人对债权人的抗辩，可向该第三人主张。

2. 第 523 条是对由第三人履行的合同的规定。由第三人履行的合同，又称第三人负担的合同，是指双方当事人约定债务由第三人履行的合同。第三人履行的合同中，债务人应征得第三人同意。债务人事先未征得第三人同意而签订合同，事后征得第三人同意的，第三人也应向债权人履行。需注意，由第三人履行的合同并非从合同，第三人也不是债务人。第三人只负担向债权人的履行责任，不承担合同责任。第三人同意履行后又反悔，或债务人事后征询第三人意见，第三人不同意向债权人履行的，或第三人向债权人瑕疵履行的，违约责任均由债务人承担。第三人不履行的，债务人可代第三人履行；债务人不代第三人履行的，应赔偿损失。第三人瑕疵履行的责任也由债务人承担。

3. 第 524 条是关于具有合法利益的第三人代为履行的规定。第 523 条系基于当事人的约定产生的由第三人履行的合同，而本条则是第三人基于自己利益的代债务人进行的履行，本质上更像赋予第三人的一种权利。债具有相对性，但本条为保护对债务履行具有合法利益的第三人，打破了债的相对性，赋予第三人代为履行的权利。该第三人的代为履行，无须考虑是否违反债务人的意思，债权人也不得拒绝。关于何为“对债务履行具有合法利益的第三人”，本条未具体明确，需根据实践需要和发展进行判断并归纳总结。另需注意，具有合法利益的第三人并非在所有情况下都享有代为履行的权利；根据债务性质、当事人约定或法律规定只能由债务人履行的，第三人即使有合法利益，也不能代为履行。此外，本条第 2 款就代为履行的法律效果做了规定，将其作为一种法定在债权移转。即代为履行后，债权人对债务人的债权转让给第三人，但债务人与第三人另有规定的除外。

权威参考案例

焦某军与江苏省中山国际旅行社有限公司、第三人中国康辉南京国际旅行社有限责任公司旅游侵权纠纷案（《最高人民法院公报》2012 年第 11 期）

旅游者与旅行社签订旅游合同后，双方形成旅游服务合同关系，旅行社所提供的服务应当符合保障旅游者人身、财产安全的要求。同时，旅行社委托的旅游辅助人所提供的食宿、交通运输等服务系旅行社履行旅游服务合同义务的延续，应认定为是代表旅行社的行为，旅游辅助人的侵权行为可直接认定为旅行社的侵权行为。旅游者在旅游过程中乘坐旅行社提供的车辆发生交通事故导致人身损害、财产损失的，构成违约责任和侵权责任的竞合，旅游者有权选择合同之诉或侵权之诉要求旅行社承担相应民事赔偿责任。旅行社擅自将其旅游业务转让给其他旅行社的，与其签订旅游合同的旅行社和实际提供旅游服务的旅行社应承担连带责任。

债务履行抗辩权

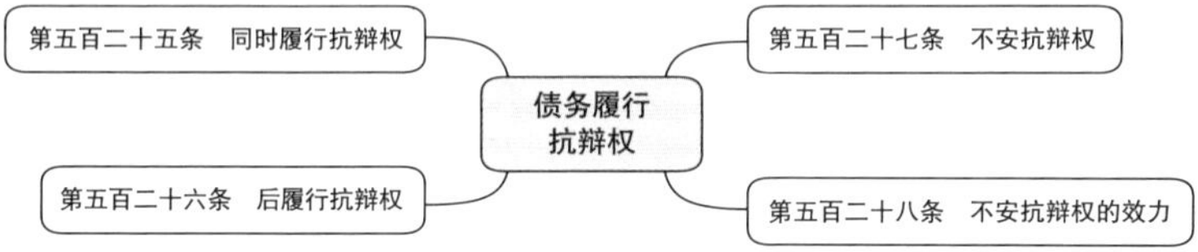

概念

债务履行抗辩权，主要包括同时履行抗辩权、后履行抗辩权以及不安抗辩权。同时履行抗辩权，是指在没有先后履行顺序的双务合同中，一方当事人在对方当事人未履行或履行不符合约定的情况下，享有拒绝对待给付的权利。后履行抗辩权，是指在双务合同中应当先履行的一方当事人未履行或履行债务不符合约定的，后履行的一方当事人享有拒绝对方履行请求或拒绝对方相应履行请求的权利。不安抗辩权，是指双务合同成立后，应当先履行的当事人有确切证据证明对方不能履行义务，或不履行合同义务的可能性较大时，在对方恢复履行能力或提供担保前，有权中止履行合同义务。

法典条款

第五百二十五条【同时履行抗辩权】 当事人互负债务，没有先后履行顺序的，应当同时履行。一方在对方履行之前有权拒绝其履行请求。一方在对方履行债务不符合约定时，有权拒绝其相应的履行请求。

第五百二十六条【后履行抗辩权】 当事人互负债务，有先后履行顺序，应当先履行债务一方未履行的，后履行一方有权拒绝其履行请求。先履行一方履行债务不符合约定的，后履行一方有权拒绝其相应的履行请求。

第五百二十七条【不安抗辩权】 应当先履行债务的当事人，有确切证据证明对方有下列情形之一的，可以中止履行：

（一）经营状况严重恶化；

（二）转移财产、抽逃资金，以逃避债务；

（三）丧失商业信誉；

（四）有丧失或者可能丧失履行债务能力的其他情形。

当事人没有确切证据中止履行的，应当承担违约责任。

第五百二十八条【不安抗辩权的效力】 当事人依据前条规定中止履行的，应当及时通知对方。对方提供适当担保的，应当恢复履行。中止履行后，对方在合理期限内未恢复履行能力且未提供适当担保的，视为以自己的行为表明不履行主要债务，中止履行的一方可以解除合同并可以请求对方承担违约责任。

实务要点

1. 第525条就同时履行抗辩权做了规定。同时履行抗辩权的发生，需具备以下条件：一是基于同一双务合同互负债务，在履行上有关联性；二是当事人债务没有先后履行顺序；三是双方所负债务须均已届履行期；四是对方当事人未履行自己所负的债务或履行债务不符合约定，仍提出履行请求。另需注意，同时履行抗辩权属延期的抗辩权，只是暂时阻止对方当事人请求权的行使，非永久的抗辩权。对方当事人完全履行了合同义务，同时履行抗辩权消灭，当事人应当履行自己的义务。当事人行使同时履行抗辩权致使合同迟延履行的，该当事人不承担违约责任。

2. 第 526 条就后履行抗辩权（先履行抗辩权）做了规定。后履行抗辩权的成立，需具备以下条件：一是基于同一双务合同互负债务，履行上存在关联性。二是当事人的债务有履行上的先后顺序。这种顺序可依法律规定或按当事人约定，也可基于交易习惯确定。三是应当先履行的当事人不履行债务或履行债务不符合约定。四是后履行一方当事人的债务已届履行期。另需注意，后履行抗辩权与同时履行抗辩权一样，也属延期的抗辩权，只是暂时阻止对方当事人请求权的行使，非永久的抗辩权。对方当事人完全履行了合同义务的，后履行抗辩权消灭，当事人应当履行自己的义务。后履行一方当事人行使后履行抗辩权，不影响追究应当先履行一方当事人的违约责任。

3. 第 527 条就不安抗辩权做了规定。不安抗辩权的成立，需具备以下条件：一是当事人需基于同一双务合同互负债务；二是当事人互负的债务有先后履行顺序；三是后履行的当事人发生了丧失或可能丧失债务履行能力的情形，本条第 1 款对此类情形进行了列举。另需注意，按照本条第 2 款的规定，应当先履行债务的当事人行使不安抗辩权需有确切证据证明后履行的当事人发生了丧失或可能丧失债务履行能力的情形。若应先履行债务的当事人在没有确切的证据证明的情况下中止履行，属违约行为，应承担违约责任。

4. 第 528 条对不安抗辩权的效力做了规定。由于不安抗辩权的行使对对方当事人影响重大，基于诚信原则，需让对方及时知晓以便作出相应安排，故本条规定了当事人行使不安抗辩权的通知义务。此外，不安抗辩权属延期抗辩权，中止履行只是一个暂时状态，应给予对方当事人一个“补救”的机会，即对方当事人在合理期限内提供适当担保的，应恢复履行。若对方当事人在合理期限内未提供适当担保且没有恢复履行能力，应视为一种默示预期违约行为，行使不安抗辩权的一方不但可解除合同，还可请求对方承担赔偿损失等违约责任。

权威参考案例

1. 东方电气集团东方汽轮机有限公司与大庆高新技术产业开发区大丰建筑安装有限公司、大庆大丰能源技术服务有限公司买卖合同纠纷案（《最高人民法院公报》2020 年第 11 期）

货物交付使用后，买受人已使用且未在约定的质保期内提出质量异议，后又以质量存在问题为由主张行使先履行抗辩权而拒绝付款的，不予支持。出卖人违反交付技术材料的从给付义务，买受人可主张相应的违约责任；但违反从给付义务不影响货物正常使用和合同目的实现的，买受人不得以此为由拒绝履行给付货款的主给付义务。

2. 大庆凯明风电塔筒制造有限公司与华锐风电科技（集团）股份有限公司买卖合同纠纷案（《最高人民法院公报》2015 年第 11 期）

合同必须严格遵守。如果合同义务有先后履行顺序，先履行一方怠于履行给后履行一方履行合同造成困难的，后履行一方因此取得先履行抗辩权，并有权要求对方履行全部合同。

3. 新疆伊犁众建房地产开发有限责任公司诉伊犁哈萨克自治州公路旅客运输服务中心合作开发房地产合同纠纷抗诉案（《最高人民检察院公报》2013 年第 4 号）

在履行协议的过程中，被告不但未履行和行使销售房屋回收投资款的义务和权利，而且合同中确认的已销售和预售的铺面也未能完全实现。另外，被告在超出其应享有的债权数倍的情况下长期占有原告的资产，使合同中约定的相关产权移交的目的不能及时实现。其行为损害了原告的合法权益，构成违约，因而原告可以要求解除协议。

4. 周某诉重庆某房地产开发有限公司房屋买卖合同纠纷案（2015 年 12 月 4 日《最高人民法院发布 19 起合同纠纷典型案例》案例 10）

抗辩权的行使是对抗违约行为的一种救济手段。在双务合同中，首先应根据双方签订的合同约定来确定双方的权利义务。本案中，某公司未按合同约定的时间向周某交付房屋是事实，但合同中明确约定周某应付清全部房款等费用后，方可进行房屋交接，即周某应该先履行付款的义务，某公司才履行交房的义务。同时，周某在庭审中称其到某公司履行义务，其售房部已关门，但并无证据提交，且如其不能直接履行义务，也可采取其他方式履行付款的义务，如提存等方式。另外，周某在二审中提出其行使了不安抗辩权，但根据上述法律规定，周某发现某公司当时具有不能按期交房的可能性，未及时与对方沟通核实，在未通知对方的情况下就自行中止了合同的履行，不符合不安抗辩权的行使条件和履行规范，其不安抗辩权不能成立。故某公司不应向周某支付违约金。

5. 俞某新与福建华辰房地产有限公司、魏某瑞商品房买卖(预约)合同纠纷案(《最高人民法院公报》2011 年第 8 期)

行使不安抗辩权应具备两个条件:一是先履行债务的一方有确切证据证明对方不能履行债务,或者有不能履行债务的可能,且未提供适当担保;二是及时通知对方当事人。符合这两个条件时,行使不安抗辩权才有效,先履行债务的一方有权中止履行。根据合同相对性原则,涉案合同一方当事人以案外人违约为由,主张在涉案合同履行中行使不安抗辩权的,人民法院不予支持。

6. 沛时投资公司诉天津市金属工具公司中外合资合同纠纷上诉案(《最高人民法院公报》2003 年第 4 期)

合资合同一方已将作为出资的设备和房产交合资公司实际使用,只有少部分房产未办理过户手续,其履行了主要义务而不是不履行主要义务,因此,不符合《合同法》(已废止)第 94 条[①] 关于预期违约的规定。另一方当事人在依约投入前期投资后,不再按约投入后期资金,不属行使不安抗辩权,其主张可以免责的理由不能成立。

合同履行的其他问题

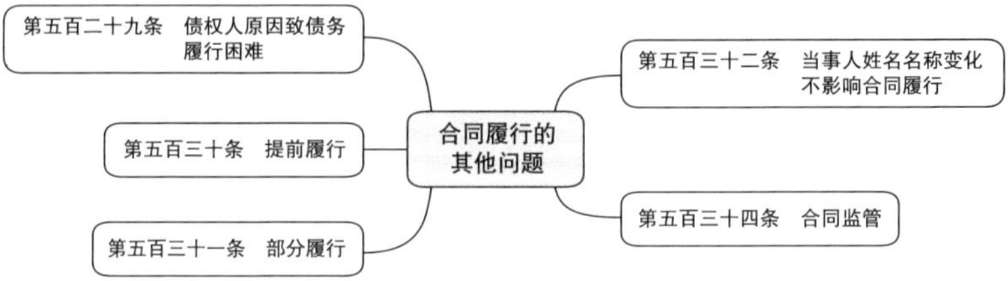

概念

合同履行中涉及的一些其他问题主要包括因债权人合并、分立等原因致债务履行困难时如何处理的问题,债务人提前履行或部分履行时如何处理的问题,当事人姓名或名称出现变化是否影响合同履行的问题,当事人利用合同实施损害国家利益、社会公共利益行为的监管等问题。

法典条款

第五百二十九条【债权人原因致债务履行困难】 债权人分立、合并或者变

① 可参考《民法典》第 563 条。

更住所没有通知债务人，致使履行债务发生困难的，债务人可以中止履行或者将标的物提存。

第五百三十条【提前履行】 债权人可以拒绝债务人提前履行债务，但是提前履行不损害债权人利益的除外。

债务人提前履行债务给债权人增加的费用，由债务人负担。

第五百三十一条【部分履行】 债权人可以拒绝债务人部分履行债务，但是部分履行不损害债权人利益的除外。

债务人部分履行债务给债权人增加的费用，由债务人负担。

第五百三十二条【当事人姓名名称变化不影响合同履行】 合同生效后，当事人不得因姓名、名称的变更或者法定代表人、负责人、承办人的变动而不履行合同义务。

第五百三十四条【合同监管】 对当事人利用合同实施危害国家利益、社会公共利益行为的，市场监督管理和其他有关行政主管部门依照法律、行政法规的规定负责监督处理。

实务要点

1. 第529条规定了债权人分立、合并或变更住所没有通知债务人致债务履行困难时的中止履行。法人分立包括法人分立和分解。法人分立指法人分出一部分财产设立新法人，原法人不因分出财产而终止。法人分解是一个法人分成几个法人，原法人解体。法人合并包括法人合并和归并，法人合并是指几个法人合为一个法人，原法人均不存在。法人归并，是指一个法人将其财产移交给另一个法人，被并入的法人终止。债权人分立、合并或者变更住所没有通知债务人，以致债务人履行债务困难的，债务人可以中止履行。债务履行是给付有体物的，债务人也可以将标的物提存。

2. 第530条规定了债权人对债务人提前履行债务的处理。债务人应按照合同约定的期间履行债务，提前履行属违反合同约定的行为，可能会损害债权人利益。债务人提前履行债务损害债权人利益的，债权人可以拒绝债务人的履行。债务人提前履行债务不损害债权人利益的，债权人应当接受债务人的履行。债务人提前履行债务给债权人增加负担的，费用由债务人承担。

3. 第531条规定了债权人对债务人部分履行债务的处理。债务人应当按照合同约定履行债务，仅部分履行原则上属违约行为，债权人当然可拒绝并请求债务人承担违约责任。债务人部分履行债务损害债权人利益的，债权人可以拒绝受领，当然也可以接受债务人部分履行的请求并保留主张违约责任的权利。债务人部分履行债务不损害债权利益的，债权人应当受领。债务人部分履行给债权人增加负担的，费用由债务人承担。

4. 第 532 条规定了当事人不得因姓名、名称、法定代表人的变更或者承办人的变动而不履行合同。合同生效后，当事人应当按照诚信原则全面履行合同义务，不能因自己的姓名或者名称、法定代表人等的变更而不履行合同义务，也不得因承办人等的变动不履行合同义务。另需说明，本条规定事项的变化不同于当事人的合并和分立等。合并、分立，主体地位发生变化，权利义务也将发生相应的变更或承继，这对于合同义务的履行会有一定影响。当事人姓名、名称等的变化则不会带来上述影响。

5. 第 534 条对利用合同实施危害国家利益、社会公共利益行为的监督处理做了规定。依本条规定，市场监督管理部门和其他有关行政主管部门对合同的监督处理，应符合下列条件：一是监督处理的对象限于当事人利用合同实施危害国家利益、社会公共利益的违法行为，不得干涉当事人依法享有的合同权利；二是应依照法律、行政法规的规定进行监督处理，不得超越法定权限，不得违反法定程序。

代位权

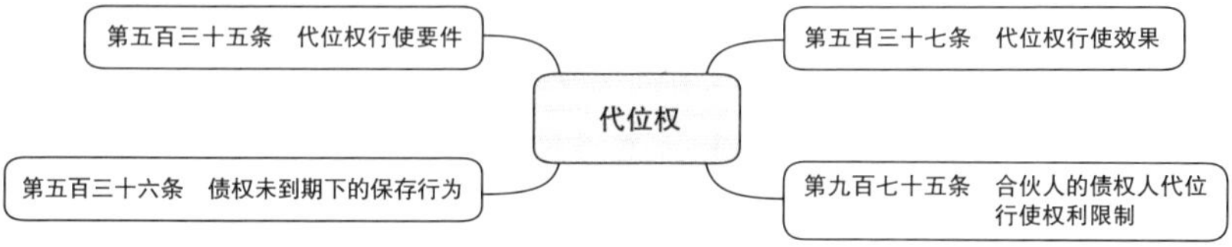

概念

代位权，是指债务人怠于行使权利，债权人为保全债权，以自己的名义向第三人行使债务人现有债权的权利。代位权虽有间接诉权、代位诉权之称，但其仍属债权人的实体权利。

法典条款

第五百三十五条【代位权行使要件】 因债务人怠于行使其债权或者与该债权有关的从权利，影响债权人的到期债权实现的，债权人可以向人民法院请求以自己的名义代位行使债务人对相对人的权利，但是该权利专属于债务人自身的除外。

代位权的行使范围以债权人的到期债权为限。债权人行使代位权的必要费用，由债务人负担。

相对人对债务人的抗辩，可以向债权人主张。

第五百三十六条【债权未到期下的保存行为】 债权人的债权到期前，债务人的债权或者与该债权有关的从权利存在诉讼时效期间即将届满或者未及时申报破产债权等情形，影响债权人的债权实现的，债权人可以代位向债务人的相对人请求其向债务人履行、向破产管理人申报或者作出其他必要的行为。

第五百三十七条【代位权行使效果】 人民法院认定代位权成立的，由债务人的相对人向债权人履行义务，债权人接受履行后，债权人与债务人、债务人与相对人之间相应的权利义务终止。债务人对相对人的债权或者与该债权有关的从权利被采取保全、执行措施，或者债务人破产的，依照相关法律的规定处理。

第九百七十五条【合伙人的债权人代位行使权利限制】 合伙人的债权人不得代位行使合伙人依照本章规定和合伙合同享有的权利，但是合伙人享有的利益分配请求权除外。

实务要点

1. 第 535 条对债权人代位权的行使要件做了规定。本条相较《合同法》(已废止)，主要有两点变化：一是修改了代位权客体。《合同法》(已废止)将代位权的客体限定为“债务人的到期债权”；本条将代位权客体确定为“债权或者与该债权有关的从权利”，此处“从权利”主要是指担保权利(担保物权和保证)。二是将代位权行使要件“对债权人造成损害的”修改为“影响债权人的到期债权实现的”。除了将“造成损害”修改为“影响债权实现”使表述更为准确外，更实质的修改是明确了应当影响“到期债权”实现。债权人行使代位权，对第三人、债务人和债权人本人都会产生法律效力。(1)对第三人的效力。第三人对债务人的抗辩，如不安抗辩、同时履行抗辩、后履行抗辩、时效届满的抗辩、虚假表示可撤销的抗辩等，同样可以对抗债权人。对债务人的效力。债权人行使代位权且通知债务人后，债务人的权利并未丧失，其仍可行使自己的权利，唯债务人处分权的行使应受限制，即在不损害债权人利益的情况下可以行使其权利。(2)对债权人的效力。债权人行使代位权，为的是增加债务人的责任财产，充实债务人一般担保的实力，第三人偿还的财产为全体债权人的共同担保物，故行使代位权的债权人不能因此获得优先受偿债权。此外，债权人行使债务人的债权，基于法定的代位关系，故对于行使代位权的费用，债权人可请求债务人偿还。

2. 第 536 条对债权人债权未到期情形下的保存行为做了规定，相较《合同法》(已废止)属新增内容。债权人债权到期的，债务人怠于行使其权利，影响债权人债权实现的，债权人可直接向法院提起代位权诉讼。但在债权人的债权未到期的情况下，债务人怠于行使权利的行为有时也会影响债权人债权的实现。为此，即使债权人的债权未到期，也应允许债权人代位行使债务人权利，作出中断诉讼时效、申报债权等必要的行为，理论上称为“保存行为”。就保存行为，本条列举了两种典型类型：一是债权人可代位债务人作出中断诉讼时效的行为；二是债权人可代位向破产管理人申报破产债权。当然，保存行为并不限于上述两类。

3. 第 537 条就代位权的行使效果做了规定。依照本条规定，债权人提起代位权诉讼，法院认定代位权成立的，由债务人的相对人向债权人履行义务，债权人接受履行后，债权人与债务人、债务人与相对人之间相应的权利义务终止。需注意，本条规定的是“相应的”权利义务，即只就相对人向债权人履行债务的这一数额部分终止。另需注意，代位权行使效果中，规定债务人的相对人直接向债权人履行债务，只是产生了行使代位权的债权人先于其他债权人受清偿的实际效果，目的并不是要赋予行使代位权的债权人一种类似担保物权、建设工程价款优先受偿权这样的优先权。有一种对债务人破产的误解，认为提起代位权诉讼的债权人的债权可排除适用《企业破产法》的有关规定。为避免上述误解，本条明确规定，债务人对相对人的债权或者与该债权有关的从权利被采取保全、执行措施，或者债务人破产的，依照相关法律的规定处理。

4. 第 975 条就合伙人的债权人代位行使权利的限制做了规定。合伙人在合伙中不仅享有财产性质的利益分配请求权，还有在合伙中的表决权等身份权及合伙事务执行权、监督权等权利。合伙人的债务人只能通过与合伙人签订合同或通过诉讼的方式，获得合伙人在合伙中利益分配的请求权或分割其在合伙财产中的份额以实现债权，而对合伙人除利益分配请求权外的其他具有人身属性的权利，如重大失误表决权、合伙事务执行权、监督权等均没有请求权。且合伙还具有一定组织性，合伙财产属合伙人共同共有。为此，合伙人的债权人原则上不得代位行使合伙人在合伙中的权利。但除债权人代位行使合伙人的利益分配请求权外，利益分配请求权并不影响合伙的人合性与组织性，也不减少合伙财产，对合伙经营并无害处。此外需说明的是，合伙人的债权人不得以其对某个合伙人的债权抵消其对合伙的债务。

权威参考案例

1. 成都市国土资源局武侯分局与招商（蛇口）成都房地产开发有限责任公司、成都港招实业开发有限责任公司、海南民丰科技实业开发总公司债权人代位权纠纷案（《最高人民法院公报》2012 年第 6 期）

根据《合同法》（已废止）第 73 条[①]的规定，因债务人怠于行使其到期债权，对债权人造成损害的，债权人可以向人民法院请求以自己的名义代位行使债务人的债权，但该债权专属于债务人自身的除外。债务人与次债务人约定以代物清偿方式清偿债务的，因代物清偿协议系实践性合同，故若次债务人未实际履行代物清偿协议，则次债务人与债务人之间的原金钱债务并未消灭，债权人仍有权代位行使债务人的债权。另外，企业改制只是转换企业的组织形式和变更企业的经济性质，原企业的债权债务并不因改制而消灭。根据最高人民法院《关于审理与企业改制相关的民事纠纷案件若干问题的规定》第 5 条的规定，企业通过增资扩股或者转让部分产权，实现他人对企业的参股，将企业整体改造为有限责任公司或者股份有限公司的，原企业债务由改造后的新设公司承担。故债权人代位行使对次债务人的债权，次债务人改制的，由改制后的企业向债权人履行清偿义务。

2. 中国银行股份有限公司汕头分行与广东发展银行股份有限公司韶关分行、珠海经济特区安然实业（集团）公司代位权纠纷再审案（《最高人民法院公报》2011 年第 11 期）

最高人民法院《关于适用〈中华人民共和国合同法〉若干问题的解释（一）》

① 可参考《民法典》第 535 条。

（已废止）第 11 条规定："债权人依照合同法第七十三条的规定提起代位权诉讼，应当符合下列条件：（一）债权人对债务人的债权合法；（二）债务人怠于行使其到期债权，对债权人造成损害；（三）债务人的债权已到期；（四）债务人的债权不是专属债务人自身的债权。"据此，债权人提起代位权诉讼，应以主债权和次债权的成立为条件。债权成立不仅指债权的内容不违反法律、法规的规定，而且要求债权的数额应当确定。债权数额的确定既可以表现为债务人、次债务人对债权的认可，也可以经人民法院判决或者仲裁机构裁决加以确认。另外，根据最高人民法院《关于审理民事案件适用诉讼时效制度若干问题的规定》（2008 年）第 18 条[①]的规定，债权人提起代位权诉讼的，应当认定对债权人的债权和债务人的债权均发生诉讼时效中断的效力。

3. 中国农业银行汇金支行诉张家港涤纶厂代位权纠纷案（《最高人民法院公报》2004 年第 4 期）

债务人在债务到期后，没有以诉讼或者仲裁方式向次债务人主张债权，而是与次债务人签订协议延长履行债务期限，损害债权人债权的，属于《合同法》（已废止）第 73 条[②]规定的怠于行使到期债权的行为，债权人可以以自己的名义代位行使债务人的债权。债务人与次债务人之间的具体债务数额是否确定，不影响债权人行使代位权。

4. 辉南县汇丰煤炭生产有限公司与抚顺长顺热电有限公司、抚顺长顺能源有限公司、抚顺长顺电力有限公司债权人代位权纠纷（2016 年 10 月 31 日公布《最高人民法院第二巡回法庭关于公正审理跨省重大民商事和行政案件典型案例》案例 1）

本案当事人跨越吉林与辽宁两省，主要涉及债权人代位权纠纷案件的立案审查标准和实体裁判标准的法律尺度问题。最高人民法院《关于适用〈中华人民共和国合同法〉若干问题的解释（一）》（已废止）第 11 条的规定虽然使用了"提起代位权诉讼，应当符合下列条件"的表述，但是该条文主要是对《合同法》（已废止）的理解与适用作出的解释，偏重于实体裁判标准。从最大限度地保护当事人的诉权，全面推行立案登记制改革的角度出发，对此类案件的立案审查不宜过于严格。债权人提供的证据能够证明其对债务人享有合法到期债权，能够

---

① 本条内容与 2020 年修正后一致。

② 可参考《民法典》第 535 条。

初步证明债务人对次债务人亦享有合法到期债权，债务人怠于行使其债权的，就可以立案受理。经过审理，债权人的代位权请求不能成立的，判决驳回其诉讼请求。这样，既保障了债权人的正当诉讼权利，又不会损害其他当事人的利益。

合同变更

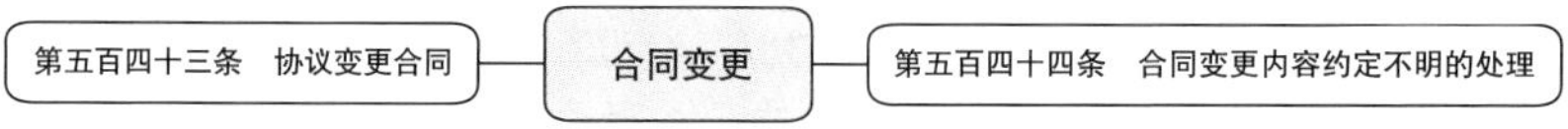

概念

本词条所谓“合同变更”，是指合同成立后，当事人在原合同的基础上对合同的内容进行修改或者补充。

法典条款

第五百四十三条【协议变更合同】　当事人协商一致，可以变更合同。

第五百四十四条【合同变更内容约定不明的处理】　当事人对合同变更的内容约定不明确的，推定为未变更。

实务要点

1. 第 543 条是关于当事人协议变更合同的规定。合同是当事人协商一致的产物，所以，当事人在变更合同内容时，也应当本着协商的原则进行。一方当事人未经对方当事人同意任意改变合同的内容，变更后的内容不仅对另一方没有约束力，而且这种擅自改变合同的做法也是一种违约行为，当事人应当承担违约责任。合同变更既可能是合同标的的变更，也可能是合同数量的增加或者减少，也可能是履行方式的改变，既可能是合同履行期的提前或者延期，也可能是违约责任的重新约定。此外，合同担保条款以及解决争议方式的变化也会导致合同的变更。合同变更需要当事人协商一致，但有的情况下，仅有当事人协商一致是不够的，当事人还应当履行法定的程序。如果没有履行法定程序，即使当事人已协议变更了合同，变更的内容也不发生法律效力。应当指出的是，本条规定的合同的变更的概念，不包括合同当事人的改变。

2. 第 544 条是关于合同变更的内容约定不明确的规定。合同变更的过程，就是当事人协商一致的过程。因此，合同中关于要约、承诺的规定也适用于合同变更的情况。当事人在变更合同的过程中，可能出现对需要变更的内容达不成统一意见的情况。为了减少在合同变更时可能发生的纠纷，本条明确规定，当事人对于合同变更的内容约定不明确的，推定为未变更。当事人只需按照原有合同的规定履行即可，任何一方不得要求对方履行变更中约定不明确的内容。另需注意，若当事人对条款的变更约定有的部分明确、有的部分不明确，条款在内容上可以分割的，约定明确的部分有效，约定不明确的部分推定为未变更；在内容上不可分割的，则均推定为未变更。

权威参考案例

重庆雨田房地产开发有限公司与中国农业银行股份有限公司重庆市分行房屋联建纠纷案（《最高人民法院公报》2012 年第 5 期）

双方当事人在平等自愿基础上达成的前后两份协议，符合法律规定，合法有效，两份协议所约定的内容均应对当事人产生约束力。当两份协议均属有效，除当事人有特别约定外，如果前后两份协议对同一内容有不同约定产生冲突，基于意思表示最新、最近，且不违反合同目的，可根据合同成立的时间先后，确定以后一协议确定的内容为准。如果前后两份合同所约定的内容并不冲突，只是对合同的内容进行了不同的约定，因此，不能简单地认定后一协议是前一协议的变更，或后一协议是对前一协议的补充和完善。

债权转让

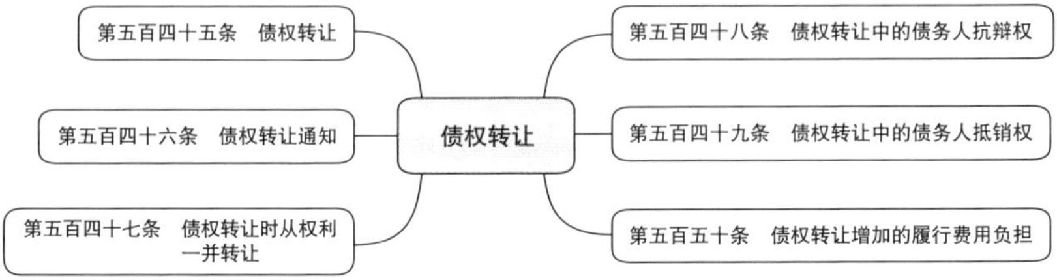

概念

债权转让，是指不改变债权的内容，由债权人通过合同将债权转让给第三人的行为。本词条主要涉及债权转让的范围限制、债权转让通知、债权转让中的从权利、债权转让中的债务人抗辩权与抵销权、债权转让中增加的履行费用的负担等规定。

法典条款

第五百四十五条【债权转让】 债权人可以将债权的全部或者部分转让给第三人，但是有下列情形之一的除外：

（一）根据债权性质不得转让；

（二）按照当事人约定不得转让；

（三）依照法律规定不得转让。

当事人约定非金钱债权不得转让的，不得对抗善意第三人。当事人约定金钱债权不得转让的，不得对抗第三人。

第五百四十六条【债权转让通知】 债权人转让债权，未通知债务人的，该转让对债务人不发生效力。

债权转让的通知不得撤销，但是经受让人同意的除外。

第五百四十七条【债权转让时从权利一并转让】 债权人转让债权的，受让人取得与债权有关的从权利，但是该从权利专属于债权人自身的除外。

受让人取得从权利不因该从权利未办理转移登记手续或者未转移占有而受到影响。

第五百四十八条【债权转让中的债务人抗辩权】 债务人接到债权转让通知后，债务人对让与人的抗辩，可以向受让人主张。

第五百四十九条【债权转让中的债务人抵销权】 有下列情形之一的，债务人可以向受让人主张抵销：

（一）债务人接到债权转让通知时，债务人对让与人享有债权，且债务人的债权先于转让的债权到期或者同时到期；

（二）债务人的债权与转让的债权是基于同一合同产生。

第五百五十条【债权转让增加的履行费用负担】 因债权转让增加的履行费用，由让与人负担。

实务要点

1. 第545条对债权转让做了规定。债权人可将合同权利全部转让，也可将合同权利部分转让。全部转让的，原合同关系消灭，产生一个新的合同关系，受让人取代原债权人的地位，成为新债权人；部分转让的，受让人作为第三人加入原合同关系中，与原债权人共同享有债权。当然，也存在一些不得转让的情形，本条第1款规定了三大类型：一是根据债权性质不得转让的权利。此类主要包括三种。(1)当事人基于信任关系订立的委托合同、赠与合同等产生的债权。(2)债权人的变动必然导致债权内容实质性变更的债权，如要求律师提供咨询等。(3)债权人的变动会危害债权人基于基础关系所享有的利益，实质性增加债务人的负担或风险，或实质性损害债务人利益。二是按照当事人约定不得转让的权利。三是依照法律规定不得转让的权利。如根据《文物保护法》的规定，私人收藏的文物，严禁倒卖牟利，严禁私自卖给外国人。另需注意，在当事人约定不得转让的权利中，债权人违反约定转让债权的，应承担违约责任。但受让人能否取得债权，则存在不同意见。本条第2款按照转让的权利是金钱债权还是非金钱债权做了不同规定。若转让的是非金钱债权，需区分受让人是否善意。受让人善意时可取得债权，债务人不能对受让人主张债权禁止转让的抗辩；受让人恶意时受让人仍可取得债权，但债务人有权向其主张债权禁止转让的抗辩。若转让的是金钱债权，无论受让人是善意还是恶意，受让人都能取得债权，债务人不能对受让人主张债权禁止转让的抗辩。

2. 第546条就债权转让通知做了规定。债权人转让权利的行为会给债务人的履行造成一定的影响，故规定债权人的转让权利时的通知义务，更利于保护债务人的合法利益。考虑到合同双方当事人的利益的平衡，本条确立了权利转让只需通知债务人的原则。这一方面尊重了债权人对其权利的行使，另一方面也防止债权人滥用权利损害债务人的利益，同时将权利转让生效的决定权交给债权人行使，也符合其权利本身的属性。债务人接到债权人权利转让的通知后，权利转让就生效，随之会引起合同权利和义务关系的一系列变化。原债权人被新的债权人替代或者新债权人的加入使原债权人已不能完全享有原债权。因此，债权人一旦发出转让权利的通知，就意味着合同的权利已归受让人所有或者和受让人分享，债权人不得再对转让的权利进行处置，故本条第2款规定债权转让权利的通知不得撤销，但是经受让人同意的除外。

3. 第547条就债权转让中的从权利一并转让做了规定。从权利是指附随于主权利的权利。担保物权中的抵押权、质权、保证以及附属于主债权的利息等，都属于主权利的从权利。由于从权利是从主权利派生出来的，从权利从属于主权利，也包括了转让上的从属性，本条第1款对此进行了明确。但考虑到有的从权利的设置是针对债权人自身的，与债权人有不可分离的关系，在确立从权利随主权利转让原则的同时，本款另规定专属于债权人自身的从权利除外。另需注意，债权受让人取得抵押权、质权等从权利是基于法律的规定，而非基于法律行为的物权变动。债权转让前，这些从属性的担保权利已进行了公示，公示公信效果已完成，无进一步保护第三人的必要，故本条第 2 款规定受让人取得从权利不因该从权利未办理登记手续或者未转移占有而受到影响。

4. 第 548 条就债权转让中债务人的抗辩权做了规定。债务人接到权利转让通知后，转让行为就生效，权利的受让人成为新的债权人。由于债务人的抗辩权是其固有的一项权利，并不随权利的转让而消灭，故在权利转让的情况下，债务人可向作为受让人的新债权人行使该权利。债务人行使的抗辩权包括：同时履行抗辩权、先诉抗辩权、合同撤销的抗辩权、债权已履行完毕的抗辩权、债权无效的抗辩权、已过诉讼时效的抗辩权等。权利让与后，债务人还可能因某项事实产生新的抗辩权，如附解除条件的合同权利转让后，合同规定的解除条件成就时，债务人可向受让人提出终止合同的抗辩。

5. 第 549 条就债权转让中债务人的抵销权做了规定。本条规定的债务人可行使抵销权的情况分为两种情况。第一种为第 1 项规定的情况，其条件包括：一是债务人必须对让与人享有债权，且标的物种类、品质相同。二是债务人对让与人享有债权的法律原因必须在债务人接到债权转让通知时已经存在。三是债务人对让与人的债权先于转让的债权到期或同时到期。第二种即第 2 项规定的情况，其条件包括：一是债务人必须对让与人享有债权，且标的物种类、品质相同。二是债务人对让与人的债权与转让债权是基于同一合同产生的。第 2 项规定的情形是相较《合同法》(已废止)新增的一种，该情形下没有先于转让的债权到期或同时到期的要求。

6. 第 550 条就因债权转让而增加的履行费用的负担做了规定。具体而言，因债权转让而增加的债务人的履行费用，有约定的，按约定处理；无约定的，基于保护债权让与下债务人利益的考虑，不应由债务人负担，而由让与人负担更为合理。

权威参考案例

1. 沈阳银胜天成投资管理有限公司与中国华融资产管理公司沈阳办事处债权转让合同纠纷再审案(《最高人民法院公报》2010 年第 5 期)

金融资产管理公司收购和处置银行不良金融债权，具有较强的政策性。银行不良金融债权的转让，不能完全等同于一般民事主体之间的债权转让行为，具有高风险、高收益的特点，与等价交换的市场规律有较为明显的区别。不良债权交易的实物资产，不是一般资产买卖关系，而主要是一种风险与收益的转移。银行不良金融债权以资产包形式整体出售转让的，资产包内各不良金融债权的可回收比例各不相同，而资产包一旦形成，即具有不可分割性。因此，资产包整体买进后，如需解除合同，也必须整体解除，将资产包整体返还。银行不良金融债权的受让人在将资产包中相对优质的债权变卖获益后，又通过诉讼请求部分解除合同，将资产包中其他债权返还的，人民法院不予支持。另外，不良金融资产转让协议之目的是公平合法地完成债权及实物资产的顺利转让，在未对受让人是否能够清收债权及清收债权的比例作出承诺和规范的情况下，受让人以合同预期盈利目的不能实现为由提出解除合同的诉讼请求，人民法院不予支持。

2. 陕西西岳山庄有限公司与中建三局建发工程有限公司、中建三局第三建设工程有限责任公司建设工程施工合同纠纷上诉案（《最高人民法院公报》2007年第12期）

根据《合同法》（已废止）第79条[①]的规定，债权人可以将合同的权利全部或者部分转让给第三人，但根据合同性质不得转让的、按照当事人约定不得转让的和依照法律规定不得转让的除外。法律、法规并不禁止建设工程施工合同项下的债权转让，只要建设工程施工合同的当事人没有约定合同项下的债权不得转让，债权人向第三人转让债权并通知债务人的，债权转让合法有效，债权人无须就债权转让事项征得债务人同意。

3. 连远东房屋开发有限公司与辽宁金利房屋实业公司、辽宁澳金利房地产开发有限公司国有土地使用权转让合同纠纷案（《最高人民法院公报》2006年第12期）

根据《合同法》（已废止）第79条、第80条[②]的规定，债权人可以将合同权利全部或者部分转让给第三人，转让只需通知债务人即可而无须征得债务人的同意。因此，转让行为一经完成，原债权人即不再是合同权利主体，亦即丧失以自己名义作为债权人向债务人主张合同权利的资格。另外，当事人的起诉被人民法院裁定驳回，该裁定已经发生法律效力的，如果当事人对该裁定不服，除依法

① 可参考《民法典》第545条。

② 可分别参考《民法典》第545条、第546条。

通过启动审判监督程序对案件重新审理外，不得在以后的诉讼中主张与该生效裁定相反的内容，亦不能就同一诉讼标的重复起诉。

4. 佛山市顺德区太保投资管理有限公司诉广东中鼎集团有限公司债权转让合同纠纷案（《最高人民法院公报》2005 年第 12 期）

债权人转让权利的，应当通知债务人。未经通知的，该转让对债务人不发生效力，债务人享有对抗受让人的抗辩权，但不影响债权转让人与受让人之间债权转让协议的效力。

5. 何某兰诉海科公司等清偿债务纠纷案（《最高人民法院公报》2004 年第 4 期）

《合同法》（已废止）第 80 条第 1 款[①] 的规定，是为了避免债务人重复履行、错误履行债务或加重履行债务的负担。债权人以登报的形式通知债务人并不违反法律的规定。只要债权人实施了有效的通知行为，债权转让就应对债务人发生法律效力。

6. 镜威公司诉梁某福船舶抵押债权转让合同纠纷案（《最高人民法院公报》1999 年第 1 期）

《民法通则》（已废止）第 91 条[②] 规定："合同一方将合同的权利、义务全部或者部分转让给第三人的，应当取得合同另一方的同意。"这里所说的转让，既指合同权利，也包括合同义务。实践中，合同义务的转让如果不经权利人同意，往往会损害权利人的利益。鉴于此，法律才作出这样的规定。如果单独就转让债权而言，则债务人无论向哪一个债权人履行，都没有本质的区别，都不会影响债权人或债务人任何一方的利益。债务人如果因此履行而支出了额外的费用，则应由原债权人或新债权人承担。因此，这种转让不必征求债务人同意，只要求原债权人通知债务人，就不违背法律的原意。

7. 广西壮族自治区丝绸进出口公司诉广西安和投资置业有限公司等债权转让合同纠纷抗诉案（《最高人民检察院公报》2011 年第 4 号）

债权转让公告并非合同，该公告的发布并未使债权转让人和受让人之间设立有别于债权转让合同的新的权利义务关系。债权转让公告亦不同于物权登记，不产生类似于物权登记的公示效力。当债权转让公告登载的内容与债

---

① 可参考《民法典》第 546 条第 1 款。

② 可参考《民法典》第 545 条。

权转让合同不一致时，应当以债权转让合同的约定为准。债权转让合同约定受让人以免除担保人的担保义务为条件受让债权，对保证人产生免责的法律效力。

债务转移

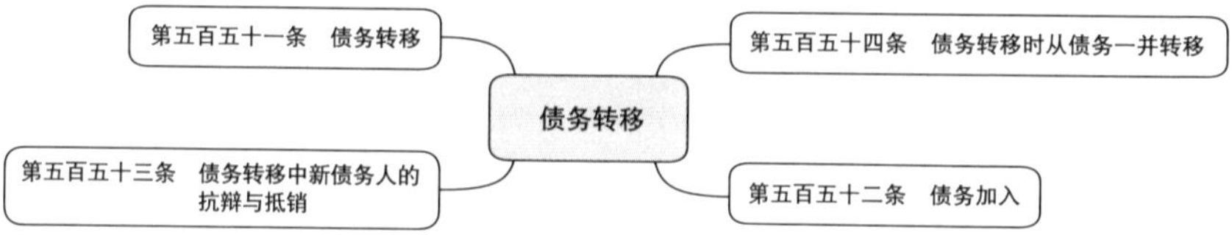

概念

债务转移，是指不改变债务的内容，债务人将债务全部或者部分地转移给第三人的行为。本词条主要涉及债务转移的条件、债务转移中新债务人的抗辩与抵销、债务转移时从债务一并转移等内容。此外，为方便叙述与比较，有关债务加入的条文一并收录。

法典条款

第五百五十一条【债务转移】 债务人将债务的全部或者部分转移给第三人的，应当经债权人同意。

债务人或者第三人可以催告债权人在合理期限内予以同意，债权人未作表示的，视为不同意。

第五百五十三条【债务转移中新债务人的抗辩与抵销】 债务人转移债务的，新债务人可以主张原债务人对债权人的抗辩；原债务人对债权人享有债权的，新债务人不得向债权人主张抵销。

第五百五十四条【债务转移时从债务一并转移】 债务人转移债务的，新债务人应当承担与主债务有关的从债务，但是该从债务专属于原债务人自身的除外。

第五百五十二条【债务加入】 第三人与债务人约定加入债务并通知债权人，或者第三人向债权人表示愿意加入债务，债权人未在合理期限内明确拒绝的，债权人可以请求第三人在其愿意承担的债务范围内和债务人承担连带债务。

实务要点

1. 第 551 条就债务转移需债权人同意这一条件做了规定。该条在“效力待定的民事法律行为”词条有所涉及，不再重复解读本条与该词条相关的要点。另需注意，本条规定的债务转移与本法第 524 条规定的第三人代为履行不同，二者主要区别在于：一是在债务人转移义务时，应征得债权人的同意。第三人代为履行债务的情况下，符合法律规定时，第三人单方表示代替债务人清偿债务或与债务人达成代替其清偿债务的协议不必经债权人的同意。二是在债务人转移义务的情况下，第三人作为新的债务人相应地取代债务人。第三人代为履行时，不涉及债务人的变化，第三人只是履行主体而不是债务人，债权人不能把第三人作为合同的主体，直接要求第三人履行义务。三是在债务人转移义务后，第三人成为合同关系的当事人。若债务人未能履行债务，债权人可直接请求第三人履行，而不能再要求原债务人履行。在第三人代为履行的情况下，第三人履行不履行或不完全履行，债权人只能要求债务人而不能要求第三人承担责任。另需注意，较《合同法》(已废止)而言，本条第 2 款关于债权人未作表示视为不同意转让的规定，属新增内容。

2. 第 553 条对债务转移中新债务人的抗辩与抵销做了规定。债务转移中，债务人的抗辩权不因债务的转移而消灭。新债务人享有的抗辩权包括同时履行抗辩权、先诉抗辩权、合同撤销的抗辩权、债务已履行完毕的抗辩权、债权无效的抗辩权、诉讼时效已过的抗辩权等。另需注意，在新债务人能否利用原债务人对债权人的债权主张抵销的问题上，本条明确了不得主张抵销，凸显债务转移与债权债权转让在抵销问题的不同。

3. 第 554 条就债务转移时从债务一并转移做了规定。债务人转移义务的，其从债务随着主债务的转移而转移，新债务人应当承担与主债务有关的从债务。例如，为实现债权而设定的抵押权、质权等权利以及主债务的利息等从债务，都随着主债务的转移而转移给新的债务人承担。但是，专属于债务人本身的从债务除外。另需注意，本条仅规定了新债务人应承担与主债务有关的从债务，并未规定新债务人当然享有与抓债务有关的从权利。例如，第三人为原债务人提供的担保，由于涉及原债务人与新债务人之间资力与履行能力的差异，故除另有约定外，未经担保人同意，担保人不再对债务承担担保责任。

4. 第552条就债务加入做了规定。债务加入，即第三人加入债务中，作为新债务人在相应债务范围内与原债务人一起向债权承担连带债务，也称并存的债务转移或并存的债务承担。虽然债务加入一般对债权人不会造成损失，但任何人都有拒绝获利的权利，且在例外情形下债务加入也有可能对债权人增加不便，故根据本条规定，债权人有权在合理期限内明确拒绝。需注意，第三人与债务人承担连带债务的范围限制在第三人表示的愿意承担的债务范围之内。此外，由于债务加入中，债务人并未被取代而摆脱债务，因而，为债务人提供的担保并不因债务加入而受影响。但该担保并不对加入的第三人发生担保效力，而是仅对债务人发生担保效力。

权威参考案例

1. 广东达宝物业管理有限公司与广东中岱企业集团有限公司、广东中岱电讯产业有限公司、广州市中珊实业有限公司股权转让合作纠纷案(《最高人民法院公报》2012年第5期)

合同外的第三人向合同中的债权人承诺承担债务人义务的，如果没有充分的证据证明债权人同意债务转移给该第三人或者债务人退出合同关系，不宜轻易认定构成债务转移，一般应认定为债务加入。第三人向债权人表明债务加入的意思后，即使债权人未明确表示同意，但只要其未明确表示反对或未以行为表示反对，仍应当认定为债务加入成立，债权人可以依照债务加入关系向该第三人主张权利。

2. 中国工商银行股份有限公司三门峡车站支行与三门峡天元铝业股份有限公司、三门峡天元铝业集团有限公司借款担保合同纠纷案(《最高人民法院公报》2008年第11期)

根据《合同法》(已废止)第84条[①]的规定，债务人将合同的义务全部或者部分转移给第三人的，应当经债权人同意。因此，债务人向债权人出具承诺书，表示将所负债务全部或者部分转移给第三人，而债权人对此未予接受，亦未在债务人与第三人签订的债务转移协议书上加盖公章的，应当认定债权人不同意债务转让，债务人与第三人之间的债务转让协议对债权人不发生法律效力。

---

① 可参考《民法典》第551条。

3. 工商银行山东分行诉信诚公司等借款合同纠纷案(《最高人民法院公报》2004 年第 11 期)

改制企业将债权债务转移给新成立的公司，转移债务的行为经相关债权人同意的，发生债务有效转移的法律后果，由新成立的公司承担转移的债务。改制企业转移债务未经转移债权债务人同意，不发生债权债务转移的法律后果，债务仍由改制企业承担。改制企业如将部分财产转移给新设公司的，按照法人财产原则，由新设公司在所接受财产范围内与改制企业承担连带民事责任。未转移债务的债权人仍有权按照合同相对性原则和法人财产原则，要求改制企业和接受改制企业财产的公司承担相应的偿还责任。

4. 天津中远公司诉香港美通公司拖欠海运费天津美通公司应依债务加入承担连带责任案(《最高人民法院公报》2002 年第 4 期)

债务人的债务可以由第三人来承担，债权人同意第三人债务承担，既可以是明示，也可以默示，即使债权人未明确表示同意债务人的债务由第三人偿还，但债权人受领第三人以债务承担为意图的债务履行，即可认定其已经同意。

合同权利义务一并转让

概念

合同权利义务的一并转让，是指合同关系的一方当事人将其合同权利义务关系一并转移给第三人，由第三人全部地承受这些权利义务，又称概括转让、合同地位转让。

法典条款

第五百五十五条【合同权利义务一并转让】　当事人一方经对方同意，可以将自己在合同中的权利和义务一并转让给第三人。

第五百五十六条【合同权利义务一并转让的法律适用】　合同的权利和义务一并转让的，适用债权转让、债务转移的有关规定。

实务要点

1. 第 555 条是关于合同权利义务一并转让的规定。另需注意，合同权利义务一并转让不同于债权转让、债务转移的是，它是一方当事人对其当事人地位的转让，转让的内容实际上包括但不限于权利转让与债务转移，也并非债权转让与债务转移的简单组合，而是第三人成为新的当事人，与当事人地位联系在一起的撤销权、解除权等，也均转移给第三人。权利义务一并转让导致原合同关系的消灭，第三人取代了转让方的地位，产生出一种新的合同关系。由于权利义务一并转让既包括了债权的转让，也包括债务的转移，故一并转让时应征得对方当事人的同意。此外，合同权利义务的一并转让主要发生在双务合同中。

2. 第 556 条就合同权利义务一并转让的法律适用做了规定。具体而言，涉及债权转让的规定主要包括《民法典》第 545 条“债权转让的限制条件”、第 547 条“从权利一并转让”、第 548 条“债权转让中债务人的抗辩权”、第 549 条“债权转让中债务人的抵销权”、第 550 条“因转让增加费用的负担”、第 502 条第 3 款“债权转让批准”；涉及债务转移的规定主要包括《民法典》第 553 条“债务转移中新债务人的抗辩与抵销”、第 554 条“从债务一并转移”、第 502 条第 3 款“债务转移批准”。

权威参考案例

王某诉汪某、周某、上海舞泡网络科技有限公司网络店铺转让合同纠纷案（2018 年 8 月 16 日《最高人民法院发布第一批涉互联网典型案例》案例 4）

汪某系通过与淘宝平台签订服务协议并经实名认证，取得系争网络店铺之经营权。服务协议内容经双方认可，且不存在违反法律行政法规强制性规定、损害社会公共利益等情形，故汪某与淘宝平台间形成合法有效的合同关系。现周某在汪某认可之情况下，与王某、舞泡公司签署网络店铺转让合同，实际上系将汪某与淘宝平台间合同关系项下的权利义务一并转让给王某。根据《合同法》（已废止）第 88 条、第 89 条[①]的规定，当事人一方将自己在合同中的权利和义务一并转让给第三方的，须经对方当事人的同意。现周某虽有汪帆之认可但未征得淘宝平台同意，私自转让系争网络店铺，该转让行为不发生法律效力。故王某以合同约定内容为据，要求周某等支付违约金、双倍返还转让费之主张，缺乏依据。根据《合同法》（已废止）第 42 条[②]的规定，当事人在订立合同过程中有违背

---

① 可分别参考《民法典》第 555 条、第 556 条。

② 可参考《民法典》第 500 条。

诚实信用原则的行为，给对方造成损失的，应当承担损害赔偿责任。周某在汪某认可的情况下，将系争店铺让与王某，现转让行为未生效，且店铺已被汪帆找回并实际控制，周某理应就王某因此而产生之损失承担赔偿责任。该案通过对网络店铺店主与网络平台经营方之间法律关系的厘清，对实际普遍存在的网络店铺私自转让行为，从法律上作出了妥当评价，有利于网络平台经营方更好地实施管理、提供服务、控制网络交易风险，促进电子商务的进一步健康、有序发展。

债权债务终止

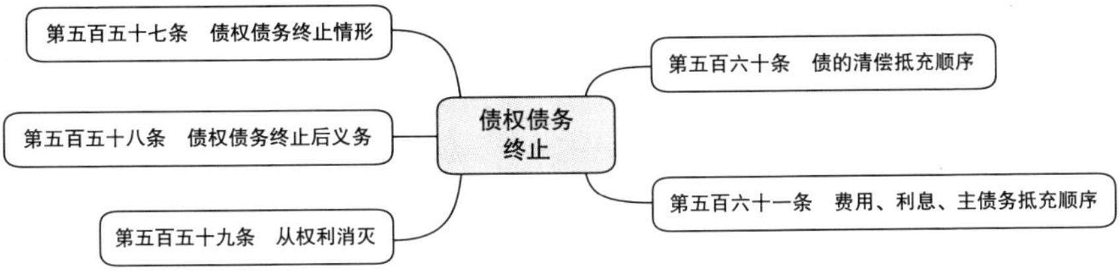

概念

债的性质，决定了债是有期限的民事法律关系，不可能永恒存在，有着从设立到终止的过程。债权债务终止，是指有效的债权债务因具备法定情形和当事人约定的情形，使债权、债务归于消灭，债权人不再享有债权，债务人也不必再履行债务。

法典条款

第五百五十七条【债权债务终止情形】 有下列情形之一的，债权债务终止：

（一）债务已经履行；

（二）债务相互抵销；

（三）债务人依法将标的物提存；

（四）债权人免除债务；

（五）债权债务同归于一人；

（六）法律规定或者当事人约定终止的其他情形。

合同解除的，该合同的权利义务关系终止。

第五百五十八条【债权债务终止后义务】 债权债务终止后，当事人应当遵循诚信等原则，根据交易习惯履行通知、协助、保密、旧物回收等义务。

第五百五十九条【从权利消灭】 债权债务终止时，债权的从权利同时消灭，但是法律另有规定或者当事人另有约定的除外。

第五百六十条【债的清偿抵充顺序】 债务人对同一债权人负担的数项债务种类相同，债务人的给付不足以清偿全部债务的，除当事人另有约定外，由债务人在清偿时指定其履行的债务。

债务人未作指定的，应当优先履行已经到期的债务；数项债务均到期的，优先履行对债权人缺乏担保或者担保最少的债务；均无担保或者担保相等的，优先履行债务人负担较重的债务；负担相同的，按照债务到期的先后顺序履行；到期时间相同的，按照债务比例履行。

第五百六十一条【费用、利息、主债务抵充顺序】 债务人在履行主债务外还应当支付利息和实现债权的有关费用，其给付不足以清偿全部债务的，除当事人另有约定外，应当按照下列顺序履行：

（一）实现债权的有关费用；

（二）利息；

（三）主债务。

实务要点

1. 第557条就债权债务终止情形做了规定。相较《合同法》（已废止）第91条，本条将“合同解除”从并列的7项中拿出，单独作为债权债务终止情形的一款。之所以如此，在于解除仅能适用于合同的权利义务关系，而不能适用于其他法定的债权债务关系。本条所谓的“债务已经履行”，是指债务人按照债的标的、质量、数量、价款或报酬、履行期限、履行地点和方式正确而地、适当地全面履行了债务。所谓“债务相互抵销”，是指当事人互负债务、互享债权，以自己的到期债权充抵对方的债权，使自己的债务与对方的债务在等额内消灭。所谓“债权债务同归于一人”，是指由于某种事实的发生，使原本由一方当事人享有的债权，而由另一方负担的债务，统归于一方当事人，使该当事人既是债权人，又是债务人。法律规定的终止的其他情形，如《民法典》第934条规定的委托人死亡、终止或受托人死亡、丧失民事行为能力、终止，构成委托合同的特殊终止事由；第940条规定的前期物业服务合同前，物业服务合同生效的，前期物业服务合同终止；第 977 条规定的合伙人死亡、丧失民事行为能力或终止，构成合伙合同的特殊终止事由。当然，当事人也可约定债权债务终止的情形，如当事人订立的附解除条件的合同，当解除条件成就时，债权债务关系消灭，合同的权利义务终止。当事人订立附终止期限的合同，期限届至时，合同的权利义务终止。再如，赠与人与受赠人约定，赠与人每月负担受赠人的生活费至其 18 周岁，受赠人 18 周岁前参加工作的，自参加工作之日，赠与合同终止。如果受赠人 17 周岁参加工作，赠与人与受赠人之间的合同的权利义务终止。

2. 第 558 条就后合同义务做了规定。后合同义务，也称债权债务终止后义务，是指权利义务关系终止后，当事人依照法律的规定，遵循诚信等原则，根据交易习惯履行的各项义务，主要包括通知、协助、保密、旧物回收等。该条文在“诚实信用”与“绿色原则”这两个词条中均有涉及，相关内容不再重复解读。另需注意，后合同义务具体范围需根据具体个案判断，不宜以结果倒推后合同义务范围，需考虑诚信原则所要求的不同价值间的平衡，考虑交易习惯的举证，结合当事人主观方面的要求、履行的对价、成本和收益的对比、当事人约定的可能性等，在个案中具体判断后合同义务的具体范围、强度、地域、内容、期限等。

3. 第 559 条是关于从权利随主权利消灭而消灭的规定。由于从权利是由主权利派生出来的，当主债权债务终止时，从权利一般也就没有了存在的价值，同时随之消灭。但也允许法律作出不同规定或当事人的例外约定。例如，《企业破产法》规定，“破产人的保证人和其他连带债务人，在破产程序终结后，对债权人依照破产清算程序未受清偿的债权，依法继续承担清偿责任”。

4. 第 560 条就清偿抵充规则进行了较为细致的规定。清偿抵充，是指对同一债务人负担的数项债务种类相同，债务人的给付不足以清偿全部债务时，确定该给付抵充这些债务中某项或某几项债务；或者债务人在履行主债务外还应当支付利息和实现债权的有关费用，其给付不足以清偿全部债务的，确定该给付抵充该项债务中的某个或某几个部分。本条主要针对的是前半部分的情况，第 561 条针对的是后半部分的情形。本条规定的清偿抵充原则是：有约定从约定，无约定从指定，无指定从法定。本条第 2 款对在无约定且债务人未作指定的情况的清偿抵充顺序做了具体规定，也就是法定的清偿顺序。

5. 第 561 条明确了实现债权的有关费用、利息、主债务的清偿抵充顺序。本条规定的清偿抵充原则是有约定按约定，无约定按法定。法定顺序确定采取有利于债权人的立场，依次为实现债权的有关费用、利息、主债务。其中实现债权的有关费用包括保管费用、诉讼费用、执行费用、收取孳息的费用等。另需注意，不同于第 560 条，本条排除了债务人指定的权利，否则与债权人利益保护相悖。

权威参考案例

通州建总集团有限公司与内蒙古兴华房地产有限责任公司建设工程施工合同纠纷案（《最高人民法院公报》2017 年第 9 期）

当事人于债务清偿期届满后达成的以物抵债协议，可能构成债的更改，即成立新债务，同时消灭旧债务；亦可能属于新债清偿，即成立新债务，与旧债务并存。基于保护债权的理念，债的更改一般需有当事人明确消灭旧债的合意，否则，当事人于债务清偿期届满后达成的以物抵债协议，性质一般应为新债清偿。在新债清偿情形下，旧债务于新债务履行之前不消灭，旧债务和新债务处于衔接并存的状态；在新债务合法有效并得以履行完毕后，因债务清偿义务已完成，旧债务归于消灭。另外，在债权人与债务人达成以物抵债协议、新债务与旧债务并存时，确定债权是否得以实现，应以债务人是否按照约定全面履行自己义务为依据。若新债务届期不履行，致使以物抵债协议目的不能实现，债权人有权请求债务人履行旧债务，且该请求权的行使，并不以以物抵债协议无效、被撤销或者被解除为前提。

合同解除

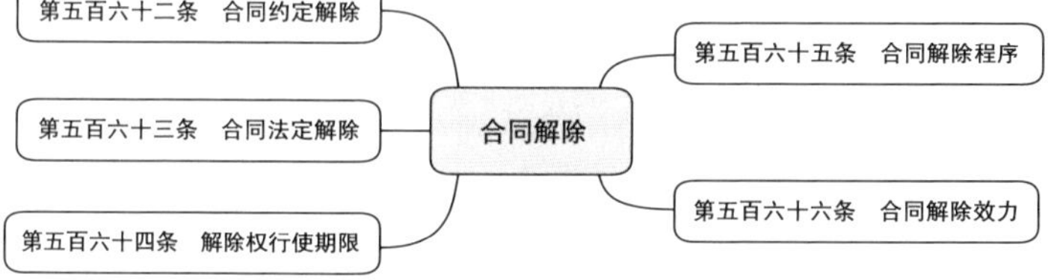

概念

合同解除是对合同当事人进行救济的途径之一，是指合同当事人一方或双方依照法律规定或者当事人约定，依法解除合同效力的行为。通过合同解除，当事人在其合同目的不能实现的情形中摆脱现有合同权利义务关系的约束，重新获得交易的自由。另需说明，关于合同解除尤其合同法定解除，《民法典》合同编第二分编（典型合同编）就不同合同下特殊的解除事由做了很多规定，由于内容较多，本词条不便收录，而是收录在各典型合同之中，以便于读者查找。

法典条款

第五百六十二条【合同约定解除】 当事人协商一致，可以解除合同。

当事人可以约定一方解除合同的事由。解除合同的事由发生时，解除权人可以解除合同。

第五百六十三条【合同法定解除】 有下列情形之一的，当事人可以解除合同：

（一）因不可抗力致使不能实现合同目的；

（二）在履行期限届满前，当事人一方明确表示或者以自己的行为表明不履行主要债务；

（三）当事人一方迟延履行主要债务，经催告后在合理期限内仍未履行；

（四）当事人一方迟延履行债务或者有其他违约行为致使不能实现合同目的；

（五）法律规定的其他情形。

以持续履行的债务为内容的不定期合同，当事人可以随时解除合同，但是应当在合理期限之前通知对方。

第五百六十四条【解除权行使期限】 法律规定或者当事人约定解除权行使期限，期限届满当事人不行使的，该权利消灭。

法律没有规定或者当事人没有约定解除权行使期限，自解除权人知道或者应当知道解除事由之日起一年内不行使，或者经对方催告后在合理期限内不行使的，该权利消灭。

第五百六十五条【合同解除程序】 当事人一方依法主张解除合同的，应当通知对方。合同自通知到达对方时解除；通知载明债务人在一定期限内不履行债务则合同自动解除，债务人在该期限内未履行债务的，合同自通知载明的期限届满时解除。对方对解除合同有异议的，任何一方当事人均可以请求人民法院或者仲裁机构确认解除行为的效力。

当事人一方未通知对方，直接以提起诉讼或者申请仲裁的方式依法主张解除合同，人民法院或者仲裁机构确认该主张的，合同自起诉状副本或者仲裁申请书副本送达对方时解除。

第五百六十六条【合同解除效力】　合同解除后，尚未履行的，终止履行；已经履行的，根据履行情况和合同性质，当事人可以请求恢复原状或者采取其他补救措施，并有权请求赔偿损失。

合同因违约解除的，解除权人可以请求违约方承担违约责任，但是当事人另有约定的除外。

主合同解除后，担保人对债务人应当承担的民事责任仍应当承担担保责任，但是担保合同另有约定的除外。

实务要点

1. 第562条是关于约定解除合同的规定。根据自愿原则，当事人在法律规定范围内享有自愿解除合同的权利。当事人约定解除合同包括两种：一是协商解除。协商解除，是指合同产生法律约束力后，当事人以解除合同为目的，经协商一致，订立一个解除原合同的协议。协商解除是双方的法律行为，应当遵循合同订立的程序，即双方当事人应当对解除合同意思表示一致，协议未达成之前，原合同仍然有效。二是约定解除。约定解除权，是指当事人在合同中约定，合同履行过程中出现某种情况，当事人一方或者双方有解除合同的权利。解除权的约定也是一种合同，其也应遵循民事法律行为与合同的一般规定，不得违反法律，损害国家利益和社会公共利益。约定解除权有多重形式，如约定解约定金。另需注意，协商解除和约定解除权的区别主要在以下几点：(1)协商解除是当事人双方根据已经发生的情况，达成解除原合同的协议；而约定解除权是约定将来发生某种情况时，一方或双方享有解除权。(2)协商解除不是约定解除权，而是解除现存的合同关系，并对解除合同后的责任分担、损失分配达成共识；而约定解除权本身不导致合同的解除，只有在约定的解除条件成就时，通过行使解除权方可使合同归于消灭。(3)协商解除主要是对双方当事人的权利义务关系的重新安排、调整和分配；而约定解除权主要是对当事人提供补救，使其有可能通过行使解除权来维护自己的权益。

2. 第563条是关于法定解除合同的规定。法定解除，是指合同具有法律约束力后，当事人在法律规定的解除事由出现时，行使解除权而使合同权利义务关系终止。法定解除与约定解除既有区别又有联系。区别表现在：法定解除是法律直接规定解除合同的条件，当条件具备时，解除权人可直接行使解除权解除合同；而约定解除是双方的法律行为，一方的行为不能导致合同解除。二者的联系表现在：约定解除主要是对法定解除和解除效果的修正、缓和与补充，如约定违反合同中的任何一项规定，无论程度如何，均可解除合同。另需注意，出现了法定解除事由中的情况，不意味着合同必须解除；是否行使法定解除权，由当事人决定。此外，本条第1款第2项规定的内容即“因预期违约而解除”的情形。因预期违约解除合同，是指在合同履行期限届满之前，当事人一方明确表示或者以自己的行为表明不履行主要债务的，对方当事人可以解除合同。第3项规定的“因迟延履行而解除”，需满足两个条件。一是迟延履行主要债务。所谓主要债务，应当依照合同的个案进行判断，一般来说，影响合同目的实现的债务，应为主要债务。二是经催告后债务人仍然不履行债务。债务人迟延履行主要债务的，债权人应在合理期间内催告债务人履行。该合理期间根据债务履行的难易程度和所需要时间的长短确定。第4项规定的“因迟延履行或者有其他违约行为不能实现合同目的而解除”，是指迟延的时间对于债权的实现至关重要，超过了合同约定的期限履行合同，合同目的就将落空。构成根本违约的迟延履行的情形有：(1)当事人在合同中明确约定超过期限履行合同，债权人将不接受履行，而债务人履行迟延。(2)履行期限构成合同的必要因素，超过期限履行将严重影响订立合同所期望的经济利益，如标的物季节性、时效性较强。(3)继续履行不能得到合同利益。本条款第4项中的“致使不能实现合同目的的其他违约行为”，是指违反的义务对合同目的的实现十分重要，如一方不履行这种义务.将剥夺另一方当事人根据合同有权期待的利益。主要包括：(1)完全不履行。(2)履行质量与约定严重不符，无法通过修理、替换、降价的方法予以补救。(3)部分履行合同，但该部分的价值和金额与整个合同的价值和金额相比占极小部分，对于另一方当事人无意义。除了上述四种法定解除情形，本法还规定了其他解除合同的情形，如第533条规定的情势变更解除合同、第787条规定的承揽合同中定作人的解除权等。此外，本条第2款就持续履行的不定期合同中当事人的解除权做了规定。以持续履行的债务为内容的合同，又称继续性合同，非一次履行就会使债务消灭，如租赁合同、合伙合同、保管合同等。根据该款规定，可知其解除权有以下特点：一是双方当事人都有解除；二是应在合理期限前通知对方。未在合理期限前通知的，一般情况下虽不影响合同解除效力，但需赔偿因未在合理期限前通知对方而造成的损失，或者解除通知延至合理期限后才发生效力。

3. 第 564 条是关于解除权形式期限的规定。按照本条，行使解除权的期限有三种情况：一是按照法律规定或者当事人约定的解除权的行使期限行使。二是在对方当事人催告后的合理期限内行使。法律没有规定或当事人没有约定解除权行使期限的，非受不可抗力影响的当事人或者违约一方当事人为明确自己义务是否还需要履行，可催告享有解除权的当事人行使解除权；享有解除权的当事人超过合理期限不行使解除权的，解除权消灭，合同关系仍然存在，当事人仍要按照合同约定履行义务。所谓催告后的合理期限，根据个案的不同情况确定，作为享有解除权的当事人应本着诚实信用原则，在收到催告后尽早通知对方是否解除合同。当事人对催告的合理期间有异议的，由人民法院或者仲裁机构确定。三是自解除权人知道或应当知道解除事由之日起 1 年内不行使的，解除权消灭。该期间并非自解除权发生之日起算，而是按照本法第 199 条规定的“自权利人知道或应当知道权利产生之日起计算”。但是，如果解除权人有权解除合同，但没有解除而是请求在合理期限内修理、重作、更换等补救措施，对方当事人置之不理的，该期限应从补救的合理期限届满时起算。

4. 第 565 条是关于合同解除程序的规定。当事人一方依照本法第 562 条第 2 款（约定解除权解除）、第 563 条（法定解除）的规定行使解除解除合同的，按照第 565 条的规定，应符合下列条件：一是须享有解除权，即符合第 562 条第 2 款或第 563 条的规定；二是应通知对方当事人。解除权属形成权，通知到达对方时合同即解除，无须取得对方的同意。解除权人为给对方纠正违约的机会，有时会发出催要，明确在合理期限内仍不履行的合同自动解除。这并未违反法律，也符合实践需要，为此，本条第 1 款在《合同法》（已废止）基础上增加相关规定对此进行了明确。当然，对方当事人认为解除权行使不符合约定或法律规定的条件，不同意解除合同的，任何一方均可请求法院或仲裁机构确认解除行为的效力。另需注意，解除权人也可在解除权产生后，不向对方发出解除通知，而是直接提起诉讼或申请仲裁主张解除合同，这并不违背法律规定，也是可以的。本条第 2 款即对此进行了确认，同时明确了法院或仲裁机构确认解除合同的主张的，合同自起诉状副本或仲裁申请书副本送达对方时解除。当然，有些特殊情况，如第 533 条规定的情势变更，解除权必须要通过法院或仲裁机构才能行使。

5. 第 566 条是关于合同解除的效力即解除后的法律后果的规定。本条借鉴国外经验，遵循经济活动高效的原则，对合同解除的效力做了较为灵活的规定。根据第 1 款的规定，合同解除后，尚未履行的，终止履行；已经履行的，根据履行情况和合同性质，当事人可以要求恢复原状、采取其他补救措施，并有权要求赔偿损失。“根据履行情况”，是指根据履行部分对债权的影响。如果债权人的利益不是必须通过恢复原状才能得到保护的，不一定采用恢复原状。当然如果债务人已经履行的部分对债权人根本无意义，可以请求恢复原状。“根据合同性质”，是指根据合同标的的属性。根据合同的属性不可能或不容易恢复原状的，不必恢复原状，主要包括：以持续履行的债务为内容的合同（如水、电、气的供应合同，对以往的供应不可能恢复原状；租赁合同，一方在使用标的后，也无法就已使用的部分作出返还）、涉及第三人利益或交易秩序的合同（如合同标的物的所有权已经转让给他人，如果返还将损害第三人利益；解除委托合同，如果允许将已办理的委托事务恢复原状，就意味着委托人与第三人发生的法律关系失效，将使第三人的利益失去保障）。另需注意，我国法律承认合同解除与损害赔偿并存。但关于解除合同后是否都需承担损害赔偿责任，可分不同情况：解除合同后是否都承担损害赔偿责任，可以分不同情况：（1）协议解除合同，当事人在协议中免除了对方损害赔偿责任的，协议生效后，不得再请求赔偿。（2）因不可抗力解除合同，一般不承担损害赔偿责任。但不可抗力发生后，应采取补救措施减少损失扩大而没有采取的，对扩大损失承担赔偿责任。（3）一方当事人因对方根本违约或经催告仍不履行义务而解除合同的，违约方应赔偿另一方损失。此外，相较《合同法》（已废止），本条第 2 款、第 3 款增加了合同解除后的违约责任与担保责任的规定。第 2 款规定的合同解除下的违约责任的适用前提是合同因违约被解除而非因不可抗力等非违约因素被解除，且该款规定的违约责任承担方式并不包括继续履行、修理、重作、更换，因这些方式与解除合同是相斥的。第 3 款明确了主合同解除后，除担保合同另有约定外，担保人仍需承担担保责任。担保本就是为保障主债务的履行而设立，合同因主债务未履行而被解除，解除后所产生的债务人责任也同样是因主债务未履行导致的；基于此，第 3 款做了上述规定。

权威案例参考

1. 王某华、王某中、吕某富、梅某宇与黑龙江无线电一厂专利实施许可合同纠纷案（《最高人民法院公报》2007 年第 1 期）

专利权人与其他非专利权人共同作为合同的一方当事人，与他人签订专利实施许可合同，且合同中明确约定了其他非专利权人的权利义务的，专利权人行使专利权应当受到合同的约束，非经其他非专利权人同意，专利权人无权独自解除该专利实施许可合同。

2. 梁某运诉霍邱县人民政府国土资源局建设用地使用权出让合同纠纷案（2016 年 4 月 8 日《最高人民法院发布十起依法平等保护非公有制经济典型案例》案例 1）

在国有土地使用权出让过程中，一些地方政府的不规范行为造成与非公有制企业签订国有土地使用权出让合同后，不能按约交付土地，侵害了非公有制经济主体的合法权益。在此情况下，依法维护非公有制经济主体的合同权益，是对其民事权利平等保护原则的重要体现。本案中，霍邱县人民政府国土资源局通过公开招投标程序与梁某运签订了土地使用权出让合同，梁昌运也按照合同约定交纳了土地出让金，但霍邱县人民政府国土资源局没有依约交付土地构成违约，梁某运根据合同约定要求解除合同、返还土地出让金、双倍返还定金等合理请求，均得到了人民法院的支持。人民法院审理该案件时，平等对待政府机关和非公有制经济主体，准确适用合同法相关规定，依法支持梁某运的相关诉讼请求，妥善维护了非公有制经济的合法权益。

3. 长春泰恒房屋开发有限公司与长春市规划和自然资源局国有土地使用权出让合同纠纷案（《最高人民法院公报》2020 年第 6 期）

因国家法律、法规及政策出台导致当事人签订的合同不能履行，以致一方当事人缔约目的不能实现，该方当事人请求法院判决解除合同的，应予支持。鉴于双方当事人对于合同不能履行及一方当事人缔约目的不能实现均无过错，故可依据《合同法》（已废止）第 97 条[①]的规定，仅判决返还已支付的价款及相应孳息，对一方当事人请求对方当事人赔偿损失的诉讼请求不予支持。对一方当事人为履行合同而支付的契税损失，在双方当事人对案涉合同的解除均无过错的

① 可参考《民法典》第 566 条。

情况下，可由双方当事人基于公平原则平均分担。

4. 张某华、徐某英诉启东市取生置业有限公司房屋买卖合同纠纷案（《最高人民法院公报》2017年第9期）

当事人将特定主观目的作为合同条件或成交基础并明确约定，则该特定主观目的之客观化，属于《合同法》（已废止）第94条第1款第4项[①]的规制范围。例如，开发商交付的房屋与购房合同约定的方位布局相反，且无法调换，购房者可以合同目的不能实现解除合同。

5. 深圳富山宝实业有限公司、深圳市福星股份合作公司、深圳市宝安区福永物业发展总公司、深圳市金安域投资发展有限公司、深圳市大金利投资发展有限公司以及深圳市海洋城房地产开发有限公司合作开发房地产合同纠纷上诉案（《最高人民法院公报》2011年第5期）

合同一方当事人构成根本违约时，守约方的一方当事人享有法定解除权。合同的解除在解除通知送达违约方时即发生法律效力，解除通知送达时间的拖延只能导致合同解除时间相应后延，而不能改变合同解除的法律后果。当事人没有约定合同解除异议期间，在解除通知送达之日起3个月以后才向法院起诉的，人民法院不予支持。

6. 何某红诉中国人寿保险股份有限公司佛山市顺德支公司、中国人寿保险股份有限公司佛山分公司保险合同纠纷案（《最高人民法院公报》2008年第8期）

基于保险合同的特殊性，合同双方当事人应当做到最大限度的诚实守信。投保人依法履行如实告知义务，即最大限度诚实守信的一项重要内容。根据《保险法》第17条的规定，投保人在订立保险合同前，应当如实回答保险人就保险标的或者被保险人的有关情况作出的询问，如实告知影响保险人对是否承保以及如何设定承保条件、承保费率作出正确决定的重要事项。对于投保人故意隐瞒事实，不履行如实告知义务的，或者因过失未履行如实告知义务，足以影响保险人决定是否同意承保或者提高保险费率的，保险人有权解除保险合同，并对于保险合同解除前发生的保险事故不承担赔偿或者给付保险金的责任。另外，如果保险人在明知投保人未履行如实告知义务的情况下，不是进一步要求投保人如实告知，而是仍与之订立保险合同，则应视为其主动放弃了抗辩权利，构成

① 可参考《民法典》第563条第1款第4项。

有法律约束力的弃权行为，故无权再以投保人违反如实告知义务为由解除保险合同，而应严格依照保险合同的约定承担保险责任。

7. 名山电力有限责任公司诉威格尔国际合作发展公司等专利实施许可合同纠纷案（《最高人民法院公报》2002年第2期）

专利权人交付不合格的专利设备，导致合同目的无法实现的，构成违约，被许可人依法可以主张解除合同。许可人履行合同应当承担返还被许可人已支付的款项的责任，还应当赔偿因设备在期限内不能连续、安全生产给被许可人造成的直接经济损失。

8. 天津市滨海商贸大世界有限公司与天津市天益工贸有限公司、王锡锋财产权属纠纷申请再审案（《最高人民法院公报》2013年第10期）

最高人民法院《关于审理商品房买卖合同纠纷案件适用法律若干问题的解释》（已被修改）第15条关于解除权行使期限的规定仅适用于该解释所称的商品房买卖合同纠纷案件。对于其他房屋买卖合同解除权的行使期限，法律没有规定或者当事人没有约定的，应当根据《合同法》（已废止）第95条[①]的规定，在合理期限内行使。何为“合理期限”，由人民法院结合具体案情予以认定。

9. 万顺公司诉永新公司等合作开发协议纠纷案（《最高人民法院公报》2005年第3期）

催告对方履行的当事人应当是守约方，处于违约状态的当事人不享有基于催告对方仍不履行而产生的合同解除权。合同解除权的行使须以解除权成就为前提，解除行为应当符合法律规定的程序，否则不能引起合同解除的法律效果。

10. 广西桂冠电力股份有限公司与广西泳臣房地产开发有限公司房屋买卖合同纠纷上诉案（《最高人民法院公报》2010年第5期）

《合同法》（已废止）第97条[②]规定：“合同解除后，尚未履行的，终止履行，已经履行的，根据履行情况和合同性质，当事人可以请求恢复原状、采取其他补救措施，并有权要求赔偿损失。”合同解除导致合同关系归于消灭，故合同解除的法律后果不表现为违约责任，而是返还不当得利、赔偿损失等形式的民事责任。

---

① 可参考《民法典》第564条。

② 可参考《民法典》第566条。

11. 孟某诉中佳旅行社旅游合同纠纷案(《最高人民法院公报》2005 年第 2 期)

一方当事人提出解除合同后，在未与对方协商一致的情况下，拒绝对方提出减少其损失的建议，坚持要求对方承担解除合同的全部损失，并放弃履行合同，致使自身利益受到损害的，应自负全部责任。

抵销、免除、混同

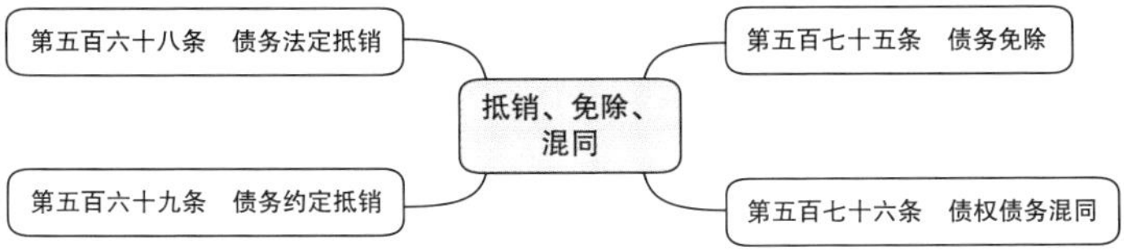

概念

抵销，是指当事人双方互负债务，各以其债权充抵债务的履行，双方各自的债权和对应债务在对等额内消灭。抵销因其产生的根据不同，可分为法定抵销和约定抵销。法定抵销，是指法律规定抵销的条件，具备条件时依当事人一方的意思表示即发生抵销的效力。约定抵销，是指当事人双方协商一致，使自己的债务与对方的债务在对等额内消灭。免除，是指债权人抛弃债权，从而消灭合同关系及其他债的关系。混同，是指债权人与债务人同归于一人，致使债权债务终止。

法典条款

第五百六十八条【债务法定抵销】 当事人互负债务，该债务的标的物种类、品质相同的，任何一方可以将自己的债务与对方的到期债务抵销；但是，根据债务性质、按照当事人约定或者依照法律规定不得抵销的除外。

当事人主张抵销的，应当通知对方。通知自到达对方时生效。抵销不得附条件或者附期限。

第五百六十九条【债务约定抵销】 当事人互负债务，标的物种类、品质不相同的，经协商一致，也可以抵销。

第五百七十五条【债务免除】 债权人免除债务人部分或者全部债务的，债权债务部分或者全部终止，但是债务人在合理期限内拒绝的除外。

第五百七十六条【债权债务混同】 债权和债务同归于一人的，债权债务终止，但是损害第三人利益的除外。

实务要点

1. 第 568 条是关于债务法定抵销的规定。法定抵销应当具备以下条件：一是当事人双方互负有效的债务、互享有效的债权。另需注意，用以抵销的债权，当事人需具处分权，如提出抵销的一方的用以抵销的债权上已设立质权，未经质权人统一，不能发生抵销效力。另外，附有抗辩权的债权，也不得作为主动债权用以抵销。二是被抵销一方的债权已经到期。特殊情况下，未届履行期债权可视为到期债权，依法抵销。例如，《企业破产法》规定，未到期的债权，在破产申请受理时视为到期。三是债务的标的物种类、品质相同。种类相同，是指合同标的物本身的性质和特点一致，如都是支付金钱，或交付同样种类物。品质相同，是指标的物的质量、规格、等级无差别，如都是一级东北大豆。债务种类品质不相同，原则上不允许抵销，法律另有规定除外。另需注意，本条第 1 款后半部分也就法定抵销的除外情形做了规定：(1)根据债务性质不得抵销的，如不作为债务、具有特定人身性质或依赖特定技能完成的债务、相互提供劳务的债务等；(2)按照当事人约定不得抵销；(3)依照法律规定不得抵销的，如《民事诉讼法》规定的"被执行人未按执行通知履行法律文书确定的义务，人民法院有权扣留、提取被执行人应当履行义务部分的收入。但应当保留被执行人及其所扶养家属的生活必需费用"，据此规定，当事人不得将债务人的生活必需费用用以抵销债务。此外，《民法典》其他条文还规定了抵销的特别规定，如第 549 条债权转让中的债务人抵销权、第 553 条债务转移中新债务人的抵销权等。因在其他词条已有解读，不再赘述。另外根据本条第 2 款的规定，抵销的意思表示无须对方同意，也并未要求采书面形式。其适用意思表示的一般规定，非对方方式作出的意思表示自到达对方时生效，且抵销不得附条件或附期限。

2. 第 569 条是关于债务约定抵销的规定。约定抵销作为当事人经协商一致的抵销，实际上是当事人自愿约定以抵销终止原合同的权利义务。因此，约定抵销不存在特定的专门程序，只要当事人双方对抵销达成了一致的意见，当事人互负的债务就抵销了。约定抵销与法定抵销的区别主要表现在：(1)抵销的根据不同。法定抵销基于法律规定，只要具备法定条件，任何一方可将自己的债务与对方的债务抵销；对于约定抵销，双方必须协商一致，不能由单方决定抵销。(2)对抵销的债务的要求不同。法定抵销要求标的物的种类、品质相同；约定抵销标的物的种类、品质可以不同。(3)对抵销的债务的期限要求不同。法定抵销当事人双方互负的债务必须均已到期；约定抵销，双方互负的债务即使没有到期，只要双方当事人协商一致，愿意在履行期到来前将互负的债务抵销，也可抵销。(4)程序要求不同。法定抵销，主张抵销的应当通知对方，通知未到达抵销行为不生效；约定抵销，双方达成抵销协议时，发生抵销的法律效力，不必履行通知义务。

3. 第 575 条是关于债务免除的规定。免除是一种有相对人的意思表示，故应适用意思表示的一般规定，应通知债务人或债务人的代理人，向第三人为免除的意思表示对债务人不发生法律效力。免除是无因行为、无偿行为、不要式行为。免除是放弃债权的行为，向债务人或债务人的代理人表示后即发生债务消灭的后果，只能撤回但不可撤销。根据《民法典》第 141 条的规定，撤回免除意思表示的通知应在意思表示到达相对人前或与意思表示同时到达相对人。此外，债务的免除不得损害第三人利益。如在融资租赁中，出租人(买受人)免除出卖人的交付义务，承租人的利益将受到损害，故不得免除出卖人的义务。另需注意，相较《合同法》(已废止)，本条增加了“债务人在合理期限内拒绝的除外”的但书规定，这实际上赋予了债务人对债权人的免除在合理期限内的“拒绝权”，表明债务的免除并非纯粹的单方民事法律行为。

4. 第 576 条是关于债权债务混同的规定。广义的混同，是指不能并立的两种法律关系同归于一人而使其权利义务归于消灭的现象，包括所有权与他物权同归于一人、债权与债务同归于一人、主债务与保证债务同归于一人的情形。而狭义的混同，也即债权债务的混同，仅指债权与债务同归于一人的情况。本条涉及的为狭义的混同。混同是一种事实，即因某些客观事实发生而产生的债权债务同归一人，不必由当事人为意思表示。混同发生的原因主要有：(1)概括承受。主要包括企业合并、债权人继承债务人、债务人继承债权人、第三人继承债权人和债务人等情形。(2)特定承受。主要包括债务人受让债权人的债、债权人承受债务人的债务等情形。另需注意，若债权消灭损害第三人利益的，债权不能因混同而消灭。例如，债权人将其对债务人的债权出质给第三人，之后即使发生债权人与债务人间债权债务的混同，基于保护作为质权人的第三人利益，作为权利质权标的的债权并不消灭。

权威参考案例

1. 厦门源昌房地产开发有限公司与海南悦信集团有限公司委托合同纠纷案（《最高人民法院公报》2019 年第 4 期）

双方债务均已到期属于法定抵销权形成的积极条件之一。该条件不仅意味着双方债务均已届至履行期，同时还要求双方债务各自从履行期届至诉讼时效期间届满的时间段，应当存在重合的部分。在上述时间段的重合部分，双方债权均处于没有时效等抗辩的可履行状态，“双方债务均已到期”之条件即已成就，即使此后抵销权行使之时主动债权已经超过诉讼时效，亦不影响该条件的成立。因被动债权诉讼时效的抗辩可由当事人自主放弃，故在审查抵销权形成的积极条件时，应当重点考察主动债权的诉讼时效，即主动债权的诉讼时效届满之前，被动债权进入履行期的，应当认为满足双方债务均已到期之条件；反之，则不得认定该条件已经成就。另外，抵销权的行使不同于抵销权的形成。作为形成权，抵销权的行使不受诉讼时效的限制。我国法律并未对法定抵销权的行使设置除斥期间。在法定抵销权已经有效成立的情况下，如抵销权的行使不存在不合理迟延之情形，综合实体公平及抵销权的担保功能等因素，应认可抵销的效力。

2. 青岛澳柯玛集团销售公司与中国银行利津支行票据兑付纠纷上诉案（《最高人民法院公报》2000 年第 4 期）

《合同法》（已废止）第 99 条[①]关于“当事人互负到期债务，该债务的标的物种类、品质相同的，任何一方可以将自己的债务与对方的债务相抵销”的规定，利津支行行使上述抵销权有法律依据。澳柯玛销售公司的《退票说明》也表明双方达成对彼此之间的债务进行抵销的合意。澳柯玛销售公司在与利津中行的票据关系中止后又提起诉讼，显属不当。其有关“票据保证与贷款保证是两个法律关系，本案所涉贷款未贷出，澳柯玛销售公司即无保证责任”的上诉主张于法无据，法院不予支持。

---

① 可参考《民法典》第 568 条。

提存

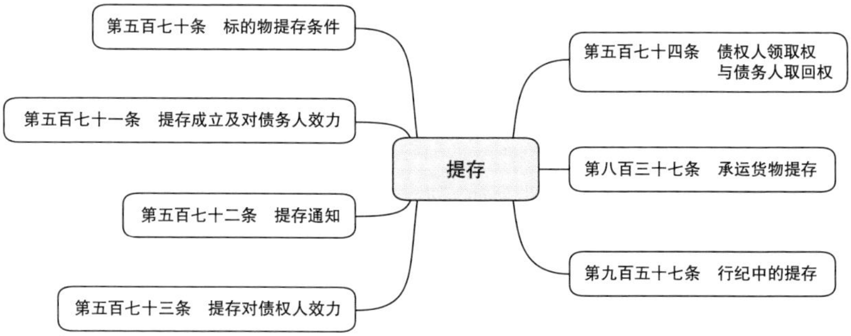

概念

提存(清偿提存),是指法律规定的原因导致债务人难以向债权人履行债务时,债务人将标的物交给提存部门而消灭债务的制度。除了以消灭债权债务为目的的清偿提存外,还有以担保或保管为目的的提存,主要体现在《民法典》第390条、第406条、第432条、第433条、第442~445条中。而本词条涉及的提存则为清偿提存。

法典条款

第五百七十条【标的物提存条件】 有下列情形之一,难以履行债务的,债务人可以将标的物提存:

(一)债权人无正当理由拒绝受领;

(二)债权人下落不明;

(三)债权人死亡未确定继承人、遗产管理人,或者丧失民事行为能力未确定监护人;

(四)法律规定的其他情形。

标的物不适于提存或者提存费用过高的,债务人依法可以拍卖或者变卖标的物,提存所得的价款。

第五百七十一条【提存成立及对债务人效力】 债务人将标的物或者将标的物依法拍卖、变卖所得价款交付提存部门时,提存成立。

提存成立的,视为债务人在其提存范围内已经交付标的物。

第五百七十二条【提存通知】 标的物提存后,债务人应当及时通知债权人或者债权人的继承人、遗产管理人、监护人、财产代管人。

第五百七十三条【提存对债权人效力】 标的物提存后，毁损、灭失的风险由债权人承担。提存期间，标的物的孳息归债权人所有。提存费用由债权人负担。

第五百七十四条【债权人领取权与债务人取回权】 债权人可以随时领取提存物。但是，债权人对债务人负有到期债务的，在债权人未履行债务或者提供担保之前，提存部门根据债务人的要求应当拒绝其领取提存物。

债权人领取提存物的权利，自提存之日起五年内不行使而消灭，提存物扣除提存费用后归国家所有。但是，债权人未履行对债务人的到期债务，或者债权人向提存部门书面表示放弃领取提存物权利的，债务人负担提存费用后有权取回提存物。

第八百三十七条【承运货物提存】 收货人不明或者收货人无正当理由拒绝受领货物的，承运人依法可以提存货物。

第九百五十七条【行纪中的提存】 行纪人按照约定买入委托物，委托人应当及时受领。经行纪人催告，委托人无正当理由拒绝受领的，行纪人依法可以提存委托物。

委托物不能卖出或者委托人撤回出卖，经行纪人催告，委托人不取回或者不处分该物的，行纪人依法可以提存委托物。

实务要点

1. 第 570 条是关于标的物提存条件的规定。本条第 1 款“债权人无正当理由拒绝受领”，是指在合同约定的履行期间，债务人提出履行债务的请求，债权人能够接受履行，却无理由地不予受领。所谓的“正当理由”可以是债权人遇到了不可抗力、难以克服的意外情况、债务人交付的标的物存在严重质量问题、债务人迟延交付致使不能实现合同目的、合同被解除、被确认无效等。本条第 1 款“法律规定的其他情形”，主要指债务人非因过失无法确切知道债权人是谁，即债权人不明的其他情形。例如，根据《民法典》第 837 条的规定，收货人不明的，承运人依法可以提存标的物。债权人不在债务履行地又不能到履行地受领的，也可作为提存的原因之一。需注意，相较《合同法》(已废止)，本条第 1 款第 3 项增加了“遗产管理人”。另需注意，具备本条第 1 款规定的情形之一的，还必须构成难以履行债务才能提存。所谓难以履行，是指债权人不能受领给付的情形不是暂时的、无法解决的，而是不易克服的。下述情形不认为是难以履行：(1)债权人不是拒绝受领而是迟延受领且迟延时间不长；(2)下落不明的债权人有财产代管人可代为接受履行；(3)债权人的继承人、遗产管理人、监护人可很快确定。

2. 第571条是关于提存成立及对债务人效力的规定。按照一般程序，提存需经债务人填写申请书、提交材料、提存部门收到申请作出受理或不受理的决定等程序。此外，根据本条第1款，债务人将标的物或将标的物依法拍卖、变卖所得价款交付提存部门时，提存成立。如此规定，有助于确定提存的成立时间。关于提存成立后对债务人的效力，本条第2款明确了"视为债务人在其提存范围内已经交付标的物"。但需注意，视为交付标的物，并非必然导致债务消灭。需看标的物是否存在瑕疵。若存在瑕疵或提存标的物与债的标的不符，债权人因此拒绝受领的，债务并不消灭。

3. 第572条是关于提存通知的规定。标的物提存后，债务消灭，但债权人还未现实地获得其合同利益。为了便于债权人受领提存物，债务人应当将提存的事实及时通知债权人或者债权人的继承人、遗产管理人、监护人、财产代管人。通知应当告知提存的标的、提存的地点、领取提存物的时间和方法等有关提存的事项。提存通知的义务，是法律规定的后合同义务，债务人必须履行。另需注意，《民法典》总则编增加了遗产管理人与财产代管人，故本条亦增加相应内容。且由于有了财产代管人，故没必要再就"债权人下落不明"做除外规定了。

4. 第573条是关于提存对债权人的效力的规定。提存对债权人的效力，主要体现在标的物提存后，毁损灭失风险、提存费用由债权人负担。当然，提存期间标的物的孳息也归债权人所有。提存费用包括提存公证费、公告费、邮费、保管费、评估鉴定费、拍卖变卖费、代管费、保险费，以及为保管、处理、运输提存标的物所支出的其他费用。作为标的物的所有者，债权人应当支付提存费用，不支付提存费的，提存部门有权留置价值相当的提存物。另需注意，在债务人依据《民法典》第574条第2款依法取回标的物的，提存费用由债务人负担。

5. 第574条是关于债权人领取提存物的权利与债务人取回提存物的权利之规定。一般情形下，债务人可随时领取提存物。但有时，债务人虽将标的物提存，按照合同履行了自己的债务，但与其互负到期债务的债权人并未履行对待给付的义务。为避免先行履行可能发生的风险，保证自己债权的实现，债务人可以对提存部门交付提存物的行为附条件，即只有在债权人履行了对债务人的对等债务，或者为履行提供相应的担保后，才能领取提存物。不符合所附条件的，提存部门应当拒绝债权人领取提存物。此外，债权人领取提存物的权利长期不行使，不仅使权利长期处于不稳定状态，也会增加提存部门负担，不符合物的有效利用原则。故本条规定了债权人领取提存物的时效期间，即自提存之日起 5 年内不行使提存权的，提存权消灭。该期间是除斥期间，自提存之日起经过 5 年债权人未领取的，扣除提存费用后归国家所有。另需注意，为灵活适应多样化的现实情况，相较《合同法》(已废止)，本条增加了债务人对提存物的“取回权”，并明确了债务人行使取回权的两种具体情形：(1) 债权人未履行对债务人的到期债务的；(2) 债权人以书面方式向提存部门表示放弃领取提存物的权利的。债务人取回提存物时需支付提存费用，否则提存部门有权留置相同的提存标的。另需注意，债权人虽未领取提存物，但债务与债权已因另外的履行、抵销、免除等原因而消灭的，也应允许债务人取回提存物。

6. 第 837 条就货运合同中的货物提存做了规定。实际运输业务中，常有贸易合同纠纷或者其他原因造成承运人将货物运输到目的地后，无法向收货人交货的情况，此时应如何处理？根据本条，收货人不明或者收货人拒绝受领货物的，承运人依法可以提存货物。所谓“收货人不明”，既包括收货人下落不明，也包括在货物运输终止时，托运人并没有向承运人指明收货人是谁，而承运人向托运人通知请求其作出指示，但托运人逾期没有作出指示的情况。关于本条，另需注意以下几点：(1) 若货物不适于提存或提存费用过高，承运人可依法拍卖或变卖货物后提存所得价款。(2) 提存后，承运人应及时通知托运人，在收货人明确的情况下，应及时通知收货人。(3) 若货物在提存后毁损、灭失，承运人不承担该货物毁损、灭失的风险。(4) 若承运人应得的运费、保管费及其他运输费用加上提存费用没有付清的，承运人可依照规定留置该货物，以该货物拍卖或折价后，从中扣除运费和其他各种费用后，再提存剩余的价款或没有被留置的相应货物。

7. 第 957 条对行纪合同的标的物提存做了规定。根据本条，行纪合同中行纪人提存权行使主要有以下情形：(1) 委托人无正当理由拒绝受领买入商品时，行纪人可行使提存权。其行使条件包括：一是行纪人应当催告委托人在一定期限内受领；二是委托人无正当理由逾期仍拒绝受领买入物的；三是行纪人应按照

《民法典》合同编通则有关提存的规定行使提存权。(2)委托人不处分、不取回不能出卖的委托物时，经行纪人的催告，在合理期限内，委托人逾期仍不取回或者不处分委托物的，行纪人可行使提存权。(3)行纪人享有拍卖权。拍卖权，是指委托人无故拒绝受领或者不取回出卖物时，法律赋予行纪人依照法定程序将委托物予以拍卖的权利，且可以优先受偿，即就拍卖后的价款中扣除委托人应付的报酬、偿付的费用以及损害赔偿金等，若还有剩余，行纪人应交有关部门提存。

违约类型

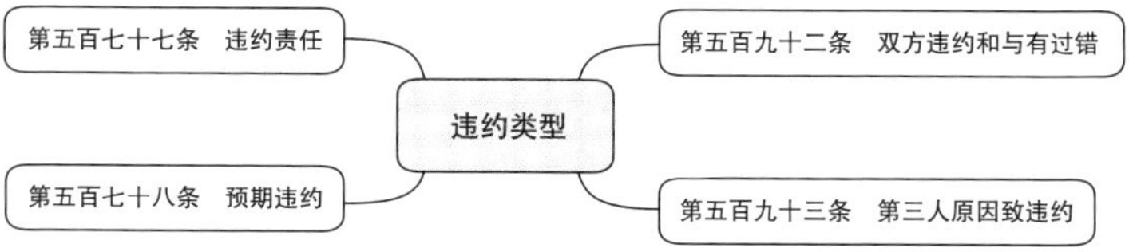

概念

违约，即违反合同。现实中违约形态多样，很多学者做了不同归纳，有的将债务不履行分为拒绝给付、给付不能、不完全给付、迟延给付等，有的则强调预期违约、根本违约、部分违约。本词条主要结合《民法典》合同编违约责任一章的规定，按照违约的不同形态进行的梳理。

法典条款

第五百七十七条【违约责任】 当事人一方不履行合同义务或者履行合同义务不符合约定的，应当承担继续履行、采取补救措施或者赔偿损失等违约责任。

第五百七十八条【预期违约】 当事人一方明确表示或者以自己的行为表明不履行合同义务的，对方可以在履行期限届满前请求其承担违约责任。

第五百九十二条【双方违约和与有过错】 当事人都违反合同的，应当各自承担相应的责任。

当事人一方违约造成对方损失，对方对损失的发生有过错的，可以减少相应的损失赔偿额。

第五百九十三条【第三人原因致违约】 当事人一方因第三人的原因造成违

约的，应当依法向对方承担违约责任。当事人一方和第三人之间的纠纷，依照法律规定或者按照约定处理。

实务要点

1. 作为合同编违约责任一章的第一个条文，第 577 条是关于违约的基本规定，明确了违约的基本形态和承担违约责任的种类。成立违约责任，一般需满足以下要件：首先，违约责任要求存在有效的合同义务。不以合同义务存在为前提而产生的民事责任，不是违约责任。其次，需存在不履行合同义务或履行合同义务不符合约定的情况。不履行包括拒不履行和履行不能：拒不履行指当事人能够履行合同却无正当理由而故意不履行；履行不能指因不可归责于债务人的事由致使合同的履行在事实上已经不可能。履行不符合约定，又称不完全给付，是指当事人履行合同义务不符合约定的条件，又分为一般瑕疵履行和加害履行；一般瑕疵履行又含迟延履行。另需注意，按照本条，违约责任一般构成中不考虑过错。但为妥当平衡行为人行为自由与受害人法益保护，《民法典》也对违约责任的减免以及具体合同类型中的违约责任特殊归责、免责事由做了规定。此外，《民法典》也是允许当事人对免责或限制责任进行约定的。

2. 第 578 条是关于预期违约的规定。预期违约，是指违约行为发生于合同履行期届至之前的违约，又称先期违约。预期违约包括明示预期违约和默示预期违约。当事人在合同履行期到来之前无正当理由明确表示将不履行合同，或者以自己的行为表明将不履行合同，即构成预期违约。需注意，预期违约的成立，要求预期违约的一方并不是基于行使抗辩权等正当理由而不履行合同的。依照本条规定，可以在履行期限届满前请求其承担违约责任。

3. 第 592 条是关于双方违约和与有过错的规定。仅一方当事人违反约定的，为单方违约；双方当事人都违约的，为双方违约。双务合同中，有些合同义务是彼此独立的。在双方各自违反了相互独立的合同义务时，实际上是两个独立的违约行为，各自都应向对方承担相应的违约责任。故本条第 1 款对此做了规定。与有过错，又称混合过错、过错相抵，是指受损害一方对于损害结果的发生存在过错的，在计算损失赔偿额时应予以相应减少。另需注意，我国违约责任采无过错规则原则，仅仅是不依据违约方是否具有过错使违约方承担违约责任，但与有过错解决的是对方的过错致损害放生时是否能够减少违约方的损害赔偿额，二者并不矛盾。另外，与有过错与双方违约不同，与有过错中仅发生一个损害，而双方违约发生两个损害。

4. 第 593 条是关于因第三人原因造成的违约的规定。因第三人原因造成一方当事人违约，如第三人迟延交货造成一方当事人迟延履行的，该当事人应当承担违约责任。该当事人承担违约责任后，可向第三人追偿。第三人原因构成意外事故致使一方当事人违约，且第三人无力赔偿的，损失由双方当事人分担。法律规定因第三人原因造成违约第三人直接承担责任的，第三人应当直接承担责任。如依照《消费权益保护法》，消费者因商品缺陷造成人身、财产损害的，可以向出售商品的销售者请求赔偿，也可以向制造商品的生产者请求赔偿，受损害的消费者直接请求生产者赔偿的，生产者应当赔偿。另需注意，本条在《合同法》（已废止）的基础上，对因第三人原因造成违约应承担的违约责任做了适当限缩，将《合同法》（已废止）第 121 条“应当向对方承担违约责任”修改为“应当依法向对方承担违约责任”。所谓“依法”，是指依据《民法典》第 577 条关于违约责任的一般规定。据此，依据本条规定债务人向债权人承担违约责任的前提是债务人因第三人的原因违反了合同义务而构成违约。本条所谓的第三人主要包括但并不限于：履行辅助人、债务人的上级机关、与债务人有其他合同关系的第三人等。

权威参考案例

1. 连某贤诉臧某林排除妨害纠纷案（《最高人民法院公报》2015 年第 10 期）

签订房屋买卖合同后出卖方应向买受人履行权利与实物的双重交付，在买受方已取得房屋产权而未实际占有的情况下，其仅仅基于物权请求权要求有权占有人迁出，法院应慎重审查。若占有人对房屋的占有具有合法性、正当性，买受人应以合同相对方为被告提起债权给付之诉，要求对方履行交付房屋的义务或在房屋客观上无法交付的情况下承担相应的违约责任。

2. 荷属安的列斯·东方航运有限公司与中国·澄西船舶修造厂船舶修理合同纠纷案（《最高人民法院公报》2008 年第 12 期）

船舶虽然在修理厂进行修理，但并非全船属于修理厂的修理范围，船员始终保持全编在岗状态。在此情况下发生火灾，船方主张修理厂对火灾损失承担违约责任的，应当对起火点位于船舶修理合同范围之内、修理厂存在不履行合同或者不按约定履行合同的违约行为、火灾损失的存在以及修理厂的违约行为与火灾损失的发生之间存在因果关系等问题承担举证责任。船方不能就上述问题举证的，人民法院对其诉讼请求不予支持。

3. 刘某捷诉中国移动徐州分公司电信服务合同纠纷案（《最高人民法院公报》2012 年第 10 期）

根据《消费者权益保护法》（1994 年）第 19 条的规定，经营者应当向消费者提供有关服务的真实信息。例如，经营者对其提供的某项服务业务存在限制条件，应当在订立合同时向消费者明确告知，以便消费者进行选择。电信服务企业在订立合同时未向消费者告知某项服务设定了使用期限限制，在合同履行中又以该项服务超过有效期限为由限制或停止对消费者的服务的，属于违约行为，应当承担违约责任。

4. 周某栋诉江东农行储蓄合同纠纷案（《最高人民法院公报》2006 年第 2 期）

对于《商业银行法》规定的保证支付、取款自由、为储户保密应当进行全面理解。保证支付不仅是指银行不得拖延、拒绝支付，还包括银行应当以适当的方式履行支付义务；取款自由，不仅包括取款时间、数额上的自由，在有柜台和自动取款机等多种取款方式的情况下，还应包括选择取款方式的自由；为储户保密不仅指对储户已经提供的个人信息保密，也包括为办理交易的储户提供必要的安全、保密环境。银行如果没有履行上述义务，即构成违约，应当承担相应违约责任。

5. 郑某峰、陈某青诉江苏省人民医院医疗服务合同纠纷案（《最高人民法院公报》2004 年第 8 期）

医疗服务合同中，医院与患者是平等的民事主体关系，在非紧急情况下，医院对实施的医疗方案负有向患者进行说明的义务，患者也有权充分了解医疗方案对自己可能产生的影响，对医疗方案享有选择权。《合同法》（已废止）第 107 条[①]规定，当事人一方不履行合同义务或者履行合同义务不符合约定的，应当承担继续履行、采取补救措施或者赔偿损失等违约责任。所以，非紧急情况下医院未经患者同意擅自改变双方约定的医疗方案属于履行合同义务不符合约定的行为，应当对患者承担违约责任。

6. 上海申合进出口有限公司诉日本国伊藤忠商事株式会社国际货物买卖合同纠纷抗诉案（《最高人民法院检察院公报》2002 年第 4 号）

国际货物买卖合同中双方都应该严格按照合同的约定履行相应义务以确保

① 可参考《民法典》第 577 条。

能够顺利进行通关安检等程序。一方未按照质量标准履行义务致使商检不合格的，属于未按照合同约定履行相应义务的违约行为，依法应承担违约责任。

7. 和平艺术品拍卖有限公司诉李某拍卖纠纷案（《最高人民法院公报》1998年第2期）

拍卖公司在拍卖前将附有拍卖作品和拍卖规则的拍卖图录交给竞买参加人，该拍卖图录的内容应视为拍卖公司向竞买人发出的要约。竞买人在该拍卖活动中所出最高竞价即构成对拍卖公司要约的承诺。且竞买人与拍卖公司现场签署成交确认书。拍卖过程、手续符合法律规定，依法应确认拍卖公司与竞买人之间的拍卖关系合法有效。竞买人以空头支票的形式支付成交定金且未依规则在7日以内向拍卖公司付款提货，已构成违约。

8. 冉某、张某诉重庆某地产有限公司房屋买卖合同纠纷案（2015年12月4日《最高人民法院发布19起合同纠纷典型案例》案例8）

本案中，虽然涉案商品房最后通过了竣工验收，房屋质量也是合格的，并且开发商迟延取得竣工验收备案登记证并未实际影响购房人接收商品房后对房屋的占有、使用、收益和处分，即购房人实际上并没有损失。但是，作为开发商采取欺诈的方式交付房屋，侵犯了购房人的知情选择权。法院依法判决开发商承担逾期交房的违约责任，既可以维护买房人的合法权益，又可以给开发商以警示，有利于促进开发商增强法治意识，遵守市场经济规则，在全社会弘扬诚信原则，减少纷争的产生。因此，法院判决开发商部分违约，承担80%的责任比较合理。

9. 兰州滩尖子永昶商贸有限责任公司等诉爱之泰房地产开发有限公司合作开发房地产合同纠纷案（《最高人民法院公报》2015年第5期）

在双务合同中，双方均存在违约的情况下，应根据合同义务分配情况、合同履行程度以及各方违约程度大小等综合因素，判断合同当事人是否享有解除权。

10. 大连渤海建筑工程总公司与大连金世纪房屋开发有限公司、大连宝玉房地产开发有限公司、大连宝玉集团有限公司建设工程施工合同纠纷上诉案（《最高人民法院公报》2008年第11期）

债权属于相对权，相对性是债权的基础，故债权在法律性质上属于对人权。债是特定当事人之间的法律关系，债权人和债务人都是特定的。债权人只能向特定的债务人请求给付，债务人也只对特定的债权人负有给付义务。即使因合同当事人以外的第三人的行为致使债权不能实现，债权人不能依据债权的效力向第三人请求排除妨害，也不能在没有法律依据的情况下突破合同相对性原则要求第三人对债务承担连带责任。

不同违约责任承担方式

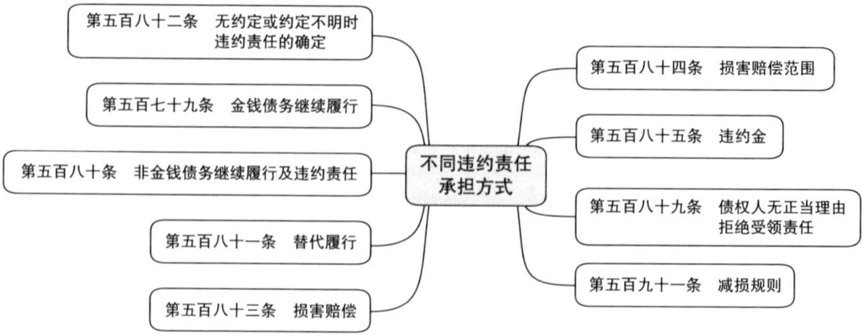

概念

本词条所谓不同的违约责任承担方式，主要包括对无约定或约定不明时违约责任的确定、金钱债务的继续履行责任、非金钱债务继续履行责任及违约责任、替代履行责任、损害赔偿、违约金等内容。

法典条款

第五百八十二条【无约定或约定不明时违约责任的确定】　履行不符合约定的，应当按照当事人的约定承担违约责任。对违约责任没有约定或者约定不明确，依据本法第五百一十条的规定仍不能确定的，受损害方根据标的的性质以及损失的大小，可以合理选择请求对方承担修理、重作、更换、退货、减少价款或者报酬等违约责任。

第五百七十九条【金钱债务继续履行】　当事人一方未支付价款、报酬、租金、利息，或者不履行其他金钱债务的，对方可以请求其支付。

第五百八十条【非金钱债务继续履行及违约责任】　当事人一方不履行非金钱债务或者履行非金钱债务不符合约定的，对方可以请求履行，但是有下列情形之一的除外：

（一）法律上或者事实上不能履行；

（二）债务的标的不适于强制履行或者履行费用过高；

（三）债权人在合理期限内未请求履行。

有前款规定的除外情形之一，致使不能实现合同目的的，人民法院或者仲裁机构可以根据当事人的请求终止合同权利义务关系，但是不影响违约责任的承担。

第五百八十一条【替代履行】 当事人一方不履行债务或者履行债务不符合约定，根据债务的性质不得强制履行的，对方可以请求其负担由第三人替代履行的费用。

第五百八十三条【损害赔偿】 当事人一方不履行合同义务或者履行合同义务不符合约定的，在履行义务或者采取补救措施后，对方还有其他损失的，应当赔偿损失。

第五百八十四条【损害赔偿范围】 当事人一方不履行合同义务或者履行合同义务不符合约定，造成对方损失的，损失赔偿额应当相当于因违约所造成的损失，包括合同履行后可以获得的利益；但是，不得超过违约一方订立合同时预见到或者应当预见到的因违约可能造成的损失。

第五百八十五条【违约金】 当事人可以约定一方违约时应当根据违约情况向对方支付一定数额的违约金，也可以约定因违约产生的损失赔偿额的计算方法。

约定的违约金低于造成的损失的，人民法院或者仲裁机构可以根据当事人的请求予以增加；约定的违约金过分高于造成的损失的，人民法院或者仲裁机构可以根据当事人的请求予以适当减少。

当事人就迟延履行约定违约金的，违约方支付违约金后，还应当履行债务。

第五百八十九条【债权人无正当理由拒绝受领责任】 债务人按照约定履行债务，债权人无正当理由拒绝受领的，债务人可以请求债权人赔偿增加的费用。

在债权人受领迟延期间，债务人无须支付利息。

第五百九十一条【减损规则】 当事人一方违约后，对方应当采取适当措施防止损失的扩大；没有采取适当措施致使损失扩大的，不得就扩大的损失请求赔偿。

当事人因防止损失扩大而支出的合理费用，由违约方负担。

实务要点

1. 第 582 条是关于无约定或约定不明时违约责任如何确定的规定。债务人履行合同义务不符合约定，主要是品质、数量等不符合约定。当事人对违约责任有约定的，按约定承担。没有约定或者约定不明，按照《民法典》第 510 条的规定确定，即通过协议补充；不能达成补充协议的，按照合同相关条款或交易习惯确定；按照以上均无法确定的，受损害方可根据标的物性质及损失大小，合理选择请求对方承担修理、重作、更换、退货、减少价款或报酬等违约责任。

2. 第 579 条是关于金钱债务继续履行的规定。金钱债务，是指以给付一定货币为内容的债务，包括支付价款、报酬、租金、利息及以履行其他金钱债务为内容的债务。本条所谓报酬，指的也是金钱报酬而非其他形式的报酬。所谓继续履行，也称实际履行，即按照合同约定继续履行义务。货币具有高度流通性与可替代性，一般不会出现履行不能、不适于强制履行、履行费用过高或因不可抗力而完全不能履行的情形，故违约方应继续履行。

3. 第 580 条与第 579 条相对，是关于非金钱债务继续履行的规定。非金钱债务当事人不履行非金钱债务或履行非金钱债务不符合约定，且非金钱债务能够继续履行的，守约方可请求违约方继续履行，也可请求违约方承担赔偿损失等其他民事责任。当然，有时非金钱债务是不能继续履行的；本条第 1 款对此做了规定。所谓法律上不能履行，是指基于法律规定不能履行或履行将违反法律的强制性规定。所谓事实上不能履行，是指依据自然法则已不能履行，且并非暂时的不能履行。所谓不适于强制履行的，主要为基于高度人身依赖而生的合同如委托合同、合伙合同等，以及若强制履行将危害债务人人身自由、人格尊严或安全属人身性质等。另需特别注意的是本条第 2 款“有前款规定的除外情形之一，致使不能实现合同目的的，人民法院或者仲裁机构可以根据当事人的请求终止合同权利义务关系，但是不影响违约责任的承担”的规定。该内容相较《合同法》(已废止)系新增内容，明确了在债权人无法请求债务人继续履行主要债务，合同目的无法实现时，双方当事人均可请求解除合同。有观点也认为本款实际上系对“违约方解除权”的规定。本款适用的前提是:(1)无法请求违约方继续履行。(2)致使合同目的不能实现。(3)当事人提出请求。本款适用的法律后果是:(1)法院或仲裁机构可终止合同权利义务关系。(2)不影响违约方承担除继续履行外的其他违约责任。

4. 第 581 条是关于替代履行的规定。该规定相较《合同法》(已废止)亦属新增内容。替代履行适用的前提是，当事人一方不履行债务或履行债务不符合约定，且根据该债务的性质不得强制履行。另需注意，本条规定的替代履行并不要求一定要第三人先替代履行，之后才可以请求债务人负担费用，债权人可直接请求债务人负担第三人替代履行的费用。且替代履行不妨碍债权人就其他损失请求债务人赔偿。

5. 第 583 条是关于违约损害赔偿的规定。债务人未在约定期间或合理期间内继续履行，或不能采取有效补救措施的，债权人可才采取其他救济措施。尽管债务人已继续履行或采取了有效的补救措施，债权人还有其他损失的，仍可请求债务人依法赔偿。这些损失主要有：(1)债务人最初不履行合同义务或履行合同义务不符合约定造成的损失；(2)债务人之后的不继续履行或继续履行不符合约定造成的损失；(3)债务人继续履行或采取补救措施完毕前的迟延履行造成的损失；(4)补救措施本身造成的损失；(5)补救措施仍无法弥补的损失。

6. 第 584 条违约损害赔偿范围的规定。承担违约损害赔偿责任的构成有四个要件：一是有违约行为，当事人不履行或不适当履行合同。二是有损失后果，违约行为给另一方当事人造成了损失。三是违约行为与对方损失之间有因果关系。四是无免责事由。赔偿损失的范围可由法律直接规定，或由双方约定。在法律没有特别规定和当事人没有另行约定的情况下，违约损害赔偿应按完全赔偿原则赔偿全部损失，包括直接损失和间接损失。直接损失指财产上的直接减少。间接损失又称所失利益，指失去的可以预期取得的利益。可以获得的预期的利益，简称可得利益。可得的利益指利润，而不是营业额。可得利益的求偿需坚持客观确定性，即预期取得的利益不仅主观上是可能的，客观上还需要是确定的。违约行为的发生使此利益丧失；若无违约行为，这种利益按通常情形是必得的。例如，建筑公司承建一写字楼迟延 1 个月交付，这 1 个月的营业利润额即为可得利益。可得利益的求偿不能任意扩大，法律采取预见性限制赔偿范围的随意扩大。预见性有四个要件：一是预见的主体为违约人，而不是非违约人；二是预见的标准是客观的理性人标准，是一个正常勤勉的人处在违约方的位置所能合理预见到的；三是预见的时间为订立合同之时，而不是违约之时；四是预见的内容为损失类型或种类，无须精确到具体范围。如旅客因飞机误点使其耽误了一笔生意，要求赔偿。该生意是否耽搁，航空公司在售票时是无法预见的，故对此间接损失不予赔偿。金钱赔偿、折抵赔偿都涉及损失赔偿额的算定。此外，损失赔偿额的计算，关键是确定标的物价格的计算标准，计算标准涉及标的物种类和计算的时间及地点。合同标的物的价格，可分为市场价格和特别价格。一般标的物按市场价格确定其价格；特别标的物按特别价格确定。确定特别价格往往考虑精神因素，带有感情色彩。计算标的物的价格，还要确定计算的时间及地点。在不同的时间，不同的地点，价格往往不同。通常以违约行为发生的时间作为确定标的物价格的计算时间，以违约行为发生的地点作为确定标的物价格的计算地点。若法律规定或者当事人约定了赔偿损失的计算方法，则按该方法算定损失赔偿额。如《海商法》规定了赔偿责任限额的计算单位，可按此理赔。

7. 第 585 条是关于约定违约金的规定。违约金，是指按照当事人的约定或者法律直接规定，一方当事人违约的，应向另一方支付的金钱。违约金的标的物是金钱，但当事人也可以约定违约金的标的物为金钱以外的其他财产。违约金有法定违约金和约定违约金之分。由法律直接规定的违约金为法定违约金。违约金由当事人约定的，为约定违约金；本条涉及的即约定违约金。约定违约金可以看成一种附条件合同，只有在违约行为发生的情况下，违约金合同生效；违约行为不发生，违约金合同不生效。违约的种类繁多，违约金合同则有概括性和具体性之分。概括性违约金合同，是指当事人对违约行为不做具体区分，概括约定凡违约即支付违约金。具体性违约金合同，是指当事人针对不同的违约行为约定的违约金，如债务不履行违约金、债务部分履行违约金、债务迟延履行违约金等。当事人约定了违约金的，一方违约时，应当按照该约定支付违约金。如果约定的违约金低于造成的损失，当事人可以请求人民法院或者仲裁机构予以增加；如果约定的违约金过分高于造成的损失，当事人可以请求法院或仲裁机构予以适当减少。司法实践中，对此掌握的标准一般是，约定的违约金超过造成损失的 30% 的，一般认定为“过分高于造成的损失”，但也不可机械地使用。可综合考虑合同履行情况、当事人过错程度、预期利益、当事人主体身份（商事主体时，违约金酌减应更审慎）等其他因素。此外，若当事人专门就迟延履行约定违约金的，该种违约金仅是违约方对其迟延履行所承担的违约责任，因此，违约方支付违约金后，还应当继续履行债务。

8. 第 589 条对债权人无正当理由拒绝受领的法律后果做了规定，这里的拒绝受领是广义的，包括迟延受领。相较《合同法》（已废止），本条属新增内容。债权人无正当理由拒绝受领的构成要件包括：（1）债务人按约定现实履行了债务或提出了履行债务的请求；（2）债务内容的实现以债权人的受领给付或其他协助为必要;(3)债权人拒绝受领;(4)债权人的拒绝受领无正当理由。债权人无正当理由拒绝受领本质上属违约,按照本条规定,债务人可请求债权人赔偿因此增加的费用。所谓给债务人增加的费用,包括债务人提出给付的费用(如往返交通费用、通知费用等)、保管给付物的必要费用、对不宜保存的标的物的处理费用等其他费用。此外,本条第2款还明确了债务人在债权人受领迟延期间无须支付利息。

9. 第591条规定的是减损规则,即一方违约后对方防止损失扩大的减损义务的规定。本条规定的减损义务是一种强度较低的义务,债权人违反减损义务的,债务人不得请求债权人承担责任,即其不得就因违反减损义务而扩大的损失请求债务人赔偿。守约方防止损失扩大的义务,具体包括两个方面:一是在对方当事人出现违约行为以后,守约方应采取措施,将损失控制住;二是在违约行为发生后,守约方不应怠于取得能够取得的利益。例如,甲乙双方签订了甲从乙处收购黄桃的合同,后因某种原因,甲取消合同,答应按照合同约定的收购价格的20%赔偿。此时乙方积极想办法,将黄桃销售到其他地方,获得了一定的收益。如果此时乙方不采取措施,任由黄桃烂掉,然后要求甲方赔偿烂掉黄桃的损失,就属于没有采取措施防损失的扩大,违背了诚实信用的原则,无权要求甲方赔偿烂掉黄桃的损失。此外,本条第2款明确,当事人因防止损失扩大而支出的合理费用,由违约方负担。违约方负担该费用的条件是,该费用是债权人为防止损失扩大而支出的,且根据当时情况是合理的。

权威参考案例

1. 杨某诉东台市东盛房地产开发有限公司商品房销售合同纠纷案(《最高人民法院公报》2010年第11期)

除有特别约定外,房屋出卖人应当保证房屋质量符合工程建设强制性标准以及合同的约定。房屋买受人因房屋存在质量缺陷为由向出卖人主张修复等民事责任的,人民法院应当予以支持。

2. 新宇公司诉冯某梅商铺买卖合同纠纷案(《最高人民法院公报》2006年第6期)

根据《合同法》(已废止)第110条[①]的规定,有违约行为的一方当事人请求解除合同,没有违约行为的另一方当事人要求继续履行合同,当违约方继续履约

① 可参考《民法典》第580条。

所需的财力、物力超过合同双方基于合同履行所能获得的利益，合同已不具备继续履行的条件时，为平衡双方当事人利益，可以允许违约方解除合同。

3. 上海玄霆娱乐信息科技有限公司与王某、北京幻想纵横网络技术有限公司著作权合同纠纷上诉案（2013年4月15日《2012年中国法院知识产权司法保护10大案例、10大创新性案件和50间典型案例》案例9）

该案系网络文学网站经营者和网络写手之间发生的争议，审理核心在于准确评价网站经营者“买断”网络写手未来所有作品的合作方式。本案主要涉及双方法律关系的定性、法律关系的效力、违约责任承担等问题。在确定著作权合同的法律性质时，法院不应仅以合同名称作为认定标准，还应当根据合同约定的当事人权利义务关系，并结合合同目的来认定。当事人就未来作品的权利转让所达成的协议具有法律效力，但合同义务涉及作者的创作行为或创作自由时，对方当事人不得主张继续履行。

4. 李某柏诉南京金陵置业发展有限公司商品房预售合同纠纷案（《最高人民法院公报》2016年第12期）

因出卖人所售房屋存在质量问题，致购房人无法对房屋正常使用、收益，双方当事人对由此造成的实际损失如何计算未作明确约定的，人民法院可以房屋同期租金作为标准计算购房人的实际损失。

5. 新疆亚坤商贸有限公司与新疆精河县康瑞棉花加工有限公司买卖合同纠纷上诉案（《最高人民法院公报》2006年第11期）

在审理合同纠纷案件中，确认违约方的赔偿责任应当遵循“可预见性原则”，即违约方仅就其违约行为给对方造成的损失承担赔偿责任，对由于市场风险等因素造成的、双方当事人均不能预见的损失，因非违约方过错所致，与违约行为之间亦没有因果关系，违约方对此不承担赔偿责任。

6. 闫某臣、李某霞诉北京中国国际旅行社有限公司旅游合同纠纷案（2015年12月4日《最高人民法院发布19起合同纠纷典型案例》案例19）

旅行社和游客在平等自愿基础上订立了旅游合同，合同中对交通标准、旅游费用等做了明确的约定，其中包括游客已经缴纳的旅游费用包含了所有的机票交通费用。根据上述约定，游客另行支付机票费用的有权要求旅行社来承担。旅行社在安排上存在瑕疵，导致因航班晚点致使游客自己另行购买机票的损失发生，而该损失与旅行社的不当行为具有直接的关系，且违反了双方订立的旅游合同的约定内容。因此，旅行社应对游客支出的机票费用承担赔偿责任。

7. 周某帅诉余姚绿城房地产有限公司商品房预售合同纠纷案（《最高人民法院公报》2019 年第 12 期）

当事人约定的违约金超过损失的 30% 的，一般可以认定为《合同法》（已废止）第 114 条第 2 款[①]规定的"过分高于造成的损失"的规定，当事人主张约定的违约金过高请求予以适当减少的，人民法院应当以实际损失为基础，兼顾合同的约定、履行情况、当事人的过错程度以及预期利益等综合因素，根据公平原则和诚实信用原则进行考量，作出认定。

8. 韶关市汇丰华南创展企业有限公司与广东省环境工程装备总公司、广东省环境保护工程研究设计院合同纠纷案（《最高人民法院公报》2011 年第 9 期）

最高人民法院《关于适用〈中华人民共和国合同法〉若干问题的解释（二）》（已废止）第 29 条规定："当事人主张约定的违约金过高请求予以适当减少的，人民法院应当以实际损失为基础，兼顾合同的履行情况、当事人的过错程度以及预期利益等综合因素，根据公平原则和诚实信用原则予以衡量，并作出裁决。当事人约定的违约金超过造成损失的百分之三十的，一般可以认定为合同法第一百一十四条第二款规定的'过分高于造成的损失'。"在计算实际损失数额时，应当以因违约方未能履行双方争议的、含有违约金条款的合同，给守约方造成的实际损失为基础进行计算，将合同以外的其他损失排除在外。对于一方当事人因其他合同受到的损失，即使该合同与争议合同有一定的牵连关系，也不能简单作为认定争议合同实际损失的依据。对于前述司法解释中"当事人约定的违约金超过造成损失的百分之三十"的规定应当全面、正确地理解。一方面，违约金约定是否过高应当根据案件具体情况，以实际损失为基础，兼顾合同的履行情况、当事人的过错程度以及预期利益等综合因素，根据公平原则和诚实信用原则综合予以判断，"百分之三十"并不是一成不变的固定标准；另一方面，前述规定解决的是认定违约金是否过高的标准，不是人民法院适当减少违约金的标准。因此，在审理案件中，既不能机械地将"当事人约定的违约金超过造成损失的百分之三十"的情形一概认定为《合同法》（已废止）第 114 条第 2 款[②]规定的"过分高于造成的损失"，也不能在依法"适当减少违约金"数额时，机械地将违约

---

① 可参考《民法典》第 585 条第 2 款。

② 可参考《民法典》第 585 条第 2 款。

金数额减少至实际损失的130%。

9. 史某培与甘肃皇台酿造(集团)有限责任公司、北京皇台商贸有限责任公司互易合同纠纷上诉案(《最高人民法院公报》2008年第7期)

根据《合同法》(已废止)第114条第2款[①]的规定,只有当约定的违约金过分高于造成的损失时,当事人可以请求人民法院或者仲裁机构予以适当减少。因此,在当事人恶意违约的情况下,如果没有证据证明合同约定的违约金过分高于造成的损失,当事人请求减少违约金的,人民法院可不予支持。

10. 山西嘉和泰房地产开发有限公司与太原重型机械(集团)有限公司土地使用权转让合同纠纷案(《最高人民法院公报》2008年第3期)

根据《合同法》(已废止)第114条[②]的规定,对于当事人在合同中约定的违约金数额,只有在当事人请求调整、且合同约定的违约金数额确实低于或者过分高于违约行为给当事人造成的损失时,人民法院才能进行调整。

11. 北沙坡村村委会诉西安市高新技术产业开发区东区管委会等拖欠征地款纠纷案(《最高人民法院公报》2005年第1期)

依照《合同法》(已废止)第114条第2款[③]的规定,当事人在合同中约定的违约金过分高于违约方给守约方造成的损失的,人民法院可根据当事人的请求适当予以减少。

12. 王磊诉抚顺乐活房地产开发有限公司商品房销售合同纠纷案(2015年12月4日《最高人民法院发布19起合同纠纷典型案例》案例16)

在商品房买卖合同履行过程中,开发商因其自身原因致使合同未能如期履行,造成购房者较大经济损失时,不能简单机械地适用双方签订的格式合同中对购房者不利的违约条款,而应依据公平原则,适当维护购房者的合法权益。

13. 海擎重工机械有限公司与江苏中兴建设有限公司、中国建设银行股份有限公司泰兴支行建设工程施工合同纠纷案(《最高人民法院公报》2015年第6期)

从事建设工程活动,必须严格执行基本建设程序,坚持先勘察、后设计、再施工原则。建设单位未提前交付地质勘查报告、施工图设计文件未经过建设主管部门审查批准的,应对于因双方签约前未曾预见的特殊地质条件导致工程质

① 可参考《民法典》第585条第2款。

② 可参考《民法典》第585条。

③ 可参考《民法典》第585条。

量问题承担主要责任。施工单位应采取合理施工方案，避免损失扩大。法院应当根据合同约定、法律及行政法规规定的工程建设程序，依据诚实信用原则，合理确定建设单位与施工单位对于建设工程质量问题的责任承担。

定金

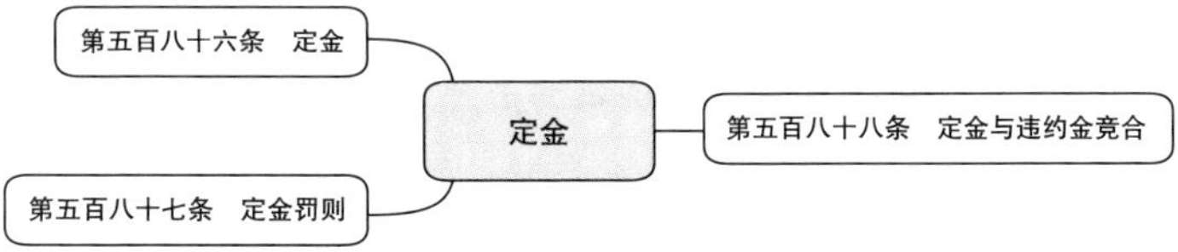

概念

定金，是债的一种担保方式，是指当事人约定的，为保证债权的实现，由一方当事人在履行前预先向对方给付的一定数量的货币或者其他代替物。

法典条款

第五百八十六条【定金】 当事人可以约定一方向对方给付定金作为债权的担保。定金合同自实际交付定金时成立。

定金的数额由当事人约定；但是，不得超过主合同标的额的百分之二十，超过部分不产生定金的效力。实际交付的定金数额多于或者少于约定数额的，视为变更约定的定金数额。

第五百八十七条【定金罚则】 债务人履行债务的，定金应当抵作价款或者收回。给付定金的一方不履行债务或者履行债务不符合约定，致使不能实现合同目的的，无权请求返还定金；收受定金的一方不履行债务或者履行债务不符合约定，致使不能实现合同目的的，应当双倍返还定金。

第五百八十八条【定金与违约金竞合】 当事人既约定违约金，又约定定金的，一方违约时，对方可以选择适用违约金或者定金条款。

定金不足以弥补一方违约造成的损失的，对方可以请求赔偿超过定金数额的损失。

实务要点

1. 第 586 条是关于定金（违约定金）的规定。现行法上的定金为违约定金，对于立约定金、证约定金、解约定金以及成约定金，法律并未规定，但也没有禁止，当事人可通过合同设立其他种类的定金。定金合同需明确定金的性质，若对定金性质未作约定或约定不明确，则按法律规定的违约定金处理。另按照本条第1款的规定，定金合同是实践性合同，自实际交付定金时合同才成立。订立定金合同，不履行交付定金的约定，不承担违约责任。关于定金的数额，按照本条第2款，由当事人约定，但不得超过主合同标的额的20%；超过20%的部分不产生定金效力，应予返还或按照约定抵作价款。另外，按照本款，实际交付的定金数额少于约定数额的，收受一方提出异议并拒绝接受定金的，定金合同不成立；收受一方接受了定金但提出了异议，仍在接受定金范围内发生定金效力。

2.第587条是关于定金罚则即违约定金效力的规定。定金罚则首先应按照当事人的约定与法律的规定适用。法律对定金有特别规定时，适用该特别规定；当事人另有约定时，按照当事人约定。不存在法律另有规定且不存在当事人另有约定的，按照本条的规定适用。且适用本条，需满足当事人一方不履行债务或履行债务不符合约定，且该违约行为致使合同目的不能实现，即根本违约。虽有违约行为但较为轻微，未达到不能实现合同目的的程度时，不能适用或全部适用定金罚则。若当事人一方不完全履行合同，能够区分比例的情况下，应按照未履行部分所占合同约定内容的比例适用定金罚则。另需注意，因不可抗力免责的，也不能适用定金罚则。

3.第588条是关于定金与违约金竞合及定金不足以弥补损失的规定。合同既约定了违约金又约定了定金的，若一方违约，对方当事人可以选择适用违约金或定金条款，即对方享有选择权，但二者不能并用。一般来说，选择适用违约金条款或定金条款，是可以达到弥补因违约受到损失的目的的。根据《民法典》第585条第2款，约定的违约金低于造成的损失的，法院或者仲裁机构可根据当事人的申请予以增加……这样看来，仅适用违约金就可补偿相应损失。当然，在定金条款对守约方有利时，守约方也可以适用定金条款。赋予守约方适用选择权，能够起到保障其合同利益，补救其违约损失的作用。但如果允许守约方并用违约金和定金条款：其一，对补偿守约方遭受的损失并无必要；其二，违约金与定金并用，其数额可能远远高于因违约所造成的损失，既加重了对违约方的惩罚，也可能使守违方获得的补偿高于其所受的损失，这与合同的公平原则相悖。故有了本条第1款的规定。此外，本条第2款规定了定金与法定赔偿损失间的适用关系。由于定金数额不超过主合同标的额的20%，但违约造成的损失可能会超过适用定金罚则后的数额。故本款规定，定金不足以弥补一方违约造成的损失的，对方可请求赔偿超过定金数额的损失。

权威参考案例

1. 孙某荣与杨某香、廊坊愉景房地产开发有限公司增资纠纷案（《最高人民法院公报》2017年第8期）

收条作为当事人之间收付款的书证、直接证据，对证明当事人之间收付款的事实具有一定的证明效力，但如果收条记载的内容与当事人之间实际收付款的时间、金额存在不一致的情形，仅凭收条不足以充分证明实际收付款情况，人民法院还应结合汇款单、票据等资金结算凭证，对收条中记载的资金是否实际收付加以综合判断认定。股权转让属于股权的继受取得，增资入股则是股权的原始取得。当事人之间协议将取得股权的方式由股权转让变更为增资入股后，原股权转让合同即被其后签订的增资入股合同所更替而终止。根据定金合同的从属特征，作为原股权转让合同从合同的定金合同亦相应消灭，定金罚则不应再适用。

2. 戴某飞诉华新公司商品房订购协议定金纠纷案（《最高人民法院公报》2006年第8期）

购房者对开发商的样板房表示满意，与开发商签订订购协议并向其交付了定金，约定双方于某日订立商品房预售合同。之后由于开发商提供的商品房预售格式合同中有样板房仅供参考等不利于购房者的条款，购房者对该格式条款提出异议要求删除，开发商不能立即给予答复，以致商品房预售合同没有在订购协议约定的日期订立的，属于最高人民法院《关于审理商品房买卖合同纠纷案件适用法律若干问题的解释》（已被修改）第4条规定的“不可归责于当事人双方的事由”，开发商应当将收取的定金返还给购房者。

3. 山西泰丰大酒店有限公司诉大同市土地管理局拒不履行土地出让合同案（《最高人民法院公报》2000年第4期）

当事人一方在法律规定的范围内可以向对方给付定金；债务人履行债务后，定金应当抵作价款或者收回；给付定金的一方不履行义务的，无权要求返还定金；接受定金的一方不履行义务的，应当双倍返还定金。定金的成立不仅应有当事人的合意，而且应有定金的实际交付。

4. 胡某卿诉临沂沂兴房地产开发有限公司房屋买卖合同纠纷案（2015年12月4日《最高人民法院发布19起合同纠纷典型案例》案例7）

本案涉及商品房买卖合同中，因出卖方故意隐瞒所售房屋已经出卖给第三人的事实，导致合同无效或者被撤销、解除的惩罚性赔偿条款适用的典型案件，也是对《合同法》（已废止）第54条[①]中关于一方以欺诈手段使对方在违背真实意思的情况下订立合同被撤销的适用。同时，本案也对商品房买卖中惩罚性赔偿原则与定金罚则并存时应如何适用作出阐述。商品房买卖合同中，惩罚性赔偿原则并非以“双倍返还”为限，双方当事人愿意在合同中加入惩罚性赔偿的内容，并不违背法律法规的强制性规定，那么该条款可以视为双方为自己可能造成的损害而采取的额外保护措施，法院对此应予支持。

各典型合同定义

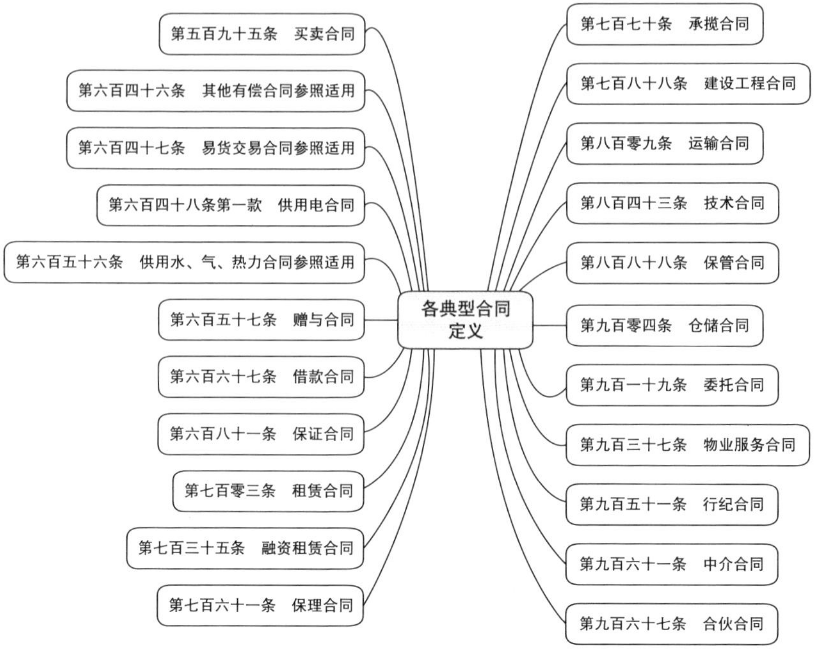

① 可参考《民法典》第147~151条。

概念

合同编第二分编是关于典型合同的规定，用了19章规定了19大类典型合同。本词条主要对各典型合同的定义、其他有关合同对部分典型合同的参照适用进行梳理汇总，便于从整体上了解合同编第二分编的基本架构。

法典条款

第五百九十五条【买卖合同】 买卖合同是出卖人转移标的物的所有权于买受人，买受人支付价款的合同。

第六百四十六条【其他有偿合同参照适用】 法律对其他有偿合同有规定的，依照其规定；没有规定的，参照适用买卖合同的有关规定。

第六百四十七条【易货交易合同参照适用】 当事人约定易货交易，转移标的物的所有权的，参照适用买卖合同的有关规定。

第六百四十八条第一款【供用电合同】 供用电合同是供电人向用电人供电，用电人支付电费的合同。

第六百五十六条【供用水、气、热力合同参照适用】 供用水、供用气、供用热力合同，参照适用供用电合同的有关规定。

第六百五十七条【赠与合同】 赠与合同是赠与人将自己的财产无偿给予受赠人，受赠人表示接受赠与的合同。

第六百六十七条【借款合同】 借款合同是借款人向贷款人借款，到期返还借款并支付利息的合同。

第六百八十一条【保证合同】 保证合同是为保障债权的实现，保证人和债权人约定，当债务人不履行到期债务或者发生当事人约定的情形时，保证人履行债务或者承担责任的合同。

第七百零三条【租赁合同】 租赁合同是出租人将租赁物交付承租人使用、收益，承租人支付租金的合同。

第七百三十五条【融资租赁合同】 融资租赁合同是出租人根据承租人对出卖人、租赁物的选择，向出卖人购买租赁物，提供给承租人使用，承租人支付租金的合同。

第七百六十一条【保理合同】 保理合同是应收账款债权人将现有的或者将有的应收账款转让给保理人，保理人提供资金融通、应收账款管理或者催收、应收账款债务人付款担保等服务的合同。

第七百七十条【承揽合同】 承揽合同是承揽人按照定作人的要求完成工作，交付工作成果，定作人支付报酬的合同。

承揽包括加工、定作、修理、复制、测试、检验等工作。

第七百八十八条【建设工程合同】 建设工程合同是承包人进行工程建设，发包人支付价款的合同。

建设工程合同包括工程勘察、设计、施工合同。

第八百零九条【运输合同】 运输合同是承运人将旅客或者货物从起运地点运输到约定地点，旅客、托运人或者收货人支付票款或者运输费用的合同。

第八百四十三条【技术合同】 技术合同是当事人就技术开发、转让、许可、咨询或者服务订立的确立相互之间权利和义务的合同。

第八百八十八条【保管合同】 保管合同是保管人保管寄存人交付的保管物，并返还该物的合同。

寄存人到保管人处从事购物、就餐、住宿等活动，将物品存放在指定场所的，视为保管，但是当事人另有约定或者另有交易习惯的除外。

第九百零四条【仓储合同】 仓储合同是保管人储存存货人交付的仓储物，存货人支付仓储费的合同。

第九百一十九条【委托合同】 委托合同是委托人和受托人约定，由受托人处理委托人事务的合同。

第九百三十七条【物业服务合同】 物业服务合同是物业服务人在物业服务区域内，为业主提供建筑物及其附属设施的维修养护、环境卫生和相关秩序的管理维护等物业服务，业主支付物业费的合同。

物业服务人包括物业服务企业和其他管理人。

第九百五十一条【行纪合同】 行纪合同是行纪人以自己的名义为委托人从事贸易活动，委托人支付报酬的合同。

第九百六十一条【中介合同】 中介合同是中介人向委托人报告订立合同的机会或者提供订立合同的媒介服务，委托人支付报酬的合同。

第九百六十七条【合伙合同】 合伙合同是两个以上合伙人为了共同的事业目的，订立的共享利益、共担风险的协议。

实务要点

1. 相较《合同法》(已废止)分则,《民法典》合同编典型合同分编增加了 4 类合同,即保证合同、保理合同、物业服务合同、合伙合同。加上原有的 15 类合同,典型合同分编共规定了 19 类典型合同。另需注意,典型合同应具有开放性,其范围与种类将随着经济的发展与交易的变化而不断发展、变化。作为合同编通则内容的第 467 条第 1 款即规定:“本法或者其他法律没有明文规定的合同,适用本编通则的规定,并可以参照适用本编或者其他法律最相类似合同的规定。”这就为未来各种新型的合同确立了适用的法律依据,适应合同规则发展的需要。

2. 就 595 条规定的买卖合同而言,需注意其属双务合同、有偿合同,多数情况下为诺成合同。由于大多数合同都是有偿合同,有偿合同中又以买卖合同最为典型,《民法典》合同编买卖合同一章的规定也最为完整、详细,其中的一些规定属于有偿合同共性的规则。故第 646 条明确了其他有偿合同中没有规定的,可直接参照适用买卖合同的相关规定。此外,第 647 条另对易货交易合同参照买卖合同适用做了规定。易货交易合同又称互易合同,是物物交换的法律形式,是早期商品交换的合同形态,现今只有少量的易货交易。互易合同与买卖合同最为相似,都是转移合同标的物所有权的合同。不同点在于,买卖合同是买卖标的物与价金的交换,买受人需向出卖人支付价金,而互易合同是标的物的交换,无须价金的支付。实际生活中存在附补足金的互易;由于互易合同与买卖合同最为相似,都属双务、有偿合同,故可参照适用买卖合同的有关规定。

3. 第 648 条第 1 款规定的是供用电合同。合同主体为供电人企业、用电人;合同标的为一种无形物质——电力;合同属持续供给合同;一般按照格式条款订立;电力价格实行统一定价原则;为诺成、双务、有偿合同。另需注意,供用水、供用气、供用热力合同,与供用电合同一样,都是常见的民事合同。合同标的,即水、气、热力,既是国民经济中的重要能源,也是一种特殊商品。其合同都是供应人向使用人供应水、气或者热力,使用人支付价款的合同,双方当事人的关系都是一种买卖关系。因此,供用水、供用气、供用热力合同在本质上都属于特殊类型的买卖合同。由于供用水、气、热力合同与供用电合同有许多共同点,故第 656 条规定了供用水、气、热力合同参照适用供用电合同。

4. 第 657 条是关于赠与合同概念的规定。另需注意,赠与合同虽为单务、无偿合同，也需有当事人双方一致的意思表示才能成立。如果一方有赠与意愿，而另一方无意接受该赠与的，赠与合同不能成立。在现实生活中，也会出现一方出于某种考虑而不愿接受对方赠与的情形，如遇此情况，赠与合同即不成立。所谓“无偿合同”，是指仅由当事人一方为给付，另一方不必向对方偿付相应代价的合同。在赠与合同中，仅由赠与人无偿地将自己的财产给予受赠人，而受赠人取得赠与的财产，无须向赠与人偿付相应的代价。这是赠与合同与买卖等有偿合同的主要区别。所谓“单务合同”，是指仅由当事人一方负债务，另一方不负债务，或者虽负有债务，但无对价关系的合同。在一般情况下，赠与合同仅由赠与人负有将自己的财产给予受赠人的义务，而受赠人并不负有义务。在附义务的赠与中，赠与人负有将其财产给付受赠人的义务，受赠人按照合同约定负担某种义务，但受赠人所负担的义务并非赠与人所负义务的对价，其间的义务并不是相互对应的，因此赠与合同为单务合同。赠与合同为诺成合同，在当事人意思表示一致时即成立，而无论其是以口头形式还是书面形式订立的，也无论赠与的财产是否交付。同时，考虑到赠与合同中难免有赠与人因一时冲动而为之的情况，合同编另对赠与合同任意撤销的适用问题做了规定。赠与合同为不要式合同。赠与合同既可采用口头形式，也可采用书面形式或者在合同订立后办理公证证明。无论采用何种形式，也无论是否经过公证，都不影响赠与合同的成立。

5. 第 667 条是关于借款合同概念的规定。目前，借款合同主要调整两部分内容：一部分是金融机构与自然人、法人和非法人组织的借款合同关系，另一部分是指非金融机构主体（自然人、法人、非法人）之间的借款合同关系。借款合同一章以金融机构与自然人、法人和非法人组织之间的合同关系为主。金融机构与自然人、法人和非法人组织的借款合同是诺成合同。当事人意思表示一致达成书面协议，合同就成立。自然人之间的借款合同是实践合同，贷款人提供贷款时合同生效。

6. 第 681 条是关于保证合同概念的规定。保证合同是单务合同、无偿合同、诺成合同、附从性合同。需注意，保证属于人的担保范围，不同于物权编规定的抵押、质押、留置等物的担保形式。保证不是用具体的财产提供担保，而是以保证人的信誉及不特定的财产为他人债务提供担保。保证人必须是主合同以外的第三人。债务人不得为自己的债务提供保证。

7. 第 703 条是关于租赁合同概念的规定。租赁合同是双务、有偿合同。另需注意，租赁合同的标的物是有体物、非消耗物。租赁物为有形财产是租赁合同的特征之一。租赁物可以是动产，如电脑、汽车；也可以是不动产，如房屋。但无论是动产还是不动产，它们都是有形的，都是能以一定的物质形式表现出来的。无形的财产不能作为租赁的标的物。这是与租赁合同中承租人占有、使用租赁物的特征紧密联系的。非消耗物，是指能够多次使用而不改变其形态和基本价值的物。一次性使用的物品或很快就消耗掉的物品不能作为租赁物，如洗面奶、面包；这些物一经使用就已丧失其自身的价值，甚至物本身已消失，不可能再要求出租人返还。

8. 第 735 条是关于融资租赁合同概念的规定。融资租赁是一种贸易与信贷相结合、融资与融物为一体的综合性交易。一般来说，融资租赁要有三方当事人（出租人、承租人和出卖人）参与，通常由两个合同（融资租赁合同、买卖合同）或者两个以上合同构成，其内容是融资，表现形式是融物。典型的融资租赁合同具有三方面的含义：（1）出租人须根据承租人对出卖人和租赁物的选择出资购买租赁物。这是融资租赁合同不同于租赁合同的一个重要特点。（2）出租人须将购买的租赁物交付承租人使用收益。（3）承租人须向出租人支付租金。

9. 第 761 条是关于保理合同概念的规定。保理合同是《民法典》新增的一类合同。目前，我国区分银行业保理与商业保理，但这只是设立主体、行业准入、监管要求上的差异，交易结构上并无不同，涉及的保理合同关系本质上仍是相同的。保理法律关系与单纯的借款合同有显著区别，不应将保理合同简单视为借款合同。实践中，有部分保理人与交易相对人虚构基础合同，以保理之名行借贷之实。对此，应查明事实，从是否存在基础合同、保理人是否明知虚构基础合同、双方当事人间实际权利义务关系等方面确定合同性质。如确实是名为保理、实为借贷的，按借款合同确定当事人的权利义务。另需注意，应收账款转让是保理合同必备的要素，无应收账款转让的，不构成保理合同；但仅有应收账款转让的，也同样不构成保理合同。保理人提供哪些服务，取决于保理人与应收账款债权人之间的约定。

10. 第 770 条是关于承揽合同概念的规定。承揽人是按照定作人指示完成特定工作并向定作人交付该工作成果的人。定作人是要求承揽人完成承揽工作并接受承揽工作成果、支付报酬的人。承揽人和定作人可以是法人或非法人组织，也可以是自然人。承揽合同具有以下特征：（1）以完成一定工作为目的。（2）标的具有特定性，是按定作人要求由承揽人完成的工作成果。（3）承揽人独立完成工作、独立承担风险。需注意，承揽合同是一大类合同的总称，传统民法中承揽合同包括加工承揽合同和建设工程合同两大类合同。由于建设工程合同在发展中形成了许多独特的行业特点，合同编专章进行了规定，故合同编第十七章所指的承揽合同主要是指加工承揽合同而不包括工程建设合同。本条第 2 款所列的几项工作也都是主要的承揽工作。但本章所调整的范围不仅仅包括所列的这几种承揽工作。就我国现实经济生活而言，任何符合本条第 1 款所定义的合同行为，如翻译、摄影、扩印、测绘、广告制作、鉴定等都属承揽合同章所调整的承揽工作。

11. 第 788 条是关于建设工程合同概念的规定。建设工程合同的客体是工程。这里的工程是指土木建筑工程和建筑业范围内的线路、管道、设备安装工程的新建、扩建、改建及大型的建筑装修装饰活动，主要包括房屋、公路、铁路、机场、桥梁、港口、矿井、水库、电站、通讯线路等。本条第 2 款规定了建设工程合同主要包括工程勘察、设计、施工合同。勘察合同，指发包人与勘察人就完成建设工程地理、地质状况的调查研究工作而达成的协议。设计合同，实际上包括两个合同：一是初步设计合同，即在建设工程立项阶段承包人为项目决策提供可行性资料的设计而与发包人签订的合同；二是施工设计合同，是指在承包人与发包人就具体施工设计达成的协议。施工合同，主要包括建筑和安装两方面内容，这里的建筑是指对工程进行营造的行为。安装主要是指与工程有关的线路、管道、设备等设施的装配。

12. 第 809 条是关于运输合同概念的规定。另需注意，合同编有关运输合同的规定，属一般性的法律规定。在我国现有的法律当中，还存在一些规定运输行为的特别法，如《海商法》《铁路法》《民用航空法》。按照特别法优先于普通法的原则，在特别法没有规定的情况下，才适用本章的一般规定。

13. 第 843 条是关于技术合同概念的规定。技术合同是双务、有偿合同。技术合同的标的是技术开发、技术转让、技术许可、技术咨询、技术服务所确立的相互之间的权利义务关系。相较于《合同法》(已废止)，本条增加了技术“许可”的表述，以适应社会发展需要。需说明的是，本章关于技术合同的规定不仅适用于国内技术合同，也适用于相关的涉外技术合同。

14. 第 888 条是关于保管合同概念的规定。保管合同又称寄托合同、寄存合同。保管物品的一方称为保管人、受寄人；其所保管的物品称为保管物、寄托物；交付物品保管的一方称为寄存人、寄托人。保管合同一般情况下自保管物交付时成立，即原则上为要物合同。本条并未将保管物局限为动产，现实中保管不动产的例子也有很多，如房屋、果园、池塘。保管合同为不要式合同，法律并未要求当事人必须采用何种形式订立保管合同。保管合同为继续性合同。继续性合同，是指合同的内容并非一次性给付可完结，而是继续地实现的。作为继续性合同，保管合同的解除仅向后（将来）发生效力。需注意，本条增加的第2款明确了购物、就餐、住宿时的寄存视为保管。但此处规定的视为保管需具备两个条件：一是需要到购物中心、饭店、宾馆等场所从事购物、餐饮、住宿等活动；二是需将物品存放在指定的场所。

15. 第904条是关于仓储合同概念的规定。仓储业是随着商品经济的发展，从保管业中发展、壮大起来的特殊行业。仓储合同不再被作为一般的保管合同来对待，而是被作为一种独立的有名合同在合同编中规定。其具有以下特征：（1）保管人必须是具有仓库营业资质的人；（2）仓储合同的对象仅为动产；（3）仓储合同为诺成、不要式合同；（4）仓储合同为双务、有偿合同；（5）仓单是仓储合同的重要特征。

16. 第919条是关于委托合同概念的规定。委托合同的标的是劳务，委托合同是诺成、非要式、双务合同，委托合同可以是有偿的也可以是无偿的，可以是单务合同也可以是双务合同。委托合同的目的在于受托人处理委托人的事务。本条虽未对“事务”做具体解释，但只要不违反法律的有关规定，能够产生民事权利义务关系的任何事务（包括事实行为）均可委托办理。

17. 第937条是关于物业服务合同概念的规定。本章也属合同编新增章节。物业服务合同属双务、有偿、要式（书面形式）、继续性合同。物业服务合同的当事人为业主和物业服务人。物业服务人一般是专门从事物业服务经营活动的物业服务企业。虽然目前，我国已全面取消了物业服务企业的资质认定和物业服务人员的资格限制，但作为专门从事物业服务的经营人，物业服务企业仍需具有提供相应服务的专业知识与技能，以满足业主正常的生活需要。另需注意，物业服务合同的另一方当事人只能是业主（全体业主），并不包括业主大会、业主委员会。

18. 第951条是关于行纪合同概念的规定。行纪合同为诺成合同、不要式合同、有偿合同、双务合同。行纪合同和委托合同有相同点：都以提供劳务为合同的标的，都以当事人双方的信任为基础，都以处理一定事务为目的。两者的区别在于:(1)适用范围不同。行纪合同适用范围窄,仅限于代销等贸易行为;而委托合同的适用范围宽。(2)行纪合同的受托人只能以自己的名义处理委托事务;委托合同的受托人处理事务既可以用委托人名义,也可以用自己的名义。(3)行纪人一般专门从事贸易活动,其开业和经营大多需要经过国家有关部门的审查、登记;而委托合同的当事人不必是专门从事贸易活动的。(4)行纪合同是有偿合同,而委托合同既可以有偿也可以无偿。

19. 第961条是关于中介合同概念的规定。本章的中介合同本质上就是《合同法》(已废止)中的居间合同,为便于群众理解,《民法典》用“中介”代替了“居间”。中介合同具有诺成性、双务性、不要式性、有偿性。中介合同与委托合同、行纪合同都是提供劳务性质的合同,但中介合同的特殊之处在于:(1)中介人限于报告订约机会或媒介订约,其服务范围有限制,只是介绍或协助委托人与第三人订立合同,中介人本人并不参与委托人与第三人间的合同。(2)中介人只是为委托人提供与第三人订立合同的机会,行为本身不具有法律意义。(3)中介合同是有偿合同,但中介人只在有结果时才可以请求报酬,并可从双方取得报酬。

20. 第967条是关于合伙合同概念的规定。合伙合同一章虽借鉴参考了《民法通则》(已废止)、《合伙企业法》等相关内容,但相较于《合同法》(已废止)仍属新增的合同类型。本条对合伙合同的定义进行了明确,有助于解决实践中合伙合同及其他合同间的认定不清等问题。合伙合同属不要式合同、继续性合同。合伙合同主要有以下几个方面的特点:(1)对合伙人有所限制(两个主体以上)。(2)为共同目的或共同利益。共同的事业目的,可以是营利性的,也可以是非营利性的,如公益目的;共同利益,可以是物质上、经济上的,也可以是其他方面的。(3)共享利益、共担风险。(4)具有较强的人合性及一定的组织性。

权威参考案例

1. 盐城市天孜食品有限公司诉盐城市自来水有限公司供用水合同纠纷案(《最高人民法院公报》2020年第3期)

在供水合同关系中,供水方自来水公司承担的安装、更换、维修水表以及供水等义务是一种公共服务。用水方系被动接受水表和计量结果。水表更换前后,在用水方生产量基本不变且无管道跑水故障的情况下,水表显示用于生产的用水量却大幅度增加,有悖常理。由此引发的争议,法院应根据民事诉讼证据原则和日常经验法则，对案件事实作出综合判断并公平合理的确定计算方法和损失数额。

2. 俞某华与广州华多网络科技有限公司、王某戎、哈尔滨兴戎文化传媒有限公司、刘某琪网络服务合同纠纷案（2019 年 12 月 7 日《最高人民法院发布中国互联网司法典型案例》案例 2）

直播平台为用户提供平台服务，通过用户购买和使用虚拟货币收取服务费，两者形成网络服务合同法律关系。用户对直播发布者的“打赏”，一般成立赠与合同，除非有证据证明直播发布者接受“打赏”前后须履行具体、明确的合同义务。本案中原告对被告的“打赏”，并未约定要求对对方履行特定义务，没有提出“打赏”的对价，因此并非服务合同关系，应认定为赠与合同，其诉讼请求应予驳回。

3. 上海浦东发展银行股份有限公司深圳分行与梅州地中海酒店有限公司等借款合同纠纷案（《最高人民法院公报》2020 年第 4 期）

委托贷款纳入国家金融监管范围，由金融机构作为贷款人履行相应职责，又因其资金来源等特性与民间借贷存在相通之处，在不同方面体现出金融借款与民间借贷的特点。在现行法律及司法解释未做明确规定的情况下，可通过分析委托贷款更近似金融借款还是民间借贷的特点，进而确定可参照的规则。鉴于委托贷款系根据委托人的意志确定贷款对象、金额、期限、利率等合同主要条款的，且委托人享有贷款利息收益等合同主要权利，同时考虑到委托贷款与民间借贷资金来源相同，亦可推定其资金成本大致等同于人民法院确定委托贷款合同的利率上限时应参照民间借贷的相关规则。

4. 北京长富投资基金与武汉中森华世纪房地产开发有限公司等委托贷款合同纠纷案（《最高人民法院公报》2016 年第 11 期）

委托人、受托银行与借款人三方签订委托贷款合同，由委托人提供资金，受托银行根据委托人确定的借款人、用途、金额、币种、期限、利率等代为发放，协助监督使用并收回贷款，受托银行收取代理委托贷款手续费，并不承担信用风险，其实质是委托人与借款人之间的民间借贷。委托贷款合同的效力、委托人与借款人之间的利息、逾期利息、违约金等权利义务均应受有关民间借贷的法律、法规和司法解释的规制。

5. 郑某诉冉某民间借贷纠纷案（2015 年 12 月 4 日《最高人民法院发布 19 起合同纠纷典型案例》案例 9）

大量民间借贷纠纷都发生于熟人之间，如朋友、同事甚至兄弟，在生活当中，熟人之间出于面子、人情等因素的考虑，一般很少写借条以及其他凭证，而一旦对方违约，出借人一般很难拿出有效的直接证据来认定借款行为成立的事实，在这种情况下，法院在判决时应结合各方提供的间接证据，在证据之间能够相互印证、能够形成证据锁链的情况下，对借贷行为予以确认，以维护社会诚信，实现公平正义。

6. 江苏南通二建集团有限公司与吴江恒森房地产开发有限公司建设工程施工合同纠纷案（《最高人民法院公报》2014 年第 8 期）

承包人交付的建设工程应符合合同约定的交付条件及相关工程验收标准。工程实际存在明显的质量问题，承包人以工程竣工验收合格证明等主张工程质量合格的，人民法院不予支持。在双方当事人已失去合作信任的情况下，为解决双方矛盾，人民法院可以判决由发包人自行委托第三方参照修复设计方案对工程质量予以整改，所需费用由承包人承担。

7. 威海市鲸园建筑有限公司与威海市福利企业服务公司、威海市盛发贸易有限公司拖欠建筑工程款纠纷再审案（《最高人民法院公报》2013 年第 8 期）

依照《合同法》（已废止）第 279 条[①]、《建设工程质量管理条例》第 16 条的规定，建设工程竣工后，发包人应当按照相关施工验收规定对工程及时组织验收，该验收既是发包人的义务，亦是发包人的权利。承包人未经发包人同意对工程组织验收，单方向质量监督部门办理竣工验收手续的，侵害了发包人的工程验收权利。在此情况下，质检部门对该工程出具的验收报告及工程优良证书因不符合法定验收程序，不能产生相应的法律效力。

8. 骏荣内衣有限公司诉宏鹰国际货运（深圳）有限公司等海上货运代理合同纠纷案（《最高人民法院公报》2019 年第 7 期）

承运人可以签发除提单以外的运输单证，这些单证必须包含合同当事人的承托意思表示才可以构成运输合同的证明，不具有承托意思表示的货代货物收据不构成海上货物运输合同的证明。货运代理企业的权利义务依货运代理合同的约定确定，其承担违约责任应适用过错推定责任原则，货运代理企业证明其履行代理事项无过错的，无须对委托人的损失承担责任。

9. 刘某云诉中国银行股份有限公司衡阳分行、中国建设银行股份有限公司衡阳市分行财产损害赔偿纠纷案（《最高人民法院公报》2014 年第 9 期）

持卡人和银行之间形成了储蓄存款合同关系，发卡银行有义务保障银行卡

① 可参考《民法典》第 799 条。

的安全。有义务保证银行卡卡内信息安全及告知持卡人注意识别犯罪分子窃取银行卡信息方式。ATM 所在银行与银行卡发卡行是委托代理关系，ATM 所在行按照发卡行的委托，代为支付存款，其法律效果由被代理人承担。持卡人在使用 ATM 取款时被窃取银行卡号及密码，发卡行未尽到安全保障义务，其对持卡人的损失负有违约责任。

10. 北京诺米多餐饮管理有限责任公司与北京飞度网络科技有限公司居间合同纠纷案（2015 年度人民法院十大民事行政案件之七）

股权众筹中平台为融资人提供融资服务并收取费用，双方当事人之间的法律关系主要系居间合同关系。居间人未促成合同成立的，不得要求支付报酬，但可以要求委托人支付从事居间活动支出的必要费用。

11. 黄某均与遵义市大林弯采矿厂、苏某昌合伙纠纷案（2016 年 7 月 12 日《最高人民法院发布十起审理矿业权民事纠纷案件典型案例》案例 8）

矿业权人与他人签订合伙协议，但并无实际合伙经营的事实，实施采矿行为一方缴纳挂靠费用，以矿业权人名义自行投资、自负盈亏、自担责任，独立从事矿产资源开采，以达到逃避行政监管的非法目的的，合伙协议应认定为无效。矿业权人受到行政处罚，不影响其承担民事责任。

出卖人义务

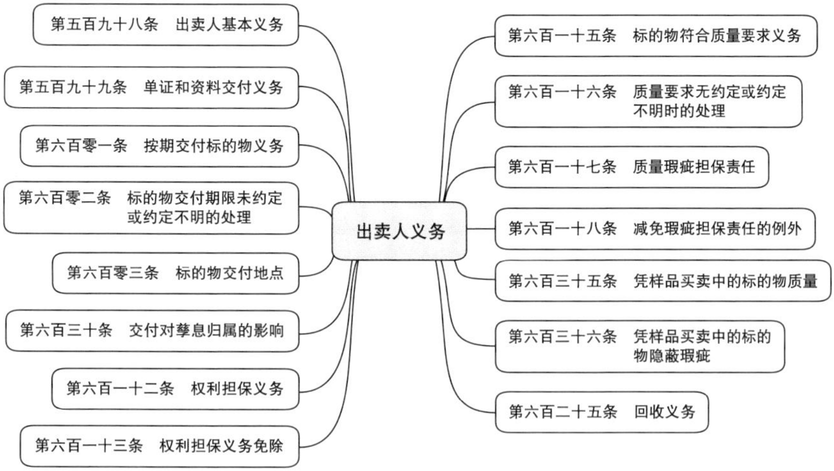

概念

出卖人义务，是指在买卖合同中，作为一方当事人的出卖方，按照买卖合同的要求应履行的相关义务，包括按照约定的期限、质量要求交付标的物及有关单证等的义务，对交付的标的物的权利担保义务，按照规定或约定对有关标的物的回收义务。

法典条款

第五百九十八条【出卖人基本义务】　出卖人应当履行向买受人交付标的物或者交付提取标的物的单证，并转移标的物所有权的义务。

第五百九十九条【单证和资料交付义务】　出卖人应当按照约定或者交易习惯向买受人交付提取标的物单证以外的有关单证和资料。

第六百零一条【按期交付标的物义务】　出卖人应当按照约定的时间交付标的物。约定交付期限的，出卖人可以在该交付期限内的任何时间交付。

第六百零二条【标的物交付期限未约定或约定不明的处理】　当事人没有约定标的物的交付期限或者约定不明确的，适用本法第五百一十条、第五百一十一条第四项的规定。

第六百零三条【标的物交付地点】　出卖人应当按照约定的地点交付标的物。

当事人没有约定交付地点或者约定不明确，依据本法第五百一十条的规定仍不能确定的，适用下列规定：

（一）标的物需要运输的，出卖人应当将标的物交付给第一承运人以运交给买受人；

（二）标的物不需要运输，出卖人和买受人订立合同时知道标的物在某一地点的，出卖人应当在该地点交付标的物；不知道标的物在某一地点的，应当在出卖人订立合同时的营业地交付标的物。

第六百三十条【交付对孳息归属的影响】　标的物在交付之前产生的孳息，归出卖人所有；交付之后产生的孳息，归买受人所有。但是，当事人另有约定的除外。

第六百一十二条【权利担保义务】　出卖人就交付的标的物，负有保证第三人对该标的物不享有任何权利的义务，但是法律另有规定的除外。

第六百一十三条【权利担保义务免除】 买受人订立合同时知道或者应当知道第三人对买卖的标的物享有权利的，出卖人不承担前条规定的义务。

第六百一十五条【标的物符合质量要求义务】 出卖人应当按照约定的质量要求交付标的物。出卖人提供有关标的物质量说明的，交付的标的物应当符合该说明的质量要求。

第六百一十六条【质量要求无约定或约定不明时的处理】 当事人对标的物的质量要求没有约定或者约定不明确，依据本法第五百一十条的规定仍不能确定的，适用本法第五百一十一条第一项的规定。

第六百一十七条【质量瑕疵担保责任】 出卖人交付的标的物不符合质量要求的，买受人可以依据本法第五百八十二条至第五百八十四条的规定请求承担违约责任。

第六百一十八条【减免瑕疵担保责任的例外】 当事人约定减轻或者免除出卖人对标的物瑕疵承担的责任，因出卖人故意或者重大过失不告知买受人标的物瑕疵的，出卖人无权主张减轻或者免除责任。

第六百三十五条【凭样品买卖中的标的物质量】 凭样品买卖的当事人应当封存样品，并可以对样品质量予以说明。出卖人交付的标的物应当与样品及其说明的质量相同。

第六百三十六条【凭样品买卖中的标的物隐蔽瑕疵】 凭样品买卖的买受人不知道样品有隐蔽瑕疵的，即使交付的标的物与样品相同，出卖人交付的标的物的质量仍然应当符合同种物的通常标准。

第六百二十五条【回收义务】 依照法律、行政法规的规定或者按照当事人的约定，标的物在有效使用年限届满后应予回收的，出卖人负有自行或者委托第三人对标的物予以回收的义务。

实务要点

1. 第598条是关于出卖人基本义务的规定。买卖合同的买受人的目的就是取得标的物的所有权，故交付标的物并转移其所有权即是出卖人最基本的义务。标的物所有权的转移方法依法律的规定而定。除法律另有特别规定或当事人另有约定以外，动产所有权依交付而转移。不动产以登记为权利公示的方法，其所有权的转移须办理所有权人的变更登记。无论合同是否作出约定，出卖人都应当协助买受人办理所有权的变更登记手续，并将有关的产权证明文书交付买受人。需说明的是，《民法典》合同编删除了《合同法》（已废止）第133条“标的物的所有权自标的物交付时起转移，但法律另有规定或当事人另有约定的除外”的规定。原因在于：一是该规定并非精确，若标的物为不动产，原则上应在完成所有权转移登记时才称得上交付；二是《民法典》物权编第209条和第224条已就标的物所有权转移问题做了规定，无须重复。

2. 第599条是关于出卖人交付有关单证和资料义务的规定。第598规定的出卖人基本义务中的交付提取标的物单证，主要是提单、仓单，是对标的物占有的权利的体现，可以由出卖人交付给买受人作为拟制的交付以代替实际的交付。除了标的物的仓单、提单这些用于提取标的物的单证外，现实生活中关于买卖的标的物，尤其是国际贸易中的货物，还有其他一些单证和资料，比如发票、合格证、质量保证书、使用说明书、产品检疫书、产地证明、保修单、保险单、装箱单，即是本条所谓的单证和资料。对这些单证和资料的交付，有个前提条件，即应有合同约定或交易习惯的要求。

3. 第601条是关于出卖人按期交付标的物义务的规定。分两种情况：(1)约定在某确定时间交付。除非对交付的时间有精确要求的合同外，一般落实到日即是合理的。出卖人应在约定的时间履行标的物交付义务。迟于此时间，即为迟延交付。早于此时间，即为提前履行，严格意义上也是一种违约。按照总则编的规定，买受人可以拒绝出卖人提前履行债务，但提前履行不损害买受人利益的除外。出卖人提前履行债务给债权人增加的费用，由出卖人承担。(2)约定了一个交付的期间。期间指的是一个时间段。具体的合同纷繁复杂，这一时间段是某几年、某几月或者某几天都有可能。这种情况下，依照本条规定，出卖人就可以在该交付期间内的任何时间交付。另外，第630条对标的物产生的孳息归属与交付的关系做了规定。孳息包括天然孳息和法定孳息。孳息的产生与原物占有人的照料关系密切，故该条规定标的物的孳息归属也自交付时转移。当然，当事人另有约定的，依照其约定。

4. 第602条是关于买卖合同未约定标的物交付期限或者约定不明确如何处理的规定。依据《民法典》第510条的规定，合同生效后，当事人就标的物的交付期限没有约定或者约定不明确时，首先，当事人可以协商达成补充协议；不能达成补充协议的，按照合同有关条款或者交易习惯确定。如果这样仍然不能确定，按照《民法典》第 511 条的规定，出卖人就可以随时履行，买受人也可以随时要求出卖人履行，但应当给对方必要的准备时间。为了使买受人有一个合理的准备接收标的物的时间，如准备仓库，出卖人应当在交付之前通知买受人。即使法律对此不做规定，这也是出卖人按照诚实信用的合同原则应当履行的义务，因为通知一下对出卖人来说并不是多大的负担，却可以使买受人免受可能的损害。至于这段准备时间应当多长，则应当根据具体的情况合理确定，难以一概而论。

5. 第 603 条是关于买卖合同标的物交付地点的规定。交付地点有约定的，出卖人应按照约定履行交付的义务。与交付期限没有约定或者约定不明确的情形一样，合同如果没有约定交付地点或者约定得不明确的，首先仍然要适用《民法典》第 510 条的规定，即合同生效后，当事人可以协商达成补充协议，不能达成补充协议的，按照合同有关条款或者交易习惯确定。但与确定交付期限不同的是，如果这样仍然不能确定交付地点，不是适用《民法典》第 511 条的规定，即第 511 条第 3 项所规定的“履行地点不明确，给付货币的，在接受货币一方所在地履行；交付不动产的，在不动产所在地履行；其他标的，在履行义务一方所在地履行”，而是按照本条的特别规则来确定。本条的特别规则与《民法典》第 511 条第 3 项的规定是不同的，对于买卖合同要优先适用本条。本条所确定的规则可以从三个层次把握：(1)标的物需要运输，无论运输以及运输工具是出卖人安排的，还是买受人安排的，出卖人的交付义务就是将标的物交付给第一承运人。(2)标的物不需要运输，这时如果出卖人和买受人订立合同时知道标的物在某一地点的，出卖人应当在该地点交付标的物。(3)在不属于以上两种情况的其他情况下，出卖人应在订立合同时的营业地把标的物交付买受人处置。

6. 第 612 条、第 613 条分别就出卖人的权利担保义务与权利担保义务的免除做了规定。《民法典》在第 612 条规定的权利担保义务中，将合同法中的“不得向买受人主张任何权利”变为“对该标的物不享有任何权利”，以确保受让人取得标的物权利的完整性。本条所谓的权利担保义务主要包括：(1)出卖人对出卖的标的物享有合法的权利，他须对标的物享有所有权或者处分权。(2)出卖人应当保证标的物上不存在他人实际享有的权利，如租赁权、抵押权。(3)出卖人应当保证标的物没有侵犯他人的知识产权。需说明的是，买卖合同章规定权利担保义务的目的只是明确买卖合同当事人的权利义务关系，并不解决买卖合同对标的物所有权的影响问题。依照第 612 条的规定，买卖合同的出卖人对于买受人应当承担权利担保义务。但在订立合同时，若买受人已知或应当知道标的物在权利上存在缺陷，除合同没有约定相反的意思，就应当认为买受人抛弃了对出卖人的担保权。因为买受人在订立合同时明知这种情况就等于表示愿意购买有权利缺陷的标的物。故有了第 613 条的规定。根据第 613 条的规定，出卖人不承担权利担保义务系具备两个条件：一是买受人须了解情况；二是买受人了解情况应为订立合同时。另需注意，第 613 条的规定并未否定当事人以协议的方式对这一规定的排除。

7. 第 615 条是关于出卖人交付的标的物应符合质量要求的规定。交付的标的物的质量要求是买卖合同的重要条款，但本条也只是一个原则性条款，质量要求的确定还需看当事人的具体约定。另外，本条后半部分就标的物质量说明的交付做了规定。所谓的"质量说明"，是对标的物质量的具体说明，包括等级、规格、所含主要成分与含量、有效期等。按照本条，要求交付质量说明的（法律规定或当事人约定），应交付质量说明并符合要求；没有要求交付质量说明的，可不交付质量说明，但交付的标的物的质量仍应符合合同的具体要求。

8. 第 616 条是关于标的物质量无约定或约定不明时如何处理的规定。与合同的其他条款一样，首先要依照《民法典》第 510 条进行确定。确定不了的，适用第 511 条一般性规定。即"质量要求不明确的，按照强制性国家标准履行；没有强制性国家标准的，按照推荐性国家标准履行；没有推荐性国家标准的，按照行业标准履行；没有国家标准、行业标准的，按照通常标准或者符合合同目的的特定标准履行"。这是买卖合同法中必须解决的问题，大陆法系有关的制度称为瑕疵担保制度，英美法系则称为默示担保制度。

9. 第 617 条是关于出卖人的质量瑕疵担保责任的规定。本条所规定的出卖人交付的标的物不符合质量要求，既包括标的物的质量要求由合同当事人明确约定的情形，也包括在前条规定的情形。依照本条，交付的标的物质量不符合约定的，出卖人应按照约定承担违约责任。具体承担方式按照《民法典》第 582~584 条的规定，包括修理、重作、更换、退货、减少价款或报酬、赔偿损失等。另需注意，第 584 条规定的并非违约责任的具体方式，而是"赔偿损失"责任的计算范围与方式，对实践中确定违约责任的大小非常重要。

10. 第 618 条是关于减免出卖人瑕疵担保责任例外情形的规定。买卖合同订立与履行过程中，若出卖人与买受人作出约定，减轻或免除出卖人对标的物的瑕疵担保责任。依照自愿原则，应尊重这种约定。但出卖人因故意或重大过失未告知买受人标的物存在瑕疵，属欺诈行为，其不应再获得减免。另需注意，对于减免瑕疵担保责任的形式，应以明示方式作出，不能以默示方式作出。此外，主张出卖人存在故意或重大过失的，买受人应负责举证证明。

11. 第 635 条是关于凭样品买卖中样品封存与交付的标的物要求的规定。凭样品买卖又称货样买卖，是一种特殊买卖，其特殊性表现在以货物样品来确定标的物，出卖人交付的货物应当与当事人保留的样品具有相同的品质。需注意的是，若出卖人先向买受人提示样品，但双方订立合同时并未明确表明进行的是凭样品买卖合同，则双方并不属凭样品买卖。本条关于样品的规定有两点：一是当事人应当封存样品；二是可以对样品质量进行说明。出卖人交付的标的物应当与样品及其说明的质量相同是凭样品买卖合同中出卖人应当承担的基本义务。如果未履行这项义务，出卖人需承担违约责任。致使买受人合同目的不能实现的，买受人有权解除合同。另需说明，由于第 636 条专门就样品隐蔽瑕疵做了规定，故第 635 条适用的是非隐蔽瑕疵即外观瑕疵的情况。

12. 第 636 条规定了出卖人应对样品隐蔽瑕疵负责。瑕疵分为质量瑕疵和权利瑕疵。这里指的是质量瑕疵，即标的物存在不符合规定或者通用质量要求的缺陷，或者影响使用效果等方面的情况。另需注意，凭样品买卖的样品存在隐蔽瑕疵应负的责任属加重责任，出卖人不能以交付的标的物与样品质量相同而免责。本条所谓“同种物的通常标准”，应理解为同种物的强制性国家标准、推荐性国家标准、行业标准或同种物的通常标准、符合合同目的的特定标准，若出现多种标准的，原则上适用对标的物质量要求更好的标准。另需说明，对于样品的隐蔽瑕疵，若出卖人明知该瑕疵而故意隐瞒，买受人则可主张出卖人存在欺诈而请求撤销合同。

13. 第 625 条规定的出卖人就有关标的物的回收义务，主要体现的是环境保护与资源节约的精神，该条也被收录于“绿色原则”词条，相关要点也不再重复。

权威参考案例

1. 三门峡水利管理局诉郑州市配套建设公司房屋买卖合同纠纷案（《最高人民法院公报》2004 年第 8 期）

房屋买卖合同的出卖人，在收取了买受人支付的大部分款项后，不能以房屋的工程价款需优先受偿为由，拒绝按合同约定向房屋买受人交付房屋。

2. 程某诉南京欧尚超市有限公司江宁店等产品生产者、销售者责任案(《最高人民法院公报》2018 年第 9 期)

食品标签欠缺成分含量标注的可认定为标签瑕疵食品,但标签瑕疵食品不等于不安全食品。消费者以食品标签存在瑕疵为由,依据《食品安全法》第 148 条第 2 款规定索赔十倍价款或三倍损失赔偿的,应由消费者就标签瑕疵食品存在其他不符合食品安全标准的情形或该标签瑕疵对食品安全造成影响或对消费者造成误导进行举证证明。

3. 赵某红与北京泛美卓越家具有限责任公司买卖合同纠纷案(2014 年 3 月 12 日《最高人民法院公布 10 起维护消费者权益典型案例》案例 2

泛美公司提供的证据不足以证明涉案家具的真实信息及品质,应承担相应的产品质量责任。同时,结合送货单上的加注以及泛美公司产品宣传图片中关于产品的文字介绍,表述均为“某某木”或“实木”,该家具公司存在引人误解的虚假宣传行为,构成对赵某红的欺诈。

4. 苏某前与徐州百鑫商业有限责任公司百惠超市分公司、徐州百鑫商业有限责任公司侵犯消费者权益纠纷案(《最高人民法院公报》2013 年第 12 期)

产品标识为消费者认识和判断商品特征、价值、适当性和效用的基本依据,是消费者选择和判断是否进行产品消费的重要信息来源。依照《产品质量法》第 5 条的规定,销售者应确保产品标识内容的真实性,该内容系对消费者所负真实义务的最低标准。如因产品标识记载的内容不真实而导致消费者受损,经营者应依法承担相应的责任。

买受人义务

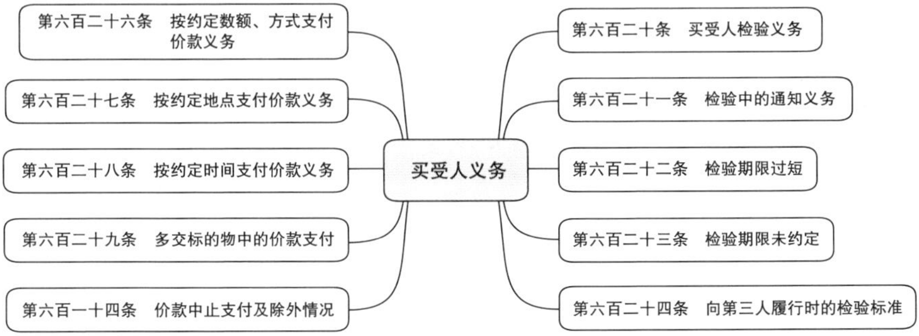

概念

买受人义务，是指在买卖合同中，作为一方当事人的买受人，按照买卖合同的要求应履行的相关义务，主要包括依约支付价款与对标的物进行检验的义务。依约支付价款主要指按照约定数额、方式、时间、地点支付价款；对标的物的检验又包括检验期间、检验期未定、检验中的通知及向第三人履行时检验标准的确定等。

法典条款

第六百二十六条【按约定数额、方式支付价款义务】 买受人应当按照约定的数额和支付方式支付价款。对价款的数额和支付方式没有约定或者约定不明确的，适用本法第五百一十条、第五百一十一条第二项和第五项的规定。

第六百二十七条【按约定地点支付价款义务】 买受人应当按照约定的地点支付价款。对支付地点没有约定或者约定不明确，依据本法第五百一十条的规定仍不能确定的，买受人应当在出卖人的营业地支付；但是，约定支付价款以交付标的物或者交付提取标的物单证为条件的，在交付标的物或者交付提取标的物单证的所在地支付。

第六百二十八条【按约定时间支付价款义务】 买受人应当按照约定的时间支付价款。对支付时间没有约定或者约定不明确，依据本法第五百一十条的规定仍不能确定的，买受人应当在收到标的物或者提取标的物单证的同时支付。

第六百二十九条【多交标的物中的价款支付】 出卖人多交标的物的，买受人可以接收或者拒绝接收多交的部分。买受人接收多交部分的，按照约定的价格支付价款；买受人拒绝接收多交部分的，应当及时通知出卖人。

第六百一十四条【价款中止支付及除外情况】 买受人有确切证据证明第三人对标的物享有权利的，可以中止支付相应的价款，但是出卖人提供适当担保的除外。

第六百二十条【买受人检验义务】 买受人收到标的物时应当在约定的检验期限内检验。没有约定检验期限的，应当及时检验。

第六百二十一条【检验中的通知义务】 当事人约定检验期限的，买受人应当在检验期限内将标的物的数量或者质量不符合约定的情形通知出卖人。买受人怠于通知的，视为标的物的数量或者质量符合约定。

当事人没有约定检验期限的，买受人应当在发现或者应当发现标的物的数量或者质量不符合约定的合理期限内通知出卖人。买受人在合理期限内未通知或者自收到标的物之日起二年内未通知出卖人的，视为标的物的数量或者质量符合约定；但是，对标的物有质量保证期的，适用质量保证期，不适用该二年的规定。

出卖人知道或者应当知道提供的标的物不符合约定的，买受人不受前两款规定的通知时间的限制。

第六百二十二条【检验期限过短】 当事人约定的检验期限过短，根据标的物的性质和交易习惯，买受人在检验期限内难以完成全面检验的，该期限仅视为买受人对标的物的外观瑕疵提出异议的期限。

约定的检验期限或者质量保证期短于法律、行政法规规定期限的，应当以法律、行政法规规定的期限为准。

第六百二十三条【检验期限未约定】 当事人对检验期限未作约定，买受人签收的送货单、确认单等载明标的物数量、型号、规格的，推定买受人已经对数量和外观瑕疵进行检验，但是有相关证据足以推翻的除外。

第六百二十四条【向第三人履行时的检验标准】 出卖人依照买受人的指示向第三人交付标的物，出卖人和买受人约定的检验标准与买受人和第三人约定的检验标准不一致的，以出卖人和买受人约定的检验标准为准。

实务要点

1. 支付价款是买卖合同中买受人最基本的义务。第626~628条分别就买受人支付价款中的支付数额与方式、支付时间、支付地点的确定做了规定。三条规定的共同点都是有约定从约定。此外，三条也分别规定了相应情形下无约定或约定不明时的后续处理规则，有相同之处，但也有各自的特殊之处，需要注意。

2. 第629条是关于出卖人多交标的物时价款支付等的规定。出卖人多交标的物，在实际生活中并不鲜见。出卖人往往是出于让买受人多买的目的。依照本条规定，此时买受人有权选择接收或者拒绝。选择接收的，对于这部分多交的标的物，应当按照双方订立合同时约定的标的物价格计算价款，而不是按照交付时的价格。买受人拒绝接收多交的部分的，也应及时通知出卖人。

3. 第 614 条就价款的中止支付及例外情况做了规定。本条所谓的中止支付相应价款，是指暂时不支付还没有支付的价款，等到权利瑕疵不存在时再支付。规定价款的中止支付的目的在于对买受人提供一种积极的保护，使其免受可能丧失标的物权利的损害。买受人中止支付价款需要满足 2 个条件：一是要有“确切的证据”。二是只能中止支付与受影响的标的物“相应”的价款。此外，当出卖人已提供相当担保时，买受人不得再继续中止支付价款。当然，这种担保应当是与买受人有理由证明的可能损害相适应的。

4. 第 620~624 条涉及的是买受人对标的物的检验。买受人对标的物的检验，既是其义务，也是其权利。对标的物的及时检验，可以尽快确定标的物的质量状况，明确责任，及时解决纠纷，有利于加速商品的流转。否则，就会使合同当事人之间的法律关系长期处于不稳定的状态，不利于维护健康正常的交易秩序。故第 620 条明确了买受人应在约定的检验期内进行检验，未约定检验期的应及时检验。

5. 第 621 条是关于买受人检验标的物中通知义务的规定。买受人通过对标的物的检验，若发现标的物的数量、品种、型号、规格、花色和质量不符合合同的规定，应当一面对标的物妥为保管，一面向出卖人发出异议通知。约定了检验期间，买受人就应当在检验期间内将标的物的数量或者质量不符合约定的情形通知出卖人。买受人怠于通知的，视为标的物的数量或者质量符合约定。对于没有约定检验期间的情况，法律不对质量违约的情形进行分类并相应地规定买受人提出异议的期间，而是规定了买受人收取标的物开始检验之后发现或者应当发现标的物的质量或者数量不符合约定之日起的合理期间。这个时间段，法律不可能也不应当具体地规定出来，而是要针对不同的买卖合同、不同的标的物、不同的质量违约情形进行个案的分析确定。此外，本条还规定了一个最长的异议通知时间，即买受人自标的物收到之日起两年内未通知出卖人的，视为标的物的质量或者数量符合约定。两年的时间基本上是可以适用于绝大多数的买卖合同的。如果合同对标的物的质量保证期做了约定，如某啤酒在标识中注明保质期 180 天，就应当认为，这构成了当事人对最长的异议通知时间的约定。这时就不适用本条“两年”法定期间的规定。

6. 现实中也存在约定的检验期过短的情况。为解决该问题，第 622 条做了规定。根据该条第 1 款，根据标的物的性质与交易习惯，在约定得过短的检验期内难以完成全面检验的，约定的检验期仅视为对外观瑕疵提出异议的期限，而不包括隐蔽瑕疵。根据该条第 2 款，约定的检验期或质保期短于法律、行政法规规定的期限的，以法律、行政法规规定的期限为准。另需注意，判断约定的检验期是否过短时，主要从三个方面考虑：一是根据标的物性质和交易习惯综合考量；二是买受人是否存在怠于通知的行为，若存在则标的物质量视为符合约定；三是买受人不能及时检验隐蔽瑕疵是否存在过失。若买受人并未采取适当措施发现隐蔽瑕疵的，不应认定检验期过短。当然，除了约定的检验期限过短外，还存在检验期限未约定的情况。为此，第 623 条做了相关规定。由于数量和外观瑕疵的检验较为简单，故该条明确了签收载明标的物数量、型号、规格的收货单据即推定对数量和外观瑕疵进行了检验。当然，有相关证件足以证明当事人没有对数量和外观瑕疵进行检验的除外。另外，第 624 条对出卖人向第三人履行情形下检验标准的确定做了规定。实践中，检验标的物的主体并非限于买受人及其代理人，在出卖人直接向第三人交付标的物时，若合同没有明确约定买受人是唯一的检验人，则接收标的物的第三人在检验时，其检验标准以出卖人和买受人约定的检验标准为准。

风险负担

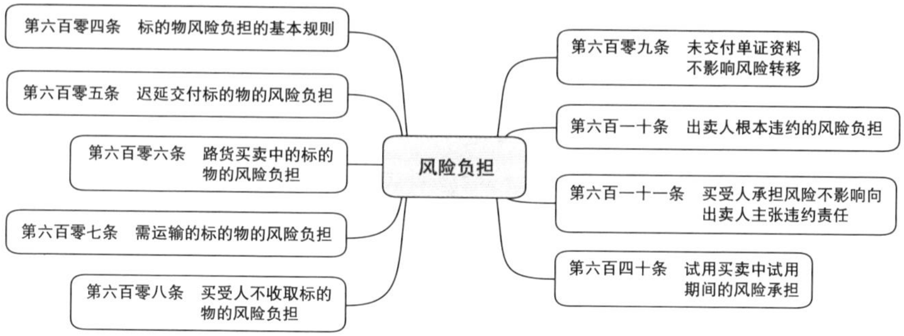

概念

此处的风险负担，指的是买卖合同中标的物的风险负担，即买卖的标的物在合同生效后因不可归责于当事人双方的事由，如地震、洪水、火灾、台风等致使发生毁损、灭失时，该损失应由哪方当事人承担。

法典条款

第六百零四条【标的物风险负担的基本规则】 标的物毁损、灭失的风险，在标的物交付之前由出卖人承担，交付之后由买受人承担，但是法律另有规定或者当事人另有约定的除外。

第六百零五条【迟延交付标的物的风险负担】 因买受人的原因致使标的物未按照约定的期限交付的，买受人应当自违反约定时起承担标的物毁损、灭失的风险。

第六百零六条【路货买卖中的标的物的风险负担】 出卖人出卖交由承运人运输的在途标的物，除当事人另有约定外，毁损、灭失的风险自合同成立时起由买受人承担。

第六百零七条【需运输的标的物的风险负担】 出卖人按照约定将标的物运送至买受人指定地点并交付给承运人后，标的物毁损、灭失的风险由买受人承担。

当事人没有约定交付地点或者约定不明确，依据本法第六百零三条第二款第一项的规定标的物需要运输的，出卖人将标的物交付给第一承运人后，标的物毁损、灭失的风险由买受人承担。

第六百零八条【买受人不收取标的物的风险负担】 出卖人按照约定或者依据本法第六百零三条第二款第二项的规定将标的物置于交付地点，买受人违反约定没有收取的，标的物毁损、灭失的风险自违反约定时起由买受人承担。

第六百零九条【未交付单证资料不影响风险转移】 出卖人按照约定未交付有关标的物的单证和资料的，不影响标的物毁损、灭失风险的转移。

第六百一十条【出卖人根本违约的风险负担】 因标的物不符合质量要求，致使不能实现合同目的的，买受人可以拒绝接受标的物或者解除合同。买受人拒绝接受标的物或者解除合同的，标的物毁损、灭失的风险由出卖人承担。

第六百一十一条【买受人承担风险不影响向出卖人主张违约责任】 标的物毁损、灭失的风险由买受人承担的，不影响因出卖人履行义务不符合约定，买受人请求其承担违约责任的权利。

第六百四十条【试用买卖中试用期间的风险承担】 标的物在试用期内毁损、灭失的风险由出卖人承担。

实务要点

1. 第 604 条是关于买卖合同中标的物毁损、灭失风险承担的基本规定。风险负担又称风险承担，其具有三个特点：一是发生在双务合同中，单务合同没有对待给付，即使存在标的物毁损灭失但不存在价金风险的问题；二是风险负担是因为标的物毁损灭失引起而非当事人的违约行为引起；三是风险负担是因为不可归责于双方当事人的事由而产生的损失分配，风险的发生具有极大的不可预测性。风险负担的关键是如何确定风险转移的时间。转移的时间确定了，风险由谁来承担也就清楚了。标的物风险转移的时间可以由双方当事人在合同中作出约定。在当事人对此未作出约定或者约定不明确时，标的物的风险从何时起转移，法律有必要确定一个规则，故有了本条的规定，即标的物毁损、灭失的风险，交付前由出卖人承担，交付后由买受人承担。该条没有把风险转移问题与所有权转移问题联系在一起，而是以标的物的交付时间来确定风险转移的时间。因为风险转移是一个很现实的问题，而所有权的转移则是抽象的，因而以所有权的转移来确定风险转移的做法不可取。标的物的交付是一个事实问题，易于判断，清楚明了，以它为标准有利于明确风险的转移。另需注意，本条确立的规则属买卖合同风险负担的一般性规则，如果特别法或本法另有特别规定，适用该特别规定。

2. 第 605 条是关于因买受人原因致交付迟延时风险负担的规定。一般来说，标的物的风险自交付时起由出卖人转移至买受人。但在合同履行中发生交付迟延的情况，就要根据不同情况区别对待。出卖人迟延交付，逾期占有标的物，由其继续承担标的物毁损、灭失的风险是合理的；但在标的物迟延交付是由买受人过错（故意或过失）造成的情况下，如果仍然坚持标的物的风险自交付起转移，对出卖人显然是不公平的。故有本条规定。

3. 第 606 条是关于路货买卖中标的物风险负担的规定。路货买卖，是指标的物已在运输途中，出卖人寻找买主，出卖在途的标的物。它可以是出卖人先把标的物装上开往某个目的地的运输工具（一般是船舶）上，然后再寻找适应的买主订立买卖合同，也可以是按一个买卖合同买受人未实际收取标的物前，再把处于运输途中的标的物转卖给另一方。出卖在运输途中的货物，一般在合同订立时，出卖人就应当将有关货物所有权的凭证或者提取货物的单证等交付买方，货物也就处在了买方的支配之下。一般来说，从订立合同时起转移货物的风险承担也是合理的。需注意本条的适用条件：一是出卖的标的物为“运输的在途标的物”；二是当事人未对风险负担作出特别约定。此外，路货买卖中，若出卖人在订立合同时已知道或者应当知道货物已经灭失或者损坏，而他又隐瞒这一事实不告知买方，则这种灭失或者损坏应由出卖人负责。

4. 第 607 条是关于需运输的标的物风险负担的规定，即本条是要解决标的物在运输中的风险由谁来承担的问题。一般情况下，出卖人将标的物交付给第一承运人就是履行了合同的交付义务。第 604 条又规定，标的物的风险，交付前由出卖人承担，交付后由买受人承担。故第 607 条在出卖人将标的物交付承运人后，标的物的风险由买受人承担就是符合逻辑的。运输中的标的物风险由买方承担，也在于买方所处的地位使他能在目的地及时检验货物，在发现货物受损时便于采取必要的措施，包括减轻损失，及时向有责任的承运人请求赔偿以及向保险人索赔等。

5. 第 608 条是关于买受人不接收标的物时风险负担的规定。一般情况下，在合同约定的交付期限届至时，若标的物已经特定于合同项下而且出卖人已经完成了必要的交付准备工作，标的物处在了可以交付买受人处置的状态。此时，买受人违反合同的约定没有接收标的物，那么按照该条的规定，买受人就从违反约定之日起承担标的物毁损、灭失的风险。需说明的是，第 605 条关于因买受人原因致迟延交付标的物的风险负担的规定与本条相比，虽然法律后果都是由买受人负担风险，但二者仍存在四点不同：(1)二者负担风险的适用原则不同。前者属交付转移风险原则的例外，本条则适用交付转移风险原则。(2)买受人主观原因不同。前者要求买受人存在故意或过失的原因，本条则无此要求。(3)出卖人履行交付义务的状态不同。前者出卖人没有也无法履行交付义务，本条的出卖人则已经履行了部分交付义务。(4)买受人开始承担风险责任的时间点不同。前者是在出卖人交付标的物之前，本条则是出卖人履行部分交付标的物的行为之后。

6. 第 609 条是关于出卖人交付有关标的物的单证和资料的义务与标的物毁损、灭失风险承担的关系的规定。标的物风险转移与所有权转移并不一致。标的物风险转移，除当事人另有约定外，是以标的物的交付作为标准，与标的物所有权的转移无关。故有了本条规定。需注意，无论出卖人不交付标的物的单证和资料是否意味着所有权的保留，都不影响标的物风险从交付时起由出卖人转移给买受人。

7. 第 610 条是关于出卖人根本违约下风险承担的规定。标的物不符合质量要求致使不能实现合同目的的，构成根本违约，买受人有权拒收货物或者解除买卖合同。由于出卖人构成根本违约，此时标的物毁损、灭失的风险应由出卖人承担。需说明的是，这里的“接受”指对货物的认可。此外，本条属任意性规范，当事人可通过协议加以改变。

8. 第 611 条是关于买受人承担风险与出卖人违约责任关系的规定。买受人承担标的物毁损、灭失的风险与出卖人的违约责任间并没有直接关系。在出卖人违约的情况下，买受人虽然按照规定承担了标的物毁损、灭失的风险，但并不影响因出卖人违约，买受人请求其承担违约责任的权利。

9. 第 640 条是关于试用买卖中试用期间标的物风险由出卖人负担的规定。相较于《合同法》(已废止)，本条属新增内容。本条规定属原则性内容，允许存在例外。在本条规定的前提下，试用买卖中标的物的风险负担何时发生转移呢？倾向性意见是，在买受人向出卖人作出同意购买标的物的意思表示时，标的物风险才发生转移。

权威参考案例

捷跑电子科技有限公司诉青岛海信进出口有限公司国际货物买卖合同纠纷案(《最高人民法院公报》2013 年第 11 期)

标的物瑕疵担保责任中的“质量要求”，在国际货物买卖合同中，通常包括产品出口国与进口国规定的技术标准与质量要求。在买卖双方未就质量标准和要求事先作出明确、具体约定的情况下，由于产品交付前后两次检验在项目、技术规范方面的可比性，使产品交付前后的检验变化更能有针对性地反映产品的质量状况。另外，产品召回制度通过召回本身防止损害的发生与扩大，并不以现实损害为前提，且召回措施的内容具有多样性。就产品召回所对应的风险防控而言，在产品已经输出的情况下谁更方便、有效地合理预防、消除风险，谁即应当及时、正确地采取相应措施。

特殊买卖

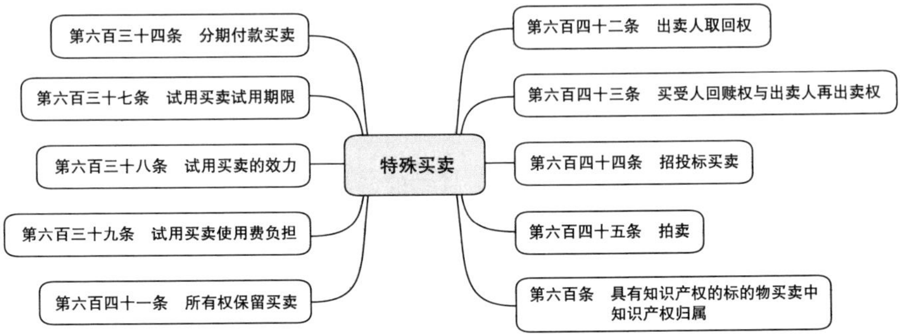

概念

在一般的买卖合同之外，现实中也存在一些特殊形式的买卖，包括分期付款买卖、凭样品买卖、试用买卖、所有权保留下的买卖、招标投标买卖、拍卖等。此外，由于具有知识产权的标的物买卖中知识产权归属也存在特殊之处，故一并收录。另需说明，因凭样品买卖的两个条文在“出卖人义务”词条已被收录与解读，本词条不再重复。

法典条款

第六百三十四条【分期付款买卖】 分期付款的买受人未支付到期价款的数额达到全部价款的五分之一，经催告后在合理期限内仍未支付到期价款的，出卖人可以请求买受人支付全部价款或者解除合同。

出卖人解除合同的，可以向买受人请求支付该标的物的使用费。

第六百三十七条【试用买卖试用期限】 试用买卖的当事人可以约定标的物的试用期限。对试用期限没有约定或者约定不明确，依据本法第五百一十条的规定仍不能确定的，由出卖人确定。

第六百三十八条【试用买卖的效力】 试用买卖的买受人在试用期内可以购买标的物，也可以拒绝购买。试用期限届满，买受人对是否购买标的物未作表示的，视为购买。

试用买卖的买受人在试用期内已经支付部分价款或者对标的物实施出卖、出租、设立担保物权等行为的，视为同意购买。

第六百三十九条【试用买卖使用费负担】 试用买卖的当事人对标的物使用

费没有约定或者约定不明确的，出卖人无权请求买受人支付。

第六百四十一条【所有权保留买卖】 当事人可以在买卖合同中约定买受人未履行支付价款或者其他义务的，标的物的所有权属于出卖人。

出卖人对标的物保留的所有权，未经登记，不得对抗善意第三人。

第六百四十二条【出卖人取回权】 当事人约定出卖人保留合同标的物的所有权，在标的物所有权转移前，买受人有下列情形之一，造成出卖人损害的，除当事人另有约定外，出卖人有权取回标的物：

（一）未按照约定支付价款，经催告后在合理期限内仍未支付；

（二）未按照约定完成特定条件；

（三）将标的物出卖、出质或者作出其他不当处分。

出卖人可以与买受人协商取回标的物；协商不成的，可以参照适用担保物权的实现程序。

第六百四十三条【买受人回赎权与出卖人再出卖权】 出卖人依据前条第一款的规定取回标的物后，买受人在双方约定或者出卖人指定的合理回赎期限内，消除出卖人取回标的物的事由的，可以请求回赎标的物。

买受人在回赎期限内没有回赎标的物，出卖人可以以合理价格将标的物出卖给第三人，出卖所得价款扣除买受人未支付的价款以及必要费用后仍有剩余的，应当返还买受人；不足部分由买受人清偿。

第六百四十四条【招投标买卖】 招标投标买卖的当事人的权利和义务以及招标投标程序等，依照有关法律、行政法规的规定。

第六百四十五条【拍卖】 拍卖的当事人的权利和义务以及拍卖程序等，依照有关法律、行政法规的规定。

第六百条【具有知识产权的标的物买卖中知识产权归属】 出卖具有知识产权的标的物的，除法律另有规定或者当事人另有约定外，该标的物的知识产权不属于买受人。

实务要点

1. 第 634 条是关于分期付款买卖合同的规定。分期付款买卖，是指买受人将应付的总价款，在一定期间内分次向出卖人支付的买卖合同。分期付款买卖也是一种特殊买卖，其根本特征在于买受人在接受标的物后不是一次性支付价款，而是将价款分成若干份，分不同日期支付。由于本条主要涉及分期付款买卖合同解除的问题，在下一词条“特定情形下的买卖合同解除”有具体解读，本词条不再赘述。

2. 第637~639条是关于试用买卖合同的规定。试用买卖是一种附条件的买卖，是指当事人双方约定由买受人试用或者检验标的物，以买受人认可标的物为条件的买卖合同。第637条就试用期限的确定做了规定，当事人对试用期限有约定的依其约定，无约定或约定不明确的，依本法第510条仍不能确定的，由出卖人确定。需注意，标的物所有权在试用期限内并没有发生转移。第638条就试用买卖的效力（买受人的选择权与视为购买或视为同意购买）做了规定。规定试用买卖的买受人在试用期内的选择权是为了明确试用买卖合同中买受人的基本权利。买受人对标的物是否认可进而是否选择购买，完全取决于自己的意愿，而不受其他条件的限制。在以下情形，买受人虽未作出明确的认可表示，也视为认可：（1）超出试用期限买受人不作决定的，视为购买；（2）试用期内买受人有处分行为（对标的物出租、出卖、设立担保或支付部分价款等）的，视为购买。第639条就试用买卖使用费做了规定。如前所述，试用买卖是以买受人认可标的物为生效条件的买卖。买受人如果买受人经试用或者检验对标的物认可标的物，为条件成就，买卖合同生效；买受人不认可标的物，则为条件不成就，买卖合同不生效。在试用期间内，出卖人将标的物交给买受人试用，是出卖人自愿承担的义务，对其具有约束力，买受人无须为此支付使用费。另需注意，出卖人不能请求买受人支付使用费，但若买受人未尽到一般注意义务，致标的物在试用期间毁损灭失的，出卖人虽也不能向其主张违约责任，但可依据侵权责任法请求承担侵权责任。

3. 第641~643条是关于所有权保留买卖的规定。一般情况下，标的物的所有权自标的物交付时起转移，但当事人另有约定的，则应当依照当事人的约定确定所有权转移的时间。第641条所谓的所有权保留条款即体现了当事人另外约定的一种情形。所有权保留条款是有利于出卖人的条款。它的主要功能是可以使出卖人躲避不能取得标的物价款的风险。在买受人未履行支付价款或者其他出卖人认为重要的义务以前，出卖人仍然享有标的物的所有权。这样就可以免去在出卖人已交付标的物而买受人不履行其主要义务时，因所有权已转移可能给自己造成的损害。但基于优化营商环境、消灭隐形担保的目的，第641条第2款规定，出卖人对标的物保留的所有权，未经登记不得对抗善意第三人。另需说明，本条关于所有权保留的规定并不适于不动产。第642条在吸收借鉴原《买卖合同解释》第35条规定的基础上，就所有权保留买卖中出卖人的取回权做了较为完善的规定。需注意的是，在买受人未按照约定支付价款的情况下行使取回权，增加了出卖人的催告程序。第643条在吸收借鉴原《买卖合同解释》第37条规定的基础上，就买受人赎回、出卖人的再出卖权做了较为明确的规定。出卖人依据第642条的规定行使取回权后，买受人在合理的回赎期限内消除出卖人取回事由的，可请求回赎标的物。回赎期一般包括法定期限和意定期限，依据第643条，出卖人单方制定的回赎期须是合理的，应根据标的物性质结合具体情况确定。买受人在回赎期内没有消除相关事由的，出卖人就取得了对标的物的再出卖权。但出卖人再次出卖须以合理价格卖出。卖出所得借款满足出卖人自身应得价款及所需费用后，剩余部分应返还买受人；所得价款无法满足出卖人自身应得价款及所需费用的，有权继续向买受人主张。

4. 第644条是关于招标投标买卖的规定。招标投标买卖指招标人公布买卖标的物的出卖条件，投标人参加投标竞买，招标人选定中标人的买卖方式。招标投标买卖法律关系的主体包括出卖人，可称为招标人、竞买人，又可称为投标人和买受人，还可称为中标人。招标投标除可作为一种特种买卖形式外，还适用于承揽、建设工程、运输、服务等合同的订立。关于招标投标买卖，本条只是一个原则性规定，招标投标买卖当事人的权利和义务以及招标投标程序等，有关法律、行政法规有具体规定。

5. 第645条是关于拍卖的规定。拍卖是指以公开竞价的形式，将特定物品或财产权利转让给最高应价者的买卖方式。从法律意义角度而言，拍卖合同作为一种特殊的买卖合同，成立方式具有特殊性，其成立应经过出卖人出价、竞买人应价、拍定三个阶段。一经拍定，买卖合同关系即成立，出卖人负有交付标的物并转移所有权的义务，竞买人负有支付价款的义务。相较于一般买卖，拍卖合同效力有三个特殊之处：一是出卖人对标的物的瑕疵担保责任具有特殊性。二是出卖人对标的物风险转移具有特殊性。三是买受人承担违约责任方式具有特殊性。当然，本条只是关于拍卖的原则性规定，当事人具体权利义务与拍卖程序等，有关法律、行政法规有具体规定。

6. 第600条是关于具有知识产权的标的物买卖中知识产权归属的规定。买卖合同中，有些标的物本身可能是一定知识产权的载体，如计算机软件。需注意作为知识产权的载体的买卖与知识产权买卖的不同。知识产权的买卖是权利买卖的一种，一般称为权利转让。权利转让中，当事人所追求的合同目的与一般的货物买卖是不同的。作为买卖对象的权利，尽管也有一定的载体，但买卖当事人看重的显然不是该载体本身，而是通过它表现的一定技术以及对这一技术享有支配的权利而能带来的利益。因此，如果一个买卖合同的标的物本身体现一定的知识产权，除非当事人明确表明或法律有相关规定，买卖可以影响知识产权，否则该标的物所体现的知识产权不转移于买受人。

权威参考案例

1. 广东龙正投资发展有限公司与广东景茂拍卖行有限公司委托拍卖执行复议案（最高人民法院指导性案例第35号）

拍卖行与买受人有关联关系，拍卖行为存在以下情形，损害与标的物相关权利人合法权益的，人民法院可以视为拍卖行与买受人恶意串通，依法裁定该拍卖无效：(1)拍卖过程中没有其他无关联关系的竞买人参与竞买，或者虽有其他竞买人参与竞买，但未进行充分竞价的；(2)拍卖标的物的评估价明显低于实际价格，仍以该评估价成交的。

2. 青海红鼎房地产有限公司与青海省国有资产投资管理有限公司、青海省产权交易市场确认合同有效纠纷案（《最高人民法院公报》2017年第3期）

网络竞价交易具有即时性和公开性的特点，产权人、竞买人、竞买组织方均应严格遵守相关交易规则。虽然网络竞价系统自动生成《竞价结果通知单》，但因违反交易规则，不能形成有效承诺的，交易依法不能成立。网络竞拍是拍卖的一种特殊形式，在其有特别规定时依其规定，在无特别规定时，可以适用《拍卖法》的一般规定。

3. 曾某某与江西金马拍卖有限公司、中国银行股份有限公司上饶市分行、徐某某拍卖纠纷案（《最高人民法院公报》2006年第1期）

根据《合同法》(已废止)、《拍卖法》的有关规定，拍卖是以公开竞价的形式，将特定物品或者财产权利转让给最高应价者的买卖方式，拍卖活动必须遵守法律规定和行业惯例，必须符合公平、公正的原则。在拍卖活动中，拍卖师的拍卖行为违反法律规定和行业习惯做法，侵害有关竞买人的合法权益的，应认定其拍卖行为无效。

特定情形下的买卖合同解除

概念

有关合同解除的规定，合同编通则分编已有一般性规定，买卖合同应予适用。但买卖合同作为现实中最常见的合同，也存在一些特殊的解除情形，如有从物的买卖合同解除、数物同时出卖的买卖合同解除、分批交付标的物的买卖合同解除、分期付款买卖合同的解除。

法典条款

第六百三十一条【有从物的合同解除】　因标的物的主物不符合约定而解除合同的，解除合同的效力及于从物。因标的物的从物不符合约定被解除的，解除的效力不及于主物。

第六百三十二条【数物同时出卖的合同解除】　标的物为数物，其中一物不符合约定的，买受人可以就该物解除。但是，该物与他物分离使标的物的价值显受损害的，买受人可以就数物解除合同。

第六百三十三条【分批交付标的物的合同解除】　出卖人分批交付标的物的，出卖人对其中一批标的物不交付或者交付不符合约定，致使该批标的物不能实现合同目的的，买受人可以就该批标的物解除。

出卖人不交付其中一批标的物或者交付不符合约定，致使之后其他各批标的物的交付不能实现合同目的的，买受人可以就该批以及之后其他各批标的物解除。

买受人如果就其中一批标的物解除，该批标的物与其他各批标的物相互依存的，可以就已经交付和未交付的各批标的物解除。

第六百三十四条【分期付款买卖合同的解除】　分期付款的买受人未支付到期价款的数额达到全部价款的五分之一，经催告后在合理期限内仍未支付到期价款的，出卖人可以请求买受人支付全部价款或者解除合同。

出卖人解除合同的，可以向买受人请求支付该标的物的使用费。

实务要点

1. 第 631 条是关于有从物的买卖合同解除的规定。根据本条的规定，有两种情况：因主物不符合约定而解除的，解除效力及于从物；因从物不符合约定而解除的，解除的效力不及于主物。主物与从物的买卖从属于一个总的买卖合同，涉及从物买卖的部分，当属于主物买卖合同的组成部分，即使因从物不符合约定被解除，通常也不会达到不能实现合同目的的程度，故涉及从物的解除应当只是买卖合同的部分解除。

2. 第 632 条是关于数物同时出卖中一物不符合约定解除合同的规定。本条所谓“数物”，是指主从物外的其他相互独立存在的物。本条是参考《德国民法典》和我国台湾地区“民法典”有关规定而来的，即为买卖标的之数物中一物有瑕疵者，买受人仅得就有瑕疵之物为解除。其以总价金将数物同时卖出者，买受人并得请求减少与瑕疵物相当之价额。当事人之任何一方如因有瑕疵之物与他物分离而显受损害者，得解除全部契约。另需说明，本条作为买受人的一项权利，条文使用了“可以”二字，意味着买受人是否解除由其自己决定。

3. 第 633 条是关于分批交付标的物的情况下解除合同的规定。本条涉及的内容表现为三个层次：第一，一般情况下，出卖人不履行某一批的交付，买受人可针对该批标的物不履行的情况要求出卖人承担违约责任。若出卖人对该批的不履行构成了根本违约，即本条所规定的“出卖人对其中一批标的物不交付或者交付不符合约定，致使该批标的物不能实现合同目的”，买受人可以就该批标的物主张对整个合同的部分解除。第二，出卖人对某批标的物的根本违约，如果将导致对该批之后各批的根本违约，买受人有权解除合同中该批以及其后的部分。法律并未说明属于这类情形的具体情况，因为合同实践是复杂的，法律只能作出一个原则性的规定。但是，某批的根本违约将致使今后各批的根本违约的情况必须是十分明显的，才适用这一规定。第三，某批标的物与整个合同的其他各批标的物可能是相互依存的，或者说是不可分的，否则整个合同的履行将不可能或没有意义。此时买受人若依法可对该批标的物解除，那么也就可以直接解除整个合同。

4. 第 634 条是关于分期付款买卖合同解除的规定。首先，合同当事人可以在合同订立前或者订立后，协商设立合同解除的条件。而根据本条的规定，上面讲到的对期限利益丧失特别约定的限制，同样适用于合同的协议解除，合同的有关约定不得低于法律规定的对保护买受人有利的标准。其次，达到法定的条件时，合同一方当事人有权单方解除合同。合同编通则规定的条件中，违约行为“致使不能实现合同目的”，乃是一个核心和关键。但通则这一规定只是一般性的原则表述，至于如何才是严重影响订立合同所期望的经济利益，不同种类的合同以及具体的个案都应当有不同的适用。按照本条的规定，在分期付款买卖合同中，买受人未支付到期价款的金额已经达到全部价款的1/5，且经催告后在合理期限内仍未支付到期价款即是法律规定的具体适用“致使不能实现合同目的”的标准。也就是说，只有达到了这样的条件，分期付款买卖的出卖人才有权行使合同的单方解除权。合同解除后，当事人双方应当将从对方取得的财产返还给对方，有过错的一方并应当赔偿对方因此而受到的损失。且根据本条第2款，出卖人解除合同的，可以向买受人请求支付该标的物的使用费。也就是说，一般情况下，出卖人因买受人的原因解除合同时，出卖人向买受人请求支付或者抵扣的金额，不得超过相当于该标的物的使用费的金额。如标的物有毁损，出卖人还可请求相应的损害赔偿。

权威参考案例

汤某某诉周某某股权转让纠纷案（最高人民法院指导性案例第67号）

有限责任公司的股权分期支付转让款中发生股权受让人延迟或者拒付等违约情形，股权转让人要求解除双方签订的股权转让合同的，不适用《合同法》（已废止）第167条[①]关于分期付款买卖中出卖人在买受人未支付到期价款的金额达到合同全部价款的1/5时即可解除合同的规定。

供电人义务

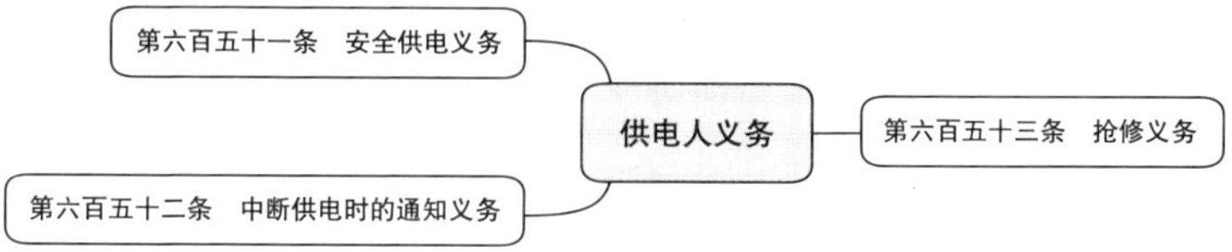

① 可参考《民法典》第634条。

概念

供电人义务，主要包括安全供电义务、中断供电时的通知义务、抢修义务及供电人的强制缔约义务等。因供电人的强制缔约义务已在“强制缔约义务”词条涉及，本词条不再重复。

法典条款

第六百五十一条【安全供电义务】 供电人应当按照国家规定的供电质量标准和约定安全供电。供电人未按照国家规定的供电质量标准和约定安全供电，造成用电人损失的，应当承担赔偿责任。

第六百五十二条【中断供电时的通知义务】 供电人因供电设施计划检修、临时检修、依法限电或者用电人违法用电等原因，需要中断供电时，应当按照国家有关规定事先通知用电人；未事先通知用电人中断供电，造成用电人损失的，应当承担赔偿责任。

第六百五十三条【抢修义务】 因自然灾害等原因断电，供电人应当按照国家有关规定及时抢修；未及时抢修，造成用电人损失的，应当承担赔偿责任。

实务要点

1. 第651条是关于供电人安全供电义务的规定。本条强调供电人应当正确地履行供用电合同约定的义务，按照国家规定的供电质量标准和合同的约定安全供电。《供电营业规则》对供电质量标准做了具体规定。除按照国家规定的标准外，供电人还应当按照合同的约定供电。此外，按照本条的规定，供电人没有按照国家规定的供电质量标准和约定安全供电，并造成用电人损失，应当承担赔偿责任。这里的“承担赔偿责任”，是指供电人就其违约行为赔偿给用电人所造成的损失，损失包括直接损失，也包括合同履行后可获得的利益，但不得超过供电人订立合同时预见到或者应当预见到的因违反合同可能造成的损失。

2. 第652条是对供电人因故中断供电时的通知义务的规定。供用电合同是一种持续供给合同，供电人在发电、供电系统正常的情况下，应当连续向用电人供电，不得中断，否则应当承担违约责任。这是供电人连续供电的义务。但是，在某些法定情形下，供电人可以中断供电，根据本条和《电力法》的相关规定，这些情形包括供电设施检修、依法限电或者用户违法用电等。因供电设施计划检修停电，供电企业应提前7天通知用户或进行公告；因供电设施临时检修停电，供电企业应提前24小时通知重要用户；因发电、供电系统发生故障需要停电、限电时，供电企业应当按照事先确定的限电序位进行停电或者限电。但限电序位应事前公告用户。引起停电或者限电的原因消除后，供电企业应当尽快恢复供电。因供电设施检修、依法限电或者用户违法用电等原因中断供电，供电企业没有按照国家有关规定事先通知用户，如遇到计划检修时，没有提前7天通知用户或者进行公告，依法限电时，没有按照事先确定的限电序位进行限电，给用电人造成损失的，应当承担损害赔偿责任。

3. 第653条是对因自然灾害等原因断电时供电人的抢修义务的规定。本条中的“自然灾害等原因”，主要是指不可抗力的原因。我国法律规定不可抗力在一般情况下为合同的免责事由。不可抗力虽是合同的免责事由，但不可抗力发生后，当事人仍应以诚实善意的态度去克服，以最大限度地减少因不可抗力所造成的损失，这是合同诚实信用原则的要求。故而在因自然灾害等断电后，供电人应按照国家有关规定及时抢修，减少用电人损失。若供电人未及时抢修，给用电人造成损失，供电人应当就没有及时抢修而给用电人造成的损失部分承担赔偿责任。至于供电人是否尽到了及时抢修的义务，应以国家的有关规定为标准。

用电人义务

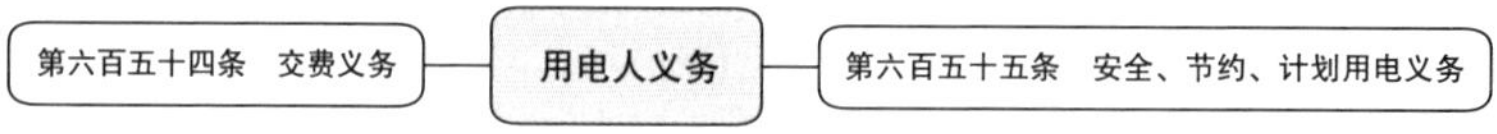

概念

用电人的义务，主要包括按照规定或约定支付电费的义务及安全、节约、计划用电的义务。

法典条款

第六百五十四条【交费义务】　用电人应当按照国家有关规定和当事人的约定及时支付电费。用电人逾期不支付电费的，应当按照约定支付违约金。经催告用电人在合理期限内仍不支付电费和违约金的，供电人可以按照国家规定的程序中止供电。

供电人依据前款规定中止供电的，应当事先通知用电人。

第六百五十五条【安全、节约、计划用电义务】 用电人应当按照国家有关规定和当事人的约定安全、节约和计划用电。用电人未按照国家有关规定和当事人的约定用电，造成供电人损失的，应当承担赔偿责任。

实务要点

1. 第 654 条是对用电人交付电费的义务和逾期交付电费的违约责任的规定。在供用电合同中，支付价款是用电人的主要义务。电力的价款即电费，是电力资源实现其商品价值的货币形式，是供电人出卖电力的对价，用电人只有按照国家有关规定和双方当事人的约定履行交付电费的义务，才能实现电力的商品价值。用电人在合同约定的期限内未交付电费，应当承担迟延支付的违约责任。如果供用电双方就迟延交付电费约定了违约金，则用电人应当按照约定支付违约金。经催告，用电人在合理期限内仍不交付电费和违约金的，供电人可以中止供电。但中止供电前，供电人负有催告义务，并应给用电人一个合理期限以做准备，这是合同诚实信用原则的要求。该期限的具体时间，视具体情形而定。《电力供应与使用条例》规定的自逾期之日超过 30 日可作为合理期限的参考。另需注意，本条第 2 款规定了供电人依据本条第 1 款中止供电的，应事先通知用电人。这是对中止供电前通知程序的强化，具体如何通知，应按照“国家规定的程序”进行。

2. 第 655 条是对用电人安全、节约、计划用电义务及其违约责任的规定。供用电合同一经成立，就对当事人产生法律效力，用电人应当按照国家有关规定和合同的约定安全用电、节约用电、计划用电。由于电力系统具有网络性，电力的生产、供应和使用由网络联结，相互影响，并且同时完成，任何一个用户能否安全、合理地使用电力，都将关系到电力的运行安全，关系到整个社会的公共安全，任何一种违章、违约用电行为，都可能造成人身和财产的重大损害。因此，不仅双方当事人有必要在供用电合同中对如何安全、合理地使用电力作出约定，而且应当按照国家的有关规定用电。用电人违章用电，应当承担一定的法律责任，有关电力供应与使用的法律法规对违章用电的法律责任作出了规定，但其多是从行政管理的角度出发，给予行政处罚。从合同关系考虑，违章用电属于违约用电行为，用电人违章用电，应当承担违约责任，包括采取补救措施、支付违约金、供电人中止供电等。造成供电人损失的，还应赔偿。

赠与的撤销

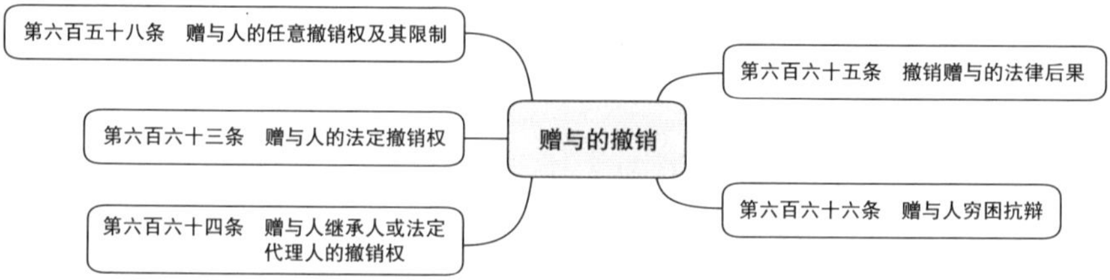

概念

本词条所谓“赠与的撤销”，主要包括赠与人的任意撤销权、赠与人的法定撤销权、赠与人继承人或者法定代理人的撤销权。第666条涉及的赠与人因“穷困抗辩”不再履行赠与义务，本质上非属赠与撤销的范畴，但由于法律后果有一定相似性，为梳理与解读的方便，故将其收录于本词条之下。

法典条款

第六百五十八条【赠与人的任意撤销权及其限制】 赠与人在赠与财产的权利转移之前可以撤销赠与。

经过公证的赠与合同或者依法不得撤销的具有救灾、扶贫、助残等公益、道德义务性质的赠与合同，不适用前款规定。

第六百六十三条【赠与人的法定撤销权】 受赠人有下列情形之一的，赠与人可以撤销赠与：

（一）严重侵害赠与人或者赠与人近亲属的合法权益；

（二）对赠与人有扶养义务而不履行；

（三）不履行赠与合同约定的义务。

赠与人的撤销权，自知道或者应当知道撤销事由之日起一年内行使。

第六百六十四条【赠与人继承人或法定代理人的撤销权】 因受赠人的违法行为致使赠与人死亡或者丧失民事行为能力的，赠与人的继承人或者法定代理人可以撤销赠与。

赠与人的继承人或者法定代理人的撤销权，自知道或者应当知道撤销事由之日起六个月内行使。

第六百六十五条【撤销赠与的法律后果】 撤销权人撤销赠与的，可以向受赠人请求返还赠与的财产。

第六百六十六条【赠与人穷困抗辩】 赠与人的经济状况显著恶化，严重影响其生产经营或者家庭生活的，可以不再履行赠与义务。

实务要点

1. 第 658 条是关于赠与的任意撤销及其限制的规定。赠与的任意撤销，是指赠与合同成立后，赠与财产的权利转移之前，赠与人可以根据自己的意思不再为赠与行为。法律规定赠与的任意撤销，源于赠与是无偿行为。既便赠与合同已经成立，也还可以允许赠与人因自身的某种事由撤销赠与，这也是赠与合同与其他有偿合同的显著区别。尤其是有的赠与合同的订立，是因一时情感因素而欠考虑，如果绝对不允许赠与人撤销，则对赠与人太过苛刻，也有失公允。然而，对于任意性不加限制，则等同于赠与合同无任何约束力，既对受赠人不公平，也违背诚实信用原则，对社会道德也是一种冲击。故对赠与人的任意撤销应做如下限制：(1)赠与财产已转移其权利的，赠与人不得任意撤销赠与。一部分已交付并已转移其权利，任意撤销赠与仅限于未交付并未转移其权利的部分，以维护赠与合同当事人双方权利义务关系的稳定。(2)赠与合同订立后经公证证明的，赠与人不得任意撤销。(3)具有社会公益、道德义务性质的赠与合同，无论当事人以何种形式订立，无论是否经过公证，也无论赠与的财产是否已转移其权利，赠与人均不得任意撤销。(4)依法不得任意撤销的其他情形，如通过媒体公开承诺捐赠的，不得任意撤销。

2. 第 663 条是关于赠与人的法定撤销情形及撤销权行使期间的规定。赠与合同的法定撤销，是指赠与合同成立后，在具备法律规定的情形时，撤销权人可以撤销赠与。赠与的法定撤销与任意撤销的不同点在于：(1)撤销赠与须依法律规定的事由。(2)要具备法定事由，不论赠与合同以何种形式订立甚至经过公证证明，无论赠与的财产是否已交付，也无论赠与是否属于社会公益或道德义务性质，享有法定撤销权的人均可撤销。另外，对本条所谓“受赠人严重侵害赠与人或者赠与人近亲属的合法权益”，需注意受赠人实施的是严重侵害行为，而不是轻微的、一般的侵害行为。受赠人侵害的是赠与人本人或其近亲属，近亲属的范围按照《民法典》第 1045 条第 2 款的规定，包括配偶、父母、子女、兄弟姐妹、祖父母、外祖父母、孙子女、外孙子女，其他亲友不在此列。

3. 第 664 条是关于赠与人的继承人或法定代理人的法定撤销情形及撤销权行使期间的规定。赠与的撤销权本应属于赠与人，但因受赠人的违法行为致使赠与人死亡或者丧失民事行为能力时，赠与人事实上已无法行使撤销权。此时，由赠与人的继承人或法定代理人行使撤销权，以实现赠与人撤销赠与的权利与意愿。需注意，也只有在赠与人不能行使其撤销权时，赠与人的继承人或法定代理人才有撤销赠与的权利。即赠与人的继承人或法定代理人撤销赠与必须基于赠与人因受赠人的违法行为而致死亡或者丧失民事行为能力这一法定情形。另需注意，不同于撤销权行使期间的一般规定，赠与人的继承人或法定代理人行使撤销权的期间为六个月，自知道或者应当知道撤销原因之日起计算。

4. 第 665 条是关于撤销权行使的法律效力的规定。赠与的法定撤销权为形成权，一经撤销权人行使即发生效力，使赠与关系解除。在赠与的财产未交付时，赠与人可以拒绝赠与；在赠与的财产交付后撤销赠与的，赠与人或其继承人、法定代理人可以要求受赠人返还赠与的财产。

5. 第 666 条是关于赠与人不再履行赠与义务的法定情形，即赠与人穷困抗辩的规定。根据该条，在赠与合同订立后或者赠与人已经部分履行赠与义务后，赠与人的经济状况显著恶化，严重影响其生产经营或者家庭生活的，赠与人可以不再履行赠与合同约定的赠与义务或者不再履行赠与合同约定的但尚未履行的部分赠与义务。赠与人不再履行赠与义务，应当符合本条规定的法定条件：（1）经济状况显著恶化发生在赠与合同成立之后，而不是成立之前。如果自身的经济状况本已十分不好，仍向他人表示赠与意思，实际上其赠与的意思表示多无诚意，赠与合同也无履行基础。（2）经济状况显著恶化，致使严重影响企业的生产经营，或者使个人的家庭生活发生困难，不能维持自己的正常生计，不能履行扶养义务等。符合上述条件的，无论赠与合同以何种方式订立，无论赠与的目的性质如何，赠与人可以不再履行尚未履行的赠与义务。另需注意，在救灾、扶贫等社会公益活动中，某些企业在公开场合明确表示或以认捐书的形式认捐后，又以企业经营状况不好为由不再履行赠与义务，是否可以？若该企业在认捐之后其经济状况才发生显著恶化，并严重影响其生产经营的，可以不再履行赠与义务。但对于那些本无经济能力捐赠，纯粹为了商业目的宣传自身形象，认捐后又称企业经济状况不好不能履行赠与义务的，则不能简单地适用“可以不再履行赠与义务”。如果给受赠人造成损失，赠与人应承担损害赔偿责任。

赠与合同其他规定

概念

本词条所谓“赠与合同其他规定”，主要包括赠与财产手续办理、受赠人交付请求权及赠与人赔偿责任、附义务赠与、赠与人瑕疵担保的内容。

法典条款

第六百五十九条【赠与财产手续办理】 赠与的财产依法需要办理登记或者其他手续的，应当办理有关手续。

第六百六十条【受赠人的交付请求权及赠与人的赔偿责任】 经过公证的赠与合同或者依法不得撤销的具有救灾、扶贫、助残等公益、道德义务性质的赠与合同，赠与人不交付赠与财产的，受赠人可以请求交付。

依据前款规定应当交付的赠与财产因赠与人故意或者重大过失致使毁损、灭失的，赠与人应当承担赔偿责任。

第六百六十一条【附义务赠与】 赠与可以附义务。

赠与附义务的，受赠人应当按照约定履行义务。

第六百六十二条【赠与人瑕疵担保责任】 赠与的财产有瑕疵的，赠与人不承担责任。附义务的赠与，赠与的财产有瑕疵的，赠与人在附义务的限度内承担与出卖人相同的责任。

赠与人故意不告知瑕疵或者保证无瑕疵，造成受赠人损失的，应当承担赔偿责任。

实务要点

1. 第 659 条是关于赠与财产有关法律手续办理的规定。赠与合同中，赠与财产的交付有的较为简单，如金钱可将现金或支票等交付受赠人即可。但有些财产还需依法办理登记等手续，如汽车、房屋、股权。当事人只有在相关部门办理完登记等有关手续后，受赠人权利才能得到充分保护。故本条对此做了规定。

2. 第 660 条是关于受赠人的交付请求权及赠与人赔偿责任的规定，本条内容是在《合同法》(已废止)第 188 条、第 189 条规定基础上完善而来。将赠与的财产按照赠与合同的约定交付受赠人并转移其所有权，是赠与人的义务。赠与人不交付赠与财产是否构成违约行为，并承担违约责任，应当依照赠与目的和赠与合同是否经过公证来区分。一般的赠与合同，赠与人在转移赠与财产的权利之前可以撤销赠与。故对这类赠与合同，赠与人不给付赠与财产的，受赠人不能请求赠与人给付赠与的财产，赠与人不承担违约责任。但是，经过公证的或依法不得撤销的具有救灾、扶贫、助残会公益、道德义务性质的赠与合同，在赠与人迟延履行或者不履行给付赠与财产的义务时，即为违约行为，应当承担违约责任，受赠人可以请求赠与人给付赠与的财产。此外，因赠与人故意或者重大过失致使赠与的财产毁损、灭失的，赠与人应当承担何种责任。本条第 2 款规定表明，在因赠与人故意或者重大过失导致赠与的财产失去功效或者不复存在，而致使履行不能时，赠与人可以免除交付赠与财产的义务，但应当承担给赠与人带来的其他损失的赔偿责任。

3. 第 661 条是关于附义务赠与的规定。附义务的赠与属于一种特殊的赠与。一般的赠与，受赠人仅享有取得赠与财产的权利，不承担任何义务。而附义务的赠与，赠与人对其赠与附加一定的条件。受赠人不履行的，赠与人有权要求受赠人履行义务或撤销赠与。当然，附义务的赠与所附义务并不是赠与行为的对价，而是有一定的限度，通常会低于赠与财产的价值，受赠人也仅在赠与财产的价值限度内有履行其义务的责任。赠与本为无偿合同，其目的在于使受赠人获益。所附义务如果超出赠与财产的价值，则使受赠人遭受不利，也与赠与的本旨不符。

4. 第 662 条是关于赠与人对赠与财产的瑕疵担保责任的规定。由于赠与合同为无偿合同，赠与是为了受赠人的利益而为的行为，因而赠与人对赠与财产的瑕疵担保责任与有偿合同有所不同，主要体现在三个方面：(1)赠与的财产有瑕疵的，赠与人原则上不承担责任。(2)在附义务的赠与中，赠与的财产如有瑕疵，赠与人需在受赠人所附义务的限度内承担与出卖人相同的责任。就一般的赠与而言，赠与人原则上不承担瑕疵担保责任。但对于附义务的赠与，受赠人虽受有利益，但又需履行约定的义务。如赠与的财产有瑕疵，必然导致受赠人所受利益有所减损，这便与合同约定的权利与义务不相对应，使受赠人遭受损失。为保护受赠人的利益，赠与人应承担与买卖合同中的出卖人同一的瑕疵担保责任。(3)赠与人故意不告知瑕疵或者保证无瑕疵，并且造成受赠人损失的，应当承担损害赔偿责任。但需注意，赠与人故意不告知瑕疵，但没有给受赠人造成损失，不承担赔偿责任。赠与人保证赠与物无瑕疵，给受赠人造成损失的，仍应承担损害赔偿责任。

借款合同涉利息规定

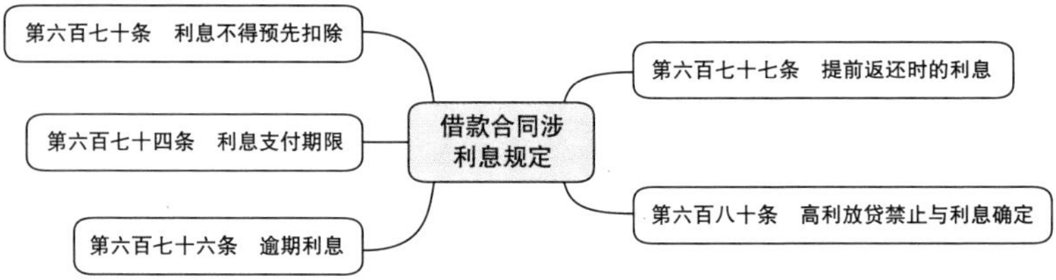

概念

利息在借款合同中是非常重要的内容，对借款合同有重大影响。本词条主要涉及利息不得预先扣除、利息支付期限、逾期利息、提前返还时的利息、高利贷禁止及利息确定等规定。

法典条款

第六百七十条【利息不得预先扣除】 借款的利息不得预先在本金中扣除。利息预先在本金中扣除的，应当按照实际借款数额返还借款并计算利息。

第六百七十四条【利息支付期限】 借款人应当按照约定的期限支付利息。对支付利息的期限没有约定或者约定不明确，依据本法第五百一十条的规定仍不能确定，借款期间不满一年的，应当在返还借款时一并支付；借款期间一年以上的，应当在每届满一年时支付，剩余期间不满一年的，应当在返还借款时一并支付。

第六百七十六条【逾期利息】 借款人未按照约定的期限返还借款的，应当按照约定或者国家有关规定支付逾期利息。

第六百七十七条【提前返还时的利息】 借款人提前返还借款的，除当事人另有约定外，应当按照实际借款的期间计算利息。

第六百八十条【高利放贷禁止与利息确定】 禁止高利放贷，借款的利率不得违反国家有关规定。

借款合同对支付利息没有约定的，视为没有利息。

借款合同对支付利息约定不明确，当事人不能达成补充协议的，按照当地或者当事人的交易方式、交易习惯、市场利率等因素确定利息；自然人之间借款的，视为没有利息。

实务要点

1. 第 670 条是关于借款利息不得预先扣除的规定。借款的数额和利息是借款合同需要规定的主要内容，当事人在订立借款合同时一般要对借款数额和利息的多少及支付期限作出明确的约定。一般来说，借款利息在借款期限届满时或者合同履行期间按照约定分批偿付给贷款人。但是，现实中有的贷款人为了确保利息的收回，在提供借款时就将利息从本金中扣除，造成借款人借到的本金实质上为扣除利息后的数额。这种做法损害了借款人的合法利益，使借款人实际上得到的借款少于合同约定的借款数额，影响其资金的正常使用，加重了借款人的负担，也容易引起借款合同双方当事人的纠纷。故本条明确规定贷款人在提供借款时不得预先将利息从本金中扣除。如果贷款人违反法律规定，仍在提供借款时将利息从本金中扣除的，那么，借款人只需按照实际借款数额返还借款并计算利息。

2. 第 674 条是关于借款人支付利息期限的规定。向贷款人支付利息是借款人的主要义务，借款人不仅应当按照约定的数额支付利息，而且还应当在约定的期限向贷款人支付。根据本条，在当事人对支付利息的期限没有约定或者约定不明确的，首先应当依据《民法典》第 510 条的规定来确定，即当事人可以就支付利息的期限进行协议补充；不能达成协议的，则依据合同其他条款或者双方当事人之间的交易习惯来确定。如果依据以上原则仍不能确定支付利息的期限，那么，借款人按照以下规定的期限向贷款人支付利息：（1）借款合同在一年以内的，在返还借款时一并支付，即利息在借款合同期限届满时和本金一并支付。（2）借款在一年以上的，在每届满一年时支付，剩余期间不满一年的，在返还借款时一并支付。

3. 第 676 条是关于借款人未按照约定的期限返还借款责任（支付逾期利息）的规定。借款人的主要义务就是还款付息，未按期返还借款，是一种严重违约行为，会给债权人的合法权益造成严重损害。特别是金融机构作为贷款人的情况下，其出借资金的主要来源是存款，金融机构就是通过收回借款的本息来保证资金的正常周转的。如果借款人不按期返还借款，就会使贷款人无法保证存款的按期支付，造成存贷收支不平衡的局面，引发“三角债”等多种纠纷，影响国家经济的良性循环。实践中，金融机构对逾期借款主要是通过加收利息的办法来追究借款人的违约责任，本条规定，借款人逾期返还借款的，应当按照约定或者国家规定支付逾期利息。根据该规定，当事人可以在合同中对逾期利息的问题作出约定，这种约定既可以是自然人之间对是否收取逾期利息或者逾期利率为多少的约定，也可以是金融机构与借款人在国家规定的幅度内对逾期利率的确定。

4. 第 677 条是关于借款人提前偿还借款时如何计算利息的规定。根据本条，对于提前还款应当按照以下原则确定双方的权利和义务：首先，当事人在合同中对提前还款有约定的，按照约定确定是否经贷款人同意及利息如何计算等问题。其次，当事人在合同中对提前还款没有约定的，提前还款不损害贷款人利益的，可以不经贷款人的同意，利息按照实际借款期间计算；提前还款损害贷款人利益的，贷款人有权拒绝借款人提前还款的要求。贷款人同意提前还款的，等于贷款人同意变更合同的履行期，因此。借款人应当按照变更后的期间向贷款人支付利息。另需指出，提前还款行为不属违约行为。主要在于还款期限原则上属借款人的利益，提前还款是借款人放弃自己部分利益的行为。

5. 第 680 条是关于高利放贷禁止与利息确定内容的规定。本条需要注意之处较多：(1)新增“禁止高利放贷，借款的利率不得违反国家有关规定”的内容。(2)对借款利息没有约定的，统一为没有利息，相较于《合同法》(已废止)有了较大突破。而约定不明的，分类处理(自然人间的借款约定不明的，视为无利息；其他借款，补充确定，达不成补充协议的，结合相关因素确定)。

权威参考案例

1. 马某诉张某民间借贷纠纷案(2015 年 12 月 4 日《最高人民法院发布 19 起合同纠纷典型案例》案例 15)

民间借贷是一种直接融资渠道，是民间资本的一种投资渠道，是民间金融的一种形式。对于民间借贷的利息法律区分了有约定和无约定两种情形。本案双方当事人未约定利息和利息的计算方式，根据《合同法》第207条[①]的规定，当事人可以要求支付逾期利息。而本案马某未提供证据证明何时向张某主张了权利，何时应开始计算逾期利息，为了维护市场经济秩序的和谐稳定，故驳回马某对利息主张。

2. 李某、王某诉陈某某民间借贷纠纷案（2015年12月4日《最高人民法院发布19起合同纠纷典型案例》案例12）

出借人明知或应当知道借款人借款用于违法犯罪活动，但为了谋取高息仍然提供借款，此现象在社会上时有发生，但在证据上能够认定出借人明知借款用于违法犯罪活动的案件并不多见，法院在该类案件中认定民间借贷合同无效，对当事人之间约定的高额利息、违约金等不予保护，在维护正常民间融资秩序方面起到了积极作用。

借款合同涉期限规定

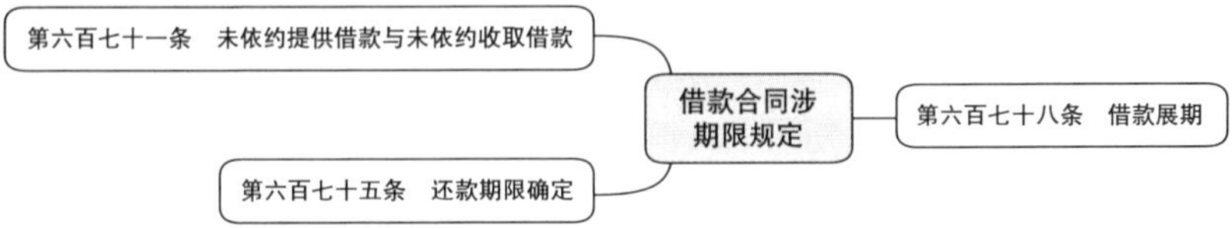

概念

所谓“借款合同涉期限规定”，主要包括贷款人未依约提供借款与借款人未依约收取借款的后果、还款期限确定、借款展期等内容。

法典条款

第六百七十一条【未依约提供借款与未依约收取借款】 贷款人未按照约定的日期、数额提供借款，造成借款人损失的，应当赔偿损失。

借款人未按照约定的日期、数额收取借款的，应当按照约定的日期、数额支付利息。

第六百七十五条【还款期限确定】 借款人应当按照约定的期限返还借款。对借款期限没有约定或者约定不明确，依据本法第五百一十条的规定仍不能确

① 可参考《民法典》第676条。

定的，借款人可以随时返还；贷款人可以催告借款人在合理期限内返还。

第六百七十八条【借款展期】 借款人可以在还款期限届满前向贷款人申请展期；贷款人同意的，可以展期。

实务要点

1. 第671条是关于贷款人未依约提供借款与借款人未依约收取借款法律后果的规定。借款合同签订后，贷款人和借款人都应当按照约定履行合同。对于贷款人来说，按照约定的日期、数额向借款人提供借款，是其主要的义务。贷款人未按照约定提供借款，不仅损害了借款人的利益，而且也增加了自己经营的风险。根据本条规定，贷款人未按照约定的日期、数额提供借款，造成借款人损失的，贷款人应当赔偿借款人的损失。同样，若借款人未按约定的日期、数额收取借款的，也会影响贷款人资金的正常周转，损害贷款人的合法利益。对于贷款人来说，所受到的损失就是利息的损失，故本条规定借款人未按照约定收取借款的，仍需按照合同约定的借款日期和数额向贷款人支付利息。需注意的是，本条是针对金融机构作为贷款人的情况。由于自然人之间借款是在贷款人交付借款时合同才生效，故自然人之间的借款不适用本条。

2. 第675条是关于还款期限如何确定的规定。按照合同约定的期限返还借款是借款人的一项主要义务。根据本条的规定，当事人未约定还款期限的，首先应当依据第510条的规定来确定，即当事人可协商达成补充协议。不能达成补充协议的，可按照合同有关条款或当事人间的交易习惯来确定。如果按照以上规定依然不能确定的，借款人可随时返还借款。贷款人也有权向借款人发出催告，要求其在合理的期限内返还借款。关于“合理期间”，本条无明确规定，主要是考虑到金融机构和其他民事主体为贷款人时，对借款的返还期限的要求是不同的。故该合理期间由贷款人根据具体情况来确定。

3. 第678条是关于借款展期的规定。借款展期，是指借款人在合同约定的借款期限不能偿还借款，在征得贷款人同意的情况下，延长原借款的期限，使借款人能够继续使用借款。借款展期实际上是对原合同的履行期限的变更，因此，应当以贷款人同意为前提。借款人申请展期的，应当在借款到期之前向贷款人提出申请。此外，在有保证人的情况下，贷款人如果要求保证人继续承担保证责任，还应当征得保证人的同意。

贷款人其他权利

第六百七十二条　贷款人的检查、监督权 —— 贷款人其他权利 —— 第六百七十三条　贷款人停发、提前收回贷款、解除合同权

概念

本词条所谓贷款人的其他权利，主要是指贷款人的检查、监督权，以及在借款人未按照约定使用借款时停发、提前收回贷款及解除合同的权利。

法典条款

第六百七十二条【贷款人的检查、监督权】 贷款人按照约定可以检查、监督借款的使用情况。借款人应当按照约定向贷款人定期提供有关财务会计报表或者其他资料。

第六百七十三条【贷款人停发、提前收回贷款、解除合同权】 借款人未按照约定的借款用途使用借款的，贷款人可以停止发放借款、提前收回借款或者解除合同。

实务要点

1. 第672条是关于贷款人对借款使用情况的检查、监督权的规定。实践中，借款人的财务状况不可能总处于订立合同时的状态，其经营状况会随着市场供求等因素不断变化。为保证贷款人按照合同约定收回借款，借款合同成立后，贷款人也需要在能够对借款的使用情况行使一定的监督权。金融机构还需要对所提供的借款进行跟踪检查，以防止借款人出现违反合同的行为。故本条规定，贷款人和借款人可以在合同中约定，贷款人有权检查、监督贷款的使用情况。此外，借款人还应当按照约定向贷款人定期提供有关的财务会计报表等资料。这些资料能真实地反映借款人现阶段的生产经营及财务资信状况，有助于贷款人正确、全面地作出判断，维护自身合法权益。

2. 第673条是借款人未按照约定借款用途使用借款时，贷款人停发、提前收回贷款、解除合同权利的规定。借款用途是借款合同的主要内容之一，是贷款人决定是否放贷、利息、期限等的重要考量因素。特别是金融机构作为贷款人的情况下，借款用途更是合同中不可缺少的条款。借款人擅自改变借款用途，就会使当事人预期收益变得不确定，增加了贷款人风险，动摇了借款合同成立的基础，

属重大违约，故有了本条规定。此外，自然人间的借款对借款用途作出约定的，借款人也应当按照约定的用途使用借款。

保证合同中的两个范围

概念

本词条属保证合同范畴，所谓“保证合同中的两个范围”，包括不得作为保证人的主体范围和保证范围。

法典条款

第六百八十三条【不得为保证人的主体范围】 机关法人不得为保证人，但是经国务院批准为使用外国政府或者国际经济组织贷款进行转贷的除外。

以公益为目的的非营利法人、非法人组织不得为保证人。

第六百九十一条【保证范围】 保证的范围包括主债权及其利息、违约金、损害赔偿金和实现债权的费用。当事人另有约定的，按照其约定。

实务要点

1. 第 683 条是关于不得作为保证人的主体范围的规定，该条明确了机关法人作为保证人的禁止与例外，即机关法人原则上不得作为保证人，但经国务院批准为适用外国政府或者国际经济组织贷款进行转贷的除外。该条第 1 款另规定了以公益为目的的非营利法人、非法人组织禁止为保证人。本条“机关法人”“非营利法人”“非法人组织”的表述，均基于《民法典》总则编的规定。另需注意，《民法典》删除了《担保法》(已废止)关于“企业法人的分支机构、职能部门不得作为保证人”的内容，意味着符合条件的分支机构是可以以自己名义作为保证人的，但分支机构的责任最终仍由法人承担。

2. 第 691 条是关于保证范围的规定。保证范围，是指保证人所担保的债权范围，即保证人承担保证责任的范围。依照本条，法定保证范围一般包括：主债权及其利息、违约金、损害赔偿金和实现债权的费用。实现债权的费用一般包括诉讼费用、扣押、执行等的费用。另需注意，以上是法定保证范围，而约定保证范围优先于法定保证范围。

权威参考案例

1. 东方公司南宁办事处诉舞阳神公司等借款担保合同纠纷案(《最高人民法院公报》2005 年第 1 期)

企业通过职工全额出资购买净资产的方式改制的,属于法人出资主体性质和名称等的变更,不影响企业对改制前形成债务之民事责任的承担,改制后企业不得以此为由对债权人拒绝承担保证责任。

2. 株洲硬质合金集团优先公司诉中国光大银行长沙华升支行、中国建设银行股份有限公司株洲市分行、茶陵县大蒜制品厂借款担保合同纠纷抗诉案(《最高人民检察院公报》2007 年第 4 号)

当事人对保证担保的范围没有约定或者约定不明确的,保证人应当对全部债务承担责任。但因法院错判引起债权利息损失扩大的,因为该部分不是因债务人未按照合同约定履行义务而产生的利息,不属于保证担保的范围,保证人不承担责任。

保证方式

概念

保证的方式,从不同的角度,以不同的标准进行划分,有以下几类:一是按保证发生的根据来源进行划分,有法定保证与约定保证。二是按同一债务的保证人的多少进行划分,分为一人保证与共同保证。三是以保证人承担保证责任的条件、时间和范围划分为有限保证和无限保证。四是以保证人所承担的保证责任的性质进行划分,分为一般保证和连带责任保证。本词条针对的是第四种情形,即一般保证与连带责任保证。

法典条款

第六百八十六条【保证方式及其推定】 保证的方式包括一般保证和连带责

任保证。

当事人在保证合同中对保证方式没有约定或者约定不明确的，按照一般保证承担保证责任。

第六百八十七条第一款【一般保证】 当事人在保证合同中约定，债务人不能履行债务时，由保证人承担保证责任的，为一般保证。

第六百八十八条【连带责任保证】 当事人在保证合同中约定保证人和债务人对债务承担连带责任的，为连带责任保证。

连带责任保证的债务人不履行到期债务或者发生当事人约定的情形时，债权人可以请求债务人履行债务，也可以请求保证人在其保证范围内承担保证责任。

实务要点

1. 第 686 条是关于保证方式及其推定的规定。该条第 1 款明确了保证方式包括一般保证与连带责任保证两种，该条第 2 款则对保证方式的推定做了规定。需要特别注意的是，该条第 2 款对《担保法》(已废止)第 19 条进行了颠覆性变更，保证方式没有约定或约定不明时，不再推定为连带责任保证，而是推定为一般保证。如此规定，将使保证人利益得到更大维护。

2. 第 687 条第 1 款对一般保证的概念做了规定。一般保证，是指当事人在保证合同中约定，在债务人不能履行债务时，保证人承担保证责任的保证。一般保证与连带责任保证间最大的区别在于保证人是否享有先诉抗辩权，本条第 2 款规定的即是一般保证人的先诉抗辩权。该款内容属“保证人权利”词条，将在后面涉及。

3. 第 688 条是关于连带责任保证的规定。连带责任保证，是指当事人在保证合同中约定保证人与债务人对债务承担连带责任的一种担保方式。不同于一般保证，连带责任保证人不享有先诉抗辩权，债务履行期届满债务人未履行债务的，债权人可要求债务人履行债务，也可要求保证人在保证范围内履行债务。连带责任保证对保证人赋予了较重的责任，更有利于保护债权人利益。

权威参考案例

青海金泰融资担保有限公司与上海金桥工程建设发展有限公司、青海三工置业有限公司执行复议案(最高人民法院指导性案例第 120 号)

在案件审理期间保证人为被执行人提供保证，承诺在被执行人无财产可供执行或者财产不足清偿债务时承担保证责任的，执行法院对保证人应当适用一般保证的执行规则。在被执行人虽有财产但严重不方便执行时，可以执行保证人在保证责任范围内的财产。

保证责任

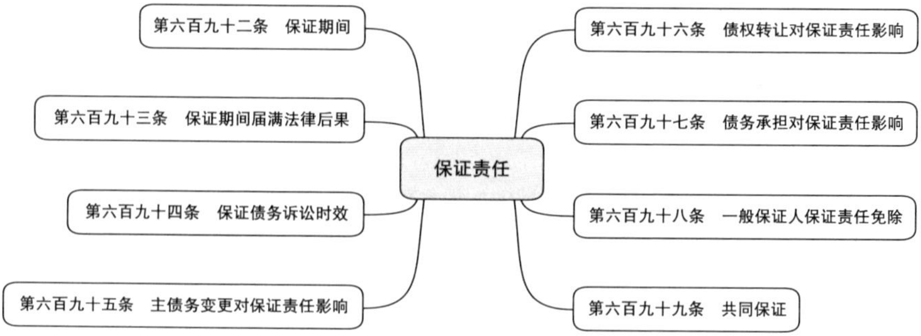

概念

保证责任是一个较宽泛的概念，影响保证责任的因素有很多，如保证期间、债务诉讼时效、主债权变更、债权转让、债务承担等。本词条涉及规定针对的也主要是上述相关内容。

法典条款

第六百九十二条【保证期间】　保证期间是确定保证人承担保证责任的期间，不发生中止、中断和延长。

债权人与保证人可以约定保证期间，但是约定的保证期间早于主债务履行期限或者与主债务履行期限同时届满的，视为没有约定；没有约定或者约定不明确的，保证期间为主债务履行期限届满之日起六个月。

债权人与债务人对主债务履行期限没有约定或者约定不明确的，保证期间自债权人请求债务人履行债务的宽限期届满之日起计算。

第六百九十三条【保证期间届满法律后果】　一般保证的债权人未在保证期间对债务人提起诉讼或者申请仲裁的，保证人不再承担保证责任。

连带责任保证的债权人未在保证期间请求保证人承担保证责任的，保证人不再承担保证责任。

第六百九十四条【保证债务诉讼时效】 一般保证的债权人在保证期间届满前对债务人提起诉讼或者申请仲裁的，从保证人拒绝承担保证责任的权利消灭之日起，开始计算保证债务的诉讼时效。

连带责任保证的债权人在保证期间届满前请求保证人承担保证责任的，从债权人请求保证人承担保证责任之日起，开始计算保证债务的诉讼时效。

第六百九十五条【主债务变更对保证责任影响】 债权人和债务人未经保证人书面同意，协商变更主债权债务合同内容，减轻债务的，保证人仍对变更后的债务承担保证责任；加重债务的，保证人对加重的部分不承担保证责任。

债权人和债务人变更主债权债务合同的履行期限，未经保证人书面同意的，保证期间不受影响。

第六百九十六条【债权转让对保证责任影响】 债权人转让全部或者部分债权，未通知保证人的，该转让对保证人不发生效力。

保证人与债权人约定禁止债权转让，债权人未经保证人书面同意转让债权的，保证人对受让人不再承担保证责任。

第六百九十七条【债务承担对保证责任影响】 债权人未经保证人书面同意，允许债务人转移全部或者部分债务，保证人对未经其同意转移的债务不再承担保证责任，但是债权人和保证人另有约定的除外。

第三人加入债务的，保证人的保证责任不受影响。

第六百九十八条【一般保证人保证责任免除】 一般保证的保证人在主债务履行期限届满后，向债权人提供债务人可供执行财产的真实情况，债权人放弃或者怠于行使权利致使该财产不能被执行的，保证人在其提供可供执行财产的价值范围内不再承担保证责任。

第六百九十九条【共同保证】 同一债务有两个以上保证人的，保证人应当按照保证合同约定的保证份额，承担保证责任；没有约定保证份额的，债权人可以请求任何一个保证人在其保证范围内承担保证责任。

实务要点

1. 第692条是关于保证期间的规定。保证期间，是指确定保证人承担保证责任的期间，事关保证人和债权人之间的债权债务能否行使或履行，也是确定保证债务与诉讼时效关系的依据。从时间（期限）角度看，保证人有三次“脱逃”承担保证责任的机会：一是保证期间届满；二是主债务诉讼时效届满；三是保证债务诉讼时效届满。本条即是其第一次机会“保证期间”的规定。需特别注意的是，本条第 2 款将“没有约定或者约定不明确”情形下保证期间统一为主债务履行期限届满之日起六个月，改变了最高人民法院《关于适用〈中华人民共和国担保法〉若干问题的解释》(已废止)“没有约定，六个月；约定不明，二年”的规定，非常值得关注。

2. 第 693 条是关于保证期间届满法律效果的规定。如前所述，保证期间届满是保证人“逃脱”承担保证责任的第一次机会。换言之，在保证期间内，若债权人没有向保证人或主债务人主张权利，保证责任即消灭，债权人将无权请求保证人承担保证责任。需注意的是，对此需区分一般保证与连带责任保证。一般保证，因保证人享有先诉抗辩权，故本条将债权人在保证期间内要求债务人偿债(诉讼或仲裁)作为要求保证人承担保证责任的法定方式。若债权人在合同约定的保证期间内或未有约定及约定不明时在 6 个月内未向主债务人提起诉讼或申请仲裁的，保证人不再承担保证责任。连带责任保证，本条规定债权人未在保证期间向保证人主张承担保证责任的，保证人不再承担保证责任。这是由于连带责任保证人不享有先诉抗辩权，主债务履行期届满后，债务人可直接请求保证人承担保证责任。

3. 第 694 条是关于保证债务诉讼时效的规定。保证债务诉讼时效，是指当债权人请求保证人履行保证债务，经过法定的时效期间即丧失获得法院强制执行保证人承担保证责任的权利。在吸收借鉴最高人民法院《关于适用〈中华人民共和国担保法〉若干问题的解释》(已废止)第 34 条的基础上，本条对一般保证、连带责任保证的保证债务诉讼时效起算做了规定。需注意的是，相较于最高人民法院《关于适用〈中华人民共和国担保法〉若干问题的解释》(已废止)，本条第 1 款将一般保证诉讼时效的起算由“判决或仲裁裁决生效之日”改为“保证人拒绝承担保证责任的权利消灭之日”。

4. 第 695 条对债权债务合同变更对保证责任的影响做了规定。主债权债务合同变更后，原由保证人承担的保证范围可能发生变化，可能会加大保证人责任。故法律规定债权人与债务人协议变更主债权债务合同时应取得保证人的书面同意。未取得保证人书面同意的情况下，减轻保证人债务的，保证人仍对变更后的债务承担责任。加重的，保证人对加重的部分不承担责任。本条的这一规定改变了《担保法》(已失效)第 24 条未经保证书书面同意，保证人不再承担保证责任的规定。另需注意，不同于本条第 1 款对保证“有利变更有效，无利变更无效”

的规定，本条第2款关于未经保证人书面同意的情况下变更债权债务合同的履行期间的，无论是有利还是无利变更，对保证人而言，保证期间均不受影响。

5. 第696条是关于债权转让对保证责任影响的规定。保证合同虽是主合同的从合同，但债权转让对保证责任的影响也并非没有限制。本条即对此做了明确规定。一方面，本条第1款明确了“未通知保证人的，该转让对保证人不发生效力”。另一方面，本条第2款在吸收最高人民法院《关于适用〈中华人民共和国担保法〉若干问题的解释》(已废止)第28条的基础上，明确了“保证人与债权人约定禁止债权转让，债权人未经保证人书面同意转让债权的，保证人对受让人不再承担保证责任”。

6. 第697条是关于债务承担对保证责任影响的规定。不同于债权让与中只规定债务加重需经保证人书面同意。就债务承担而言，保证人对未经其书面同意转移的债务不再承担责任，债权人与保证人另有约定的除外。这是因为债务承担相较于债权让与而言，对保证人权益的影响更大。另需注意，由于第三人加入债务对保证人是有利的，故本条第2款增加了此时保证人责任不受影响的规定。

7. 第698条是关于一般保证中保证责任免除的规定。就一般保证而言，债权人需对债务人财产执行不能后，才能要求保证人承担保证责任。故本条规定，如果是债权人自己放弃或怠于行使权利致使债务人相应财产执行不能时，由于此时是债权人自己的原因导致对债务人财产执行不能，故保证人可在相应范围内免责。

8. 第699条是关于共同保证的规定。共同保证，是指两个或两个以上的保证人为同一债务而向债权人提供保证的情形。因其涉及数个保证人如何承担保证责任的问题，本质上也属“保证责任”范畴，故纳入“保证责任”词条。按照本条，共同保证中，首先按保证合同约定的保证份额承担保证责任。未约定保证份额的，债权人有权请求任何一个保证人在保证范围内承担保证责任。需注意的是，共同保证与连带责任保证是不同的。共同保证中共同保证人对同一债务承担连带保证责任，这里的“连带”仅指共同保证人间的连带，而不是指共同保证人与主债务人间的连带保证。而连带责任保证中的连带是保证人与主债务人之间的连带。

权威参考案例

1. 大竹县农村信用合作联社与西藏华西药业集团有限公司保证合同纠纷申请再审案(《最高人民法院公报》2012年第4期)

《担保法解释》第39条第1款规定，主合同当事人双方协议以新贷偿还旧贷，除保证人知道或者应当知道的外，保证人不承担民事责任。判断是否属于“保证人知道或者应当知道”的情形，应当根据案情全面分析。保证人与借款人具有关联关系，在保证合同中承诺对借款人转移贷款用途等违反合同的行为承担连带责任，并实际履行了部分主债务的，可以认定保证人知道或者应当知道主债务系以新贷偿还旧贷。在此情形下，保证人以上述规定为由，主张不承担民事责任的，人民法院不予支持。

2. 上海国际信托投资有限公司诉上海市综合信息交易所、上海三和房地产公司委托贷款合同纠纷案（《最高人民法院公报》2008年第10期）

《担保法解释》第39条规定，主合同当事人双方协议以新贷偿还旧贷，除保证人知道或者应当知道的外，保证人不承担民事责任。新贷与旧贷系同一保证人的，不适用前款的规定。据此，借贷合同双方当事人基于以新贷偿还旧贷的合意，先后订立多个借贷合同，同一担保人在应当知道的情况下在该多个借贷合同上盖章同意担保的，应当依法承担担保责任。担保人以上述多个借贷合同之间没有形式及内在联系为由，否认以新贷偿还旧贷的合同性质，进而拒绝履行担保责任的，人民法院不予支持。

3. 抚宁县新兴包装材料厂、抚宁公有资产经营有限公司与抚宁县农村信用合作联社、秦皇岛远东石油炼化有限公司、秦皇岛骊骅淀粉股份有限公司借款担保合同纠纷案（《最高人民法院公报》2007年第9期）

根据《担保法解释》第39条的规定，主合同当事人双方协议以新贷偿还旧贷，除保证人知道或者应当知道的外，保证人不承担民事责任。但是，新贷与旧贷系同一保证人的，不能免除保证人的保证责任。

4. 十堰市北方物资贸易有限责任公司与中国农业银行十堰市三堰支行、十堰市堰茂物产总公司借款担保合同纠纷抗诉案（《最高人民检察院公报》2000年第2号）

债权人与债务人协议变更主合同的，应当取得保证人书面同意，未经保证人书面同意的，保证人不再承担保证责任。借款合同双方对借款用途及借款期限进行变更，意思表示真实，借款合同有效。但借款期限的变更是在担保方盖章之后，并未告诉担保方的，保证人不承担责任。

5. 信达公司石家庄办事处与中阿公司等借款担保合同纠纷案（《最高人民法院公报》2006 年第 3 期）

保证合同是当事人之间意思表示一致的结果，保证人的变更必须经债权人同意。债权人和保证人之间没有形成消灭保证责任的合意，即使债务人或第三人为债权人另外提供了相应的担保，债权人亦表示接受，也不能因此免除保证人的保证责任。

6. 顾某某诉张某某、林某某、钟某某追偿权纠纷案（《最高人民法院公报》2017 年第 10 期）

对格式条款的理解发生争议的，首先应当按照通常理解予以解释。只有按照通常理解对格式条款有两种以上解释的，才应采用不利解释原则。连带共同保证中保证人减少时，应按实际保证人人数平均分配保证份额。

7. 英贸公司诉天元公司保证合同追偿权纠纷案（《最高人民法院公报》2002 年第 6 期）

在连带共同保证中，由于保证人是作为一个整体共同对债权人承担保证责任，所以债权人向共同保证人中的任何一人主张权利，都是债权人要求保证人承担保证责任的行为，其效力自然及于所有的保证人，未被选择承担责任的其他保证人并未因此而免除保证责任。因此，承担了连带责任的保证人可以对那些未被选择承担责任的共同保证人行使追偿权。连带共同保证的保证人承担保证责任后，向债务人不能追偿的部分，由各连带保证人按其内部约定的比例分担。没有约定的，平均分担。

保证人权利

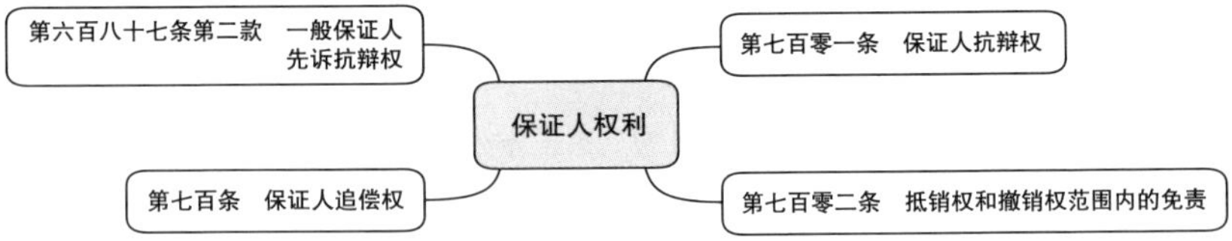

概念

本词条所谓“保证人权利”，主要包括一般保证人的先诉抗辩权、保证人追偿权、保证人抗辩权、债务人对债权人抵销权或撤销权范围内的免责等内容。

法典条款

第六百八十七条第二款【一般保证人先诉抗辩权】 一般保证的保证人在主合同纠纷未经审判或者仲裁，并就债务人财产依法强制执行仍不能履行债务前，有权拒绝向债权人承担保证责任，但是有下列情形之一的除外：

（一）债务人下落不明，且无财产可供执行；

（二）人民法院已经受理债务人破产案件；

（三）债权人有证据证明债务人的财产不足以履行全部债务或者丧失履行债务能力；

（四）保证人书面表示放弃本款规定的权利。

第七百条【保证人追偿权】 保证人承担保证责任后，除当事人另有约定外，有权在其承担保证责任的范围内向债务人追偿，享有债权人对债务人的权利，但是不得损害债权人的利益。

第七百零一条【保证人抗辩权】 保证人可以主张债务人对债权人的抗辩。债务人放弃抗辩的，保证人仍有权向债权人主张抗辩。

第七百零二条【抵销权和撤销权范围内的免责】 债务人对债权人享有抵销权或者撤销权的，保证人可以在相应范围内拒绝承担保证责任。

实务要点

1. 第687条第2款是关于一般保证人先诉抗辩权的规定。先诉抗辩权又称检索抗辩权，是行使保证人地位固有的一种权利，它是指一般保证的保证人在主合同纠纷未经审判和仲裁，并就债务人财产依法强制执行仍然不能履行债务前，对债权人可以拒绝承担保证责任的抗辩权。相较于主债权债务，先诉抗辩权具有独立性与专属性。一是从与主债权的关系来看，保证人行使先诉抗辩权，自己不必有对债权人的债权存在，仅对于债权人的债权请求进行抗辩，这与同时履行抗辩权或不安抗辩权是不同的。同时履行抗辩权或不安抗辩权须自己有向对方请求对待给付之债权，其抗辩权从属于此债权而存在。而先诉抗辩权则无须依赖于自己对债权人享有给付请求之债权，何况保证人根本就无此项权利。二是从与主债务的关系来看，由于保证债务具有相对独立性和补充性，因而保证人所享有的先诉抗辩权可不受主债务人的权利的限制和影响，它可以独立存在，并专属于保证人享有，除此之外的任何人均无此项权利。先诉抗辩权固然是为保护保证人的利益而设置的，但是如果不对其加以限制，无疑也会给债权人带来不利益，本条第 2 款也明确了不得行使先诉抗辩权的四种情形。相较于《担保法》（已废止）第 17 条第 3 款，表述上有明显变动，值得关注。

2. 第 700 条是关于保证人追偿权的规定。保证人追偿权，又称保证人求偿权，是指保证人在承担保证责任后，可向主债务人请求偿还的权利。第三人成为保证人一般系因债务人委托、无因管理、赠与这三种原因。保证人出于赠与意思而实行保证时，不发生保证人对债务人的追偿问题。只有在委托或无因管理的情况下，才可能发生保证人对债务人的追偿问题。本条所谓“享有债权人对债务人的权利”，一般来讲主要包括对债务人财产的抵押权等担保物权、迟延利息或违约金。

3. 第 701 条是关于保证人享有债务人对债权人抗辩权的规定。本条所谓抗辩主要包括：主合同未生效或无效的抗辩、主合同已终止的抗辩、主合同已过诉讼时效的抗辩、抵销抗辩，以及主债务人享有的各类抗辩权（先履行抗辩权、同时履行抗辩权、不安抗辩权）。保证人享有债务人的抗辩权具有如下特点：（1）对于债务人的抗辩权。无论是一般保证的保证人还是连带责任保证的保证人都可以行使。（2）保证人行使债务人的抗辩权，不受债务人的影响，即无论债务人有无放弃行使抗辩权，保证人都可以行使此权利。（3）保证人以自己的名义，独立行使抗辩权，而不是以债务人名义或债务人代理人的身份行使此项权利。

4. 第 702 条是关于保证人在债务人享有对债权人抵销权或撤销权范围内免责的规定。债务人享有对债权人的抵销权或撤销权，保证人也可以在相应范围内免责，这是保证人所享有的权利之一。

权威参考案例

1. 中国信达资产管理公司贵阳办事处与贵阳开磷有限责任公司借款合同纠纷案（《最高人民法院公报》2009 年第 10 期）

连带责任保证和一般保证相区别的重要标志在于，一般保证的保证人享有先诉抗辩权，即债权人必须先行对主债务人主张权利，在经强制执行仍不能得到清偿的情况下，方能要求保证人承担保证责任；而连带责任保证的保证人不享有先诉抗辩权。在担保债务已经开始计算诉讼时效的情形下，不再适用有关保证期间的规定。

2. 中信实业银行诉北京市京工房地产开发总公司保证合同纠纷案（《最高人民法院公报》2002 年第 6 期）

一般保证人依法享有先诉抗辩权。但是，先诉抗辩权在遇到法律规定的情形时，不得行使。本案中，被保证人的住所不明、营业执照被吊销，其中方投资者的营业执照也被吊销，外方投资者的情况不明。这种情况使债权人向被保证人请求清偿债务发生很大困难，符合《担保法》（已废止）第 17 条第 3 款第 1 项[①]规定的情形，由此保证人不得行使先诉抗辩权。

3. 中国东方资产管理公司大连办事处诉辽宁华曦集团公司等借款担保纠纷上诉案（《最高人民法院公报》2003 年第 6 期）

债权人对债务人的债权已经超过诉讼时效，债务人依法取得时效届满的抗辩权，但债权人两次向债务人发出催收通知书，债务人均在通知书上加盖印章。依照最高人民法院《关于超过诉讼时效期间借款人在催款通知单上签字或者盖章的法律效力问题的批复》的规定，债务人在催收通知书上加盖印章应视为对原债务的重新确认，属于对原债权已过诉讼时效期间带来的抗辩权的放弃。故该债权仍受法律保护。保证人根据《担保法》（已废止）第 20 条第 1 款[②]的规定依法取得了主债务人享有的主债权诉讼时效届满产生的抗辩权。虽然嗣后债务人在催收通知书上盖章，放弃了原债权诉讼时效届满的抗辩权，但对于债务人放弃的抗辩权，担保人仍然可以行使。债务人放弃时效届满抗辩权的行为，对保证人不发生法律效力。

保证合同其他规定

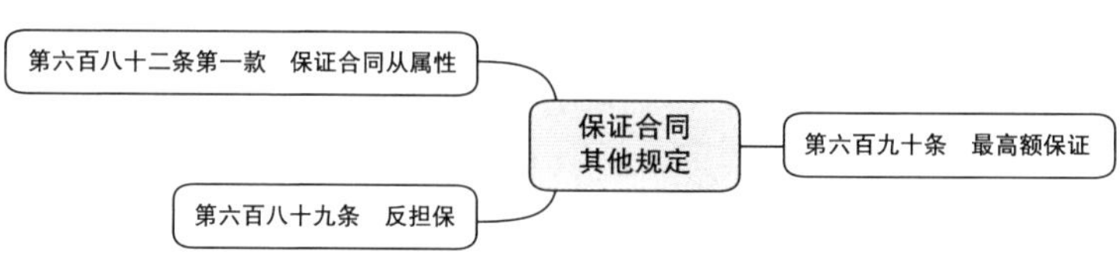

① 可参考《民法典》第 687 条第 2 款第 1 项。

② 可参考《民法典》第 701 条。

概念

本词条主要涉及上面词条无法收录的保证合同其他内容，包括保证合同从属性、反担保、最高额保证的规定。

法典条款

第六百八十二条第一款【保证合同从属性】 保证合同是主债权债务合同的从合同。主债权债务合同无效的，保证合同无效，但是法律另有规定的除外。

第六百八十九条【反担保】 保证人可以要求债务人提供反担保。

第六百九十条【最高额保证】 保证人与债权人可以协商订立最高额保证的合同，约定在最高债权额限度内就一定期间连续发生的债权提供保证。

最高额保证除适用本章规定外，参照适用本法第二编最高额抵押权的有关规定。

实务要点

1. 第682条第1款是关于保证合同从属性的规定。保证合同的订立目的是保障所担保债务的履行，保护交易安全和债权人利益。因此，离开了它所担保的经济活动或主债权债务关系，保证合同便不具有独立的存在价值，这是其目的上的从属性。基于保证合同的从属性，保证合同范围不得超过主合同债务，不得与主合同债务分离而转移，具体表现在：(1)成立上的从属性。(2)范围和强度上的从属性。(3)移转上的从属性。(4)变更、消灭上的从属性。另需注意，本条“主债权债务合同无效，保证合同无效”规定了保证合同效力的从属性，“但是法律另有规定的除外”的但书条款涉及是否承认独立保证的争议，有待后续规定进一步明确。

2. 第689条是关于反担保的规定。反担保，是指在商品贸易、工程承包和资金借贷等经济往来中，第三人作为担保人为债务人向债权人提供担保时，债务人或其他人为担保人提供的担保。反担保实际上是担保人转移或避免担保所发生的损失的风险的一项措施，旨在保障担保人追偿权的实现。一般来说，反担保也是一种保证，在无特别规定的情况下，适用《民法典》合同编关于保证合同的有关规定。但需注意，担保合同从属于主合同，而反担保合同从属于担保合同。反担保的担保对象是追偿权。担保合同是为保障主合同债权而设定，但反担保不是为担保主债权而设定，而是为担保人对债务人的追偿权的实现而设定，其担保对象是追偿权，而不是主债权。

3. 第 690 条是关于最高额保证合同的规定。最高额保证，是指保证人和债权人签订一个总的保证合同，为一定期限内连续发生的借款合同或同种类其他债权提供保证，只要债权人和债务人在保证合同约定的期限内且在债权限额内进行交易，保证人则依法承担保证责任的保证行为。最高额保证具有不特定性、连续性、期间性、同质性的特征。最高额保证合同与最高额抵押权一个属于合同编，一个属于物权编，二者有区别，也有相似之处，本条第 2 款明确了最高额保证合同除适用合同编保证合同一章外，还可参照适用《民法典》物权编最高额抵押权的有关规定。

权威参考案例

1. 中国工商银行青岛市市北区第一支行诉青岛华悦物资发展公司、青岛海尔空调器总公司、青岛海尔集团总公司借款合同纠纷案（《最高人民法院公报》1997 年第 4 期）

债权人与债务人恶意串通，以虚假借款合同骗取第三人提供保证的，借款合同即主合同无效，保证合同作为从合同亦无效。因此，保证人无须对该虚假借款合同承担保证责任。

2. 温州银行股份有限公司宁波分行诉浙江创菱电器有限公司等金融借款合同纠纷案（最高人民法院指导性案例第 57 号）

在有数份最高额担保合同的情形下，具体贷款合同中选择性列明部分最高额担保合同，如债务发生在最高额担保合同约定的决算期内，且债权人未明示放弃担保权利，未列明的最高额担保合同的担保人也应当在最高债权限额内承担担保责任。

3. 中国长城资产管理股份有限公司山西省分公司与山西朔州平鲁区华美奥崇升煤业有限公司等借款合同纠纷案（《最高人民法院公报》2020 年第 5 期）

在最高额保证合同关系中，如果合同明确约定所担保的最高债权包括主债权的数额和相应的利息、违约金、损害赔偿金以及实现债权的费用，保证人即应当依照约定对利息、违约金、损害赔偿金以及实现债权的费用承担保证责任，而不受主债权数额的限制。

4. 风神轮胎股份有限公司与中信银行股份有限公司天津分行、河北宝硕股份有限公司借款担保合同纠纷案（《最高人民法院公报》2008年第2期）

最高额保证，通常是为将来一定期间连续发生的债务提供保证，其中某一笔交易的效力并不影响最高额保证合同的效力，而普通保证则因主合同无效而无效。因此，最高额保证较之普通保证最大的区别即在于最高额保证与主债务的关系具有更强的独立性。最高额保证人的责任是在订立合同时确立的，通过最高额保证期间和最高限额限定保证责任，即只要是发生在最高额保证期间内、不超过最高限额的债务余额，最高额保证人均应承担保证责任。在最高额保证的情形下，即使主债务无效，基于主债务无效而确定的债务额也要作为最高额保证计算债务余额的基数。另外，根据《担保法解释》（已废止）第23条关于"最高额保证合同的不特定债权确定后，保证人应当对在最高债权额限度内就一定期间连续发生的债权余额承担保证责任"的规定，最高额保证范围为最高额保证期间已经发生的债权和偿还债务的差额，并非指最高额保证期间已经到期的债权余额。

租赁期限

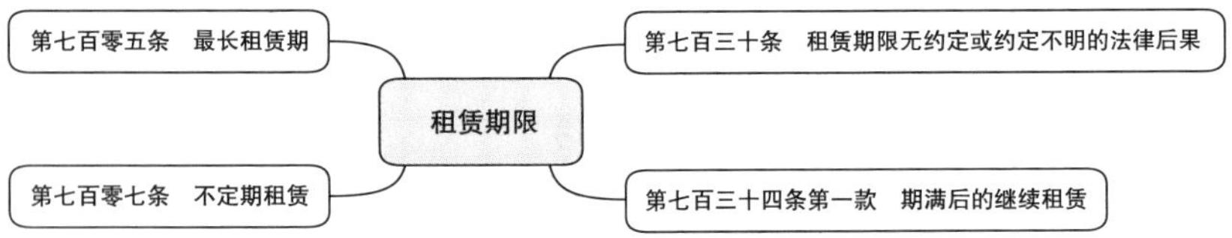

概念

租赁期限，是指租赁合同的存续期间，在性质上属于民事法律行为所附的终止期。租赁期限一旦届满，租赁合同将失去效力。可以说，租赁期限直接关系到租赁物的使用和返还时间、租金的收取期限，对合同当事人意义重大。本词条主要涉及租赁合同最长租赁期、不定期租赁、租赁期限无约定或约定不明的法律后果、租赁期限届满后的继续租赁等内容。

法典条款

第七百零五条【最长租赁期】 租赁期限不得超过二十年。超过二十年的，超过部分无效。

租赁期限届满，当事人可以续订租赁合同；但是，约定的租赁期限自续订之日起不得超过二十年。

第七百零七条【不定期租赁】 租赁期限六个月以上的，应当采用书面形式。当事人未采用书面形式，无法确定租赁期限的，视为不定期租赁。

第七百三十条【租赁期限无约定或约定不明的法律后果】 当事人对租赁期限没有约定或者约定不明确，依据本法第五百一十条的规定仍不能确定的，视为不定期租赁；当事人可以随时解除合同，但是应当在合理期限之前通知对方。

第七百三十四条第一款【期满后的继续租赁】 租赁期限届满，承租人继续使用租赁物，出租人没有提出异议的，原租赁合同继续有效，但是租赁期限为不定期。

实务要点

1. 第 705 条是关于租赁最长期限的规定。通常情况下，当事人在确定租赁期限长短时，总是要根据租赁物的性质和承租人的使用目的来确定的。动产的租赁期限一般是比较短的，租赁期限较长的是不动产租赁主要是房屋租赁。根据本条的规定，无论动产还是不动产租赁，租赁合同最长期限为 20 年。但 20 年实际上不是绝对的最高限，若租赁合同双方当事人在 20 年期满时仍希望保持租赁关系，可采取两个办法：一是并不终止原租赁合同，承租人仍然使用租赁物，出租人也不提出任何异议。这时法律规定视为原租赁合同继续有效，但租赁期限为不定期。二是根据原合同确定的内容再续签。

2. 第 707 条是关于不定期租赁的规定。根据该条，租赁期限 6 个月以上的租赁合同未采用书面形式，无法确定租赁期限的，视为不定期租赁。另需注意，不同于《合同法》(已废止)第 215 条“……当事人未采用书面形式的，视为不定期租赁”的规定，本条另增加了“无法确定租赁期限”的条件。也就是说，对租赁期限 6 个月以上的，虽未采用书面形式，若能确定租赁期的，应当视为定期合同。如此规定，增加了认定定期合同的可能性，有利于维护交易稳定性。

3. 第 730 条是关于租赁期限没有约定或约定不明时的法律后果的规定。根据本条，在租期不明(包括没有约定、约定不明确)时，首先按照《民法典》第 510 条进行协议补充，无法达成补充协议的，依照合同有关条款或交易习惯确定，均未果的，视为不定期租赁，双方都可随时解除。同时，也明确了无论哪一方为解除方，均需在合理期限前通知对方。

4. 第 734 条第 1 款是关于租赁期间届满承租人继续使用租赁物的规定。从是否规定有租赁期限看，租赁可分为定期租赁和不定期租赁。在不定期租赁中，当事人在合同中未约定租赁期限，因此任何一方当事人均可以随时解除合同。定期租赁合同的当事人在合同中约定了租赁期限，合同于租赁期间届满即告终止。但是，当事人于合同约定的期间届满时也可以续订合同。续订合同又称为期限更新，它不同于一般合同中履行期限的变更。前者是两个合同关系，后者只是一个合同关系。租赁合同期限更新只能发生于租赁期限（约定或者法定的期限）届满之时。

出租人义务与责任

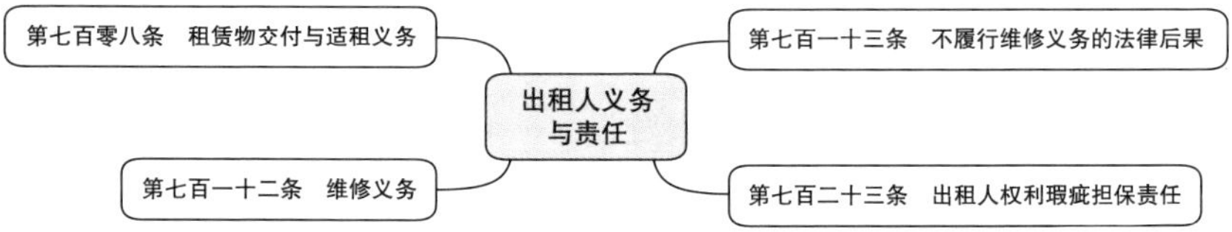

概念

租赁合同中，出租人作为合同的一方当事人，负有很多义务，也需承担相应责任。本词条所谓“出租人义务与责任”，主要涉及出租人的租赁物交付与适租义务、维修义务、不履行维修义务的法律后果和出租人的权利瑕疵担保责任等内容。

法典条款

第七百零八条【租赁物交付与适租义务】 出租人应当按照约定将租赁物交付承租人，并在租赁期限内保持租赁物符合约定的用途。

第七百一十二条【维修义务】 出租人应当履行租赁物的维修义务，但是当事人另有约定的除外。

第七百一十三条【不履行维修义务的法律后果】 承租人在租赁物需要维修时可以请求出租人在合理期限内维修。出租人未履行维修义务的，承租人可以自行维修，维修费用由出租人负担。因维修租赁物影响承租人使用的，应当相应减少租金或者延长租期。

因承租人的过错致使租赁物需要维修的，出租人不承担前款规定的维修义务。

第七百二十三条【出租人权利瑕疵担保责任】 因第三人主张权利，致使承租人不能对租赁物使用、收益的，承租人可以请求减少租金或者不支付租金。

第三人主张权利的，承租人应当及时通知出租人。

实务要点

1. 第708条是关于出租人交付租赁物及确保租赁物适租（瑕疵担保）义务的规定。本条所谓按照约定交付租赁物，包括按照约定的租赁物的名称、数量、交付方式、时间和地点向承租人交付租赁物。若租赁物分主物和从物时，在交付主物的同时应将从物一并交付承租人。所谓出租人对租赁物的瑕疵担保责任，是指出卖人就出卖的标的物的瑕疵应承担的责任。包括物的瑕疵担保和权利的瑕疵担保。租赁合同同买卖合同一样都是一种有偿合同，其合同标的都是特定的物，有一定的共性。因此，在租赁合同中租赁物的要求也同样适用物的瑕疵担保责任和权利的瑕疵担保责任。由于租赁合同转移的是租赁物的使用权，而承租人租赁财产是为了使用和收益，在租赁合同中的物的瑕疵担保责任主要是物的效用的瑕疵担保，即出租人应保证租赁物具备应有的使用价值。本条规定的出租人对租赁物的瑕疵担保责任在合同履行的两个阶段都有要求：一是在租赁物交付时保证交付的租赁物符合约定的用途，具有品质完整的使用价值，使承租人能够正常使用。二是在租赁期间内保持租赁物符合约定的用途。

2. 第712条是关于出租人维修义务的规定。出租人的维修义务是出租人对物的瑕疵担保责任中派生的义务。维修义务，是指在租赁物出现不符合约定的使用状态时，出租人须对该租赁物进行修理和维护，以保证承租人能够正常使用该租赁物。维修义务也包括对租赁物的正常保养。另需注意，并非所有情况的维修义务都由出租人承担，以下几种情况便属例外：(1)法律、行政法规规定由承租人承担维修义务的，如《海商法》规定的光船租赁期间由承租人负责保养、维修。(2)双方约定由承租人负责维修的。(3)依当地习惯或商业习惯由承租人负责维修的。

3. 第713条是关于出租人维修义务的补充规定，即出租人不履行维修义务的法律后果的规定。租赁关系存续期间，租赁物出现问题，需要修理的，承租人向出租人提出修理的要求，催告出租人在合理的期限内对租赁物进行维修。“合理期限”应根据物的损坏程度、需维修的紧迫程度及出租人维修能力等情况确定。若出租人拒绝维修或因其他原因不能在合理期限内维修，承租人可自行修理。由此支出的费用应当由出租人负担。另外，出租人不履行维修义务，致使承租人无法实现合同目的的，出租人构成根本违约，出租人可依据本法有关规定，解除合同并请求出租人承担违约责任。另需注意，本条第 2 款明确了因承租人过错需维修租赁物的，出租人不再承担第 1 款规定的维修义务。

4. 第 723 条是关于出租人权利瑕疵担保责任的规定。出租人的权利瑕疵担保，是指出租人担保承租人按照合同约定对租赁物使用、收益的权利，不因任何第三人对租赁物主张权利而受影响。租赁合同订立的目的是对租赁物使用、收益，如果第三人对租赁物主张权利，承租人订立租赁合同的目的就难以实现。因此，出租人有义务保证租赁物在租赁期间不被第三人追索，从而使承租人安全、有效地使用租赁物。出租人承担权利瑕疵担保责任的条件包括：(1)因第三人向承租人主张权利。(2)第三人主张权利妨碍承租人对租赁物的使用和收益。(3)承租人在订立合同时不知有权利瑕疵。另根据本条第 2 款，在第三人主张权利时，除出租人已经知道第三人主张权利外，承租人应当及时通知出租人。因承租人怠于通知致使出租人能够救济而未能及时救济的，出租人对承租人的损失不负赔偿责任。承租人及时通知出租人，出租人对第三人主张权利不能排除的，承租人有权请求减少租金或不支付租金。

承租人义务与责任

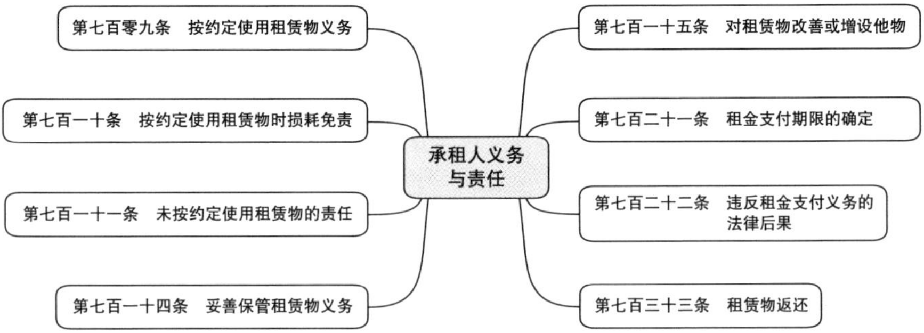

概念

租赁合同中，承租人作为合同的一方当事人，也负有很多义务，也需承担相应责任。本词条所谓“承租人义务与责任”，主要包括依约使用租赁物义务、妥善保管租赁物义务、依约支付租金义务、租赁物返还义务、改善或增设他物时征求出租人同意等相关内容。

法典条款

第七百零九条【按约定使用租赁物义务】　承租人应当按照约定的方法使用租赁物。对租赁物的使用方法没有约定或者约定不明确，依据本法第五百一十条的规定仍不能确定的，应当根据租赁物的性质使用。

第七百一十条【按约定使用租赁物时损耗免责】　承租人按照约定的方法或者根据租赁物的性质使用租赁物，致使租赁物受到损耗的，不承担赔偿责任。

第七百一十一条【未按约定使用租赁物的责任】　承租人未按照约定的方法或者未根据租赁物的性质使用租赁物，致使租赁物受到损失的，出租人可以解除合同并请求赔偿损失。

第七百一十四条【妥善保管租赁物义务】　承租人应当妥善保管租赁物，因保管不善造成租赁物毁损、灭失的，应当承担赔偿责任。

第七百一十五条【对租赁物改善或增设他物】　承租人经出租人同意，可以对租赁物进行改善或者增设他物。

承租人未经出租人同意，对租赁物进行改善或者增设他物的，出租人可以请求承租人恢复原状或者赔偿损失。

第七百二十一条【租金支付期限的确定】　承租人应当按照约定的期限支付租金。对支付租金的期限没有约定或者约定不明确，依据本法第五百一十条的规定仍不能确定，租赁期限不满一年的，应当在租赁期限届满时支付；租赁期限一年以上的，应当在每届满一年时支付，剩余期限不满一年的，应当在租赁期限届满时支付。

第七百二十二条【违反租金支付义务的法律后果】　承租人无正当理由未支付或者迟延支付租金的，出租人可以请求承租人在合理期限内支付；承租人逾期不支付的，出租人可以解除合同。

第七百三十三条【租赁物返还】　租赁期限届满，承租人应当返还租赁物。

返还的租赁物应当符合按照约定或者根据租赁物的性质使用后的状态。

实务要点

1. 第709条是关于承租人按约定使用租赁物的义务的规定。使用租赁物是承租人在租赁合同中的一项基本权利，按约定使用租赁物是承租人的一项义务。由于承租人对租赁物只是获得使用权和收益权，而并没有所有权，最终还是要将租赁物返还给出租人的，这样承租人就有一个保证租赁物自始至终符合其本身的品质和效用的义务。同时，任何物都是经过使用有正常消耗的，不断折旧，最后丧失其价值。只是不同的物使用方法不同其折旧率也不同，故承租人使用租赁物应当按照约定的方法。承租人履行此项义务的条件包括：(1)承租人对租赁物已实际占有，因此取得了对该租赁物的使用权。(2)出租人交付的租赁物符合约定的质量、数量、用途的要求，没有瑕疵。(3)双方当事人能够约定租赁物的使用方法或者根据租赁物的性质可以确定其使用方法。

2. 第710条是关于正当使用租赁物损耗免责的规定。前条规定承租人应当按照约定的方法或者租赁物的性质使用租赁物，这就要求当事人在订立租赁合同时或者在合同成立后尽量将租赁物的使用方法明确下来，以规范承租人对租赁物的使用。如果承租人按照约定的方法或者租赁物的性质正常使用租赁物，租赁物因使用受到的损耗是一种合理的情况，因为任何物品随着它的使用，其价值都会逐渐变小，只要使用就会有一定的磨损和损耗。出租人在出租他的物品时，应当知道其正常损耗的情况，约定了使用方法，说明出租人知道以该种方法使用租赁物会对租赁物造成什么样及多大程度的损耗，并认可了产生的损耗且据此将该损耗计入租金。也就是说，承租人已支付了其因使用租赁物而产生损耗的费用，不应当再承担赔偿责任。但需注意，本条所谓“损耗”不同于“毁损、灭失”，损耗不包括严重损害以致灭失的情形。

3. 第711条是关于承租人没有履行按约定方法使用租赁物的义务的法律后果的规定。本条是与前条是相对的规定，第710条规定的是承租人按照约定或者租赁物的性质使用租赁物致使租赁物受到正常损耗的，承租人不承担责任。本条所要解决的则是承租人违反约定的方法使用租赁物使租赁物受到损失的，承租人的责任。承租人没有按照约定或者租赁物的性质使用租赁物，使租赁物减少了价值，是一种损失，而不是损耗。损耗是合法的、正常的；损失是非正常的，是由于违约行为造成的。依照本条，出租人可解除合同并请求赔偿损失。当然，是否行使解除权，是出租人自主决定的。但无论出租人是否要求解除合同，其都有权要求承租人赔偿租赁物所受到的损失。

4. 第 714 条是关于承租人妥善保管租赁物的义务的规定。妥善保管租赁物也是承租人的主要义务之一。保管的义务源于承租人对租赁物享有的是占有和使用权。承租人在使用完毕后，最终要将租赁物返还给出租人。返还时的租赁物应当符合租赁物在使用前的状态或者性能，承租人就一定要妥善保管租赁物，妥善保管也有利于承租人在租赁期间对租赁物的充分使用。何为妥善保管，通俗地说，就是要把该租赁物当成自己的财产加以保管。承租人保管义务应包括几个内容：(1)按约定方式或租赁物性质所要求的方法保管租赁物。(2)按照租赁物的使用状况进行正常的维护。(3)通知和协助。

5. 第 715 条是关于承租人对租赁物进行改善或增设他物的规定。所谓改善，是指对租赁物并不改变其外观形状，而是对其性能进行改良。所谓增设他物，也称添附，是指在原有的租赁物上又添加另外的物。承租人需要对租赁物进行改善或者添附时，须先同出租人协商，在征得出租人的同意后方能对租赁物进行改善或添附。承租人在征得出租人同意后对租赁物进行改善或者增设他物的，租赁期限届满，承租人须将租赁物返还出租人时，就有一个与原租赁物的状况发生变化如何处理的问题，一般应遵循如下规则：(1)可以要求出租人偿还由于改善或增设他物使租赁物的价值增加的那部分费用。但仅限于合同终止时租赁物增加的价值额，而不能以承租人实际支付的数额为准。(2)对于增设他物的，如果可以拆除并不影响租赁物的原状，承租人最好拆除，承租人也有权拆除。如果出租人对增加物表示可以不拆除并愿意支付增加的费用的，也可以不必拆除。另需注意，承租人未经出租人同意对租赁物进行改善、增设他物的，承租人不仅不能要求出租人返还所支付的费用，甚至可能会按照出租人的要求恢复原状或者赔偿损失。

6. 第 721 条是关于租金支付期限的规定。支付租金是承租人的主要义务。租金的支付期限是合同的主要条款，关系到租金支付的时间，当事人在合同中应当尽量约定明确。租金的支付期限可以按年、月、日计算，也可以按小时计算。租金的支付可以是一次支付，也可以是分期支付；一次支付可以是事前支付，也可以在租赁期间届满之后一次支付，这些都由双方当事人在合同中约定。当事人应当严格按照合同约定的期限支付租金。但实践中，也会出现未约定租金支付期限或约定不明确的情况，这就需要当事人进行进一步的协商，如果不能达成补充协议，且依据合同的有关条款和交易习惯也不能确定的，按本条规定处理。

7. 第 722 条是关于承租人违反支付租金义务的法律后果的规定。按照本条，承租人在租赁期间无正当理由不得拒付和迟延支付租金。所谓正当理由主要是指：(1)不可抗力或意外事件，使租赁物部分或者全部毁损、灭失的，承租人已无法对租赁物使用、收益，承租人可以请求不支付租金。(2)因出租人没有履行义务，如交付的租赁物不符合约定的使用要求；在租赁期间租赁物出现质量问题，出租人不尽维修义务的。(3)因承租人本身发生一些意外事件致使其暂时无力支付租金。例如，用于居住的房屋租赁的承租人因生重病住院，经济上出现暂时困难，无力支付到期租金。无正当理由未支付或迟延支付租金是一种违约行为，需承担违约责任。但出租人并不一定马上解除合同，可给承租人对违约补救的机会。故本条规定，出租人可以请求在合理的期限内支付。该合理期限应当根据到期租金的数额、承租人的支付能力以及出租人的经济状况等因素来确定。经催告后在合理的期限内仍不支付租金的，出租人可以解除合同。

8. 第 733 条是关于租赁期间届满承租人返还租赁物的规定。租赁期间届满，承租人应向出租人返还租赁物，这是租赁合同中承租人的一项主要义务，主要包括三方面的内容：(1)承租人应于租赁关系终止时向出租人返还租赁物。(2)承租人返还的租赁物应当达到按照约定或者租赁物的性质使用后的状态。(3)租赁期间届满，承租人应当及时向出租人返还租赁物。不及时返还租赁物，应负违约责任，出租人既可以基于租赁关系要求承租人返还，也可以基于所有权要求承租人返还。承租人不仅应当支付逾期返还租赁物的租金，偿还违约金或赔偿损失，还应承担租赁物逾期返还期间意外灭失的风险。

权威参考案例

新疆维吾尔自治区建筑木材加工总厂与中国民主同盟新疆实业发展总公司房屋租赁纠纷上诉案(《最高人民法院公报》2002 年第 1 期)

房屋承租人超过约定使用范围对房屋进行改造，造成租赁物损失的，出租人可选择提起违约之诉或者侵权之诉，要求承租人赔偿因房屋改造产生的损失。

转租

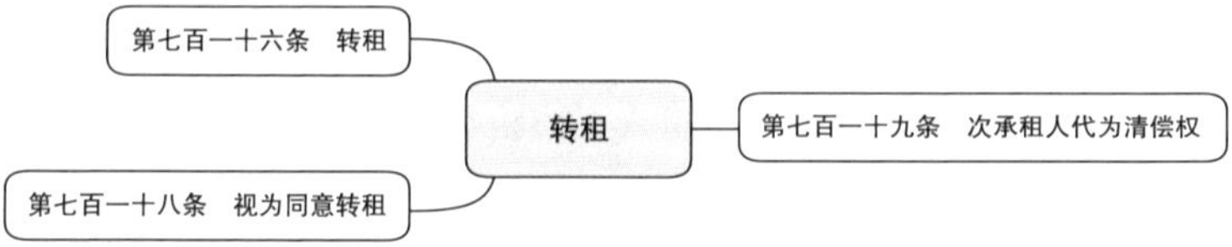

概念

转租，是指承租人将租赁物转让给第三人使用收益，承租人与第三人形成新的租赁关系，但承租人与出租人的租赁关系仍然存在的一种交易形式。本词条主要包括转租基本内容、视为同意转租、转租中次承租人代为清偿权等规定。

法典条款

第七百一十六条【转租】　承租人经出租人同意，可以将租赁物转租给第三人。承租人转租的，承租人与出租人之间的租赁合同继续有效；第三人造成租赁物损失的，承租人应当赔偿损失。

承租人未经出租人同意转租的，出租人可以解除合同。

第七百一十八条【视为同意转租】　出租人知道或者应当知道承租人转租，但是在六个月内未提出异议的，视为出租人同意转租。

第七百一十九条【次承租人代为清偿权】　承租人拖欠租金的，次承租人可以代承租人支付其欠付的租金和违约金，但是转租合同对出租人不具有法律约束力的除外。

次承租人代为支付的租金和违约金，可以充抵次承租人应当向承租人支付的租金；超出其应付的租金数额的，可以向承租人追偿。

实务要点

1. 第 716 条是关于转租的基本规定。转租包括经出租人同意和未经出租人同意两种情况：(1)经出租人同意的转租。该转租有两种：第一种是在租赁合同订立时明确约定承租人有权出租租赁物；第二种是在租赁期间承租人征得出租人同意将租赁物转租。对于事前未经出租人同意，事后出租人知道后并不反对或予以承认的，根据《民法典》第 718 条的规定，视为经出租人同意的转租。经出租人同意的转租是有效的。首先，出租人与承租人之间的关系不因转租而受影响，继续有效，承租人仍然应向出租人承担支付租金、在租赁期间届满时返还租赁物的义务。因次承租人的行为造成租赁物损失的，承租人仍然要对出租人负责。其次，虽然次承租人与出租人之间没有合同关系，但次承租人在特定情形下可直接向出租人支付租金，出租人不得拒绝。最后，租赁合同终止或被解除时，承租人与次承租人之间的租赁关系也随之终止。(2)未经出租人同意的转租。按照本条规定，未经出租人同意转租的，出租人可以解除合同。因未经出租人同意擅自将租赁物转租他人，破坏了出租人对承租人的信任，损害了出租人对租赁物的所有权或处分权，造成多层次的对租赁物的占有关系，增加了出租人要求返还租赁物的困难或使出租物毁损程度加重，故出租人有权解除合同。

2. 第 718 条是关于视为出租人同意转租的规定。依照前条，承租人转租原则上须经出租人统一或追认。但是，如果出租人明知承租人转租却不明确表示同意与否或追认，将使承租人与次承租人的利益长期陷入不稳定。同时考虑到，租赁物在租赁期限内完全处于承租人实际控制下，出租人难以及时发现违法转租的事实。故本条赋予了出租人一定期限，即自知道或应道知道转租事实之日起 6 个月。在该 6 个月内出租人未提出异议的，视为同意转租。

3. 第 719 条是关于次承租人代为清偿权的规定。次承租人对租赁物占有、使用、收益的权利能否得到保障，取决于承租人对出租人义务的履行。次承租人对承租人与出租人间债务的履行具有“合法利益”，属于《民法典》第 524 条规定的第三人，应属第三人清偿范围。且租金属金钱之债，不具有只能由承租人履行的性质，故次承租人有权向出租人代为履行，出租人不得拒绝。当然，未经出租人同意转租的，转租合同对出租人不具法律效力，此时，出租人有权拒绝其代为履行的请求。另外，本条第 2 款明确了次承租人对超出其应付租金部分向承租人追偿的权利。

优先购买权

概念

优先购买权，是指民事主体在特定买卖的同等条件下，依法享有优先于他人购买财产的权利。承租人的优先购买权则，是指承租人在出租人出卖租赁物时，在同等条件下优先购买该租赁物的权利。本词条所谓“优先购买权”，仅限于房屋租赁中承租人的优先购买权。

法典条款

第七百二十六条【优先购买权】 出租人出卖租赁房屋的，应当在出卖之前的合理期限内通知承租人，承租人享有以同等条件优先购买的权利；但是，房屋按份共有人行使优先购买权或者出租人将房屋出卖给近亲属的除外。

出租人履行通知义务后，承租人在十五日内未明确表示购买的，视为承租人放弃优先购买权。

第七百二十七条【委托拍卖房屋下的优先购买权】 出租人委托拍卖人拍卖租赁房屋的，应当在拍卖五日前通知承租人。承租人未参加拍卖的，视为放弃优先购买权。

第七百二十八条【出租人妨害优先购买权的法律后果】 出租人未通知承租人或者有其他妨害承租人行使优先购买权情形的，承租人可以请求出租人承担赔偿责任。但是，出租人与第三人订立的房屋买卖合同的效力不受影响。

实务要点

1. 第726条是关于房屋租赁的承租人对租赁的房屋优先购买权的规定。房屋承租人的优先购买权有如下基本特征：(1)具有法定性。(2)它是承租人所享有的对出租人出卖房屋的请求权，故出租人出卖该房屋时须及时通知承租人。这种请求权是一种请求债权，不是直接对物享有权利，也不能直接对抗第三人，优先权行使前不影响出卖人与其他人进行协商。(3)它是专属于承租人的权利，这种优先权不能通过转让或者继承转移至他人。(4)它是一种限制性的权利，以同等条件为前提。另外，优先购买权的实现需具备下列条件：(1)在租赁合同的存续期间。(2)在同等条件下购买。同等条件，是指承租人与其他购买人在买卖条件上等同，包括价格、付款期限、方式、有无担保等。(3)须在一定期限内行使。如果出租人通知承租人将要出卖租赁的房屋，并提出了一定的期限，而承租人在15日内没有购买的意思表示，优先购买权丧失。此外，本条也规定了优先购买权行使的限制情形：在房屋的按份共有人购买房屋或出租人将房屋出售近亲属的情形下，承租人不得主张优先购买权。

2. 第 727 条是关于委托拍卖中房屋承租人优先购买权程序性保证的规定，即出租人应在拍卖 5 日前通知承租人。承租人未参加拍卖的，视为放弃优先购买权。

3. 第 728 条是关于出租人妨害承租人行使优先购买权法律后果的规定。按照本条，在出租人侵害房屋承租人优先购买权的情况下，房屋买卖合同并不因此无效，而是产生出租人对承租人的损害赔偿责任。因认定买卖合同无效，将导致恢复原状等后果，不符合效率原则，与合同编鼓励交易的宗旨不符。从房屋买卖实践看，只要承租人可证明其损失存在，通过损失赔偿，足以保证其权益，不必使其获得特定房屋。但是，若承租人能证明买受人与出租人恶意串通，则可依据《民法典》第 154 条的规定主张房屋买卖合同无效。

权威参考案例

杨某丽诉中州泵业公司优先购买权侵权纠纷案（《最高人民法院公报》2004 年第 5 期）

根据《合同法》（已废止）第 230 条[①]的规定，房屋出租人出卖租赁房屋时，承租人在同等条件下享有的优先购买权，应为购买自己承租的房屋，而不是出租人出卖的其他房屋。

优先承租权

概念

优先承租权，是指房屋承租人依法或依约享有的，在租赁期限届满后以同等条件优先承租原房屋的权利。

法典条款

第七百三十四条第二款【优先承租权】 租赁期限届满，房屋承租人享有以

① 可参考《民法典》第 726 条。

同等条件优先承租的权利。

实务要点

第734条第2款明确了房屋承租人的优先承租权。该内容是《民法典》合同编较《合同法》(已废止)增加的规定,体现了对党中央建立“租购同权住房制度”要求的回应。本款的优先承租人应理解为一种形成权,是在保护弱势群体的理念下对承租人承租权利的强化。其行使条件一般包括以下几个要件:(1)存在合法有效的租赁关系。(2)出租人继续出租房屋。(3)满足同等条件。(4)在合理期限内主张。为保障承租人在合理期限内能够主张权利,出租人应承担通知义务。

买卖不破租赁

概念

买卖不破租赁,是指当出租人在租赁合同有效期内将租赁物的所有权转让给第三人时,租赁合同对新所有权人有效。

法典条款

第七百二十五条【买卖不破租赁】 租赁物在承租人按照租赁合同占有期限内发生所有权变动的,不影响租赁合同的效力。

实务要点

第725条确认了“买卖不破租赁”规则,即租赁物发生所有权变动时不影响租赁合同的效力。本条的规定体现了租赁合同的物权化特点。所谓物权化,是指在承租人依据租赁合同占有租赁物期限内,承租人对租赁物的占有使用可以对抗第三人,即使是该租赁物所有权人或享有其他物权的人也不例外。另需注意,“买卖不破租赁”并不限于出租人出售租赁物的情形,还包括赠与、遗赠、互易甚至将租赁物作为合伙出资等情形。本条所谓“不影响租赁合同的效力”,是指承租人与受让人无须另行订立租赁合同,受让人在受让该租赁物所有权时就与承租人产生租赁合同关系,成为新的出租人,继承原出租人的权利义务。若出租人没有将所有权变动事项通知承租人，承租人向原出租人支付的租金效力及于受让人。

权威参考案例

1. 唐某富、庞某与合肥建鑫房地产开发有限公司给付瑕疵责任担保纠纷案（《最高人民法院公报》2020年第2期）

买卖尚处于租赁期间的房屋，出卖人应当告知买受人房屋租赁合同的内容，但承租人的履约能力属于商业风险范畴，不属于出卖人先合同义务，买受人应自行审查与承担。租赁期间房屋产权发生变更，除当事人有特别约定外，租金自产权变更之日归买受人所有。买受人在产权变更后，因租金难以收取，以出卖人有缔约过失、交付房屋存在瑕疵为由，要求出卖承担租金损失的，人民法院不予以支持。

2. 北京金悦物业管理有限责任公司诉北京长信汇金投资咨询有限公司、北京置地商贸有限责任公司租赁合同纠纷抗诉案（《最高人民检察院公报》2015年第3号）

在诉争房产所有权转移时该房产上的租赁合同合法有效存在这一事实已认定清楚的前提下，诉争房产所有人购得该房产时清楚诉争房产上存在租赁合同，且其未对上述两份租赁合同的真实合法性提出任何异议的，依据《合同法》（已废止）第229条[①]规定，租赁物在租赁期间发生所有权变动的，不影响租赁合同的效力。

承租人解除权

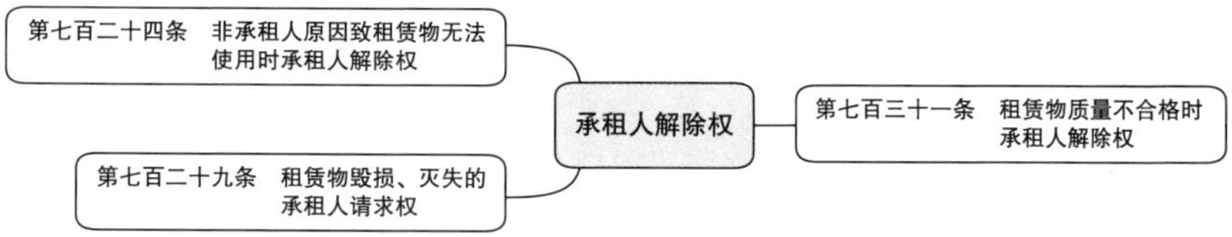

概念

本词条所谓“承租人解除权”，主要包括非承租人原因致租赁物无法使用时承租人解除权、租赁物毁损灭失的下承租人请求权、租赁物质量不合格时的承租人解除权等内容。

① 可参考《民法典》第725条。

法典条款

第七百二十四条【非承租人原因致租赁物无法使用时承租人解除权】 有下列情形之一，非因承租人原因致使租赁物无法使用的，承租人可以解除合同：

（一）租赁物被司法机关或者行政机关依法查封、扣押；

（二）租赁物权属有争议；

（三）租赁物具有违反法律、行政法规关于使用条件的强制性规定情形。

第七百二十九条【租赁物毁损、灭失的承租人请求权】 因不可归责于承租人的事由，致使租赁物部分或者全部毁损、灭失的，承租人可以请求减少租金或者不支付租金；因租赁物部分或者全部毁损、灭失，致使不能实现合同目的的，承租人可以解除合同。

第七百三十一条【租赁物质量不合格时承租人解除权】 租赁物危及承租人的安全或者健康的，即使承租人订立合同时明知该租赁物质量不合格，承租人仍然可以随时解除合同。

实务要点

1. 第724条是关于非承租人原因致租赁物无法使用时承租人解除权的规定。在出现租赁物被司法机关或者行政机关依法查封、扣押、权属有争议或者具有违反法律、行政法规关于使用条件的强制性规定情形等任一情形时，承租人的合同解除权也并非任意的，还须具备一个必要前提，即该情形的出现导致“租赁物无法使用”。所谓“无法使用”，是指无法按照租赁物的约定用途使用，或者无法按照租赁物的性质使用。

2. 第729条是关于在租赁期间租赁物发生毁损、灭失的时承租人的请求权的规定。本条规定的是在承租人已尽了善良管理人的义务的情况下，由于其他原因，造成租赁物的毁损、灭失的，承租人享有何种权利。不可归责于承租人的事由有以下3种：(1)因不可抗力造成租赁物毁损、灭失。(2)因意外事件造成租赁物毁损、灭失。(3)因出租人不履行义务造成租赁物毁损、灭失。前两种情况，不可抗力和意外事件都是租赁合同双方当事人都无过错，既不可归责于承租人，也不可归责于出租人，而出现了租赁物毁损、灭失的情况。在这种情况下，应当维护哪一方当事人的利益，是法律所要解决的问题。在租赁合同中，多数情况下，出租人是租赁物的所有人，至少是可以支配租赁物的人，当发生不可归责于双方当事人的事由的情况时，租赁物毁损、灭失了，风险责任应由出租人承担。第三种情况下，由于出租人有过错，造成租赁物的毁损、灭失，当然应由其承担损失。上述三种情况下，承租人对租赁物已不能使用或使用的效能受到了影响，其可行使以下权利：（1）要求减少租金或不支付租金。不支付租金的法律后果实际上是合同已不可能履行，当承租人不支付租金时，如果出租人同意，合同实际上是协议解除，合同终止。（2）解除合同。解除合同的条件是不能实现合同目的。这里规定的解除条件比《民法典》第 563 条“因不可抗力致使不能实现合同目的”范围要宽。即使不是不可抗力，只要承租人没有过错，租赁物毁损、灭失了，实际上已经不可能再履行合同了，这时承租人可以行使解除权。这种解除权不同于上面所说的协议解除，它是法定解除，也不是请求权，而是一种形成权，即承租人主张解除合同的，只要通知到达出租人合同即解除。

3. 第 731 条是关于租赁物质量不合格时承租人解除权的规定。同买卖合同类似，出租人对租赁物负有瑕疵担保责任，包括权利瑕疵担保和物的瑕疵担保。物的瑕疵担保，是指出租人应担保所交付的租赁物能够为承租人依约正常使用收益。构成出租人的物的瑕疵担保责任的条件有两个：（1）租赁物有瑕疵。租赁物有瑕疵亦即标的物的品质或者数量不符合约定的标准，或者不符合标的物的通常使用状态。租赁物无论是在交付前还是于交付后发生瑕疵的，出租人均负有瑕疵担保责任。（2）承租人于合同订立时不知租赁物有瑕疵，也不存在可以免除出租人责任的情形。另需注意，由于房屋是一种非常特殊的商品，尤其是住房，它用于满足“住”这一基本生活需要。故在住房租赁中，出租人对于房屋的质量应负严格的产品责任，也就是说，只要房屋的质量不合格，危及承租人的人身安全或者健康时，无论承租人在订立合同时知道与否，承租人均有权随时解除合同。制定《合同法》（已废止）时，扩大了这一原则的适用范围。该原则不仅适用于房屋租赁，还适用于所有租赁物。根据本条，租赁物危及承租人的安全或者健康的，即使承租人订立合同时明知该租赁物质量不合格，承租人仍然可以随时解除合同。

权威参考案例

仪征市兴成塑业包装有限公司诉仪征市新城镇新华村村民委员会、郭某某财产损害赔偿纠纷案（《最高人民法院公报》2016 年第 3 期）

房屋出租人明知承租人生产易燃产品而将不符合消防安全要求或未经消防

验收合格的房屋出租给承租人用于生产，租赁期间因房屋不符合消防安全要求导致火灾发生或扩大的，出租人存在过错，应依法承担相应的赔偿责任。

租赁合同其他规定

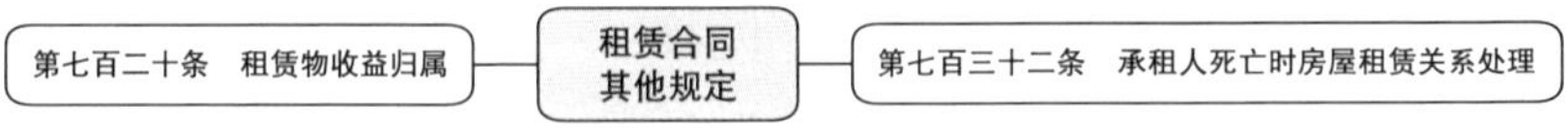

概念

本词条主要涉及上面词条无法收录的租赁合同的其他内容，包括租赁物收益归属、承租人死亡时房屋租赁关系的处理。

法典条款

第七百二十条【租赁物收益归属】　在租赁期限内因占有、使用租赁物获得的收益，归承租人所有，但是当事人另有约定的除外。

第七百三十二条【承租人死亡时房屋租赁关系处理】　承租人在房屋租赁期限内死亡的，与其生前共同居住的人或者共同经营人可以按照原租赁合同租赁该房屋。

实务要点

1. 第720条是关于租赁物的收益归属的规定。本条中的收益，是指承租人因占有、使用租赁物而获得的效益，包括两类：(1)因为占有租赁物而产生的收益。(2)因使用租赁物而产生的收益，如承租人从房屋租赁的转租中收取的超额租金，承租人租用汽车经营货物运输获得的收益等。除当事人在合同中另有约定外，租赁期间承租人占有使用租赁物获得的收益归承租人所有。如此规定是由租赁合同的性质决定的。租赁合同是出租人将租赁物交付承租人使用、收益，承租人支付租金的合同。这里不仅是使用还包括收益。且承租人对租赁物的使用是以支付租金为代价的，所以就其租赁物的占有、使用而获得的收益，应当享有所有权。

2. 第732条是关于房屋承租人死亡时租赁关系处理的规定。本条规定了共同居住人(经营人)对租赁房屋的居住权。虽然承租人为一人，也会有其他共同居住人(经营人)的利益。因此，在调整租赁关系时，不能不考虑承租人死亡后其他共同居住人的居住利益。住房租赁中，承租人取得的只是房屋使用权，原则上其承租权不得继承。承租人死亡后，生前未与其共同生活的亲属或者法定继承人，如果确需继续租用住房的，享有优先承租权，可以与出租人另行签订房屋租赁合同。但在租赁期间，与承租人共同居住的人有在租赁的房屋内居住的权利，出租人不得干涉。承租人死亡后，生前与承租人共同居住的人可以继续租赁原住房，但应与出租人办理续租手续，变更承租人。

融资租赁中承租人权利

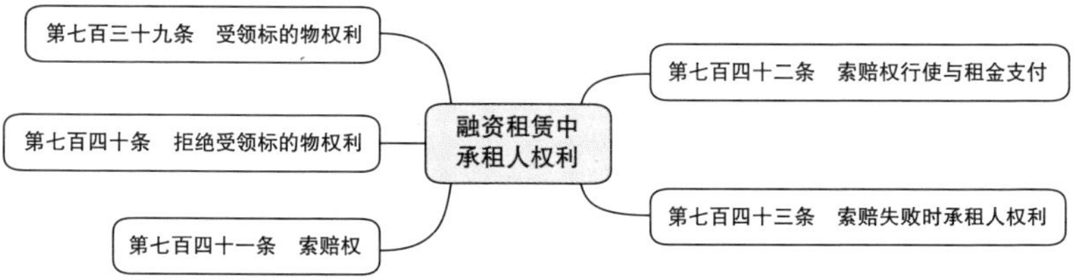

概念

本词条所谓“融资租赁中承租人权利”，主要包括依约受领标的物的权利、拒绝受领标的物的权利、索赔权及索赔权行使失败时请求出租人赔偿损失的权利等相关内容。

法典条款

第七百三十九条【受领标的物权利】 出租人根据承租人对出卖人、租赁物的选择订立的买卖合同，出卖人应当按照约定向承租人交付标的物，承租人享有与受领标的物有关的买受人的权利。

第七百四十条【拒绝受领标的物权利】 出卖人违反向承租人交付标的物的义务，有下列情形之一的，承租人可以拒绝受领出卖人向其交付的标的物：

（一）标的物严重不符合约定；

（二）未按照约定交付标的物，经承租人或者出租人催告后在合理期限内仍未交付。

承租人拒绝受领标的物的，应当及时通知出租人。

第七百四十一条【索赔权】 出租人、出卖人、承租人可以约定，出卖人不履行买卖合同义务的，由承租人行使索赔的权利。承租人行使索赔权利的，出租人应当协助。

第七百四十二条【索赔权行使与租金支付】 承租人对出卖人行使索赔权利，不影响其履行支付租金的义务。但是，承租人依赖出租人的技能确定租赁物或者出租人干预选择租赁物的，承租人可以请求减免相应租金。

第七百四十三条【索赔失败时承租人权利】 出租人有下列情形之一，致使承租人对出卖人行使索赔权利失败的，承租人有权请求出租人承担相应的责任：

（一）明知租赁物有质量瑕疵而不告知承租人；

（二）承租人行使索赔权利时，未及时提供必要协助。

出租人怠于行使只能由其对出卖人行使的索赔权利，造成承租人损失的，承租人有权请求出租人承担赔偿责任。

实务要点

1. 第 739 条是关于融资租赁合同中标的物交付与受领的规定。融资租赁合同承租人享有与买卖合同中受领标的物有关的买受人的权利，是融资租赁与传统租赁的一个重要区别。传统租赁合同与买卖合同没有直接关系，但在融资租赁关系中，融资租赁合同的租赁物即是买卖合同的标的物，融资租赁合同与买卖合同直接相关，而买卖合同是出租人根据承租人对出卖人、租赁物的选择订立的，买卖合同的标的物由承租人决定并由承租人使用。因此，即使承租人不是买卖合同的当事人，法律也规定承租人与出卖人直接发生关系。融资租赁合同中，出卖人不仅应向承租人直接交付标的物，而且应承担租赁物的瑕疵担保责任。承租人按照合同约定的时间、地点、验收方法接收标的物，既是其权利，也是其义务。作为义务，承租人无正当理由不接收的，应当承担相应的迟延履行责任；作为权利，承租人有权接收标的物，出卖人不得拒绝将标的物交付给承租人。

2. 第 740 条是关于承租人拒绝受领权的规定。融资租赁合同中，当租赁物出现严重不符合约定的情况或租赁物未按约定交付经催告后在合理期限内仍未交付的，本条赋予承租人直接向出卖人拒绝受领瑕疵给付或迟延交付的权利，使出卖人与承租人之间建立法律上的关系，突破了合同相对性的约束，属《民法典》第 465 条第 2 款“法律另有规定”的情形。

3. 第 741 条是关于承租人行使索赔权的规定。所谓索赔权，是指当义务人不履行义务而给权利人造成损失时，权利人依法享有向义务人索赔因此而造成的损失的权利。由于融资租赁合同的特殊性，出租人根据承租人对出卖人、租赁物的选择而购买租赁物，作为买卖合同当事人的出租人，对买卖合同标的物的性能和生产要求等往往缺乏了解，很难对出卖人提供的租赁物进行检验和判断，而出卖人又是向承租人交付标的物，故一般由承租人在受领标的物时对标的物进行检验查收。因此，规定由承租人行使索赔权，不仅可以保证买卖合同的标的物符合承租人的要求，也便于合同纠纷的解决。承租人直接向出卖人行使索赔权的内容主要有以下两种：(1)出卖人交付的标的物质量不符合约定时，承租人可以要求减少价金、修理调换、支付违约金、解除合同并赔偿损失。(2)出卖人未交付或者迟延交付标的物的，承租人可以请求出卖人继续履行交付义务并请求因迟延履行导致的损害赔偿，构成《民法典》第 563 条第 1 款情形之一的，可解除合同并请求替代履行的损害赔偿。

4. 第 742 条是关于承租人行使索赔权时租金支付的规定。由于融资租赁中，租金并非融物的对价而是融资的对价，故承租人对出卖人行使索赔权，并不影响其支付租金义务的履行。但在特殊情形下，即承租人依赖出租人的技能确定租赁物或出租人干预选择租赁物时，承租人有权主张减免租金。对此，承租人负有举证证明责任。

5. 第 743 条是关于承租人索赔失败时请求出租人赔偿损失的权利。本条所谓的索赔失败，主要基于出租人的行为，包括出租人明知租赁物有质量瑕疵而不告知承租人、承租人行使索赔权利时出租人未及时提供必要协助。此处的协助主要包括帮助寻找出卖人、帮助提供证据、诉讼过程中的协助等。此外，因出租人怠于行使只能由其对出卖人行使的索赔权利，造成承租人损失的，承租人也有权请求出租人承担相应责任。

融资租赁中出租人义务与责任

概念

本词条所谓“融资租赁中出租人义务与责任”，主要涉及出租人不得擅自变更合同内容、租赁物质量瑕疵担保责任、保证承租人占有使用租赁物等相关规定。

法典条款

第七百四十四条【出租人不得擅自变更合同内容】 出租人根据承租人对出卖人、租赁物的选择订立的买卖合同，未经承租人同意，出租人不得变更与承租人有关的合同内容。

第七百四十七条【租赁物质量瑕疵担保责任】 租赁物不符合约定或者不符合使用目的的，出租人不承担责任。但是，承租人依赖出租人的技能确定租赁物或者出租人干预选择租赁物的除外。

第七百四十八条【保证承租人占有使用租赁物】 出租人应当保证承租人对租赁物的占有和使用。

出租人有下列情形之一的，承租人有权请求其赔偿损失：

（一）无正当理由收回租赁物；

（二）无正当理由妨碍、干扰承租人对租赁物的占有和使用；

（三）因出租人的原因致使第三人对租赁物主张权利；

（四）不当影响承租人对租赁物占有和使用的其他情形。

第七百四十九条【承租人占有租赁物致人损害出租人不担责】 承租人占有租赁物期间，租赁物造成第三人人身损害或者财产损失的，出租人不承担责任。

实务要点

1. 第 744 条是关于出租人不得擅自变更买卖合同内容的规定。出租人购买租赁物，是融资租赁关系成立的前提条件。与一般的买卖合同不同，融资租赁中买卖合同的条件是由承租人确定而不是由出租人自主决定的。出租人不仅在订立买卖合同时应按照承租人对租赁物名称、数量、技术性能等要求与承租人选择的出卖人订立，而且在买卖合同订立后，也不得擅自变更与承租人有关的合同内容。有关合同内容的变更主要涉及以下 3 个方面：(1) 主体的变更。(2)标的物的变更。(3)标的物的交付。未经承租人同意擅自变更与承租人有关的合同内容的，即构成对承租人的违约，承租人可以要求出租人支付违约金。此外，承租人还可拒收租赁物，并通知出租人解除合同。因此，给承租人造成损失的，承租人还有权要求出租人赔偿损失。

2. 第 747 条是关于租赁物质量瑕疵担保责任的规定。传统的租赁合同中，出租人对租赁物负有质量瑕疵担保责任。而融资租赁合同与传统租赁合同不同，出租人在一般情形下对租赁物并不承担质量瑕疵担保责任，但有例外，即当承租人完全依赖出租人的技能和判断选择租赁物，或者出租人干预选择租赁物时，如出租人为承租人确定租赁物或者擅自变更承租人已选定的租赁物的，出租人应承担全部或者部分租赁物的质量瑕疵担保责任。此外，在以下特殊情况下，租赁物质量瑕疵担保责任也应由出租人负担：(1)出租人明知租赁物有瑕疵而未告知或者因重大过失不知有瑕疵的。(2)出租人与出卖人有密切关系的。(3)承租人无法或者不能直接向出卖人索赔的。

3. 第 748 条是关于出租人保证承租人占有租赁物的规定。租赁期间内，出租人应保证承租人对租赁物的占有和使用，这是融资租赁合同中出租人的一项主要义务，也是承租人的一项主要权利，包含以下三方面含义：(1)出租人不得妨碍承租人依照融资租赁合同所拥有的承租权，也不得擅自变更原承租条件。(2)承租人在租赁期间内，对租赁物拥有独占使用权。(3)出租人应保证承租人在租赁期间内对租赁物的占有和使用，不受第三人的干扰。当然，若在融资租赁合同期内出现本条第 2 款的情形的，承租人有权请求出租人赔偿损失。

4. 第 749 条是关于出租人不负租赁物使用对第三人侵权责任的规定。租赁物对第三人的侵权责任，是指因租赁物本身及其设置、使用、保管等造成第三人的财产损害或者人身伤害。构成要件包括：(1)租赁物造成了第三人的损害；(2)损害发生在承租人占有租赁物期间；(3)第三人的损害，包括人身损害、财产损害。若租赁物是因为他人原因对第三人造成损害(如有人擅自将承租人的汽车开出并撞伤路人)，则应由他人负责。

融资租赁中承租人义务与责任

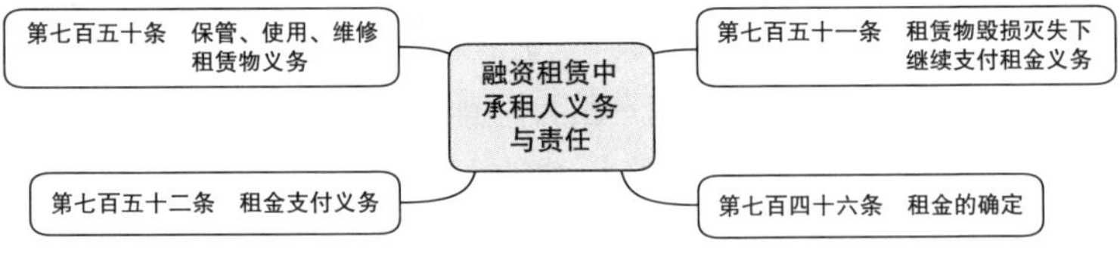

概念

本词条所谓“融资租赁中承租人义务与责任”，主要包括承租人保管（使用、维修）租赁物义务、租金支付义务、租赁物毁损灭失下继续支付租金的义务等相关内容。

法典条款

第七百五十条【保管、使用、维修租赁物义务】　承租人应当妥善保管、使用租赁物。

承租人应当履行占有租赁物期间的维修义务。

第七百五十二条【租金支付义务】　承租人应当按照约定支付租金。承租人经催告后在合理期限内仍不支付租金的，出租人可以请求支付全部租金；也可以解除合同，收回租赁物。

第七百五十一条【租赁物毁损灭失下继续支付租金义务】　承租人占有租赁物期间，租赁物毁损、灭失的，出租人有权请求承租人继续支付租金，但是法律另有规定或者当事人另有约定的除外。

第七百四十六条【租金的确定】　融资租赁合同的租金，除当事人另有约定外，应当根据购买租赁物的大部分或者全部成本以及出租人的合理利润确定。

实务要点

1. 第750条是关于承租人对租赁物所负保管、维修义务的规定。融资租赁中，承租人的一项非常重要的义务就是妥善保管租赁物、严格按照合同的技术操作规程使用租赁物，并对租赁物进行保养、维修。融资租赁中，出租人不负标的物的瑕疵担保责任，对租赁物无维修义务，但出租人却享有于租赁期间届满后收回标的物加以使用或者处分的期待利益。故承租人需保障出租人期待利益的实现，不仅需妥善保管标的物，而且负有维修保养标的物的义务。

2. 第752条是关于承租人支付租金义务的规定。承租人应当按照合同约定向出租人支付租金，这是承租人的基本义务。由于融资租赁合同中的租金并非租赁物的对价，而是融资的对价，所以当租赁物存在瑕疵时，承租人不得以此为理由拒付租金。承租人未按照约定支付租金时，出租人可以规定一个合理期限，要求承租人支付。经出租人催告，承租人在规定的期限内仍不支付租金的，即构成违约，出租人可以采取以下两种救济措施：一是要求承租人支付全部租金。所谓全部租金，是指融资租赁合同中所规定的全部已到期而承租人未支付的租金，以及其他依约定未到期的租金。二是解除合同，收回租赁物，并请求赔偿损失。出租人对租赁物享有所有权，这一所有权具有担保其租金债权的功能，所以当承租人违约，出租人选择解除合同时，其可以收回租赁物。

3. 第 751 条是关于租赁物毁损灭失下继续支付租金义务的规定，也即融资租赁中，租赁物意外毁损、灭失的风险负担问题。对此，应优先考虑当事人是否通过合同作出约定，若作出了约定，就应当尊重当事人的约定。在当事人没有约定的情况下，承租人仍然负有继续支付租金的义务。如此规定主要基于如下 3 点：一是出租人享有的所有权主要具有担保功能，不能因此要求其承受标的物毁损、灭失的风险。二是承租人占有标的物并对其进行了实际控制。三是融资租赁中，承租人实际上享有了相当于所有人的权益，尤其承担风险符合权利义务对等原则。

4. 第 746 条是关于融资租赁合同租金确定的规定。融资租赁交易中，承租人负有支付租金的义务。但因其为“融资”租赁，所以承租人支付的代价并非租赁物为使用收益的代价，而是融资的代价。因此，融资租赁合同中租金标准的确定与租赁合同中租金的确定标准是不同的，一般高于传统租赁中的租金。主要包括：(1)租赁物的成本。租赁物成本包括租赁物购买价金及其运输费、保险费等，也称租赁物总成本。(2)利息。利息按租赁业务成交时的银行贷款利率且一般以复利率来计算。(3)营业费用。营业费用是指出租人经营租赁过程中所开支的费用，包括业务人员工资、办公费、差旅费和必要的盈利。

融资租赁合同解除

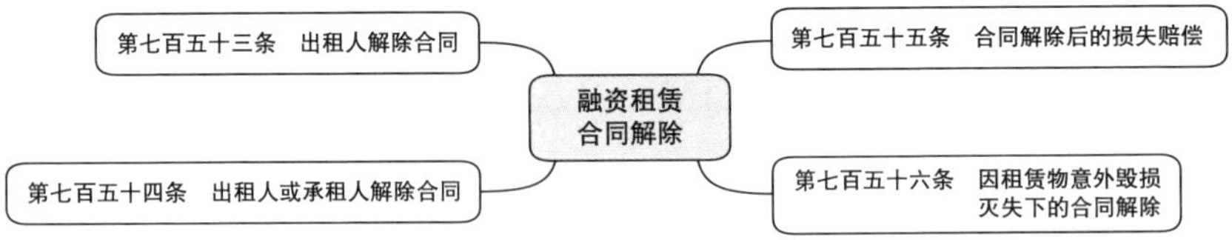

概念

“融资租赁合同解除”词条，主要涉及出租人解除合同、出租人或承租人解除合同、因租赁物意外毁损灭失下的合同解除、合同解除后的损害赔偿等内容。

法典条款

第七百五十三条【出租人解除合同】 承租人未经出租人同意，将租赁物转让、抵押、质押、投资入股或者以其他方式处分的，出租人可以解除融资租赁合同。

第七百五十四条【出租人或承租人解除合同】 有下列情形之一的，出租人或者承租人可以解除融资租赁合同：

（一）出租人与出卖人订立的买卖合同解除、被确认无效或者被撤销，且未能重新订立买卖合同；

（二）租赁物因不可归责于当事人的原因毁损、灭失，且不能修复或者确定替代物；

（三）因出卖人的原因致使融资租赁合同的目的不能实现。

第七百五十五条【合同解除后的损失赔偿】 融资租赁合同因买卖合同解除、被确认无效或者被撤销而解除，出卖人、租赁物系由承租人选择的，出租人有权请求承租人赔偿相应损失；但是，因出租人原因致使买卖合同解除、被确认无效或者被撤销的除外。

出租人的损失已经在买卖合同解除、被确认无效或者被撤销时获得赔偿的，承租人不再承担相应的赔偿责任。

第七百五十六条【因租赁物意外毁损灭失下的合同解除】 融资租赁合同因租赁物交付承租人后意外毁损、灭失等不可归责于当事人的原因解除的，出租人可以请求承租人按照租赁物折旧情况给予补偿。

实务要点

1. 第 753 条是关于出租人解除合同的规定。本条规定的出租人一方可解除融资租赁合同，是以承租人违约为前提的，针对承租人擅自处分租赁物的行为，这类行为对出租人的租赁物所有权和租金债权的实现均构成严重威胁，属承租人的严重违约，出租人可解除合同。另需注意，对外关系上，为优化营商环境，消灭隐形担保，在融资租赁合同下，承租人无权处分租赁物的，应按照《民法典》第 414 条关于担保领域权利竞合的清偿顺序依次实现权利：首先，租赁物上已登记的所有权及其他担保物权，按登记时间先后确定清偿顺序；其次，已登记的所有权及其他担保物权优先于未登记的受偿；最后，未登记的，按照债权比例清偿。

2. 第 754 条是关于出租人或承租人解除合同的规定。对于双方均可解除的情形，本条规定并未考虑出租人或承租人是否存在违约行为或主观过错，而是以融资租赁合同客观上的履行不能作为解除的前提。第 1 项、第 2 项均以承租人无法继续占有、使用租赁物作为合同解除的条件，至于合同解除后租赁物返还及赔偿责任则可依双方过错由法院裁决；第 3 项是将出卖人原因纳入双方均可解决情形。从本质上来说，出卖人原因属不能规则于出租人、承租人双方当事人的事由。

3. 第 755 条是关于融资租赁合同解除后损失赔偿的规定。另需注意，本条针对的是因为买卖合同被解除、被确认无效或被撤销而造成融资租赁合同解除的情形。买卖合同被解除、被确认无效或被撤销，属融资租赁合同当事人以外的原因，承租人虽无违约行为，但若买卖合同出卖人、租赁物由承租人选择，承租人应对选择的后果负责，即对由此给出租人造成损失承担赔偿责任。若买卖合同是因出租人过错被解除、撤销或确认无效的，出租人应自行承担。出租人存在可归责事由的情形包括：出租人不履行价款支付义务；因出租人单独或与出卖人的共同过错；出租人干预选择出卖人、租赁物或者承租人依赖出租人技能确定租赁物，等等。

4. 第 756 条是关于租赁物意外毁损、灭失下合同解除的规定。融资租赁中租赁物意外毁损、灭失，融资租赁合同可以解除时，法律赋予当事人可自由选择的两种方式。若当事人不行使解除权，按风险负担规则处理，承租人应继续支付租金；若当事人行使解除权，风险负担规则不再适用，承租人承担返还租赁物义务，并承担返还不能时的代物清偿义务，即按租赁物的价值对出租人补偿。另需注意，合同解除时，承租人补偿出租人的租赁物价值中包含了剩余租赁期限内租赁物的机制和租赁期限届满后租赁物的残值两部分，若融资租赁合同事先约定租赁期满后租赁物的残值属承租人，则承租人可在补偿金额中扣除应属于自己的残值部分。

融资租赁中租赁物归属

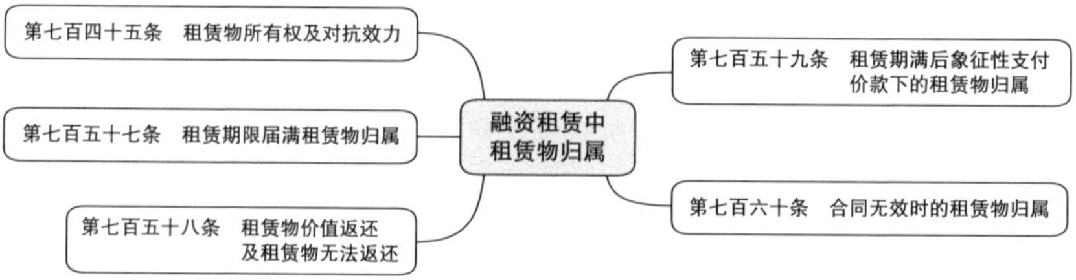

概念

本词条所谓“融资租赁中租赁物归属”，包括租赁物所有权及对抗效力、租赁期限届满租赁物归属、租赁物价值返还及租赁物无法返还、租赁期满后象征性支付价款下的租赁物归属、合同无效下租赁物归属等内容。

法典条款

第七百四十五条【租赁物所有权及对抗效力】　出租人对租赁物享有的所有权，未经登记，不得对抗善意第三人。

第七百五十七条【租赁期限届满租赁物归属】　出租人和承租人可以约定租赁期限届满租赁物的归属；对租赁物的归属没有约定或者约定不明确，依据本法第五百一十条的规定仍不能确定的，租赁物的所有权归出租人。

第七百五十八条【租赁物价值返还及租赁物无法返还】　当事人约定租赁期限届满租赁物归承租人所有，承租人已经支付大部分租金，但是无力支付剩余租金，出租人因此解除合同收回租赁物，收回的租赁物的价值超过承租人欠付的租金以及其他费用的，承租人可以请求相应返还。

当事人约定租赁期限届满租赁物归出租人所有，因租赁物毁损、灭失或者附合、混合于他物致使承租人不能返还的，出租人有权请求承租人给予合理补偿。

第七百五十九条【租赁期满后象征性支付价款下的租赁物归属】　当事人约定租赁期限届满，承租人仅需向出租人支付象征性价款的，视为约定的租金义务履行完毕后租赁物的所有权归承租人。

第七百六十条【合同无效时的租赁物归属】　融资租赁合同无效，当事人就该情形下租赁物的归属有约定的，按照其约定；没有约定或者约定不明确的，租赁物应当返还出租人。但是，因承租人原因致使合同无效，出租人不请求返还或者返还后会显著降低租赁物效用的，租赁物的所有权归承租人，由承租人给予出租人合理补偿。

实务要点

1. 第 745 条是关于租赁物的所有权及对抗效力的规定。依据本条，融资租赁中租赁物的所有权由出租人享有。该条同时明确了登记的对抗效力，即出租人对租赁物的所有权未经登记，不得对抗善意第三人。该条内容相较于《合同法》第 242 条“出租人享有租赁物的所有权。承租人破产的，租赁物不属于破产财产”的内容，存在重大修改，目的即在于消灭隐形担保，优化营商环境。对融资租赁而言，无论是同一标的物上存在多个融资租赁，还是出现融资租赁与抵押权的竞存，都要适用《民法典》第 414 条的规定确定清偿顺序。

2. 第 757 条是关于租赁期间届满租赁物归属的规定。融资租赁中，租赁期间届满，承租人一般可以有三种选择：留购、续租或退租。留购，是指租期届满，承租人支付给出租人一笔双方商定的设备残值（名义货价），取得租赁物的所有权。实践中，出租人关心的是如何收回其投入以及盈利，而对租赁物的使用价值没有多大兴趣，大多数融资租赁交易均把承租人留购租赁物作为交易的必要条件。若当事人双方对于租赁物的归属没有约定或者约定不明确时，可以依照《民法典》第 510 条的规定协议补充；不能达补充协议时，应依照合同有关条款或者交易习惯加以确定。以上均无法确定的，租赁物所有权归出租人享有。

3. 第 758 条是关于租赁物价值返还及租赁物无法返还的规定。融资租赁中，与租赁物所有权有关的风险与收益大部分都转移给承租人了，出租人的所有权实质上只具有抵押权的意义。故当承租人违约时，出租人有权解除合同，收回租赁物，并要求承租人赔偿损失。实践中，损害赔偿金是以相当于残存租金额或者以残存租金额减去中间利息计算的。这样出租人不仅收回了租赁物，而且可以获得一笔相当于残存租金额的损害赔偿金。而在融资租赁合同完全履行时，出租人仅可取得全部租金及期满后取得租赁物的残余价值。由此可以看出，出租人中途解约取得的利益，比合同全部履行本应得到的利益还要多。这不仅不公平，而且由于利益驱动，会使出租人尽量使用解除合同的办法，不利于融资租赁合同关系的稳定。为此，有了本条规定。也就是说，出租人因收回租赁物而所得，无论按所评估的公允价值，还是按公开拍卖的实际所得，都不直接归出租人所有。这一所得必须与出租人这时的租金债权，即承租人尚未付清的租金及费用做比较。只有出租人收回租赁物的所得等于出租人的租金债权的部分时，才归出租人所有，超出租金债权部分，是出租人多得的利益，应返还给承租人，或者充作承租人支付的损害赔偿金，不足部分仍应由承租人清偿。另外，若当事人约定租赁届满后租赁物归属于出租人，租赁物在承租人处因毁损、灭失或附合、混合于他物致使承租人不能返还的，因风险由承租人负担，故本条第2款规定此时承租人应向出租人补偿租赁物残值。

4. 第759条是关于支付象征性价款时租赁物归属的规定。本条所谓的象征性费用更接近于无费用，其本质上可以说是近于无对价而取得。

5. 第760条是关于融资租赁合同无效时租赁物归属的规定。依照本条，融资租赁合同无效的，应依照当事人对租赁物归属的约定确定；没有约定或约定不明的，出租人作为租赁物所有权应收回租赁物。但由于实践中租赁物一般系承租人所选，且为其生产经营所需，租赁物在出租人处无法充分发挥效用，不利于租赁物价值实现和当事人利益最大化。为此，本条后半部分规定，在融资租赁合同无效事由系承租人导致的情形下，可由承租人取得租赁物所有权，并由其根据合同履行与租金支付情况，对出租人补偿。

保理合同类型

概念

保理合同是《民法典》合同编新增的一类典型合同。按照保理人在债务人破产、无理拖欠或无法偿还应收账款时，是否可以向债权人反转让应收账款，或要求债权人回购应收账款或归还融资，可区分为有追索权保理和无追索权保理。本词条所谓“保理合同类型”，便是按照有无追索权做的划分，即有追索权的保理和无追索权的保理。

法典条款

第七百六十六条【有追索权保理】　当事人约定有追索权保理的，保理人可以向应收账款债权人主张返还保理融资款本息或者回购应收账款债权，也可以向应收账款债务人主张应收账款债权。保理人向应收账款债务人主张应收账款债权，在扣除保理融资款本息和相关费用后有剩余的，剩余部分应当返还给应收账款债权人。

第七百六十七条【无追索权保理】 当事人约定无追索权保理的，保理人应当向应收账款债务人主张应收账款债权，保理人取得超过保理融资款本息和相关费用的部分，无需向应收账款债权人返还。

实务要点

1. 第 766 条是关于有追索权保理的规定。有追索权保理，又称回购型保理，是指保理人不承担为债务人核定信用额度和提供坏账担保的义务，仅提供包括融资在内的其他金融服务。有追索权保理，是指在应收账款到期无法从债务人处收回时，保理人可向债权人反转让应收账款，或者要求债权人回购应收账款或归还融资的保理。在我国目前的保理交易实践中，有追索权保理，当事人一般会明确约定，保理人有权而非有义务同时要求应收账款债务人和债权人清偿各自所负债务，保理人并有权自主决定将已受让的应收账款转让给其他第三人，或明确约定，债权人负有融资款到期后无条件足额偿还的义务。另外，有追索权保理中，保理人向应收账款债务人主张应收账款债权的，在获得债务人履行后，首先应扣除保理融资款本息和相关费用，包括保理融资款本息、保理商未受清偿的应收账款融资额度承诺费、保理手续费、保理首付款使用费，及其他债权人到期未付款等。扣除后仍有剩余的，返还应收账款债权人。

2. 第 767 条是关于无追索权保理的规定。无追索权保理，又称买断型保理，是指保理人根据债权人提供的债务人核准信用额度，在信用额度内承购债权人对债务人的应收账款并提供坏账担保责任，债务人因发生信用风险未按基础合同约定按时足额支付应收账款时，保理人不能向债权人追索的保理。按照本条规定，当事人约定无追索权保理的，保理人应向应收账款债务人主张应收账款债权，而不能向应收账款债权人主张返还保理融资款本息或回购应收账款债权。这适用于债务人发生了信用风险的情形，即债务人未按照基础交易合同约定履行债务或履行债务不符合约定，包括债务人破产、无正当理由不按照约定履行债务等。但需注意，无追索权保理并非意味着任何情形下保理人对债权人均无追索权，一旦发生债务人未及时全额付款，保理人需根据债务人违约的具体原因判断追索对象。保理人不追索应收账款债权人是有前提的，即债务人未及时全额付款系源于其自身信用风险，而非其他原因。若债务人因不可抗力而无法支付，或债务人依法主张基础交易合同所产生的抗辩、抵销或依法解除基础交易合同而拒绝付款，则保理人仍有权对债权人追索。另需注意，根据本条，无追索权保理余款一般归属于保理人。该规定符合无追索权保理的特性，且无追索权保理较有追索权保理，保理人风险更高，故将该部分保理余款归属于保理人，符合风险收益相一致的原理。

保理合同其他规定

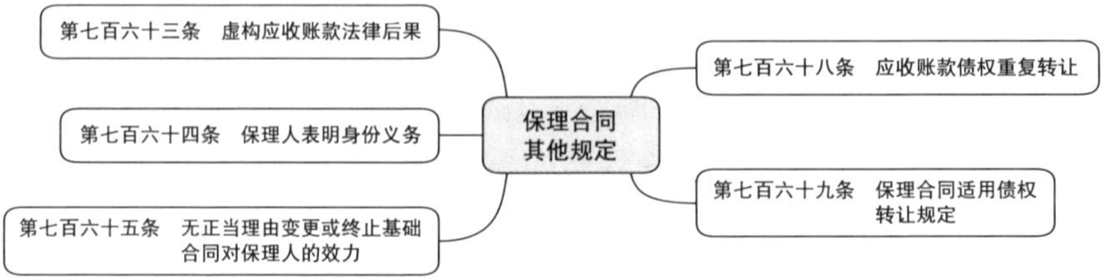

概念

本词条主要涉及保理合同中虚构应收账款的法律后果、保理人表明身份义务、无正当理由变更或终止基础合同对保理人的效力、应收账款债权重复转让、保理合同适用债权转让规定等内容。

法典条款

第七百六十三条【虚构应收账款法律后果】　应收账款债权人与债务人虚构应收账款作为转让标的，与保理人订立保理合同的，应收账款债务人不得以应收账款不存在为由对抗保理人，但是保理人明知虚构的除外。

第七百六十四条【保理人表明身份义务】　保理人向应收账款债务人发出应收账款转让通知的，应当表明保理人身份并附有必要凭证。

第七百六十五条【无正当理由变更或终止基础合同对保理人的效力】　应收账款债务人接到应收账款转让通知后，应收账款债权人与债务人无正当理由协商变更或者终止基础交易合同，对保理人产生不利影响的，对保理人不发生效力。

第七百六十八条【应收账款债权重复转让】　应收账款债权人就同一应收账款订立多个保理合同，致使多个保理人主张权利的，已经登记的先于未登记的取得应收账款；均已经登记的，按照登记时间的先后顺序取得应收账款；均未登记的，由最先到达应收账款债务人的转让通知中载明的保理人取得应收账款；既未登记也未通知的，按照保理融资款或者服务报酬的比例取得应收账款。

第七百六十九条【保理合同适用债权转让规定】 本章没有规定的，适用本编第六章债权转让的有关规定。

实务要点

1. 第763条是关于保理中虚构应收账款法律后果的规定。本条适用的前提包括：(1)作为转让标的的应收账款不存在，包括全部不存在，也包括部分不存在，即数额与真实债权数额不一致。(2)应收账款不存在是因为应收账款债权人与债务人虚构。(3)保理人因此对应收账款存在产生了合理信赖，从而签订保理合同。另需注意，本条适用的法律后果是，应收账款债务人不得以应收账款不存在为由对抗保理人。这意味着，在债务人虚构或确认债权的范围内，保理人仍有权请求债务人履行同债权存在时应付的义务，不得以应收账款不存在为由对保理人提出抗辩。

2. 第764条是关于保理人表明身份义务的规定。保理合同的核心是应收账款债权转让，应适用关于债权转让的一般规则，即应收账款债权转让未通知债务人的，对债务人不生效力。可以说，只有通知了债务人，才可以最大程度上保护保理人利益。就保理合同实践看，因保理人对此具有重大利益，多数情况下，保理人更有动力发出通知。此外，为避免增加债务人审核负担，保理人发出通知时应表明保理人身份并附必要凭证，如经过公证的债权转让合同、保理合同或转让通知。保理人单独通知未提供充分的必要凭证的，转让通知不发生效力，债务人可向让与人履行债务，债务人也有权要求受让人在合理期限内提供充分的必要凭证，并在此之前有权拒绝履行。

3. 第765条是关于应收账款债权人与债务人无正当理由变更或终止基础合同对保理人效力影响的规定。依据保理合同，为保证保理人合法权益，应收账款债权人负有不减损应收账款债权价值的义务。故其不能与债务人协商，作出任何使转让的应收账款债权价值落款或减损的行为。为此，本条规定了此类行为对保理将有不利影响的，对保理人不发生效力。本条适用的前提如下：(1)应收账款债权人与债务人协商作出了有关转让债权的民事法律行为。(2)该民事法律行为对保理人产生不利影响。(3)该民事法律行为发生在债务人接到债权转让通知后。(4)对保理人产生不利影响的民事法律行为无正当理由。所谓正当理由，包括经过保理人同意、行为符合诚信原则且保理人无合理理由反对的情形。另需注意，本条的法律后果是该民事法律行为对保理人不发生效力。这意味着，保理人仍然可以根据该民事法律行为成立之前的债权状况请求债务人履行支付应收账款的债务。该规定目的是保护保理人利益，保理人自然可以放弃该保护，而选择依法解除保理合同并请求债权人承担违约责任。当然，债权人与债务人恶意串通变更或终止基础交易合同，损害保理人利益的，保理人也有权选择依据《民法典》第1168条主张债权人与债务人构成共同侵权，承担连带责任。

4. 第768条是关于应收账款债权重复转让即多重保理清偿顺序的规定。就同一应收账款存在多个保理合同的情况下，本条首先采取了登记在先的方式确定多个保理人之间的优先顺位，已经登记的优先于未登记的；均已登记的，按登记时间先后顺序取得应收账款；均未登记的，最先到达债务人的转让通知中载明的保理人顺位在先；既未登记也未通知债务人的，按保理融资款或服务报酬的比例取得应收账款。另需注意，本条仅明确了应收账款债权人就同一应收账款订立多个保理合同致使多个保理人主张权利的情形，但并未明确规定应收账款多重处分的其他情形。实践中，有可能是保理人与应收账款质权人发生利益冲突，也有可能是保理人与其他受让人发生利益冲突。

5. 第769条是关于保理合同适用债权转让内容的规定。应收账款是债权的一种，应收账款转让本质上也属债权转让。因此，在保理合同一章没有特别规定的情况下，应适用《民法典》合同编第6章关于债权转让的有关规定。

承揽人义务与责任

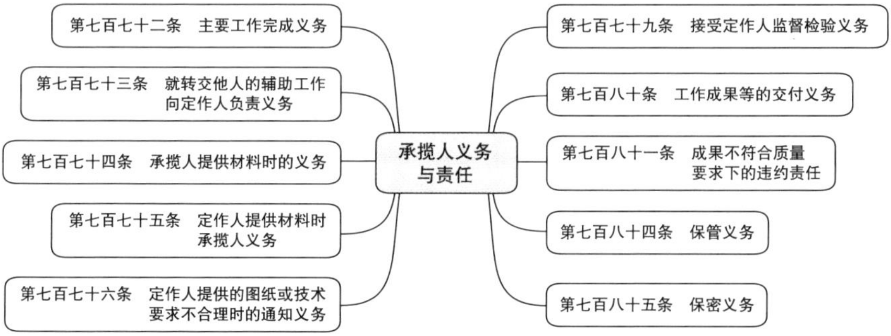

概念

承揽合同主要涉及承揽人与定作人。本词条所谓“承揽人义务与责任”，主要包括承揽人的主要工作完成义务、就转交他人的辅助工作向定作人负责义务、提供材料时的义务、定作人提供材料（图纸、技术要求）时承揽人的义务、接受检验义务、保管义务、保密义务、交付工作成果义务及交付的工作不符合质量要求时的违约责任等内容。

法典条款

第七百七十二条【主要工作完成义务】 承揽人应当以自己的设备、技术和劳力，完成主要工作，但是当事人另有约定的除外。

承揽人将其承揽的主要工作交由第三人完成的，应当就该第三人完成的工作成果向定作人负责；未经定作人同意的，定作人也可以解除合同。

第七百七十三条【就转交他人的辅助工作向定作人负责义务】 承揽人可以将其承揽的辅助工作交由第三人完成。承揽人将其承揽的辅助工作交由第三人完成的，应当就该第三人完成的工作成果向定作人负责。

第七百七十四条【承揽人提供材料时的义务】 承揽人提供材料的，应当按照约定选用材料，并接受定作人检验。

第七百七十五条【定作人提供材料时承揽人义务】 ……承揽人对定作人提供的材料应当及时检验，发现不符合约定时，应当及时通知定作人更换、补齐或者采取其他补救措施。

承揽人不得擅自更换定作人提供的材料，不得更换不需要修理的零部件。

第七百七十六条【定作人提供的图纸或技术要求不合理时的通知义务】 承揽人发现定作人提供的图纸或者技术要求不合理的，应当及时通知定作人。……

第七百七十九条【接受定作人监督检验义务】 承揽人在工作期间，应当接受定作人必要的监督检验。……

第七百八十条【工作成果等的交付义务】 承揽人完成工作的，应当向定作人交付工作成果，并提交必要的技术资料和有关质量证明。……

第七百八十一条【成果不符合质量要求下的违约责任】 承揽人交付的工作成果不符合质量要求的，定作人可以合理选择请求承揽人承担修理、重作、减少报酬、赔偿损失等违约责任。

第七百八十四条【保管义务】 承揽人应当妥善保管定作人提供的材料以及完成的工作成果，因保管不善造成毁损、灭失的，应当承担赔偿责任。

第七百八十五条【保密义务】 承揽人应当按照定作人的要求保守秘密，未经定作人许可，不得留存复制品或者技术资料。

实务要点

1. 第772条是关于承揽人主要工作完成义务的规定。承揽合同的本质特点要求该合同是建立在对承揽人的工作能力信任的基础上，承揽人应当以自己的设备、技术和劳力完成承揽的主要工作。基于对当事人意思自治的尊重，当事人如果约定承揽人必须完成所有的承揽工作的，承揽人不仅应当亲自完成主要工作，其他工作也要由承揽人本人完成。如果当事人约定或经定作人同意，承揽人可以将工作的主要部分交由第三人完成的，承揽人可以将所承揽的工作交由第三人完成，但承揽人应当就第三人的工作对定作人负责。承揽人擅自将工作交由第三人完成的，将构成根本违约，定作人可以选择两种方式要求承揽人承担合同责任：第一种是定作人要求承揽人对第三人完成的工作成果向定作人负责。第二种是通知承揽人解除合同。因解除合同给定作人造成损失的，定作人可以要求承揽人承担损害赔偿责任。

2. 第773条是关于承揽人对辅助性工作负责的规定。根据本条的规定，承揽人将承揽的辅助工作交由第三人完成可以不必经定作人同意。本条所谓“辅助工作”，是指承揽工作中主要工作之外的部分，是相对于“主要工作”而言的。“主要工作”一般是指对工作成果的质量起决定性作用的工作，也可以说是技术要求高的那部分工作。主要工作之外的工作就可以理解为辅助性工作。根据承揽合同的性质，承揽人应在约定的期限内提供符合定作人要求的工作成果。也就是说，承揽人对工作的完成承担全部的责任，即使承揽人根据本条规定将辅助性工作交由第三人完成，也要对整个工作负责，也就是说，第三人完成的工作不符合定作人的要求，承揽人应当向定作人承担违约责任。当然，从尊重当事人意思自治出发，法律也允许承揽合同的当事人对辅助工作的完成作出与本条不同的约定。

3. 第774条是关于承揽人提供材料时主要义务的规定。依照本条，在材料由承揽人提供的情况下，承揽人的义务主要是按照约定提供材料、接受定作人检验。约定由承揽人提供材料，但是合同中未约定材料提供的时间、数量和质量的，事后又未就此达成补充协议的，承揽人应当根据承揽工作的性质和定作人对交付工作成果的要求，及时准备材料。承揽人准备好材料后，应当及时通知定作人检验，并如实提供发票以及数量和质量的说明文件。

4. 第 775 条是定作人提供材料时双方当事人义务的规定。本词条收录的为该条的后半部分，即定作人提供材料时承揽人的义务，主要包括通知义务与不得擅自更换义务。定作人提供材料后，承揽人应立即检验材料。经检验，材料不符合约定的，承揽人应及时通知定作人更换以达到合同要求。因承揽人原因，未及时通知进而影响完成工作时间的，承揽人应当承担违约责任。材料不符合约定，但承揽人未通知定作人的，视为材料符合约定。材料符合约定的，承揽人在工作中应当以该材料完成工作，不得擅自更换，因此造成工作成果不符合约定质量的，定作人有权要求承揽人修理、更换、减少报酬或者解除合同，造成定作人损失的，承揽人承担赔偿责任。在修理合同中，承揽人应当按照约定修理物品损坏的部分，并保持其他部分的完整性，不得更换不需要修理部分的零部件。

5. 第 776 条是关于定作人提供的图纸或技术要求不合理时双方当事人义务的规定。本词条收录的为该条前半部分，即定作人提供的图纸或技术要求不合理时承揽人的通知义务。承揽人应当严格按照定作人的要求进行工作，如果承揽人在工作之前或者工作之中发现定作人提供的图纸或者技术要求不合理，即按此图纸或者技术要求难以产生符合合同约定的工作成果，此时承揽人应及时通知定作人。未及时通知定作人的，怠于通知期间的误工损失由承揽人自己承担，造成工期拖延，给定作人造成损失的，承揽人应赔偿定作人损失。承揽人发现定作人提供的图纸或者技术要求不合理而未通知定作人，仍按照原图纸或技术要求进行工作致使工作成果不符合合同约定，由承揽人承担违约责任，定作人有权要求承揽人修理、更换、减少价款或者解除合同。造成定作人损失的，承揽人应当赔偿损失。

6. 第 779 条是关于定作人监督检验承揽工作的规定。本词条收录的是该条的前半部分，即承揽人接受监督检验义务的规定。根据承揽工作的性质，承揽人是按照定作人的要求完成一定工作的，故定作人有权在工作期间对承揽的工作进行必要的监督检验，这也是保证工作质量、预防工作成果瑕疵的必要措施。承揽人有接受并配合监督检验的义务。接受定作人的监督检验是法律为承揽人规定的义务，承揽人不得以合同未约定而拒绝。

7. 第 780 条是关于工作成果交付的规定。本词条收录的是该条的前半部分,即承揽人交付工作成果的义务。交付工作成果包括两方面内容,一是将工作成果交给定作人,二是向定作人提交必要的技术资料和有关质量证明。技术资料主要包括使用说明书、结构图纸、有关技术数据。质量证明包括有关部门出具的质量合格证书以及其他能够证明工作成果质量的数据、鉴定证明等。承揽人在交付工作成果、必要的技术资料和质量证明外,还应当交付工作成果的附从物,如工作成果必备的备件、配件、特殊的维护工具。如果定作人提供的材料尚有剩余,承揽人也应当退还定作人。

8. 第 781 条是关于承揽人因工作成果质量不符合约定承担违约责任的规定。承揽人所交付的工作成果不符合质量标准的,承揽人应当对工作成果负瑕疵担保责任,定作人有权要求承揽人承担违约责任。根据本条规定及本章有关规定,承揽人承担瑕疵担保责任应具备两个条件:一是承揽人交付的工作成果不符合质量要求。二是定作人在合理的期限内提出质量异议。承揽人提供的工作成果不符合质量要求的,定作人在合理期限内提出质量异议的,定作人有权要求承揽人承担违约责任。违约责任主要包括:(1)修理,一般适用于轻微瑕疵。(2)重作,一般适用于严重瑕疵。(3)减少报酬,有瑕疵而定作人同意利用,可按质论价,相应减少报酬。(4)赔偿损失。除上述四个主要违约责任外,定作人可以根据合同约定要求承揽人承担其他的违约责任,如支付违约金、定金。

9. 第 784 条是关于承揽人保管义务的规定。本条的保管对象,包括定作人提供的材料和承揽人完成的工作成果。定作人按约提供材料后,该材料处在承揽人的占有之下,因此承揽人有义务妥善保管定作人提供的材料,保持材料的质量状态,防止材料非正常损耗,从而保证工作成果的质量。所谓的妥善保管是指承揽人在没有特别约定的情况下,按照本行业的一般要求,根据物品的性质选择合理的场地、采用适当的保管方式,防止物品毁损和灭失。承揽人可以自己保管材料,也可以将材料交给第三人保管。承揽人将材料交给第三人保管的,不得给定作人增加不合理的费用。由于承揽人未尽保管义务,致使材料毁损、灭失的,承揽人应当承担赔偿责任,自负费用补齐、更换与定作人提供材料同质同量的材料,因此造成定作人损失的,应当赔偿损失;造成迟延交付的,应当承担违约责任。因定作人隐瞒材料瑕疵的,承揽人在尽妥善保管义务的前提下,对材料的毁损、灭失以及因材料产生的工作成果瑕疵不承担责任。材料因为不可抗力而发生毁损、灭失，承揽人已尽妥善保管责任的，承揽人不承担损害赔偿责任。此外，工作成果在交付前，是在承揽人占有之下的，承揽人应当妥善保管工作成果，保证工作成果如期交付。

10. 第 785 条是关于承揽人保密义务的规定。承揽人保密义务体现在，承揽人在订立合同过程中知悉定作人商业秘密，定作人要求保密的，承揽人应当保密。不得泄露或者不正当地使用。承揽合同成立后，定作人要求承揽人对承揽工作保密的，承揽人应当在进行承揽工作中保守秘密；在工作完成后，应当将涉密的图纸、技术资料等一并返还定作人，未经定作人的许可，承揽人不得留存复制品或者技术资料。本条规定侧重于承揽合同成立后，承揽人在工作中以及工作完成后的保密义务。承揽人未尽保密义务，泄露秘密，给定作人造成损失的，承揽人承担损害赔偿责任。如果定作人已经公开秘密，承揽人可以不再承担保密义务，但不能不正当地利用已公开的秘密。例如，定作人将其工作成果申请专利的，承揽人不得未经定作人许可，擅自生产与工作成果同样的产品。

权威参考案例

吉林冶金设备厂诉烟台冶金研究所加工承揽合同纠纷案（《最高人民法院公报》2004 年第 6 期）

加工承揽合同约定，承揽人应对制造、安装的设备调试合格后交付定作人的，虽然承揽人进行了多次调试，但双方没有办理设备验收手续，也没有其他证据证明已将设备调试合格，不能仅以定作人已陆续支付设备款的行为主张定作设备已调试合格。

定作人义务与责任

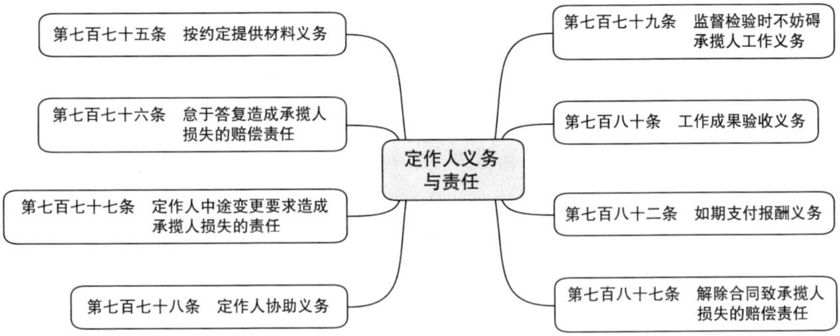

概念

定作人作为承揽合同的另一方当事人，也存在很多义务与责任。本词条主要涉及定作人依约提供材料义务、协助义务、监督检验时不妨碍承揽人工作义务、工作成果验收义务、如期支付报酬义务、定作人怠于答复造成承揽人损失的赔偿责任、定作人中途变更要求造成承揽人损失的责任、解除合同致承揽人损失的赔偿责任等内容。

法典条款

第七百七十五条【按约定提供材料义务】　定作人提供材料的，应当按照约定提供材料。……

第七百七十六条【怠于答复造成承揽人损失的赔偿责任】　承揽人发现定作人提供的图纸或者技术要求不合理的，应当及时通知定作人。因定作人怠于答复等原因造成承揽人损失的，应当赔偿损失。

第七百七十七条【定作人中途变更要求造成承揽人损失的责任】　定作人中途变更承揽工作的要求，造成承揽人损失的，应当赔偿损失。

第七百七十八条【定作人协助义务】　承揽工作需要定作人协助的，定作人有协助的义务。定作人不履行协助义务致使承揽工作不能完成的，承揽人可以催告定作人在合理期限内履行义务，并可以顺延履行期限；定作人逾期不履行的，承揽人可以解除合同。

第七百七十九条【监督检验时不妨碍承揽人工作义务】　承揽人在工作期间，应当接受定作人必要的监督检验。定作人不得因监督检验妨碍承揽人的正常工作。

第七百八十条【工作成果验收义务】　承揽人完成工作的，应当向定作人交付工作成果，并提交必要的技术资料和有关质量证明。定作人应当验收该工作成果。

第七百八十二条【如期支付报酬义务】　定作人应当按照约定的期限支付报酬。对支付报酬的期限没有约定或者约定不明确，依据本法第五百一十条的规定仍不能确定的，定作人应当在承揽人交付工作成果时支付；工作成果部分交付的，定作人应当相应支付。

第七百八十七条【解除合同致承揽人损失的赔偿责任】　定作人在承揽人完

成工作前可以随时解除合同，造成承揽人损失的，应当赔偿损失。

实务要点

1. 第 775 条是关于由定作人提供材料时双方当事人的义务。本词条收录的是该条的前半部分，即定作人依约提供材料义务的内容。根据承揽工作性质或者交易习惯，双方当事人可以约定由定作人提供材料，并且应当约定提供材料的时间、数量和质量。定作人应当在合同约定的时间向承揽人提供符合约定数量和质量的材料。该材料主要指承揽工作所必需的材料，如制作家具的木材，制作衣服的面料等。承揽工作的对象（也称工作基底），如修理打印机合同中的打印机，印刷合同中的原稿，也属材料范围。

2. 第 776 条是关于定作人提供的图纸或技术要求不合理时双方当事人义务的规定。本词条收录的为该条后半部分，即定作人提供的图纸或技术要求不合理的情况下，在承揽人通知后怠于答复造成承揽人损失的赔偿责任。定作人在接到承揽人关于图纸或者技术要求不合理的通知后，应当立即采取措施，修改图纸和技术要求。修改完成后，定作人应当及时答复承揽人，并提出修改意见。定作人在接到通知后，未能及时答复承揽人并提出修改意见的，承揽人有权要求定作人赔偿其误工等损失。

3. 第 777 条是关于定作人中途变更工作要求的法律责任的规定。承揽合同中，若定作人在承揽人工作期间认为按照原先的要求不能满足自己的需要，定作人可以中途变更承揽工作的要求。根据本条规定，定作人中途变更对承揽工作要求，造成承揽人损失的，应当赔偿承揽人的损失。承揽人按照原要求完成部分工作的，定作人应当支付该部分工作的报酬。由承揽人提供材料的，定作人应当支付完成该部分工作所耗费的材料的价款和保管费。按照新要求，需增加材料的，由定作人负担费用。新要求使原承揽工作质量、难度提高的，定作人应当相应增加报酬。因定作人中途变更合同，使工期顺延，因此造成承揽人误工损失的，由定作人赔偿损失。另需注意，若承揽工作已经完成，只是尚未交付，原则上定作人不能再提出针对承揽工作的变更要求。

4. 第 778 条是关于定作人协助义务的规定。定作人的协助，是承揽合同适当履行的保障，定作人不协助承揽人进行工作，承揽合同将不能顺利履行，甚至无法履行，双方当事人订立合同的目的难以实现。因此，若承揽合同需要定作人协助的，即使合同未明确规定定作人协助的，定作人也应当履行协助义务。如果定作人的协助义务是完成承揽合同的前提条件，定作人不履行的，承揽人应当催告定作人在合理期限内履行，并可以顺延完成工作的期限。如果在合理期限内定作人仍未履行协助义务，将构成本条所称的逾期不履行，定作人的逾期不履行将导致合同不能继续履行，承揽工作无法按约完成，承揽人可解除合同。另需注意，定作人不履行协助义务，无论有无过错，只要经催告仍未在合理期限内履行，客观上造成承揽工作无法完成的，承揽人就可解除合同。若定作人不履行协助义务不会导致工作不能完成，承揽人不能解除合同，只能要求定作人赔偿损失。

5. 第 779 条是关于定作人监督检验承揽工作的规定。本词条收录的是该条的后半部分，即定作人监督检验时不妨碍承揽人正常工作的义务。本条所谓监督检验主要是指对进度、材料的使用、是否符合图纸或者技术要求等方面是否符合合同约定和定作人的要求。另需注意，定作人进行的监督检验有两个方面的限制：(1)监督检验须是必要的。这里的“必要”是指，如果合同中已经约定定作人监督检验的范围的，定作人应当按照约定的内容按时进行检验。如果合同中未约定检验范围的，定作人应当根据承揽工作的性质，对承揽工作质量进行检验，如承揽人是否使用符合约定的材料、承揽人是否按照定作人提供的图纸或者技术要求工作。(2)定作人的监督检验行为不得妨碍承揽人的正常工作。定作人有权对承揽工作进行监督检验，但根据公平原则，定作人监督检验行为不得给承揽人带来不合理的负担，不得影响承揽人正常工作秩序。承揽合同中约定监督检验时间的，定作人应当按照约定的时间进行检验，合同中未约定监督检验的，定作人在监督检验承揽前应当与承揽人协商确定监督检验的方式、时间和内容。未达成协议的，定作人在检验前，应当通知承揽人检验的时间和内容，以便于承揽人对工作作出适当的安排。定作人的监督检验行为妨碍承揽人正常工作的，承揽人可拒绝监督检验。造成损失的，定作人应承担损害赔偿责任。

6. 第 780 条是关于工作成果交付的规定。本词条收录的是该条的后半部分，即定作人应当验收工作成果的内容。验收工作成果既是定作人的权利，也是其义务。验收的目的主要是检验工作成果的质量、数量是否符合合同约定或者定作人的要求。验收往往是双方当事人进行结算、定作人支付报酬等费用的前提条件，根据公平和诚实信用原则，定作人接到工作成果时应及时进行验收。验收一般包括三个步骤：一是确认交付时间和地点，二是查点工作成果的数量，三是查验工作成果的质量以及有关技术资料和质量证明。

7. 第 782 条是关于定作人支付报酬的规定。这里的报酬是指定作人获得承揽人技术、劳务所应当付出的代价。报酬一般指金钱。向承揽人支付报酬是定作人最基本的义务。定作人支付报酬的前提是承揽人交付的工作成果符合合同约定的质量和数量，不符合质量、数量要求的，定作人可以不支付报酬或者相应减少报酬。定作人应当按照合同约定的期限，以合同约定的币种、数额，向承揽人支付报酬。如果承揽合同对支付报酬的期限没有约定或者约定不明确的，依照《民法典》第 510 条的规定，当事人可以协议补充约定报酬支付期限，定作人按照补充约定的期限向承揽人支付报酬。当事人不能达成补充协议的，定作人按照合同有关条款或者交易习惯确定的支付期限，向承揽人支付报酬。如果合同对报酬支付期限未约定，根据《民法典》第 510 条仍不能确定的，定作人应当在承揽人交付工作成果的同时支付，也就是承揽人将其完成的工作成果交给定作人占有的时间，为定作人支付报酬的时间。

8. 第 787 条是关于定作人解除合同致承揽人损失的赔偿责任的规定。承揽合同中定作人有任意解除权。为更好地保障承揽人的合法权益，相较于《合同法》(已废止)第 268 条，本条将定作人任意解除合同的权利限定在“承揽人完成工作前”，值得注意。定作人行使任意解除权应符合以下条件：(1)应当在合同有效期内提出解除合同，即合同成立生效后合同履行完毕前的时间。若承揽人已交付工作成果，定作人已支付报酬等费用，合同已终止，定作人不能解除。(2)应当通知承揽人。(3)根据本条解除承揽合同造成承揽人损失的，应当赔偿损失。这些损失主要包括承揽人已完成的工作部分所应当获得的报酬、承揽人为完成这部分工作所支出的材料费以及承揽人因合同解除而受到的其他损失。

建设工程监理、检查、验收

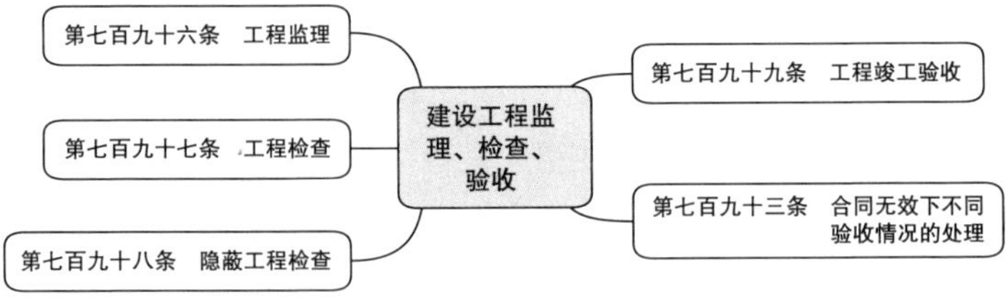

概念

本词条所谓“建设工程监理、检查、验收”，主要涉及建设工程合同中的工程监理、工程检查、隐蔽工程检查、工程竣工验收、建设工程合同无效下不同验收情况处理等内容。

法典条款

第七百九十六条【工程监理】 建设工程实行监理的，发包人应当与监理人采用书面形式订立委托监理合同。发包人与监理人的权利和义务以及法律责任，应当依照本编委托合同以及其他有关法律、行政法规的规定。

第七百九十七条【工程检查】 发包人在不妨碍承包人正常作业的情况下，可以随时对作业进度、质量进行检查。

第七百九十八条【隐蔽工程检查】 隐蔽工程在隐蔽以前，承包人应当通知发包人检查。发包人没有及时检查的，承包人可以顺延工程日期，并有权请求赔偿停工、窝工等损失。

第七百九十九条【工程竣工验收】 建设工程竣工后，发包人应当根据施工图纸及说明书、国家颁发的施工验收规范和质量检验标准及时进行验收。验收合格的，发包人应当按照约定支付价款，并接收该建设工程。

建设工程竣工经验收合格后，方可交付使用；未经验收或者验收不合格的，不得交付使用。

第七百九十三条【合同无效下不同验收情况的处理】 建设工程施工合同无效，但是建设工程经验收合格的，可以参照合同关于工程价款的约定折价补偿承包人。

建设工程施工合同无效，且建设工程经验收不合格的，按照以下情形处理：

（一）修复后的建设工程经验收合格的，发包人可以请求承包人承担修复费用；

（二）修复后的建设工程经验收不合格的，承包人无权请求参照合同关于工程价款的约定折价补偿。

发包人对因建设工程不合格造成的损失有过错的，应当承担相应的责任。

实务要点

1. 第 796 条是关于建设工程监理的规定。建设工程监理，是指由具有法定资质条件的工程监理单位，根据发包人的委托，依照法律、行政法规及有关的建设工程技术标准、设计文件和建设工程合同，对承包人在施工质量、建设工期和建设资金使用等方面，代表发包人对工程建设过程实施监督的专门活动。工程监理是发包人为了保证工程质量、控制工程造价和工期，以维护自身利益而采取的措施，因此对建设工程是否实行监理，原则上应由发包人自行决定。但法律法规规定必须实行监理的，发包人须实行监理。此外，发包人与工程监理人之间的关系在性质上是平等主体间的委托合同关系，因此发包人与监理人的权利义务关系及法律责任，应遵守《民法典》合同编委托合同章及《建筑法》等法律、行政法规的相关规定。

2. 第 797 条是关于发包人检查权的规定。为提高工程建设水平、保证施工进度和质量、充分发挥投资效益、保障建设工程承包合同的实施，保护发包人的利益，本条规定了发包人可以随时对工程作业的进度和质量进行检查。同时，发包人的检查行为要合理，不能因此妨碍承包人的正常作业。这也是从平等对待双方当事人、维护承包人的合法权益出发，对发包人的检查权进行合理的限制。

3. 第 798 条是关于隐蔽工程的规定。隐蔽工程，一般是指工程建设过程中需覆盖、掩盖，完工后表面上无法看到的工程，包括地基与基础、电气管线、网络综合布线线缆、供水供热管线、煤气管道、雨水污水管道、保温层、隔热层、防水层等。发包人不进行检查，承包人就无法进行隐蔽施工，因此承包人通知发包人检查而发包人未能及时检查的，承包人有权暂停施工。承包人可以顺延工期，并要求发包人赔偿因此造成的停工、窝工、材料和构件积压等损失。如果承包人未通知发包人检查而自行进行隐蔽工程的，事后发包人有权要求对已隐蔽的工程进行检查，承包人应当按照要求进行剥露，并在检查后重新隐蔽或者修复后隐蔽。

4. 第 799 条是关于工程竣工验收的规定。建设工程的竣工验收，是指建设工程已按照设计要求完成全部工作任务，准备交付给发包人投入使用时，由发包人或者有关主管部门依照国家关于建设工程竣工验收制度的规定，对该项工程是否合乎设计要求和工程质量标准所进行的检查、考核工作。建设工程的竣工验收是工程建设全过程的最后一道程序，是对工程质量实行控制的最后一个重要环节。验收的主要内容包括：(1)工程是否符合规定的建设工程质量标准。

(2)承包人是否提供了完整的工程技术经济资料。(3)承包人是否有建设工程质量检验书等凭证。(4)工程是否具备国家规定的其他竣工条件。发包人在验收后及时作出批准或提出修改意见。承包人应当按照发包人提出的修改意见进行修理或者改建,并承担由自身原因造成修理、改建的费用。竣工验收合格后,发包人应当按照约定支付价款。建设工程必须经竣工验收合格后方可交付使用;没有经过竣工验收或者经过竣工验收确定为不合格的建设工程,不得交付使用。

5. 第 793 条是关于建设工程施工合同无效时根据不同验收情况处理的规定。本条是在吸收最高人民法院《关于审理建设工程施工合同纠纷案件适用法律问题的解释》(已废止)第 2 条、第 3 条的基础上做的规定,建设工程施工合同无效的情况下,建设工程验收合格的,参照约定折价补偿;验收不合格的,根据修复情况再行确定。掌握第 2 款规定的工程款项支付的原则,就要从根本上把握修复后的建设工程经再次竣工验收是否合格这一分界点。修复后的建设工程经竣工验收合格的,发包人要支付承包人工程价款,同时可以要求承包人承担建设工程的修复费用。修复后的建设工程经再次竣工验收不合格的,发包人可拒绝支付承包人工程价款。另需注意,发包人对建设工程验收不合格存在过错的,也应当承担责任。这一责任的承担应当在认定发包人过错程度的基础上作出判断。在法律有明确规定某方面的责任是承包人主要责任的情况下,发包人只能负次要责任,对于其承担责任的多少,由法官依据案件的实际情况及法律规定予以判决。

权威参考案例

1. 威海市鲸园建筑有限公司与威海市福利企业服务公司、威海市盛发贸易有限公司拖欠建筑工程款纠纷再审案(《最高人民法院公报》2013 年第 8 期)

依照《合同法》(已废止)第 279 条[①]、《建设工程质量管理条例》第 16 条的规定,建设工程竣工后,发包人应当按照相关施工验收规定对工程及时组织验收,该验收既是发包人的义务,亦是发包人的权利。承包人未经发包人同意对工程组织验收,单方向质量监督部门办理竣工验收手续的,侵害了发包人的工程验收权利。在此情况下,质检部门对该工程出具的验收报告及工程优良证书因不符合法定验收程序,不能产生相应的法律效力。

① 可参考《民法典》第 799 条。

2. 江苏南通二建集团有限公司与吴江恒森房地产开发有限公司建设工程施工合同纠纷案(《最高人民法院公报》2014年第8期)

承包人交付的建设工程应符合合同约定的交付条件及相关工程验收标准。工程实际存在明显的质量问题，承包人以工程竣工验收合格证明等主张工程质量合格的，人民法院不予支持。在双方当事人已失去合作信任的情况下，为解决双方矛盾，人民法院可以判决由发包人自行委托第三方参照修复设计方案对工程质量予以整改，所需费用由承包人承担。

3. 莫某某、深圳市东深工程有限公司与东莞市长富广场房地产开发有限公司建设工程合同纠纷案(《最高人民法院公报》2013年第11期)

鉴于建设工程的特殊性，虽然合同无效，但施工人的劳动和建筑材料已经物化在建筑工程中，依据建设工程施工合同司法解释第2条的规定，建设工程合同无效，但建设工程经竣工验收合格，承包人请求参照有效合同处理的，应当参照合同约定来计算涉案工程价款，承包人不应获得比合同有效时更多的利益。

建设工程中的责任

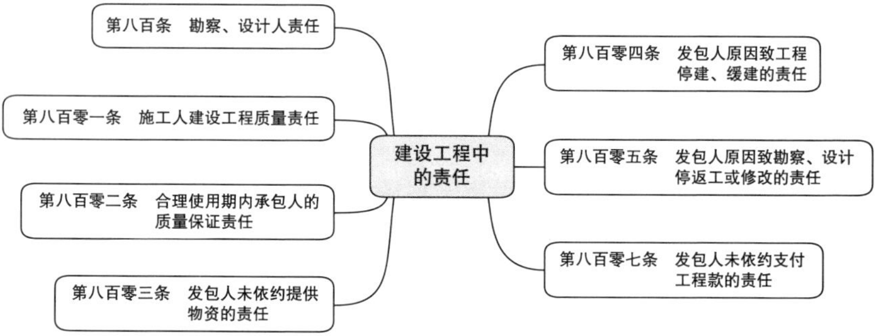

概念

本词条所谓“建设工程中的责任”，主要包括建设工程中勘察(设计)人责任、施工人建设工程质量责任、合理使用期内承包人的质量保证责任、发包人未依约提供物资的责任、发包人原因致工程停(缓)建的责任、发包人原因致勘察(设计)停返工或修改的责任、发包人未依约支付工程款的责任等内容。

法典条款

第八百条【勘察、设计人责任】 勘察、设计的质量不符合要求或者未按照期限提交勘察、设计文件拖延工期，造成发包人损失的，勘察人、设计人应当继续完善勘察、设计，减收或者免收勘察、设计费并赔偿损失。

第八百零一条【施工人建设工程质量责任】 因施工人的原因致使建设工程质量不符合约定的，发包人有权请求施工人在合理期限内无偿修理或者返工、改建。经过修理或者返工、改建后，造成逾期交付的，施工人应当承担违约责任。

第八百零二条【合理使用期内承包人的质量保证责任】 因承包人的原因致使建设工程在合理使用期限内造成人身损害和财产损失的，承包人应当承担赔偿责任。

第八百零三条【发包人未依约提供物资的责任】 发包人未按照约定的时间和要求提供原材料、设备、场地、资金、技术资料的，承包人可以顺延工程日期，并有权请求赔偿停工、窝工等损失。

第八百零四条【发包人原因致工程停建、缓建的责任】 因发包人的原因致使工程中途停建、缓建的，发包人应当采取措施弥补或者减少损失，赔偿承包人因此造成的停工、窝工、倒运、机械设备调迁、材料和构件积压等损失和实际费用。

第八百零五条【发包人原因致勘察、设计停返工或修改的责任】 因发包人变更计划，提供的资料不准确，或者未按照期限提供必需的勘察、设计工作条件而造成勘察、设计的返工、停工或者修改设计，发包人应当按照勘察人、设计人实际消耗的工作量增付费用。

第八百零七条【发包人未依约支付工程款的责任】 发包人未按照约定支付价款的，承包人可以催告发包人在合理期限内支付价款。发包人逾期不支付的，除根据建设工程的性质不宜折价、拍卖外，承包人可以与发包人协议将该工程折价，也可以请求人民法院将该工程依法拍卖。建设工程的价款就该工程折价或者拍卖的价款优先受偿。

实务要点

1. 第 800 条是关于勘察、设计人对勘察、设计质量责任的规定。勘察、设计是整个建设工程的基础，如果勘察、设计的质量存在问题，整个建设工程质量也就没有保障。勘察、设计文件的提交日期决定了开始工程建设的日期，如果勘察、设计文件没有按照约定的期限交付，工程建设就无法如期开工，就会对工程的完工日期造成影响。因此，工程的勘察、设计应当符合质量要求，勘察、设计文件应当如期提交。

2. 第 801 条是关于施工人对建设工程质量责任的规定。建设工程的施工是指根据工程的设计文件和施工图纸的要求，通过施工作业最终形成建设工程实体的建设。在建设勘察、设计的质量没有问题的情况下，整个建设工程的质量状况最终取决于施工质量。这里所说的施工质量包括各类工程中土建工程的质量，也包括与其配套的线路、管道和设备的安装质量。因施工原因造成的工程质量问题，由施工人承担责任。本条对施工人因施工质量不符合约定所应承担的民事责任做了规定。因施工人原因致使工程质量不符合约定的，发包人可以请求施工人在合理期限内无偿对工程进行修理或者返工、改建以达到约定的质量要求。如果经过修理或者返工、改建后，造成工程迟延交付的，施工人应当承担逾期交付的违约责任。这里的违约责任包括赔偿发包人因逾期交付受到的损失，按照约定向发包人支付违约金、减少价款、执行定金罚则等。

3. 第 802 条是关于承包人在建设工程合理使用期限内质量保证责任的规定。根据规定，承包人对整个工程质量负责，当然也应当对建设工程的在合理使用期间的质量安全承担责任。根据本条，承包人承担损害赔偿责任应当具备以下条件：(1)因承包人的原因引起的建设工程对人身、财产的损害。(2)人身、财产损害是发生在建设工程合理使用期限内。(3)造成了人身和财产损害。这里的受损害方不仅指建设工程合同的对方当事人即发包人，也包括建设工程的最终用户以及因该建设工程而受到损害的其他人。如果是造成发包人的人身或者财产损害的，发包人可选择请求承包人承担违约责任或侵权责任。

4. 第 803 条是关于发包人未依约提供物资的责任之规定。若工程承包合同中约定由发包人提供原材料、设备、场地、资金、技术资料的，发包人应当按照约定的原材料、设备的种类、规格、数量、单价、质量等级和提供时间、地点的清单，向承包人提供建设所需的原材料、设备及其产品合格证明。发包人提供的原材料、设备的。承包人与发包人一起进行检验、验收后，由承包人妥善保管，发包人支付保管费用。发包人提供场地的，发包人应当按照合同约定向承包人提供承包人施工、操作、运输、堆放材料设备的场地以及建设工作涉及的周围场地（包括一切通道）。发包人提供工程建设所需资金的，发包人应当按照约定的时间和数额向承包人支付。这里的资金一般是指工程款。发包人提供有关工程建设技术资料的，发包人应当按照合同约定的时间和份数向承包人提供符合约定要求的技术资料。这里的技术资料主要包括勘察数据、设计文件、施工图纸以及说明书等。

5. 第 804 条是关于因发包人原因造成工程停建、缓建所应承担责任的规定。本条所谓“因为发包人的原因”，实践中一般指下列情况：(1)发包人变更工程量。(2)发包人提供的设计文件等技术资料有错误或者发包人变更设计文件。(3)发包人未能按照约定及时提供建设材料、设备或者工程进度款。(4)发包人未能及时进行中间工程和隐蔽工程条件的验收并办理有关交工手续。(5)发包人不能按照合同的约定保障建设工作所需的工作条件致使工作无法正常进行等。在发生上述原因，致使工程建设无法正常进行的情况下，承包人可以停建、缓建、顺延工期，并及时通知发包人。

6. 第 805 条是关于发包人的原因致勘察、设计出现返工、停工或修改设计的责任之规定。勘察、设计工作需要发包人的密切配合，若因发包人原因导致勘察、设计增加工作量，发包人需增付费用。因发包人未提供必要的工作条件致使勘察、设计工作无法正常进行的，勘察人、设计人有权停工、顺延工期，并要求发包人承担勘察人、设计人停工期间的损失。

7. 第 807 条是关于发包人未依约支付工程价款的责任之规定。本条实质上确立了承包人的优先受偿权。另需注意，只有发包人在承包人催告后的合理期限仍没有支付价款的，承包人才能将该工程折价或拍卖以优先受偿。若发包人在承包人催告后的合理期限内支付了全部价款，承包人只能要求发包人承担支付约定的违约金或支付逾期利息、赔偿其他损失等违约责任，而不能将该工程折价或拍卖以优先受偿。此外，按照建设工程的性质不宜折价、拍卖的，承包人不能将该工程折价或拍卖，如发包方无所有权的工程、国防设施、国家重点工程、公共设施工程。此外，承包人按照本条规定行使优先受偿权，还需注意以下几点：(1)按照合同约定已经达到付款的条件。(2)承包人对工程依法折价或者拍卖的，应当遵循一定的程序。发包人对工程折价的，应当与发包人达成协议，参照市场价格确定一定的价款把该工程的所有权由发包人转移给承包人，从而使承包人的价款债权得以实现。承包人因与发包人达不成折价协议而采取拍卖方式的，应当申请人民法院依法将该工程予以拍卖。承包人不得委托拍卖公司或者自行将工程予以拍卖。(3)工程折价或者拍卖后所得价款如果超出发包人应付价款数额的，该超过的部分应当归发包人所有；如果折价或者拍卖所得价款还不足以清偿承包人价款债权额的，承包人可以请求发包人支付不足部分。

权威参考案例

1. 河南省偃师市鑫龙建安工程有限公司与洛阳理工学院、河南省第六建筑工程公司索赔及工程欠款纠纷再审案(《最高人民法院公报》2013 年第 1 期)

因发包人提供错误的地质报告致使建设工程停工，当事人对停工时间未做约定或未达成协议的，承包人不应盲目等待而放任停工状态的持续以及停工损失的扩大。对于计算由此导致的停工损失所依据的停工时间的确定，也不能简单地以停工状态的自然持续时间为准，而是应根据案件事实综合确定一定的合理期间作为停工时间。

2. 通州建总集团有限公司诉安徽天宇化工有限公司别除权纠纷案(最高人民法院指导性案例第 73 号)

符合《企业破产法》第 18 条规定的情形，建设工程施工合同视为解除的，承包人行使优先受偿权的期限应自合同解除之日起计算。

3. 中铁二十二局集团第四工程有限公司与安徽瑞讯交通开发有限公司、安徽省高速公路控股集团有限公司建设工程施工合同纠纷案(《最高人民法院公报》2016 年第 4 期)

建筑工程价款包括承包人为建设工程应当支付的工作人员报酬、材料款等实际支出的费用，不包括承包人因发包人违约所造成的损失，承包人请求对因发包人违约所造成的建设工程价款行使优先受偿权的，人民法院不予支持。

4. 吉林中城建中大房地产开发有限公司申诉案(《最高人民法院公报》2012 年第 2 期)

被执行人与其他人以复杂的出资组建新公司、收购股份及并购的名义，将债权人享有优先受偿权的工程及相关土地等主要资产变更至新组建的公司名下，而其他人控制新组建公司多数股权、新组建公司不承担工程价款的债务的，可以认定为被执行人和其他人及新组建的公司之间转移资产，侵犯工程价款优先债权人的合法权益，其他人和新组建公司应当作为被执行人的权利义务承受人对该优先债权人承担责任。执行法院有权裁定追加其他人和新组建的公司为被执行人。

5. 江苏省第一建筑安装集团股份有限公司诉唐山市昌隆房地产开发有限公司建设工程施工合同纠纷案（《最高人民法院公报》2018 年第 6 期）

当事人就同一建设工程另行订立的建设工程施工合同与经过备案的中标合同实质性内容不一致的，应当以备案的中标合同作为结算工程价款的依据，其适用前提应为备案的中标合同合法有效，无效的备案合同并非当然具有比其他无效合同更优先参照适用的效力。在当事人存在多份施工合同且均无效的情况下，一般应参照符合当事人真实意思表示并实际履行的合同作为工程价款结算依据；在无法确定实际履行合同时，可以根据两份争议合同之间的差价，结合工程质量、当事人过错、诚实信用原则等予以合理分配。

6. 西安市临潼区建筑工程公司与陕西恒升房地产开发有限公司建设工程施工合同纠纷上诉案（《最高人民法院公报》2008 年第 8 期）

最高人民法院《关于审理建设工程施工合同纠纷案件适用法律问题的解释》（已废止）第 21 条关于“当事人就同一建设工程另行订立的建设工程施工合同与经过备案的中标合同实质性内容不一致的，应当以备案的中标合同作为结算工程价款的根据”的规定，是指当事人就同一建设工程签订两份不同版本的合同，发生争议时应当以备案的中标合同作为结算工程价款的根据，而不是指以存档合同文本作为结算工程价款的依据。

7. 中国民生银行股份有限公司温州分行诉浙江山口建筑工程有限公司、青田依利高鞋业有限公司第三人撤销之诉案（最高人民法院指导案例 150 号）

在同一财产上抵押权与建设工程优先受偿权同时存在时，建设工程价款优先受偿权有效与否，以及范围大小，对于抵押权人具有法律上的利害关系，应当认定其具有提起第三人撤销之诉的原告主体资格。该案例明确了第三人撤销之诉主体资格的认定规则，对于依法保护当事人合法权益具有积极作用。

建设工程合同其他规定

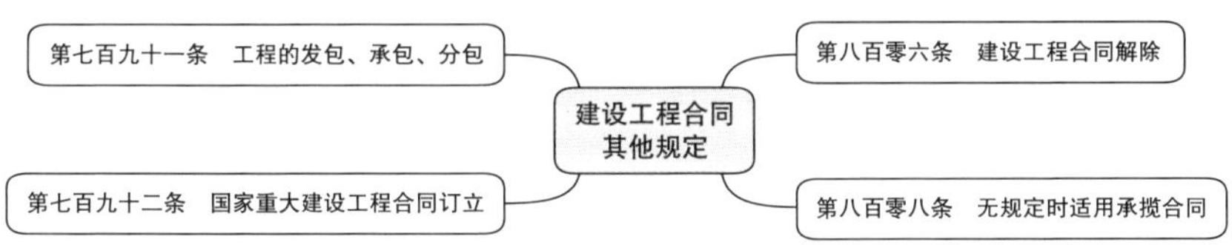

概念

本词条主要涉及建设工程的发包、承包、分包、国家重大建设工程合同订立、建设工程合同解除、无规定时适用承揽合同等内容。

法典条款

第七百九十一条【工程的发包、承包、分包】 发包人可以与总承包人订立建设工程合同，也可以分别与勘察人、设计人、施工人订立勘察、设计、施工承包合同。发包人不得将应当由一个承包人完成的建设工程支解成若干部分发包给数个承包人。

总承包人或者勘察、设计、施工承包人经发包人同意，可以将自己承包的部分工作交由第三人完成。第三人就其完成的工作成果与总承包人或者勘察、设计、施工承包人向发包人承担连带责任。承包人不得将其承包的全部建设工程转包给第三人或者将其承包的全部建设工程支解以后以分包的名义分别转包给第三人。

禁止承包人将工程分包给不具备相应资质条件的单位。禁止分包单位将其承包的工程再分包。建设工程主体结构的施工必须由承包人自行完成。

第七百九十二条【国家重大建设工程合同订立】 国家重大建设工程合同，应当按照国家规定的程序和国家批准的投资计划、可行性研究报告等文件订立。

第八百零六条【建设工程合同解除】 承包人将建设工程转包、违法分包的，发包人可以解除合同。

发包人提供的主要建筑材料、建筑构配件和设备不符合强制性标准或者不履行协助义务，致使承包人无法施工，经催告后在合理期限内仍未履行相应义务的，承包人可以解除合同。

合同解除后，已经完成的建设工程质量合格的，发包人应当按照约定支付相应的工程价款；已经完成的建设工程质量不合格的，参照本法第七百九十三条的规定处理。

第八百零八条【无规定时适用承揽合同】 本章没有规定的，适用承揽合同的有关规定。

实务要点

1. 第 791 条是关于建设工程发包、承包、分包的规定。建设工程合同根据承包人承包的工作内容可以分为直接承包和分包两大类。直接承包，是指发包人直接将工程承包给承包人，包括工程总承包和单项工程承包两种方式。分包，是指总承包人、勘察、设计、施工承包人经发包人同意，可以将自己承包的部分工作交由第三人完成。总承包，又称为“交钥匙承包”，指发包人将建设工程的勘察、设计、施工等工程建设的全部任务一并发包给一个具备相应的总承包资质条件的承包人，由该承包人负责工程的全部建设工作，直至工程竣工，向发包人交付经验收合格符合发包人要求的建设工程的发承包方式。建设工程发包采取总承包方式还是单项工程承包，可由发包人根据实际情况自行确定。但是，无论发包人采取何种方式与承包人签订合同，都应当遵守本条规定，不得将建设工程支解发包，即不得将应当由一个承包人完成的建设工程支解成若干部分发包给几个承包人。分包，是指工程总承包人、勘察承包人、设计承包人、施工承包人承包建设工程后，将其承包的某一部分工程或某几部分工程，再发包给其他承包人，与其签订承包合同项下的分包合同。总承包人、勘察、设计、施工承包人在分包合同中即成为分包合同的发包人。总承包人、勘察、设计、施工承包人分包建设工程的，应当符合以下条件：(1)总承包人、勘察、设计、施工承包人只能将部分工程分包给具有相应资质条件的分包人；(2)为防止总承包人、勘察、设计、施工承包人擅自将应当由自己完成的工程分包出去或者将工程分包给发包人所不信任的第三人，分包工程的必须经过发包人的同意。转包，是指建设工程的承包人将其承包的建设工程倒手转让给第三人，使该第三人实际上成为该建设工程新的承包人的行为。转包与分包的根本区别在于，转包行为中，原承包人将其工程全部倒手转给他人，自己并不实际履行合同约定的义务；而在分包行为中，承包人只是将其承包工程的某一部分或几部分再分包给其他承包人，承包人仍然要就承包合同约定的全部义务的履行向发包人负责。承包人经发包人同意将其部分工程分包给他人的行为是允许的，但承包人的转包行为是禁止的。本条内容较为繁杂，简言之，主要内容可概括总结为：(1)发包人不得将应由一承包人完成的工程支解后发包。(2)承包人不得将全部工程支解后转包或以分包名义转包第三人。(3)分包人不得再行分包。

2. 第 792 条是关于国家重大建设工程合同订立的规定。为规范国家重大工程的建设，保证国家投资计划得以实现，保障质量，避免资源浪费，保证投资效益，减少投资风险，本条对国家重大建设工程合同订立提出更严格的要求，即国家重大建设工程合同，应当根据国家规定的程序和国家批准的投资计划、可行性研究报告等文件订立。哪些建设工程属于国家重大建设工程，法律并没有具体规定。实践中，并不是国家政府投资的项目都属于国家重大建设工程，一般列入国家重点投资计划而且投资额巨大，建设周期特别长，由中央政府全部投资或者参与投资的工程，属于国家重大建设项目，如三峡工程。有些虽然未列入国家重点投资计划，投资额不算巨大，但影响很大的工程项目，也属于国家重大建设工程项目，如国家大剧院工程。也有些工程，虽然属于地方政府投资，但投资巨大、影响广泛，如亚运工程建设，是主要由北京市政府投资的工程，其投资计划是经过国家批准的，也属于国家重大建设工程项目。

3. 第 806 条是关于建设工程合同解除的规定。建设工程合同一般具有标的额大、交易安排繁杂、权利义务关系复杂等特点，有时还会涉及建筑工人等群体权利保护，维护交易的稳定性非常重要。为此，本条对特定情况下建设工程合同的法定解除做了细化。本条第 1 款针对承包人转包、违法分包的，规定了发包人可以解除合同；第 2 款针对发包人提供的主要建筑材料、建筑构配件和设备不符合强制性标准或者不履行协助义务，致使承包人无法施工，经催告后在合理期限内仍未履行相应义务的，明确了承包人可以解除合同。基于建设工程施工合同的特殊性及物尽其用、节约资源的原则与价值导向，就建设工程合同解除后的价款支付，本条第 3 款作出特别规定：合同解除后，已经完成的建设工程质量合格的，发包人应当按照约定支付相应的工程价款；已经完成的建设工程质量不合格的，包括经修复后可以达到质量隔阂以及经修复后仍不能达到质量合格的，相应参照《民法典》第 793 条的规定处理。需注意，除本条第 3 款明确规定的特殊情况外，本条第 3 款对建设工程合同解除的法律后果没有规定的，仍应根据其性质适用一般合同解除的相关规定。

4. 第 808 条是关于适用承揽合同的规定。承揽合同是承揽人按照定作人的要求完成工作，交付工作成果，定作人给付报酬的合同；建设工程合同是承包人进行工程建设，发包人支付价款的合同。本质上说，建设工程合同是一种特殊的承揽合同。本章没有规定而承揽合同一章有规定的，可根据建设工程合同的性质适用承揽合同的有关规定。

权威参考案例

青海方升建筑安装工程有限责任公司与青海隆豪置业有限公司建设工程施工合同纠纷一案（《最高人民法院公报》2016 年第 4 期）

建设单位根本性违约导致合同中途解除时，施工单位可以突破合同价约定，以定额价结算工程价款。

承运人义务

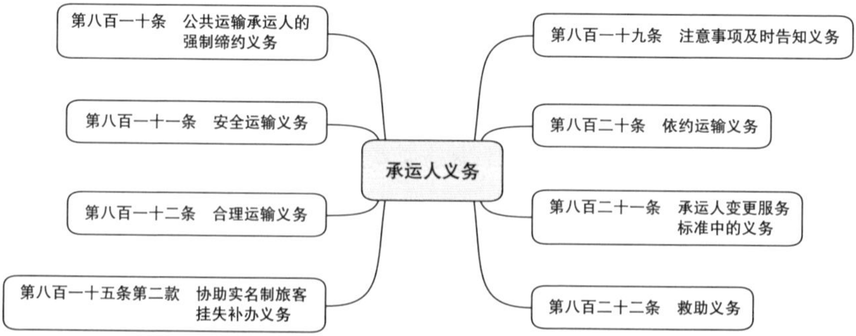

概念

无论是客运合同还是货运合同，承运人都是重要的一方当事人。本词条所谓“承运人义务”，主要包括公共运输承运人的强制缔约义务、安全运输义务、合理运输义务、协助实名制旅客挂失补办义务、注意事项及时告知义务、依约运输义务、承运人变更服务标准中的义务、救助义务等。

法典条款

第八百一十条【公共运输承运人的强制缔约义务】 从事公共运输的承运人不得拒绝旅客、托运人通常、合理的运输要求。

第八百一十一条【安全运输义务】 承运人应当在约定期限或者合理期限内将旅客、货物安全运输到约定地点。

第八百一十二条【合理运输义务】 承运人应当按照约定的或者通常的运输路线将旅客、货物运输到约定地点。

第八百一十五条第二款【协助实名制旅客挂失补办义务】 实名制客运合同的旅客丢失客票的，可以请求承运人挂失补办，承运人不得再次收取票款和其他不合理费用。

第八百一十九条【注意事项及时告知义务】 承运人应当严格履行安全运输义务，及时告知旅客安全运输应当注意的事项。……

第八百二十条【依约运输义务】 承运人应当按照有效客票记载的时间、班次和座位号运输旅客。承运人迟延运输或者有其他不能正常运输情形的，应当及时告知和提醒旅客，采取必要的安置措施，并根据旅客的要求安排改乘其他班次或者退票；由此造成旅客损失的，承运人应当承担赔偿责任，但是不可归责于承运人的除外。

第八百二十一条【承运人变更服务标准中的义务】 承运人擅自降低服务标准的，应当根据旅客的请求退票或者减收票款；提高服务标准的，不得加收票款。

第八百二十二条【救助义务】 承运人在运输过程中，应当尽力救助患有急病、分娩、遇险的旅客。

实务要点

1. 第 810 条是关于从事公共运输承运人强制缔约义务的规定。该条在“强制缔约义务”词条中已有涉及并做了解读，本词条不再重复。

2. 第 811 条是关于安全运输义务的规定。按照约定时间进行安全运输是承运人的一项主要义务。本条要求承运人按照约定时间进行安全运输的规定包含了三层意思：(1)承运人应当在约定的期间内或者合理的期间内进行运输。(2)承运人在运输过程中应当保证旅客或者货物的安全。(3)承运人应当将旅客、货物运到约定的地点。

3. 第 812 条是关于合理运输义务(按约定或通常运输路线运输)的规定。如此规定在于承运人按通常的运输路线进行运输可以规避一些危险，不按通常的运输路线进行运输，还有可能造成运输迟延。但需注意，以下情形承运人不按通常的运输路线运输，进行合理绕行是准许的，一般不按违约处理：(1)由于运输合同中列明的一些具体的事由出现而发生的绕行。(2)法律规定的情形下也可以绕行。例如，《海商法》第 49 条规定，船舶在海上为救助或者企图救助人命或财产而发生的绕航或者其他合理绕航，不属于违反前款规定的行为。(3)在运输中遇到危险，为了旅客、运输工具或货物的安全，可绕行。即使这种危险是运输前承运人没有做到谨慎处理使运输工具处于适运的状态所致，承运人运输必须绕行，也是合理的。(4)因不可抗力的原因致使承运人不能按照通常的运输路线进行运输的，也可合理绕行。

4. 第 815 条第 2 款明确了承运人协助实名制旅客挂失补办的义务，相较于

《合同法》属新增内容，以适应社会经济发展需要。该款适用需注意两点：适用范围为实名制客票，不得再次收取票款及其他不合理费用。

5. 第 819 条前半部分明确了承运人的注意事项和及时告知义务。本条所谓“及时”是一个弹性要求，应当视具体情况来决定承运人的告知是否及时，如在前面所举的民用航空运输中，航空承运人在起飞前告知乘客有关安全运输应当注意的情况就为“及时”，如果在起飞后才告知这些情况就为不及时。

6. 第 820 条是关于承运人按照约定履行运输义务的规定。客票是承运人与旅客之间订立运输合同的凭证，同时客票上也对合同的很多内容做了记载，如运输时间、运输的班次。承运人按照客票记载的时间和班次对旅客进行运输是其义务，否则就是对运输合同的违反。迟延运输是旅客运输当中的一个普遍现象。根据本条，在承运人迟延运输或有其他不能正常运输的情况下，承运人应履行以下义务：(1)告知与提醒义务。(2)采取必要的安置措施。(3)根据旅客要求，安排改乘其他班次或退票。(4)造成旅客损失的，承担赔偿责任，但不可归责于承运人的除外。

7. 第 821 条是关于承运人擅自变更服务标准的规定。旅客运输中，承运人应当按照运输合同约定的服务标准进行。但是，有的承运人在运输过程中却擅自变更了服务标准，如变更运输工具。承运人这种擅自变更运输工具的行为，没有经过旅客的同意，违背了旅客的意志，是对运输合同的违反。承运人擅自变更运输工具降低服务标准的行为实质上是对旅客要求按合同的约定获得相应服务权利的侵害，所以，在这种情况下，应当尊重旅客的选择权，旅客要求退票的，承运人应当退还旅客的全部票款；旅客要求减收票款的，承运人应当按照旅客的要求减收票款。但在有的情况下，承运人擅自变更了运输工具后，反倒提高了对旅客的服务标准。基于承运人是擅自提高服务标准，未经旅客同意，承运人不应当加收旅客票款。

8. 第 822 条是关于对承运人救助义务的规定。运输过程中，对于患有急病、分娩、遇险的旅客，承运人应尽力救助。这是承运人在运输过程所应承担的道德义务，也是法律规定的法定义务。如果未尽此义务，要承担责任。但需注意，本条所谓“尽力”，并不意味着救助义务是无限的，而是在自己的最大能力范围内来救助旅客，超出能力范围的，承运人可免责。

权威参考案例

1. 阿某诉中国东方航空股份有限公司航空旅客运输合同纠纷案（**最高人民法院指导性案例第51号**）

当不可抗力造成航班延误，致使航空公司不能将换乘其他航班的旅客按时运抵目的地时，航空公司有义务及时向换乘的旅客明确告知到达目的地后是否提供转签服务，以及在不能提供转签服务时旅客如何办理旅行手续。航空公司未履行该项义务，给换乘旅客造成损失的，应当承担赔偿责任。另外，航空公司在打折机票上注明“不得退票，不得转签”，只是要求购买打折机票的旅客由于自身原因而不得退票和转签，不能据此剥夺旅客在支付票款后享有的乘坐航班按时抵达目的地的权利。

2. 朱某诉长阔出租汽车公司、付某某赔偿纠纷案（《**最高人民法院公报**》**2002年第3期**）

承运人在履行运输职责时对突发疾病的旅客不仅不尽救助的法定义务，反而中途停车，使乘客处于危险状态下，侵犯了旅客应当享有的合法权利，依法应承担民事责任。该行为同时违背社会公德，受害人以侵权为由请求精神损害赔偿的，应予支持。

旅客义务

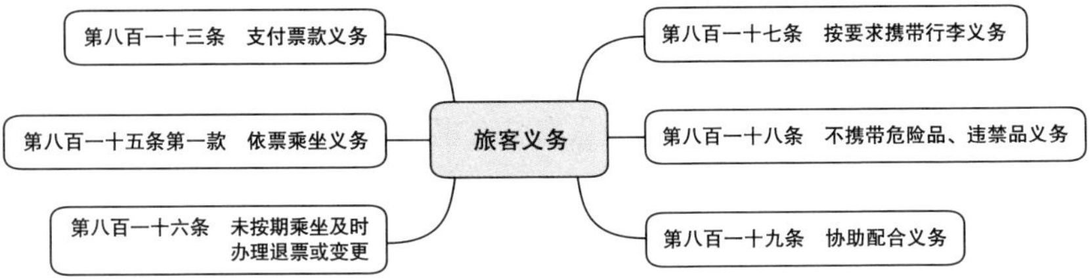

概念

本词条所谓“旅客义务”，主要包括客运合同中旅客负有的支付票款义务，依票乘坐义务，按要求携带行李义务，不携带危险品、违禁品义务，协助配合义务等内容。另外，旅客未按期乘坐的情况下办理退票或变更的，应遵循一定的期限要求；为便于解读，特将该相关内容一并收录于本词条。

法典条款

第八百一十三条【支付票款义务】 旅客、托运人或者收货人应当支付票款或者运输费用。承运人未按照约定路线或者通常路线运输增加票款或者运输费用的，旅客、托运人或者收货人可以拒绝支付增加部分的票款或者运输费用。

第八百一十五条第一款【依票乘坐义务】 旅客应当按照有效客票记载的时间、班次和座位号乘坐。旅客无票乘坐、超程乘坐、越级乘坐或者持不符合减价条件的优惠客票乘坐的，应当补交票款，承运人可以按照规定加收票款；旅客不支付票款的，承运人可以拒绝运输。

第八百一十六条【未按期乘坐及时办理退票或变更】 旅客因自己的原因不能按照客票记载的时间乘坐的，应当在约定的期限内办理退票或者变更手续；逾期办理的，承运人可以不退票款，并不再承担运输义务。

第八百一十七条【按要求携带行李义务】 旅客随身携带行李应当符合约定的限量和品类要求；超过限量或者违反品类要求携带行李的，应当办理托运手续。

第八百一十八条【不携带危险品、违禁品义务】 旅客不得随身携带或者在行李中夹带易燃、易爆、有毒、有腐蚀性、有放射性以及可能危及运输工具上人身和财产安全的危险物品或者违禁物品。

旅客违反前款规定的，承运人可以将危险物品或者违禁物品卸下、销毁或者送交有关部门。旅客坚持携带或者夹带危险物品或者违禁物品的，承运人应当拒绝运输。

第八百一十九条【协助配合义务】 承运人应当严格履行安全运输义务，及时告知旅客安全运输应当注意的事项。旅客对承运人为安全运输所作的合理安排应当积极协助和配合。

实务要点

1. 第 813 条是关于支付票款义务的规定。支付票款是旅客的主要的义务。在旅客运输合同中，旅客支付票款的义务一般是在购买旅客运输票证时履行，旅客没有支付票款一般是不能取得运输票证的。另需注意，按照本条，承运人未按照约定路线或者合理路线运输而增加票款的，旅客可以拒绝支付增加部分的票款。承运人没有正当理由不按照约定的路线或者合理的路线进行运输，是其自己的过错，旅客没有任何过错，因此，在此种情况下，旅客可以拒绝支付增加部分的票款。

2. 第 815 条第 1 款是关于旅客依票乘坐义务的规定。相较于《合同法》(已废止)，本条针对出现的“霸座”情况，就依票乘坐义务进行了完善，明确了按照有效客票“记载的时间、班次和座位号”乘坐。对于旅客无票乘运、超程乘运、越级乘运或者持不符合减价条件的优惠客票乘运的行为，如何处理？首先，旅客应向承运人补交票款。同时，承运人可以按规定加收票款。补足票款是乘客的义务，所以本条用了“应当”，至于是否按规定向乘客加收票款，则由承运人自己酌情处理，所以用了“可以”二字。其次，旅客不交付票款的，承运人可以拒绝运输。这里的拒绝运输是指承运人有权在适当的地点令其离开运输工具。当然，在旅客拒不交付票款，承运人在适当地点令其离开运输工具后，承运人仍有权向旅客追偿。

3. 第 816 条是对旅客办理退票或者变更乘运手续的规定。旅客因自己的原因不能按照客票记载的时间进行乘坐的，承运人或者有关部门的规定一般都允许旅客在一定的时间内退票或者变更客票。但这对旅客是有时间要求的，旅客在约定的时间内不办理退票或者变更手续，则超过该时间后，承运人可以不退票款，并且也不再承担运输旅客的义务。另需注意，本条规定只适用于由于旅客自己的原因不能按照客票载明的时间乘坐的情形。若旅客不能按照客票的时间乘坐的原因是由于承运人造成的，则根据规定，旅客可以要求承运人安排改乘其他班次或者退票。此时，对于旅客要求退票的，承运人应当全额退还票款。

4. 第 817 条是关于按要求携带行李的规定。客运合同中，承运人的主要义务是将旅客从起运地运到目的地，而不是为了专门运输行李。但为了旅客乘运途中的方便，一般也允许旅客随身携带一定品种、数量、质量和重量的行李，运输合同通常会进行约定。对于旅客超过数量、品类要求的行李，应办理托运。旅客拒不办理托运手续，一定要随身携带的，承运人可以拒绝运输。旅客托运的行李，应按照货物运输合同的有关规定处理。

5. 第 818 条是关于不携带危险品、违禁品义务的规定。这里所指的危险物品是指危及人身安全和财产安全的物品，具体所指就是本条的提到的易燃、易爆、有毒等物品，如烟花爆竹、炸药。这里所指的违禁物品就是指有可能对国家利益和整个社会的利益造成影响的物品，如枪支、毒品。这是本法对旅客规定的强制性义务，旅客不得违反。如果旅客坚持要携带或者夹带违禁物品的，承运人应当拒绝运输。这里用的是“应当”二字，与《民法典》第828条的货物运输安全的规定不一样，这主要是因为在旅客运输中对人身安全的保护要采取更为严格的措施。旅客在登上运输工具之前，承运人一般都要对旅客进行安全检查，以防止旅客把危险物品或者违禁物品带上运输工具。但是，在有的情况下，还是有旅客违反本条第1款的规定把危险物品或者违禁物品带上了运输工具，对于此种情况应当如何处理？根据本条第2款的规定，承运人可以将危险物品或者违禁物品卸下、销毁或者送交有关部门。

6.第819条后半部分是关于旅客在承运人告知后的协助配合义务的规定。近年来，不时发生一些强抢方向盘、不配合承运人采取安全措施等严重干扰运输秩序和危害运输安全的行为。为此，本条明确了旅客的协助配合义务。

托运人义务

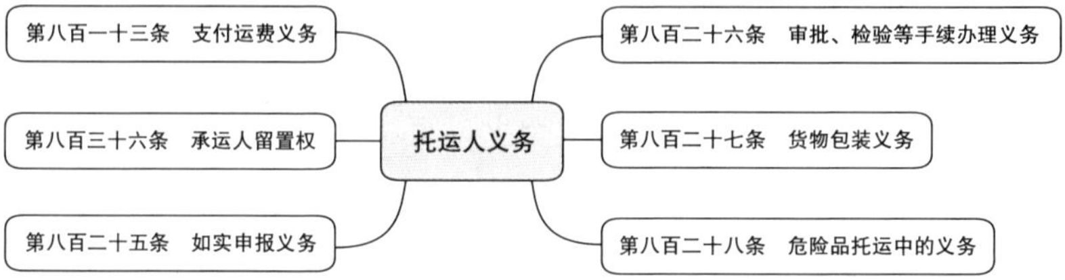

概念

本词条所谓“托运人义务”，主要包括货运合同中托运人负有的支付运费义务、如实申报义务、办理审批检验等手续义务、货物包装义务、危险品托运中的义务等内容。

法典条款

第八百一十三条【支付运费义务】　旅客、托运人或者收货人应当支付票款或者运输费用。承运人未按照约定路线或者通常路线运输增加票款或者运输费用的，旅客、托运人或者收货人可以拒绝支付增加部分的票款或者运输费用。

第八百三十六条【承运人留置权】　托运人或者收货人不支付运费、保管费或者其他费用的，承运人对相应的运输货物享有留置权，但是当事人另有约定的除外。

第八百二十五条【如实申报义务】 托运人办理货物运输，应当向承运人准确表明收货人的姓名、名称或者凭指示的收货人，货物的名称、性质、重量、数量，收货地点等有关货物运输的必要情况。

因托运人申报不实或者遗漏重要情况，造成承运人损失的，托运人应当承担赔偿责任。

第八百二十六条【审批、检验等手续办理义务】 货物运输需要办理审批、检验等手续的，托运人应当将办理完有关手续的文件提交承运人。

第八百二十七条【货物包装义务】 托运人应当按照约定的方式包装货物。对包装方式没有约定或者约定不明确的，适用本法第六百一十九条的规定。

托运人违反前款规定的，承运人可以拒绝运输。

第八百二十八条【危险品托运中的义务】 托运人托运易燃、易爆、有毒、有腐蚀性、有放射性等危险物品的，应当按照国家有关危险物品运输的规定对危险物品妥善包装，做出危险物品标志和标签，并将有关危险物品的名称、性质和防范措施的书面材料提交承运人。

托运人违反前款规定的，承运人可以拒绝运输，也可以采取相应措施以避免损失的发生，因此产生的费用由托运人负担。

实务要点

1. 第813条是关于运费支付义务的规定。本条涉及的托运人（或收货人）的运费支付义务与客运合同中旅客的票款支付义务类似，且一并进行规定，相关要点参考“旅客义务”对该条的解读，不再赘述。

2. 第836条是关于未支付运费时可留置货物的规定。该条本质上规定的就是承运人留置权，因与运费支付关系密切，故放在本词条。承运人在行使留置权时，应当注意下列事项：（1）除法律另有规定外，承运人可以自行留置货物，不必通过法定程序留置货物。（2）本条所指的对“相应的运输货物”留置包括两层含义：首先，对于可分的货物，承运人留置的货物应当合理和适当，其价值应包括未支付的运费、保管费及其他运输费用加上可能因诉讼产生的费用，而不能留置过多的货物。当然，如果承运人根本就没有获得任何费用，他也可以对全部货物行使留置权。其次，对于不可分的货物，承运人可以对全部货物进行留置，即使承运人已取得了大部分运费、保管费以及其他运输费用。（3）本条“但当事人另有约定的除外”，也包含两层意思：首先，当事人如果在合同中约定即使在运费、保管费以及其他运输费用没有付清的情况下承运人也不能留置货物的，承运人就不能留置货物。其次，指如果托运人或者收货人提供了适当的担保，承运人也不能留置货物。

3. 第825条是关于货运合同中托运人如实申报情况义务的规定。承运人托运货物前，往往需要托运人在办理货物运输之时向承运人准确地表明一些运输当中必要的情况，以便于承运人准确、安全地进行运输。如果托运人不向承运人准确、全面地表明这些运输必要的情况，就有可能造成承运人无法正确地进行运输，甚至有可能对承运人造成损失。为了避免这种情况的出现，本条强调了托运人在办理货物运输时，应当准确地向承运人表明有关货物运输的必要情况。第2款规定了因托运人申报不实或者遗漏重要情况，造成承运人损失的，托运人应当承担损害赔偿责任。所谓“申报不实”，是指托运人所提供的情况与实际情况不符合；“遗漏重要情况”，是指托运人应当向承运人提供一些有关运输的重要情况，却没有提供。向承运人准确、全面地表明运输必要的情况是托运人的义务，如果因为托运人不履行这项义务或者履行这项义务不符合合同的约定给自己造成损失的，证明托运人对损失的产生是有过错的，所以理应由托运人自己承担损失，承运人可以不负任何责任。

4. 第826条是关于托运人办理审批、检验等手续的义务之规定。本条中仅列举了审批、检验两种，实际上托运人在货物运输前应当办理的手续不限于这两种，如申报所运输物品的详细情况，动植物检疫、港口准入。对于某些危险物品的运输，还需要办理危险运输许可证等。托运人没有向承运人提供这些手续或者提供的手续不完备或者没有及时提供这些手续，给承运人造成损失的，托运人应当赔偿损失。

5. 第827条是关于托运人货物包装义务的规定。货物运输中，包装是很重要的，提出货物包装要求的一般是承运人或主管运输的部门，运输合同的当事人一般在运输合同中对包装的方式或具体也会作出约定。没有约定或约定不明时，适用《民法典》第619条“对包装方式没有约定或者约定不明确，依据本法第五百一十条的规定仍不能确定的，应当按照通用的方式包装；没有通用方式的，应当采取足以保护标的物且有利于节约资源、保护生态环境的包装方式”的规定处理。所谓“足以保护标的物的包装方式”，就运输合同而言，是指托运人根据货物的性质、重量、运输方式、距离、气候及运输工具装载条件，使用符合运输要求，便于装卸和保证货物安全的包装。按照规定货物需要包装，而托运人违反第 827 条第 1 款的规定没有进行包装的或者包装不符合约定或运输安全需要的，承运人可以拒绝运输。因此给托运人造成的损失，承运人不负赔偿责任；给承运人造成损失的，托运人应当向承运人赔偿损失。

6. 第 828 条是关于危险品托运中托运人义务的规定。运输过程中对危险物品不进行妥善处理，可能对货物、运输工具等财产或者人身安全造成极大的威胁，所以对危险物品的安全运输作出强制性规定就显得极为重要。为此，本条第 1 款对托运人规定了三项义务：(1)对危险物品进行妥善包装。这里的妥善包装应当按照有关危险物品运输的规定进行，这些规定在国务院的行政法规或者运输主管部门的规章中基本都有规定。(2)在危险物品上作出标志和标签。(3)将有关危险物品的名称、性质和防范措施的书面材料提交承运人。另外，按照本条第 2 款，托运人未尽到前款规定的义务的，承运人可拒绝运输。承运人若是在运输过程中发现了托运人托运的是危险物品的，可以采取各种措施避免损失的发生，包括在任何地点、任何时间根据情况将货物卸下、销毁或者使之不能为害。因此，对托运人造成损失的，承运人可不负赔偿责任，因此给承运人造成损失的，托运人应当向承运人负赔偿责任，同时承运人因为采取措施而产生的各种费用也应当由托运人承担。需强调的是，即使托运人没有违反本条第 1 款规定的义务，承运人也知道危险物品的性质并且同意运输的，但在运输过程中该危险货物对于运输工具、人员的安全和其他货物造成危险时，承运人仍可以采取各种相应的措施以避免损失的发生。在这种情况下即使给托运人造成损失的，承运人也可以不承担损害赔偿责任。

旅客伤亡与物品、货物毁损灭失责任

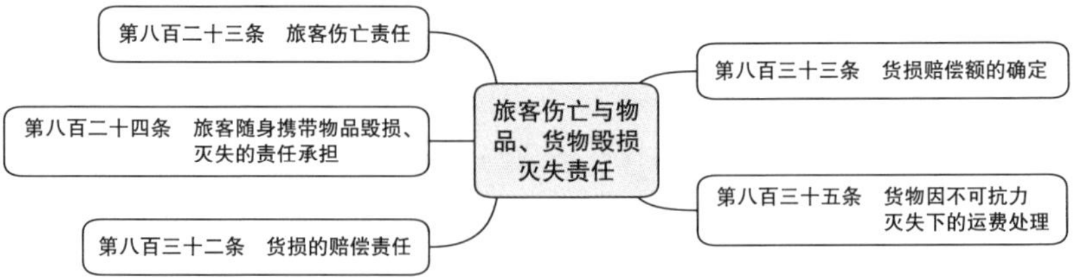

概念

本词条主要涉及客运合同中旅客伤亡责任的承担、旅客随身携带物品毁损、灭失的责任承担，以及货运合同中货损的赔偿责任、赔偿额的确定、货物因不可抗力灭失下的运费处理等内容。

法典条款

第八百二十三条【旅客伤亡责任】 承运人应当对运输过程中旅客的伤亡承担赔偿责任；但是，伤亡是旅客自身健康原因造成的或者承运人证明伤亡是旅客故意、重大过失造成的除外。

前款规定适用于按照规定免票、持优待票或者经承运人许可搭乘的无票旅客。

第八百二十四条【旅客随身携带物品毁损、灭失的责任承担】 在运输过程中旅客随身携带物品毁损、灭失，承运人有过错的，应当承担赔偿责任。

旅客托运的行李毁损、灭失的，适用货物运输的有关规定。

第八百三十二条【货损的赔偿责任】 承运人对运输过程中货物的毁损、灭失承担赔偿责任。但是，承运人证明货物的毁损、灭失是因不可抗力、货物本身的自然性质或者合理损耗以及托运人、收货人的过错造成的，不承担赔偿责任。

第八百三十三条【货损赔偿额的确定】 货物的毁损、灭失的赔偿额，当事人有约定的，按照其约定；没有约定或者约定不明确，依据本法第五百一十条的规定仍不能确定的，按照交付或者应当交付时货物到达地的市场价格计算。法律、行政法规对赔偿额的计算方法和赔偿限额另有规定的，依照其规定。

第八百三十五条【货物因不可抗力灭失下的运费处理】 货物在运输过程中因不可抗力灭失，未收取运费的，承运人不得请求支付运费；已经收取运费的，托运人可以请求返还。法律另有规定的，依照其规定。

实务要点

1. 第823条是关于客运合同中承运人对旅客伤亡责任的规定。保障旅客在运输途中的安全是旅客运输承运人最大的义务，客运合同对旅客的人身伤亡实行无过错责任制度，即承运人即使在没有过错的情况下，也应当承担损害赔偿责任。在对旅客实行严格保护的同时，也应保护承运人利益。对承运人的保护就体现在免责规定上，依照本条，承运人在下列情形下可以免责：(1)旅客的故意或者重大过失。(2)旅客自身健康原因造成的伤亡。由于运输方式的不同，风险的程度也不一样，所以各专门法对旅客运输中承运人的免责事由的规定也不一样。根据特别法优于普通法的原则，特别法有不同的规定时，应当适用特别法的规定。此外，对于按照规定免票、持优待票或者经承运人许可搭乘的无票旅客，也同时适用上述规则。

2. 第 824 条是关于旅客随身携带物品毁损、灭失的责任承担的规定。在旅客运输中，因承运人原因造成了旅客的自带物品毁损、灭失的，承运人应当负赔偿责任。但需注意，本条对承运人实行的是过错责任原则，也就是说，在发生旅客自带物品毁损、灭失的情况下，承运人对自带物品的毁损、灭失有过错的，才承担责任。旅客自己随身携带行李，所以其也应当尽足够的注意保护这些物品。此外，本条第 2 款还规定，旅客托运的行李毁损、灭失的，适用货物运输的有关规定。这是因为托运的行李不是旅客随身携带的，其从实质上讲是货物运输合同，所以应当适用货物运输的有关规定。

3. 第 832 条是关于货运合同中承运人对货损赔偿责任的规定。货物运输中，承运人应当将货物安全运输到目的地。承运人应对自接受货物时起至交付货物时止所发生的货物的毁损、灭失承担损害赔偿责任。“毁损”，是指搬运的货物因损坏而价值减少；“灭失”，是指承运人无法将货物交付给收货人，既包括货物物质上的灭失，也包括占有的更新丧失及法律上不能回复占有的各种情形。运输行为是风险作业，同时在运输过程中损害的发生原因也是极其复杂的，法律在强调对托运人或者收货人利益保护的同时，也必须对承运人的利益做适当的保护，以体现公平的原则。根据规定，承运人可免责的情况包括：(1)不可抗力。(2)货物本身的自然性质或者合理损耗。(3)托运人、收货人的过错。另需注意，承运人对赔偿责任免除负举证责任。若承运人自己不能证明有不可抗力、货物本身的自然性质或合理损耗以及托运人、收货人过错情形存在，其就要承担损害赔偿责任。

4. 第 833 条是对如何确定货物赔偿额的规定。在货物发生毁损、灭失的情况下，应当如何确定货物的赔偿额？本条对如何确定损害赔偿额规定了四个原则：(1)有约定的，按约定数额进行赔偿。(2)没有约定或约定不明确的，依照《民法典》第 510 条的规定确定。(3)若依照《民法典》第 510 条的规定仍不能确定的，则按照交付或者应当交付时货物到达地的市场价格计算。这里的“交付时”，是指货物按时到达了目的地，货物有毁损的情况下，计算市场价格的起算时间；“应当交付时”，是指货物没有按时到达，而货物有毁损的或者货物根本就灭失了、不存在了的情况下，市场价格的起算时间。(4)法律、行政法规对赔偿额的计算方法和赔偿限额另有规定的，应当依照其规定进行赔偿。另需注意，若托运人在托运货物时自愿办理了货物运输保险的，在发生货物的毁损、灭失等保险事故时，需根据保险合同向保险人索赔。但保险人给付保险赔偿金后，可取得对承运人的赔偿金的代位求偿权。

5. 第 835 条是关于货物因不可抗力灭失时运费处理的规定。托运人已经因货物的灭失而遭受了极大的损失，如果其还要负担运费，就意味着要承担双重损失，从公平和诚实信用的角度来讲，法律应当允许托运人请求承运人返还已支付的运费，使风险得以合理分担。故本条规定，已收取的运费，托运人可请求返还，未支付的，也不再支付。

权威参考案例

1. 刘某某诉洛阳铁路分局洛阳列车段、长沙铁路总公司郴州车务段铁路旅客运输人身伤亡赔偿纠纷案(《最高人民法院公报》1999 年第 3 期)

根据《铁路法》第 58 条第 1 款的规定，因铁路行车事故及其他铁路运营事故造成人身伤亡的，铁路运输企业应当承担赔偿责任，如果人身伤亡是因不可抗力或者由于受害人自身的原因造成的，铁路运输企业不承担赔偿责任。

2. 中国人民保险公司浙江省分公司诉广州远洋运输公司和中国对外贸易运输总公司上海分公司海上货物运输合同及代理纠纷案(《最高人民法院公报》1994 年第 1 期)

承运人应保证提供适载的集装箱。根据国际惯例，集装箱应该清洁、干燥、无残留物以及前批货物留下的持久性气味。作为提供集装箱的承运人，提供不适载的集装箱交给发货人装箱的，造成货物损失的，应依法承担货物损失的赔偿责任。

3. 宏隆实业有限公司与上海铁路分局何家湾站等铁路货物运输合同逾期货损索赔纠纷再审案(《最高人民法院公报》2001 年第 1 期)

承运人按照运单填报内容，依据运输规章决定将车保留，延长了运输时间，因货物本身的自然属性造成货物的变质加剧，承运人不承担赔偿责任。

4. 哈池曼海运公司与上海申福化工有限公司、日本德宝海运株式会社海上货物运输合同货损纠纷案（《最高人民法院公报》2016 年第 2 期）

海上货物运输合同的承运人对其责任期间发生的货损依照《海商法》第 55 条的规定承担赔偿责任。《海商法》第 55 条规定的货物实际价值不包括市价损失。

提货与验货

概念

本词条所谓“提货与验货”，是针对货物运输中而言的，提货、验货，对收获人而言，既是其权利，也是其义务。当然，承运人基于运输中占有货物的基础，在货物到达后，也负有通知收货人及时提货的义务。

法典条款

第八百三十条【提货】 货物运输到达后，承运人知道收货人的，应当及时通知收货人，收货人应当及时提货。收货人逾期提货的，应当向承运人支付保管费等费用。

第八百三十一条【检验货物】 收货人提货时应当按照约定的期限检验货物。对检验货物的期限没有约定或者约定不明确，依据本法第五百一十条的规定仍不能确定的，应当在合理期限内检验货物。收货人在约定的期限或者合理期限内对货物的数量、毁损等未提出异议的，视为承运人已经按照运输单证的记载交付的初步证据。

实务要点

1. 第 830 条是关于提货的规定。对承运人而言，将货物安全运到目的地后，如果知道收货人的，应及时通知收货人。但有时其并不知道收货人是谁，托运人又没有及时告知承运人，此时，承运人就没有及时通知收货人的义务，而是应当通知托运人在合理期限内就运输的货物的处分作出指示。对收货人而言，及时提货是其主要义务。收货人逾期提货的，应向承运人支付逾期的保管费用，造成损失的，应承担损失。逾期期间，货物因发生不可抗力而毁损灭失的，承运人不负赔偿责任。

2. 第 831 条是关于收货人检验货物的规定。货物经运输，其质量和数量很有可能发生变化，检验的目的是查明承运人交付的货物是否完好，是否与合同的约定相符合，尽快地确定货物的质量状况和数量情况，明确责任。故本条强调收货人在提货时应当及时对货物进行检验。这是收货人的权利也是其义务。如果运输合同对检验时间有约定的，应在约定期限内对货物进行检验。没有约定或者约定不明确的，依据《民法典》第 510 条规定来确定。仍无法确定的，在合理的期限内检验货物。“合理的期限”是一个弹性的规定，应视实际情况确定具体的时间。此外，收货人未在约定的期间内或者合理的期间内对货物的毁损、数量等提出异议的，视为承运人已经按照运输单证的记载交付的初步证据。本条中强调的初步证据，意味着收货人即使未在约定或者合理的期间内提出异议，以后他仍可以提出据此进行异议和索赔的相反的证据，一旦有证据证明货物的毁损、灭失是发生在运输期间的，承运人仍应赔偿。

运输合同变更、解除

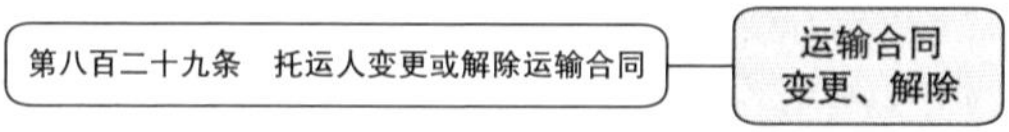

概念

本词条所谓“运输合同变更、解除”，即货运合同中托运人的变更或解除权，指货物运输合同成立后，托运人有权变更或者解除合同，这种变更或者解除可以不经过承运人同意，承运人也无权过问相对方变更和解除合同的原因，只要托运人提出变更或者解除合同，均应予以变更或者解除。

法典条款

第八百二十九条【托运人变更或解除运输合同】 在承运人将货物交付收货人之前，托运人可以要求承运人中止运输、返还货物、变更到达地或者将货物交给其他收货人，但是应当赔偿承运人因此受到的损失。

实务要点

第 829 条是关于托运人变更或解除运输合同权利的规定。依据本条规定，在承运人将货物交付收货人之前，托运人享有以下权利：(1)中止运输、返还货物。(2)变更到达地。(3)将货物交给其他收货人。承运人在将货物交付收货人前，不得拒绝变更后的运输义务。当然，因托运人单方变更或解除合同给承运人造成损失的，托运人应予赔偿，包括承担因变更或解除合同而产生的各种费用等。关于本条，另需注意以下几点：(1)若托运人或提单持有人变更或解除的指示不能执行的，承运人应立即通知托运人或者提单持有人。(2)托运人或者提单持有人的这种单方变更或者解除权只能在货物交付收货人前行使，如果货物已交付给收货人，则托运人或提单持有人变更或解除合同的权利即告终止。但是，收货人拒绝接受货物或承运人无法同收货人联系的，托运人或提单持有人可恢复行使这种权利。(3)本条的变更或解除权只能由托运人或提单持有人享有。

权威参考案例

浙江隆达不锈钢有限公司诉 A.P. 穆勒－马士基有限公司海上货物运输合同纠纷案(最高人民法院指导性案例第 108 号)

在海上货物运输合同中，依据《合同法》(已废止)第 308 条[①]的规定，承运人将货物交付收货人之前，托运人享有要求变更运输合同的权利，但双方当事人仍要遵循《合同法》(已废止)第 5 条[②]规定的公平原则确定各方的权利和义务。托运人行使此项权利时，承运人也可相应行使一定的抗辩权。如果变更海上货物运输合同难以实现或者将严重影响承运人正常营运，承运人可以拒绝托运人改港或者退运的请求，但应当及时通知托运人不能变更的原因。

多式联运

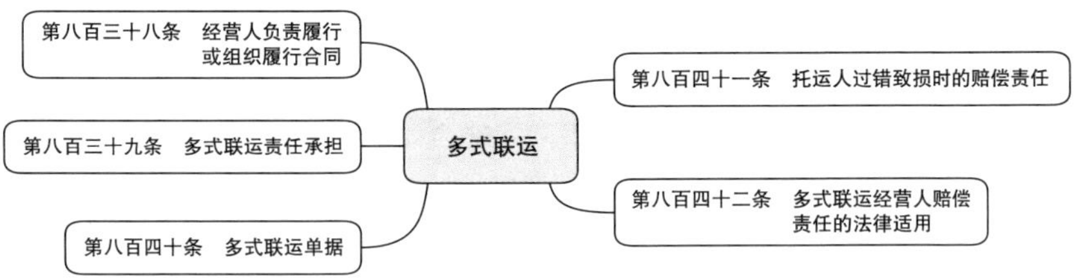

① 可参考《民法典》第 829 条。
② 可参考《民法典》第 6 条。

概念

所谓多式联运(合同),是指多式联运经营人以两种以上的不同运输方式,负责将货物从接收地运至目的地交付收货人,并收取全程运费的合同。以两种以上的不同运输方式进行运输,是多式联运合同区别于传统运输合同的最大特征。

法典条款

第八百三十八条【经营人负责履行或组织履行合同】 多式联运经营人负责履行或者组织履行多式联运合同,对全程运输享有承运人的权利,承担承运人的义务。

第八百三十九条【多式联运责任承担】 多式联运经营人可以与参加多式联运的各区段承运人就多式联运合同的各区段运输约定相互之间的责任;但是,该约定不影响多式联运经营人对全程运输承担的义务。

第八百四十条【多式联运单据】 多式联运经营人收到托运人交付的货物时,应当签发多式联运单据。按照托运人的要求,多式联运单据可以是可转让单据,也可以是不可转让单据。

第八百四十一条【托运人过错致损时的赔偿责任】 因托运人托运货物时的过错造成多式联运经营人损失的,即使托运人已经转让多式联运单据,托运人仍然应当承担赔偿责任。

第八百四十二条【多式联运经营人赔偿责任的法律适用】 货物的毁损、灭失发生于多式联运的某一运输区段的,多式联运经营人的赔偿责任和责任限额,适用调整该区段运输方式的有关法律规定;货物毁损、灭失发生的运输区段不能确定的,依照本章规定承担赔偿责任。

实务要点

1.第838条是关于多式联运经营人负责履行或组织履行合同的规定。多式联运经营人,是指本人或委托他人以本人名义与托运人订立多式联运合同的人。基于本条可知,多式联运经营人要根据多式联运合同履行运输义务或组织承运人履行运输义务。多式联运经营人分两种类型:第一种是多式联运经营人自己拥有运输工具且直接参加运输合同的履行;第二种是多式联运经营人自己不拥有运输工具或者不经营运输工具,也不直接从事运输活动,而是在签订多式联运合同后，通过双边合同各运输方式承运人又单独签订各区段运输合同，组织其他承运人进行运输。无论哪一种，多式联运经营人都要对与之签订合同的托运人或者收货人承担全程运输的义务。同时，根据运输合同一章，多式联运经营人要承担全程运输发生的责任与风险，享有作为全程运输承运人的权利。

2. 第 839 条是关于多式联运合同中责任承担的规定。根据本条，多式联运经营人可以与参加多式联运的各区段承运人就多式联运合同的各区段运输约定相互之间的责任；但该约定不影响多式联运经营人对全程运输承担的义务。也就是说，多式联运经营人对全程运输中所发生的责任对托运人或者收货人负全责，但是多式联运经营人可以与参加多式联运的各区段运输约定相互之间的责任。例如，在一个海陆空的多式联运合同中，多式联运经营人与海上运输区段的承运人、陆路运输区段的承运人、航空运输区段的承运人分别对每一段的运输责任约定，在多式联运经营人对托运人或者收货人负全程的运输责任后，可以依据其与每一区段的运输承运人签订的合同，向其他承运人追偿。

3. 第 840 条是关于多式联运单据的规定。多式联运单据，是证明多式联运合同存在及多式联运经营人接管货物并按合同条款提交货物的证据。多式联运单据应当由多式联运经营人或者经他授权的人签字，这种签字可以是手签、盖章，符号或者用任何其他机械或电子仪器打出。根据托运人的要求，多式联运单据可以是可转让的，也可以是不可转让的。实践中，只有单据的签发人（多式联运经营人）承担全程责任时，多式联运单据才有可能作成为可转让的单据。此时，多式联运单据具有物权凭证的性质和作用。若多式联运经营人按托运人的要求签发了不可转让多式联运单据，则应指明记名的收货人。多式联运承运人只有将货物交给不可转让单据所指明的记名收货人，才称得上履行了交货的义务。

4. 第 841 条是关于托运人向承运人承担过错责任的规定。多式联运中，托运人一般应承担以下责任：（1）保证责任。在多式联运经营人接管货物时，发货人应视为已经向多式联运经营人保证他在多式联运单据中所提供的货物品类、标志、件数、重量、数量及危险特性的陈述的准确无误，并应对违反这项保证造成的损失负赔偿责任。（2）对凡因托运人或其受雇人或者代理人在受雇范围内行事时的过失或大意而给多式联运经营人造成损失的，托运人应承担赔偿责任。（3）危险品运输的特殊责任。托运人将危险品交多式联运经营人时，应告知危险物品的危险特性，必要时应告知应采取的预防措施。否则要对因运送这类货物所遭受的损失负赔偿责任。另需注意,多式联运中,即使托运人已经转让多式联运单据,如果托运人因自己的过错给多式联运经营人造成损失的,托运人仍然应当承担损害赔偿责任。也就是说,托运人的过错赔偿责任不随多式联运单据的转让而转移。无论单据在谁手中,只要托运人有过错,经营人都可向其要求赔偿,而不能向持票人或收货人要求赔偿。

5. 第842条是关于多式联运经营人承担赔偿责任适用法律的规定。多式联运中,由于其最大的特点就是用不同的运输方式进行运输,而我国的各专门运输法或行政法规对不同的运输方式中的赔偿责任和赔偿限额的规定是不相同的,所以就存在一个问题,即一旦货物发生毁损、灭失的,多式联运经营人根据什么法律或者行政法规承担赔偿责任和赔偿限额?本条对此确立了两个原则:(1)若货物发生毁损灭失的区段是确定的,多式联运经营人的赔偿责任和责任限额适用调整该区段运输方式的有关法律的规定。(2)对于货物发生毁损、灭失的运输区段不能确定的,多式联运经营人应依照本章规定承担损害赔偿责任。另需注意,本条并未涉及多式联运经营人如何向各区段承运人追偿赔偿金额的问题。货损区段能够确定时,多式联运经营人可以向其承运人追偿。若是隐蔽货损,除合同另有约定外,多式联运经营人是无法向任何人追偿的。因此,多式联运经营人要摆脱这种损失,最好是通过与各区段承运人的合同进行约定。为此,第839条做了规定,即多式联运经营人可以与参加多式联运的各区段承运人约定相互之间的责任。

权威参考案例

三井住友海上火灾保险株式会社诉中远海运集装箱运输有限公司国际多式联运合同纠纷案

在跨越多国、涉及多种运输方式的国际多式联运合同纠纷中,对“网状责任制”与确定运输区段准据法之间的关系,存在认识不统一的情况。本案中法院坚持意思自治原则,充分尊重当事人的选择,铁路运输区段适用希腊法律,其余争议问题适用中华人民共和国法律,并根据希腊法下的法律渊源适用《国际铁路运输公约》《国际铁路货物运输合同统一规则》相关规定。此外,“一带一路”沿线国家和地区的自然气候状况、地理水文条件差别很大,基础设施的建设和养护水平也参差不齐,货运事故的发生又往往出现多种因素相互交织、并存的复杂局面，本案评判风险责任承担时，较好地运用了原因力分析的方法，论证充分，说理透彻，为类似纠纷的处理提供了借鉴思路。

技术合同类型

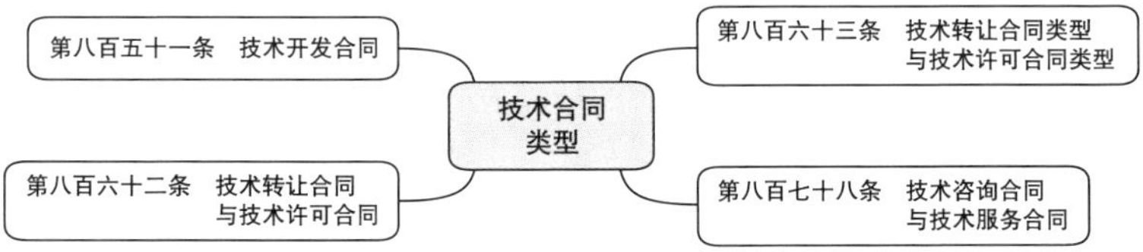

概念

本词条所谓“技术合同类型”，主要涉及技术开发合同、技术转让合同、技术许可合同、技术咨询合同、技术服务合同。上述部分合同又可进一步细分。

法典条款

第八百五十一条【技术开发合同】 技术开发合同是当事人之间就新技术、新产品、新工艺、新品种或者新材料及其系统的研究开发所订立的合同。

技术开发合同包括委托开发合同和合作开发合同。

技术开发合同应当采用书面形式。

当事人之间就具有实用价值的科技成果实施转化订立的合同，参照适用技术开发合同的有关规定。

第八百六十二条【技术转让合同与技术许可合同】 技术转让合同是合法拥有技术的权利人，将现有特定的专利、专利申请、技术秘密的相关权利让与他人所订立的合同。

技术许可合同是合法拥有技术的权利人，将现有特定的专利、技术秘密的相关权利许可他人实施、使用所订立的合同。

技术转让合同和技术许可合同中关于提供实施技术的专用设备、原材料或者提供有关的技术咨询、技术服务的约定，属于合同的组成部分。

第八百六十三条【技术转让合同类型与技术许可合同类型】 技术转让合同包括专利权转让、专利申请权转让、技术秘密转让等合同。

技术许可合同包括专利实施许可、技术秘密使用许可等合同。

技术转让合同和技术许可合同应当采用书面形式。

第八百七十八条【技术咨询合同与技术服务合同】 技术咨询合同是当事人一方以技术知识为对方就特定技术项目提供可行性论证、技术预测、专题技术调查、分析评价报告等所订立的合同。

技术服务合同是当事人一方以技术知识为对方解决特定技术问题所订立的合同，不包括承揽合同和建设工程合同。

实务要点

1. 第851条是关于技术开发合同定义和种类的规定。技术开发合同通常是双务合同、有偿合同，是一种要式合同，合同标的（新技术、新产品、新工艺、新品种或新材料及其系统）有相对新的特点，风险性较大。技术开发合同，包括委托开发合同和合作开发合同。委托开发合同，是指当事人一方委托另一方进行研究开发所订立的合同。委托人向研究开发人提供研究开发经费和报酬，研究开发人完成研究开发工作并向委托人交付研究成果。合作开发合同，是指当事人各方就共同进行研究开发所订立的合同。当事人各方共同投资、共同参与研究开发活动、共同承担研究开发风险、共享研究开发成果。合作开发合同的各方以共同参加研究开发中的工作为前提，可以共同进行全部研究开发工作，也可以约定分工，分别承担相应的部分。当事人一方仅提供资金、设备、材料等物质条件或者承担辅助协作事项，由另一方进行研究开发工作的合同，是委托开发合同。此外，随着市场发展的需要，当事人就科技成果转化订立的合同逐渐增多，为适应技术创新和科技产业化的需要，本条第4款规定了“当事人之间就具有实用价值的科技成果实施转化订立的合同，参照技术开发合同的规定”。

2. 第862条是关于技术转让合同与技术许可合同定义的规定。相较于《合同法》（已废止），本条为新增条文。技术合同司法解释规定了技术转让合同，《民法典》对技术转让合同做了进一步细化，将技术许可合同从技术转让合同中独立出来，让二者并列。技术转让合同与技术许可合同具有如下特点：（1）标的方面。必须是特定的完整的技术内容；转让或许可的标的应是当事人已经掌握的、特定的、现有的技术成果。（2）当事人应对转让或许可的标的拥有权属。（3）技术商品不用于一般商品，可多次转让或许可。

3. 第863条是关于技术转让合同类型与技术许可合同类型的规定。依照本条第 1 款，技术转让合同包括专利权转让合同、专利申请权转让合同、技术秘密转让合同。专利权转让合同，是指专利权人作为让与人将其发明创造专利的所有权或持有权移交受让人，受让人支付约定价款的合同；专利申请权转让合同，是指让与人将其就特定的发明创造申请专利的权利移交给受让人，受让人支付约定价款的合同；技术秘密转让合同，是指让与人将拥有的技术秘密成果转让给受让人，明确相互之间技术秘密成果使用权、转让权，受让人支付约定使用费的合同。依照本条第 2 款，技术许可合同包括专利实施许可合同、技术秘密使用许可合同等。专利实施许可合同，只是专利权人或其授权的人作为让与人许可受让人在约定范围内实施专利，受让人支付约定使用费的合同；技术秘密使用许可合同，是指让与人将拥有的技术秘密成果提供给受让人，明确相互之间技术秘密成果使用权、转让权，受让人支付约定使用费的合同。另需注意，由于技术转让合同、技术许可合同内容复杂，本条第 3 款明确了合同应采书面形式。

4. 第 878 条是关于技术咨询合同与技术服务合同定义的规定。关于技术咨询合同，其基本特点包括：(1)一方当事人即受托人必须拥有一定技术知识[《民法典》较《合同法》(已废止)增加的要求]，目的是强调提供技术咨询一方应具有一定资质。(2)合同标的是对技术项目的咨询，即对技术项目的可行性论证、技术预测、专题技术调查、分析评价报告等。(3)技术咨询的范围是与技术有关的项目。(4)技术咨询合同履行的结果是由提供咨询的一方向委托方提供尚待实践检验的报告或意见。(5)风险责任有特殊性，除另有约定外，因委托人实施咨询报告或意见造成的风险，受托人不承担。这与技术开发、技术转让合同的风险责任承担有所不同。另外，关于技术服务合同，其所谓的特定技术问题，是指需要运用科学技术知识解决专业技术工作中有关改进产品结构、改良工艺流程、提高产品质量、降低产品成本、节约资源能耗、保护资源环境、实现安全操作、提高经济效益和社会效益等问题。

符合下列条件的，可认定是技术服务合同：(1)合同标的是运用专业技术知识、经济和信息解决特定技术问题的项目；(2)服务内容是改进产品结构、改良工艺流程、提高产品质量、降低产品成本、节约资源能耗、保护资源环境、实现安全操作、提高经济效益和社会效益等专业技术工作；(3)工作成果有具体质量和数量指标；(4)技术知识的传递不涉及专利和技术秘密成果的权属。而以常规手段或者为生产经营目的进行一般加工、定作、修理、修缮、广告、印刷、测绘、标准化测试等订立的加工承揽合同和建设工程的勘察、设计、安装、施工合同，不属于技术服务合同，但以非常规技术手段，解决复杂、特殊技术问题而单独订立的合同除外。之所以将承揽合同与建设工程合同排除于技术服务合同之外，是为划清界限，避免法律适用出现冲突。

技术合同订立原则

概念

“技术合同订立原则”词条，主要涉及订立技术合同应当遵循的原则、技术转让合同与技术许可合同订立时的限制等内容。

法典条款

第八百四十四条【技术合同订立原则】　订立技术合同，应当有利于知识产权的保护和科学技术的进步，促进科学技术成果的研发、转化、应用和推广。

第八百六十四条【订立技术转让合同与技术许可合同的限制】　技术转让合同和技术许可合同可以约定实施专利或者使用技术秘密的范围，但是不得限制技术竞争和技术发展。

实务要点

1. 第 844 条是关于订立技术合同应当遵循的原则之规定。当事人订立技术合同，首先应当遵循平等、自愿、公平、诚实信用等基本原则。依据技术合同的特点，还应当遵循有利于知识产权保护和科学技术的进步，促进科学技术成果的研发、转化、应用和推广的原则。知识产权保护在国家经济、社会发展与科技进步中的战略地位进一步增强，成为国家技术创新体系的重要组成部分，《民法典》将专门在订立技术合同原则中增加有利于保护知识产权的规定，以适应社会发展需要。技术合同是技术成果商品化的法律形式，实行技术合同的目的，是将技术成果推向市场，创造更大的经济效益和社会效益。例如，订立技术合同时，应当从推动科学技术进步，促进科技与经济发展出发，确定权利义务，努力研究开发新技术、新产品、新工艺、新材料、新品种及其系统，促进先进实用的科技成果在生产实践中获得应用，使科学技术更好地为社会主义现代化建设服务。规定这一原则的目的在于，鼓励和引导当事人正确运用技术合同这一有效的法律形式，在科研和生产之间架起一座桥梁，促使技术成果尽快向生产领域转移，形成新的生产力。

2. 第 864 条是关于订立技术转让合同与技术许可合同限制的规定。一切技术，只要是能够促进经济建设和社会发展，都可以依法转让。但属于国家机密的技术，其转让应当经主管部门批准；涉及国家安全和社会公共利益的，由有关部门指定单位实施的技术、国家实行许可证制度的技术，其转让应当符合主管部门的规定；违反法律和社会公共利益的技术，不得转让。技术转让合同与技术许可合同可以约定让与人和受让人实施专利或使用专利技术的范围。实施专利或者使用专利技术的范围，是指实施专利的期限、实施专利或者技术秘密的地区和方式。但是，技术转让合同的当事人不得以合同条款限制技术竞争和技术发展，包括：（1）不得通过合同条款限制另一方在合同标的技术的基础上进行新的研究开发；（2）不得通过合同条款限制另一方从其他渠道吸收技术，或者阻碍另一方根据市场的需求，按照合同的方式充分实施专利和使用技术秘密。

技术成果权益归属

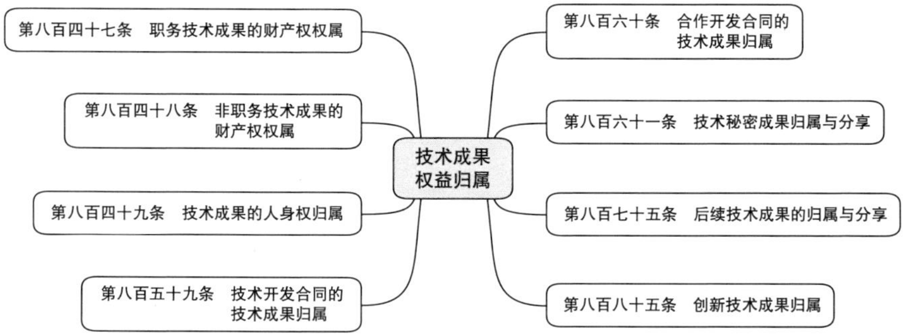

概念

本条所谓“技术成果权益归属”，主要涉及职务技术成果的财产权权属、非职务技术成果的财产权权属、技术成果的人身权归属、技术开发合同的技术成果归属、合作开发合同的技术成果归属、技术秘密成果归属与分享、后续技术成果归属与分享、创新技术成果归属等内容。

法典条款

第八百四十七条【职务技术成果的财产权权属】　职务技术成果的使用权、转让权属于法人或者非法人组织的，法人或者非法人组织可以就该项职务技术成果订立技术合同。法人或者非法人组织订立技术合同转让职务技术成果时，职务技术成果的完成人享有以同等条件优先受让的权利。

职务技术成果是执行法人或者非法人组织的工作任务，或者主要是利用法人或者非法人组织的物质技术条件所完成的技术成果。

第八百四十八条【非职务技术成果的财产权权属】　非职务技术成果的使用权、转让权属于完成技术成果的个人，完成技术成果的个人可以就该项非职务技术成果订立技术合同。

第八百四十九条【技术成果的人身权归属】　完成技术成果的个人享有在有关技术成果文件上写明自己是技术成果完成者的权利和取得荣誉证书、奖励的权利。

第八百五十九条【技术开发合同的技术成果归属】　委托开发完成的发明创造，除法律另有规定或者当事人另有约定外，申请专利的权利属于研究开发人。研究开发人取得专利权的，委托人可以依法实施该专利。

研究开发人转让专利申请权的，委托人享有以同等条件优先受让的权利。

第八百六十条【合作开发合同的技术成果归属】　合作开发完成的发明创造，申请专利的权利属于合作开发的当事人共有；当事人一方转让其共有的专利申请权的，其他各方享有以同等条件优先受让的权利。但是，当事人另有约定的除外。

合作开发的当事人一方声明放弃其共有的专利申请权的，除当事人另有约定外，可以由另一方单独申请或者由其他各方共同申请。申请人取得专利权的，放弃专利申请权的一方可以免费实施该专利。

合作开发的当事人一方不同意申请专利的，另一方或者其他各方不得申请专利。

第八百六十一条【技术秘密成果归属与分享】　委托开发或者合作开发完成的技术秘密成果的使用权、转让权以及收益的分配办法，由当事人约定；没有约定或者约定不明确，依据本法第五百一十条的规定仍不能确定的，在没有相同技术方案被授予专利权前，当事人均有使用和转让的权利。但是，委托开发的研究开发人不得在向委托人交付研究开发成果之前，将研究开发成果转让给第三人。

第八百七十五条【后续技术成果的归属与分享】 当事人可以按照互利的原则，在合同中约定实施专利、使用技术秘密后续改进的技术成果的分享办法；没有约定或者约定不明确，依据本法第五百一十条的规定仍不能确定的，一方后续改进的技术成果，其他各方无权分享。

第八百八十五条【创新技术成果归属】 技术咨询合同、技术服务合同履行过程中，受托人利用委托人提供的技术资料和工作条件完成的新的技术成果，属于受托人。委托人利用受托人的工作成果完成的新的技术成果，属于委托人。当事人另有约定的，按照其约定。

实务要点

1. 第847条是关于职务技术成果财产权权属的规定。技术成果，是指利用科学技术知识、信息和经验作出的产品、工艺、材料及其改进等技术方案，包括专利、专利申请、技术秘密、计算机软件、集成电路布图设计、植物新品种等。技术成果所产生的权益属于知识产权。知识产权包括人身权和财产权。人身权，是指与人身相联系或密不可分的没有直接财产内容的权利。财产权是人身权的对称，是指具有经济利益的权利。技术成果的财产权，即使用和转让技术成果的权利。技术成果财产权的归属要根据技术成果是职务技术成果还是非职务技术成果来决定。职务技术成果是执行法人或非法人组织的工作任务，或者主要是利用法人或非法人组织的物质技术条件所完成的技术成果。执行法人或非法人组织的任务主要是指，承担法人或者其他组织的科学研究和技术开发课题或者履行本岗位的职责。利用法人或非法人组织的物质技术条件，是指法人或其他者组织提供的资金、设备、器材、未公开的技术信息和资料。但是，利用法人或非法人组织提供的物质技术条件，按照事先约定，返还资金或交纳使用费的不在此限。确认技术成果是否为职务技术成果，并不要求同时具备上述两个条件，只要具备一个条件就可以认定为职务技术成果。职务技术成果的使用权、转让权属于法人或非法人组织的，法人或非法人组织可以就该项职务技术成果订立技术合同。职务技术成果的财产权虽然属于法人或非法人组织，但成果凝聚了技术成果完成者的创造性劳动，应当对职务技术成果的完成者给予相应的奖励和报酬。同时，还应当根据使用和转让该项技术成果所取得的经济收益，给予一定的奖励和报酬。另依据本条，法人或非法人组织订立技术合同转让职务技术成果时，职务技术成果的完成人享有以同等条件优先受让的权利。

2. 第 848 条是关于非职务技术成果财产权归属的规定。未执行法人或非法人组织的工作任务，也未利用法人或非法人组织的物质技术条件所完成的技术成果，是非职务技术成果。非职务技术成果的财产权即非职务技术成果的使用权、转让权，属于完成技术成果的个人。完成技术成果的个人有权就该项非职务技术订立技术合同，有权获得因使用或者转让该项技术成果所取得的收益。法人或非法人组织擅自以生产经营目的使用或者转让属于个人的非职务技术成果，是侵犯个人合法权益的行为。

3. 第 849 条是关于技术成果人身权的规定。技术成果的人身权，即在有关技术成果文件上署名以及取得国家荣誉证书、奖章和其他奖励的权利。这一权利与完成技术成果的完成者人身紧密相连，因此，这一权利应当属于对完成技术成果作出了创造性贡献的个人。因技术成果产生的人身权利专属于完成该项技术成果的个人，其他任何人无权分享。本条所称的完成技术成果的个人，是指对技术成果单独作出或者共同作出创造性贡献的人。不包括仅提供资金、设备、材料、试验条件的人，进行组织管理的人，协助绘制图纸、整理资料、翻译文献等辅助服务的人。本条所谓技术成果文件，是指专利申请书、科学技术奖励申报书、科技成果登记书等确认技术成果完成者身份和授予荣誉的证书和文件。

4. 第 859 条关于委托开发合同的技术成果的规定。本条对委托开发完成的发明创造的技术成果的归属与分享做了明确规定：(1)法律没有规定或当事人没有约定时，发明创造的专利申请权属研究开发人。(2)当事人另有约定时，委托开发完成的发明创造的专利申请权归属依照约定确定。(3)法律另有规定的，专利申请权归属依照法律规定确定。

5. 第 860 条是关于合作开发合同技术成果归属的规定。本条对履行合作开发合同完成的发明创造专利申请权的归属和分享做了明确规定：(1)合作开发完成的发明创造专利申请权原则上属合作开发的各方当事人共有。(2)在当事人共有下，具体还有三项处分原则：第一，当事人转让其共有的专利申请权的，其他各方享有以同等条件优先受让的权利；第二，合作开发的当事人一方声明放弃其共有的专利申请权的，可由另一方单独申请或其他各方共同申请；第三，合作开发的当事人一方不同意申请专利的，另一方或其他各方不得申请专利。(3)当事人可以约定合作开发完成的发明创造的专利申请权的归属与享有。

6. 第 861 条是关于技术秘密成果归属与分享的规定。关于技术秘密成果的使用权、转让权及收益的分配办法，合作开发合同的当事人可以在合同中约定，因履行技术开发合同产生的技术秘密的使用权、转让权的归属以及利益的分配办法。如果当事人没有约定或者约定不明确，依据本法第 510 条确定。即进行协议补充；不能达成补充协议的，按照合同的相关条款或者交易习惯确定。仍不能确定的，依据第 861 条确定的原则解决，即在没有相同技术方案被授予专利权前，当事人均有使用和转让的权利，包括当事人均有不经对方同意而自己使用或以普通许可使用的方式许可他人使用技术秘密，并独占所获收益的权利。但需注意，若当事人一方将技术秘密转让权让与他人或以独占、排他使用许可的方式许可他人使用技术秘密，未经对方当事人同意或追认的，应认定该让与或许可行为无效。此外，本条还对委托开发完成的技术秘密成果转让做了特别规定，即委托开发的研究开发人不得在向委托人交付研究开发成果前，将研究开发成果转让给第三人。换言之，研究开发人若转让，必须是在向委托人交付该项成果后进行。

7. 第 875 条是关于后续技术成果归属与分享的规定。后续改进，是指在技术转让合同、技术许可合同的有效期内，一方或双方对作为合同标的的专利技术或技术秘密成果所作的革新和改良。技术转让、技术许可合同的订立和履行，不仅实现了现有技术的转移、推广和应用，而且也是当事人进行改良、革新和新的研究开发的基础。按照本条的规定可知，实施专利、使用技术秘密后续改进的技术成果属于完成该项后续改进的人。技术转让、技术许可合同的当事人双方可以按照互利的原则，在合同中约定实施专利、使用技术秘密后续改进的技术成果的分享办法。没有约定或者约定不明确的，按照第 510 条的规定处理，可以协议补充，不能达成补充协议的，按照合同有关条款或者交易习惯确定。按照合同有关条款或者交易习惯仍不能确定的，一方后续改进技术的技术成果，其他各方无权分享。互惠使用后续改进的技术，当事人应当另行订立合同。

8. 第 885 条是关于创新技术成果归属的规定。新的技术成果，是指技术咨询合同或技术服务合同的当事人在履行合同义务之外派生完成的或后续发展的技术成果。处理这类技术成果的归属和分享基本原则是：首先，谁完成谁拥有。

其次，允许当事人做特别约定。基于此，有了本条规定。依据本条的规定，当事人可以在技术咨询合同或者技术服务中约定这种可能产生的技术成果的归属和分享办法。当事人对履行技术咨询合同、技术服务合同所产生的新的技术成果的归属和分享办法的特别约定，优于法律的一般原则规定。若当事人在合同中对新产生的技术成果的归属和分享办法没有约定或约定不明确，受托人利用委托人提供的技术资料和工作条件完成的新的技术成果，属受托人。委托人利用受托人的工作成果完成的新的技术成果，属委托人。另一方无权参与分享新的技术成果。

技术合同中当事人义务

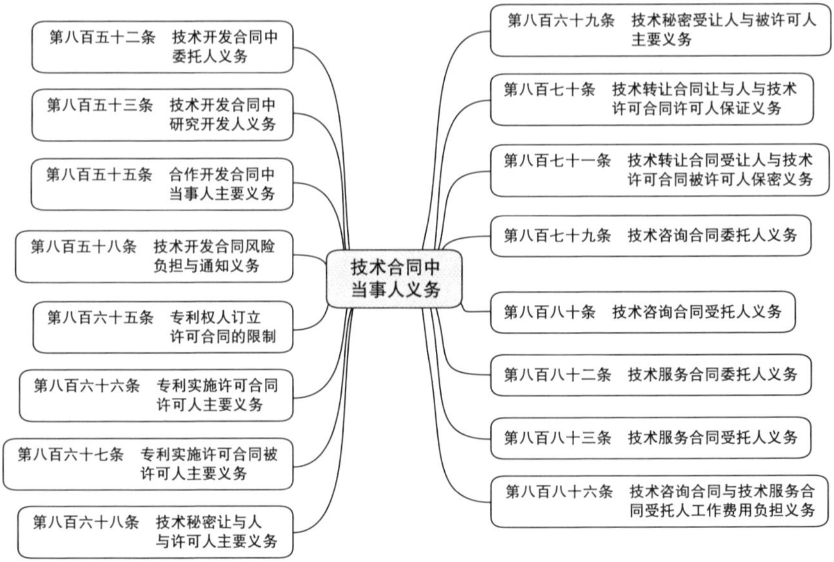

概念

本词条所谓“技术合同中当事人义务”，所涉内容较多，包括技术开发合同中委托人义务、技术开发合同中研究开发人义务、合作开发合同中当事人主要义务、技术开发合同风险负担与通知义务、专利权人订立许可合同的限制、专利实施许可合同许可人主要义务、专利实施许可合同被许可人主要义务、技术秘密让与人与许可人主要义务、技术秘密受让人与被许可人主要义务、技术转让合同让与人与技术许可合同许可人保证义务、技术转让合同受让人与技术许可合同被许可人保密义务、技术咨询合同委托人义务、技术咨询合同受托人义务、技术服务合同委托人义务、技术服务合同受托人义务、技术咨询合同与技术服务合同受托人工作费用负担义务等。

法典条款

第八百五十二条【技术开发合同中委托人义务】 委托开发合同的委托人应当按照约定支付研究开发经费和报酬，提供技术资料，提出研究开发要求，完成协作事项，接受研究开发成果。

第八百五十三条【技术开发合同中研究开发人义务】 委托开发合同的研究开发人应当按照约定制定和实施研究开发计划，合理使用研究开发经费，按期完成研究开发工作，交付研究开发成果，提供有关的技术资料和必要的技术指导，帮助委托人掌握研究开发成果。

第八百五十五条【合作开发合同中当事人主要义务】 合作开发合同的当事人应当按照约定进行投资，包括以技术进行投资，分工参与研究开发工作，协作配合研究开发工作。

第八百五十八条【技术开发合同风险负担与通知义务】 技术开发合同履行过程中，因出现无法克服的技术困难，致使研究开发失败或者部分失败的，该风险由当事人约定；没有约定或者约定不明确，依据本法第五百一十条的规定仍不能确定的，风险由当事人合理分担。

当事人一方发现前款规定的可能致使研究开发失败或者部分失败的情形时，应当及时通知另一方并采取适当措施减少损失；没有及时通知并采取适当措施，致使损失扩大的，应当就扩大的损失承担责任。

第八百六十五条【专利权人订立许可合同的限制】 专利实施许可合同仅在该专利权的存续期限内有效。专利权有效期限届满或者专利权被宣告无效的，专利权人不得就该专利与他人订立专利实施许可合同。

第八百六十六条【专利实施许可合同许可人主要义务】 专利实施许可合同的许可人应当按照约定许可被许可人实施专利，交付实施专利有关的技术资料，提供必要的技术指导。

第八百六十七条【专利实施许可合同被许可人主要义务】 专利实施许可合

同的被许可人应当按照约定实施专利，不得许可约定以外的第三人实施该专利，并按照约定支付使用费。

第八百六十八条【技术秘密让与人与许可人主要义务】 技术秘密转让合同的让与人和技术秘密使用许可合同的许可人应当按照约定提供技术资料，进行技术指导，保证技术的实用性、可靠性，承担保密义务。

前款规定的保密义务，不限制许可人申请专利，但是当事人另有约定的除外。

第八百六十九条【技术秘密受让人与被许可人主要义务】 技术秘密转让合同的受让人和技术秘密使用许可合同的被许可人应当按照约定使用技术，支付转让费、使用费，承担保密义务。

第八百七十条【技术转让合同让与人与技术许可合同许可人保证义务】 技术转让合同的让与人和技术许可合同的许可人应当保证自己是所提供的技术的合法拥有者，并保证所提供的技术完整、无误、有效，能够达到约定的目标。

第八百七十一条【技术转让合同受让人与技术许可合同被许可人保密义务】 技术转让合同的受让人和技术许可合同的被许可人应当按照约定的范围和期限，对让与人、许可人提供的技术中尚未公开的秘密部分，承担保密义务。

第八百七十九条【技术咨询合同委托人义务】 技术咨询合同的委托人应当按照约定阐明咨询的问题，提供技术背景材料及有关技术资料，接受受托人的工作成果，支付报酬。

第八百八十条【技术咨询合同受托人义务】 技术咨询合同的受托人应当按照约定的期限完成咨询报告或者解答问题，提出的咨询报告应当达到约定的要求。

第八百八十二条【技术服务合同委托人义务】 技术服务合同的委托人应当按照约定提供工作条件，完成配合事项，接受工作成果并支付报酬。

第八百八十三条【技术服务合同受托人义务】 技术服务合同的受托人应当按照约定完成服务项目，解决技术问题，保证工作质量，并传授解决技术问题的知识。

第八百八十六条【技术咨询合同与技术服务合同受托人工作费用负担义务】 技术咨询合同和技术服务合同对受托人正常开展工作所需费用的负担没有约定或者约定不明确的，由受托人负担。

实务要点

1. 第 852 条是关于委托开发合同的委托人主要义务的规定。委托人的主要义务有:(1)支付研究开发经费和报酬。(2)提供技术资料。(3)提出研究开发要求。“提要求”表面上属于一种权利,但明确研究开发的要求有助于提高委托开发的效率,故作为规定委托人义务条款的本条,相较于《合同法》(已废止)增加了“提出研究开发要求”的内容。(4)完成写作事项。(5)接受研究开发成果。接受研究开发成果既是委托人的权利,也是其义务。当事人可以在合同中约定委托人接受研究开发成果的方式、时间或者期限,便于合同及时履行。

2. 第 853 条是关于委托开发合同的研究开发人主要义务的规定。研究开发人的主要义务有:(1)制订和实施研究开发计划。(2)合理使用研究开发经费。委托人有权检查研究开发经费的使用情况,但不能妨碍研究开发人的正常工作。(3)按期完成研究开发工作,交付研究开发成果。(4)提供有关的技术资料与必要的技术指导,帮助委托人掌握该技术成果。此外,研究开发人就同一合同标的不得再与其他人订立技术合同,也不得再向委托人交付研究开发成果前,将研究开发成果转让给第三人。

3. 第 855 条是关于合作开发合同当事人主要义务的规定。在合作开发合同中,当事人各方的主要义务有:(1)进行投资,包括以技术进行投资。共同投资是合作开发合同的重要特征,也是合作开发合同各方当事人的主要义务。(2)分工参与研究开发工作。参与研究开发工作是合作开发合同的特征。一方提供资金、设备、材料等物质条件,承担辅助协作事项,另一方进行研究开发工作的合同,不属于合作开发合同,应当按委托开发合同处理。(3)协作配合研究开发工作。各方在合作研究中的配合是取得研究开发成果的关键。各方可在合同中约定成立由双方代表组成的指导机构,对研究开发工作中的重大问题进行决策、协调和组织研究开发活动,保证研究开发工作的顺利进行。

4. 第 858 条是关于技术开发合同风险负担与通知义务的规定。技术开发是一项探索性活动,蕴藏开发不出来的危险。一项技术开发的失败或者部分失败属于风险,应具备下列条件:(1)课题本身在国际和国内现有技术水平下具有足够的难度;(2)研究开发方尽了主观努力;(3)该领域专家认为研究开发失败属于合理的失败。由于技术开发存在的风险,当事人应明确约定风险责任的承担。

没有约定或者约定不明确,风险发生后,可协议补充风险责任。不能达成补充协议的,可以按照合同的有关条款或者交易习惯确定,仍不能确定的,风险责任由当事人合理分担。另外,本条第2款规定了防止损失扩大的义务,即一方发现因出现无法克服的技术困难可能导致研究开发失败或部分失败时,应及时通知另一方并采取适当措施减少损失。如果当事人未能及时通知对方当事人,也未能及时采取措施,制止损失的扩大,应当就扩大的损失承担责任。

5. 第865条是关于专利权人订立许可合同限制的规定,实际上就是对专利实施许可合同有效期限的规定。专利实施许可合同只在该项专利权的存续期间内有效。根据《专利法》,发明专利权的期限为20年,实用新型专利权和外观设计专利权的期限为10年,均自申请日起计算。在专利权有效期限终止或者专利权宣布无效后,专利权人不得就该项专利与他人订立专利实施许可合同。专利实施许可合同的让与人应当在合同有效期内维持专利的有效性。在合同有效期内,专利权被终止的,合同同时终止,让与人应当支付违约金或者赔偿损失。专利权被宣布无效的,让与人应当赔偿由此给受让人造成的损失。

6. 第866条是关于专利实施许可合同许可人主要义务的规定。专利实施许可合同许可人的主要义务有:(1)保证自己是所提供的专利技术的合法拥有人,且需保证所提供的专利技术完整、无误、有效,能够达到合同约定的目的。(2)按照合同的约定,许可被许可人实施专利,交付实施专利有关的技术资料,提供必要的技术指导。(3)承担保密义务。(4)排他实施许可合同的许可人不得在已经许可被许可人实施专利的范围内,就同一专利与第三人订立专利实施许可合同。独占实施许可合同的许可人不得在已经许可被许可人实施专利的范围内实施该专利。(5)依法缴纳专利年费和应对他人提出宣告专利权无效的请求。

7. 第867条是关于专利实施许可合同被许可人主要义务的规定。专利实施许可合同被许可人的主要义务有:(1)按照约定的范围、方式、期限等实施专利技术。(2)按照约定支付使用费。(3)未经许可人同意,不得许可合同约定以外的第三人实施该项专利技术。(4)承担合同约定的其他义务(如保密义务)及民法典合同编规定的法定义务。

8. 第868条是关于技术秘密转让合同让与人与技术秘密使用许可合同许可人主要义务的规定。二者的主要义务有:(1)保证自己是所提供技术的合法拥有者,且保证所提供的技术完整、无误、有效,能够达到合同约定的目标。(2)按照合同的约定，提供技术资料，进行技术指导，保证技术的实用性、可靠性。（3）承担保密义务。（4）承担受让人和被许可人按照约定使用技术秘密侵害他人合法权益的责任。（5）使用技术秘密不得超出约定的范围。（6）不得擅自许可第三人使用该项技术秘密。

9. 第 869 条是关于技术秘密转让合同受让人与技术秘密使用许可合同被许可人主要义务的规定。其中，技术秘密转让合同受让人的主要义务包括：（1）按照合同的约定的期限、时间、方式、条件等实施、使用技术秘密。（2）按约定支付使用费。（3）承担保密义务。（4）使用技术秘密不得超越合同约定的范围。（5）未经让与人同意，不得擅自许可第三人使用该项技术秘密。技术秘密使用许可合同被许可人的主要义务包括：（1）按照合同的约定的期限、时间、方式、条件等使用技术秘密。（2）按约定支付使用费。（3）承担保密义务。（4）使用技术秘密不得超越合同约定的范围。（5）未经许可人同意，不得擅自许可第三人使用该项技术秘密。

10. 第 870 条是关于对技术转让合同让与人和技术许可合同许可人保证义务的规定。该保证义务包括：（1）保证自己是所提供技术的合法拥有者。该技术不能是剽窃、冒充、仿造的，必须是自己合法拥有的，或者保证自己有权转让或者有权许可、使用、实施该项技术。（2）保证所提供的技术完整、无误、有效，能够达到合同预期的目标。技术完整，指产品、工艺、材料及其系统或改进的技术的一整套方案或一整套文件资料。技术无误，指产品、工艺、材料及其系统或改进的技术应当准确，没有误差。技术有效，是指产品、工艺、材料及其系统或改进的技术不存在争议，相对方可依据合同进行操作，达到订立合同预期的目的。另需注意，受让人（被许可人）使用转让或许可的技术生产或者销售产品，如果被第三人指控侵权，应由受让人（被许可人）承担责任。

11. 第 871 条是关于技术转让合同受让人和技术许可合同被许可人保密义务的规定。转让或许可的技术，有的是处于保密状态的技术，有的技术虽已公开，但是相关的背景材料、技术参数等未曾公开，这些技术及相关材料有可能涉及国家利益或者让与人的重大经济利益。因此，受让人（被许可人）对受让（被许可）的技术和有关技术资料，应当按照合同约定的范围和期限承担保密义务。对超过合同约定范围和期限仍需保密的技术，受让人（被许可人）应当遵循诚实信用的原则，履行合同保密的附随义务。

12. 第 879 条是关于技术咨询合同的委托人主要义务的规定。技术咨询合同的委托人应当全面履行合同约定的义务:(1)按照合同的约定,阐明咨询问题,提供技术背景材料及有关技术资料、数据。(2)为受托人进行调查论证提供必要的工作条件。(3)应受托人的要求及时补充有关资料和数据。(4)应受托人的要求,对受托人提供的技术资料和数据予以保密,只有在合同没有约定的情况下,才可以引用、发表和向第三人提供。(5)按照合同约定的期限和方式接受受托人的工作成果,及时支付报酬。

13. 第 880 条是关于技术咨询合同的受托人主要义务的规定。技术咨询合同的受托人应当全面履行合同约定的义务:(1)对技术项目进行调查、论证。(2)发现委托人提供的技术资料、数据有明显错误和缺陷的,及时通知委托人补充、修改。(3)利用自己的技术知识、人才优势,按照约定完成咨询报告或解答问题,并保证咨询报告和意见符合合同约定的要求。(4)应委托人的要求,对委托人提供的技术资料和数据予以保密,只有在合同没有约定的情况下,才可以引用、发表和向第三人提供。

14. 第 882 条是关于技术服务合同的委托人主要义务的规定。技术服务合同的委托人应履行的义务主要有:(1)按照合同的约定提供工作条件,完成配合事项。(2)接受工作成果。(3)支付报酬。(4)应受托人的要求,在约定的期限内补充、修改或者更换已提供的,不符合合同约定的技术资料、数据、样品、材料或者工作条件,并及时通知受托人。(5)在履行合同期间,对受托人因发现继续工作对材料、样品或者设备等有损坏危险而中止工作的通知以及处理建议,在约定期限内作出答复。(6)对成果的保密义务。

15. 第 883 条是关于技术服务合同的受托人主要义务的规定。技术服务合同的受托人应履行的义务主要有:(1)按照约定完成服务项目,解决技术问题,保证工作质量。(2)传授解决技术问题的知识。(3)发现委托人提供的技术资料、数据、样品、材料或者工作条件不符合合同约定的,应当及时通知委托人在约定的期限内补充、修改或者更换。(4)在履行合同期间、发现继续工作对材料、样品或者设备等有损坏危险时,应当中止工作,并及时通知委托人或者提出建议。(5)对委托人提供的技术资料、数据、样品承担保密义务。

16. 第 886 条是关于技术咨询合同与技术服务合同受托人履行合同费用负担义务的规定。本条较《合同法》(已废止),系新增的条文。实践中,当事人签订技术咨询合同或技术服务合同时，经常遗漏对受托人开展正常工作所需费用由谁负担。为此，《民法典》合同编在吸收借鉴相关司法解释的基础上确立了本条规则，即技术咨询合同与技术服务合同对受托人正常开展工作所需费用的负担没有约定或约定不明确的，由受托人负担。

技术合同中违约责任

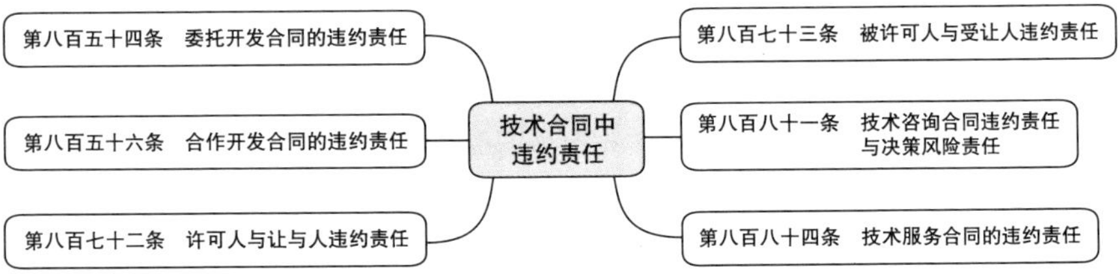

概念

本词条所谓“技术合同中违约责任”，主要涉及委托开发合同的违约责任、合作开发合同的违约责任、许可人与让与人违约责任、被许可人与受让人违约责任、技术咨询合同违约责任与决策风险责任、技术服务合同的违约责任等内容。

法典条款

第八百五十四条【委托开发合同的违约责任】 委托开发合同的当事人违反约定造成研究开发工作停滞、延误或者失败的，应当承担违约责任。

第八百五十六条【合作开发合同的违约责任】 合作开发合同的当事人违反约定造成研究开发工作停滞、延误或者失败的，应当承担违约责任。

第八百七十二条【许可人与让与人违约责任】 许可人未按照约定许可技术的，应当返还部分或者全部使用费，并应当承担违约责任；实施专利或者使用技术秘密超越约定的范围的，违反约定擅自许可第三人实施该项专利或者使用该项技术秘密的，应当停止违约行为，承担违约责任；违反约定的保密义务的，应当承担违约责任。

让与人承担违约责任，参照适用前款规定。

第八百七十三条【被许可人与受让人违约责任】 被许可人未按照约定支付使用费的，应当补交使用费并按照约定支付违约金；不补交使用费或者支付违约金的，应当停止实施专利或者使用技术秘密，交还技术资料，承担违约责任；实施专利或者使用技术秘密超越约定的范围的，未经许可人同意擅自许可第三人实施该专利或者使用该技术秘密的，应当停止违约行为，承担违约责任；违反约定的保密义务的，应当承担违约责任。

受让人承担违约责任，参照适用前款规定。

第八百八十一条【技术咨询合同违约责任与决策风险责任】 技术咨询合同的委托人未按照约定提供必要的资料，影响工作进度和质量，不接受或者逾期接受工作成果的，支付的报酬不得追回，未支付的报酬应当支付。

技术咨询合同的受托人未按期提出咨询报告或者提出的咨询报告不符合约定的，应当承担减收或者免收报酬等违约责任。

技术咨询合同的委托人按照受托人符合约定要求的咨询报告和意见作出决策所造成的损失，由委托人承担，但是当事人另有约定的除外。

第八百八十四条【技术服务合同的违约责任】 技术服务合同的委托人不履行合同义务或者履行合同义务不符合约定，影响工作进度和质量，不接受或者逾期接受工作成果的，支付的报酬不得追回，未支付的报酬应当支付。

技术服务合同的受托人未按照约定完成服务工作的，应当承担免收报酬等违约责任。

实务要点

1. 第854条是关于委托开发合同的当事人违约责任的规定。委托开发合同的当事人包括委托人和研究开发人。就委托人而言，其违约责任具体包括：委托人迟延支付研究开发经费，造成研究开发工作停滞、延误的，研究开发人不承担责任。委托人逾期不支付研究开发经费或者报酬的，研究开发人有权解除合同，委托人应当返还技术资料，补交应付的报酬，赔偿因此给研究开发人造成的损失。委托人按照合同约定提供技术资料、原始数据和协作事项或者所提供的技术资料、原始数据和协作事项有重大缺陷，导致研究开发工作停滞、延误、失败的，委托人应当承担责任，委托人逾期不提供技术资料、原始数据和协作事项的，研究开发人有权解除合同，委托人应当赔偿因此给研究开发人造成的损失。委托人逾期不接受研究开发成果的，研究开发人有权处分研究开发成果。所获得的收益在扣除约定的报酬、违约金和保管费后，退还委托人。所得收益不足以抵偿有关报酬、违约金和保管费的，有权请求委托人赔偿损失。就研究开发人而言，其违约责任具体包括：研究开发人未按计划实施研究开发工作的，委托人有权要求其实施研究开发计划并采取补救措施。研究开发人逾期不实施研究开发计划的，委托人有权解除合同。研究开发人应当返还研究开发经费，赔偿因此给委托人造成的损失。研究开发人将研究开发经费用于履行合同以外的目的的，委托人有权制止并要求其退还相应的经费用于研究开发工作。因此造成研究开发工作停滞、延误或者失败的，研究开发人应当支付违约金或者赔偿损失。经委托人催告后，研究开发人逾期未退还经费用于研究开发工作的，委托人有权解除合同。研究开发人应当返还研究开发经费，赔偿因此给委托人造成的损失。由于研究开发人的过错，造成研究开发成果不符合合同约定条件的，研究开发人应当支付违约金或者赔偿损失；造成研究开发工作失败的，研究开发人应当返还部分或者全部研究开发经费，支付违约金或者赔偿损失。

2. 第 856 条是关于合作开发合同当事人违约责任的规定。合作开发合同的当事人违反约定，主要指违反《民法典》第 855 条所约定的情形，即不按照约定进行投资，包括不以技术进行投资、不按约定分工参与研究开发工作，不按约定协作配合研究开发工作，以及其他违反合同约定的情形。对因合作开发合同的当事人违反约定造成研究开发工作停滞、延误或者失败的，违约方应当承担违约责任。如当事人一方逾期不进行投资或者不履行其他约定的义务，另一方或者其他各方当事人有权解除合同。当事人一方应当赔偿因此给另一方或者其他各方造成的损失。

3. 第 872 条是关于技术许可合同许可人与技术转让合同让与人违约责任的规定。根据本条第 1 款及有关规定，技术许可合同许可人的违约责任具体包括：(1)违反专利权许可合同的责任。许可人不履行合同义务，迟延办理专利权移交手续，未提供有关的技术资料，许可的专利不是让与人合法拥有的专利或者违反保密义务的，应当返还部分或者全部使用费，并且应当承担违约责任。(2)违反专利申请权许可合同的责任。许可人不履行合同，迟延提供技术情报和资料的，或者所提供的技术情报和资料没有达到使该领域一般专业技术人员能够实施发明创造的程度的，应当承担违约责任。违反保密义务的，应当承担违约责任。(3)违反专利实施许可合同的责任。许可人未按照许可实施专利技术，应当返还部分或者全部使用费，并且承担违约责任；使用专利技术超越约定的范围，违反约定擅自许可第三人使用该项专利技术，应当停止违约行为，承担违约责任；违反保密义务的，承担违约责任；承担被许可人按照约定使用专利技术侵害他人合法权益的责任。(4)违反技术秘密使用许可合同的责任。许可人未按照合同约定许可他人使用技术秘密的，应当返还部分或者全部使用费，并且承担违约责任；使用技术秘密超越合同约定的范围，违反约定擅自许可第三人使用该项技术秘密，应当停止违约行为，承担违约责任；技术秘密成果达不到合同约定的技术指标，承担违约责任。违反保密义务，泄露技术秘密，使被许可人遭受损失的，承担违约责任。承担被许可人按照约定使用技术秘密侵害他人合法权益的责任。依照本条第 2 款，技术让与合同让与人的违约责任，参照第 1 款技术许可合同许可人的违约责任。

4. 第 873 条是关于技术许可合同被许可人和技术转让合同受让人违约责任的规定。根据本条第 1 款及有关规定，技术许可合同被许可人的违约责任具体包括：(1)违反专利权许可合同的责任。被许可人未按照约定支付价款，应当补交并按照约定支付违约金，不补交价款或者支付违约金的，应当停止实施专利，交还技术资料，承担违约责任；违反保密义务的，承担违约责任。(2)违反专利申请权转让合同的责任。被许可人不履行合同，迟延支付使用费的，承担违约责任。未按照约定支付，应当补交并承担违约责任；不补交使用费或者不支付违约金的，应当返还专利申请权，交还技术资料，并承担违约责任。违反保密义务的，承担违约责任。(3)违反专利实施许可合同的责任。被许可人未按照约定支付使用费，应当补交使用费并按照约定支付违约金；不补交使用费或者支付违约金的，应当停止使用专利技术，交还技术资料，承担违约责任；使用专利技术超越约定范围，未经许可人同意擅自许可第三人使用该专利技术的，应当停止违约行为，承担违约责任。违反保密义务的，应当承担违约责任。(4)违反技术秘密转让合同的责任。被许可人不按照合同约定支付使用费的，应当补交使用费并按照约定支付违约金；不补交使用费或者支付违约金的，应当停止使用技术秘密，交还技术资料，承担违约责任；使用技术秘密超越约定的范围，未经许可人同意擅自许可第三人使用该技术秘密的，应当停止违约行为，承担违约责任；违反保密义务，泄露技术秘密，造成许可人损失的，应承担违约责任。依照本条第 2 款，技术让与合同受与人的违约责任，参照第 1 款技术许可合同被许可人的违约责任。

5. 第 881 条是关于技术咨询合同违约责任与决策风险责任的规定。违约责任方面:(1)委托人违反技术咨询合同的违约责任。委托人未按期支付报酬的，应补交报酬并承担违约责任；未按照约定提供必要的数据和资料或提供的数据、资料严重缺陷，影响工作进度和质量的，支付的报酬不得追回，未支付的报酬应当支付。逾期不提供或者不补充有关技术资料、数据和工作条件，致受托人无法开展工作的，受托人有权解除合同，委托人承担违约责任。但合同另有约定的除外。委托人不接受或逾期不接受工作成果的，向受托人支付的报酬不得追回，未支付的报酬应当支付，并且还应当支付受托人因保管工作成果所支出的费用。(2)受托人违反技术咨询合同的违约责任。受托人迟延提交咨询报告和意见的，应减收或免收报酬并承担违约责任；提供的咨询报告和意见不符合合同约定条件的，应减收或免收报酬并承担违约责任；不提交咨询报告和意见或所提交的咨询报告和意见水平低劣，无参考价值的，应免收报酬并承担违约责任；接到委托人提交的技术资料和数据后不进行调查论证，委托人有权解除合同，受托人应返还委托人已付的报酬并承担违约责任，但是合同另有约定的除外。涉及的决策风险责任方面：委托人是否采纳以及如何采纳受托人作出的咨询报告或者意见，由委托人自行决策。受托人对委托人实施咨询报告或意见所受到的损失，不负赔偿责任，除非合同另有约定。涉及的决策风险责任方面:(1)咨询建议、设计方案、分析调查结论以及可行性报告等只供委托人决策时选择参考，不是直接可以付诸实践的技术研究成果。(2)技术咨询合同的履行具有滞后性，而社会客观情况是复杂多变的，咨询报告或意见是否还能适应实际情况有待检验。(3)受托人一般不参加委托人对技术项目的决策和实施，因此，受托人对委托人按照咨询报告和意见作出决策并付诸实施所发生的损失不承担责任。但是，合同另有约定的除外。(4)本条关于技术咨询合同涉及的决策责任的规定，是为了鼓励受托人积极向委托人提供咨询意见，但受托人不能因此对委托人委托的技术项目不做调查研究。若受托人提供的咨询报告和意见没有科学依据或有明显缺陷甚至错误，应承担相应违约责任。

6. 第 884 条是关于技术服务合同当事人违约责任的规定。其中，委托人的违约责任主要有:(1)委托人未按照合同约定提供有关技术资料、数据、样品和工作条件，影响工作质量和进度的，应当如数支付报酬。委托人逾期不提供约定的物质技术条件的，受托人有权解除合同，委托人应当支付违约金或者赔偿由此给受托人造成的损失。(2)委托人逾期不支付报酬或者违约金的，应当交还工作成果，补交报酬，支付违约金或者赔偿损失。(3)委托人迟延接受工作成果的，应当支付违约金和保管费。委托人逾期不领取工作成果的，受托人有权处分工作成果，从所获得的收益中扣除报酬、违约金和保管费后剩余部分返还委托人，所获得的收益不足抵偿报酬、违约金和保管费的，有权请求委托人赔偿损失等。受托人的违约责任主要有：(1)受托人迟延交付工作成果的，应当支付违约金。受托人逾期不交付工作成果的，委托人有权解除合同，受托人应当交还技术资料和样品，返还已付的报酬，支付违约金或者赔偿损失。(2)受托人的工作成果、服务质量有缺陷，委托人同意利用的，受托人应当减收报酬并采取适当补救措施；工作成果、服务质量有严重缺陷，没有解决合同约定的技术问题的，受托人应当免收报酬，支付违约金或者赔偿损失。(3)受托人对委托人交付的样品、技术资料保管不善，造成灭失、缺少、变质、污染或者损坏的，应当支付违约金或者赔偿损失等。

技术合同其他规定

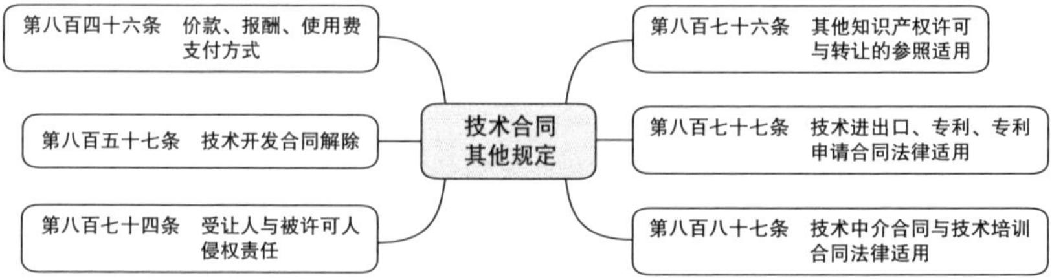

概念

本词条主要涉及技术合同价款(报酬、使用费)的支付方式，技术开发合同解除、受让人与被许可人侵权责任，其他知识产权许可与转让的参照适用，技术进出口(专利、专利申请)合同法律适用，技术中介合同与技术培训合同法律适用等内容。

法典条款

第八百四十六条【价款、报酬、使用费支付方式】 技术合同价款、报酬或者使用费的支付方式由当事人约定，可以采取一次总算、一次总付或者一次总算、分期支付，也可以采取提成支付或者提成支付附加预付入门费的方式。

约定提成支付的，可以按照产品价格、实施专利和使用技术秘密后新增的产值、利润或者产品销售额的一定比例提成，也可以按照约定的其他方式计算。提成支付的比例可以采取固定比例、逐年递增比例或者逐年递减比例。

约定提成支付的，当事人可以约定查阅有关会计账目的办法。

第八百五十七条【技术开发合同解除】 作为技术开发合同标的的技术已经由他人公开，致使技术开发合同的履行没有意义的，当事人可以解除合同。

第八百七十四条【受让人与被许可人侵权责任】 受让人或者被许可人按照约定实施专利、使用技术秘密侵害他人合法权益的，由让与人或者许可人承担责任，但是当事人另有约定的除外。

第八百七十六条【其他知识产权许可与转让的参照适用】 集成电路布图设计专有权、植物新品种权、计算机软件著作权等其他知识产权的转让和许可，参照适用本节的有关规定。

第八百七十七条【技术进出口、专利、专利申请合同法律适用】 法律、行政法规对技术进出口合同或者专利、专利申请合同另有规定的，依照其规定。

第八百八十七条【技术中介合同与技术培训合同法律适用】 法律、行政法规对技术中介合同、技术培训合同另有规定的，依照其规定。

实务要点

1.第846条是关于技术合同价款、报酬和使用费支付方式的规定。当事人可以在技术合同中约定采取如下方式支付价款、报酬和使用费：(1)一次总算、一次总付。(2)一次总算、分期支付。(3)提成支付。这种方式是指一方当事人在接受技术成果或其他智力劳动标的后，从付诸实施所获得的收益中按约定比例提取部分收入交付另一方当事人作为技术合同的价款、报酬或者使用费。提成支付的比例可以采取固定比例、逐年递增比例或者逐年递减比例的方式。当事人约定提成支付的，可以按照产品价格、新增产值、新增利润、产品销售额或其他方式提成。由于提成方式存在计算、监督、检查复杂等问题，当事人可约定查阅有关会计账目的办法。(4)提成支付附加预付入门费。这种方式是指接受技术的一方当事人在合同成立后或在取得技术成果后先向另一方当事人支付部分价款、报酬或者使用费(称为入门费或初付费)，其余部分按照合同约定的比例提成，并按照合同约定的时间支付。

2. 第 857 条是关于技术开发合同解除的规定。《民法典》合同编第 7 章对合同解除做了较为具体的规定。根据技术开发合同的特点，本条又规定了技术开发合同可以解除的另一种情形，即作为技术开发合同标的的技术已经由他人公开，致使履行技术开发合同没有意义，当事人可以解除合同。此外，委托开发合同中，如果研究开发人明知受委托的技术开发合同的标的是已有技术，应改为技术转让或者技术服务合同。合作开发合同中，合作开发的各方当事人有义务将自己知道技术开发的标的已公开的情况及时通知另一方当事人，以减少或避免不必要的损失。

3. 第 874 条是关于实施专利、使用技术秘密侵权责任的规定。技术转让合同的实质是科学技术知识、信息和生产实践经验在不同法律关系主体之间的传递和扩展。这种传递和扩展同时也是技术权益的转移，即采用合同形式把专利权、专利申请权、专利使用权和技术秘密的使用权转移给受让人或许可给被许可人。让与人转让或许可人许可的是某一项技术成果，不是利用公知的技术知识为对方提供咨询服务。因此，转让人、许可人有义务保证受让人、被许可人按照合同约定实施专利、使用技术秘密不会导致侵害他人的合法权益。若受让人、被许可人按照合同约定实施专利、使用技术秘密引起侵害他人合法权益的，该侵权责任由让与人、许可人承担，但是当事人另有约定的除外。如此规定的原因在于，侵权行为发生的基础在于该专利、技术秘密具有不合法性，而受让人、被许可人对此并不知情，为善意受让人、善意被许可人。此时，由让与人或被许可人承担侵权责任是核清、合法、合理的。

4. 第 876 条是关于其他知识产权许可与转让参照适用的规定。《民法典》技术合同一章对技术成果中在专利、专利申请、技术秘密的转让与许可方面做了专节规定，但对集成电路布图设计、植物新品种、计算机软件的转让与许可未做规定。为此，本条规定，集成电路布图设计专有权、植物新品种权、计算机软件著作权等其他知识产权的转让和许可，参照适用本节的有关规定。需注意，该条规定的是参照“本节”(技术转让合同与技术许可合同一节)而非“本章”(技术合同章)。

5. 第 877 条是关于技术进出口、专利、专利申请合同法律适用的规定。技术进出口合同，是指我国境内的自然人、法人或者非法人组织从境外引进或者向境外输出技术与技术输出国、地区或者技术引进国、地区的当事人订立的合同。技术进出口实质上是技术转让，当事人在订立技术进出口合同时，对涉及技术转让的问题，可以依据《民法典》合同编中的技术转让合同的有关规定办理，对涉及技术进出口的管理问题，依据其他法律或者行政法规的规定。专利权转让、专利申请权转让涉及专利问题，当事人订立专利权转让合同或者专利申请权转让合同，不仅要遵守《民法典》的有关规定，也要遵守《专利法》等其他法律、法规的规定。故本条规定，法律、行政法规对技术进出口合同或者专利、专利申请合同另有规定的，依照其规定。

6. 第 887 条是关于技术中介合同和技术培训合同法律适用的规定。技术中介合同，是指当事人一方以知识、技术、经验和信息为另一方与第三方订立技术合同进行联系、介绍、组织工业化开发并对履行合同提供服务所订立的合同。技术培训合同，是指当事人一方委托另一方对指定的专业技术人员进行特定项目的技术指导和专业训练所订立的合同，不包括职业培训、文化学习和按照行业、单位的计划进行的职工业余教育。技术中介合同则是加速技术成果转化的重要一环。考虑到技术培训合同、技术中介合同与技术服务合同的内容大体相似，故本条规定，法律、行政法规对技术中介合同、技术培训合同另有规定的，依照其规定。

保管合同保管人义务与赔偿责任

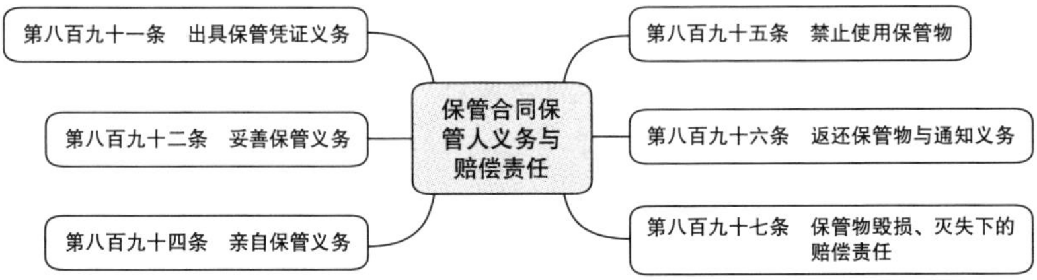

概念

本词条所称的保管人义务与赔偿责任，仅针对保管合同中的保管人而言，并不包括仓储合同中的保管人。本词条主要涉及保管人的出具保管凭证义务，妥善保管义务，亲自保管义务，禁止使用保管物，返还保管物与通知义务，保管物毁损、灭失情况下的赔偿责任等内容。

法典条款

第八百九十一条【出具保管凭证义务】　寄存人向保管人交付保管物的，保管人应当出具保管凭证，但是另有交易习惯的除外。

第八百九十二条【妥善保管义务】 保管人应当妥善保管保管物。

当事人可以约定保管场所或者方法。除紧急情况或者为维护寄存人利益外，不得擅自改变保管场所或者方法。

第八百九十四条【亲自保管义务】 保管人不得将保管物转交第三人保管，但是当事人另有约定的除外。

保管人违反前款规定，将保管物转交第三人保管，造成保管物损失的，应当承担赔偿责任。

第八百九十五条【禁止使用保管物】 保管人不得使用或者许可第三人使用保管物，但是当事人另有约定的除外。

第八百九十六条【返还保管物与通知义务】 第三人对保管物主张权利的，除依法对保管物采取保全或者执行措施外，保管人应当履行向寄存人返还保管物的义务。

第三人对保管人提起诉讼或者对保管物申请扣押的，保管人应当及时通知寄存人。

第八百九十七条【保管物毁损、灭失下的赔偿责任】 保管期内，因保管人保管不善造成保管物毁损、灭失的，保管人应当承担赔偿责任。但是，无偿保管人证明自己没有故意或者重大过失的，不承担赔偿责任。

实务要点

1. 第891条是关于保管人向寄存人出具保管凭证义务的规定。出具保管凭证不是保管合同成立的形式要件。若当事人另有约定或者依交易习惯无须出具保管凭证的，也可以不出具保管凭证。原则上，寄存人向保管人交付保管物后，保管人就应当出具保管凭证，但当事人另有约定或者依交易习惯无须给付的除外。如在车站等设立的小件寄存处，一般的交易习惯是给付保管凭证。而在某些商场外的停车场，按照交易习惯就不用给付保管凭证，只要有车位就可以停车。现实中，人们为互相协助而发生的保管行为，是建立在寄存人与保管人之间互相信任的基础上，多数情况下也无须给付保管凭证。但应注意到，保管凭证对确定保管人与寄存人、保管物的性质和数量、保管的时间和地点等具有重要作用。一旦双方发生纠纷，保管凭证将是重要的证据。

2. 第 892 条是关于保管人妥善保管义务的规定。所谓妥善保管，是指保管人应按照法律规定和当事人约定，并根据保管物的性质，提供适当的保管场所，采取适当的保管方法，使保管物处于完好状态。根据本条第 2 款，当事人约定了保管场所或者保管方法的，除紧急情况或者为了维护寄存人利益外，不得擅自改变保管场所或者方法。出现紧急情况，如保管物因第三人的原因或者因自然原因可能发生毁损、灭失的危险时，保管人除应当及时通知寄存人外，为了维护寄存人的利益，可以改变原来约定的保管场所或者保管方法。

3. 第 894 条是关于保管人亲自保管义务的规定。保管人亲自保管保管物，是保管人应尽的义务。所谓亲自保管，不仅包括保管人自己保管，也包括辅助人的辅助保管。当事人另有约定，保管人转托第三人代为保管的，保管人应对第三人的选任和指示的过失承担责任。若保管人在第三人的选任和指示上没有过错，则不承担责任。保管人如果违反亲自保管的义务，未经寄存人同意，将保管物转交第三人保管，对保管物造成损害的，保管人应当承担损害赔偿责任。

4. 第 895 条是关于保管人不得使用或许可第三人使用保管物义务的规定。保管合同的目的是寄存人保管保管物，要求的是维持保管物的现状。保管人虽然没有使保管物升值的义务，但负有尽量避免其价值减损的义务。因此，根据本条规定，保管人不得使用或者许可第三人使用保管物。但是，当事人也可以约定保管人使用或者许可第三人使用保管物的情形，当事人另有约定的，按照约定执行。另需说明，本条规定的保管物应不包括货币或其他可替代物。若是货币或者其他可替代物，保管人可以使用，只需以相同种类、品质、数量的物返还即可。

5. 第 896 条是关于保管人返还保管物及危险通知义务的规定。保管人返还保管物是保管人的基本义务。基于合同的相对性，保管人只能向寄存人返还保管物。故本条第 1 款规定，即使在第三人主张权利的情况下，除非有关机关依法对保管物采取保全或者执行外，保管人仍应向寄存人履行返还保管物的义务。根据本条第 2 款，第三人对保管物主张权利而对保管人提起诉讼或者对保管物申请扣押的，保管人应当及时通知寄存人。通知的目的在于使寄存人及时参加诉讼，以维护自己的合法权益。

6. 第 897 条是关于保管物毁损、灭失下保管人损害赔偿责任的规定。保管人承担损害赔偿责任，应当具备以下条件：(1)保管物必须是在保管期间毁损、灭失的。(2)保管物毁损、灭失是保管人保管不善造成的,两者之间存在直接因果关系。如果保管物毁损、灭失是因为不可抗力、第三人侵害等其他原因造成的,保管人不承担赔偿责任。(3)不存在法定的免责情形。法律规定了一些保管人不承担赔偿责任的情形。如寄存人交付的保管物有瑕疵或者按照保管物的性质需要采取特殊保管措施的,寄存人应当告知而未告知保管人,致使保管物受损失的,保管人不承担损害赔偿责任。需注意,保管人责任的大小因保管合同有偿或无偿而有所区别。在有偿的情况下,无论保管人是故意还是过失,保管人都应对保管物的毁损、灭失负责;在无偿的情况下,保管人只对故意或者重大过失造成保管物毁损、灭失的后果负责,轻微过失不负责。二者的相同点是,凡是因不可归责于保管人的事由造成保管物毁损、灭失的,都不负损害赔偿责任。

寄存人义务

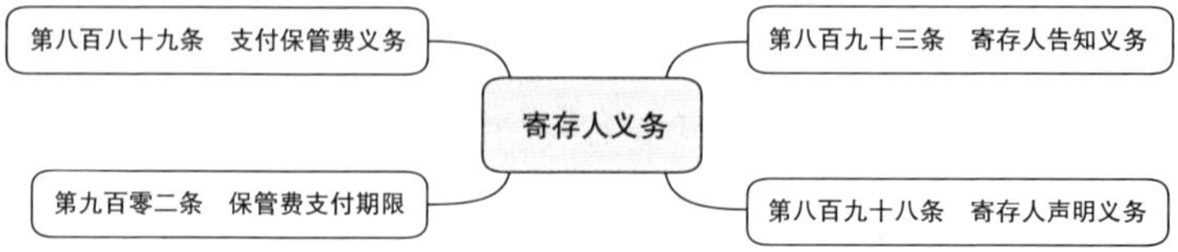

概念

本词条所谓“寄存人义务”,主要包括寄存人支付保管费的义务、寄存人的告知义务、寄存人的声明义务等相关内容。

法典条款

第八百八十九条【支付保管费义务】 寄存人应当按照约定向保管人支付保管费。

当事人对保管费没有约定或者约定不明确,依据本法第五百一十条的规定仍不能确定的,视为无偿保管。

第九百零二条【保管费支付期限】 有偿的保管合同,寄存人应当按照约定的期限向保管人支付保管费。

当事人对支付期限没有约定或者约定不明确,依据本法第五百一十条的规定仍不能确定的,应当在领取保管物的同时支付。

第八百九十三条【寄存人告知义务】 寄存人交付的保管物有瑕疵或者根据保管物的性质需要采取特殊保管措施的，寄存人应当将有关情况告知保管人。寄存人未告知，致使保管物受损失的，保管人不承担赔偿责任；保管人因此受损失的，除保管人知道或者应当知道且未采取补救措施外，寄存人应当承担赔偿责任。

第八百九十八条【寄存人声明义务】 寄存人寄存货币、有价证券或者其他贵重物品的，应当向保管人声明，由保管人验收或者封存；寄存人未声明的，该物品毁损、灭失后，保管人可以按照一般物品予以赔偿。

实务要点

1. 第 889 条是关于寄存人支付保管费义务的规定。保管合同分为有偿和无偿两类。寄存人和保管人可以约定保管是有偿的，也可以约定保管是无偿的。如果约定保管是有偿的，寄存人应当按照约定向保管人支付报酬。寄存人和保管人没有就是否支付报酬作出约定，或者约定不明确的，双方可以协议补充，不能达成补充协议的，按照合同有关条款或者交易习惯确定。所谓按照合同有关条款或者交易习惯确定，要考虑的问题主要有以下两项：一是当事人间是否存在交易习惯或惯例。二是保管人是否从事保管这个职业。若双方没有约定报酬或约定不明确，但是能够确定保管人就是从事保管这个职业的，应当推定该合同是有偿合同。还有一种情况，即依其他情形应当推定保管是有偿的。例如，就保管物的性质、保管的时间、地点和方式而言，一般人判断为有偿的，则应推定保管是有偿的。另需注意，无偿保管中，寄存人虽无须支付保管费，但在某些情况下仍需支付必要费用。所谓必要费用，是指保管人为了实现保管目的，使保管物能够维持原状而支出的各种费用，如重新包装、防腐、防火等费用。

2. 第 902 条是关于保管费支付期限的规定。有偿保管中，对保管费支付期限一般有明确的约定，特别是采用格式合同的时候，会有关于支付保管费时间的条款，寄存人应当按照约定的期限向保管人支付保管费。当事人对支付期限没有约定或者约定不明确的，依照《民法典》第 510 条的规定，可以协议补充，不能达成补充协议的，按照合同有关条款或者交易习惯确定。仍不能确定的，应在领取保管物的同时支付。现实中大量小件寄存业务采取保管前收费的办法，可视为交易习惯。

3. 第 893 条是关于寄存人告知义务的规定。包括两种情况：一是如果保管物有瑕疵的，寄存人应将真实情况如实告知保管人；二是按照保管物的性质需采取特殊保管措施的，寄存人应当告知保管人，如易燃、易爆、有毒、有腐蚀性、有放射性等危险物品或者易变质物品的保管。寄存人未尽告知义务，致使保管物本身遭受损失的，保管人不承担损害赔偿责任；致使保管人的人身、财产遭受损失的，寄存人应当承担损害赔偿责任。但保管人知道或者应当知道并且未采取补救措施的，寄存人不承担损害赔偿责任。所谓保管人知道或应知道并且不采取补救措施，是指保管人在接受寄存人交付的保管物时或在保管期间，尽管寄存人违反了告知义务而没有告知，但保管人已经发现了保管物存在瑕疵、危险或者变质等情况，没有将发现的情况及时通知寄存人并要求寄存人取回，或者主动采取一些特殊的保管措施，以避免损失的发生或扩大。在这种情况下，保管人无权要求寄存人承担损害赔偿责任。此外，因保管物的性质或瑕疵造成第三人损害的，寄存人应负赔偿责任。

4. 第 898 条是关于寄存人寄存贵重物品声明义务的规定。较一般物品而言，货币、有价证券或其他贵重物品的保管要求更高，需要保管人尽高度谨慎的注意义务。为更好地履行注意义务，本条规定，寄存人寄存货币、有价证券或者其他贵重物品的，应当向保管人声明，由保管人验收或者封存。声明的内容是保管物的性质及数量，保管人在验收后进行保管，或者以封存的方式进行保管。声明通常以明示方式作出，可在保管合同中注明，也可在保管凭证中注明，还可以是其他能够使保管人知晓保管物种类、性质的方式。寄存人未尽声明义务的，该物品毁损、灭失后，保管人可以不按该物品的实际价值赔偿，而按照一般物品予以赔偿。此外，本条规定的保管需明确两个问题：一是寄存货币不属于消费保管，而是要求保管人返还原物的合同。如客人将金钱交由旅店保管，旅店之主人验收后予以封存，并负返还原物的义务。二是寄存货币、有价证券、珠宝等贵重物品而形成的保管合同与商业银行的保管箱业务或者饭店提供的保险箱服务是不同的。

保管物领取（返还）

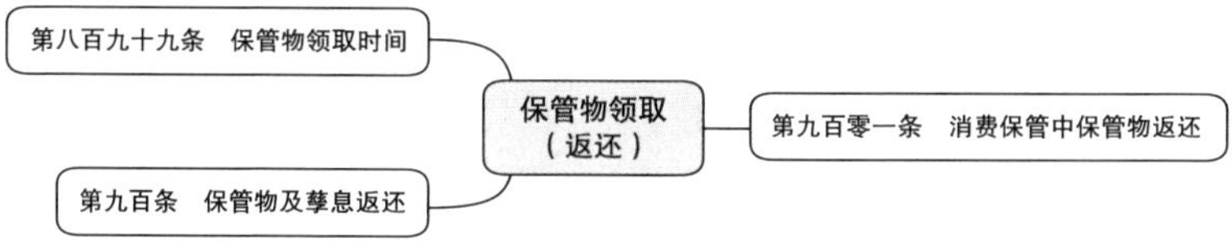

概念

本词条所谓“保管物领取（返还）”，主要涉及保管物领取时间的确定、保管物及孳息的返还、消费保管中保管物的返还等内容。

法典条款

第八百九十九条【保管物领取时间】 寄存人可以随时领取保管物。

当事人对保管期限没有约定或者约定不明确的，保管人可以随时请求寄存人领取保管物；约定保管期限的，保管人无特别事由，不得请求寄存人提前领取保管物。

第九百条【保管物及孳息返还】 保管期限届满或者寄存人提前领取保管物的，保管人应当将原物及其孳息归还寄存人。

第九百零一条【消费保管中保管物返还】 保管人保管货币的，可以返还相同种类、数量的货币；保管其他可替代物的，可以按照约定返还相同种类、品质、数量的物品。

实务要点

1. 第899条是关于保管物领取的规定。根据本条，保管合同不管是否约定保管期间，寄存人都可随时领回保管物。这既是寄存人的权利，也是保管人的义务，即保管人得应寄存人的请求，随时返还保管物。保管期间届满，寄存人应当将保管物领回，逾期领取的可视为保管合同的延长，保管人可以要求寄存人支付延长时间的保管费用。未约定保管期间，无论有偿或者无偿，保管合同可随时终止，不但寄存人可以随时领取保管物而终止合同，保管人也可随时请求寄存人领取保管物而终止合同。期限届满前，寄存人可随时要求返还，因此给保管人造成损失的，应予赔偿。保管人无特别事由，不得请求寄存人提前领取保管物。所谓特别是由，主要指因不可抗力或保管人患病、丧失行为能力等原因，致难以继续履行保管义务的情形。

2. 第900条是关于保管物及孳息返还的规定。保管期间届满或者寄存人提前领取保管物时，保管人应当返还保管物，这是保管人的基本义务。保管合同中，保管人并不享有保管物的所有权，所有权仍归寄存人享有。因此，除返还保管物外，保管人还应一并返还保管物产生的孳息。

3. 第901条是关于消费保管中保管物返还的规定。消费保管也称不规则保管，是指保管物为可替代物时，约定将保管物的所有权移转于保管人，保管期间届满由保管人以同种类、品质、数量的物返还的保管合同。相较于一般保管，消费保管具有以下特点：(1)保管物为可替代物，即种类物。种类物是相对于特定物而言的，是指以品种、质量、规格或度量衡确定，不需具体指定的物，如标号相同的水泥，相同品牌、规格的电视机。特定物，是指具有独立特征或被权利人指定，不能以他物替代的物。但并非所有种类物的保管都属于消费保管，例如，《民法典》第898条规定的寄存货币，就属于返还原货币的保管合同，而不属于消费保管合同。(2)从寄存人交付时消费保管合同的保管人就享有该物的利益，承担该物的风险。而一般的保管合同，保管人只是在保管期间占有保管物，原则上不能使用保管物。(3)保管人仅需以同种类、品质、数量的物返还即可。

仓储合同保管人义务与赔偿责任

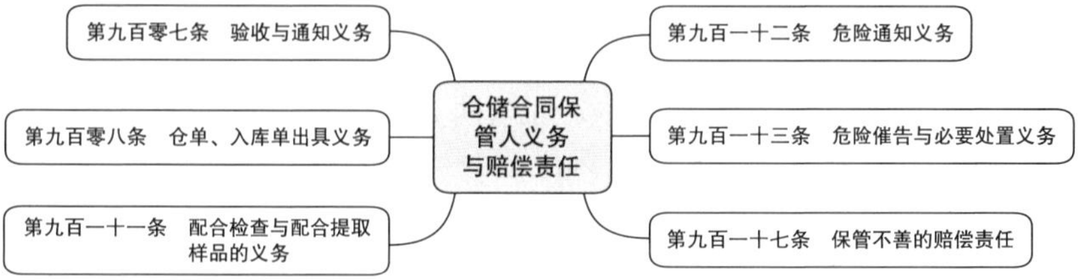

概念

本词条所称的保管人义务与赔偿责任，仅针对仓储合同而言。主要涉及保管人的验收与通知义务、仓单入库单出具义务、配合检查与配合提取样品的义务、危险通知义务、危险催告与必要处置义务以及保管不善的赔偿责任等内容。

法典条款

第九百零七条【验收与通知义务】　保管人应当按照约定对入库仓储物进行验收。保管人验收时发现入库仓储物与约定不符合的，应当及时通知存货人。保管人验收后，发生仓储物的品种、数量、质量不符合约定的，保管人应当承担赔偿责任。

第九百零八条【仓单、入库单出具义务】　存货人交付仓储物的，保管人应当出具仓单、入库单等凭证。

第九百一十一条【配合检查与配合提取样品的义务】 保管人根据存货人或者仓单持有人的要求，应当同意其检查仓储物或者提取样品。

第九百一十二条【危险通知义务】 保管人发现入库仓储物有变质或者其他损坏的，应当及时通知存货人或者仓单持有人。

第九百一十三条【危险催告与必要处置义务】 保管人发现入库仓储物有变质或者其他损坏，危及其他仓储物的安全和正常保管的，应当催告存货人或者仓单持有人作出必要的处置。因情况紧急，保管人可以作出必要的处置；但是，事后应当将该情况及时通知存货人或者仓单持有人。

第九百一十七条【保管不善的赔偿责任】 储存期内，因保管不善造成仓储物毁损、灭失的，保管人应当承担赔偿责任。因仓储物本身的自然性质、包装不符合约定或者超过有效储存期造成仓储物变质、损坏的，保管人不承担赔偿责任。

实务要点

1. 第907条是保管人验收与通知义务的规定。仓储合同中，关于仓储物的验收，需注意以下几点：(1)对入库仓储物进行验收既是保管人的一项权利，也是一项义务。入库时对货物进行验收，也有助于避免日后发生纠纷，存货人不得拒绝保管人要求验货的请求。(2)保管人应按照合同约定的验收项目、验收方法和验收期限进行验收。验收主要包括货物品名、规格、数量、外包装情况等。验收方法方面，有全部验收和按比例抽检验收，具体方式由当事人之间约定。货物经过仓管人验收后没有异议的，视为货物符合合同约定的条件，仓管人应当接受货物并妥善存储。(3)验收发现问题时及时通知。保管人验收时发现入库仓储物的品名、规格、数量、外包装状况与合同中的约定不一致的，应及时通知存货人。双方应当就发现问题及时进行协商和解决。协商达不成一致意见的，保管人有权将不符合约定的货物予以退回。(4)保管人验收后发生仓储物的品种、数量、质量不符合约定的情形，保管人应当承担损害赔偿责任。

2. 第908条是关于保管人出具仓单、入库单义务的规定。仓单、入库单是保管人收到仓储物后给存货人开具的表示其收到仓储物的凭证，也是存货人提取仓储物的凭证。此外，仓单属于一种有价证券，存货人可以凭借仓单提取仓储物，也可以把仓单通过背书进行转让。仓单的背书需要得到仓管人的同意。作为提取仓储物的凭证，只要持有仓单，就意味着有权利主张提取货物。保管人见到仓单后，有义务为仓单持有人提供货物。另需注意，仓单和仓储合同不是同一概念。仓单中记载了仓储合同中的主要内容，但仓单不是仓储合同本身，只是作为仓储合同的凭证。不能只凭仓单来主张仓储合同关系。

3. 第 911 条是关于保管人配合检查与配合提取样品的义务的规定。货物检查权是存货人或者仓单持有人的权利，配合检查、配合提取是保管人的义务。保管人在仓储过程中，虽然实际占有和管理存储物，但是该存储物的所有权仍然属于存货人或者仓单持有人。当货物的所有权人主张检查货物或提取样品时，保管人应当配合进行检查。

4. 第 912 条是关于保管人危险通知义务的规定。危险通知义务是保管人的一项基本义务。仓储合同中，保管人应当按照合同约定的保管条件和保管要求妥善保管仓储物。保管人因保管不善造成仓储物变质或者其他损坏的，应当承担赔偿责任。因此，当保管人发现入库仓储物有变质或者其他损坏的，首先应当及时通知存货人或者仓单持有人。及时通知便于双方共同查明原因，既有利于保护存货人或者仓单持有人的利益，也有利于维护保管人的合法权益。

5. 第 913 条是关于保管人必要催告与必要处置义务的规定。仓储物变质或者损坏的程度决定了保管人危险通知义务的强弱。按照第 912 条的规定，保管人对入库仓储物发现有变质或者其他损坏的，应当及时通知存货人或者仓单持有人。也就是说，如果仓储物仅仅是变质或损害，尚不危及其他仓储物的安全和正常保管的，保管人只需及时通知存货人或仓单持有人即可。当入库仓储物发生变质或其他损坏，且这种变质或损坏危及其他仓储物的安全和正常保管时，保管人除了要及时通知存货人或仓单持有人以外，还应当催告存货人或仓单持有人作出必要的处置，以避免或者防止情况进一步恶化。另需注意，为了维护保管人的利益，同样也为了维护存货人或仓单持有人的利益，本条还规定了在紧急情况下保管人对变质货物的紧急处置权。所谓紧急处置权，是指在紧急特殊的状态下，保管人可以在未经存货人或者仓单持有人知情或者同意的情况下，直接对仓储物作出必要的处置，由此产生的费用由存货人承担。作出处理后，保管人应将该情况及时通知存货人或仓单持有人。

6. 第 917 条是关于保管人保管不善赔偿责任的规定。妥善保管仓储物是保管人的一项基本义务。所谓妥善保管，一方面，保管人应当按照仓储合同中约定的存储条件和要求进行保管。另一方面，保管人要尽到善良管理人的责任，及时发现仓储物在存储过程中的问题。因仓储合同为有偿合同，保管人保管仓储物应比保管自己的货物更加精心。保管人应当亲自保管仓储物，不得擅自将仓储物交由第三方管理，也不得将保管物交给第三人使用。因保管人保管不善造成仓储物毁损、灭失的，保管人应当承担损害赔偿责任。当然，因存货人或者仓单持有人的原因造成仓储物毁损、灭失的，保管人不承担赔偿责任。主要有两种情况：一是仓储物自身的性质、包装不符合约定；二是超过有效储存期造成仓储物变质、损坏的。

仓单

概念

仓单是保管人应存货人的要求，在收到仓储物后给存货人开付的凭证。本词条主要涉及仓单性质及其转让、仓单应记载事项等内容。

法典条款

第九百一十条【仓单性质及转让】 仓单是提取仓储物的凭证。存货人或者仓单持有人在仓单上背书并经保管人签名或者盖章的，可以转让提取仓储物的权利。

第九百零九条【仓单应记载事项】 保管人应当在仓单上签名或者盖章。仓单包括下列事项：

（一）存货人的姓名或者名称和住所；

（二）仓储物的品种、数量、质量、包装及其件数和标记；

（三）仓储物的损耗标准；

（四）储存场所；

（五）储存期限；

（六）仓储费；

（七）仓储物已经办理保险的，其保险金额、期间以及保险人的名称；

（八）填发人、填发地和填发日期。

实务要点

1. 第 910 条是关于仓单性质及转让的规定。仓单是提取仓储物的凭证，体现了仓单物权凭证的属性。我国民法典对仓单采一券主义，既可以依法转让，也可以依法出质。(1)仓单可依法转让。按照本条，存货人或仓单持有人可凭借仓单提取仓储物，也可把仓单进行转让。需注意，仓单转让除需要存货人或仓单持有人在仓单上背书以外，还需仓管人的签字或者盖章。(2)仓单作为有价证券也可以出质。仓单出质以后，质权人即享有提取仓单上所表示的仓储物的权利。以仓单出质也应通过法定形式，即存货人以仓单出质的，应当与质权人签订质押合同，在仓单上背书并经保管人签名或盖章，并将仓单交付质权人，质权才能设立。

2. 第 909 条是关于仓单应记载事项的规定。在仓单上签字或者盖章，是法律对保管人签发仓单时的一项法定要求。仓单上必须有保管人的签字或者盖章，否则不产生仓单应有之效力。仓单应记载下列内容：(1)存货人的名称或者姓名及住所。(2)仓储物的品种、数量、质量、包装、件数和标记。仓单可经背书而产生物权移转之效力，因此对仓储物详细情况的记载是必须的。(3)仓储物的损耗标准。损耗标准是双方当事人对损耗程度的认可，这对提取仓储物和转让仓储物是非常重要的。详细记明损耗标准，可以避免发生纠纷。(4)储存场所。场所是存储仓储物的地点，如果仓单经背书转让，则仓单持有人可通过仓单明确仓储物的储存场所。(5)储存期间。(6)仓储费。仓单经背书而转让，则仓单持有人在提取仓储物时应支付仓储费。(7)保险金额、期间以及保险人的名称。(8)填发人、填发地和填发日期。

仓储物提取

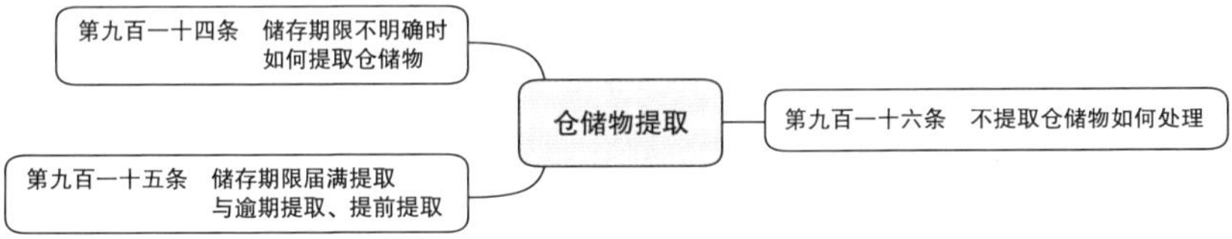

概念

本词条所谓“仓储物提取”，主要涉及仓储合同中储存期限不明确时如何提取仓储物、储存期限届满提取与逾期提取（提前）提取、不提取仓储物如何处理等内容。

法典条款

第九百一十四条【储存期限不明确时如何提取仓储物】 当事人对储存期限没有约定或者约定不明确的，存货人或者仓单持有人可以随时提取仓储物，保管人也可以随时请求存货人或者仓单持有人提取仓储物，但是应当给予必要的准备时间。

第九百一十五条【储存期限届满提取与逾期提取、提前提取】 储存期限届满，存货人或者仓单持有人应当凭仓单、入库单等提取仓储物。存货人或者仓单持有人逾期提取的，应当加收仓储费；提前提取的，不减收仓储费。

第九百一十六条【不提取仓储物如何处理】 储存期限届满，存货人或者仓单持有人不提取仓储物的，保管人可以催告其在合理期限内提取；逾期不提取的，保管人可以提存仓储物。

实务要点

1. 第 914 条是关于储存期间不明确时如何提取仓储物的规定。存储期间是仓单中的一项具体内容。当仓储物存储期间不明确时，按照本条确定：(1)存货人或者仓单持有人可以随时提取仓储物。保管人对此不能拒绝，但存货人或仓单持有人提取存储物时应提前通知。(2)保管人也可随时要求存货人或仓单持有人提取仓储物，但应给予必要的准备时间。所谓给予必要的准备时间，是指保管人首先应当预先通知，然后应根据货物的数量、大小、运输方式等实际情况，给予存货人或仓单持有人一个合理期限。

2. 第 915 条是关于储存期限届满提取与逾期提取、提前提取的规定。存储日期届满，存货人或者仓单持有人应当及时、按时提取仓储物，并按照约定支付仓储费用。提取仓储物应凭仓单、入库单，否则保管人有权拒绝。另外，存货人或者仓单持有人逾期提取的，应当加收仓储费。存货人或者仓单持有人提前提取仓储物的，不减收仓储费。逾期提取或提前提取，在性质上均属违约行为。当然，若双方直接协商一致，同意不加收或少收仓储费的，也可按照约定执行。明确约定储存期间的，在届满前，保管人不得要求存货人或者仓单持有人提前提取仓储物，否则应当承担赔偿责任。但是，若因存货人或仓单持有人的原因，导致保管人无法或者不愿意继续提供仓储服务的,保管人有权终止合同。

3. 第 916 条是关于不提取仓储物如何处理的规定。存货人或者仓单持有人逾期不提取仓储物时如何处理? 首先,保管人可催告存货人或者仓单持有人提取货物。其次,经催告后,若存货人或仓单持有人和保管人重新达成协议的,按照新的协议规定处理。未达成协议的,若构成逾期提货,保管人有权加收仓储费用。最后,催告后,若存货人或仓单持有人在合理期限内仍然没有提取货物,保管人可以将货物提存。所谓合理期限,是指保管人要根据货物的数量、大小、运输条件、存货人或仓单持有人的实际情况确定期限。

仓储合同其他内容

概念

本词条主要涉及仓储合同中危险品与易变质物品的储存、仓储合同适用保管合同等内容。

法典条款

第九百零六条【危险品与易变质物品的储存】　储存易燃、易爆、有毒、有腐蚀性、有放射性等危险物品或者易变质物品的,存货人应当说明该物品的性质,提供有关资料。

存货人违反前款规定的,保管人可以拒收仓储物,也可以采取相应措施以避免损失的发生,因此产生的费用由存货人负担。

保管人储存易燃、易爆、有毒、有腐蚀性、有放射性等危险物品的,应当具备相应的保管条件。

第九百一十八条【仓储合同适用保管合同】　本章没有规定的,适用保管合同的有关规定。

实务要点

1. 第 906 条是关于危险品和易变质物品储存的规定。首先,本条第 1 款明确了存货人的告知义务。即储存易燃、易爆、有毒、有腐蚀性、有放射性等危险物品或者易变质物品，存货人应当说明该物品的性质，提供有关资料。其次，存货人没有说明所储存的货物是危险物品或易变质物品，也没有提供有关资料，保管人在入库验收时，发现是危险物品或易变质物品的，保管人可以拒收仓储物。保管人在接收仓储物后发现是危险物品或易变质物品的，除及时通知存货人外，也可以采取相应措施，以避免损害的发生，产生的费用由存货人承担。若存货人没有对危险物品的性质作出说明并提供有关资料，给保管人的财产或者其他存货人的货物造成损害的，存货人应当承担损害赔偿责任。如果存货人未说明所存货物是易变质物品而导致该物品变质损坏的，保管人不承担赔偿责任。最后，按照本条第 3 款，保管人储存易燃、易爆、有毒、有腐蚀性、有放射性等危险物品的，应当具备相应的保管条件。如果保管人不具备相应的保管条件，就对上述危险物品予以储存，对保管人造成的损害，存货人不负赔偿责任。

2. 第 918 条是关于仓储合同无规定时适用保管合同的规定。虽然仓储合同与保管合同有一定区别，但二者本质是一样的，即都是为他人保管财物。因此，本条明确了“仓储合同”一章没有规定的，适用“保管合同”一章的有关规定。如保管人不得将仓储物转交第三人保管、保管人不得使用或者许可第三人使用仓储物等，这些虽然没有在仓储合同中作出明确规定，但是道理应和保管合同是一致的，可适用保管合同的相关规定。

委托人义务与责任

概念

本词条所谓“委托人义务与责任”，主要涉及委托合同中委托人支付委托费用的义务、支付报酬的义务、委托人的赔偿责任，及另行委托下委托人的赔偿责任等内容。

法典条款

第九百二十一条【支付委托费用义务】 委托人应当预付处理委托事务的

费用。受托人为处理委托事务垫付的必要费用，委托人应当偿还该费用并支付利息。

第九百二十八条【支付报酬义务】　受托人完成委托事务的，委托人应当按照约定向其支付报酬。

因不可归责于受托人的事由，委托合同解除或者委托事务不能完成的，委托人应当向受托人支付相应的报酬。当事人另有约定的，按照其约定。

第九百三十条【委托人赔偿责任】　受托人处理委托事务时，因不可归责于自己的事由受到损失的，可以向委托人请求赔偿损失。

第九百三十一条【另行委托下委托人的赔偿责任】　委托人经受托人同意，可以在受托人之外委托第三人处理委托事务。因此造成受托人损失的，受托人可以向委托人请求赔偿损失。

实务要点

1. 第921条是关于委托人支付委托事务费用义务的规定。该义务包括两项：(1)委托人预付处理委托事务的费用。受托人为委托人处理事务往往需要花费一定的费用，该费用系为了委托人的利益而支出的，故委托人有向受托人预付处理委托事务费用的义务。预付费用若没有用完，受托人应当返还。(2)委托人对受托人为处理委托事务垫付的必要费用及利息应偿还。所谓必要费用，是指处理委托事务时按照需要支出的费用，包括金钱和物的消耗，如差旅费用、财产运输费、仓储费、交通费。这些费用的支出应坚持直接性、有益性、经济性的原则。

2. 第928条是关于委托人向受托人支付报酬义务的规定。委托人的报酬支付义务主要体现在以下方面：(1)受托人完成委托事务的，委托人应当向其支付报酬。这是指有偿委托合同的情况。报酬，包括了合同约定的报酬，以及没有约定报酬的，依习惯或者依据委托事务的性质需要由委托人给付报酬两种情况。(2)因不可归责于受托人的事由，委托合同解除或委托事务不能完成的，委托人应当向受托人支付相应的报酬。所谓“不可归责于受托人的事由”包括两种：一是委托人原因。二是客观原因，如发生不可抗力、委托人死亡、破产等使受托人依法解除合同或者无法履行合同。(3)当事人另有约定的，按照其约定。

3. 第930条是关于委托人对受托人损失承担赔偿责任的规定。对受托人请求委托人赔偿其损失，需满足以下几点：(1)受托人需有损失的存在。没有损失不能要求委托人赔偿。损失包括了财产上的损失或人身上的损害。(2)受托人损失基于不可归责于受托人的原因。换句话说，即受托人对损失的发生没有过错，不存在主观上的故意或过失。(3)受托人损失发生在处理委托事务的过程中。

4. 第931条是对委托人另行委托他人处理事务中赔偿责任的规定。相互信任是委托合同双方当事人订立合同的基础，具有严格的人身属性，故委托人要把事务再委托他人，需征得受托人同意。委托人将委托事务委托第三人进行处理，可能会给受托人造成一定的损失，如报酬减少。在这种情况下，即使经过受托人的同意，受托人也可以向委托人请求赔偿。

受托人义务与责任

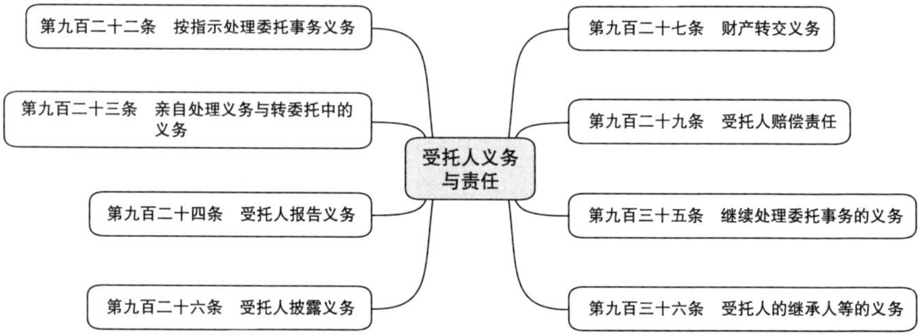

概念

本词条所谓“受托人义务与责任”，主要包括委托合同中受托人按指示处理委托事务的义务、亲自处理义务与转委托中的义务、受托人报告义务、披露义务、财产转交义务、受托人的赔偿责任、继续处理委托事务的义务、受托人的继承人等主体的义务等内容。

法典条款

第九百二十二条【按指示处理委托事务义务】 受托人应当按照委托人的指示处理委托事务。需要变更委托人指示的，应当经委托人同意；因情况紧急，难以和委托人取得联系的，受托人应当妥善处理委托事务，但是事后应当将该情况及时报告委托人。

第九百二十三条【亲自处理义务与转委托中的义务】 受托人应当亲自处理委托事务。经委托人同意，受托人可以转委托。转委托经同意或者追认的，委托人可以就委托事务直接指示转委托的第三人，受托人仅就第三人的选任及其对第三人的指示承担责任。转委托未经同意或者追认的，受托人应当对转委托的第三人的行为承担责任；但是，在紧急情况下受托人为了维护委托人的利益需要转委托第三人的除外。

第九百二十四条【受托人报告义务】 受托人应当按照委托人的要求，报告委托事务的处理情况。委托合同终止时，受托人应当报告委托事务的结果。

第九百二十六条【受托人披露义务】 受托人以自己的名义与第三人订立合同时，第三人不知道受托人与委托人之间的代理关系的，受托人因第三人的原因对委托人不履行义务，受托人应当向委托人披露第三人，委托人因此可以行使受托人对第三人的权利。但是，第三人与受托人订立合同时如果知道该委托人就不会订立合同的除外。

受托人因委托人的原因对第三人不履行义务，受托人应当向第三人披露委托人，第三人因此可以选择受托人或者委托人作为相对人主张其权利，但是第三人不得变更选定的相对人。

委托人行使受托人对第三人的权利的，第三人可以向委托人主张其对受托人的抗辩。第三人选定委托人作为其相对人的，委托人可以向第三人主张其对受托人的抗辩以及受托人对第三人的抗辩。

第九百二十七条【财产转交义务】 受托人处理委托事务取得的财产，应当转交给委托人。

第九百二十九条【受托人赔偿责任】 有偿的委托合同，因受托人的过错造成委托人损失的，委托人可以请求赔偿损失。无偿的委托合同，因受托人的故意或者重大过失造成委托人损失的，委托人可以请求赔偿损失。

受托人超越权限造成委托人损失的，应当赔偿损失。

第九百三十五条【继续处理委托事务的义务】 因委托人死亡或者被宣告破产、解散，致使委托合同终止将损害委托人利益的，在委托人的继承人、遗产管理人或者清算人承受委托事务之前，受托人应当继续处理委托事务。

第九百三十六条【受托人的继承人等的义务】 因受托人死亡、丧失民事行为能力或者被宣告破产、解散，致使委托合同终止的，受托人的继承人、遗产管理人、法定代理人或者清算人应当及时通知委托人。因委托合同终止将损害委托人利益的，在委托人作出善后处理之前，受托人的继承人、遗产管理人、法定代理人或者清算人应当采取必要措施。

实务要点

1. 第 922 条是关于受托人按委托人指示处理委托事务的规定。按照本条规定，受托人的首要的义务是按照委托人的指示处理委托事务。按照本条，受托人一般情况下不应变更委托人指示，但因客观情况发生了变化，为维护委托人的利益，需变更指示时，应经过委托人同意。此外，下述条件下，受托人可不按委托人的指示：(1)因情况紧急，需要立即根据当时的情况采取一些新的措施。(2)由于客观上的原因即非受托人的主观原因，难以和委托人取得联系。(3)受托人妥善处理委托事务是为了委托人的利益所必需的。需注意，无论何种情况，事后受托人应当将该情况及时向委托人作出报告。

2. 第 923 条是关于受托人亲自处理委托事务义务与转委托中相关义务的规定。双方当事人的相互信任是委托合同赖以订立和存续的基础，所以，从学理上讲，委托合同强调的是双方当事人的人身属性。也正因如此，受托人应当亲自处理委托事务。另根据本条，在特殊情况下，受托人可进行转委托，如经过委托人同意或紧急情况下为维护委托人利益需要进行转委托。事先没有取得被代理人同意的，应当在事后及时告诉被代理人，如果被代理人不同意，由代理人对自己所转托的人的行为负民事责任，但在紧急情况下，为了保护被代理人的利益而转托他人代理的除外。

3. 第 924 条是关于受托人报告义务的规定。按照本条，报告义务包括两个方面：一方面是受托人应当按照委托人的要求，报告委托事务的处理情况。另一方面是委托合同终止时受托人应报告办理委托事务的结果。包括处理事务有关经过和具体的结果，相关结果需要证明的，还应提交必要的书面材料和证明文件等。

4. 第 926 条是关于受托人披露义务的规定。本条从另外角度看也是关于委托人介入权、第三人选择权的规定，具体包括委托人可依法行使受托人对第三人的权利、第三人可依法选择受托人或委托人作为相对人主张其权利、委托人可依法向第三人主张其对受托人的抗辩以及受托人对第三人的抗辩的权利。就上述权利本条分三款做了规定：(1)受托人向委托人披露的义务，换言之即委托人的介入权。因第三人对委托人不履行义务，影响到了委托人的利益，受托人应向委托人告知他们双方以外的第三人。委托人因此可以行使受托人对第三人的权利，但委托人行使这一权利时，应当通知受托人与第三人。在第三人得到通知后，除第三人与受托人订立合同时如果知道该委托人就不会订立合同的情况以外，委托人则取代受托人的地位，即合同对委托人与第三人具有了约束力。当然，委托人也可以不行使介入权。(2)受托人向第三人披露的义务，即第三人的选择权。所谓第三人的选择权，是指在受托人与第三人的合同关系之中，由于委托人的原因造成受托人对第三人不履行义务，受托人应当向第三人披露委托人，第三人因此可选择受托人或委托人作为相对人主张其权利的情况。向哪一方请求权利，由第三人决定。但是，第三人一旦选定责任人以后就不得变更。(3)委托人与第三人的抗辩权。委托人行使受托人对第三人的权利的，第三人可以向委托人主张其对受托人的抗辩。第三人选定委托人作为其相对人的，委托人可以向第三人主张其对受托人的抗辩以及受托人对第三人的抗辩。也就是说，委托人行使介入权或者第三人行使选择权，被请求的对方可以行使本条规定的抗辩权。

5. 第 927 条是关于受托人财产转交义务的规定。按照本条规定，受托人处理委托事务取得的财产应转交给委托人。此处所谓“取得的财产”，是一个广义的概念，包括了取得的金钱、实物及金钱与实物所生的孳息，同时还包括了其他方面的财产性权利。另需说明的是，本条规定的受托人转移利益的这项义务，不仅适用于受托人，也适用于转委托的第三人。

6. 第 929 条是关于因受托人赔偿责任的规定。具体如下：(1)有偿委托中，因受托人的过错给委托人造成损失的，委托人可以要求赔偿损失。此处赔偿损失的前提条件有两点：第一点是受托人有过错，包括故意和过失；第二点是损失是因过错引起的，即损失和过错之间有因果关系。(2)无偿委托中，因受托人的故意或重大过失给委托人造成损失的，委托人可要求赔偿损失。由于无偿委托合同，受托人没有报酬，其承担责任的条件相比有偿委托合同的条件要严格一些或者称责任要轻一些。故此处赔偿损失的前提条件为受托人故意或者重大过失。而有偿合同中普通的过失(过错包括了故意和过失两种情况)也要承担责任。(3)受托人超越权限给委托人造成损失的，应当赔偿损失。此处无论是有偿委托，还是无偿委托，都应当赔偿损失。

7. 第935条是关于受托人继续处理委托事务的义务之规定。受托人继续处理事务，若委托合同有偿，受托人仍得请求报酬。此外，相较于《合同法》(已废止)第412条，本条增加了“遗产管理人”的表述。关于继续处理委托事务的终止点，一般认为，受托人应当采取相应的措施保护委托人的利益，直至委托人的继承人、遗产管理人、清算人能接受时为止。

8. 第936条是关于受托人的继承人等的义务之规定。根据本条规定，受托人的继承人、遗产管理人、法定代理人或清算人有以下两项义务：(1)通知的义务。因受托人死亡、丧失民事行为能力或者被宣告破产、解散，致使委托合同终止的，受托人的继承人、遗产管理人、法定代理人或清算人应当及时通知委托人。(2)采取必要措施的义务。因委托合同终止将损害委托人利益的，在委托人作出善后处理之前，受托人的继承人、遗产管理人、法定代理人或清算人应采取必要措施。如保管好委托事务有关的单证和资料及委托事务的财产等。

权威参考案例

1. 上海闽路润贸易有限公司与上海钢翼贸易有限公司买卖合同纠纷案(《最高人民法院公报》2016年第1期)

受托人以自己的名义与第三人订立合同时，第三人不知道受托人与委托人之间的代理关系的，合同约束受托人与第三人。受托人因第三人的原因对委托人不履行义务，受托人向委托人披露第三人后，委托人可以选择是否行使介入权：委托人行使介入权的，则合同直接约束委托人与第三人，委托人可以要求第三人向其承担违约责任；委托人不行使介入权的，根据合同的相对性原则，合同仍约束受托人与第三人，受托人可以向第三人主张违约责任，受托人与委托人之间的纠纷根据委托合同的约定另行解决。

2. 周某均、周某达诉王某琼委托合同纠纷案(《最高人民法院公报》2018年第3期)

借贷关系中，出借人为防止借款无法按期收回而要求借款人提供不动产作为债权担保的，双方应签订抵押合同并办理抵押物登记。出借人回避抵押担保制度，选择指定第三人与借款人签订委托合同并由该第三人取得出售借款人的不动产等重大权利的，此时委托合同虽意在实现抵押担保功能，但其项下的权利义务关系仍应受委托合同的法律规则之制约。委托合同项下，受托人负有遵照委托人指示，本着诚实信用的原则在授权范围内依法善意处理委托事务之法定义务。受托人无视委托人的真实意愿与切身利益，转而根据出借人指令恶意处分委托人财产，即使该处分行为对交易相对方发生效力，受托人仍应就其严重侵害委托人利益的行为承担相应赔偿责任。

3. 苏州阳光新地置业有限公司新地中心酒店诉苏州文化国际旅行社有限公司新区塔园路营业部、苏州文化国际旅行社有限公司委托合同纠纷案（《最高人民法院公报》2012 年第 8 期）

旅游公司借用星级酒店 POS 机刷卡，并在星级酒店获得银行刷卡预付款项后与星级酒店进行结算，在款项的收取和结算上与星级酒店形成委托合同关系。由于星级酒店与银行就境外信用卡 POS 机刷卡签有特约商户协议，对境外银行卡的受理条件、操作流程、风险防范和控制有专门的约定，并对酒店刷卡人员进行了专业的培训，因此星级酒店在有关境外信用卡的刷卡业务上具有一般商事主体不具备的专业知识和风险防控能力。星级酒店在受委托操作 POS 机刷卡时，特别是受理如“无卡无密”这种风险较高的境外信用卡刷卡业务时，应进行认真核查，负有审慎和风险告知的义务。否则，即构成重大过失，应对完成委托事务过程中造成的损害承担相应的赔偿责任。

4. 西能科技公司诉国泰君安证券公司委托管理资产合同纠纷案（《最高人民法院公报》2004 年第 8 期）

资产管理人根据资产管理委托协议，在股市证券买卖交易中，基于商业判断而作出的正常投资行为，只要尽到了善良管理义务，不存在明显的过错，就不应承担交易损失的后果。

涉委托合同的其他规定

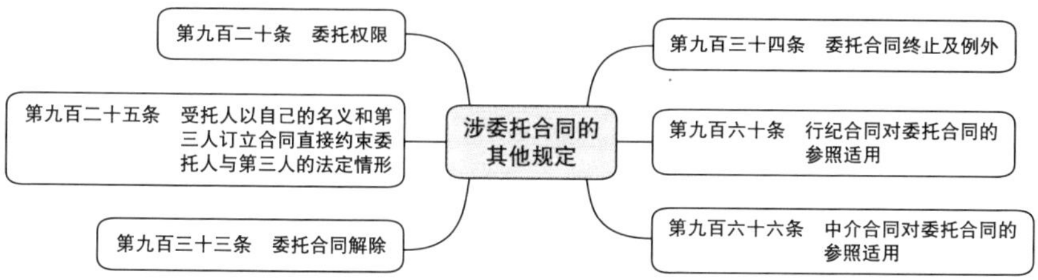

概念

本词条所谓“涉委托合同的其他规定”，主要包括委托权限、受托人以自己的名义和第三人订立合同直接约束委托人与第三人的法定情形、委托合同解除、委托合同终止及例外、行纪合同对委托合同的参照适用、中介合同对委托合同的参照适用等内容。

法典条款

第九百二十条【委托权限】 委托人可以特别委托受托人处理一项或者数项事务，也可以概括委托受托人处理一切事务。

第九百二十五条【受托人以自己的名义和第三人订立合同直接约束委托人与第三人的法定情形】 受托人以自己的名义，在委托人的授权范围内与第三人订立的合同，第三人在订立合同时知道受托人与委托人之间的代理关系的，该合同直接约束委托人和第三人；但是，有确切证据证明该合同只约束受托人和第三人的除外。

第九百三十三条【委托合同解除】 委托人或者受托人可以随时解除委托合同。因解除合同造成对方损失的，除不可归责于该当事人的事由外，无偿委托合同的解除方应当赔偿因解除时间不当造成的直接损失，有偿委托合同的解除方应当赔偿对方的直接损失和合同履行后可以获得的利益。

第九百三十四条【委托合同终止及例外】 委托人死亡、终止或者受托人死亡、丧失民事行为能力、终止的，委托合同终止；但是，当事人另有约定或者根据委托事务的性质不宜终止的除外。

第九百六十条【行纪合同对委托合同的参照适用】 本章没有规定的，参照适用委托合同的有关规定。

第九百六十六条【中介合同对委托合同的参照适用】 本章没有规定的，参照适用委托合同的有关规定。

实务要点

1. 第920条是关于委托权限的规定。以受托人权限范围为标准划分为两类，即特别委托和概括委托。特别委托指双方当事人约定受托人为委托人处理一项或数项事务的委托，概括委托指双方当事人约定受托人为委托人处理一切事务的协议。划分的意义在于，使受托人能够明确自己可以从事哪些代理活动，也使第三人知道受托人的身份和权限，使之有目的、有选择地订立民事合同，以防止因代理权限不明确而引起不必要的纠纷，如果发生了纠纷，也便于根据代理权限确定当事人间的相互责任。

2. 第 925 条是关于受托人以自己的名义和第三人订立合同直接约束委托人与第三人法定情形的规定。第一，合同直接约束委托人和第三人的法定情形。按照本条，对受托人以自己的名义和第三人订立合同，第三人知道代理关系的，该合同直接约束委托人与第三人。此处需掌握两个关键点：(1)受托人在委托人的授权范围内与第三人订立合同，也就是没有超出“委托人的授权范围”。(2)第三人“知道”且知道的时间是“在订立合同时”，还“知道”受托人是委托人的代理人。即第三人在订立合同时知道受托人与委托人之间的代理关系，若订立合同时不知道而是事后知道，则不适用。第二，合同不直接约束委托人和第三人的例外情形。按照本条，“有确切证据证明”该合同只约束受托人与第三人的，不能适用本条的一般规定。此处所称的“有确切证据证明”，主要是指合同中有明确规定或交易习惯证明等，即受托人与第三人在合同中明确约定该合同只约束第三人与受托人自己，不涉及合同以外的其他人，在交易习惯上能够表明该合同也只约束受托人与第三人等。

3. 第 933 条是关于委托合同解除的规定。委托合同解除，是指在委托合同有效成立后，因委托人或者受托人的意思表示，使委托合同关系归于消灭的行为。根据本条规定，在委托合同关系中，只要一方当事人想终止委托合同，就可以随时解除委托合同，且不需要有任何理由，故又称任意解除权。包括以下两方面：第一，委托人或者受托人可以随时解除委托合同。委托人或受托人可单方解除委托合同，无须征得另一方的同意就发生法律效力。因委托合同系以“信任”为存在的条件，若一方不守信用，失信于另一方，再继续履行合同就无必要，所以本条赋予了双方当事人任意解除权。第二，因解除合同给对方造成损失的，除不可归责于该当事人的事由以外，应当赔偿损失。这是解除委托合同应承担的一项法律后果。需注意的是，较《合同法》(已废止)第 410 条而言，本条按照有偿委托与无偿委托，就解除方的赔偿责任进行了不同规定。无偿委托中，解除方赔偿范围仅限于直接损失；有偿委托中，解除方赔偿范围不仅包括直接损失，还包括简介损失，即可获得的利益。

4. 第 934 条是关于委托合同终止及例外的规定。委托合同的成立，是以双方信任为基础，为人格专属的法律关系，如果当事人一方死亡、丧失行为能力或者破产，其继承人、法定代理人与合同的另一方当事人能否取得互相的信任还是未知数，为了避免不必要的纠纷，委托合同原则上应终止。当然，也有例外情况：一是合同另有约定时；二是因委托事宜的性质不宜终止的。

5. 第 960 条是关于行纪合同参照适用委托合同规定的规定。行纪合同和委托合同二者均是一方受他方委托为他方办理一定事务的合同，都属于提供服务的合同。在行纪合同关系中，委托人与行纪人的关系就是一种委托关系，故行纪合同一章的最后一条做了一个适用法律条款的规定，即行纪合同一章没有规定的，参照适用委托合同的有关规定。

6. 第 966 条是关于中介合同参照适用委托合同规定的规定。中介合同和委托合同都是当事人接受委托人委托从事一定事务的合同，都属于提供服务的合同，只不过中介合同委托的事项特殊固定。故中介合同一章的最后一条做了一个适用法律条款的规定，即中介合同一章没有规定的，参照适用委托合同的有关规定。需注意的是，中介合同虽可参照适用委托合同任意解除权的规定，但并非完全适用。中介合同中委托人的任意解除权更接近于承揽合同中定作人的随时解除权。至于中介人是否应当享有任意解除权，还存在不同意见。另外，中介合同有许多区别于委托合同的特点，委托合同的规定，有的也不适用于中介合同，如第 931 条关于另行委托下委托人的赔偿责任。

权威参考案例

1. 厦门航空开发股份有限公司与北京南钢金贸易有限公司及第三人厦门市东方龙金属材料有限公司买卖合同纠纷案（《最高人民法院公报》2017 年第 1 期）

《合同法》（已废止）第 402 条[①]但书前的规定，仅仅适用于单纯的委托合同关系。实践中，因委托合同产生的法律关系，往往不仅仅涉及委托关系，还可能涉及买卖、借贷以及担保等多重法律关系。在此情况下，如简单适用《合同法》（已废止）第 402 条[②]但书前的规定，可能损害委托方合法权益，故应综合考虑全

① 可参考《民法典》第 925 条。

② 可参考《民法典》第 925 条。

部案情，谨慎衡量，正确适用《合同法》(已废止)第402条[①]的规定。

2.上海盘起贸易有限公司与盘起工业(大连)有限公司委托合同纠纷案(《最高人民法院公报》2006年第4期)

根据《合同法》(已废止)第410条[②]规定，委托人或者受托人可以随时解除委托合同。因解除合同给对方造成损失的，除不可归责于该当事人的事由以外，应当赔偿损失。但是，当事人基于解除委托合同而应承担的民事赔偿责任，不同于基于故意违约而应承担的民事责任，前者的责任范围仅限于给对方造成的直接损失，不包括对方的预期利益。

前期物业服务合同

概念

前期物业服务合同，是指在物业区域内的业主或业主大会选聘物业服务之前，由房地产开发建设单位与物业服务人之间订立的，双方约定由物业服务人提供物业服务，对前期的物业服务事项进行处理的合同。本词条所谓“前期物业服务合同”，包括前期物业服务合同约束力、前期物业服务合同终止两部分。

法典条款

第九百三十九条【前期物业服务合同约束力】　建设单位依法与物业服务人订立的前期物业服务合同，以及业主委员会与业主大会依法选聘的物业服务人订立的物业服务合同，对业主具有法律约束力。

第九百四十条【前期物业服务合同终止】　建设单位依法与物业服务人订立的前期物业服务合同约定的服务期限届满前，业主委员会或者业主与新物业服务人订立的物业服务合同生效的，前期物业服务合同终止。

实务要点

1.第939条是关于前期物业服务及物业服务合同对业主约束力的规定。本

① 可参考《民法典》第925条。

② 可参考《民法典》第933条。

条所规定的建设单位与物业服务人订立的前期物业服务合同、业主委员会与物业服务人订立的物业服务合同，不仅对建设单位或业主委员会、物业服务人具有法律约束力，对业主也具有法律约束力。物业服务合同对业主具有法律约束力，业主就不能以非合同当事人为由提出抗辩，也不能仅以未享受或无须接受相关物业服务作为拒绝缴纳物业费的抗辩理由。

2. 第940条是关于前期物业服务合同因物业服务合同生效而终止的规定。前期物业服务合同具有过渡性质，期限一般较短。期限届满时，若没有订立新的物业服务业合同，也没有通过约定延长物业服务合同的服务期限，则前期物业服务合同终止，物业服务人应退出物业服务区域，并做好交接手续。前期物业服务合同终止的原因包括：(1)约定的服务期限届满；(2)服务期限虽未届满，但全体业主通过召开业主大会，选聘新的物业服务人并订立新的物业服务合同，该合同生效时前期物业服务合同终止。

物业服务人义务与责任

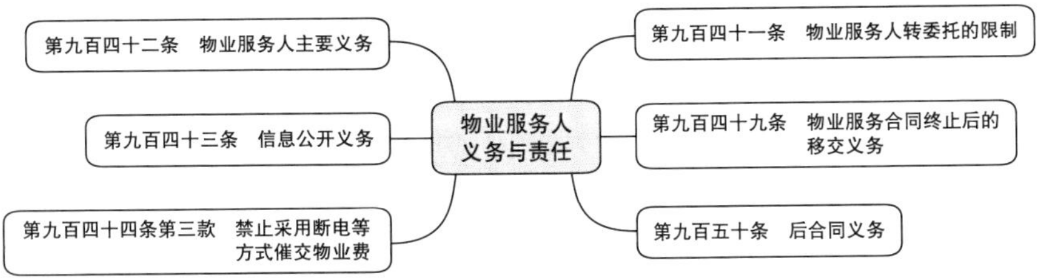

概念

本词条所谓“物业服务人义务与责任”，包括物业服务人主要义务、信息公开义务、禁止采用断电等方式催交物业费、物业服务人转委托时的限制、物业服务合同终止后的移交义务、后合同义务等内容。

法典条款

第九百四十二条【物业服务人主要义务】 物业服务人应当按照约定和物业的使用性质，妥善维修、养护、清洁、绿化和经营管理物业服务区域内的业主共有部分，维护物业服务区域内的基本秩序，采取合理措施保护业主的人身、财产安全。

对物业服务区域内违反有关治安、环保、消防等法律法规的行为，物业服务人应当及时采取合理措施制止、向有关行政主管部门报告并协助处理。

第九百四十三条【信息公开义务】 物业服务人应当定期将服务的事项、负责人员、质量要求、收费项目、收费标准、履行情况，以及维修资金使用情况、业主共有部分的经营与收益情况等以合理方式向业主公开并向业主大会、业主委员会报告。

第九百四十四条第三款【禁止采用断电等方式催交物业费】 物业服务人不得采取停止供电、供水、供热、供燃气等方式催交物业费。

第九百四十一条【物业服务人转委托的限制】 物业服务人将物业服务区域内的部分专项服务事项委托给专业性服务组织或者其他第三人的，应当就该部分专项服务事项向业主负责。

物业服务人不得将其应当提供的全部物业服务转委托给第三人，或者将全部物业服务支解后分别转委托给第三人。

第九百四十九条【物业服务合同终止后的移交义务】 物业服务合同终止的，原物业服务人应当在约定期限或者合理期限内退出物业服务区域，将物业服务用房、相关设施、物业服务所必需的相关资料等交还给业主委员会、决定自行管理的业主或者其指定的人，配合新物业服务人做好交接工作，并如实告知物业的使用和管理状况。

原物业服务人违反前款规定的，不得请求业主支付物业服务合同终止后的物业费；造成业主损失的，应当赔偿损失。

第九百五十条【后合同义务】 物业服务合同终止后，在业主或者业主大会选聘的新物业服务人或者决定自行管理的业主接管之前，原物业服务人应当继续处理物业服务事项，并可以请求业主支付该期间的物业费。

实务要点

1. 第942条是关于物业服务人主要义务的规定。物业服务人的主要义务，即按照合同约定、法律法规规定和物业的使用性质，为业主提供物业服务。主要包括以下几个方面的内容：(1)对业主共有部分的管理和维护。(2)维护物业服务区域内的基本秩序。(3)保护业主的人身财产安全。未尽到安全保障义务，致业主人身财产安全受到侵害，应承担违约责任。符合侵权责任要件时，系违约责任与侵权责任的竞合，受损业主可选择。(4)对违法行为的制止、报告等义务。

2. 第943条是关于物业服务人信息公开及报告义务的规定。另需注意，此处的公开，指向业主公开而非其他社会公众。规定物业服务人的此项义务，有利于保障业主知情权，也是实现业主对物业服务人进行较好监督的需要，进而促进物业服务人努力做好各项服务工作，实现物业服务合同的目的。关于业主公开和报告的具体内容、范围、方式、时间等，当事人可在物业服务合同中约定。常规事项外，涉及业主共同财产或共同利益的重要情况，也应及时向业主公开，向业主大会或业主委员会报告。

3. 第 944 条第 3 款是关于禁止物业服务人采用断电等方式催交物业费的规定。物业费，是指物业服务人按照物业服务合同的约定，对物业服务区域内的建筑物及其附属设施、相关场地进行维修、养护、管理，维护相关区域内的环境卫生和秩序等，而向业主收取的报酬。物业服务人虽有按照合同向业主收取物业费的权利，但不应采用断水、断电等严重影响业主基本生活的方式催缴，否则造成业主损失的，应承担相应的赔偿责任。对逾期未支付的业主，物业服务人可通过诉讼或仲裁等合法途径主张权利。

4. 第 941 条是关于物业服务人转委托限制的规定。物业服务人可将物业服务区域内的部分专项服务事务委托给专业性服务组织或其他第三人。虽不必经业主同意，但物业服务人仍需就该专项服务事项向业主负责。因转委托的第三人原因致物业服务人未能履行物业服务合同而违约的，业主可向物业服务人主张违约责任，物业服务人可向第三人求偿。此外，依据本条第 2 款，物业服务人不得将全部物业服务转委托给第三人，也不得将全部物业服务支解后分别转委托给他人。如此规定，是为了更好地保护业主的合法权益，促进物业服务行业的持续健康发展。需注意，本条所说的转委托，并非委托合同中的转委托，不适用委托合同关于转委托的相关规则。

5. 第 949 条是关于物业服务合同终止后的移交义务之规定。物业服务人在物业服务合同终止后，基于本条规定应承担的义务主要包括：（1）在约定期限或合理期限内退出物业服务区域。（2）妥善移交义务，包括移交物业服务用房和相关设施，以及物业服务所必需的相关资料，配合新物业服务人做好交接工作。（3）如实告知物业的使用和管理状况。告知对象，包括全体业主、业主委员会、新的物业服务人。物业服务人违反上述义务，不仅不得请求支付合同终止后的物业费，造成业主损失的，还需赔偿。此外，物业服务合同终止后，物业服务人可能还需履行其他义务，包括但不限于以下几项：（1）提供服务期间所掌握的有关信息、资料和情况的保密义务。(2)返还占有的属于业主的财产,主要是物业服务人利用业主共有部分从事经营活动获得的收益。(3)应退还已预收尚未提供物业服务期间的物业费。

6. 第950条是关于物业服务人后合同义务的规定。后合同义务是一个较为宽泛的概念,本条涉及的仅是其中的部分,即物业服务合同终止后、新服务人接管原物业服务人应继续提供物业服务的义务。本条规定的目的,一是出于保护业主利益的考虑,二是基于诚信原则的要求,三是符合公平与效率的目的。当然,此时物业服务人可请求业主支付其继续服务期间的物业费。

权威参考案例

1. 陈某豪与南京武宁房地产开发有限公司、南京青和物业管理有限公司财产损害赔偿纠纷案(《最高人民法院公报》2013年第5期)

物业服务企业对小区共有部分负有保养、维护义务,对于可能对业主财产造成损害的小区共用部分的安全隐患,应当及时消除,否则致业主财产损害后,物业服务企业应承担违约责任,对业主的损失进行赔偿。即便该安全隐患是第三人造成的,也不能免除物业服务企业的违约责任,因第三人侵权致小区共用部分对业主财产造成损害的,物业服务企业可以免责的情形是物业服务企业已履行了保养维护义务,而第三人侵权是不可预见、不可避免的。

2. 汤某1诉连云港光鼎置业有限公司、灌南县开源物业管理有限公司人身损害赔偿纠纷案(《最高人民法院公报》2017年第3期)

物业公司作为小区健身器材的管理人,应当对健身器材进行日常管理和维护,器材存在安全隐患的,物业公司应设置安全警示标志并及时维修,以保障他人使用器材时的安全。物业公司未尽到该职责造成他人损害的,应依法承担相应赔偿责任。

3. 赵某某与沈阳皇朝万鑫酒店管理有限公司、沈阳中一万鑫物业管理有限公司财产损害赔偿纠纷案(《最高人民法院公报》2019年第5期)

消防安全事关人身、财产安全,属于社会公共利益,确保建筑物消防安全是建设单位的法定义务。商品房买卖合同的购房人一般不具有检测所购房屋是否符合消防安全规定的能力,难以适用一般商品买卖合同在标的物交付后买受人应当及时检验产品质量的规定。案涉责任人在不同时期的数个行为密切结合致使火灾发生，侵权行为、致害原因前后接继而非叠加，责任人对火灾的发生均有重大过失，但没有共同故意或者共同过失，应各自承担相应的责任。建设单位并非主动积极的行为致受害人权益受损，不承担主要责任。另外，物业服务企业依法或依约在物业管理区域内负有安全防范义务，应协助做好安全事故、隐患等的防范、制止或救助工作。第三人原因致损，物业服务企业未尽到专业管理人的谨慎注意义务的，应在其能够预见和防范的范围内承担相应的补充责任。

4. 孙某某诉南京市清江花苑小区业主委员会业主知情权纠纷案（《最高人民法院公报》2015 年第 12 期）

业主作为建筑物区分所有人，享有知情权，享有了解本小区建筑区划内涉及业主共有权及共同管理权等相关事项的权利，业主委员会应全面、合理公开其掌握的情况和资料。对于业主行使知情权亦应加以合理限制，防止滥用权利，其范围应限于涉及业主合法权益的信息，并遵循简便的原则。

业主义务

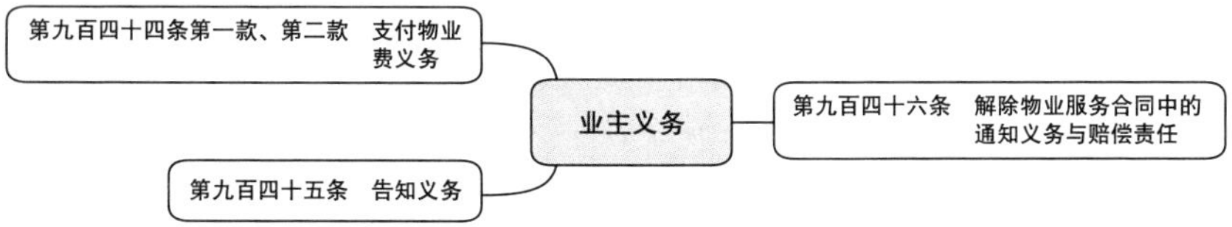

概念

本词条所谓“业主义务”，包括支付物业费的义务、相关情况的告知义务、解除物业服务合同中的通知义务与赔偿等内容。

法典条款

第九百四十四条第一款、第二款【支付物业费义务】 业主应当按照约定向物业服务人支付物业费。物业服务人已经按照约定和有关规定提供服务的，业主不得以未接受或者无需接受相关物业服务为由拒绝支付物业费。

业主违反约定逾期不支付物业费的，物业服务人可以催告其在合理期限内支付；合理期限届满仍不支付的，物业服务人可以提起诉讼或者申请仲裁。

第九百四十五条【告知义务】 业主装饰装修房屋的，应当事先告知物业服务人，遵守物业服务人提示的合理注意事项，并配合其进行必要的现场检查。

业主转让、出租物业专有部分、设立居住权或者依法改变共有部分用途的，应当及时将相关情况告知物业服务人。

第九百四十六条【解除物业服务合同中的通知义务与赔偿责任】 业主依照法定程序共同决定解聘物业服务人的，可以解除物业服务合同。决定解聘的，应当提前六十日书面通知物业服务人，但是合同对通知期限另有约定的除外。

依据前款规定解除合同造成物业服务人损失的，除不可归责于业主的事由外，业主应当赔偿损失。

实务要点

1. 第 944 条第 1 款、第 2 款是关于业主支付物业费义务的规定。按合同约定向物业服务人支付物业费，是业主最基本也是最核心的合同义务。物业费的缴纳主体，就前期物业服务合同而言，应当是建设单位或业主；就普通物业服务而言，为业主。一般认为，不论是前期物业服务合同还是普通物业服务合同，都应以房屋交付作为业主开始承担物业费的时间点。物业费的收费范围、标准与收取办法，一般在物业服务合同作出约定，物业服务人不得擅自单方不合理定价，包括不得扩大收费范围、不得擅自条收费标准、不得重复收费。基于实现物业服务合同的目的，保障全体业主共同利益的考虑，业主不能以无须接受相关物业服务为由拒绝支付物业费。业主无正当理由逾期不支付物业费的，构成违约，应承担相应违约责任。对此，物业服务人可向法院提起诉讼或申请仲裁。

2. 第 945 条是关于业主就有关重要事项向物业服务人的告知义务之规定。本条所谓重要事项，包括装饰装修房屋，转让、出租物业专有部分，设立居住权或依法改变共有部分用途等。因出现上述情况时，可能会影响到其他业主的合法权益，影响到物业服务人对全体业主的物业服务及对小区物业的管理。

3. 第 946 条是关于业主解除物业服务合同中的通知义务与赔偿责任的规定。为保护业主合法权益，构建和谐物业服务关系，本条规定了业主对物业服务合同的任意解除权。此处的业主并非单个业主，而是全体业主，形式方面即由专有部分面积占比 2/3 以上且人数占比 2/3 以上业主参与表决，经参与表决的“双过半数”同意。另需注意，业主最终决定解聘的，应提前 60 日书面通知物业服务人，合同对通知期限另有约定的除外。且业主行使任意解除权解除合同造成物业服务人损失的，除不可归责于业主的事由外，应赔偿物业服务人的损失。因合同解除对非继续性合同具有溯及力，对非继续性合同没有溯及力。物业服务合同作为继续性合同，合同解除后恢复原状不具有现实意义，故物业服务人可请求相应的损失赔偿，主要是与其已经履行期间的部分合同义务相对应的物业费。

物业服务合同续订

概念

本词条所谓“物业服务合同续订”，主要包括物业服务合同届满前的续订、不定期物业服务合同两个方面的内容。

法典条款

第九百四十七条【物业服务合同届满前的续订】 物业服务期限届满前，业主依法共同决定续聘的，应当与原物业服务人在合同期限届满前续订物业服务合同。

物业服务期限届满前，物业服务人不同意续聘的，应当在合同期限届满前九十日书面通知业主或者业主委员会，但是合同对通知期限另有约定的除外。

第九百四十八条【不定期物业服务合同】 物业服务期限届满后，业主没有依法作出续聘或者另聘物业服务人的决定，物业服务人继续提供物业服务的，原物业服务合同继续有效，但是服务期限为不定期。

当事人可以随时解除不定期物业服务合同，但是应当提前六十日书面通知对方。

实务要点

1. 第 947 条是关于物业服务合同续订的规定。物业服务合同即将届满前，业主面临续聘物业服务人与选聘其他物业服务人的选择。若选择续订的，应与物业服务人续订物业服务合同，形式方面也按要求由专有部分面积占比 2/3 以上且人数占比 2/3 以上业主参与表决，经参与表决的“双过半数”同意。若物业服务人不同意续聘的，应在合同期满前 90 日书面通知业主或业主委员会。如此规定，是为了此时业主有重新选聘新物业服务人的时间。当然，90日的期限是任意性规定，双方可以作出特别约定。

2. 第948条是关于不定期物业服务合同的约定。本条主要针对物业服务期限届满后没有续聘的情况下物业服务人继续提供物业服务的情形。从保护全体业主共同利益角度出发并平衡双方利益，此时，原物业服务合同继续有效，但限期为不定期。对该不定期物业服务合同，双方当事人都可以随时解除物业服务合同，需提前60日书面通知对方。

行纪人义务

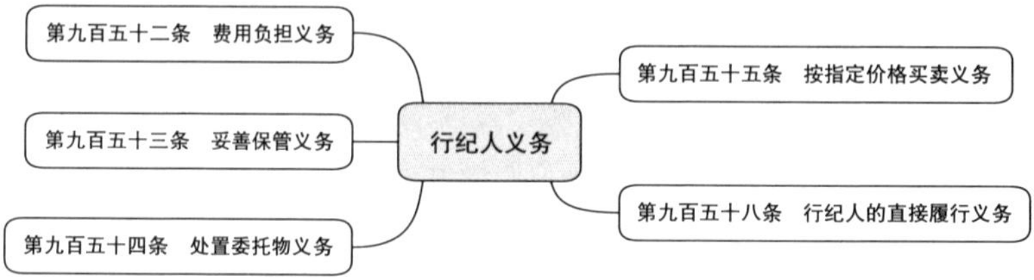

概念

行纪合同中行纪人的义务，主要包括费用负担义务、妥善保管义务、处置委托物的义务、按指定价格买卖义务、行纪人的直接履行义务等内容，本词条对此进行了收录。

法典条款

第九百五十二条【费用负担义务】 行纪人处理委托事务支出的费用，由行纪人负担，但是当事人另有约定的除外。

第九百五十三条【妥善保管义务】 行纪人占有委托物的，应当妥善保管委托物。

第九百五十四条【处置委托物义务】 委托物交付给行纪人时有瑕疵或者容易腐烂、变质的，经委托人同意，行纪人可以处分该物；不能与委托人及时取得联系的，行纪人可以合理处分。

第九百五十五条【按指定价格买卖义务】 行纪人低于委托人指定的价格卖出或者高于委托人指定的价格买入的，应当经委托人同意；未经委托人同意，行纪人补偿其差额的，该买卖对委托人发生效力。

行纪人高于委托人指定的价格卖出或者低于委托人指定的价格买入的，可以按照约定增加报酬；没有约定或者约定不明确，依据本法第五百一十条的规定仍不能确定的，该利益属于委托人。

委托人对价格有特别指示的，行纪人不得违背该指示卖出或者买入。

第九百五十八条【行纪人的直接履行义务】 行纪人与第三人订立合同的，行纪人对该合同直接享有权利、承担义务。

第三人不履行义务致使委托人受到损害的，行纪人应当承担赔偿责任，但是行纪人与委托人另有约定的除外。

实务要点

1. 第952条是行纪人费用负担义务的规定，即行纪人处理委托事务支出的费用由行纪人负担。本条规定包括两个方面的含义：(1)行纪人处理委托事务支出的费用，由行纪人负担。这是一项原则性的规定。行纪人处理委托事务支出的费用指的是行纪人的经营成本，包括了经营风险、行纪活动支出的诸如交通费、差旅费等费用。行纪人的经营成本一般计算在委托人支付的报酬之中。(2)当事人另有约定的，行纪人处理委托事务支出的费用也可以由委托人负担。即委托人与行纪人事先有约定，无论行纪人从事的活动成功与否，行纪人为此支出的活动费用，均由委托人偿还。有约定按约定办理，无约定时则按本条原则性规定办理。

2. 第953条是关于行纪人妥善保管委托物义务的规定。本条所称的“妥善保管”，是指行纪人要像保管自己的物品一样保管好委托物。从学理上讲，也就是要以善良管理人应有的注意义务进行保管。本条所称的“委托物”，不仅包括一般意义上的物，还应包括委托人交付行纪人的金钱及权利凭证等。

3. 第954条是关于行纪人处置委托物义务的规定。主要包括两个方面：(1)委托物交付给行纪人时有瑕疵或者容易腐烂、变质的，经委托人同意，行纪人可以处分该物。在这一规定中，行纪人处分委托物需要具备两个条件：一是委托物交付给行纪人时有瑕疵或容易腐烂、变质的；二是经过委托人同意。符合上述两个条件的，行纪人就可按照委托人的指示对委托物处分，如拍卖、变卖。(2)不能与委托人及时取得联系的，行纪人可合理处分。在这一规定中，行纪人合理处分委托物的条件是，行纪人“不能与委托人及时取得联系”，如通讯中断、委托人远行等方面的原因。所谓“合理”，即应以善良管理人的标准来衡量，根据委托物的实际情况决定处分的价格和方式等。从本质上看，本条规定的内容既是行纪人应履行的义务，也是其权利。

4. 第 955 条是关于行纪人按委托人指定价格买卖义务的规定。行纪人不按照委托人指示买卖的，委托人可以拒绝承受，因此造成损失的，由行纪人赔偿。行纪人不按照指定价格进行买卖包括两种情况：(1)对委托人不利的情况，即以低于委托人指定的价格卖出或高于委托人指定的价格买入的情况。此时，在卖出、买入前，应及时报告委托人，取得委托人的同意。如果没有取得委托人的同意，而以低于委托人指定的价格卖出或者高于委托人指定的价格买入的，行纪人自愿补偿其差额的，该买卖对委托人发生效力。(2)对委托人有利的情况，即以高于委托人指定的价格卖出或者低于委托人指定的价格买入的情况。此时，高价卖出多收的价款或低价买入结余的价款，应归委托人。行纪人要求增加报酬，而行纪合同没有约定或者约定不明确的，按照本条规定：双方可以协商解决；如果不能达成补充协议的，依照本法第 510 条的规定处理；仍不能确定的，该利益则属于委托人，行纪人不能取得报酬。另需注意，委托人对价格有特别指示的，如不能够违背委托人指示的价格幅度等，行纪人不得违背该指示卖出或者买入，否则需承担相应责任。

5. 第 958 条是关于行纪人的直接履行义务的规定。本条包括两个方面的内容：(1)行纪人与第三人订立合同的，行纪人对该合同直接享有权利、承担义务。此处是指行纪人与第三人的合同关系，若行纪人与第三人订立了合同，即产生了合同关系，行纪人就必须自己直接对合同享有权利、承担义务。第三人不能直接对委托人主张损害赔偿权，而只能向行纪人主张权利。(2)第三人不履行义务致使委托人受到损害的，行纪人应当承担损害赔偿责任，但行纪人与委托人另有约定的除外。此处讲的是，行纪人与委托人的损害赔偿的法律关系。即第三人不履行义务致使委托人受到损害的，委托人需追究行纪人的责任，不能直接追究第三人的责任。行纪人不得以自己无过错为由拒绝承担责任。行纪人承担责任后可向第三人行使追偿权。当然，在行纪人与委托人另有约定的情况下，可不执行本条规定，即行纪人可不承担损害赔偿责任。

行纪人权利

第九百五十六条　行纪人介入权 —— 行纪人权利 —— 第九百五十九条　行纪人报酬请求权与留置权

概念

本词条所谓“行纪人权利”，包括行纪人的介入权、请求支付报酬权两个方面的内容。

法典条款

第九百五十六条【行纪人介入权】　行纪人卖出或者买入具有市场定价的商品，除委托人有相反的意思表示外，行纪人自己可以作为买受人或者出卖人。

行纪人有前款规定情形的，仍然可以请求委托人支付报酬。

第九百五十九条【行纪人报酬请求权与留置权】　行纪人完成或者部分完成委托事务的，委托人应当向其支付相应的报酬。委托人逾期不支付报酬的，行纪人对委托物享有留置权，但是当事人另有约定的除外。

实务要点

1. 第956条是关于行纪人介入权的规定，即行纪人自己可作为买受人或出卖人。本条规定包括两个方面的内容：(1)行纪人自己作为买受人或出卖人买入或卖出的商品需是“具有市场定价的商品”，这一规定的目的是防止对委托人造成不利的后果和确保行纪人能公平地行使介入权。(2)在委托人没有明确限制性要求的情况下，行纪人可作为买受人或出卖人。但特定情况下，即“委托人有相反的意思表示的”，则是不可以的。需进一步说明的是，行纪人行使了介入权，但其仍然是行纪合同的一方当事人，委托人应向行纪人支付合同约定的报酬。

2. 第959条是关于行纪人请求委托人支付报酬权的规定。行纪合同是一种有偿合同，基于有偿合同这一性质，本条做了两方面规定：(1)行纪人完成或部分完成委托事务的，委托人应当向其支付相应的报酬。“相应的报酬”，是与“完成或者部分完成委托事务”相对应的。具体数额及支付方式、时间，一般情况下可通过合同约定确定。此外，本条规定的报酬支付请求权，还包括由于委托人的过错使合同义务部分或全部不能履行而引起委托合同提前终止时，行纪人请求支付报酬的权利。(2)委托人逾期不支付报酬的，行纪人对委托物享有留置权，但当事人另有约定的除外。这是行纪人的一项法定的权利，即“留置权”。由于本条在“担保物权类型与适用范围”已有收录与解读，关于本条所涉留置权内容，此处不再重复。

中介人义务

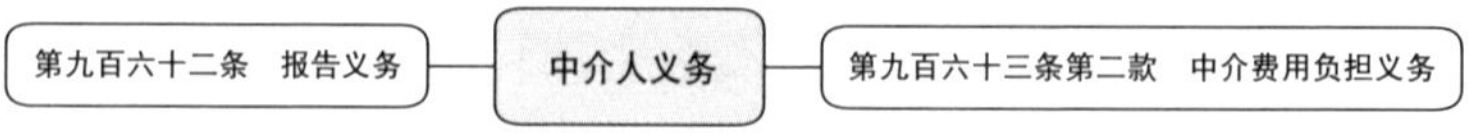

概念

本词条所谓“中介人义务”，主要包括中介合同中中介人的报告义务、中介费用负担义务两方面的内容。

法典条款

第九百六十二条【报告义务】　中介人应当就有关订立合同的事项向委托人如实报告。

中介人故意隐瞒与订立合同有关的重要事实或者提供虚假情况，损害委托人利益的，不得请求支付报酬并应当承担赔偿责任。

第九百六十三条第二款【中介费用负担义务】　中介人促成合同成立的，中介活动的费用，由中介人负担。

实务要点

1. 第962条是关于中介人报告义务的规定。《民法典》合同编用“中介合同”代替了《合同法》(已废止)“居间合同”，在“各典型合同定义”中已进行说明，不再重复。诚实信用原则是中介人履行合同义务的重要原则。中介合同履行中，中介人必须实事求是地就自己所实际掌握的信息，如实地向委托人提供最方便、最有利、最有价值、最及时的订约渠道，并保证提供的信息真实和可靠。关于本条内容，需注意两点：(1)中介人应就有关订立合同的事项向委托人如实报告，是一项法定的义务，强调的是中介人的“诚实信用”。此处所称的“订立合同的事项”，是指中介人知悉的与订立合同有关的所有事项，包括合同涉及的相对人的资信状况、生产能力、相关产品的质量以及履约能力等。(2)中介人的损害赔偿责任。中介人“故意隐瞒与订立合同有关的重要事实或者提供虚假情况”，与本条第 1 款规定的义务相悖，也与中介活动的性质及作用相悖。一旦出现了这种情况，致委托人利益受损的，中介人要同时承担两个法律后果：一是不得要求支付报酬；二是应当承担损害赔偿责任。

2. 第 963 条第 2 款是关于中介费用负担义务的规定。中介活动的费用，主要是指中介人为从事中介行为而支出的一些费用，如住宿费、交通费。按照本条第 2 款，在促成合同成立的情况下，中介活动的费用由中介人负担。之所以如此规定，主要在于此时中介活动的费用已作为成本计算在报酬之内了。

权威参考案例

1. 李某东诉上海汉宇房地产顾问有限公司居间合同纠纷案（《最高人民法院公报》2015 年第 2 期）

在房屋买卖居间活动中，中介公司（居间人）对于受托事项及居间服务应承担符合专业主体要求的注意义务，注重审查核实与交易相关的主体身份、房产权属、委托代理、信用资信等证明材料的真实性。中介公司因未尽必要的注意义务而未能发现一方提供的相关材料存在重大瑕疵、缺陷，由此使另一方受欺诈遭受损失的，应根据其过错程度在相应的范围内承担赔偿责任。

2. 应某某诉亿贝易趣网络信息服务（上海）有限公司服务合同纠纷案（《最高人民法院公报》2007 年第 3 期）

当事人通过网站交易平台与他人订立网络买卖合同，但未实际履行该合同，而是利用网站提供的合同对方的个人信息，通过电话联系方式与对方订立了与网络买卖合同完全不同的新的合同，该新合同与网站无关，当事人因履行该新合同而遭受经济损失的，网站不承担赔偿责任。

中介人报酬请求权

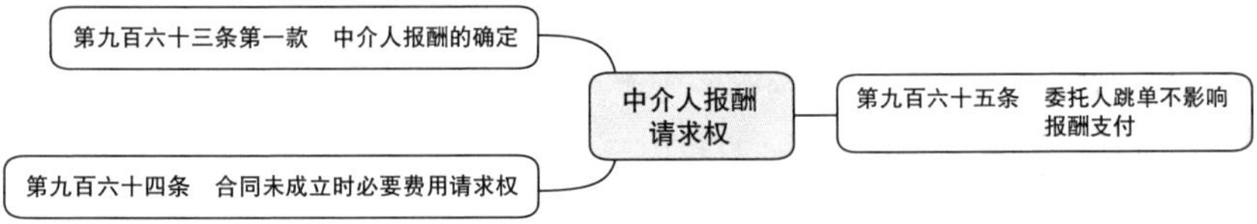

概念

本词条所谓“中介人报酬请求权”，主要涉及中介合同中中介人报酬的确定、合同未成立时必要费用请求权、委托人“跳单”不影响报酬支付等内容。

法典条款

第九百六十三条第一款【中介人报酬的确定】　中介人促成合同成立的，委托人应当按照约定支付报酬。对中介人的报酬没有约定或者约定不明确，依据本法第五百一十条的规定仍不能确定的，根据中介人的劳务合理确定。因中介人提供订立合同的媒介服务而促成合同成立的，由该合同的当事人平均负担中介人的报酬。

第九百六十四条【合同未成立时必要费用请求权】　中介人未促成合同成立的，不得请求支付报酬；但是，可以按照约定请求委托人支付从事中介活动支出的必要费用。

第九百六十五条【委托人跳单不影响报酬支付】　委托人在接受中介人的服务后，利用中介人提供的交易机会或者媒介服务，绕开中介人直接订立合同的，应当向中介人支付报酬。

实务要点

1. 第963条第1款是关于中介人报酬确定的规定。本条关于中介人的报酬需注意以下问题：一是中介人促成合同成立的，委托人应当按照约定支付报酬。也就是说，中介人要取得事实上的报酬，还需要具备一定的条件：首先，“促成合同成立”，即所介绍的合同应当促成即成立。若合同无效或被撤销的，则不符合。其次，合同的成立与中介人的介绍有因果关系。二是中介人的报酬的确定。包括合同中确定的报酬、对中介人的报酬没有约定或者约定不明确的依照《民法典》第510条的规定确定和根据中介人的劳务合理确定三种方式。三是中介人报酬的负担主体。中介人的报酬，原则上由委托人给付。但在因中介人提供订立合同规定媒介服务而促成合同成立的，中介人促成了委托人和第三人之间的合同订立，委托人和第三人都因此受益，故由该合同的当事人平均负担中介人的报酬。当然，按照合同自由的原则，合同另有约定或另外有行业习惯的，也可按照合同另有约定或另外有的行业习惯处理。

2. 第964条是关于合同成立时中介人必要费用请求权的规定。关于本条，另需注意以下两个方面：(1)中介人未促成合同成立的，不得要求支付报酬。也就是说，中介人要求取得报酬的前提条件是“促成合同成立”。(2)中介人未促成合同成立的，虽不能要求支付报酬，但可要求委托人支付从事中介活动支出的必要费用。中介合同中的报酬和本条所称的必要费用性质不同，前者属于中介合同中涉及的一笔款项，是中介人服务成果的对价；后者不属于中介合同中涉及的一笔款项，“费用”则不是中介人服务成果的对价，其属于在促使合同订立的活动过程中(合同并未能够促成)而支出的一些必要费用，如交通费。

3. 第965条是关于中介合同中委托人“跳单”不影响报酬支付的规定。本条所谓“跳单”，是指委托人接受中介人的服务后，利用中介人提供的订约信息或媒介服务，绕开中介人直接与第三人签订合同的行为，以避免向中介人支付报酬。“跳”的形式有两种：一种是委托人直接与第三人私下订立合同，另一种是委托人通过其他中介与第三人订立合同。“跳单”行为违背诚信和公平原则，严重损害中介人利益，扰乱市场秩序，阻碍中介行业健康发展，故本条规定，此种情况下委托人仍需向中介人支付报酬。需说明的是，委托人委托多个中介人从事中介活动，多个中介人为其提供交易信息或媒介服务，委托人最后选择其中一个中介人与第三人订立合同，此种情况并不构成“跳单”。

权威参考案例

1. 上海中原物业顾问有限公司诉陶某某居间合同纠纷案(最高人民法院指导性案例第1号)

房屋买卖居间合同中关于禁止买方利用中介公司提供的房源信息却绕开该中介公司与卖方签订房屋买卖合同的约定合法有效。但是，当卖方将同一房屋通过多个中介公司挂牌出售时，买方通过其他公众可以获知的正当途径获得相同房源信息的，买方有权选择报价低、服务好的中介公司促成房屋买卖合同成立，其行为并没有利用先前与之签约中介公司的房源信息，故不构成违约。

2. 英属维尔京群岛万嘉融资咨询私人有限公司、马来西亚叶某某与中宇建材集团有限公司居间合同纠纷上诉案(2017年5月15日《最高人民法院发布的第二批“一带一路”建设典型案例》案例2)

居间人为投资者或者募集者提供居间服务，其报酬请求权应受法律保护。

涉外居间合同纠纷中,法院应充分尊重当事人意思自治原则,可根据合同约定确定居间报酬的金额,并根据实际情况适当调整居间报酬的支付方式,平等保护各方当事人的合法权益,维护交易秩序,促进国际投资和国际交流。

合伙人义务

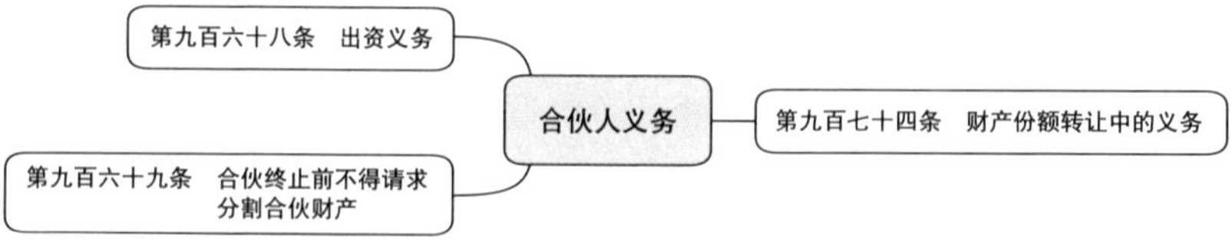

概念

合伙合同系《民法典》合同编新增的一类典型合同。所谓合伙人义务,主要包括合伙合同中合伙人的出资义务、合伙终止前不得请求分割合伙财产的义务以及财产份额转让中的义务等。

法典条款

第九百六十八条【出资义务】 合伙人应当按照约定的出资方式、数额和缴付期限,履行出资义务。

第九百六十九条【合伙终止前不得请求分割合伙财产】 合伙人的出资、因合伙事务依法取得的收益和其他财产,属于合伙财产。

合伙合同终止前,合伙人不得请求分割合伙财产。

第九百七十四条【财产份额转让中的义务】 除合伙合同另有约定外,合伙人向合伙人以外的人转让其全部或者部分财产份额的,须经其他合伙人一致同意。

实务要点

1. 第968条是关于合伙人出资义务的规定。本条规定贯彻合同自由原则,对合伙人出资的方式、数额、缴付期限交由合伙人在合伙合同中协商一致确定。合伙人可以以资金、实物在内的财产,用益物权、债权、知识产权等财产权利出资,其他法律法规有特别规定的,从其规定。关于出资数额,合伙合同没有约定的,由合伙人协商补充,协商不成的,合伙人承担数量相等的出资。缴付期限,没有约定或者约定不明,自合伙合同成立之日起,合伙人即负有出资义务。关于出资义务另需注意以下两点：(1)合伙人对出资负有担保义务，即确保对出资财产或财产权利等具有合法的处分权，出资存有瑕疵的，应当承担补救责任。如果合伙人违反合伙合同约定的出资事项也损害了合伙本身的利益，应区分合伙本身是否具有独立民事主体地位来确定是否可以请求导致合伙损害的合伙人承担责任。(2)劳务出资的法律性质。劳务是一种特殊的商品，以劳务出资是与合伙由合伙人共同经营的特征相适应的。作为合伙出资的劳务只能由提供劳务的合伙人个人所有。作为行为的劳务自然不能成为物权的客体，不能成为合伙财产，也不能为合伙人共有。合伙人以劳务出资的行为，仅是一种债权行为，若合伙人未按合伙合同的约定履行提供劳务的义务，其他合伙人只能主张该出资人的违约责任，即基于债权请求权请求该违约人提供劳务。经其他合伙人请求，该合伙人仍然拒绝提供劳务，合伙人只能要求该合伙人赔偿损失，但不能要求法院强制执行合伙人的劳务。

2. 第 969 条是关于合伙终止前合伙人不得请求分割合伙财产义务的规定。所谓合伙财产，有广义、狭义之分。狭义的合伙财产是指合伙存续期因经营合伙事务取得的一切积极财产；广义的合伙，财产是指合伙存续期因经营合伙事务取得的一切财产，包括合伙负债。本条规定采纳狭义说的观点，仅指积极财产。本条第 1 款根据合伙财产来源不同，规定了合伙财产的具体范围：(1)合伙人的出资。(2)因合伙事务依法取得的收益，包括合伙的营业收入、购买的各类财产等。(3)依法取得的其他财产，如因他人侵权而获得损害赔偿或者合法接受赠与的财产。需注意，关于合伙财产，本条第 2 款明确了，合伙合同终止前，合伙人不得请求分割。合伙财产作为共有财产，由合伙人共同管理和使用。合伙合同存续期间，倘若允许合伙人分割合伙财产，一方面，背离合伙目的，将导致合同目的无法实现；另一方面，损害了合伙本身的稳定和发展，影响债权人利益实现。故有必要通过规定保持合伙财产的稳定性。

3. 第 974 条是关于合伙财产份额转让中合伙人义务的规定。合伙人向合伙人以外的人转让其财产份额，表面上看属于合伙人处分其合伙份额的行为，实质上涉及合伙合同主体变更，直接影响合伙合同存续，属于影响合伙稳定的重大事项。依据合伙人是否转让全部财产份额，分两种情形：一是自愿退伙；二是第三人新入伙。合伙人转让其全部份额的，原合伙人因不再享有任何合伙财产份额，实际上已经丧失了合伙人资格，属于自愿退伙的情形；合伙人转让部分财产份额的，第三人因受让合伙人财产份额加入合伙，属于新入伙的情形。本条贯彻合同自由原则，赋予合伙人自行协商确定合伙人向合伙人以外的人转让财产份额决定规则的权利，合伙人可约定过半数人同意或者多数人同意，具体转让规则由合伙人在合伙合同协商一致确定。合伙合同没有约定的，合伙人向合伙人以外的人转让全部或者部分财产份额的，须经其他合伙人一致同意。关于本条，另需注意以下几点：(1)合伙合同终止后，合伙人享有的剩余合伙财产分配权或其他衍生财产，有权向合伙人以外的人转让，无须经全体合伙人一致同意。(2)合伙人就其享有的合伙财产份额权利向合伙人之外的人设立质权的，除合伙合同有约定外，应当经其他合伙人一致同意。

合伙事务

概念

“合伙事务”词条，主要涉及合伙合同中合伙事务的执行、合伙事务执行无报酬的内容。

法典条款

第九百七十条【合伙事务执行】　合伙人就合伙事务作出决定的，除合伙合同另有约定外，应当经全体合伙人一致同意。

合伙事务由全体合伙人共同执行。按照合伙合同的约定或者全体合伙人的决定，可以委托一个或者数个合伙人执行合伙事务；其他合伙人不再执行合伙事务，但是有权监督执行情况。

合伙人分别执行合伙事务的，执行事务合伙人可以对其他合伙人执行的事务提出异议；提出异议后，其他合伙人应当暂停该项事务的执行。

第九百七十一条【合伙事务执行无报酬】　合伙人不得因执行合伙事务而请求支付报酬，但是合伙合同另有约定的除外。

实务要点

1. 第 970 条是关于合伙事务执行的规定。所谓合伙事务，是指在合伙存续期间所有与合伙事业相关的、涉及合伙利益的事务。为实现共同事业目的，合伙关系存续期间发生的一切活动均属于合伙事务，包括入伙、退伙、合同解除、处分合伙财产、延长合伙期限，也包括合伙经营、管理活动。本条对合伙事务执行进行了全面细致的规定，新增了合伙人异议权制度。具体而言，一是合伙事务决定，以一致同意为原则，合同另有约定为例外；二是合伙事务原则上应当由全体合伙人共同执行；三是确立委托合伙人执行合伙事务制度；四是增加合伙人异议权制度。“共同决定”是否严格限定为“一致同意”，原则上由合伙人自行约定，合伙事务决定规则以不违反法律、损害少数合伙人利益为前提。另需指出，无论合伙人出资多寡，每个合伙人均享有平等的表决权。没有约定或约定不明且无法补充协商一致的，就合伙事务作出决定的，须经全体合伙人一致同意。合伙事务须由全体合伙人共同决定，但对合伙人共同的决定，可以委托一个或者数个合伙人具体执行。这里的“委托”虽具有委托的特征，但不是委托关系，而是基于合伙关系产生，源于合伙合同约定或合伙人一致决定。受委托的合伙人享有的代表权因被委托执行合伙事务而当然成立，不需要另行特别授权。合伙事务属于合伙的公共事务，事务的具体执行涉及每个合伙人切身利益，不执行合伙事务的其他合伙人有权对执行事务合伙人的执行行为进行监督。为防止执行事务的合伙人对异议置之不理，避免因执行不当损害合伙的共同利益，本条第 3 款规定了合伙人异议权。这里的“异议”是指对其他合伙人执行的具体行为表示反对，提出异议应当针对具体的各个执行事务，不能抽象笼统地对其他合伙人的执行事项不满。对于是否应当停止该项事务的执行，由全体合伙人一致决定。

2. 第 971 条是关于合伙事务执行无报酬的规定。合伙人执行合伙事务的义务不是源于委托关系或者雇佣关系，而是源于合伙人身份资格，不存在支付报酬或对价的问题。此外，对于以劳务出资的合伙人，其在合伙存续期间内必须执行合伙事务或者提供其他劳务。故合伙人一般不得因执行合伙事务而请求报酬。但合伙人可以在合伙合同中约定从合伙利润中支付合伙人执行合伙事务的报酬。另需注意，合伙人因执行合伙事务可能会支出一定费用，如交通、住宿、餐饮费用，对因执行合伙事务而产生的正常开支，合伙人有权请求合伙在合伙利润中支付此部分费用;再如,因经营生产需要,合伙人自行垫付了费用,就该部分费用,合伙人有权请求合伙在合伙利润中支付。合伙人在执行合伙事务过程中,因不可归责于自己的事由,身体或者财产受到损害,除向侵权人主张损害赔偿外,也有权请求从合伙财产中获得补偿。

权威参考案例

世欣荣和投资管理股份有限公司与长安国际信托股份有限公司等信托合同纠纷案(《最高人民法院公报》2016 年第 12 期)

有限合伙企业中,如果执行事务合伙人怠于行使诉讼权利,不执行合伙事务的有限合伙人可以为了合伙企业的利益以自己的名义提起诉讼。

合伙合同其他内容

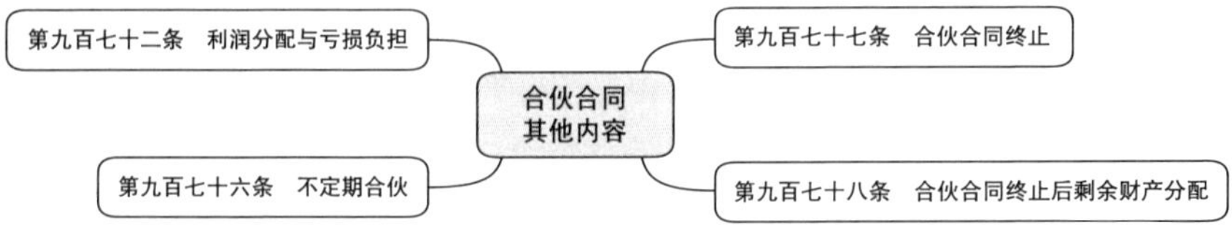

概念

"合伙合同其他内容"词条,主要涉及合伙合同中利润分配与亏损负担、不定期合伙、合伙合同终止、合伙合同终止后剩余财产分配等内容。

法典条款

第九百七十二条【利润分配与亏损负担】　合伙的利润分配和亏损分担,按照合伙合同的约定办理;合伙合同没有约定或者约定不明确的,由合伙人协商决定;协商不成的,由合伙人按照实缴出资比例分配、分担;无法确定出资比例的,由合伙人平均分配、分担。

第九百七十六条【不定期合伙】　合伙人对合伙期限没有约定或者约定不明确,依据本法第五百一十条的规定仍不能确定的,视为不定期合伙。

合伙期限届满,合伙人继续执行合伙事务,其他合伙人没有提出异议的,原合伙合同继续有效,但是合伙期限为不定期。

合伙人可以随时解除不定期合伙合同,但是应当在合理期限之前通知其他合伙人。

第九百七十七条【合伙合同终止】 合伙人死亡、丧失民事行为能力或者终止的，合伙合同终止；但是，合伙合同另有约定或者根据合伙事务的性质不宜终止的除外。

第九百七十八条【合伙合同终止后剩余财产分配】 合伙合同终止后，合伙财产在支付因终止而产生的费用以及清偿合伙债务后有剩余的，依据本法第九百七十二条的规定进行分配。

实务要点

1. 第972条是关于合伙利润分配和亏损分担的规定。利润分配和亏损分担属于合伙内部关系的核心事项。合伙的利润是指合伙财产多于合伙债务及出资总额的部分；合伙的亏损是指合伙财产少于合伙债务及出资总额的部分。利润分配和亏损分担事项，首先交由合伙人自行约定；合伙合同没有约定或约定不明的，仍先由合伙人自行协商；如果协商不成的，再由合伙人按照实缴出资比例分配、分担；如果无法确定出资比例，由合伙人平均分配、分担。需注意，合伙人不能在合伙合同中约定将全部利润或全部亏损归于某一个合伙人或者数个合伙人，不能排除合伙人参与利润分配的权利，也不能免除合伙人承担亏损的义务。此类约定不符合合伙合同基本要求，应为无效。另需注意，关于亏损分担的约定属于合伙内部关系，不得以此对抗第三人。合伙亏损的分担属于合伙内部事务，合伙人可以自行约定具体分担形式和比例，如按照出资比例或者平均分担，但合伙人不得以其约定改变其对外责任的形式，即便内部达成一致意思表示，也不能对抗第三人，即合伙的债权人有权要求各合伙人承担全部清偿责任。此外，合伙合同仅约定了利润分配或者亏损分担比例的，合伙人内部就利润分配或亏损分担发生争议，合伙人请求推定该比例共同适用于利润分配或亏损分担的，应予支持。

2. 第976条是关于不定期合伙的规定。首先，合伙合同对合伙期限没有约定或者约定不明确的，应当首先由合伙人协商确定。如果合伙人能够协商一致确定合伙期限，则按照其约定；如果无法达成一致意见，则按照《民法典》第510条的规定确定，仍不能确定的，视为不定期合伙。合伙合同与一般的双务合同不同，不存在合同主体之间的互相对等给付，适用本条规定确定合伙期限，应当充分考虑合伙目的。例如，合伙人约定共同出资购买月饼，在中秋节庙会当天销售，即便当事人没有约定合伙期限，根据合伙的目的即在中秋节庙会当天销售食品，也可以确定合伙期限，而不能简单地认定为不定期合伙。其次，合伙期限届满后合伙人继续执行合伙事务的，合伙合同继续有效，但合伙期限为不定期的，合伙人有权随时解除合伙合同。这里的合伙事务是指围绕合伙事业目的或者合伙经营进行交易、生产经营等活动，如果合伙人仅是为执行合伙期限内发生的尚未了结的事务，不适用本条规定的情形。需注意，不定期合伙的合同属于不定期合同，依照《民法典》第 563 条的规定，合伙人享有解除权，在合理期限之前通知合伙人后，即发生合同解除的法律效果。合伙期限届满后合伙人继续执行合伙事务的，某一合伙人提出解除合伙合同的，合伙是否绝对解散，应当区分情况而定。对于不同意继续履行合伙合同的合伙人，发生退伙效力，其不再受合伙合同的约束，有权请求退还其应得合伙财产份额；对于其他同意继续履行合伙合同的合伙人，合伙合同继续有效，不发生合伙解散的效果。合伙财产、合伙债务等事项处理应当按照合伙合同最终解除时的状况确定，不能按照合伙期限届满时的情况确定。

3. 第 977 条是关于合伙合同终止的规定。合伙人死亡，合伙合同终止。因合伙具有极强的人合性。合伙人（自然人）死亡，合伙成立的基础已不存在。这里的死亡包括生理死亡和被宣告死亡。合伙人丧失民事行为能力或者终止，合伙合同终止。因合伙中的权利义务行使与履行均需要合伙人具有完全的民事行为能力。一般来讲，合伙合同属于持续性合同，合同终止虽然使合同关系消灭，但其并不具有溯及既往的效力，而只向将来发生效力，即合伙人享有的合伙事务执行权及代表权均消灭，但合伙人相互的给付无须返还，也不用恢复原状。

4. 第 978 条是关于合伙合同终止后剩余财产分配的规定。合同终止后，合伙人应当对合伙存续期间积累的财产、产生的债务等事项进行清算。具体如下：（1）处理合伙合同终止前发生的尚未完结的事务。例如，与第三人签订合同尚未履行完毕或者其他为合伙存续而进行的尚未完结的合伙事务；清理收取合伙的债权并对合伙存续期间取得固定资产、流动资产、无形资产等财产进行全面梳理，明确合伙财产状况；清偿合伙存续期间合伙所负债务。（2）因终止产生的费用包括合伙人一致决定终止与第三人合同而承担的赔偿金、清缴合伙所欠税款等费用。剩余的盈利或利润，合伙合同有约定的，按照约定分配；没有约定或约定不明确的，由合伙人协商决定；协商不成的，由合伙人按照实缴出资比例分配、分担；无法确定出资比例的，由合伙人平均分配、分担。

无因管理

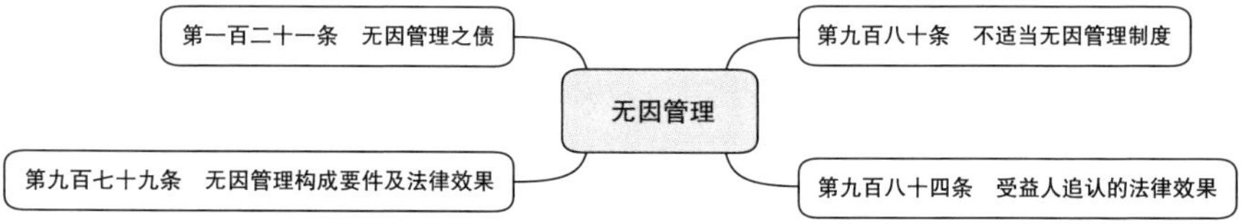

概念

无因管理与不当得利作为债的发生原因，《民法典》将其放在合同编“准合同”分编，并将二者分别单独成章。本词条所谓无因管理，包括了《民法典》总则编无因管理之债的总括规定，也包括了合同编关于无因管理的部分内容，如无因管理构成要件及法律效果、不适当无因管理制度、受益人追认的法律效果等内容。

法典条款

第一百二十一条【无因管理之债】 没有法定的或者约定的义务，为避免他人利益受损失而进行管理的人，有权请求受益人偿还由此支出的必要费用。

第九百七十九条【无因管理构成要件及法律效果】 管理人没有法定的或者约定的义务，为避免他人利益受损失而管理他人事务的，可以请求受益人偿还因管理事务而支出的必要费用；管理人因管理事务受到损失的，可以请求受益人给予适当补偿。

管理事务不符合受益人真实意思的，管理人不享有前款规定的权利；但是，受益人的真实意思违反法律或者违背公序良俗的除外。

第九百八十条【不适当无因管理制度】 管理人管理事务不属于前条规定的情形，但是受益人享有管理利益的，受益人应当在其获得的利益范围内向管理人承担前条第一款规定的义务。

第九百八十四条【受益人追认的法律效果】 管理人管理事务经受益人事后追认的，从管理事务开始时起，适用委托合同的有关规定，但是管理人另有意思表示的除外。

实务要点

1.第121条是关于无因管理之债的规定。无因管理，指没有法律规定或约定的义务，为避免他人利益受损而为其管理事务。由于无因管理的发生在管理人和本人间产生债权债务关系，故无因管理是债的发生原因之一。本条另从总体上明确了无因管理人有权请求受益人支付必要的费用，该必要费用包括：(1)直接支出的费用。该部分费用主要包括管理事务的必要支出及利息。对于必要的判断标准，应当按照支出时的客观情况。(2)实际损失的赔偿。一般认为，无因管理的实际损失仅指因特定管理行为造成的损失，既不包括管理人自己的过错所导致的损失，也不包括管理人在不管理该事务时也可能遭受的不特定的损失。

2.第979条是无因管理构成要件及法律效果的规定。本条第1款前半部分规定了无因管理的构成要件，即没有法定或约定的义务，管理人主观上有为他人管理事务的意思，客观上实施了管理他人事务的行为。具体包括：(1)无法定或约定义务。管理人是否有法律上的义务，应根据客观情况判断。(2)管理意思。管理意思是指将因管理行为所产生的利益归属于受益人的意思。从动机上看，管理人须是出于避免他人利益损失而进行管理的主观动机而实施管理行为；从结果上看，由管理行为所取得的利益最终归受益人所有，而非由管理人自己享有。(3)管理他人事务。事务，是指与人的生活利益相关、满足人的生活需要并能成为债务目的的事项。管理行为，应是积极的作为，纯粹的不作为不构成无因管理中的“管理”。目的是避免他人利益受到损失，表现为保存、利用、改良行为。他人事务，管理人将自己事务作为他人事务管理，构成误信管理。对他人事务，无论他人是谁，并不要求有明确的认知。管理事务利于他人，仅限于避免他人损失，而不包括广义上一切使他人获益的管理行为。另外，本条也明确了无因管理的法律效果，即管理人因无因管理产生一定权利，包括向受益人主张必要费用偿还请求权和损失补偿请求权。即管理人因管理行为而支出的必要费用，有权请求受益人偿还；管理人因管理行为而受到的损失，有权请求受益人适当补偿。需注意，此处的必要费用是指管理行为所不可缺的费用，即管理过程中直接支出的费用。是否构成必要费用，应根据管理中必要费用支出时的客观情况确定，不能依事后的情况来判断。此处的损失是管理人除去支出的必要费用以外的损失，一般认为包括财产权益和人身权益，限于因管理行为而给管理人造成的实际发生的损失，不包括可得利益损失，以防止管理人借此变相索取报酬，有违无因管理鼓励社会公众之间相互帮助的制度目的。另需注意，管理人在管理中因故意或重大过失而致自身的损害，不属其中。

3. 第 980 条是关于不适当无因管理制度的规定，即不属于无因管理而受益人享有管理利益的法律适用的规定。没有法定或约定的义务，违反他人明示或可推知的意思干预他人事务，违反了意思自治原则，一般情况下因不能阻却违法性而应承担相应责任，但无因管理制度的功能是在禁止干预他人事务和鼓励互助之间的一种利益衡量，同时也是出于弘扬见义勇为、扶危济困等良好道德风尚的价值考量。无因管理制度的价值功能，一方面是弥补个体意思自治的不足，另一方面是兼顾社会公共利益。本条规定是管理人的管理行为虽然违反受益人的意思，但对受益人产生了利益，受益人应当在享有利益的范围内向管理人支付必要的费用或适当补偿管理人因此造成的损失，即在获利范围内向管理人承担第 979 条第 1 款规定的责任。

4. 第 984 条是关于受益人对管理事务进行追认的法律效果之规定。无因管理和委托合同都是债的发生原因，二者之间存在密切的联系。一方面，无因管理行为和委托合同是相互衔接的，很多情况下，委托终结之时即是无因管理开始之时。如甲作为月嫂，受乙的委托帮其看管孩子，甲的行为属于履行委托合同的行为。但在委托终止后，因乙的孩子无人看管，甲继续看管孩子即构成了无因管理。从此时开始，当事人之间的关系即从委托关系转化为无因管理关系。另一方面，无因管理在特定情形下也可能转化为委托合同关系。如管理人在开始管理后及时通知了受益人，受益人同意管理人继续管理或者事后进行追认的，则应当依据具体情形确立。本条也明确了经追认的无因管理适用委托合同的规定。另需注意，经追认，是自管理开始时而非追认时适用。当然，由于委托人注意义务更大，管理人也有可能并不愿意经追认后按照委托合同处理，此时，应尊重管理人的意愿。

管理人义务

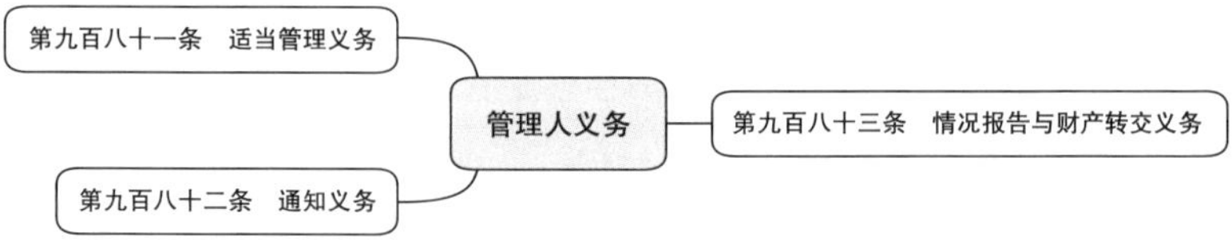

概念

无因管理中的管理人，在管理他人事务时应履行一定的义务，即"管理人义务"。本词条主要涉及管理人的适当管理义务、通知义务、情况报告与财产转交义务等内容。

法典条款

第九百八十一条【适当管理义务】 管理人管理他人事务，应当采取有利于受益人的方法。中断管理对受益人不利的，无正当理由不得中断。

第九百八十二条【通知义务】 管理人管理他人事务，能够通知受益人的，应当及时通知受益人。管理的事务不需要紧急处理的，应当等待受益人的指示。

第九百八十三条【情况报告与财产转交义务】 管理结束后，管理人应当向受益人报告管理事务的情况。管理人管理事务取得的财产，应当及时转交给受益人。

实务要点

1. 第 981 条是关于适当管理义务的规定。适当管理义务是管理人的主要义务之一，包括管理事务承担（开始）和管理事务实施（过程和方法）的适当。前者是指开始管理事务的行为，后者是指承担事务管理后，开始管理事务所采取之措施及方法。需注意，第 979 条"管理人没有法定的或者约定的义务，为避免他人利益受损失而管理他人事务，并且符合受益人真实意思的"的规定，是关于管理事务承担（开始）时管理人的适当管理义务；本条"管理人管理他人事务，应当采取有利于受益人的方法"的规定，则是关于管理事务实施（过程和方法）中管理人的适当管理义务。适当管理义务主要体现在以下 3 个方面：（1）管理人应依本人明示或可推知的意思进行管理。（2）管理人应以利于本人的方法进行管理。是否有利于本人应当以客观上能否避免本人利益受损为标准。（3）管理人应当继续履行管理义务，即无正当理由不得中断管理。

2. 第 982 条是关于管理人通知义务的规定。为避免他人以无因管理为借口干涉他人事务，管理人开始管理时，在可能和必要的情形下，应履行通知受益人的法定义务。如管理人因过错未及时通知受益人而给受益人造成损失的，管理人应向受益人承担违反通知义务的损害赔偿责任。通知义务的履行，应以通知行为具有可能性和必要性为前提，若管理人不知受益人是谁，或虽知道受益人是谁但因客观情况无法与受益人取得联系，则免除管理人的法定通知义务。当然，若受益人已经知晓了管理人的管理行为，则不应再要求管理人履行通知义务。此外，管理人发出通知后应中止管理行为，等待受益人的指示，但属紧急事务的除外，如管理事务是处理保质期较短的海鲜。

3. 第 983 条是关于管理人情况报告及财产转交义务的规定。管理人在完成管理行为后向受益人报告和交付财产的义务，又称为管理人的结算义务。无因管理人的报告义务、转交财产义务与通知义务均为管理人的从给付义务，管理人违反此义务构成瑕疵给付。管理人在管理事务完成后，应向受益人报告事务管理的情况以及管理结果，并提供详细的资料。管理人的报告义务可以因受益人的要求而不同，但一般应当包括事务的进展情况、现存的情况、管理的结果等。管理人也应当将其获得利益的情况、支出费用的情况等向受益人报告。即使管理人中断了事务管理，也应当向受益人报告，以便于受益人及时掌握所管理事务的信息。管理活动终止后，管理人还应当履行结算与返还的义务。因管理事务所收取的金钱、物品、孳息等，都应及时交付受益人。管理人以自己的名义取得的权利，也应及时移转给受益人。管理人为自己的利益而使用了受益人的金钱，则应向受益人支付相应的利息。管理人拒绝向受益人交付的，构成不当得利，受益人可以请求返还。

不当得利

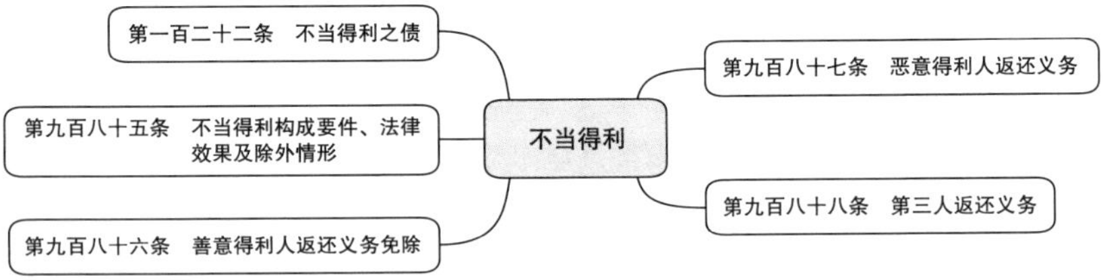

概念

与无因管理一样，不当得利也是债的发生原因之一。《民法典》将其放在合同编“准合同”分编，并单独成章。本词条所谓不当得利，包括了《民法典》总则编不当得利之债的总括规定，也包括了合同编关于不当得利的内容，如不当得利构成要件、法律效果及除外情形、善意得利人返还义务免除、恶意得利人返还义务、第三人返还义务等内容。

法典条款

第一百二十二条【不当得利之债】 因他人没有法律根据，取得不当利益，受损失的人有权请求其返还不当利益。

第九百八十五条【不当得利构成要件、法律效果及除外情形】 得利人没有法律根据取得不当利益的，受损失的人可以请求得利人返还取得的利益，但是有下列情形之一的除外：

（一）为履行道德义务进行的给付；

（二）债务到期之前的清偿；

（三）明知无给付义务而进行的债务清偿。

第九百八十六条【善意得利人返还义务免除】 得利人不知道且不应当知道取得的利益没有法律根据，取得的利益已经不存在的，不承担返还该利益的义务。

第九百八十七条【恶意得利人返还义务】 得利人知道或者应当知道取得的利益没有法律根据的，受损失的人可以请求得利人返还其取得的利益并依法赔偿损失。

第九百八十八条【第三人返还义务】 得利人已经将取得的利益无偿转让给第三人的，受损失的人可以请求第三人在相应范围内承担返还义务。

实务要点

1. 第 122 条是关于不当得利之债的规定，作为债的发生原因与合同之债、侵权之债、无因管理之债一同规定在总则编民事权利一章。第 985 条作为合同编准合同分编的内容，也对不当得利的构成要件、法律效果做了规定，同时也明确了相应的除外情形。根据第 122 条、第 985 条的规定可知，不当得利的构成要件包括如下四个方面：(1)一方取得利益。不当得利中的利益应仅限于财产性利益，不包括精神利益。财产利益包括积极利益和消极利益。受有利益的方式，既包括法律行为，也包括事实行为，还可能是自然事件。(2)另一方受到损失。不当得利中的损失不同于侵权中的损害。侵权法中的损害不仅包括财产损害，还包括精神损害；不当得利中的损失仅指财产损失。侵权法中的损害仅包括直接损害；不当得利中的损失不仅包括现有财产的积极减少（直接损失），也包括财产本应增加而未增加（间接损失）。侵权法中的损害是违法行为导致的；不当得利中的损失可以是违法行为，也可以是事实行为或自然事件导致的。不当得利构成要件中的损失不同于返还范围中的损失。（3）获益与受损之间存在因果关系。直接因果关系是指一方得利与他方受损是基于同一原因事实；非直接因果关系不要求得利与受损之间原因事实的同一性，只要二者之间存在牵连关系即可。不当得利是债的发生原因之一，债的关系具有相对性，直接因果关系明确了得利人和受损人的范围，司法实践中更具操作性。（4）一方获益无法律根据。对此，需区分给付型与非给付型。给付型不当得利中“无法律根据”的具体形态包括：一是自始欠缺给付目的，如不知债务已经清偿仍履行，合同不成立、无效或被撤销，本拟出售甲物但误交付乙物。二是为实现特定目的而给付，但该目的未能实现的，如附停止条件的债务。三是给付目的消灭，如在婚姻家庭关系中，订婚时交付聘礼，后婚约解除的。非给付型不当得利中“无法律根据”的具体形态包括：一是因得利人的事实行为造成的，如得利人未经他人同意使用他人财产。二是因得利人的法律行为造成的，如得利人基于强制执行所获得的利益，因据以执行的法律文书被撤销，受损人可请求得利人返还不当得利。三是因受损人的行为产生的不当得利，如误认为他人财产为自己财产而加工。四是因第三人的行为而产生的不当得利，如债权人将其债权让与第三人，债务人不知债权让与而向债权人清偿。五是因自然事件而产生的不当得利，如他人家畜进入自家院落。不当得利的法律效果主要指得利人的返还义务，返还的范围因得利人主观上的心理状态（善意、恶意）而有所不同。此外，第985条还就不当得利请求权的排除做了规定，主要针对的是给付性不当得利（基于给付而产生的不当得利）。重点说一下第3项排除事由，即明知无给付义务而进行的债务清偿。此项构成要件包括：（1）无债务存在。（2）因清偿债务进行了给付。（3）给付时明知无给付义务。

2. 第986条是关于善意得利人返还义务免除的规定。所谓“善意”，是指受领人不知道没有法律根据而取得利益。不当得利的功能不在于填平损失，而在于返还所取得的没有法律根据的利益。应区分善意和恶意以确定得利人的返还范围，对善意得利人设减轻责任规定，得利人返还的范围以现存利益为限。其原因在于不当得利制度的目的在于去除利益，而非损害赔偿，不能使善意得利人承担如同侵权责任的后果。善意得利人的不当得利返还范围原则上以现存利益为限，现存利益丧失的，免除善意得利人的返还义务。现存利益的确定时点以受损人请求返还时现存的利益为准。另需说明，本条所谓“取得的利益”有无的判断，不同于不当得利中的个别判断标准，应抽象概括地就受领人整个财产加以判断，以取得利益的过程而产生的现有财产总额与若无此事实应有财产总额比较，进而确定有无利益的存在。

3. 第 987 条是关于恶意得利人返还利益并依法赔偿损失的规定。所谓“恶意”，是指得利人明知没有法律根据而取得利益。恶意受益根据得利人知道取得利益没有法律根据的时间，分为自始恶意与嗣后恶意。自始恶意，是指得利人从取得利益开始时就知道没有法律根据。嗣后恶意，是指受益人取得利益时并不知道没有法律根据，而是在取得利益之后知道或应当知道没有法律根据。对于自始恶意，原则上恶意得利人的返还范围为取得的全部利益以及该利益产生的孳息，无论该所受利益是否存在。自始恶意人除了返还责任外，还需承担损害赔偿责任。即返还利益不能填补受害人损失的，应另附赔偿责任。该赔偿并非侵权法中的损害赔偿，不以受害人对损失发生具有过错为要件。对于嗣后恶意，则以知情的时间为节点，知情以前为善意，对不当得利的返还范围同善意得利人；知情后为恶意，对不当得利的返还范围同自始恶意受领人。

4. 第 988 条是关于第三人返还义务的规定。不当得利中的受领人因善意，将其取得的利益无偿转让给第三人，因受领人所取得的利益已经不存在，根据《民法典》第 986 条，受领人对受损人不承担返还该利益的义务。此时，第三人成为因得利人的无偿转让行为而间接取得利益的人。第三人因此获得利益，并导致受损人的损失，这种情况构成三人关系不当得利，第三人应当将其取得的利益返还给受损人。关于“无偿转让给第三人”，需注意以下两点：(1) 须为无偿转让，如赠与或遗赠。有偿转让，无论对价是否合理，均不能要求第三人承担返还义务，但在半卖半送的廉价买卖中，仍可要求第三人在赠与部分限额内返还。(2) 须为原受领人所应返还的赠与物，包括所受利益及基于该利益更有所得者。如受领人占有的 a 物被他人损毁，他人以 b 物代偿，善意受领人将 b 物赠与第三人时，第三人对受损人仍负有返还 b 物的义务。

权威参考案例

1. 喻某某诉工行宣武支行、工行北京分行不当得利纠纷案（《最高人民法院公报》2005年第6期）

金融企业在发放与行政机关行政管理职责相关的服务性集成电路卡时，违反收费管理办法，向当事人收取工本费以外的费用，构成不当得利。

2. 韩国三荣公司诉盘锦庆道服装有限公司海运货物纠纷案（《最高人民法院公报》1997年第4期）

收货人未向银行付款赎单，依法无权提取并占有提单项下的货物。若收货人已占有提单项下的货物，当提单流转至开证银行，收货人不予赎取，继续占有该批货物没有合法依据，强行占有属不当得利。依照《民法通则》（已废止）第92条[①]规定，“没有合法根据，取得不当利益，造成他人损失的，应当将取得的不当利益返还受损失的人”。

3. 徐某某诉王某某不当得利案（《最高人民法院公报》1996年第2期）

行为人拾得遗失物后占为己有的，属于没有根据取得的不当利益，依法应当返还所有权人。

4. 江苏百锐特贸易有限公司诉张某某不当得利纠纷案（《最高人民法院公报》2018年第5期）

侵权人依据执行和解协议履行给付义务后，因受害人提前病故，又以不当得利为由请求受害人近亲属返还未达预期年限护理费的，不予支持。

5. 王某某与银川铝型材厂有奖储蓄存单纠纷再审案（《最高人民法院公报》1995年第4期）

转让有奖储蓄存单未对获奖财产权利作出特别约定的，该财产权利归存单受让人所有。单位以奖券顶替职工工资，单位职工是有奖储蓄存单的所有人，因存单而获得利益不属于不当得利。

6. 李某与杨某不当得利纠纷案（《最高人民法院公布婚姻家庭纠纷典型案例》案例23）

本案是因婚外情导致的不当得利纠纷，因现实生活中有类似情况的出现，故本案的处理引起了广泛的关注。法律明确规定，夫或妻在处理夫妻共同财产上

---

① 可参考《民法典》第122条。

的权利是平等的。因日常生活需要而处理夫妻共同财产的，任何一方均有权决定。夫或妻非因日常生活需要对夫妻共同财产做重要处理决定，夫妻双方应当平等协商，取得一致意见。他人有理由相信其为夫妻双方共同意思表示的，另一方不得以不同意或不知道为由对抗善意第三人。本案中，杨某接受宋某赠与的财产并没有付出相应的对价，因此不属于有偿取得，不能适用善意取得制度。另外，因该66万元数额巨大，且并非日常生活需要，宋某无权单独处理，其无偿赠与杨某的行为损害了李某的合法权益，有违公平原则。并且，原告丈夫与情人的关系与我国提倡的社会主义道德是相违背的，违反了公序良俗，是不受法律保护的。因此，宋某的赠与行为应认定为无效，李某作为财产所有人和利害关系人有权要求杨某全部返还。

第四编　人　格　权

人格权基本规定

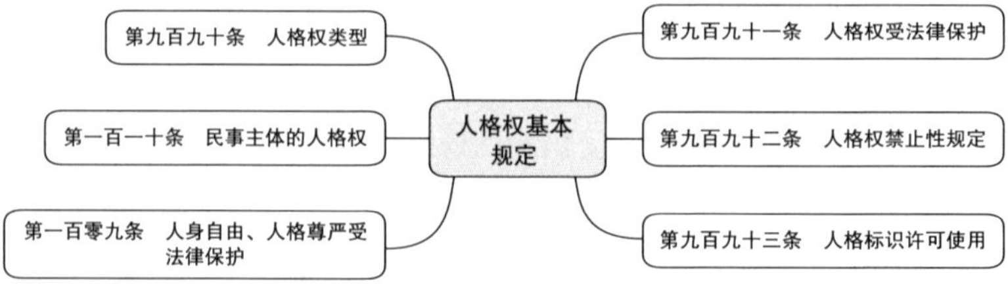

概念

人格权是民事主体对其特定的人格利益享有的权利。在总结司法实践,并结合有关法律法规与司法解释的基础上,《民法典》将人格权单独成编。本词条所谓“人格权基本规定”,主要涉及人格权编中关于人格权的基本内容,同时也涉及总则编关于人格权概括性的部分规定。

法典条款

第九百九十条【人格权类型】 人格权是民事主体享有的生命权、身体权、健康权、姓名权、名称权、肖像权、名誉权、荣誉权、隐私权等权利。

除前款规定的人格权外,自然人享有基于人身自由、人格尊严产生的其他人格权益。

第一百一十条【民事主体的人格权】 自然人享有生命权、身体权、健康权、姓名权、肖像权、名誉权、荣誉权、隐私权、婚姻自主权等权利。

法人、非法人组织享有名称权、名誉权和荣誉权。

第一百零九条【人身自由、人格尊严受法律保护】 自然人的人身自由、人格尊严受法律保护。

第九百九十一条【人格权受法律保护】 民事主体的人格权受法律保护,任何组织或者个人不得侵害。

第九百九十二条【人格权禁止性规定】 人格权不得放弃、转让或者继承。

第九百九十三条【人格标识许可使用】 民事主体可以将自己的姓名、名称、肖像等许可他人使用,但是依照法律规定或者根据其性质不得许可的除外。

实务要点

1. 第 990 条是关于人格权类型的规定。该条第 1 款是对人格权具体类型的列举，包括生命权、身体权、健康权、姓名权、肖像权、名誉权、荣誉权、隐私权等权利。这些具体的权利，后边词条将会详细介绍，不再赘述。此外，该款内容与作为总则编内容的第 110 条，是相互呼应的规定。第 110 条从总体上明确了民事主体享有人格权，并分别就自然人的人格权范围与法人、非法人组织的人格权范围作出规定。相较于第 990 条第 1 款，第 110 条第 1 款规定了自然人享有婚姻自主权。第 990 条第 1 款之所以未列举该权利，主要在于“婚姻自主权”确认和保护的内容体现在婚姻家庭编中。第 110 条第 2 款还规定了法人、非法人组织享有名称权、名誉权、荣誉权。这就表明，法人、非法人组织也是人格权的主体，但相较于自然人而言，其人格权范围较窄。此外，第 990 条第 2 款属人格利益的一般条款，该款内容与总则编中的第 109 条亦是相互呼应的规定。之所以规定人格利益的一般条款，在于随着社会发展，势必会出现新的人格权益，具体列举难以避免人格权保护的漏洞，故需要规定基于“人身自由、人格尊严”产生的人格利益受保护。另需注意，一般人格利益的规定仅针对自然人，并不针对法人、非法人组织。

2. 第 991 条是关于人格权受法律保护的规定。人格权受法律保护，意味着任何组织、个人不得侵犯。民事主体按照自己的意愿依法保护与行使人格权，不受干涉。当然，这并不意味着民事主体的人格权可以毫无限制。《民法典》总则编第 130~132 条对民事权利行使的做了总的规定，民事主体在保护和行使人格权时，亦应依照法律规定与当事人约定，按照权利义务相统一的原则行使权利，不得滥用权利损害国家利益、社会公共利益，他人合法权益。

3. 第 992 条是关于人格权禁止性规定的内容，即人格权不得放弃、转让或继承。人格权，尤其是自然人所享有的人格权，是与生俱来的，只能为特定的权利人所享有，与权利主体不可分离，具有人身专属性，故不得放弃、转让、继承。需注意，本条所谓“转让”与本法第 993 条规定的民事主体可以将自己的姓名、名称、肖像等许可他人使用是不同的。许可他人使用自己的姓名、名称、肖像等，人格权仍属权利人，被许可人使用的也仅仅是姓名、名称、肖像等特定的人格要素与人格标识，并非人格权的整体转让。

4. 第 993 条是关于人格标识许可使用的规定，即民事主体可以将自己的姓名、名称、肖像等许可他人使用。关于本条与第 992 条中“转让”的区分，前条已述，不再重复。另需注意，本条第 2 款还做了但书规定，即依照法律规定或者根据其性质不得许可使用的除外。依照法律规定不得许可使用的，如《人类辅助生殖技术管理办法》规定了医疗机构与医务人员不得实施任何形式的代孕技术，即代孕所涉及的人体器官的许可使用是不允许的。根据性质不得许可使用的，这里主要是指人格尊严与公序良俗方面的限制。

身份权

第一百一十二条　自然人身份权 —— 身份权 —— 第一千零一条　身份权法律适用

概念

《民法典》主要保护民事主体的人身权与财产权。人身权又包括人格权与身份权。身份权是自然人对其于特定关系体之中的地位或身份的权利。此处的特定关系主要包括婚姻关系、家庭关系、收养关系等。本词条主要包括因婚姻家庭生活等产生的人身权利受保护、身份权法律适用的规定。

法典条款

第一百一十二条【自然人身份权】　自然人因婚姻家庭关系等产生的人身权利受法律保护。

第一千零一条【身份权法律适用】　对自然人因婚姻家庭关系等产生的身份权利的保护，适用本法第一编、第五编和其他法律的相关规定；没有规定的，可以根据其性质参照适用本编人格权保护的有关规定。

实务要点

1. 第 112 条是关于自然人身份权受法律保护的规定。身份权是相对性与绝对性统一的权利，在处理涉自然人身份权的案件时，不仅要贯彻保护优先的原则，还需要衡平当事人身份权和人格权的冲突，不能为了保护自然人身份权益而忽视保护行为侵犯了他人的人格利益。

2. 第 1001 条是关于自然人身份权保护法律适用规则的规定。依照本条，自然人身份权的保护，适用《民法典》总则编、婚姻家庭编及其他法律的相关规定；没有规定的，根据其性质可参照适用人格权编人格权保护的有关规定。身份权与人格权虽有不同，但两者存在密切关系。建立和维持与他人间的身份关系，本身就是人格发展的必要条件，保护身份权利往往同时也保护了人格利益。故身份权保护，在无规定可适用的情况下，可参照适用人格权编人格权保护的有关规定。需注意，身份权保护在参照人格权保护的规定时，应考虑到关于身份权利的整体价值取向。若根据身份关系主体间利益的平衡，参照适用人格权保护不符合有关身份权保护的整体价值取向的，则不应参照适用人格权保护的规定。此外，参照适用人格权保护，原则上仅具有保护身份权利的功能，即可据此免受他人侵害，但并不具有积极的请求功能，即不能据此赋予身份权人要求他人积极行为的请求权。

侵害人格权责任特殊规则

概念

本词条所谓“侵害人格权责任特殊规则”，主要涉及损害人格权责任竞合下的精神损害赔偿、人格权行为禁令、认定侵害人格权责任应考虑的主要因素，以及侵害人格权责任中消除影响、恢复名誉、赔礼道歉等责任承担方式等内容。

法典条款

第九百九十六条【侵害人格权责任竞合下的精神损害赔偿】 因当事人一方的违约行为，损害对方人格权并造成严重精神损害，受损害方选择请求其承担违约责任的，不影响受损害方请求精神损害赔偿。

第九百九十七条【人格权行为禁令】 民事主体有证据证明行为人正在实施或者即将实施侵害其人格权的违法行为，不及时制止将使其合法权益受到难以弥补的损害的，有权依法向人民法院申请采取责令行为人停止有关行为的措施。

第九百九十八条【认定侵害人格权责任应考虑的主要因素】 认定行为人承担侵害除生命权、身体权和健康权外的人格权的民事责任，应当考虑行为人和受害人的职业、影响范围、过错程度，以及行为的目的、方式、后果等因素。

第一千条【消除影响、恢复名誉、赔礼道歉等民事责任的承担】 行为人因侵害人格权承担消除影响、恢复名誉、赔礼道歉等民事责任的，应当与行为的具体方式和造成的影响范围相当。

行为人拒不承担前款规定的民事责任的，人民法院可以采取在报刊、网络等媒体上发布公告或者公布生效裁判文书等方式执行，产生的费用由行为人负担。

实务要点

1. 第996条是关于侵害人格权责任竞合情形下精神损害赔偿的规定。侵害人格权的情形中，经常会产生违约责任与侵权责任的竞合，受害人遭受严重的精神损害。如某人去火锅店吃火锅，因火锅店原因发生爆炸致其毁容。一般情形下，违约责任与侵权责任只能择一适用，且违约赔偿不包括精神损害赔偿。为加强人格权保护，在违约责任与侵权责任竞合下，允许受损害方请求行为人承担违约责任是在违约责任请求中请求精神损害赔偿。但需注意，本条适用存在如下前提条件：(1)损害人格权的违约责任与侵权责任竞合。(2)因当事人一方的违约行为损害对方自然人的人格权并造成严重精神损害。(3)受损害方选择请求违约方承担违约责任。在上述条件下，适用本条的法律后果便是，不影响受损害方请求精神损害赔偿。

2. 第997条是关于人格权行为禁令的规定。有些侵害人格权的行为，若没有得到及时制止，损害后果不可逆转，故本条赋予权利人可申请法院责令行为人停止有关行为。本条适用的前提包括：(1)行为人正在实施或即将实施侵害人格权的违法行为。(2)不及时制止将使权利人的合法权益受到难以弥补的损害。(3)民事主体有证据证明。(4)申请程序需依照法律规定，主要是指民事诉讼法的相关规定。此外，法院采取的措施应符合比例原则。另需注意，若权利人申请有错误，致行为人损失的，行为人可请求权利人承担侵权责任。

3. 第998条是关于认定侵害人格权责任应考虑的主要因素的规定。保护人格权是尊重和保护人格尊严的需要，加强人格权保护并不代表要对人格权的保护过于绝对与宽泛，以避免与其他权利产生冲突。为更好地平衡人格权保护与其他权利间的关系，本条就认定行为人承担侵害人格权责任时的考量因素做了规定，包括：(1)人格权的类型。生命权、身体权、健康权需进行最高限度的保护，之外的其他人格权保护，有必要进行妥当权衡。(2)主体方面的因素。如行为人从事新闻报道与舆论监督的职业，认定时应谨慎权衡。(3)受害人方面的因素。受害人是自然人还是法人、非法人组织，法人是何种类型，是不是公众人物及何种类型的公众人物，是不是特殊主体等。(4)行为人主观过错程度。(5)行为方面的因素。包括目的、方式、后果、场合等。

4. 第1000条是关于侵害人格权责任中消除影响、恢复名誉、赔礼道歉等责任承担方式的规定。在具体适用中，消除影响、恢复名誉主要适用于侵害名誉权等情形，一般不适用于侵犯隐私权的情形。赔礼道歉主要适用于侵害名誉权、荣誉权、隐私权、肖像权、姓名权等情形。赔礼道歉可公开进行，也可私下进行，可口头也可书面。根据本条第2款，若行为人拒不承担消除影响、恢复名誉、赔礼道歉的民事责任，法院可通过媒体等途径发布公告或公布裁判文书等方式执行，费用由行为人负担。此外，民事诉讼法还规定了间接强制的措施，法院可根据情节适用，以督促行为人履行义务。

权威参考案例

汪某某诉武汉汉福超市有限公司光谷分公司名誉权纠纷案(《最高人民法院公报》2014年第9期)

公民的人格尊严受法律保护。超市在权利人并不知情的情况下，在其签名的表格中认定其实施了偷窃行为，并将表格置于进入办公地点任何人可以随手翻看的地方，侵犯了权利人的人格尊严，客观上造成一定范围内对其社会评价的降低，损害了名誉，应承担书面赔礼道歉并在营业场所张贴道歉函的民事责任，并向其赔付精神抚慰金。

死者与英烈人格利益保护

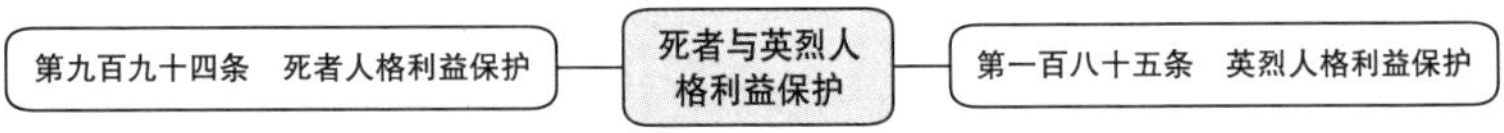

概念

本词条主要包括死者人格利益保护与英烈人格利益保护两方面的内容。

法典条款

第九百九十四条【死者人格利益保护】 死者的姓名、肖像、名誉、荣誉、隐私、遗体等受到侵害的，其配偶、子女、父母有权依法请求行为人承担民事责任；死者没有配偶、子女且父母已经死亡的，其他近亲属有权依法请求行为人承担民事责任。

第一百八十五条【英烈人格利益保护】 侵害英雄烈士等的姓名、肖像、名誉、荣誉，损害社会公共利益的，应当承担民事责任。

实务要点

1. 第994条是关于死者人格利益保护的规定。自然人的民事权利始于出生终于死亡。自然人死亡后不再具有民事权利能力，也不再享有人格权。但现实中，侵犯死者人格利益的现象多有发生，如故意诋毁死者的名誉，故有了第994条的规定。本条适用的前提有：(1)被侵害者已死亡。(2)死者姓名、肖像、名誉、荣誉、隐私、遗体等受到侵害。本条适用的法律后果为：(1)死者的近亲属有权提出请求。(2)近亲属提出请求有顺位限制。配偶、父母、子女为第一顺位。(3)行为人依法承担民事责任。

2. 第185条是关于英烈人格利益保护的规定。当然，英烈也是死者，符合第994条规定情形的，其近亲属有权依照第994条请求行为人承担责任。第185条的规定则突出英烈人格利益背后的公共利益，其规定具有鲜明的时代特色和社会背景，规范目的在于为英雄烈士等的人格利益提供特别保护。需注意，在英烈没有近亲属或近亲属不提起诉讼的情况下，应由检察机关依法对侵害英雄烈士的姓名、肖像、名誉、荣誉，损害社会公共利益的行为向法院提起诉讼。

权威参考案例

1. 葛某生诉洪某快名誉权、荣誉权纠纷案（最高人民法院指导性案例第99号）

对侵害英雄烈士名誉、荣誉等行为，英雄烈士的近亲属依法向人民法院提起诉讼的，人民法院应予受理。英雄烈士事迹和精神是中华民族的共同历史记忆和社会主义核心价值观的重要体现，英雄烈士的名誉、荣誉等受法律保护。人民法院审理侵害英雄烈士名誉、荣誉等案件，不仅要依法保护相关个人权益，还应发挥司法彰显公共价值的功能，维护社会公共利益。任何组织和个人以细节考据、观点争鸣等名义对英雄烈士的事迹和精神进行污蔑和贬损，属于歪曲、丑化、亵渎、否定英雄烈士事迹和精神的行为，应当承担法律责任。

2. 董存瑞、黄继光英雄烈士名誉权纠纷公益诉讼案（2020年5月13日《最高人民法院发布人民法院大力弘扬社会主义核心价值观十大典型民事案例》案例1）

董存瑞、黄继光等英雄烈士的事迹和精神是中华民族共同的历史记忆和宝贵的精神财富。对英烈事迹的亵渎，不仅侵害了英烈本人的名誉权，给英烈亲属造成精神痛苦，也伤害了社会公众的民族和历史感情，损害了社会公共利益。互联网名誉侵权案件具有传播速度快、社会影响大等特点，该两案系全国首次通过互联网审理涉英烈保护民事公益诉讼案件，明确侵权结果发生地法院对互联网民事公益诉讼案件具有管辖权，有利于高效、精准打击利用互联网侵害英雄烈士权益不法行为，为网络空间注入尊崇英雄、热爱英雄、景仰英雄的法治能量。

3. 淮安谢某烈士名誉权纠纷公益诉讼案（2020年5月13日《最高人民法院发布人民法院大力弘扬社会主义核心价值观十大典型民事案例》案例2）

本案是《英雄烈士保护法》实施后全国首例适用该法进行审判的案件，是以检察机关提起公益诉讼方式保护当代消防英烈名誉、维护社会公共利益的典型案例。本案中，谢某烈士的英雄事迹和精神为国家所褒扬，成为全社会、全民族宝贵的精神遗产，其名誉、荣誉等人格权益已经上升为社会公共利益，不容亵渎。曾某利用成员众多、易于传播的微信群，故意发表带有侮辱性质的不实言论，歪曲烈士谢某英勇牺牲的事实，诋毁烈士形象，已经超出了言论自由的范畴，侵害了谢某烈士人格权益和社会公共利益，应承担相应的法律责任。本案裁判顺应时代要求，回应民众呼声，通过释法说理匡扶正义，传播社会正能量，弘扬时代主旋律，对营造崇尚英烈、敬重英烈、捍卫英烈精神的社会环境以及引导公众树立正确的历史观、民族观、文化观起到积极作用。

4. 黄某、洪某快诉梅某育名誉权侵权纠纷案（2016年10月19日《最高人民法院公布四起“狼牙山五壮士”等保护英雄人物人格权益典型案例》案例1）

本案是微博言论评价他人文章所引发的名誉权侵权的典型案例。本案的典型之处在于，被告的言论，系对原告所发表的关于“狼牙山五壮士”这一历史英雄人物及其历史事件的文章作出的评价和批评。被告的言论是否超出必要的限度、其妥当性以及是否侵害他人人格，涉及原告所发表文章涉及的事项、原告对于所发表文章所引发他人批评或评价的预见程度和应当负有的相应的容忍义务，以及被告所发表言论的主观状态、其言论是否导致原告社会评价降低等因素，均为被告是否构成侵权的重要考量因素，也是名誉权侵权案件中的重点和难点问题。本案中，人民法院从原告所发表文章的内容以及其涉及的历史人物及其历史事件的重大历史意义分析，认为原告对于该文所引发的言论具有较高的容忍义务，较为准确地界定了原告对于自己言论的注意义务；从被告发表言论的主观动机以及其言论所批评的对象、受众从其言论中获得信息的方式以及受众由此对原告所作出的社会评价等方面，认定被告并未构成侵权的同时，指出其言论亦有不当之处，在准确、全面适用现行法的同时，更是贯彻了侵权责任法平衡行为人的行为自由与保护他人合法权益的原则。

5. 黄某、洪某快诉郭某民名誉权侵权纠纷案（2016 年 10 月 19 日《最高人民法院公布四起“狼牙山五壮士”等保护英雄人物人格权益典型案例》案例 2）

本案与黄某、洪某快诉梅某育名誉权侵权案系由同一文章所引发的关联案件。在本案中，人民法院在分析被告是否构成侵权时，强调以“狼牙山五壮士”为代表的民族英雄、英雄事迹以及其精神，已经成为中华民族共同历史记忆和中华民族感情及精神世界的重要内容。原告所发表文章对前述社会共识及主流价值观提出质疑，就应当预见其可能引发的评价，亦应负有较高的注意义务。同时，结合网络媒体及互联网时代的社交媒体工具对言论容忍度带来的新变化，以及被告的言论在主观、因果关系以及损害后果方面等因素作出综合评价。应该说，这一判决准确把握了侵权法在互联网时代的新发展，妥当界分了对立言论之间的相互关系。

6. 葛某生、宋某宝分别诉洪某快名誉权侵权纠纷系列案（2016 年 10 月 19 日《最高人民法院公布四起“狼牙山五壮士”等保护英雄人物人格权益典型案例》案例 3）

近年来社会上通过各种形式诋毁、侮辱、诽谤英雄人物，丑化英雄人物形象，贬损英雄人物名誉，削弱其精神价值的现象时有发生，葛某生、宋某宝分别诉洪某快名誉权侵权纠纷两个案件是这种现象的集中反映。人民法院在审理此类案件中的难点有：一是通过诉讼维护英雄人物包括已经不在世的英雄人物的名誉、荣誉，需要确定原告的范围，这应以现行法及司法解释为依归。二是此类侵权行为所侵害法益的复杂性，英雄人物的个人名誉、荣誉，往往与一定的英雄事件、历史背景、社会共识以及主流价值观相关，并由此与公共利益发生关联。人民法院审理此类案件，应从更为广阔的视野出发，更为全面、准确把握社会公共利益及其表现形态。三是此类侵权行为的表现形态更为多样化，经常表现为学术文章、观点争论等，人民法院应依据现行法更为实质性地把握名誉权侵权行为的表现方式。四是此类案件涉及的利益类型更为复杂，涉及言论自由、学术自由和个人权益的关系，人民法院应在个案中审慎把握，既要保护个人权益，也要防止司法对学术问题、言论自由作出不当干预，要在多个利益之间合理界分。葛某生、宋某宝分别诉洪某快两个案件的审判，妥当处理了上述四个问题。在确定权利人及原告资格问题上，以现行法及司法解释为依据，认定英雄人物的近亲属享有程序法上的原告主体资格和实体法上的请求权；在侵权行为侵害的法益识别上，分析了“狼牙山五壮士”获得个人名誉及荣誉的历史事实，并以这一英雄群体在我国当代史上发挥的作用为依据，将其精神归纳为民族的共同记忆、民族精神和社会主义核心价值观的一部分，因而构成了社会公共利益的一部分，法益识别准确；在侵权责任的构成上，分析了文章的写作方法、资料运用、主观目的以及所形成的损害后果，准确运用了侵权责任的构成要件；在利益衡量上，结合个案分析了学术自由、言论自由与权益保护的关系，利益平衡得当。两案的判决保护了英雄人物的名誉和荣誉，维护了社会公共利益。

7. 邱某华诉孙某、加多宝（中国）饮料有限公司一般人格权纠纷案（2016年10月19日《最高人民法院公布四起“狼牙山五壮士”等保护英雄人物人格权益典型案例》案例4）

本案是恶意诋毁、侮辱民族英雄和革命先烈，侵害其人格利益的典型案件。本案的特点是，先有网络名人恶意侮辱、诋毁民族英雄，再有商业公司借助不法言论恶意炒作获得商业推广效果，两者行为的结合造成了同一损害后果。本案判决在如下方面值得赞同：一是对侵权言论的分析上，结合其语境及侵权言论的传播和舆论反映，认定侵权人的主观恶意和损害后果；二是对多个行为人共同侵权的把握上，注意分析多个言论的关联性及互动性，准确把握多个行为人的主观关联性及损害后果的同一性；三是在责任形态上，认定多个侵权人之间的连带责任；四是在责任方式上，根据侵权人事后删除侵权言论的事实，判决其承担赔礼道歉、消除影响和精神损害抚慰金的责任，责任形式妥当。这一判决，维护了民族英雄和革命先烈的合法权益，对于以侮辱、诋毁民族英雄和革命先烈的人格为手段，恶意商业炒作获得不法利益的侵权行为，具有鲜明的警示意义。

8. 曾某侵害英烈名誉案（最高人民检察院指导性案例第51号）

对侵害英雄烈士的姓名、肖像、名誉、荣誉，损害社会公共利益的行为人，英雄烈士近亲属不提起民事诉讼的，检察机关可以依法向人民法院提起公益诉讼，要求侵权人承担侵权责任。

各具体人格权

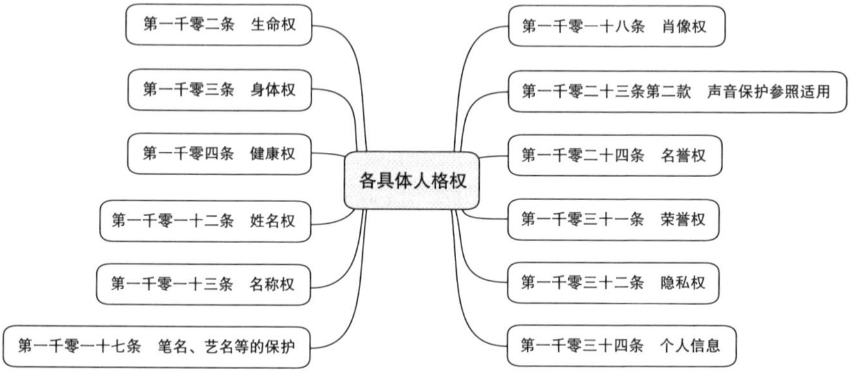

概念

本词条主要涉及生命权、身体权、健康权、姓名权、名称权、肖像权、名誉权、荣誉权、隐私权、个人信息等相关权利（利益）的基本规定。

法典条款

第一千零二条【生命权】　自然人享有生命权。自然人的生命安全和生命尊严受法律保护。任何组织或者个人不得侵害他人的生命权。

第一千零三条【身体权】　自然人享有身体权。自然人的身体完整和行动自由受法律保护。任何组织或者个人不得侵害他人的身体权。

第一千零四条【健康权】　自然人享有健康权。自然人的身心健康受法律保护。任何组织或者个人不得侵害他人的健康权。

第一千零一十二条【姓名权】　自然人享有姓名权，有权依法决定、使用、变更或者许可他人使用自己的姓名，但是不得违背公序良俗。

第一千零一十三条【名称权】 法人、非法人组织享有名称权，有权依法决定、使用、变更、转让或者许可他人使用自己的名称。

第一千零一十七条【笔名、艺名等的保护】 具有一定社会知名度，被他人使用足以造成公众混淆的笔名、艺名、网名、译名、字号、姓名和名称的简称等，参照适用姓名权和名称权保护的有关规定。

第一千零一十八条【肖像权】 自然人享有肖像权，有权依法制作、使用、公开或者许可他人使用自己的肖像。

肖像是通过影像、雕塑、绘画等方式在一定载体上所反映的特定自然人可以被识别的外部形象。

第一千零二十三条第二款【声音保护参照适用】 对自然人声音的保护，参照适用肖像权保护的有关规定。

第一千零二十四条【名誉权】 民事主体享有名誉权。任何组织或者个人不得以侮辱、诽谤等方式侵害他人的名誉权。

名誉是对民事主体的品德、声望、才能、信用等的社会评价。

第一千零三十一条【荣誉权】 民事主体享有荣誉权。任何组织或者个人不得非法剥夺他人的荣誉称号，不得诋毁、贬损他人的荣誉。

获得的荣誉称号应当记载而没有记载的，民事主体可以请求记载；获得的荣誉称号记载错误的，民事主体可以请求更正。

第一千零三十二条【隐私权】 自然人享有隐私权。任何组织或者个人不得以刺探、侵扰、泄露、公开等方式侵害他人的隐私权。

隐私是自然人的私人生活安宁和不愿为他人知晓的私密空间、私密活动、私密信息。

第一千零三十四条【个人信息】 自然人的个人信息受法律保护。

个人信息是以电子或者其他方式记录的能够单独或者与其他信息结合识别特定自然人的各种信息，包括自然人的姓名、出生日期、身份证件号码、生物识别信息、住址、电话号码、电子邮箱、健康信息、行踪信息等。

个人信息中的私密信息，适用有关隐私权的规定；没有规定的，适用有关个人信息保护的规定。

实务要点

1. 第 1002 条是关于生命权的规定。生命权，是指自然人享有的以维护生命安全和生命尊严为内容的权利，即生命权的内容是生命安全和生命尊严受法律保护。生命尊严受法律保护，是指自然人有权基于人格尊严，在消极意义上禁止他人侵害自己作为生命主体者的尊严，在积极意义上要求自己作为生命主体者的尊严获得应有的尊重。

2. 第 1003 条是关于身体权的规定。身体权，是指自然人享有的以身体完整和行动自由受法律保护为内容的权利。身体权与生命权、健康权密切相关，侵害自然人的身体通常也会对自然人健康乃至生命造成损害或剥夺。但三者仍有显著区别，生命权以保护自然人生命的延续为内容之一，健康权以保护身体各组织及整体功能正常为内容之一，而身体权则以保护身体组织的完整为内容之一。当侵害他人身体致其组织和功能不正常时，侵害的是健康权而非身体权，如殴打他人致其双手骨折；当侵害他人身体但未侵害其组织和功能正常时，侵害的是身体权而非健康权，如偷偷剪断别人的长发。

3. 第 1004 条是关于健康权的规定。健康权，是指自然人享有的以身心健康受法律保护为内容的权利。健康，是指一个人在身体和心理等方面都处于良好的状态，即健康包括身体健康和心理健康，但不包括一个人在社会适应方面的良好状态与道德健康等。此外，劳动能力的保护也属健康内容范围。

4. 第 1012 条是关于姓名权的规定。该规定有以下几个层面的意思：一是姓名权的主体只能是自然人。法人、非法人组织不享有姓名权，而是享有名称权。二是任何一个自然人都享有姓名权，包括决定、使用、变更、许可他人使用的权能。三是任何一个自然人都平等地享有姓名权。不因民族、性别、年龄等因素的不同而有差别或受到不同保护。另需注意，自然人在决定、使用、变更或许可他人使用自己的姓名过程中，不得违反法律、行政法规的相关规定，不得违背公序良俗。

5. 第 1013 条是关于名称权的规定。名称是法人或非法人组织在社会活动中用以代表自己并区别于其他法人或非法人组织的文字符号和标记。法人、非法人组织享有的名称权，包括依法决定、使用、变更、转让、许可使用其名称的权能。变更名称的，变更前实施的民事法律行为原则上对其具有法律约束力。

6. 第 1017 条是关于笔名、艺名、网名、字号等保护的规定。《民法典》人格权编规定的姓名、名称主要针对狭义的姓名和名称，即主体的正式姓名或名称。广义的姓名和名称除包括正式的姓名和名称外，还包括笔名、艺名、网名、字号、译名、姓名和名称的简称等。对笔名、艺名、网名、译名、字号、姓名和名称的简称等的保护，本条规定参照适用姓名权和名称权保护的规定，但需同时满足如下条件：一是具有一定社会知名度或为相关公众所熟悉；二是被他人使用足以造成公众混淆的。

7. 第 1018 条是关于肖像权的规定。本条第 1 款明确了任何自然人都享有肖像权，包括依法制作、使用、公开、许可他人使用自己肖像的权能；第 2 款则对肖像的定义做了明确，即通过影像、雕塑、绘画等方式在一定载体上所反映的特定自然人可以被识别的外部形象。需注意，根据本条可知，肖像的范围并不限于自然人的面部特征，任何足以反映或可识别特定自然人的外部形象都可纳入肖像权的保护范围。当然，肖像应具有较为清晰的可识别性。

8. 第 1023 条第 2 款是关于声音保护参照适用肖像权保护的规定。声音可以标识一个自然人的人格特征，尤其对一些声音特殊的播音员、配音演员等，声音更为彰显其人格特征。故第 1023 条第 2 款明确了自然人声音保护参照适用肖像权保护的规定。但需注意，受到保护的声音应足以识别到特定自然人，且并非完全适用而是参照适用肖像权的有关规定。

9. 第 1024 条是关于名誉权的规定。本条第 2 款对名誉的内涵做了明确，即名誉是对民事主体的品德、声望、才能、信用等的社会评价。自然人的名誉感是内心的主观感受，不属社会评价，并不纳入名誉权保护范围。享有名誉权的主体既包括自然人，也包括法人、非法人组织。侵害名誉权的行为主要表现为侮辱、诽谤行为。侮辱是指公然以暴力、谩骂等方式贬损他人名誉的行为，既包括行为方式，也包括语言、文字方式。诽谤行为是指以散布捏造或夸大的事实故意损害他人名誉的行为，可以是口头的，也可以是文字的。判断是否侵害名誉权时，需注意以下问题：(1)受害人的社会评价是否降低。若没有降低，不存在名誉权受损的问题。(2)若行为人发布的信息或所做的陈述真实客观，且没有包含侮辱性的内容，即使受害人认为自己的名誉受损，也不构成名誉权侵权。(3)行为人侵害他人名誉权的行为需要受害人之外的人知悉。(4)行为人的行为具有过错。(5)判断是否构成名誉权侵权及承担损害赔偿责任的程度时，除前述要件外，还需综合考虑其他因素，如职业、影响范围、行为方式、目的、后果。

10. 第 1031 条是关于荣誉权的规定。荣誉，是国家和社会对在社会生产生活中作出突出贡献或有突出表现的民事主体所给予的积极的正式评价。荣誉的外在表现形式可以是物质奖励，也可以是精神奖励。自然人、法人、非法人组织都可享有荣誉权。任何组织或个人不得非法剥夺他人的荣誉称号，不得诋毁、贬损他人的容易。荣誉与名誉的区别在于：(1)荣誉是国家和社会给予民事主体的正式评价，其授予、剥夺或撤销一般要依照严格的程序进行；而名誉这种社会评价是由社会公众进行的，没有严格程序要求与格式形式。(2)荣誉涉及的评价是积极、褒奖性的评价；而名誉是一种综合评价，既包括积极的褒奖，也包括消极的批评与中性的评价。(3)名誉是民事主体在社会经济生活活动中自然产生的，而荣誉不可能自然产生。

11. 第 1032 条是关于隐私权的规定。根据本条第 1 款，每个自然人均享有隐私权，且享有隐私权的只能是自然人，法人、非法人组织不享有隐私权。本条第 2 款明确了隐私的内涵，即隐私是自然人的私人生活安宁和不愿为他人知晓的私密空间、私密活动、私密信息。具体包括：(1)私人生活安宁。私人生活安宁是个人获得自尊心和安全感的前提，自然人有权排除他人对其正常生活的骚扰。(2)私密空间。其指的是个人的私密范围，包括个人居所、私家车、日记、个人邮箱、身体隐私部位及旅客居住的客房等，自然人有权排除他人对自己私密空间的侵入。(3)私密活动。其指的是自然人所进行的与公共利益无关的个人活动，如日常生活、家庭活动、婚姻活动。(4)私密信息。其指的是通过特定形式体现出来的有关自然人的病历、财产状况、身体缺陷、遗传特征、档案材料、生理识别信息行踪信息等个人情况。

12. 第 1034 条是关于个人信息的规定。本条共 3 款：第 1 款明确了自然人的个人信息受法律保护。同时表明，法人、非法人组织不是个人信息的主体。第 2 款明确了个人信息的含义，即个人信息是以电子或者其他方式记录的能够单独或者与其他信息结合识别特定自然人的各种信息，包括自然人的姓名、出生日期、身份证件号码、生物识别信息、住址、电话号码、电子邮箱、健康信息、行踪信息等。该款体现出构成个人信息的要件：(1)具有识别性，这是核心要件。(2)有一定的载体，这是形式要件。第 3 款就个人信息保护的适用做了规定，即“个人信息中的私密信息，适用有关隐私权的规定；没有规定的，适用有关个人信息保护的规定”。

权威参考案例

1. 刘某某、郭某某、郭某某诉孙某、河南兰庭物业管理有限公司信阳分公司生命权纠纷案（最高人民法院指导性案例第142号）

行为人为了维护因碰撞而受伤害一方的合法权益，劝阻另一方不要离开碰撞现场且没有超过合理限度的，属于合法行为。被劝阻人因自身疾病发生猝死，其近亲属请求行为人承担侵权责任的，人民法院不予支持。

2. 陈某容、陈某荣、陈某诉陈某1、吴某平、李某国、周某勇生命权纠纷案（《最高人民法院公报》2019年第8期）

债权人采取合理限度的自助行为以防止债务人再次隐匿逃债，并与债务人商定一同前往人民法院解决债务纠纷，在此期间，债务人在自身安全未受到现实威胁的情况下，为继续逃避法定债务，自行翻窗逃跑致死的，债权人不承担法律责任。

3. 山东起重机厂有限公司与山东山起重工有限公司侵犯企业名称权纠纷案（《最高人民法院公报》2010年第3期）

企业名称的简称源于语言交流的方便。企业简称的形成与两个过程有关：一是企业自身使用简称代替其正式名称；二是社会公众对于企业简称的认同，即认可企业简称与其正式名称所指代对象为同一企业。由于简称省略了正式名称中某些具有限定作用的要素，可能会不适当地扩大正式名称所指代的对象范围。因此，企业简称能否特指该企业，取决于该企业简称是否为相关社会公众所认可，并在相关社会公众中建立起与该企业的稳定的关联关系。对于具有一定的市场知名度、为相关社会公众所熟知并已经实际具有商号作用的企业或者企业名称的简称，可以视为企业名称。如果经过使用和社会公众认同，企业的特定简称已经在特定地域内为相关社会公众所认可，具有相应的市场知名度，与该企业建立了稳定的关联关系，具有识别经营主体的商业标识意义，他人在后擅自使用该知名企业简称，足以使特定地域内的相关社会公众对在后使用者和在先企业之间发生市场主体的混淆、误认，在后使用者就会不恰当地利用在先企业的商誉，侵害在先企业的合法权益。具有此种情形的，应当将在先企业的特定简称视为企业名称，并根据《反不正当竞争法》第5条第3项[①]的规定加以保护。

4. 申花足球俱乐部诉特雷通贸易有限公司侵害名称权纠纷案（《最高人民法院公报》2001年第1期）

名称不仅是独立法人人格的标志，还是荣誉的象征，在一定条件下能够发挥号召公众的作用。名称的这种商业属性使名称成为名称权人的一项无形财产。为经营性目的使用他人名称应当经名称权人的许可，否则即构成对名称权人的侵权。

5. 铁岭市取暖设备厂诉周某福、铁岭市电信局侵害名称权纠纷案（《最高人民法院公报》2000年第6期）

当事人虽然曾任拥有名称权企业的法定代表人，但在其已经不是该企业法定代表人的情况下，未经该企业的许可，擅自将该企业名下的电话或传呼号码改为自己的或者能为自己使用的电话号码、传呼号码，以便获取该企业名下的业务信息，侵犯了权利人使用自己名称的权利；造成一定经济损失的，应承担相应的民事责任。电信局、号簿公司未尽到合理注意义务，导致损失进一步扩大的，应承担相应的民事责任。

6. 天津中国青年旅行社诉天津国青国际旅行社擅自使用他人企业名称纠纷案（最高人民法院指导性案例第29号）

对于企业长期、广泛对外使用，具有一定市场知名度、为相关公众所知悉，已实际具有商号作用的企业名称简称，可以视为企业名称予以保护。擅自将他人已实际具有商号作用的企业名称简称作为商业活动中互联网竞价排名关键词，使相关公众产生混淆误认的，属于不正当竞争行为。

7. 北京兰世达光电科技有限公司、黄某兰诉赵某名誉权纠纷案（最高人民法院指导性案例第143号）

认定微信群中的言论构成侵犯他人名誉权，应当符合名誉权侵权的全部构成要件，还应当考虑信息网络传播的特点并结合侵权主体、传播范围、损害程度等具体因素进行综合判断。不特定关系人组成的微信群具有公共空间属性，公民在此类微信群中发布侮辱、诽谤、污蔑或者贬损他人的言论构成名誉权侵权，应当依法承担法律责任。

---

① 现为第6条第2项。

8. 申某华诉王某韵网络侵权责任纠纷案（《最高人民法院公报》2016 年第 12 期）

网络交易中买家基于货品本身与网店描述是否相符、卖家服务态度等综合因素对商家进行的评级、评论，虽具有一定的主观性，但只要不是出于恶意诋毁商业信誉的目的，买家给“差评”不属于侮辱诽谤行为。

9. 陈某某诉莫某兰、莫某明、邹某某侵犯健康权、名誉权纠纷案（《最高人民法院公报》2015 年第 5 期）

公民享有名誉权，公民的人格尊严受法律保护，禁止用侮辱、诽谤等方式损害公民的名誉。国家保障未成年人的人身、财产和其他合法权益不受侵犯。行为人以未成年人违法为由对其作出侮辱行为，该行为对未成年人名誉造成一定影响的，属于名誉侵权行为，应依法承担相应责任。

10. 徐某诉上海宝钢冶金建设公司侵犯名誉权纠纷案（《最高人民法院公报》2006 年第 12 期）

名誉，是指根据公民的观点、行为、作用、表现等所形成的关于公民品德、才干及其他素质的总体社会评价，是对公民社会价值的一般认识。公民享有名誉权，法律禁止用侮辱、诽谤等方式损害公民的名誉。用工单位对劳动者的劳动、工作情况作出的评价也是劳动者总体社会评价的重要组成部分。用工单位对劳动者作出不实、不良的评价，足以影响到劳动者今后的就业求职和工作生活的，构成对劳动者名誉权的侵犯。

11. 张某诉俞某风网络环境中侵犯名誉权纠纷案（《最高人民法院公报》2001 年第 5 期）

当事人虽然是以虚拟的网络名称登录网站并参加活动，但在现实生活中知道对方的真实身份，此时的交流对象具有了现实性和针对性。行为人通过网络数次发表针对他人的言论，期间多次使用侮辱性语言贬低他人人格，捏造事实诽谤他人，构成侵犯他人名誉权的行为，应当承担相应的民事责任。

12. 倪某璐、王某诉中国国际贸易中心侵害名誉权纠纷案（《最高人民法院公报》1993 年第 1 期）

法律没有赋予市场工作人员对消费者进行盘问和搜查的权力，经营者的工作人员在公众场合盘问并对消费者实施搜查的行为造成消费者的社会评价降低、社会地位遭贬低的恶劣后果，经营者的侵权行为构成名誉权侵权。

13. 上海新亚医用橡胶厂诉武进医疗用品厂损害法人名誉权纠纷案(《最高人民法院公报》1988 年第 1 号)

企业竞争对手为了达到毁损对方产品、进行恶意竞争的目的,捏造有损对方产品声誉的事实并以印发公告的形式予以散播的,构成对对方法人名誉权的侵害。

生命权、身体权、健康权其他规定

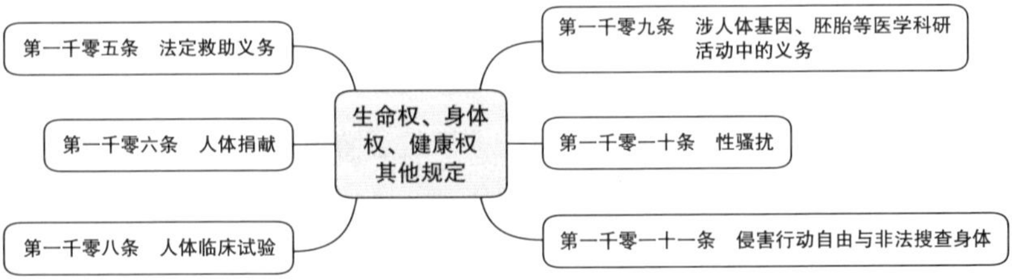

概念

本词条所谓"生命权、身体权、健康权其他规定",主要涉及法定救助义务、人体捐献、人体临床试验、涉人体基因或胚胎等医学科研活动中的义务、性骚扰、侵害行动自由与非法搜查身体等内容。

法典条款

第一千零五条【法定救助义务】　自然人的生命权、身体权、健康权受到侵害或者处于其他危难情形的,负有法定救助义务的组织或者个人应当及时施救。

第一千零六条【人体捐献】　完全民事行为能力人有权依法自主决定无偿捐献其人体细胞、人体组织、人体器官、遗体。任何组织或者个人不得强迫、欺骗、利诱其捐献。

完全民事行为能力人依据前款规定同意捐献的,应当采用书面形式,也可以订立遗嘱。

自然人生前未表示不同意捐献的,该自然人死亡后,其配偶、成年子女、父母可以共同决定捐献,决定捐献应当采用书面形式。

第一千零八条【人体临床试验】　为研制新药、医疗器械或者发展新的预防和治疗方法,需要进行临床试验的,应当依法经相关主管部门批准并经伦理委员会审查同意,向受试者或者受试者的监护人告知试验目的、用途和可能产生的风险等详细情况，并经其书面同意。

进行临床试验的，不得向受试者收取试验费用。

第一千零九条【涉人体基因、胚胎等医学科研活动中的义务】 从事与人体基因、人体胚胎等有关的医学和科研活动，应当遵守法律、行政法规和国家有关规定，不得危害人体健康，不得违背伦理道德，不得损害公共利益。

第一千零一十条【性骚扰】 违背他人意愿，以言语、文字、图像、肢体行为等方式对他人实施性骚扰的，受害人有权依法请求行为人承担民事责任。

机关、企业、学校等单位应当采取合理的预防、受理投诉、调查处置等措施，防止和制止利用职权、从属关系等实施性骚扰。

第一千零一十一条【侵害行动自由与非法搜查身体】 以非法拘禁等方式剥夺、限制他人的行动自由，或者非法搜查他人身体的，受害人有权依法请求行为人承担民事责任。

实务要点

1. 第 1005 条是关于法定救助义务的规定。《民法典》就法定救助义务的规定体现了鼓励与支持，具体表现在两个层面：一是对不负有法定救助义务人的救助人的保护，本法第 184 条关于“紧急救助下责任豁免”，第 183 条关于“见义勇为者的特别请求权”有鲜明体现。二是规定特定主体在特定情形下积极的救助义务，本条即规定了在自然人的生命权、身体权、健康权受到侵害或处于其他危难情形时特定主体的救助义务。需注意，为避免道德义务与法律义务的混淆而提出过高的行为要求，本条规定的救助义务限定在法律规定的前提下。此外，本条规定的“及时施救”，首先不得以未付费等为由拒绝或拖延救助，救助包括亲自救助或联系急救机构、国家机关等。

2. 第 1006 条是关于人体捐献的规定。无论是活体器官捐献，还是遗体器官捐献，自然人都享有器官捐献同意权。遗体器官组织捐献中，主要是通过两种方式作出意思表示：一是捐献人生前明确作出同意捐献的意思表示；二是自然人生前未表示不同意捐献的，该自然人死亡后，其配偶、成年子女、父母可以共同决定捐献。须注意的是，近亲属所为书面同意，不得与死者生前明示之意思相反，乃在尊重死者的自主决定权。即自然人死亡后，其配偶、成年子女、父母共同决定捐献的前提是死者生前未表示不同意捐献。因器官捐献涉及自然人重大人格利益，为确保体现捐献人真实意思，法律规定决定无偿捐献其人体细胞、人体组织、人体器官、遗体，须以书面形式或者遗嘱方式作出，配偶、成年子女、父母共同决定捐献的，亦需以书面方式作出。需注意，人体捐献为无偿捐献，即不能通过捐献行为而获取一定的经济利益。这里所说的无偿主要是强调两者之间不存在对价关系。因自然人的生命、身体、健康等人格利益是无价的，无法用金钱衡量。若以金钱来衡量器官价值，将人体器官视为可以被等价交换的物，将违背器官捐献的伦理性和道德性，有违人格尊严这一基本价值，也有违公序良俗。同时会引发道德风险甚至诱发犯罪。

3. 第 1008 条是关于人体临床试验的规定。依据本条，临床试验除应依法经相关主管部门批准之外，还需经伦理委员会审查同意。这就表明，即使主管部门批准，未经伦理委员会的审查同意也不得进行临床试验。伦理委员会的审查，不是审查临床试验的批准是否符合要求，而是这种临床试验是否符合医学、伦理、道德的要求。此外，试验者须向受试者详细告知试验目的、用途和可能产生的损害等，包括已经确定、可能发生的一切与受试者身体相关的情况，此外还必须告诉受试者有可能出现试验者自己也尚未预见到的其他后果。为便于相关信息或证据的留存，需受试者或者其监护人书面同意。由于受试者参与人体试验的主要目的是利他的，故人体临床试验应遵循免费原则。

4. 第 1009 条是关于从事与人体基因、人体胚胎等有关的医学和科研活动的规定。依据本条，从事与人体基因、人体胚胎等有关的医学和科研活动的界限如下：(1)遵守法律、行政法规和国家有关规定。若一项技术尚未成熟就适用于人体，就会对人的生命、身体带来极大的风险。故绝大多数国家的法律规定，从事与人体基因、人体胚胎等有关的医学和科研活动，应以不损害人体健康为限。(2)不得违背伦理道德，不得损害公共利益。技术发展若超越伦理、道德和法律的界限，就有可能形成对人类的威胁甚至灾难。很多国家对克隆人技术的禁止、对基因编辑的严格限制，均是基于对伦理道德和人类安全的考虑。

5. 第 1010 条是关于性骚扰的规定。性骚扰的一般构成要件包括：(1)性骚扰的主体。需注意，目前国内外理论界多认为男性也可能成为性骚扰受害者，法律应当对男女两性提供平等的保护。本条未对受害者主体作出限制，即性骚扰不分性别、年龄，无论是男性还是女性，成年人还是未成年人，都可能成为受害人，也不区分行为人与受害人是同性还是异性。(2)性骚扰是与性有关的行为。一般而言，性骚扰是一种具有性本质的行为，与性有关的行为是性骚扰行为的主要类型。性挑逗、性贿赂、性要挟、性强迫都会构成性骚扰，其形式不限于暴力强迫，更多的是非暴力性的，以言语、文字、图像、肢体行为等方式对他人实施性骚扰，如身体接触、出示色情文学图像、网上性骚扰、电话性骚扰。(3)行为是违背他人意愿的。性骚扰行为具有违背他人意愿的特点，这一特点将两相情愿的与性有关的行为与性骚扰区别开来。医学专家认为，性骚扰与异性间的调情、打情骂俏的根本区别在于，前者可致当事人产生厌恶感，造成不同程度的心理不良反应，如愤怒、恐惧、焦虑、忧郁，而后者往往使当事人产生愉悦感，故从某种意义上可调节情绪。故行为违背他人意愿，是判定是否构成性骚扰的关键条件。(4)行为一般具有的明确针对性。(5)行为人主观上一般是故意的。此外，本条明确了机关、企业、学校等单位在性骚扰中的义务，主要包括预防性骚扰义务和制止性骚扰义务。(6)合理的预防义务，即应采取合理的预防、受理投诉、调查处置等措施，具体措施还需要相关部门或者单位进一步细化。(7)及时救济义务，即用人单位、学校等知悉发生性骚扰事件时，应立即制止并采取有效的补救措施等，以适当的方式处理投诉，及时进行调查，并采取措施予以处置。

6. 第 1011 条是关于侵害行动自由与非法搜查身体的规定。依据本条，非法剥夺、限制他人行动自由以及非法搜查他人身体的，应承担民事责任。其构成要件包括：(1)存在违法行为。非法限制他人人身自由的手段是多种多样的，如捆绑、隔离、关押、扣留身份证件不让随意外出或者与外界联系，其实质就是强制剥夺他人的人身自由。但并非所有拘禁均为非法，如对正在实施违法犯罪的行为人扭送或控制即是合法的，包括在途中实施的捆绑、扣留。(2)存在损害后果。非法剥夺、限制他人行动自由以及非法搜查他人身体的损害事实或者后果通常表现为自然人的人身自由在一定范围内受到了限制。行动自由是身体权的重要内容，自然人因行为人的非法拘禁等行为无法依据自己的自由意志支配行动，其保持行动自由状态的权利受到侵害，本身就是损害事实或者损害后果。(3)侵权行为与损害后果之间有因果关系。(4)行为人主观上有过错。以非法拘禁等方式剥夺、限制他人的行动自由，或者非法搜查他人身体的行为属于一般侵权行为，其归责原则应为过错责任原则。

姓名权、名称权其他规定

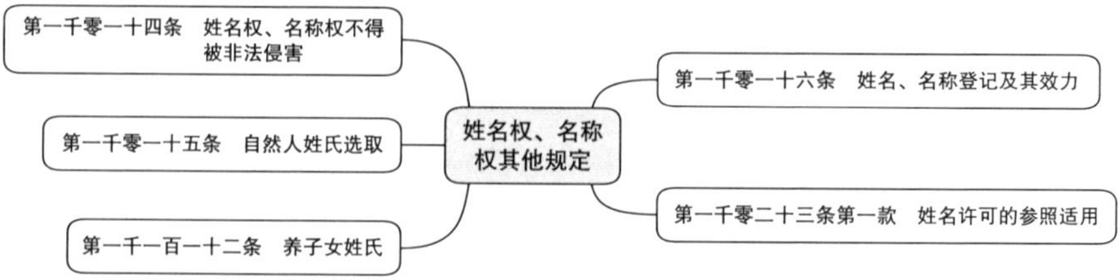

概念

本词条所谓“姓名权、名称权其他规定”，主要涉及姓名权或名称权不得被非法侵害、自然人姓氏选取、养子女姓氏、姓名或名称的登记及其效力、姓名许可的参照适用等内容。

法典条款

第一千零一十四条【姓名权、名称权不得被非法侵害】 任何组织或者个人不得以干涉、盗用、假冒等方式侵害他人的姓名权或者名称权。

第一千零一十五条【自然人姓氏选取】 自然人应当随父姓或者母姓，但是有下列情形之一的，可以在父姓和母姓之外选取姓氏：

（一）选取其他直系长辈血亲的姓氏；

（二）因由法定扶养人以外的人扶养而选取扶养人姓氏；

（三）有不违背公序良俗的其他正当理由。

少数民族自然人的姓氏可以遵从本民族的文化传统和风俗习惯。

第一千一百一十二条【养子女姓氏】 养子女可以随养父或者养母的姓氏，经当事人协商一致，也可以保留原姓氏。

第一千零一十六条【姓名、名称登记及其效力】 自然人决定、变更姓名，或者法人、非法人组织决定、变更、转让名称的，应当依法向有关机关办理登记手续，但是法律另有规定的除外。

民事主体变更姓名、名称的，变更前实施的民事法律行为对其具有法律约束力。

第一千零二十三条第一款【姓名许可的参照适用】 对姓名等的许可使用，参照适用肖像许可使用的有关规定。

实务要点

1. 第 1014 条是关于姓名权、名称权不得被非法侵害的规定。侵害该人格权的行为，如符合侵权行为的构成要件，则行为人需要承担民事侵权责任。侵害姓名权、名称权的方式主要包括：(1)干涉。即限制、阻挠、干预权利主体自主决定、使用、变更、许可他人使用姓名或名称，较为常见的情形为父母对未成年子女姓名决定权的干涉。例如，父母一方亡故，另一方再婚，父母要求子女变更姓名，并未征求未成年子女意见的。(2)盗用。即侵权人未经权利人同意或授权，擅自以姓名权人、名称权人的姓名或名称实施有害于他人或社会的行为，如盗用他人名义开办诊所。(3)假冒。即侵权人假冒姓名权人或名称权人之名进行活动，表现为民事主体从事民事活动时不用自己的姓名而使用他人的姓名或名称，如假冒他人名义上大学。除以上三种情形外，还包括他人不正当的行为，故本条用了“等方式”的表述。

2. 第 1015 条是关于自然人姓氏选取的规定。自然人姓氏的选择属于民事活动，既应当依照本法第 1012 条“自然人享有姓名权，有权依法决定、使用、变更或者许可他人使用自己的姓名”和本条“自然人应当随父姓或者母姓”的规定，还应当遵守本法第 1012 条的规定，即“不得违背公序良俗”。本条规定的自然人姓氏的选择权利，主要限于自然人在父姓和母姓之外选择其他姓氏的权利，主要包括选取其他直系长辈血亲的姓氏、因由法定扶养人以外的人扶养而选取扶养人姓氏、有不违背公序良俗的其他正当理由三种情形，自然人可以在父姓和母姓之外选取姓氏的权利。当然，关于少数民族自然人姓氏的选择，本条第 2 款明确规定，可遵从本民族的文化传统和风俗习惯。

3. 第 1112 条是关于养子女姓氏的规定。收养之后，养子女脱离其原生家庭，加入养父母的家庭，取得养父母婚生子女的法律地位，并据此享有权利、承担义务。同样也应按确定婚生子女姓氏的规则来确定养子女的姓氏，即原则上养子女应当随养父或养母的姓氏。养子女随养父或养母的姓氏，可以体现养子女身份地位和权利义务的转换，明确家庭结构，促进家庭关系的和睦，帮助养子女更快更好地融入与养父母共同组成的新家庭。因自然人享有姓名决定权，《民法典》还赋予自然人在正当理由情况下选择父姓或母姓之外的其他姓氏的权利。故本条中规定当事人可在协商一致的基础上，保留养子女的原姓氏。

4. 第 1016 条是关于姓名、名称登记及其效力的规定。姓名、名称的决定、变更以及名称的转让会影响民事主体的权利义务关系，为保护权利义务关系的稳定性和延续性，决定、变更姓名、名称以及转让名称等都需要遵守一定的程序。当然，本条的姓名指的是自然人的法定姓名即正式姓名，并不包括第 1017 条规定的笔名、艺名等。另需注意，变更姓名、名称，都是外观标识的改变，其实质并未改变，权利义务归属也不应发生改变，否则将对他人、社会公共利益产生重大影响，如现实中出现的“新人”不理旧账。为保护原法律关系相对方，本条第 2 款规定，民事主体变更姓名、名称的，变更前实施的民事法律行为对其具有法律约束力。

5. 第 1023 条第 1 款是关于姓名许可使用参照适用肖像许可使用有关内容的规定。根据立法技术，被参照适用的规定与拟规整的事项在法律事实上类似，可以做相同法律评价，故而可以参引被参照适用的规定。因此，对于此条规定的可以被商业化利用的人格利益，应当与肖像权在法律事实上类似，在法律评价上相同，而肖像权是典型的标表性人格权，故只要属于标表性的人格权原则上都应当属于本条规定的可商业化利用的对象。能够参照适用肖像许可使用有关规定的人格权除了姓名权外，还有其他人格权。但还有哪些人格权能够参照适用，应在具体个案中结合人格商业化利用的法理，立足本条立法目的，从解释论上详加论证和说理。

权威参考案例

1. 迈克尔·杰弗里·乔丹与国家工商行政管理总局商标评审委员会、乔丹体育股份有限公司“乔丹”商标争议行政纠纷案（最高人民法院指导性案例第 113 号）

姓名权是自然人对其姓名享有的人身权，姓名权可以构成商标法规定的在先权利。外国自然人外文姓名的中文译名符合条件的，可以依法主张作为特定名称按照姓名权的有关规定予以保护。外国自然人就特定名称主张姓名权保护的，该特定名称应当符合以下三项条件：(1)该特定名称在我国具有一定的知名度，为相关公众所知悉；(2)相关公众使用该特定名称指代该自然人；(3)该特定名称已经与该自然人之间建立了稳定的对应关系。使用是姓名权人享有的权利内容之一，并非姓名权人主张保护其姓名权的法定前提条件。特定名称按照姓名权受法律保护的，即使自然人并未主动使用，也不影响姓名权人按照商标法关于在先权利的规定主张权利。违反诚实信用原则，恶意申请注册商标，侵犯他人现有在先权利的“商标权人”，以该商标的宣传、使用、获奖、被保护等情况形成了“市场秩序”或者“商业成功”为由，主张该注册商标合法有效的，人民法院不予支持。

2. 王某生诉张某峰、江苏省南京工程高等职业学校、招商银行股份有限公司南京分行、招商银行股份有限公司信用卡中心侵权纠纷案（《最高人民法院公报》2008年第10期）

姓名权，是指公民自由决定、使用和依照规定改变自己的姓名，并禁止他人干涉、盗用、假冒自己姓名的一项民事权利。未经他人同意，盗用他人身份证、以他人的姓名申办信用卡的行为，即属于盗用、假冒他人姓名，侵犯他人姓名权的民事侵权行为。以上述方式办理信用卡后透支消费，导致他人姓名被银行列入不良信用记录，给他人造成名誉损失的，属于侵犯他人姓名权行为造成的损害后果，不属于侵犯他人名誉权的行为。当事人因他人盗用、冒用自己姓名申办信用卡并透支消费的侵犯姓名权行为，导致其在银行征信系统存有不良信用记录，对当事人从事商业活动及其他社会、经济活动具有重大不良影响，给当事人实际造成精神痛苦，妨碍其内心安宁，降低其社会评价，当事人就此提出精神损害赔偿诉讼请求的，人民法院应予支持。

3.“北雁云依”诉济南市公安局历下区分局燕山派出所公安行政登记案（最高人民法院指导性案例第89号）

选取或创设姓氏应当符合中华传统文化和伦理观念。仅凭个人喜好和愿望在父姓、母姓之外选取其他姓氏或者创设新的姓氏，不属于全国人民代表大会常务委员会《关于〈中华人民共和国民法通则〉第九十九条第一款、〈中华人民共和国婚姻法〉第二十二条的解释》第2款第3项规定的“有不违反公序良俗的其他正当理由”。

肖像权其他规定

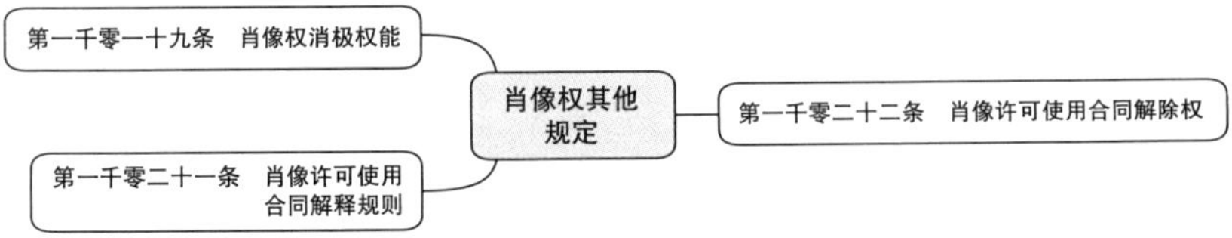

概念

本词条所谓“肖像权其他规定”，主要涉及肖像权消极权能、肖像许可使用合同解释规则、肖像许可使用合同解除权等内容。

法典条款

第一千零一十九条【肖像权消极权能】 任何组织或者个人不得以丑化、污损，或者利用信息技术手段伪造等方式侵害他人的肖像权。未经肖像权人同意，不得制作、使用、公开肖像权人的肖像，但是法律另有规定的除外。

未经肖像权人同意，肖像作品权利人不得以发表、复制、发行、出租、展览等方式使用或者公开肖像权人的肖像。

第一千零二十一条【肖像许可使用合同解释规则】 当事人对肖像许可使用合同中关于肖像使用条款的理解有争议的，应当作出有利于肖像权人的解释。

第一千零二十二条【肖像许可使用合同解除权】 当事人对肖像许可使用期限没有约定或者约定不明确的，任何一方当事人可以随时解除肖像许可使用合同，但是应当在合理期限之前通知对方。

当事人对肖像许可使用期限有明确约定，肖像权人有正当理由的，可以解除肖像许可使用合同，但是应当在合理期限之前通知对方。因解除合同造成对方损失的，除不可归责于肖像权人的事由外，应当赔偿损失。

实务要点

1. 第1019条是关于肖像权消极权能的规定。肖像权的权能可以分为积极权能和消极权能。本法第1018条规定的是肖像权的积极权能，即肖像权人有权依法制作、使用、许可他人使用或者公开自己的肖像。本条则规定的是肖像权的消极权能，即肖像权人排除他人对本人肖像权妨害，以实现对本人肖像支配的权能。具体来说，本条第1款“任何组织或者个人不得以丑化、污损，或者利用信息技术手段伪造等方式侵害他人的肖像权”保护的是肖像权人的精神利益，“不得制作、使用、公开肖像权人的肖像”还涉及商业化利用肖像产生的财产利益。本条第2款规定的是肖像作品权利人使用或者公开肖像权人的肖像的禁止性规定。需注意，本条第1款所谓“利用信息技术手段伪造”是指利用信息技术手段（如PS）编造或捏造他人肖像，以假乱真，以达到利用不存在的事物谋取非法利益的目的。

2. 第 1021 条是关于肖像许可使用合同解释规则的规定。本条从人格权的法理出发，结合肖像许可使用合同的特点，规定了肖像许可使用合同特殊的解释方法，即有利于肖像权人的解释方法。所谓有利于肖像权人，就是当合同中有关肖像使用的具体权能、效力范围、使用范围、利用方式、许可期限等条款的约定有歧义时，对其解释出现两种或两种以上结果，双方对此又无法达成一致意见时，应采纳更有利于保护肖像权人利益的解释结果。但需注意，不是对肖像许可使用合同的所有条款解释均适用有利于肖像权人的解释方法。只有当事人在对“肖像使用条款”的理解有争议时，才能适用本条规定。实践中需要注意分析当事人产生争议并需要解释的条款是否属于“肖像使用条款”，从而决定是否能够适用本条规定。若双方争议的条款是管辖权约定、违约责任、价款支付等与“肖像使用”没有关系的条款时，则不应适用本条的解释方法。

3. 第 1022 条是关于肖像许可使用合同解除权的规定。本条基于肖像许可使用合同的特点，以合同是否约定许可使用期限为标准，规定了两种不同的合同解除规则：(1)许可使用期限没有约定或约定不明确情况下的合同解除。本条第 1 款规定了在当事人未对肖像许可使用期限作出约定或者约定不明确的情况下，当事人双方均有权随时解除合同。该种解除不附有任何条件，不基于任何理由，也不存在当事人是否违约、是否承担违约责任的问题，而且无解除权行使时间限制，故可以被称为任意解除。(2)许可使用期限有明确约定情况下的合同解除。第 2 款规定了肖像许可使用合同对于肖像许可使用期限有明确约定的情况下，肖像权人特有的解除合同的规则。需注意的是，本款规定的解除权人仅仅是肖像权人，而不包括被许可使用人，这一点与第 1 款是不同的。此外，本条所谓的“正当理由”，有可能是肖像权人自身的原因，也有可能是被许可人的原因，还有可能是与双方均无关的原因，但都须与对肖像权人人格利益的保护有关。

权威参考案例

1. 周某某诉中建荣真无锡建材科技有限公司肖像权、姓名权纠纷案(《最高人民法院公报》2020 年第 2 期)

在涉外人格权侵权纠纷中，双方当事人援引相同的法律且未提出法律适用异议的，人民法院可以认定当事人已经就该民事关系的准据法作出了一致的选择。当姓名权和肖像权具有商业化使用权能时，当事人仅以侵权责任法为依据进行主张，该人格权的精神利益和财产价值可一并予以保护，包括属于合理开支的律师费在内均应纳入人格权的损害赔偿范围。在酌定赔偿数额时，人民法院应结合权利类型、侵权方式，从侵权程度、被侵权人和侵权人的身份地位、经济情况、获利情况、过错类型、其他情形等方面予以综合考量。

2. 叶某诉安贞医院、交通出版社、城市联合广告公司肖像权纠纷案（《最高人民法院公报》2003 年第 6 期）

肖像应当具有完整、清晰、直观、可辨的形象再现性和形象标识性。在广告中使用的照片并非完整的特定人形象，不能反映特定人相貌的综合特征及引起一般人产生与特定人有关的思想或感情活动的，不构成肖像，也不构成对他人肖像权的侵犯。

3. 卓某红诉孙某西、重庆市乳品公司侵犯肖像权纠纷案（《最高人民法院公报》1987 年第 1 号）

未经本人同意，以营利为目的擅自出售、印刷他人肖像作为商标，是侵犯他人肖像权的行为。公民肖像权受到侵害的，有权要求停止侵害，恢复名誉，消除影响，赔礼道歉，并可以要求赔偿损失，侵权人应承担侵权责任。

名誉权、荣誉权其他规定

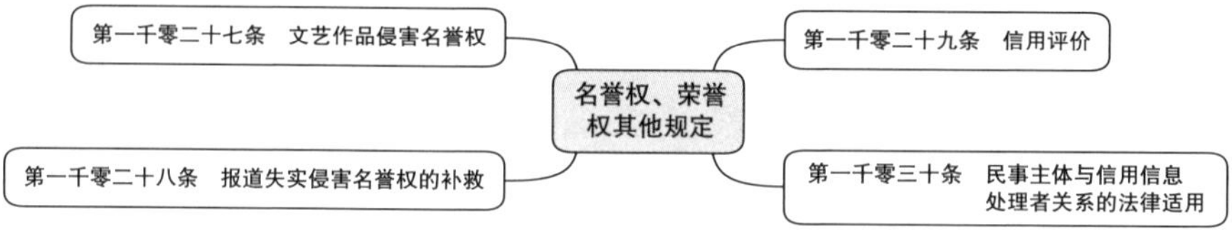

概念

本词条所谓“名誉权、荣誉权其他规定”，主要涉及文艺作品侵害名誉权、报道失实侵害名誉权的补救、信用评价、民事主体与信用信息处理者关系的法律适用等内容。

法典条款

第一千零二十七条【文艺作品侵害名誉权】　行为人发表的文学、艺术作品以真人真事或者特定人为描述对象，含有侮辱、诽谤内容，侵害他人名誉权的，受害人有权依法请求该行为人承担民事责任。

行为人发表的文学、艺术作品不以特定人为描述对象，仅其中的情节与该特定人的情况相似的，不承担民事责任。

第一千零二十八条【报道失实侵害名誉权的补救】 民事主体有证据证明报刊、网络等媒体报道的内容失实，侵害其名誉权的，有权请求该媒体及时采取更正或者删除等必要措施。

第一千零二十九条【信用评价】 民事主体可以依法查询自己的信用评价；发现信用评价不当的，有权提出异议并请求采取更正、删除等必要措施。信用评价人应当及时核查，经核查属实的，应当及时采取必要措施。

第一千零三十条【民事主体与信用信息处理者关系的法律适用】 民事主体与征信机构等信用信息处理者之间的关系，适用本编有关个人信息保护的规定和其他法律、行政法规的有关规定。

实务要点

1. 第 1027 条是关于侵害名誉权的规定。本条借鉴有关司法解释的内容，并将“文学作品”扩大为“文学、艺术作品”，将侵权行为从“有侮辱、诽谤或披露隐私的内容”限缩为“含有侮辱、诽谤内容”。除文学作品外，电影、电视节目等艺术作品同样可能含有侮辱、诽谤内容，对特定人的名誉造成侵害。另外，之所以不将披露隐私作为文学、艺术作品侵害名誉权的主要形式，是因为隐私权的保护已经受本法关于隐私权相关规定的保护，而且对于名誉权保护而言，侮辱、诽谤是侵害名誉权的主要方式。关于文学、艺术作品侵害名誉权的认定，要满足名誉权侵权的一般构成要件，即行为违法、损害后果、因果关系和过错。其中最难判断的是行为违法和过错。过错可以是故意也可以是过失。故意是指行为人明知作品含有侮辱、诽谤等非法损害特定人名誉的内容而仍然为之。过失是指行为人因过于自信或疏忽大意，在作品中对特定人进行了侮辱和诽谤。文学、艺术作品过失侵权通常是因行为人对作品素材处理不当引发的，因而对过失作品侵权的处理应结合损害事实进行分析。在确定被告的行为是否指向特定人时，应当考虑到行为人是否具有恶意。此外，本条规定的侵害名誉行为须指向特定人。对一般人而言，对他人名誉的贬损行为无法确定行为指向的具体对象，只是泛泛而谈，是无法认定侵害名誉权行为的。但艺术创作中的人物不是生活中某一特定人物的简单再现，而是经过作者的加工和处理。若在艺术作品中含沙射影，同时又用侮辱性、诽谤性的方式进行创作，让人联想到某真实人物的。有观点认为，只要文学作品没有使用真实姓名的，就不是对特定的人构成侵害名誉权。也有观点认为，第三人通过作品中对人物的语言、行为、事迹、个人信息等多方面的描述，能够判断指向现实生活中的特定人的，即便艺术、文学作品中没有指名道姓，仍应当认定指向特定人，同时符合构成侵害名誉权其他条件的，应当认定构成侵害名誉权。

2. 第 1028 条是关于报道失实侵害名誉权的补救。媒体报道的内容失实是指媒体报道偏离客观事实，对事件作出了不准确的、歪曲的甚至是虚假的描述。网络时代，媒体报道具有传播快、范围广、影响大的特点，为此，本条赋予因媒体失实报道而名誉受损的主体请求媒体及时采取更正或删除等必要措施的权利。但应注意，只有媒体报道的内容与事实严重不符，才可认定为内容失实。单纯的内容失实也不一定构成对名誉权的侵害，只有该失实内容经媒体、网络传播后导致了被报道的民事主体品德、声望、才能、信用等社会评价的降低、名誉受损，才构成本条规定的适用要件。如果报道内容与事实有一定出入，但对当事人名誉未造成影响，也不构成本条规定意义上的“内容失实”。

3. 第 1029 条是关于信用评价不当的救济措施之规定。信用评价也被称为信用评估、信用评级、资信评估、资信评级等。依据本条，民事主体可以依法查询自己的信用评价；发现信用评价不当的，有权提出异议并请求采取更正、删除等必要措施。但对“信用评价不当”并没有区分是信用基础信息错误导致评价不当还是信用评价模型带来的信用评价差异。对于基础信用信息错误导致的信用评价错误比较好判别，但对于信用评价模型或算法是否存在错误或不当，应当看评价机构在评价过程中是否存在恶意、过错或者过失。本条赋予了权利主体的信息评价不当的异议权、更正、删除权，并规定了评价机构核查更正的义务。异议权，即民事主体发现信用评价不当的，有权提出异议的权利。更正、删除权，即针对不当的信用评价，权利人有权要求对这些评价进行更正、删除。

4. 第 1030 条是关于民事主体与信用信息处理者关系的法律适用之规定。信用信息属民事主体的个人信息。考虑到个人信息在现代社会对于个人的重要性及其本身的易受侵害性，我国加强了个人信息的保护，人格权编第 6 章及《网络安全法》《电子商务法》《征信业管理条例》等法律法规对个人信息保护作出规定。为此，本条明确了征信机构等信用信息处理者在处理信用信息时也应遵守这些规定。

权威参考案例

1. 李某诉《新生界》杂志社、何某明侵害名誉权纠纷案（《最高人民法院公报》1998 年第 1 期）

杂志社在其出版的刊物中未尽到审查义务，致使在其主办的杂志上发表明显带有侵犯死者的名誉权的作品，杂志社应依法承担民事责任。

2. 陈某琴诉魏某林、《今晚报》社侵害名誉权纠纷案（《最高人民法院公报》1990 年第 2 期）

被告创作的作品题材虽为小说，但使用了死者及其近亲属的真实姓名，且虚构了一些损害他人名誉的情节，其行为损害了他人的名誉权，应承担民事责任。死者的近亲属，在死者及本人名誉权受到损害的情形下，有权提起诉讼，请求法律保护。

3. 王某英诉刘某及《女子文学》等四家杂志侵害名誉权纠纷案（《最高人民法院公报》1989 年第 2 号）

公民的名誉权受法律保护，禁止用侮辱、诽谤等方式损害公民的名誉。行为人在作品中使用侮辱性语言侮辱他人人格，在社会上造成不良影响的，属于侵害他人名誉权，应当依法承担民事责任。

4. 周某芳诉中国银行股份有限公司上海市分行名誉权纠纷案（《最高人民法院公报》2012 年第 9 期）

名义上的信用卡持卡人与银行之间因不良信用记录发生名誉权纠纷，法院应当依据侵权行为的要件进行审查。银行按照国家的相关法律法规及监管要求报送相关信息，其报送的信息也都是源于名义持卡人名下信用卡的真实欠款记录，并非捏造，不存在虚构事实或侮辱的行为，故不构成侵害名誉权的行为。名誉权受损害的后果应当是导致名义持卡人的社会评价降低。但是，中国人民银行的征信系统相对封闭，只有本人或者相关政府部门、金融机构因法定事由才能对该系统内的记录进行查询，这些记录并未在不特定的人群中进行传播，不会造成名义持卡人的社会评价降低，故不能认定存在损害名誉权的后果。

隐私权、个人信息保护其他规定

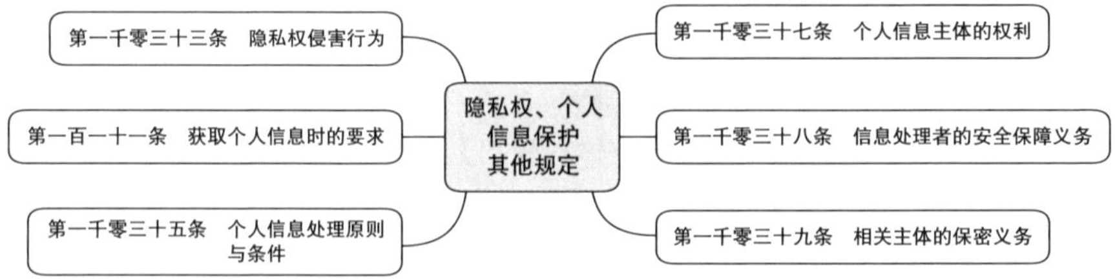

概念

本词条所谓“隐私权、个人信息保护其他规定”，主要涉及隐私权侵害行为、获取个人信息时的要求、个人信息处理原则与条件、个人信息主体的权利、信息处理者的安全保障义务、相关主体的保密义务等内容。

法典条款

第一千零三十三条【隐私权侵害行为】　除法律另有规定或者权利人明确同意外，任何组织或者个人不得实施下列行为：

（一）以电话、短信、即时通讯工具、电子邮件、传单等方式侵扰他人的私人生活安宁；

（二）进入、拍摄、窥视他人的住宅、宾馆房间等私密空间；

（三）拍摄、窥视、窃听、公开他人的私密活动；

（四）拍摄、窥视他人身体的私密部位；

（五）处理他人的私密信息；

（六）以其他方式侵害他人的隐私权。

第一百一十一条【获取个人信息时的要求】　自然人的个人信息受法律保护。任何组织或者个人需要获取他人个人信息的，应当依法取得并确保信息安全，不得非法收集、使用、加工、传输他人个人信息，不得非法买卖、提供或者公开他人个人信息。

第一千零三十五条【个人信息处理原则与条件】　处理个人信息的，应当遵循合法、正当、必要原则，不得过度处理，并符合下列条件：

（一）征得该自然人或者其监护人同意，但是法律、行政法规另有规定的除外；

（二）公开处理信息的规则；

（三）明示处理信息的目的、方式和范围；

（四）不违反法律、行政法规的规定和双方的约定。

个人信息的处理包括个人信息的收集、存储、使用、加工、传输、提供、公开等。

第一千零三十七条【个人信息主体的权利】 自然人可以依法向信息处理者查阅或者复制其个人信息；发现信息有错误的，有权提出异议并请求及时采取更正等必要措施。

自然人发现信息处理者违反法律、行政法规的规定或者双方的约定处理其个人信息的，有权请求信息处理者及时删除。

第一千零三十八条【信息处理者的安全保障义务】 信息处理者不得泄露或者篡改其收集、存储的个人信息；未经自然人同意，不得向他人非法提供其个人信息，但是经过加工无法识别特定个人且不能复原的除外。

信息处理者应当采取技术措施和其他必要措施，确保其收集、存储的个人信息安全，防止信息泄露、篡改、丢失；发生或者可能发生个人信息泄露、篡改、丢失的，应当及时采取补救措施，按照规定告知自然人并向有关主管部门报告。

第一千零三十九条【相关主体的保密义务】 国家机关、承担行政职能的法定机构及其工作人员对于履行职责过程中知悉的自然人的隐私和个人信息，应当予以保密，不得泄露或者向他人非法提供。

实务要点

1. 第1033条是关于隐私权侵害行为的规定。隐私权是一种重要的人格权，本条就禁止从事的侵害他人隐私权的主要行为进行了列举。侵害隐私权的侵权责任适用过错责任原则，责任构成上必须具备侵权责任构成的一般要件，即违法行为、损害事实、因果关系和主观过错要件。实施了侵害隐私权的违法行为，是指违反保护个人隐私的法律规定侵害他人隐私权益的作为行为，包括侵入侵扰、监听监视、刺探、搜查、干扰、披露、公开宣扬等加害方式。侵害他人隐私权的行为并不以在公开场合进行为必要，有些情形即使在非公开场合作出，无第三人知晓，也没有传播行为，但只要受害人能证明侵害行为的存在，就可以认定为侵害隐私权的行为，如监听监视的行为。侵害隐私权的行为人在主观上必须具备过错，才能构成侵权责任，无过错不构成此种责任。过错是加害人的主观心理状态，包括故意和过失两种心理。故意侵害他人隐私权的，在责任后果上，比如精神损害赔偿的数额上，应当承担比基于过失侵害他人隐私权更重的责任。关于侵权人的抗辩事由，依据本条规定，权利人明确同意的情况下，实施本条规定的六项行为不构成侵权。这里的“明确同意”，要求以下三点：同意的意思表示具体、明确，没有歧义；真实自愿，不存在欺诈胁迫、乘人之危的情形；包含了对方当事人的告知义务，而且此告知也要明确具体。

2. 第 111 条是关于获取个人信息时的要求之规定，本条来自总则编。总则编中并未对个人信息的概念进行阐释，但在人格权编的隐私权和个人信息保护一章中则明确规定。个人信息具有不同于其他人格权的丰富内涵，主要包括：(1)控制权或占有权，个人信息应当由信息主体即个人享有；(2)自决权，即权利人对于义务主体能否获取、使用个人信息享有按照自己意愿的决定权，同时对于个人信息的加工、传输、公开、授权、买卖等都享有决定权，其他人未经许可不得擅自获取、使用、加工、传输、公开等；(3)保护权，保护权是自决权的延伸，权利人对于在自身控制下的信息享有保护其不被非法获取、使用的权利，同时对于已经合法使用的个人信息，也有权进行保护和要求义务人依法进行保护；(4)查询权，对于不在权利人直接控制范围内的个人信息，权利人有权要求管理控制信息的义务主体告知个人信息的基本情况；(5)更正权，权利人发现信息管理控制人管理的相关个人信息不及时、不完整的，有权要求义务人进行更正；(6)冻结权，当出现权利人担心个人信息的使用、公开或者相关情况会影响其生活安宁时，权利人有权要求相关义务主体采取必要的措施对其个人信息予以冻结处理；(7)删除权，也有学者称为被遗忘权，即权利人有权要求相关义务主体对其掌握的个人信息进行删除或销毁。

3. 第 1035 条是关于个人信息处理原则与条件的规定。本条属个人信息保护的中心条款，明确了个人信息处理的基本原则。第 2 款规定了个人信息处理的范围，包括个人信息的收集、使用、加工、传输、提供、公开等。也就是有关这些个人信息处理的具体情形，都要适用本条第 1 款规定的个人信息处理三原则，即合法性、正当性和必要性：(1)合法性原则要求所有对个人信息的收集和处理的活动都要符合我国的法律规范，这里的法律规范不仅是指民法中的相关内容，还包括其他部门法对个人信息保护有所涉及的内容。合法性原则的核心要求是个人信息的收集、处理应当具有法律依据，并且符合所有的法律要求。(2)正当性原则较为抽象，需要在审判实践中结合具体案例判断，通常是要求进行信息收集和处理的目的和手段要正当。(3)必要性原则是指在从事某一特定活动时可以收集、处理，也可以不收集、处理个人信息时，要尽量不收集、处理。在必须使用并征得权利人许可时，要尽量少地进行收集、处理。这应是必要原则在个人信息收集方面的体现。必要原则也被称为最小化原则或最少够用原则。此外，本条第 1 款第 1~4 项另对个人信息的处理提出了具体要求，即自然人的知情同意、公开处理信息的规则、明示处理信息的目的方式范围、不违反法律行政法规规定与双方约定。

4. 第 1037 条是关于个人信息主体的权利之规定，即自然人对个人信息的查阅复制权、更正权、删除权。查阅个人信息在整个个人信息保护权利体系中具有重要地位，只有当事人在广泛掌握这些信息的前提下，才可以知晓具体的个人信息收集和使用的状况，才能够判断信息处理活动是否符合本人的意愿以及后续的处理活动是否仍然符合本人的预期，当事人也才可以判断是否有必要对相关信息进行复制以及是否有必要进行更正、删除。因此，内容广泛的查阅权是行使其他辅助性权利的前提。第 1 款后半句规定了更正个人信息的情形。个人参与社会生活，需要通过对个人信息的使用和公开，塑造和维护自己的社会形象，并以此为基础进行相应的社会交往。从另一个角度讲，任何个人信息的不实、错误或者对其内容的扭曲都会或多或少影响个人社会形象的塑造，让个人在社会中的发展偏离自己的预期。因此，针对错误信息的更正权对保护个人信息乃至人格尊严十分重要。在当事人了解信息收集和使用的基本状况之后，就可判断信息处理活动是否符合法律规定及是否符合双方的约定。如信息持有者未经个人同意收集、处理个人信息，或是持有的信息储存期限依法已届满等，依据本条第 2 款的规定，自然人发现信息控制者违反法律、行政法规的规定或者双方的约定收集、处理其个人信息的，有权请求信息控制者及时删除。

5. 第 1038 条是关于信息处理者的安全保障义务之规定。本条从三个方面对信息处理者应履行的安全保障义务进行规定：(1)信息处理者不得泄露或篡改其收集、存储的个人信息；未经自然人同意，不得向他人非法提供个人信息，但经过加工无法识别特定个人且不能复原的除外。(2)信息处理者应采取技术措施和其他必要措施，确保其收集、存储的个人信息安全，防止信息泄露、篡改、丢失。(3)发生或可能发生个人信息泄露、篡改、丢失的情况的，应及时采取补救措施，依照规定告知信息主体并向有关主管部门报告。所谓“及时”与否，要结合个人信息被处理和传播的速度，确认采取的补救措施是否能使损失最小化。

6. 第 1039 条是关于国家机关、承担行政职能的法定机构及其工作人员的个人信息保密义务的规定。本条规定的保密义务不难理解，但国家机关及其工作人员违反该保密义务是否需要承担民事侵权责任的问题，则需区分不同情形予以考虑：(1)国家机关及其工作人员在履职过程中侵害他人个人信息的，因国家机关履职行为系行使国家公权力，这时已经不是平等主体之间的法律关系，造成的对个人信息的侵害系因国家机关及其工作人员履行职务所致，应适用国家赔偿责任。(2)国家机关作为民事主体从事民事活动侵害个人信息的，应属于民事侵权行为，承担民事赔偿责任。(3)若国家机关及其工作人员侵害个人信息的行为不属于《国家赔偿法》所规定的范畴，或是侵害的行为并不属于行使职权，也不具有行使职权的外观，那么应当单独适用侵权责任编的规定对国家机关及其工作人员的民事责任予以判断。(4)若存在国家机关的不作为与第三人作为行为导致共同侵害个人信息，此时应考虑国家赔偿责任与民事侵权责任的并合。实践中，国家机关履职涉及个人信息侵害问题的情形往往较为复杂，故对于本条规定的责任承担问题，还需继续研究。

权威参考案例

庞某鹏诉中国东方航空股份有限公司、北京趣拿信息技术有限公司隐私权纠纷案(2018 年 8 月 16 日《最高人民法院发布第一批涉互联网典型案例》案例 5)

公民的姓名、电话号码及行程安排等事项属于个人信息。航空公司、网络购票平台因其经营行为掌握了大量的个人信息，从而形成了整体信息，其应当有能力保护消费者的个人信息免受泄露，应当尽到管理防范义务，但是疏于防范，使能够指向特定个人的整体信息遭到泄露和扩散的，应当承担侵权责任。

人格权中的合理使用

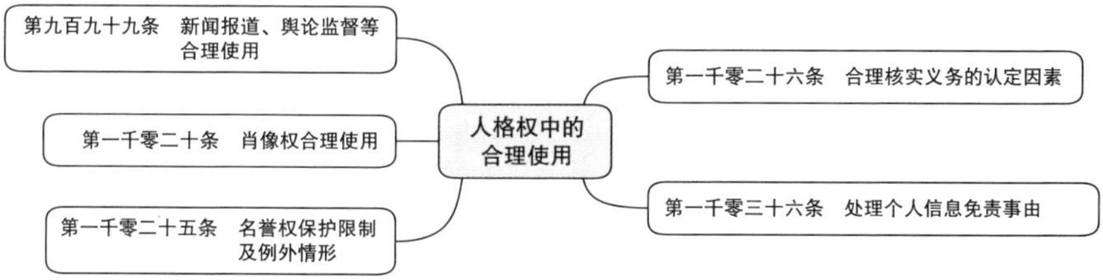

概念

本词条所谓“人格权中的合理使用”，主要涉及新闻报道或舆论监督等当中的合理使用、肖像权合理使用、名誉权保护限制及例外情形、合理核实义务的认定因素、处理个人信息免责事由等内容。

法典条款

第九百九十九条【新闻报道、舆论监督等合理使用】 为公共利益实施新闻报道、舆论监督等行为的，可以合理使用民事主体的姓名、名称、肖像、个人信息等；使用不合理侵害民事主体人格权的，应当依法承担民事责任。

第一千零二十条【肖像权合理使用】 合理实施下列行为的，可以不经肖像权人同意：

（一）为个人学习、艺术欣赏、课堂教学或者科学研究，在必要范围内使用肖像权人已经公开的肖像；

（二）为实施新闻报道，不可避免地制作、使用、公开肖像权人的肖像；

（三）为依法履行职责，国家机关在必要范围内制作、使用、公开肖像权人的肖像；

（四）为展示特定公共环境，不可避免地制作、使用、公开肖像权人的肖像；

（五）为维护公共利益或者肖像权人合法权益，制作、使用、公开肖像权人的肖像的其他行为。

第一千零二十五条【名誉权保护限制及例外情形】 行为人为公共利益实施新闻报道、舆论监督等行为，影响他人名誉的，不承担民事责任，但是有下列情形之一的除外：

（一）捏造、歪曲事实；

（二）对他人提供的严重失实内容未尽到合理核实义务；

（三）使用侮辱性言辞等贬损他人名誉。

第一千零二十六条【合理核实义务的认定因素】 认定行为人是否尽到前条第二项规定的合理核实义务，应当考虑下列因素：

（一）内容来源的可信度；

（二）对明显可能引发争议的内容是否进行了必要的调查；

（三）内容的时限性；

（四）内容与公序良俗的关联性；

（五）受害人名誉受贬损的可能性；

（六）核实能力和核实成本。

第一千零三十六条【处理个人信息免责事由】 处理个人信息，有下列情形之一的，行为人不承担民事责任：

（一）在该自然人或者其监护人同意的范围内合理实施的行为；

（二）合理处理该自然人自行公开的或者其他已经合法公开的信息，但是该自然人明确拒绝或者处理该信息侵害其重大利益的除外；

（三）为维护公共利益或者该自然人合法权益，合理实施的其他行为。

实务要点

1. 第 999 条是关于新闻报道、舆论监督等行为中合理使用的规定。新闻报道是新闻单位对新近发生的事实的报道。舆论监督是社会公众运用各种传播媒介对社会运行过程中出现的现象表达信念、意见和态度，以进行监督的活动。为保障公众知情权、维护国家利益与社会公共利益，本条规定了新闻报道、舆论监督中可以合理使用民事主体的姓名、名称、肖像、个人信息等，无须民事主体同意。但因使用不合理侵害民事主体人格权的，应依法承担民事责任。所谓使用是否“合理”，应依照本法第 998 条，综合考量各种因素，运用比例原则，分析目的是否妥当、使用是否有助于实现目的、是否在必要范围内等，对是否“合理”作出判断。

2. 第 1020 条是关于肖像权合理使用的规定。肖像权作为自然人的个体权利，不可避免地会与社会公共利益或者是他人的利益发生冲突，在特定的情况下，合理使用肖像可以不经肖像权人同意。本条在借鉴《著作权法》关于合理使用立法经验的基础上，结合肖像权的权利属性和特点，对肖像权合理使用的情形做了规定：(1) 为个人学习、艺术欣赏、课堂教学或者科学研究，在必要范围内使用肖像权人已经公开的肖像。(2) 为实施新闻报道，不可避免地制作、使用、公开肖像权人的肖像。如新闻媒体报道见义勇为的英雄模范时，不可避免地制作、使用、公开英雄模范的肖像。在此情况下，不构成侵害肖像权。(3) 为依法履行职责，国家机关在必要范围内制作、使用、公开肖像权人的肖像。这种情形比较常见，但国家机关制作、使用、公开肖像的权力并不是没有边界的，必须是为依法履行职责的行为，而且还应当是在必要范围之内。（4）为展示特定公共环境，不可避免地制作、使用、公开肖像权人的肖像。例如，游客在人群密集的风景点拍摄以风景为画面主体而不是以特定自然人为画面主体的风景照，不可避免地会将其他游客摄入照片之中，此时不属侵害肖像权的行为。（5）为维护公共利益或者肖像权人合法权益，制作、使用、公开肖像权人的肖像的其他行为。该项包括两个方面。一是维护公共利益的免责条款，为维护公共利益，可以不经肖像权人同意制作、使用、公开其肖像；二是维护权利人合法权益条款，为维护肖像权人合法权益，可以不经肖像权人同意制作、使用、公开其肖像。该类情况的典型行为就是刊登“寻人启事”。

3. 第 1025 条是关于名誉权保护限制及例外情形的规定，即如何处理好实施新闻报道、舆论监督等行为与保护名誉权关系的规定。首先，本条明确了行为人实施新闻报道、舆论监督等行为，影响他人名誉的，原则上不承担民事责任。其次，实施新闻报道、舆论监督并非在任何情况下都不承担民事责任。有以下情形之一的，仍应承担民事责任：（1）捏造、歪曲事实。（2）对他人提供的严重失实内容未尽到合理核实义务。需注意，此处强调的是“严重失实”内容。关于是否尽到合理核实义务的判断因素，本法第 1026 条做了具体规定。（3）使用侮辱性言辞等贬损他人名誉，如“破鞋”“荡妇”。

4. 第 1026 条是关于判断是否尽到第 1025 条规定的合理核实义务的认定因素之规定。实践中，如何判断行为人是否履行了合理审核义务是一个难点，为了有利于实务操作，本条借鉴国外的立法经验，规定了判断行为人是否履行合理审核义务可以考虑的若干因素。根据本条的规定，可考虑以下因素：（1）内容来源的可信度。若提供信息内容的来源可信度高，行为人审核的义务就低；若提供信息内容的来源可信度低，行为人审核的义务就高。（2）对明显可能引发争议的内容是否进行了必要的调查。明知该内容很可能引发争议却不进行必要的调查就报道，就可认定该行为人未尽到合理审核义务。（3）内容的时限性。若对他人提供的信息内容需要及时予以报道，来不及亲自实地采访或核实情况，行为人的审核义务就较低。在新闻报道中，时效性越强，对事实的核实义务就越低。（4）内容与公序良俗的关联性。若他人提供的信息内容与公序良俗密切相关，则新闻媒体等行为人承担的核实义务就低一些。（5）受害人名誉受贬损的可能性。若他人提供的信息内容对第三人的名誉造成损害的可能性很大，新闻媒体等行为人就要承担相对较高的核实义务；反之，承担的核实义务就相对较低。(6)核实能力和核实成本。不同的行为人对他人提供的信息内容进行核实的能力是不同的，所花的核实成本也是不同的。如新闻媒体的核实能力就明显高于个体，对于信息内容进行核实的成本也要明显低于个体进行核实的成本。因核实能力和核实成本的不同，不同行为人承担的核实义务也不完全相同。以上六种因素，实践中判断时并非都要考虑，应根据具体情况来决定。

5. 第 1036 条是关于处理个人信息免责事由的规定。非法利用他人个人信息，影响个人对其个人信息进行控制的行为，只要不存在相关的免责事由，就构成对他人个人信息的侵害。根据本条，侵害个人信息相关责任的免责事由主要有如下几种：(1)权利人的同意。需注意的是，对未成年人而言，未成年人信息通常属敏感信息，一旦泄露、非法提供或滥用可能危害人身和财产安全，极易导致未成年人的个人名誉、身心健康受到损害或歧视性待遇。而根据总则编第 26 条，“父母对未成年人子女负有抚养、教育和保护的义务”，监护人负有保护未成年人信息的义务，在同意授权时需要谨慎考量并保护未成年人权益。(2)合法公开的信息。自然人自愿公开的个人信息，通常应视为权利人放弃了对该信息的保护，一般也无保护的必要。但若非个人自愿公开的信息，则就存在非法公开和合法公开的区别，依据本条规定，只有在合法公开的情况下，才能成为免责事由。但需注意，本种情形存在例外，即该自然人明确拒绝或处理该信息侵害其重大的利益的除外。(3)为维护公共利益或该自然人的合法权益需合理实施的。此处的公共利益主要包括国家公权力机关为了制定国家经济、社会政策的需要而处理有关公民的个人信息，或是为了国家安全、公共安全、公共卫生等处理相关个人信息，以及与刑事侦查、起诉、审判和判决执行相关等事务而需要处理的个人信息。为了该自然人的合法权益在未经授权情况下处理个人信息，则通常是基于维护个人信息主体或其他个人的生命、财产等合法权益，此合法权益原则上应以重大为要，且个人信息主体由于疾病或其他原因无法作出同意或者授权的情形。

权威参考案例

1. 上海法率信息技术有限公司诉北京奇虎科技有限公司名誉权纠纷案(《最高人民法院公报》2020 年第 10 期)

互联网安全软件提供平台将相关电话号码展示为“骚扰电话”的行为属于

一种向公众发表否定性、批评性评价的行为。判断被标注者名誉是否因此受损，应考虑互联网安全软件提供平台的展示行为是否宣扬了他人隐私或发表了失实言论。只要不存在上述情况，即使被标注者社会评价降低、相关利益受损，也不应认为侵害了被标注方名誉权。

2. 李某峰等诉叶集公安分局、安徽电视台等侵犯名誉权、肖像权纠纷案(《最高人民法院公报》2007年第2期)

公安机关在向新闻媒体提供侦破案件的相关资料供新闻媒体用于新闻报道时，应尽谨慎注意义务以保护他人合法权益。未尽此义务导致他人名誉权受到侵犯的，应承担相应的民事责任。公安机关侦查行为的合法性、配合新闻媒体进行法制宣传的正当性以及新闻媒体自身在新闻报道中的过失，均不构成免除公安机关上述民事责任的法定事由。

3. 余某中诉《新闻出版报》社侵害名誉权纠纷案(《最高人民法院公报》2003年第2期)

行使学术批评的正当权利，应当得到保护，就学术讨论而言，对不同的意见，应该有一定的容忍度，不能因为对方言辞激烈，就认定为侵权。只要双方的争论不违反法律禁止性规定，都不应承担法律责任。

4. 徐某诉《上海文化艺术报》、赵某昌侵害名誉权纠纷案(《最高人民法院公报》1990年第4期)

报刊社对准备刊发的稿件负有审核义务，文章发表后侵犯他人名誉的，作者和报社都有责任的，应共同承担侵害他人名誉权的责任。

5. 李某平诉南京艺术学院、江苏振泽律师事务所名誉权侵权纠纷案(《最高人民法院公报》2008年第11期)

律师事务所或者律师接受委托人的委托发布律师声明，应当对委托人要求发布的声明内容是否真实、合法进行必要的审查、核实。律师事务所或者律师未尽必要的审查义务，即按照委托人的要求发布署名律师声明，如果该律师声明违背事实，侵犯他人名誉权，律师事务所或者律师应对此承担连带侵权责任。

第五编　婚姻家庭

婚姻家庭基本规定

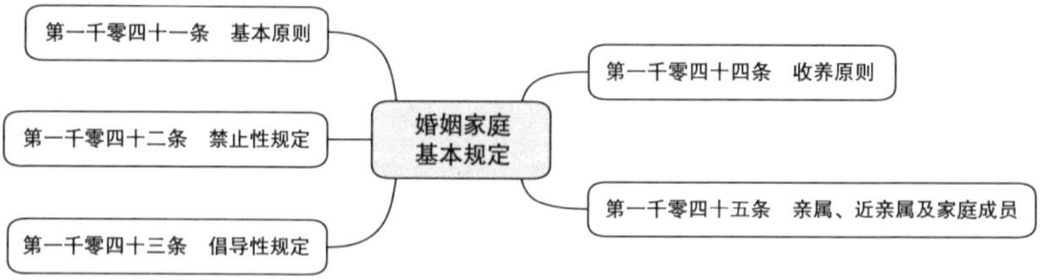

概念

本词条所谓“婚姻家庭基本规定”，主要涉及婚姻家庭关系的基本原则、禁止性规定、倡导性规定、收养原则，以及亲属、近亲属、家庭成员等内容。

法典条款

第一千零四十一条【基本原则】 婚姻家庭受国家保护。

实行婚姻自由、一夫一妻、男女平等的婚姻制度。

保护妇女、未成年人、老年人、残疾人的合法权益。

第一千零四十二条【禁止性规定】 禁止包办、买卖婚姻和其他干涉婚姻自由的行为。禁止借婚姻索取财物。

禁止重婚。禁止有配偶者与他人同居。

禁止家庭暴力。禁止家庭成员间的虐待和遗弃。

第一千零四十三条【倡导性规定】 家庭应当树立优良家风，弘扬家庭美德，重视家庭文明建设。

夫妻应当互相忠实，互相尊重，互相关爱；家庭成员应当敬老爱幼，互相帮助，维护平等、和睦、文明的婚姻家庭关系。

第一千零四十四条【收养原则】 收养应当遵循最有利于被收养人的原则，保障被收养人和收养人的合法权益。

禁止借收养名义买卖未成年人。

第一千零四十五条【亲属、近亲属及家庭成员】 亲属包括配偶、血亲和姻亲。

配偶、父母、子女、兄弟姐妹、祖父母、外祖父母、孙子女、外孙子女为近亲属。

配偶、父母、子女和其他共同生活的近亲属为家庭成员。

实务要点

1. 第 1041 条是关于婚姻家庭关系基本原则的规定。本条明确了婚姻家庭受国家保护的原则，婚姻自由原则，一夫一妻制原则，男女平等原则，以及保护妇女、未成年人、老年人、残疾人合法权益的原则。婚姻自由包括结婚自由和离婚自由，是指男女双方有权依照法律规定，自主自愿地决定自己的婚姻问题，不受任何人的强制与干涉。一夫一妻制，是指一男一女结为夫妻的婚姻制度（排除同性婚姻），任何人无论性别、财富和社会地位如何，都不得同时拥有两个或两个以上配偶。《民法典》婚姻家庭编所规定的男女平等原则，是宪法男女平等原则的具体化。男女在婚姻关系、家庭生活中享有平等的权利，承担平等的义务。家庭成员在享有民事权利时，不应受到任何基于性别的差别对待。家庭是妇女、未成年人、老年人、残疾人生活的基本社会单位，对妇女、未成年人、老年人、残疾人婚姻家庭权益的特别保护，是我国婚姻家庭法律制度的一贯原则。

2. 第 1042 条是关于婚姻家庭中禁止行为的规定。禁止性规定是婚姻家庭编强制性的体现，是基本原则得到贯彻实施的必要保障。本条涉及的禁止性内容包括：（1）禁止包办、买卖婚姻和其他干涉婚姻自由的行为，禁止借婚姻索取财物。包办婚姻、买卖婚姻是干涉婚姻自由的常见形式。其他干涉婚姻自由的行为，是指除包办、买卖婚姻之外的一切干涉男女结婚自由、离婚自由的违法行为。（2）禁止重婚。实行一夫一妻制就必须禁止重婚。从婚姻家庭的角度来讲，无论无配偶的一方是善意还是恶意，都破坏了一夫一妻的婚姻制度，对其婚姻无效的认定没有任何影响。（3）禁止有配偶者与他人同居。有配偶者与他人同居的情形，是指有配偶者与婚外异性，不以夫妻名义，持续、稳定地共同居住。不包括通奸行为、卖淫嫖娼行为、偶尔的“一夜情”等。（4）禁止家庭暴力、禁止虐待和遗弃。家庭成员间的虐待，是指用打骂、冻饿、有病不给治疗等方法摧残、折磨家庭成员，使他们在肉体上、精神上遭受痛苦的行为；家庭成员间的遗弃，是指对于年老、年幼、患病或其他没有独立生活能力的人，负有赡养、抚养或扶养义务的人不履行其义务的行为。

3. 第 1043 条是关于婚姻家庭中道德规范的内容，属倡导性规定。本条规定是婚姻家庭道德规范的法律化，将道德准则融入法律规范，即以立法的形式明确告诉人们，国家提倡什么样的婚姻家庭关系。该倡导性规定是我国婚姻家庭法伦理性的体现，是婚姻家庭法的伦理价值与目标。家庭应当是最不希望等价交换、最充满人类亲情的地方，需要体现保障与福利属性，体现保护弱者和利他的价值取向。

4. 第 1044 条是关于收养原则的规定。收养应当最有利于被收养的未成年人，这是收养的最高指导原则，这一原则贯穿整个收养规定中。《民法典》婚姻家庭编在突出保护被收养的未成年人的同时，也兼顾保护收养人的利益。因此，本条也规定了保障被收养人和收养人合法权益的原则。但最有利于被收养人原则与有利于收养人原则在收养关系中并不是并列的，前者为主，后者为辅。此外，本条第 2 款明确了严禁买卖未成年人的原则。将该原则作为《民法典》收养制度的一项基本原则，是对保障被收养的未成年人利益原则的深化，更加明确的规定有助于防止收养领域中的违法犯罪行为，进一步完善收养制度。

5. 第 1045 条是关于亲属、近亲属、家庭成员范围的规定。《民法典》通过本条首次对亲属范围作出明确规定，值得关注。根据本条可知，亲属的范围包括配偶、血亲和姻亲。在自然人的社会关系中配偶、有血缘关系的人或者有姻亲关系的人均为亲属。在亲属中，配偶、父母、子女、兄弟姐妹、祖父母、外祖父母、孙子女、外孙子女这八种关系人为近亲属，而上述近亲属中在一起共同生活的人则组成家庭成员。

权威参考案例

1. 孙某麟等与长沙市芙蓉区民政局婚姻登记行政纠纷案（2017 年 1 月 15 日《2016 年中国十大影响性诉讼》案例 6）

案涉双方均为男性，其结婚登记申请不符合我国法律、行政法规的规定，行政机关决定不予办理结婚登记，并当场告知理由，符合法律、行政法规的规定，且行政程序合法。

2. 程某申请撤销李某监护人资格案（2017 年 3 月 8 日《最高人民法院发布反家庭暴力法实施一周年十大典型案例》案例 1）

本案是一起未成年人母亲申请撤销父亲监护人资格的案件。撤销监护人资格制度，是未成年人权益保护的重要手段，目的是及时终止对未成年人的家庭伤害，提供安全庇护，促进未成年人健康成长。李某作为李某程之父，不仅未尽到对孩子的关怀照顾义务，反而在吸毒后将不足三个月的幼儿李某程殴打至重伤二级，严重侵害了未成年人合法权益。程某作为李某程之母，申请撤销李某对李某程的监护人资格，符合《反家庭暴力法》的规定，法院予以支持。在撤销李某监护人资格的同时，为保障李某程的合法权益，法院判决程某作为李某程的法定监护人，应积极履行对李某程的监护义务。虽然基金会在筹集善款、及时救治李某程的过程中起到了积极的作用，其行为应当得到表彰和肯定，但基金会并不在法定的监护人主体范围内，且我国法律法规中并无辅助监护人的概念。因此，对于程某要求基金会担任辅助监护人的请求，法院不予支持。

3. 张某某申请人身安全保护令案（2017 年 3 月 8 日《最高人民法院发布反家庭暴力法实施一周年十大典型案例》案例 2）

本案是一起残疾人申请人身安全保护令的案件。申请人张某某与被申请人熊某某均为残障人士，双方虽未领取结婚证，但同居多年，并育有一子。张某某近年来因眼疾加重，生活无法自理。熊某某及其家人平日对张某某非常粗暴，2015 年对张某某进行了暴力殴打，当地政府和派出所均对双方纠纷进行过多次调处。法院依据张某某的申请，依法发出人身保护令，送达了张某某、熊某某以及当地的村委会及派出所。人身安全保护令送达后，熊某某没有再采取过过激行为。为了进一步保护妇女权益，法院联系当地综治办、村委会共同做工作，最终确定张某某有权在该村的拆迁房分配中获得一人份额的拆迁房屋面积，现张某某已回到其娘家居住，其户口也与熊某某拆分。法院发出的人身安全保护令，取得了良好的法律效果与社会效果，真正起到了为妇女维权、为社会弱势群体撑起“保护伞”的作用。

4. 李某申请人身安全保护令案（2017 年 3 月 8 日《最高人民法院发布反家庭暴力法实施一周年十大典型案例》案例 3）

根据《反家庭暴力法》的规定，人身安全保护令涵盖了诉前、诉中和诉后各时间段，当事人申请人身安全保护令无须依附离婚诉讼，本案李某就是在两次离婚诉讼间隔期间申请的人身安全保护令。当地妇联也发挥了积极作用，为李某出具意见，有效维护了家暴受害者的权益。法院通过发出人身安全保护令，依法、适时、适度干预家庭暴力，保护了受害人的人身安全和人格尊严，彰显了法律的权威。

5. 谢某申请人身安全保护令案（2017年3月8日**《最高人民法院发布反家庭暴力法实施一周年十大典型案例》**案例4）

本案是一起人民法院依法处罚违反人身安全保护令行为的案件。对于公然违反人身安全保护令者，法院应当依照法律规定及时采取处罚措施。人身安全保护令能够落到实处，不仅要靠当事人的自觉遵守和相关单位的监督，同时也需要对违反者进行依法制裁。

6. 王某诉罗某离婚纠纷同时申请人身安全保护令案（2017年3月8日**《最高人民法院发布反家庭暴力法实施一周年十大典型案例》**案例5）

《反家庭暴力法》对人身保护安全保护令做了比较全面的规定，家庭成员一旦遭受家暴，可以向法院申请人身安全保护令，从而避免严重后果的产生。本案人身安全保护令的下发，促使女性提高自身权益保护意识，敢于拒绝家庭暴力，依法维护自身权益。

7. 马某某申请人身安全保护令案（2017年3月8日**《最高人民法院发布反家庭暴力法实施一周年十大典型案例》**案例6）

本案是一起典型的家庭暴力案件，有公安部门的《公安行政处罚决定书》在案证明。法院作出裁定后，被申请人马某未再实施暴力行为，说明人身安全保护令对施暴者发挥了震慑作用，有效维护了妇女权益。

8. 刘某某申请人身安全保护令案（2017年3月8日**《最高人民法院发布反家庭暴力法实施一周年十大典型案例》**案例7）

本案是公安机关协助执行人身安全保护令的典型案例。裁定作出后，法院立即向刘某某及蒲某某住所地的公安派出所、社区、妇联等单位送达了裁定书，并发出协助执行通知。蒲某某严格执行裁定内容，未再向刘某某实施家庭暴力，且在公安部门的协调下接受了强制戒毒。本案是《反家庭暴力法》实施后四川省受理的第一例案件，各大新闻媒体广泛报道，在社会上引起强烈反响，推动社会对人身安全保护令有了全新的认知和理解。

9. 王某某申请人身安全保护令案（2017年3月8日**《最高人民法院发布反家庭暴力法实施一周年十大典型案例》**案例8）

本案是一起由男性家庭成员不依附其他诉讼而单独提起的人身安全保护令的案件。在实践中把握何种行为可被定性为“家庭暴力”时，应在正确理解《反家庭暴力法》立法精神与相关条文的基础上，结合出警记录、就医记录，当事人及第三方调查情况，准确解读家庭暴力的持久性、故意性、控制性、恐惧性及后果严重性。对于家庭暴力的现实危险，应根据家庭暴力发生史、过去家庭暴力出警记录、就医记录，第三方描述等明确危险存在的可能性及大小。本案中王某某已年过八十，体弱多病，结合出警记录、同事证言、法院和居委会谈话笔录、医院诊疗记录、出院小结、验伤单、影像资料等证据，可证实王某某长期遭受来自万某某精神及身体上的折磨，并导致颅脑出血、身上多处受伤的严重后果，万某某的行为符合家庭暴力及现实危险的定义。

10. 陈某某、泮某某申请人身安全保护令案（2017年3月8日《最高人民法院发布反家庭暴力法实施一周年十大典型案例》案例9）

本案是一起老年人申请人身安全保护令的案件。被申请人陈某伟多次殴打其父母，有病历卡、诊断书及陈某伟自认等证据证明。为维护老年人人身安全和合法权益，法院作出禁止陈某伟对其父母实施家庭暴力的裁定。但陈某某、泮某某要求陈某伟搬离居所的请求，经核查该居所系在村中宅基地上建造，陈某伟享有宅基地份额且在该房屋上有共同建造行为。陈某某、泮某某要求陈某伟搬离居所的请求，不宜在本案中解决，应另行分家析产。法院在向当地村委会、派出所送达裁定书过程中，进行了相关法律宣传，得到村委会和派出所的支持和配合。当地媒体对该案件办理情况进行报道，推动了群众对人身安全保护令的认知和接受。

11. 刘某申请人身安全保护令案（2017年3月8日《最高人民法院发布反家庭暴力法实施一周年十大典型案例》案例10）

本案是一起同居者申请人身安全保护令的案件。《反家庭暴力法》调整的不仅是家庭成员之间的暴力行为，还包括不属于家庭成员关系但基于特殊的亲密关系或因法律规定而产生类似家庭成员之间的权利义务关系的人，如同居关系当事人。《反家庭暴力法》第37条规定，家庭成员以外共同生活的人之间实施的暴力行为，参照本法规定执行。因此，同居者遭受家庭暴力或者面临家庭暴力现实危险的，人民法院也可依当事人申请作出人身安全保护令。

结婚条件

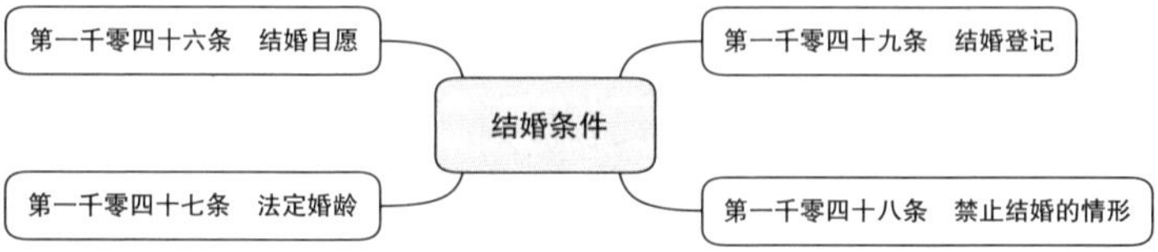

概念

结婚条件，即结婚需要满足的要件，包括双方自愿、符合法定婚龄、进行结婚登记等。

法典条款

第一千零四十六条【结婚自愿】　结婚应当男女双方完全自愿，禁止任何一方对另一方加以强迫，禁止任何组织或者个人加以干涉。

第一千零四十七条【法定婚龄】　结婚年龄，男不得早于二十二周岁，女不得早于二十周岁。

第一千零四十九条【结婚登记】　要求结婚的男女双方应当亲自到婚姻登记机关申请结婚登记。符合本法规定的，予以登记，发给结婚证。完成结婚登记，即确立婚姻关系。未办理结婚登记的，应当补办登记。

第一千零四十八条【禁止结婚的情形】　直系血亲或者三代以内的旁系血亲禁止结婚。

实务要点

1. 第 1046 条是关于结婚自愿的规定。结婚的主体必须是男女两性，且双方完全自愿，这是婚姻自由原则的要求。在决定是否结婚时，禁止结婚一方强迫另一方，也同样禁止婚姻双方之外的其他组织、家庭成员以及任何人对婚姻当事人是否缔结婚姻进行干涉。婚姻法律关系属于民法领域内最主要的人身法律关系。承袭民法私法自治基本原则，婚姻当事人在决定是否缔结婚姻关系时，应当具有完全充分的自由，对涉及其私人生活中的婚姻法律权利义务关系，按照自己的自由意志作出安排。自愿是实现婚姻自由的前提，但自愿必须不违背法律规定的条件和程序，结婚自由并不意味着任何人均可随意缔结婚姻法律关系，不受限制。

2. 第 1047 条是关于法定结婚年龄的规定。依照本条，男性结婚最低年龄为 22 周岁，女性结婚最低年龄为 20 周岁。法定婚龄是能够结婚的最低年龄，并不是必须结婚的年龄，也不是结婚的最佳年龄，有结婚意愿的双方当事人在达到最低法定婚龄之后，可以自由选择何时结婚。达到法定婚龄是结婚的实质性要件之一，未达法定婚龄，到婚姻登记机关进行结婚登记的，应不予登记；若未达法定婚龄取得了婚姻登记的，为无效婚姻，当事人有权请求人民法院确认该婚姻无效。当事人以一方未达法定婚龄为由申请宣告婚姻无效，若在申请时，已达法定婚龄，则婚姻无效的事由已消灭，此时请求宣告婚姻无效的，应不予支持。

3. 第 1049 条是关于结婚的形式要件即结婚登记的规定。我国采取法律婚主义，以国家公权力监督婚姻的成立，并保障婚姻的效力。结婚的男女双方必须到婚姻登记机关办理登记手续，符合条件的，则予以登记并发给结婚证。完成结婚登记即确立婚姻关系，只有经过婚姻登记，才是具有法律效力的婚姻。男女双方共同生活，举行婚礼仪式或者办结婚酒席但并未办理结婚登记的，不成立法律上的婚姻关系，应当到婚姻登记机关补办登记，完成登记手续才能确立合法的婚姻关系。只有办理了结婚登记手续的婚姻才是受法律保护的婚姻。但《民法典》并未采纳 2001 年《婚姻法》(已废止)关于“取得结婚证，即确立夫妻关系”的规定，而是规定为“完成结婚登记，即确立婚姻关系”。基于此，婚姻关系的成立与否取决于是否完成结婚登记。因此，当事人结婚证遗失或者损毁的，其婚姻效力并不受影响。

4. 第 1048 条是关于禁止结婚的情形之规定。按照本条，具有直系血亲关系和三代以内的旁系血亲关系的人禁止结婚。禁止血亲结婚主要基于两个方面的考虑：一是基于优生优育上的考虑，二是基于传统伦理道德的和亲属秩序的维护。需注意，《民法典》删除了“患有医学上认为不应当结婚的疾病”的内容，主要基于以下几点：一是法律规定的可操作性。二是基于婚姻自由，保护当事人的婚姻自主权，尊重当事人的自由意志。三是适应现代科学技术的发展与医疗卫生水平提高的变化，许多疾病已经能够治愈或有效抑制，只要做好适当的隔离或者预防措施，就能够避免传染的扩大或者疾病的恶化。

权威参考案例

杨某坚诉周某妹、周某皮返还聘金纠纷案(《最高人民法院公报》2002年第3期)

给付婚约财产的目的是缔结婚姻,双方未办结婚登记,而是按民间习俗举行仪式“结婚”,进而以夫妻名义共同生活,这种不被法律承认的“婚姻”构成同居关系,应当解除。在同居前给付聘金的行为虽属赠与,但该赠与行为追求的是双方结婚,结婚不能实现的,为结婚而赠与的财物应当返还。

夫妻关系中的权利义务

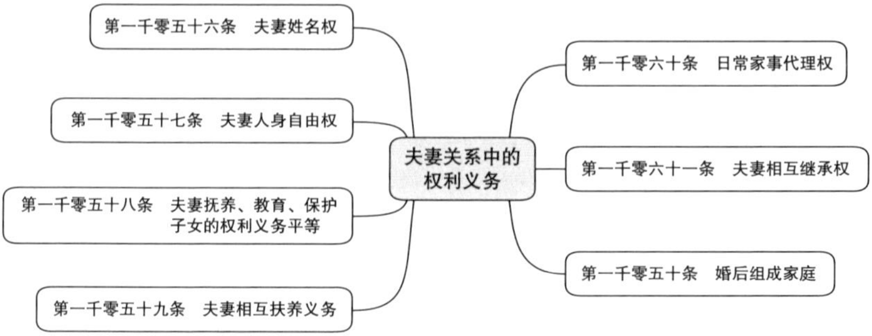

概念

所谓“夫妻关系中的权利义务”,主要涉及夫妻姓名权、夫妻人身自由权、夫妻抚养教育保护子女的权利义务平等、夫妻相互扶养义务、日常家事代理权、夫妻相互继承权等内容。

法典条款

第一千零五十六条【夫妻姓名权】　夫妻双方都有各自使用自己姓名的权利。

第一千零五十七条【夫妻人身自由权】　夫妻双方都有参加生产、工作、学习和社会活动的自由,一方不得对另一方加以限制或者干涉。

第一千零五十八条【夫妻抚养、教育、保护子女的权利义务平等】　夫妻双方平等享有对未成年子女抚养、教育和保护的权利,共同承担对未成年子女抚养、教育和保护的义务。

第一千零五十九条【夫妻相互扶养义务】 夫妻有相互扶养的义务。

需要扶养的一方，在另一方不履行扶养义务时，有要求其给付扶养费的权利。

第一千零六十条【日常家事代理权】 夫妻一方因家庭日常生活需要而实施的民事法律行为，对夫妻双方发生效力，但是夫妻一方与相对人另有约定的除外。

夫妻之间对一方可以实施的民事法律行为范围的限制，不得对抗善意相对人。

第一千零六十一条【夫妻相互继承权】 夫妻有相互继承遗产的权利。

第一千零五十条【婚后组成家庭】 登记结婚后，按照男女双方约定，女方可以成为男方家庭的成员，男方可以成为女方家庭的成员。

实务要点

1. 第 1056 条是关于夫妻姓名权的规定。夫妻双方都有各自使用自己姓名的权利，不因婚姻关系而改变姓氏。本条也是男女平等原则的具体化形式。目前，在我国婚姻家庭关系中，已基本实现了夫、妻各自使用自己姓名的立法目的。可以说，这比现在许多西方国家的改革还要彻底。实践中，此类纠纷几乎已不存在。《民法典》通过本条继续巩固原有立法成果。

2. 第 1057 条是关于夫妻人身自由权的规定。夫妻双方均有参加生产、工作、学习和社会活动的自由，一方不得对另一方加以限制或干涉。所谓生产、工作，是指一切从事的社会职业与社会劳动。所谓学习，不仅包括正规在校学习，也包括职业培训、扫盲学习及其他各种形式的专业化知识与专业化技能的学习。所谓社会活动，包括参政议政活动，科学、技术、文学、艺术和其他文化活动，各种群团活动及各种形式的公益活动。需注意，本条明确了夫妻人身自由权，并不意味着夫妻可以不顾家庭。行使夫妻人身自由权，必须符合法律与道德的要求，不得滥用权利损害家庭及他人合法权益，履行对家庭应承担的义务与责任。

3. 第 1058 条是关于夫妻抚养、教育、保护子女的权利义务平等的规定。本条为民法典新增条文，从婚姻一般效力所衍生的夫妻权利义务的角度，强调抚养、教育和保护未成年子女是夫妻双方的共同责任。本条从夫妻关系的角度，着重规定对未成年子女的抚养、教育和保护的权利义务由夫妻双方平等享有和承担，强调夫妻共同承担未成年子女健康成长的义务和责任。夫妻任何一方不得擅自剥夺对方的该项权利；一方不履行该项权利所包含的义务时，另一方可以作为未成年子女的法定代理人请求其履行。父母的抚养、教育和保护虽可表述为权利，但从未成年人利益最大化角度出发，更多地体现为义务。父母对子女保护的权利义务主要包括人身保护和财产保护。人身保护包括居所决定权、法定代理权、交往权等，财产保护主要是子女财产及收益管理。

4. 第 1059 条是关于夫妻相互扶养义务的规定。夫妻之间的扶养义务是配偶身份权包含的重要内容，也是配偶身份关系和婚姻共同体的物化表现。夫妻基于配偶身份在物质上和生活上应当相互帮助、相互供养，当然也包括在精神上相互支持、相互慰藉，遭遇危难时相互支援和相互救助。基于夫妻之间此项法定的扶养义务，在另一方不履行扶养义务时，需要扶养的一方即享有要求其给付扶养费的权利。夫妻扶养义务的履行以婚姻存在为前提，以一方需要扶养为条件。符合上述要求时，夫妻之间的扶养义务即产生，而不以是否共同生活以及结婚时间的长短为条件。需注意，夫妻约定实行分别财产制的，并不影响夫妻之间扶养义务的履行。

5. 第 1060 条是关于夫妻间日常家事代理权的规定。本条为《民法典》新增条文，本条与第 1064 条第 1 款后半段构成了完整的日常家事代理制度。本条是关于日常家事代理的范围、限制和法律效果的规定，而行使该项权利所生债务的性质规定在第 1064 条第 1 款后半段（见“夫妻共同债务”词条）。根据本条，对于夫妻一方因家庭日常生活需要而实施的民事法律行为，除非实施法律行为一方与相对人另有约定，否则对夫妻双方发生法律效力，另一方不能以未授权、不知道为由予以否认。此为日常家事代理权产生的当然法律效果。在夫妻内部关系中，双方可以约定一方实施的涉及家庭日常生活民事法律行为的范围，该约定对夫妻双方具有法律约束力；但在外部关系中，如果该民事法律行为的相对人不知道或不应当知道该约定的，不受其约束。该民事法律行为仍对夫妻双方发生法律效力。此外，基于个人主义和意思自治原则，夫妻双方虽因婚姻存在共同利益，但不能完全否认各自人格的独立性，因此，夫妻一方非因日常生活需要实施的法律行为，不能当然对另一方具有法律约束力。对于家庭重大事项或重大财产的处分等，夫妻双方应当取得一致意见。此时，如果与之交易的第三人主张对夫妻双方均具有约束力，应当按照民法的一般原理，证明对方已经明确表示同意或构成表见代理，即其有理由相信为夫妻双方的共同意思表示。

6. 第1061条是关于夫妻相互继承权的规定。配偶基于其特殊的身份关系，与基于血亲的父母、子女同作为第一顺位的法定继承人，可以相互继承对方的遗产。理解夫妻相互继承权时，应注意把握以下几点：(1)夫妻相互遗产继承权以合法的婚姻关系为前提。只有婚约的男女之间、姘居的以及非婚同居的男女之间、已经离婚的男女之间不享有该项权利，但如果正在进行离婚或申请撤销婚姻诉讼期间，一方死亡的，由于尚未有生效判决解除或撤销双方之间的婚姻关系，故另一方仍享有配偶遗产的继承权。(2)夫妻互为第一顺序的法定继承人。(3)应正确确定继承遗产的范围，不得侵害生存配偶的合法财产权。(4)需注意保障生存配偶对分得遗产的所有权。

7. 第1050条是关于男女结婚后家庭组成的规定。男女双方登记结婚后，如何安排家庭生活的居所、成员结构应由当事人自由决定，既可以是女方成为男方的家庭成员，同样也可以是男方成为女方的家庭成员。本条在性别价值导向上具有重大意义，是男女平等原则在婚姻家庭领域适用的具体体现。

权威参考案例

黄某某与张某某婚内扶养纠纷案（2015年12月4日《最高人民法院公布49起婚姻家庭纠纷典型案例》案例37）

近年来，因夫妻一方患病导致夫妻感情淡化，因意外事故导致婚姻难以维系时，一方离家不离婚以及一方坚决离婚、不尽扶养义务，另一方坚决不离婚的情况时有发生，婚内扶养案件在婚姻家庭纠纷案件中越来越多。我国《婚姻法》(已废止)第20条[①]规定，夫妻有互相扶养的义务。一方不履行扶养义务时，需要扶养的一方，有要求对方给付扶养费的权利。婚内扶养义务不仅是一个道德问题，更是夫妻之间的法定义务，有扶养能力的一方必须自觉履行这一义务，特别是在对方患病或是丧失劳动能力的情况下更应该做到这一点。如果一方不履行这一法定义务，另一方可通过法律途径实现自己的合法权益。扶养责任的承担，既是婚姻关系得以维持和存续的前提，也是夫妻共同生活的保障。本案中，黄某某、张某某系合法夫妻，现黄某某身患疾病，需大量医疗费，而张某某撒手不管，多次提出离婚，一审、二审鉴于黄某某确实需要扶养，张某某又有一定的

① 可参考《民法典》第1059条。

经济能力，酌定张某某婚内每月给付黄某某 1000 元扶养费，充分保护了需要扶养一方的权利，也对那些不尽夫妻扶养义务的人产生一定的警示作用。

夫妻财产

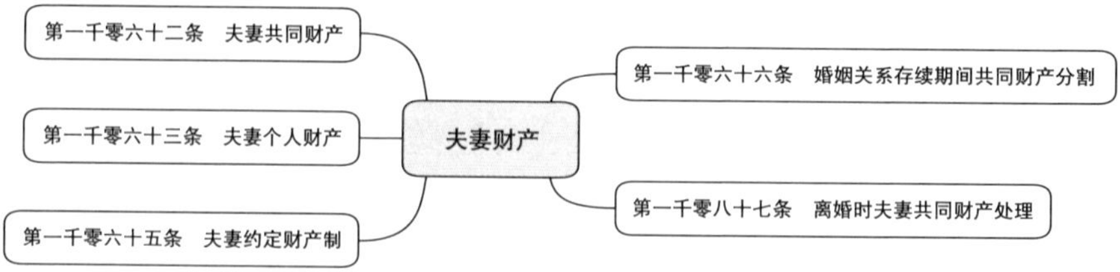

概念

夫妻财产在婚姻家庭关系中是一个非常重要的问题，也是一个涉及范围较广的概念。本词条所谓“夫妻财产”，主要涉及夫妻共同财产、夫妻个人财产、夫妻约定财产制、婚姻关系存续期间共同财产分割、离婚时夫妻共同财产处理等内容。

法典条款

第一千零六十二条【夫妻共同财产】　夫妻在婚姻关系存续期间所得的下列财产，为夫妻的共同财产，归夫妻共同所有：

（一）工资、奖金、劳务报酬；

（二）生产、经营、投资的收益；

（三）知识产权的收益；

（四）继承或者受赠的财产，但是本法第一千零六十三条第三项规定的除外；

（五）其他应当归共同所有的财产。

夫妻对共同财产，有平等的处理权。

第一千零六十三条【夫妻个人财产】　下列财产为夫妻一方的个人财产：

（一）一方的婚前财产；

（二）一方因受到人身损害获得的赔偿或者补偿；

（三）遗嘱或者赠与合同中确定只归一方的财产；

（四）一方专用的生活用品；

（五）其他应当归一方的财产。

第一千零六十五条【夫妻约定财产制】 男女双方可以约定婚姻关系存续期间所得的财产以及婚前财产归各自所有、共同所有或者部分各自所有、部分共同所有。约定应当采用书面形式。没有约定或者约定不明确的，适用本法第一千零六十二条、第一千零六十三条的规定。

夫妻对婚姻关系存续期间所得的财产以及婚前财产的约定，对双方具有法律约束力。

夫妻对婚姻关系存续期间所得的财产约定归各自所有，夫或者妻一方对外所负的债务，相对人知道该约定的，以夫或者妻一方的个人财产清偿。

第一千零六十六条【婚姻关系存续期间共同财产分割】 婚姻关系存续期间，有下列情形之一的，夫妻一方可以向人民法院请求分割共同财产：

（一）一方有隐藏、转移、变卖、毁损、挥霍夫妻共同财产或者伪造夫妻共同债务等严重损害夫妻共同财产利益的行为；

（二）一方负有法定扶养义务的人患重大疾病需要医治，另一方不同意支付相关医疗费用。

第一千零八十七条【离婚时夫妻共同财产处理】 离婚时，夫妻的共同财产由双方协议处理；协议不成的，由人民法院根据财产的具体情况，按照照顾子女、女方和无过错方权益的原则判决。

对夫或者妻在家庭土地承包经营中享有的权益等，应当依法予以保护。

实务要点

1. 第1062条是关于夫妻共同财产的规定。本条首先明确了夫妻共同财产的定义。其中的“所得”是夫妻所得，包括夫妻共同所得、夫或妻一方所得；“所得”针对的是财产权利，而不是强调实际对财产取得占有。例如，夫或妻中奖所得的财产，离婚时可能权利人并未实际占有，但这些未实际控制、占有的财产仍应认定为婚姻关系存续期间所得。关于夫妻共同财产的范围，本条仍采用列举式和概括式相结合的方式，第1款前4项明确列举了四种财产属于夫妻共同财产，第5项是抽象概括式的兜底规定。关于第4项“继承或受赠的财产”，除外情形为“遗嘱或者赠与合同中确定只归一方的财产”。此外，根据本条第2款的规定，夫妻双方对共同所有的财产，享有平等的占有、使用、收益和处分的权利。

除了日常家事范围内的事务以及构成表见代理的情形外，一方擅自处分共同财产的，对另一方不发生法律效力。

2. 第1063条是关于夫妻个人财产的规定。主要分四种：(1)夫妻各自的婚前财产，以完成结婚登记、确立婚姻关系为界。夫妻一方所有的财产，不因婚姻关系的延续而转化为夫妻共同财产。但当事人另有约定的除外。(2)一方因受到人身损害获得的赔偿或者补偿，因其明确的人身专属性而归一方所有。(3)遗嘱或者赠与合同中明确只归一方的财产，尊重遗嘱人或赠与人的自由意志。(4)一方专用的生活用品。通过明确列举式规定夫妻个人财产的范围，以与夫妻共同财产相区分。(5)其他应归一方的财产情形。此为兜底的概括性条款，以应对复杂的社会现实生活。但需注意，前条关于夫妻共同财产范围与本条均有一个兜底性概括条款，但在适用上要有主次先后之分。由于我国是法定的婚后财产共同制，对于本条第5项的解释要坚持从严原则，只有在本条前4项之外的明确具有人身专属性的财产，才能认定为一方的个人财产；而在无法确定是共同财产还是个人财产时，应以确定共同财产为原则。

3. 第1065条是关于夫妻约定财产制的规定。约定财产制，是指夫妻或者即将成为夫妻的人，以契约的形式，约定相互间的财产关系，从而排除法定财产制适用的制度。约定财产制是相对于法定财产制而言的，法定财产制是依照法律规定直接适用的财产制，约定财产制是夫妻以契约的形式依法选择适用的财产制。约定财产制优先于法定财产制适用，只有在没有约定或者约定不明的情形下，才适用法定财产制。关于本条，应注意以下几点：(1)约定的条件和形式。订约时双方必须具有完全民事行为能力，意思表示真实，不得违反法律规定与公序良俗，约定内容不得超出夫妻财产的范围。约定须采用书面形式，但以口头形式进行了约定且双方对此并无异议的，也应予认可。(2)约定的时间和范围。本条规定对作出财产制契约的时间未做限制，实际上是采纳了自由主义立法例，男女双方既可以在结婚之前作出财产制契约，也可以在结婚时、结婚后作出约定。(3)约定的范围。本条第1款规定“男女双方可以约定婚姻关系存续期间所得的财产以及婚前财产归各自所有，共同所有，或者部分各自所有、部分共同所有”。依据该规定，男女双方对婚前财产或婚后所得财产均可以进行约定。(4)约定的具体内容。可约定财产归各自所有，共同所有，或部分各自所有、部分共同所有，即可以约定采取分别财产制、一般共同制或限定共同制。除约定财产所有权外，夫妻双方还可以就财产的使用权、管理权、收益权、处分权等进行约定，也可以约定家庭生活费用的负担、债务清偿责任、婚姻关系终止时财产的清算及分割等。(5)约定的效力。对内效力，是指对夫妻双方的效力，即双方应当按照约定享有权利、履行义务。对外效力，是指对夫妻以外第三人的效力，实践中主要是指对债权人的效力。夫妻之间对财产关系的约定如何对第三人产生效力？一些国家和地区规定，必须进行登记或者为第三人所明知，才能对第三人产生约束力。例如，《德国民法典》规定在婚姻财产制登记簿上登记，《日本民法典》规定于婚姻申报前进行登记。我国目前没有建立夫妻财产登记制度。为保护第三人的利益和维护交易安全，本条第 3 款规定，夫妻对财产关系的约定只有已告知交易相对人的，才对相对人发生法律约束力。本条第 3 款所谓的相对人"知道"，不仅包括知道约定的存在，还包括知道约定的内容。第三人知道的时间，应在债务产生之前或产生当时，在债务产生之后才知道的，不属于本条第 3 款规定的"第三人知道"的情形。另外，根据最高人民法院《关于适用〈中华人民共和国民法典〉婚姻家庭编的解释》第 37 条，本条第 3 款所谓"相对人知道该约定的"，夫妻一方对此负有举证责任。

4. 第 1066 条是关于婚姻关系存续期间共同财产分割的规定。婚姻关系存续期间，夫妻共同财产应以不允许分割为原则，允许分割为例外。允许分割的情形仅限定在本条规定的两种情形内，不能类推适用，亦不能扩大解释。本条规定两种情形如下：(1)有严重损害夫妻共同财产利益的行为，即一方有隐藏、转移、变卖、毁损、挥霍夫妻共同财产或者伪造夫妻共同债务等严重损害夫妻共同财产利益的行为。"毁损"应指故意的情形，不包括过失造成的损坏。需注意，若只是擅自处分夫妻共同财产，但是将处分所得款项仍作为夫妻共同财产的，不属此类。以上情形，不仅要认定行为的成立要件，还须达到"严重损害夫妻共同财产利益"的程度。"严重损害"，需要结合行为的性质、夫妻共同财产的数额、造成的影响程度等因素判断。(2)一方负有法定扶养义务的人患重大疾病需要医治，另一方不同意支付相关医疗费用的。这里的扶养是广义的概念，既包括长辈对晚辈的抚养义务，也包括晚辈对长辈的赡养义务，还包括同辈之间(如夫妻之间、兄弟姐妹之间)的扶养义务。何为"重大疾病"，法律没有规定，可以参考相关文件列举的重大疾病，根据实际病情、医疗费用等综合判断。一般认为，需长期治疗、花费较高的疾病，或直接关涉生命安全的疾病等属重大疾病。"相关医疗费用”，是指为治疗疾病需要的必要、合理费用，不包括营养、陪护等费用。

5. 第 1087 条是关于离婚时夫妻共同财产处理的规定。依据本条，离婚时夫妻共同财产的分割包括协议分割与判决分割。(1)协议分割。以夫妻双方协商确定分割方案为先，最大限度地尊重双方对私权事务的意思自治。协议作出后，在一定程度上，男女双方在协议项下形成了具有给付内容的合同关系。(2)判决分割。当男女双方无法通过协议解决共同财产的分割问题时，则由人民法院依据法定的原则和规范进行认定。除无法达成协议的情形外，当事人达成的以登记离婚或到人民法院协议离婚为条件的财产分割协议，若协议离婚未成，一方在离婚诉讼中反悔的，法院应认定该财产分割协议没有生效，并根据实际情况依法对夫妻共同财产进行分割。依据本条，判决分割共同财产，以均等分割为一般原则，以照顾子女、女方、无过错方为补充原则。照顾无过错方的原则为《民法典》增加的内容，当夫妻的其中一方对离婚存在过错，如存在重婚、虐待、遗弃等情况的，法院分割财产时，应给予无过错方适当的照顾，可适当多分给无过错方一些财产，或给予无过错方优先选择的权利。此外，因我国婚俗习惯多是女方落户到男方，承包土地也多以男方为户主名义承担。为保护女方承包经营权，本条第 2 款特别规定：“对夫或者妻在家庭土地承包经营中享有的权益等，应当依法予以保护。”

权威参考案例

1. 莫某某诉李某某离婚纠纷案(《最高人民法院公报》2011 年第 12 期)

婚姻当事人之间为离婚达成的协议是一种要式协议，即双方当事人达成离婚合意，并在协议上签名才能使离婚协议生效。双方当事人对财产的处理是以达成离婚为前提，虽然已经履行了财产权利的变更手续，但因离婚的前提条件不成立而没有生效，已经变更权利人的财产仍属于夫妻婚姻存续期间的共同财产。

2. 石某诉邓某某人身损害赔偿纠纷案(《最高人民法院公报》2000 年第 2 期)

婚内人身损害赔偿须以夫妻财产分别制或对方有个人财产为前提条件。在夫妻财产共同制之下，夫妻在婚姻关系存续期间所得的财产归夫妻共同所有，在这种情况下如果发生侵权行为造成人身损害且没有个人财产，则受害人无权请求人身损害赔偿。

3. 刘某某诉郑某某离婚及财产分割案(《最高人民法院公报》1995 年第 3 期)

在婚姻关系存续期间，一方参加国际、国内体育比赛所获奖牌、奖金，奖牌作为运动员一种荣誉的象征，有特定的人身性，不应作为夫妻共同财产予以分割。所得奖金已作为家庭共同支出用于运动员治伤、治病的，另一方不得再要求平分。

4. 于某某诉高某某离婚后财产纠纷案（2015 年 12 月 4 日《最高人民法院公布 49 起婚姻家庭纠纷典型案例》案例 1）

本案中双方争议的焦点是，在离婚协议中约定将夫妻共同共有的房产赠与未成年子女，离婚后一方在赠与房产变更登记之前是否有权予以撤销。在离婚协议中双方将共同财产赠与未成年子女的约定与解除婚姻关系、子女抚养、共同财产分割、共同债务清偿、离婚损害赔偿等内容互为前提、互为结果，构成了一个整体，是“一揽子”的解决方案。如果允许一方反悔，那么男女双方离婚协议的“整体性”将被破坏。在婚姻关系已经解除且不可逆的情况下，如果允许当事人对于财产部分反悔将助长先离婚再恶意占有财产之有违诚实信用的行为，也不利于保护未成年子女的权益。因此，在离婚后一方欲根据《合同法》（已废止）第 186 条第 1 款[①]之规定单方撤销赠与时亦应取得双方合意，在未征得作为共同共有人的另一方同意的情况下，无权单方撤销赠与。

5. 刘某诉孔某离婚纠纷案（2015 年 12 月 4 日《最高人民法院公布 49 起婚姻家庭纠纷典型案例》案例 32）

离婚案件当事人在离婚诉讼之前，往往对财产分割与子女抚养进行多次协商，在这一过程中，有可能会对上述问题达成一致意见并签订书面协议。对于签订协议后双方即办理离婚登记的情形，该协议成立并生效，协议内容对双方当事人均有约束力。但在签订协议后未办理离婚登记的情形下，应参照最高人民法院《关于适用〈中华人民共和国婚姻法〉若干问题的解释（三）》（已废止）第 14 条的规定，当事人达成的以登记离婚或者到人民法院协议离婚为条件的财产分割协议，如果双方协议离婚未成，一方在离婚诉讼中反悔的，人民法院应当认定该财产分割协议没有生效，并根据实际情况依法对夫妻共同财产进行分割。这对于均衡双方当事人的合法权益，避免当事人因欠缺法律知识作出错误的意思表示提供最后的救济途径。

6. 吕某某诉被告许某某离婚案（2015 年 12 月 4 日《最高人民法院公布 49 起婚姻家庭纠纷典型案例》案例 43）

离婚诉讼中，很多当事人担心对方开始隐匿家庭共同财产，其实这个担心并

---

① 可参考《民法典》第 658 条。

不是多余的，几乎60%以上的案件都会涉及一方涉嫌隐匿财产的情况。因此，防止对方隐匿财产，应当提前准备。比如，在起诉前，就将家庭共同财产的发票收集好，或请朋友做见证证言，兼采用影像取证技术。另外，对于银行存款、股票基金等，可以在起诉同时申请法院调查或律师出具调查令调查，一旦查出财产下落，可以视情况采取财产保全措施等。本案中，原告申请法院调查收集证据，法院向中国农业银行宣威板桥分理处调取被告许某某在该行的开户及账号交易明细情况，查明被告许某某从2月4日至3月9日共销户定期一本通子账户七笔，合计553,932.14元。故法院作出前述判决。

夫妻共同债务

第一千零六十四条　夫妻共同债务认定 — 夫妻共同债务 — 第一千零八十九条　离婚时夫妻共同债务清偿

概念

夫妻共同债务，事关夫妻双方特别是未举债一方与债权人合法权利的保护，关系婚姻家庭稳定与市场交易安全，是非常值得关注与重视的问题。本词条主要涉及夫妻共同债务的认定、离婚时夫妻共同债务清偿两大方面的内容。

法典条款

第一千零六十四条【夫妻共同债务认定】　夫妻双方共同签名或者夫妻一方事后追认等共同意思表示所负的债务，以及夫妻一方在婚姻关系存续期间以个人名义为家庭日常生活需要所负的债务，属于夫妻共同债务。

夫妻一方在婚姻关系存续期间以个人名义超出家庭日常生活需要所负的债务，不属于夫妻共同债务；但是，债权人能够证明该债务用于夫妻共同生活、共同生产经营或者基于夫妻双方共同意思表示的除外。

第一千零八十九条【离婚时夫妻共同债务清偿】　离婚时，夫妻共同债务应当共同偿还。共同财产不足清偿或者财产归各自所有的，由双方协议清偿；协议不成的，由人民法院判决。

实务要点

1. 第1064条是关于夫妻共同债务认定的规定。本条明确了“共债共签”的基本原则，且与第 1060 条日常家事代理权相对应，明确为家庭日常生活需要所负债务为夫妻共同债务。此外，对于婚姻关系存续期间夫妻一方以个人名义所负其他债务，除非债权人能够证明已经用于夫妻共同生活、共同生产经营或者基于双方共同的意思表示，否则不属于夫妻共同债务。本条体现了平等保护债权人利益和夫妻双方利益，兼顾维护交易安全与婚姻家庭稳定的理念，是《民法典》为回应社会关切新增加的条文，也是婚姻家庭编最大的亮点，为解决实践中争议较大的夫妻债务问题提供了明确的法律依据。本条关于夫妻共同债务的规定，分为三个层次：(1)基于夫妻共同意思表示所负的债务。其表现形式为“共债共签”，可以是事前的共同签字，也可以是事后一方的追认。(2)为日常家庭生活需要所负的债务。需注意，家事代理责任承担的前提并不是夫妻共同财产制度，家事代理制度解决的是夫妻一方因日常事务代理与第三人对外发生法律关系后的责任承担，与夫妻财产制无必然联系。(3)超出家庭日常生活需要所负的债务且债权人不能证明该债务用于夫妻共同生活、共同生产经营或者基于夫妻双方共同意思表示。为保护未举债的配偶一方的合法权益，法律明确规定此种情况下所负债务原则上不属于夫妻共同债务。将举证责任课以债权人，以倒逼债权人在建立债权债务关系时尽到审慎的注意义务。另需说明，夫妻共同债务形式复杂，除本条规定的情形外，也存在其他情形，如因夫妻共同侵权所产生的债务、因被监护人侵权所产生的债务等。

2. 第 1089 条是关于离婚时夫妻共同债务清偿的规定。第 1064 条对夫妻共同债务的认定作出了明确规定。夫妻共同债务属连带债务，夫妻应对债权人承担连带清偿责任。但在内部，双方应如何确定清偿责任，本条对此作出规定。首先应以夫妻共同财产偿还。夫妻共同债务是夫妻双方因其“共同”性而产生的债务，男女双方共同承担，在有共同财产存在的情况下，自然首先应当以共同财产进行偿还。当夫妻共同财产不足以清偿夫妻共同债务，或者夫妻双方原本就采用分别财产制，不存在夫妻共同财产的情况下，夫妻双方应当以其个人财产偿还共同债务。与以共同财产进行清偿不同，以个人财产偿还夫妻共同债务时，需要注意双方对债务的承担比例问题。具体的清偿方案、承担比例等，由双方自行协议确定，协议对男女双方均具有法律约束力。双方无法通过协议确定偿还比例的，则由法院根据案件的实际情况依法判决。需要注意的是，一方面，男女双方对夫妻共同债务清偿比例的确定，不能产生消灭双方对债权人负有的连带清偿责任的结果。另一方面，一方就共同债务承担连带清偿责任后，基于离婚协议或者法院的法律文书向另一方主张追偿的，应当支持。

权威参考案例

1. 赵某诉项某某、何某某民间借贷纠纷案（《最高人民法院公报》2014 年第 12 期）

夫妻一方具有和第三人恶意串通、通过虚假诉讼虚构婚内债务嫌疑的，该夫妻一方单方自认债务，并不必然免除“出借人”对借贷关系成立并生效的事实应承担的举证责任。借款人配偶未参加诉讼且出借人及借款人均未明确表示放弃该配偶可能承担的债务份额的，为查明案件事实，应依法追加与案件审理结果具有利害关系的借款人配偶作为第三人参加诉讼，以形成实质性的对抗。

2. 单某某、刘某某诉胡某某、单某、单某某法定继承纠纷案（《最高人民法院公报》2006 年第 5 期）

最高人民法院《关于适用〈中华人民共和国婚姻法〉若干问题的解释（二）》（已废止）第 24 条的规定，本意在于加强对债权人的保护，一般只适用于对夫妻外部债务关系的处理。人民法院在处理涉及夫妻内部财产关系的纠纷时，不能简单依据该规定将夫或妻一方的对外债务认定为夫妻共同债务，其他人民法院依据该规定作出的关于夫妻对外债务纠纷的生效裁判，也不能当然地作为处理夫妻内部财产纠纷的判决依据，主张夫或妻一方的对外债务属于夫妻共同债务的当事人仍负有证明该项债务确为夫妻共同债务的举证责任。

父母子女关系

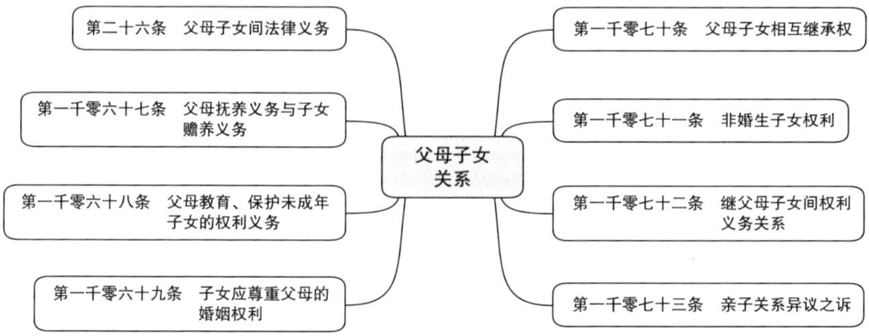

概念

父母子女关系是婚姻家庭关系中的重要内容，本词条主要涉及父母子女间法律义务、父母抚养义务与子女赡养义务、父母教育和保护未成年子女的权利义务、子女应尊重父母的婚姻权利、父母子女相互继承权、非婚生子女权利、继父母子女间权利义务关系、亲子关系异议之诉等内容。

法典条款

第二十六条【父母子女间法律义务】 父母对未成年子女负有抚养、教育和保护的义务。

成年子女对父母负有赡养、扶助和保护的义务。

第一千零六十七条【父母抚养义务与子女赡养义务】 父母不履行抚养义务的，未成年子女或者不能独立生活的成年子女，有要求父母给付抚养费的权利。

成年子女不履行赡养义务的，缺乏劳动能力或者生活困难的父母，有要求成年子女给付赡养费的权利。

第一千零六十八条【父母教育、保护未成年子女的权利义务】 父母有教育、保护未成年子女的权利和义务。未成年子女造成他人损害的，父母应当依法承担民事责任。

第一千零六十九条【子女应尊重父母的婚姻权利】 子女应当尊重父母的婚姻权利，不得干涉父母离婚、再婚以及婚后的生活。子女对父母的赡养义务，不因父母的婚姻关系变化而终止。

第一千零七十条【父母子女相互继承权】 父母和子女有相互继承遗产的权利。

第一千零七十一条【非婚生子女权利】 非婚生子女享有与婚生子女同等的权利，任何组织或者个人不得加以危害和歧视。

不直接抚养非婚生子女的生父或者生母，应当负担未成年子女或者不能独立生活的成年子女的抚养费。

第一千零七十二条【继父母子女间权利义务关系】 继父母与继子女间，不得虐待或者歧视。

继父或者继母和受其抚养教育的继子女间的权利义务关系，适用本法关于父母子女关系的规定。

第一千零七十三条【亲子关系异议之诉】 对亲子关系有异议且有正当理由的，父或者母可以向人民法院提起诉讼，请求确认或者否认亲子关系。

对亲子关系有异议且有正当理由的，成年子女可以向人民法院提起诉讼，请求确认亲子关系。

实务要点

1. 第26条是关于父母子女间法律义务的规定。该条属总则编监护制度的内容，对婚姻家庭编关于父母子女关系的规定亦具有指引与统领作用。家庭关系是最基本的社会关系，父母子女关系是家庭关系中最核心的内容。我国历来重视家庭、亲属关系，普遍认为家庭和睦是社会和谐的基础，监护责任应主要由家庭来承担。本条即规定了家庭中父母与子女之间的监护义务，充分体现了基于家庭成员独立人格和平等地位的敬老爱幼的社会主义核心价值观。

2. 第1067条是关于父母抚养义务与子女赡养义务的规定。抚养，是指父母抚育子女成长，为他们的生活、学习提供生活费、教育费、医疗费等物质条件。抚养义务作为法定义务，自子女出生之日起，延续至子女成年或能独立生活为止，除当事人死亡外，其他任何情形下都不能免除。抚养义务是父母双方的义务，一方是否和子女共同生活、父母之间是否离婚等，均不应影响该法定义务的承担。子女由一方直接抚养的，另一方应当负担部分或者全部抚养费。但父母对成年子女的抚养也是有条件的，只有当成年子女没有劳动能力或其他特殊原因导致不能独立生活时，父母才有抚养义务。"不能独立生活"，最高人民法院《关于适用〈中华人民共和国婚姻法〉若干问题的解释（一）》（已废止）将之确定为"尚在校接受高中及其以下学历教育，或者丧失或未完全丧失劳动能力等非因主观原因而无法维持正常生活"，实践中可据此适用。赡养人应当履行对老年人经济上供养、生活上照料和精神上慰藉的义务，赡养父母不仅是中华民族的传统美德，也是子女的法定义务。由于婚姻家庭关系所具有的道德伦理性质，子女对于父母的赡养并不以父母履行了对子女的抚养义务作为对价。即使父母因为各种原因没有履行对子女的抚养义务，在父母需要赡养时，子女也不能拒绝。另需注意，关于赡养，本条规定以"缺乏劳动能力或者生活困难"为判断标准，"缺乏劳动能力"和"生活困难"只要符合条件之一的，成年子女就应当进行赡养。所谓缺乏劳动能力，是指父母因年老、疾病等原因不能以工作谋生，或者虽然可以工作但不足以谋生。所谓生活困难，是指以父母现有财产不足以维持其生活。

3. 第 1068 条是关于父母教育、保护未成年子女的权利义务的规定。规定父母对未成年子女进行保护和教育，是因为未成年子女是无民事行为能力人或限制民事行为能力人，缺乏对事物的理解能力和处理能力。父母的保护和教育，一方面是为了保障子女的健康和安全；另一方面是为了防止未成年子女损害他人和社会的利益，防止未成年子女沾染恶习或从事违反社会公共生活规则和违法犯罪的行为。未成年子女的教育和保护既是权利也是义务。教育和保护是权利，意味着父母有权自主决定进行教育和保护的具体方式，有权对侵害子女的行为进行预防和排除。教育和保护也是义务，父母对未成年子女的教育和保护不得抛弃，法定的教育和保护内容必须进行。同时，父母应承担未成年子女对外产生的风险和责任，如未成年子女侵害他人的，父母应当承担相应的民事责任。但需注意，本条规定的父母的责任以民事责任为限，当未成年子女的行为构成犯罪时，父母不代其承担刑事责任。

4. 第 1069 条是关于子女应尊重父母婚姻权利的规定。本条规定的目的在于保障老年人的婚姻权利，尤其是离婚、再婚的自由。关于本条，需注意以下几点：(1)父母的婚姻自主权受法律保护，子女应当尊重父母的婚姻权利，不得干涉。第一，子女不得干涉父母离婚。第二，子女不得干涉父母再婚。第三，子女不得干涉父母再婚后的生活。(2)子女对父母的赡养义务不因父母的婚姻关系而终止。只要父母在世且需要赡养，子女就应当履行这一义务。赡养义务是法定的，子女不得抛弃，只要父母缺乏劳动能力或者生活困难，子女就应当履行这一义务，不得另外附加条件。所以，子女不能因父母再婚而不尽赡养义务，否则父母有权要求子女给付赡养费。(3)干涉父母婚姻或拒绝赡养父母应承担相应责任。子女干涉婚姻，侵犯的是父母的婚姻自主权，应承担相应的侵权责任。若以暴力手段干涉婚姻的，还可能需要承担刑事责任。

5. 第 1070 条是关于父母子女相互继承权的规定。父母和子女之间相互有继承权，体现的是亲子关系中的财产关系。需注意，本条规定适用且只适用于法定继承，在被继承人存在遗嘱的情形下，其父母(子女)是否有权继承其遗产，应根据相关法律规定另行确定。法定继承中作为第一顺序继承人的“子女”，包括婚生子女、非婚生子女、养子女和有扶养关系的继子女。法定继承中作为第一顺序继承人的“父母”，包括生父母、养父母和有扶养关系的继父母。本条应遵循上述主体范围的规则。

6. 第 1071 条是关于非婚生子女权利的规定。非婚生子女，是指没有婚姻关系的男女所生的子女，包括未婚男女双方所生的子女或已婚男女与婚外第三人发生两性关系所生的子女。为保护非婚生子女的健康成长、保障父母双方同等负担抚养义务，本条就非婚生子女保护做了规定，理解和适用本条规定时，应注意以下几点：(1)非婚生子女和婚生子女享有相同的法律地位。非婚生子女和父母之间也存在血缘关系，造成非婚生的原因在于父母，不应由子女承担不利法律后果，故在法律地位上非婚生子女不应和婚生子女有所区别。具体包括：第一，父母对子女有抚养、教育和保护的权利和义务。第二，子女成年后对父母有赡养扶助的义务。第三，父母与子女之间有相互继承遗产的权利。(2)任何组织和个人对非婚生子女不得加以危害和歧视。既针对家庭内部，也包括来自社会各方面的危害与歧视。如非婚生子女的户口、入学等和个人利益密切相关的事项，有关单位应当及时制定相应保障措施。(3)父亲和母亲都应当负担非婚生子女的抚养费。只要未直接抚养子女的，无论是生父还是生母，都应当负担子女的抚养费。抚养义务是父母的法定义务，一方是否具有经济能力、是否和子女共同生活、是否和第三方结婚等，均不应影响该法定义务的承担。抚养费的范围包括生活费、教育费、医疗费等子女健康成长所需要的费用。

7. 第 1072 条是关于继父母子女间权利义务关系的规定。所谓继子女，一般是指夫与前妻或妻与前夫所生的子女。继父母子女关系可分为三种情形：(1)父或母再婚时，继子女成年并已独立生活。(2)父或母再婚时，继子女未成年或未独立生活，再婚后，继子女与继父母长期共同生活，继父或继母对继子女进行了抚养教育。(3)父或母再婚时，继子女未成年或未独立生活，但再婚后，继子女未与继父母共同生活或未受其抚养教育。上述第(1)(3)种情形下，继父母和继子女之间只是姻亲关系；只有在上述第(2)种情形下，根据本条第 2 款，继父母和继子女之间才成立拟制血亲关系，适用《民法典》关于父母子女关系的规定。未成立拟制血亲的继父母和继子女之间为姻亲关系，彼此间不产生父母子女间的权利义务，继父母对继子女不享有抚养、教育、保护的权利义务，继子女对继父母亦无赡养扶助的义务。但是，作为继父母，不得阻碍自己的配偶(继子女的生父或生母)对继子女进行抚养教育。而形成抚养教育关系的继父母与继子女之间，具有与自然血亲的父母子女相同的权利和义务，表现为：继父母对继子女有抚养、教育、保护的权利义务，继子女对继父母有赡养扶助的义务，继父母和继子女之间互相享有继承权等。另根据本条第 1 款，继父母与继子女之间，不得虐待或歧视。这是对所有的继父母和继子女而言的，即无论是否成立拟制血亲关系，相互之间都不能虐待或歧视。

8. 第 1073 条是关于亲子关系异议之诉的规定。本条根据提起诉讼主体的不同，分别规定了父或者母作为提起诉讼主体的亲子关系异议之诉和成年子女作为提起诉讼主体的亲子关系异议之诉。第 1 款规定了父或者母作为提起诉讼主体的亲子关系异议之诉，根据本款，诉讼请求为“确认或者否认亲子关系”，提起条件须满足“对亲子关系有异议且有正当理由”。父或者母对亲子关系有异议时，还需要举证证明其“有正当理由”，才能提起亲子关系之诉。如何认定“有正当理由”，本款没有作出具体界定，实践中应当由法院根据案件的具体情况来判断。根据当事人提供的初步证据，经审查符合“有正当理由”的条件的，对其提起的亲子关系异议之诉才能予以受理。本条第 2 款成年子女作为提起诉讼主体的亲子关系异议之诉，主体限于“成年子女”且仅指生子女，诉讼请求为“确认亲子关系”。与第 1 款规定不同的是，成年子女不能请求人民法院否认亲子关系。关于提起诉讼的条件。根据本款的规定，成年子女向人民法院请求确认亲子关系的诉讼请求，须满足“对亲子关系有异议且有正当理由”的条件，这与第 1 款的规定相同。

权威参考案例

1. 陈某某与梁某某子女抚养纠纷案（2015 年 12 月 4 日《最高人民法院公布 49 起婚姻家庭纠纷典型案例》案例 20）

父母对子女均有抚养的权利和义务，关于子女的抚养问题，应坚持有利于子女身心健康、保障子女合法权益的基本原则，只有在此前提下，再结合父母双方的抚养能力和抚养条件等具体情况妥善解决。

2. 马某某与魏某某子女抚养纠纷案（2015 年 12 月 4 日《最高人民法院公布 49 起婚姻家庭纠纷典型案例》案例 44）

事实婚实际上在我国长期大量存在，在广大农村特别是边远地区，事实婚甚至占当地婚姻相当大的比例。针对案例中这一普遍存在的现象，不仅需要当事人法律意识的提高，也需要法律工作者进行更多、更广泛的法律宣传和法律教育，同时要不断促进婚姻登记制度的完善，使公民特别是广大农村边远地区的公民从思想上认识到没有登记的婚姻是不受法律保护的，以及这种同居关系对他们生活的影响，使他们在考虑婚姻缔结时能够认识到通过婚姻登记的方式给自己的婚姻关系予以法律的保护，给自己的婚后生活以法律的保障，减少类似本案例中的情况发生。

其他近亲属关系

概念

本词条所谓“其他近亲属关系”，主要涉及祖孙间的抚养赡养义务、兄弟姐妹间的扶养义务两方面的内容。

法典条款

第一千零七十四条【祖孙间的抚养、赡养义务】　有负担能力的祖父母、外祖父母，对于父母已经死亡或者父母无力抚养的未成年孙子女、外孙子女，有抚养的义务。

有负担能力的孙子女、外孙子女，对于子女已经死亡或者子女无力赡养的祖父母、外祖父母，有赡养的义务。

第一千零七十五条【兄弟姐妹间的扶养义务】　有负担能力的兄、姐，对于父母已经死亡或者父母无力抚养的未成年弟、妹，有扶养的义务。

由兄、姐扶养长大的有负担能力的弟、妹，对于缺乏劳动能力又缺乏生活来源的兄、姐，有扶养的义务。

实务要点

1. 第1074条是关于祖孙间的抚养、赡养义务的规定。祖父母、外祖父母与孙子女、外孙子女是隔代直系血亲，也是除亲子关系之外的最近的直系血亲。祖孙之间虽然不同于亲子关系，没有法定的抚养、赡养义务，但是基于对历史传统、亲属感情、民间习惯及部分“缺损家庭”的现实和社会保障水平等多种因素的考虑，为了充分保障未成年人和老年人的基本生活，故需规定祖孙之间在特定条件下承担抚养、赡养义务。祖父母、外祖父母对孙子女、外孙子女履行抚养义务是有条件的，需同时满足以下三个条件：(1)孙子女、外孙子女为未成年人。(2)孙子女和外孙子女的父母已经死亡或父母无力抚养。这里的死亡包括自然死亡和宣告死亡。父母无力抚养，是指不能以自己的收入满足子女合理的生活、教育、医疗等需要。(3)祖父母、外祖父母有负担能力。有负担能力，是指以自己的劳动收入和其他收入满足自己和第一顺序扶养权人(配偶、子女和父母)的合理生活、教育、医疗等需求后仍有剩余。若祖父母或外祖父母中数人均有负担能力，应根据他们的经济情况共同负担抚养义务。如果孙子女、外孙子女中有数人均满足被抚养条件的，在祖父母、外祖父母的经济能力不足以承担全部抚养义务时，对于经济状况和身体状况最差者应当优先抚养。同样，孙子女、外孙子女对祖父母、外祖父母履行赡养义务的条件包括：(1)祖父母、外祖父母需要赡养。孙子女、外孙子女对祖父母、外祖父母的赡养是以其父母的赡养义务为基础的，赡养条件不应宽于其父母的赡养条件。祖父母、外祖父母只有在缺乏劳动能力或者生活困难时，才可向孙子女、外孙子女提出赡养的要求。(2)祖父母、外祖父母的子女已经死亡或子女无力赡养。这里的死亡亦包括自然死亡和宣告死亡。无力赡养，是指祖父母、外祖父母的子女不能以自己的收入满足其合理的生活、教育、医疗等需要。应注意的是，这里的"子女"不应限于孙子女、外孙子女的父母，应包括祖父母、外祖父母的所有子女。(3)孙子女和外孙子女有负担能力。有负担能力，是指孙子女和外孙子女以自己的收入满足自己和第一顺序扶养权人(配偶、子女和父母)合理的生活、教育、医疗等需求后仍有剩余。如果孙子女、外孙子女中数人均有负担能力，应根据他们的经济情况共同负担。

2. 第 1075 条是关于兄弟姐妹间扶养义务的规定。本条规定的兄弟姐妹指的是同胞兄弟姐妹及拟制的兄弟姐妹，不包括表兄弟姐妹及因姻亲关系形成的兄弟姐妹。同胞兄弟姐妹是指具有同父同母以及同父异母、同母异父关系的兄弟姐妹。本条第 1 款规定了兄、姐对未成年弟、妹负有扶养义务，产生该扶养义务所应具备的条件有三个：(1)弟、妹为未成年人。(2)父母已经死亡或父母无力抚养。这其中包含父母均已死亡或虽尚在但没有抚养能力两种不同类型，满足其一即符合该条件。(3)兄、姐具备负担能力。兄、姐需为完全民事行为能力人，且兄、姐能够通过劳动获取收入或有其他财产为生活来源。当兄、姐因履行扶养义务而无法保障与自身身份相当的正常生活需要时，一般应当认为兄、姐不具有负担能力。而认定兄、姐因履行扶养义务而无法保障与自身身份相当的正常生活需要，则应当由法官结合案件情形以及当事人所提交的证据进行综合判断。第2款规定由兄、姐扶养长大的有负担能力的弟、妹对兄、姐负有扶养义务。该义务是基于权利与义务相对应的原则，产生的条件有三个：(1)兄、姐缺乏劳动能力又缺乏生活来源。“缺乏劳动能力”主要是指兄、姐无法以技术、脑力、体力从事工作，获取相应报酬；“缺乏生活来源”则主要是指在经济上没有足够维持生活的收入和积蓄。二者缺一不可。(2)兄、姐无第一顺序的扶养义务人，或是第一顺位的义务人缺乏扶养能力。(3)弟、妹由兄、姐扶养长大且具有负担能力。弟、妹履行扶养义务的程度要在考虑弟、妹经济能力、身份地位等因素的基础上，满足兄、姐的生活需要，具体认定要由法官在案件中结合案情实际、当事人工资收入、经济情况等证据进行自由裁量。

协议离婚

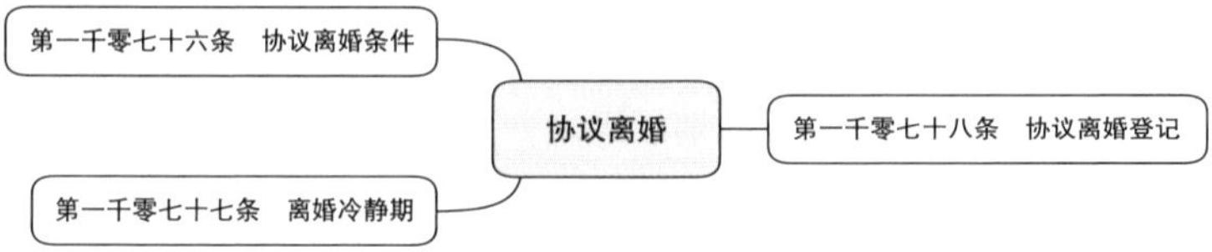

概念

本条所谓的协议离婚，严格说来应指登记离婚，即双方自愿离婚，是指婚姻关系当事人达成离婚合意并通过婚姻登记程序解除婚姻关系的法律制度。本词条主要涉及协议离婚条件、离婚冷静期、离婚登记等的规定。

法典条款

第一千零七十六条【协议离婚条件】　夫妻双方自愿离婚的，应当签订书面离婚协议，并亲自到婚姻登记机关申请离婚登记。

离婚协议应当载明双方自愿离婚的意思表示和对子女抚养、财产以及债务处理等事项协商一致的意见。

第一千零七十七条【离婚冷静期】　自婚姻登记机关收到离婚登记申请之日起三十日内，任何一方不愿意离婚的，可以向婚姻登记机关撤回离婚登记申请。

前款规定期限届满后三十日内，双方应当亲自到婚姻登记机关申请发给离婚证；未申请的，视为撤回离婚登记申请。

第一千零七十八条【协议离婚登记】 婚姻登记机关查明双方确实是自愿离婚，并已经对子女抚养、财产以及债务处理等事项协商一致的，予以登记，发给离婚证。

实务要点

1. 第1076条是关于协议离婚条件的规定。根据本条的规定，申请协议离婚须具备以下条件：(1)主体条件。当事人必须具有合法的夫妻身份，并具备完全民事行为能力。(2)自愿条件。离婚当事人作出的离婚意思表示应当是其本人内心真实意愿的明示，不得默示或推定，并要排除因受到强迫、欺骗、重大误解等非自愿的情形，亦不得对身份关系附诸如限制再婚等其他限制性条件。(3)内容条件。要求当事人双方就离婚后子女抚养、财产分配和债务负担等问题进行适当的处理。(4)程序条件。首先，离婚登记应当向有管辖权的婚姻登记管理机关提出申请。其次，夫妻双方必须共同亲自到场，不得委托他人办理。该规定的目的是确保婚姻登记机关能够验证核实申请离婚当事人的信息，了解其真实意愿。

2. 第1077条是关于离婚冷静期的规定。离婚冷静期，是指立法在坚持离婚自由原则下，为避免夫妻当事人轻率离婚，而在离婚程序中设置的夫妻任何一方都可在婚姻登记机关收到离婚申请后一定时间内撤回申请，终结登记离婚程序的冷静思考期间。本条关于离婚冷静期的规定，系新增条文，是对协议离婚程序作出的限制性规定，而非针对诉讼离婚。本条第1款规定在30日内的离婚冷静期内，任何一方可以向登记机关撤回离婚申请；在第1款30日届满后30日内，如果双方没有到婚姻登记机关申请发给离婚证，视为撤回离婚申请。之所以设置30日的离婚冷静期，是在保护当事人离婚自由与防止轻率型离婚之间的利益寻找平衡，既避免冷静期时间太长损害当事人的离婚自由，又避免冷静期时间太短无法达到“冷静”的效果。需特别注意的是，本条两款都规定了30日，但法律后果是不同的。第1款规定的30日冷静期是不变期间，即婚姻登记机关在收到离婚登记申请之日后30日内不会办理离婚登记手续，在此期间任何一方均可以撤回离婚登记申请，该30日是典型的离婚冷静期。而本条第2款规定的30日是可变期间，即在30日离婚冷静期届满后的30日内，如夫妻双方亲自到婚姻登记机关申请发给离婚证，婚姻登记机关在审查符合离婚登记条件的，发给离婚证；如在此期间男女双方没有申请的，视为撤回离婚登记申请，婚姻登记机关不得基于双方最初的申请为其办理离婚登记。以上两款规定，明确了男女双方若要登记离婚，需要经过递交离婚登记申请后的30日离婚冷静期，在离婚冷静期届满后的30日内，还需要男女双方亲自到婚姻登记机关申请发给离婚证。如任何一方未到场申请确认的，视为双方未达成一致，不适用协议离婚的行政程序。

3.第1078条是关于离婚登记的规定。根据规定，我国有权办理登记离婚的是婚姻登记机关，登记离婚具体来说需要经过申请、冷静、审查、登记四方面的具体程序。《民法典》第1076条、第1077条规定了夫妻双方申请离婚并经历冷静期的内容，本条则是对婚姻登记机关离婚审查、登记的规定。审查的内容包括双方是否是自愿离婚，是否对子女抚养问题已协商一致，是否对财产及债务处理协商一致。因法律未明确婚姻登记机关的审查标准，虽不能要求婚姻登记机关进行实质审查，但结合司法实践经验，婚姻登记机关的形式审查也需对当事人提交的材料是否真实、是否合法尽到审慎审查义务，以避免将来产生纠纷。

诉讼离婚

概念

诉讼离婚，是婚姻当事人向人民法院提出离婚请求，由人民法院调解或判决而解除其婚姻关系的一项离婚制度。本词条主要涉及诉讼离婚、男方离婚诉权限制两个方面的规定。

法典条款

第一千零七十九条【诉讼离婚】　夫妻一方要求离婚的，可以由有关组织进行调解或者直接向人民法院提起离婚诉讼。

人民法院审理离婚案件，应当进行调解；如果感情确已破裂，调解无效的，应当准予离婚。

有下列情形之一，调解无效的，应当准予离婚：

（一）重婚或者与他人同居；

（二）实施家庭暴力或者虐待、遗弃家庭成员；

（三）有赌博、吸毒等恶习屡教不改；

（四）因感情不和分居满二年；

（五）其他导致夫妻感情破裂的情形。

一方被宣告失踪，另一方提起离婚诉讼的，应当准予离婚。

经人民法院判决不准离婚后，双方又分居满一年，一方再次提起离婚诉讼的，应当准予离婚。

第一千零八十二条【男方离婚诉权限制】 女方在怀孕期间、分娩后一年内或者终止妊娠后六个月内，男方不得提出离婚；但是，女方提出离婚或者人民法院认为确有必要受理男方离婚请求的除外。

实务要点

1. 第 1079 条是关于诉讼离婚的规定。诉讼离婚制度，适用于当事人双方对离婚有分歧的情况，包括一方要求离婚另一方不同意离婚而发生的离婚纠纷；或者双方虽然同意离婚，但在子女和财产问题上不能达成一致意见的情况。对于离婚纠纷案件的处理，一般应先行调解，这是从维护家庭这一社会细胞的稳定角度出发作出的考虑。需说明的是，对于存在家庭暴力的离婚案件，受害方坚决要求离婚的，为保护受害方的人身权益，一般不得调解和好。如果双方就解除婚姻关系、财产分割及子女抚养等有关离婚的事项达成一致，则法院按照该内容制作调解书，调解书在经双方当事人签收后即具有法律效力。如果双方当事人经调解无法和好，也无法就离婚的有关事项达成一致，则不应久调不决，如果感情确已破裂，应当准予离婚，如果未达到感情破裂的程度，则应判决不准离婚。关于判决准予离婚的标准或情形，本条第 3 款进行了规定。其中的“分居满二年”，是因感情不和而非其他原因造成的分居。分居，是指夫妻间不再共同生活，不再互相履行夫妻义务，包括停止性生活，经济上不再合作，生活上不再互相关心、互相扶助等。另需注意，本条第 4 款关于因一方宣告失踪另一方提出的离婚，与申请宣告失踪是两个不同的法律程序，应分别进行。另外，本条第 5 款是《民法典》增加的规定，即“经人民法院判决不准离婚后，双方又分居满一年，一方再次提起离婚诉讼的，应当准予离婚”。当事人在初次离婚诉讼被法院驳回后，夫妻双方又持续分居满一年，互不履行夫妻义务，长期分居亦致使夫妻感情无挽回的机会，表明夫妻感情在前次诉讼之后并无改善，且夫妻一方再次提起诉讼，持续提起诉讼表明当事人要求解除婚姻关系的意志坚决，故应认定为夫妻感情破裂，准予离婚。

2. 第1082条是关于男方离婚诉权限制的规定。本条设立目的在于特殊保护妇女、胎儿、幼儿的身心健康。关于本条，需注意以下几点：(1)原则上，女方在怀孕期间、分娩后1年内或终止妊娠后6个月内，男方不得提出离婚。在此特定时间外，男方仍可依法行使其离婚请求权。本条只是推迟了男方提出离婚的时间，并未违反婚姻自由原则，也未剥夺男方的离婚请求权，也不涉及准予或不准予离婚的实质性问题。(2)如法院未发现女方怀孕而判决离婚，宣判后女方发现怀孕而上诉的，经查明属实后，二审法院应撤销原判决，驳回原告的起诉，不必发回原审法院重新审判。(3)女方在此期间提出离婚的，不受本条限制。女方在此期间提出离婚，往往出于某种紧迫的原因，且本人对离婚及其后果已有思想准备，如不及时受理，可能更加不利于对孕、产妇和胎、幼儿的保护。在上述期间内，男女双方自愿离婚也应准许。(4)解除同居关系不适用本条规定。同居关系与合法婚姻关系性质不同，同居关系仅是男女双方共同生活的状态，而婚姻关系则是法律保护的男女共同生活状态，男女双方之间在身份关系、财产关系方面都与同居男女有很大不同。本条只适用于具有婚姻关系的当事人，不适用于同居关系。

权威参考案例

1. 王某诉江某离婚案（2015年12月4日《最高人民法院公布49起婚姻家庭纠纷典型案例》案例2）

夫妻应当互敬互爱，和睦相处，但遗憾的是，夫妻之间实施暴力给其中一方造成人身伤害和精神痛苦的现象仍然存在，家庭暴力问题作为离婚案件的重要诱因，仍然在很大程度上影响家庭的稳定与和谐。家庭暴力是指行为人以殴打、捆绑、残害、强行限制人身自由或者其他手段，给其家庭成员的身体、精神等方面造成一定伤害后果的行为。持续性、经常性的家庭暴力，构成虐待。据北京法院对2013年度东城法院、丰台法院、通州法院结案的620件离婚案件抽样统计显示，涉家庭暴力类的离婚案件占选取离婚案件总数的9%，数量比例虽不高，但涉家暴案件大多矛盾激烈、调解率低、最终离异率高。我国婚姻法明确禁止家庭暴力，规定配偶一方对另一方实施家庭暴力，经调解无效的应准予离婚，因实施家庭暴力导致离婚的，无过错方在离婚时有权请求损害赔偿。《反家庭暴力法》也通过一系列制度安排以期保护家庭中的弱势群体，对家庭暴力行为进行遏制。本案就是典型的因家庭暴力导致离婚的案件，人民法院依法支持无过错方的离婚请求和赔偿请求，对于家庭暴力这样违反法律和社会主义道德的行为，旗帜鲜明地给予否定性评价。

2. 孙某某与王某某离婚纠纷案（2015 年 12 月 4 日《最高人民法院公布 49 起婚姻家庭纠纷典型案例》案例 28）

离婚诉讼中如何判断“感情确已破裂”成为本案审理的关键。《婚姻法》（已废止）第 32 条[1] 第 2 款将“感情确已破裂”作为离婚的法定理由，该条第 3 款列举应准予离婚的五种情形。可见婚姻法采用这种概括与列举相结合的立法模式，使离婚的法定理由具有可操作性。本案中，从婚后感情来看，双方性格差异较大，在共同生活期间矛盾较多，因此二人的感情生活受到很大影响，并逐年恶化。从夫妻关系的现状来看，双方因感情不和已分居四年，且该期间很少接触。这符合《婚姻法》（已废止）第 32 条第 3 款列举的应准予离婚的五种情形中的“双方因感情不和分居两年”的规定。孙某某已经是第三次向法院提出离婚诉讼，且一审、二审试图调解和好，均失败，可见其离婚决心。综合以上因素，可以认定孙某某与王某某感情确已破裂，已无和好可能，应当准予离婚。

离婚后子女抚养

概念

本词条主要包括离婚后的父母子女关系与子女抚养、离婚后子女抚养费负担、离婚后的父母探望权等内容。

---

① 可参考《民法典》第 1079 条。

法典条款

第一千零八十四条【离婚后的父母子女关系与子女抚养】 父母与子女间的关系，不因父母离婚而消除。离婚后，子女无论由父或者母直接抚养，仍是父母双方的子女。

离婚后，父母对于子女仍有抚养、教育、保护的权利和义务。

离婚后，不满两周岁的子女，以由母亲直接抚养为原则。已满两周岁的子女，父母双方对抚养问题协议不成的，由人民法院根据双方的具体情况，按照最有利于未成年子女的原则判决。子女已满八周岁的，应当尊重其真实意愿。

第一千零八十五条【离婚后子女抚养费负担】 离婚后，子女由一方直接抚养的，另一方应当负担部分或者全部抚养费。负担费用的多少和期限的长短，由双方协议；协议不成的，由人民法院判决。

前款规定的协议或者判决，不妨碍子女在必要时向父母任何一方提出超过协议或者判决原定数额的合理要求。

第一千零八十六条【离婚后的父母探望权】 离婚后，不直接抚养子女的父或者母，有探望子女的权利，另一方有协助的义务。

行使探望权利的方式、时间由当事人协议；协议不成的，由人民法院判决。

父或者母探望子女，不利于子女身心健康的，由人民法院依法中止探望；中止的事由消失后，应当恢复探望。

实务要点

1. 第 1084 条是关于离婚后的父母子女关系与子女抚养的规定。本条第 1 款、第 2 款明确了父母离婚不影响父母子女之间的权利义务关系，立法目的在于明确父母对子女的监护职责，从而使子女的合法权益不因父母离婚而受到损害。第 3 款对离婚后子女的抚养权归属进行了归纳提炼，并提出了“最有利于未成年子女”的原则。首先，父母与子女间的关系不因父母离婚而消除。此处子女，包括婚生子女、非婚生子女，也包括人工生育子女、养子女、有抚养关系的继子女。需注意，继父母与受其抚养教育的继子女之间权利义务关系原则上虽不因离婚而解除，但也有例外，如离婚后该继父母不同意抚养继子女，继子女由其生父母带走抚养的，继父母子女关系自然解除。其次，父母对子女的抚养教育保护的权利和义务不因离婚而受影响或消除。最后，应按照“最有利于未成年子女的原则”确定离婚后子女抚养权的归属。具体如下：(1)2周岁以下的子女，原则上由母亲直接抚养。父母双方协议2周岁以下子女由父亲直接抚养，并对子女健康成长无不利影响的，可予准许。(2)2周岁以上未成年的子女，父亲和母亲均要求由其直接抚养，一方有下列情形之一的，可予优先考虑：已做绝育手术或因其他原因丧失生育能力的；子女随其生活时间较长，改变生活环境对子女健康成长明显不利的；无其他子女，而另一方有其他子女的；子女随其生活，对子女成长有利，而另一方患有久治不愈的传染性疾病或其他严重疾病，或者有其他不利于子女身心健康的情形，不宜与子女共同生活的。(3)父母双方对8周岁以上的未成年子女随父或随母生活意见不一致的，应当尊重子女的意见。(4)在有利于保护子女利益的前提下，父母双方协议轮流抚养子女的，可准许。

2. 第1085条是关于离婚后子女抚养费负担的规定。抚养费请求权是作为被抚养对象的子女依法享有的权利，它与夫妻双方的婚姻关系状态，夫妻之间对于抚养费的分担约定等因素并无必然联系，父母对子女的抚养义务不能因离婚而得以免除。即使在父母协议约定由一方承担子女的全部抚养费的情形下，另一方虽不承担支付抚养费的义务，但对子女仍负有抚养的责任，子女依旧得以向其主张抚养费请求。当夫妻双方无法通过自行协商确定子女抚养费的分担，需要借助司法权确定抚养费的给付时，法院对抚养费分担的裁判，应当以子女最大利益为首要的考量因素。具体而言，抚养费的分担需考虑以下因素：(1)满足子女的生活、教育、医疗等方面的需要；(2)符合当地的实际生活水平；(3)父母双方根据各自实际负担能力合理分担。离婚后子女抚养费的负担是基于当时的社会经济水平、父母的负担能力、子女的需求等因素作出的，随着社会经济的发展、物价水平的变化、子女个体情况的变化、父母收入水平等的变化，原抚养费数额、给付方式、给付期限等均有可能发生不再适应子女的需求或父母的负担能力的情况。故本条第2款规定赋予了子女在“必要”时向父母请求“合理”数额的超出原协议或判决的抚养费的权利。

3. 第1086条是关于离婚后的父母探望权的规定。探望权，又称探视权、会面交往权，是指父母离婚后，不直接抚养子女的一方依法享有对未与之共同生活的子女进行探视、看望、交往的权利。赋予不直接抚养子女一方探望权，不仅是父或母关怀子女的重要方式，也是子女健康成长的要求，是将子女利益最大化作为现代婚姻家庭法的重要体现。不直接抚养的一方行使探望权，另一方有协助的义务。当发生父母双方不能就探望权的行使通过协商达成一致意见，法院确定探望权如何行使时，须遵循子女利益最大化的基本原则，以子女本位为出发点，按照有利于子女健康成长、尊重子女本人意愿、兼顾有利于探望权实现的要求来确定。需注意，本条第3款对探望权的中止与恢复做了规定。中止探望的决定主体为人民法院，中止探望的申请主体为未成年子女、直接抚养子女的父或母及其他对未成年子女负担抚养、教育义务的法定监护人。当不直接抚养子女一方的不利于子女身心健康的情况消失后，法院应根据当事人的申请，依法恢复探望权人对探望权的行使。另需注意，《民法典》并未就隔代探望权作出规定，但这并不妨碍祖父母、外祖父母对孙子女、外孙子女的探望。

权威参考案例

1. 刘某某诉徐某、尹某某抚养费纠纷案（《最高人民法院公报》2016年第7期）

抚养费案件中第三人撤销权的认定，需明确父母基于对子女的抚养义务支付抚养费是否会侵犯父或母再婚后的夫妻共同财产权。虽然夫妻对共同所有财产享有平等处理的权利，但夫或妻也有合理处分个人收入的权利。除非一方支付的抚养费明显超过其负担能力或者有转移夫妻共同财产的行为，否则不能因未与现任配偶达成一致意见即认定属于侵犯夫妻共同财产权。

2. 郭某诉焦某变更抚养关系案（2015年12月4日《最高人民法院公布49起婚姻家庭纠纷典型案例》案例5）

本案是一起当事人矛盾焦点集中在子女探望问题上的案件。虽然是离异家庭的子女，但是在感情的世界里，他们不应该有缺失。北京市第二中级人民法院在遵循有利于未成年人成长原则的基础上，尝试开展“法庭亲情探望”，探索因人因案而异的探望权行使形式。本案是通过该项举措成功促成纠纷化解的典型案例。法官征得双方当事人同意后，安排两个家庭在温馨平和的气氛里，对焦小某进行探望，并顺势进行辨法析理，引导当事人理性诉讼，最终促成双方达成一致意见，取得了良好的裁判效果。“法庭亲情探望”为不直接抚养子女的一方提供了与子女面对面沟通交流的机会，拉近了感情距离，有助于当事人从子女利益出发，合理解决纠纷，也有助于唤醒父母对子女的关爱，鼓励他们尽快走出离婚阴影，共同努力为子女创造一个和谐稳定的成长环境。

3. 余某诉余某某抚养费纠纷案（2015 年 12 月 4 日《最高人民法院公布 49 起婚姻家庭纠纷典型案例》案例 10）

“未成年人利益优先原则”和“未成年人最大利益原则”应当成为我国婚姻家事立法的基本原则，尽可能预防和减少由于父母离婚给未成年子女带来的生活环境上的影响及对未成年子女性格养成、思想变化、学习成长等不利因素。在婚姻家庭类案件中，人民法院在对未成年子女的抚养费进行判决、调解时，抚养费标准一般是依据当时当地的社会平均生活水平而确定。但随着经济的发展、生活水平的提高及物价上涨等因素，法院原先所判决、调解的抚养费的基础已经不存在或发生很大改变，再依据当时的条件和标准支付抚养费，已经不能满足未成年人基本的生活要求，不能保障未成年子女正常的生活和学习。因此，法律和司法解释规定未成年子女有权基于法定情形，向抚养义务人要求增加抚养费。本案正是基于最大限度保障未成年子女利益的考量，在原审调解书已经发生法律效力的情况下，准予未成年子女余某向人民法院提起新的诉讼，依法支持其请求其父增加抚养费的主张。该判决契合了我们中华民族尊老爱幼的传统家庭美德，符合社会主义核心价值观的要求。

4. 何某某与蒋某某探望权纠纷案（2015 年 12 月 4 日《最高人民法院公布 49 起婚姻家庭纠纷典型案例》案例 21）

夫妻离婚后，不直接抚养子女的一方，有探望子女的权利，另一方应予协助配合。本案中被告因小孩住院期间原告父亲去医院探望小孩没有买东西，以及原告没有马上给付小孩医疗费用而不允许原告探望小孩，是不利于小孩身心健康成长的。原告、被告虽已离婚，但是无法隔断父母双方与子女之间的血缘关系和情感纽带，父亲在儿子的成长过程中有无可替代的重要地位和作用，被告不能因为原告、被告双方家庭之间的矛盾影响到原告的合法权益和小孩的健康成长。法院希望双方在今后探望小孩问题上本着互谅互让、有利于小孩身心健康成长的准则，遇事多克制、协商。法院从既不影响小孩现有正常生活和学习，又增加儿子与父亲的沟通交流，既维护原告的合法权益，又有利于小孩身心健康成长的目的出发，酌情作出上述判决。

5. 韩某诉杨某某探望权纠纷案（2015 年 12 月 4 日《最高人民法院公布 49 起婚姻家庭纠纷典型案例》案例 29）

离婚后，不直接抚养子女的父或母，有探望子女的权利，另一方有协助的义务。行使探望权利的方式、时间由当事人协议；协议不成时，由人民法院判决。父或母探望子女，不利于子女身心健康的，由人民法院依法中止探望的权利；中止的事由消失后，应当恢复探望的权利。离婚后不直接抚养孩子的一方具有探望孩子的法定权利，另一方不应以先行给付抚养费等理由加以干涉、阻挠。离婚后的双方应当本着有利于孩子身心健康的原则，对子女探望、教育等事项进行协商解决，为孩子营造和谐的成长环境。

离婚中的补偿、帮助、赔偿

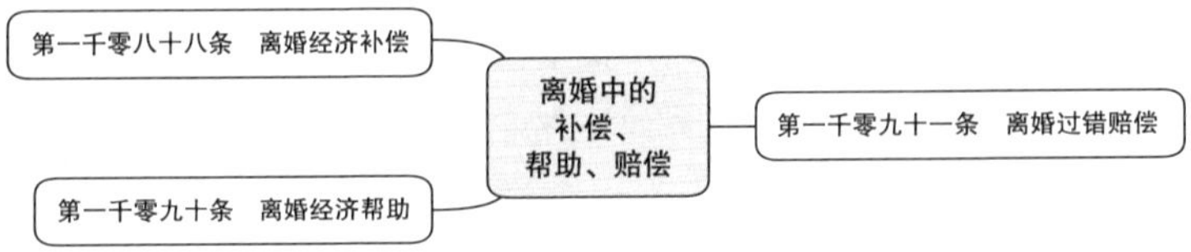

概念

本词条主要涉及离婚经济补偿、离婚经济帮助、离婚过错赔偿三方面的内容。

法典条款

第一千零八十八条【离婚经济补偿】　夫妻一方因抚育子女、照料老年人、协助另一方工作等负担较多义务的，离婚时有权向另一方请求补偿，另一方应当给予补偿。具体办法由双方协议；协议不成的，由人民法院判决。

第一千零九十条【离婚经济帮助】　离婚时，如果一方生活困难，有负担能力的另一方应当给予适当帮助。具体办法由双方协议；协议不成的，由人民法院判决。

第一千零九十一条【离婚过错赔偿】　有下列情形之一，导致离婚的，无过错方有权请求损害赔偿：

（一）重婚；

（二）与他人同居；

（三）实施家庭暴力；

（四）虐待、遗弃家庭成员；

（五）有其他重大过错。

实务要点

1. 第 1088 条是关于离婚经济补偿的规定。本条认可了婚姻关系中家务劳动的价值。相较于《婚姻法》(已废止)第 40 条[①]，本条取消了离婚经济补偿只在约定财产制下适用的规定，将经济补偿范围扩大到法定财产制和约定财产制同样适用。并增加了补偿的具体办法“由双方协议；协议不成的，由人民法院判决”的规定，明确当事人自行协商决定为先，以贯彻私人事务领域的意思自治原则。本条规定的离婚经济补偿，需注意以下几点：(1)不区分夫妻财产所有制类型一律适用。无论是法定共同财产制还是约定了分别财产制，如果一方在婚姻中相比另一方对家庭负担了更多的义务，均有权利在离婚时请求补偿。(2)经济补偿请求以负担了较多家庭义务为前提。本条列举了抚育子女、照料老年人、协助另一方工作等，作为承担较多义务的一方可提出经济补偿的情形。当然，离婚经济补偿的适用情形并不局限于以上几个方面，为家庭利益而负担的义务均应在此之列。判断一方是否承担了较多义务，应结合一方在家庭义务上付出的时间成本、精力成本以及获得的效益等多方面因素，综合进行衡量。(3)经济补偿需一方主动提出，法院不得主动适用。(4)经济补偿请求须在离婚时提出。负担较多家庭义务一方的补偿请求，仅限于在协议离婚或离婚案件诉讼过程中提出，协议或判决离婚后，一方提出经济补偿请求的，不予受理。需注意，补偿金应从承担支付义务一方的个人财产或分得的共同财产中支取。不能采取在夫妻共同财产分割前先扣除经济补偿再对剩余共同财产进行分割的做法。

2. 第 1090 条是关于离婚经济帮助的规定。相较于《婚姻法》(已废止)第 42 条[②]，本条增加了以另一方“有负担能力”作为经济帮助的给付条件，同时删去“从其住房等个人财产中”给予帮助的表述，取消了对承担经济帮助义务的责任财产的限制。本条所谓“生活困难”的认定，应采取较为严格的标准，只有在一方依靠个人财产和离婚时分得的财产无法维持当地基本生活水平，或者没有住房的情况下，才能认定为生活困难，可适用离婚经济帮助制度，否则不得适用。且生活困难需以离婚时的实际情况为准。对一方在离婚时不存在生活困难但离婚后出现生活困难的，另一方不负有给予经济帮助的义务。此外，承担经济

---

① 可参考《民法典》第 1088 条。

② 可参考《民法典》第 1090 条。

帮助义务的一方也必须有足够的负担能力，既能以其个人财产及分得的财产维持其自身正常的衣、食、住、行等生活基本需求，也能在此基础上给对方提供住房、金钱或其他经济上的帮助。

3. 第 1091 条是关于离婚过错赔偿的规定。本条在《婚姻法》（已废止）第 46 条[①]的基础上，增加了"有其他重大过错"作为可以使用离婚损害赔偿的情形，即扩大了离婚损害赔偿制度的适用范围。离婚损害赔偿的适用条件包括：（1）一方对离婚存在过错。离婚损害赔偿要求行为人主观上必须存在过错，且该种过错必须是导致离婚的原因。（2）过错方实施了妨害婚姻家庭关系的违法行为，包括重婚，与他人同居，实施家庭暴力，虐待，遗弃家庭成员，或有其他重大过错的行为。（3）另一方没有过错。夫妻双方均有违反婚姻义务或家庭义务行为的，不符合离婚损害赔偿的主体要求，无权请求获得补偿或救济。（4）过错方的损害行为造成了损害结果。只有过错方的损害行为给无过错方实际造成了损害结果的，无过错方才能要求赔偿。此处的赔偿包括物质损害赔偿与精神损害赔偿。（5）过错行为与损害结果之间存在因果关系。因过错方的行为导致离婚这一结果的，方产生离婚损害赔偿请求权。婚姻关系存续期间，当事人不起诉离婚而单独依据该条规定提起损害赔偿请求的，不予受理。

权威参考案例

1. 周某诉张某离婚后损害责任纠纷案（2015 年 12 月 4 日《最高人民法院公布 49 起婚姻家庭纠纷典型案例》案例 12）

夫妻互相忠实，不仅是传统美德，也是法定义务。对婚姻不忠实，是难以容忍的不诚信，它不仅破坏了夫妻关系，拆散了家庭，也伤及无辜的子女，而且败坏了社会风气，是法律所禁止的行为。因此，在离婚后发现被告在婚姻存续期间的出轨行为，请求精神损害赔偿，人民法院依法予以支持，以彰显法律的公正和道德力量。

2. 张某与蒋某婚姻家庭纠纷案（2015 年 12 月 4 日《最高人民法院公布 49 起婚姻家庭纠纷典型案例》案例 36）

《婚姻法》（已废止）第 4 条[②]规定了夫妻应当互相忠实、互相尊重的义务。违反忠实义务往往对配偶的情感和精神造成非常严重的伤害。这和我国社会一般大众因为习惯、传统等原因对婚姻家庭的认识有很大关系。故最高人民法院

---

① 可参考《民法典》第 1091 条。

② 可参考《民法典》第 1043 条。

《关于适用〈中华人民共和国婚姻法〉若干问题的解释（一）》（已废止）第28条规定：《婚姻法》（已废止）第46条①规定的“损害赔偿”，包括物质损害赔偿和精神损害赔偿。涉及精神损害赔偿的，适用最高人民法院《关于确定民事侵权精神损害赔偿责任若干问题的解释》的有关规定。本案中张某在得知张某某并非自己的亲生子后，其精神受到伤害，要求蒋某赔偿精神损害抚慰金的理由正当合法，得到了法院的支持。而张某某因与张某并无血缘关系，张某对其并无法定抚养义务，故法院对张某要求蒋某返还自己已承担的张某某的抚养费的主张予以了支持。

离婚其他规定

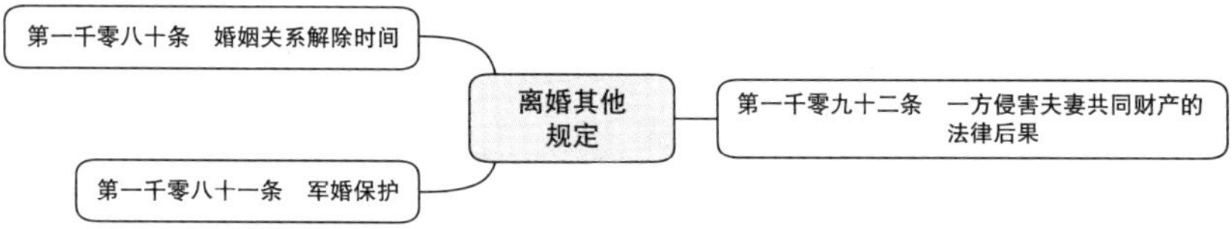

概念

本词条主要涉及婚姻关系解除时间、军婚保护、一方侵害夫妻共同财产的法律后果等内容。

法典条款

第一千零八十条【婚姻关系解除时间】 完成离婚登记，或者离婚判决书、调解书生效，即解除婚姻关系。

第一千零八十一条【军婚保护】 现役军人的配偶要求离婚，应当征得军人同意，但是军人一方有重大过错的除外。

第一千零九十二条【一方侵害夫妻共同财产的法律后果】 夫妻一方隐藏、转移、变卖、毁损、挥霍夫妻共同财产，或者伪造夫妻共同债务企图侵占另一方财产的，在离婚分割夫妻共同财产时，对该方可以少分或者不分。离婚后，另一方发现有上述行为的，可以向人民法院提起诉讼，请求再次分割夫妻共同财产。

实务要点

1. 第1080条是关于婚姻关系解除时间的规定。解除婚姻关系，是指夫妻双

① 可参考《民法典》第1091条。

方通过协议或诉讼的方式，终止夫妻间权利和义务的法律行为。按照本条，解除婚姻关系有两种途径：一种是夫妻双方达成离婚合意并在婚姻登记机关办理完毕离婚登记手续，领取离婚证；另一种是在人民法院通过诉讼的形式获取离婚判决书或者离婚调解书。上述两种途径均产生解除婚姻关系的法律效果，在法院领取离婚判决书、离婚调解书后，不需要再去婚姻登记机关领取离婚证，即离婚证、离婚判决书、离婚调解书在解除婚姻关系上具有同等法律效力。需注意，男女双方自愿离婚，并对子女和财产问题已有适当安排，在婚姻登记机关办理了离婚登记，领取了离婚证的，其婚姻关系即正式解除。一方对这种已发生法律效力的离婚登记反悔的，在原婚姻登记机关未撤销离婚登记的情况下，向法院提起诉讼的，不应受理。当然，当事人登记离婚后就子女抚养权变更提起诉讼，或者有新的事实证据证明应当重新分割共有财产而提起诉讼的，应当受理。

2. 第 1081 条是关于军婚保护的规定，即现役军人离婚的特别规定。军人生活的特点是无法和配偶经常生活在一起，对军人婚姻实行特别保护有利于维护部队广大官兵的切身利益，有利于维护军队的稳定，符合我国的国情和军情，对于消除军人的后顾之忧、激发军人保家卫国的热情、增强部队战斗力起到了十分积极的作用。同时，这也是拥军优属工作的一项重要内容。需注意，本条适用的主体是现役军人和现役军人的配偶，若双方都是现役军人则不适用。现役军人向非军人主动提出离婚的，也不适用本条，应按一般离婚纠纷处理。本条所谓“军人一方有重大过错”，可以依据《民法典》第 1079 条第 3 款前 3 项规定及军人有其他重大过错导致夫妻感情破裂的情形予以判断。

3. 第 1092 条是关于一方侵害夫妻共同财产的法律后果之规定。相较于《婚姻法》（已废止）第 47 条[①]，本条删除了以“离婚时”为前提的限定。即无论是婚姻关系存续期间，还是双方已经进入离婚诉讼，只要一方有隐藏、转移、变卖、毁损、挥霍夫妻共同财产，或伪造夫妻共同债务企图侵占另一方财产的行为，离婚分割夫妻共同财产时均可对其少分或不分。“挥霍”亦是本条所增加列举的情形。实践中，一方为了达到减少对方分得财产数量的目的，不惜牺牲自己的利益，采用隐藏、转移、变卖、毁损以外的方式，不以发挥财产效用为目的，任意使用、处分夫妻共同财产，给夫妻共同财产造成无谓损失的行为，亦严重侵犯配偶

① 可参考《民法典》第 1092 条。

的财产权利。本条在适用中还需注意两个问题：一是可以少分或不分的财产范围，主要是指被隐藏、转移、变卖、毁损、挥霍，或伪造的夫妻共同债务范围内的夫妻共同财产，并非全部夫妻共同财产均可少分或不分。二是离婚后财产权受到侵犯的一方再次提起分割请求的期限，受诉讼时效的约束，自该方知道或者应当知道权利受到损害之日起计算。

权威参考案例

1. 雷某某诉宋某某离婚纠纷案（最高人民法院指导性案例第 66 号）

一方在离婚诉讼期间或离婚诉讼前，隐藏、转移、变卖、毁损夫妻共同财产，或伪造债务企图侵占另一方财产的，离婚分割夫妻共同财产时，依照《婚姻法》（已废止）第 47 条①的规定可以少分或不分财产。

2. 李某诉孙某离婚后财产纠纷案（2015 年 12 月 4 日《最高人民法院公布 49 起婚姻家庭纠纷典型案例》案例 7）

《婚姻法》（已废止）第 47 条②明确规定，离婚时，一方隐藏、转移、变卖、毁损夫妻共同财产，或伪造债务企图侵占另一方财产的，分割夫妻共同财产时，对隐藏、转移、变卖、毁损夫妻共同财产或伪造债务的一方，可以少分或不分。离婚后，另一方发现有上述行为的，可以向人民法院提起诉讼，请求再次分割夫妻共同财产。本案中，在案证据能够证明孙某的现住房是其在与李某婚姻存续期间用夫妻共同财产购买的，而且其主张购买该房屋已经告知李某缺乏证据支持，因此法院将涉案房屋认定为夫妻共同财产，并依法进行了分割。同时，对于隐瞒财产的分割比例问题，需要法院依据过错大小、具体案情等综合认定，故本案中李某以孙某隐瞒夫妻共同财产存在错误为由，要求涉案房屋全部归自己所有的诉讼请求亦未得到支持。天下没有不透风的墙，在夫妻缘分走到尽头之时，双方还应坦诚相待，避免日后对簿公堂，为自己的不当行为买单，既得不偿失，也失了风度。

被收养人范围

① 可参考《民法典》第 1092 条。

② 可参考《民法典》第 1092 条。

概念

收养关系主体包括被收养人、送养人、收养人。本词条涉及的是被收养人范围，即具备被收养条件可被他人依法收养的人的情形。

法典条款

第一千零九十三条【被收养人范围】 下列未成年人，可以被收养：

（一）丧失父母的孤儿；

（二）查找不到生父母的未成年人；

（三）生父母有特殊困难无力抚养的子女。

实务要点

第1093条是关于被收养人范围的规定。相较于《收养法》（已废止），本条对被收养人的范围进行了两处修改。一是将被收养人的年龄范围由不满14周岁扩大至不满18周岁；二是将查找不到生父母的“弃婴和儿童”修改为“未成年人”，查找不到生父母的原因不再限于生父母的主动遗弃，因被拐卖导致脱离生父母监护的未成年人也符合被收养的条件。可以说，本条扩大了被收养人的范围，使更多的未成年人符合被收养的条件，体现了未成年人利益最大化原则。根据本条的规定，可作为被收养人的情形包括三种：丧失父母的孤儿、查找不到生父母的未成年人、生父母有特殊困难无力抚养的子女。需注意，本条是关于被收养人范围的基本规定，特殊情况下可突破，如第1099条规定的收养三代以内旁系同辈血亲的子女，就可以不受本条第3项规定的限制。

送养人范围与送养情形

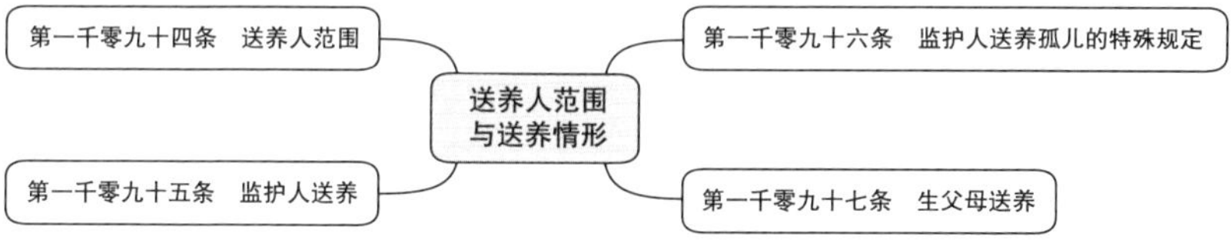

概念

本词条系从收养关系中的送养角度进行的梳理，主要涉及送养人范围、监护人送养、监护人送养的特殊规定、生父母送养等内容。

法典条款

第一千零九十四条【送养人范围】 下列个人、组织可以作送养人：

（一）孤儿的监护人；

（二）儿童福利机构；

（三）有特殊困难无力抚养子女的生父母。

第一千零九十五条【监护人送养】 未成年人的父母均不具备完全民事行为能力且可能严重危害该未成年人的，该未成年人的监护人可以将其送养。

第一千零九十六条【监护人送养孤儿的特殊规定】 监护人送养孤儿的，应当征得有抚养义务的人同意。有抚养义务的人不同意送养、监护人不愿意继续履行监护职责的，应当依照本法第一编的规定另行确定监护人。

第一千零九十七条【生父母送养】 生父母送养子女，应当双方共同送养。生父母一方不明或者查找不到的，可以单方送养。

实务要点

1. 第 1094 条是关于送养人范围的规定。本条规定了具有三种身份或职能的民事主体（个人或组织）可以送养未成年人，明确了送养人主体的范围和所对应的被收养人，有利于规范收养关系，保护被收养人的合法权益。本条规定了孤儿的监护人可作为送养人，但应注意与《民法典》第 1096 条的衔接。第 1096 条规定了监护人送养孤儿应征得有抚养义务的人同意。这表明监护人应与对孤儿有抚养义务的人共同决定送养孤儿，如果有抚养义务的人不同意送养，监护人不能单独决定送养。监护人不愿意继续履行监护职责的，可以另行确定监护人。关于生父母的送养。根据本条第 3 项的规定，只有在生父母有特殊困难无力抚养子女时，才有权将子女送养。也就是说，子女的养父母、继父母即使有特殊困难无力抚养子女，也无权作为送养人将子女送养。养父母在收养后面临特殊困难无力继续抚养养子女的，可以与养子女的生父母协商解除收养关系，由生父母继续抚养子女或再行送养。

2. 第 1095 条是关于监护人送养的规定。本条规定了父母在世时，监护人对未成年人的送养须同时符合父母双方均不具备完全民事行为能力和可能严重危害未成年人这两个条件。本条规定并未将未成年人的父母限定为生父母，从文义上看，未成年人的养父母、继父母均不具备或丧失完全民事行为能力的，也符合此项条件。不具备完全民事行为能力，包括限制民事行为能力和无民事行为能力。关于父母可能严重危害该未成年人，并不要求父母已经对未成年子女造成现实的伤害，只要根据父母的认知能力和行为习惯推断父母有严重危害未成年人的可能性时即可认为符合本项条件。危害，则表现为对未成年人身体的侵害和精神上的伤害，且需达到严重程度。

3. 第 1096 条是关于监护人送养孤儿的特殊规定。本条明确了监护人送养孤儿以有抚养义务的人同意为条件，未征得有抚养义务的人的同意，监护人不能将孤儿送养，如监护人不愿意继续履行监护职责，应另行确定监护人。由孤儿的监护人与抚养义务人共同行使收养同意权的制度设计具有以下三点意义：(1)可防止监护人为推卸监护责任，随意将孤儿送养，损害孤儿的合法权益。(2)抚养义务人抚养孤儿具有现实可能性。(3)保护抚养义务人的合法权益。此外，当孤儿的监护人不愿继续履行监护职责，却因抚养义务人拒绝无法将孤儿送养时，应当兼顾监护人的利益和意愿，允许监护人选择继续履行监护职责或请求另行确定监护人。总则编第 30 条和第 31 条规定了确定监护人的两种方式：一是有监护资格的人协议确定监护人，二是由居民委员会、村民委员会、民政部门或者人民法院指定监护人。两种确定监护人的方式应有顺位的先后，按照民法意思自治原则，首先应尊重有监护资格的人的意愿和被监护人的意愿，有监护资格的人能够通过协商达成一致意见，且不违背被监护人的意愿时，应按照协商意见确定监护人。只有在对监护人的确定有争议时，才可由居民委员会、村民委员会、民政部门或者人民法院指定监护人。

4. 第 1097 条是关于生父母送养的规定。本条规定由生父母共同行使收养同意权，并不限于生父母为夫妻的情形，生父母虽非夫妻，子女为非婚生子女的，对子女的收养仍需生父母共同决定。本条文中规定的送养人为生父母双方，按文义解释不包括养父母、继父母。如生父母一方与他人结婚，子女随生父母一方和继父母共同生活，对子女的收养仍需征得生父母双方的同意，无须征得继父母的同意。需注意，收养同意权虽为父母双方固有的权利，但并非不可免除的权利。当父母一方既无法履行对子女的抚养、教育和保护的义务，又无法作出是否同意收养的意思表示，而这种境况对子女明显不利，导致子女无法得到适当的照料与教育，可免除该父或母一方的收养同意权。本条规定了免除生父或生母一方收养同意权的一种事由，即生父母一方不明或查找不到。生父母一方不明或查找不到时，其事实上无法行使对子女的收养同意权，相较于上述生父母对子女的亲权，子女的利益更应得到优先的考虑和保护。在生父母另一方难以单独抚养子女时，应允许其单独送养子女。

收养的条件

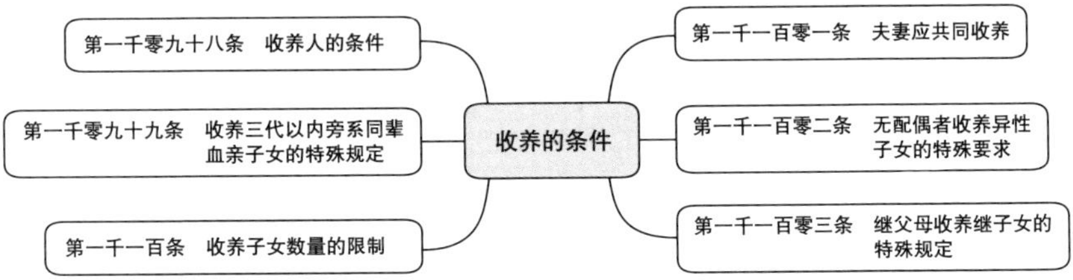

概念

本词条系从收养关系中的收养方角度进行的梳理，主要涉及收养人的条件、收养三代以内旁系同辈血亲子女的特殊规定、收养子女数量的限制、夫妻应共同收养、无配偶者收养异性子女的特殊要求、继父母收养继子女的特殊规定等内容。

法典条款

第一千零九十八条【收养人的条件】　收养人应当同时具备下列条件：

（一）无子女或者只有一名子女；

（二）有抚养、教育和保护被收养人的能力；

（三）未患有在医学上认为不应当收养子女的疾病；

（四）无不利于被收养人健康成长的违法犯罪记录；

（五）年满三十周岁。

第一千零九十九条【收养三代以内旁系同辈血亲子女的特殊规定】　收养三代以内旁系同辈血亲的子女，可以不受本法第一千零九十三条第三项、第一千零九十四条第三项和第一千一百零二条规定的限制。

华侨收养三代以内旁系同辈血亲的子女，还可以不受本法第一千零九十八条第一项规定的限制。

第一千一百条【收养子女数量的限制】　无子女的收养人可以收养两名子女；有子女的收养人只能收养一名子女。

收养孤儿、残疾未成年人或者儿童福利机构抚养的查找不到生父母的未成年人，可以不受前款和本法第一千零九十八条第一项规定的限制。

第一千一百零一条【夫妻应共同收养】 有配偶者收养子女，应当夫妻共同收养。

第一千一百零二条【无配偶者收养异性子女的特殊要求】 无配偶者收养异性子女的，收养人与被收养人的年龄应当相差四十周岁以上。

第一千一百零三条【继父母收养继子女的特殊规定】 继父或者继母经继子女的生父母同意，可以收养继子女，并可以不受本法第一千零九十三条第三项、第一千零九十四条第三项、第一千零九十八条和第一千一百条第一款规定的限制。

实务要点

1. 第 1098 条是关于收养人的条件之规定。本条规定列举了收养人收养子女需符合的 5 项条件，即收养人须同时符合该 5 项条件时才可收养子女。相较于《收养法》(已废止)第 6 条，本条增加一项条件，即“无不利于被收养人健康成长的违法犯罪记录”，从收养人的人格品行和遵纪守法方面提出要求，强化对被收养人的利益保护。同时，为与国家计划生育政策的调整相协调，将收养人“无子女”修改为“无子女或者只有一名子女”。另在第 2 项条件中增加“保护”被收养人的能力的要求，体现对被收养人权益保护的重视。需注意，本条为收养人收养子女的一般性规定，《民法典》第 1099 条、第 1100 条、第 1103 条关于近亲属间收养、收养孤残未成年人和查找不到生父母的未成年人、继父母收养继子女的规定，均排除了本条第 1 项关于收养人无子女或只有一名子女的限制。另需注意，实践中应注意防止对“不利于被收养人健康成长的违法犯罪记录”作出扩大解释，将有任何类型和程度的违法犯罪记录均视为不符合收养人的条件，有与抚养教育子女无关的轻微、过失违法犯罪记录，不应一律视为收养人不适格。收养登记机关或法院应结合收养人的行为记录、日常表现、社会评价和与被收养人感情的亲密程度等指标全面评估收养人的适格性。

2. 第 1099 条是关于收养三代以内旁系同辈血亲子女的特殊规定。本条对亲属之间的收养适当放宽了条件，排除了非亲属间收养的若干限制。旁系血亲是相对于直系血亲而言的，指与自己具有间接血缘关系的亲属，即除直系血亲以外的、与自己同出一源的血亲。三代以内旁系血亲是指同源于祖（外祖）父母的旁系血亲。按照我国婚姻制度中的推算方法，三代以内旁系血亲包括：伯、叔、姑、舅、姨、侄子（女）、外甥、外甥女、堂兄弟姐妹、姑舅表兄弟姐妹、姨表兄弟姐妹等。亲兄弟姐妹也属于旁系血亲。收养三代以内旁系同辈血亲的子女，是指收养兄弟姐妹、堂兄弟姐妹和表兄弟姐妹的子女。收养三代以内旁系同辈血亲的子女，不受以下三方面的限制：(1)被收养人生父母有特殊困难无力抚养；(2)送养人有特殊困难无力抚养子女；(3)无配偶者收养异性子女年龄相差40周岁以上。另外，华侨收养三代以内旁系同辈血亲的子女，除不受上述三项条件的限制外，还不受华侨子女人数的限制。但是，若华侨收养的子女并非其三代以内旁系同辈血亲的子女，对子女人数的限制仍应适用。

3. 第1100条是关于收养子女数量限制的规定。根据本条，收养人收养子女的人数与亲生子女的人数之和原则上不得超过两名。但如果被收养人为孤残未成年人、儿童福利机构抚养的查找不到生父母的未成年人，则不受收养子女人数的限制和收养人无子女或只有一名子女的条件限制。收养孤、残未成年人和儿童福利机构抚养的查找不到生父母的未成年人，不仅于被收养人颇有益处，还带有社会公益行为的性质，应鼓励此种行为，故《民法典》对此放宽了收养的条件，免除对于收养人子女人数和收养子女人数的限制。需要注意的是，实践中有些收养人收养目的不端正，以爱心为名收养多名孤残儿童，骗取社会和他人同情，借机敛财，严重损害被收养人利益。民政部门在评估收养孤残未成年人的申请时，应严格审查收养人的收养动机和收养能力，规范收养行为，防止损害孤残未成年人利益的情形发生。

4. 第1101条是关于夫妻应共同收养的规定。夫妻共同收养，能够保证被收养人生活在和睦、充满温情的家庭环境之中，有利于被收养人的健康成长。故本条明确了有配偶者收养子女，双方应就收养达成一致意见，双方分别作为养父和养母，共同养育养子女，夫或妻一方不同意收养的，不得收养。需注意，夫妻一方无完全行为能力或被宣告失踪时能否单方收养？《民法典》未明确规定，可区分两种情形：(1)配偶一方不能正常表达意思的。不能正常表达意思的成年人通常为限制民事行为能力人或无民事行为能力人，被收养人与限制民事行为能力人或无民事行为能力人共同生活，既无法得到来自夫妻双方的共同抚养照顾，还存在遭受限制民事行为能力人或无民事行为能力人伤害的可能。且另一方既要监护照顾无完全民事行为能力的配偶，又要抚养教育养子女，无法兼顾，不能保证给予养子女适宜的生活和家庭环境。故夫妻一方若无完全民事行为能力，另一方不适合收养子女。(2)配偶一方下落不明的。对于配偶一方长期下落不明被宣告死亡的，另一方可以以单身身份单独收养子女(第1102条)。若一方被宣告失踪，配偶欲收养子女，可待经过法定期间，达到宣告死亡条件之后，通过宣告死亡消灭婚姻关系，再行收养。

5. 第1102条是关于无配偶者收养异性子女的特殊要求之规定。本条所谓无配偶者，包括未婚、离婚及配偶死亡或被宣告死亡的人。本条将《收养法》(已废止)仅针对单身男性收养女性的年龄差距限制扩大至所有的异性单方收养。即无论是单身男性收养女性，还是单身女性收养男性，均应具有40周岁以上的年龄差距。确立年龄差的限制，目的在于防止异性间收养违反伦理和侵害事件的发生。但有例外情况，《民法典》第1099条规定："收养三代以内旁系同辈血亲的子女，可以不受本条的限制。"也就是说，自然人单方收养其三代以内旁系同辈血亲的子女，即使为异性单方收养，双方年龄相差不足40周岁，也可收养。

6. 第1103条是关于继父母收养继子女特殊规定的内容。本条规定两项内容：(1)继父母收养继子女时生父母享有收养同意权，未经继子女的生父母同意不得收养继子女。生父母的收养同意权是基于生父母生育子女而享有的固有权利，生父母离婚、再婚的事实均不改变生父母双方与子女的父母子女关系，生父母的收养同意权也不受生父母离婚、再婚的影响，生父母离婚后，不直接抚养子女的生父母一方，仍然享有对子女的收养同意权。经生父母同意收养继子女之后，继父母与继子女之间形成收养关系，即由直系姻亲关系转变为拟制直系血亲关系。(2)继父母收养继子女条件予以放宽，可不受非亲属间收养的若干限制。具体包括：第一，不受生父母有特殊困难无力抚养子女的条件限制；第二，不受收养人的条件限制；第三，不受收养子女人数的限制。本条对继父母收养继子女放宽条件限制的力度较大，规定了比收养三代以内旁系同辈血亲更为宽泛的条件，甚至不要求继父母符合收养人的条件，其作为继父母的身份就表明其作为收养人的适格性。

收养程序

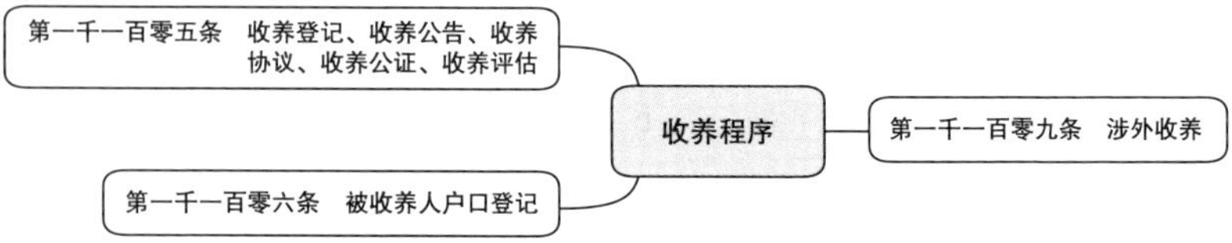

概念

收养对被收养人、送养人、收养人具有非常大的影响，因而需要一定程序的保障。本词条即是针对收养程序方面进行的梳理，包括收养登记、收养公告、收养协议、收养公证、收养评估的内容，以及被收养人户口登记与涉外收养方面的内容。

法典条款

第一千一百零五条【收养登记、收养公告、收养协议、收养公证、收养评估】 收养应当向县级以上人民政府民政部门登记。收养关系自登记之日起成立。

收养查找不到生父母的未成年人的，办理登记的民政部门应当在登记前予以公告。

收养关系当事人愿意签订收养协议的，可以签订收养协议。

收养关系当事人各方或者一方要求办理收养公证的，应当办理收养公证。

县级以上人民政府民政部门应当依法进行收养评估。

第一千一百零六条【被收养人户口登记】 收养关系成立后，公安机关应当按照国家有关规定为被收养人办理户口登记。

第一千一百零九条【涉外收养】 外国人依法可以在中华人民共和国收养子女。

外国人在中华人民共和国收养子女，应当经其所在国主管机关依照该国法律审查同意。收养人应当提供由其所在国有权机构出具的有关其年龄、婚姻、职业、财产、健康、有无受过刑事处罚等状况的证明材料，并与送养人签订书面协议，亲自向省、自治区、直辖市人民政府民政部门登记。

前款规定的证明材料应当经收养人所在国外交机关或者外交机关授权的机构认证，并经中华人民共和国驻该国使领馆认证，但是国家另有规定的除外。

实务要点

1. 第1105条是关于收养登记、收养公告、收养协议、收养公证、收养评估的规定。具体包括:(1)收养登记。收养登记程序包括当事人申请、登记机关审查和登记三个阶段。登记机关要对申请收养当事人进行全面的审查。收养为要式法律行为。只有履行了法定登记程序,收养才能成立并具有法律效力。(2)收养公告。查找不到生父母的未成年人主要指被遗弃、被拐获救的未成年人,《民法典》规定收养上述未成年人的,登记之前应当公告,是为了最大可能寻找未成年人的生父母或其他监护人,维护未成年人及其生父母利益。(3)收养协议。与收养登记不同,本法对收养协议的签订并非强制性规定,而是可以由当事人根据具体情况自愿选择是否签订。但协议签订须由收养人与送养人双方亲自进行。(4)收养公证。收养公证并非收养的必经程序,只有收养关系的各方当事人或一方当事人提出办理收养公证的要求时,才依法办理。从办理顺序上看,公证一般应当在签订收养协议且办理收养登记后进行;若尚未办理收养登记,仅就收养协议进行公证,只能证明协议是真实合法的,并不能证明收养关系已成立。(5)收养评估。县级以上人民政府民政部门应依法进行收养评估。民政部门应对收养人的婚姻状况、家庭生活、经济收入、居住条件、受教育程度、人格品性、生育或收养子女等情况进行实地考察,作出综合评判,形成评估报告。收养评估制度的建立,可以帮助登记机关运用专业知识和方法,更加科学地判断收养人是否具有抚养教育被收养人的能力,强调登记机关的义务和责任,加强对公民收养与送养行为的国家监督。

2. 第1106条是关于被收养人户口登记的规定。《民法典》第1106条规定了收养关系自登记之日起成立,为被收养人进行户口登记需在收养关系成立后办理。收养之后进行户口登记,有利于被收养人的入托、入学等相关手续的及时办理,也有助于被收养人及时融入收养家庭,加强被收养人的归属感。收养成立后,公安机关应及时为被收养人办理户口登记。需注意,一般情况下收养协议和收养公证不是收养成立的要件,不能凭收养协议和收养公证办理被收养人的户口登记。故收养人应在办理收养登记后,持收养登记证到公安机关为被收养人办理户口登记或户口迁移手续。

3. 第1109条是关于涉外收养的规定。本条明确了外国人可以在中国收养子女，外国人在中国收养子女属于涉外收养，并对涉外收养规定了不同于国内收养的严格程序条件，体现了保护被收养人利益的基本原则。涉外收养中，县级人民政府民政部门无权对涉外收养进行登记确认，需由省、自治区、直辖市人民政府民政部门办理登记。此外，被收养人不仅与外国养父母建立起拟制血亲关系，还可能面临国籍、社会关系和生活环境方面的重大改变，为表示慎重，应签订书面收养协议，以利于明确各方的权利义务关系，减少纠纷的发生。

权威参考案例

冯某诉蔡某解除收养关系纠纷案（2015 年 12 月 4 日《最高人民法院公布 49 起婚姻家庭纠纷典型案例》案例 42）

我国有不少收养关系并未签订书面收养协议，也不办理收养登记手续，而是事实收养关系，如果收养事实发生在《收养法》（已废止）颁布之后，这样的收养关系是否有效？1999 年实行的新修改的《收养法》（已废止）时已经将收养关系的成立限定在“收养应当向县级以上人民政府民政部门登记”。合法有效的收养关系应当经过民政部门的登记。同样，对于《收养法》（已废止）施行前成立的收养关系也予以默认，《收养法》（已废止）颁布后没有经过登记的收养是不受到法律保护的。

收养关系解除

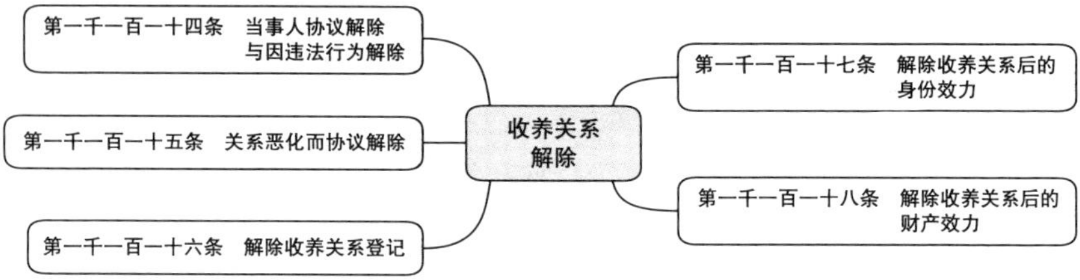

概念

收养关系的解除是收养关系中非常重要的一个问题，对保护各方当事人合法权益尤其是未成年被收养人利益具有重要影响。本词条主要涉及当事人协议解除与因违法行为解除、关系恶化而协议解除、解除收养关系登记、解除收养关系后的身份效力、解除收养关系后的财产效力等内容。

法典条款

第一千一百一十四条【当事人协议解除与因违法行为解除】 收养人在被收养人成年以前，不得解除收养关系，但是收养人、送养人双方协议解除的除外。养子女八周岁以上的，应当征得本人同意。

收养人不履行抚养义务，有虐待、遗弃等侵害未成年养子女合法权益行为的，送养人有权要求解除养父母与养子女间的收养关系。送养人、收养人不能达成解除收养关系协议的，可以向人民法院提起诉讼。

第一千一百一十五条【关系恶化而协议解除】 养父母与成年养子女关系恶化、无法共同生活的，可以协议解除收养关系。不能达成协议的，可以向人民法院提起诉讼。

第一千一百一十六条【解除收养关系登记】 当事人协议解除收养关系的，应当到民政部门办理解除收养关系登记。

第一千一百一十七条【解除收养关系后的身份效力】 收养关系解除后，养子女与养父母以及其他近亲属间的权利义务关系即行消除，与生父母以及其他近亲属间的权利义务关系自行恢复。但是，成年养子女与生父母以及其他近亲属间的权利义务关系是否恢复，可以协商确定。

第一千一百一十八条【解除收养关系后的财产效力】 收养关系解除后，经养父母抚养的成年养子女，对缺乏劳动能力又缺乏生活来源的养父母，应当给付生活费。因养子女成年后虐待、遗弃养父母而解除收养关系的，养父母可以要求养子女补偿收养期间支出的抚养费。

生父母要求解除收养关系的，养父母可以要求生父母适当补偿收养期间支出的抚养费；但是，因养父母虐待、遗弃养子女而解除收养关系的除外。

实务要点

1. 第1114条是关于当事人协议解除与因违法行为解除收养关系的规定。引起收养关系终止的原因有两种：一是因收养人或被收养人死亡而终止；二是因收养的解除而终止。本条针对的是被收养人成年前，各方当事人能否解除收养关系的情况。根据本条，可分为三种情形：(1)被收养人成年前，收养人无权要求解除收养关系。(2)被收养人成年前，收养人和送养人可以协议解除收养关系，但须征得8周岁以上被收养人的同意。(3)收养人不履行抚养义务，损害被收养人利益时，送养人有权单方要求解除收养关系。需注意，不同解除方式对应不同的解除程序。对于合意解除，可由各方当事人在达成解除收养关系的书面协议以后，自行到收养登记机关办理解除收养关系的登记，由收养登记机关登记解除；对于一方当事人请求解除收养关系，按照《民法典》的相关规定，通过诉讼方式向法院提出主张，由法院审理并作出是否准许解除收养关系的判决。

2. 第 1115 条是因关系恶化而协议解除收养关系的规定。被收养人成年之后，送养人不再享有请求解除收养关系的权利。此时若养父母与成年养子女关系恶化、无法共同生活的，可由养父母与成年养子女通过协议或诉讼方式解除收养关系。养父母与成年养子女可以在平等自愿原则基础上，签订协议解除收养关系，并到收养登记机关办理解除收养关系登记，收养关系自登记机关办理解除登记时终止。双方应在协议中对收养人抚养被收养人所支付费用的补偿问题以及收养人的养老问题一并商讨明确。无法达成协议时，任何一方均可向法院提起诉讼，请求解除收养关系，由法院对收养关系是否应当解除进行审理并作出判决。因收养人已将被收养人抚养至成年，被收养人具有生存能力和自我保护能力，而收养人往往已年老体弱，在收养关系解除时处于弱势地位，因此对收养人抚养被收养人至成年的，解除收养关系时应注重保护收养人的合法权益。需注意，解除收养关系效力发生时间因解除方式不同而有所区别。协议解除的，收养关系自完成解除登记发给解除收养关系证明时终止；诉讼解除收养关系的，自法院作出解除收养关系的判决生效时收养关系终止。

3. 第 1116 条是关于解除收养关系登记的规定。收养是要式法律行为，收养的成立需要符合法律规定的程序和要件，收养关系的解除也同样需按法律规定的程序进行，未经履行法定程序，不发生收养解除的法律效果。需注意，不同于收养无效自始不发生法律约束力，解除收养登记不具有溯及力，收养关系自登记机关为各方当事人办理解除收养关系登记，收回收养登记证，发给解除收养关系证明时终止。养父母与养子女间因收养形成的权利义务关系自收养关系解除时终止，未成年养子女与生父母因收养消除的权利义务关系自动恢复。

4. 第 1117 条是关于解除收养关系后的身份效力之规定。养父母与养子女间本无自然血亲关系，双方基于收养行为而产生法律拟制的血亲关系，收养是双方之间拟制血亲关系产生的原因。当收养被解除，双方产生拟制血亲关系的原因消失，因收养而产生的拟制效力也应当消除。养子女与其生父母间本具有自然血亲关系，该自然血亲关系因收养所具有的解销效力而消除。当收养被解除，引起养子女与其生父母之间自然血亲关系消除的原因消失，养子女与其生父母的自然血亲关系可恢复。对于未成年养子女，由于尚不具有完全民事行为能力和独立生活的能力，需要有人代理未成年人作出法律行为，并履行监护职责。故法律规定在养子女未成年时解除收养关系的，养子女与生父母的血亲关系自然恢复。养子女在收养后改变姓氏的，可恢复为生父或生母的姓氏。生父母重新承担抚养教育和保护子女的义务，双方可相互继承遗产。养子女成年后，因其已具有完全行为能力和意思能力，能够判断、辨识社会关系及其意义，决定自己的身份，法律上为尊重养子女的独立人格及其意愿，赋予养子女身份选择权，养子女可以选择恢复与生父母的血亲关系，经与生父母协商一致，重新加入生父母的家庭之中，取得与生父母互相继承遗产的权利，并承担赡养生父母的义务。应注意的是，如果养子女与生父母协商决定恢复父母子女关系，则双方之间的权利义务关系是完全的，不因生父母曾经将子女送养而受到影响，子女应承担赡养生父母的义务，不得以生父母曾经将其送养，未履行抚养教育和保护义务，而拒绝履行对生父母的赡养义务。如果成年养子女不愿与生父母恢复父母子女关系，则双方不能恢复父母子女关系，不能相互继承遗产，成年子女也不承担赡养生父母的法定义务。需注意，收养解除对收养各方当事人身份和财产的法律效果不具有溯及力，自收养解除生效时产生解除的法律效果。对于收养期间基于收养人和被收养人的父母子女关系而从事的法律行为和取得的财产，不受收养解除法律效果的影响。例如，养父母为养子女生活、教育支出的各项费用，养父母不得以收养关系已解除为由，要求第三人返还。在收养解除之前，生父或生母死亡，并发生遗产继承事实，收养关系解除后，养子女不得以收养关系已解除，其与生父母的血亲关系已恢复为由，要求生父或生母的继承人返还养子女应当分得的份额。

5. 第 1118 条是关于解除收养关系后的财产效力之规定。依据本条，收养关系解除时收养人的两项财产请求权分别为生活费给付请求权和经济补偿权。（1）生活费给付请求权。主要适用于双方对于收养关系的解除均无明显过错的情形。因养父母已将养子女抚养至成年，投入了大量的精力和金钱，如收养关系解除，养父母无法得到养子女的赡养，双方的权利义务不一致，从公平原则角度，法律规定成年养子女对缺乏劳动能力和生活来源的养父母，应当给付生活费。需注意，养父母的生活费给付请求权适用于养父母缺乏劳动能力和生活来源的情形，若养父母具有劳动能力和收入来源，并不存在生活困难的情形，则无权向养子女要求给付生活费。(2)养父母的经济补偿权。分为向养子女主张补偿和向生父母主张补偿两种。向养子女提出经济补偿的条件是：养子女已经成年，养子女成年之后对养父母有虐待、遗弃的行为，因养子女的上述过错行为导致了收养关系的解除。补偿义务的主体是已成年的养子女本人。补偿范围是全额补偿养父母在收养期间支出的抚养费。向生父母提出经济补偿的条件是：养子女尚未成年，生父母要求解除收养关系，且并非因养父母对养子女的虐待、遗弃行为导致。补偿义务的主体是生父母。补偿范围是适当补偿养父母在收养期间支出的抚养费。需注意，因养子女的虐待、遗弃导致解除收养关系的，养子女对收养关系的解除具有重大过错，为此，无论养父母是否处于生活困难状况以及养子女本身的经济状况如何，养子女均应按养父母在收养期间支付的抚养费数额全额向养父母进行补偿。而对于生父母要求解除收养关系的，因只能发生在被收养人成年之前，养父母抚养养子女投入有限，不宜确定为全额补偿，而为适当补偿。

收养中的其他规定

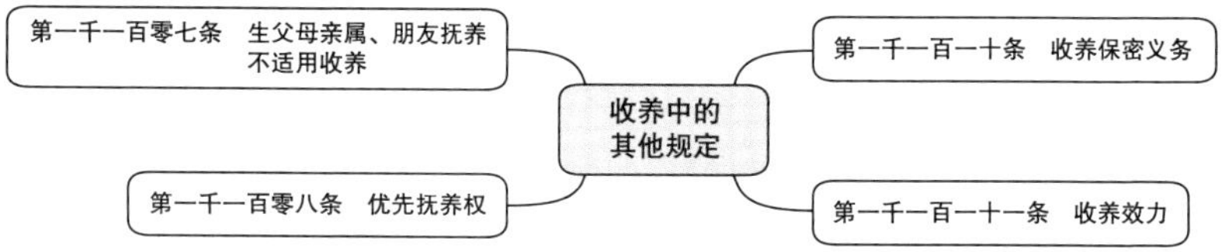

概念

本词条所谓“收养中的其他规定”，主要涉及生父母亲朋抚养不适用收养、优先抚养权、收养保密义务、收养效力等方面的内容。

法典条款

第一千一百零七条【生父母亲属、朋友抚养不适用收养】　孤儿或者生父母无力抚养的子女，可以由生父母的亲属、朋友抚养；抚养人与被抚养人的关系不适用本章规定。

第一千一百零八条【优先抚养权】　配偶一方死亡，另一方送养未成年子女的，死亡一方的父母有优先抚养的权利。

第一千一百一十条【收养保密义务】 收养人、送养人要求保守收养秘密的，其他人应当尊重其意愿，不得泄露。

第一千一百一十一条【收养效力】 自收养关系成立之日起，养父母与养子女间的权利义务关系，适用本法关于父母子女关系的规定；养子女与养父母的近亲属间的权利义务关系，适用本法关于子女与父母的近亲属关系的规定。

养子女与生父母以及其他近亲属间的权利义务关系，因收养关系的成立而消除。

实务要点

1. 第 1107 条是关于生父母的亲属、朋友抚养不适用收养的规定。《民法典》涉及的抚养包括三类：一是父母对子女的抚养；二是有负担能力的祖父母、外祖父母对孤儿或父母无力抚养的孙子女、外孙子女的抚养；三是生父母的其他亲属、朋友对孤儿或生父母无力抚养的子女的抚养。前两种为法定义务，第三种为非法定义务。可以在自愿基础上，充分发挥亲属朋友间的互助互爱，为处于困境中的未成年子女提供基本生存条件，本条规定的即为此类型的抚养。因本条规定的抚养是扶助弱小的善良之举，被抚养人必须确有接受抚养的必要。被抚养人符合下列条件之一可以由生父母的亲友抚养：(1)父母均死亡或被宣告死亡。(2)父母双方均无力抚养子女。(3)父母一方死亡，另一方无力抚养子女。根据本条，抚养人与被抚养人的关系不适用《民法典》收养一章的规定，包括两层含义：一是抚养不需要符合收养的条件；二是抚养不产生收养的法律效果。收养是一项法律行为，可在收养双方之间产生拟制的父母子女关系，双方享有父母子女间的权利，承担相应的义务；被收养人与生父母之间的父母子女关系消除。而抚养并不能引起上述法律效果，形成抚养关系的民事主体之间并未建立父母子女关系，也未消除被抚养人与生父母之间的血亲关系。

2. 第 1108 条是关于优先抚养权的规定。祖父母、外祖父母与孙子女、外孙子女之间具有直系血亲关系，不能进行收养，否则会引起伦理冲突。但对于死亡一方的父母，老年丧子(女)已经非常悲痛，如孙子女、外孙子女再被送养他人，将导致孙子女、外孙子女与祖父母、外祖父母的亲属关系也被消除，给祖父母或外祖父母带来新的打击。对于子女死亡的老人，如果能由其抚养孙子女、外孙子女，老人会将对子女的爱都倾注到孙子女、外孙子女身上，全力照顾孙子女、外孙子女的生活，有利于孙子女、外孙子女得到较好的抚养教育。故在未成年子女面临抚养缺失时，祖父母、外祖父母的抚养权应优先予以保护。另需注意，《民法典》对享有优先抚养权的祖父母、外祖父母的条件并未过多限制。应根据抚养制度设计的目的角度对本条规定进行限缩解释。抚养关系的建立应符合以下三项条件：一是抚养人有抚养的能力；二是抚养人身体健康，无不利于被抚养人健康成长的身体或精神疾病等；三是被抚养人有接受抚养的客观需要。

3. 第 1110 条是关于收养保密义务的规定。虽然理论上对于收养是否应坚持保密原则存在不同观点。但《民法典》仍采纳收养信息保密的观点，理解中需注意以下几点：(1)收养人、送养人要求保守收养秘密的，其他人不得泄露收养秘密。(2)收养人、送养人未要求保守收养秘密，但也未明示同意泄露收养秘密的，基于收养秘密属收养各方当事人隐私，其他人也不得泄露。(3)收养人、送养人明示同意披露收养信息的，其他人可以在收养人、送养人同意披露信息的范围内以适当方式予以披露。(4)收养关系成立和存续过程中形成的各种信息均属收养秘密，包括收养人的身份和条件、收养的事实、送养人的身份及条件等。(5)保密义务的主体包括儿童福利机构、公安机关、收养登记机关及其工作人员等收养过程中接触知晓收养信息的人。(6)未经收养人和送养人同意，泄露收养信息的，收养人和送养人有权以侵犯隐私权为由要求泄密人承担侵权赔偿责任。泄露收养信息，给收养人的亲权造成损害，不仅可能给收养各方造成财产损失，更为常见的是造成收养各方当事人精神痛苦。在符合其他侵权责任构成要件的条件下，收养各方当事人有权要求泄露收养秘密的人承担包括精神损害赔偿在内的侵权责任。

4. 第 1111 条是关于收养效力的规定。根据本条，收养成立具有两方面的法律效力：(1)收养的拟制效力。收养人与被收养人因收养行为而形成拟制直系血亲关系，养父母取得养子女法定代理人和监护人的身份地位，养子女取得与养父母婚生子女相同的身份地位，双方各自享有法律规定的父母子女的权利，并承担父母子女的义务，此为收养的拟制效力。(2)收养的解销效力。收养消除养子女与生父母之间法律上的权利义务关系，生父母不再对已送养他人的子女承担抚养、教育和保护的义务，不再作为子女的法定代理人和监护人，互相之间也不再享有相互继承遗产的权利。除与生父母之外，养子女与生父母的其他近亲属之间的权利义务关系也相应消除，此为收养的解销效力。需注意，虽然收养可消除养子女与生父母及其他近亲属间的权利义务关系，但无法消除自然血亲之间生理上天然具有的血缘关系，该血缘关系无法基于法律的规定切断。

第六编　继　　承

继承基本规定

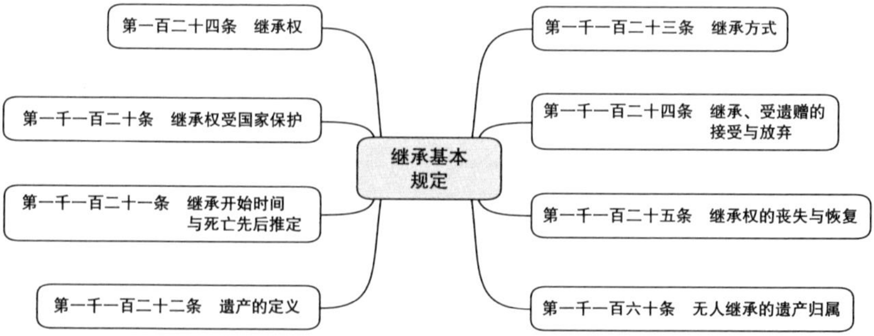

概念

继承权是自然人的一项基本民事权利，是指自然人依照法律规定或被继承人生前立下的合法有效的遗嘱而取得被继承人遗产的权利。本词条的梳理针对的主要是《民法典》中有关继承的基本内容，涉及继承权、继承权受国家保护、继承开始时间与死亡先后推定、遗产的定义、继承方式、继承和受遗赠的接受与放弃、继承权的丧失与恢复、无人继承的遗产归属等内容。

法典条款

第一百二十四条【继承权】　自然人依法享有继承权。

自然人合法的私有财产，可以依法继承。

第一千一百二十条【继承权受国家保护】　国家保护自然人的继承权。

第一千一百二十一条【继承开始时间与死亡先后推定】　继承从被继承人死亡时开始。

相互有继承关系的数人在同一事件中死亡，难以确定死亡时间的，推定没有其他继承人的人先死亡。都有其他继承人，辈份不同的，推定长辈先死亡；辈份相同的，推定同时死亡，相互不发生继承。

第一千一百二十二条【遗产的定义】　遗产是自然人死亡时遗留的个人合法财产。

依照法律规定或者根据其性质不得继承的遗产，不得继承。

第一千一百二十三条【继承方式】　继承开始后，按照法定继承办理；有遗嘱的，按照遗嘱继承或者遗赠办理；有遗赠扶养协议的，按照协议办理。

第一千一百二十四条【继承、受遗赠的接受与放弃】 继承开始后，继承人放弃继承的，应当在遗产处理前，以书面形式作出放弃继承的表示；没有表示的，视为接受继承。

受遗赠人应当在知道受遗赠后六十日内，作出接受或者放弃受遗赠的表示；到期没有表示的，视为放弃受遗赠。

第一千一百二十五条【继承权的丧失与恢复】 继承人有下列行为之一的，丧失继承权：

（一）故意杀害被继承人；

（二）为争夺遗产而杀害其他继承人；

（三）遗弃被继承人，或者虐待被继承人情节严重；

（四）伪造、篡改、隐匿或者销毁遗嘱，情节严重；

（五）以欺诈、胁迫手段迫使或者妨碍被继承人设立、变更或者撤回遗嘱，情节严重。

继承人有前款第三项至第五项行为，确有悔改表现，被继承人表示宽恕或者事后在遗嘱中将其列为继承人的，该继承人不丧失继承权。

受遗赠人有本条第一款规定行为的，丧失受遗赠权。

第一千一百六十条【无人继承的遗产归属】 无人继承又无人受遗赠的遗产，归国家所有，用于公益事业；死者生前是集体所有制组织成员的，归所在集体所有制组织所有。

实务要点

1. 第 124 条是关于继承权的规定。本条规定在总则编民事权利一章。本条主要包括两方面的内容：一是规定了自然人依法享有继承权；二是明确了自然人合法的私有财产可依法继承。本条字数不多，却用了两个“依法”、一个“合法”，意在强调无论是继承遗产，还是遗产被继承，以及遗产本身，都应符合法律规定。

2. 第 1120 条是关于继承权受国家保护的规定。从保护角度理解继承权的内涵，有如下几个方面：(1) 凡自然人死亡遗留的合法财产，都可以依法由继承人继承。(2) 被继承人的遗产一般不能收归国有，要依法保障尽可能地由继承人取得，以充分保障继承人的权益。只有对无人继承又无人受遗赠的财产，才能归国家所有，并用于公益事业。（3）非法定事由不能剥夺继承人的继承权。《民法典》第1125条明确规定了丧失继承权的几种具体情形，且并未规定兜底条款留下自由适用的空间。（4）保障继承人的继承权能够得到充分行使。除具有完全民事行为能力的继承人本人可以行使继承权外，若本人是无民事行为能力人或者限制民事行为能力人，其继承权可以由代理人代为行使或者征得代理人同意后行使。（5）继承权受司法保护。

3. 第1121条是关于继承开始时间与死亡先后推定的规定。继承开始时间的法律意义包括确定继承人的范围、确定继承遗产的范围、确定继承法律关系相关的权利义务、确定遗嘱的效力、确定遗产所有权的转移、确定继承人的应继承份额、确定和保护继承权诉讼时效的起算点等。依照本条，继承从被继承人死亡时开始，也即确定继承开始的时间，应以被继承人死亡的时间为准。而确定继承人死亡的时间，有如下三种：（1）自然人能确定自然死亡时间的，以自然死亡确定继承开始时间。（2）自然人下落不明需依法确定死亡时间的，以法院宣告死亡的时间确定继承开始的时间。（3）同一事故死亡难以确定死亡时间的，按照法定规则推定被继承人死亡时间。该规则即本条第2款所规定的内容，对此需把握以下几点：首先，同一事故中，能够确定实际死亡时间的，按照实际死亡时间确定继承关系，只有在难以确定死亡时间的情况下，才适用该规则推定死亡时间。其次，本规则的适用前提是相互具有继承关系的数人在同一事故中死亡，相互没有继承关系的人之间对此不予适用。最后，该规则主要是从保护继承人利益出发拟制的，符合继承的顺序和遗产的传承。

4. 第1122条是关于遗产定义的规定。本条第1款明确“遗产是自然人死亡时遗留的个人合法财产”。首先，遗产仅存在于特定时间段。一个人活着的时候，其所有的财产为个人财产。只有当他死亡后，其个人所有的财产才成为遗产。其次，遗产在性质上属于财产。被继承人的人身性权利和义务不属于遗产范围。再次，遗产是自然人死亡时遗留的所有个人财产。最后，遗产是自然人死亡时遗留的合法的财产。此外，本条第2款明确了不得继承的遗产范围，即依照法律规定或根据其性质不得继承的遗产不得继承。根据性质不得继承的遗产，主要是与被继承人人身有关的专属性权利，如被继承人所签订的劳动合同上的权利义务，被继承人所签订的演出合同中的权利义务。

5. 第1223条是关于继承方式的规定。继承开始后，遗产的继承方式可分为法定继承和遗嘱继承，前者是按照法律的直接规定继承，后者是依照被继承人的生前的遗嘱继承。遗赠虽不属于继承的方式，但作为解决遗产分配问题的方式与遗嘱继承具有类似性，所以立法上将其列为继承方式之一并与遗嘱并列。继承方式中，与前述接受遗产不同的是，遗赠扶养协议取得遗产需履行协议中约定的抚养义务，否则即不能承继遗产。就法定继承、遗嘱继承或遗赠、遗赠扶养协议适用时的关系，需注意以下几点：(1)继承开始后，一般按照遗赠扶养协议优先考虑、遗嘱或遗赠次之、法定继承最后考虑的顺序处理遗产。(2)继承方式并存的，分不同情况处理。若遗赠扶养协议与遗嘱并存，两种方式所涉遗产没有抵触的，遗产分别按协议和遗嘱处理；有抵触的，优先按遗赠扶养协议处理，与协议相抵触的遗嘱全部或部分无效。若遗赠扶养协议与遗赠并存，同于上述遗赠扶养协议与遗嘱的处理方式。若遗嘱和遗赠并存的，两种方式均有效，并无哪种方式优先的问题；一旦发生冲突，如对同一财产既有遗嘱也有遗赠，则要从被继承人所立遗嘱或遗赠的时间、证据的形式判断其真实意思表示，无法判断真实意思表示的，需考虑案件的具体情况和公平性因素，可以认定共有或平均分配所涉财产等。(3)被继承人无遗赠扶养协议、无遗嘱或遗赠以及出现上述继承方式无效的情形，则按照法定继承处理。

6. 第 1124 条是关于继承、受遗赠接受与放弃的规定。接受继承、遗赠或放弃继承、遗赠，从性质上看，均属单方民事法律行为，也即只要继承人或受遗赠人单方表示即可发生法律效力，产生接受遗产或放弃遗产的后果。但关于具体方式上，继承与受遗赠存在一定差异。(1)就继承而言。只要没有明确的放弃继承，即可推定其接受继承。放弃继承中，放弃继承的时间须为继承开始后；放弃继承的形式应予明确表示，不能以默示的方式作出；放弃继承的意思表示应当由具有民事行为能力的继承人亲自作出；放弃继承的意思表示必须是真实的意思表示；放弃继承可以翻悔，但时间必须在遗产处理之前。(2)就受遗赠而言。需注意以下几点：①接受遗赠的主体可以是受遗赠人本人，也可以是其代理人。放弃遗赠的主体，一般应为受遗赠人本人，法定代理人对无民事行为能力或限制民事行为能力的人，不能代为放弃。②受遗赠人应在知道受遗赠后 60 日内作出接受或放弃的意思表示。到期没有表示的，视为放弃受遗赠。③接受或放弃遗赠须有明确的意思表示。所谓明确的意思表示，即该表示行为必须能够确认为有接受或放弃遗赠的意思表示。表示的形式，可以是书面，也可以是其他形式，可以直接，也可以间接，但要达到能够确认接受或放弃遗赠的程度。④接受遗赠的权利可以转移给他人。⑤如果遗赠附有义务，则需履行义务才能得到遗赠，但是否先予履行义务，须视被继承人遗赠的要求。

7. 第 1125 条是关于继承权丧失与恢复的规定。所谓继承权的丧失，又称继承权的剥夺，是指依照法律规定在发生法定事由时，剥夺继承人继承被继承人遗产的资格，取消继承人原有的继承权。继承权丧失不仅适用于法定继承也适用于遗嘱继承。无论是法定继承人还是遗嘱继承人，只要有法律规定的事由出现，即依法丧失继承权。继承权的丧失是继承人继承遗产资格的丧失。继承人一旦丧失继承权，也就失去了其作为继承人的资格，不再具有继承人的法律地位，亦即丧失了其继承遗产的可能性。继承权的丧失是指依法剥夺继承人的继承资格。继承权的丧失由人民法院确认，其他任何单位或者个人都无权确认继承人丧失继承权。关于继承权丧失的事由，本条第 1 款规定了五项情形。其中第 1 项（故意杀害被继承人）与第 2 项（为争夺遗产而杀害其他继承人）是非常严重的情形，属继承权的绝对丧失，不存在恢复的可能。而第 3~5 项则属于继承权的相对丧失。其发生在有一定亲属关系的人之间，在继承人有所悔改之后，被继承人可能会表示宽恕或事后通过遗嘱将其列为被继承人，在此情形下丧失的继承权即可恢复。此外，在受遗赠中，受遗赠人有本条第 1 款规定的行为的，丧失受遗赠权。需注意，不同于继承，遗赠权丧失属绝对丧失范畴，不得再恢复。

8. 第 1160 条是关于无人继承的遗产归属之规定。无人承受的遗产，是指继承开始后，没有继承人或受遗赠人承受的死者的财产。无人承受的遗产主要包括以下三种：（1）没有法定继承人、遗嘱继承人或受遗赠人的遗产。（2）虽有法定继承人、遗嘱继承人，但均放弃继承或丧失继承权的遗产。（3）虽有受遗赠人但放弃接受遗赠或丧失受遗赠权的遗产。与《继承法》（已废止）第 32 条[①]不同的是，本条规定明确了无人继承又无人受遗赠的遗产归国家所有后的用途，即归国家所有的无人继承遗产应当用于公益事业。此外，若死者生前为集体所有制组织成员，依照本条，其遗产归集体所有制组织所有。

权威参考案例

1. 李某祥诉李某梅继承权纠纷案（《最高人民法院公报》2009 年第 12 期）

《农村土地承包法》第 15 条[②]规定，农村土地家庭承包的，承包方是本集体

① 可参考《民法典》第 1160 条的规定。

② 可参考 2018 年修订后本法第 16 条。

经济组织的农户，其本质特征是以本集体经济组织内部的农户家庭为单位实行农村土地承包经营家庭承包方式的农村土地承包经营权属于农户家庭，而不属于某一个家庭成员。根据《继承法》（已废止）第3条[①]的规定，遗产是公民死亡时遗留的个人合法财产。农村土地承包经营权不属于个人财产，故不发生继承问题。除林地外的家庭承包，当承包农地的农户家庭中的一人或几人死亡，承包经营仍然是以户为单位，承包地仍由该农户的其他家庭成员继续承包经营；当承包经营农户家庭的成员全部死亡，由于承包经营权的取得是以集体成员权为基础，该土地承包经营权归于消灭，不能由该农户家庭成员的继承人继续承包经营，更不能作为该农户家庭成员的遗产处理。

2. 王某华等五人诉王某范继承纠纷案（《**最高人民法院公报**》**1993年第2期**）

《继承法》（已废止）第7条[②]规定，继承人有下列行为之一的，丧失继承权：（1）故意杀害被继承人的；（2）为争夺遗产而杀害其他继承人的；（3）遗弃被继承人的，或者虐待被继承人情节严重的；（4）伪造、篡改或者销毁遗嘱，情节严重的。因此，继承人虐待被继承人情节严重的，可以丧失继承权。虐待情节的轻重，应综合被继承人虐待继承人的动机、时间、方式、后果、影响等多个方面来判断。

法定继承

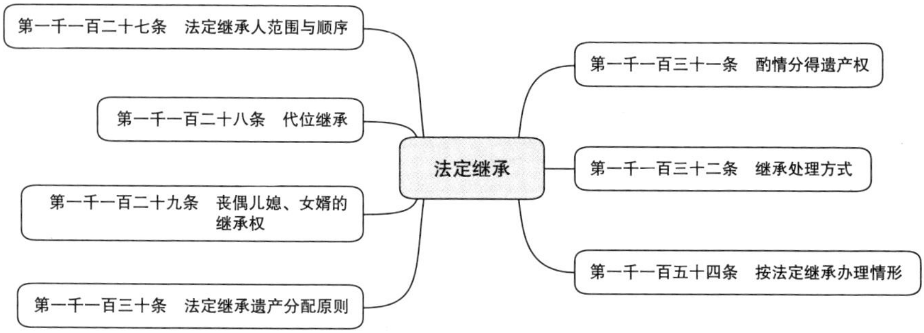

概念

法定继承，是指由法律直接规定继承人的范围、继承的先后顺序以及遗产分

① 可参考《民法典》第1122条的规定。

② 可参考《民法典》第1125条的规定。

配原则的一种继承方式，具有法定性和强行性。本词条主要涉及法定继承人范围与顺序、代位继承、丧偶儿媳或女婿的继承权、法定继承遗产分配原则、酌情分得遗产权、继承处理方式、按法定继承办理的情形等内容。

法典条款

第一千一百二十七条【法定继承人范围与顺序】 遗产按照下列顺序继承：

（一）第一顺序：配偶、子女、父母；

（二）第二顺序：兄弟姐妹、祖父母、外祖父母。

继承开始后，由第一顺序继承人继承，第二顺序继承人不继承；没有第一顺序继承人继承的，由第二顺序继承人继承。

本编所称子女，包括婚生子女、非婚生子女、养子女和有扶养关系的继子女。

本编所称父母，包括生父母、养父母和有扶养关系的继父母。

本编所称兄弟姐妹，包括同父母的兄弟姐妹、同父异母或者同母异父的兄弟姐妹、养兄弟姐妹、有扶养关系的继兄弟姐妹。

第一千一百二十八条【代位继承】 被继承人的子女先于被继承人死亡的，由被继承人的子女的直系晚辈血亲代位继承。

被继承人的兄弟姐妹先于被继承人死亡的，由被继承人的兄弟姐妹的子女代位继承。

代位继承人一般只能继承被代位继承人有权继承的遗产份额。

第一千一百二十九条【丧偶儿媳、女婿的继承权】 丧偶儿媳对公婆，丧偶女婿对岳父母，尽了主要赡养义务的，作为第一顺序继承人。

第一千一百三十条【法定继承遗产分配原则】 同一顺序继承人继承遗产的份额，一般应当均等。

对生活有特殊困难又缺乏劳动能力的继承人，分配遗产时，应当予以照顾。

对被继承人尽了主要扶养义务或者与被继承人共同生活的继承人，分配遗产时，可以多分。

有扶养能力和有扶养条件的继承人，不尽扶养义务的，分配遗产时，应当不分或者少分。

继承人协商同意的，也可以不均等。

第一千一百三十一条【酌情分得遗产权】 对继承人以外的依靠被继承人扶

养的人，或者继承人以外的对被继承人扶养较多的人，可以分给适当的遗产。

第一千一百三十二条【继承处理方式】 继承人应当本着互谅互让、和睦团结的精神，协商处理继承问题。遗产分割的时间、办法和份额，由继承人协商确定；协商不成的，可以由人民调解委员会调解或者向人民法院提起诉讼。

第一千一百五十四条【按法定继承办理情形】 有下列情形之一的，遗产中的有关部分按照法定继承办理：

（一）遗嘱继承人放弃继承或者受遗赠人放弃受遗赠；

（二）遗嘱继承人丧失继承权或者受遗赠人丧失受遗赠权；

（三）遗嘱继承人、受遗赠人先于遗嘱人死亡或者终止；

（四）遗嘱无效部分所涉及的遗产；

（五）遗嘱未处分的遗产。

实务要点

1. 第1127条是关于法定继承人范围与顺序的规定。法定继承人的范围，是指在适用法定继承方式时，哪些人能够作为被继承人遗产的继承人。法定继承人的范围是由法律直接规定的，而不是被继承人生前作出的决定规定的。根据继承人与被继承人之间既存的婚姻关系，血缘关系，以及抚育、扶养和赡养关系，对法定继承人的范围规定仅限于法定的近亲属，其中第一顺序包括配偶、父母、子女；第二顺序包括兄弟姐妹、祖父母、外祖父母。之所以未规定孙子女、外孙子女，主要在于孙子女、外孙子女的父母已作为被继承人的子女规定在第一顺序内了。且在其父母死亡的情况下，其也可代位继承。需注意，本条规定的子女包括婚生子女、非婚生子女、养子女和有抚养关系的继子女；本条规定的父母包括生父母、养父母与有扶养关系的继父母；本条规定的兄弟姐妹包括同父母的兄弟姐妹、同父异母或同母异父的兄弟姐妹、养兄弟姐妹、有扶养关系的继兄弟姐妹。

2. 第1128条是关于代位继承的规定。代位继承也称间接继承，指在法定继承中，具有法定继承权的人因死亡不能继承时，由其直系晚辈血亲按照该继承人的继承地位与顺序，继承被继承人遗产的制度。关于代位继承，需注意以下几点：(1)代位继承的发生原因为被代位继承人先于被继承人死亡。(2)被代位继承人为被继承人的子女或兄弟姐妹(《民法典》新增)。子女包括婚生子女、非婚生子女、养子女和有抚养关系的继子女；兄弟姐妹包括同父母的兄弟姐妹、同父异母或同母异父的兄弟姐妹、养兄弟姐妹、有扶养关系的继兄弟姐妹。需注意,基于被继承人子女属第一顺序继承人而被继承人兄弟姐妹属第二顺序继承人的规定,不可能出现被继承人的子女的直系晚辈血亲与被继承人的兄弟姐妹的子女同时代位继承的情形。(3)代位继承人为被继承人子女的直系晚辈血亲或被继承人的兄弟姐妹的子女。需注意,这里的被继承人的子女的直系晚辈血亲,如子女、孙子女、外孙子女、曾孙子女、外曾孙子女都可以代位继承,不受辈数的限制。但被继承人的兄弟姐妹被列为被代位人后,代位继承人仅限于被代位人的子女而非其晚辈直系血亲,即被继承人的兄弟姐妹的其他继承人不发生代位继承。(4)代位继承的份额一般为被代位继承人有权继承的遗产份额。但存在法律规定的多分、少分、不分等情形时,其继承的情况可能会有变化。

3. 第 1129 条是关于丧偶儿媳、女婿继承权的规定。儿媳与公婆、女婿与岳父母之间没有血缘关系,两者属于姻亲关系。一般情况下,彼此之间不发生法定继承关系。但在我国现阶段,大多数家庭的老人还需要子女或其他亲属提供家庭供养。《民法典》沿用《继承法》(已废止)的规定,明确了尽了赡养义务的丧偶儿媳和丧偶女婿可作为第一顺序继承人。确认丧偶儿媳和丧偶女婿对公婆和岳父母遗产的继承权时,应注意以下问题:(1)丧偶儿媳和丧偶女婿应对公婆、岳父母尽了主要赡养义务,才能作为第一顺序继承人。尽了主要赡养义务,体现在经济上为老人提供了扶助、供养,老人主要依靠其提供的经济条件生活;为老人日常生活提供帮助,如共同生活,经常照料,为老人做饭、打扫卫生,在老人生病时送医院进行护理等;对老人的帮助具有长期性、经常性。(2)丧偶儿媳和丧偶女婿对其公婆、岳父母遗产的继承权,具有独立的性质。其可以作为第一顺序法定继承人直接、独立地参加继承,既不受其子女是否代位继承的限制,也不影响其子女的代位继承权。丧偶儿媳的丈夫或丧偶女婿的妻子先于公婆或岳父母死亡时,其子女可以代位继承祖父母、外祖父母的遗产。在这种情况下,其子女是否代位继承并不影响丧偶儿媳或丧偶女婿对公婆或岳父母遗产的继承权,反之亦然。(3)丧偶儿媳和丧偶女婿对公婆、岳父母遗产的继承权,同他们再婚与否没有关系。(4)丧偶儿媳和丧偶女婿依法继承了其公婆、岳父母的遗产后,仍有权继承其父母之遗产。

4. 第 1130 条是关于法定继承遗产分配原则的规定。遗产分配的份额确定主要体现权利义务相一致、扶养老幼困残及协商一致的原则。依据本条,具体情况如下:(1)总的原则是,同一顺序的各个法定继承人,在生活状况、劳动能力和对被继承人所尽的赡养义务等方面条件基本相同或相近时,所应继承的份额一般情况下应当均等。这里的“一般”是指法律没有特殊规定的情况。特殊情况下可以不均等地分配遗产,这时应根据不同情况,做不等额的分配。(2)对生活有特殊困难又缺乏劳动能力的继承人,分配遗产时应当予以照顾。这是照顾型的不均等。属于这种特殊情况的继承人,须同时具备“生活有特殊困难”和“缺乏劳动能力”两个条件。照顾的界限和具体的份额应根据其生活特殊困难和缺乏劳动能力的程度来决定。继承人是否有特殊困难,是否缺乏劳动能力,应以遗产分割时的情况为判断标准。继承人中有缺乏劳动能力又没有生活来源的人,即使遗产不足以清偿债务,也应为其保留适当遗产。(3)对被继承人尽了主要扶养义务或者与被继承人共同生活的继承人,分配遗产时可以多分。这是鼓励型的不均等。该分配原则不具有强制性,对以上两种继承人,在分配遗产时可以多分,但不是应当多分。(4)有扶养能力和有扶养条件的继承人,不尽扶养义务的,分配遗产时,应当不分或者少分。这是惩罚性的不均等。“不尽扶养义务”,通常指尚未达到遗弃的程度。分配遗产时“应当”不分或少分,而不是“可以”不分或少分。当然,如果继承人有扶养能力和扶养条件,愿意尽扶养义务,但被继承人因有固定收入和劳动能力等原因,明确表示不要求其扶养的;或继承人没有扶养能力和扶养条件,其不尽扶养义务是由客观原因造成,而不是主观上拒不履行或不愿尽扶养义务的,分配遗产时,一般不应因此而影响其继承份额。(5)允许继承人之间协商,对遗产做不均等的分配。这是协商型的不均等。同一顺序的继承人在不违背法律和道德的前提下,可以自行协商。协商型的不均等必须是全体继承人一致同意不均分,不应实行少数服从多数原则。

5. 第 1131 条是关于酌情分得遗产权的规定。对继承人以外的依靠被继承人扶养的人或对被继承人扶养较多的人,在继承开始以后,按照一定的原则分给适当遗产的制度称为遗产的酌给制度。依据本条,有两种继承人以外的人可分得适当遗产:(1)依靠被继承人生前扶养的人。这种扶养关系的主体是法律明确确定的相互存在扶养权利义务的具有亲属身份的人,具有法定性,不允许凭借当事人的意志进行自由选择和变更。配偶、子女、父母均为法定继承中第一顺位继承人,可以直接作为继承人继承遗产,因此不存在适用本条规定的条件。而祖父母、外祖父母、孙子女、外孙子女、兄弟姐妹,如果因第一顺位继承人的原因不能作为继承人或代位继承人继承被继承人的遗产，同时依靠被继承人生前扶养的，可以分给其适当的遗产以满足其基本生活需要。（2）对被继承人生前扶养较多的人。即指在被继承人生前对其在经济上资助、生活上扶助的继承人之外的自然人。该扶养人必须是继承人以外的人，对被继承人进行了事实上的扶养，尽到的扶养义务较多，同时未受到相当的遗赠。这种扶养不是法律上必须履行的义务，而是出于道德心，自觉自愿提供的帮助。

6. 第 1132 条是关于继承处理方式的规定。互谅互让、和睦团结是我国继承法的一个重要特点和基本原则，体现了家庭伦理道德的要求，对确定遗产继承份额具有指导意义。具体表现在：（1）若各继承人的情况有所不同，应坚持互谅互让、团结和睦原则，根据不同情况确定遗产分配方法。对生活有特殊困难又缺乏劳动能力的继承人，分配遗产时，应予以照顾；对被继承人尽主要扶养义务或者与被继承人共同生活的继承人，可以多分；对那些有扶养能力和扶养条件，但不尽扶养义务的继承人，分配遗产时应当不分或少分；如果同一顺序各继承人之间情况不同，但经继承人协商同意，分配继承遗产的份额也可不均等。（2）对继承人以外依靠被继承人扶养的人，或继承人以外的对被继承人扶养较多的人，可以分给他们适当的遗产。（3）在继承权的保护上，如果继承人实施违反了该原则的行为，将会丧失继承权。（4）在我国民间社会生活中一般很少在父母刚去世时就立即分割遗产，这种做法符合我国的民族传统和家庭伦理，有利于维护互谅互让、和睦团结的家庭氛围，构建和谐的家庭关系。另外，遗产从何时开始分割、采用何种方法分割（实物分割或金钱分割）以及各继承人所得的具体遗产份额等问题，由于各个家庭的情况不一，法律不宜硬性规定，继承人之间可以协商处理，避免发生继承纠纷，这也是我国法律和道德的一致要求。如果继承人之间协商不成，即达不成一致的协议，则可由人民调解委员会进行调解或者向人民法院提起诉讼。这是两种可选择的解决方式，都不是必经的程序。

7. 第 1154 条是关于按法定继承办理情形的规定。需注意，本条是对遗嘱继承中涉及的特定遗产按法定继承办理的规定，即当在遗嘱继承过程中，出现本条规定的情形时，遗嘱继承涉及的遗产不按照遗嘱继承而按法定继承办理。具体包括：（1）遗嘱继承人放弃继承或者受遗赠人放弃受遗赠。放弃继承的时间应在继承开始后、遗产处理之前。若遗产处理之后再作出放弃的意思表示，放弃的不是继承权，而是财产的所有权。与继承不同的是，受遗赠人接受或放弃遗赠的时间限定在其应当知道受遗赠后60日内。(2)遗嘱继承人丧失继承权或者受遗赠人丧失受遗赠权。(3)遗嘱继承人、受遗赠人先于遗嘱人死亡或者终止。遗嘱继承中，遗嘱继承人、受遗赠人的子女不存在代位继承的问题。遗嘱继承人、受遗赠人先于被继承人死亡的，则其因不具有继承能力或受遗赠能力，遗嘱中确定由其继承、受赠的财产部分应适用法定继承。(4)遗嘱无效部分所涉及的遗产。无效遗嘱属于根本没有发生法律效力的遗嘱，不具备法律上的效力。遗嘱所涉的遗产，应按照法定继承办理。当然，遗嘱无效分为部分无效和全部无效。遗嘱部分无效，只有无效部分涉及的财产按照法定继承来办理。(5)遗嘱未处分的遗产。

权威参考案例

1. 谢某某、郑某某诉陈某某等继承纠纷案(《最高人民法院公报》1992年第3期)

男女双方生前以夫妻名义公开生活，已形成事实婚姻，应视为夫妻关系，其财产应为夫妻共同财产。一方先于另一方死亡，另一方有权以配偶身份主张继承权。

2. 陈某某申请认定财产无主案(《最高人民法院公报》1995年第4期)

房屋确属无主财产的，依法应收归国家或集体所有。鉴于申请人对原房屋所有人生前尽了主要抚养义务且该房屋财产价值不大，收归国家或集体所有实际意义不大，申请人要求将上述无主财产归其所有，法院应予以支持。

3. 纪某治诉纪某琴房屋继承纠纷案(《最高人民法院公报》1988年第4号)

自幼由他人收养，依法与父母的权利义务关系消除，不能作为法定继承人继承被继承人的遗产。但对被继承人生前扶养较多，被继承人去世后，对被继承人进行安葬，依法可适当分得部分遗产。

4. 高某翔诉高甲、高乙、高丙继承纠纷案(2020年5月13日《最高人民法院发布人民法院大力弘扬社会主义核心价值观十大典型民事案例》)

遗产继承处理的不仅是当事人之间的财产关系，还关系到家庭伦理和社会道德风尚，继承人应当本着互谅互让、和睦团结的精神消除误会，积极修复亲情关系，共促良好家风。本案中，高某翔虽没有赡养祖父母的法定义务，但其能专职侍奉生病的祖父母多年直至老人病故，是良好社会道德风尚的具体体现，应当予以鼓励。本案裁判结合《继承法》(已废止)的规定对高某翔的赡养行为给予高度肯定，确定了其作为非法定继承人享有第一顺位的继承权利，并结合其赡养行为对高某翔适当继承遗产的范围进行合理认定，实现了情理法的有机融合，弘扬了团结友爱、孝老爱亲的中华民族传统美德。

遗嘱继承与遗赠

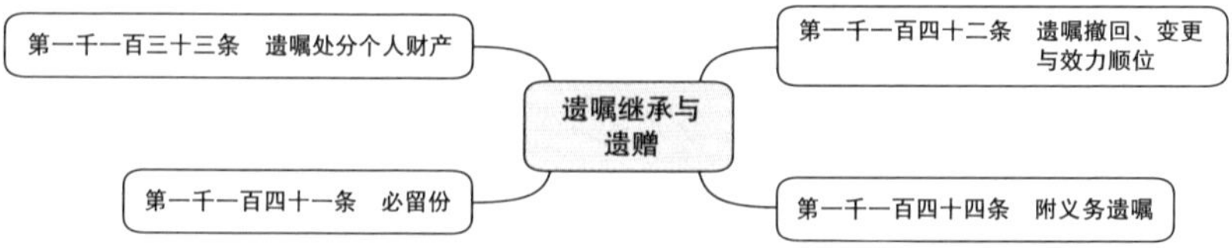

概念

遗嘱继承与遗赠，是指按照自然人生前所立的合法有效的遗嘱确定遗嘱继承人或受遗赠人并分配其遗产的继承方式。本词条主要涉及遗嘱处分个人财产、必留份、遗嘱撤回或变更与效力顺位、附义务的遗嘱等内容。

法典条款

第一千一百三十三条【遗嘱处分个人财产】　自然人可以依照本法规定立遗嘱处分个人财产，并可以指定遗嘱执行人。

自然人可以立遗嘱将个人财产指定由法定继承人中的一人或者数人继承。

自然人可以立遗嘱将个人财产赠与国家、集体或者法定继承人以外的组织、个人。

自然人可以依法设立遗嘱信托。

第一千一百四十一条【必留份】　遗嘱应当为缺乏劳动能力又没有生活来源的继承人保留必要的遗产份额。

第一千一百四十二条【遗嘱撤回、变更与效力顺位】　遗嘱人可以撤回、变更自己所立的遗嘱。

立遗嘱后，遗嘱人实施与遗嘱内容相反的民事法律行为的，视为对遗嘱相关内容的撤回。

立有数份遗嘱，内容相抵触的，以最后的遗嘱为准。

第一千一百四十四条【附义务遗嘱】　遗嘱继承或者遗赠附有义务的，继承人或者受遗赠人应当履行义务。没有正当理由不履行义务的，经利害关系人或者有关组织请求，人民法院可以取消其接受附义务部分遗产的权利。

实务要点

1. 第 1133 条是关于遗嘱处分个人财产的规定。遗嘱人用遗嘱形式处分的只能是“个人财产”。遗嘱执行人，是指遗嘱人在遗嘱中指定的，于遗嘱生效后，有权按照遗嘱人的意愿来执行遗嘱内容的人。继承开始后，遗嘱执行人即为遗产管理人。遗嘱人未指定遗嘱执行人或者指定的遗嘱执行人不能执行遗嘱的，继承人应当及时推选遗产管理人；继承人未推选的，由继承人共同担任遗产管理人；没有继承人或继承人均放弃继承的，由被继承人生前住所地的民政部门或者村民委员会担任遗产管理人。需注意，遗嘱继承和遗赠虽然都属于通过遗嘱的方式来处分相关财产，但二者有很大不同。遗嘱继承中的受益人是被继承人的法定继承人，既可以是法定继承人中的一人，也可以是法定继承人中的数人，对受益人的人数没有限制性的规定。而遗赠中的受益人，则可以是法定继承人以外的组织、个人，也可以是国家、集体。且受遗赠权的客体只是遗产中的财产权利而不包括财产义务。另需注意第 4 款即“自然人可以依法设立遗嘱信托”。遗嘱信托，就是根据委托人生前所立遗嘱，由受托人在遗嘱人死后管理信托遗产，并使受益人受益。设立遗嘱信托，应当采取书面形式。受托人应根据遗嘱人的意愿和法律规定管理和分配信托财产，不得损害委托人、信托受益人的利益。

2. 第 1141 条是关于必留份的规定。本条规定是对遗嘱人遗嘱自由的一种限制，即遗嘱应当为缺乏劳动能力又没有生活来源的继承人保留必要的遗产份额，如果没有为其保留必要的份额，在继承时就会由法院直接从遗产总额中扣减一定的遗产交与这类继承人，剩余的部分才能按照遗嘱中确定的遗产分配规则进行分配。但本条并未就应保留多少份额进行规定。在法无明确规定的情况下，应该综合考虑案件的具体情况来确定应该保留的份额，需要考虑的因素包括被继承人遗产价值情况、该继承人的实际生活需要以及当地的基本生活水平等情况。

3. 第 1142 条是关于遗嘱撤回、变更与效力顺位的规定。本条对《继承法》（已废止）第 20 条做了重大修改，包括：（1）第 1 款将“撤销”修改为“撤回”。遗嘱是死因行为，遗嘱只有在遗嘱人死亡后才会发生法律效力，如果遗嘱已生效，就意味着遗嘱人已经死亡，其不可能再将已经生效的遗嘱撤销。遗嘱在遗嘱人生前是不生效的,遗嘱人在生前只能够撤回其所立的遗嘱。(2)增加第2款关于"遗嘱视为撤回"的规定,即"立遗嘱后,遗嘱人实施与遗嘱内容相反的民事法律行为的,视为对遗嘱相关内容的撤回"。需注意,若部分相反,则该部分内容视为被撤回,即相当于遗嘱人变更了遗嘱。若其实施的民事法律行为与遗嘱的全部内容都相反,则遗嘱的全部内容都视为已被撤回。(3)第3款规定"立有数份遗嘱,内容相抵触的,以最后的遗嘱为准"。本款取消了公证遗嘱效力最高的规定。遗嘱以最后所立的为准,无论该遗嘱是自书遗嘱、代书遗嘱、录音录像遗嘱、打印遗嘱、口头遗嘱还是公证遗嘱。在内容相抵触的情况下,任何形式的在后遗嘱都可以视为对任何形式的在先遗嘱的变更或撤回。

4. 第1144条是关于附义务遗嘱的规定。遗嘱人可以在处分财产时不附加义务,也可以在遗嘱中要求遗嘱受益人必须按照其指示为或不为一定的行为。若遗嘱人在遗嘱中明确表示遗嘱继承人或者受遗赠人在接受遗产的同时必须实施一定的行为,这种遗嘱即为附义务的遗嘱。附义务的遗嘱不同于附条件的遗嘱。附义务的遗嘱所附的义务是遗嘱继承人或受遗赠人必须实行的某种行为,具有确定性。而附条件的遗嘱中所附的条件是否能够成就则是处于不确定的状态,该条件可能成就,也可能不成就。在附义务的遗嘱中,取得遗产的权利和履行某种义务是一一对应、密切联系的,义务的履行具有一定的强制性。当然,遗嘱继承人或受遗赠人也可以通过放弃取得遗产的方式不履行该义务。本条规定,"没有正当理由不履行义务的,经利害关系人或者有关组织请求,人民法院可以取消其接受附义务部分遗产的权利"。根据该规定,遗嘱继承人或受遗赠人如果接受了遗产就必须履行相应的义务,除非其有正当的理由而不履行。这里所谓的正当理由应基于一般正常的理性在个案中具体判断。通常而言,这种正当理由包括:遗嘱人所设定的义务违反了我国法律、行政法规的强制性规定;遗嘱人所设定的义务违背了公序良俗;遗嘱人设定的义务在客观上无法实现;遗嘱继承人或受遗赠人遭受了不可抗力等,这些均可以视为正当的理由。另需注意的是,如果遗嘱继承人或受遗赠人没有履行相应的义务,其并不是当然丧失取得遗产的权利,必须由利害关系人或有关组织向法院提出相关的请求,才能由法院取消其该权利。在遗嘱继承人或受遗赠人接受遗产的权利被取消后,该部分遗产由提出请求的利害关系人或有关组织接受。这类人员在接受遗产后,也应当履行遗嘱中确定的相关的义务。

权威参考案例

1. 向某某等人诉张某某等人执行遗嘱代理合同纠纷案(《最高人民法院公报》2004年第1期)

遗嘱执行人在遗嘱人没有明确其执行遗嘱所得报酬的情况下，与继承人就执行遗嘱相关事项自愿签订代理协议，并按照协议约定收取遗嘱执行费，不属于《律师法》第34条[①]禁止的律师在同一案件中为双方当事人代理的情形，应认定代理协议有效。

2. 李某某、范某诉范某某、滕某继承纠纷案(《最高人民法院公报》2006年第7期)

夫妻关系存续期间，双方一致同意利用他人的精子进行人工授精并使女方受孕后，男方反悔，应当征得女方同意。在未能协商一致的情况下男方死亡，其后子女出生，尽管该子女与男方没有血缘关系，仍应视为夫妻双方的婚生子女。男方在遗嘱中不给该子女保留必要的遗产份额，不符合《继承法》(已废止)第19条[②]的规定，该部分遗嘱内容无效。

遗嘱形式

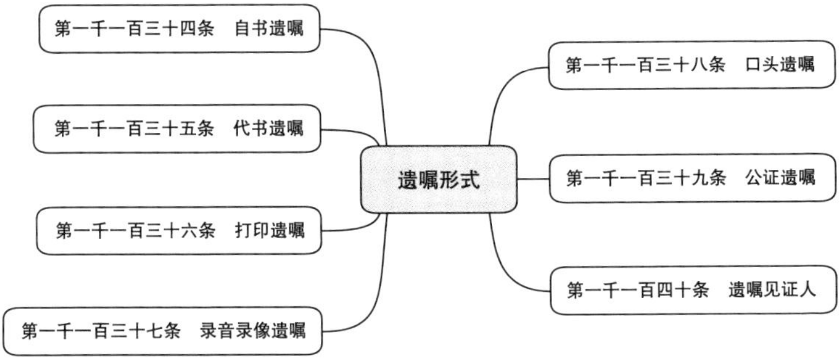

概念

《民法典》规定的遗嘱形式包括自书遗嘱、代书遗嘱、打印遗嘱、录音录像遗嘱、口头遗嘱、公证遗嘱六种形式，本词条将以上六种全部收录其中，同时也将

① 可参考2017年修订后本法第39条。

② 可参考《民法典》第1141条。

与此相关的遗嘱见证人的规定收录。

法典条款

第一千一百三十四条【自书遗嘱】 自书遗嘱由遗嘱人亲笔书写，签名，注明年、月、日。

第一千一百三十五条【代书遗嘱】 代书遗嘱应当有两个以上见证人在场见证，由其中一人代书，并由遗嘱人、代书人和其他见证人签名，注明年、月、日。

第一千一百三十六条【打印遗嘱】 打印遗嘱应当有两个以上见证人在场见证。遗嘱人和见证人应当在遗嘱每一页签名，注明年、月、日。

第一千一百三十七条【录音录像遗嘱】 以录音录像形式立的遗嘱，应当有两个以上见证人在场见证。遗嘱人和见证人应当在录音录像中记录其姓名或者肖像，以及年、月、日。

第一千一百三十八条【口头遗嘱】 遗嘱人在危急情况下，可以立口头遗嘱。口头遗嘱应当有两个以上见证人在场见证。危急情况消除后，遗嘱人能够以书面或者录音录像形式立遗嘱的，所立的口头遗嘱无效。

第一千一百三十九条【公证遗嘱】 公证遗嘱由遗嘱人经公证机构办理。

第一千一百四十条【遗嘱见证人】 下列人员不能作为遗嘱见证人：

（一）无民事行为能力人、限制民事行为能力人以及其他不具有见证能力的人；

（二）继承人、受遗赠人；

（三）与继承人、受遗赠人有利害关系的人。

实务要点

1. 第1134条是关于自书遗嘱的规定。自书遗嘱又称为亲笔遗嘱，是指由遗嘱人自己亲笔书写并签名和注明年、月、日的遗嘱。自书遗嘱既不能由他人代笔，也不能用打印机打印，只能由遗嘱人自己用笔将其意思记录下来。这里的全部内容指的是遗嘱的全部字迹，既包括遗嘱中关于遗产如何处理的主干部分，也包括遗嘱人的签名和注明的年、月、日，都必须是遗嘱人亲笔所写。若有内容不是遗嘱人亲笔所书写，则不能适用本条关于自书遗嘱的规定。自书遗嘱应由遗嘱人亲笔签名，且必须是遗嘱人正式的姓名，即身份证、户口簿上登记的姓名，而不能是遗嘱人的笔名、艺名。遗嘱人在自书遗嘱上应该亲笔写上自己的姓名，而不能加盖人名章或者捺手印。如果遗嘱内容不止一页，从遗嘱的形式上来说，既可以在每页上都签上遗嘱人的姓名，也可以只在遗嘱的最后一页上签名。另需注意，本条规定的是由遗嘱人注明“年、月、日”，而不仅仅是注明日期。即年、月、日三个要素缺一不可。此外，对遗嘱进行涂改、增删，实际上是对遗嘱进行修改，是在改变遗嘱原来的内容，是重大的法律行为，故虽然本条中没有对遗嘱的涂改、增删情况进行规定，但仍旧需要根据本条对自书遗嘱的形式要件的要求来判断涂改、增删部分是否有效。即如果要使遗嘱中涂改、增删部分有效，那么涂改、增删行为应同时满足以下两个条件：(1)涂改、增删的内容部分是遗嘱人本人亲自所为，亲笔书写。(2)遗嘱人应该在涂改、增删的地方进行签名确认并注明涂改、增删的年、月、日。

2. 第1135条是关于代书遗嘱的规定。代书，即他人代为书写的意思。代书遗嘱，是指由遗嘱人口述而由他人代替遗嘱人书写遗嘱内容的一种遗嘱形式。在遗嘱人自己没有书写能力或者因其他原因而不能或不愿自己书写遗嘱时，可以由他人代为书写遗嘱内容，最后由遗嘱人对遗嘱进行确认、签字。在订立代书遗嘱的过程中，要注意遗嘱人口述和代书人代书、见证人见证的时空一致性。所谓的时空一致性，包括两个方面的要求：(1)时间上的同步性。即遗嘱人的口述、代书人代为书写的行为以及见证人的见证行为是同时或基本上同时发生的。(2)空间即地点上的同一性。即遗嘱人、代书人、见证人这三类人要同时在同一个场合进行订立遗嘱的行为。代书人或遗嘱人不得在遗嘱订立完毕后另行找其他见证人签名表示见证，如果存在这种情况，代书遗嘱即无效的遗嘱。代书遗嘱中，涉及遗嘱人、代书人、见证人。代书人和见证人的范围是有重合的。在代书遗嘱中，见证人中包含了代书人，即代书人身兼代书和见证两种职责。代书遗嘱必须有两个以上的见证人在场见证，由其中一人代书，并由遗嘱人、代书人和其他见证人签名，注明年、月、日。注明年、月、日时需注意以下三点：(1)遗嘱人、代书人、见证人应该是在同一份遗嘱的落款处注明年、月、日并签名。(2)遗嘱人、代书人、见证人均需要在遗嘱上注明年、月、日，否则遗嘱无效。(3)注明的年、月、日三个要素必须齐全，年、月、日三者缺一不可。

3. 第1136条是关于打印遗嘱的规定。打印遗嘱是《民法典》继承编新增加的遗嘱形式。所谓打印遗嘱，是指先用电脑将遗嘱内容书写完整，然后用打印机将书写好的遗嘱打印出来的遗嘱。本条要求的两个以上见证人在场见证，也应适用代书遗嘱中关于订立代书遗嘱的时空一致性的要求。见证人全程参与遗嘱的订立过程，要求在书写遗嘱时其应在场，在打印遗嘱时也应该在场，全程见证电脑中的遗嘱被打印机打印出来。在遗嘱打印出来后，见证人还可以帮助检查打印出来的遗嘱内容与电脑上所书写的遗嘱内容是否一致。若遗嘱在打印出来后不止一页，遗嘱人和见证人应当在遗嘱的每一页上都签上自己的姓名并注明年、月、日。由遗嘱人亲自制作并打印的遗嘱和由他人代为制作并打印的遗嘱在客观呈现效果上并无不同，这一点是和传统手写遗嘱不同的地方。

4. 第 1137 条是关于录音录像遗嘱的规定。遗嘱的形式上，本条实际规定了两种形式，一是录音，二是录像。录音遗嘱指的是以录音机、录音笔、录音带等方式录制下来的遗嘱人的遗嘱，这种遗嘱只是记录遗嘱人的声音，无法记录遗嘱人的影像。录像遗嘱指的是以录像机、照相机等可以录制声音和影像的器材所录制的遗嘱人的遗嘱，这种遗嘱既可以记录遗嘱人的声音，也可以记录遗嘱人的影像。和代书遗嘱、打印遗嘱一样，在订立录音录像遗嘱时，也需要有见证人在场见证，且需要有两个以上的见证人在场见证。另需注意本条后半段的规定，即“遗嘱人和见证人应当在录音录像中记录其姓名或者肖像，以及年、月、日”。本条后半段的规定是《民法典》新增的。如果遗嘱人和见证人没有在录音录像中记录姓名或者肖像，并说明年、月、日，该遗嘱就不符合本条关于录音录像遗嘱的形式要件，应被确认为无效的遗嘱。在这里，需要在遗嘱中记录姓名或者肖像的人员有两类，一是遗嘱人，二是见证人，缺一不可。使用录音录像方式订立遗嘱时，为保证音像资料所呈现信息的完整性，应该使用一镜到底的方式进行录制。使用录像方式订立遗嘱时，遗嘱人和见证人的特写镜头及订立遗嘱时的全部环境场景的全景镜头都应有所体现。在遗嘱记录年、月、日的问题上，需要注意以下几个问题：第一，遗嘱所记录的年、月、日三要素必须齐全，年、月、日三者缺一不可，记录日期不全的遗嘱是无法被法律所认可的，应作为无效的遗嘱对待。第二，遗嘱人和见证人都必须在录音录像中记录年、月、日。

5. 第 1138 条是关于口头遗嘱的规定。口头遗嘱指的是遗嘱人在危急情况下，通过口述的方式表达的处分其身后财产的意愿，其表现形式是口头的，并不记载于任何载体上。理解本条时，需注意以下几点：(1)订立口头遗嘱是有一定的前提条件的，并不是在任何情况下都可以订立口头遗嘱。这个前提条件就是遗嘱人遇到了危急的情况，只有在危急情况下，才可以订立口头遗嘱。(2)口头遗嘱应当有两个以上的见证人在场见证。这里见证人的人数应是两人以上。见证人应该是无利害关系的人员。(3)在危急情况解除后，遗嘱人能够以书面或者录音录像形式立遗嘱的，应该尽快以书面或者录音录像形式订立遗嘱。(4)危急情况消除后，口头遗嘱并非直接归于无效。危急情况消除后，只有在遗嘱人能够以书面或者录音录像形式订立遗嘱的情况下，口头遗嘱才归于无效。(5)口头遗嘱没有要求遗嘱人和见证人注明订立遗嘱的年、月、日。这是考虑到口头遗嘱是一种特殊的应急方式，在订立遗嘱的时候遗嘱人和见证人只需将遗嘱的主要内容表示清楚、记忆明白即可，且危急情况的发生时间，在一般情况下外界也可感知。况且，本条也规定了对口头遗嘱的补正途径，即在危急情况消除后，遗嘱人可以订立其他形式的遗嘱来弥补口头遗嘱的不足，因而未将注明年、月、日规定于条文之中。

6. 第 1139 条是关于公证遗嘱的规定。公证遗嘱有效成立除需遵守本法关于遗嘱效力的规定外，还需遵守有关公证的法律规定。为了保证遗嘱是遗嘱人的真实意思表示，公证遗嘱需要由遗嘱人本人向公证机构提出申请并亲自到场办理，在申请后由公证机构进行审查，审查符合规定后出具公证书。办理遗嘱公证时，公证处应当指派两名公证人员到场办理。这里需要注意的是，该条规定的是两名“公证人员”，而不是两名“公证员”，即可以由一名公证员加上另一名没有公证员身份的公证处工作人员来办理遗嘱公证。

7. 第 1140 条是关于遗嘱见证人的规定。遗嘱见证人，是指在现场亲历遗嘱人立遗嘱的过程，能够证明遗嘱真实性的人。本条采用了排除性的规定方式，明确了不能作为遗嘱见证人的以下三种类型，除此之外的其他人，一般均可以作为遗嘱见证人：(1)无民事行为能力人、限制民事行为能力人以及其他不具有见证能力的人。本项是从自然人民事行为能力是否完全以及自然人自身的身体状况是否允许的角度对遗嘱见证人的资格进行的限制。所谓“其他不具有见证能力的人”，如订立代书遗嘱时，不识字的人员、盲人、耳朵失聪的人员即不得作为遗嘱的见证人；在订立录音录像遗嘱或者口头遗嘱时，耳朵失聪者也不能作为该遗嘱的见证人等。(2)遗嘱人的继承人、受遗赠人不得作为遗嘱的见证人。本项是从见证人与遗嘱之间是否存在利害关系的角度对遗嘱见证人的资格条件进行限制。因继承人、受遗赠人作为见证人，容易受到利益的驱使，可能会对遗嘱人施加某种影响，导致遗嘱人无法真正地表达出自己的真实意愿，甚至可能在违背自己意愿的情况下订立遗嘱。(3)与继承人、受遗赠人有利害关系的人。本项做此规定也是为了防止继承人、受遗赠人通过他人来影响遗嘱人表达自己的真实意愿。

权威参考案例

王某某诉三信律师事务所财产损害赔偿纠纷案(《最高人民法院公报》2005年第10期)

经律师见证的遗嘱因不符合法律规定的形式要件被确认无效,致使遗嘱受益人蒙受经济损失的,律师所在的律师事务所应当承担过错赔偿责任。

遗产管理人

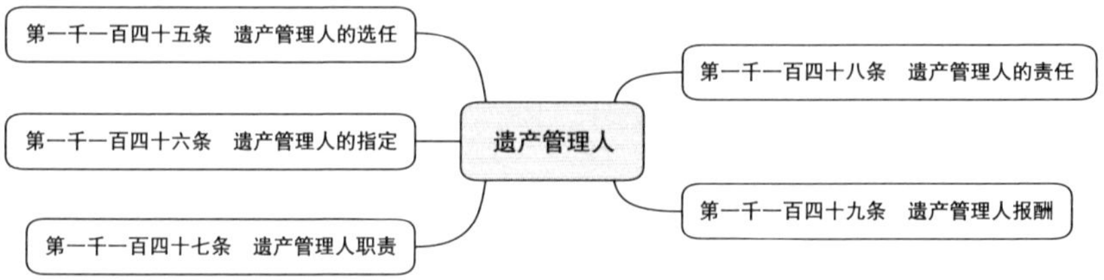

概念

遗产管理人是在继承开始后、遗产分割前,负责处理涉及遗产有关事务的人。本词条主要涉及遗产管理人的选任、遗产管理人的指定、遗产管理人的职责、遗产管理人的责任、遗产管理人的报酬等内容。

法典条款

第一千一百四十五条【遗产管理人的选任】　继承开始后,遗嘱执行人为遗产管理人;没有遗嘱执行人的,继承人应当及时推选遗产管理人;继承人未推选的,由继承人共同担任遗产管理人;没有继承人或者继承人均放弃继承的,由被继承人生前住所地的民政部门或者村民委员会担任遗产管理人。

第一千一百四十六条【遗产管理人的指定】　对遗产管理人的确定有争议的,利害关系人可以向人民法院申请指定遗产管理人。

第一千一百四十七条【遗产管理人职责】　遗产管理人应当履行下列职责:

（一）清理遗产并制作遗产清单；

（二）向继承人报告遗产情况；

（三）采取必要措施防止遗产毁损、灭失；

（四）处理被继承人的债权债务；

（五）按照遗嘱或者依照法律规定分割遗产；

（六）实施与管理遗产有关的其他必要行为。

第一千一百四十八条【遗产管理人的责任】 遗产管理人应当依法履行职责，因故意或者重大过失造成继承人、受遗赠人、债权人损害的，应当承担民事责任。

第一千一百四十九条【遗产管理人报酬】 遗产管理人可以依照法律规定或者按照约定获得报酬。

实务要点

1. 第1145条是关于遗产管理人选任的规定。遗产管理人主要具有四个方面的功能，包括管理和保全财产、维护遗产权利人的利益、实现遗产公平分配、保障交易安全。继承开始后，遗产管理人的确定有以下几种情况：(1)被继承人生前立有遗嘱明确指定遗嘱执行人的，该遗嘱执行人为遗产管理人。遗嘱执行人既可以指定一人，也可以指定数人；既可以指定自然人，也可以指定法人；既可以是法定继承人，也可以是法定继承人以外的人。(2)没有遗嘱执行人的，继承人为遗产管理人，继承人为多人的，应当及时推选遗产管理人。(3)继承人未推选遗产管理人的，由全体继承人共同担任遗产管理人，以保证遗产的公平、合理分割。全体继承人行使遗产管理人的职责时，应以多数原则决议遗产管理事项。(4)没有继承人或者继承人均放弃继承的，由被继承人生前住所地的民政部门或者村民委员会担任遗产管理人。以被继承人生前住所地的民政部门或村民委员会为遗产管理人，是由我国具体国情决定的。民政部门目前承担社会救济、社会福利事业、社区服务等工作，村民委员会是最贴近本村村民的一级组织，最全面了解本村村民的家庭情况，均适宜担任遗产管理人。

2. 第1146条是关于遗产管理人指定的规定。遗产管理的目的在于及时、公平、顺利地实现遗产流转，在对遗产管理人的确定有争议的情况下，如无人愿意或多人争当遗产管理人，利害关系人可以申请人民法院指定遗产管理人，以便及时、有效、妥善地处理遗产。本条所谓利害关系人一般包括遗嘱执行人、继承人、被继承人生前住所地的民政部门或村民委员会，以及受遗赠人等与遗产有利害关系的人。法院指定遗产管理人的范围包括遗嘱执行人、继承人、被继承人生前住所地的民政部门或村民委员会。法院在指定遗产管理人时，应考虑遗产管理人的资格和能力。管理遗产具有一定的复杂性，要求遗产管理人具有一定的能力和素质。法院应秉承有利于遗产保护的原则，以及维护继承人、遗产债权人利益的原则，结合具体实际情况，选任合适的遗产管理人。

3. 第 1147 条是关于遗产管理人职责的规定。基于遗产管理人制度的上述设立初衷，遗产管理人应当忠实、谨慎地履行遗产管理职责。依据本条，遗产管理人的职责包括以下几点：（1）清理遗产并制作遗产清单。清理遗产是为了确定遗产范围，是遗产管理人的首要任务。制作遗产清单是遗产完整性和安全性的重要保障，便于进行遗产管理、防止遗产散失，便于计算遗产价值及清算移交遗产，便于继承人或利害关系人随时查阅。还能够保障遗产债权、债务得到有效收取和清偿，保障遗产得到有效的分配，保障遗产税收的收取。（2）向继承人报告遗产情况。报告遗产情况，既包括报告遗产的范围，即遗产具体包括哪些财产，也包括遗产的现状，比如遗产在谁手中、折旧程度如何、是否需要采取特别保管措施。应注意的是，报告遗产情况，应向全体继承人为之，防止出现损害部分继承人的情形。（3）采取必要措施防止遗产毁损。采取的处置措施应以必要为限，应以不变更遗产的标的物或权利的性质为限。管理权限内的必要行为，主要包括为保存遗产所作出的处理遗产的行为、对死者紧急债务和税款的清偿行为、对死者生前的营业有必要继续进行的营业行为等。（4）处理被继承人的债权债务。包括确认被继承人的债权和债务，然后在此基础上清偿税款和债务。（5）按照遗嘱或者依照法律规定分割遗产。在清偿完税款和债务后，如果还有剩余财产，应当在各继承人之间进行分配，从而使分割后的遗产为各个继承人所有，这是遗产管理的最后一个步骤。（6）实施与管理遗产有关的其他必要行为。

4. 第 1148 条是关于遗产管理人责任的规定。遗产管理人违反法定职责，未尽到注意义务，造成继承人、受遗赠人、债权人损害的，应承担民事责任。构成要件如下：（1）遗产管理人违反法定职责，且造成了继承人、受遗赠人、债权人损害。（2）遗产管理人对违反法定职责存在故意或者重大过失。遗产管理人只有对未尽到法定职责存在故意或重大过失时才承担责任，仅为一般过失时不承担责任。认定重大过失应和一般过失相区分，应结合具体案情进行判断。比如，遗产管理人清理遗产，假如存在遗漏，应看遗漏的遗产性质、遗漏的原因等，如果遗漏遗产是因为个别继承人故意隐匿、转移导致，其他继承人也不知道或者知道了没有告知遗产管理人，遗产管理人已经尽到了和对待自己事务相当的注意义务的，不应认定为重大过失。另外，遗产管理人承担的民事责任属于侵权责任，其责任形式主要有包括：(1)返还财产。如遗产管理人非法侵占遗产的，应承担此种民事责任。(2)恢复原状。遗产管理人因自己的原因造成遗产毁损的，可以通过修理、重作、更换等方式弥补自己的过错，减少对继承人、受遗赠人和债权人等利害关系人的损害。(3)损害赔偿责任。损害赔偿数额应大体相当于继承人、受遗赠人或债权人遭受的损害数额。共同侵权的，应由共同侵权人共同承担侵权责任，如遗产管理人和部分继承人串通，隐匿、转移或变卖遗产，损害其他继承人利益的，受损害的继承人有权要求遗产管理人和部分继承人共同承担侵权责任。若是遗产管理人和继承人串通，损害债权人利益的，债权人有权要求遗产管理人和继承人共同承担侵权责任。

5. 第 1149 条是关于遗产管理人报酬的规定。遗产管理是一项复杂的管理活动，特别是在遗产较多的情况下，遗产管理人往往需要付出较多的劳动和时间，而且遗产管理人负有法定职责，在因故意或者重大过失给继承人、受遗赠人、债权人造成损害时还要承担法定责任。遗产管理人应有权利获得与自己劳动相应的报酬，这在一定程度上能够激励其尽职管理，也有利于实现权利义务的统一。为此，本条规定遗产管理人可以获得报酬，获得的依据分为法律规定和约定两种。报酬的多少，可由当事人约定。若是法院指定遗产管理人的，法院可酌定报酬数额。

遗产的处理

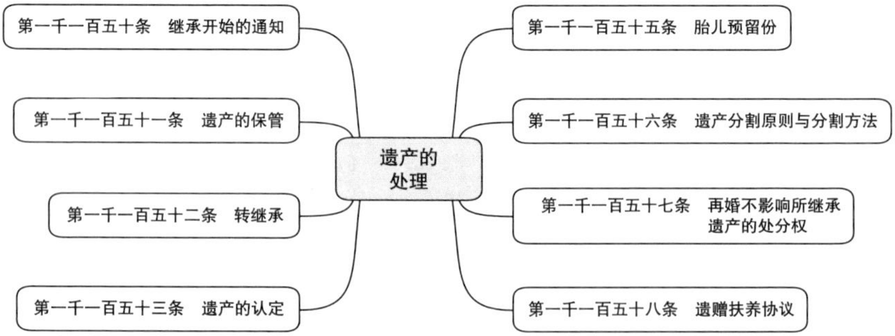

概念

本词条主要涉及继承开始的通知、遗产的保管、转继承、遗产的认定、胎儿预留份、遗产分割原则与分割方法、再婚不影响所继承遗产的处分权、遗赠扶养协议等内容。

法典条款

第一千一百五十条【继承开始的通知】 继承开始后，知道被继承人死亡的继承人应当及时通知其他继承人和遗嘱执行人。继承人中无人知道被继承人死亡或者知道被继承人死亡而不能通知的，由被继承人生前所在单位或者住所地的居民委员会、村民委员会负责通知。

第一千一百五十一条【遗产的保管】 存有遗产的人，应当妥善保管遗产，任何组织或者个人不得侵吞或者争抢。

第一千一百五十二条【转继承】 继承开始后，继承人于遗产分割前死亡，并没有放弃继承的，该继承人应当继承的遗产转给其继承人，但是遗嘱另有安排的除外。

第一千一百五十三条【遗产的认定】 夫妻共同所有的财产，除有约定的外，遗产分割时，应当先将共同所有的财产的一半分出为配偶所有，其余的为被继承人的遗产。

遗产在家庭共有财产之中的，遗产分割时，应当先分出他人的财产。

第一千一百五十五条【胎儿预留份】 遗产分割时，应当保留胎儿的继承份额。胎儿娩出时是死体的，保留的份额按照法定继承办理。

第一千一百五十六条【遗产分割原则与分割方法】 遗产分割应当有利于生产和生活需要，不损害遗产的效用。

不宜分割的遗产，可以采取折价、适当补偿或者共有等方法处理。

第一千一百五十七条【再婚不影响所继承遗产的处分权】 夫妻一方死亡后另一方再婚的，有权处分所继承的财产，任何组织或者个人不得干涉。

第一千一百五十八条【遗赠扶养协议】 自然人可以与继承人以外的组织或者个人签订遗赠扶养协议。按照协议，该组织或者个人承担该自然人生养死葬的义务，享有受遗赠的权利。

实务要点

1. 第 1150 条是关于继承开始通知的规定。继承开始后，知道被继承人死亡的继承人应当及时通知其他继承人和遗嘱执行人。必须通知的对象有两种：一是尚不知道被继承人死亡的继承人；二是被继承人在遗嘱中指定的遗嘱执行人。对于其他继承人或遗嘱执行人以外的主体，如受遗赠人，《民法典》并未明确规定必须向其履行通知继承开始的义务。通知义务人非因客观原因未履行通知义务，给他人造成损失的，应当承担相应的民事责任。本条要求继承开始的通知应当及时，但对何时开始通知以及完成通知的期限、通知的方式未作出明确规定，法院在案件审理中，应当结合案件情况进行判断，继承的通知以一般社会认知判断达到合理、及时程度的，应认定义务人已适当履行了通知义务。通知既可以是书面形式，也可以采取口头形式，对话、电话、短信、邮件、传真等方式均可作为通知的方式采用。

2. 第 1151 条是关于遗产保管的规定。保管的主体为存有遗产的人，即被继承人死亡时实际控制遗产的人。存有遗产的人与遗产管理人不完全等同。存有遗产的人可能是遗产管理人，也可能不是，二者是相互交叉的集合关系。从继承开始到遗产分割结束之间，通常存在一段时间，个别情况下还会经历很长一段时间。从保护继承人的继承权的角度来说，存有遗产的人应当对遗产予以妥善保管，保护其价值不受损害。当然，对于被继承人遗留的股票、证券等遗产，因市场因素导致其贬值的，或其他财产受到不可抗力、意外事件的影响导致贬值的，不能因此认为未尽到妥善保管义务。存有遗产的人确未尽到妥善保管义务，导致遗产价值贬损的，应当承担相应的法律责任。此外，任何组织或者个人不得侵吞或者争抢遗产。侵吞、争抢遗产，势必会影响正常继承程序的进行，侵害继承人的合法权利，任何组织，包括法人和非法人，及任何个人，均没有权利在遗产分割前侵吞或争抢遗产。继承人为了多分得遗产等目的而故意侵吞、争抢遗产的，法院可以酌情减少其应继承的遗产。

3. 第 1152 条是关于转继承的规定。转继承又称二次继承或者再继承，是指继承人在继承开始后、遗产分割前死亡，其所应继承的遗产份额转由其继承人承受的法律制度。转继承只是将被转继承人应继承的遗产份额转由其继承人承受，即转继承所转移的不是继承权，而是遗产所有权。转继承成立，须具备以下条件:(1)时间条件。继承人死于继承开始之后、遗产分割之前。(2)主体条件。转继承关系中涉及被转继承人和转继承人。被转继承人必须存在合法有效的继承权。(3)意思条件。继承人必须未放弃继承。另外,关于转继承与代位继承的区别:(1)性质不同。转继承是一种连续发生的二次继承,具有连续继承的性质。转继承人实际上享有的是分割遗产的权利,而不是对被继承人遗产的继承权。而代位继承与本位继承相对应,具有替补的性质。被代位继承人先于被继承人死亡,由代位继承人直接参加被继承人遗产的继承,并且是基于其代位继承权而取得被继承人遗产的权利。代位继承人继承的是被继承人的遗产而非被代位继承人的遗产。(2)发生条件不同。转继承发生在继承开始之后、遗产分割前继承人死亡的情形;而代位继承则发生在继承人先于被继承人死亡的情形。(3)主体不同。在转继承的情况下,被转继承人是被继承人的继承人,而转继承人并不仅仅局限于被转继承人的晚辈直系血亲,还包括被转继承人的其他法定继承人,如配偶、父母、兄弟姐妹、祖父母、外祖父母;而被代位继承人只能是被继承人的子女和兄弟姐妹,且代位继承人只能是被代位继承人的晚辈直系血亲。(4)适用范围不同。转继承不仅适用于法定继承,也适用于遗嘱继承;而代位继承只适用于法定继承。

4. 第 1153 条是关于遗产认定的规定。遗产具有范围上的限定性,只能是自然人死亡时遗留的个人财产,自然人占有的与他人共有的财产,他人共有的部分不属于遗产。为此,被继承人死亡后继承开始,首先要确定遗产的范围,将被继承人的遗产从夫妻共同财产和家庭共有财产中分割出来。若自然人在婚姻关系存续期间死亡,确定遗产范围时,首先应将夫妻共同财产进行分割。如果生前夫妻双方对婚姻关系存续期间所得的财产的所有权归属等进行了书面约定,则自然人死亡后,应按照生前双方的约定,对夫妻共有财产进行分割,分割后的个人财产作为其遗产,由继承人继承。如果未采取书面约定的方式,或者约定不明的情形,则按照《民法典》第 1062 条、第 1063 条的规定确定夫妻共同财产的范围,再将属于夫妻共同财产的一半分出给配偶,剩余的财产作为被继承人的遗产由其继承人继承。家庭成员中,除夫妻之外往往还存在子女、父母、祖父母和外祖父母以及兄弟姐妹等其他成员,不仅会形成夫妻共同财产,可能还会形成家庭共同财产。若自然人在家庭共同生活关系存续期间死亡,即遗产在家庭共同财产之中的,遗产分割时,应把属于被继承人财产以外的其他家庭成员所有的财产剥离出来，余下的才属于遗产的范围。

5. 第 1155 条是关于胎儿预留份的规定。自然人的权利能力“始于出生”，但在涉及《民法典》第 16 条规定的特定事项时，胎儿视为具有民事权利能力。即在涉及遗产继承、接受赠与等胎儿利益保护的情形下，法律认可胎儿具有民事权利能力。胎儿继承的条件是出生时为活体，如胎儿娩出时是死体的，则不存在需要保护的对象，则其民事权利能力自始不存在。本条在《继承法》(已废止)第 28 条的基础上修改而来，将“胎儿出生时”修改为“胎儿娩出时”，与《民法典》第 16 条的表述相一致，也更为精准规范。根据本条及《民法典》第 16 条的规定，无论是法定继承还是遗嘱继承的情形，在分割遗产时，都应当为胎儿保留其应继承的份额。保留份额的继承分两种情况：(1)胎儿娩出时是死体的，其已取得的民事权利能力溯及地消灭，视为自始不存在，为其保留的份额按照法定继承办理。(2)胎儿出生时是活体的，就由其依法继承。如胎儿出生后死亡的，即胎儿娩出时是活体但之后死亡的，为胎儿保留的继承份额成为他的遗产，由胎儿的法定继承人依法定继承的方式继承。需说明的是，若胎儿是双胞胎或多胞胎，则应按胎儿的数量保留继承份额。

6. 第 1156 条是关于遗产分割原则与分割方法的规定。第 1 款规定了遗产分割中的重要原则——物尽其用原则。物尽其用原则，是指在遗产分割时，应当从有利于生产和生活的需要出发，注意充分发挥遗产的实际效用。遗嘱中可以确定遗产的分割方法。如果遗嘱已确定，则应按照确定的分割方法分割遗产。遗嘱中未确定遗产分割方法的，则应按物尽其用原则进行分割，即应当依照有利于生产和生活需要、不损害遗产的效用的原则进行。另外，本条第 2 款规定了不宜分割的遗产的处理办法，主要包括以下四种：(1)实物分割。对可分物，可以做总体的实物分割。例如，对粮食，可划分出每个继承人应继承的数量。但对不可分物，则不能做总体的分割，只能做个体的实物分割。不可分物不能做实物分割的，应当采取折价补偿的办法即补偿分割。(2)变价分割。遗产不宜进行实物分割或继承人都不愿取得该种遗产，则可将遗产变卖换取价金。然后由继承人按照自己应继承份额的比例，对变卖后的价金进行分割。使用变价分割的方式分割遗产，实际上是对遗产的处分，故应经过全体继承人同意。(3)补偿分割。不宜实物分割的遗产，若继承人中有人愿意取得该遗产，则由该继承人取得遗产的所有权。然后由其按照其他继承人应继承份额的比例，分别补偿给其他继承人相应的价金。若有多位继承人愿意取得遗产的所有权，经协商无法达成协议，则应当根据继承人的实际需要和能力，从有利于发挥遗产效用的角度出发，确定由某个继承人取得。(4)保留共有。遗产不宜进行实物分割，继承人又都愿意取得遗产的，或继承人基于某种生产或生活需要，愿意保持遗产共有状态的，则可以采取遗产保留共有的分割方式，由继承人对遗产享有共有权，其共有份额按照应继承份额的比例确定。但在共有分割之后，继承人之间就不再是原来的遗产共有关系，而变成了普通的财产按份共有关系。

7. 第 1157 条是关于再婚不影响所继承遗产处分权的规定。夫妻一方死亡后，生存的另一方作为死者的配偶依法属于死者的第一顺序继承人，有权依照法律的直接规定或按照被继承人所立的合法有效遗嘱的指定取得应由其继承的遗产份额。在遗产分割完毕后，生存的配偶便享有了对所分得遗产的所有权，有权在法律允许的范围内占有、使用、收益和处分这部分财产。生存的配偶如果再婚，当然有权对其取得的遗产进行处分，既可以把该项财产带到再婚家庭中使用，也可以赠送他人或做其他处理。其他任何单位和个人都不得干涉或妨害。本条所谓的“任何个人”，不仅包括家庭关系中的人，也包括家庭关系以外的其他人。另外，生存配偶再婚时有未成年子女的，应继续履行对未成年子女的抚养、教育义务。因某种原因不能带未成年子女在再婚家庭中共同生活的，应妥善安排好未成年子女的生活和教育，并留下子女必要的生活费和教育费。已故配偶在生前有尚未缴纳的税款或负有其他债务的，生存的配偶处分其所继承的遗产时，应在其继承遗产范围内清偿税款和债务，再进行其他处分。

8. 第 1158 条是关于遗赠扶养协议的规定。遗赠扶养协议，是指遗赠人(被扶养人)与扶养人订立的，以被扶养人的生养死葬及财产的遗赠为内容的协议。遗赠抚养协议作为自然人生前对其死亡后遗产的一种处置方式，是一种独具特色的遗产转移方式，是对我国民间长期存在的遗赠扶养协议实践经验的总结和肯定。遗赠扶养协议的特点如下:(1)是双方法律行为。只有在遗赠人与扶养人意思表示一致时方可成立。(2)是双务、有偿法律行为。扶养人承担对遗赠人生养死葬的义务并享有接受遗赠财产的权利；被扶养人享有接受扶养的权利，同时负有将遗产遗赠给扶养人的义务。(3)是诺成性法律行为。自遗赠扶养协议订立之日起，被扶养人即可要求扶养人履行义务；而在被扶养人死亡之前，扶养人不得要求被扶养人履行转移其财产的义务。双方履行义务时间上的不一致，并不影响遗赠扶养协议的诺成性。遗赠扶养协议就其本质而言是一种有偿的双务合同，而法定继承人和遗嘱继承人或者受遗赠人取得遗产是无偿的，故遗赠扶养协议具有优先于法定继承和遗嘱继承的效力。此外，关于扶养人的扶养义务，应是继续性的。除扶养义务外，扶养人还应按照协议的约定完成被扶养人的丧葬事宜。需注意，若扶养义务人虽尽生养死葬义务，但履行中实施了导致被扶养人死亡的行为时，应参照继承权丧失的规定剥夺其接受遗产的权利。另需注意，遗赠扶养协议在本质上属于财产性质的合同，而非身份合同。因此，在法律适用上，如《民法典》继承编中没有规定的，应当适用合同编有关规定。

权威参考案例

1. 莫某某、岑某明诉岑某安、岑某、林某某继承纠纷案（《最高人民法院公报》1988 年第 1 号）

夫妻在婚姻关系存续期间所得的共同所有的财产，如果分割遗产，应当先将共同所有的财产的一半分出为配偶所有，其余的为被继承人的遗产。

2. 李某、郭某阳诉郭某和、童某某继承纠纷案（最高人民法院指导性案例第 50 号）

夫妻关系存续期间，双方一致同意利用他人的精子进行人工授精并使女方受孕后，男方反悔，而女方坚持生出该子女的，不论该子女是否在夫妻关系存续期间出生，都应视为夫妻双方的婚生子女。如果夫妻一方所订立的遗嘱中没有为胎儿保留遗产份额，因违反《继承法》（已废止）第 19 条[①]的规定，该部分遗嘱内容无效。分割遗产时，应当依照《继承法》（已废止）第 28 条[②]的规定，为胎儿保留继承份额。

3. 毛某某、龙某某诉梅某某遗赠扶养协议纠纷抗诉案（《最高人民检察院公报》2000 年第 5 号）

遗赠抚养协议的受遗赠人没有正当理由不履行义务的，经有关单位或者个人请求，人民法院可以取消他接受遗赠的权利。抚养人或者集体组织与公民订有遗赠扶养协议，扶养人或者集体组织无适当理由不履行，致协议解除的，不能享有受遗赠的权利，其支付的供养费用一般不予补偿。

---

① 可参考《民法典》第 1141 条。

② 可参考《民法典》第 1155 条。

继承中的税债清偿

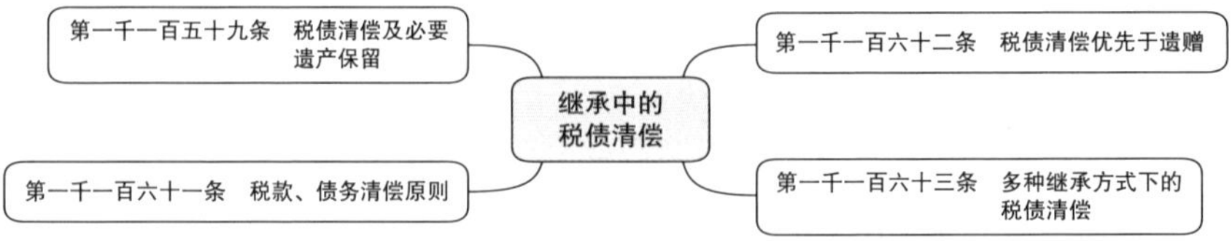

概念

本词条主要涉及税债清偿及必要遗产保留、税款和债务的清偿原则、税债清偿优先于遗赠、多种继承方式下的税债清偿等内容。

法典条款

第一千一百五十九条【税债清偿及必要遗产保留】 分割遗产，应当清偿被继承人依法应当缴纳的税款和债务；但是，应当为缺乏劳动能力又没有生活来源的继承人保留必要的遗产。

第一千一百六十一条【税款、债务清偿原则】 继承人以所得遗产实际价值为限清偿被继承人依法应当缴纳的税款和债务。超过遗产实际价值部分，继承人自愿偿还的不在此限。

继承人放弃继承的，对被继承人依法应当缴纳的税款和债务可以不负清偿责任。

第一千一百六十二条【税债清偿优先于遗赠】 执行遗赠不得妨碍清偿遗赠人依法应当缴纳的税款和债务。

第一千一百六十三条【多种继承方式下的税债清偿】 既有法定继承又有遗嘱继承、遗赠的，由法定继承人清偿被继承人依法应当缴纳的税款和债务；超过法定继承遗产实际价值部分，由遗嘱继承人和受遗赠人按比例以所得遗产清偿。

实务要点

1. 第1159条是关于税债清偿及必要遗产保留的规定。根据权利义务相一致的原则，继承人接受继承，应同时接受被继承人的财产权利和财产义务，不能仅继承财产权利而不继承财产义务，即所谓的概括继承原则或总体继承原则。本条规定的分割遗产时应当清偿被继承人依法应当缴纳的税款和债务，实际上就是继承人履行财产义务的行为。狭义的遗产债务是指被继承人生前个人依法应当缴纳的税款和完全用于个人生活及生产需要所欠下的债务；广义的遗产债务还包括继承开始后，因遗产的管理、分割以及执行遗嘱等所支出的费用，即继承费用。本条涉及的应为狭义上的遗产债务，即被继承人生前个人依法应当缴纳的税款和完全用于个人生活需要所欠下的债务。主要包括：(1)应缴纳的税款；(2)合同之债；(3)损害赔偿之债；(4)不当得利之债；(5)无因管理之债；(6)其他属于被继承人个人的债务。从本条规定的内容看，遗产债务清偿时，应给予特殊照顾的人应具备以下三个条件：(1)缺乏劳动能力；(2)没有生活来源；(3)继承人。此外，本条还规定了分割遗产应为缺乏劳动能力又没有生活来源的继承人保留必要的遗产。所谓"缺乏劳动能力"，是指在被继承人死亡时，其继承人不具备或不完全具备劳动的能力。所谓"没有生活来源"，是指继承人不具有独立维持个人最低物质生活水平的经济条件。只有缺乏劳动能力又无生活来源这两个条件同时具备的继承人才享有在遗产不足以清偿债务时取得适当遗产的权利。需强调的是，本条应限定于为"继承人"保留适当遗产，不包括继承人以外的人。另需注意，在遗产不足以清偿债务时，对于缺乏劳动能力又没有生活来源的代位继承人，也应为其保留必要遗产。在代位继承的情况下，代位继承人实际上已取代了被代位继承人也就是继承人的继承地位，享有代位继承的权利。如其既缺乏劳动能力又无生活来源，应给予特殊照顾。

2. 第 1161 条是关于税款、债务清偿原则的规定。本条第 1 款明确了限定继承原则，即继承人清偿被继承人的遗产债务只以遗产的实际价值为限，超过遗产实际价值的部分，继承人不负清偿责任。本条第 2 款则是对限制继承原则的例外。继承人表示接受继承，是财产权利与财产义务的一并接受，不能仅继承财产权利，而不继承财产义务。接受继承的继承人既享有继承被继承人遗产的权利，同时应依法承担被继承人生前依法应缴纳税款和个人所负债务的清偿责任。这是概括继承原则的要求，也是权利义务相一致原则的体现。但是，如果继承人放弃继承，放弃继承的继承人不应承担遗产债务，即不应承担被继承人生前依法应缴纳的税款和所负的个人债务。此外，本条规定将限制继承原则作为一般规定，但对特定遗产债务的清偿并未明确。一般认为，死者生前为有劳动能力继承人的需要所欠的债务和因继承人不尽扶养、抚养、赡养义务而使被继承人迫于生活需要欠下的债务，不以该继承人所继承的遗产的实际价值为限，该继承人应负无限的清偿责任，即应以自己固有的财产进行清偿。

3. 第 1162 条是关于税债清偿优先于遗赠的规定。遗赠，是指自然人以立遗嘱的方式将个人财产赠与国家、集体或者法定继承人以外的人的行为。具有如下特点：（1）遗赠是单方民事法律行为。（2）遗赠是给予法定继承人以外的组织、个人遗产的法律行为。受遗赠的对象不限于自然人，还可以是国家、集体或其他组织。（3）遗赠是给予受遗赠人财产利益的行为。（4）遗赠是遗赠人死亡后发生法律效力的民事法律行为。（5）受遗赠权具有债权的效力。基于遗赠的上述特点，若遗赠人有依法应缴纳的税款和债务，遗赠的财产应是全部遗产权利和义务相抵后剩余的财产利益。如此可防止遗赠人通过遗赠逃避其对债权人的债务，有效保护债权人的合法权益。故本条明确规定，在遗赠和清偿债务的顺序上，清偿债务优先于执行遗赠。只有在清偿税款和债务后，有剩余遗产时，遗赠才能得到执行。

4. 第 1163 条是关于多种继承方式下税债清偿的规定。依据本条，在遗产已被分割但尚未清偿遗产债务的情况下，若既有法定继承又有遗嘱继承和遗赠的，从保护债权人利益的角度出发，同时考虑到各种继承方式的法律效力，应先由法定继承人在其实际继承遗产价值的范围内清偿被继承人依法应当缴纳的税款和债务。若继承的遗产实际价值不足以清偿被继承人的全部债务时，剩余债务由遗嘱继承人和受遗赠人按比例用所得遗产清偿被继承人的债务。法律确定“先法定继承人，后遗嘱继承人和受遗赠人”的清偿责任顺序，体现了“遗嘱继承和遗赠优先于法定继承”的原则。如此安排既贯彻了民法意思自治的原则，充分保护被继承人遗嘱自由和自由处分自己财产的权利，也是对遗嘱继承人和受遗赠人按照遗嘱取得遗产的权利的尊重与保护。

第七编　侵权责任

侵权责任承担

第一百二十条　侵权责任一般条款

侵权责任承担

第一千一百六十七条　危及他人人身、财产安全的责任承担

概念

本词条主要涉及总则编中“侵权责任一般条款”与侵权责任编“危及他人人身、财产安全的责任承担”的内容。

法典条款

第一百二十条【侵权责任一般条款】　民事权益受到侵害的，被侵权人有权请求侵权人承担侵权责任。

第一千一百六十七条【危及他人人身、财产安全的责任承担】　侵权行为危及他人人身、财产安全的，被侵权人有权请求侵权人承担停止侵害、排除妨碍、消除危险等侵权责任。

实务要点

1. 第 120 条是关于民事侵权责任一般条款，即侵权责任请求权的规定。侵权法律关系中，民事主体的合法权益受到侵害时，被侵权人有权请求侵权人承担侵权责任。被侵权人指的是侵权行为损害后果的直接承受者，是因侵权行为而使民事权益受到侵害的人。被侵权人包括自然人、法人和非法人组织。被侵权人的资格不在于其是否具有民事行为能力，但有无民事行为能力关系到其是否可以自己行使请求侵权人承担侵权责任的权利。侵权人一般是直接加害人，直接加害人是直接实施侵权行为，造成被侵权人损害的人。在替代责任形式的特殊侵权责任中，直接造成损害的行为人不直接承担侵权责任，承担侵权责任的主体是替代责任的责任人。需注意，本条属于侵权责任的一般条款，司法实践在对某一权益进行界定并判断其是否属于侵权责任所保护范围时，应当适用总则编中关于民事权利的相关规定。此外，由于《民法典》第 118 条规定了合同债权，而本条又未将合同债权排除于侵权责任所保护的范围，故对于侵害合同债权是否属于侵权可能产生不同认识，有待进一步探索研究。

2. 第 1167 条是关于危及他人人身、财产安全的责任承担之规定。随着经济

社会的发展进步，侵权责任承担方式也不断丰富发展。主要体现在以下几点：侵权责任承担方式不断向多元化发展；向更加注重预防侵权责任发生的方向发展；向更加强调惩罚性赔偿责任的方向发展。根据本条，危及他人人身、财产安全的侵权责任承担方式主要有：（1）停止侵害。这种侵权责任承担方式以侵权行为或者其他违法行为正在进行或仍在延续中为适用条件，对尚未发生的或业已终止的侵权行为则不得适用。（2）排除妨碍。受害人请求排除的妨碍必须是不法的，如果行为人的妨碍行为是正当行使权利的行为，则行为人可以拒绝受害人的请求。受害人也可以自己排除妨碍，但排除妨碍的费用应由行为人承担。（3）消除危险。适用这一方式的前提必须是有危险状态的存在，这一危险具有造成现实损害的可能性，但是该损害又尚未实际发生。另需注意，被侵权人主张上述侵权责任承担方式的，一般不要求侵权人具有故意或过失，但特殊情况下除外。

权威参考案例

青岛中金渝能置业有限公司与青岛中金实业股份有限公司、滨州市中金豪运置业有限责任公司财产保全损害责任纠纷案（《最高人民法院公报》2018年10期）

申请财产保全错误的赔偿在性质上属于侵权责任赔偿。判断申请财产保全是否错误，不仅要看申请保全人的诉讼请求最终是否得到支持，还要看其是否存在故意或重大过失。判断申请保全人是否存在故意或重大过失，要根据其诉讼请求及所依据的事实和理由考察其提起的诉讼是否合理，或者结合申请保全的标的额、对象及方式等考察其申请财产保全是否适当。关于赔偿数额的确定，如系冻结资金，有合同等证据证明存在借贷利息损失的，应赔偿的实际损失为该合同约定的利息损失，但该利息损失与被冻结资金的银行利息之和不能超过民间借贷司法解释规定的年利率24%上限，[①] 否则，赔偿的资金利息损失参照中国人民银行同期贷款基准利率或民间借贷司法解释规定的年利率6%的标准确定；若系查封房屋或其他存在市场价值变化的资产，如因被保全人未请求处分变现或请求不当未获准许的，被保全财产的价值贬损与申请保全人的行为有直接因果关系，申请保全人应赔偿的数额为被保全财产在保全开始与保全结束两个时点的价差以及开始时的价款对应的资金利息损失。为财产保全提供的担保系

① 相关司法解释已修改，下同。

司法担保，第三人在其担保承诺的范围内承担责任，而非因共同侵权而承担连带责任。

侵权责任归责原则

第一千一百六十五条第一款　过错责任原则 —— 侵权责任归责原则 —— 第一千一百六十六条　无过错责任原则

概念

侵权责任的归责原则，实际上是归责的规则，它是确定行为人的侵权责任的根据和标准，贯彻于整个侵权责任编中。本词条主要涉及侵权责任过错责任原则、无过错责任原则。

法典条款

第一千一百六十五条第一款【过错责任原则】　行为人因过错侵害他人民事权益造成损害的，应当承担侵权责任。

第一千一百六十六条【无过错责任原则】　行为人造成他人民事权益损害，不论行为人有无过错，法律规定应当承担侵权责任的，依照其规定。

实务要点

1. 第 1165 条第 1 款是关于过错责任原则的规定。过错责任，是指造成损害并不必然承担侵权责任，还要看行为人是否有过错。过错责任原则是侵权责任中最基本、最主要的归责原则。一般而言，过错侵权责任需具备违法行为、损害事实、因果关系和主观过错四个要件。过错，是指侵权人在实施侵权行为时对于损害后果的主观心理状态，包括故意和过失。行为违法，是指行为人实施的行为在客观上违反法律规定，主要表现为违反法律规定的义务、违反保护他人的法律和故意实施违背善良风俗而造成他人损害的行为。损害，作为一种事实状态，是指因一定的行为或事件使某人受侵权责任法保护的权利和利益遭受某种不利益的影响。因果关系，是侵权责任法乃至整个民法领域最复杂的问题之一。一般而言，判断因果关系需要由法官根据个案具体实际情况，依一般社会经验决定。此外，本条第 2 款就过错推定作出规定。过错推定本质上也属过错责任原则，但与一般过错原则有较大不同。且后面另有“过错推定”词条对其收录与解析，故本词条不再赘述。

2. 第 1166 条是关于无过错责任原则的规定。无过错责任是指行为人的行为、其管理的人或者物损害了他人的民事权益，具备了法律规定的要件，无论行为人是否有过错，都要承担侵权责任的归责原则。无过错责任原则构成要件有三：一是违法行为，二是损害事实，三是违法行为与损害事实之间具有因果关系。即适用无过错责任原则时，无须以行为人主观过错为要件，只要具备以上三个要件，就应当承担侵权责任。需注意，适用无过错责任原则的侵权行为，只是强调不以加害人过错为要件，但并非绝对不考虑受害人过错。若受害人对损害的发生也有过错，则应根据具体情况减轻，甚至免除行为人的侵权责任，如在很多无过错责任侵权行为类型中，受害人故意就是法定免责事由。另需注意，无过错责任原则的适用必须以法律有具体规定为前提，即只有法律明文规定的侵权行为类型方可适用无过错责任原则。主要包括以下类型：(1)产品责任。侵权责任编第 4 章规定，缺陷产品致人损害的侵权责任适用无过错责任原则。这里应当包括产品生产者、销售者对于被侵权人承担责任的情形，但不包括销售者及产品运输者、仓储者等第三人承担内部责任，即被追偿时的责任，这种情况下实行过错责任原则。作为产品责任的一种具体样态，医疗产品责任当然也要适用无过错责任。(2)环境污染和生态破坏责任。侵权责任编第 7 章规定的环境污染和生态破坏责任，实行无过错责任原则。(3)高度危险责任。侵权责任编第八章规定的从事高度危险作业包括高度危险活动和高度危险物，造成他人损害的侵权责任，适用无过错责任原则。(4)饲养动物损害责任。侵权责任编第 9 章规定的饲养动物损害责任，实行无过错责任原则。在此要注意，这里既包括一般的饲养动物致害的情形，也包括禁止饲养的烈性犬等危险动物致害的情形，但是不包括动物园动物致害的情形，依据《民法典》第 1248 条的规定，此为过错推定。此外，有学者认为，工伤事故责任也实行无过错责任原则。

权威参考案例

1. 张某福、张某凯诉朱某彪生命权纠纷案（最高人民法院指导性案例第 98 号）

行为人非因法定职责、法定义务或约定义务，为保护国家、社会公共利益或者他人的人身、财产安全，实施阻止不法侵害者逃逸的行为，人民法院可以认定为见义勇为。

2. 郭某兰诉光大证券股份有限公司、上海证券交易所、中国金融期货交易所期货内幕交易责任纠纷案(《最高人民法院公报》2018年第12期)

证券交易所、期货交易所的法律性质为证券自律管理组织,在行使法定自律监管职权时,若其行为的程序正当、目的合法,且不具有主观故意,则交易所不应对投资者损失承担民事侵权责任。

3. 宜兴市建工建筑安装有限责任公司与张某、张某山申请诉中财产保全损害赔偿责任纠纷案(《最高人民法院公报》2018年第9期)

《侵权责任法》(已废止)第6条和第7条规定,[①]侵权行为以过错责任为原则,无过错责任必须有法律依据,但《侵权责任法》(已废止)所规定的无过错责任中并不包含申请保全错误损害赔偿责任。因此,申请保全错误,须以申请人主观存在过错为要件,不能仅以申请人的诉讼请求未得到支持为充分条件。

4. 江苏中江泓盛房地产开发有限公司诉陈某石损害责任纠纷案(《最高人民法院公报》2016年第6期)

因财产保全引起的损害赔偿纠纷,适用侵权责任法规定的过错责任归责原则。财产保全制度的目的在于保障将来生效判决的执行,只有在申请人对财产保全错误存在故意或重大过失的情况下,方可认定申请人的申请有错误,不能仅以申请保全标的额超出生效裁判支持结果作为判断标准。

5. 浙江省德清县上武汽车修理厂诉董某峰损害赔偿纠纷案(《最高人民法院公报》2011年第6期)

在侵权法律关系中,承担侵权责任的条件之一是侵权行为与损害后果之间存在因果关系,否则侵权行为不能成立,行为人对损害后果不承担法律责任。

6. 邢某强诉上海证券交易所权证交易侵权纠纷案(《最高人民法院公报》2010年第7期)

权证产品属新型证券衍生品种,具有不同于股票交易的特点。权证发行后,符合一定条件的机构经交易所审核可创设权证。投资者以交易所审核创设权证违规为由而提起的民事侵权之诉,具有可诉性;证券交易所审核合格券商创设权证,是证券法赋予其自律监管职能的行为,其审核行为只要符合权证管理业务规则,主观上不具有过错,其对于投资者因权证交易造成的损失不承担赔偿责任,

① 可参考《民法典》第1165条、第1166条。

投资者应自行承担风险损失。

7. 深圳市商业银行宝安支行与湖南长炼兴长集团有限责任公司、深圳民鑫实业有限公司、广东金汇源投资担保有限责任公司、西北亚奥信息技术股份有限公司、吴忠仪表集团有限公司、深圳国安会计师事务所有限公司返还资金保证合同纠纷案（《最高人民法院公报》2007年第9期）

金融机构为债务人出具虚假资金证明，是否应当对债权人的损失承担出具虚假资金证明的赔偿责任，应当审查债权人的损失是否基于对金融机构出具的虚假资金证明的合理信赖或者使用所造成，即债权人的损失与金融机构出具虚假资金证明的行为之间是否存在因果关系。如果债权人的损失与金融机构出具虚假资金证明的行为之间并不存在因果关系，则金融机构不应对债权人的损失承担出具虚假资金证明的赔偿责任。

8. 连云港外代公司诉连云港港务局、港明实业公司、港明贸易公司无单放货侵权赔偿纠纷案（《最高人民法院公报》2006年第7期）

明知只有凭正本提单才能提取货物，却以虚假理由从承运人或者承运人的代理人处商借提货单，然后用该提货单办理提货手续，是以非法手段侵占他人财产的行为。依照《海商法》第71条、《民法通则》（已废止）第一百一十七条的规定，行为人应当对由此给他人造成的经济损失承担侵权赔偿责任。

9. 中国人寿保险公司成都分公司诉华隆公司等证券侵权纠纷案（《最高人民法院公报》2005年第8期）

证券营业部按规定为客户办理指定交易和撤销指定交易后，客户证券账户内的国债资金出现了变现并被用资人使用的结果，应认定其符合客户意图，与证券营业部办理指定交易和撤销指定交易的行为不存在必然因果关系。

10. 姜某波与荆某噪声污染责任纠纷案（《最高人民法院公报》2014年第11期）

钢铁制品在装卸、运送或者加工过程中产生的声音超出一般公众普遍可忍受的程度。在院中放置工具、加工材料时所产生的声音势必能传入其他居民的居室内，产生干扰周围居民生活的环境噪声。噪声污染对人体健康可能造成损害，是被公众普遍认可的。噪声污染制造者应支付相应的精神损害抚慰金。

侵权责任减免责情形

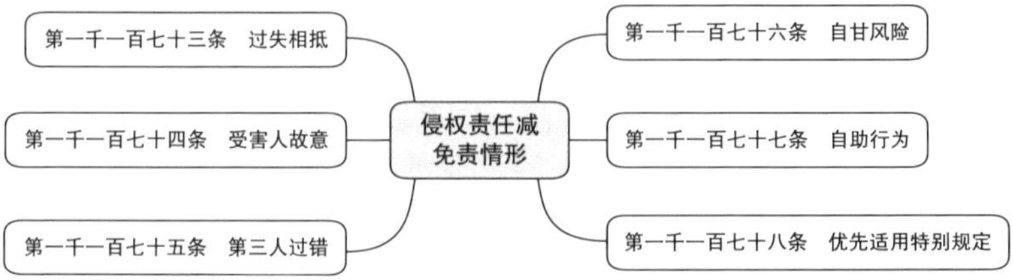

概念

本词条收录的是涉及侵权责任减责、免责事由的规定，主要包括过失相抵、受害人故意、第三人过错、自甘风险、自助行为、优先适用特别规定等内容。

法典条款

第一千一百七十三条【过失相抵】　被侵权人对同一损害的发生或者扩大有过错的，可以减轻侵权人的责任。

第一千一百七十四条【受害人故意】　损害是因受害人故意造成的，行为人不承担责任。

第一千一百七十五条【第三人过错】　损害是因第三人造成的，第三人应当承担侵权责任。

第一千一百七十六条【自甘风险】　自愿参加具有一定风险的文体活动，因其他参加者的行为受到损害的，受害人不得请求其他参加者承担侵权责任；但是，其他参加者对损害的发生有故意或者重大过失的除外。

活动组织者的责任适用本法第一千一百九十八条至第一千二百零一条的规定。

第一千一百七十七条【自助行为】　合法权益受到侵害，情况紧迫且不能及时获得国家机关保护，不立即采取措施将使其合法权益受到难以弥补的损害的，受害人可以在保护自己合法权益的必要范围内采取扣留侵权人的财物等合理措施；但是，应当立即请求有关国家机关处理。

受害人采取的措施不当造成他人损害的，应当承担侵权责任。

第一千一百七十八条【优先适用特别规定】　本法和其他法律对不承担责任或者减轻责任的情形另有规定的，依照其规定。

实务要点

1. 第 1173 条是关于过失相抵的规定。过失相抵，又称与有过失，指被侵权人对损害的发生也有过错的情况下，侵权人可以以被侵权人的过错为由进行抗辩，以减轻自己的侵权责任。严格来说，“与有过失”制度与“损益相抵”制度是不同的两项制度。“与有过失”中的“与”指的是侵权人与被侵权人双方，该制度是双方均有过错的情况下如何承担责任。“损益相抵”是指被侵权人因同一侵权行为受到损害又获得利益的，计算损害赔偿额时，除非利益的性质或者依照法律的规定不得扣除的除外，应当扣除所获利益。本条对《侵权责任法》做了拓展。《侵权责任法》(已废止)第 26 条规定，“被侵权人对损害的发生也有过错的，可以减轻侵权人的责任”。本条规定，“被侵权人对同一损害的发生或者扩大有过错的，可以减轻侵权人的责任”。(1)侵权责任编对损害作出限定，必须是“同一”损害才能适用本条。“同一”，指对一个性质相同的损害结果的发生，侵权人与被侵权人均有责任。(2)增加了损害的“扩大”。损害发生后，其范围并非立即确定，而是有可能随时间的发展而变化。从损害发生到损害范围扩大的全部阶段，都有可能发生受害人违反对自己的不真正义务，故受害人过错制度适用的范围不限于损害的发生，也应包括损害的扩大。此外，无过错责任也可适用“与有过失”制度。不过，需特别指出的是，法律明确针对特定的无过错责任类型规定了特殊免责事由的，不适用本条规则。例如，本法第 1237 条规定，民用核设施或者运入运出核设施的核材料发生核事故造成他人损害的，民用核设施的营运单位能够证明损害是因战争、武装冲突、暴乱等情形或者受害人故意造成的，不承担责任。如果损害是由受害人的过失，哪怕是重大过失造成的，也不能减轻民用核设施经营人的责任。

2. 第 1174 条是关于受害人故意的规定。受害人故意，是指受害人明知自己的行为会发生损害自己的后果，而希望或放任此种结果发生的主观心理状态。受害人对损害的发生或扩大的主观故意，说明受害人的这一故意行为是损害发生或扩大的唯一原因，从而应使加害人对该损害或者扩大的损害免责。故法律将受害人故意作为一项法定免责事由。本条规定对行为人免责，是指损害完全是因为受害人的故意造成的，即受害人故意的行为是其损害发生的唯一原因。受害人故意的情形不仅是过错责任侵权行为类型的免责事由，也属无过错责任原则侵权行为的法定免责事由。但需注意，对无过错责任原则的侵权行为类型适用受害人故意这一免责事由，应遵循法律有特别规定的适用该规定的规则。例如，《民法典》第1246条规定："违反管理规定，未对动物采取安全措施造成他人损害的，动物饲养人或者管理人应当承担侵权责任；但是，能够证明损害是因被侵权人故意造成的，可以减轻责任。"这里规定的就是减轻而非免责。另需注意，本条与上一条关于过失相抵规则的区别。本条规定适用的前提条件是损害完全是由于受害人故意造成的且该损害发生的唯一原因是受害人的故意，此时才完全免除行为人的责任。

3. 第1175条是关于第三人过错的规定。一般而言，这里的第三人过错具有以下法律特征：(1)责任主体是一般侵权关系的侵权人和被侵权人之外的人。第三人是过错的主体，造成损害的过错不属于加害人和受害人的任何一方。狭义上的第三人过错，是指第三人的过错是损害发生的唯一原因；广义上的第三人过错，则是指第三人的过错行为仅是损害发生的部分原因。该第三人不限于自然人，还可以是法人或者其他组织。(2)该第三人的过错行为与侵权人的侵权行为不构成共同侵权。(3)责任后果上是免除或减轻加害人责任的依据。第三人过错作为免责事由，其后果并非都是免责，如果第三人过错与行为人的行为相结合而致损害，则为减轻责任。另外，关于第三人过错的判断标准，应遵循客观标准为主、主观标准为辅的做法。即对于第三人过失的情形，应当按照客观标准的做法处理；但对于第三人故意的情形，则仍应当坚持主观标准来判断。

4. 第1176条是关于自甘风险的规定。自甘风险又称自愿承受危险，是指受害人自愿承担可能性的损害而将自己置于危险环境或场合，造成损害的行为人不承担责任。自甘风险与自愿承担损害不同。自愿承担损害又称受害人同意，是指受害人自愿同意他人对其人身或财产施加某种损害。本条关于自甘风险分为两款：第1款是关于自甘风险免责或减责的情形，第2款则是对有关活动组织者、学校及幼儿园等承担相应责任的规定。本条在具体适用中需注意以下问题：(1)受害人必须意识到所参加的文体活动的风险。这种风险必然存在，但是否会产生损害结果则不确定。(2)正常情况下，由其他参加者的行为受到损害的，其他参加者不承担侵权责任。但其他参加者对损害发生有故意或重大过失的，已超出自甘风险的范围，法律对此作出除外规定，即此时应根据双方的过错程度确定损害的承担。(3)活动组织者的责任承担，按照本条第2款，适用安全保证义务的规定。(4)本条适用需结合具体案件，从案件具体情况审慎确定是否属自甘风险。

5. 第1177条是关于自助行为的规定。自助行为，也称自力救济，是指权利人为保护自己的权利，在情事紧迫而又不能及时请求国家机关予以救助的情形下，对他人的财产或人身施加扣押、约束或其他措施，而为法律或社会公德所认可的行为。规定自助行为并不意味着完全倡导甚至不限制自助行为的适用。《民法典》规定自助行为，一方面是承认其存在必要性的立意，另一方面也是为了进一步规范自助行为，特别是针对实践中实施自助行为没有明确标准，容易对他人造成不测妨害或者现实侵害的情况，来严格限定自助行为的适用条件。依据本条，构成自助行为须具备以下条件：(1)须有不法侵害状态存在。对于合法侵害、违法阻却事由等，不能实施自助行为。"不法侵害"，是指侵害行为是为法律禁止的行为，包括为刑事法律、民事法律和其他法律规范所禁止的一切行为。(2)须为保护自己的合法权利。权利首先必须合法，其次原则上限于请求权的范畴。可以实施自助行为的权利主体原则上限于本人，但其他类似于权利人本人行使权利的人，如法定代理人、失踪人的财产管理人、遗产管理人、破产管理人、遗嘱执行人，也可依法实施自助行为。(3)须情况紧迫而来不及请求有关国家机关的援助。若不实施自助行为，请求权就无法实现，或者实现的难度显著增加。(4)不得超过必要限度。"必要限度"，包括采取的措施必须合理，且原则上应当限定在对侵权人财物予以扣留等的范畴。(5)须为法律或公序良俗所许可。需注意，自助行为即使具备合法性，也不能持续存在，权利人必须"立即请求有关国家机关处理"，否则应依法承担相应侵权责任。"立即"的认定，应结合社会日常生活经验法则。

6. 第1178条是关于优先适用特别规定，即减责、免责事由法律适用规则的规定。特别法优先适用、一般法补充适用系法律适用的基本规则，有关侵权责任法律规定的适用要遵循这一规则，同样对于侵权责任的违法阻却事由的规定也要适用这一规则。需注意，本条强调的内容不仅是特别法优先适用的规则，还包括《民法典》总则编、人格权编相关部分规定的免责和减责事由对有关侵权责任纠纷同样适用的问题。如总则编关于正当防卫、紧急避险等的规定，在遇到相应侵权责任纠纷类型时就要考虑适用。

权威参考案例

1. 荣某英诉王某、永某财产保险股份有限公司江阴支公司机动车交通事故责任纠纷案（最高人民法院指导性案例第24号）

交通事故的受害人没有过错，其体质状况对损害后果的影响不属于可以减轻侵权人责任的法定情形

2. 赵某华诉上海也宁阁酒店有限公司、上海市静升实业有限公司生命权、健康权、身体权纠纷案（《最高人民法院公报》2014年第1期）

作为提供住宿服务的酒店经营者，对入住酒店的消费者应履行合理限度的安全保障义务。酒店经营者因管理、服务瑕疵等安全隐患而致消费者受到人身伤害的，应承担民事赔偿责任。酒店经营场所的出租方对于事发场所管理不善的，亦应承担相应的责任。若受害人对于损害发生也有过错的，应根据过失相抵原则，减轻侵害人的民事责任。

3. 林市中小企业信用担保集团有限公司诉中国长城资产管理股份有限公司吉林省分公司等公司债权人利益责任纠纷案（《最高人民法院公报》2019年第3期）

侵权责任法保护民事主体合法的人身权益和财产权益。依法成立并生效的债权属于债权人合法的财产权益，受法律保护，任何人不得随意侵犯。债权发生在特定的当事人之间，缺乏公示性。一般情况下，债权人应通过合同救济主张权利。认定合同当事人以外的第三人承担侵权赔偿责任，应从严把握。当债权人权利救济途径已经穷尽，债权债务关系之外的第三人，如知道或者应当知道债权债务关系存在，且违反以保护该债权为目的的法律、法规及其他规范性法律文件或违背公序良俗，造成债权人合法权益受到损害，行为人承担相应的补充赔偿责任。

4. 上海普鑫投资管理咨询有限公司诉中银国际证券有限责任公司财产损害赔偿纠纷案（《最高人民法院公报》2014年第10期）

有义务协助法院采取保全措施的第三人，恶意侵害保全申请人的债权，拒不协助保全，或者采取其他措施妨害保全，导致最终裁判文书无法执行，申请人债权无法实现而受到损害的，该第三人应当对申请人承担侵权行为损害赔偿责任。

损害赔偿

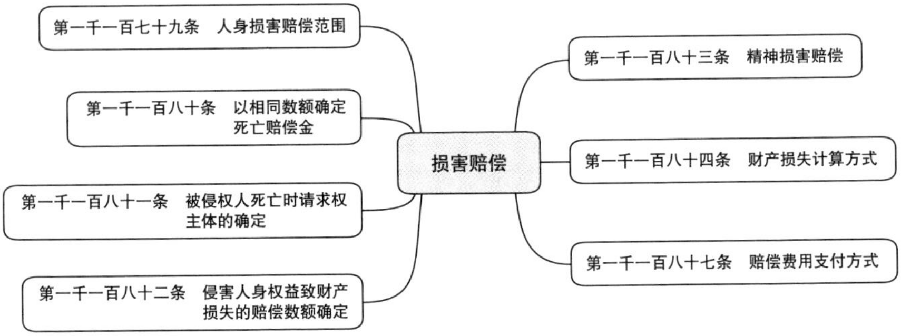

概念

本词条所谓“损害赔偿”，是指侵权损害赔偿，主要涉及人身损害赔偿范围、以相同数额确定死亡赔偿金、被侵权人死亡时请求权主体的确定、侵害人身权益致财产损失的赔偿数额确定、精神损害赔偿、财产损失计算方式、赔偿费用支付方式等内容。

法典条款

第一千一百七十九条【人身损害赔偿范围】 侵害他人造成人身损害的，应当赔偿医疗费、护理费、交通费、营养费、住院伙食补助费等为治疗和康复支出的合理费用，以及因误工减少的收入。造成残疾的，还应当赔偿辅助器具费和残疾赔偿金；造成死亡的，还应当赔偿丧葬费和死亡赔偿金。

第一千一百八十条【以相同数额确定死亡赔偿金】 因同一侵权行为造成多人死亡的，可以以相同数额确定死亡赔偿金。

第一千一百八十一条【被侵权人死亡时请求权主体的确定】 被侵权人死亡的，其近亲属有权请求侵权人承担侵权责任。被侵权人为组织，该组织分立、合并的，承继权利的组织有权请求侵权人承担侵权责任。

被侵权人死亡的，支付被侵权人医疗费、丧葬费等合理费用的人有权请求侵权人赔偿费用，但是侵权人已经支付该费用的除外。

第一千一百八十二条【侵害人身权益致财产损失的赔偿数额确定】 侵害他人人身权益造成财产损失的，按照被侵权人因此受到的损失或者侵权人因此获得的利益赔偿；被侵权人因此受到的损失以及侵权人因此获得的利益难以确定，被侵权人和侵权人就赔偿数额协商不一致，向人民法院提起诉讼的，由人民法院根据实际情况确定赔偿数额。

第一千一百八十三条【精神损害赔偿】 侵害自然人人身权益造成严重精神损害的，被侵权人有权请求精神损害赔偿。

因故意或者重大过失侵害自然人具有人身意义的特定物造成严重精神损害的，被侵权人有权请求精神损害赔偿。

第一千一百八十四条【财产损失计算方式】 侵害他人财产的，财产损失按照损失发生时的市场价格或者其他合理方式计算。

第一千一百八十七条【赔偿费用支付方式】 损害发生后，当事人可以协商赔偿费用的支付方式。协商不一致的，赔偿费用应当一次性支付；一次性支付确有困难的，可以分期支付，但是被侵权人有权请求提供相应的担保。

实务要点

1. 第 1179 条是关于人身损害赔偿范围的规定。人身损害赔偿，是指行为人侵犯他人的生命健康权益造成致伤、致残、致死等后果，承担金钱赔偿责任的一种民事法律救济制度。依据本条，侵害他人造成人身损害的，一般情况下应赔偿医疗费、护理费、交通费、营养费、住院伙食补助费等为治疗和康复支出的合理费用，以及因误工减少的收入。这些损失通常被称为具体损失，是受害人实际支出的费用或者实际减少的收入等可以用交换价值计算的损失。需注意，本条所列举的一般赔偿范围内的赔偿项目仅是几种比较典型的费用支出，实践中并不仅限于这些赔偿项目，只要是因为治疗和康复所支出的所有合理费用，都可以纳入一般赔偿的范围，如营养费、住院费等费用。造成残疾的，还应赔偿辅助器具费和残疾赔偿金；造成死亡的，还应赔偿丧葬费和死亡赔偿金。残疾辅助器具费，是指受害人因残疾而造成身体功能全部或者部分丧失后需要配制补偿功能的残疾辅助器具如假肢及其零部件、助听器、助视器等的费用。

2. 第 1180 条是关于以相同数额确定死亡赔偿金的规定。本条规定是推动统一死亡赔偿金赔偿标准、避免“同命不同价”的积极举措。但需注意，本条规定的以相同数额确定死亡赔偿金原则上仅适用于因同一侵权行为造成多人死亡的案件。对因同一侵权行为造成多人死亡的，也只是“可以”以相同数额确定死亡赔偿金，而非对任何因同一侵权行为造成多人死亡的案件都“必须”或“应当”以相同数额确定死亡赔偿金。实践中，对本条的适用可适当从宽。一方面，本条规定可以以相同数额确定死亡赔偿金。“可以”在此应当做原则理解，即没有特殊情况的，应适用数额相同赔偿标准。另一方面，在加快推动城镇化的进程中，特别是在党中央提出建立健全城乡融合发展体制机制和政策体系的大背景下，统一城乡死亡赔偿金、残疾赔偿金的标准是大势所趋。结合中央有关政策精神和当前经济社会实际情况，对于同一侵权行为造成多人残疾的，残疾赔偿金也可参照本条规定按照同一标准进行赔偿。但对于医疗费、护理费等合理费用支出，以及丧葬费支出，其在性质上属于实际已经造成的损失部分，应据实际损失计算，支出多少赔偿多少。

3. 第 1181 条是关于被侵权人死亡时请求权主体确定的规定。本条所谓近亲属，依照本法第 1045 条的规定，包括配偶、父母、子女、兄弟姐妹、祖父母、外祖父母、孙子女、外孙子女。依据本条第 2 款，被侵权人死亡的，支付被侵权人医疗费、丧葬费等合理费用的人有权请求侵权人赔偿费用，但侵权人已支付该费用的除外。也就是说，在被侵权人死亡的情形下，如果支付被侵权人医疗费、丧葬费等侵权赔偿费用的人不是侵权人，而是其他人(可能是具有其他负有支付该笔费用的义务的人)，其在支付上述费用后即与侵权人之间形成了债权债务关系，形成了对侵权人的债权，有权向侵权人主张偿还。

4. 第 1182 条是关于侵害人身权益致财产损失的赔偿数额确定的规定。侵害他人人身权益造成的财产损害既可能是直接损失，也可能是间接损失，也会涉及纯粹经济损失。侵害他人生命、健康、身体等权益造成的财产损失的赔偿范围，一般包括积极的财产损失(直接损失)和可得利益的损失(间接损失)，第 1179 条对此明确了具体项目。实践中有争议的主要是侵害他人名誉权、荣誉权、姓名权、肖像权和隐私权等非物质性人身权益造成的财产损失如何赔偿的问题。有人认为，侵害他人非物质性人身权应按照其实际损害赔偿。也有观点认为可将侵权人的获利情况作为司法实践中确定赔偿数额的重要因素。本条在总结以往实践、综合有关方面意见的基础上将“所获利益标准”提升到与所受损失并列的高度。当损失与获利均难以确定时，由双方协商确定；协商不成时，人民法院根据侵权人过错程度、具体侵权行为与方式、造成的后果与影响等实际情况确定。

5. 第 1183 条是关于精神损害赔偿的规定。关于被侵权人请求精神损害赔偿的基本条件，依照本条第1款，包括以下几点：(1)侵害的是他人的人身权益。侵害财产权益原则上不在精神损害赔偿的范围之内，至于“具有人格象征意义的特定纪念物品，因侵权行为而永久性灭失或者毁坏”的情形因本条第2款对此做了修正，则应当适用本条的规定，对有关特别物品的损害适用精神损害赔偿。人身权益包括生命权、健康权、姓名权、名誉权、肖像权、隐私权、监护权等权利及相应利益。(2)须造成被侵权人严重精神损害。“严重”的认定，应采取容忍限度理论，即超出了社会一般人的容忍限度。(3)侵害行为与精神损害后果有因果关系。基于精神损害本身的不可判断性，为防止精神损害赔偿可能的滥用，影响正常行为自由和社会秩序，对侵害行为与精神损害的后果间的因果关系，认定上应持谨慎从严的态度。(4)精神损害赔偿的适用要符合其他有关侵权责任构成的相应要件。被侵权人主张精神损害赔偿，除了具备上述有关精神赔偿的适用条件外，还要根据具体侵权行为类型判断，适用过错责任的情形要以侵权人有过错为要件，适用无过错责任原则的情形则不再强调侵权人的过错。但在本条第2款规定的侵害特定物品的精神损害赔偿时，要以侵权人有“故意和重大过失”为限，侵权人仅有“一般过错”则不能承担精神损害赔偿的责任。

6. 第1184条是关于财产损失计算方式的规定。本条所称“按照损失发生时的市场价格”计算的方法，也被称为差额计算法。规定以财产损失发生的时间点计算赔偿价格，主要考虑两点：一是该时间点较其他时间点而言，容易掌握与固定。其他时间点如起诉至日、判决生效之日等具有不确定性，不利于对同一类型财产损失进行计算。二是本条另规定了“或者其他合理方式计算”的损失确定方法。当价格波动较大时，为使被侵权人得到充分救济，法院可以其他合理方式确定损失。

7. 第1187条是关于赔偿费用支付方式的规定。侵权损害赔偿费用的支付方式首先应尊重当事人双方协商一致的结果。按照本条，当双方当事人就赔偿费用的支付方式不能协商一致时，原则上应当采用一次性支付的方式。一次性支付的方式的优点在于，使这一损害赔偿法律关系因一次性赔偿完毕而即时消灭，这也是我国通行的人身损害赔偿方式。若赔偿义务人一次性支付确有困难的，可分期支付，即采取定期金支付的方式。定期金支付，是指赔偿义务人在赔偿义务确定后未来的一段确定的时间(如法律或司法解释确定的赔偿期限)或不确定的时间(如受害人的生存期间)，分次按年或按月预先确定的数额，或按照预先确定的计算标准支付人身赔偿费用的一种损害赔偿方式。需要注意的是，侵权赔偿费用采用分期支付方式的，被侵权人有权请求提供相应的担保。关于担保的具体要求，一方面要符合《民法典》其他部分关于担保的规定，另一方面要受到本条规定的“相应”的限制。这里的“相应”应当理解为确定担保数额时，侵权人提供担保的数额能够与分期给付数额相对应，保持大致公平，或者尊重当事人的意思自治。

权威参考案例

1. 尹某军诉颜某奎健康权、身体权纠纷案（《最高人民法院公报》2019 年第 3 期）

刑事案件的受害人因犯罪行为受到身体伤害，未提起刑事附带民事诉讼，而是另行提起民事侵权诉讼的，关于残疾赔偿金是否属于物质损失范畴的问题，《刑事诉讼法》及司法解释没有明确规定。刑事案件受害人因犯罪行为造成残疾的，今后的生活和工作必然受到影响，导致劳动能力下降，生活成本增加，进而变相地减少物质收入，故残疾赔偿金应属于物质损失的范畴，应予赔偿。

2. 李某某诉上海通用富士冷机有限公司、上海工商信息学校人身损害赔偿纠纷案（《最高人民法院公报》2015 年第 12 期）

在城市中小学校就读的农村户籍学生，在学校的教育教学活动（含派出实习）中受伤致残的，其残疾赔偿金应当按照该校所在地的城镇居民标准计算。

3. 季某珍等诉财保海安支公司、穆某进、徐某交通事故损害赔偿纠纷案（《最高人民法院公报》2006 年第 9 期）

对于常年生活工作在城镇，收入相对稳定，消费水平也和一般城镇居民基本相同，已经融入城镇生活的农村居民，如果发生死亡事故，涉及赔偿问题的，应当按照城镇居民的标准计算死亡赔偿金。

4. 吴某某等 14 人诉启邦萨那加有限公司、倪某某海上人身损害责任纠纷案（2020 年 6 月 24 日《最高人民法院公布关于船员权益保护典型案例》案例 4）

多名受害人在同一侵权事件中死亡，应适用同一标准进行赔偿。城乡二元的人身损害赔偿标准系因特殊历史时期的客观原因造成，随着城乡一体化发展以及对人的生命健康平等保护的观念日益深入人心，打破城乡樊篱适用同一赔偿标准，实行“同命同价”的呼声日益高涨。本案中，因船舶碰撞事故导致 14

名船员遇难，其中1人为城镇户籍，根据《侵权责任法》（已废止）第17条[①]关于“因同一侵权行为造成多人死亡的，可以以相同数额确定死亡赔偿金”的规定，结合中央提出的改革人身损害赔偿制度、统一城乡居民赔偿标准的精神，法院最终判决支持13名农村户籍遇难船员家属关于按照城镇标准计算死亡赔偿金的主张。本案在海事审判领域探索人身损害赔偿标准的统一，有利于进一步推进权利平等、以人为本的裁判理念。

5. 高淳县民政局诉王某胜、吕某、天安保险江苏分公司交通事故人身损害赔偿纠纷案（《最高人民法院公报》2007年第6期）

因交通事故引发的人身损害赔偿案件中，死亡受害人为城市生活无着的流浪乞讨人员，经公安机关刊发启事未发现其近亲属，政府民政部门作为原告提起民事诉讼，要求赔偿义务人承担赔偿责任的，因民政部门不是法律规定的赔偿权利人，与案件不存在民事权利义务关系，且其法定职责不包括代表或代替城市生活无着的流浪乞讨人员提起民事诉讼，故民政部门不是案件的适格主体，其起诉应依法驳回。

6. 贾某某诉北京国际气雾剂有限公司、龙口市厨房配套设备用具厂、北京市海淀区春海餐厅人身损害赔偿案（《最高人民法院公报》1997年第2期）

事故发生时受害人尚未成年，身心发育正常，烧伤造成的片状疤痕对其容貌产生了明显影响，并使之劳动能力部分受限，严重地妨碍了学习、生活和健康，除肉体痛苦外，无可置疑地给其精神造成了伴随终身的遗憾与伤痛，必须给予抚慰与补偿。赔偿额度要考虑当前社会普遍生活水准、侵害人主观动机和过错程度及其偿付能力等因素。丧失的部分劳动能力应当根据丧失比例，参照当地人均生活费标准，按社会平均寿命年限合理计赔。本着便于治疗和保障生活的原则，赔偿可一次性解决，包括医药费（含今后医药费）、护理费、营养费、因停学购买的学习用品费，残疾生活自助具购置费、生活补助费和精神损害赔偿金等。

7. 无锡国威陶瓷电器有限公司、蒋某屏与常熟市林芝电热器件有限公司、苏宁易购集团股份有限公司侵害实用新型专利权纠纷案（《最高人民法院公报》2019年第3期）

根据当事人的诉讼请求和案件事实，选择以侵权人因侵权获得的利益计算专利侵权损害赔偿数额时，对于多部件或者多专利的被诉侵权产品，原则上不宜

① 可参考《民法典》第1180条。

简单采用侵权产品销售总金额乘以侵权产品利润率的方式计算侵权获利，而需要考虑涉案专利对于侵权产品利润的贡献度，以“侵权产品销售总金额 × 利润率 × 专利技术对产品价值的贡献度”的方法进行计算。对于专利技术对产品价值的贡献度，可以结合涉案专利对产品的重要性等因素酌定。在侵权行为可分的情况下，计算侵权损害赔偿时，如果既存在可以较为精确计算权利人损失或者侵权人获益的部分，又存在难以计算权利人损失或者侵权人获益的部分，可以对前者适用以权利人损失或者侵权人获益计算赔偿，对后者适用法定赔偿，以两者之和确定损害赔偿数额。

8. 中山市隆成日用制品有限公司与湖北童霸儿童用品有限公司侵害实用新型专利权纠纷提审案（《最高人民法院公报》2015 年第 1 期）

侵权人与权利人在前案调解协议中就再次侵权的赔偿数额作出约定后再次侵权的，人民法院可直接适用该约定确定侵权赔偿数额。

9. 徐州市淮海戏剧王音像有限公司诉新沂电视台、第三人丁某宇、刘某飞、张某侠侵犯著作权纠纷上诉案（《最高人民法院公报》2010 年第 6 期）

侵犯著作权的，侵权人应当承担赔偿责任。侵权人应当按照权利人的实际损失给予赔偿；实际损失难以计算的，可以按照侵权的违法所得给予赔偿。赔偿数额还应当包括权利人为制止侵权行为所支付的合理开支。权利人的实际损失或者侵权人的违法所得不能确定的，由人民法院根据侵权行为的情节，判决给予 50 万元以下的赔偿。

过错推定

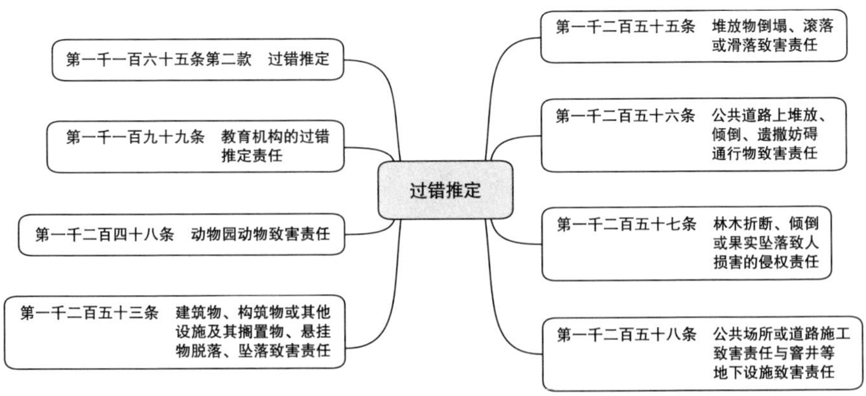

概念

过错推定，是指在法律有特别规定的场合，从损害事实的本身推定加害人有过错，并据此确定造成他人损害的行为人赔偿责任的归责原则。过错推定原则本质上属过错责任原则范畴。本词条主要涉及过错推定的基本规定以及侵权责任编规定的几种适用过错推定的责任类型。

法典条款

第一千一百六十五条第二款【过错推定】 依照法律规定推定行为人有过错，其不能证明自己没有过错的，应当承担侵权责任。

第一千一百九十九条【教育机构的过错推定责任】 无民事行为能力人在幼儿园、学校或者其他教育机构学习、生活期间受到人身损害的，幼儿园、学校或者其他教育机构应当承担侵权责任；但是，能够证明尽到教育、管理职责的，不承担侵权责任。

第一千二百四十八条【动物园动物致害责任】 动物园的动物造成他人损害的，动物园应当承担侵权责任；但是，能够证明尽到管理职责的，不承担侵权责任。

第一千二百五十三条【建筑物、构筑物或其他设施及其搁置物、悬挂物脱落、坠落致害责任】 建筑物、构筑物或者其他设施及其搁置物、悬挂物发生脱落、坠落造成他人损害，所有人、管理人或者使用人不能证明自己没有过错的，应当承担侵权责任。所有人、管理人或者使用人赔偿后，有其他责任人的，有权向其他责任人追偿。

第一千二百五十五条【堆放物倒塌、滚落或滑落致害责任】 堆放物倒塌、滚落或者滑落造成他人损害，堆放人不能证明自己没有过错的，应当承担侵权责任。

第一千二百五十六条【公共道路上堆放、倾倒、遗撒妨碍通行物致害责任】 在公共道路上堆放、倾倒、遗撒妨碍通行的物品造成他人损害的，由行为人承担侵权责任。公共道路管理人不能证明已经尽到清理、防护、警示等义务的，应当承担相应的责任。

第一千二百五十七条【林木折断、倾倒或果实坠落致人损害的侵权责任】 因林木折断、倾倒或者果实坠落等造成他人损害，林木的所有人或者管理人不能证明自己没有过错的，应当承担侵权责任。

第一千二百五十八条【公共场所或道路施工致害责任与窨井等地下设施致害责任】 在公共场所或者道路上挖掘、修缮安装地下设施等造成他人损害，施工人不能证明已经设置明显标志和采取安全措施的，应当承担侵权责任。

窨井等地下设施造成他人损害，管理人不能证明尽到管理职责的，应当承担侵权责任。任人追偿。

实务要点

1. 第1165条第2款是关于过错推定归责原则的规定。过错推定原则虽然从本质上说属过错责任原则，其价值判断标准和责任构成要件也与一般过错责任原则一致。但作为一项独立的归责原则，过错推定责任与过错责任还是存在很大区别的：(1)过错责任原则和过错推定责任原则的调整范围是完全不同的。一般的过错责任原则调整的侵权行为范围是一般侵权行为，而过错推定责任原则调整的范围不是一般侵权行为，而是一部分特殊侵权行为。(2)过错责任原则和过错推定责任原则的举证责任不同。过错责任原则举证责任由原告承担，而过错推定责任原则在证明主观过错要件上实行举证责任倒置，原告不承担举证责任，而是由被告承担举证责任。(3)适用过错责任原则和适用过错推定原则的侵权责任形态不同。适用过错责任原则的侵权行为是一般侵权行为，其侵权责任形态是直接责任。而适用过错推定原则的侵权行为是特殊侵权行为，其责任形态是替代责任。

2. 第1199条是关于教育机构的过错推定责任之规定。本条采用过错推定原则主要的考虑在于：(1)无民事行为能力人智力发育不成熟，对事物的认知和判断存在明显欠缺，其不能辨认或者不能充分理解自己行为的后果，对他们的保护必须强调最高的注意义务，故幼儿园、学校、教育机构等对无民事行为能力人的注意义务和责任比限制民事行为能力人要更重。(2)无民事行为能力人在幼儿园、学校或者其他教育机构学习、生活期间，超越了监护人的管理范围，而他们自身认知能力欠缺，此时要让无民事行为能力人或者其监护人来证明学校的过错，对受害一方过于苛责。采用过错推定原则，学校通过举证证明已经尽到了相当的注意并且实施了合理的行为就可以免责，符合公平原则。本条所谓“教育职责”，是指依法保护无民事行为能力人或者限制民事行为能力人以及避免其侵害他人所应尽的职责，主要强调在安全防范、事故防范以及不损害他人等方面的教育。所谓“管理职责”，是指教育机构对与无民事行为能力人或者限制民事行为能力人的人身安全有关的事务依法应尽到的妥善管理的职责。包括建立安保制度、提供各种安全的场所设施，以及在组织的活动中尽到安全保护的义务。

3. 第 1248 条是关于动物园动物致害责任的规定。本条适用过错推定原则，动物园负有高度注意义务，只有能够证明已经采取足够的安全措施，并尽到充分的警示义务，才能认定为没有过错。若动物园能证明设施、设备没有瑕疵，有明显警示装置，管理人员对游客投打、挑逗、擅自翻越栏杆靠近动物等行为进行了劝阻，应尽的管理职责已尽到，动物园可不承担侵权责任。

4. 第 1253 条是关于建筑物、构筑物或其他设施及其搁置物、悬挂物脱落、坠落致害责任的规定。由于被侵权人通常并不了解建筑物等设施及其搁置物、悬挂物的管理、维护情况，难以获得足够的证据。而所有人、管理人或者使用人对其所有、管理、使用的工作物及其搁置物、悬挂物负有管理和维护义务，这些设施或者物体发生脱落、坠落往往与所有人、管理人或者使用人的设置、管理、维护瑕疵具有直接关系。可以说，在物件脱落、坠落损害责任中采用过错推定，是长期立法、司法实践经验的总结，符合国际立法通例及我国社会生活实际，对于减轻受害人举证责任、确立行为标准、淳化道德风尚、预防损害具有重要意义。

5. 第 1255 条是关于堆放物倒塌、滚落或滑落致害责任的规定。所谓堆放物，是指将动产堆积在土地上或者其他地方而形成的物。堆放物只能是动产，非固定在土地或者其他物体之上，通常是临时堆积形成的。这些物品在没有堆放、垒高的情况下，一般不会对他人造成损害，但是如果堆放不当，则会产生一定的危险性。堆放人对堆放物有管护义务，应当合理选择堆放地点、堆放高度，确保堆放稳固并进行看管。采用过错推定原则更有助于堆放人履行上述义务。本条规定的加害形态为倒塌、滚落、滑落。倒塌，是指堆放物全部或者部分倾倒、坍塌。滚落，是指高处的堆放物滚下。滑落，是指高处的堆放物滑下。滚落、滑落是《民法典》在吸收司法解释的基础上补充的两种情形。

6. 第 1256 条是关于公共道路上堆放、倾倒、遗撒妨碍通行物致害责任的规定。本条所谓公共道路，既包括机动车道路，也包括人行道路。此外，广场、停车场等可供公共通行的场地、建筑区划内属业主共有但允许不特定的公众通行的道路也属公共道路。依据本条，堆放人、倾倒人、遗撒人对自己的行为承担完全赔偿责任，但公共道路管理人应当承担与行为人相同的责任，还是仅需承担部分责任；两者之间是连带责任，还是补充责任？本条并未规定公共道路管理人的责任为补充责任，即公共道路管理人承担责任并不以堆放、倾倒、遗撒行为人不能确定或者无力赔偿为前提条件。依据本条，公共道路管理人的责任为“相应的责任”，即其责任范围应根据公共道路管理人的过错程度具体确定。另根据本条，公共道路管理人承担的是过错推定责任。

7. 第 1257 条是关于林木折断、倾倒或果实坠落致人损害的侵权责任之规定。林木的所有人或者管理人对其所有或者管理的林木负有管理、维护的义务，应当对林木采取合理的修剪及必要的防护措施，防止林木对社会公众的人身、财产安全造成威胁。如所有人或管理人应当定时修剪枯枝、病枝，及时采摘成熟的果实，对于可能发生倾倒的树木采取加固措施并设置明显警示标志等。依据本条，林木致人损害时，采取过错推定的归责原则，推定所有人或者管理人存在疏忽、懈怠的过失。此时应由所有人或管理人举证证明其已尽管理、维护义务，且不存在主观过错。需注意，林木折断、倾倒或者果实坠落等应是自然发生的，才适用本条。若林木折断、倾倒或者果实坠落等是由人为造成的，如故意折断林木砸伤路人或者在树上采摘果实袭击他人，则应适用《民法典》第 1165 条过错侵权责任一般条款的规定，由侵权行为人承担赔偿责任。林木的所有人或管理人也可通过举证损害是由第三人原因造成的来证明自己没有过错，从而主张《民法典》第 1175 条规定的第三人原因免责。

8. 第 1258 条是关于公共场所或道路施工致害责任与窨井等地下设施致害责任的规定。本条第 1 款关于地面施工损害责任的归责原则为过错推定，其构成要件有三：(1)在公共场所或者道路上进行地面施工作业。在公共场所或者道路上施工，是指在公共场所或者道路上挖坑、修路、修缮安装地下设施等，如架设电线、铺设管道、维修公路、修缮下水道。(2)因地面施工活动造成他人损害。地面施工活动所造成的损害，主要是人身伤亡，但也可能是财产损害。损害结果应当实际发生，如果仅仅形成了危险或妨碍，则不适用。(3)施工人不能证明已经设置明显标志和采取安全措施。在公共场所或者道路上进行地面施工作业时，设置明显标志和采取安全措施是施工人的法定义务，对此其负有证明责任。本条第 2 款规定的地下设施损害责任的归责原则也是过错推定原则，构成要件有三：(1)致害物为窨井等地下设施。该设施应当是人工铺设、安装于地面以下，与土地紧密结合的设施。(2)造成了他人的人身、财产损害。损害结果应当实际发生,且与窨井等地下设施具有因果关系。(3)管理人不能证明已尽管理职责。窨井等地下设施涉及社会公众安全,管理人应当根据法律法规、规章制度等的要求以及行业内的专业技术标准,尽责、及时履行管理、维护义务,否则即应承担损害赔偿责任。需注意,城市地下设施复杂,输水、输气、输电、输油等设施分别属于不同单位管理。损害发生后,应当查明致损地下设施的具体管理人,并根据其过错大小确定其应当承担的侵权责任。

权威参考案例

1. 谢某某诉上海动物园饲养动物致人损害纠纷案(《最高人民法院公报》2013 年第 8 期)

动物园作为饲养管理动物的专业机构,依法负有注意和管理义务,其安全设施应充分考虑到未成年人的特殊安全需要,最大限度杜绝危害后果发生。游客亦应当文明游园,监护人要尽到监护责任,否则亦要依法承担相应的责任。

2. 江宁县东山镇副业公司与江苏省南京机场高速公路管理处损害赔偿纠纷上诉案(《最高人民法院公报》2000 年第 1 期)

高速公路管理处作为事业法人,不仅有向过往车辆收取车辆通行费的权利,还有履行保障公路完好、安全、畅通的职责和义务。高速公路管理处不能及时清除路上障碍物,致使驾驶员驾驶车辆通过时发生事故,是不作为的侵权行为,应对自己的违法行为承担民事责任。

3. 吴某景、张某逸、吴某娟诉厦门市康健旅行社有限公司、福建省永春牛姆林旅游发展服务有限公司人身损害赔偿纠纷案(《最高人民法院公报》2006 年第 6 期)

树木折断致人损害的,除存在树木的所有人或管理人已尽到维护、管理义务,或者损害结果的发生系因不可抗力所致,或者受害人因自己的过错造成损害三种情形外,树木的所有人或管理人应当承担赔偿责任。

4. 王某凤诉千阳县公路管理段人身损害赔偿案(《最高人民法院公报》1990 年第 2 期)

公路两旁的护路树属公路设施。公路管理单位对该段公路及路旁边护路树负有管理及保护的责任。护路树已被虫害蛀朽,直接威胁着公路上车辆行人的安全，应当采伐更新，该公路管理单位不履行自己的职责，导致危害结果发生，不能证明其没有过错的，应当承担民事责任。

5. 姚某民与东台市城市管理局、东台市环境卫生管理处公共道路妨碍通行责任纠纷案（《最高人民法院公报》2015 年第 1 期）

在公共交通道路上堆放、倾倒、遗撒妨碍他人通行的物品，无法确定具体行为人时，环卫机构作为具体负责道路清扫的责任单位，应当根据路面的实际情况制定相应的巡查频率和保洁制度，并在每次巡查保洁后保存相应的记录，保持路面基本见本色，保障安全通行。环卫机构未能提供其巡回保洁和及时清理的相关记录，应当认定其未尽到清理、保洁的义务，对他人因此受伤产生的损失，依法应承担相应的赔偿责任。

涉追偿的侵权责任

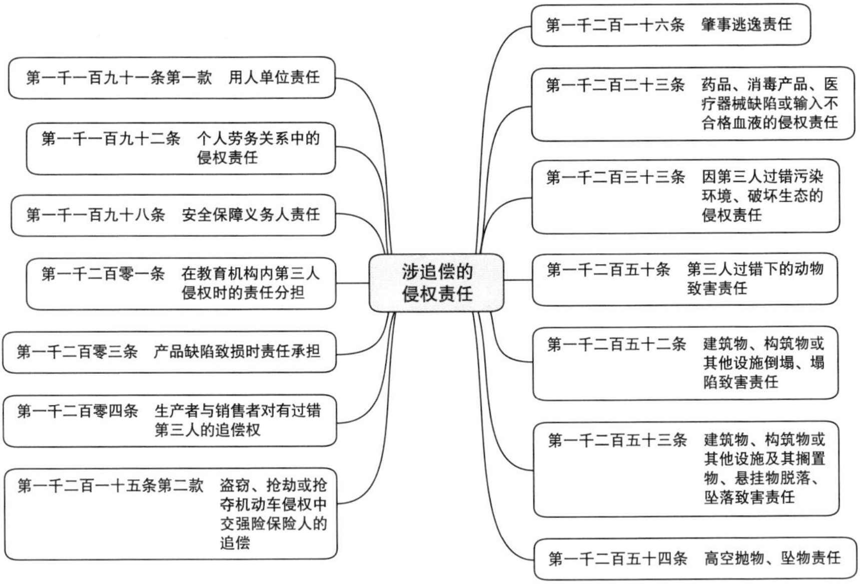

概念

《民法典》中有很多涉及追偿的条文，本词条仅在侵权责任编范围内收录相关条文。以“涉追偿的侵权责任”为词条名，即可看出，本词条收录的条文仅以涉及追偿为线索，条文还可能涉及其他知识点。因此，相关条文的实务要点与参考案例，不仅有追偿的内容，也有其他值得注意的内容。

法典条款

第一千一百九十一条第一款【用人单位责任】 用人单位的工作人员因执行工作任务造成他人损害的，由用人单位承担侵权责任。用人单位承担侵权责任后，可以向有故意或者重大过失的工作人员追偿。

第一千一百九十二条【个人劳务关系中的侵权责任】 个人之间形成劳务关系，提供劳务一方因劳务造成他人损害的，由接受劳务一方承担侵权责任。接受劳务一方承担侵权责任后，可以向有故意或者重大过失的提供劳务一方追偿。提供劳务一方因劳务受到损害的，根据双方各自的过错承担相应的责任。

提供劳务期间，因第三人的行为造成提供劳务一方损害的，提供劳务一方有权请求第三人承担侵权责任，也有权请求接受劳务一方给予补偿。接受劳务一方补偿后，可以向第三人追偿。

第一千一百九十八条【安全保障义务人责任】 宾馆、商场、银行、车站、机场、体育场馆、娱乐场所等经营场所、公共场所的经营者、管理者或者群众性活动的组织者，未尽到安全保障义务，造成他人损害的，应当承担侵权责任。

因第三人的行为造成他人损害的，由第三人承担侵权责任；经营者、管理者或者组织者未尽到安全保障义务的，承担相应的补充责任。经营者、管理者或者组织者承担补充责任后，可以向第三人追偿。

第一千二百零一条【在教育机构内第三人侵权时的责任分担】 无民事行为能力人或者限制民事行为能力人在幼儿园、学校或者其他教育机构学习、生活期间，受到幼儿园、学校或者其他教育机构以外的第三人人身损害的，由第三人承担侵权责任；幼儿园、学校或者其他教育机构未尽到管理职责的，承担相应的补充责任。幼儿园、学校或者其他教育机构承担补充责任后，可以向第三人追偿。

第一千二百零三条【产品缺陷致损时责任承担】 因产品存在缺陷造成他人损害的，被侵权人可以向产品的生产者请求赔偿，也可以向产品的销售者请求赔偿。

产品缺陷由生产者造成的，销售者赔偿后，有权向生产者追偿。因销售者的过错使产品存在缺陷的，生产者赔偿后，有权向销售者追偿。

第一千二百零四条【生产者与销售者对有过错第三人的追偿权】 因运输

者、仓储者等第三人的过错使产品存在缺陷，造成他人损害的，产品的生产者、销售者赔偿后，有权向第三人追偿。

第一千二百一十五条第二款【盗窃、抢劫或抢夺机动车侵权中交强险保险人的追偿】 保险人在机动车强制保险责任限额范围内垫付抢救费用的，有权向交通事故责任人追偿。

第一千二百一十六条【肇事逃逸责任】 机动车驾驶人发生交通事故后逃逸，该机动车参加强制保险的，由保险人在机动车强制保险责任限额范围内予以赔偿；机动车不明、该机动车未参加强制保险或者抢救费用超过机动车强制保险责任限额，需要支付被侵权人人身伤亡的抢救、丧葬等费用的，由道路交通事故社会救助基金垫付。道路交通事故社会救助基金垫付后，其管理机构有权向交通事故责任人追偿。

第一千二百二十三条【药品、消毒产品、医疗器械缺陷或输入不合格血液的侵权责任】 因药品、消毒产品、医疗器械的缺陷，或者输入不合格的血液造成患者损害的，患者可以向药品上市许可持有人、生产者、血液提供机构请求赔偿，也可以向医疗机构请求赔偿。患者向医疗机构请求赔偿的，医疗机构赔偿后，有权向负有责任的药品上市许可持有人、生产者、血液提供机构追偿。

第一千二百三十三条【因第三人过错污染环境、破坏生态的侵权责任】 因第三人的过错污染环境、破坏生态的，被侵权人可以向侵权人请求赔偿，也可以向第三人请求赔偿。侵权人赔偿后，有权向第三人追偿。

第一千二百五十条【第三人过错下的动物致害责任】 因第三人的过错致使动物造成他人损害的，被侵权人可以向动物饲养人或者管理人请求赔偿，也可以向第三人请求赔偿。动物饲养人或者管理人赔偿后，有权向第三人追偿。

第一千二百五十二条【建筑物、构筑物或其他设施倒塌、塌陷致害责任】 建筑物、构筑物或者其他设施倒塌、塌陷造成他人损害的，由建设单位与施工单位承担连带责任，但是建设单位与施工单位能够证明不存在质量缺陷的除外。建设单位、施工单位赔偿后，有其他责任人的，有权向其他责任人追偿。

因所有人、管理人、使用人或者第三人的原因，建筑物、构筑物或者其他设施倒塌、塌陷造成他人损害的，由所有人、管理人、使用人或者第三人承担侵权责任。

第一千二百五十三条【建筑物、构筑物或其他设施及其搁置物、悬挂物脱

落、坠落致害责任】 建筑物、构筑物或者其他设施及其搁置物、悬挂物发生脱落、坠落造成他人损害，所有人、管理人或者使用人不能证明自己没有过错的，应当承担侵权责任。所有人、管理人或者使用人赔偿后，有其他责任人的，有权向其他责任人追偿。

第一千二百五十四条【高空抛物、坠物责任】 禁止从建筑物中抛掷物品。从建筑物中抛掷物品或者从建筑物上坠落的物品造成他人损害的，由侵权人依法承担侵权责任；经调查难以确定具体侵权人的，除能够证明自己不是侵权人的外，由可能加害的建筑物使用人给予补偿。可能加害的建筑物使用人补偿后，有权向侵权人追偿。

物业服务企业等建筑物管理人应当采取必要的安全保障措施防止前款规定情形的发生；未采取必要的安全保障措施的，应当依法承担未履行安全保障义务的侵权责任。

发生本条第一款规定的情形的，公安等机关应当依法及时调查，查清责任人。

实务要点

1. 第 1191 条第 1 款是关于用人单位责任的规定。本款在《侵权责任法》(已废止)第 34 条的基础上，增加规定了用人单位与工作人员内部的责任承担，明确了用人单位对工作人员执行工作任务的侵权行为承担责任后，可以向具有故意或者重大过失的工作人员追偿。用人单位责任的特点为:(1)用人单位责任是无过错责任。有利于减少或避免用人单位侵权行为的发生，促进用人单位提高技术及管理水平；有利于切实保护受害人的合法权益，使受害人的损害赔偿请求权更容易实现。(2)用人单位责任以工作人员执行职务的行为构成侵权为前提。用人单位承担侵权责任有两个前提：一是侵权行为必须是工作人员执行工作任务的行为。二是工作人员执行职务的行为构成侵权。(3)用人单位责任是单独责任。(4)用人单位承担侵权责任后享有追偿权。但用人单位只能向因故意或者重大过失造成损害的工作人员追偿，这体现了内部求偿关系中的过错原则，如果工作人员对损害的发生不存在故意或者重大过失，仅是一般或轻微过失，或者没有过错，即便工作人员致人损害的行为成立侵权行为，用人单位承担责任后也不能向轻微过失或者无过失的工作人员追偿。

2. 第 1192 条是关于个人劳务关系中的侵权责任之规定。本条规定包括提供劳务一方因提供劳务造成他人损害、自己损害和提供劳务一方在劳务期间遭受第三人侵害三种情形。本条在《侵权责任法》(已废止)第 35 条的基础上做了两处修改：一是增加规定因提供劳务造成他人损害的，接受劳务一方承担侵权责任后享有追偿权；二是增加规定提供劳务一方遭受第三人侵害的责任承担。本条与第 1191 条本质上都是关于雇主侵权责任的规定。需注意，本条第 1 款接受劳务一方承担侵权责任后，仅可以向有故意或重大过失的提供劳务一方追偿。此外，该款虽解决了接受劳务一方与提供劳务一方的内部求偿问题，但在外部关系中，就受害人而言，侵权责任主体仍是唯一的接受劳务一方。另外，本条第 2 款也明确了因第三人行为造成提供劳务方损害的，提供劳务方可请求第三人承担侵权责任，也可请求接受劳务方补偿。接受劳务方补偿后，可向第三人追偿。需注意，此处为“补偿”而非“赔偿”，且补偿之后也可追偿。

3. 第 1198 条是关于安全保障义务人责任的规定。相较于《侵权责任法》(已废止)第 37 条，本条有两处变化：一是在列举中增加了机场、体育场馆这两类典型的公共场所，另外将安全保障义务主体表述由原来的“公共场所的管理人”调整为“经营场所、公共场所的经营者、管理者”。二是增加规定了安全保障义务主体在承担相应的补充责任后有权向实施了直接侵权行为的第三人追偿。需注意，根据本条，无论是安全保障义务主体的直接责任还是补充责任，都以其未尽到安全保障义务为前提条件。若安全保障义务主体尽到了安全保障义务，就可以免除责任。因此，本条规定的违反安全保障义务的侵权责任是一种过错责任。判断是否履行了安全保障义务，可从以下四个方面把握：(1)法定标准。法律、法规对于安全保障的内容有直接规定的，应以法律、法规的规定内容作为判断的标准和依据。(2)行业标准。在法律、法规没有明确规定的情况下，安全保障义务应当达到同行业所应当达到的通常注意义务。(3)合同标准。合同约定标准也是判断安全保障义务人是否尽到相应义务的一种依据。(4)善良管理人的标准。法律没有规定确定的标准，是否履行了安全保障义务，可按照善良管理人的标准确定。另关于安全保障义务主体有无追偿权的问题，本条第 2 款基于“第三人距离损害更近，属终局责任人”的角度，明确规定了安全保障义务主体承担相应的补充责任后，可向第三人追偿。

4. 第 1201 条是关于在教育机构内第三人侵权时责任分担的规定。较《侵权责任法》(已废止)第 40 条,本条主要变化在于增加了“幼儿园、学校或者其他教育机构承担补充责任后,可以向第三人追偿”的规定。在本条规定的第三人侵权的场合,幼儿园、学校或者其他教育机构未尽到管理职责承担的侵权责任是一种间接侵权责任,责任形态属于补充责任。规定幼儿园、学校或者其他教育机构在承担补充责任后享有追偿权,在体系上与《民法典》第 1198 条安全义务保障主体承担补充责任的规定保持一致。依据本条,教育机构因第三人侵权承担责任的构成要件包括:(1)教育机构以外的第三人实施直接侵权行为。该第三人不包括在教育机构学习、生活的无民事行为能力人或限制民事行为能力人,也不包括教育机构教职员工。(2)无民事行为能力人、限制民事行为能力人受到的损害必须是在教育机构学习和生活期间所遭受的人身损害。(3)教育机构未尽到管理职责。主要表现为教育机构不作为。(4)学校等教育机构的行为与损害后果之间存在因果关系。需注意,本条所谓教育机构承担相应的补充责任,意味着应当先由实施了直接侵权行为的第三人承担责任,如果无法查明第三人或者第三人没有足够的赔偿能力的,教育机构应当在第二顺位承担补充责任。此外,“相应的”意味着教育机构补充责任比例应根据其过错程度确定。

5. 第 1203 条是关于产品缺陷致损时责任承担的规定。根据本条,在满足产品责任构成要件的前提下,只要产品在离开经销链之时存在缺陷,受害人选择要求销售者承担责任,该销售者就要承担全部责任;若选择主张生产者承担责任时,生产者也要承担全部责任。至于销售者与生产者之间的追偿权法律关系,包括以下两种情形:(1)销售者向生产者追偿。这时必须满足的条件是:销售者已经向被侵权人承担赔偿责任;该产品缺陷之形成原因在于生产者,而非因销售者自己过错行为所致。(2)生产者向销售者追偿。这时必须满足的条件是:生产者已经向被侵权人承担赔偿责任,该产品缺陷之形成是由于销售者的过错行为所致。对于销售者之间,如批发商与零售商之间的追偿关系,也要遵循上述规则,且由主张追偿权的销售者承担举证责任。

6. 第 1204 条是关于生产者与销售者对有过错第三人追偿权的规定。本条解决的是生产者、销售者及运输者、仓储者等第三人之间的内部责任承担问题,或者说是承担产品责任的生产者、销售者向第三人行使追偿权的问题。当然,这不影响生产者及销售者向被侵权人承担侵权责任。生产者、销售者向第三人主张相应的责任,需要满足下列条件:(1)生产者或销售者在满足产品责任构成要件的前提下，已经向被侵权人承担了赔偿责任。生产者或销售者并未承担赔偿责任，自然就不存在其行使追偿权的前提。（2）运输者或仓储者等第三人的行为导致产品缺陷的产生。该第三人的行为可以是使本来没有缺陷的产品产生缺陷，也可以是使本来既已存在的缺陷加剧。换言之，第三人的行为必须与某种产品缺陷的形成具有因果关系。（3）运输者或仓储者等第三人具有过错。该第三人的过错通常为过失，但也不排除故意的形态。主张追偿权的生产者或销售者不能举证证明第三人过错的存在或不能证明该第三人的过错行为导致某种产品缺陷的产生，其对该第三人主张的追偿权就不能成立。

7. 第1215条第2款是关于盗窃、抢劫或抢夺机动车侵权中交强险保险人的追偿之规定。一般来说，发生交通事故后，应依照本法第1213条规定的顺序，先由保险人在交强险限额范围内承担赔偿责任。但为了预防与惩罚盗抢机动车驾驶等情形，应允许交强险的保险人在承担赔偿责任后向致害人追偿。

8. 第1216条是关于肇事逃逸责任的规定。肇事后逃逸的后果，大致可以分为三种：（1）机动车驾驶人驾车逃逸，难以查明具体肇事的机动车辆。（2）肇事机动车没有参保机动车交强险。（3）抢救费用超过机动车交强险限额。《侵权责任法》（已废止）第53条对前两种情况规定了需要支付被侵权人人身伤亡的抢救、丧葬等费用的，由道路交通事故社会救助基金先行垫付全部费用。并未对超过强制保险限额如何处理作出规定。本条则将上述三种情形包括肇事逃逸的机动车强制保险先行赔付后仍不足以支付被侵权人人身伤亡的抢救、丧葬费用的情形全部纳入由道路交通事故社会救助基金先行垫付的范围。需注意，道路交通事故社会救助基金垫付抢救和丧葬等费用后，其管理机构有权向交通事故责任人追偿。能够查明机动车，但因超出交强险责任限额进行垫付的，在机动车所有人、管理人和使用人明确的情况下，救助基金管理机构可以按照侵权责任编“机动车交通事故责任”一章关于责任主体的规定追偿。若虽查明机动车，但机动车投保人未投保交强险，从而发生道路交通事故社会救助基金垫付的，责任人不应限定于侵权人，而应包括所有的赔偿责任主体。首先，按照规定承担侵权责任的所有人、管理人或使用人当然是可以被追偿的主体。其次，未履行法定投保交强险义务的投保义务人也应是被追偿的责任主体。

9. 第1223条是关于药品、消毒产品、医疗器械缺陷或输入不合格血液的侵权责任之规定。相较于《侵权责任法》（已废止）第59条，本条增加了“药品上市许可持有人”作为医疗产品责任主体的规定。医疗机构承担赔偿责任后，有权向负有责任的药品上市许可持有人、生产者、血液提供机构追偿。当然，对于医疗机构是最终责任主体时，主张追偿权的主体也要对该医疗机构的过错造成产品缺陷的事实承担举证证明责任。但是，对于医疗产品生产者的责任，其承担的是无过错责任。一般而言，主张追偿权的主体无须对医疗产品生产者的过错承担举证证明责任。多数案件可能依据患者主张产品责任的案件中查明的事实就可完成相应举证证明责任，而直接向医疗产品的生产者主张追偿权。

10. 第 1233 条是关于因第三人过错污染环境、破坏生态的侵权责任之规定。第三人过错是一般侵权责任中被告的减免责事由。但因环境侵权的特殊性，除其他环境资源单行法另有不同规定外，第三人过错不能作为侵权人的减责、免责事由。故本条规定，被侵权人既可以向侵权人也可以向第三人请求赔偿。需注意，本条适用范围应仅限于污染环境、破坏生态导致他人损害系因第三人过错造成的情形。即本条规定的第三人并非污染源的控制与排放者，而是对污染源实施破坏行为从而导致环境污染或者生态破坏的行为人。第三人的过错行为不能是环境污染、生态破坏行为，否则该第三人的身份就发生了根本变化。该第三人的过错行为必须是与侵权人污染环境、破坏生态的行为结合在一起导致了损害后果。另根据本条，侵权人赔偿后，有权向第三人追偿。但具体到个案，第三人最终应承担多少份额的责任，需结合具体案情具体分析。

11. 第 1250 条是关于第三人过错下的动物致害责任之规定。本条规定的第三人，是指受害人和动物的饲养人或管理人以外的其他主体，如第三人挑逗宠物犬致其伤人、第三人将铁笼中的藏獒放出伤人。依据本条，受害人作为赔偿权利人，可根据自己的意愿选择要求第三人抑或动物的饲养人或管理人赔偿。若第三人过错是损害发生的唯一原因，即损害纯粹是第三人导致，理论上第三人应当承担全部责任。动物的饲养人或者管理人赔偿后可向第三人全部追偿。若第三人的过错只是导致损害的部分原因，对于饲养人或者管理人来说，承担责任后向第三人追偿时，不能针对全部责任进行追偿，应适用《民法典》第 1172 条的规定，按照原因力大小各自承担相应的责任。

12. 第 1252 条是关于建筑物、构筑物或其他设施倒塌、塌陷致害责任的规定。建筑物、构筑物或者其他设施因质量缺陷发生倒塌、塌陷致人损害的第一责任人为建设单位与施工单位。建设单位是建设工程的业主和发包人。施工单位包括建设工程的承包人、分包人、转包人和实际施工人，但不包括个人。建设单位与施工单位之间为连带责任，受害人既可以请求建设单位承担侵权责任，也可以请求施工单位承担侵权责任，还可以请求两者共担责任。如工程质量缺陷是由建设单位、施工单位自身的过错和原因造成，则其承担的是直接和终局责任；如质量缺陷是由其他责任人过错造成，则建设单位、施工单位承担的是垫付责任，其实际赔偿后有权向其他责任人追偿。另外，建筑物、构筑物或者其他设施非因质量缺陷发生倒塌、塌陷致损的责任主体，主要是所有人、管理人、使用人，也包括除此以外对倒塌、塌陷负有责任的第三人，如装修人。与本条第 1 款适用的是构筑物因施工阶段的质量缺陷而发生倒塌、塌陷的情形不同，第 2 款适用的是构筑物在交付使用后因管理、维护缺陷而发生倒塌、塌陷的情形。

13. 第 1253 条是关于建筑物、构筑物或其他设施及其搁置物、悬挂物脱落、坠落致害责任的规定。该条主要内容在“过错推定”词条已有论述，不再重复。本词条仅就该条涉及的追偿问题论述。所谓“其他责任人”，是指除所有人、管理人或者使用人之外，对损害发生负有责任的人。实践中，有些损害的发生除了与所有人、管理人或者使用人的过错有关外，还与其他人有关，如聘请的承揽人安装防盗网或空调不牢固，坠落砸伤路人。此时，所有人、管理人或者使用人向受害人赔偿后，享有法定追偿权，有权向对损害发生负有责任的其他人进行追偿。

14. 第 1254 条是关于高空抛物、坠物责任的规定。相较于《侵权责任法》（已废止）第 87 条的规定，本条有很多变化：（1）新增“禁止从建筑物中抛掷物品”，鲜明表明禁止的态度。（2）明确了从建筑物中抛掷物品或者从建筑物上坠落的物品造成他人损害的情形，由“侵权人依法承担侵权责任为一般规则、由可能加害的建筑物使用人给予补偿为例外”的规则，而非《侵权责任法》（已废止）第 87 条规定的由可能加害的建筑物使用人给予补偿作为一般规则的做法。（3）新增物业服务企业等建筑物管理人的责任，即“物业服务企业等建筑物管理人应当采取必要的安全保障措施防止前款规定情形的发生；未采取必要的安全保障措施的，应当依法承担未履行安全保障义务的侵权责任”。（4）新增有关部门查找职责的规定，即“发生本条第一款规定的情形的，公安等机关应当依法及时调查，查清责任人”。从现代社会分散风险的角度考虑，随着我国城镇化进程的加快，高层建筑越来越多，建筑物抛掷物、坠落物造成他人损害的情形时有发生，有时甚至造成他人重伤、死亡。为此，本条第 1 款后段规定“经调查难以确定具体侵权人的，除能够证明自己不是侵权人的外，由可能加害的建筑物使用人给予补偿”。这一内容本质上也属过错推定，即被告不能证明自己没有过错或者被告不能证明自己不是侵权人，均要承担民事责任。“可能加害”的建筑物区分所有单元范围内的侵权人的确定可以依据科技手段和日常生活经验法则来进行，比如在一楼的住户显然不能属于高空抛物可能加害人的范围。另外，物业服务企业在预防和规制高空抛物、坠物行为方面也能够发挥重要作用。为此，本条第 2 款明确了物业服务企业等建筑物管理人的义务与责任。物业服务企业等建筑物管理人承担侵权责任的前提是其未采取必要的安全保障措施，即未履行相应的安全保障义务。从责任形态上讲，包括两种：(1)作为直接侵权人依照其过错大小承担的按份责任，归责原则上应当适用《民法典》第 1253 条规定的规则。(2)存在高空抛物、坠物行为的直接侵权人的情形，而物业服务企业等建筑物管理人也违反了相应的安全保障义务，这时物业服务企业应承担相应的补充责任，承担责任后可向直接侵权人追偿。这里的直接侵权人即是本条第 1 款规定的“侵权人”。当然，在有其他侵权人的情形下，依照本法第 1253 条的规定，物业服务企业等建筑物管理人在承担赔偿责任后，可向其他责任人追偿。需要注意的是，这里的“向其他责任人”追偿必须严格限定在第 1253 条规定的情形，即“建筑物、构筑物或者其他设施及其搁置物、悬挂物发生脱落、坠落造成他人损害”(坠物)，不包括“从建筑物中抛掷物品”(抛物)。

权威参考案例

1. 张某英诉中国工商银行股份有限公司昌吉回族自治州分行、新疆证券有限责任公司、杨某、张某民财产损害赔偿纠纷案(《最高人民法院公报》2013 年第 2 期)

证券公司员工的职务身份增加了其侵权行为发生的可能性和危险性，证券公司对此种行为应当预见并应采取一定措施予以避免，但因其内部管理不善、内部监控存在漏洞导致未能避免，应当认定证券公司员工的侵权行为与其履行职务有内在关联，证券公司应承担赔偿责任。

2. 朱某胜诉世平公司人身损害赔偿纠纷案(《最高人民法院公报》2007 年第 5 期)

根据最高人民法院《关于审理人身损害赔偿案件适用法律若干问题的解释》

第 14 条的规定，帮工关系，是指帮工人无偿为被帮工人处理事务而在双方之间形成的法律关系。帮工人因帮工活动遭受人身损害的，被帮工人应当承担赔偿责任。

3. 李某月等诉广州市花都区梯面镇红山村村民委员会违反安全保障义务责任纠纷案（最高人民法院指导性案例第 140 号）

公共场所经营管理者的安全保障义务，应限于合理限度范围内，与其管理和控制能力相适应。完全民事行为能力人因私自攀爬景区内果树采摘果实而不慎跌落致其自身损害，主张经营管理者承担赔偿责任的，人民法院不予支持。

4. 支某 1 等诉北京市永定河管理处生命权、健康权、身体权纠纷案（最高人民法院指导性案例第 141 号）

消力池属于禁止公众进入的水利工程设施，不属于《侵权责任法》（已废止）第 37 条第 1 款[①] 规定的“公共场所”。消力池的管理人和所有人采取了合理的安全提示和防护措施，完全民事行为能力人擅自进入造成自身损害，请求管理人和所有人承担赔偿责任的，人民法院不予支持。

5. 杨某波、侯某素与中国铁路上海局集团有限公司、中国铁路上海局集团有限公司南京站铁路运输人身损害责任纠纷案（《最高人民法院公报》2019 年第 10 期）

在车站设有上下车安全通道，且铁路运输企业已经采取必要的安全措施并尽到警示义务的情况下，受害人未经许可、违反众所周知的安全规则，进入正有列车驶入的车站内轨道、横穿线路，导致生命健康受到损害的，属于《铁路法》第 58 条规定的因受害人自身原因造成人身伤亡的情形，铁路运输企业不承担赔偿责任。

6. 刘某珍诉孙某芳、李某健康权纠纷案（《最高人民法院公报》2019 年第 1 期）

经营日常生活用品的个体店主允许他人在其经营场所内从事产品宣传服务时，其作为场地提供者，应对所宣传的产品及服务的合法性、适当性进行必要的审查，若未尽此义务，造成他人损害的，应当依法承担相应的过错责任。

7. 高某玉诉南京地铁集团有限公司健康权纠纷案（《最高人民法院公报》2015 年第 9 期）

安全保障义务是公共场所或公共设施管理人的一种法定义务，安全保障义

① 可参考《民法典》第 1198 条。

务人既要保障其管理的场所或设施的安全性，也要对在场所内活动或使用设施的人进行必要的警告、指示说明、通知及提供必要的帮助，以预防侵害的发生。地铁公司主要以自动检票闸机控制乘客的进出站，如果地铁公司未对免票乘客及其随行人员如何安全通过闸机进行合理的安排和管理，由此导致乘客在无法得知安全通行方式的情况下受伤，则应认定地铁公司作为公共场所的管理者未尽到安全保障义务，应当对乘客的损失承担相应的侵权责任。

8. 马某等诉古南都酒店等人身损害赔偿纠纷案（《**最高人民法院公报**》**2006年第11期**）

根据最高人民法院《关于审理人身损害赔偿案件适用法律若干问题的解释》（已被修改）第6条的规定，安全保障义务人应当在合理限度范围内履行安全保障义务，合理限度范围应当根据一般常识来确定。在安全保障义务人已经尽到安全保障义务的前提下，具有完全民事行为能力的人因为自身判断错误导致损害事实发生的，后果由行为人自己承担。

9. 吴某礼等五人诉官渡建行、五华保安公司人身损害赔偿纠纷案（《**最高人民法院公报**》**2004年第12期**）

根据《民法通则》（已废止）第106条第2款的规定，商业银行在合理限度内未尽到安全保障的义务，致使存款人及其他客户在银行的营业场所遭抢劫遇害的，应承担与其过错相适应的赔偿责任。

10. 重庆市长寿区龙河镇盐井村1组与蒙城县利超运输有限公司等环境污染责任纠纷案（《**最高人民法院公报**》**2014年第11期**）

因第三人的过错污染环境造成损害的，被侵权人可以向污染者请求赔偿，也可以向第三人请求赔偿。污染者赔偿后，有权向第三人追偿。

11. 陈某豪与南京武宁房地产开发有限公司、南京青和物业管理有限公司财产损害赔偿纠纷案（《**最高人民法院公报**》**2013年第5期**）

物业服务企业对小区共有部分负有保养、维护义务，对于可能对业主财产造成损害的小区共用部分的安全隐患，应当及时消除。因第三人侵权致小区共用部分对业主财产造成损害的，物业服务企业可以免责的情形是物业服务企业已履行了保养维护义务，而第三人侵权是不可预见、不可避免的。另外，房地产开发企业作为商品房的出卖人，在出售房屋、转移房屋所有权，并且商品房小区已经封园后，在所售房屋及共用部分没有质量瑕疵的情形下，对于小区业主的义务已经履行完毕，不需要承担责任。

责任主体特殊规定其他内容

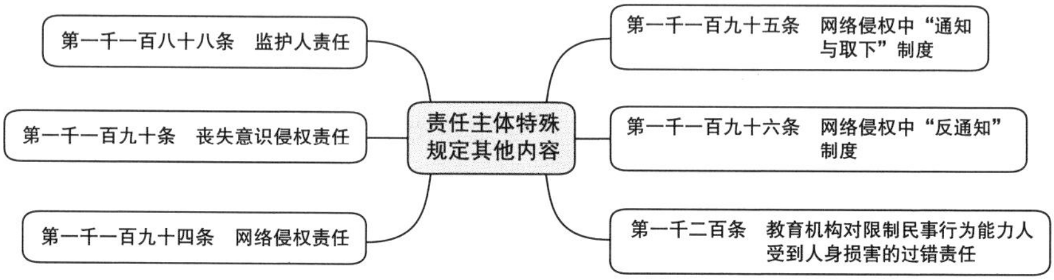

概念

侵权责任编关于责任主体特殊规定单独列为一章，因部分内容已收录在其他词条，故以“责任主体特殊规定其他内容”为名，主要涉及侵权责任中的监护人责任、丧失意识侵权责任、网络侵权责任、网络侵权中“通知与取下”制度、网络侵权中“反通知”制度、教育机构对限制民事行为能力人受到人身损害的过错责任等内容。

法典条款

第一千一百八十八条【监护人责任】 无民事行为能力人、限制民事行为能力人造成他人损害的，由监护人承担侵权责任。监护人尽到监护职责的，可以减轻其侵权责任。

有财产的无民事行为能力人、限制民事行为能力人造成他人损害的，从本人财产中支付赔偿费用；不足部分，由监护人赔偿。

第一千一百九十条【丧失意识侵权责任】 完全民事行为能力人对自己的行为暂时没有意识或者失去控制造成他人损害有过错的，应当承担侵权责任；没有过错的，根据行为人的经济状况对受害人适当补偿。

完全民事行为能力人因醉酒、滥用麻醉药品或者精神药品对自己的行为暂时没有意识或者失去控制造成他人损害的，应当承担侵权责任。

第一千一百九十四条【网络侵权责任】 网络用户、网络服务提供者利用网络侵害他人民事权益的，应当承担侵权责任。法律另有规定的，依照其规定。

第一千一百九十五条【网络侵权中“通知与取下”制度】 网络用户利用网

络服务实施侵权行为的，权利人有权通知网络服务提供者采取删除、屏蔽、断开链接等必要措施。通知应当包括构成侵权的初步证据及权利人的真实身份信息。

网络服务提供者接到通知后，应当及时将该通知转送相关网络用户，并根据构成侵权的初步证据和服务类型采取必要措施；未及时采取必要措施的，对损害的扩大部分与该网络用户承担连带责任。

权利人因错误通知造成网络用户或者网络服务提供者损害的，应当承担侵权责任。法律另有规定的，依照其规定。

第一千一百九十六条【网络侵权中“反通知”制度】　网络用户接到转送的通知后，可以向网络服务提供者提交不存在侵权行为的声明。声明应当包括不存在侵权行为的初步证据及网络用户的真实身份信息。

网络服务提供者接到声明后，应当将该声明转送发出通知的权利人，并告知其可以向有关部门投诉或者向人民法院提起诉讼。网络服务提供者在转送声明到达权利人后的合理期限内，未收到权利人已经投诉或者提起诉讼通知的，应当及时终止所采取的措施。

第一千二百条【教育机构对限制民事行为能力人受到人身损害的过错责任】限制民事行为能力人在学校或者其他教育机构学习、生活期间受到人身损害，学校或者其他教育机构未尽到教育、管理职责的，应当承担侵权责任。

实务要点

1. 第 1188 条是关于监护人责任的规定。监护人的侵权责任，是指在无民事行为能力人和限制民事行为能力人造成他人损害时，由监护人承担的侵权民事责任。我国规定的监护人责任是典型的替代责任，即为他人的侵权行为负责的责任。因总则编在监护制度中增加规定了成年人监护制度，故本条规定的实施加害行为的被监护人，并不限于未成年人和精神病人，丧失民事行为能力的老年人、植物人等成年人致人损害的，监护人也应承担监护责任。需注意，无论监护人是否尽到监护责任，监护人都应承担侵权责任。但对实施加害行为的无民事行为能力人或者限制民事行为能力人，监护人尽到监护职责的，可减轻责任。另需注意，监护人责任的承担，受无民事行为能力或者限制民事行为能力的行为人有无财产的制约。行为人自己有财产的，应先从其财产中支付赔偿金，监护人仅对不足的部分承担责任。“有财产”，并非指被监护人有少量的零用钱或价值不大的日常生活用品，而是指被监护人拥有价值较大的动产（如存款、贵重物品）和不动产（如房产）。从被监护人的财产中支付赔偿费用，必须保证被监护人正常生活和接受教育的开支，不得超过这一限度支付赔偿费用。

2. 第 1190 条是关于丧失意识侵权责任的规定。导致完全民事行为能力人丧失意识的情况比较复杂，本条根据不同情形做了规定：（1）完全民事行为能力人对自己的行为暂时没有意识或者失去控制存在过错的，应承担侵权责任。这里的“过错”，是指明知某种行为（如服用某种药物或兴奋剂）会导致对自己的行为暂时没有意识或者失去控制，仍然追求或者放任自己的行为。这种情形属于过错侵权责任。（2）完全民事行为能力人对自己的行为暂时没有意识或者失去控制没有过错（如驾车途中突发心脏病），但造成了他人损害，从公平的角度考虑，应根据行为人的经济状况对受害人予以适当补偿。此时为“补偿责任”而非“赔偿责任”。即按照《民法典》第 1186 条规定的公平原则承担责任。法院应根据实际情况由当事人双方公平地分担损失，当事人的负担能力是适用公平原则所要考虑的一个必要因素。（3）完全民事行为能力人因醉酒、滥用麻醉药品或精神药品对自己的行为暂时没有意识或者失去控制造成他人损害，这种情况是对本条第 1 款行为人有过错的情形进行的比较具体的表述。

3. 第 1194 条是关于网络侵权责任的规定。本条所谓的网络侵权，是指发生在互联网上的各种侵害他人民事权益的行为，不是指侵害某种特定权利（利益）的具体侵权行为，也不属于在构成要件方面具有某种特殊性的特殊侵权行为。互联网侵权行为包括网络用户侵权责任和网络服务提供者侵权责任。网络用户利用网络侵害他人民事权益的类型主要包括侵害人格权、侵害财产利益、侵害知识产权三大类。需说明的是，本条所谓的“网络服务提供者”并不是 IT 专业词语，而是法律上的概念，它包括网络技术服务提供者和网络内容服务提供者。技术服务提供者，主要指提供接入、缓存、信息存储空间、搜索以及链接等服务的网络主体，其不直接向网络用户提供信息。内容服务提供者，是指主动向网络用户提供内容的网络主体，其法律地位与出版社相同，应当对所上传内容的真实性与合法性负责。对于那些提供内容和产品服务的网络服务提供者而言，其网站信息内容都是该网络服务提供者自己主动编辑、组织和提供的，应由其自己负责，造成侵害他人权益的，应承担直接侵权责任。对于那些提供网络接入或平台服务的网络服务提供者，除符合《民法典》第1195~1197条的规定外，技术服务提供者一般无须对网络用户提供的信息侵犯他人民事权益承担责任。但技术服务提供者若主动实施侵权行为，也应依据本条承担侵权责任。另需说明，这里的网络包括互联网和局域网。

4. 第1195条是关于网络侵权中“通知与取下”制度的规定。本条为网络服务提供者确立了“避风港”和责任限制，并规定了网络用户错误通知的侵权责任。被侵权人发现网络用户利用网络服务侵害其合法权益，有权向网络服务提供者发出通知，要求其采取必要措施。若网络服务提供者及时采取了必要措施，则不承担侵权责任，谓之“避风港规则”。若网络服务提供者在收到被侵权人的通知后未及时采取必要措施，或采取的措施不合理，造成损害结果扩大的，网络服务提供者只对损害扩大部分与直接侵权的网络用户承担连带责任，体现了立法对网络服务提供者的侵权责任作出的限制。本条对“避风港”规则中的“通知与取下”程序做了原则性规定，并增加规定了权利人通知的必要内容、网络服务提供者的及时转送通知和采取必要措施义务。通知人是被侵权人、权利人，即网络用户利用网络服务实施侵权行为的被侵权人。接收通知人，即网络服务提供者，指依照服务类别有能力采取删除、屏蔽、断开链接等必要措施的网络服务提供者。侵权人，即网络用户。通知内容方面，本条增加规定了通知包含的必要事项，即通知应当包括构成侵权的初步证据及权利人的真实身份信息，但较为原则。本条所谓必要措施，是指足以防止侵权行为的继续和侵害后果的扩大并且不会给网络服务提供者造成不成比例的损害的措施，包括删除、屏蔽、断开链接、暂时中止对该网络用户提供服务。所谓“及时”，即采取删除、屏蔽、断开等必要措施是否及时，这是其能否援引“避风港”规则进行免责抗辩的关键。此外，本条第3款增加了错误通知的法律后果。错误通知，是指通知人将不构成侵权的网络信息误认为构成侵权，向网络服务提供者发出的错误删除通知。这种错误通知是通知人承担侵权责任的先决条件，若是网络用户起诉主张发出通知一方的通知错误的，则只有在通知一方举证证明网络信息构成侵权的前提下才能证明通知正确。因网络用户与网络服务提供者存在服务合同关系，网络服务提供者可能因错误删除而向网络用户承担违约责任，由此产生的损害应由错误通知的通知人承担。

5. 第1196条是关于网络侵权中“反通知”即不侵权声明的规定。本条第1

款规定网络用户不存在侵权行为的声明，其目的是赋予网络用户抗辩权。抗辩意味着对侵权主张的反驳，网络用户应提供相应的反驳证据，故本条规定网络用户提交的不构成侵权的声明，应包括不存在侵权行为的初步证据。需要注意的是，在接到网络服务提供者转来的侵权通知后，网络用户可提交不构成侵权的声明，也可不提交，此为网络用户的权利而非义务。但如果提交不构成侵权的声明，声明就应当包括不存在侵权行为的初步证据，否则声明无效。本条第 2 款规定了网络服务提供者转送声明的义务和恢复义务。网络用户向网络服务提供者作出不构成侵权的声明后，网络服务提供者作为网络用户的合同相对方，有义务将该声明转送发出通知的权利人，以使发出通知的权利人知晓网络用户的抗辩主张，同时，网络服务提供者也有义务告知发出通知的权利人可向有关部门投诉或向法院提起诉讼。若发出通知的权利人在接到网络用户的声明后及时提起了诉讼或者向有关部门投诉，则表明其不认可网络用户不构成侵权的声明，此时网络服务提供者无须恢复其基于侵权通知而采取的删除信息、断开链接等"取下"措施；但若发出通知的权利人接到网络用户不构成侵权的声明后，在合理期限内未向有关部门投诉或向法院起诉，则为保障网络用户的合法权益，网络服务提供者应及时终止采取的措施。

6. 第 1200 条是关于教育机构对限制民事行为能力人受到人身损害的过错责任之规定。与无民事行为能力人相比，限制民事行为能力人在意思能力、辨别能力方面更加成熟，对危险事物也有一定预防和控制能力。若仍适用过错推定原则，对学校、其他教育机构而言责任太重，不利于平衡保护未成年人合法权益和维护教育机构的正常教学秩序和管理秩序。为此，本条规定教育机构承担侵权责任的归责原则为过错责任。即适用本条时，学校和其他教育机构未尽到教育、管理职责的举证责任由受到伤害的限制民事行为能力人及其监护人承担，不实行举证责任倒置。若限制民事行为能力人及其监护人不能举证证明学校和其他教育机构未尽到教育、管理职责的，则学校和其他教育机构不承担侵权责任。

权威参考案例

1. 威海嘉易烤生活家电有限公司诉永康市金仕德工贸有限公司、浙江天猫网络有限公司侵害发明专利权纠纷案（最高人民法院指导性案例第 83 号）

网络用户利用网络服务实施侵权行为，被侵权人依据《侵权责任法》（已废止)向网络服务提供者所发出的要求其采取必要措施的通知,包含被侵权人身份情况、权属凭证、侵权人网络地址、侵权事实初步证据等内容的,即属有效通知。网络服务提供者自行设定的投诉规则,不得影响权利人依法维护其自身合法权利。《侵权责任法》(已废止)第36条第2款[①]所规定的网络服务提供者接到通知后所应采取的必要措施包括但并不限于删除、屏蔽、断开链接。"必要措施"应遵循审慎、合理的原则,根据所侵害权利的性质、侵权的具体情形和技术条件等来加以综合确定。

2. 施某某、张某某、桂某某诉徐某某肖像权、名誉权、隐私权纠纷案(《最高人民法院公报》2016年第4期)

为保护未成年人利益和揭露可能存在的犯罪行为,发帖人在其微博中发表未成年人受伤害信息,所发微博的内容与客观事实基本一致的,符合社会公共利益原则和儿童利益最大化原则,该网络举报行为不构成侵权。

3. 中国友谊出版公司诉浙江淘宝网络有限公司等侵犯专有出版权纠纷案(《最高人民法院公报》2010年第6期)

法律、行政法规仅明确规定了禁止流通和限制流通的物品,并未要求网络交易平台的提供者负有审查卖家销售商品的价格是否明显低于市场价格的义务,故对于以明显低于定价的价格销售涉案图书的行为,被诉侵权人并没有审查义务和能力。被诉侵权人在接到警告信后,在淘宝网上及时删除了侵权人的销售涉案图书的相关信息,已尽合理义务,不承担赔偿责任。

4. 博库股份有限公司诉北京讯能网络有限公司、汤姆有限公司侵犯作品专有使用权纠纷案(《最高人民法院公报》2001年第5期)

在授权链接的情况下设链者是否承担责任存在两种情形。如果设链者明知链接的作品存在权利上的瑕疵,仍然予以链接,其行为无疑帮助了侵权人传播,设链者都应当承担共同侵权责任。如果设链者事先不知道链接的作品存在权利上的瑕疵而予以链接,其主观上就没有侵权的故意,则无须承担民事责任。

5. 张某志诉世纪互联通讯技术有限公司侵犯著作权纠纷案(《最高人民法院公报》2000年第1期)

行为人未经权利人同意就在其网站上传播权利人的作品,也未支付任何使

① 可参考《民法典》第1195条。

用费，侵犯了权利人对其作品依法享有的专有使用权和传播权，造成了权利人的财产损害，依法应承担民事赔偿责任。精神损害赔偿的前提是受害人的精神受到伤害，即感受到了精神痛苦，行为人没有侵犯权利人的著作人身权利，故行为人无须承担精神损害赔偿。

6. 刘某胜诉搜狐爱特信信息技术（北京）有限公司侵犯著作权纠纷案（《最高人民法院公报》2001 年第 5 期）

搜索服务提供者虽难以对其网站链接的信息内容加以控制，但完全有技术能力控制其网站与其他网站或网页的链接。在权利人提出其链接的网页上有未经权利人许可上载的作品的指控时，搜索服务提供者有责任及时地采取技术措施，停止链接，抑止侵权，未积极地采取措施致使侵权状态得以延续的，应对其过错承担相应的责任。

7. 李某青、宋某宁诉青海湟川中学人身损害赔偿纠纷案（《最高人民法院公报》2009 年第 4 期）

中小学生系未成年人，其心理发育并未成熟，对于外界刺激的承受能力有限，学生之间的个体差异也比较大。学校作为教育机构，在处分学生时应当充分考虑学生的心理承受能力，在处分的同时做好教育、疏导工作。从根本上讲，对学生的处分也是教育手段，而不是简单的惩罚。只有在充分考虑受处分学生的心理素质，针对其实际情况进行教育、疏导的基础上，处分手段才能真正发挥教育作用，才能避免可能发生的悲剧。如果学校在处分过程中，仅仅为了追求惩戒的时效性，没有充分考虑学生的心理承受能力，且没有按照规定及时与家长进行沟通，使家长没有机会对学生进行有针对性的引导和教育，学校则对造成学生发生伤害事故具有过错，应当认定学校的违规行为与学生的伤害事故具有一定的因果关系，学校应当依法承担与其过错相应的赔偿责任。

产品责任其他内容

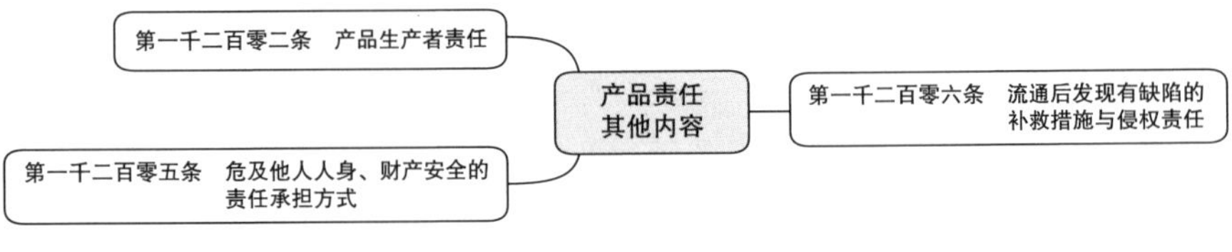

概念

侵权责任编中的产品责任，是指产品存在缺陷发生侵权，造成他人损害，生产者、销售者等应承担的侵权责任，并不是指合同中的产品质量不合格的民事责任。本词条主要涉及产品生产者责任、危及他人人身或财产安全的责任承担方式、流通后发现有缺陷的补救措施与侵权责任等内容。

法典条款

第一千二百零二条【产品生产者责任】 因产品存在缺陷造成他人损害的，生产者应当承担侵权责任。

第一千二百零五条【危及他人人身、财产安全的责任承担方式】 因产品缺陷危及他人人身、财产安全的，被侵权人有权请求生产者、销售者承担停止侵害、排除妨碍、消除危险等侵权责任。

第一千二百零六条【流通后发现有缺陷的补救措施与侵权责任】 产品投入流通后发现存在缺陷的，生产者、销售者应当及时采取停止销售、警示、召回等补救措施；未及时采取补救措施或者补救措施不力造成损害扩大的，对扩大的损害也应当承担侵权责任。

依据前款规定采取召回措施的，生产者、销售者应当负担被侵权人因此支出的必要费用。

实务要点

1. 第 1202 条是关于产品生产者责任的规定。产品侵权责任中的“产品”概念，是指“经过加工、制作，用于销售的产品”。产品责任实行的是无过错责任，即产品责任之构成不必考察过错因素，无论其有没有过错，在所不论，只要产品存在缺陷，即可构成侵权责任。构成产品责任，须具备以下要件：(1)产品有缺陷。“缺陷”并非仅指产品有瑕疵，而是产品质量已经达到危害生命财产安全的程度。(2)缺陷产品造成了受害人损害，即产品的使用人或者第三人的人身损害或者财产损害。(3)缺陷产品与造成的损害事实之间具有因果关系，即产品缺陷与受害人的损害事实之间存在引起与被引起的关系。需注意，产品责任中，通常采取举证责任倒置的方法，产品缺陷是否存在，要由生产者、销售者来承担举证责任，其要证明产品没有缺陷，否则就要承担相应的责任。

2. 第 1205 条是关于危及他人人身、财产安全的责任承担方式之规定。现代侵权责任法不仅要注重损害的填补和救济，更应该在具体的侵权责任制度设计时注重损害预防功能的实现。侵权责任法预防功能的实现，不仅要依靠侵权责任的惩戒性措施的警示威慑作用，更要依赖诸如消除危险、停止侵害等积极的或具有事先预防性的救济措施。在总结以往经验做法的基础上，本条规定了预防型民事责任的承担规则。本条所谓产品缺陷会危及他人人身、财产安全，包括两种情形：(1)产品缺陷并未导致实际损害，但具有危及他人人身、财产安全的高度盖然性。(2)产品缺陷已经导致实际损害的发生，但其有进一步加大他人人身、财产损害的高度盖然性。此外，被产品缺陷危及人身、财产安全的人是权利主体，其可选择要求生产者承担预防型责任，也可以选择销售者为责任主体，还可以同时要求生产者和销售者来承担责任。

3. 第 1206 条是关于流通后发现有缺陷的补救措施与侵权责任之规定。本条所谓产品投入流通后发现存在的“缺陷”，包括依照科技水平进步原来不能认为是缺陷现在构成缺陷的情形和依照当时科学水平就能认定为缺陷而由于过错没有发现的缺陷。生产者对缺陷产品采取停止销售、警示和召回等补救措施的义务，即为产品跟踪观察义务。此时，生产者、销售者要承担的赔偿责任并不是产品制造缺陷或设计缺陷所导致的损害，而是他们没有尽到相应的售后警示和召回等义务所导致的损失。跟踪观察的义务主体是生产者。销售者包括批发商、分销商等对制造商负有协助的义务。但就外部而言，生产者和销售者在违反跟踪观察义务时，应该对消费者承担连带责任。生产者与销售者承担跟踪观察义务所对应的权利主体自然就是消费者，不仅包括直接购买产品的人，还应包括其他使用产品的第三人。具体而言，跟踪观察义务的内容包括停止销售、售后警示、产品召回及其他补救措施（如跟踪监视）等。此外，本条第 2 款确立了召回措施费用由生产者、销售者承担的规则。这里的费用承担要以“必要”为限。

权威参考案例

1. 马某法诉陕西重型汽车有限公司等健康权纠纷案（《最高人民法院公报》2015 年第 12 期）

生产者应对其法定免责事由承担举证责任，其自行出具的产品质量检验合格报告不能成为其免责之法定事由。生产者不提供证据证明其产品符合质量标准的，应对受害者承担侵权赔偿责任。

2. 陈某金、林某鑫诉日本三菱汽车工业株式会社损害赔偿纠纷案(《最高人民法院公报》2001 年第 2 期)

产品责任为无过错责任，因产品存在缺陷致他人人身损害的，产品的生产者应当承担赔偿责任，除非其能够证明产品未投入流通或产品投入流通时缺陷尚不存在或现有科技水平无法发现产品存在缺陷。

机动车交通事故责任其他内容

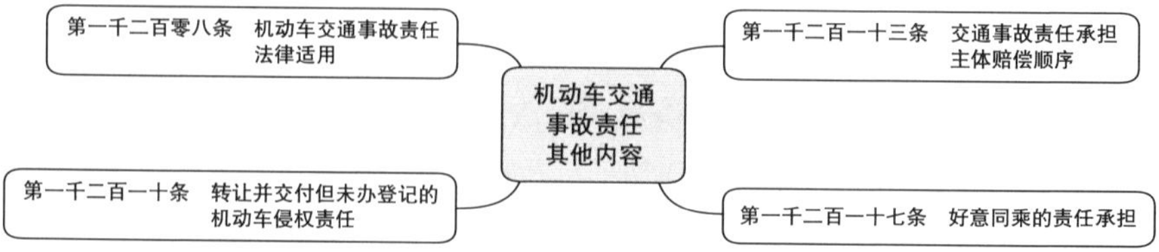

概念

侵权责任编所称交通事故，是指车辆在道路上因过错或意外事件造成的人身伤亡或财产损失的事件。本词条主要涉及机动车交通事故责任法律适用、转让并交付但未办登记的机动车侵权责任、交通事故责任承担主体赔偿顺序、好意同乘的责任承担等内容。

法典条款

第一千二百零八条【机动车交通事故责任法律适用】　机动车发生交通事故造成损害的，依照道路交通安全法律和本法的有关规定承担赔偿责任。

第一千二百一十条【转让并交付但未办登记的机动车侵权责任】　当事人之间已经以买卖或者其他方式转让并交付机动车但是未办理登记，发生交通事故造成损害，属于该机动车一方责任的，由受让人承担赔偿责任。

第一千二百一十三条【交通事故责任承担主体赔偿顺序】　机动车发生交通事故造成损害，属于该机动车一方责任的，先由承保机动车强制保险的保险人在强制保险责任限额范围内予以赔偿；不足部分，由承保机动车商业保险的保险人按照保险合同的约定予以赔偿；仍然不足或者没有投保机动车商业保险的，由侵权人赔偿。

第一千二百一十七条【好意同乘的责任承担】 非营运机动车发生交通事故造成无偿搭乘人损害，属于该机动车一方责任的，应当减轻其赔偿责任，但是机动车使用人有故意或者重大过失的除外。

实务要点

1. 第1208条是关于机动车交通事故责任法律适用的规定。考虑到《道路交通安全法》已经就机动车交通事故责任的归责原则、构成要件及免责事由作出了规定，《侵权责任法》（已废止）仅就机动车交通事故的侵权责任主体作出了“拾遗补缺”型的规定。《民法典》侵权责任编“机动车交通事故责任”章延续《侵权责任法》（已废止）对道路交通纠纷部分的规定范围。因此，《道路交通安全法》作为特别法，是机动车交通事故损害赔偿的主要法律渊源。此外，“机动车交通事故责任”章吸收了司法解释及司法实践关于交强险、商业保险及侵权责任主体赔偿顺序的有关规则，增加了机动车交通事故责任的赔偿顺序。新增和明确了好意同乘即无偿搭乘时的减责和免责事由，丰富了机动车交通事故侵权责任的责任体系。可以说，《民法典》关于机动车交通事故责任的规定与《道路交通安全法》共同形成了包含责任主体、归责原则、构成要件、免责事由、赔偿顺序在内的机动车交通事故责任的完整结构和鲜明特点，二者都是机动车交通事故责任的法律渊源。

2. 第1210条是关于转让并交付但未办登记的机动车侵权责任的规定。机动车交通事故损害赔偿责任主体，自出租、借用条款开始，就确定了机动车所有权和使用权分离时确定责任主体的基本原则，即危险责任控制原则。在发生转让、已交付而未办理过户登记的情况下，机动车登记所有权人并非真正的所有权人，对机动车的维护脱离控制，对机动车的使用无法管理，并非危险源的控制主体。仅仅因为未办理过户登记，就使其承担责任，不符合风险控制的责任自负原则。即便发生受让人逃逸，也并非转让人所能控制，通过施加责任，也难以防范受让人逃逸的情况发生。即便为充分保护被侵权人利益，在受让人逃逸时，对转让的事实也完全可以通过举证责任分配，由出让人承担举证责任予以查明。若出让人不能证明转让交付的事实，应根据登记对抗主义，推定为未转让交付，进而由其承担责任。这样既不会片面增加登记所有人责任，也便于及时保护被侵权人合法利益。若机动车已经交付并过户，受让人应当承担机动车所有权人的责任并无疑问。从本条的规范目的出发，旨在补充未登记过户的责任主体认定。需注意，本条所谓“交付”，不应包括占有改定这种方式。

3. 第 1213 条是关于交通事故责任承担主体赔偿顺序的规定。本条是统揽道路交通损害赔偿责任顺序的基本规则。即在发生交通事故后，应当首先由交强险在其责任限额范围内（包括分项限额）予以赔偿。其次，区分商业三者险与交强险的不同功能，强调商业三者险对被保险人风险分散的功能，明确规定在交强险赔偿之后，由商业三者险保险公司根据保险合同的约定承担赔偿责任。最后，仍然不足或者未投保商业三者险的，由相应的责任主体承担剩余的侵权责任。需注意，向商业三者险的承保保险公司直接请求赔偿的权利，是受限制的请求权，并非充分的请求权。赔偿请求权必须先行向承保交强险的保险公司主张，未获清偿部分，才能依据保险合同直接主张。

4. 第 1217 条是关于好意同乘的责任承担的规定。好意同乘，是为他人无偿提供搭乘帮助的行为，行为多发生于个人与个人之间，生活中大量存在。好意同乘无营利目的，不追求报酬，旨在互帮互助，应当积极倡导。在法律效力上，允诺提供无偿搭乘的人出于善意，并无受法律拘束的意思。相对于利他合同及无因管理，好意同乘作为情谊行为，更有助于形成互帮互助的良好风气，增进社会成员的相互信任。否则，若任何提供无偿搭乘的行为人，事先必须考虑行为后果，不利于鼓励人与人间的互助。故本条就好意同乘中机动车一方的责任明确了“减轻赔偿”的原则，但机动车使用人有故意或重大过失的除外。如不具备驾驶资格或有不得驾驶车辆情况的违法驾驶人免费搭乘他人，即属严重过错，此时不能减轻责任。

权威参考案例

1. 宇某诉沈丘县汽车运输有限公司、中国人民财产保险股份有限公司周口市分公司、中国人民财产保险股份有限公司沈丘支公司道路交通事故损害赔偿纠纷案（《最高人民法院公报》2010 年第 11 期）

交通事故认定书是公安机关处理交通事故，作出行政决定所依据的主要证据，虽然可以在民事诉讼中作为证据使用，但由于交通事故认定结论的依据是相应行政法规，运用的归责原则具有特殊性，与民事诉讼中关于侵权行为认定的法律依据、归责原则有所区别。交通事故责任不完全等同于民事法律赔偿责任，因此，交通事故认定书不能作为民事侵权损害赔偿案件责任分配的唯一依据。行为人在侵权行为中的过错程度，应当结合案件实际情况，根据民事诉讼的归责原则进行综合认定。

2. 郑某宝诉徐某良、中国人民财产保险股份有限公司长兴支公司道路交通事故人身损害赔偿纠纷案（《最高人民法院公报》2008 年第 7 期）

根据机动车辆保险合同的约定，机动车辆第三者责任险中的“第三者”，是指除投保人、被保险人和保险人以外的，因保险车辆发生意外事故遭受人身伤亡或财产损失的保险车辆下的受害者；车上人员责任险中的“车上人员”，是指发生意外事故时身处保险车辆之上的人员。据此，判断因保险车辆发生意外事故而受害的人属于“第三者”还是属于“车上人员”，必须以该人在事故发生当时这一特定的时间是否身处保险车辆之上为依据，在车上即为“车上人员”，在车下即为“第三者”。另外，由于机动车辆是一种交通工具，任何人都不可能永久地置身于机动车辆之上，故机动车辆保险合同中所涉及的“第三者”和“车上人员”均为在特定时空条件下的临时性身份，即“第三者”与“车上人员”均不是永久的、固定不变的身份，二者可以因特定时空条件的变化而转化。因保险车辆发生意外事故而受害的人，如果在事故发生前是保险车辆的车上人员，事故发生时已经置身于保险车辆之下，则属于“第三者”。至于何种原因导致该人员在事故发生时置身于保险车辆之下，不影响其“第三者”的身份。

医疗损害责任中的过错

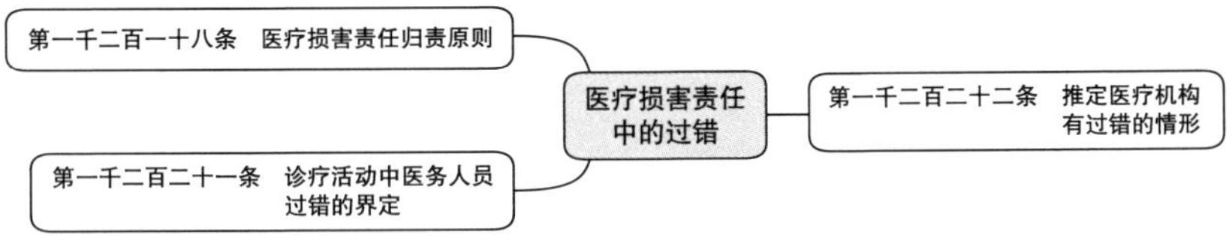

概念

医疗损害责任中的过错词条，主要涉及医疗损害责任归责原则、诊疗活动中医务人员过错的界定、推定医疗机构有过错的情形等内容。

法典条款

第一千二百一十八条【医疗损害责任归责原则】 患者在诊疗活动中受到损

害，医疗机构或者其医务人员有过错的，由医疗机构承担赔偿责任。

第一千二百二十一条【诊疗活动中医务人员过错的界定】 医务人员在诊疗活动中未尽到与当时的医疗水平相应的诊疗义务，造成患者损害的，医疗机构应当承担赔偿责任。

第一千二百二十二条【推定医疗机构有过错的情形】 患者在诊疗活动中受到损害，有下列情形之一的，推定医疗机构有过错：

（一）违反法律、行政法规、规章以及其他有关诊疗规范的规定；

（二）隐匿或者拒绝提供与纠纷有关的病历资料；

（三）遗失、伪造、篡改或者违法销毁病历资料。

实务要点

1. 第1218条是关于医疗损害责任归责原则的规定。本条将过错原则作为医疗损害责任的一般归责原则，是调整受害患者、医疗机构和全体患者之间利益关系的平衡器。但是，过错责任原则是医疗损害责任的基本归责原则，并不是说医疗损害责任一概采取过错责任进行归责，因为医疗损害责任不仅包括医疗伦理损害责任、医疗技术损害责任和医疗管理损害责任（这三者可以纳入诊疗过错责任范畴），还包括医疗产品损害责任。医疗产品损害责任作为产品责任的一个类型的归责原则适用无过错责任原则是确定的（侵权责任编“产品责任”章有明确规定）。《民法典》规定的医疗损害责任是一个宽泛的侵权责任类型，不仅指医疗事故责任或者医疗过错责任的医疗技术损害责任，还包括医疗产品损害责任，因而不可能适用统一的过错责任原则，起码还包括无过错责任原则。另需注意，医疗损害责任纠纷案件中，其行为主体是医疗机构及医务人员。但因医务人员的过错造成患者损害的，并非按照一般侵权行为“为自己行为负责”由医务人员对受害人承担民事责任，而是由所在的医疗机构承担赔偿责任。

2. 第1221条是关于诊疗活动中医务人员过错界定的规定。本条规定认定诊疗过错，要以“当时的医疗水平”作为判断标准。判断“当时的医疗水平”，要依据法律、行政法规、规章以及其他有关诊疗规范的规定，也要综合考虑、诊疗当时当地的医疗水平、医疗机构与医务人员资质、患者病情的紧急程度、患者个体差异等因素。本条规定的诊疗义务可以理解为一般情况下医务人员可以尽到的，通过谨慎的作为或不作为避免患者受到损害的义务。此外，依照本条，医务人员有过错造成患者损害的，医疗机构应承担赔偿责任，这与《民法典》第 1219 条的规定一致。

3. 第 1222 条是关于推定医疗机构有过错的情形之规定。医疗损害通常适用一般的过错责任归责原则，但也存在例外情况，本条即就适用过错推定的情形做了规定。相较于《侵权责任法》(已废止)第 58 条，本条有三处重要修改：(1)将原来的“患者有损害”修改为“患者在诊疗活动中受到损害”，进一步明晰了患者受到损害必须是诊疗活动导致的，表述更加严谨。(2)将“销毁”修改为“违法销毁”，不仅更符合实际情况，而且更便于实际操作。(3)新增“遗失”病历资料作为推定医疗机构过错的情形。需说明，有本条情形之一的，推定医疗机构有过错，但并非当然认定有过错，医疗机构可提出证据证明没有过错。

权威参考案例

余某惠、李某、李某诉重庆西南医院医疗事故损害赔偿纠纷抗诉案(《最高人民检察院公报》2014 年第 3 号)

患者死亡的原因系脓毒败血症继发全身多器官功能衰竭，主要与其个人体质和所患疾病有关。但医院在对前来就诊的患者进行治疗的过程中，医疗行为存在过错，并与患者死亡之间存在一定的因果关系，应当承担次要责任。

医疗机构及医务人员义务

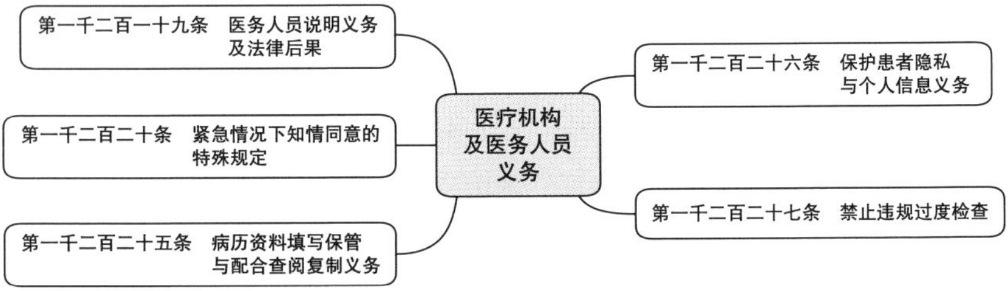

概念

医疗损害责任中，医务人员(医疗机构)负有很多义务，本词条主要涉及医务人员说明义务及法律后果、紧急情况下知情同意的特殊规定、病历资料填写保管与配合查阅复制义务、保护患者隐私与个人信息义务、禁止违规过度检查等内容。

法典条款

第一千二百一十九条【医务人员说明义务及法律后果】 医务人员在诊疗活动中应当向患者说明病情和医疗措施。需要实施手术、特殊检查、特殊治疗的，医务人员应当及时向患者具体说明医疗风险、替代医疗方案等情况，并取得其明确同意；不能或者不宜向患者说明的，应当向患者的近亲属说明，并取得其明确同意。

医务人员未尽到前款义务，造成患者损害的，医疗机构应当承担赔偿责任。

第一千二百二十条【紧急情况下知情同意的特殊规定】 因抢救生命垂危的患者等紧急情况，不能取得患者或者其近亲属意见的，经医疗机构负责人或者授权的负责人批准，可以立即实施相应的医疗措施。

第一千二百二十五条【病历资料填写保管与配合查阅复制义务】 医疗机构及其医务人员应当按照规定填写并妥善保管住院志、医嘱单、检验报告、手术及麻醉记录、病理资料、护理记录等病历资料。

患者要求查阅、复制前款规定的病历资料的，医疗机构应当及时提供。

第一千二百二十六条【保护患者隐私与个人信息义务】 医疗机构及其医务人员应当对患者的隐私和个人信息保密。泄露患者的隐私和个人信息，或者未经患者同意公开其病历资料的，应当承担侵权责任。

第一千二百二十七条【禁止违规过度检查】 医疗机构及其医务人员不得违反诊疗规范实施不必要的检查。

实务要点

1. 第 1219 条是关于医务人员说明义务及法律后果的规定。说明义务主要是指医方为取得患者对医疗行为的同意，而对该医疗行为的有关事项进行说明的义务。诊疗活动中向患者说明病情和医疗措施，这是一般应尽的义务。此外，若需实施手术、特殊检查、特殊治疗的，还应及时向患者说明医疗风险、替代医疗方案等情况，并取得其明确同意。若向患者说明将造成其悲观、恐惧、心理负担沉重，不利于治疗的，则不能或不宜向患者说明，此时应向患者的近亲属说明，并取得其明确同意。另外，依照本条第 2 款，医务人员未尽到第 1 款规定的说明义务，造成损害的，医疗机构应承担赔偿责任。需说明的是，不是说医务人员尽到了本条第 1 款规定的义务，在后续诊疗活动中造成患者损害的，医疗机构就可以不承担赔偿责任了。尽到说明义务但未尽到与当时的医疗水平相应的诊疗义务，造成患者损害的，医疗机构仍应按照第1221条承担赔偿责任。

2. 第1220条是关于紧急情况下知情同意的特殊规定，即紧急救治的规定。对生命垂危等紧急情况下的患者实施紧急救治是医疗机构及其医务人员履行救死扶伤职责的基本要求，也是医疗机构公益性特征的鲜明体现。紧急性分为两类：(1)时间上的紧急性，是指医师的诊疗时间非常短暂，在技术上不可能作出十分全面的考虑及安排。(2)事项上的紧急性，是指采取何种治疗措施直接关系到患者的生死存亡需要医师作出紧急性的决断。需说明的是，判断是否构成紧急情况，除了依据法律、法规和规章的规定外，还需要考虑以下两个方面的因素：一是患者的生命健康受到伤病急剧恶化的威胁，这种威胁应当限定为对患者生命的威胁，而不能是对患者一般健康状况的威胁；二是患者生命受到的威胁是正在发生和实际存在的，患者伤病的急剧恶化对其生命安全的威胁不能是假想的，而应当是正在发生和实际存在的，不立即采取紧急救治措施必然导致患者死亡的后果。此外，从本条文义看，紧急情况不限于抢救生命垂危的患者的情况，还应包括虽然患者的生命没有严重危险，但患者不能行使自我决定权，若不采取紧急救治行为，患者健康利益将严重受损的情况。本条规定的“不能取得患者或者其近亲属意见”，主要指患者不能表达意志，也无近亲属陪伴，又联系不到近亲属的情况。

3. 第1225条是关于病历资料填写保管与配合查阅复制义务的规定。关于“病历资料”，本条列举了住院志、医嘱单、检验报告、手术及麻醉记录、病理资料、护理记录等。基于医疗行业的特点，由医务人员填写、制作的病历、住院志、检验报告、手术及麻醉记录、病理资料、护理资料等病历资料，在发生医患纠纷时，属医疗侵权诉讼中极为关键的证据。这类资料作为证据，往往直接导致医疗诉讼的成败。同时，考虑到这类资料的制作、保管均由医疗机构一方完成，从证据角度讲，医疗机构对于证据的掌握和控制是强势的一方，为此须在合理限度内赋予患者查阅和复制这类资料的权利，并明确医疗机构依规填写、保管病历资料与配合查询复制的义务，平衡双方在举证责任能力上的差距。

4. 第1226条是关于保护患者隐私与个人信息义务的规定。实践中，医疗机构及医务人员侵犯患者隐私权和个人信息的情形大致可分两种：(1)泄露患者的隐私和个人信息，既包括将在诊疗活动中掌握的患者隐私与个人信息对外公布、披露，也包括未经患者同意而将患者身体暴露给与诊疗活动无关人员的行为。(2)未经患者同意公开其医学文书及有关资料。一般来说，若医疗机构及其医务人员在为医学会诊、教学而公开或提供患者医学文书及有关资料的过程中，做到了匿名化处理，防止定向识别出具体患者的，并不构成侵权。

5. 第1227条是关于禁止违规过度检查的规定。过度检查也称不必要检查，是指由医疗机构提供的超出患者个体和社会保健实践需求的医疗检查服务。其特点包括：(1)为诊疗疾病所采取的检查手段超出疾病诊疗的基本需求，不符合疾病的规律与特点。(2)采用非“金标准”的诊疗手段。“金标准”是指当前临床医学界工人的诊断疾病的最可靠方法。(3)与疾病基本诊疗需求无关的过度消费。需注意，本条规定情形下对患者造成损害的应依法承担侵权责任。需满足的构成要件包括：(1)不必要的检查行为的主体必须是医疗服务机构或是具有行医执照的个体诊所，并不包括非法行医者、药店服务人员，但医疗保健机构及服务人员应包括在内。(2)医疗机构或医务人员提供了超过患者本身所需的医疗服务。此种医疗服务行为超出了疾病治疗的实际需要，对疾病的治愈、康复没有积极效果，是不必要、多余、不合理的。(3)须造成医疗损害。医疗损害是指对患者造成的人身伤亡、财产损失、精神痛苦以及对隐私权和名誉权等的侵害。也就是说，不必要的检查侵权责任的构成要从严把握，要依法适用过错责任的一般规则。另外，不必要的检查承担的责任中应包括退还不必要的检查医疗费用的内容。

权威参考案例

方某凯诉同安医院医疗损害赔偿纠纷案(《最高人民法院公报》2004年第2期)

医疗机构在征求患者及其家属的同意后，选择了对医务人员来说风险最大的治疗方案，并小心、谨慎地予以实施，其治疗措施、步骤、方法均符合医疗规范的，风险责任应由患者及其亲属承担。

医疗损害责任其他内容

概念

本词条主要包括医疗机构免责情形、医疗机构及医务人员合法权益维护两方面的内容。

法典条款

第一千二百二十四条【医疗机构免责情形】 患者在诊疗活动中受到损害，有下列情形之一的，医疗机构不承担赔偿责任：

（一）患者或者其近亲属不配合医疗机构进行符合诊疗规范的诊疗；

（二）医务人员在抢救生命垂危的患者等紧急情况下已经尽到合理诊疗义务；

（三）限于当时的医疗水平难以诊疗。

前款第一项情形中，医疗机构或者其医务人员也有过错的，应当承担相应的赔偿责任。

第一千二百二十八条【医疗机构及医务人员合法权益维护】 医疗机构及其医务人员的合法权益受法律保护。

干扰医疗秩序，妨碍医务人员工作、生活，侵害医务人员合法权益的，应当依法承担法律责任。

实务要点

1. 第 1224 条是关于医疗机构免责情形的规定。《民法典》总则编民事责任一章和侵权责任编一般规定中均专门规定了一般情况下免责和减责情形的内容，这属于侵权责任免责事由的一般性规定，对医疗损害责任也应适用。此外，鉴于医疗损害责任的特殊性，本条另规定了三种不承担责任的情形：（1）患者或者其近亲属不配合医疗机构进行符合诊疗规范的诊疗。（2）医务人员在抢救生命垂危的患者等紧急情况下已经尽到合理诊疗义务。（3）限于当时的医疗水平难以诊疗。第（2）（3）项情形下，对于在抢救生命垂危的患者等紧急情况时，法律对医生在注意程度上的要求相对低于一般医疗时的情形。但是，由于医疗行为直接关系患者的生命健康权，在紧急情况下实施的紧急救治措施，医务人员仍应尽到合理诊疗的注意义务。从审判实务的角度讲，如何认定紧急情况下医务人员已经尽到合理诊疗义务，这涉及专业判断问题，需要通过申请鉴定来解决。同样，法律对医务人员采取的诊疗行为是否存在过错的判断，也只能基于当时的医学科学本身的发展，判断是否尽到与当时的医疗水平相应的诊疗义务。尽到该项义务的，就视为医疗机构及其医务人员没有过错，对于患者的损害不承担赔偿责任。但对于诊疗行为是否尽到当时医疗水平要求下的义务仍然属于专业判断问题，需要通过申请鉴定来解决。关于免责事由的举证责任，应当由医疗机构一方承担。另根据本条第 2 款可知，患者或其近亲属不配合医疗机构进行符合诊疗规范的诊疗情形下医疗机构完全免责的前提，必须是医疗机构及其医务人员没有过错。若患者或者其近亲属有不配合诊疗的行为，但医疗机构或者医务人员也有过错的，医疗机构仍应对患者的损害承担相应的赔偿责任。

2. 第 1228 条是关于医疗机构及医务人员合法权益维护的规定。法律不仅对遭受医疗过错行为损害的患者要予以保护，对于医疗机构及其医务人员的合法权益也要保护，医疗秩序也需要维护，这涉及社会公共利益。侵害医疗机构和医务人员合法权益的行为类型多样，但最为突出的是干扰医疗秩序的行为。这种行为不但集中地侵害了医疗机构和医务人员的利益，也妨碍了正常的社会医疗秩序。就医疗机构而言，干扰医疗秩序的行为主要是侵害了医疗机构自主开展诊疗活动的权益和自主管理的权益，其中也可能存在对医疗机构财产权益的直接侵害。而就医务人员而言，干扰医疗秩序的行为则可能侵害其各项权益，如以暴力方式侵犯医务人员的生命权、健康权，以侮辱的方式侵害医务人员的人格权益。从法律的精神和本条逻辑关系来看，一切侵害医疗机构和医务人员合法权益的行为都应当受到法律制裁，而不仅限于干扰医疗秩序这种侵害方式。但由于当前个别患者或其亲属干扰医疗秩序的行为危害严重，本条的重点在于制裁干扰医疗秩序的行为。其次就是要规制其他妨害医务人员工作、生活的行为。至于其他损害医疗机构和医务人员合法权益的行为，也应当依法承担相应责任。

环境污染和生态破坏责任

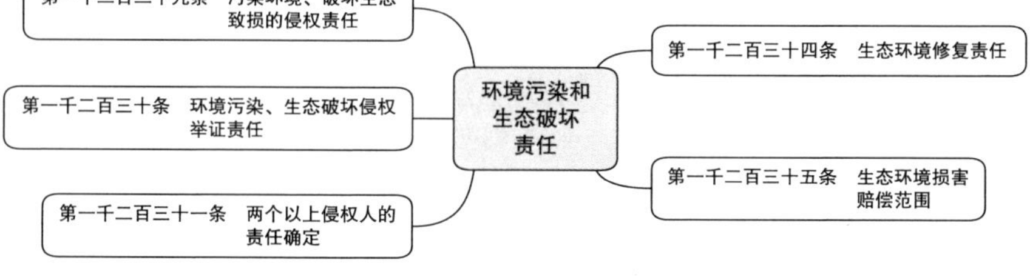

概念

环境污染和生态破坏责任是侵权责任编的一章，本词条主要涉及污染环境（破坏生态）致损的侵权责任、环境污染（生态破坏）侵权举证责任、两个以上侵权人的责任确定、生态环境修复责任、生态环境损害赔偿范围等内容。

法典条款

第一千二百二十九条【污染环境、破坏生态致损的侵权责任】 因污染环境、破坏生态造成他人损害的，侵权人应当承担侵权责任。

第一千二百三十条【环境污染、生态破坏侵权举证责任】 因污染环境、破坏生态发生纠纷，行为人应当就法律规定的不承担责任或者减轻责任的情形及其行为与损害之间不存在因果关系承担举证责任。

第一千二百三十一条【两个以上侵权人的责任确定】 两个以上侵权人污染环境、破坏生态的，承担责任的大小，根据污染物的种类、浓度、排放量，破坏生态的方式、范围、程度，以及行为对损害后果所起的作用等因素确定。

第一千二百三十四条【生态环境修复责任】 违反国家规定造成生态环境损害，生态环境能够修复的，国家规定的机关或者法律规定的组织有权请求侵权人在合理期限内承担修复责任。侵权人在期限内未修复的，国家规定的机关或者法律规定的组织可以自行或者委托他人进行修复，所需费用由侵权人负担。

第一千二百三十五条【生态环境损害赔偿范围】 违反国家规定造成生态环境损害的，国家规定的机关或者法律规定的组织有权请求侵权人赔偿下列损失和费用：

（一）生态环境受到损害至修复完成期间服务功能丧失导致的损失；

（二）生态环境功能永久性损害造成的损失；

（三）生态环境损害调查、鉴定评估等费用；

（四）清除污染、修复生态环境费用；

（五）防止损害的发生和扩大所支出的合理费用。

实务要点

1. 第 1229 条是关于污染环境、破坏生态致损的侵权责任之规定。根据本条，环境侵权责任适用无过错责任归责原则。与《侵权责任法》（已废止）第 65

条相比，本条有两处重大修改：(1)在原因行为处增加了“破坏生态”这一侵权形态。(2)将“造成损害”更改为“造成他人损害”。这两处重大修改，首要意义是完善了环境侵权行为的类型，并通过将本条限缩为仅仅针对造成他人人身、财产之私益损害的环境侵权责任，明确了本条为环境私益侵权责任的实体法依据。与此相应，《民法典》第 1234 条、第 1235 条增加规定了针对造成生态环境损害之公共利益的环境侵权责任条款，为环境民事公益诉讼提供了实体法依据。此外，本条将“污染者”改为“侵权人”，这是本章的共同变化。可以说，《民法典》侵权责任编就环境侵权责任的规定，完善了环境私益侵权责任和环境公益侵权责任的类型结构和责任体系，为有效衔接《民法典》和生态环境保护的相关法律制度奠定了基础。

2. 第 1230 条是关于环境污染、生态破坏侵权举证责任的规定。本条中的行为人应就两种情形承担举证责任：一是侵权责任构成要件中因果关系不存在的举证责任；二是侵权责任构成要件具备后，就法律规定之不承担责任或者减轻责任情形的举证责任。(1)对环境侵权行为与损害后果之间不存在因果关系实行举证责任倒置。这一立法背后的主要考量为环境侵权行为的特殊性。环境侵权造成损害后果，并非线性和单一的“排放行为—损害后果”过程，而是动态的、需要整体考虑的复杂系统，且通常呈现多源头排放、多介质污染、多途径暴露、多受体损害的复杂面貌。正因为环境侵权十分复杂的因果关系链条以及侵权行为人与受害人间存在的证据偏在现象，为了减轻环境侵权受害人的举证负担而规定了举证责任倒置。需注意，因果关系举证责任倒置并不意味着受害人不用负担任何举证义务。诉讼中，受害人应首先证明污染行为与损害结果间存在联系，即存在因果关系的可能性和初步证据。(2)侵权责任构成要件具备后法律规定之不承担责任或者减轻责任情形的举证责任。目前，我国已建立了比较完备的环境法律体系，很多环境单行法对行为人不承担责任或减轻责任做了规定，主要有过失、受害人故意、第三人责任、不可抗力等。

3. 第 1231 条是关于两个以上侵权人的责任确定之规定。两人以上的环境侵权，也称数人环境侵权，是指数人在同一相对集中的时间、同一相对集中的地域内共同或分别排放污染物、破坏生态，造成生态环境损害的行为。需明确的是，本条仅系各侵权人之间责任份额的确定规则，并非规定数人环境侵权一概适用按份责任。具体而言，在数人因环境侵权对受害人承担连带责任后，各侵权人之间的内部责任份额要按照本条规定加以确定；在数人因环境侵权对受害人承担按份责任时，直接适用本条规定确定各自的责任份额。基于本条规定，数人环境侵权责任的份额承担，需要根据行为的原因力，亦即各行为人参与致害程度的大小加以确定。所谓原因力，是指在构成损害结果的多个原因中，每一个原因对于损害结果发生或者扩大所起的作用。本条规定的"因素"，是指所有影响环境污染、生态破坏程度或者侵害原因力的各种因子，并不仅限于本条所明确列举的污染物的种类、浓度和排放量，破坏生态的方式、范围、程度以及行为对损害后果所起的作用。承担污染环境责任份额的大小，主要根据污染物的种类、浓度、排放量及行为对损害后果所起的作用等因素综合确定。承担破坏生态责任份额的大小，主要根据破坏生态的方式、范围、程度及行为对损害后果所起的作用等因素综合确定。

4. 第 1234 条是关于生态环境修复责任的规定。本条与第 1235 条作为《民法典》侵权责任编新增条款，共同确立了环境公益侵权责任的基本规则，明确把生态环境公共利益纳入我国侵权责任法的保护对象。本条专门规定了环境污染、生态破坏行为人的生态环境修复责任及其承担方式，第 1235 条则具体规定了生态环境损害赔偿的具体范围。修复责任条款在前，体现了修复优先的环境治理理念和注重修复的立法目的。需要明确的是，环境公益侵权责任的条款系环境侵权责任的特别规定，环境公益损害的救济优先适用该两条特别规定；该两条特别规定所没有明确的事项，适用《民法典》第 1229~1233 条关于环境侵权责任的一般规定及侵权责任编第 1~3 章的相关规定。关于提起诉讼的权利主体，《民法典》作为民事实体法律规范，概括规定了各类主体的环境公益侵权请求权，将环境公益侵权请求权主体明确为"国家规定的机关"和"法律规定的组织"两大类型。"国家规定的机关"主要包括以下两类：一是现有程序法、单行法所规定的环境公益侵权请求权主体。既包括《民事诉讼法》第 55 条所说的"法律规定的机关"，也包括人民检察院。二是基于《生态环境损害赔偿制度改革方案》这样的国家政策性文件规定，可以探索行使环境公益侵权请求权的各类主体。而"法律规定的组织"是指符合《民事诉讼法》第 55 条第 1 款以及《环境保护法》第 58 条规定的社会组织。根据本条，生态环境修复责任的承担主要有两种方式：(1) 侵权人在合理期限内承担修复责任。(2) 自行或委托他人进行修复。当然，费用由侵权人承担。

5. 第 1235 条是关于生态环境损害赔偿范围的规定。本条规定的五个方面的生态环境损害赔偿内容，与《生态环境损害赔偿制度改革方案》《生态环境损害赔偿规定》基本相同，回应了生态环境损害赔偿的现实需要，也充分吸收了近些年来司法实践探索积累的经验做法。（1）生态环境受到损害至修复完成期间服务功能丧失导致的损失，也被称为期间损失。即生态环境损害发生至生态环境恢复到基线状态期间，生态环境因其物理、化学或生物特性改变而导致向公众或其他生态系统提供服务的丧失或减少，即受损生态环境从损害发生到其恢复至基线状态期间提供生态系统服务的损失量。（2）生态环境功能永久性损害造成的损失。指受损生态环境及其功能难以恢复，其向公众或其他生态系统提供服务能力的完全丧失。永久性损害并非绝对不可恢复，而是“难以恢复”。对于这部分的损害，在环境诉讼中，一般通过司法鉴定、评估或者参考专家意见等方式确定具体的损害数额。（3）生态环境损害调查、鉴定评估等费用。需注意的是，对行政机关而言，本项规定的调查是在生态环境损害发生后，行政机关专门开展的调查工作，与行政机关一般行政执法行为要有所区分。人民检察院、社会组织开展的调查工作应当具有一定的形式，比如，二人以上持相应的身份证明开展调查工作，制作调查报告，以及所产生费用应当有相应的票据。（4）清除污染、修复生态环境费用。本项仅指生态修复阶段的费用，具体包含两个部分，一是清除污染费用，二是修复生态环境费用。（5）防止损害的发生和扩大所支出的合理费用。该费用属应急处置费用中的防范性措施费用，是指为了防止、遏制环境损害发生、扩大，所采取的或者将要采取的必要、合理措施产生的费用。除本条规定损失与费用外，国家规定的机关或者法律规定的组织为行使环境公益侵权责任请求权所支出之合理的律师费以及其他合理费用，也可要求侵权人承担。

权威参考案例

1. 吉林省白山市人民检察院诉白山市江源区卫生和计划生育局、白山市江源区中医院环境公益诉讼案（最高人民法院指导性案例第 136 号）

人民法院在审理人民检察院提起的环境行政公益诉讼案件时，对人民检察院就同一污染环境行为提起的环境民事公益诉讼，可以参照《行政诉讼法》及其司法解释的规定，采取分别立案、一并审理、分别判决的方式处理。

2. 山东省烟台市人民检察院诉王某殿、马某凯环境民事公益诉讼案（最高人民法院指导性案例第133号）

污染者违反国家规定向水域排污造成生态环境损害，以被污染水域有自净功能、水质得到恢复为由主张免除或者减轻生态环境修复责任的，人民法院不予支持。

3. 江苏省人民政府诉安徽海德化工科技有限公司生态环境损害赔偿案（最高人民法院指导性案例第129号）

企业事业单位和其他生产经营者将生产经营过程中产生的危险废物交由不具备危险废物处置资质的企业或者个人进行处置，造成环境污染的，应当承担生态环境损害责任。人民法院可以综合考虑企业事业单位和其他生产经营者的主观过错、经营状况等因素，在责任人提供有效担保后判决其分期支付赔偿费用。

4. 李某诉华润置地（重庆）有限公司环境污染责任纠纷案（最高人民法院指导性案例第128号）

由于光污染对人身的伤害具有潜在性、隐蔽性和个体差异性等特点，人民法院认定光污染损害，应当依据国家标准、地方标准、行业标准，是否干扰他人正常生活、工作和学习，以及是否超出公众可容忍度等进行综合认定。对于公众可容忍度，可以根据周边居民的反映情况、现场的实际感受及专家意见等判断。

5. 吕某奎等79人诉山海关船舶重工有限责任公司海上污染损害责任纠纷案（最高人民法院指导性案例第127号）

根据《海洋环境保护法》等有关规定，海洋环境污染中的“污染物”不限于国家或者地方环境标准明确列举的物质。污染者向海水水域排放未纳入国家或者地方环境标准的含有铁物质等成分的污水，造成渔业生产者养殖物损害的，污染者应当承担环境侵权责任。

6. 中国生物多样性保护与绿色发展基金会诉宁夏瑞泰科技股份有限公司环境污染公益诉讼案（最高人民法院指导性案例第75号）

社会组织的章程虽未载明维护环境公共利益，但工作内容属于保护环境要素及生态系统的，应认定符合最高人民法院《关于审理环境民事公益诉讼案件适用法律若干问题的解释》（已被修改）第4条[①]关于“社会组织章程确定的宗旨和主要业务范围是维护社会公共利益”的规定。该解释第4条规定的“环境保护公益活动”，既包括直接改善生态环境的行为，也包括与环境保护相关的有利

① 本条内容未修改。

于完善环境治理体系、提高环境治理能力、促进全社会形成环境保护广泛共识的活动。另外，社会组织起诉的事项与其宗旨和业务范围具有对应关系，或者与其所保护的环境要素及生态系统具有一定联系的，应认定符合该解释第 4 条关于“与其宗旨和业务范围具有关联性”的规定。

7. 连云港市赣榆区环境保护协会诉王某杰环境污染损害赔偿公益诉讼案（《最高人民法院公报》2016 年第 8 期）

造成环境污染危害者，有责任排除危害。行为人未经许可将工业废酸违法排放到河流中，造成环境污染，应当承担修复受污染环境的责任以排除已经造成的危害。为了达到使被污染环境得到最科学合理的恢复这一最终目标，法院可以采取专家证人当庭论证的方式提供专业技术支持。当行为人的经济赔偿能力不足时，可以参照目前全国职工日工资标准确定修复费用，按照“谁污染，谁治理，谁损害，谁赔偿”的环境立法宗旨，要求行为人通过提供有益于环境保护的劳务活动抵补其对环境造成的损害。

8. 江苏省泰州市人民检察院支持泰州市环保联合会起诉江苏常隆农化有限公司等企业环境污染公益诉讼案（《最高人民检察院公报》2015 年第 4 号）

检察机关可依法支持环保联合会对污染环境的企业提起环境公益诉讼。环保联合会依法具有提起环境公益诉讼的原告资格。环境公益诉讼程序作为《环境保护法》的重要实施途径，应当在追究环境侵权责任的同时，采取有利于防治污染的环境司法政策，实现修复环境、预防污染的立法意图，使环境保护同经济建设和社会发展相协调，促进经济社会可持续发展。

9. 陆某东诉永达公司环境污染损害赔偿纠纷案（《最高人民法院公报》2005 年第 5 期）

根据《民法通则》（已废止）第 154 条和《环境保护法》第 41 条的规定，行为人的照明灯光对他人的正常居住环境和健康生活造成环境污染危害的，行为人有责任排除危害。

10. 陈某国诉泰州市天源化工有限公司水污染责任纠纷案（《最高人民法院公报》2016 年第 3 期）

对环境污染损害因果关系，主张者只需证明被主张者存在污染环境的可能性，不存在因果关系的证明责任则由被主张者承担。水产养殖物灭失后，可以根据实际养殖状态与条件，参照地方性行政规章对国有渔业水域因工程建设占用补偿标准确定经济损失。

11. 张某健等 1721 人与福建省（屏南）榕屏化工有限公司环境污染责任纠纷案（2014 年 7 月 4 日《最高人民法院公布九起环境资源审判典型案例》案例 6）

污染者承担污染行为与损害之间因果关系的证明责任，其举证不能时，则推定因果关系成立，从而认定环境污染责任成立，保护受害人的合法权益。此外，环境污染责任系无过错责任，污染者有污染行为并造成损害的，除其举证证明存在法律规定的不承担责任或者减轻责任的情形外，均应承担侵权责任，不得以排污达标为由提出抗辩、减免责任。

12. 聂某等 149 户辛庄村村民与平顶山天安煤业股份有限公司五矿等水污染责任纠纷案（2014 年 7 月 4 日《最高人民法院公布九起环境资源审判典型案例》案例 2）

多个排污者的生产、生活污水排入地下，且不能举证证明其排污行为与饮用水污染地村民的损害之间不存在因果关系的，根据《侵权责任法》（已废止）第 65 条、第 66 条[①]的规定，污染者应对其污染行为造成的损害承担无过错责任，即使多个排污者排放的污染物达标，造成损害的，仍不能免除其民事责任。因此，应根据鉴定报告及专家意见并结合生产污水与生活污水对损害发生所起的主次作用等事实证据，承担共同但有区别的责任。

高度危险责任

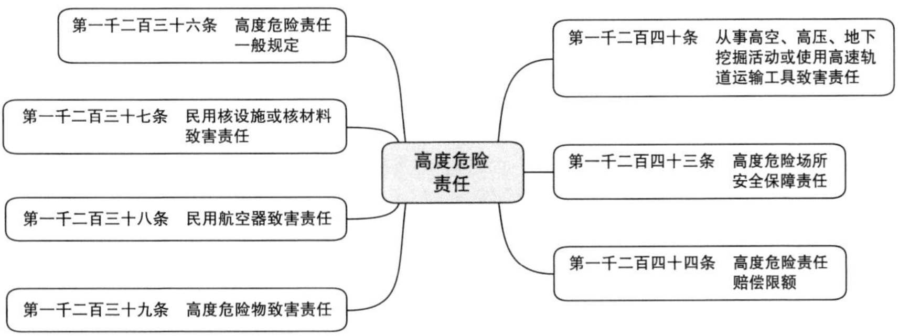

概念

侵权责任编就高度危险责任做了专章规定。本词条主要涉及高度危险责任

① 可参考《民法典》第 1229 条、第 1230 条。

一般规定，民用核设施或核材料致害责任，民用航空器致害责任，高度危险物致害责任，从事高空、高压、地下挖掘活动或使用高速轨道运输工具致害责任，高度危险场所安全保障责任，高度危险责任赔偿限额等内容。

法典条款

第一千二百三十六条【高度危险责任一般规定】 从事高度危险作业造成他人损害的，应当承担侵权责任。

第一千二百三十七条【民用核设施或核材料致害责任】 民用核设施或者运入运出核设施的核材料发生核事故造成他人损害的，民用核设施的营运单位应当承担侵权责任；但是，能够证明损害是因战争、武装冲突、暴乱等情形或者受害人故意造成的，不承担责任。

第一千二百三十八条【民用航空器致害责任】 民用航空器造成他人损害的，民用航空器的经营者应当承担侵权责任；但是，能够证明损害是因受害人故意造成的，不承担责任。

第一千二百三十九条【高度危险物致害责任】 占有或者使用易燃、易爆、剧毒、高放射性、强腐蚀性、高致病性等高度危险物造成他人损害的，占有人或者使用人应当承担侵权责任；但是，能够证明损害是因受害人故意或者不可抗力造成的，不承担责任。被侵权人对损害的发生有重大过失的，可以减轻占有人或者使用人的责任。

第一千二百四十条【从事高空、高压、地下挖掘活动或使用高速轨道运输工具致害责任】 从事高空、高压、地下挖掘活动或者使用高速轨道运输工具造成他人损害的，经营者应当承担侵权责任；但是，能够证明损害是因受害人故意或者不可抗力造成的，不承担责任。被侵权人对损害的发生有重大过失的，可以减轻经营者的责任。

第一千二百四十三条【高度危险场所安全保障责任】 未经许可进入高度危险活动区域或者高度危险物存放区域受到损害，管理人能够证明已经采取足够安全措施并尽到充分警示义务的，可以减轻或者不承担责任。

第一千二百四十四条【高度危险责任赔偿限额】 承担高度危险责任，法律规定赔偿限额的，依照其规定，但是行为人有故意或者重大过失的除外。

实务要点

1. 第 1236 条是关于高度危险责任一般规定的内容。高度危险责任应为无过错责任，其构成要件包括加害行为、损害后果及二者之间的因果关系。(1)须有高度危险作业。高度危险作业，即是对“周围环境”具有较高危险性的活动。《民法典》关于高度危险责任一章既规定了高度危险责任的一般条款，也对当前典型的具体高度危险责任类型分别做了规定，先后对民用核设施、民用航空器，易燃、易爆、剧毒、放射性等高度危险物，高空、高压、地下挖掘等规定了具体条文，既有危险物的责任，也有危险活动责任。这些危险活动本身的存在是社会发展所必需的，但此危险活动超出法律允许的界限就具有了行为的违法性。当然，在具体法律适用时，如果本章其他条文有明确规定的，应当适用其他条文的具体规定。(2)发生了损害事实。损害后果是构成高度危险责任的结果条件，如果没有损害产生，则不会构成高度危险责任。对有无损害发生，受害人负举证责任。(3)高度危险作业与损害后果之间具有因果关系。在通常情况下，这种因果关系须由受害人证明。但由于高度危险作业的危险性及专业性等问题，受害人往往只能证明高度危险作业与损害后果存在表面上的因果关系，甚至仅能证明高度危险作业是损害后果发生的可能原因，而不能确切地证明二者之间的因果关系。因此，为切实保护受害人的利益，对于因果关系可以采用推定的方法，即由高度危险作业人证明作业活动与损害后果没有因果关系。如果作业人不能证明，则推定有因果关系，高度危险作业的侵权责任即告成立。关于高度危险责任的免责事由，主要限于不可抗力以及受害人故意两种情形。

2. 第 1237 条是关于民用核设施或核材料致害责任的规定。相较于《侵权责任法》(已废止)第 70 条，本条的修改主要有：一是增加了“运入运出核设施的核材料发生核事故造成他人损害”的情形；二是责任主体上将原来的“民用核设施的经营者”修改为“民用核设施的营运单位”；三是细化了免责情形，将原来的“因战争等情形”修改为“因战争、武装冲突、暴乱等情形”。所谓核设施，是指核动力厂(核电厂、核热电厂、核供汽供热厂等)和其他反应堆(研究堆、实验堆、临界装置等)；核燃料生产、加工、贮存和后处理设施；放射性废物的处理和处置设施等。所谓民用核设施，是指非军用的核能设施，是国家有关部门批准，为和平目的而建立的核设施。所谓“核事故”，又称“核事件”，是指核设施内的核燃料、放射性产物、废料或运入运出核设施的核材料所发生的放射性、毒害性、爆炸性或其他危害性事故，或一系列事故。关于免责事由，依据本条，民用核设施的营运单位能够证明损害是因战争、武装冲突、暴乱等情形或者受害人故意造成的，不承担责任。需注意的是，本条规定限缩了不可抗力的适用范围。并非所有的不可抗力都可以作为核事故责任的免责事由，而是仅限于战争、武装冲突、暴乱等情形。

3. 第 1238 条是关于民用航空器致害责任的规定。《民用航空法》规定，民用航空器是指除用于执行军事、海关、警察飞行任务外的航空器。本条所称航空器，是指经国家有关部门批准而投入营运的民用航空器，如各类民用的飞机、飞船、卫星、热气球。民用航空器的主要特征在于其是高速运载工具，而非高空作业意义上的高度危险物。因此，飞艇、热气球等飞行物除非具备高速运载工具的特征，否则不能认为构成“民用航空器”而适用本条规定。本条所称的经营者主要包括从事旅客、货物运输的承运人和从事通用航空的民用航空器使用人。此外，本条的适用范围应当限定在民用航空器在使用中造成他人损害。这里的“使用中”应理解为“飞行中”。关于免责事由，根据本条，受害人故意可免责。因为自然原因引起的不可抗力事件，并不免责。其他免责事项应适用《民用航空法》的有关规定。

4. 第 1239 条是关于高度危险物致害责任的规定。本条调整的范围涉及的是易燃、易爆、剧毒、高放射性、强腐蚀性、高致病性等高度危险物，当然，其他因其自然属性极易危及人身、财产的物品也适用本条。本条规范的行为是对高度危险物的占有或使用，包括生产、储存、运输高度危险品及将高度危险品作为原料或工具进行生产等的行为，承担责任的主体是占有人或使用人。依据本条，能证明损害是因受害人故意或不可抗力造成的，占有人或使用人不承担责任。此外，本条还明确了减责情形，即被侵权人对损害发生有重大过失的，可减轻占有人或使用人的责任。

5. 第 1240 条是关于从事高空、高压、地下挖掘活动或使用高速轨道运输工具致害责任的规定，也称高度危险作业的侵权责任。所谓从事高空、高压作业致人损害赔偿，“高空”“高压”究竟要多高，是一个经验判断的问题，无法界定一个绝对的标准。原则上，对高度危险作业进行判断应当掌握以下几点：第一，应当根据当时的社会条件、科技水平等因素进行综合考量。第二，“高空”“高压”或者从事“地下挖掘”活动，根本特性是从事这些活动具有高度危险性。高压设施致人损害是从事利用高压力设施的作业时造成的损害和高压电作业造成的损害。此外，本条将适用范围限于高速轨道运输工具，主要指的是铁路，包括通常所谓的铁路、城铁、轻轨。而地下挖掘就是指在地表下一定深度进行的挖掘。本条规定的侵权责任的免责，包括受害人故意与不可抗力。同时规定受害人对损害发生有重大过失的，经营者可减轻责任。

6. 第 1243 条是关于高度危险场所安全保障责任的规定。相较于《侵权责任法》（已废止）第 76 条，本条有重大修改：（1）将原来的“管理人已经采取安全措施并尽到警示义务的，可以减轻或者不承担责任”修改为“管理人能够证明已经采取足够安全措施并尽到充分警示义务的，可以减轻或者不承担责任”，明确适用举证责任倒置，较以前表述采取了更为严格的责任。（2）将“已经采取安全措施并尽到警示义务”修改为“已经采取足够安全措施并尽到充分警示义务”，提高了对管理人的注意义务标准。侵权责任编第 1236 条规定了高度危险责任的一般条款，但未规定免责事由。该编第 8 章在具体高度危险责任类型中分别规定了相应的抗辩事由，但是涉及其他种类的高度危险责任时，欠缺必要抗辩事由。从这个角度讲，本条实际上是对第 1236 条规定的补充。从本条规定来看，管理人承担侵权责任的构成要件有：（1）受害人未经许可进入高度危险活动区域或者高度危险物存放区域受到损害。（2）管理人未采取足够安全措施或者并未尽到充分警示义务。判断管理人是否尽到了安全保护和警示义务的问题，首先要依据相应的法律法规的规定，其次在实务上还要依危险活动或者危险物的危险性程度的高低来确定其安全保护或者警示义务的高低，同时还要根据受害人的情况来判断该种安全保护或者警示是否足以起到相应作用，而不宜按照一般注意义务为判断标准。关于减轻或者免除管理人责任的规定是基于过失相抵的原理而设定的。受害人未经许可进入高度危险区域，同时管理人又已经采取了足够安全措施并尽到了充分警示义务，则表明受害人明知是危险区域或者因受害人自身重大过失而进入，受害人对因此而受到的损害有重大过错。这一重大过错包括故意和重大过失。若受害人明知是高度危险区域而进入，为故意情形，管理人应免责。若受害人因为重大过失没有注意到警示误入高度危险区域的，一般是减轻管理人的责任。（3）高度危险物或者高度危险作业与损害后果之间有因果关系。此外，尽到了采取足够安全措施并且充分警示义务的举证责任在管理人方。

7. 第 1244 条是关于高度危险责任赔偿限额的规定。高度危险责任系无过错责任，法律对于高度危险责任人的要求也非常严格。但从行业发展与权利义务平衡的角度看，法律须考虑在这种严格责任的前提下确定相应责任限额。《侵权责任法》（已废止）第77条即规定："承担高度危险责任，法律规定赔偿限额的，依照其规定。"相较于该规定，作为《民法典》内容的本条增加了一个但书规定，即"但是行为人有故意或者重大过失的除外"。即在行为人有故意或者重大过失的情形下，不再适用法律特别规定的限额责任规则。目前，我国主要在航空、铁路、核事故中规定了高度危险责任赔偿限额。虽然海上运输损害赔偿有相关的限额规定，但海上运输方式是否为高度危险作业，尚存争议。

权威参考案例

刘某祥诉洛阳铁路分局洛阳列车段、长沙铁路总公司郴州车务段铁路旅客运输人身伤亡赔偿纠纷案（《最高人民法院公报》1999年第3期）

根据《铁路法》第58条的规定，因铁路行车事故及其他铁路运营事故造成人身伤亡的，铁路运输企业应当承担赔偿责任，如果人身伤亡是因不可抗力或者由于受害人自身的原因造成的，铁路运输企业不承担赔偿责任。

饲养动物损害责任

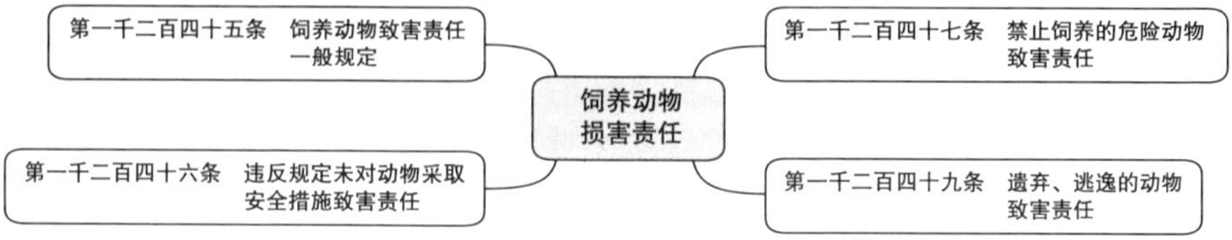

概念

饲养动物损害责任作为一类特殊的侵权形式，《民法典》侵权责任编做了专章规定。本词条主要涉及饲养动物致害责任一般规定，违反规定未对动物采取安全措施致害责任，禁止饲养的危险动物致害责任，以及遗弃、逃逸的动物致害责任等内容。

法典条款

第一千二百四十五条【饲养动物致害责任一般规定】　饲养的动物造成他人

损害的，动物饲养人或者管理人应当承担侵权责任；但是，能够证明损害是因被侵权人故意或者重大过失造成的，可以不承担或者减轻责任。

第一千二百四十六条【违反规定未对动物采取安全措施致害责任】 违反管理规定，未对动物采取安全措施造成他人损害的，动物饲养人或者管理人应当承担侵权责任；但是，能够证明损害是因被侵权人故意造成的，可以减轻责任。

第一千二百四十七条【禁止饲养的危险动物致害责任】 禁止饲养的烈性犬等危险动物造成他人损害的，动物饲养人或者管理人应当承担侵权责任。

第一千二百四十九条【遗弃、逃逸的动物致害责任】 遗弃、逃逸的动物在遗弃、逃逸期间造成他人损害的，由动物原饲养人或者管理人承担侵权责任。

实务要点

1. 第 1245 条是关于饲养动物致害责任一般规定的内容。动物饲养人或者管理人指实际承担饲养动物危险控制责任的人，可能为动物的本权人、占有人、保管人等。饲养人是对饲养动物具有支配地位的人，包括直接占有人和间接占有人。管理人则往往是对动物直接控制的人，常见情形是受本权人委托管理动物的人或基于某种原因暂时控制动物的人等。依照本条，动物饲养人、管理人均为责任主体。饲养动物侵权一般使用无过错责任。但在饲养人对所饲养的动物不具有高度的排他性支配的场合，特别是饲养动物的目的在于使动物与被侵权人互动或者供被侵权人观赏接触，那么显然已经区别于饲养动物侵权的一般情形，因而不宜再适用无过错责任，而应适用过错推定责任，如本法第 1248 条关于动物园饲养的动物侵权即采用过错推定责任。另外，关于饲养的动物致害的免除或减轻责任事由。根据本条，能够证明被侵权人的损害是其故意或者重大过失造成的，动物饲养人或管理人可以不承担或者减轻责任。

2. 第 1246 条是关于违反规定未对动物采取安全措施致害责任的规定。相较于《侵权责任法》（已废止）第 79 条，本条增加了但书关于减轻责任的内容，明确能够证明损害是因被侵权人故意造成的，可以减轻责任。需注意，本条与第 1245 条具有特别法与一般法的关系，是对违反管理规定未履行危险源监督义务饲养人侵权责任的特别规定。本条所谓“未对动物采取安全措施造成他人损害”，是指饲养人未按照饲养动物的管理规定及时有效采取安全措施履行对动物的监督型作为义务，应围绕对他人合法权益制造法禁止的风险进行理解和认定。

另需注意，本条仅规定了被侵权人对损害具有故意的情形，未规定被侵权人具有过失。对被侵权人对损害具有重大过失的情形，能否适用第 1245 条对饲养人或管理人减轻民事责任？根据当然解释，既然被侵权人对损害具有故意的情形降低评价为减轻责任事由，那么，被侵权人对损害具有重大过失的情形也应降低评价，不宜再适用第 1245 条减轻饲养人或管理人的民事责任。

3. 第 1247 条是关于禁止饲养的危险动物致害责任的规定。禁止饲养的危险动物的范围非常广泛，并不限于本条提及的烈性犬，还包括凶猛的野生动物，如狮子、老虎。禁止饲养的危险动物自身极具危险性，该危险并非动物饲养人或管理人可以控制，且饲养人（管理人）违反禁止性规定饲养烈性犬等动物，本身具有可非难性，故应当适用更加严格的严格责任。需注意，在判断是否承担侵权责任时，被侵权人尽到饲养动物致害无过错责任一般性证明责任的基础上，再证明动物饲养人或管理人饲养的是“禁止饲养的烈性犬等危险动物”，造成被侵权人损害。动物饲养人或管理人不应再以《民法典》第 1245 条后段规定的“损害是因被侵权人故意或者重大过失造成的”，或第 1173 条和第 1174 条一般性规定为依据，请求法院减免侵权责任。

4. 第 1249 条是关于遗弃、逃逸的动物致害责任的规定。遗弃的动物，是指动物原主人主动放弃所有权的动物。逃逸的动物，是指在原主人意志外丧失占有的动物。无论是饲养人或者管理人主动放弃对动物的占有，还是被动丧失对动物的占有，只要客观上造成动物离开饲养人或者管理人管控范围，造成他人损害的，都应由原饲养人或者管理人承担侵权责任。理由在于，对于遗弃的动物，尽管原主人放弃了对该动物事实上的管领和权利，但鉴于动物自身的危险属性，且基于动物原主人对社会公共安全的注意义务以及法价值上倾向被侵权人的考量，其仍应就动物之不当管束所造成的损失进行补偿。对逃逸动物，非基于原主人意志而脱离原主人控制，其所有权仍属原主人，在其对他人造成侵权时理应由原主人承担损害赔偿责任。本条适用无过错责任原则，减免责事由则应视逃逸、遗弃的动物具体情形分别根据第 9 章其他条文予以确定。如遗弃、逃逸的动物属危险动物或动物园动物，则适用《民法典》第 1247 条、第 1248 条规定确定减免责事由。若第三人的行为导致损害的，动物原饲养人或管理人承担责任后，可以向第三人追偿，但其不能免除责任，仍应当承担放弃对动物占有或过失造成动物逃逸的导致动物致害的责任。

民法典附则

第一千二百五十九条　计数语词含义 —— 民法典附则 —— 第一千二百六十条　施行日期与旧法废止

概念

本词条收录的是《民法典》“附则”部分两条内容，即有关《民法典》中部分法律术语含义、《民法典》施行日期与相关旧法废止的规定，属《民法典》技术性规定。

法典条款

第一千二百五十九条【计数语词含义】 民法所称的“以上”、“以下”、“以内”、“届满”，包括本数；所称的“不满”、“超过”、“以外”，不包括本数。

第一千二百六十条【施行日期与旧法废止】 本法自2021年1月1日起施行。《中华人民共和国婚姻法》、《中华人民共和国继承法》、《中华人民共和国民法通则》、《中华人民共和国收养法》、《中华人民共和国担保法》、《中华人民共和国合同法》、《中华人民共和国物权法》、《中华人民共和国侵权责任法》、《中华人民共和国民法总则》同时废止。

实务要点

1. 第1259条是关于法律术语含义的规定。汉语词义中，“以上”指的是位置或数目等在某一点之上；“以下”指位置或数目不高于某一点；“以内”指介于一定的时间、数量、范围之中；“届满”指规定的期限已满；“不满”指还未充满，量还不足；“超过”指超出、高出；“以外”指一定限制、界限或范围之外。从上述基本词义可知，“以上”“以下”“以内”“届满”均应包括本数在内；而“不满”“超过”“以外”则不包括本数。为明确民商事法律基本准则，《民法典》通过本条进行了统一。

2. 第1260条是关于《民法典》施行日期与旧法废止的规定。法律的施行时间问题，属于法律的时间效力的重要内容。按照惯例，法律的施行时间都会在最后一条规定，《民法典》也不例外，自2021年1月1日起施行。需注意，编纂《民法典》不是制定全新的民事法律，也不是简单的法律汇编，而是对现行的民事法律规范进行编订纂修。从新旧法律对照的角度上讲，《民法典》主要是针对

《婚姻法》《继承法》《民法通则》《收养法》《担保法》《合同法》《物权法》《侵权责任法》《民法总则》的相关内容进行的修改编纂，从调整范围上讲，《民法典》的调整范围与上述九部法律的调整范围基本上是对应关系。换言之，《民法典》系新法，九部法律为旧法，《民法典》施行后，上述九部法律废止。但在《民法典》施行前，即自 2020 年 5 月 28 日《民法典》颁布后至 2021 年 1 月 1 日前，《民法典》并未施行，上述九部法律在此期间也并未失效。关于《民法典》溯及力的问题，最高人民法院专门出台了最高人民法院《关于适用〈中华人民共和国民法典〉时间效力的若干规定》，明确了《民法典》“溯及适用”的情形。一般情况下，新的法律只对其施行后的法律事实产生约束力，对施行前的法律事实无溯及力。《立法法》第 93 条的规定，法律不溯及既往，但为了更好地保护公民、法人和其他组织的权利和利益而做的特别规定的除外。此之谓“有利溯及”。最高人民法院《关于适用〈中华人民共和国民法典〉时间效力的若干规定》根据《立法法》的规定，总结民事审判经验，在坚持“法不溯及既往”这一基本原则的前提下，规定了两种例外情形：第一种例外情形就是“有利溯及”，如《民法典》施行前成立的合同，按照当时的法律、司法解释的规定，合同无效，而《民法典》规定合同有效的，《民法典》施行后，应适用《民法典》的规定。这样规定更加符合当事人的意思自治，也有利于促进和鼓励交易。第二种例外情形是新增规定的溯及适用。在民事审判领域，旧法对某一事项没有规定，而新法在总结以往理论研究成果和审判实践经验的基础上对此作出明确规定的，基于维护公平正义、统一法律适用的需要，法院可以适用新法的规定，如《民法典》关于保理合同的规定。需注意的是，并非所有新增规定都能溯及适用。若适用新增规定，明显减损当事人合法权益、增加当事人法定义务、背离当事人合理预期的，则不能溯及适用。此外，当时的法律、司法解释仅有原则性规定而《民法典》有具体规定的，适用当时的法律、司法解释的规定，但可依据《民法典》具体规定进行裁判说理。

图书在版编目(CIP)数据

民法典实用速查手册:词条归类释义与典型案例 / 杜月秋,孙政,高云昊编著. -- 北京:法律出版社,2021(2021.9 重印)

ISBN 978-7-5197-5317-7

Ⅰ.①民… Ⅱ.①杜… ②孙… ③高… Ⅲ.①民法-法典-中国-手册 Ⅳ.①D923-62

中国版本图书馆 CIP 数据核字(2021)第 019647 号

民法典实用速查手册:词条归类释义与典型案例
MINFADIAN SHIYONG SUCHA SHOUCE:
CITIAO GUILEI SHIYI YU DIANXING ANLI

杜月秋
孙　政　编著
高云昊

策划编辑 周　洁　林　蕊
责任编辑 周　洁　林　蕊
装帧设计 李　瞻

出版发行 法律出版社
编辑统筹 司法实务出版分社
责任校对 王晓萍
责任印制 胡晓雅
经　　销 新华书店

开本 880 毫米×1230 毫米　1/32
印张 28　　**字数** 938 千
版本 2021 年 7 月第 1 版
印次 2021 年 9 月第 2 次印刷
印刷 中煤(北京)印务有限公司

地址:北京市丰台区莲花池西里 7 号(100073)
网址:www.lawpress.com.cn
投稿邮箱:info@lawpress.com.cn
举报盗版邮箱:jbwq@lawpress.com.cn
销售电话:010-83938349
客服电话:010-83938350
咨询电话:010-63939796

书号:ISBN 978-7-5197-5317-7　　**定价**:88.00 元

凡购买本社图书,如有印装错误,我社负责退换。电话:010-83938349